Wide Area Networks
CCNA Exploration Companion Guide

Bob Vachon / Rick Graziani

Übersetzung: Christian Alkemper
Deutsche Bearbeitung: Ernst Schawohl

Wide Area Networks

CCNA Exploration Companion Guide

Addison-Wesley Verlag

Cisco Networking Academy

Bibliografische Information der Deutschen Nationalbibliothek
Die Deutsche Nationalbibliothek verzeichnet diese Publikation in der Deutschen Nationalbibliografie;
detaillierte bibliografische Daten sind im Internet über http://dnb.d-nb.de abrufbar.

Die Informationen in diesem Produkt werden ohne Rücksicht auf einen
eventuellen Patentschutz veröffentlicht.
Warennamen werden ohne Gewährleistung der freien Verwendbarkeit benutzt.
Bei der Zusammenstellung von Texten und Abbildungen wurde mit größter
Sorgfalt vorgegangen. Trotzdem können Fehler nicht vollständig ausgeschlossen werden.
Verlag, Herausgeber und Autoren können für fehlerhafte Angaben
und deren Folgen weder eine juristische Verantwortung noch
irgendeine Haftung übernehmen. Für Verbesserungsvorschläge und Hinweise auf Fehler
sind Verlag und Herausgeber dankbar.

Alle Rechte vorbehalten, auch die der fotomechanischen Wiedergabe und der Speicherung
in elektronischen Medien. Die gewerbliche Nutzung der in diesem Produkt gezeigten
Modelle und Arbeiten ist nicht zulässig.
Fast alle Hardware- und Softwarebezeichnungen und weitere Stichworte und sonstige
Angaben, die in diesem Buch verwendet werden, sind als eingetragene Marken geschützt.
Da es nicht möglich ist, in allen Fällen zeitnah zu ermitteln, ob ein Markenschutz besteht,
wird das ®-Symbol in diesem Buch nicht verwendet.

Authorized translation from the English language edition, entitled Accessing the WAN,
CCNA Exploration Companion Guide, ISBN: 978-1-58713-205-6, by Bob Vachon, Rick Graziani,
published by Pearson Education, Inc, publishing as Cisco Press, Copyright © 2008

All rights reserved. No part of this book may be reproduced or transmitted in any form or
by any means, electronic or mechanical, including photocopying, recording or by any
information storage retrieval system, without permission from Pearson Education, Inc.
GERMAN language edition published by PEARSON EDUCATION DEUTSCHLAND, Copyright © 2008

Umwelthinweis:
Dieses Buch wurde auf chlorfrei gebleichtem Papier gedruckt.

10 9 8 7 6 5 4 3 2 1
11 10 09

ISBN 978-3-8273-2750-5

© 2009 by Addison-Wesley Verlag,
ein Imprint der Pearson Education Deutschland GmbH,
Martin-Kollar-Straße 10-12, D-81829 München/Germany
Alle Rechte vorbehalten
Übersetzung: Dipl.-Übersetzer Christian Alkemper, Rheinstetten (info@alkemper.com, www.alkemper.com)
Deutsche Bearbeitung: Ernst Schawohl, ernst.schawohl@fh-duesseldorf.de
Lektorat: Sylvia Hasselbach, shasselbach@pearson.de
Korrektorat: René Wiegand, info@wiegand-dokumentation.de
Herstellung: Claudia Bäurle, cbaeurle@pearson.de
Einbandgestaltung: Thomas Arlt, tarlt@adesso21.net
Satz: text&form, Fürstenfeldbruck
Druck und Verarbeitung: Kösel, Krugzell (www.KoeselBuch.de)

Printed in Germany

Inhaltsverzeichnis

Vorspann		**13**
1	**Einführung in WANs**	**25**
1.1	**WAN-Grundlagen**	25
1.1.1	Was ist ein WAN?	26
1.1.2	Warum werden WANs gebraucht?	27
1.2	**Das Beispielunternehmen**	28
1.2.1	Unternehmen und ihre Netzwerke	28
1.2.2	Einfaches LAN im Büro	29
1.2.3	Campus mit mehreren LANs	30
1.2.4	Zweigstelle mit WAN	31
1.2.5	Globales Netzwerk mit verteilten Standorten	32
1.3	**Das sich entwickelnde Netzwerkmodell**	34
1.3.1	Das hierarchische Entwurfsmodell	34
1.3.2	Die Cisco Enterprise Architecture	36
1.4	**Konzepte von WAN-Technologien**	41
1.4.1	Überblick über WAN-Technologien	41
1.4.2	WAN-Funktionen in der Bitübertragungsschicht	42
1.4.3	WAN-Funktionen in der Sicherungsschicht	47
1.4.4	Switching-Funktionen im WAN	51
1.5	**WAN-Verbindungsoptionen**	55
1.5.1	Optionen für WAN-Leitungen	55
1.5.2	Standleitungen	57
1.5.3	Leitungsvermittelte Verbindungen	58
1.5.4	Paketvermittelte Verbindungen	62
1.5.5	Internetverbindungsoptionen	65
1.5.6	Eine WAN-Verbindung auswählen	73
1.6	**Zusammenfassung**	76
1.7	**Übungen**	78
1.8	**Lernzielkontrolle**	79
1.9	**Weiterführende Fragen und Aktivitäten**	83

2	**PPP**		**85**
2.1	Einführung in die serielle Kommunikation		86
2.1.1	Wie funktioniert die serielle Kommunikation?		86
2.1.2	Standards der seriellen Kommunikation		89
2.1.3	TDM		92
2.1.4	Demarkationspunkt		97
2.1.5	DTE und DCE		98
2.1.6	HDLC-Kapselung		104
2.1.7	HDLC-Kapselung konfigurieren		108
2.1.8	Troubleshooting bei seriellen Schnittstellen		109
2.2	PPP-Konzepte		115
2.2.1	Einführung in PPP		115
2.2.2	PPP-Schichtenarchitektur		117
2.2.3	PPP-Frame-Struktur		120
2.2.4	Eine PPP-Sitzung aufbauen		122
2.2.5	Einführung in NCPs		129
2.2.6	PPP-Konfigurationsoptionen		130
2.2.7	PPP-Konfigurationsbefehle		132
2.2.8	Serielle PPP-Kapselungskonfiguration überprüfen		135
2.2.9	Troubleshooting der PPP-Kapselung		136
2.2.10	PPP-Authentifizierungsprotokolle		142
2.2.11	PAP		144
2.2.12	CHAP		145
2.2.13	Der Kapselungs- und Authentifizierungsprozess bei PPP		147
2.2.14	PPP mit Authentifizierung konfigurieren		151
2.2.15	Troubleshooting einer PPP-Konfiguration mit Authentifizierung		154
2.3	Zusammenfassung		156
2.4	Übungen		157
2.5	Lernzielkontrolle		158
2.6	Weiterführende Fragen und Aktivitäten		163
3	**Frame Relay**		**165**
3.1	Grundlegende Frame Relay-Konzepte		166
3.1.1	Einführung		166
3.1.2	Virtuelle Leitungen		174
3.1.3	Frame Relay-Kapselung		179
3.1.4	Frame Relay-Topologien		181
3.1.5	Frame Relay-Mapping		185

3.2	**Frame Relay konfigurieren**	193
3.2.1	Frame Relay-Kapselung aktivieren	194
3.2.2	Statische Frame Relay-Maps konfigurieren	198
3.3	**Fortgeschrittene Frame Relay-Funktionen**	200
3.3.1	Probleme mit der Erreichbarkeit beheben	200
3.3.2	Frame Relay-Subschnittstellen	202
3.3.3	Entgelte für Frame Relay	204
3.3.4	Flusssteuerung bei Frame Relay	208
3.4	**Fortgeschrittene Frame Relay-Konfiguration**	211
3.4.1	Frame Relay-Subschnittstellen konfigurieren	211
3.4.2	Frame Relay-Betrieb überprüfen	215
3.4.3	Troubleshooting der Frame Relay-Konfiguration	222
3.5	**Zusammenfassung**	224
3.6	**Übungen**	225
3.7	**Lernzielkontrolle**	226
3.8	**Weiterführende Fragen und Aktivitäten**	232
3.9	**Weitere Informationen**	233
4	**Netzwerksicherheit**	**235**
4.1	**Einführung in die Netzwerksicherheit**	235
4.1.1	Warum ist Netzwerksicherheit so wichtig?	235
4.1.2	Häufige Sicherheitsrisiken	246
4.1.3	Formen der Netzwerkangriffe	253
4.1.4	Allgemeine Techniken zur Eindämmung	271
4.1.5	Das Network Security Wheel	279
4.1.6	Sicherheitsrichtlinien in Unternehmen	282
4.2	**Cisco-Router schützen**	286
4.2.1	Sicherheitsfragen bei Routern	286
4.2.2	Sicherheitsfunktionen des Cisco IOS auf Router anwenden	289
4.3	**Netzwerkdienste auf dem Router absichern**	307
4.3.1	Anfällige Router-Dienste und Router-Schnittstellen	307
4.3.2	Routing-Protokolle absichern	313
4.3.3	Mit Cisco AutoSecure Router abschirmen	322
4.4	**Cisco SDM verwenden**	323
4.4.1	Der Cisco SDM im Überblick	323
4.4.2	Router für die Unterstützung des SDM konfigurieren	325
4.4.3	Den SDM starten	326

4.4.4	Die Benutzeroberfläche des SDM	328
4.4.5	Die Assistenten des Cisco SDM	331
4.4.6	Router mit dem SDM sichern	331
4.5	**Router-Sicherheit administrieren**	**334**
4.5.1	Cisco IOS-Images pflegen	334
4.5.2	Handhabung von Cisco IOS-Images	336
4.5.3	Cisco IOS-Images verwalten	342
4.5.4	Software-Image sichern und aktualisieren	344
4.5.5	Software-Images wiederherstellen	348
4.5.6	Troubleshooting bei IOS-Konfigurationen	355
4.5.7	Ein verlorenes Passwort wiederherstellen	360
4.6	**Zusammenfassung**	**364**
4.7	**Übungen**	**365**
4.8	**Lernzielkontrolle**	**366**
4.9	**Weiterführende Fragen und Aktivitäten**	**372**

5 ACLs — 375

5.1	**Netzwerke mit ACLs schützen**	**376**
5.1.1	Die TCP-Kommunikation	376
5.1.2	Paketfilterung	378
5.1.3	Was ist eine ACL?	381
5.1.4	ACL-Betrieb	384
5.1.5	Typen von Cisco-ACLs	388
5.1.6	Wie eine Standard-ACL funktioniert	389
5.1.7	ACLs mit Nummer oder Namen versehen	390
5.1.8	Wo ACLs platziert werden	391
5.1.9	Allgemeine Grundsätze zur Erstellung von ACLs	394
5.2	**Standard-ACLs konfigurieren**	**395**
5.2.1	Kriterien eingeben	395
5.2.2	Standard-ACL konfigurieren	396
5.2.3	Wildcard-Masken	400
5.2.4	Standard-ACLs auf Schnittstellen anwenden	407
5.2.5	Nummerierte ACLs bearbeiten	412
5.2.6	Benannte Standard-ACLs erstellen	414
5.2.7	ACLs überwachen und verifizieren	416
5.2.8	Benannte ACLs bearbeiten	417

5.3	**Erweiterte ACLs konfigurieren**	418
5.3.1	Erweiterte ACLs	418
5.3.2	Erweiterte ACLs konfigurieren	421
5.3.3	Erweiterte ACLs auf Schnittstellen anwenden	424
5.3.4	Erweiterte ACLs mit Namen erstellen	426
5.4	**Komplexe ACLs konfigurieren**	428
5.4.1	Was sind komplexe ACLs?	428
5.4.2	Dynamische ACLs	428
5.4.3	Reflexive ACLs	431
5.4.4	Zeitbasierte ACLs	435
5.4.5	Troubleshooting häufiger ACL-Fehler	436
5.5	Zusammenfassung	440
5.6	Übungen	441
5.7	Lernzielkontrolle	442
5.8	Weiterführende Fragen und Aktivitäten	449
6	**Dienste für Telearbeiter**	**451**
6.1	**Anforderungen an die Telearbeit in Unternehmen**	452
6.1.1	Charakterisierung der Telearbeit	452
6.1.2	Telearbeit als Lösung	453
6.2	**Breitbanddienste**	457
6.2.1	Telearbeiter mit dem WAN verbinden	458
6.2.2	Kabel	460
6.2.3	DSL	466
6.2.4	Drahtloser Breitbandzugang	472
6.3	**VPNs**	478
6.3.1	Die Vorteile von VPNs	479
6.3.2	VPN-Typen	483
6.3.3	VPN-Komponenten	485
6.3.4	Eigenschaften sicherer VPNs	486
6.3.5	VPN-Tunneling	487
6.3.6	Vertraulichkeit und Integrität bei VPNs	489
6.3.7	IPSec-Sicherheitsprotokolle	496
6.4	Zusammenfassung	499
6.5	Übungen	499
6.6	Lernzielkontrolle	499
6.7	Weiterführende Fragen und Aktivitäten	505

7	**Dienste für die IP-Adressierung**		**511**
7.1	Einleitung		511
7.2	DHCP		512
7.2.1	Eine Einführung in DHCP		513
7.2.2	DHCP-Betrieb		513
7.2.3	BOOTP und DHCP		516
7.2.4	Cisco-Router als DHCP-Server konfigurieren		522
7.2.5	DHCP-Client konfigurieren		530
7.2.6	DHCP-Relay		532
7.2.7	DHCP-Server mit SDM konfigurieren		536
7.2.8	Troubleshooting der DHCP-Konfiguration		539
7.3	**Netzwerke mit NAT skalieren**		543
7.3.1	Was ist NAT?		545
7.3.2	Vor- und Nachteile der Verwendung von NAT		553
7.3.3	Statische NAT konfigurieren		555
7.3.4	Dynamische NAT konfigurieren		557
7.3.5	NAT-Overloading für eine einzelne öffentliche IP-Adresse konfigurieren		559
7.3.6	NAT-Overload für einen Pool öffentlicher IP-Adressen konfigurieren		561
7.3.7	Port-Forwarding konfigurieren		562
7.3.8	NAT und NAT-Overloading überprüfen		565
7.3.9	Troubleshooting der NAT- und NAT-Overload-Konfiguration		568
7.4	**IPv6**		570
7.4.1	Gründe für die Nutzung von IPv6		574
7.4.2	IPv6-Adressierung		579
7.4.3	Strategien für die Umstellung auf IPv6		585
7.4.4	Dual-Stack in Cisco IOS		587
7.4.5	IPv6-Tunneling		589
7.4.6	Routing-Konfigurationen mit IPv6		590
7.4.7	IPv6-Adressen konfigurieren		593
7.4.8	RIPng mit IPv6 konfigurieren		596
7.5	**Zusammenfassung**		600
7.6	**Übungen**		600
7.7	**Lernzielkontrolle**		601
7.8	**Weiterführende Fragen und Aktivitäten**		610

8 Troubleshooting im Netzwerk — 613

- 8.1 Netzwerk-Baseline erstellen — 613
  - 8.1.1 Wie Sie Ihr Netzwerk dokumentieren — 613
  - 8.1.2 Netzwerkdokumentation erstellen — 621
  - 8.1.3 Warum das Erstellen einer Netzwerk-Baseline so wichtig ist — 623
  - 8.1.4 Baseline erstellen: Die einzelnen Schritte — 624
- 8.2 Methodiken und Tools für das Troubleshooting — 630
  - 8.2.1 Ein allgemeiner Ansatz für das Troubleshooting — 630
  - 8.2.2 Schichtenmodelle für das Troubleshooting verwenden — 631
  - 8.2.3 Allgemeine Vorgehensweisen beim Troubleshooting — 634
  - 8.2.4 Methoden des Troubleshootings — 635
  - 8.2.5 Symptome feststellen — 639
  - 8.2.6 Tools für das Troubleshooting — 642
- 8.3 WANs (Wiederholung) — 652
  - 8.3.1 WAN-Kommunikation — 652
  - 8.3.2 Schritte beim WAN-Design — 653
  - 8.3.3 Aspekte der WAN-Datenübertragung — 654
  - 8.3.4 Aspekte der WAN-Topologie — 656
  - 8.3.5 Verbindungstechnologien bei WANs — 660
  - 8.3.6 Bandbreitenaspekte bei WANs — 661
  - 8.3.7 Allgemeine Fragen der WAN-Implementierung — 662
  - 8.3.8 WAN-Troubleshooting aus der Perspektive eines Internetproviders — 663
- 8.4 Troubleshooting im Netzwerk — 664
  - 8.4.1 Troubleshooting in der Bitübertragungsschicht — 667
  - 8.4.2 Troubleshooting in der Sicherungsschicht — 671
  - 8.4.3 Troubleshooting in der Vermittlungsschicht — 680
  - 8.4.4 Troubleshooting in der Transportschicht — 682
  - 8.4.5 Troubleshooting in der Anwendungsschicht — 686
- 8.5 Zusammenfassung — 693
- 8.6 Übungen — 694
- 8.7 Lernzielkontrolle — 695
- 8.8 Weiterführende Fragen und Aktivitäten — 699

Antworten zu Lernzielkontrollen und weiterführenden Fragen — 701

Glossar — 743

Stichwortverzeichnis — 767

Vorspann

Die Autoren

Bob Vachon ist Koordinator des Computer Systems Technology-Programms am Cambrian College in Sudbury, Ontario (Kanada), und gibt dort Unterricht zum Thema Netzwerkinfrastrukturen. Er arbeitet und lehrt seit 1984 in den Bereichen Netzwerktechnik und IT. Vachon hat am Cambrian College nicht nur seinen Abschluss gemacht, sondern 1997 auch den renommierten Teaching Excellence Award erhalten. Seit 1999 arbeitet er als Dozent für das Cisco Networking Academy Program und hat 2002 seine CCNP-Zertifizierung erhalten. Bei Cisco war er bislang als Teamleiter, Autor, Entwickler für CCNP-Zertifizierungsbewertungen und Fachexperte bei einer Vielzahl von Projekten tätig, darunter CCNA- und CCNP-Kurse sowie Schulungskurse für internationale Partner. Er spielt gern Gitarre und ist am liebsten an der frischen Luft – entweder bei der Arbeit in seinem Garten oder beim Wildwasser-Kanufahren.

Rick Graziani lehrt Informatik und Netzwerktechnik am Cabrillo College in Aptos (Kalifornien). Er arbeitet und lehrt seit mehr als 30 Jahren in den Bereichen Netzwerktechnik und IT. Vor Beginn seiner Lehrtätigkeit war er für verschiedene IT-Firmen tätig, darunter etwa Santa Cruz Operation, Tandem Computers und die Lockheed Missiles and Space Corporation. Er hat einen M.A in Informatik und Systemtheorie an der California State University Monterey Bay erworben. Außerdem arbeitet er als Consultant für Cisco und andere Unternehmen. Wenn er nicht gerade arbeitet, findet man ihn meistens auf seinem Surfbrett: Rick ist ein leidenschaftlicher Surfer, der auf seinem Longboard nur allzu gerne auf den Wellen vor Santa Cruz reitet.

Widmung

Meiner Frau Teri. Ohne Deine Geduld und Dein Verständnis hätte ich an diesem Projekt nicht teilhaben können. Ich danke Dir für Deine Liebe und Unterstützung in den zahllosen Stunden, in denen ich mich dem Schreiben dieses Buches widmete. Und für Dein Verständnis dafür, dass ich sogar noch Zeit zum Surfen brauchte.

Rick Graziani

Meiner Frau Judy, die mir in guten und in schlechten Zeiten geholfen hat, Leib und Seele beisammen zu halten. Ohne ihre Unterstützung und ihre Bestärkung hätte ich hier nicht mitmachen können.

Bob Vachon

In diesem Buch verwendete Symbole

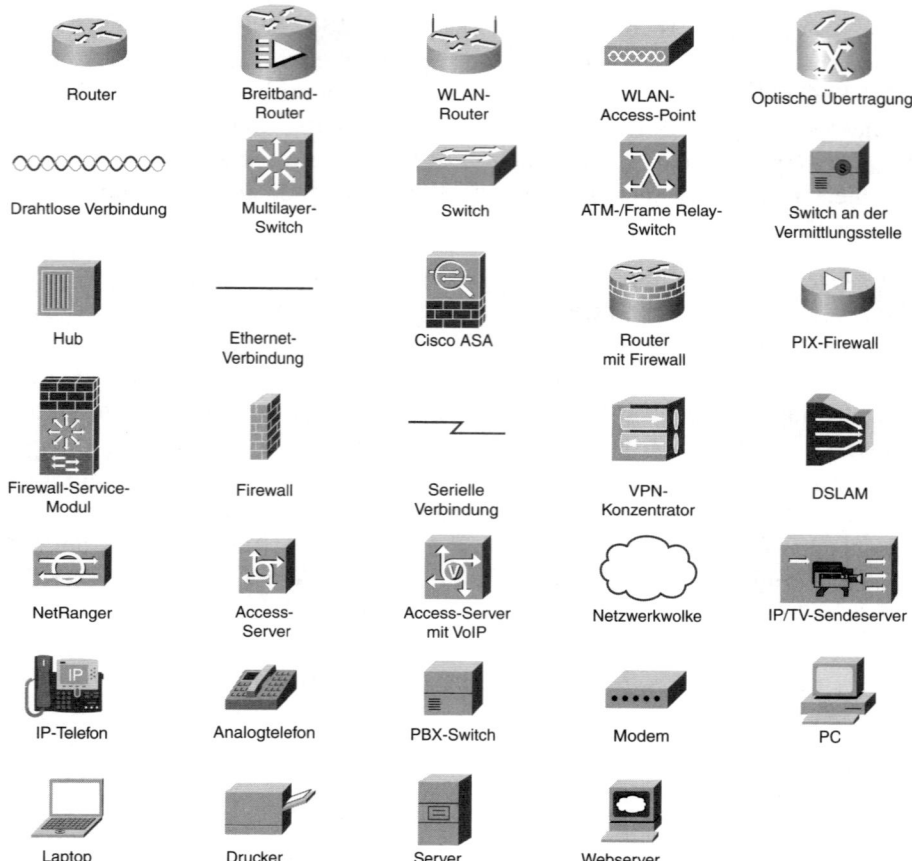

Typografische Konventionen

Die in den Listings in diesem Buch verwendeten typografischen Konventionen entsprechen denen anderer Cisco-Publikationen. Die folgenden Konventionen finden Anwendung:

- **Fettdruck** bezeichnet Befehle und Schlüsselwörter in der Form, wie sie eingegeben werden müssen. In den Konfigurationsbeispielen und Ausgabelistings sind fett gedruckte Befehle (wie beispielsweise show) durch den Benutzer einzugeben. Dies gilt jedoch nicht für die einfache Erwähnung von Befehlen im Fließtext.

- *Kursiv* gesetzt sind Argumente, die Sie durch die erforderlichen Werte ersetzen müssen.

- Vertikale Balken (|) trennen alternative, einander ausschließende Elemente voneinander.

- Optionale Elemente werden durch eckige Klammern ([]) angezeigt.

- Geschweifte Klammern ({}) signalisieren eine obligatorische Auswahl.

- Geschweifte Klammern in eckigen Klammern ([{}]) bezeichnen eine obligatorische Auswahl innerhalb eines optionalen Elements.

Einleitung

CNAP (Cisco Networking Academy Program) ist ein umfassendes E-Learning-Programm, welches Studierenden Fähigkeiten aus der Welt der Internettechnologien nahebringt. Jede Networking Academy nutzt webbasierte Inhalte, Online-Bewertungen, Leistungskontrolle sowie praxisorientierte Übungen, um die Studierenden auf die Zertifizierung nach Industriestandards vorzubereiten. Das CCNA-Curriculum umfasst vier Kurse, die sich thematisch um die CCNA-Zertifizierung (Cisco Certified Network Associate) drehen.

»CCNA Exploration Companion Guide. Wide Area Networks« ist das offizielle Begleitbuch zu Version 4 des Online-Curriculums »CCNA Exploration Accessing the WAN« der Networking Academy.

Dieses Buch geht inhaltlich über frühere Auflagen der Begleitbücher von Cisco Press hinaus, denn es bietet im Vergleich zum Kurs zahlreiche alternative Erklärungen und Beispiele. Sie können das Online-Curriculum wie gewöhnlich verwenden und dieses Begleitbuch dann einsetzen, um Ihr Wissen zu allen Themen durch zusätzliche Beispiele zu vertiefen.

Zweck dieses Buches wie auch des Online-Curriculums ist es, Ihnen das Verstehen verschiedener WAN-Technologien (z. B. PPP und Frame Relay) wie auch verwandter Themen (etwa ACLs oder NAT) zu erleichtern. Ferner werden hier auch weitere WAN-Technologien wie DSL, Kabelmodems und VPNs vorgestellt.

Der Zweck dieses Buches

Zuallererst soll dieses Buch Ihnen durch eine frische und ergänzende Sicht der Online-Inhalte dabei helfen, den gesamten erforderlichen Stoff des Kurses »Accessing the WAN« des CCNA Exploration-Curriculums der Networking Academy zu erlernen. Ein zweites Ziel besteht darin, Personen, die über keinen ständigen Internetzugang verfügen, eine mobile Alternative für das Online-Curriculum bereitzustellen. In solchen Fällen können Sie die entsprechenden Abschnitte dieses Buches auf Vorschlag Ihres Schulungsleiters lesen und dieselben Themen studieren, die auch Bestandteil des Online-Curriculums sind. Analog soll Ihnen dieses Buch aber auch als Studienmaterial zur Vorbereitung auf die CCNA-Prüfung dienen.

Zielgruppe dieses Buches

Zur Zielgruppe dieses Buches gehört im Grunde genommen jeder, der den CCNA Exploration-Kurs »Accessing the WAN« des Networking Academy-Curriculums belegt. Viele Networking Academys verwenden dieses Buch als obligatorische Grundlage des Kurses, während andere das autorisierte Kursmaterial als zusätzliche Quelle für Lern- und Praxisstoff verwenden.

Ferner richtet sich das Buch an Personen, die CCNA-spezifische Kurse bei professionellen Schulungseinrichtungen belegt haben. Außerdem kann es bei Kursen in Netzwerktechnik auf Oberstufen- oder Hochschulniveau Verwendung finden und von jedem gelesen werden, der ein umfassendes Verständnis für WANs entwickeln möchte.

Eigenschaften dieses Buches

Die Schulungseigenschaften dieses Buches legen den Schwerpunkt auf die unterstützende Behandlung der entsprechenden Themen, die Lesbarkeit und den Praxisbezug des Kursmaterials. Damit soll den Studierenden ein möglichst umfassendes Verständnis des Lehrstoffs ermöglicht werden.

Behandlung der Themen

Die folgenden Merkmale geben Ihnen einen umfassenden Überblick über die in den einzelnen Kapiteln behandelten Themen, damit Sie sich die Zeit für das Studium optimal einteilen können.

- **Lernziele.** Sie sind jeweils am Anfang eines Kapitels aufgeführt und nennen die wichtigsten Themen, die im Kapitel behandelt werden. Die Lernziele entsprechen den in den entsprechenden Kapiteln des Online-Curriculums aufgeführten Zielen. Die im Begleitbuch verwendeten Formulierungen sollen Sie dazu ermuntern, die Fragen bei der Lektüre des Kapitels zu beantworten.

- **Schrittanleitungen.** Wenn Sie in diesem Buch eine Reihe von Handlungen nacheinander durchführen müssen, um eine bestimmte Aufgabe zu erledigen, dann werden diese Handlungen in Schrittanleitungen zusammengefasst. Diese sind, wenn Sie das Buch durchblättern, durch das zugeordnete Symbol einfach zu erkennen.

- **Hinweise, Tipps, Sicherheitshinweise und Warnungen.** Dies sind Einschübe, die auf interessante Tatsachen, zeitsparende Methoden und wichtige Sicherheitsaspekte verweisen.

- **Kapitelzusammenfassungen.** Am Ende jedes Kapitels befindet sich eine Zusammenfassung der wichtigsten Themen. Sie dient als Abriss des Kapitels und als Lernhilfe.

Lesbarkeit

Die Autoren haben das Material zusammengestellt, bearbeitet und in manchen Fällen auch umgeschrieben, um den Stil dialoghafter zu gestalten und ein ebenso konsistentes wie zugängliches Leseerlebnis zu bieten. Außerdem wurden die folgenden Merkmale auf den aktuellen Stand gebracht, um Ihnen das Verständnis der Netzwerkterminologie zu erleichtern:

- **Schlüsselbegriffe.** Jedes Kapitel beginnt mit einer Liste der im Kapitel vorgestellten Schlüsselbegriffe. Diese sind in der Reihenfolge ihres Auftretens im Text aufgeführt. Dank einer auffälligen Formatierung können Sie gesuchte Begriffe im Text schnell finden und in ihrem jeweiligen Kontext erfassen. Zudem sind alle Schlüsselbegriffe im Glossar aufgeführt.

- **Glossar.** Dieses Buch enthält ein vollkommen neu erstelltes Glossar mit mehr als 240 Begriffen.

Praxis

Übung macht den Meister. Dieses neue Begleitbuch bietet Ihnen viele Möglichkeiten, das Erlernte in die Praxis umzusetzen. Zur Vertiefung des Stoffs sind die folgenden wert- und wirkungsvollen Eigenschaften vorhanden:

- **Lernzielkontrollen mit Antworten.** Die Prüfungsfragen wurden auf den aktuellen Stand gebracht. Sie dienen der Selbsteinschätzung und befinden sich am Ende eines jeden Kapitels. Der Stil entspricht den Fragen, die Sie aus dem Online-Kurs kennen. Der Anhang »Antworten zu Lernzielkontrollen und weiterführenden Fragen«, enthält die Antworten auf alle Fragen sowie zugehörige Erläuterungen.

- **NEU: Weiterführende Fragen und Aktivitäten.** Ganz am Ende eines jeden Kapitels werden weiterführende – und teilweise recht anspruchsvolle – Fragen und Aktivitäten vorgestellt. Diese Fragen wurden so gefasst, dass sie dem komplexeren Fragestil entsprechen, der auch bei der CCNA-Prüfung auftreten kann. In diesem Abschnitt werden unter Umständen auch praxisbezogene Aktivitäten beschrieben, die Sie bei der Vorbereitung auf die Prüfung unterstützen. Die Antworten sind in Anhang A enthalten.

- **Packet Tracer-Aktivitäten.** Immer wieder werden Sie in den Kapiteln auf Aktivitäten stoßen, die Sie mithilfe des Tools Cisco Packet Tracer durchführen. Mit Packet Tracer können Sie Netzwerke erstellen, den Paketfluss im Netzwerk veranschaulichen und einfache Test-Tools einsetzen, um zu ermitteln, ob Ihr Netzwerk funktionieren würde. Wenn Sie das Symbol sehen, können Sie Packet Tracer mit der angegebenen Datei verwenden, um eine im Buch beschriebene Aufgabe durchzuführen. Die Aktivitätsdateien befinden sich auf der CD-ROM zum Buch, während Packet Tracer über die Academy Connection-Website erhältlich ist. Wenden Sie sich an Ihren Schulungsleiter, um Packet Tracer zu erhalten.

Labs and Study Guide

Der Ergänzungsband »Accessing the WAN, CCNA Exploration Labs and Study Guide« von Cisco Press (ISBN: 1-58713-201-x) enthält alle Übungen aus dem Curriculum sowie weiterführende Übungen und Studienmaterial. Am Ende jedes Kapitels des vorliegenden Bandes verweisen Symbole auf die Praxisaktivitäten, Übungen und Packet Tracer-Aktivitäten, die im Labs and Study Guide enthalten sind.

- **Verweise auf Übungen.** Dieses Symbol kennzeichnet die Praxisübungen, die für das betreffende Kapitel im Online-Curriculum erstellt wurden. Im Labs and Study Guide finden Sie außerdem zusätzliche Übungen und Studienmaterial, das vom Autor jenes Titels erstellt wurde.

- **NEU: Packet Tracer Companion-Aktivitäten.** Viele Praxisübungen enthalten Packet Tracer Companion-Aktivitäten, in denen Sie Packet Tracer zur Simulation der Übung verwenden können. Suchen Sie im Labs and Study Guide nach Praxisübungen mit Packet Tracer Companion.

- **NEU: Packet Tracer Skills Integration Challenge-Aktivitäten.** Für diese Aktivitäten müssen Sie diverse Fähigkeiten, die Sie im betreffenden Kapitel erlernt haben, kombinieren, um eine umfangreiche Aufgabe erfolgreich durchführen zu können. Schlagen Sie im Labs and Study Guide die Hinweise zur Durchführung der Packet Tracer Skills Integration Challenge für dieses Kapitel nach.

Wissenswertes zur Packet Tracer-Software und zu Aktivitäten

Packet Tracer ist ein von Cisco entwickeltes, grafisches und interaktives Lehr- und Lern-Tool, bei dem Sie das Tempo Ihres Voranschreitens selbst festlegen. Übungsaktivitäten sind ein wichtiger Teil der Ausbildung in der Netzwerktechnik. Problematisch ist allerdings, dass Übungsgeräte wie Router und Switches oft nicht oder nur eingeschränkt zur Verfügung stehen. Die Software Packet Tracer ermöglicht eine optische Simulation von Netzwerkgeräten und -prozessen am PC, um das Problem fehlender Hardware zu beseitigen. Studierende können dank Packet Tracer beliebig viel Zeit mit der Durchführung der Standardübungen verbringen und auch zu Hause arbeiten. Packet Tracer ist zwar kein Ersatz für echte Geräte, gestattet Studierenden jedoch auch das Üben über eine Befehlszeilenschnittstelle. Diese E-Learning-Komponente ist ein wesentlicher Faktor, wenn es darum geht, die Konfiguration von Routern und Switches über die Befehlszeile zu erlernen.

Packet Tracer 5.x steht über die Academy Connection-Website nur Cisco Networking Academys zur Verfügung. Wenden Sie sich an Ihren Schulungsleiter, um Packet Tracer zu erhalten.

Der Kurs enthält im Wesentlichen drei verschiedene Muster von Packet Tracer-Aktivitäten. Dieses Buch verwendet bestimmte Symbole, um anzuzeigen, welche Art von Aktivität Ihnen jeweils angeboten wird. Die Symbole sollen Ihnen sagen, welchen Zweck die Aktivität verfolgt und wie lange Sie etwa brauchen werden, um sie durchzuführen. Hier die drei Arten von Packet Tracer-Aktivitäten:

- **Packet Tracer-Aktivität.** Dieses Symbol bezeichnet unkomplizierte Übungen, die im Kapiteltext an geeigneter Stelle auftreten. Hier können Sie ein bestimmtes Thema üben oder veranschaulichen. Die Aktivitätsdateien für diese Übungen finden Sie auf der CD-ROM zum Buch. Die Durchführung solcher Aktivitäten benötigt weniger Zeit als die Packet Tracer Companion- und Packet Tracer Challenge-Aktivitäten.

- **Packet Tracer Companion.** Dieses Symbol bezeichnet Übungen, die den Praxisübungen des Kurses entsprechen. Sie können mit Packet Tracer eine Simulation der Praxisübung oder eine ähnliche »Übung« durchführen. Der vorliegende Band enthält diese Übungen jeweils am Kapitelende; im Labs and Study Guide können Sie nach diesem Symbol und der zugehörigen Übung Ausschau halten, um Packet Tracer Companion-Praxisübungen zu finden.

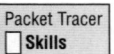

- **Packet Tracer Skills Integration Challenge.** Dieses Symbol kennzeichnet Aktivitäten, für die Sie diverse Fähigkeiten, die Sie im betreffenden Kapitel erlernt haben, kombinieren müssen, um eine umfangreiche Aufgabe erfolgreich durchführen zu können. Der vorliegende Band enthält diese Übungen jeweils am Kapitelende; im Labs and Study Guide können Sie nach diesem Symbol Ausschau halten, um Packet Tracer Skills Integration Challenge-Aktivitäten für das betreffende Kapitel zu bearbeiten.

Aufbau des Buches

Dieses Buch behandelt die wichtigsten Themen in derselben Reihenfolge wie das Online-Curriculum für den Kurs »CCNA Exploration Accessing the WAN«. Das Buch umfasst acht Kapitel, deren Reihenfolge und Benennung weitgehend den Kapiteln des Online-Kurses entsprechen.

Für Leser, die dieses Buch zum Selbststudium lesen oder keinen Kurs zum Thema »CCNA Exploration LAN Switching and Wireless« besuchen, ist der Lehrstoff logisch angeordnet.

- **Kapitel 1, »Einführung in WANs«**, vermittelt einen Überblick über die Optionen, die zum Entwerfen von Unternehmens-WANs zur Verfügung stehen, die zu ihrer Implementierung vorhandenen Technologien und die zugehörige Terminologie. Sie erfahren hier, wie Sie die passenden WAN-Technologien, Dienste und Geräte auswählen, um die sich fortlaufend ändernden geschäftlichen Anforderungen eines sich entwickelnden Unternehmens zu erfüllen.

- **Kapitel 2, »PPP«**, untersucht PPP einschließlich seiner Abstammung von HDLC, der zugehörigen Technik, der schichtbasierten Architektur und der Konfiguration. Auch die Konfiguration von PPP unter Verwendung der Authentifizierung mit PAP und CHAP wird behandelt.

- **Kapitel 3, »Frame Relay«**, untersucht das Frame Relay-Protokoll. Behandelt werden grundlegende Frame Relay-Techniken wie Kapselung, Topologien und Adresszuordnung. Wir werden verschiedene Konfigurationstechniken erläutern, darunter die Verwendung statischer Frame Relay-Maps, den Einsatz von Inverse ARP sowie die Konfiguration von Frame Relay auf Subschnittstellen.

- **Kapitel 4, »Netzwerksicherheit«**, behandelt die Bedrohungen und Angriffe, denen zahlreiche Netzwerke heutzutage ausgesetzt sind. Sicherheitsrichtlinien und vorbeugende Maßnahmen werden beschrieben. Es wird erklärt, wie Netzwerke und Geräte abgesichert werden; außerdem erhalten Sie eine Einführung in Cisco SDM. Auch die Handhabung von Cisco IOS-Images einschließlich Themen wie der Passwortwiederherstellung und der Wiederherstellung von IOS-Images wird in diesem Kapitel behandelt.

- **Kapitel 5, »ACLs«**, beschreibt den Einsatz und Aspekte von ACLs, wobei Standard-ACLs, erweiterte ACLs und benannte ACLs gleichermaßen berücksichtigt werden. Wir erlernen die Konfiguration von ACLs, die Verwendung von Wildcard-Masken, die Überwachung von ACLs und ihre Anwendung auf Schnittstellen. Außerdem werden dynamische, reflexive und zeitbasierte ACLs vorgestellt.

- **Kapitel 6, »Dienste für Telearbeiter«**, beschreibt, wie in Unternehmen sichere, schnelle und zuverlässige Remote-Netzwerkverbindungen für Telearbeiter bereitgestellt werden. Das Kapitel behandelt Technologien wie DSL, Kabelmodems und die drahtlose Breitbandanbindung. Auch VPNs und IPSec werden eingeführt.

- **Kapitel 7, »Dienste für die IP-Adressierung«**, behandelt DHCP, NAT und IPv6. Das Kapitel skizziert sowohl die Konzepte als auch Konfigurationen, die zur Implementierungen dieser Technologien benötigt werden.

- **Kapitel 8, »Troubleshooting im Netzwerk«**, behandelt die Dokumentation Ihres Netzwerks, die Erstellung einer Baseline und die Tools und Methoden, die zur Diagnose von Problemen in einem Netzwerk eingesetzt werden.

- **Anhang A, »Antworten zu Lernzielkontrollen und weiterführenden Fragen«**, enthält die Antworten auf die Fragen zur Lernzielkontrolle, die am Ende der einzelnen Kapitel zu finden sind. Außerdem finden Sie hier auch die Lösungen für die weiterführenden Fragen und Aktivitäten, die die meisten Kapitel abschließen.

- Im **Glossar** finden Sie alle Schlüsselbegriffe, die in diesem Buch auftauchen.

Die Begleit-CD-ROM

Die diesem Buch beiliegende CD-ROM enthält zahlreiche nützliche Tools und Informationen, um Ihre Ausbildung zu unterstützen:

- **Dateien für Packet Tracer-Aktivitäten.** Mit diesen Daten können Sie die Packet Tracer-Aktivitäten bearbeiten, die im Buch aufgeführt und mit dem entsprechenden Symbol gekennzeichnet sind.

- *Taking Notes*. Dieser Bereich enthält eine TXT-Datei mit den Lernzielen der einzelnen Kapitel. Diese ist als allgemeine Übersicht der Schlüsselthemen gedacht, mit denen Sie sich auskennen müssen. Die Praktik, sich eindeutige und konsistente Notizen zu machen, ist eine wichtige Fähigkeit nicht nur für das Erlernen und Verinnerlichen des Lehrstoffs, sondern auch für Ihren späteren Erfolg im Beruf. Ferner enthält dieser Bereich eine PDF-Datei mit dem Titel »A Guide to Using a Networker's Journal«, die zeigt, wie wertvoll das Führen und Organisieren eines Berufstagebuches ist und was man am besten dort (nicht) einträgt.

- *IT Career Information.* Dieser Bereich enthält einen Leitfaden für Studierende, in dem die Anwendung des Toolkits auf die Karriereplanung beschrieben wird. Erfahren Sie mehr zu der Frage, wie Sie Ihren Einstieg in die berufliche Welt der IT schaffen. Zu diesem Zweck sind zwei Kapitel aus dem Titel »The IT Career Builder's Toolkit« enthalten: »The Job Search« und »The Interview«.

- *Lifelong Learning in Networking.* Wenn Sie in die Berufswelt einsteigen, werden Sie sehr bald merken, dass sich die Technologien fortlaufend ändern und weiterentwickeln. Der hier beschriebene Berufsweg bietet neue und aufregende Möglichkeiten zum Erlernen neuer Technologien und ihrer Anwendungen. Wenn es um den Wissenserwerb geht, ist Cisco Press eine der wichtigsten Ressourcen. Dieser Bereich der CD-ROM bietet Ihnen eine Orientierungshilfe zu den Informationen, auf die Sie zugreifen können, sowie Hinweise zur Frage, wie man sich in diese Ressourcen für ein lebenslanges Lernen einklinkt.

Wissenswertes zur Cisco Press-Website zu diesem Buch

Cisco Press stellt unter Umständen zusätzliche Inhalte bereit, die nach Registrierung Ihres Buchexemplars auf der Website *ciscopress.com* zugänglich sind. Registrierung und Mitgliedschaft sind kostenlos. Zudem erhalten Sie Zugriff auf exklusive Angebote für andere Ressourcen von Cisco Press.

Um dieses Buch zu registrieren, rufen Sie *http://www.ciscopress.com/bookstore/register.asp* auf und geben die ISBN 978-1-58713-205-6 ein. Sie werden dann aufgefordert, sich anzumelden oder auf *ciscopress.com* ein Konto zu eröffnen, um mit der Registrierung fortzufahren.

Nach der Registrierung des Buches erscheint auf Ihrer Seite *My Registered Books* ein Link zu den zusätzlichen Inhalten.

Lernziele

Wenn Sie dieses Kapitel gelesen haben, sollten Sie in der Lage sein, die folgenden Fragen zu beantworten:

- Wie bietet die Cisco-Enterprise-Architektur integrierte Dienste über ein Unternehmensnetzwerk an?
- Welches sind die technologischen Schlüsselfunktionen bei WANs?
- Welche WAN-Technologien sind geeignet, die verschiedenen Anforderungen großer Unternehmen zu erfüllen?

Schlüsselbegriffe

In diesem Kapitel werden die folgenden Schlüsselbegriffe vorgestellt. Die entsprechenden Definitionen finden Sie im Glossar.

WAN ▪ Unternehmensnetzwerk ▪ Datenkommunikation ▪ Transaktionen ▪ VoIP ▪ Breitband ▪ Telearbeiter ▪ Netzwerkverteilerräume ▪ Backbone ▪ MAN ▪ Frame Relay ▪ ATM ▪ HDLC ▪ CPE ▪ DCE ▪ DTE ▪ Teilnehmeranschlussleitung ▪ Kabel ▪ Demarkationspunkt ▪ Vermittlungsstelle ▪ Kommunikationsleitungen ▪ Modem ▪ T1 ▪ T3 ▪ CSU ▪ DSU ▪ T-Trägersignal ▪ Access-Server ▪ X.25 ▪ öffentliches Telefonnetz ▪ ISDN ▪ POP ▪ Core-Router ▪ HSSI ▪ PPP ▪ Leitung ▪ TDM ▪ Leitungsvermittlung ▪ Paketvermittlung ▪ paketvermitteltes Netzwerk ▪ verbindungslos ▪ verbindungsorientiert ▪ DLCI ▪ VC ▪ PVC ▪ SVC ▪ Standleitung ▪ Telefonie ▪ B-Kanäle ▪ Signalisierung ▪ D-Kanal ▪ Basisanschluss ▪ Primärmultiplexanschluss ▪ Synchronisierung ▪ E1 ▪ J1 ▪ Rufaufbauzeit ▪ Koaxialkabel ▪ Kabelfernsehen ▪ Empfangsstelle ▪ Mikrowellen ▪ Firewall

Kapitel 1

Einführung in WANs

Wenn ein Unternehmen eine bestimmte Größe überschreitet, Zweigstellen eröffnet, E-Commerce-Dienste bietet oder global operiert, reicht ein LAN (Local Area Network, lokales Netzwerk) zur Erfüllung der geschäftlichen Anforderungen nicht mehr aus. Die Nutzung von WANs (Wide Area Networks, Weitbereichsnetze) ist heute für größere Unternehmen eine absolute Notwendigkeit.

Eine Vielzahl von WAN-Technologien erfüllen die verschiedenen Bedürfnisse von Unternehmen, und es gibt Möglichkeiten, das Netzwerk zu skalieren. Die Implementierung von WANs hat jedoch auch zur Folge, dass andere Aspekte – etwa in den Bereichen Netzwerksicherheit und Adressenmanagement – berücksichtigt werden müssen. Insofern sind das Entwerfen eines WAN und die Auswahl der korrekten Trägernetzwerkdienste keine einfache Angelegenheit.

In diesem Kapitel beginnen wir mit den Optionen, die zum Entwerfen von Unternehmens-WANs zur Verfügung stehen, mit der zu ihrer Implementierung vorhandenen Technologie und der zugehörigen Terminologie. Sie erfahren hier, wie Sie die passenden WAN-Technologien, Dienste und Geräte auswählen, um die sich fortlaufend ändernden geschäftlichen Anforderungen eines sich entwickelnden Unternehmens zu erfüllen. Die Aktivitäten und Übungen dienen der Wiederholung und Vertiefung des Erlernten.

Wenn Sie das Kapitel durchgearbeitet haben, können Sie die wichtigsten WAN-Technologien beschreiben, mit denen sich integrierte WAN-Dienste in einem Unternehmensnetzwerk mit mehreren Standorten betreiben lassen.

1.1 WAN-Grundlagen

Eine Möglichkeit, Netzwerke zu kategorisieren, besteht in ihrer Unterteilung in LANs und WANs. LANs umfassen meistens angeschlossene Workstations, Drucker und andere Geräte innerhalb eines eingeschränkten geografischen Bereichs (z. B. eines Gebäudes). Alle Geräte in einem LAN werden gemeinsam durch den Besitzer des LAN (Unternehmen, Bildungseinrichtung

26 Wide Area Networks

usw.) administriert. Heutzutage handelt es sich in erster Linie um Ethernet-LANs.

Im Gegensatz dazu sind WANs Netzwerke, die einen größeren geografischen Bereich abdecken und meistens der Dienste eines Netzbetreibers bedürfen. Beispiele für WAN-Technologien und -Protokolle sind Frame Relay, ATM und DSL.

1.1.1 Was ist ein WAN?

Ein WAN ist ein Netzwerk zur Datenkommunikation, das außerhalb des geografischen Bereichs eines LAN betrieben wird. Abbildung 1.1 setzt LANs und WANs zueinander in Beziehung.

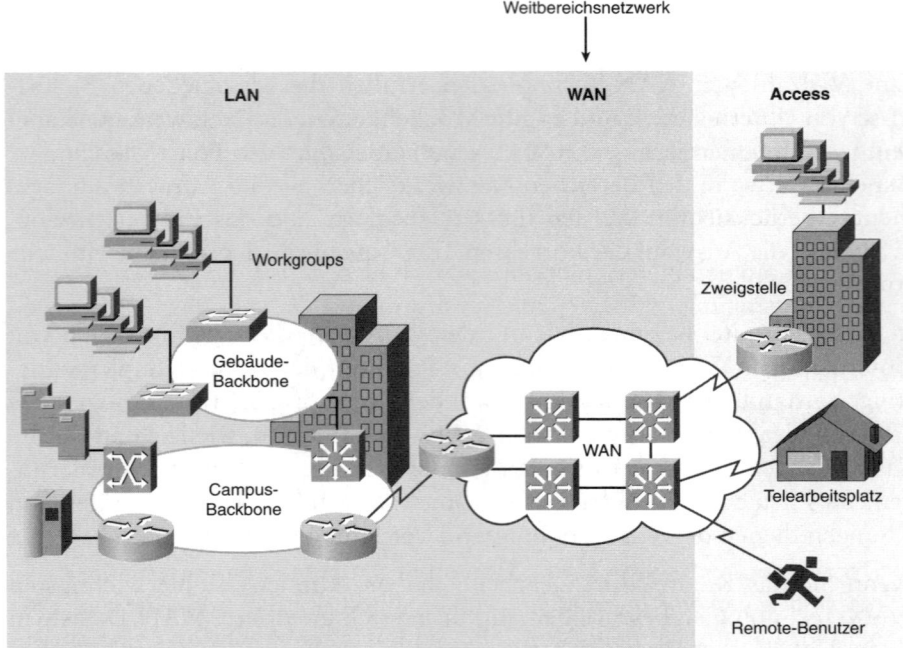

Abbildung 1.1: Einordnung von WANs

WANs unterscheiden sich in mehrfacher Hinsicht von LANs. Während ein LAN Computer, Peripherie- und andere Geräte in einem einzelnen Gebäude oder einem anderen beschränkten geografischen Bereich miteinander verbindet, ermöglicht ein WAN die Übertragung von Daten über große Entfernungen hinweg. Außerdem müssen Unternehmen zur Nutzung von WAN-Verbindungen die Dienste eines externen Providers in Anspruch nehmen.

LANs hingegen befinden sich in der Regel im Besitz des Unternehmens oder der Organisation, die sie auch verwenden.

WANs nutzen vom externen Provider (z. B. einem Telefon- oder Kabelnetzbetreiber) bereitgestellte Einrichtungen, um Standorte einer Organisation miteinander, mit Standorten anderer Organisationen, externen Diensten sowie Remote-Benutzern zu verbinden. Dabei nutzen sie die Netzwerkfunktionalitäten, um eine Vielzahl unternehmenskritischer Übertragungen (Sprache, Video oder Daten) zu unterstützen.

Wir wollen zunächst drei wesentliche Eigenschaften von WANs nennen:

- WANs verbinden im Allgemeinen Geräte, die eine größere geografische Entfernung voneinander aufweisen und deswegen nicht von einem LAN bedient werden können.
- WANs nutzen die Dienste externer Provider: dies können Telefon- oder Kabelnetzbetreiber, Satellitensysteme oder Netzwerkanbieter sein.
- WANs nutzen serielle Verbindungen unterschiedlicher Form, um über große Entfernungen hinweg die benötigte Bandbreite bereitzustellen.

1.1.2 Warum werden WANs gebraucht?

LAN-Technologien bieten sowohl hohe Datenraten als auch niedrige Kosten bei der Übertragung von Daten in Organisationen, die auf relativ kleine geografische Bereiche beschränkt sind. Allerdings benötigen andere Unternehmen auch die Möglichkeit der Kommunikation mit entfernten Standorten. Dies betrifft etwa folgende Beispiele:

- Mitarbeiter in regionalen Zweigstellen einer Organisation müssen mit dem zentralen Standort kommunizieren und dortige Ressourcen nutzen können.
- Organisationen wollen häufig Daten mit anderen, weit entfernten Organisationen gemeinsam nutzen können. So übermitteln Softwarehersteller beispielsweise regelmäßig Produkt- und Werbematerial an Vertriebsfirmen, die ihre Produkte an Endkunden verkaufen.
- Mitarbeiter, die häufig im Auftrag des Unternehmens unterwegs sind, müssen auf Daten im Firmennetzwerk zugreifen können.

Auch Benutzer von Heimcomputern möchten ihre Daten über immer größere Entfernungen senden und empfangen. Hier einige Beispiele:

- Es ist mittlerweile in vielen Haushalten normal, mit Banken, Geschäften und Anbietern unterschiedlichster Waren und Dienstleistungen mithilfe von Computern zu kommunizieren.

- Studenten recherchieren für ihren Unterricht, indem sie auf Bibliothekskataloge und Publikationen zugreifen, die sich in anderen Teilen ihres Landes oder gar in anderen Teilen der Welt befinden.

Weil es naheliegenderweise nicht möglich ist, Computer landes- oder weltweit mit LAN-Kabeln zu vernetzen, wurden verschiedene Technologien entwickelt, um den entsprechenden Bedarf zu befriedigen. Das Internet wurde bald zur preisgünstigen Alternative zu WAN-Verbindungen und ist es bis heute geblieben. Neue Technologien stehen Unternehmen zur Verfügung, die Sicherheit und Datenschutz für die Internetkommunikation und für Transaktionen bieten. Heute erfüllen WANs allein oder gemeinsam mit dem Internet die entsprechenden Anforderungen von Organisationen und Privatpersonen.

1.2 Das Beispielunternehmen

Wenn Unternehmen wachsen, beschäftigen sie mehr Mitarbeiter, eröffnen Zweigstellen und expandieren in globale Märkte. Diese Veränderungen wirken sich auch auf die integrierten Datendienste aus und bestimmen die Anforderungen des Unternehmens an das Netzwerk. In diesem Abschnitt untersuchen wir, wie Unternehmensnetzwerke sich entwickeln müssen, um die sich ändernden geschäftlichen Anforderungen von Unternehmen besser erfüllen zu können.

1.2.1 Unternehmen und ihre Netzwerke

Jedes Unternehmen ist anders. Wie eine Organisation wächst, hängt von vielen Faktoren ab, beispielsweise von der Art der Produkte oder Dienstleistungen, die das Unternehmen anbietet, der Managementphilosophie des Besitzers oder dem Wirtschaftsklima in dem Land, in dem das Unternehmen operiert.

In wirtschaftlich schwachen Zeiten konzentrieren sich zahlreiche Unternehmen darauf, ihre Wirtschaftlichkeit zu steigern, indem sie die vorhandene Produktionstechnologie optimieren, die Produktivität der Mitarbeiter erhöhen und die Betriebskosten senken. Das Aufbauen und Verwalten von Netzwerken kann erhebliche Ausgaben für die Installation und den Betrieb mit sich bringen. Um diese Kosten zu rechtfertigen, verlangen Unternehmen, dass ihre Netzwerke optimal arbeiten und eine immer größere Anzahl von Diensten und Anwendungen bereitstellen, um Produktivität und Wirtschaftlichkeit zu unterstützen.

Zur Veranschaulichung haben wir eine fiktive Firma namens Span Engineering ersonnen, die uns als Beispiel dienen soll. Sie werden beobachten, wie sich die Anforderungen an das Netzwerk ändern, wenn aus dem lokalen Kleinbetrieb ein global agierendes Großunternehmen wird.

1.2.2 Einfaches LAN im Büro

Span Engineering ist im Bereich des Ökologie-Consultings tätig und hat einen besonderen Prozess entwickelt, um Haushaltsmüll in Elektrizität umzuwandeln. Für die örtliche Stadtverwaltung wird nun ein kleines Pilotprojekt entworfen. Das Unternehmen wurde vor vier Jahren gegründet und hat mittlerweile 15 Mitarbeiter: sechs Entwickler, vier CAD-Designer, zwei Seniorpartner und zwei Sachbearbeiter.

Die Geschäftsleitung von Span Engineering hofft auf umfassende Folgeprojekte, sobald das Pilotprojekt erst einmal erfolgreich die Machbarkeit des Prozesses demonstriert hat. Bis dahin muss das Unternehmen seine Kosten sorgfältig im Blick behalten.

Für das in Abbildung 1.2 gezeigte Büro wird bei Span Engineering ein einzelnes LAN verwendet, in dem Daten sowie Peripheriegeräte (ein Drucker, ein Plotter zur Ausgabe technischer Zeichnungen und ein Faxgerät) gemeinsam benutzt werden. Kürzlich wurde das LAN aktualisiert, um preiswerte VoIP-Dienste (Voice over IP) bereitzustellen; hiermit sollen die Kosten für separate Telefonanschlüsse der Mitarbeiter reduziert werden.

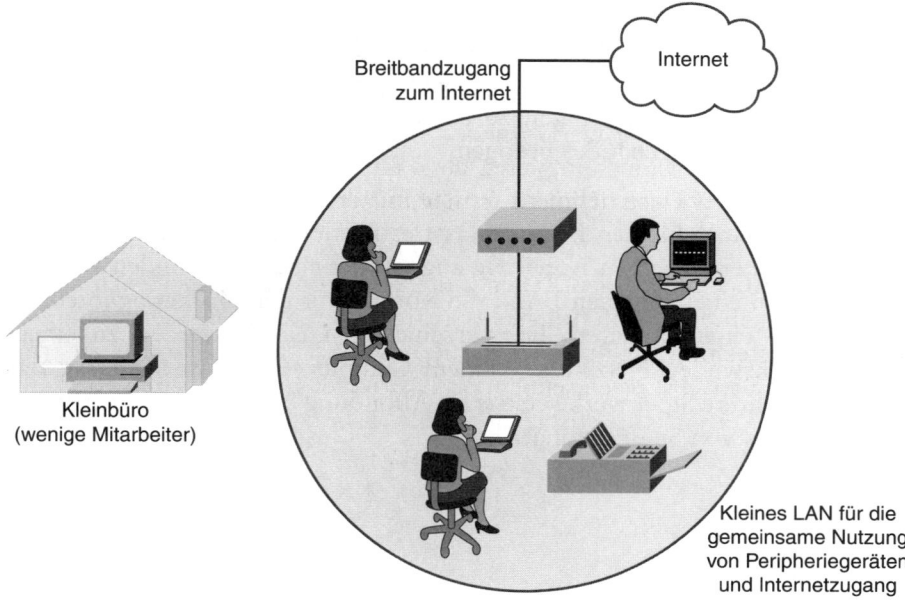

Abbildung 1.2: Kleinbüro mit einfachem LAN

Das Unternehmen ist über eine normale, bei einem lokalen Anbieter angemietete DSL-Breitbandleitung (Digital Subscriber Line) an das Internet angebunden. Bei einer so geringen Zahl von Mitarbeitern ist die Bandbreite kein erhebliches Problem.

Das Unternehmen leistet sich aus Kostengründen keinen internen IT-Support, sondern erhält diesen ebenfalls kostenpflichtig vom genannten Netzanbieter. Schließlich nutzt Span Engineering auch für FTP- und Mailserver einen externen Dienstleister, statt die entsprechende Hard- und Software selbst zu betreiben.

1.2.3 Campus mit mehreren LANs

Fünf Jahre später hat Span Engineering erheblich an Umfang zugenommen. Die Hoffnungen der Firmeneigentümer haben sich tatsächlich erfüllt: Bald nach der erfolgreichen ersten Piloteinrichtung wurde das Unternehmen mit dem Bau einer umfangreichen Müllkonvertierungsanlage beauftragt. Zudem wurden seitdem weitere Projekte in benachbarten Gemeinden wie auch in anderen Teilen des Landes hinzugewonnen.

Um die Mehrarbeit bewältigen zu können, wurden weitere Mitarbeiter angestellt und zusätzliche Räumlichkeiten angemietet. Wir haben es nun mit einem Unternehmen der mittleren Größenordnung zu tun, bei dem mehrere Hundert Menschen beschäftigt sind. Viele Projekte werden gleichzeitig entwickelt und erfordern jeweils einen eigenen Projektmanager und Support-Mitarbeiter. Das Unternehmen ist mittlerweile in funktionsbezogene Abteilungen gegliedert, die jeweils ein eigenes Organisationsteam umfassen. Um die zusätzlichen Anforderungen zu erfüllen, wurden mehrere Stockwerke eines größeren Bürogebäudes bezogen.

Das Netzwerk des Unternehmens musste mit der Vergrößerung Schritt halten. Anstelle eines kleinen LAN umfasst es mittlerweile mehrere Subnetze, die jeweils einer einzelnen Abteilung zugeordnet sind. So befinden sich alle Entwickler in einem eigenen LAN, die Mitarbeiter der Marketingabteilung hingegen in einem anderen. Die verschiedenen LANs werden zu einem unternehmensweiten Netzwerk – einem Campus – zusammengefasst, das sich über mehrere Stockwerke erstreckt. Abbildung 1.3 zeigt das vergrößerte Campus-LAN von Span Engineering.

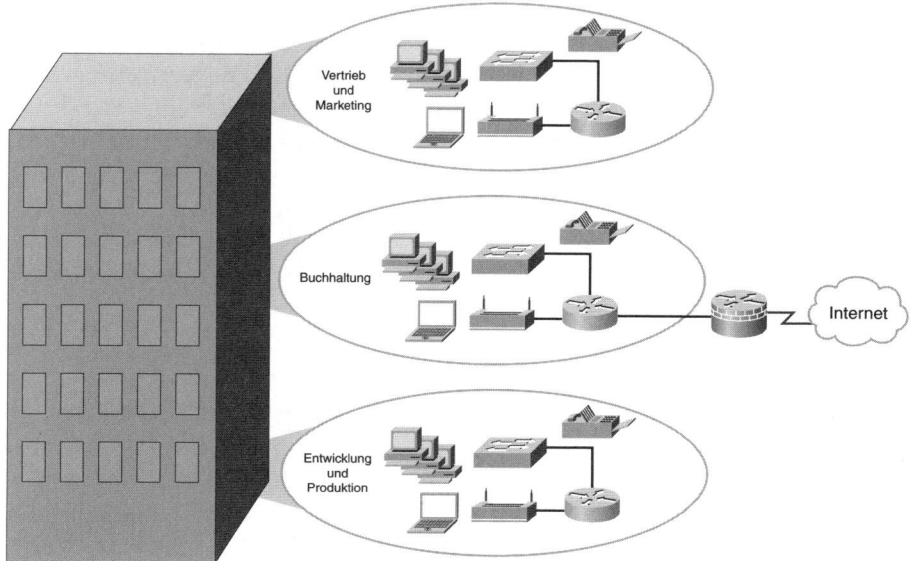

Abbildung 1.3: Campus mit mehreren LANs

In der Zwischenzeit verfügt das Unternehmen auch über eine interne IT-Abteilung für den Betrieb des Netzwerks. Dieses Netzwerk enthält Server für E-Mail, Datenübertragung und Dateispeicherung, webbasierte Workflow-Tools und Anwendungen. Es umfasst ein Unternehmens-Intranet zur Bereitstellung von internen Dokumenten und Daten für Mitarbeiter sowie ein Extranet, um bestimmten Kunden Projektinformationen zukommen zu lassen.

1.2.4 Zweigstelle mit WAN

Weitere fünf Jahre später ist Span Engineering mit der patentierten Konvertierung so erfolgreich geworden, dass die Nachfrage nach seinen Dienstleistungen sprunghaft angestiegen ist. Neue Projekte entstehen in anderen Städten. Um diese zu verwalten, hat das Unternehmen kleine Zweigstellen in der Umgebung der Projektstandorte eröffnet.

Diese Situation stellt das IT-Team vor neue Herausforderungen. Um die Bereitstellung von Daten und Diensten im gesamten Unternehmen zu verwalten, betreibt Span Engineering nun ein Datacenter, in dem die verschiedenen Datenbanken und Server untergebracht sind. Um zu gewährleisten, dass alle Unternehmensteile unabhängig von ihrem physischen Standort auf dieselben Dienste und Anwendungen zugreifen können, muss Span Engineering nun ein WAN aufbauen.

Bei den Zweigstellen und Regionalbüros in nahegelegenen Städten entscheidet man sich für den Einsatz privater Standleitungen, die von einem lokalen Provider bereitgestellt werden (siehe Abbildung 1.4). Für Vertretungen in anderen Ländern hingegen ist das Internet mittlerweile eine attraktive Option zur WAN-Anbindung. Solche Verbindungen sind wirtschaftlich, aber das IT-Team muss auch sicherheitstechnische Aspekte und Fragen des Datenschutzes berücksichtigen.

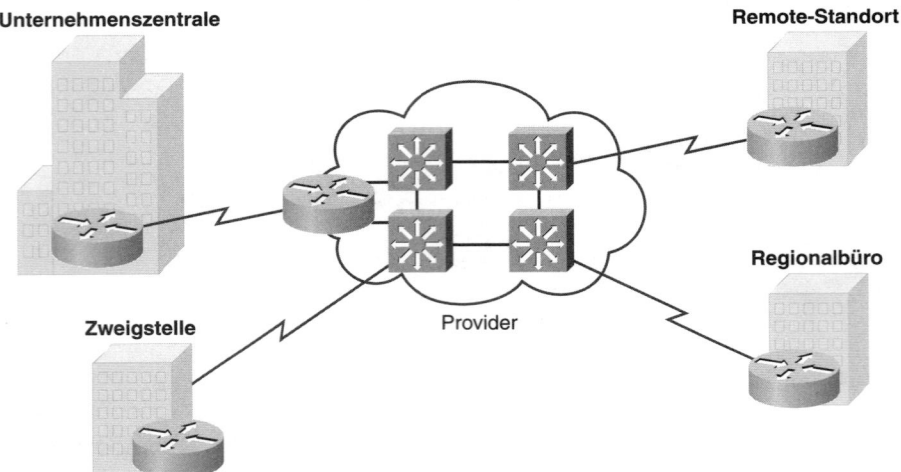

Abbildung 1.4: Zweigstelle mit WAN

1.2.5 Globales Netzwerk mit verteilten Standorten

Mittlerweile ist Span Engineering seit 20 Jahren am Markt. Das Unternehmen ist inzwischen so groß geworden, dass es Tausende von Mitarbeitern in aller Welt beschäftigt. Die Kosten für das Netzwerk und die zugehörigen Dienste stellen eine erhebliche Ausgabe dar. Deswegen ist man bestrebt, den Mitarbeitern optimale Netzwerkdienste zu möglichst niedrigen Kosten bereitzustellen. Optimierte Netzwerkdienste können die Arbeitsleistung aller Mitarbeiter erhöhen.

Um die Wirtschaftlichkeit zu steigern, muss Span Engineering die Betriebskosten senken. Deswegen wurden einige Büroeinrichtungen in kostengünstigere Regionen verlegt. Das Unternehmen fördert zudem Telearbeit und virtuelles Teamwork. Webbasierte Anwendungen – Konferenzsoftware, E-Learning-Tools und Werkzeuge zur Online-Zusammenarbeit – werden eingesetzt, um die Produktivität zu erhöhen und Kosten zu senken. VPNs (Virtual Private Networks, virtuelle private Netzwerke) ermöglichen Verbindungen zwischen Standorten sowie den Remote-Zugriff. Auf diese Weise wird eine schnelle und einfache Anbindung von Mitarbeitern und Einrichtungen in aller Welt ermöglicht. Um diese Anforderungen zu erfüllen, muss das Netzwerk über das Internet den Remote-Zugriff der angebundenen Zweigstellen und Personen gestatten und die notwendigen konvergierten Dienste und eine sichere WAN-Konnektivität bereitstellen. Abbildung 1.5 zeigt das neue, verteilte (globale) Netzwerk von Span Engineering.

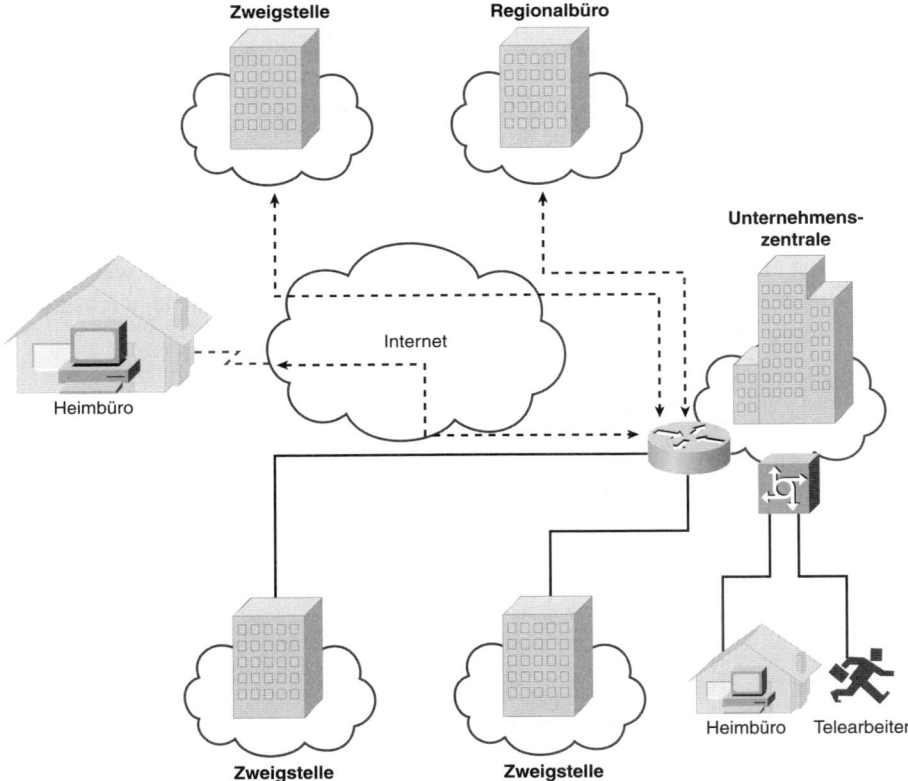

Abbildung 1.5: Globales Netzwerk mit verteilten Standorten

Wie aus diesem Beispiel ersichtlich wird, können sich die Netzwerkanforderungen eines Unternehmens abhängig von seinem Wachstum im Laufe der Zeit drastisch ändern. Der spezialisierte Einsatz von Mitarbeitern spart Kosten ein, erhöht aber die Anforderungen an das Netzwerk. Ein Netzwerk muss also nicht nur die Bedürfnisse des täglichen Betriebs erfüllen, sondern auch in der Lage sein, sich den Veränderungen anzupassen und mit dem Unternehmen zu wachsen. Netzdesigner und Administratoren müssen diese Anforderungen erfüllen, indem sie Netzwerktechnologien, Protokolle und Provider sorgfältig auswählen und ihre Netzwerke mithilfe zahlreicher Methoden optimieren, die wir in dieser Kursreihe kennenlernen. In den nächsten Abschnitten beschreiben wir ein Modell zum Entwerfen von Netzwerken, das sich an die sich verändernden Bedürfnisse moderner Unternehmen anpassen kann.

1.3 Das sich entwickelnde Netzwerkmodell

Das hierarchische Netzwerkmodell ist ein Framework, mit dem Sie Netzwerke veranschaulichen und entwerfen können. Es gibt mehrere Varianten dieses Modells, die sich an jeweils spezifische Situationen anpassen lassen.

1.3.1 Das hierarchische Entwurfsmodell

Abbildung 1.6 zeigt das hierarchische Netzwerkmodell, welches ein sehr praktisches Werkzeug zum Entwerfen einer zuverlässigen Netzwerkinfrastruktur ist. Es enthält eine modulare Darstellung des Netzwerks und erleichtert das Design und den Aufbau eines skalierbaren Netzwerks. Die Abbildung zeigt ein Konzept des Modells und bezeichnet die wichtigsten Zuständigkeiten.

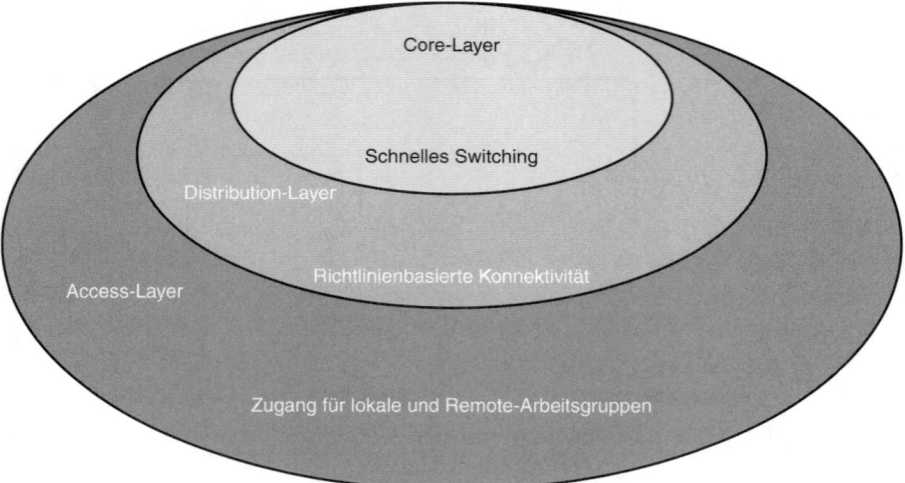

Abbildung 1.6: Das hierarchische Netzwerkmodell

Das hierarchische Netzwerkmodell

Wie Sie aus dem CCNA Exploration Companion Guide »LAN-Switching und Wireless« wahrscheinlich noch wissen, unterteilt das hierarchische Netzwerkmodell ein Netzwerk in drei Layer (Schichten):

- **Access-Layer.** Gewährt dem Benutzer Zugang zum Netzwerk. Auf einem Netzwerkcampus umfasst der Access-Layer im Allgemeinen geswitchte LAN-Geräte mit Ports, über die Workstations und Server angebunden werden. In der WAN-Umgebung kann der Access-Layer Telearbeitern oder entfernten Standorten unter Verwendung einer WAN-Technologie Zugang zum Firmennetz gewähren.

- **Distribution-Layer.** Zum Distribution-Layer gehören die Netzwerkverteilerräume. Hier werden in einer Campusumgebung Arbeitsgruppen mithilfe von Switches segmentiert und mögliche Netzwerkprobleme eingegrenzt. Ähnlich fasst der Distribution-Layer auch WAN-Verbindungen am Rand des Campus zusammen und bietet richtliniengesteuerte Konnektivität.

- **Core-Layer.** Der Core-Layer ist ein mit hoher Datenrate arbeitender Backbone, dessen Zweck ein möglichst schnelles Switching von Paketen ist. Da der Core-Layer für die Konnektivität kritisch ist, muss er ein hohes Maß an Verfügbarkeit bieten und sich schnell an Veränderungen anpassen können. Außerdem bietet er Skalierbarkeit und schnelle Konvergenz.

Abbildung 1.7 stellt das hierarchische Netzwerkmedium in Campusumgebungen dar. Dieses Modell vermittelt ein modulares Framework, das das Entwerfen von Netzwerken flexibler gestaltet und die Implementierung sowie auch das Troubleshooting der Infrastruktur erheblich vereinfacht. Allerdings ist es wichtig zu wissen, dass die Netzwerkinfrastruktur nur die Grundlage einer umfassenden Architektur bilden kann.

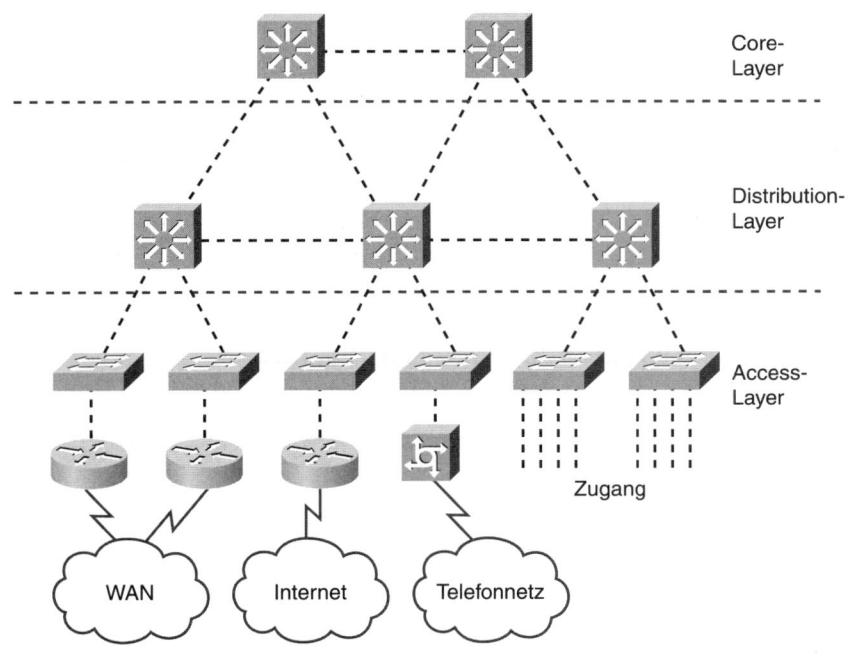

Abbildung 1.7: Hierarchisches Netzwerkmodell in Campusumgebungen

In den letzten Jahren wurden Netzwerktechnologien erheblich verbessert, was zu immer »intelligenteren« Netzwerken geführt hat. Aktuelle Netzwerkelemente erkennen Dateneigenschaften wesentlich besser und lassen sich so konfigurieren, dass sie spezialisierte Dienste basierend auf Faktoren wie dem übertragenen Datentyp, der Datenpriorität und sogar den Sicherheitsanforderungen bereitstellen können. Zwar sind die meisten dieser Infrastrukturdienste nicht Gegenstand dieses Kurses, doch ist es wichtig zu wissen, dass sie Auswirkungen auf das Netzdesign haben können. In den nächsten Abschnitten untersuchen wir die Cisco Enterprise Architecture, die das hierarchische Modell erweitert, indem sie die Netzwerkinfrastruktur intelligent zu handhaben versucht.

1.3.2 Die Cisco Enterprise Architecture

Wie bereits beschrieben, benötigen unterschiedliche Unternehmen je nachdem, wie das Unternehmen organisiert ist und welche Unternehmensziele es verfolgt, verschiedene Arten von Netzwerken. Leider wachsen Netzwerke nur allzu oft planlos, wenn neue Komponenten aufgrund drängender Anforderungen hinzugefügt werden. Im Laufe der Zeit werden solche Netzwerke komplex und ihre Administration sehr teuer. Da solch ein Netzwerk ein Mix aus neueren und älteren Technologien ist, ist seine Unterstützung und Pflege unter Umständen sehr schwierig. Ausfälle und geringe Leistungsfähigkeit stellen stets eine Problemquelle dar, mit der Netzwerkadministratoren sich befassen müssen.

Um solche Situationen zu vermeiden, hat Cisco eine empfehlenswerte Architektur entworfen: die Cisco Enterprise Architecture. Sie ist für die verschiedenen Phasen des Unternehmenswachstums gleichermaßen interessant, wie Abbildung 1.8 zeigt. Diese Architektur wurde entworfen, um Netzdesignern einen »Fahrplan« für das Wachstum des Netzwerks an die Hand zu geben, wenn das Unternehmen die unterschiedlichen Phasen der Entwicklung durchläuft. Wenn Sie sich an die vorgeschlagene Vorgehensweise halten, können Sie als Administrator zukünftige Aktualisierungen des Netzwerks so planen, dass diese sich nahtlos in die vorhandene Infrastruktur einfügen und den immer größer werdenden Bedarf an Diensten unterstützen.

Die Cisco Enterprise Architecture umfasst Module, die konzentrierte Ansichten aller Positionen im Netzwerk darstellen. Jedes Modul weist eine eigene Netzwerkinfrastruktur für die Dienste und Netzwerkanwendungen auf, die sich wiederum über mehrere Module erstrecken.

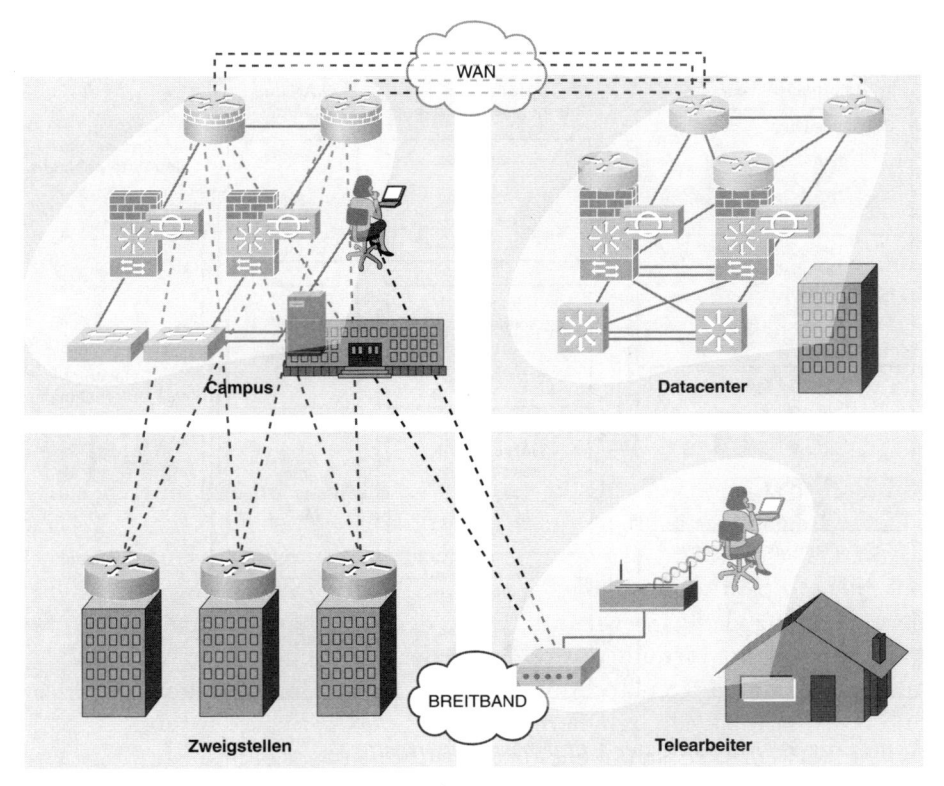

Abbildung 1.8: Cisco Enterprise Architecture

Nachfolgend aufgeführt sind einige Module innerhalb der Architektur, die für das beschriebene Szenario bei Span Engineering relevant sind:

- Enterprise Campus Architecture
- Enterprise Branch Architecture
- Enterprise Data Center Architecture
- Enterprise Teleworker Architecture

Abbildung 1.9 zeigt die Cisco Enterprise Architecture mit den Modulen, die konzentrierte Ansichten der Positionen im Netzwerk darstellen.

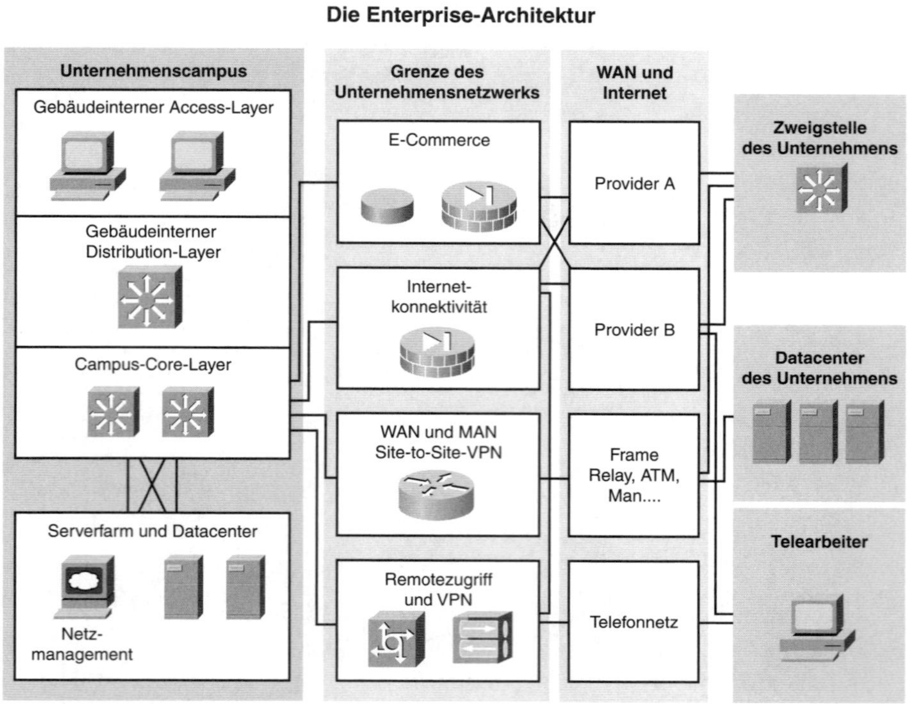

Abbildung 1.9: Module der Enterprise Architecture

Zur Cisco Enterprise Architecture gehören die folgenden Module, die wir im weiteren Verlauf ausführlich beschreiben werden:

- Enterprise Campus Architecture
- Enterprise Edge Architecture
- Enterprise Branch Architecture
- Enterprise Data Center Architecture
- Enterprise Teleworker Architecture

Enterprise Campus Architecture

Ein Campusnetzwerk umfasst ein oder mehrere Gebäude, die zu einem Unternehmensnetzwerk zusammengeschlossen sind, welches aus mehreren LANs besteht. Grundsätzlich ist ein Campus auf einen festen geografischen Bereich beschränkt, er kann sich jedoch über mehrere benachbarte Gebäude in einem Firmenkomplex oder einem Industriepark erstrecken. Bei Span Engineering umfasst der Campus mehrere Stockwerke innerhalb eines Gebäudes.

Die Enterprise Campus Architecture beschreibt die empfohlenen Methoden zur Erstellung eines skalierbaren Netzwerks und berücksichtigt dabei insbesondere die Bedürfnisse des Unternehmensbetriebs in Campusumgebungen. Die Architektur ist modular und lässt sich einfach um weitere Stockwerke oder Gebäude erweitern, wenn das Unternehmen wächst. Die Enterprise Campus Architecture (Abbildung 1.9) besteht aus vier Untermodulen:

- **Building Access.** Dieses Modul umfasst Benutzerworkstations, IP-Telefone und Schicht-2-Access-Switches, die Geräte mit dem Untermodul *Building Distribution* verbinden.

- **Building Distribution.** Dieses Untermodul fasst Geräte des Untermoduls *Building Access* zusammen, wobei häufig ein Schicht-3-Switching eingesetzt wird. Zu seinen Aufgaben gehören das Routing, die Qualitätssicherung und die Zugriffssteuerung.

- **Campus Core.** Dieses Untermodul stellt redundante Konnektivität mit schneller Konvergenz zwischen Gebäuden einerseits und der Serverfarm und/oder der Enterprise Edge Architecture andererseits bereit.

- **Serverfarm.** Die Serverfarm umfasst Mail- und Unternehmensserver, die Anwendungs-, Datei-, Druck-, Mail- und DNS-Dienste (Domain Name System) für interne Benutzer bereitstellen.

Die Enterprise Campus Architecture beschreibt die Verbindungen zwischen Benutzern, dem Campusnetzwerk, der Serverfarm und der Enterprise Edge Architecture.

Enterprise Edge Architecture

Wie Abbildung 1.9 zeigt, funktioniert dieses Modul häufig als Bindeglied zwischen dem Campusmodul und den anderen Modulen in der Enterprise Architecture. Es bietet Konnektivität zu Sprach-, Video- und Datendiensten außerhalb des Unternehmens. Auf diese Weise kann das Unternehmen das Internet und Ressourcen von Partnern nutzen und seinerseits Ressourcen für seine Kunden zur Verfügung stellen. Die WAN- und MAN-Architekturen (Metropolitan Area Network) für die im weiteren Verlauf dieses Kurses behandelten Technologien sind diesem Modul zuzuordnen.

Die Enterprise Edge Architecture fasst die verschiedenen Funktionsbereiche an der »Grenze« des Unternehmens (E-Commerce, Internetkonnektivität und VPNs) zusammen und routet die Daten in das Untermodul *Campus Core*.

Enterprise Branch Architecture

Wie Abbildung 1.9 zeigt, gestattet dieses Modul es Unternehmen, die in der Campusumgebung vorhandenen Anwendungen und Dienste auf Tausende von Remote-Standorten und -benutzer oder eine kleine Gruppe Zweigstellenstandorte zu erweitern. Unser Kurs beschäftigt sich mit den Technologien, die häufig in diesem Modul implementiert werden.

Enterprise Data Center Architecture

Datacenter ermöglichen die Verwaltung zahlreicher Datensysteme, die für den modernen Geschäftsbetrieb zwingend erforderlich sind. Mitarbeiter, Partner und Kunden müssen auf Daten und Ressourcen im Datacenter zugreifen, um effizient zusammenzuarbeiten und interagieren zu können. Im Laufe der vergangenen zehn Jahre wurden Datacenters dank des Aufstiegs des Internets und webbasierter Technologien wichtiger als je zuvor, denn mit ihrer Hilfe konnten die Produktivität gesteigert, Geschäftsprozesse optimiert und Veränderungen beschleunigt werden.

Das in Abbildung 1.9 gezeigte Unternehmens-Datacenter verwaltet und pflegt zentralisierte Datensysteme für das gesamte Unternehmen.

Enterprise Teleworker Architecture

Viele Unternehmen bieten ihren Mitarbeitern heutzutage eine flexible Tätigkeitsumgebung an, in der sie von zu Hause aus arbeiten können. Telearbeit ist die sinnvolle Nutzung der Netzwerkressourcen des Unternehmens im Heimbüro. Das Modul *Teleworker* (vgl. Abbildung 1.9) empfiehlt, dass Verbindungen vom Heimbüro aus mithilfe von Breitbanddiensten wie Kabel oder DSL zum Internet geführt werden und dass von dort aus die Anbindung an das Firmennetzwerk erfolgt. Da das Internet aus sicherheitstechnischer Sicht erhebliche Risiken für Unternehmen darstellt, müssen spezielle Maßnahmen ergriffen werden, um sicherzustellen, dass Telearbeiter sicher und datengeschützt kommunizieren.

Die Enterprise Teleworker Architecture verbindet einzelne – meistens im Heimbüro arbeitende – Mitarbeiter mit entfernten Netzwerkressourcen.

Abbildung 1.10 zeigt, wie mithilfe aller Enterprise Architecture-Module eine Netzwerktopologie für ein Unternehmen erstellt werden kann.

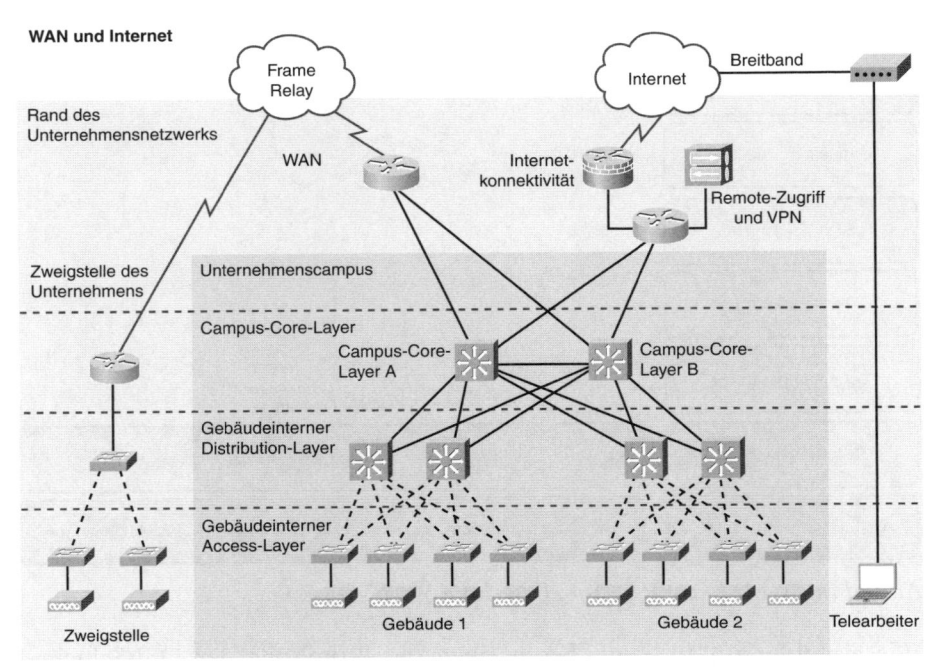

Abbildung 1.10: Exemplarische Enterprise Architecture-Topologie

1.4 Konzepte von WAN-Technologien

Dieser Abschnitt behandelt die WAN-Konzepte für die Bitübertragungs- und die Sicherungsschicht. Ferner werden einige Standards und Protokolle vorgestellt.

1.4.1 Überblick über WAN-Technologien

Für WANs werden eine Vielzahl von Protokollen und Technologien eingesetzt. Einige dieser Dienste – etwa HDLC und Frame Relay – werden im weiteren Verlauf dieses Buches ausführlich erläutert.

Wie bereits erwähnt, legt der WAN-Betrieb den Schwerpunkt auf die OSI-Schichten 1 und 2 (Abbildung 1.11). Standards beschreiben meistens sowohl die Bereitstellungsmethoden der Bitübertragungsschicht als auch die Anforderungen der Sicherungsschicht einschließlich physischer Adressierung, Flusssteuerung und Kapselung. Diese Standards werden von einer Reihe von Organisationen definiert und verwaltet, von denen etwa die ISO (International Organization for Standardization), die TIA (Telecommunication Industry Association) und die EIA (Electronic Industries Alliance) zu nennen sind.

OSI-Modell

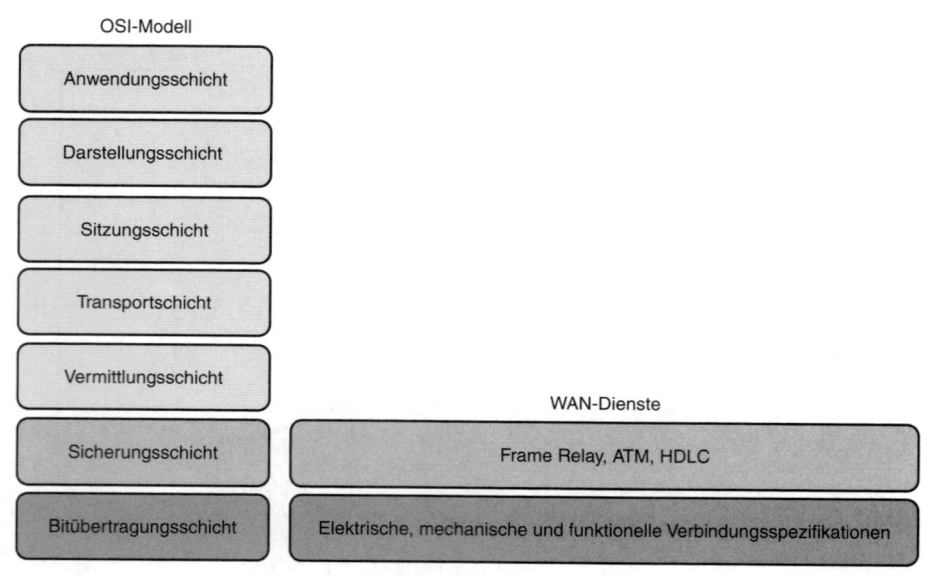

- Anwendungsschicht
- Darstellungsschicht
- Sitzungsschicht
- Transportschicht
- Vermittlungsschicht
- Sicherungsschicht — WAN-Dienste: Frame Relay, ATM, HDLC
- Bitübertragungsschicht — Elektrische, mechanische und funktionelle Verbindungsspezifikationen

Abbildung 1.11: Das OSI-Modell und die WAN-Dienste

Wie Abbildung 1.11 zeigt, beschreiben die Protokolle der OSI-Schicht 1 (Bitübertragungsschicht), wie die elektrischen, mechanischen, betriebstechnischen sowie funktionalen Eigenschaften der Verbindungen mit den Diensten eines Providers von Kommunikationsdienstleistungen auszusehen haben.

Die Protokolle der Sicherungsschicht (OSI-Schicht 2) definieren, wie Daten für die Übertragung an einen entfernten Standort gekapselt werden und welche Mechanismen beim Transport der resultierenden Frames zum Einsatz kommen. Hierzu werden eine Vielzahl von Technologien eingesetzt, darunter etwa Frame Relay and ATM (Asynchronous Transfer Mode). Einige dieser Protokoll verwenden zur Frame-Erstellung denselben Basismechanismus: den ISO-Standard HDLC (High-Level Data Link Control) oder eines seiner Derivate oder seiner Varianten.

1.4.2 WAN-Funktionen in der Bitübertragungsschicht

Die WAN-Bitübertragungsschicht umfasst eine Reihe von Geräten und Begriffen, die WAN-spezifisch sind. Wir werden in den nun folgenden Abschnitten darauf eingehen.

Terminologie der WAN-Bitübertragungsschicht

Ein wesentlicher Unterschied zwischen einem WAN und einem LAN besteht darin, dass für die Nutzung von WAN-Netzwerkdiensten durch ein Unternehmen oder eine Organisation die Inanspruchnahme eines externen WAN-

Providers erforderlich ist. WANs nutzen vom Provider bereitgestellte Datenleitungen, um Standorte einer Organisation untereinander sowie mit Standorten anderer Organisationen und externen Diensten sowie Remote-Benutzern zu verbinden oder um auf solche Standorte zuzugreifen. Die Bitübertragungsschicht des WAN-Zugangs beschreibt die physische Verbindung zwischen dem Unternehmensnetzwerk und dem Netzwerk des Providers.

Abbildung 1.12 veranschaulicht die Terminologie, die allgemein zur Beschreibung physischer WAN-Verbindungen verwendet wird. Die Begriffe sind in der folgenden Liste erläutert:

- **CPE (Customer Premises Equipment, Gerät am Kundenstandort).** Hierbei handelt es sich um Geräte, die am Standort des Teilnehmers aufgestellt sind, und deren interne Verkabelung. Sie sind mit einem Telekommunikationskanal des Providers verbunden. Der Teilnehmer ist entweder Besitzer des CPE oder hat es gemietet. Unter einem *Teilnehmer* verstehen wir in diesem Kontext ein Unternehmen, das WAN-Dienste von einem Provider oder Netzbetreiber bezieht.

- **DCE (Data Communications Equipment, Datenübertragungseinrichtungen).** Zu DCE gehören Geräte, die Daten in die Teilnehmeranschlussleitung einspeisen. In erster Linie stellt das DCE eine Schnittstelle dar, über die sich Teilnehmer mit einer Kommunikationsverbindung in der WAN-Wolke verbinden können.

- **DTE (Data Terminal Equipment, Datenendgerät).** Kundengeräte, die die Daten von einem Kundennetzwerk oder einem Hostcomputer zur Übertragung über das WAN übergeben. Das DTE ist über die Anschlussleitung mit dem DCE verbunden.

- **Teilnehmeranschlussleitung.** Das Kupfer- oder Glasfaserkabel, über das das CPE am Kundenstandort mit der Vermittlungsstelle des Providers verbunden ist. Die Anschlussleitung heißt manchmal auch »letzte Meile«.

- **Demarkationspunkt.** Ein in einem Gebäude oder Komplex festgelegter Punkt, der als Trennlinie zwischen Kunden- und Providergeräten definiert ist. Physisch ist der Demarkationspunkt die Abzweigdose am Kundenstandort, über die die CPE-Kabel mit der Anschlussleitung verbunden werden. Sie ist in der Regel so installiert, dass sie für einen Techniker leicht zugänglich ist. Der Demarkationspunkt ist der Ort, an dem die Zuständigkeit für Verbindungsänderungen vom Benutzer auf den Provider übergeht. Dies ist sehr wichtig, denn falls ein Problem auftritt, muss zunächst ermittelt werden, ob der Benutzer oder der Provider für Troubleshooting und/oder Reparatur zuständig ist.

- **Vermittlungsstelle.** Die Vermittlungsstelle ist eine vom lokalen Provider betriebene Einrichtung oder ein Gebäude, wo lokale Kabel zum Zweck der digitalen Langstreckenübertragung mit Kommunikationsleitungen aus Glasfaser verbunden werden. Hierbei kommt ein System aus Switches und anderen Geräten zum Einsatz.

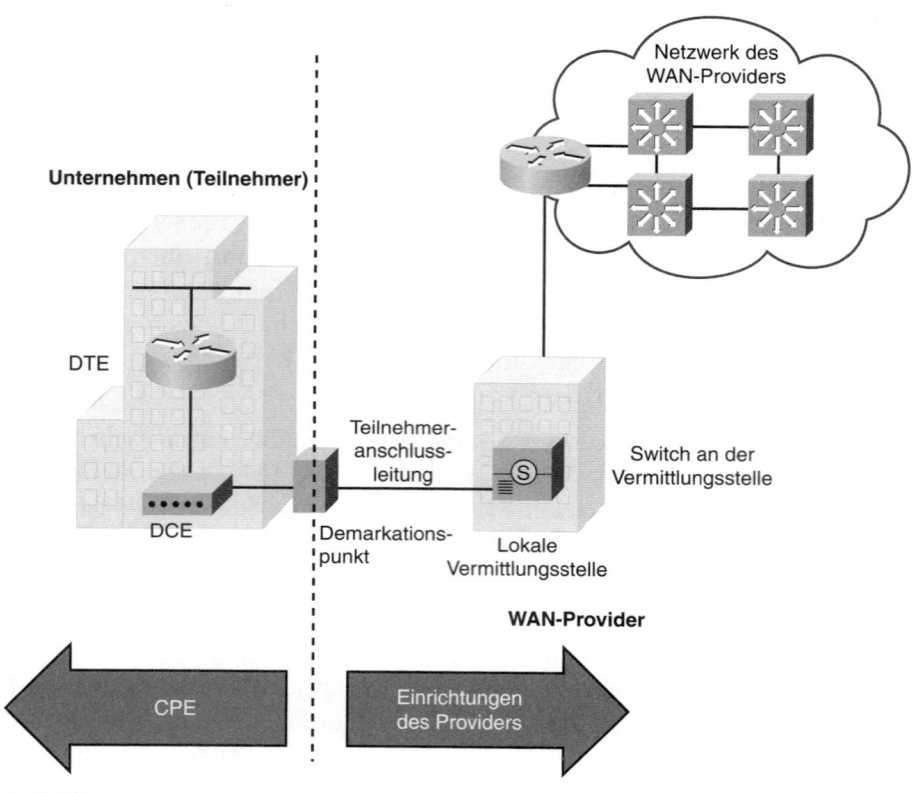

Abbildung 1.12: Terminologie der WAN-Bitübertragungsschicht

WAN-Geräte

In WANs werden zahlreiche Gerätesorten eingesetzt, die für WAN-Umgebungen spezifisch sind:

- **Modem.** Ein Modem moduliert ein analoges Trägersignal zur Verschlüsselung digitaler Daten. Nach der Übertragung ist es auch für die Demodulation zuständig, um die Daten wieder aus dem Trägersignal zu extrahieren. Ein Sprachbandmodem konvertiert die von einem Computer generierten Digitalsignale in Sprachfrequenzen, die über analoge Telefonleitungen übertragen werden können. Am anderen Ende der Verbindung wandelt ein anderes Modem die Töne wieder in ein digitales Signal, das in einen Computer oder eine Netzwerkverbindung eingespeist werden kann. Schnellere Modems – z. B. Kabel- oder DSL-Modems – führen die Übertragung mit höheren breitbandigen Frequenzen durch.

- **CSU/DSU (Channel Service Unit/Data Service Unit).** Digitale Leitungen wie T1- und T3-Leitungen benötigen eine CSU und eine DSU. Häufig werden diese beiden Einheiten in einem einzelnen Gerät zusammengefasst: der CSU/DSU. Die CSU ermöglicht den Anschluss des Digitalsignals und gewährleistet die Verbindungsintegrität mithilfe von Fehlerkorrekturen und Leitungsüberwachung, die DSU wandelt die Frames auf der T-Leitung in Frames um, die das LAN interpretieren kann (und umgekehrt).

- **Access-Server.** Der Access-Server ist die zentrale Stelle für die DFÜ-Kommunikation der Benutzer. Ein Access-Server kann eine gemischte Konfiguration analoger und digitaler Schnittstellen aufweisen und Hunderte von Benutzern gleichzeitig versorgen.

- **WAN-Switch.** Ein WAN-Switch ist ein Vermittlungsgerät mit mehreren Ports, das in Leitungsnetzen eingesetzt wird. Diese Geräte sind meistens für das Switching von Daten zuständig, wobei unterschiedliche Technologien (Frame Relay, ATM oder X.25) zum Einsatz kommen. Sie operieren in der Sicherungsschicht des OSI-Modells. Telefon-Switches können ebenfalls in der Wolke der leitungsvermittelten Verbindungen eingesetzt werden; zu den entsprechenden Technologien gehören ISDN (Integrated Services Digital Network) oder die analoge Einwahl.

- **Router.** Router ermöglichen die Verbindung verschiedener Netzwerke untereinander und stellen Schnittstellen für den WAN-Zugang bereit, an den die Geräte des Providers angeschlossen werden. Diese Schnittstellen können serielle oder andere WAN-Verbindungen ermöglichen. Bei einigen WAN-Schnittstellen ist ein externes Gerät – z. B. eine CSU/DSU oder ein (analoges, Kabel- oder DSL-)Modem erforderlich, um die Verbindung des Routers zum lokalen POP (Point Of Presence, Netzzugang) des Providers herzustellen.

- **Core-Router.** Ein Core-Router ist ein Router, der nicht am Rand des WAN platziert ist, sondern in dessen Mitte (d. h. im Backbone). Um seine Funktion zu erfüllen, muss ein solcher Router in der Lage sein, mehrere Telekommunikationsschnittstellen mit der höchsten Übertragungsrate, die im WAN-Kern auftritt, zu unterstützen und IP-Pakete mit maximaler Geschwindigkeit an alle diese Schnittstellen weiterzuleiten. Außerdem muss der Router auch die Routing-Protokolle unterstützen, die im WAN-Kern eingesetzt werden.

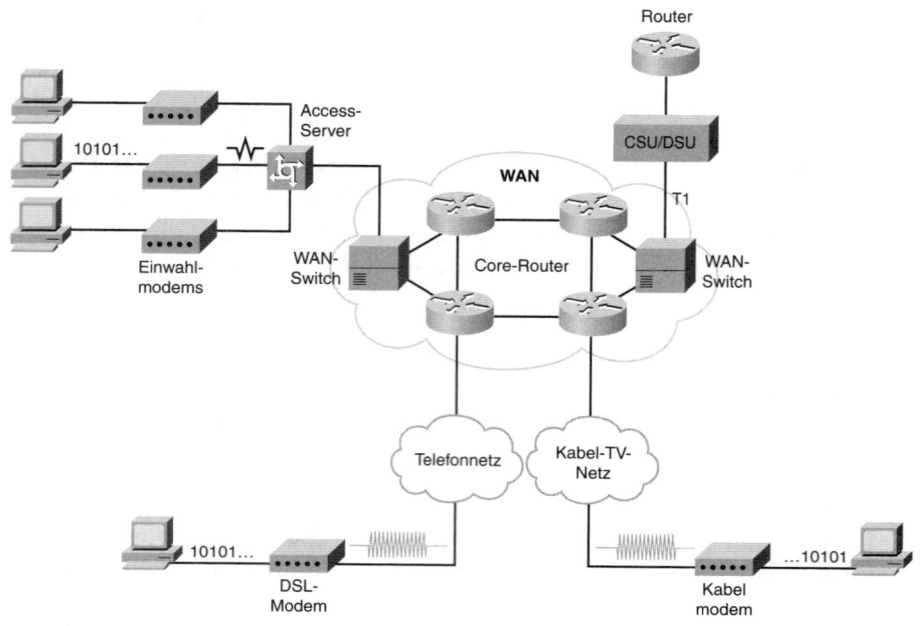

Abbildung 1.13 zeigt die Platzierung der einzelnen Geräte.

Abbildung 1.13: WAN-Geräte

Standards der WAN-Bitübertragungsschicht

Die Protokolle der WAN-Bitübertragungsschicht beschreiben, wie die elektrischen, mechanischen, betriebstechnischen und funktionalen Eigenschaften der Verbindungen für WAN-Dienste aussehen. Die WAN-Bitübertragungsschicht definiert zudem die Schnittstelle zwischen dem DTE und dem DCE.

Die Schnittstelle zwischen DTE und DCE verwendet verschiedene Protokolle der Bitübertragungsschicht:

- **EIA/TIA-232.** Dieses Protokoll unterstützt Signalraten von bis zu 115 kbit/s an einem 25-poligen Steckverbinder über kurze Strecken. Ursprünglich hieß der Standard RS-232. Er entspricht weitgehend der ITU-T V.24-Spezifikation.

- **EIA/TIA-449/530.** Dies ist eine schnellere Version von EIA/TIA-232, die bis zu 2 Mbit/s unterstützt. Sie verwendet einen 36-poligen D-Steckverbinder und ermöglicht längere Kabelstrecken. Es gibt mehrere Versionen dieses Standards, der auch als RS-422 und RS-423 bekannt ist.

- **EIA/TIA-612/613.** Dieser Standard beschreibt das HSSI-Protokoll (High-Speed Serial Interface), das Zugriff auf Dienste mit bis zu 52 Mbit/s über einen 60-poligen D-Steckverbinder gestattet.

- **V.35.** Dies ist der ITU-T-Standard für synchrone Kommunikation zwischen einem Netzzugangsgerät und einem paketbasierten Netzwerk. Ursprünglich für Datenraten bis zu 48 kbit/s ausgelegt, unterstützt es mittlerweile Geschwindigkeiten von bis zu 2,048 Mbit/s über einen 34-poligen Flachstecker.

- **X.21.** Dieses Protokoll ist ein ITU-T-Standard für die synchrone digitale Kommunikation. Es nutzt einen 15-poligen D-Steckverbinder.

Diese Protokolle definieren die Codes und die elektrischen Parameter, welche die Geräte bei der gemeinsamen Kommunikation benutzen. Welches Protokoll ausgewählt wird, hängt weitgehend von der vom Provider gewählten Bereitstellungsmethode ab.

Abbildung 1.14 zeigt die verschiedenen Steckverbinder zu den einzelnen Protokollen der Bitübertragungsschicht.

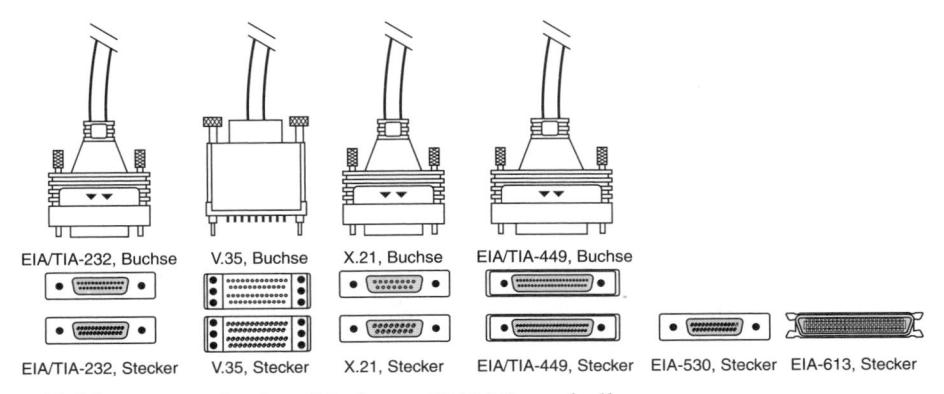

Abbildung 1.14: Steckverbinder zu WAN-Protokollen

1.4.3 WAN-Funktionen in der Sicherungsschicht

Zusätzlich zu den Geräten der Bitübertragungsschicht benötigen WANs Sicherungsschichtprotokolle, um die Verbindung vom sendenden zum empfangenden Gerät über die Kommunikationsleitung herzustellen. Dieser Abschnitt beschreibt die gängigen Sicherungsschichtprotokolle, die in modernen Unternehmensnetzwerken zur Implementierung von WAN-Verbindungen eingesetzt werden.

Sicherungsschichtprotokolle

Protokolle in der Sicherungsschicht definieren, wie Daten für die Übertragung an einen entfernten Standort gekapselt werden und welche Mechanismen beim Transport der resultierenden Frames zum Einsatz kommen. Hierzu wird eine Vielzahl von Technologien eingesetzt, darunter etwa ISDN, Frame Relay und ATM (siehe Abbildung 1.15). Viele dieser Protokolle verwenden zur Frame-Erstellung HDLC oder eines seiner Derivate oder Varianten. ATM unterscheidet sich von den anderen Protokollen, da es kleine Zellen mit einer festen Größe von 53 Bytes verwendet (von denen 48 für die Nutzlast benutzt werden können) – andere paketvermittelte Technologien setzen Pakete variabler Größe ein.

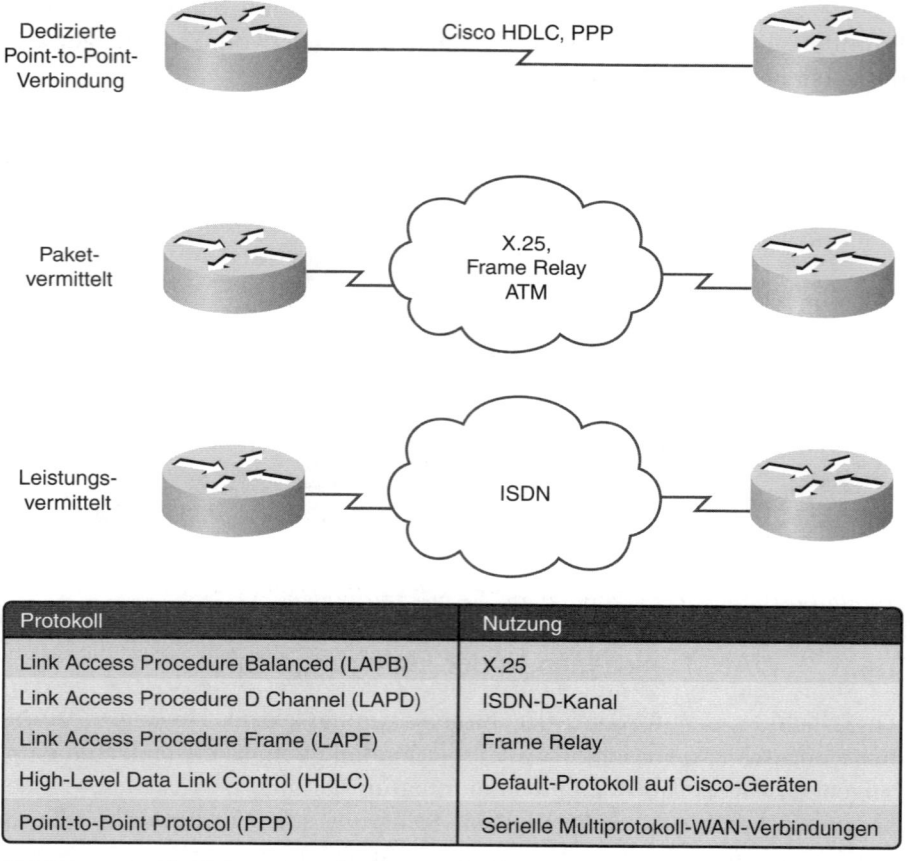

Protokoll	Nutzung
Link Access Procedure Balanced (LAPB)	X.25
Link Access Procedure D Channel (LAPD)	ISDN-D-Kanal
Link Access Procedure Frame (LAPF)	Frame Relay
High-Level Data Link Control (HDLC)	Default-Protokoll auf Cisco-Geräten
Point-to-Point Protocol (PPP)	Serielle Multiprotokoll-WAN-Verbindungen

Abbildung 1.15: Sicherungsschichtprotokolle

Die meistverwendeten WAN-Sicherungsschichtprotokolle sind:

- HDLC
- PPP (Point-to-Point Protocol)
- Frame Relay
- ATM

ISDN und X.25 sind ältere Protokolle der Sicherungsschicht, die mittlerweile kaum noch eingesetzt werden. Allerdings wird ISDN in diesem Kurs noch behandelt, weil es zur Bereitstellung von VoIP-Netzwerken über PRI (Primärmultiplexanschluss) benutzt wird. X.25 wird erwähnt, um die Relevanz von Frame Relay zu erläutern. Außerdem ist X.25 etwa in Entwicklungsländern noch im Einsatz, in denen PDNs (Packet Data Networks, Paketdatennetze) zur Übertragung von Kreditkarten- und Kundenkartendaten bei Handelstransaktionen genutzt werden.

ANMERKUNG

> Ein weiteres Sicherungsschichtprotokoll ist MPLS (Multiprotocol Label Switching). MPLS wird von Providern als wirtschaftliche Lösung zur Übertragung von Daten aus leitungs- wie auch aus paketvermittelten Netzwerkdaten immer stärker genutzt. Es kann über jede beliebige vorhandene Infrastruktur eingesetzt werden: IP, Frame Relay, ATM oder Ethernet. Dabei fügt es sich zwischen den Schichten 2 und 3 ein und wird deswegen manchmal auch als Schicht-2,5-Protokoll bezeichnet. MPLS ist nicht Gegenstand dieses Kurses, sondern wird im CCNP-Kurs »Implementing Secure Converged Wide Area Networks« behandelt.

WAN-Kapselung

Daten aus der Vermittlungsschicht werden zur Auslieferung über eine physische Verbindung – meist eine Point-to-Point-Verbindung in einem WAN – an die Sicherungsschicht übergeben. Die Sicherungsschicht kapselt die Daten der Vermittlungsschicht in einem Frame, sodass die erforderlichen Überprüfungen und Steuerfunktionen angewendet werden können. Jeder WAN-Verbindungstyp verwendet zur Kapselung eines Pakets für die Übertragung ein Schicht-2-Protokoll. Um zu gewährleisten, dass das korrekte Protokoll zur Kapselung verwendet wird, muss der Schicht-2-Kapselungstyp für jede serielle Schnittstelle des Routers konfiguriert werden. Die zur Wahl stehenden Kapselungsprotokolle hängen von der verwendeten WAN-Technologie und den vorhandenen Geräten ab. HDLC wurde 1979 vorgestellt, weswegen die meisten nachfolgend entwickelten Framing-Protokolle darauf basieren.

Abbildung 1.16 zeigt, wie WAN-Sicherungsschichtprotokolle die zu übertragenden Daten kapseln.

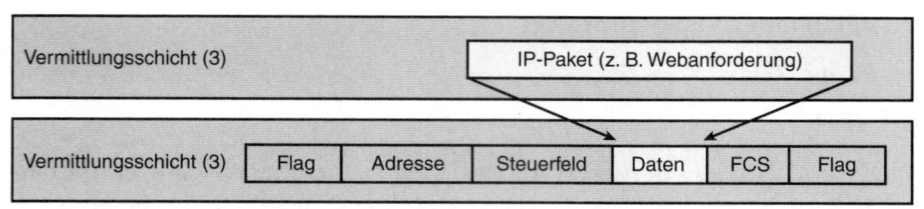

Vermittlungsschicht (3)			IP-Paket (z. B. Webanforderung)		
Vermittlungsschicht (3)	Flag	Adresse	Steuerfeld	Daten	FCS	Flag

Network data is encapsulated in an HDLC frame.

Abbildung 1.16: WAN-Kapselung

Betrachten Sie den Header eines HDLC-Frames (Abbildung 1.17), um zu erfahren, welche allgemeinen Felder von vielen WAN-Kapselungsprotokollen verwendet werden. Der Frame beginnt und endet stets mit einem 8 Bit langen Flag-Feld. Das Bitmuster lautet 01111110. Das Adressfeld wird für WAN-Leitungen nicht benötigt, da es sich bei diesen fast immer um Point-to-Point-Verbindungen handelt. Es ist nichtsdestoweniger vorhanden und ein oder zwei Byte lang. Das Steuerfeld ist protokollabhängig, gibt aber in der Regel an, ob es sich bei den Daten um Steuerdaten oder Vermittlungsschichtdaten handelt. Es ist meistens ein Byte lang.

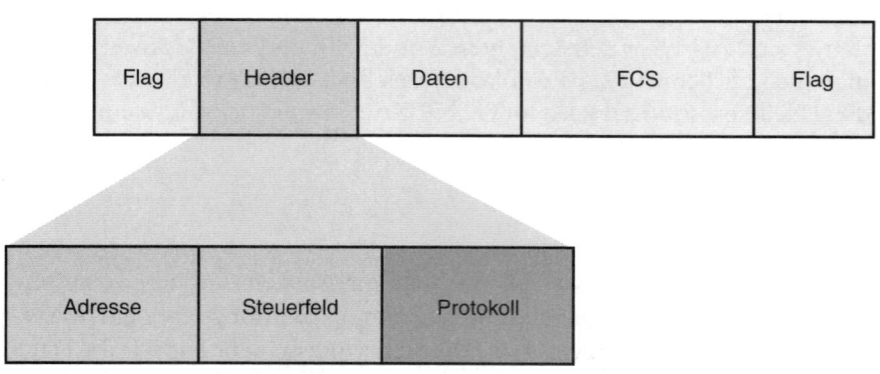

Flag	Header	Daten	FCS	Flag

Adresse	Steuerfeld	Protokoll

Ein WAN-Header-Feld enthält meistens eine Broadcast-Adresse für eine Point-to-Point-Leitung.
Das Steuerfeld weist den Datenteil entweder als Nutz- oder als Steuerdaten aus.
Das Protokollfeld gibt das vorgesehene Schicht-3-Protokoll an (z. B. IP, IPX usw.).

Abbildung 1.17: Kapselungsformate bei WAN-Frames

Die in Abbildung 1.17 gezeigten Adress- und Steuerfelder werden gemeinsam als *Header* bezeichnet. Auf das Steuerfeld folgen die gekapselten Daten. Danach kommt ein FCS-Feld (Frame Check Sequence, Frame-Prüffolge), das zwei oder vier Byte lang ist und eine CRC-Prüfsumme (Cyclic Redundancy Check) enthält.

Es gibt unterschiedliche WAN-Kapselungsformate, darunter auch Derivate und proprietäre Versionen von HDLC. Sowohl PPP als auch die Cisco-Version von HDLC verfügen über ein zusätzliches Feld im Header, welches das Vermittlungsschichtprotokoll der gekapselten Daten angibt.

1.4.4 Switching-Funktionen im WAN

WANs werden wahlweise als leitungs- oder als paketvermittelte Netzwerke kategorisiert. Wir wollen kurz beschreiben, was diese Begriffe bedeuten.

Leitungsvermittlung

Ein leitungsvermitteltes Netzwerk stellt eine dedizierte Leitung (d. h. einen Kanal) zwischen Knoten und Anschlüssen her, damit Benutzer kommunizieren können.

Exemplarisch zeigt Abbildung 1.18, dass, wenn ein Teilnehmer einen Telefonanruf durchführt, die gewählte Nummer verwendet wird, um Switches an den Vermittlungsstellen auf der Anrufroute so zu schalten, dass eine dauerhafte Verbindung zwischen Anrufer und Angerufenem vorhanden ist. Weil zur Herstellung der Leitung eine Vermittlung (d. h. Switching) erforderlich ist, ist das Telefonsystem ein leitungsvermitteltes Netzwerk. Wenn Telefone durch Modems ersetzt werden, können die vermittelten Leitungen Computerdaten übertragen.

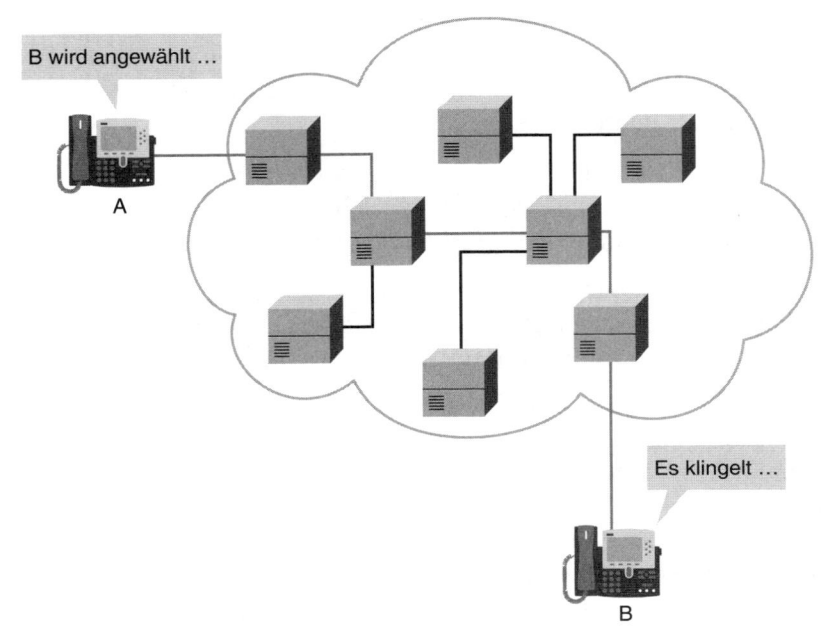

Abbildung 1.18: Leitungsvermittlung

Der interne Pfad, den die Leitung zwischen den Vermittlungsstellen verwendet, wird von mehreren Kommunikationsvorgängen gleichzeitig genutzt. Das TDM-Verfahren (Time-Division Multiplexing) macht jedem Kommunikationsvorgang abwechselnd einen Teil der Verbindung zugänglich. So stellt TDM sicher, dass eine Verbindung mit einer festen Kapazität dem Teilnehmer zur Verfügung steht.

Wenn die Leitung Computerdaten überträgt, kann die Nutzung dieser Festkapazität ineffizient sein. Wird die Leitung beispielsweise als Internetzugang verwendet, dann tritt bei der Übertragung einer Webseite ein sehr hohes Datenaufkommen in der Leitung auf. Danach könnte eine Periode der Inaktivität folgen, während der Benutzer die Seite liest, woraufhin bei der Übertragung der nächsten Seite wieder viele Daten anfallen. Diese Nutzungsschwankungen zwischen null und dem Maximum sind typisch für Datenübertragungen zwischen Computern. Weil der Teilnehmer die reservierte Kapazität allein nutzt (also nicht mit anderen teilt), ist die Leitungsvermittlung grundsätzlich eine teure Art der Datenübertragung.

Analoge Telefonleitungen und ISDN sind zwei Leitungsvermittlungstechnologien, die zur Implementierung eins WAN in einer Unternehmensumgebung eingesetzt werden können.

Paketvermittlung

Im Gegensatz zur Leitungsvermittlung unterteilt die Paketvermittlung Daten in Pakete, die über ein gemeinsam genutztes Netzwerk geroutet werden. Paketvermittelte Netzwerke erfordern nicht die Herstellung einer dedizierten Verbindung, sondern gestatten vielmehr zahlreichen Endgeräten die Kommunikation über denselben Kanal.

Die Switches in einem paketvermittelten Netzwerk bestimmen anhand der Adressinformationen in einem Paket, über welche Leitung es weitergeleitet werden muss. Zur Ermittlung der korrekten Leitung gibt es zwei Ansätze:

- **Verbindungslose Systeme.** Solche Systeme, zu denen auch das Internet gehört, übertragen in jedem Paket die vollständigen Adressdaten. Jeder Switch muss die Adresse auswerten, um festzustellen, wohin das Paket übermittelt werden soll.

- **Verbindungsorientierte Systeme.** Sie bestimmen die Route eines Pakets vorab, und jedes Paket muss lediglich eine Kennung enthalten. Im Falle von Frame Relay etwa heißen diese Kennungen DLCIs (Data Link Connection Identifiers). Der Switch bestimmt die Weiterleitungsroute, indem er die ID in den Tabellen heraussucht, die im Speicher abgelegt sind. Die Einträge in den Tabellen bezeichnen eine bestimmte Route oder Leitung durch das System. Falls diese Leitung nur solange vorhanden ist, wie das Paket sie passiert, spricht man von einem VC (Virtual Circuit, virtuelle Leitung). Ein VC ist eine logische Leitung zwischen zwei Netzwerkgeräten, mit deren Hilfe eine zuverlässige Kommunikation sichergestellt wird.

Weil die internen Leitungen zwischen den Switches von vielen Benutzern gemeinsam verwendet werden, sind die Kosten bei der Paketvermittlung niedriger als bei der Leitungsvermittlung. Allerdings sind Latenzen bei paketvermittelten Netzwerken höher und Signalschwankungen (Jitter) stärker ausgeprägt als bei leitungsvermittelten Netzwerken. Ursache hierfür ist die Tatsache, dass die Leitungen gemeinsam genutzt werden und Pakete auf einem Switch vollständig empfangen worden sein müssen, bevor diese weitergeleitet werden. Doch trotz Latenzen und Jitter gestatten moderne Technologien einen zufriedenstellenden Transport von Sprach- und sogar Videodaten über diese Netzwerke.

Server A in Abbildung 1.19 sendet Daten an Server B. Dabei müssen die Pakete nicht unbedingt alle denselben Weg zum Empfänger nehmen; es ist durchaus möglich, dass die einzelnen Pakete über unterschiedliche Routen übertragen werden.

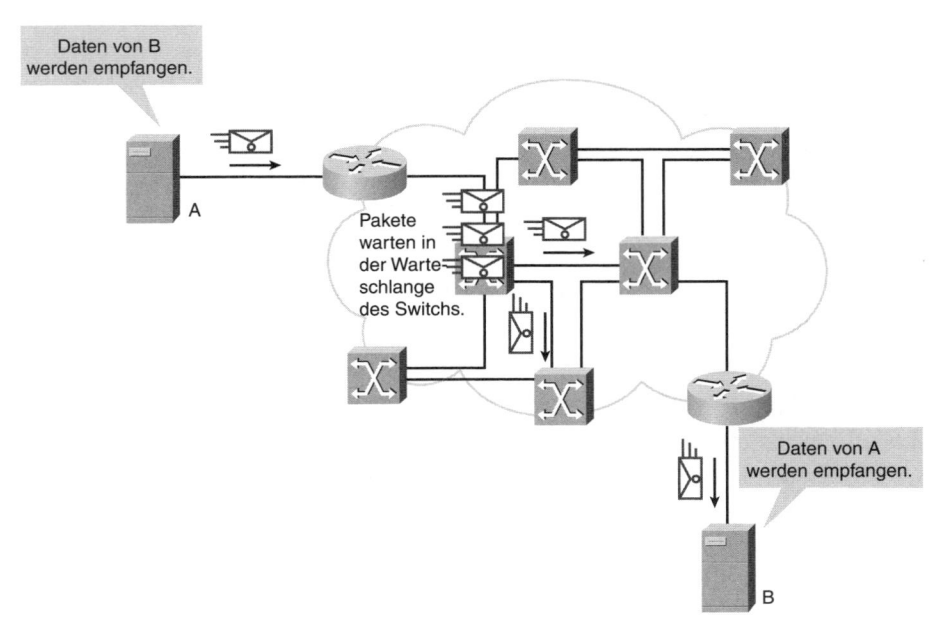

Abbildung 1.19: Paketvermittlung

Virtuelle Leitungen

Paketvermittelte Netzwerke können für bestimmte Ende-zu-Ende-Verbindungen Routen einrichten, die über die Switches verlaufen. Diese Routen sind die bereits erwähnten VCs. Ein VC ist eine logische Verbindung, die innerhalb eines gemeinsam benutzten Netzwerks zwischen zwei Netzwerkgeräten erstellt wird. Es gibt zwei Arten von VCs:

- **PVC (Permanent Virtual Link, virtuelle Festverbindung).** Dies ist eine virtuelle Standleitung, die nur einen Modus (Datentransfer) besitzt. PVCs werden immer dann verwendet, wenn die Datenübertragungen zwischen Geräten konstant erfolgen. PVCs benötigen weniger Bandbreite, weil das Auf- und Abbauen von VCs entfällt, doch sind sie aufgrund der kontinuierlichen Verfügbarkeit der Leitung kostenintensiver. Sie werden meistens vom Provider konfiguriert, sofern er einen entsprechenden Auftrag erhält.

- **SVC (Switched Virtual Circuit).** Dies ist ein VC, der bei Bedarf dynamisch aufgebaut wird; endet die Verbindung, so erfolgt der Abbau. Die Kommunikation über einen SVC erfolgt in drei Phasen: Aufbau der Leitung, Datenübertragung und Abbau der Leitung. Die Aufbauphase umfasst das Erstellen des VC zwischen den Absender- und Zielgeräten, wobei SVC-Einträge in Lookup-Tabellen im Speicher abgelegt werden. Zur Datenübertragung gehört der Transport der Daten zwischen den Geräten über den VC; in der Abbauphase wird der VC zwischen Absender- und Zielgerät geschlossen. SVCs werden verwendet, wenn die Datenübertragung zwischen Geräten nur sporadisch erfolgt. Der wesentliche Sinn ihres Einsatzes ist es, Kosten einzusparen. Ist die Übertragung abgeschlossen, so gibt der SVC die Leitung frei, weswegen weniger Verbindungsgebühren anfallen als bei PVCs mit ihrer konstanten Verfügbarkeit der Verbindung.

> **ANMERKUNG**
>
> VCs werden in Kapitel 3, »Frame Relay«, ausführlich beschrieben.

Verbindung zu einem paketvermittelten Netzwerk herstellen

Um eine Verbindung mit einem paketvermittelten Netzwerk herzustellen, benötigt ein Teilnehmer eine Anschlussleitung zum nächstgelegenen Standort, an dem der Provider den Dienst zur Verfügung stellt. Dieser Standort ist der POP des Dienstes. Normalerweise handelt es sich dabei um eine dedizierte Standleitung. Diese Leitung ist wesentlich kürzer als eine Standleitung, welche die Teilnehmerstandorte direkt miteinander verbindet. Außerdem kann diese eine Leitung zum POP mehrere VCs übertragen, das heißt, es können Verbindungen mit mehreren Empfängern bereitgestellt werden. Da wahrscheinlich nicht alle VCs gleichzeitig maximale Anforderungen stellen, kann die Kapazität der Standleitung kleiner sein als die Summe der einzelnen VCs. Beispiele für Technologien für paketvermittelte (oder zellenvermittelte) Verbindungen sind:

- X.25
- Frame Relay
- ATM

1.5 WAN-Verbindungsoptionen

Dieser Abschnitt behandelt verschiedene WAN-Verbindungsoptionen, darunter private Standleitungen, private vermittelte Leitungen und öffentliche Verbindungsoptionen über das Internet.

1.5.1 Optionen für WAN-Leitungen

Zahlreiche Optionen zur Implementierung von WAN-Lösungen sind gegenwärtig verfügbar. Sie unterscheiden sich hinsichtlich der Technologie, der Datenrate und der Kosten. Mit diesen Technologien vertraut zu sein, ist ein wesentlicher Aspekt der Bereiche Netzdesign und -evaluation.

Abbildung 1.20 zeigt einen allgemeinen Überblick über die verschiedenen Optionen bei WAN-Leitungen:

- **Private WAN-Verbindungsoptionen.** Zu den privaten WAN-Verbindungen gehören sowohl Standleitungen als auch vermittelte Optionen:
  - **Standleitungen.** Falls Standleitungen erforderlich sind, werden Point-to-Point-Leitungen unterschiedlicher Kapazität eingesetzt, die nur durch die zugrunde liegenden physischen Gegebenheiten und die Bereitschaft der Benutzer beschränkt werden, für diese Standleitungen zu zahlen. Eine Point-to-Point-Leitung stellt einen WAN-Kommunikationspfad vom Kundenstandort über das Netzwerk des Providers zu einem entfernten Empfänger bereit. Point-to-Point-Leitungen werden meistens bei einem Anbieter gemietet und heißen deswegen auch Mietleitungen.
  - **Vermittelte Kommunikationsleitungen.** Vermittelte Kommunikationsleitungen können entweder leitungs- oder paketvermittelt sein:
    - **Leitungsvermittelte Kommunikationsleitungen.** Die Leitungsvermittlung stellt dynamisch eine dedizierte Verbindung für Sprache oder Daten zwischen einem Absender und einem Empfänger her. Damit die Kommunikation starten kann, muss die Verbindung

über das Netzwerk des Providers aufgebaut worden sein. Beispiele für leitungsvermittelte Kommunikationsleitungen sind die analoge Einwahl und ISDN.

- **Paketvermittelte Kommunikationsleitungen.** Viele WAN-Benutzer nutzen die feste Bandbreite, die bei Standleitungen oder vermittelten Leitungen vorhanden ist, nicht effizient aus – der Datenfluss schwankt. Provider richten ihre Datennetzwerke deshalb so ein, dass diese Benutzer angemessen unterstützt werden. In paketvermittelten Netzwerken werden die Daten in gekennzeichneten Frames, Zellen oder Paketen übertragen. Zu paketvermittelten Leitungsmechanismen gehören Frame Relay, AMT, X.25 und Metro Ethernet.

- **Öffentliche WAN-Verbindungsoptionen.** Öffentliche Verbindungen verwenden die globale Internetinfrastruktur. Aufgrund der erheblichen Sicherheitsrisiken und des Fehlens adäquater Leistungsgarantieren war das Internet noch vor kurzer Zeit nur für einige wenige Unternehmen eine realistische Option zur Bildung von Netzwerken. Mit der Entwicklung der VPN-Technologie präsentiert es sich mittlerweile jedoch als preisgünstige und sichere Option zur Anbindung von Telearbeitern und Zweigstellen, sofern Leistungsgarantien nicht kritisch sind. WAN-Verbindungen über das Internet nutzen Breitbanddienste wie DSL, Kabelmodem und drahtlose Breitbandtechnologien und bieten in Verbindung mit der VPN-Technologie auch im Internet den erforderlichen Datenschutz.

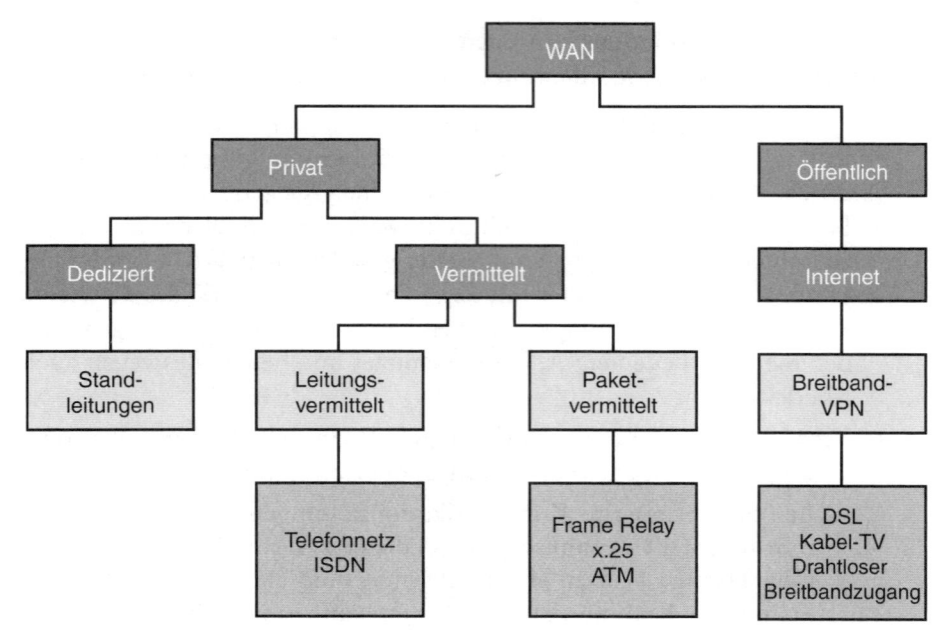

Abbildung 1.20: Optionen für WAN-Leitungen

1.5.2 Standleitungen

Falls permanente Festverbindungen benötigt werden, stellt eine Point-to-Point-Leitung einen WAN-Kommunikationspfad vom Kundenstandort über das Netzwerk des Providers zu einem entfernten Empfänger bereit.

Abbildung 1.21 zeigt eine T3- und eine E3-Leitung. Der vorliegende Abschnitt erläutert, wie Unternehmen Standleitungen verwenden, um eine dedizierte WAN-Verbindung zu ermöglichen.

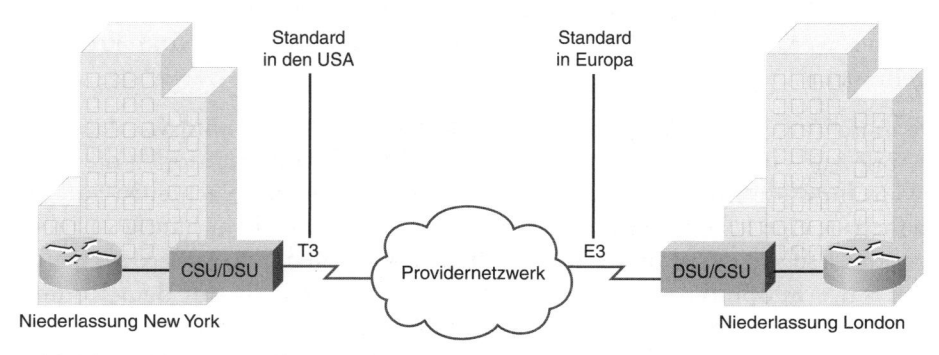

Abbildung 1.21: Standleitungen

Standleitungen stehen mit unterschiedlichen Kapazitäten zur Verfügung. Die Preisgestaltung hängt im Allgemeinen von der benötigten Bandbreite und der Entfernung zwischen den beiden angeschlossenen Orten ab.

Tabelle 1.1 listet die vorhandenen Standleitungstypen und ihre Datenraten auf.

Tabelle 1.1: Standleitungstypen und Kapazitäten

Leitungstyp	Kapazität	Leitungstyp	Kapazität
56	56 kbit/s	OC-9	466,56 Mbit/s
64	64 kbit/s	OC-12	622,08 Mbit/s
T1	1,544 Mbit/s	OC-18	933,12 Mbit/s
E1	2,048 Mbit/s	OC-24	1244,16 Mbit/s
J1	2,048 Mbit/s	OC-36	1866,24 Mbit/s
E3	34,064 Mbit/s	OC-48	2488,32 Mbit/s
T3	44,736 Mbit/s	OC-96	4976,64 Mbit/s
OC-1	51,84 Mbit/s	OC-192	9953,28 Mbit/s
OC-3	155,54 Mbit/s	OC-768	39.813,12 Mbit/s

Point-to-Point-Leitungen sind meistens teurer als gemeinsam verwendete Dienste wie Frame Relay. Die Kosten von Standleitungslösungen können erheblich sein, wenn sie zur Anbindung zahlreicher Standorte über große Entfernungen verwendet werden sollen. Trotzdem überwiegen die Vorteile häufig die Kosten der Standleitung. Die dedizierte Kapazität führt dazu, dass Latenz und Jitter zwischen den Endpunkten nicht auftreten. Konstante Verfügbarkeit ist für einige Anwendungen – z. B. VoIP oder Video über IP – unabdingbar.

Für jede Standleitungsverbindung wird ein serieller Router-Port benötigt. Ferner werden eine CSU/DSU und die physische Leitung vom Provider gebraucht.

Standleitungen stellen dauerhaft feste Kapazitäten bereit und werden sehr häufig zur Einrichtung von WANs verwendet. Sie sind traditionell die erste Wahl für diese Anwendung, weisen aber eine Reihe von Nachteilen auf. So haben sie eine feste Kapazität, während WAN-Datenverkehr häufig variabel ist, das heißt, ein Teil dieser Kapazität wird nicht genutzt. Außerdem benötigt jeder Endpunkt eine separate physische Schnittstelle auf dem Router, was die Hardwarekosten erhöht. Änderungen, die an einer Standleitung vorgenommen werden, erfordern einen Vor-Ort-Besuch durch einen Mitarbeiter des Netzanbieters.

1.5.3 Leitungsvermittelte Verbindungen

Leitungsvermittelte Netzwerke stellen dynamisch eine dedizierte Verbindung für Sprache oder Daten zwischen einem Absender und einem Empfänger her. Damit die Kommunikation starten kann, muss die Verbindung über das Netzwerk des Providers aufgebaut worden sein.

Analoge Einwahl

Wenn sporadisch geringe Datenmengen übertragen werden sollen, ermöglichen Modems und analoge Telefonleitungen dedizierte vermittelte Verbindungen geringer Kapazität.

Dieser Abschnitt beschreibt die Vor- und Nachteile der Verwendung analoger Wählverbindungen und beschreibt die Unternehmensszenarien, welche die meisten Vorteile aus dieser Option ziehen können. Abbildung 1.22 zeigt eine analoge Wählverbindung.

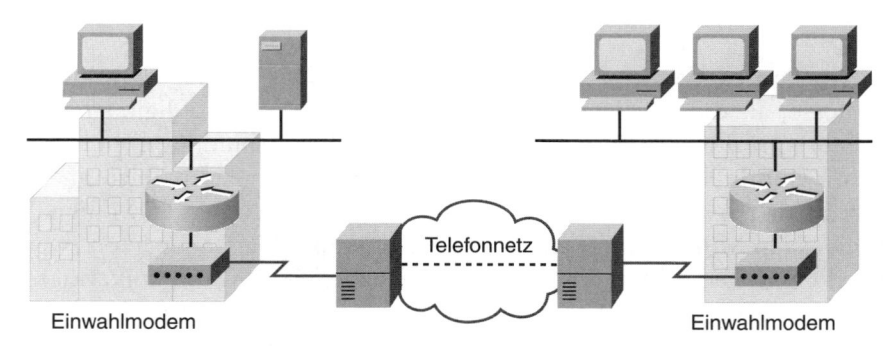

Abbildung 1.22: WAN mit sporadischer Verbindung über ein Modem und das analoge Telefonnetz

Traditionelle Telefonie basiert auf der Verwendung einer Anschlussleitung aus Kupferkabel, über die der Telefonapparat beim Teilnehmer mit der Vermittlungsstelle verbunden wird. Das Signal, das während eines Anrufs auf der Anschlussleitung anliegt, ist ein sich kontinuierlich veränderndes elektronisches Signal, das ein Abbild des analogen Sprachsignals des Teilnehmers darstellt.

Traditionelle Anschlussleitungen können binäre Computerdaten mithilfe eines Modems über das analoge Telefonnetz transportieren. Das Modem moduliert die Binärdaten beim Absender in ein Analogsignal und demoduliert dieses Signal dann beim Empfänger zurück in Binärdaten. Die physischen Eigenschaften der Anschlussleitung und ihres Anschlusses an das Telefonnetz beschränkt die Signalrate auf weniger als 56 kbit/s.

Für kleine Unternehmen sind diese relativ langsamen Einwahlverbindungen geeignet, um Verkaufszahlen, Preise, Routineberichte oder E-Mails auszutauschen. Durch eine automatische Einwahl können umfangreiche Datenübertragungen und Sicherungen während der Nachtstunden oder am Wochenende durchgeführt werden, wenn die Leitungsgebühren geringer sind. Die Gebühren basieren auf der Entfernung zwischen den Endpunkten, der Tageszeit und der Dauer des Anrufs.

Die Vorteile von Modems und analogen Leitungen sind ihre Unkompliziertheit, die Verfügbarkeit sowie die niedrigen Implementierungskosten. Zu den Nachteilen gehören die niedrigen Datenraten und die relativ lange Verbindungsdauer. Die dedizierte Verbindung weist für Point-to-Point-Datenverkehr nur geringe Latenzen und Jitter aus, doch lassen sich Sprache und Video aufgrund der niedrigen Datenraten nicht angemessen übertragen.

ISDN

ISDN (Integrated Services Digital Network) ist eine leitungsvermittelte Technologie, die die Telefonanschlussleitung zur Übertragung digitaler Signale benutzt. Auf diese Weise lassen sich vermittelte Verbindungen höherer Kapazität einführen. ISDN stellt die internen Verbindungen im Telefonnetz von der analogen Übertragung auf die Übertragung digitaler TDM-Signal (Time-Division Multiplexing) um. TDM gestattet die Übertragung von zwei oder mehr Signalen oder Bitströmen als Subkanäle eines Kommunikationskanals. Die Signale werden scheinbar gleichzeitig übertragen, besetzen jedoch physisch gesehen abwechselnd den Kanal. Dabei wird ein Datenblock von Subkanal 1 während des Zeitabschnitts (engl. *Time Slot*) 1 übertragen, Subkanal 2 während Zeitabschnitt 2 usw. Ein TDM-Frame umfasst einen Zeitabschnitt pro Subkanal. Wir werden in Kapitel 2, »PPP«, ausführlich auf TDM eingehen.

ISDN macht aus der Anschlussleitung eine digitale TDM-Verbindung. Diese Veränderung ermöglicht die Übertragung digitaler Signale über die Anschlussleitung. Ergebnis sind vermittelte Verbindungen höherer Kapazität. Die Verbindung verwendet einen B-Kanal (Bearer-Kanal) mit 64 kbit/s zur Übertragung von Sprache oder Daten sowie einen D-Kanal (Delta-Kanal) für Signalisierung, Rufaufbau und andere Zwecke.

Es gibt zwei Arten von ISDN-Schnittstellen:

- **Basisanschluss (auch *Standard-ISDN* genannt).** ISDN ist für den Heimbetrieb und für kleine Unternehmen gedacht und bietet zwei B-Kanäle mit 64 kbit/s sowie einen D-Kanal mit 16 kbit/s. Der D-Kanal des Basisanschlusses soll Steuerdaten übertragen. Er ist häufig nicht ausgelastet, weil er nur zwei B-Kanäle steuern muss. Aus diesem Grund ermöglichen einige Provider die Datenübertragung mit geringen Bitraten (etwa X.25-Verbindungen mit 9,6 kbit/s) über den D-Kanal.

- **Primärmultiplexanschluss.** ISDN steht auch für größere Installationen zur Verfügung. Der Primärmultiplexanschluss stellt in Nordamerika 23 B-Kanäle zu je 64 kbit/s sowie einen D-Kanal mit 64 kbit/s bereit, d. h., die Gesamtbitrate beträgt 1,544 Mbit/s. Dies umfasst auch einen zusätzlichen Overhead für die Synchronisierung. In Europa, Australien und anderen Teilen der Welt vermittelt der ISDN-Primärmultiplexanschluss 30 B-Kanäle und einen D-Kanal; hier beträgt die Gesamtbitrate also 2,048 Mbit/s inklusive des Synchronisierungs-Overheads. In Nordamerika entspricht der Primärmultiplexanschluss einer T1-Verbindung, in anderen Ländern ist eine E1- bzw. JP1-Verbindung die Entsprechung.

Abbildung 1.23 veranschaulicht die diversen Unterschiede zwischen Basisanschluss und Primärmultiplexanschluss.

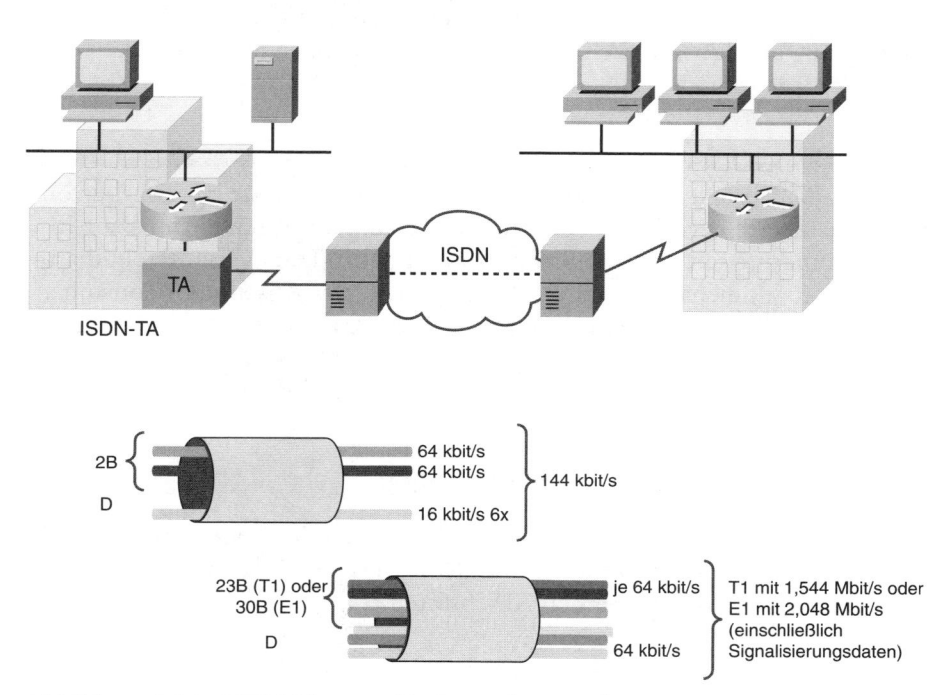

Abbildung 1.23: ISDN-Netzwerkinfrastruktur und Kapazität von Basis- und Primärmultiplexanschluss

Für WAN-Verbindungen, die eine niedrige Bandbreite benötigen, kann der ISDN-Basisanschluss die ideale Verbindungsvariante sein. Der Basisanschluss hat eine Rufaufbaudauer von weniger als einer Sekunde, und der B-Kanal bietet mit seinen 64 kbit/s eine höhere Kapazität als eine analoge Modemleitung. Werden noch höhere Kapazitäten gefordert, dann kann ein zweiter B-Kanal aktiviert werden, um eine Datenrate von 128 kbit/s zu ermöglichen. Dies ist zwar für Videoübertragungen ungeeignet, gestattet aber mehrere gleichzeitige Sprachkommunikationsvorgänge zusätzlich zur Datenübertragung.

Eine andere häufige Anwendung von ISDN bestand früher in der Bereitstellung von Kapazitäten, die nach Bedarf zusätzlich zu einer Standleitung eingesetzt wurden. Die Standleitung war dabei so dimensioniert, dass sie durchschnittliche Datenmengen übertragen konnte; ISDN wurde dann in Spitzenzeiten zugeschaltet. Zudem kann ISDN auch als Backup-Leitung dienen, falls die Standleitung ausfällt. ISDN-Gebühren basieren auf der Anzahl der verwendeten B-Kanäle und ähneln denen analoger Sprachverbindungen.

Beim ISDN-Primärmultiplexanschluss können mehrere B-Kanäle zwischen zwei Endpunkten eingerichtet werden. Dies ermöglicht Videokonferenzen und bandbreitenstarke Datenverbindungen ohne Latenz oder Jitter. Allerdings kann der Einsatz mehrerer Verbindungen über lange Strecken sehr teuer werden.

> **ANMERKUNG**
>
> Zwar ist ISDN nach wie vor eine wichtige Technologie für Netzwerke von Telefonnetzbetreibern, doch hat seine Bedeutung als Mechanismus zur Internetanbindung seit der Einführung von schnellen DSL-Varianten und anderen Breitbanddiensten deutlich abgenommen. Der Abschnitt »Consumer and Industry Perspectives« im entsprechenden Artikel der englischsprachigen Wikipedia (*http://en.wikipedia.org/wiki/ISDN*) enthält eine gute Beschreibung der internationalen Trends in Bezug auf ISDN.

1.5.4 Paketvermittelte Verbindungen

Die gängigsten Paketvermittlungstechnologien, die in modernen Unternehmens-WANs eingesetzt werden, sind X.25, Frame Relay und ATM. Wir beschreiben sie in den folgenden Abschnitten.

X.25

Abbildung 1.24 zeigt ein X.25-Netzwerk. X.25 ist ein älteres Protokoll der Sicherungsschicht, das die Verbindungen der Teilnehmer auf der Basis einer Netzwerkadresse vermittelt. VCs lassen sich über das Netzwerk mithilfe von Rufanforderungspaketen an die Zieladresse herstellen. Die resultierenden SVCs werden durch eine Kanalnummer identifiziert. Datenpakete, die mit der Kanalnummer gekennzeichnet sind, werden an die entsprechende Adresse ausgeliefert. Auf derselben Verbindung können mehrere Kanäle aktiv sein.

Typische X.25-Anwendungen sind Kartenlesegeräte in Verkaufsstellen. Diese Geräte verwenden X.25 im Einwahlmodus, um Transaktionen auf einem Zentralcomputer zu validieren. Bei solchen Anwendungen sind die niedrige Bandbreite und die hohe Latenz unproblematisch, und die geringen Kosten machen X.25 zu einer attraktiven Option.

Die erreichbaren Datenraten bei X.25 bewegen sich zwischen 2400 Bit/s und 2 Mbit/s, wobei öffentliche Netzwerke gewöhnlich nur selten Geschwindigkeiten von mehr als 64 kbit/s erzielen.

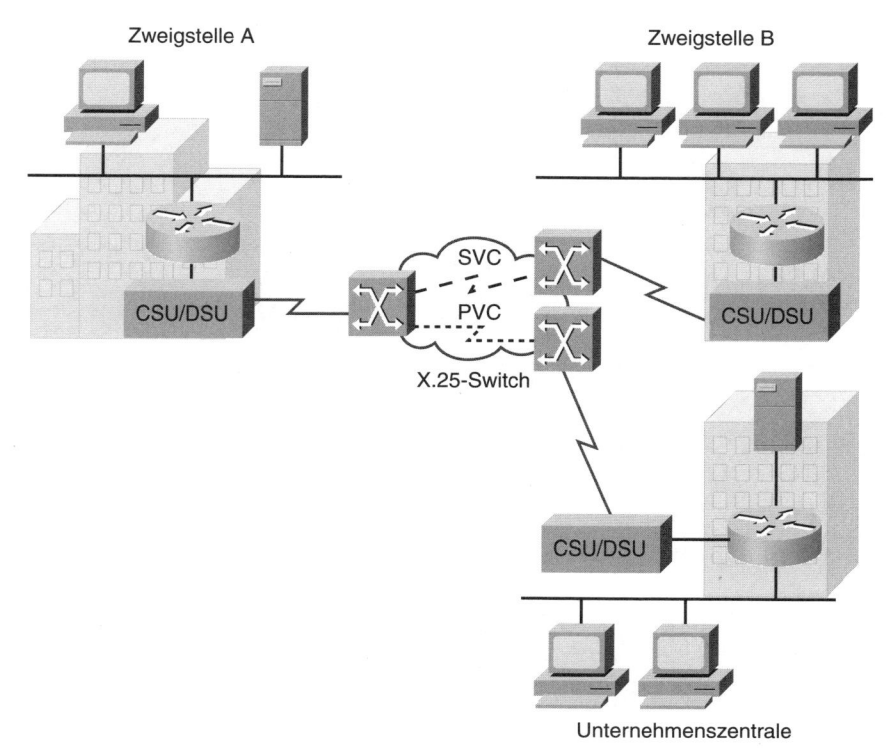

Abbildung 1.24: X.25-Netzwerk

X.25-Netzwerke erleben gegenwärtig einen drastischen Abschwung und werden immer stärker durch neue Schicht-2-Technologien wie Frame Relay, ATM oder ADSL ersetzt. Allerdings kommen sie in Entwicklungsländern, in denen der Zugang zu neueren Technologien eingeschränkt ist, nach wie vor zum Einsatz.

Frame Relay

Abbildung 1.25 zeigt ein Frame Relay-Netzwerk. Auch wenn das Layout des Netzwerks dem von X.25 ähnelt, unterscheidet sich Frame Relay doch in vielerlei Hinsicht von X.25. Wesentlich ist etwa, dass es sich um ein viel einfacheres Protokoll handelt, das ausschließlich in der Schicht 2 agiert (während X.25 zusätzlich Schicht-3-Dienste bereitstellt). Frame Relay implementiert keine Fehler- oder Flusssteuerung. Das vereinfachte Handling der Frames bedingt eine verringerte Latenz, und Maßnahmen zur Vermeidung von Frame-Überläufen auf Switches im Pfad reduzieren den Jitter. Frame Relay bietet Datenraten von bis zu 4 Mbit/s, wobei einige Provider noch höhere Raten unterstützen.

64 Wide Area Networks

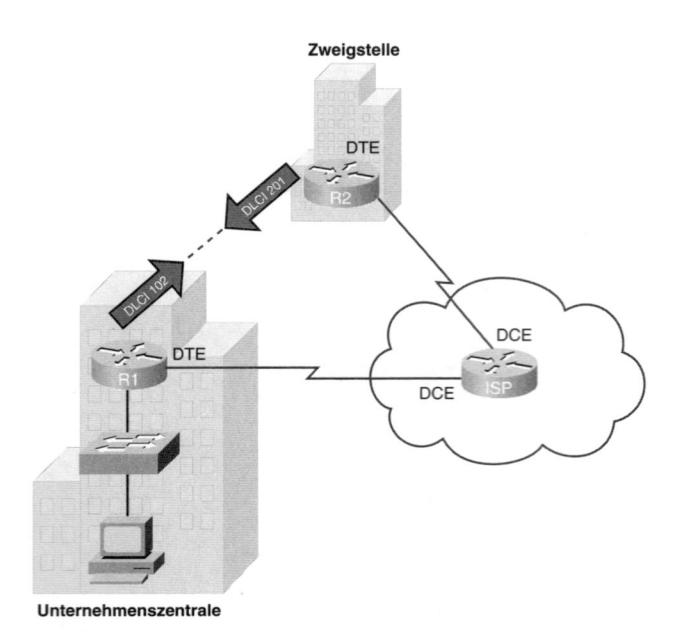

Abbildung 1.25: Frame Relay-Netzwerk

Frame Relay-VCs werden durch einen DLCI eindeutig identifiziert; hierdurch wird die bidirektionale Kommunikation von einem DTE mit einem anderen gewährleistet. Die meisten Frame Relay-Verbindungen sind nicht SVCs, sondern PVCs.

Frame Relay bietet permanente, gemeinsam verwendete Konnektivität mittlerer Bandbreite, die Sprache und Daten überträgt. Damit ist Frame Relay ideal zur Anbindung von Unternehmens-LANs. Der Router im LAN benötigt nur eine einzige Schnittstelle, auch dann, wenn mehrere VCs eingesetzt werden. Die Standleitung zum Rand des Frame Relay-Netzwerks ermöglicht kostengünstige Verbindungen zwischen weit auseinanderliegenden LANs.

Wir werden in Kapitel 3 ausführlich auf Frame Relay eingehen.

ATM

Abbildung 1.26 zeigt ein ATM-Netzwerk. Die ATM-Technologie (Asynchronous Transfer Mode) kann Sprache, Video und Daten über private und öffentliche Netzwerke übertragen. Sie basiert auf einer Zellen- statt auf eine Frame-Architektur. ATM-Zellen haben stets eine feste Länge von 53 Byte. Die ATM-Zelle enthält einen 5 Byte langen Header, gefolgt von 48 Nutzbytes. Kleine Zellen fester Länge sind zur Übertragung von Sprache und Video gut geeignet, da derartige Daten nicht latenztolerant sind: Bei Sprache und Video sollte niemals auf die Übertragung eines größeren Datenpakets gewartet werden müssen.

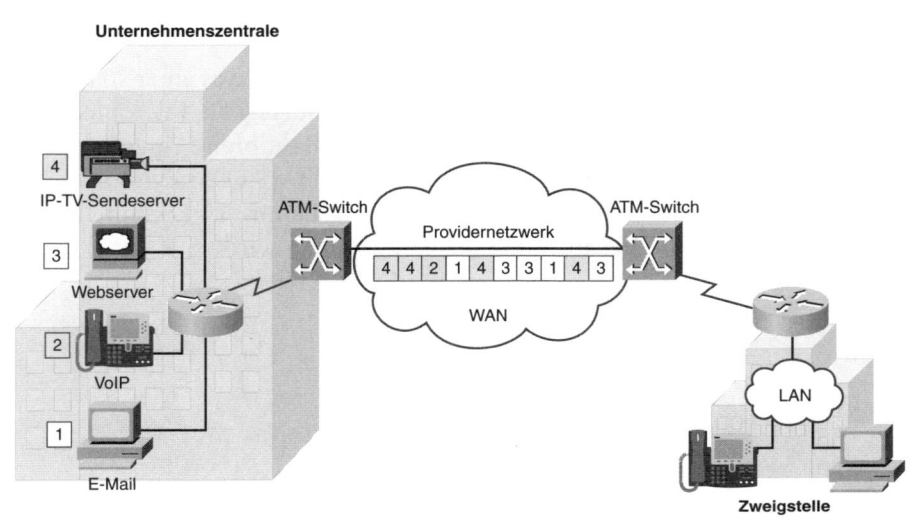

Abbildung 1.26: ATM-Netzwerk

Die ATM-Zellen mit ihren 53 Bytes sind weniger effizient als die größeren Frames und Pakete von Frame Relay bzw. X.25. Außerdem tritt bei jeder ATM-Zelle ein Overhead von mindestens 5 Bytes pro 48 Bytes Nutzlast auf. Wenn die Zelle segmentierte Vermittlungsschichtpakete überträgt, ist der Overhead sogar noch höher, weil der ATM-Switch die Pakete beim Empfänger neu zusammensetzen muss. Eine typische ATM-Leitung benötigt mindestens 20 Prozent mehr Bandbreite als Frame Relay zur Übertragung derselben Menge von Vermittlungsschichtdaten.

ATM wurde auf extreme Skalierbarkeit hin optimiert. Es unterstützt Leitungsgeschwindigkeiten von T1/E1 bis hin zu OC-12 (622 Mbit/s) und höher.

ATM ermöglicht sowohl PVCs als auch SVCs, auch wenn PVCs bei WANs häufiger eingesetzt werden. Und wie bei anderen gemeinsam verwendeten Technologien unterstützt ATM mehrere VCs auf derselben Standleitungsverbindung bis zum Übergabepunkt an das Kundennetzwerk.

1.5.5 Internetverbindungsoptionen

Das Internet ist eine preisgünstige und sichere Option zur Anbindung von Telearbeitern und Zweigstellen, sofern Leistungsgarantien nicht kritisch sind.

Breitbandverbindungsoptionen werden normalerweise verwendet, um Heimarbeiter über das Internet mit einer Firmenwebsite zu verbinden. Zu diesen Optionen gehören DSL, Kabelmodem und drahtlose Anbindung.

DSL

Die in Abbildung 1.27 gezeigte DSL-Technologie besteht aus einer stets aktiven Verbindung zum Provider über eine vorhandene TP-Telefonleitung. Diese wird zur Übertragung von Daten mit hoher Bandbreite eingesetzt und stellt dem Teilnehmer IP-Dienste zum Internet bereit. Ein DSL-Modem konvertiert ein Ethernet-Signal, das vom Gerät des Benutzers kommt, in ein DSL-Signal, das an die Vermittlungsstelle übertragen wird.

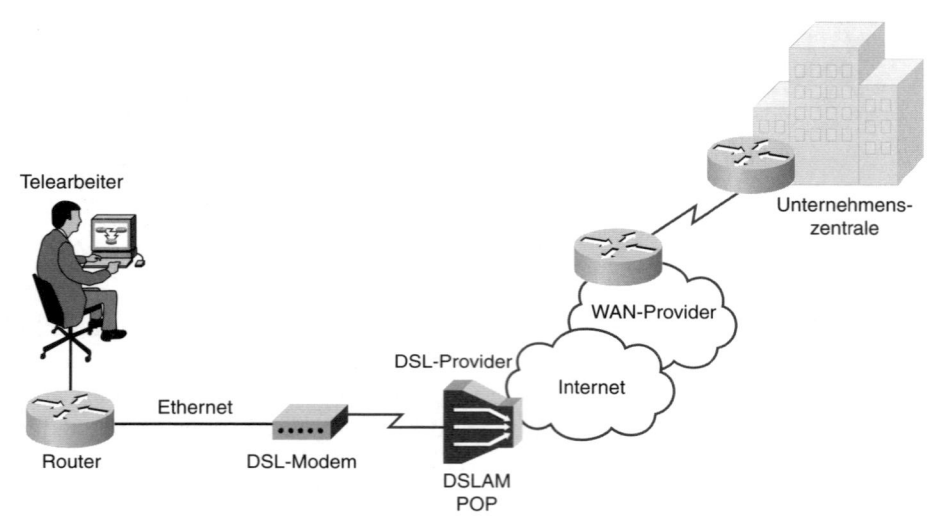

Abbildung 1.27: DSL

Mehrere DSL-Teilnehmerleitungen werden am Providerstandort im Multiplexverfahren zu einer einzelnen Leitung sehr hoher Kapazität zusammengefasst. Hierzu wird ein DSLAM (DSL Access Multiplexer) verwendet. DSLAMs benutzen die TDM-Technologie zur Zusammenfassung mehrerer Teilnehmerleitungen auf demselben Medium, wobei es sich in der Regel um eine T3-Verbindung (DS3) handelt. Aktuelle DSL-Technologien setzen intelligente Codierungs- und Modulationstechniken ein, um Datenraten von mehr als 8,192 Mbit/s zu erzielen.

Es gibt eine Vielzahl von DSL-Typen und -Standards, und ständig entstehen neue Technologien. DSL ist heutzutage eine beliebte Option, um Heimarbeiter in die Betriebsabläufe eines Unternehmens einzubinden. Im Allgemeinen kann ein Teilnehmer eine Verbindung mit einem Unternehmensnetzwerk nicht nach Belieben herstellen, sondern muss zunächst eine Verbindung mit einem Internetprovider herstellen, der dann über das Internet eine IP-Verbindung zum Unternehmen schafft. Diese Vorgehensweise ist mit Sicherheitsrisiken behaftet, die sich aber durch entsprechende Maßnahmen reduzieren lassen.

Kabelmodem

Koaxialkabel wird in vielen Gegenden zur Verteilung von TV-Signalen verwendet. Der Netzzugang steht in diesem Fall über Kabel-TV-Netze zur Verfügung. Ein solches Netz bietet eine größere Bandbreite als die konventionelle Telefonanschlussleitung.

Kabelmodems ermöglichen eine Dauerverbindung und sind einfach zu installieren. Abbildung 1.28 zeigt, wie ein Teilnehmer einen Computer oder einen LAN-Router mit dem Kabelmodem verbindet, welches die Digitalsignale in die Breitbandsignale übersetzt, die zur Übertragung in einem Kabel-TV-Netz verwendet werden. Die lokale Vermittlung des Kabelnetzbetreibers – die sogenannte Empfangsstelle – umfasst das Computersystem und die Datenbanken, die zur Bereitstellung des Internetzugangs benötigt werden. Die wichtigste Komponente in der Empfangsstelle ist das CMTS (Cable Modem Termination System). Es sendet und empfängt digitale Signale in einem Kabelnetz und wird benötigt, um den Teilnehmern Internetdienste bereitzustellen.

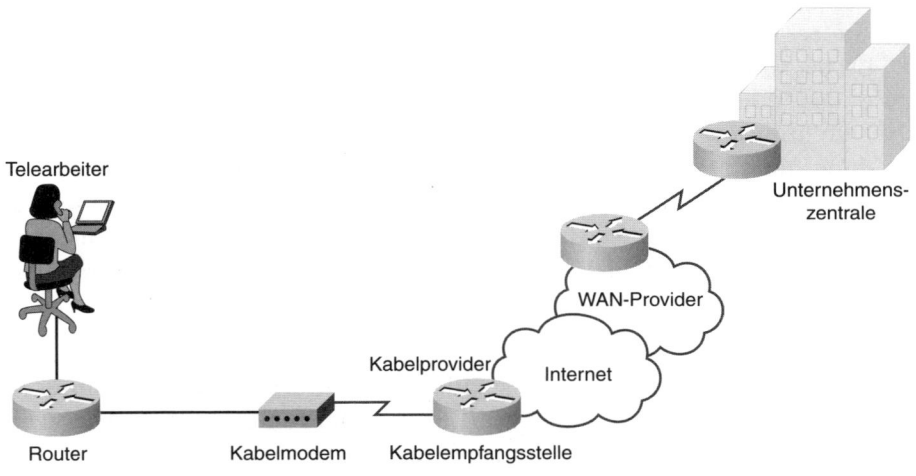

Abbildung 1.28: Kabelmodem

Teilnehmer in Kabelnetzen müssen die Dienste des Internetproviders nutzen, der mit dem Netzanbieter kooperiert. Alle lokalen Teilnehmer nutzen dieselbe Kabelbandbreite. Je mehr Benutzer also am Dienst teilnehmen, desto größer ist die Wahrscheinlichkeit, dass die verfügbare Bandbreite unter die erwartete Datenrate fällt.

Drahtloser Breitbandzugang

Die drahtlose Technologie verwendet neben dem lizenzierten auch das unlizenzierte Funkspektrum zum Senden und Empfangen von Daten. Das unlizenzierte Spektrum steht jedem zur Verfügung, der über einen WLAN-Router verfügt und mit einem Gerät arbeitet, das drahtlose Technologien unterstützt.

Noch vor kurzem bestand eine Beschränkung des drahtlosen Zugangs darin, sich physisch im lokalen Sendebereich des WLAN-Routers oder WLAN-Modems befinden zu müssen, das heißt, man musste sich in einem Umkreis von ca. 30 Metern um das Gerät aufhalten, das über eine Kabelverbindung ins Internet verfügte. Die folgenden neuen Entwicklungen in der drahtlosen Breitbandtechnologie werden jedoch schon bald Änderungen an diesem Umstand zur Folge haben:

- **Municipal Wi-Fi.** In vielen Gemeinden läuft gegenwärtig die Einrichtung städtischer Funknetze. Einige dieser Netzwerke bieten einen schnellen Internetzugang, der sehr viel preiswerter ist als die Angebote anderer Breitbanddienste (unter Umständen ist der Zugang sogar kostenfrei). Andere drahtlose Netze sind der Verwendung durch Behörden und städtische Einrichtungen vorbehalten; ihr Zweck besteht darin, der Polizei und der Feuerwehr, aber auch städtischen Mitarbeitern die Remote-Durchführung betrieblicher Vorgänge zu ermöglichen. Um eine Verbindung mit einem Municipal Wi-Fi herzustellen, benötigt der Teilnehmer normalerweise ein Funkmodem, das eine Richtstrahlantenne mit stärkerer Funkleistung nutzt als konventionelle WLAN-Adapter. Die meisten Provider stellen – ähnlich wie bei DSL oder Kabelmodems – die erforderlichen Geräte kostenfrei oder gegen ein Entgelt zur Verfügung.

- **WiMAX.** WiMAX (Worldwide Interoperability for Microwave Access) ist eine neue Technologie, die gerade im Begriff ist, weite Verbreitung zu erfahren. Beschrieben ist sie im IEEE-Standard 802.16. WiMAX bietet einen sehr schnellen Breitbanddienst mit drahtlosem Zugang und ermöglicht große Reichweiten eher in der Art eines Mobilfunknetzwerks als über kleine Wi-Fi-Hotspots. WiMAX funktioniert ähnlich wie Wi-Fi, jedoch mit höheren Datenraten, über größere Entfernungen hinweg und für eine größere Anzahl Benutzer. Es verwendet ein Netzwerk von WiMAX-Funkmasten, die den Masten für Mobiltelefonnetze ähneln (Abbildung 1.29). Um auf ein WiMAX-Netzwerk zuzugreifen, müssen Teilnehmer die Dienste eines Internetproviders in Anspruch nehmen, der einen WiMAX-Mast in einem Umkreis von ca. 16 Kilometern um seinen Standort betreibt. Außerdem werden ein WiMAX-fähiger Computer sowie ein spezieller Verschlüsselungscode benötigt, um Zugang zur Basisstation zu erhalten.

- **UMTS.** UMTS (Universal Mobile Telecommunications System) ist der Mobilfunkstandard der dritten Generation (3G), mit dem sehr viel höhere Datenübertragungsraten (bis zu 7,2 Mbit/s) möglich sind als mit dem Mobilfunkstandard der zweiten Generation (2G bis zu 220 kbit/s). Das im Jahr 2000 eingeführte UMTS-System erlaubt eine Datentransferrate von 384 kbit/s, die durch Erweiterungen wie HSDPA-Category 8 (High Speed Downlink Packet Access) und HSUPA (High Speed Uplink Packet Access) auf derzeit 7,2 Mbit/s gesteigert wird.

- **LTE.** LTE (Long Term Evolution) ist ein Mobilfunkstandard, der als UMTS-Nachfolger bis Ende 2009 endgültig standardisiert werden soll. Gegenüber der WiMAX-Technologie bietet er den Mobilfunkanbietern einen kostengünstigen Migrationspfad von UMTS über HSDPA und HSUPA zu den noch höheren Datenraten von LTE (bis zu 300 Mbit/s).

- **Satellitengestütztes Internet.** Diese Variante wird meist von Benutzern auf dem Land verwendet, wo Kabel und DSL oder Mobilfunk nicht verfügbar sind. Eine Satellitenschüssel ermöglicht die bidirektionale Datenkommunikation (Upload und Download). Die Uploadrate liegt etwa bei einem Zehntel der Downloadgeschwindigkeit von 500 kbit/s. Kabel und DSL weisen zwar höhere Downloadraten auf, doch arbeiten Satellitensysteme immerhin etwa zehnmal so schnell wie Analogmodems. Um via Satellit auf das Internet zugreifen zu können, benötigen Teilnehmer eine Satellitenanlage, zwei Modems (für Uplink und Downlink) sowie Koaxialkabel zwischen Satellitenanlage und Modem.

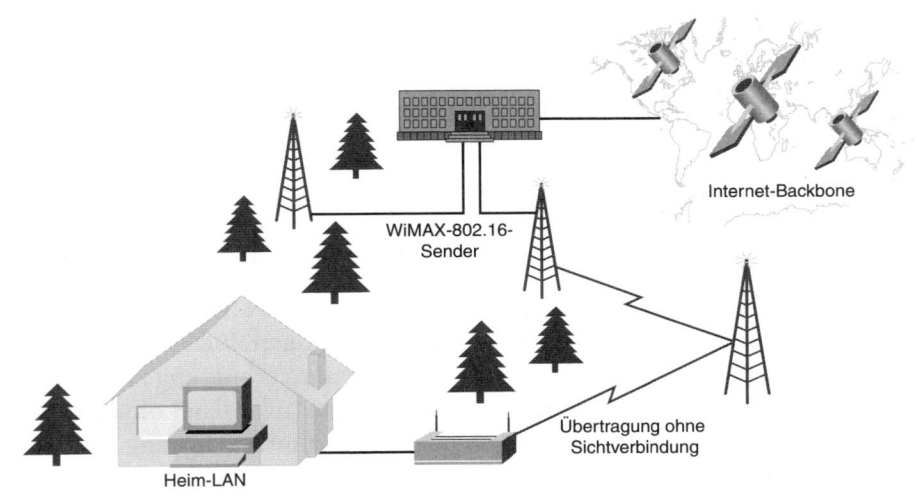

Abbildung 1.29: Drahtloser Breitbandzugang

DSL, Kabel und drahtlose Breitbanddienste werden in Kapitel 6, »Dienste für Telearbeiter«, ausführlich beschrieben.

VPNs

Wenn ein Heimarbeiter oder eine Zweigstelle Breitbanddienste für den Zugriff auf das Firmen-LAN über das Internet verwenden, treten Sicherheitsrisiken auf. Um die erforderliche Sicherheit zu gewährleisten, können Breitbanddienste VPN-Verbindungen (Virtual Private Network) mit einem VPN-Server, der sich meistens am Firmenstandort befindet, benutzen.

Ein VPN ist eine verschlüsselte Verbindung zwischen privaten Netzwerken über ein öffentliches Netzwerk wie dem Internet. Statt eine dedizierte Schicht-2-Verbindung wie etwa eine Standleitung einzusetzen, nutzt ein VPN virtuelle Verbindungen – sogenannte *VPN-Tunnel* –, die durch das Internet vom privaten Netzwerk eines Unternehmens zum Remote-Standort oder zum Host eines Mitarbeiters geroutet werden.

Vorteile von VPNs

VPNs bieten die folgenden Vorteile:

- **Kosteneinsparungen.** VPNs ermöglichen Organisationen die Verwendung des globalen Internets zur Anbindung entfernter Zweigstellen oder Remote-Benutzer an den Hauptstandort des Unternehmens und machen den Einsatz teurer dedizierter WAN-Leitungen und Modembänke unnötig.

- **Sicherheit.** VPNs bieten ein Höchstmaß an Sicherheit, denn sie verwenden fortgeschrittene Verschlüsselungs- und Authentifizierungsprotokolle, mit denen sich Daten vor unberechtigtem Zugriff schützen lassen.

- **Skalierbarkeit.** Da VPNs die Internetinfrastruktur zwischen Providern bzw. ihren Geräten einsetzen, ist es recht einfach, neue Benutzer hinzuzufügen. Unternehmen können die Kapazitäten einfach erweitern, ohne weitere Infrastruktureinrichtungen hinzufügen zu müssen.

- **Kompatibilität mit Breitbandtechnologien.** Die VPN-Technologie wird von Breitbandanbietern für DSL und Kabel unterstützt. So können mobile Mitarbeiter und Telearbeiter ihre schnelle Verbindung zum Internet für den Zugriff auf ihre Firmennetze nutzen. Außerdem können diese schnellen Breitbandanschlüsse auch eine kostengünstige Lösung für Verbindungen zu entfernten Zweigstellen darstellen.

VPN-Typen

Es gibt zwei Arten des VPN-Zugangs:

- **Site-to-Site-VPNs.** Site-to-Site-VPNs (standortübergreifende VPNs) verbinden ganze Netzwerke miteinander. Beispielsweise können sie das Netzwerk einer Zweigstelle mit dem Netz am Hauptsitz des Unternehmens verbinden (Abbildung 1.30). Jeder Standort ist mit einem VPN-Gateway ausgestattet; dies kann ein Router, eine Firewall, ein VPN-Konzentrator oder eine andere Sicherheitseinrichtung sein. Die Zweigstellen in der Abbildung verwenden ein Site-to-Site-VPN, um eine Verbindung mit der Firmenzentrale herzustellen.

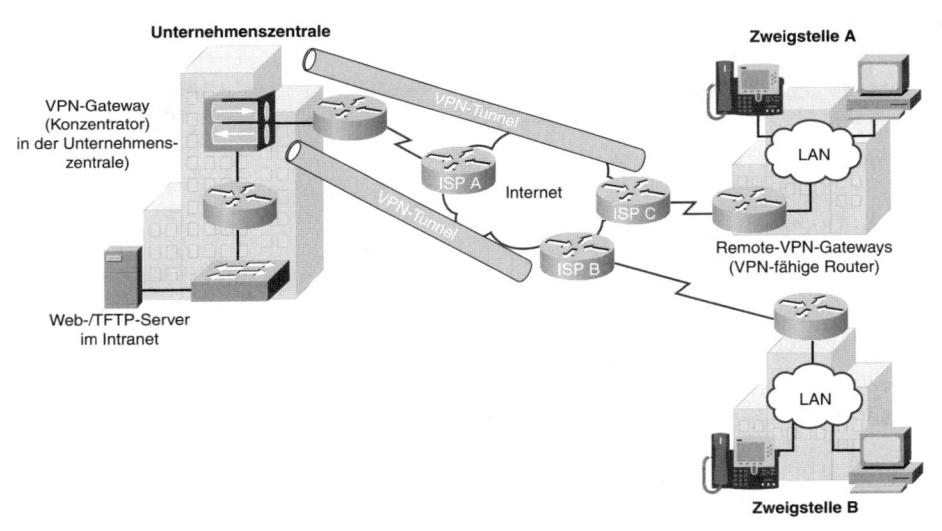

Abbildung 1.30: Site-to-Site-VPNs

- **Remote-Zugriffs-VPNs.** Remote-Zugriffs-VPNs ermöglichen einzelnen Hosts – etwa Telearbeitern, mobilen und anderen Extranet-Benutzern – den sicheren Zugang zu einem Firmennetzwerk über das Internet (Abbildung 1.31). Jeder Host setzt normalerweise eine VPN-Clientsoftware oder einen webbasierten Client ein.

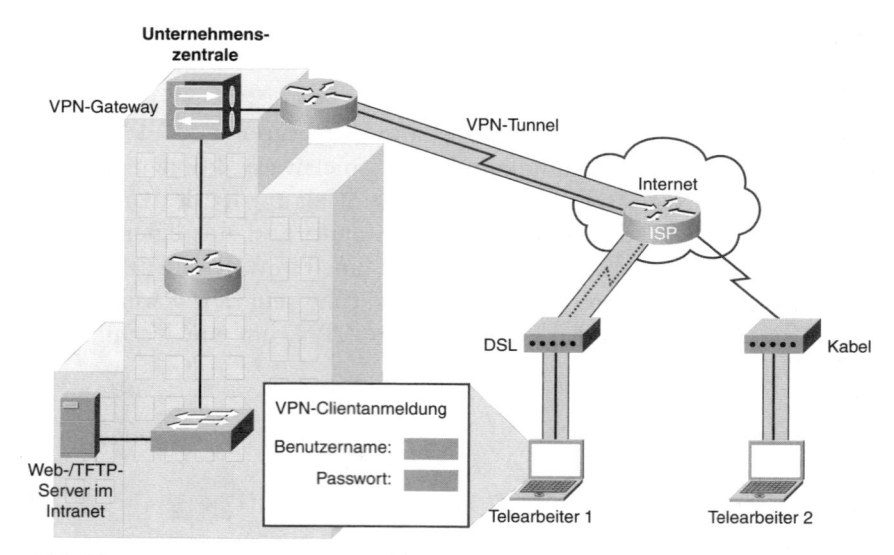

Abbildung 1.31: Remote-Zugriffs-VPNs

Metro Ethernet

Metro Ethernet ist eine ständig verbesserte Technologie, die Ethernet auf den öffentlichen Netzwerken von Telekommunikationsanbietern benutzt. IP-fähige Ethernet-Switches ermöglichen Providern das Anbieten von konvergierten Sprach-, Daten- und Videodiensten wie IP-Telefonie, Video-Streaming, Imaging und Datenspeicherung. Abbildung 1.32 zeigt, dass die Erweiterung von Ethernet auf städtische Bereiche es einem Unternehmen gestattet, seine Zweigstellen mit einem zuverlässigen Zugang zu Anwendungen und Daten in der Unternehmenszentrale auszustatten.

Hier einige Vorteile von Metro Ethernet:

- **Reduzierte Kosten und geringerer Administrationsbedarf.** Metro Ethernet stellt ein geswitchtes Schicht-2-Netzwerk mit hoher Bandbreite bereit, das Daten, Sprache und Video über dieselbe Infrastruktur transportiert. Diese Eigenschaft erhöht die Bandbreite und macht eine teure Konvertierung in ATM oder Frame Relay unnötig. Die Technologie ermöglicht es Unternehmen, zahlreiche Standorte in einem städtischen Bereich direkt miteinander und mit dem Internet zu verbinden.

- **Einfache Integration mit vorhandenen Netzen.** Metro Ethernet gestattet die unkomplizierte Anbindung an vorhandene Ethernet-LANs, was Kosten und Zeitaufwand für Installationen verringert.

- **Erhöhung der Produktivität.** Metro Ethernet gestattet es Unternehmen, moderne IP-Anwendungen zu verwenden, die in TDM- oder Frame Relay-Netzwerken schwierig zu implementieren sind: gehostete IP-Kommunikation, VoIP oder auch Video-Streams und Broadcast-Video.

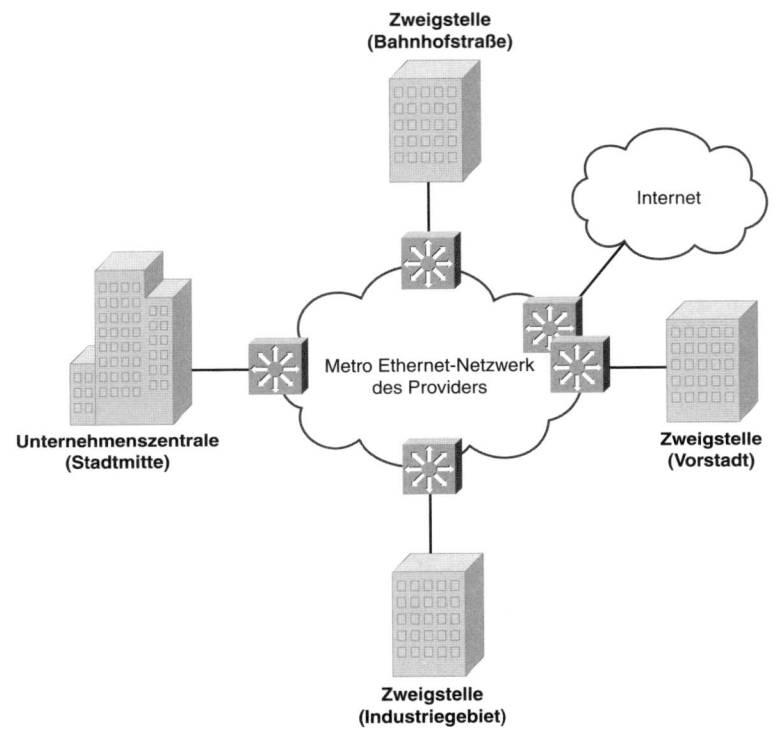

Abbildung 1.32: Metro Ethernet

1.5.6 Eine WAN-Verbindung auswählen

Nachdem wir uns nun die Vielzahl der WAN-Verbindungsoptionen angesehen haben, müssen wir überlegen, wie man die für die Anforderungen eines bestimmten Unternehmens am besten geeignete Technologie auswählt. Tabelle 1.2 vergleicht Vor- und Nachteile der verschiedenen oben behandelten WAN-Optionen.

Tabelle 1.2: Eine WAN-Verbindung auswählen

Option	Beschreibung	Vorteile	Nachteile	Protokolle (Beispiele)
Standleitung	Point-to-Point-Verbindung zwischen den LANs zweier Computer	sicherste Lösung	kostenintensiv	PPP, HDLC, SDLC
Leitungsvermittlung	Zwischen den Endpunkten wird ein dedizierter Pfad eingerichtet. Das beste Beispiel sind Einwahlverbindungen.	preisgünstig	Rufaufbau	PPP, ISDN
Paketvermittlung	Geräte transportieren Pakete über eine gemeinsame Point-to-Point- oder eine Point-to-Multipoint-Verbindung über ein Providernetzwerk. Pakete variabler Länge werden über PVCs oder SVCs übertragen.	effiziente Nutzung der Bandbreite	gemeinsam genutztes Medium	X.25, Frame Relay
Zellenweiterleitung	Ähnelt der Paketvermittlung, nutzt aber Zellen fester Länge anstelle von Paketen variabler Länge. Die Daten werden in Zellen mit einer festen Länge unterteilt und dann über VCs transportiert.	Am besten geeignet für gleichzeitige Übertragung von Sprache und Daten	Unter Umständen beträchtlicher Overhead	ATM
Internet	Verbindungslose Paketvermittlung unter Verwendung des Internets als WAN-Infrastruktur. Verwendet die Netzwerkadressierung für die Zustellung von Paketen. Aufgrund von Sicherheitsrisiken muss eine VPN-Technologie eingesetzt werden.	preiswerteste Lösung, global verfügbar	niedrigstes Sicherheitsniveau	VPN, DSL, Kabelmodem, drahtlose Übertragung

Diese Übersicht ist ein guter Ausgangspunkt. Wir werden zusätzlich in den folgenden Abschnitten einige Aspekte nennen, die Sie überdenken sollten, um sich am Ende für eine WAN-Technologie zu entscheiden.

Worin besteht der Zweck des WAN?

Wollen Sie lokale Zweigstellen im selben Regionalbereich, entfernte Zweigstellen, nur eine Zweigstelle, Kunden, Partner oder eine Kombination dieser Ziele aneinander anbinden? Worin besteht die beste Option, wenn das WAN autorisierten Kunden oder Geschäftspartnern Zugang zum Firmenintranet ermöglichen soll?

Wie groß ist die geografische Ausdehnung?

Ist sie lokal, regional oder global? Handelt es sich um 1:1-Beziehungen (wenn es nur eine einzige Zweigstelle gibt), 1:n- oder n:n-Beziehungen (bei verteilter Anordnung)? Je nach physischer Ausdehnung sind einige WAN-Verbindungsoptionen unter Umständen geeigneter als andere.

Welche Anforderungen gelten für den Datenverkehr?

Zu den zu berücksichtigenden Anforderungen an den Datenverkehr gehören die folgenden:

- Der Datentyp (reine Daten, VoIP, Video, große Dateien, Streaming-Dateien) bestimmt die Qualitäts- und Leistungsanforderungen. Wenn Sie beispielsweise viele Sprachdaten oder Videostreams senden, kann ATM die beste Wahl sein.

- Das Datenaufkommen hängt vom Typ (Sprache, Video oder Daten) ab und bestimmt die Bandbreite, die für die WAN-Anbindung an den Provider vorzusehen ist.

- Die Auswahlmöglichkeiten sind aufgrund von Qualitätsanforderungen unter Umständen eingeschränkt. Falls Ihre Daten anfällig für Latenz oder Jitter sind, sollten Sie alle WAN-Optionen ausschließen, welche nicht die erforderliche Qualität bieten.

- Sicherheitsanforderungen (Datenintegrität, Vertraulichkeit und Sicherheit) sind immer dann ein wesentlicher Faktor, wenn die Daten hochsensibel sind oder kritische Dienste bereitstellen (z. B. in Notrufumgebungen).

Soll das WAN eine private oder eine öffentliche Infrastruktur nutzen?

Eine private Infrastruktur bietet mehr Sicherheit und Datenschutz, während das Internet flexibler ist und weniger Kosten verursacht. Ihre Wahl hängt vom Zweck des WAN, den übertragenen Datentypen und dem vorhandenen Budget ab. Wenn etwa der Zweck darin besteht, eine nahegelegene Zweigstelle mit sicheren und schnellen Diensten zu versorgen, dann sind vielleicht eine private Standleitung oder eine vermittelte Leitung am geeignetsten. Geht es hingegen darum, zahlreiche Zweigstellen einzubinden, so bietet sich wohl eher ein öffentliches WAN unter Verwendung des Internets an. Bei verteiltem Betrieb ist unter Umständen eine Kombination der genannten Optionen am besten.

Sollte ein privates WAN dediziert oder vermittelt sein?

Transaktionen mit großen Datenvolumina in Echtzeit stellen bestimmte Anforderungen, die eher für eine Standleitung sprechen, zum Beispiel bei der Übertragung von Daten zwischen dem Datacenter und der Unternehmenszentrale. Wenn Sie eine einzelne lokale Zweigstelle einbinden, könnten Sie eine Standleitung verwenden. Bei einem WAN, das mehrere Zweigstellen verbindet, wird dieser Ansatz hingegen sehr schnell ziemlich teuer. Hier würde sich eher eine vermittelte Verbindung anbieten.

Welchen VPN-Zugriff benötigen Sie bei einem öffentlichen WAN?

Soll Ihr WAN eine Zweigstelle anbinden, dann ist womöglich ein Site-to-Site-VPN die erste Wahl. Um Telearbeiter oder Kunden einzubinden, sind hingegen Remote-Zugriffs-VPNs besser geeignet. Falls das WAN eine Kombination aus Zweigstellen, Telearbeitern und autorisierten Kunden bedient – z. B. ein international tätiges Unternehmen mit verteiltem Betrieb –, dann ist eine Mischung von VPN-Optionen erforderlich.

Welche Verbindungsoptionen stehen lokal zur Verfügung?

In manchen Gebieten sind unter Umständen nicht alle WAN-Optionen verfügbar. Dies macht ihre Entscheidung einfacher, auch wenn das resultierende WAN unter Umständen nicht optimal arbeitet. In ländlichen oder abgelegenen Gegenden beispielsweise kann die einzige Option in einem breitbandigen Internetzugang via Satellit bestehen.

Was kosten die verfügbaren Optionen?

Abhängig von der gewählten Option kann der Betrieb eines WAN erhebliche laufende Kosten verursachen. Sie müssen die Kosten für die von Ihnen bevorzugte Variante dagegen abwägen, wie gut diese Variante Ihre übrigen Anforderungen erfüllt. Eine Standleitung beispielsweise ist die teuerste Option, doch könnten die Ausgaben gerechtfertigt sein, falls eine sichere Übertragung großer Datenmengen in Echtzeit gewährleistet sein muss. Bei weniger anspruchsvollen Anwendungen ist hingegen eine preiswertere vermittelte Anbindung oder die Nutzung des Internets meist geeigneter. Auch drahtlose Point-to-Point-Strecken können eine potenzielle Alternative zu Standleitungen darstellen.

Wie Sie sehen, müssen Sie viele wesentliche Faktoren berücksichtigen, wenn Sie eine passende WAN-Verbindung aussuchen. Anhand der oben sowie in der Cisco Enterprise Architecture beschriebenen Anhaltspunkte sollten Sie nun in der Lage sein, eine geeignete WAN-Verbindung auszuwählen, welche die Anforderungen der jeweiligen Geschäftsumgebung erfüllen kann.

1.6 Zusammenfassung

Ein WAN ist ein Netzwerk zur Datenkommunikation, das außerhalb des geografischen Bereichs eines LAN betrieben wird.

Wenn Unternehmen wachsen, sie mehr Mitarbeiter beschäftigen, Zweigstellen eröffnen und in globale Märkte expandieren, ändern sich die Anforderungen an integrierte Dienste. Diese geschäftlichen Anforderungen bestimmen auch die Netzwerkanforderungen der Unternehmen.

Die Cisco Enterprise Architecture erweitert das hierarchische Netzwerkmodell, indem sie das Unternehmensnetzwerk in physische, logische und funktionelle Bereiche unterteilt.

Die Implementierung einer Cisco Enterprise Architecture ermöglicht die Einrichtung eines sicheren und robusten Netzwerks mit hoher Verfügbarkeit, welches zudem die Nutzung konvergierter Netzwerke ermöglicht.

WANs arbeiten im Wesentlichen nach den Prinzipien der Schichten 1 und 2 des OSI-Referenzmodells.

Geräte, die Daten in die Teilnehmeranschlussleitung einspeisen, heißen DCE (Data Communications Equipment). Die Kundengeräte, die Daten an das DCE übergeben, sind DTE-Geräte (Data Terminal Equipment). In erster Linie stellt das DCE eine Schnittstelle zwischen dem DTE und einer Kommunikationsverbindung in der WAN-Wolke dar.

Der Demarkationspunkt ist der Ort, an dem die Zuständigkeit für die Verbindung vom Unternehmen auf den Provider übergeht.

Protokolle in der Sicherungsschicht definieren, wie Daten für die Übertragung an einen entfernten Standort gekapselt werden und welche Mechanismen beim Transport der resultierenden Frames zum Einsatz kommen.

Ein leitungsvermitteltes Netzwerk muss eine dedizierte Leitung (d. h. einen Kanal) zwischen Knoten und Anschlüssen herstellen, damit Benutzer kommunizieren können.

Die Paketvermittlung dagegen unterteilt Daten in Pakete, die über ein gemeinsam genutztes Netzwerk geroutet werden. Paketvermittelte Netzwerke erfordern keine Herstellung einer dedizierten Leitung, sondern gestatten vielmehr zahlreichen Endgeräten die Kommunikation über denselben Kanal.

Eine Point-to-Point-Leitung stellt einen WAN-Kommunikationspfad vom Kundenstandort über das Netzwerk des Providers zu einem entfernten Empfänger bereit. Point-to-Point-Verbindungen nutzen Standleitungen, um eine dedizierte Verbindung herzustellen.

Zu den leitungsvermittelten WAN-Optionen gehören die analoge Einwahl und ISDN, zu den paketvermittelten X.25, Frame Relay und ATM. ATM überträgt Daten nicht als Frames, sondern in 53 Byte großen Zellen und ist daher für die Videoübertragung optimal geeignet.

Zu den internetbasierten WAN-Optionen gehören Breitbanddienste wie DSL, Kabelmodem, drahtlose Breitbandanbindungen sowie Metro Ethernet. Die VPN-Technologie ermöglicht Telearbeitern einen sicheren Zugriff auf das Netzwerk ihres Unternehmens. Hierbei werden Breitbanddienste über das Internet eingesetzt.

1.7 Übungen

Die Aktivitäten und Übungen im Begleitbuch »Accessing the WAN, CCNA Exploration Labs and Study Guide« (ISBN 978-1-58713-201-8) ermöglichen ein praxisbezogenes Üben des folgenden in diesem Kapitel vorgestellten Themas:

Übung 1.1: Fortgeschrittene Wiederholung (1.4.1)

In dieser Übung wiederholen Sie die Grundkonzepte des Routings und Switchings. Probieren Sie, so viel wie möglich ohne Hilfe zu bearbeiten. Wenn Sie nicht weiterkommen, ziehen Sie Material aus anderen Kursen zurate.

ANMERKUNG

Die Konfiguration dreier separater Routing-Protokolle – RIP, OSPF und EIGRP – für das Routing in einem Netzwerk ist keine gängige Praxis; Sie sollten dies vielmehr als *schlechteste* Praxis betrachten, die keinesfalls in einem Produktionsnetzwerk eingesetzt wird. Wir tun dies hier nur, um Ihnen die Wiederholung der wichtigsten Routing-Protokolle zu ermöglichen, bevor wir fortfahren, um Ihnen das Konzept der administrativen Distanz möglichst drastisch zu veranschaulichen.

Viele Praxisübungen enthalten Aktivitäten mit Packet Tracer, in denen Sie diese Software zur Simulation der Übung verwenden können. Suchen Sie im Labs and Study Guide nach Praxisübungen mit Packet Tracer Companion.

1.8 Lernzielkontrolle

Beantworten Sie die folgenden Fragen, um Ihren Kenntnisstand bezüglich der in diesem Kapitel beschriebenen Themen und Konzepte zu überprüfen. Die Antworten finden Sie in Anhang A, »Antworten zu den Lernzielkontrollen und weiterführenden Fragen«.

1. Welche der folgenden Geräte sind WAN-Geräte? Wählen Sie drei Antworten aus.

    a) Bridge

    b) Modem

    c) Router

    d) Ethernet-Switch

    e) Access-Server

    f) Repeater

2. Welcher Layer des hierarchischen Netzwerkmodells wird häufig als Backbone bezeichnet?

    a) Access-Layer

    b) Distribution-Layer

    c) Network-Layer

    d) Core-Layer

    e) Workgroup-Layer

    f) WAN-Layer

3. Ordnen Sie die WAN-Termini ihren Definitionen zu:

    – Leitungsvermittlung

    – Paketvermittlung

    – Verbindungsorientierte Paketvermittlung

    – Verbindungslose Paketvermittlung

    a) Switching-Technologie, bei der jeder Switch die Adresse des Pakets auswerten muss, um zu bestimmen, wohin es gesendet werden soll

    b) Switching-Technologie, bei der eine virtuelle Leitung nur vorhanden ist, solange das Paket sie durchquert

c) Switching-Technologie, die für bestimmte Ende-zu-Ende-Verbindungen Routen einrichtet, die über die Switches verlaufen

d) Switching-Technologie, die eine zuvor eingerichtete dedizierte Leitung (auch Kanal genannt) zwischen Knoten und Terminals nutzt

4. Ordnen Sie die Termini ihren Definitionen im Bereich der Paketvermittlung zu:

   - Metro Ethernet
   - X.25
   - ATM
   - Frame Relay

   a) Realisiert ein Schicht-2-Netzwerk mit hoher Bandbreite, das Daten, Sprache und Video über dieselbe Infrastruktur verwaltet.

   b) Basiert auf einer Zellenarchitektur, in der die Zelle eine feste Länge von 53 Byte hat.

   c) Agiert in der Sicherungsschicht, und der PVC wird durch einen DLCI identifiziert.

   d) Agiert in der Vermittlungsschicht, und der SVC wird durch eine Kanalnummer identifiziert.

5. Welches Gerät wird häufig als DTE eingesetzt?

   a) ISDN

   b) Modem

   c) Router

   d) CSU/DSU

6. Welche Form der WAN-Verbindung wählen Sie aus, wenn für die WAN-Verbindung ein dedizierter Point-to-Point-Pfad vom Kundenstandort über das Netzwerk des Providers bis hin zu einem entfernten Empfänger eingerichtet werden soll?

   a) ISDN

   b) Analoge Einwahl

   c) ATM

   d) Frame Relay

   e) Standleitung

7. Wie werden VCs bei Frame Relay identifiziert?

    a) CIR

    b) DLCI

    c) VPI

    d) MAC

    e) SPID

8. Welche WAN-Technologie wurde für die gleichzeitige Zustellung von Daten, Sprache und Video entwickelt und basiert auf einer Zellenarchitektur?

    a) ATM

    b) Kabel

    c) Frame Relay

    d) ISDN

9. Welche Architektur ermöglicht es Unternehmen, wichtige Netzwerkdienste (z. B. Sicherheit, neue Kommunikationsdienste und verbesserte Anwendungsleistung) in jeder Zweigstelle unabhängig von ihrer Größe oder Entfernung von der Zentrale anzubieten?

    a) Cisco Enterprise Campus Architecture

    b) Cisco Enterprise Data Center Architecture

    c) Cisco Enterprise Branch Architecture

    d) Cisco Enterprise Teleworker Architecture

10. In welcher Schicht des hierarchischen Netzwerkmodells stellen Benutzer die Verbindung zum Netzwerk her?

    a) Application-Layer

    b) Access-Layer

    c) Distribution-Layer

    d) Network-Layer

    e) Core-Layer

11. Wie viele B-Kanäle umfasst der ISDN-Primärmultiplexanschluss in Nordamerika?

   a) 2

   b) 16

   c) 23

   d) 30

   e) 64

12. Welche WAN-Technologie bietet die Möglichkeit, über ein öffentliches Netzwerk eine sichere Verbindung zu einem privaten Netzwerk herzustellen?

   a) DSL

   b) Frame Relay

   c) ISDN

   d) Analoges Telefonnetz

   e) VPN

13. Welcher Layer des hierarchischen Netzwerkmodells ist dafür zuständig, netzwerkspezifische Probleme auf die Arbeitsgruppe zu beschränken, in denen sie auftreten?

   a) Application-Layer

   b) Access-Layer

   c) Distribution-Layer

   d) Network-Layer

   e) Core-Layer

14. Welcher Begriff beschreibt die Verkabelung, die den Kundenstandort mit der nächstgelegenen Vermittlungsstelle des WAN-Providers verbindet?

   a) CPE

   b) Vermittlung

   c) Teilnehmeranschlussleitung

   d) DCE

   e) DTE

15. Welches Ziel lässt sich durch Implementierung der Cisco Enterprise Teleworker Architecture erreichen?

   a) Sie ermöglicht dem Unternehmen das Einbinden umfangreicher Zweigstellenstandorte, die sich über große geografische Bereiche erstrecken.

   b) Sie ermöglicht dem Unternehmen das Bereitstellen sicherer Sprach- und Datendienste für Mitarbeiter unabhängig davon, wo oder wann diese arbeiten.

   c) Um netzwerkspezifische Sicherheitsrisiken zu minimieren, zwingt sie Benutzer, die sich an Hauptstandorten befinden, zur Anmeldung bei Ressourcen.

   d) Sie genügt den Telefonieanforderungen von Benutzern, die sich an mittleren oder großen Unternehmensstandorten befinden.

16. Beschreiben Sie die drei Layer des hierarchischen Netzwerkmodells.

17. Beschreiben Sie die fünf Module der Cisco Enterprise Architecture.

18. Stellen Sie die folgenden WAN-Termini einander vergleichend gegenüber: CPE, Vermittlungsstelle, Teilnehmeranschlussleitung, DCE, DTE, Demarkationspunkt.

19. Stellen Sie die folgenden WAN-Geräte einander vergleichend gegenüber: Modem, CSU/DSU, Access-Server, WAN-Switch, Router.

20. Stellen Sie die folgenden Technologien einander vergleichend gegenüber: X.25, Frame Relay, ATM.

1.9 Weiterführende Fragen und Aktivitäten

1. Erläutern Sie die Vor- und Nachteile paketvermittelter Netzwerke.

2. Welche Unterschiede gibt es zwischen Site-to-Site- und Remote-Zugriffs-VPNs?

Lernziele

Wenn Sie dieses Kapitel gelesen haben, sollten Sie in der Lage sein, die folgenden Fragen zu beantworten:

- Worin bestehen die Grundfunktionen der seriellen Point-to-Point-Kommunikation?
- Welches sind die wichtigsten Eigenschaften von PPP?
- Welche Befehle werden zur Konfiguration der PPP-Kapselung verwendet?
- Welche Befehle werden zur Konfiguration der PAP- und der CHAP-Authentifizierung eingesetzt?

Schlüsselbegriffe

In diesem Kapitel werden die folgenden Schlüsselbegriffe vorgestellt. Die entsprechenden Definitionen finden Sie im Glossar.

Point-to-Point-Verbindungen • PPP • PAP • CHAP • Bitversatz • DTR • DSR • CTS • TDM • Übertragungsleitung • Datenströme • STDM • Puffer • SONET • DS0 • Frame Relay-Zugangsgerät • Nullmodem • UART • IPX • SLIP • LAPB • Zell-Switching • E3 • bitorientiert • SDLC • Primärstation • Cisco 7000 • Trunk • LCP • NCP • Novell IPX • SNA Control Protocol • Fragmentierung • Wiederherstellung • MD5 • TACACS/TACACS+

Kapitel 2

PPP

Mit diesem Kapitel beginnt die Beschreibung der WAN-Technologien. Wir werden uns zunächst der Point-to-Point-Kommunikation und dem PPP-Protokoll widmen.

Eine der meistverwendeten WAN-Verbindungsvarianten ist die Point-to-Point-Verbindung unter Verwendung von PPP als Schicht-2-Protokoll. Point-to-Point-Verbindungen werden eingesetzt, um LANs mit dem WAN eines Providers zu verbinden oder LAN-Segmente in ein Unternehmensnetzwerk einzubinden. Eine Point-to-Point-Verbindung zwischen einem LAN und einem WAN heißt auch serielle Verbindung oder Standleitung. Standleitungen werden bei einem Anbieter (meist einem Telefonnetzbetreiber) gemietet und sind ausschließlich zur Verwendung durch das mietende Unternehmen vorgesehen. Für eine Festverbindung zwischen zwei Remote-Standorten zahlt das Unternehmen eine Gebühr. Dafür steht die Leitung ununterbrochen zur Verfügung und ist immer aktiv. Um ein allgemeines Verständnis für die Funktionen in WANs zu erhalten, ist es wichtig zu wissen, wie Point-to-Point-Verbindungen funktionieren und wie sie einen Zugriff auf ein WAN ermöglichen.

Das PPP-Protokoll (Point-to-Point Protocol) ermöglicht Verbindungen zwischen einem LAN und einem WAN, wobei mehrere Schicht-3-Protokolle (TCP/IP, IPX und AppleTalk) gleichzeitig verarbeitet werden können. PPP kann über TP- oder Glasfaserkabel, aber auch über Satellitenstrecken eingesetzt werden. Es unterstützt den Transport über WAN-Technologien wie ATM, Frame Relay, ISDN und optische Leitungen. Diese Technologien werden wir später beschreiben.

In modernen Netzwerken ist Sicherheit ein sehr wichtiger Aspekt. PPP gestattet Ihnen die Authentifizierung von Verbindungen wahlweise mit dem PAP-Protokoll (Password Authentication Protocol) oder dem CHAP-Protokoll (Challenge Handshake Authentication Protocol).

In diesem Kapitel werden Sie außerdem das Grundprinzip der seriellen Kommunikation kennenlernen und erfahren, wie Sie eine serielle PPP-Verbindung auf einem Cisco-Router konfigurieren und ein Troubleshooting durchführen.

2.1 Einführung in die serielle Kommunikation

Bei der seriellen Kommunikation wird immer nur ein Bit gleichzeitig über eine Kommunikationsleitung (einen Kanal) übertragen.

2.1.1 Wie funktioniert die serielle Kommunikation?

Wie Sie wissen, verfügen die meisten PCs sowohl über serielle als auch über parallele Anschlüsse. Ferner wird Ihnen bekannt sein, dass sich Elektrizität in einem bestimmten Medium immer mit derselben Geschwindigkeit fortpflanzt. Um die Daten schneller zu übertragen, können sie komprimiert werden, das heißt, die Übertragung erfordert weniger Bits. Eine alternative Methode besteht darin, die Bits gleichzeitig zu übertragen; dies ist bei parallelen Verbindungen der Fall. Computer verwenden relativ kurze Parallelverbindungen zwischen internen Komponenten, während zur Konvertierung von Signalen für die externe Kommunikation meistens ein serieller Bus eingesetzt wird. Wir wollen die serielle und die parallele Kommunikation einmal vergleichen.

Bei einer seriellen Verbindung werden die Daten über genau eine Leitungsader übertragen – immer ein Bit nach dem anderen. Der neunpolige serielle Port, wie wir ihn von den meisten PCs her kennen, verwendet zwei Leitungsadern (eine pro Richtung) für die Datenkommunikation; weitere Adern werden zur Steuerung des Datenflusses eingesetzt. Die Daten fließen also pro Richtung immer nur über eine Ader.

Eine Parallelverbindung sendet gleichzeitig Bits über mehrere Leitungsadern. Im Falle des 25-poligen Parallelports an einem PC übertragen acht Datenadern immer gleichzeitig acht Bits. Aufgrund dieser Kapazität überträgt die Parallelverbindung theoretisch acht Mal schneller als eine serielle Verbindung. Insofern müsste eine Parallelverbindung in der gleichen Zeit, in der eine serielle Verbindung ein Bit sendet, ein ganzes Byte übertragen.

Die serielle Verbindung in Abbildung 2.1 sendet ein, die parallele Verbindung acht Bits gleichzeitig. Beachten Sie bitte, dass die serielle Verbindung vier Bits gesendet hat und gegenwärtig das fünfte überträgt, während die Parallelverbindung bereits vier Bytes übermittelt hat.

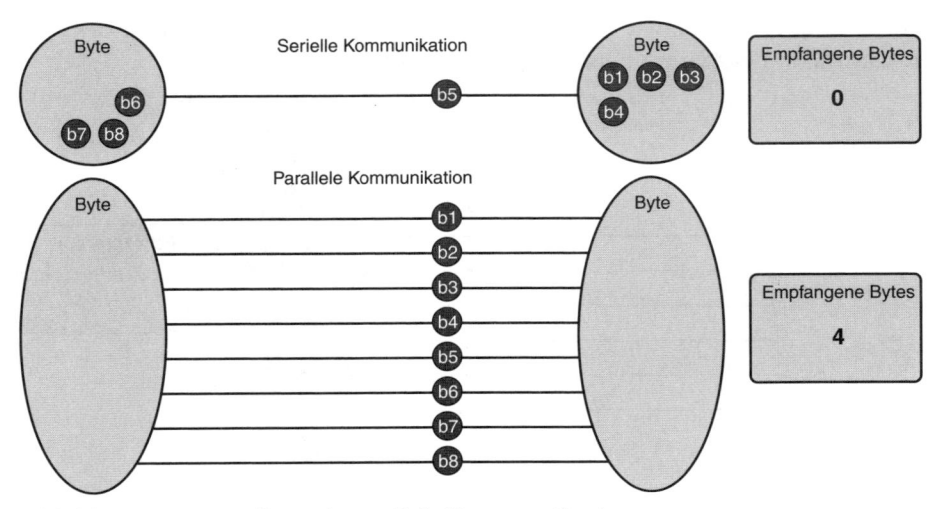

Abbildung 2.1: Serielle und parallele Kommunikation

Diese Erläuterung lässt einige Fragen offen. Was bedeutet »theoretisch schneller«? Sind Parallelverbindungen, die theoretisch schneller sind als serielle Verbindungen, besser für die Anbindung an ein WAN geeignet? Auf den ersten Blick könnte man den Eindruck gewinnen, dass eine serielle Verbindung der parallelen Variante unterlegen sein muss, da pro Zeittakt weniger Daten übertragen werden. Da serielle Verbindungen jedoch wesentlich höher getaktet werden können als parallele, lassen sich mit ihnen tatsächlich höhere Übertragungsraten erzielen. Zudem sind parallele Verbindungen aufgrund von Effekten wie Bitversatz und Übersprechen auf kürzere Entfernungen beschränkt.

Man sollte beispielsweise bei einer Parallelverbindung nicht davon ausgehen, dass acht Bits, die den Absender gleichzeitig verlassen, auch zur selben Zeit beim Empfänger eintreffen: Einige Bits kommen später an als andere. Dies bezeichnet man als Bitversatz (engl. *Clock Skew*). Die Überwindung des Bitversatzes ist nicht einfach. Die Empfangsseite muss sich zum Sender synchronisieren und dann warten, bis alle Bits angekommen sind. Dieser Vorgang dauert seine Zeit: lesen, dann warten, zwischenspeichern, das Taktsignal abwarten und schließlich die acht Bits übertragen. Bei der Parallelkommunikation ist ein Register der Zwischenspeicher, in dem Daten in Schaltkreisen abgelegt werden. Je mehr Leitungen Sie verwenden und je länger die Verbindungsleitung ist, desto stärker äußert sich das Problem und wirkt latenzerhöhend. Die Notwendigkeit der Taktung verlangsamt die parallele Übertragung auf einen Wert deutlich unterhalb des theoretisch Machbaren. Der Bitversatz spielt bei seriellen Verbindungen keine Rolle, da eben nur ein Kanal zu übertragen ist.

Wide Area Networks

Abbildung 2.2 zeigt, wie die Bits der Parallelverbindung aufgrund des Versatzes nicht gleichzeitig beim Empfänger eintreffen.

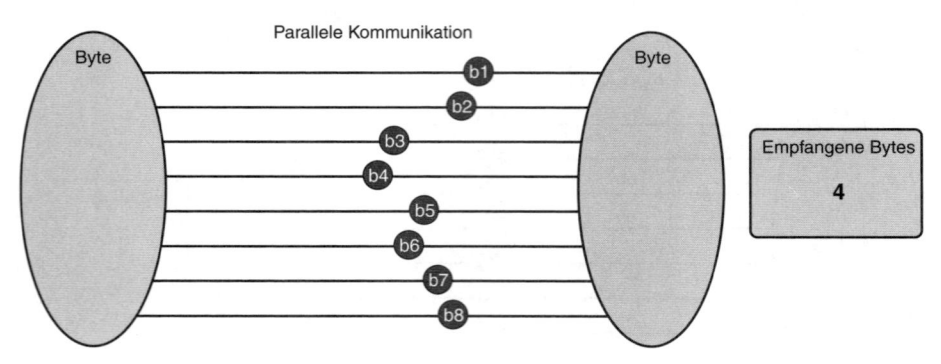

Abbildung 2.2: Bitversatz

Parallele Leitungsadern sind physisch in einem Parallelkabel gebündelt, weswegen die Signale einander beeinflussen; ein solches Kabel ist also anfällig für Übersprechen. Die Möglichkeit des Übersprechens zwischen verschiedenen Adern erhöht die Anforderungen an die Signalverarbeitung insbesondere bei höheren Übertragungsraten.

Die seriellen Busse auf Computern und Routern gleichen das Übersprechen vor der Übertragung der Bits aus. Da serielle Kabel weniger Adern enthalten, tritt ein Übersprechen hier in geringerem Maße auf, und Netzwerkgeräte können mit höheren und leistungsfähigeren Datenraten seriell übertragen.

Bei den Bits 1, 2, 7 und 8 in Abbildung 2.3 tritt Übersprechen auf, bei den Bits 5 und 6 jedoch nicht. Bei den Bits 3 und 4 schließlich war das Übersprechen zu stark – sie wurden verworfen.

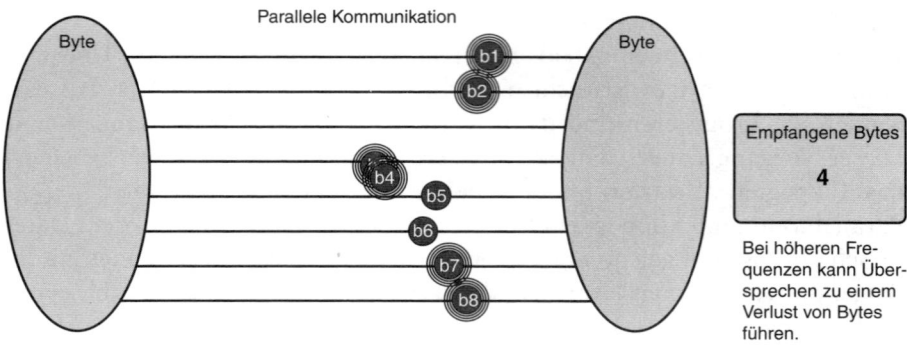

Abbildung 2.3: Übersprechen

In den meisten Fällen ist die serielle Kommunikation auch erheblich preiswerter: Es werden weniger Leitungsadern, preiswertere Kabel und weniger Steckverbinderpole benötigt.

2.1.2 Standards der seriellen Kommunikation

Für die Kommunikation über große Entfernungen hinweg wie auch in den meisten Computernetzwerken werden serielle Verbindungen eingesetzt, da Parallelverbindungen aufgrund von Kabelkosten und Synchronisierungsproblemen nicht praktikabel sind. Der wichtigste Vorteil ist die einfachere Verkabelung. Zudem dürfen serielle Kabel länger sein als parallele, weil es zwischen den Leitungsadern im Kabel zu wesentlich geringerem Übersprechen kommt. In diesem Kapitel werden wir unsere Abhandlung zur seriellen Kommunikation auf Verbindungen zwischen LANs und WANs beschränken.

Abbildung 2.4 zeigt eine vereinfachte Darstellung der seriellen Kommunikation. Der sendende Router kapselt die Daten mit PPP. Der gekapselte PPP-Frame wird über ein physisches Medium an das WAN gesendet. Es gibt mehrere Möglichkeiten, das WAN zu durchqueren, doch der empfangende Router verwendet dasselbe Kommunikationsprotokoll zur Entkapselung des Frames.

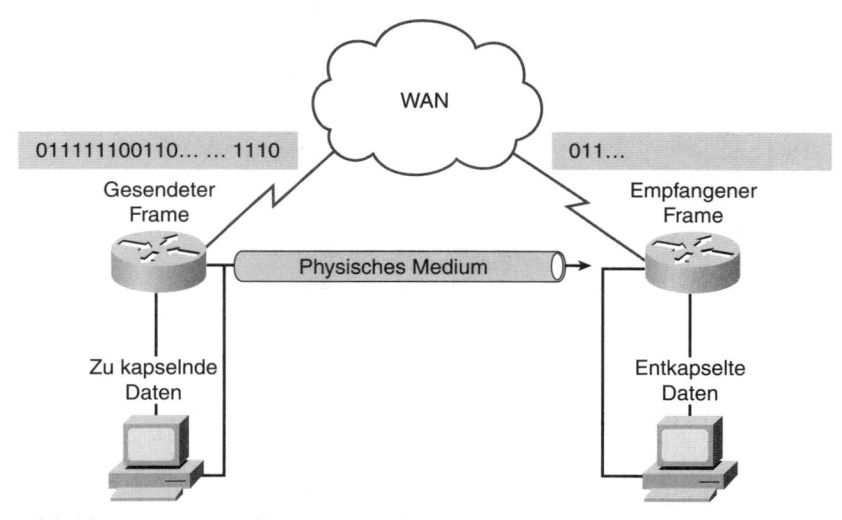

Abbildung 2.4: Serielle Kommunikation

Es gibt viele verschiedene serielle Kommunikationsstandards, die jeweils eine andere Signalisierungsmethode verwenden. Für Verbindungen zwischen LANs und WANs werden in erster Linie drei wichtige serielle Kommunikationsstandards eingesetzt:

- **RS-232.** Die meisten seriellen Ports auf PCs entsprechen dem RS-232C-Standard oder den neueren Standards RS-422 und RS-423. Zwar definiert der Standard sowohl einen neunpoligen als auch einen 25-poligen Steckverbinder, doch ist die neunpolige Variante weiter verbreitet. Ein serieller Port ist eine Universalschnittstelle, die für fast jedes Gerät verwendet werden kann: Modems, Mäuse, Drucker usw. Zahlreiche Netzwerkgeräte verwenden RJ45-Steckverbinder, die ebenfalls dem RS-232-Standard entsprechen. Abbildung 2.5 zeigt einen RS-232-Steckverbinder.

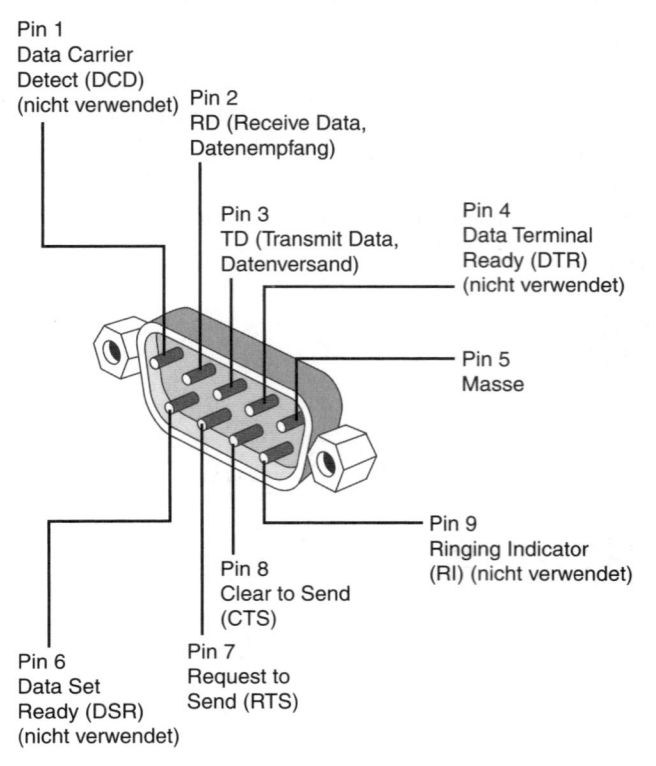

Pin 1
Data Carrier Detect (DCD)
(nicht verwendet)

Pin 2
RD (Receive Data, Datenempfang)

Pin 3
TD (Transmit Data, Datenversand)

Pin 4
Data Terminal Ready (DTR)
(nicht verwendet)

Pin 5
Masse

Pin 9
Ringing Indicator (RI) (nicht verwendet)

Pin 8
Clear to Send (CTS)

Pin 6
Data Set Ready (DSR)
(nicht verwendet)

Pin 7
Request to Send (RTS)

Abbildung 2.5: Neunpoliger RS-232-Steckverbinder

- **V.35.** Diese Variante wird normalerweise für die Kommunikation zwischen einem Modem und einem Multiplexer verwendet. Der ITU-Standard für synchronen Hochgeschwindigkeitsdatenaustausch fasst die Bandbreite mehrerer Telefonleitungen zusammen. In den Vereinigten Staaten ist V.35 der Schnittstellenstandard, der von den meisten Routern und DSUs verwendet wird, die mit T1-Providern verbunden sind. V.35-Kabel sind serielle Hochgeschwindigkeitskomponenten, die so ausgelegt sind, dass sie höhere Datenraten als RS-232 und Konnektivität zwischen DTEs und DCEs über digitale Leitungen unterstützen. Mehr zu DTEs und DCEs erfahren Sie im weiteren Verlauf dieses Abschnitts.

- **HSSI (High-Speed Serial Interface).** HSSI unterstützt Datenraten von bis zu 52 Mbit/s. Es wird eingesetzt, um Router in LANs über Hochgeschwindigkeitsleitungen (z. B. T3) mit WANs zu verbinden. HSSI findet auch Verwendung, wenn es um die Bereitstellung schneller Konnektivität zwischen LANs über Token Ring oder Ethernet geht. HSSI ist eine DTE/DCE-Schnittstelle, die von Cisco Systems und T3plus Networking entwickelt wurde, um Hochgeschwindigkeitskommunikation über WAN-Leitungen zu ermöglichen.

Die beschriebenen Standards nutzen aber nicht nur eigene Signalisierungsmethoden, sondern auch unterschiedliche Kabel und Steckverbinder. Jeder Standard spielt eine andere Rolle in einer LAN-WAN-Topologie. Die Beschaltung nach V.35 und HSSI ist nicht Gegenstand dieses Kurses, doch wollen wir zur Veranschaulichung zumindest einen kurzen Blick auf den neunpoligen RS-232-Steckverbinder (Abbildung 2.5) werfen, mit dem ein Modem an einen PC angeschlossen wird. V.35- und HSSI-konforme Kabel werden wir in einem späteren Abschnitt behandeln.

- **Kontakt 1.** DCD (Data Carrier Detect). Signalisiert, dass das Trägersignal für die Sendedaten aktiv ist.
- **Kontakt 2.** RD (Receive Pin). Überträgt Daten vom seriellen Gerät an den Computer.
- **Kontakt 3.** TD (Transmit Pin). Überträgt Daten vom Computer an das serielle Gerät.
- **Kontakt 4.** DTR (Data Terminal Ready). Teilt dem Modem mit, dass der Computer sendebereit ist.
- **Kontakt 5.**
- **Kontakt 6.** DSR (Data Set Ready). Ähnelt DTR. Signalisiert, dass das Dataset aktiv ist.
- **Kontakt 7.** RTS (Request to Send). Fordert eine Freigabe an, um Daten an ein Modem zu senden.
- **Kontakt 8.** CTS (Clear to Send). Wird vom seriellen Gerät verwendet, um das RTS-Signal des Computers zu bestätigen. In den meisten Situationen sind RTS und CTS während der Kommunikationssitzung fortlaufend aktiv.

- **Kontakt 9.** RI (Ring Indicator). Wird von einem Modem mit automatischer Antwortfunktion verwendet, um den Empfang eines Telefonrufsignals zu signalisieren.

Die DCD- und RI-Kontakte werden nur bei Verbindungen mit einem Modem verwendet. Diese beiden Leitungsadern werden selten benutzt: Die meisten Modems übertragen Statusdaten an den PC, wenn ein Trägersignal erkannt (d. h. eine Verbindung mit einem anderen Modem hergestellt) wird oder das Modem ein Rufsignal aus der Telefonleitung empfängt.

Anmerkung

Die Beschaltung des neunpoligen RS-232-Steckverbinders ist hier nur exemplarisch aufgeführt. Wenn Sie an einer umfassenden Erläuterung interessiert sind, ziehen Sie bitte andere Ressourcen zurate (z. B. *http://www.camiresearch.com/Data_Com_Basics/RS232_standard.html#anchor 1154232*).

2.1.3 TDM

In den frühen 60er-Jahren des vorigen Jahrhunderts wurde bei Bell Laboratories das TDM-Verfahren (Time-Division Multiplexing) entwickelt, mit dessen Hilfe das Volumen von über ein Medium übertragenen Sprachdaten maximiert werden sollte. Vor Einführung des Multiplexings wurde für jeden Telefonanruf eine eigene physische Verbindung benötigt. Diese Lösung war teuer und zudem nicht skalierbar.

TDM ist eine Signalisierungsmethode, welche die Bandbreite einer einzelnen Leitung in separate Kanäle oder Zeitabschnitte (engl. *Time Slots*) unterteilt. Dabei überträgt TDM zwei oder mehr Kanäle über dieselbe Leitung, indem für jeden Kanal ein anderes Zeitintervall verwendet wird. Anders gesagt, wechseln sich die Kanäle bei der Nutzung der Leitung ab.

Multiplexing mit TDM

TDM ist eine Funktion der Bitübertragungsschicht. Es hat keinen Bezug zum Wesen der Daten, die auf den Ausgangskanal gemultiplext werden. TDM agiert unabhängig vom Schicht-2-Protokoll, das von den Eingabekanälen verwendet wird.

Man kann TDM anhand einer Analogie zum Autobahnverkehr erklären. Um von vier Autobahnzufahrten kommenden Autoverkehr in eine andere Stadt zu führen, können Sie alle Autos auf dieselbe Autobahnspur einfädeln lassen, sofern die Zufahrten gleichmäßig bedient werden und der Verkehr synchronisiert wird. Wenn also auf jeder der vier Zufahrten alle vier Sekunden ein Fahrzeug auf die Autobahn fährt, beträgt die Aufnahme ein Fahrzeug je Sekunde. Solange die Geschwindigkeit aller Fahrzeuge synchronisiert ist, treten keine Kollisionen auf. Am Ziel geschieht dann das Umgekehrte: Die Fahrzeuge verlassen die Autobahn und werden über denselben Synchronisierungsmechanismus in die örtlichen Straßen geführt.

Dieses Prinzip wird bei synchronem TDM verwendet, wenn Daten über eine Leitung gesendet werden. TDM erhöht die Kapazität der Übertragungsleitung, indem die Zeit in Abschnitte unterteilt wird, sodass die Leitung Bits aus mehreren Quellen überträgt. Hierdurch wird die Anzahl der übertragenen Bits pro Sekunde wirkungsvoll erhöht. Bei TDM wissen Absender und Empfänger genau, welches Signal gerade gesendet wird.

In Abbildung 2.6 nimmt ein MUX (Multiplexer) beim Absender drei separate Signale D, E und F entgegen. Der MUX unterteilt jedes Signal in Segmente und legt jedes Segment in einen einzelnen Kanal, indem er es in einen Zeitabschnitt einfügt. Die Abbildung zeigt mehrere Zeitabschnitte, beginnend bei Abschnitt 0 (TS0).

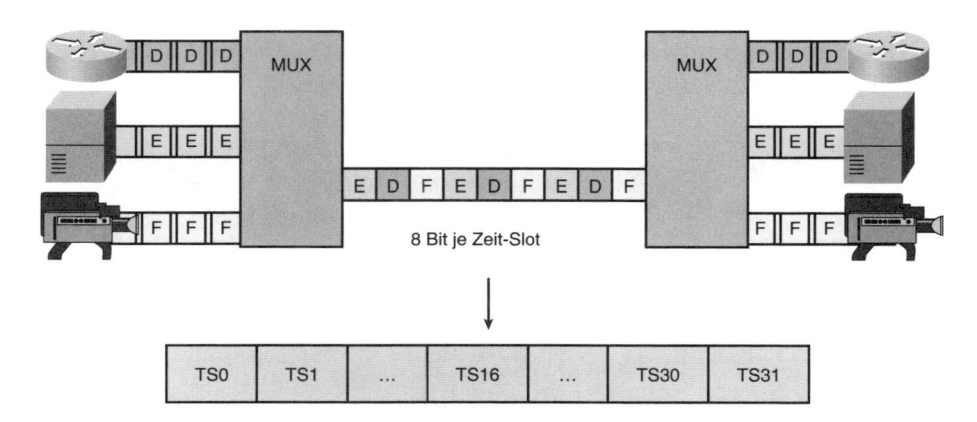

- TDM verteilt die in einem Medium vorhandene Übertragungszeit, indem einzelne Zeitabschnitte den Benutzern zugeordnet werden.
- Der MUX nimmt Eingaben angeschlossener Geräte nach dem Round-Robin-Prinzip entgegen und überträgt die Daten in fortlaufender Folge.
- T1-/E1- und ISDN-Telefonleitungen sind Beispiele für synchrones TDM.

Abbildung 2.6: TDM

Ein MUX am empfängerseitigen Ende setzt den TDM-Strom wieder in drei separate Datenströme zusammen, wobei lediglich der Ankunftszeitpunkt jedes Bits als Kriterium herangezogen wird. Eine Technik namens Bit-Interleaving (Bitverschachtelung) behält Anzahl und Reihenfolge der Bits der einzelnen Übertragungsvorgänge im Auge, sodass diese beim Empfang schnell und effektiv in ihre ursprüngliche Form zurückversetzt werden können. Das Byte-Interleaving führt dieselben Funktionen aus, aber da jedes Byte acht Bits enthält, wird hier ein längerer Zeitabschnitt benötigt.

Weitere Informationen zu TDM finden Sie unter *http://www.networkdictionary.com/telecom/tdm.php*.

STDM

Eine andere Analogie für TDM ist ein Zug mit 32 Waggons. Jeder Waggon gehört einem anderen Frachtunternehmen, und täglich fährt der Zug mit 32 angehängten Waggons. Wenn eines der Unternehmen Fracht zu versenden hat, wird der Waggon beladen; ist keine Fracht vorhanden, dann bleibt der Waggon leer, wird aber nicht abgehängt. Das Überführen leerer Waggons ist allerdings nicht besonders effizient. TDM ist ähnlich ineffizient, falls Daten nur sporadisch übertragen werden, denn der Zeitabschnitt wird auch dann reserviert, wenn der zugehörige Kanal keine Daten überträgt.

STDM (Statistical Time-Division Multiplexing) ist eine TDM-Variante, die entwickelt wurde, um diese Ineffizienz zu beseitigen. STDM verwendet eine variable Zeitabschnittslänge und ermöglicht Kanälen den konkurrierenden Zugriff auf freie Zeitabschnittskapazitäten (Abbildung 2.7).

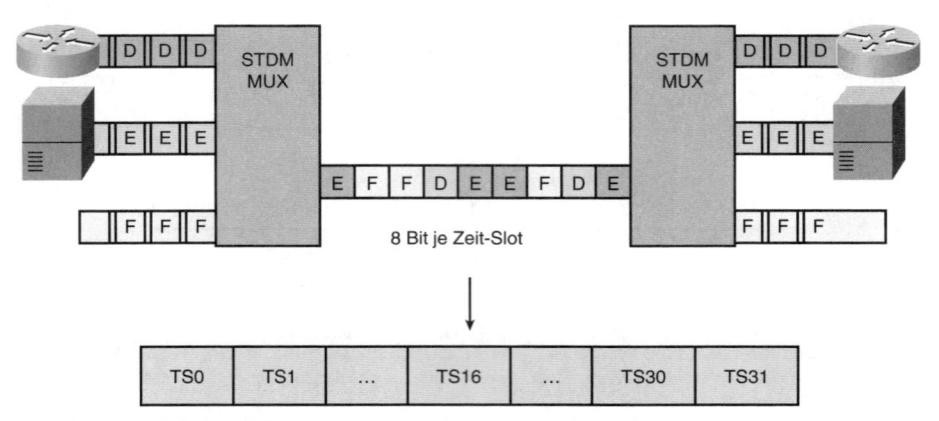

Abbildung 2.7: STDM

Im TDM-Beispiel wurden die Signale D, E und F immer in fortlaufender Reihenfolge gesendet. In Abbildung 2.7 erfolgt die Signalübertragung hingegen nicht mehr sequenziell; stattdessen bettet STDM die Signale nach Bedarf in jeden verfügbaren Zeitabschnitt ein. Zu diesem Zweck nutzt STDM einen Pufferspeicher, der die Daten bei hohem Datenaufkommen temporär speichert. Auf diese Weise umgeht STDM die Zeitverschwendung auf einer schnellen Leitung bei inaktiven Kanälen. Allerdings verlangt STDM jedes Mal die Übertragung von Signalisierungsdaten (Kanal-ID).

ISDN und SONET/SDH als Beispiele für TDM

Ein Beispiel für eine Technologie, die synchrones TDM verwendet, ist ISDN. Der ISDN-Basisanschluss hat drei Kanäle, nämlich zwei B-Kanäle (B1 und B2) zu je 64 kbit/s und einen D-Kanal mit 16 kbit/s. TDM verwendet zehn Zeitabschnitte, die sich in der in Abbildung 2.8 gezeigten Abfolge wiederholen.

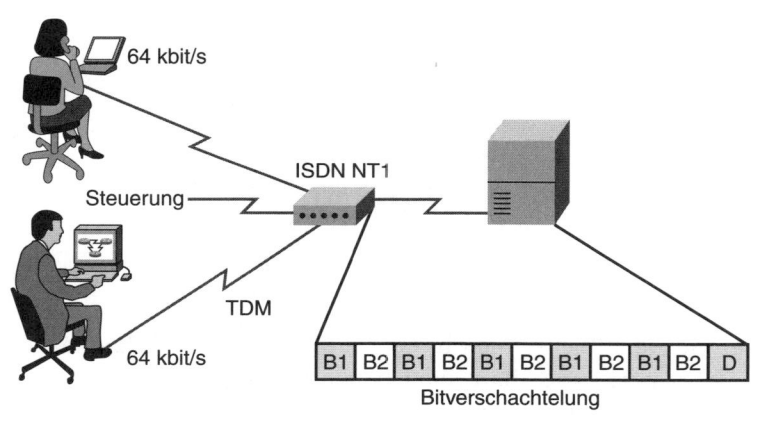

Abbildung 2.8: ISDN als TDM-Beispiel

In großem Umfang nutzt die Telekommunikationsindustrie den SONET- bzw. SDH-Standard zur optischen Übertragung von TDM-Daten. (In Nordamerika wird SONET eingesetzt, andernorts SDH (Synchronous Digital Hierarchy). Diese beiden Standards sind eng miteinander verwandt und spezifizieren Schnittstellenparameter, Übertragungsraten, Framing-Formate, Multiplexing-Methoden sowie die Steuerung von synchronem TDM über Glasfaser.)

Abbildung 2.9 zeigt ein STDM-Beispiel. SONET/SDH nimmt n Bitströme entgegen, multiplext sie und moduliert das Signal optisch. Das Signal wird dann über eine Lichtquelle in die Glasfaser eingespeist, wobei die Bitrate der Formel *Eingehende Bitrate · n* entspricht. Folglich werden Daten, die der SONET-Multiplexer von vier Stellen mit jeweils 2,5 Gbit/s empfängt, als einzelner Datenstrom mit 4 · 2,5 Gbit/s = 10 Gbit/s versendet. Die Abbildung veranschaulicht das Prinzip: die Erhöhung der Bitrate um den Faktor 4 im Zeitabschnitt T.

96 Wide Area Networks

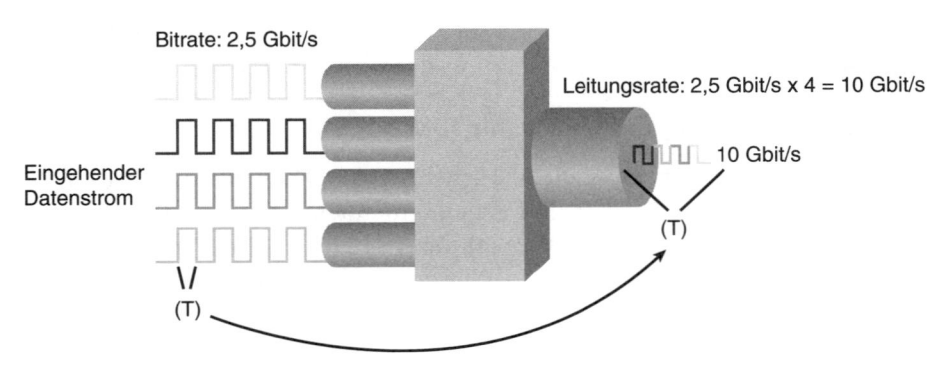

Abbildung 2.9: STDM im Beispiel: SONET

Die ursprünglich beim Multiplexing von Telefonanrufen verwendete Einheit war 64 kbit/s, was genau einen Telefonanruf darstellt. Diese Größe wird auch als DS0 (Digital Signal Level Zero) bezeichnet. In Nordamerika werden 24 DS0-Einheiten mit TDM in ein Signal mit höherer Bitrate gemultiplext, wobei eine Gesamtrate von 1,544 Mbit/s für die Übertragung über T1-Leitungen erzielt wird. In anderen Ländern hingegen werden 32 DS0-Einheiten für die E1-Übertragung mit 2,048 Mbit/s gemultiplext.

Tabelle 2.1 zeigt die Signalhierarchie für das Multiplexing von Telefonanrufen. Nebenbei: Zwar bezeichnet man eine Übertragung mit 1,544 Mbit/s als T1-Übertragung, doch müsste korrekterweise von DS1 die Rede sein.

Tabelle 2.1: DS0-Einheiten

Hierarchiestufe	Übertragungsrate	Anzahl Sprach-Slots
DS0	64 kbit/s	1 DS0
DS1	1,544 Mbit/s	24 DS0s
DS2	6,312 Mbit/s	96 DS0s
DS3	44,736 Mbit/s	672 DS0s oder 28 DS1s

Der Begriff des T-Übertragungssignals bezieht sich auf das Bündeln von DS0s. So entspricht ein T1 24 DS0s, ein T1C (zweimal T1) 48 DS0s usw. Abbildung 2.10 zeigt exemplarisch die Hierarchie einer Infrastruktur für T-Übertragungssignale. Die E-Hierarchie sieht ähnlich aus.

ANMERKUNG

Weitere Informationen finden Sie durch Eingabe von »T-carrier« unter *http://www.atis.org/glossary*.

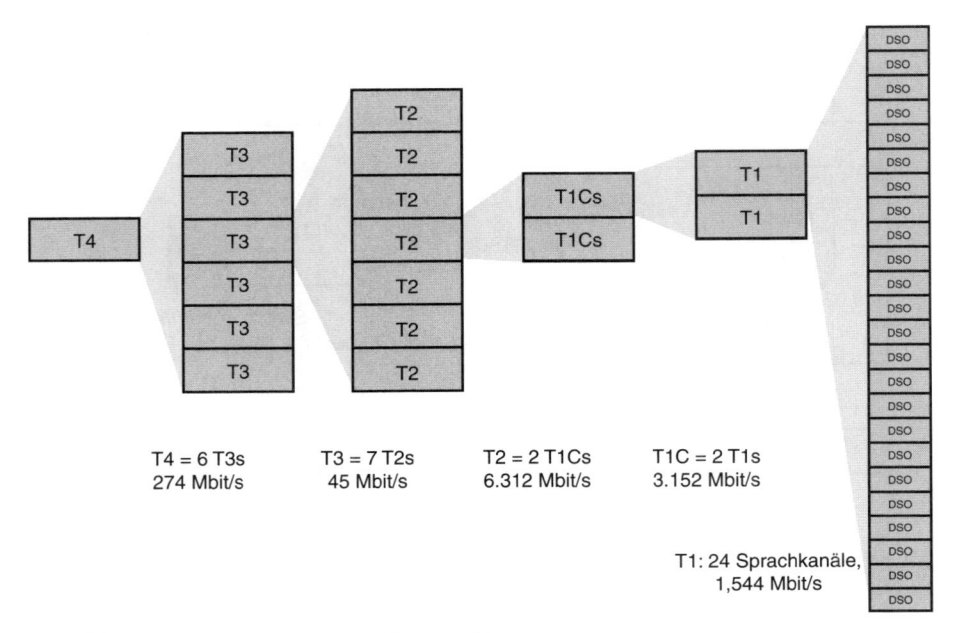

Abbildung 2.10: T-Trägersignalhierarchie

2.1.4 Demarkationspunkt

Vor Beginn der Deregulierung in Nordamerika und anderen Ländern war die Anschlussleitung einschließlich der Verkabelung und aller Geräte am Kundenstandort Eigentum der Telefongesellschaften. Die Deregulierung zwang die Telefongesellschaften dann, ihre Anschlussleitungsinfrastruktur zu entbündeln, um anderen Anbietern die Bereitstellung von Geräten und Dienstleistungen zu ermöglichen. Aus diesem Grund musste die Trennlinie zwischen dem Teil des Netzwerks, welcher der Telefongesellschaft gehört, und demjenigen, der im Besitz des Kunden ist, exakt gezogen werden. Dieser Trennpunkt ist der sogenannte Demarkationspunkt.

Der Demarkationspunkt kennzeichnet den Punkt, an dem Ihr Netzwerk an ein Netzwerk angebunden wird, das einer anderen Organisation gehört. In der Fachterminologie ist dies die Schnittstelle zwischen dem CPE und den Einrichtungen des Providers. Man kann auch sagen, dass der Demarkationspunkt derjenige Punkt im Netzwerk ist, an dem die Zuständigkeit des Providers endet.

Abbildung 2.11 zeigt ein ISDN-Szenario. In den Vereinigten Staaten stellt der Provider die Anschlussleitung zum Kundenstandort bereit, während der Kunde für aktive Geräte wie die CSU/DSU zuständig ist, an die die Anschlussleitung angeschlossen wird. Dieser Anschluss erfolgt häufig in einem Netzwerkverteilerraum; für Wartung, Austausch und Reparatur von Geräten ist hier der Kunde zuständig.

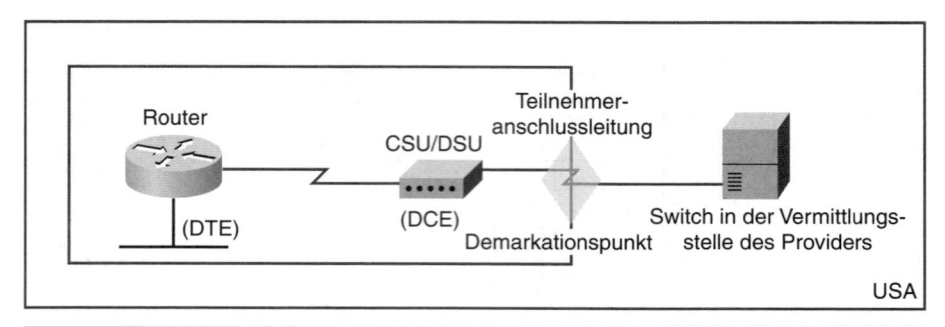

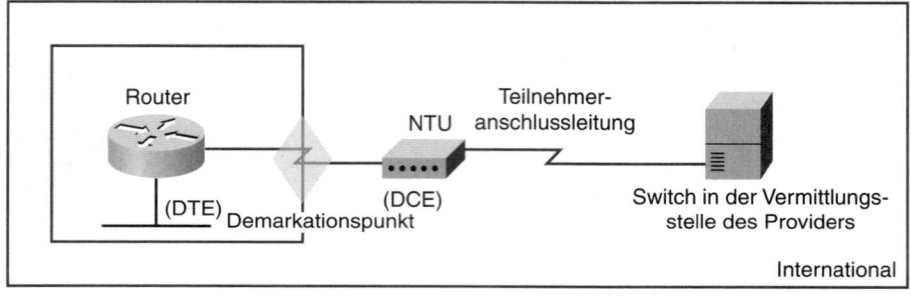

Abbildung 2.11: Demarkationspunkt

In anderen Ländern wird die NT-Komponente (Network Termination, Netzabschluss) vom Provider bereitgestellt und betrieben. Aus diesem Grund befindet sich der Demarkationspunkt dort zwischen dem NT des Providers und dem Router des Kunden. Der Provider kann die Anschlussleitung so aktiv steuern und Troubleshootings durchführen. Der Kunde schließt ein CPE – z. B. einen Router oder ein Frame Relay-Zugangsgerät – über eine serielle V.35- oder RS-232-Schnittstelle an den NT an.

2.1.5 DTE und DCE

Der Begriff DTE (Data Terminal Equipment, Datenendgerät) bezeichnet ein Gerät am benutzerseitigen Ende der Schnittstelle zwischen Benutzer und Netzwerk. Das DTE dient als Datenquelle und/oder Datenziel. Es wird über ein DCE (Data Communications Equipment, Datenübertragungseinrichtung) an ein Datennetz angeschlossen.

Das DCE stellt die physische Verbindung zum Netzwerk bereit. Es stellt zudem das Taktsignal bereit, das zur Synchronisierung der Datenübertragung zwischen DCE und DTE erforderlich ist, und leitet Datenverkehr weiter.

Zwischen DTE und DCE

Aus der Sicht desjenigen, der eine Verbindung zu einem WAN herstellen will, weist eine serielle Verbindung an einem Ende ein DTE und am anderen ein DCE auf. Die Verbindung zwischen den beiden DCE-Geräten erfolgt durch das Übertragungsnetzwerk des WAN-Providers (Abbildung 2.12). Hier gilt:

- Das CPE (meist ein Router) agiert als DTE. Das DTE könnte auch ein Terminal, ein Computer, ein Drucker oder ein Faxgerät sein, sofern diese Geräte direkt mit dem Providernetzwerk verbunden sind.

- Das DCE – meist ein Modem oder eine CSU/DSU – ist für die Konvertierung der vom DTE kommenden Daten in eine Form zuständig, die vom WAN-Provider akzeptiert wird. Dieses Signal wird vom entfernten DCE empfangen und in eine Bitfolge entschlüsselt. Danach leitet das entfernte DCE diese Folge an das entfernte DTE weiter.

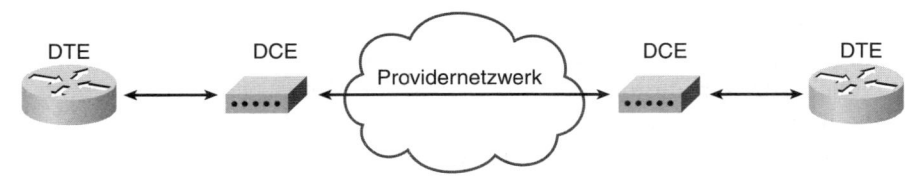

Abbildung 2.12: Serielle DCE- und DTE-Verbindungen

Die EIA und die ITU-T sind bei der Entwicklung von Standards, die DTEs die Kommunikation mit DCEs ermöglichen, ausgesprochen aktiv. Die EIA bezeichnet DCE in ihren Standards als *Data Communications Equipment*, die ITU-T als *Data Circuit-Terminating Equipment*.

Kabelstandards

Zunächst basierte das Konzept von DCEs und DTEs auf zwei Gerätetypen: Endgeräten, die Daten generieren und empfangen, und Übertragungsgeräten, die Daten lediglich weiterleiten. Bei der Entwicklung des RS-232-Standards gab es Gründe für eine unterschiedliche Beschaltung der 25-poligen RS-232-Steckverbinder an diesen beiden Gerätetypen. Diese Gründe spielen heute keine Rolle mehr, haben aber trotzdem dafür gesorgt, dass wir es mit zwei verschiedenen Kabeltypen zu tun haben: einer für den Anschluss eines DTE an ein DCE und der zweite für den direkten Anschluss zweier DTEs aneinander.

Die DTE/DCE-Schnittstelle für einen bestimmten Standard definiert die folgenden Spezifikationen:

- **Mechanisch/physisch.** Anzahl der Kontakte, Steckverbindertyp
- **Elektrisch.** Spannungspegel für 0 und 1
- **Funktional.** Funktionen, die realisiert werden, indem allen Signalverbindungen der Schnittstelle Bedeutungen zugewiesen werden
- **Prozedural.** Reihenfolge der Ereignisse bei der Datenübertragung

Der ursprüngliche RS-232-Standard definiert lediglich die Verbindung von DTEs mit DCEs; damals waren dies Modems. Wenn Sie allerdings zwei DTEs wie etwa zwei Computer oder zwei Router direkt miteinander verbinden wollen (wie wir das auch in unseren Übungen tun), dann wird die Notwendigkeit eines DCE durch die Verwendung eines speziellen seriellen Kabels – des sogenannten Nullmodemkabels – umgangen. Es bietet dieselbe Funktionalität wie ein Crossover-Kabel, das an die Ethernet-Schnittstellen eines PC angeschlossen wird. Allerdings wird ein Nullmodemkabel ausschließlich zur Verbindung der seriellen Schnittstellen von DTEs benutzt. Beachten Sie bitte, dass die Sende- und Empfangsadern (Tx bzw. Rx) bei einer Nullmodemverbindung über Kreuz verbunden sind (Abbildung 2.13).

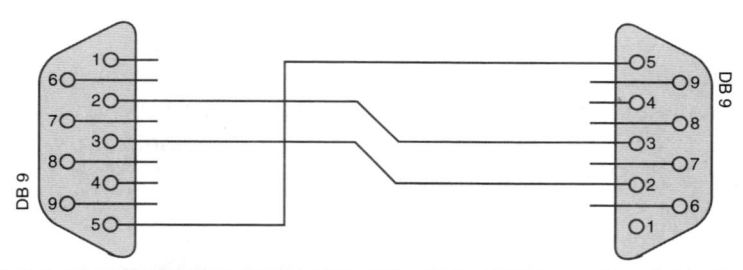

Steckverbinder 1	Steckverbinder 2	Funktion
2	2	Rx ← Tx
3	3	Rx → Tx
5	5	Masse

Beachten Sie die Überkreuzverbindungen (Kontakt 2 and Kontakt 3 und umgekehrt).

Abbildung 2.13: Nullmodem zur Verbindung zweier DTEs

ANMERKUNG

Ein Nullmodemkabel verlangt auch die Überkreuzverbindung weiterer Leitungsadern. Wir legen in diesem Beispiel der Einfachheit halber jedoch den Schwerpunkt auf die Sende- und Empfangsadern.

Ein weiteres Kabel für die DTE-DCE-Verbindung ist ein geschirmtes serielles Übergangskabel, das am routerseitigen Ende einen DB-60-Steckverbinder aufweist, der an den DB-60-Port einer seriellen WAN-Schnittstellenkarte angeschlossen wird. Das andere Ende des seriellen Übergangskabels ist mit einem Steckverbinder ausgestattet, der gemäß dem zu verwendenden Standard ausgelegt ist. Normalerweise wird dieser Kabeltyp durch den WAN-Provider oder das CSU/DSU festgelegt. Cisco-Geräte unterstützen wie in Abbildung 2.14 gezeigt die Standards EIA/TIA-232, EIA/TIA-449, V.35, X.21 und EIA/TIA-530 für serielle Verbindungen.

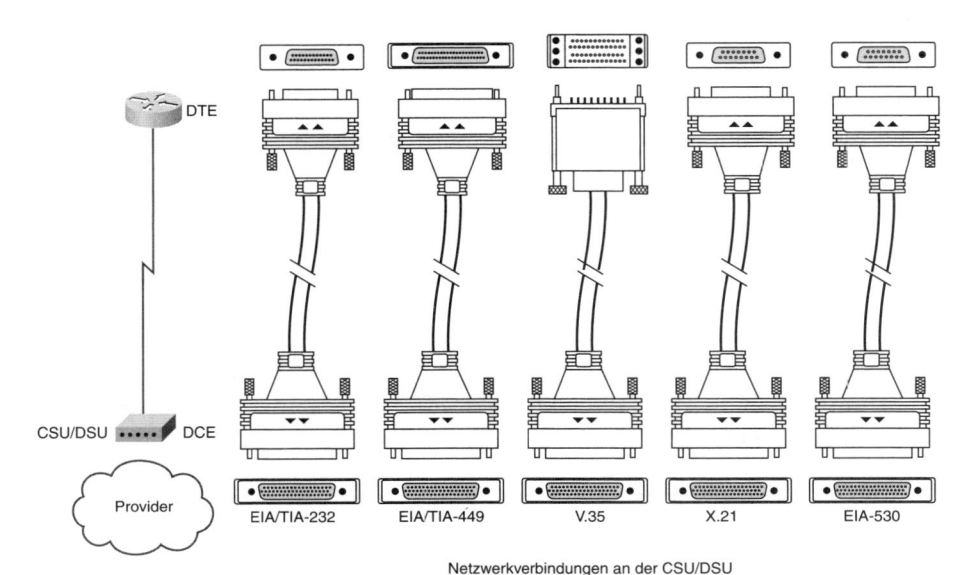

Abbildung 2.14: Serielle WAN-Verbindungsoptionen

Abbildung 2.15 zeigt den DB-60-Steckverbinder auf einem Cisco-Router.

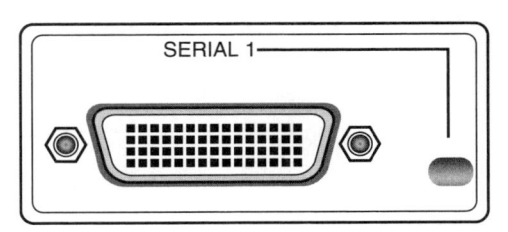

Abbildung 2.15: Routerseitiger DB-60-Steckverbinder

Um höhere Portdichten bei kleinerem Formfaktor zu unterstützen, hat Cisco das Smart-Serial-Kabel eingeführt. Das routerseitige Ende dieses Kabels weist einen 26-poligen Steckverbinder auf, der wesentlich kompakter ist als der DB-60-Steckverbinder.

Abbildung 2.16 zeigt den Smart-Serial-Steckverbinder und die Anschlusskonfiguration auf einem Cisco-Router. Beachten Sie, dass dieses Modul zwei serielle Schnittstellen enthält, die den gleichen Platz belegen wie ein einzelner DB-60-Steckverbinder.

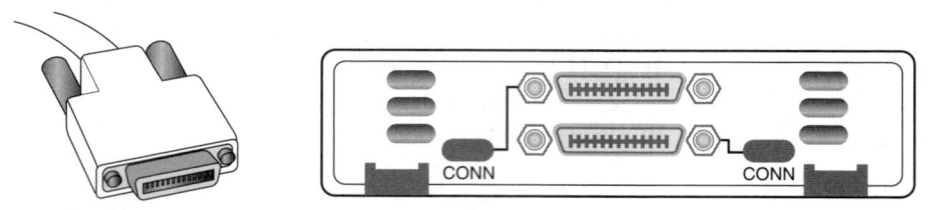

Abbildung 2.16: Smart-Serial-Verbindung

Wenn Sie ein Nullmodem verwenden, vergessen Sie nicht, dass synchrone Verbindungen ein Taktsignal erfordern. Dieses Signal kann wahlweise von einem externen Gerät oder einem der DTEs generiert werden. Wenn ein DTE und ein DCE miteinander verbunden werden, ist der serielle Port eines Routers per Default das DTE-seitige Ende der Verbindung. Das Taktsignal wird gewöhnlich von einer CSU/DSU oder einem ähnlichen DCE-Gerät bereitgestellt (Abbildung 2.17). Wenn Sie allerdings ein Nullmodemkabel für eine Verbindung zwischen zwei Routern einsetzen, muss eine der seriellen Schnittstellen als DCE-Ende konfiguriert werden, um das Taktsignal der Verbindung zu liefern.

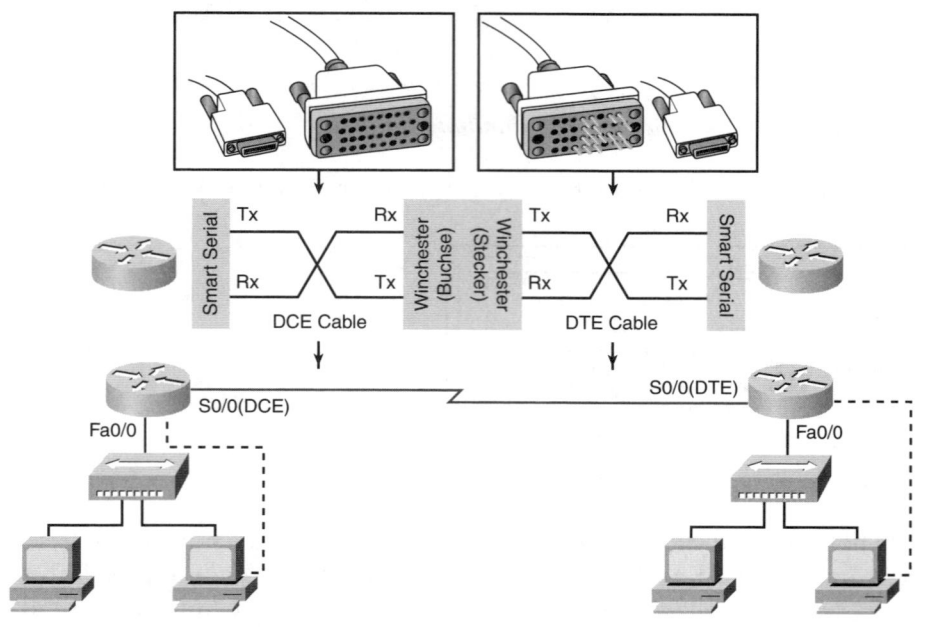

Abbildung 2.17: Serielle WAN-Verbindung im Testfeld

Parallelverbindung auf serielle Verbindung umsetzen

Die Begriffe DTE und DCE sind relativ in Bezug darauf, welchen Teil eines Netzwerks Sie untersuchen. RS-232C ist ein Standard, der die physische Schnittstelle und das Protokoll für eine relativ langsame serielle Datenkommunikation zwischen Computern und zugehörigen Geräten beschreibt. Die EIA definierte RS-232C seinerzeit – in den frühen 1960er-Jahren – eigentlich für Fernschreiber. Das DTE ist die RS-232C-Schnittstelle, die ein Computer für den Austausch von Daten mit einem Modem oder einem anderen seriellen Gerät verwendet. Das DCE hingegen ist die RS-232C-Schnittstelle, die ein Modem oder ein anderes serielles Gerät für den Austausch von Daten mit dem Computer benutzt.

ANMERKUNG

In den frühen 1990er-Jahren wurde der RS-232-Standard von der EIA in EIA232 umbenannt. Heutzutage werden weiterhin beide Bezeichnungen für den Standard verwendet.

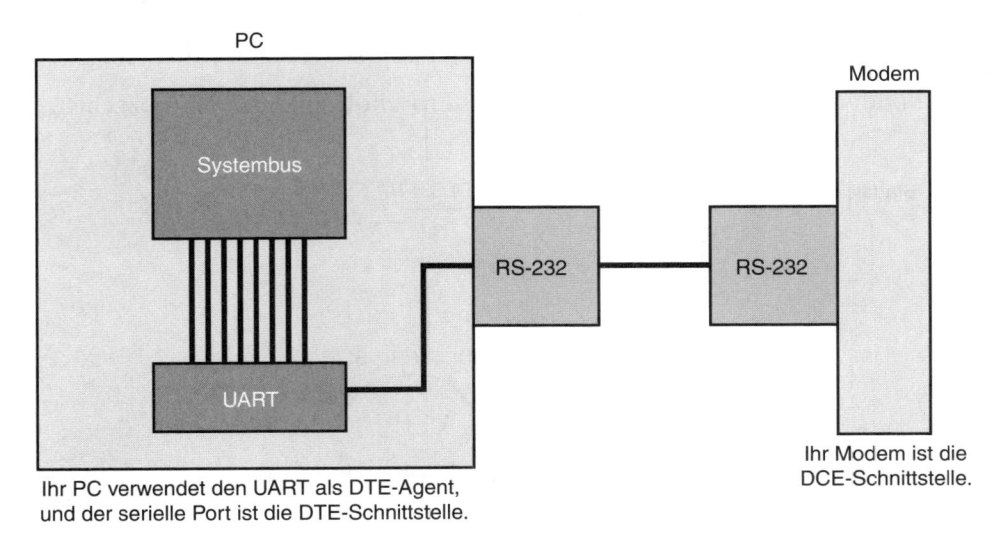

Abbildung 2.18: Beispiel für die Umsetzung einer Parallelverbindung auf eine serielle Verbindung

Ihr PC beispielsweise benutzt, wie Abbildung 2.18 zeigt, meistens eine RS-232C-Schnittstelle zur Kommunikation und für den Datenaustausch mit angeschlossenen seriellen Geräten wie etwa einem Modem. Außerdem verfügt Ihr PC über einen UART-Chip (Universal Asynchronous Receiver/Transmitter) auf der Hauptplatine. Da die Daten in Ihrem PC über Parallelleitungen übertragen werden, konvertiert der UART-Baustein die parallel empfangenen Bitgruppen in einen seriellen Datenstrom. Damit dies schneller funktioniert, verfügt der UART-Chip über Puffer, um vom System übermittelte Daten zwischenzuspeichern, während die über den seriellen Port ausgehenden Daten verarbeitet werden. Der UART-Chip ist der DTE-Agent Ihres PC. Er kommuniziert mit dem Modem oder einem anderen seriellen Gerät, das entsprechend dem RS-232C-Standard ein passendes Gegenstück aufweist: die DCE-Schnittstelle.

2.1.6 HDLC-Kapselung

WANs benutzen mehrere Arten von Schicht-2-Protokollen: PPP, Frame Relay, ATM, X.25 und HDLC. Wir werden das HDLC-Protokoll in Kürze vorstellen.

WAN-Kapselungsprotokolle in Schicht 2

Auf jeder WAN-Verbindung werden die Daten zu Frames gekapselt, bevor sie die Leitung durchqueren. Um sicherzustellen, dass das korrekte Protokoll verwendet wird, müssen Sie den passenden Schicht-2-Kapselungstyp konfigurieren. Die zur Wahl stehenden Kapselungsprotokolle hängen von der verwendeten WAN-Technologie und den kommunizierenden Geräten ab.

Abbildung 2.19 zeigt die gängigen WAN-Protokolle und ihre Einsatzgebiete.

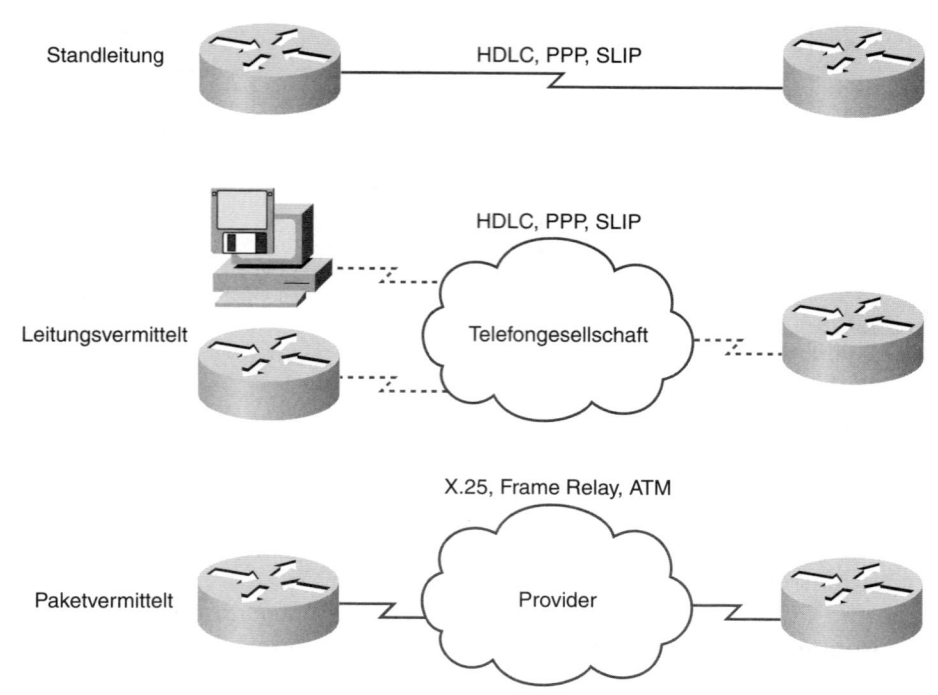

Abbildung 2.19: WAN-Kapselungsprotokolle

Wir wollen die WAN-Protokolle kurz beschreiben:

- **HDLC (High-Level Data-Link Control)**. Default-Kapselungstyp bei Point-to-Point-Verbindungen, Standleitungen und leitungsvermittelten Verbindungen, wenn die Verbindung zwischen zwei Cisco-Geräten verläuft. HDLC ist Basis für das von vielen Servern für die WAN-Anbindung verwendete und im Internet flächendeckend eingesetzte PPP.

- **PPP (Point-to-Point Protocol)**. Dieses Protokoll ermöglicht das Verbinden zwischen Routern und von Hosts mit Netzwerken über synchrone und asynchrone Point-to-Point-Leitungen. PPP nutzt verschieden Protokolle der Vermittlungsschicht, z. B. IP oder IPX (Internetwork Packet Exchange). Zudem umfasst PPP auch Sicherheitsmechanismen wie CHAP und PAP. Der Großteil dieses Kapitels befasst sich mit PPP.

- **SLIP (Serial Line Internet Protocol)**. SLIP ist ein Standardprotokoll für die serielle Point-to-Point-Kommunikation via TCP/IP. Es wurde mittlerweile weitgehend durch PPP ersetzt.

- **X.25/LAPB (Link Access Procedure, Balanced)**. Ein ITU-T-Standard, der definiert, wie Verbindungen zwischen einem DTE und einem DCE für Remote-Terminal-Zugriff und Computerkommunikation in öffentlichen Datennetzen bereitgehalten werden. X.25 spezifiziert dafür das Sicherungsschichtprotokoll LAPB. X.25 gilt als Vorläufer von Frame Relay.

- **Frame Relay**. Geswitchtes Industriestandardprotokoll der Sicherungsschicht, das mehrere VCs benutzt. Frame Relay ist ein Nachfolgeprotokoll von X.25. Es beseitigt teilweise den mit X.25 einhergehenden Overhead (bedingt etwa durch Fehlerkorrektur und Flusssteuerung). Wir werden Frame Relay im nächsten Kapitel ausführlich behandeln.

- **ATM**. Internationaler Standard für die Weiterleitung von Zellen. Hierbei werden unterschiedliche Diensttypen (Sprache, Video, Daten) in Zellen fester Länge (53 Byte) befördert. Die feste Länge der Zellen ermöglicht eine Verarbeitung durch Hardware, wodurch Verzögerungen bei der Übertragung verringert werden. ATM wurde für die Hochgeschwindigkeitsübertragung optimiert, d. h. für Medien wie E3, SONET und T3.

HDLC-Kapselung

HDLC ist ein bitorientiertes synchrones Sicherungsschichtprotokoll, das von der ISO (International Organization for Standardization) entwickelt wurde. Der aktuelle HDLC-Standard ist ISO 13239. Entwickelt wurde HDLC aus dem SDLC-Standard (Synchronous Data Link Control), der in den 1970er-Jahren entstand. HDLC bietet sowohl verbindungsorientierte als auch verbindungslose Dienste.

HDLC verwendet eine synchrone serielle Übertragung, um eine fehlerfreie Kommunikation zwischen zwei Punkten zu ermöglichen. Hierzu definiert HDLC eine Schicht-2-Framing-Struktur, die eine Flusssteuerung und eine Fehlerkontrolle mithilfe von Bestätigungen ermöglicht. Alle Frames haben dasselbe Format unabhängig davon, ob es sich um einen Daten- oder einen Steuer-Frame handelt.

Wenn Sie Frames über synchrone oder asynchrone Leitungen übertragen wollen, müssen Sie beachten, dass diese Leitungen über keinen Mechanismus verfügen, um Anfang oder Ende der Frames zu kennzeichnen. HDLC setzt eine Trennkennung – ein Flag – ein, um Anfang und Ende der Frames zu markieren.

Cisco hat eine Erweiterung des HDLC-Protokolls entwickelt, um das Problem der fehlenden Unterstützung für mehrere Protokolle zu beseitigen. Deswegen ist HDLC das Default-Kapselungsprotokoll für alle seriellen Schnittstellen auf Cisco-Geräten. Zwar ist Cisco HDLC (auch cHDCL genannt) proprietär, doch hat Cisco vielen anderen Herstellern von Netzwerkgeräten seine Implementierung gestattet. Cisco HDLC-Frames enthalten ein Feld zur Identifikation des gekapselten Netzwerkprotokolls. Abbildung 2.20 vergleicht HDLC und Cisco HDLC.

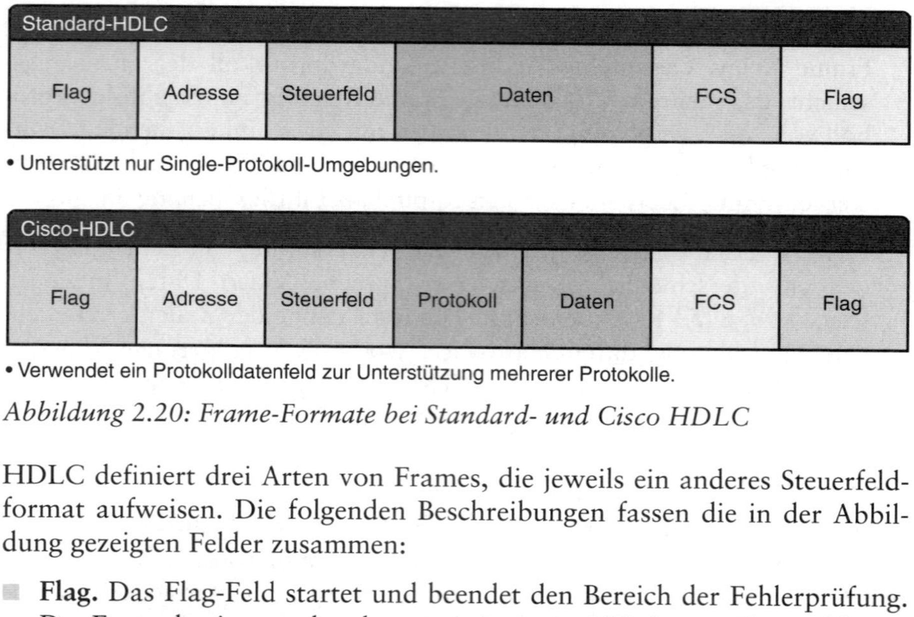

Standard-HDLC

| Flag | Adresse | Steuerfeld | Daten | FCS | Flag |

- Unterstützt nur Single-Protokoll-Umgebungen.

Cisco-HDLC

| Flag | Adresse | Steuerfeld | Protokoll | Daten | FCS | Flag |

- Verwendet ein Protokolldatenfeld zur Unterstützung mehrerer Protokolle.

Abbildung 2.20: Frame-Formate bei Standard- und Cisco HDLC

HDLC definiert drei Arten von Frames, die jeweils ein anderes Steuerfeldformat aufweisen. Die folgenden Beschreibungen fassen die in der Abbildung gezeigten Felder zusammen:

- **Flag.** Das Flag-Feld startet und beendet den Bereich der Fehlerprüfung. Der Frame beginnt und endet stets mit einem 8 Bit langen Flag-Feld. Das Bitmuster lautet 01111110. Da die Wahrscheinlichkeit besteht, dass dieses Muster auch in den Nutzdaten auftritt, fügt das sendende HDLC-

System nach jeweils fünf Einsen im Datenfeld jeweils eine Null ein. Deswegen kann die Flag-Sequenz in der Praxis nur am Ende des Frame auftreten. Das empfangende System entfernt die eingefügten Bits dann wieder. Wenn Frames nacheinander übertragen werden, wird das End-Flag des ersten Frame als Start-Flag des nächsten verwendet.

- **Adresse.** Der HDLC-Standard kann für Point-to-Point- und für Point-to-Multipoint-Verbindungen konfiguriert werden. Bei Point-to-Point-Verbindungen bleibt dieses Feld leer.

- **Steuerfeld.** Das Steuerfeld verwendet je nach verwendetem HDLC-Frame-Typ drei verschiedene Formate: Information-, Supervisory- und Unnumbered-Frames.

- **Protokollfeld.** Dieses nur bei Cisco HDLC verwendete Feld gibt den im Frame gekapselten Protokolltyp an (z. B. 0x0800 für IP).

- **Daten.** Ein Feld variabler Länge, das Schicht-3-Pakete enthält.

- **FCS (Frame Check Sequence).** Das FCS-Feld geht der abschließenden Flag-Kennung voran. In der Regel handelt es sich um den Restwert einer CRC-Berechnung. Diese Berechnung wird beim Empfänger wiederholt; unterscheidet sich das Ergebnis vom Wert im Ursprungs-Frame, so wird ein Fehler angenommen.

Abbildung 2.21 und die nachfolgende Liste fassen die Steuer-Frames zusammen:

- **I-Frame (Information).** I-Frames übertragen Daten der höheren Schichten sowie gewisse Steuerdaten. Dieser Frame-Typ sendet und empfängt Sequenznummern, und das P/F-Bit (Poll Final) führt eine Fluss- und Fehlersteuerung durch. Die Sendesequenznummer verweist auf die Nummer des Frame, der als nächster gesendet wird, die Empfangssequenznummer auf die Nummer des Frame, der als nächster empfangen wird. Absender und Empfänger verwalten Sende- und Empfangssequenznummern. Eine Primärstation teilt der Sekundärstation anhand des P/F-Bits mit, ob eine sofortige Antwort benötigt wird. Eine Sekundärstation hingegen übermittelt der Primärstation anhand des P/F-Bits, ob der aktuelle Frame der letzte der laufenden Antwort ist.

- **S-Frame (Supervisory).** S-Frames enthalten Steuerdaten. Ein S-Frame kann Übertragungen anfordern und unterbrechen, einen Status melden und den Empfang von I-Frames quittieren. S-Frames enthalten kein Informationsfeld.

- **U-Frame (Unnumbered).** U-Frames dienen Steuerzwecken und werden nicht sequenziert. Ein U-Frame kann verwendet werden, um Sekundärstationen zu initialisieren. Je nach Funktion des U-Frame ist das Steuerfeld ein oder zwei Byte lang. Einige U-Frames enthalten ein Informationsfeld.

Feldlänge in Byte

1	1 oder 2	1 oder 2	Variable	2	1
Flag	Adresse	Steuerfeld	Daten	FCS	Flag

Format I-Frame

Empfangssequenznummer	P/F	Sendesequenznummer	0

Format S-Frame

Empfangssequenznummer	P/F	Funktionscode	0	1

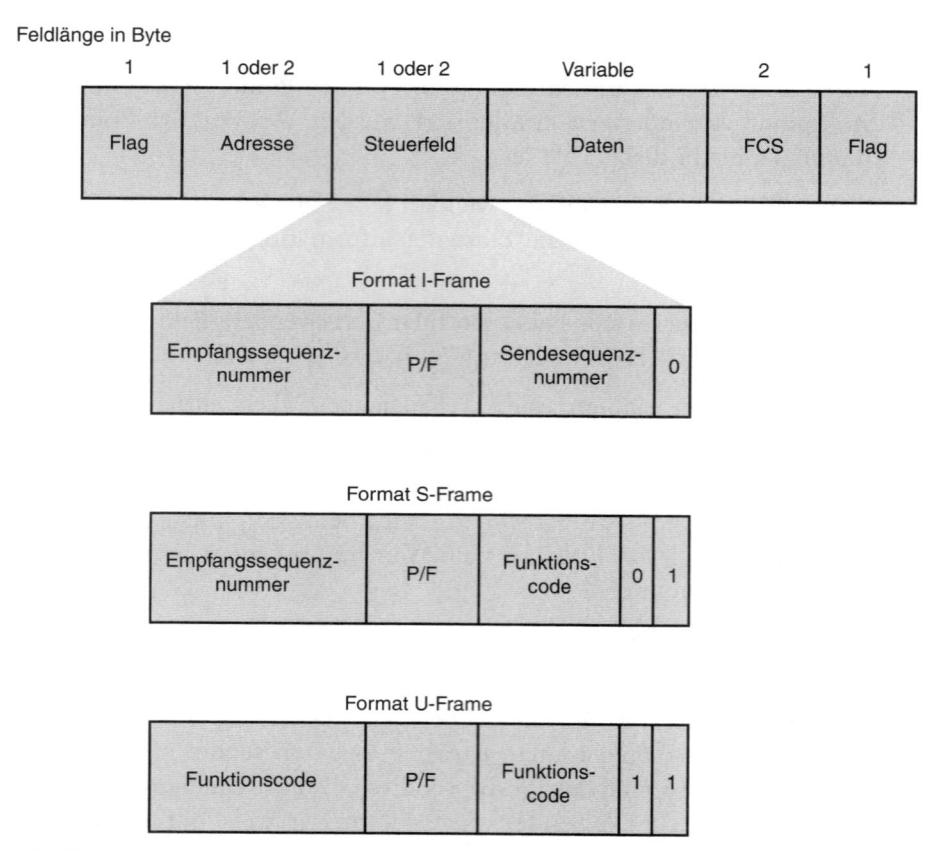

Format U-Frame

Funktionscode	P/F	Funktionscode	1	1

Abbildung 2.21: HDLC-Frame-Typen

2.1.7 HDLC-Kapselung konfigurieren

Cisco HDLC ist die Default-Kapselungsmethode von Cisco-Geräten an synchronen seriellen Leitungen.

Verwenden Sie Cisco HDLC als Point-to-Point-Protokoll für Standleitungen zwischen zwei Cisco-Geräten. Wenn Sie hingegen ein Nicht-Cisco-Gerät anschließen, müssen Sie PPP einsetzen.

Wurde die Default-Kapselungsmethode geändert, dann geben Sie im privilegierten EXEC-Modus den Befehl `encapsulation hdlc` ein, um HDLC wieder zu aktivieren.

Die Aktivierung der HDLC-Kapselung umfasst zwei Schritte:

1. Wechseln Sie in den Schnittstellenkonfigurationsmodus der seriellen Schnittstelle.

2. Geben Sie den Befehl encapsulation hdlc ein, um das Kapselungsprotokoll der Schnittstelle festzulegen.

Um also HDLC auf einer seriellen Schnittstelle zu konfigurieren, würden Sie Folgendes eingeben:

```
R1(config)# interface serial 0/0/0
R1(config-router)# encapsulation hdlc
```

2.1.8 Troubleshooting bei seriellen Schnittstellen

Die Ausgabe des Befehls show interfaces serial zeigt schnittstellenspezifische Informationen an. Wenn HDLC konfiguriert wurde, sollte Encapsulation HDLC in der Ausgabe erscheinen (siehe Listing 2.1).

Listing 2.1: Serielle PPP-Kapselungskonfiguration überprüfen

```
R1# show interfaces serial 0/0/0

Serial0/0/0 is up, line protocol is up
 Hardware is GT96K Serial
 Internet address is 172.16.0.1/30
 MTU 1500 bytes, BW 128 Kbit, DLY 20000 usec,
 reliability 255/255, txload 1/255, rxload 1/255
 Encapsulation HDLC, loopback not set
 Keepalive set (10 sec)
 Last input 00:00:03, output 00:00:04, output hang never
 Last clearing of "show interface" counters 1w0d
 Input queue: 0/75/0/0 (size/max/drops/flushes); Total output drops: 0
 Queueing strategy: fifo
 Output queue: 0/40 (size/max)
 5 minute input rate 0 bits/sec, 0 packets/sec
 5 minute output rate 0 bits/sec, 0 packets/sec
 219 packets input, 15632 bytes, 0 no buffer
 Received 218 broadcasts, 0 runts, 0 giants, 0 throttles
 0 input errors, 0 CRC, 0 frame, 0 overrun, 0 ignored, 0 abort
 217 packets output, 14919 bytes, 0 underruns
 0 output errors, 0 collisions, 107 interface resets
 0 output buffer failures, 0 output buffers swapped out
 12 carrier transitions
 DCD=up DSR=up DTR=up RTS=up CTS=up
```

Der Befehl `show interfaces serial` gibt einen von sechs möglichen Zuständen zurück. Eine der folgenden Zustandsmeldungen erscheint in der Schnittstellenstatuszeile:

- `Serial x is up, line protocol is up`
- `Serial x is down, line protocol is down`
- `Serial x is up, line protocol is down`
- `Serial x is up, line protocol is up (looped)`
- `Serial x is up, line protocol is down (disabled)`
- `Serial x is administratively down, line protocol is down`

Tabelle 2.2 erläutert einige mögliche Ursachen und Lösungen.

Tabelle 2.2: Troubleshooting bei serieller Schnittstelle durchführen

Statuszeile	Mögliche Ursache	Problem/Lösung
Serial x is up, line protocol is up	Dies ist die normale Statuszeilenangabe bei korrektem Betrieb.	Keine Aktion erforderlich.
Serial x is down, line protocol is down (DTE mode)	Der Router erkennt kein CD-Signal, das heißt, das CD ist nicht aktiv. Ein Problem ist beim WAN-Provider aufgetreten, das heißt, die Leitung ist ausgefallen oder nicht mit der CSU/DSU verbunden. Die Verkabelung ist defekt oder fehlerhaft. Ein Hardwareausfall (CSU/DSU) ist aufgetreten.	1. Kontrollieren Sie die LEDs der CSU/DSU, um festzustellen, ob das CD aktiv ist, oder schleifen Sie eine Prüfbox in die Leitung ein, um auf Vorhandensein des CD-Signals hin zu prüfen. 2. Kontrollieren Sie, ob das passende Kabel und die passende Schnittstelle verwendet werden. Ziehen Sie hierzu die Dokumentation zur Hardwareinstallation zurate. 3. Schleifen Sie eine Prüfbox ein und kontrollieren Sie alle Steuerleitungen. 4. Fragen Sie beim Betreiber der Standleitung bzw. Dienstanbieter an, ob auf seiner Seite ein Problem vorliegt. 5. Tauschen Sie fehlerhafte Teile aus. 6. Wenn Sie mutmaßen, dass die Router-Hardware defekt ist, schließen Sie das serielle Kabel an einen anderen Port an. Wird die Verbindung aktiv, dann arbeitet die zuvor angeschlossene Schnittstelle nicht einwandfrei.

Tabelle 2.2: Troubleshooting bei serieller Schnittstelle durchführen (Forts.)

Statuszeile	Mögliche Ursache	Problem/Lösung
Serial x is up, line protocol is down (DTE mode)	Ein lokaler oder entfernter Router ist fehlkonfiguriert. Der entfernte Router sendet keine Keepalives. Ein Problem mit der Standleitung oder ein anderes providerseitiges Problem ist aufgetreten, das zu Störungen in der Leitung oder einem fehlkonfigurierten oder ausgefallenen Switch führt. Im Kabel ist ein Synchronisierungsproblem aufgetreten, das heißt, SCTE (Serial Clock Transmit External) ist auf der CSU/DSU nicht aktiviert. SCTE soll Verschiebungen der Taktphase bei langen Kabeln ausgleichen. Wenn das DCE SCTE anstelle seines eigenen Takts zum Aufzeichnen von Daten des DTE benutzt, kann es diese Daten auch dann besser aufzeichnen, falls eine Phasenverschiebung aufgetreten ist. Eine lokale oder entfernte CSU/DSU ist ausgefallen. Eine lokale oder entfernte Router-Hardwarekomponente ist ausgefallen.	1. Versetzen Sie Modem, CSU oder DSU in den lokalen Loopback-Modus und kontrollieren Sie mit dem Befehl show interfaces serial, ob das Leitungsprotokoll aktiv wird. Ist dies der Fall, dann ist ein Problem aufseiten des Providers oder ein ausgefallener Remote-Router Ursache des Problems. 2. Wenn das Problem am entfernten Ende aufgetreten zu sein scheint, wiederholen Sie Schritt 1 auf dem entfernten Modem bzw. der entfernten CSU/DSU. 3. Überprüfen Sie die gesamte Verkabelung. Vergewissern Sie sich, dass die Kabel an die korrekte Schnittstelle, die korrekte CSU/DSU und den korrekten Anschlusspunkt des WAN-Providernetzwerks angeschlossen sind. Bestimmen Sie mit dem Befehl show controllers im EXEC-Modus, welches Kabel an welche Schnittstelle angeschlossen ist. 4. Führen Sie den Befehl debug serial interface im EXEC-Modus aus. 5. Wenn das Leitungsprotokoll im lokalen Loopback-Modus nicht aktiv wird und die Ausgabe des Befehls debug serial interface zeigt, das der Keepalive-Zähler sich nicht erhöht, liegt wahrscheinlich ein Problem mit der Router-Hardware vor. Tauschen Sie die Schnittstellenhardware aus. 6. Wenn das Leitungsprotokoll aktiv wird und der Keepalive-Zähler sich erhöht, liegt das Problem nicht auf dem lokalen Router vor. 7. Wenn Sie annehmen, dass die Router-Hardware schadhaft ist, schließen Sie die serielle Leitung an einen unbenutzten Port an. Wird die Verbindung aktiv, dann arbeitet die zuvor angeschlossene Schnittstelle nicht einwandfrei.

Tabelle 2.2: Troubleshooting bei serieller Schnittstelle durchführen (Forts.)

Statuszeile	Mögliche Ursache	Problem/Lösung
Serial x is up, line protocol is down (DCE mode)	Der Befehl clockrate in der Schnittstellenkonfiguration fehlt. Das DTE unterstützt den SCTE-Modus (Terminal-Timing) nicht oder ist nicht für diesen eingerichtet. Die entfernte CSU oder DSU ist ausgefallen.	1. Fügen Sie den Befehl clockrate im Schnittstellenkonfigurationsmodus zur seriellen Schnittstelle hinzu. Syntax: clockrate *bps* Syntaxbeschreibung: *bps* ist die gewünschte Taktrate in Bit/s: 1200, 2400, 4800, 9600, 19200, 38400, 56000, 64000, 72000, 125000, 148000, 250000, 500000, 800000, 1000000, 1300000, 2000000, 4000000 oder 8000000. 2. Wenn das Problem am entfernten Ende vorzuliegen scheint, wiederholen Sie Schritt 1 für Modem, CSU oder DSU am Remote-Ende. 3. Überprüfen Sie, ob das korrekte Kabel verwendet wird. 4. Wenn das Leitungsprotokoll weiterhin ausfällt, liegt unter Umständen ein Hardwarefehler oder ein Problem mit der Verkabelung vor. Schleifen Sie eine Prüfbox ein und kontrollieren Sie die Leitungen. 5. Ersetzen Sie defekte Komponenten nach Bedarf.

Tabelle 2.2: Troubleshooting bei serieller Schnittstelle durchführen (Forts.)

Statuszeile	Mögliche Ursache	Problem/Lösung
`Serial x is up, line protocol is up (looped)`	In der Leitung ist eine Schleife vorhanden. Die Sequenznummer im Keepalive-Paket wird, sobald eine Schleife erkannt wird, auf einen Zufallswert gesetzt. Wenn dieser Zufallswert über die Leitung zurückerhalten wird, ist tatsächlich eine Schleife vorhanden.	1. Suchen Sie mit dem Befehl `show running-config` im privilegierten EXEC-Modus nach `loopback`-Befehlen im Schnittstellenkonfigurationsmodus. 2. Ist ein `loopback`-Befehl im Schnittstellenkonfigurationsmodus vorhanden, so geben Sie den Befehl `no loopback` im Schnittstellenkonfigurationsmodus ein, um die Schleife zu entfernen. 3. Ist kein `loopback`-Befehl im Schnittstellenkonfigurationsmodus vorhanden, so untersuchen Sie die CSU/DSU, um zu bestimmen, ob diese im manuellen Loopback-Modus konfiguriert ist. Ist dies der Fall, dann deaktivieren Sie den manuellen Loopback-Modus. 4. Setzen Sie die CSU/DSU nach Deaktivierung des Loopback-Modus zurück und kontrollieren Sie den Leitungsstatus. Wenn das Leitungsprotokoll aktiv wird, sind keine weiteren Maßnahmen erforderlich. 5. Wenn sich die CSU/DSU bei der Kontrolle nicht manuell einstellen lässt, wenden Sie sich an den Provider der Standleitung oder des benutzten Netzes, um Hilfe beim Troubleshooting zu erhalten.
`Serial x is up, line protocol is down (disabled)`	Aufgrund eines Problems aufseiten des WAN-Providers ist eine hohe Fehlerrate aufgetreten. Ein Hardwareproblem (CSU/DSU) ist aufgetreten. Die Router-Hardware (Schnittstelle) ist defekt.	1. Setzen Sie zum Troubleshooting der Leitung einen seriellen Analyzer und eine Prüfbox ein. Suchen Sie nach instabilen CTS- oder DSR-Signalen. 2. Richten Sie eine Schleife an der CSU/DSU ein. Wenn das Problem fortbesteht, liegt aller Wahrscheinlichkeit nach ein Hardwarefehler vor. Andernfalls besteht das Problem wohl eher aufseiten des WAN-Providers. 3. Ersetzen Sie schadhafte Hardware (CSU, DSU, Switch, lokaler oder entfernter Router) nach Bedarf.

Wide Area Networks

Tabelle 2.2: Troubleshooting bei serieller Schnittstelle durchführen (Forts.)

Statuszeile	Mögliche Ursache	Problem/Lösung
Serial x is administratively down, line protocol is down	Die Router-Konfiguration enthält den Befehl shutdown im Schnittstellenkonfigurationsmodus. Eine IP-Adresse ist doppelt vorhanden.	1. Prüfen Sie die Konfiguration des Routers auf Vorhandensein des Befehls shutdown hin. 2. Geben Sie den Befehl no shutdown im Schnittstellenkonfigurationsmodus ein, um den Befehl shutdown zu entfernen. 3. Vergewissern Sie sich mit dem Befehl show running-config im privilegierten EXEC-Modus oder dem Befehl show interfaces im EXEC-Benutzermodus, dass keine doppelten IP-Adressen vorhanden sind. 4. Sind Adressen doppelt vorhanden, dann lösen Sie den Konflikt, indem Sie eine der IP-Adressen ändern.

Der Befehl show controllers ist ein weiteres wichtiges Diagnosetool für das Troubleshooting serieller Verbindungen. Die Ausgabe nennt den Status der Schnittstellenkanäle und zeigt an, ob ein Kabel an die Schnittstelle angeschlossen ist.

In Listing 2.2 ist an die Schnittstelle Serial0/0/0 ein V.35-DCE-Kabel angeschlossen. Die Befehlssyntax variiert je nach Plattform. Router der Cisco 7000-Serie verwenden eine cBus-Controllerkarte zur Anbindung serieller Leitungen. Bei diesen Routern verwenden Sie den Befehl show controllers cbus.

Listing 2.2: Serielle PPP-Kapselungskonfiguration überprüfen

```
R1# show controllers serial 0/0/0

Interface Serial0/0/0
Hardware is GT96K
DCE V.35, clock rate 64000
idb at 0x62938244, driver data structure at 0x6293A608
wic_info 0x6293AC04
Physical Port 0, SCC Num 0
MPSC Registers:
MMCR_L=0x000304C0, MMCR_H=0x00000000, MPCR=0x00000000
CHR1=0x00FE007E, CHR2=0x00000000, CHR3=0x000005F4, CHR4=0x00000000
CHR5=0x00000000, CHR6=0x00000000, CHR7=0x00000000, CHR8=0x00000000
CHR9=0x00000000, CHR10=0x00003008
```

Listing 2.2: Serielle PPP-Kapselungskonfiguration überprüfen (Forts.)
```
SDMA Registers:
SDC=0x00002201, SDCM=0x00000080, SGC=0x0000C000
CRDP=0x073BD020, CTDP=0x073BD450, FTDB=0x073BD450
Main Routing Register=0x00038E00 BRG Conf Register=0x0005023F
Rx Clk Routing Register=0x76583888 Tx Clk Routing Register=0x76593910
GPP Registers:
Conf=0x43430002, Io=0x4646CA50, Data=0x7F6B3FAD, Level=0x80004
Conf0=0x43430002, Io0=0x4646CA50, Data0=0x7F6B3FAD, Level0=0x80004
0 input aborts on receiving flag sequence
0 throttles, 0 enables
0 overruns
0 transmitter underruns
--More--
```

Wenn anstelle von V.35, EIA/TIA-449 oder einem anderen elektrischen Schnittstellentyp die Meldung UNKNOWN angezeigt wird, ist das Kabel wahrscheinlich nicht korrekt angeschlossen. Auch ein Problem mit der internen Verdrahtung der Karte ist möglich. Wenn die elektrische Schnittstelle unbekannt ist, ist der Ausgabe des Befehls show interfaces serial *x* zu entnehmen, dass Schnittstelle und Leitungsprotokoll ausgefallen sind.

Troubleshooting bei serieller Schnittstelle durchführen (2.1.7)

Bei dieser Aktivität üben Sie das Troubleshooting serieller Schnittstellen. Ausführliche Anweisungen entnehmen Sie der Aktivität selbst. Zur Durchführung der Aktivität verwenden Sie Packet Tracer und die Datei e4-217.pka auf der Begleit-CD-ROM zu diesem Buch.

Packet Tracer
☐ Aktivität

2.2 PPP-Funktionen

In diesem Abschnitt werden wir uns das PPP-Protokoll genauer ansehen.

2.2.1 Einführung in PPP

Sie wissen noch, dass HDLC als serielle Default-Kapselungsmethode eingesetzt wird, wenn Sie zwei Cisco-Router miteinander verbinden. Aufgrund des eingefügten Protokolltypfeldes ist die Cisco-Version von HDLC proprietär. Insofern kann Cisco HDLC nur funktionieren, wenn ausschließlich Cisco-Geräte beteiligt sind. Wenn Sie allerdings eine Verbindung mit einem Nicht-Cisco-Router herstellen müssen, sollten Sie die PPP-Kapselung verwenden.

Was ist PPP?

Die PPP-Kapselung wurde mit dem Ziel entworfen, die Kompatibilität mit fast jeder unterstützenden Hardware zu gewährleisten. PPP kapselt Daten-Frames für die Übertragung über physische Leitungen. Dazu stellt PPP eine direkte Verbindung über serielle Kabel, Telefonleitungen, Trunk-Verbindungen, Mobiltelefone, spezialisierte Funkstrecken oder Glasfaserkabel her. Die Verwendung von PPP bietet zahlreiche Vorteile – zuallererst den, dass das Protokoll nicht proprietär ist. Doch es verfügt auch über zahlreiche Eigenschaften, die in HDLC nicht vorhanden sind:

- Es gibt eine Funktion zur Beurteilung der Leitungsqualität. Werden zu viele Fehler erkannt, dann schaltet PPP die Leitung ab.
- PPP unterstützt die PAP- und CHAP-Authentifizierung. Diese Funktionalität werden wir später betrachten.

PPP verwendet drei Hauptkomponenten:

- **HDLC.** Dient als Basis zur Kapselung von Datagrammen über Point-to-Point-Verbindungen.
- **LCP (Link Control Protocol).** Eine erweiterte Version dieses Protokolls ermöglicht das Aufbauen, Konfigurieren und Testen der Datenverbindung.
- **NCPs (Network Control Protocols).** Eine Familie von NCPs ermöglicht das Nutzen und Konfigurieren verschiedene Vermittlungsschichtprotokolle. PPP gestattet die gleichzeitige Verwendung mehrerer derartiger Protokolle. Zu den gängigeren NCPs gehören Internet Protocol Control Protocol, AppleTalk Control Protocol, Novell IPX Control Protocol, Cisco Systems Control Protocol, SNA Control Protocol und Compression Control Protocol.

Abbildung 2.22 zeigt die standardmäßig verwendete HDLC-Kapselung auf Cisco-Routern sowie die häufiger eingesetzte PPP-Kapselung und deren drei Hauptkomponenten.

Kapitel 2 • PPP   117

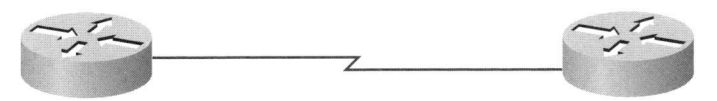

HDLC ist die Default-Kapselungsmethode zwischen Cisco-Routern.

Verwenden Sie die PPP-Kapselung zur Verbindung mit einem Nicht-Cisco-Router.

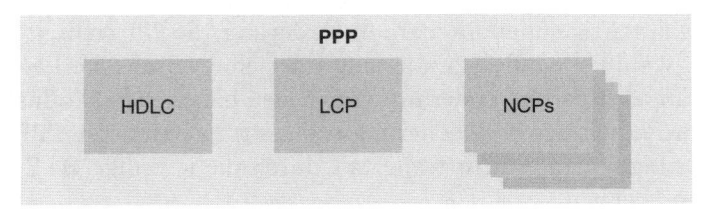

PPP
HDLC | LCP | NCPs

Abbildung 2.22: Was ist PPP?

2.2.2 PPP-Schichtenarchitektur

Eine Schichtenarchitektur ist ein logisches Modell, ein Design oder eine Blaupause, welche die Kommunikation zwischen aneinander grenzenden Schichten beschreibt.

PPP-Architektur

Abbildung 2.23 stellt die Schichtenarchitektur von PPP dem OSI-Modell vergleichend gegenüber. PPP und OSI nutzen dieselbe Bitübertragungsschicht, doch verteilt PPP die Funktionen von LCP und NCP anders.

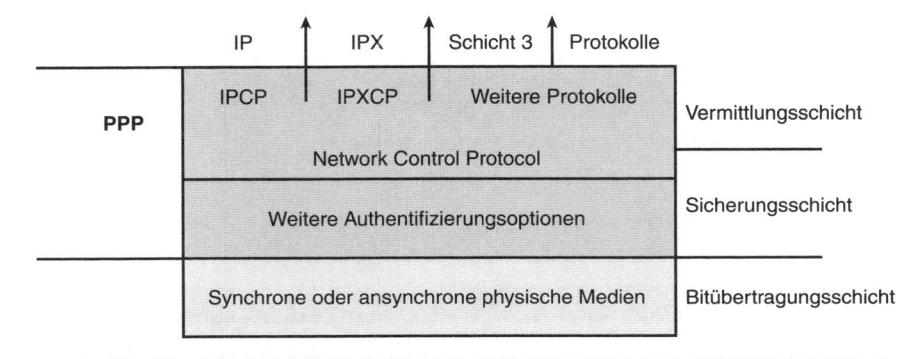

PPP	IP ↑	IPX ↑	Schicht 3 ↑	Protokolle	
	IPCP	IPXCP	Weitere Protokolle		Vermittlungsschicht
	Network Control Protocol				
	Weitere Authentifizierungsoptionen				Sicherungsschicht
	Synchrone oder ansynchrone physische Medien				Bitübertragungsschicht

Mit seinen Funktionen für die unteren Protokolle kann PPP Folgendes verwenden:
- Synchrone physische Medien
- Asynchrone physische Medien wie jene, die das normale Telefon für Einwahlverbindungen via Modem nutzen

Abbildung 2.23: PPP-Schichtenarchitektur: Bitübertragungsschicht

In der Bitübertragungsschicht können Sie PPP auf einer Vielzahl von Schnittstellen konfigurieren:

- Asynchrone serielle Schnittstellen
- Synchrone serielle Schnittstellen
- HSSI
- ISDN

PPP arbeitet mit beliebigen DTE-DCE-Schnittstellen (RS-232-C, RS-422, RS-423 oder V.35). Die einzige unabdingbare Anforderung, die PPP stellt, ist eine Duplexleitung (wahlweise eine Standleitung oder eine vermittelte Leitung), die entweder im asynchronen oder im synchronen bitseriellen Modus agieren kann, der für Frames der PPP-Sicherungsschicht transparent ist. PPP beschränkt die Übertragungsrate nicht weiter als durch die jeweilige DTE-DCE-Schnittstelle vorgegeben.

In erster Linie agiert PPP über LCP in der Sicherungs- und via NCPs in der Vermittlungsschicht. Das LCP richtet die PPP-Verbindung und ihre Parameter ein, die NCPs erledigen die Konfiguration von Protokollen höherer Schichten, und schließlich beendet das LCP die PPP-Verbindung wieder.

PPP-Architektur: Die LCP-Schicht

Das LCP ist das eigentliche Arbeitstier von PPP. Es setzt auf der Bitübertragungsschicht auf und hat die Aufgabe, die Sicherungsschichtverbindung zwischen Geräten aufzubauen, zu konfigurieren und zu testen.

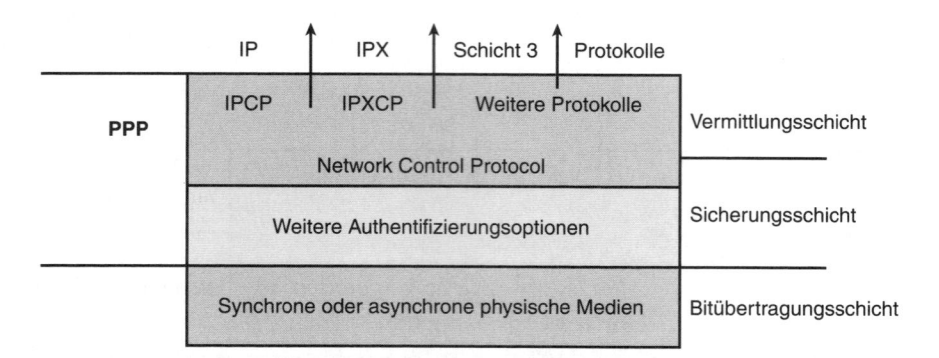

PPP bietet mit LCP mehrere Dienstoptionen, die in erster Linie für die Aushandlung von Parametern und die Frame-Steuerung verwendet werden.

Abbildung 2.24: PPP-Schichtenarchitektur: LCP-Schicht

LCP (Abbildung 2.24) stellt die Point-to-Point-Verbindung her. Zudem verhandelt es die Steueroptionen der WAN-Sicherungsschicht, die von den NCPs dann verarbeitet werden.

LCP erlaubt eine automatische Konfiguration der Schnittstellen an beiden Enden. Dies umfasst

- die Arbeit mit unterschiedlichen Beschränkungen der Paketgrößen,
- die Erkennung häufig auftretender Fehlkonfigurationen,
- den Abbau der Verbindung,
- die Feststellung, ob und wann eine Verbindung korrekt funktioniert oder ausgefallen ist.

Außerdem benutzt PPP das LCP, um automatisch Kapselungsformate (Authentifizierung, Komprimierung, Fehlererkennung) auszuhandeln, sobald die Verbindung hergestellt ist.

PPP-Architektur: Die NCP-Schicht

Point-to-Point-Verbindungen neigen dazu, viele Probleme zu vergrößern, die in Verbindung mit der aktuellen Familie der Netzwerkprotokolle auftreten. So ist etwa das Zuweisen und Verwalten von IP-Adressen, das bereits in LAN-Umgebungen ein Problem ist, über leitungsvermittelte Point-to-Point-Verbindungen (z. B. Modem-Einwahl-Server) schwierig. Dieses Problem löst PPP durch die Verwendung von NCPs.

PPP gestattet die Nutzung mehrerer Vermittlungsschichtprotokolle über dieselbe Kommunikationsleitung. Für jedes verwendete Vermittlungsschichtprotokoll verwendet PPP hierbei ein separates NCP (Abbildung 2.25). IP beispielsweise benutzt das IP Control Protocol (IPCP), IPX das Novell IPX Control Protocol (IPXCP).

NCPs umfassen Funktionsfelder, die über standardisierte Codes (PPP-Protokollfeldnummern, siehe Tabelle 2.3) das von PPP gekapselte Vermittlungsschichtprotokoll angeben.

Jedes NCP steuert die speziellen Anforderungen des jeweils zugehörigen Vermittlungsschichtprotokolls. Die verschiedenen NCP-Komponenten kapseln und verhandeln Optionen für mehrere Vermittlungsschichtprotokolle. Die Verwendung von NCPs zur Konfiguration der verschiedenen Vermittlungsschichtprotokolle werden wir im weiteren Verlauf dieses Kapitels erläutern und üben.

Wide Area Networks

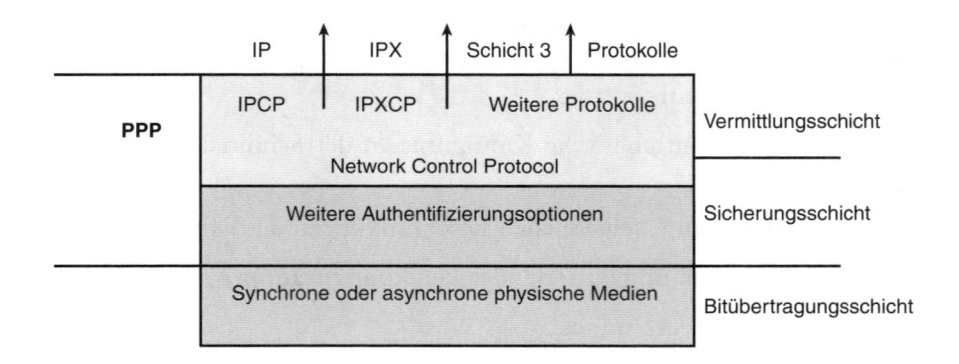

```
                    IP        IPX      Schicht 3    Protokolle
           ┌──────────────────────────────────────┐
           │   IPCP    │   IPXCP   │ Weitere Protokolle │   Vermittlungsschicht
    PPP    │──────────────────────────────────────│
           │       Network Control Protocol       │
           │──────────────────────────────────────│
           │   Weitere Authentifizierungsoptionen │   Sicherungsschicht
           │──────────────────────────────────────│
           │  Synchrone oder asynchrone physische Medien │  Bitübertragungsschicht
           └──────────────────────────────────────┘
```

> Mit seinen Funktionen für die höheren Protokolle überträgt PPP Pakete mehrerer Vermittlungsschichtprotokolle in NCPs. Dies sind funktionale Felder, die mithilfe standardisierter Codes das Vermittlungsschichtprotokoll angeben, das PPP kapselt.

Abbildung 2.25: PPP-Architektur: Vermittlungsschicht

Tabelle 2.3: NCPs

Hexadezimalwert	Protokollname
8021	Internet Protocol Control Protocol
8023	OSI Network Layer Control Protocol
8029	AppleTalk Control Protocol
802b	Novell IPX Control Protocol
C021	Link Control Protocol
C023	Password Authentication Protocol
C223	Challenge Handshake Authentication Protocol

2.2.3 PPP-Frame-Struktur

Ein PPP-Frame umfasst sechs Felder (Abbildung 2.26).

Feldlänge in Byte

1	1	1	2	Variabel	2 oder 4
Flag	Adresse	Steuerfeld	Protokoll	Daten	FCS

Abbildung 2.26: PPP-Frame-Felder

Die Felder im PPP-Frame enthalten die folgenden Informationen:

- **Flag.** Gibt Anfang bzw. Ende eines Frame an. Das Flag umfasst die Binärsequenz 01111110 zur Bezeichnung eines PPP-Frame. Der entsprechende Hexadezimalwert lautet 0x7E. Bei aufeinanderfolgenden PPP-Frames wird nur ein einzelnes Flag verwendet.

- **Adresse.** Enthält die Broadcast-Standardadresse: die Binärfolge 11111111. PPP weist keine einzelnen Stationsadressen zu.

- **Steuerfeld.** Ein Byte mit der Binärsequenz 00000011, das die Übertragung von Benutzerdaten in einem nicht sequenzierten Frame anfordert. Hierdurch wird ein verbindungsloser Leitungsdienst bereitgestellt, für den Sie weder Datenverbindungen noch Verbindungselemente einrichten müssen. In HDLC-Umgebungen wird das Adressfeld verwendet, um den Frame mit der Adresse des Zielknotens zu versehen. Bei einer Point-to-Point-Verbindung muss die Adresse des Zielknotens nicht angegeben werden. Aus diesem Grund ist bei PPP das Adressfeld auf den Wert 0xFF (Broadcast-Adresse) festgelegt. Wenn beide PPP-Peers sich während der LCP-Verhandlung auf die Komprimierung von Adress- und Steuerfeld einigen, wird das Adressfeld nicht eingebunden.

- **Protokoll.** Wie Abbildung 2.26 zeigt, umfasst das Protokollfeld zwei Bytes, die das im Datenfeld des Frame gekapselte Protokoll bezeichnen. Wenn beide PPP-Peers sich während der LCP-Verhandlung auf die Komprimierung des Protokollfeldes einigen, umfasst dieses Feld ein Byte für Protokoll-IDs im Bereich zwischen 0x00-00 und 0x00-FF.

- **Daten.** Null oder mehr Bytes, die das Datagramm für das im Protokollfeld angegebene Protokoll enthalten. Das Datenfeld wird durch das zwei Byte lange FCS-Feld beendet, das auf das (nicht gezeigte) Abschluss-Flag folgt. Standardmäßig hat das Datenfeld eine Maximallänge von 1500 Byte.

- **FCS-Feld.** Eine 16-Bit-Prüfsumme, die den PPP-Frame auf Fehler in der Bitebene hin überprüft. Wenn die Berechnung der FCS beim Empfänger nicht mit dem FCS-Wert im PPP-Frame übereinstimmt, wird der Frame stillschweigend verworfen. Nach vorheriger Abstimmung können bestimmte PPP-Implementierungen eine 32-Bit-FCS (4 Bytes) für eine verbesserte Fehlererkennung verwenden.

LCP kann Änderungen an der Standardstruktur von PPP-Frames aushandeln.

2.2.4 Eine PPP-Sitzung aufbauen

Das Aufbauen einer PPP-Sitzung umfasst drei Phasen, die vom LCP durchgeführt werden. Abbildung 2.27 zeigt diese Phasen:

- **Phase 1: Verbindungsaufbau und Aushandlung der Konfiguration.** Bevor PPP Sicherungsschichtdatagramme (z. B. IP) austauscht, muss LCP die Verbindung öffnen und die Konfigurationsoptionen aushandeln. Diese Phase ist abgeschlossen, wenn der empfangende Router einen Bestätigungs-Frame für die Konfiguration zurück an den Router sendet und so die Verbindung freigibt.

- **Phase 2: Bestimmung der Leitungsqualität (optional).** LCP testet die Leitung darauf, ob ihre Qualität für den Betrieb mit Schicht-3-Protokollen ausreichend ist. Bis diese Phase abgeschlossen ist, kann LCP die Übertragung von Daten durch Vermittlungsschichtprotokolle verzögern.

- **Phase 3: Aushandlung der Konfiguration für das Vermittlungsschichtprotokoll.** Nachdem LCP die Leitungsqualität bestimmt hat, kann das passende NCP die Vermittlungsschichtprotokolle separat konfigurieren und aktivieren. Danach kann NCP sie auch jederzeit wieder deaktivieren. Wenn LCP die Leitung abbaut, teilt es dies den Vermittlungsschichtprotokollen mit, damit diese geeignete Maßnahmen ergreifen können.

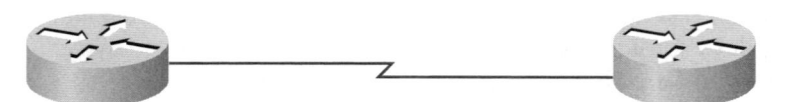

Phase 1: Verbindungsaufbau – »Wir wollen verhandeln.«

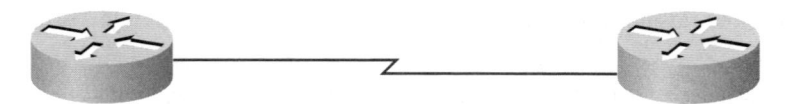

Phase 2: Bestimmung der Leitungsqualität – »Vielleicht sollten wir ein wenig über Qualitätsdetails reden. Hmm, oder vielleicht doch nicht?«

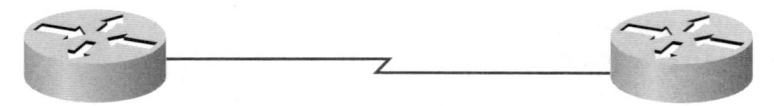

Phase 3: Aushandlung des Vermittlungsschichtprotokolls – »Okay, wir überlassen es den NCPs, die übergeordneten Details zu besprechen.«

LCP übernimmt die gesamte Verhandlungskommunikation.

Abbildung 2.27: Eine PPP-Sitzung aufbauen

Die Leitung bleibt für die Kommunikation konfiguriert, bis explizite LCP- oder NCP-Frames sie abbauen oder ein externes Ereignis auftritt (also etwa ein Inaktivitäts-Timer abläuft oder ein Benutzereingriff erfolgt). LCP kann die Leitung jederzeit abbauen. Dies geschieht meistens, wenn einer der Router einen Leitungsabbau anfordert, kann aber auch aufgrund eines physischen Ereignisses geschehen; hierzu gehören der Ausfall des Providersignals oder der Ablauf eines Inaktivitäts-Timers.

LCP-Betrieb

LCP bietet Funktionen für den Aufbau, die Aufrechterhaltung und den Abbau einer Leitung an. Dabei kommen drei Klassen von LCP-Frames zum Einsatz, welche die Arbeit der einzelnen LCP-Phasen erledigen:

- **Link-Establishment-Frames.** Werden für den Aufbau und die Konfiguration einer Leitung verwendet. Hierzu gehören die Frame-Typen *Configure-Request*, *Configure-Ack*, *Configure-Nak* und *Configure-Reject*.

- **Link-Maintenance-Frames.** Dienen der Aufrechterhaltung einer Leitung und zur Fehlerbeseitigung. Hierzu gehören *Code-Reject*, *Protocol-Reject*, *Echo-Request*, *Echo-Reply* und *Discard-Request*.

- **Link-Termination Frames.** Bauen eine Leitung ab. Die Frames sind *Terminate-Request* und *Terminate-Ack*.

Abbildung 2.28 zeigt den LCP-Prozess. Die erste Phase des LCP-Betriebs ist der Leitungsaufbau. Diese Phase muss erfolgreich abgeschlossen werden, damit Vermittlungsschichtpakete ausgetauscht werden können. Während des Leitungsaufbaus öffnet das LCP die Verbindung und handelt die Konfigurationsparameter aus.

Der Leitungsaufbau beginnt damit, dass das verbindungsinitiierende Gerät einen *Configure-Request*-Frame an die Gegenseite sendet. Dieser Frame enthält verschiedene Konfigurationsoptionen, die für die Einrichtung der Leitung benötigt werden. Man könnte auch sagen, dass der Initiator eine »Wunschliste« an die Gegenseite schickt.

Diese Liste enthält Optionen für die Erstellung der Leitung, z. B. Protokoll- oder Authentifizierungsparameter. Die Gegenseite verarbeitet die Liste. Ist die Liste annehmbar, dann antwortet die angefragte Station mit einer *Configure-Ack*-Nachricht. Wird diese Nachricht empfangen, dann schaltet der Prozess in die Authentifizierungsphase um.

Sind die Optionen hingegen nicht akzeptabel oder werden sie nicht erkannt, dann wird stattdessen eine *Configure-Nak*- oder *Configure-Reject*-Meldung zurückgeschickt. Bei Empfang einer *Configure-Ack* wird der Betrieb der Leitung an das NCP übergeben.

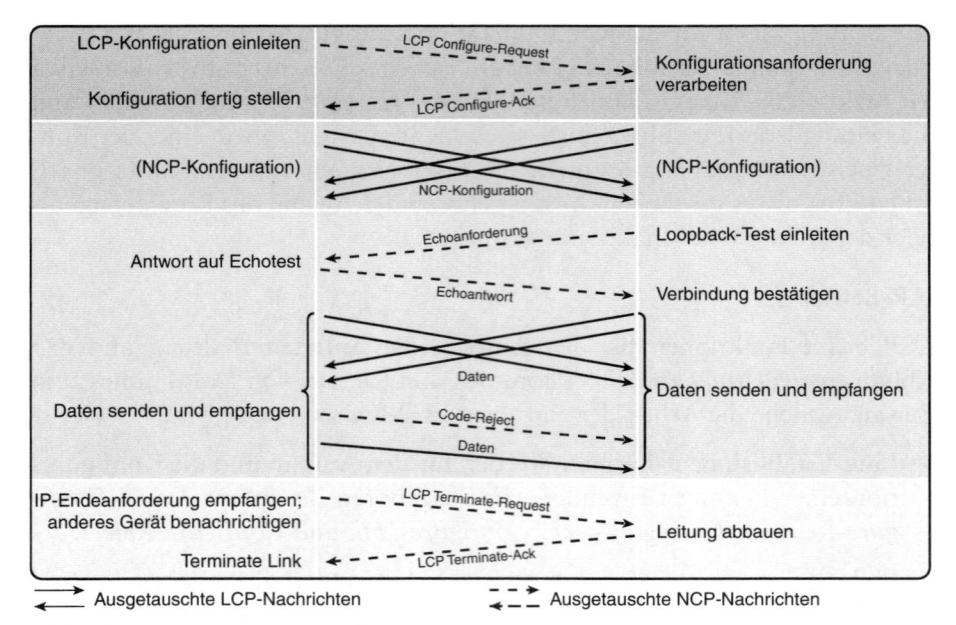

Abbildung 2.28: Leitung aufbauen

Wird hingegen entweder eine *Configure-Nak-* oder eine *Configure-Reject-*Meldung an den Anfragenden gesendet, so wird keine Leitung aufgebaut. Schlägt die Verhandlung fehl, muss der Initiator den Prozess mit neuen Optionen von vorne beginnen.

Solange die Leitung aufrechterhalten bleibt, kann das LCP mithilfe von Nachrichten Feedbacks geben und die Leitung testen:

- **Code-Reject** und **Protocol-Reject.** Diese Frame-Typen übermitteln eine Rückmeldung, wenn ein Gerät aufgrund eines nicht erkannten LCP-Code (LCP-Frame-Typs) oder einer nicht verarbeitbaren Protokoll-ID einen ungültigen Frame empfängt. Wird beispielsweise ein nicht interpretierbares Paket vom Peer empfangen, wird daraufhin ein *Code-Reject-*Paket gesendet.
- **Echo-Request, Echo-Reply** und **Discard-Request.** Mit diesen Frames kann die Leitung getestet werden.

Wenn der Datentransfer in der Vermittlungsschicht abgeschlossen ist, baut LCP die Leitung ab. Beachten Sie in der Abbildung, dass das NCP nur die Vermittlungsschicht und die NCP-Leitung beendet; die physische Leitung bleibt offen, bis LCP sie abbaut. Wenn LCP dies vor NCP macht, dann wird auch die NCP-Sitzung beendet.

PPP kann die Leitung jederzeit abbauen. Dies ist etwa möglich, wenn das Providernetzwerk ausfällt, die Authentifizierung oder die Leitungsqualitätsprüfung fehlschlägt, ein Inaktivitäts-Timer abläuft oder die Leitung durch den Administrator abgebaut wird. Zum Abbau der Leitung tauscht das LCP *Terminate*-Pakete aus. Das Gerät, das den Abbau einleitet, sendet eine *Terminate-Request*-Nachricht, das andere antwortet mit einer *Terminate-Ack*-Meldung. Eine Abbauanforderung zeigt an, dass das Gerät, das sie sendet, die Verbindung beenden muss. Wenn die Leitung abgebaut wird, teilt PPP dies den Vermittlungsschichtprotokollen mit, damit diese geeignete Maßnahmen ergreifen können.

Abbildung 2.29 zeigt den Verhandlungsprozess der LCP-Verbindung in einer logischen Übersicht.

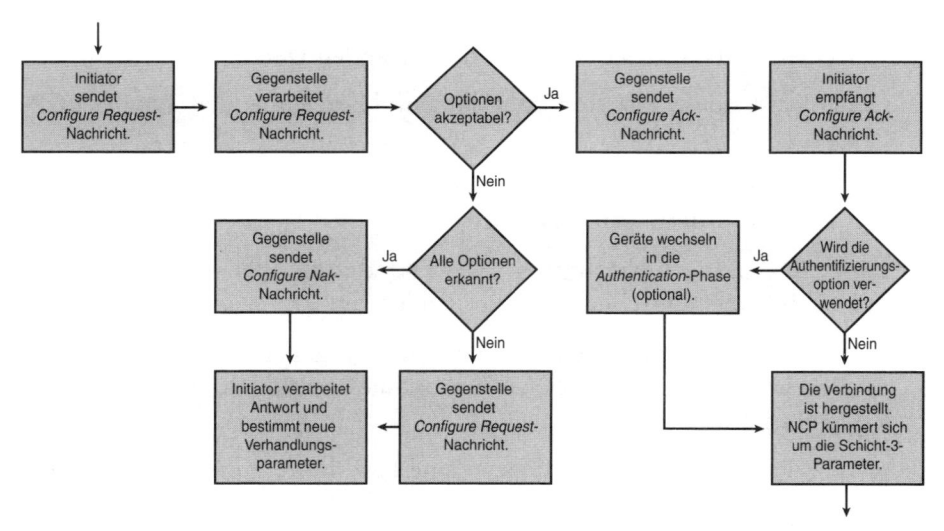

Abbildung 2.29: Leitungsaushandlung bei LCP

LCP-Pakete

Jedes LCP-Paket ist eine separate LCP-Nachricht, die ein LCP-Codefeld mit der Angabe des LCP-Pakettyps, ein ID-Feld zum Aushandeln von Anforderungen und Antworten, ein Längenfeld, das die Größe des LCP-Pakets angibt, sowie die pakettypspezifischen Daten umfasst.

Abbildung 2.30 zeigt diese Felder.

Feldlänge in Bytes

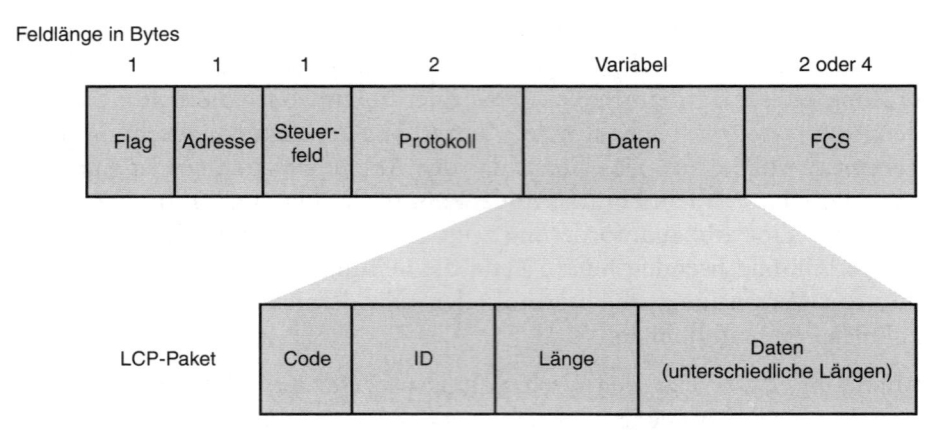

1	1	1	2	Variabel	2 oder 4
Flag	Adresse	Steuerfeld	Protokoll	Daten	FCS

LCP-Paket	Code	ID	Länge	Daten (unterschiedliche Längen)

Abbildung 2.30: LCP-Paketcodes

Im Einzelnen umfasst das LCP-Paket die folgenden Daten:

- **Code.** Das Codefeld ist ein Oktett lang und bezeichnet den Typ des LCP-Pakets.
- **ID.** Dieses Feld ist ebenfalls ein Oktett lang und dient zum Aushandeln von Paketanforderungen und -antworten.
- **Länge.** Das Längenfeld umfasst zwei Oktette und gibt die Gesamtlänge des LCP-Pakets (einschließlich aller Felder) an.
- **Daten.** Das Datenfeld ist entsprechend den Angaben im Längenfeld null oder mehr Oktette lang. Welches Format dieses Feld hat, wird durch den Code bestimmt.

Jedes LCP-Paket hat je nach Pakettyp eine bestimmte Funktion beim Austausch der Konfigurationsdaten. Das Code-Feld des LCP-Pakets bezeichnet den Pakettyp (Tabelle 2.4).

Tabelle 2.4: LCP-Paketfelder

LCP-Code	LCP-Pakettyp	Beschreibung
1	Configure-Request	Wird übermittelt, um eine PPP-Verbindung zu öffnen oder zurückzusetzen. Enthält eine Liste der LCP-Optionen mit Änderungen an den Default-Optionswerten.
2	Configure-Ack	Wird gesendet, wenn alle Werte aller LCP-Optionen im zuletzt empfangenen *Configure-Request*-Frame erkannt und akzeptiert wurden. Wenn die beiden PPP-Peers *Configure-Ack*-Pakete senden und empfangen, ist die LCP-Verhandlung abgeschlossen.

Tabelle 2.4: LCP-Paketfelder (Forts.)

LCP-Code	LCP-Pakettyp	Beschreibung
3	Configure-Nak	Wird gesendet, wenn alle LCP-Optionen erkannt wurden, die Werte einiger Optionen jedoch nicht annehmbar sind. *Configure-Nak* enthält die nicht akzeptierten Optionen und zu diesen jeweils akzeptable Werte.
4	Configure-Reject	Wird gesendet, wenn LCP-Optionen nicht erkannt wurden oder nicht annehmbar sind. *Configure-Reject* enthält die nicht erkannten oder nicht verhandelbaren Optionen.
5	Terminate-Request	Wird optional gesendet, um die PPP-Verbindung zu schließen.
6	Terminate-Ack	Wird als Antwort auf *Terminate-Request* gesendet.
7	Code-Reject	Wird gesendet, wenn der LCP-Code unbekannt ist. Enthält das nichtkonforme LCP-Paket.
8	Protocol-Reject	Wird gesendet, wenn der PPP-Frame eine unbekannte Protokoll-ID enthält. Enthält das nichtkonforme LCP-Paket. *Protocol-Reject* wird normalerweise von einem PPP-Peer gesendet, wenn von ihm ein PPP-NCP für ein LAN-Protokoll empfangen wurde, das auf dem PPP-Peer gar nicht aktiviert ist.
9	Echo-Request	Wird optional gesendet, um die PPP-Verbindung zu testen.
10	Echo-Reply	Wird als Antwort auf *Echo-Request* gesendet. Die PPP-Frames *Echo-Request* und *Echo-Reply* haben nichts mit den gleichnamigen ICMP-Meldungen (Echoanforderung und Echoantwort) zu tun.
11	Discard-Request	Wird optional gesendet, um die Leitung in ausgehender Richtung auszuführen.

PPP-Konfigurationsoptionen

Wie in Abbildung 2.31 gezeigt, kann PPP für die Unterstützung verschiedener Funktionen konfiguriert werden. Hierzu gehören:

- Authentifizierung mit PAP oder CHAP
- Komprimierung mit Stacker oder Predictor
- Multilink-Funktion (fasst zwei oder mehr Kanäle zusammen, um die WAN-Bandbreite zu erhöhen)

Wir werden diese Optionen im nächsten Abschnitt ausführlich behandeln.

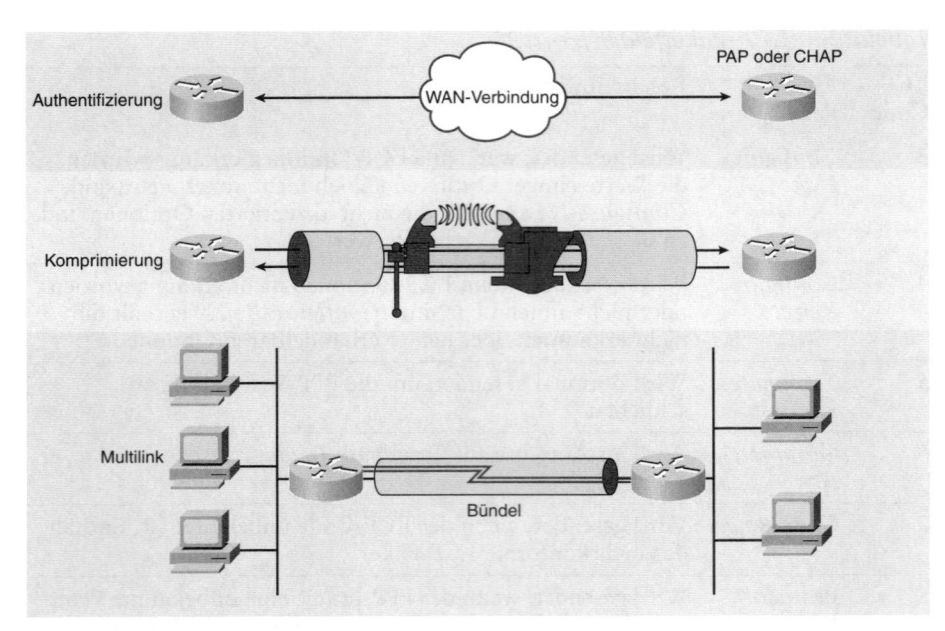

Abbildung 2.31: PPP-Konfigurationsoptionen

Um die Verwendung dieser Optionen auszuhandeln, enthalten die Link-Establishment-Frames Optionsangaben im Datenfeld des LCP-Frame (Abbildung 2.32). Wenn eine Konfigurationsoption in einem LCP-Frame nicht enthalten ist, wird der Default-Wert dieser Option angenommen.

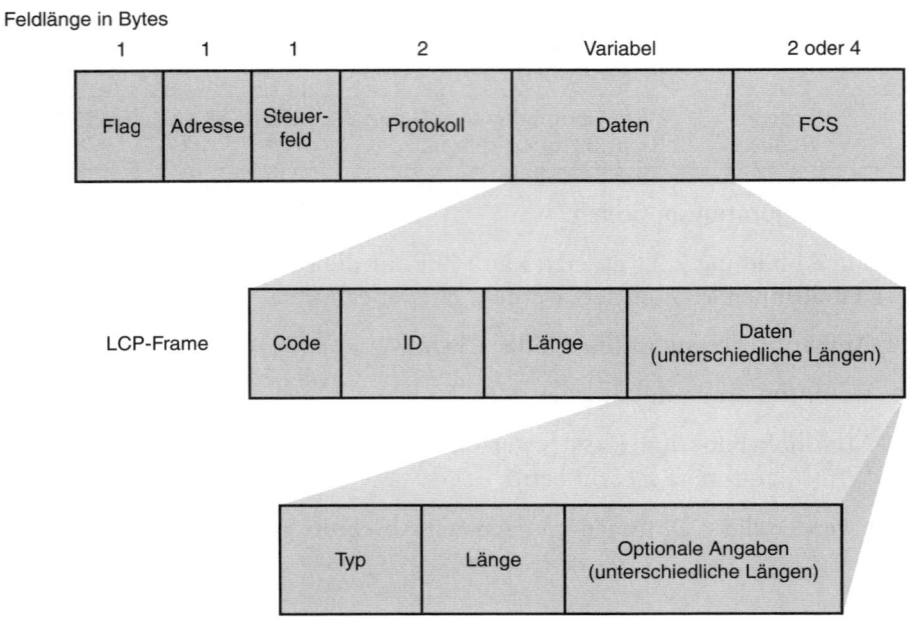

Abbildung 2.32: LCP-Optionsfeld

Diese Phase ist abgeschlossen, wenn ein Bestätigungs-Frame für die Konfiguration gesendet und empfangen wurde.

2.2.5 Einführung in NCPs

Nachdem die Leitung aufgebaut wurde, übergibt das LCP die Kontrolle an das passende NCP. Zwar war PPP ursprünglich für IP-Datagramme entwickelt worden, doch kann es Daten vieler unterschiedlicher Vermittlungsschichtprotokolle übertragen, wobei hier ein modularer Ansatz in der Implementierung eingesetzt wird. Zudem können zwei oder mehr Schicht-3-Protokolle gleichzeitig übertragen werden. Das modulare Modell gestattet es LCP, die Leitung einzurichten und die Details eines Netzwerkprotokolls dann einem bestimmten NCP zu überlassen. Für jedes Netzwerkprotokoll gibt es ein passendes NCP. Alle NCPs sind jeweils in einem separaten RFC definiert. Es gibt NCPs für IP, IPX, AppleTalk und andere. Die NCPs verwenden dasselbe Paketformat wie die LCPs.

NCP-Prozess

Nachdem LCP die Verbindung konfiguriert und authentifiziert hat, wird das passende NCP aufgerufen, um die spezifische Konfiguration des verwendeten Vermittlungsschichtprotokolls abzuschließen. Sobald NCP das Vermittlungsschichtprotokoll erfolgreich konfiguriert hat, ist dieses auf der hergestellten LCP-Leitung nutzbar. Nun kann PPP die entsprechenden Pakete des Vermittlungsschichtprotokolls übertragen.

Als Beispiel für die Funktionsweise der NCP-Schicht wollen wir IP verwenden, das gängigste Schicht-3-Protokoll. Nachdem LCP die Leitung aufgebaut hat, tauschen die Router IPCP-Nachrichten aus und verhandeln so protokollspezifische Optionen. IPCP ist für die Konfiguration, Aktivierung und Deaktivierung der IP-Module an beiden Enden der Leitung zuständig.

Es handelt zwei Optionen aus:

- **Komprimierung.** Die Geräte können einen Algorithmus zur Komprimierung von TCP- und IP-Headern aushandeln und so Bandbreite einsparen. Die TCP/IP-Header-Komprimierung nach van Jacobson verringert die Größe von TCP/IP-Headern zwar nur um drei Byte, doch kann dies bei langsamen seriellen Verbindungen insbesondere beim interaktiven Datenaustausch eine erhebliche Verbesserung darstellen.

- **IP-Adresse.** Das anfragende Gerät kann eine IP-Adresse angeben, die das Routing von IP über die PPP-Leitung ermöglicht, oder eine IP-Adresse für die Gegenstelle anfordern. Diese Option wird häufig bei Einwahlnetzwerkverbindungen genutzt.

Wenn der NCP-Prozess abgeschlossen ist, wechselt die Verbindung in den Zustand *Open*, und LCP übernimmt wieder die Zuständigkeit. Verbindungsdaten enthalten alle möglichen Kombinationen aus LCN-, NCP- und Vermittlungsschichtprotokollpaketen. Abbildung 2.33 zeigt, wie LCP-Nachrichten dann von den Geräten verwendet werden, um die Verbindung zu steuern oder zu debuggen.

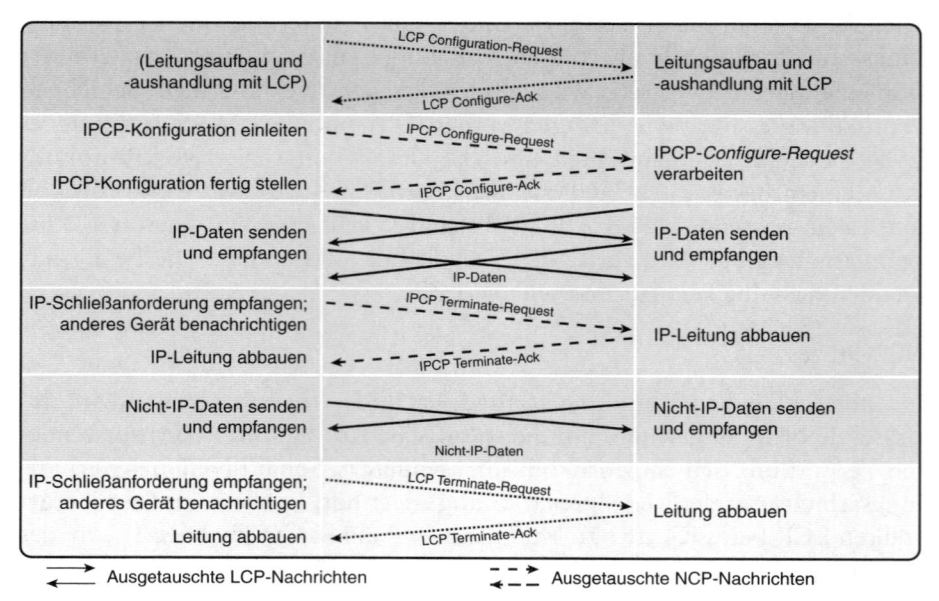

Abbildung 2.33: NCP-Prozess

2.2.6 PPP-Konfigurationsoptionen

Die Grundkonfiguration von PPP ähnelt der Konfiguration anderer Schicht-2-Protokolle wie HDLC. Außerdem umfasst PPP verschiedene Konfigurationsoptionen wie Authentifizierung und Komprimierung.

Im vorangegangenen Abschnitt haben wir Ihnen die LCP-Optionen vorgestellt, die Sie konfigurieren können, um bestimmte Anforderungen für WAN-Verbindungen zu erfüllen. PPP verfügt über die folgenden LCP-Optionen:

- **Authentifizierung.** Peer-Router tauschen Authentifizierungsnachrichten aus. Zwei Möglichkeiten der Authentifizierung sind PAP (Password Authentication Protocol) und CHAP (Challenge Handshake Authentication Protocol). Wir werden die Authentifizierung im folgenden Abschnitt erklären.

- **Komprimierung.** Hiermit wird der effektive Durchsatz bei PPP-Verbindungen erhöht, indem die Menge der Daten im Frame, die die Verbindung durchqueren müssen, verringert wird. Entpackt werden die Daten dann durch das Protokoll auf Empfängerseite. Zwei Komprimierungsprotokolle, die auf Cisco-Routern zur Verfügung stehen, sind Stacker und Predictor.

- **Fehlererkennung.** Sie dient der Ermittlung von Fehlerbedingungen. Die Optionen *Quality* und *Magic Number* helfen dabei, eine zuverlässige und schleifenlose Datenverbindung sicherzustellen. Das Feld *Magic Number* hilft dabei, Verbindungen im Loopback-Zustand zu ermitteln. Bis die entsprechende Konfigurationsoption ausgehandelt ist, muss die *Magic Number* mit dem Wert 0 übertragen werden. *Magic Number*s werden an beiden Enden der Verbindung zufällig generiert.

- **Multilink-PPP.** Cisco IOS Release 11.1 und höher unterstützen Multilink-PPP. Diese Alternative ermöglicht einen Lastausgleich auf den von PPP verwendeten Router-Schnittstellen. Multilink-PPP (das auch als MP, MPPP, MLP oder einfach als »Multilink« bezeichnet wird) stellt eine Methode zur Verfügung, um die Daten über mehrere physische WAN-Verbindungen zu verteilen und dabei gleichzeitig eine Paketfragmentierung und -wiederherstellung, eine ordnungsgemäße Sequenzierung, die Interoperabilität zwischen verschiedenen Anbietern und einen Lastausgleich bei ein- und ausgehendem Datenverkehr zu ermöglichen.

- **PPP-Rückruf.** Zur Verbesserung der Sicherheit unterstützt Cisco seit IOS Release 11.1 und höher Rückrufe (engl. *Callbacks*) über PPP. Bei dieser LCP-Option kann ein Cisco-Router als Rückrufclient oder -server fungieren. Der Client setzt den ersten Ruf ab, bittet den Server um Rückruf und beendet seinen Ruf dann. Der Rückrufserver beantwortet den ersten Ruf und führt den Rückruf zum Client auf der Basis der Konfigurationsanweisungen durch. Der Befehl lautet `ppp callback [accept | request]`.

Wenn die Optionen konfiguriert werden, wird ein entsprechender Wert in das LCP-Optionsfeld eingesetzt. Tabelle 2.5 veranschaulicht die gültigen Optionswerte.

Tabelle 2.5: Konfigurierbare Optionsfeld-Codes

Optionsname	Optionstyp	Länge der Option	Beschreibung
MRU (Maximum Receive Unit)	1	4	Maximale Größe des PPP-Frames. Der maximale Wert beträgt 65.535 Bytes, der Default-Wert 1500 Bytes. Sofern keiner der beteiligten Peers den Default-Wert ändert, wird dieser Parameter nicht verhandelt.
ACCM (Asynchronous Control Character Map)	2	6	Bits, die eine Kennzeichnung von Zeichen bei asynchronen Leitungen ermöglicht. Standardmäßig wird diese Kennzeichnung verwendet.
Authentication Protocol	3	5 oder 6	Dieses Feld gibt das verwendete Authentifizierungsprotokoll (PAP oder CHAP) an.
Magic Number	5	6	Zufallszahl, die festgelegt wird, um Peers zu unterscheiden und Loopback-Leitungen zu erkennen.
Protocol Compression	7	2	Flag, das angibt, dass die PPP-Protokoll-ID zu einem einzelnen Oktett komprimiert wird, wenn die 2 Byte lange Protokoll-ID sich im Bereich zwischen 0x00-00 und 0x00-FF bewegt.
Address and Control Field Compression	8	2	Flag, das angibt, dass das PPP-Adressfeld (fester Wert 0xFF) und das PPP-Steuerfeld (fester Wert 0x03) aus dem PPP-Header entfernt werden.
Callback	13 oder 0x0D	3	Ein 1 Oktett langer Indikator, der zeigt, wie der Rückruf bestimmt werden soll.

2.2.7 PPP-Konfigurationsbefehle

Die hier beschriebene Folge von Beispielen soll Ihnen zeigen, wie Sie PPP und einige seiner Optionen konfigurieren.

Beispiel 1: PPP auf einer Schnittstelle aktivieren

Um PPP als Kapselungsmethode für eine serielle oder ISDN-Schnittstelle festzulegen, benutzen Sie den Befehl `encapsulation ppp` im Schnittstellenkonfigurationsmodus.

Listing 2.3 aktiviert die PPP-Kapselung auf der Schnittstelle Serial 0/0/0.

Listing 2.3: PPP-Kapselung konfigurieren

```
R3# configure terminal
R3(config)# interface serial 0/0/0
R3(config-if)# encapsulation ppp
```

Der Befehl encapsulation ppp hat keine Argumente. Sie müssen allerdings zuerst auf dem Router ein IP-Routing-Protokoll konfigurieren, um die PPP-Kapselung nutzen zu können. Denken Sie daran, dass, wenn Sie PPP auf einem Cisco-Router nicht explizit konfigurieren, die Default-Kapselung für serielle Schnittstellen HDLC ist.

Beispiel 2: Komprimierung

Sie können die Point-to-Point-Softwarekomprimierung auf seriellen Schnittstellen konfigurieren, nachdem Sie die PPP-Kapselung aktiviert haben. Da diese Option eine Komprimierung durch die Software aktiviert, kann sie die Systemleistung beeinträchtigen. Wenn die Daten bereits aus komprimierten Dateien bestehen (z. B. ZIP-, TAR- oder MPEG-Dateien), lässt sich aus der Komprimierung auf dem Router nur wenig Kapital schlagen. Die Syntax für den Befehl compress lautet wie folgt:

```
Router(config-if)# compress [predictor | stac]
```

Hierbei gilt:

- predictor (optional) gibt an, dass ein Predictor-Komprimierungsalgorithmus verwendet werden soll.
- stac (optional) gibt an, dass ein Stacker-Komprimierungsalgorithmus (LZS-Algorithmus) verwendet werden soll.

In Listing 2.4 wird die Komprimierung über PPP konfiguriert.

Listing 2.4: Komprimierung konfigurieren

```
R3(config)# interface serial 0/0/0
R3(config-if)# encapsulation ppp
R3(config-if)# compress [predictor | stac]
```

Beispiel 3: Leitungsqualität überwachen

Sie wissen aus der Beschreibung der LCP-Phasen bereits, dass LCP optional eine Phase zur Bestimmung der Leitungsqualität ausführt. In dieser Phase testet das LCP die Leitung daraufhin, ob ihre Qualität für den Betrieb mit Schicht-3-Protokollen ausreichend ist. Der folgende Befehl stellt sicher, dass die Leitung die von Ihnen festgelegten Qualitätsanforderungen erfüllt (andernfalls wird die Leitung abgeschaltet):

```
Router(config-if)#ppp quality percentage
```

Der Parameter *percentage* gibt den Mindestwert für die Qualität an. Der Wertebereich liegt zwischen 1 und 100.

Die Anteile werden sowohl für eingehende als auch für ausgehende Daten berechnet. Dabei erfolgt die Berechnung für ausgehende Daten, indem die Gesamtzahl der gesendeten Pakete und Bytes mit der Gesamtzahl der Pakete und Bytes verglichen wird, die vom Zielknoten empfangen werden. Die Berechnung der Qualität eingehender Daten erfolgt, indem die Gesamtzahl der empfangenen Pakete und Bytes mit der Gesamtzahl der Pakete und Bytes verglichen wird, die vom Zielknoten gesendet werden.

Wenn der Schwellwert bei der Leitungsqualität nicht erreicht wird, gilt die Qualität als nicht ausreichend, und die Leitung wird abgebaut. LQM (Link Quality Monitoring) implementiert hierfür eine Zeitverzögerung, damit die Leitung nicht ständig auf- und abgebaut wird.

Die Konfiguration in Listing 2.5 überwacht die auf der Leitung verworfenen Daten und dient dazu, Schleifen zu vermeiden.

Listing 2.5: LQM konfigurieren

```
R3(config)# interface serial 0/0/0
R3(config-if)# encapsulation ppp
R3(config-if)# ppp quality 80
```

Mit dem Befehl `no ppp quality` deaktivieren Sie LQM.

Beispiel 4: Lastausgleich über mehrere Leitungen

Multilink-PPP (das auch als MP, MPPP, MLP oder einfach als »Multilink« bezeichnet wird) stellt eine Methode zur Verfügung, um die Daten über mehrere physische WAN-Verbindungen zu verteilen und dabei gleichzeitig eine Paketfragmentierung und -wiederherstellung, eine ordnungsgemäße Sequenzierung, die Interoperabilität zwischen verschiedenen Anbietern und einen Lastausgleich bei ein- und ausgehendem Datenverkehr zu ermöglichen.

MPPP ermöglicht die Fragmentierung von Paketen. Diese Fragmente werden gleichzeitig über mehrere Point-to-Point-Leitungen an dieselbe Remote-Adresse versendet. Diese verschiedenen physischen Leitungen gehen unter Berücksichtigung eines benutzerdefinierten Lastschwellwertes online. MPPP kann die Last nur beim eingehenden *oder* beim ausgehenden Datenverkehr messen, nicht aber einen gemeinsamen Wert aus beiden Datenströmen bilden.

Die in Listing 2.6 gezeigten Befehle führen einen Lastausgleich über mehrere Leitungen durch.

Listing 2.6: Lastausgleich konfigurieren

```
R3(config)# interface serial 0/0/0
R3(config-if)# encapsulation ppp
R3(config-if)# ppp multilink
```

Der Befehl multilink hat keine Argumente. Um Multilink-PPP zu deaktivieren, verwenden Sie den Befehl no ppp multilink.

2.2.8 Serielle PPP-Kapselungskonfiguration überprüfen

Mit dem Befehl show interfaces serial können sie die korrekte Konfiguration der HDLC- oder PPP-Kapselung überprüfen. Die Befehlsausgabe in Listing 2.7 zeigt eine PPP-Konfiguration.

Listing 2.7: Serielle PPP-Kapselungskonfiguration überprüfen

```
R2# show interfaces serial 0/0/0

Serial0/0/0 is up, line protocol is up
  Hardware is GT96K Serial
  MTU 1500 bytes, BW 128 Kbit, DLY 20000 usec,
  reliability 255/255, txload 1/255, rxload 1/255
  Encapsulation PPP, LCP Open
  Open: CDPCP, loopback not set
  Keepalive set (10 sec)
  Last input 00:00:07, output 00:00:07, output hang never
  Last clearing of "show interface" counters 00:00:11
  Input queue: 0/75/0/0 (size/max/drops/flushes); Total output drops: 0
  Queueing strategy: weighted fair
  Output queue: 0/1000/64/0 (size/max total/threshold/drops)
     Conversations  0/1/32 (active/max active/max total)
     Reserved Conversations 0/0 (allocated/max allocated)
     Available Bandwidth 96 kilobits/sec
  5 minute input rate 0 bits/sec, 0 packets/sec
  5 minute output rate 0 bits/sec, 0 packets/sec
     6 packets input, 76 bytes, 0 no buffer
     Received 0 broadcasts, 0 runts, 0 giants, 0 throttles
     0 input errors, 0 CRC, 0 frame, 0 overrun, 0 ignored, 0 abort
     7 packets output, 84 bytes, 0 underruns
     0 output errors, 0 collisions, 0 interface resets
     0 output buffer failures, 0 output buffers swapped out
     0 carrier transitions
     DCD=up DSR=up DTR=up RTS=up CTS=up
```

Wenn Sie HDLC konfigurieren, sollte die Ausgabe von show interfaces serial den Eintrag Encapsulation HDLC enthalten. Nach der Konfiguration von PPP können Sie die LCP- und NCP-Zustände überprüfen.

Tabelle 2.6 fasst die Befehle zusammen, die zur Überprüfung von PPP eingesetzt werden.

Tabelle 2.6: Überprüfungs- und Debugging-Befehle

Befehl	Beschreibung
show interfaces	Zeigt Statistiken für alle Schnittstellen an, die auf dem Router oder Access-Server konfiguriert sind.
show interfaces serial	Zeigt Informationen zu einer seriellen Schnittstelle an.
debug ppp	Ermöglicht das PPP-Debugging.
undebug all	Schaltet das Debugging vollständig ab.

2.2.9 Troubleshooting der PPP-Kapselung

Bislang wissen Sie, dass der Befehl debug für das Troubleshooting eingesetzt und im privilegierten EXEC-Modus auf der Befehlszeile aufgerufen wird. debug zeigt in Echtzeit Informationen zu verschiedenen Router-Operationen und den zugehörigen vom Router generierten oder empfangenen Datenverkehr sowie gegebenenfalls vorhandene Fehlermeldungen an. Es handelt sich hierbei um ein sehr nützliches und informatives Tool, doch müssen Sie immer daran denken, dass das Cisco IOS debug als Task mit hoher Priorität behandelt: Es kann in erheblichem Maße Ressourcen verbrauchen, und der Router ist gezwungen, die behandelten Pakete zu verarbeiten. debug darf nicht als Überwachungstool eingesetzt werden; es ist vielmehr für eine vorübergehende Kontrolle im Rahmen des Troubleshootings gedacht. Beim Troubleshooting einer seriellen Verbindung verwenden Sie denselben Ansatz wie bei anderen Konfigurationsaufgaben.

Troubleshooting der seriellen Kapselungskonfiguration

Zeigen Sie mithilfe des Befehls debug ppp Informationen zum PPP-Betrieb an. Die Syntax für diesen Befehl lautet:

debug ppp {packet | negotiation | error | authentication | compression | cbcp}

Die no-Variante des Befehls deaktiviert die Debug-Ausgabe.

Tabelle 2.7 beschreibt die Befehlsparameter für debug ppp.

Tabelle 2.7: Befehlsparameter zu »debug ppp«

Parameter	Verwendung
packet	Zeigt Versand und Empfang von PPP-Paketen an. (Dieser Befehl listet vollständige Dumps der Pakete auf.)
negotiation	Zeigt PPP-Pakete an, die während der PPP-Startphase (d. h. der Parameteraushandlung) übertragen werden.
error	Zeigt Protokollfehler und Fehlerstatistiken zu Aushandlung und Betrieb der PPP-Verbindung an.
authentication	Zeigt Nachrichten des Authentifizierungsprotokolls (CHAP- und PAP-Paketaustausch) an.
compression	Zeigt Informationen zum Austausch von PPP-Verbindungen mithilfe von MPPC (Microsoft Point-to-Point Compression) an. Dieser Befehl ist nützlich, um Informationen zu falschen Paketsequenznummern zu ermitteln, bei denen die MPPC-Komprimierung aktiv ist.
cbcp	Zeigt Protokollfehler und Statistiken in Verbindung mit der PPP-Verbindungsaushandlung mithilfe von MSCB (Microsoft Callback Control Protocol) an.

Ausgabe des Befehls »debug ppp packet«

Ein praktischer Befehl für das Troubleshooting der Kapselung auf seriellen Schnittstellen ist debug ppp packet.

Die in Abbildung 2.34 gezeigte Topologie dient uns als Grundlage für die nächsten Listings.

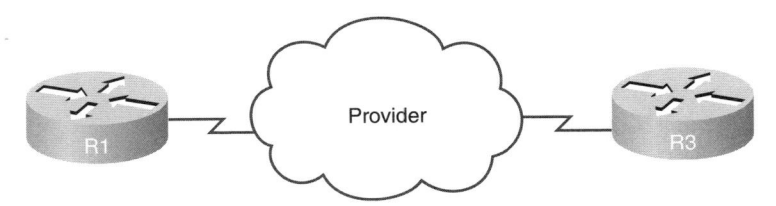

Abbildung 2.34: Beispieltopologie

Listing 2.8 ist die Ausgabe des Befehls debug ppp packet von der LQM-Seite der Verbindung aus gesehen. Die Ausgabe stellt den Paketaustausch zwischen Router R1 und Router R3 während des normalen PPP-Betriebs dar.

138 Wide Area Networks

Listing 2.8: Ausgabe des Befehls »debug ppp packet«

```
R3# debug ppp packet

PPP Serial2(o): lcp_slqr() state = OPEN magic = D21B4, len = 48
PPP Serial2(i): pkt type 0xC025, datagramsize 52
PPP Serial2(i): lcp_rlqr() state = OPEN magic = D3454, len = 48
PPP Serial2(i): pkt type 0xC021, datagramsize 16
PPP Serial2: I LCP ECHOREQ(9) id 3  magic D3454
PPP Serial2: input(C021) state = OPEN code = ECHOREQ(9) id = 3 len = 12
PPP Serial2: O LCP ECHOREP(A) id 3  magic D21B4
PPP Serial2(o): lcp_slqr() state = OPEN magic = D21B4, len = 48
PPP Serial2(i): pkt type 0xC025, datagramsize 52
PPP Serial2(i): lcp_rlqr() state = OPEN magic = D3454, len = 48
PPP Serial2(i): pkt type 0xC021, datagramsize 16
PPP Serial2: I LCP ECHOREQ(9) id 4  magic D3454
PPP Serial2: input(C021) state = OPEN code = ECHOREQ(9) id = 4 len = 12
PPP Serial2: O LCP ECHOREP(A) id 4  magic D21B4
PPP Serial2(o): lcp_slqr() state = OPEN magic = D21B4, len = 48
PPP Serial2(i): pkt type 0xC025, datagramsize 52
PPP Serial2(i): lcp_rlqr() state = OPEN magic = D3454, len = 48
PPP Serial2(i): pkt type 0xC021, datagramsize 16
PPP Serial2: I LCP ECHOREQ(9) id 5  magic D3454
PPP Serial2: input(C021) state = OPEN code = ECHOREQ(9) id = 5 len = 12
PPP Serial2: O LCP ECHOREP(A) id 5  magic D21B4
PPP Serial2(o): lcp_slqr() state = OPEN magic = D21B4, len = 48
PPP Serial2(i): pkt type 0xC025, datagramsize 52
PPP Serial2(i): lcp_rlqr() state = OPEN magic = D3454, len = 48
PPP Serial2(i): pkt type 0xC021, datagramsize 16
PPP Serial2: I LCP ECHOREQ(9) id 6  magic D3454
PPP Serial2: input(C021) state = OPEN code = ECHOREQ(9) id = 6 len = 12
PPP Serial2: O LCP ECHOREP(A) id 6  magic D21B4
PPP Serial2(o): lcp_slqr() state = OPEN magic = D21B4, len = 48
PPP Serial2(i): pkt type 0xC025, datagramsize 52
PPP Serial2(i): lcp_rlqr() state = OPEN magic = D3454, len = 48
PPP Serial2(i): pkt type 0xC021, datagramsize 16
PPP Serial2: I LCP ECHOREQ(9) id 7  magic D3454
PPP Serial2: input(C021) state = OPEN code = ECHOREQ(9) id = 7 len = 12
PPP Serial2: O LCP ECHOREP(A) id 7  magic D21B4
PPP Serial2(o): lcp_slqr() state = OPEN magic = D21B4, len = 48
```

Diese Ausgabe zeigt den Paketaustausch beim normalen PPP-Betrieb. Es handelt sich nur um ein Teil-Listing, doch sollte dieses ausreichend sein, um Ihnen den für die Praxisübung erforderlichen Eindruck zu vermitteln.

Sehen Sie sich die einzelnen Zeilen in der Ausgabe gut an und vollziehen Sie ihre jeweilige Bedeutung nach. Auch wenn dies eigentlich nicht Gegenstand dieses Kurses ist, sollten Sie die folgende Liste nutzen, um die Ausgabe zu untersuchen.

- **PPP.** PPP-Debug-Ausgabe
- **Serial2.** Nummer der Schnittstelle, der diese Debug-Informationen zuzuordnen sind
- **(o), 0.** Das erkannte Paket ist ein ausgehendes Paket.
- **(i), I.** Das erkannte Paket ist ein eingehendes Paket.
- **lcp_slqr().** Prozedurname. LQM wird ausgeführt, es wird ein LQR (Link Quality Report) gesendet.
- **lcp_rlqr().** Prozedurname. LQM wird ausgeführt, es wird ein LQR empfangen.
- **input (C021).** Der Router hat ein Paket des angegebenen Typs erhalten (die Angabe erfolgt als Hexadezimalzahl; der Wert C025 verweist auf ein LQM-Paket).
- **state = OPEN.** PPP-Status. OPEN ist der Normalstatus.
- **magic = D21B4.** *Magic Number* für den angegebenen Knoten. Sofern angegeben, ist dies die *Magic Number* des Knotens, auf dem das Debugging aktiviert ist. Die tatsächliche *Magic Number* hängt davon ab, ob das Paket ein- oder ausgehend ist.
- **datagramsize = 52.** Paketlänge einschließlich des Headers
- **code = ECHOREQ(9).** Gibt den Typ des empfangenen Pakets in String- und Hexadezimalform an.
- **len = 48.** Paketlänge ohne Header
- **id = 3.** ID des LCP-Paketformats
- **pkt type 0xC025.** Pakettyp im Hexadezimalformat. Gängige Pakettypen sind C025 für LQM und C021 für LCP.
- **LCP ECHOREQ (9).** Echoanforderung. Der Wert in Klammern ist die Hexadezimaldarstellung des LCP-Typs.
- **LCP ECHOREP (A).** Echoantwort. Der Wert in Klammern ist die Hexadezimaldarstellung des LCP-Typs.

Ausgabe des Befehls »debug ppp negotiation«

Listing 2.9 zeigt die Ausgabe des Befehls `debug ppp negotiation` bei einer normalen Aushandlung, bei der sich beide Seiten auf die NCP-Parameter einigen.

Listing 2.9: Ausgabe des Befehls »debug ppp negotiation«

```
R1# debug ppp negotiation

ppp: sending CONFREQ, type = 4 (CI_QUALITYTYPE), value = C025/3E8
ppp: sending CONFREQ, type = 5 (CI_MAGICNUMBER), value = 3D56CAC
ppp: received config for type = 4 (QUALITYTYPE) acked
ppp: received config for type = 5 (MAGICNUMBER) value = 3D567F8 acked (ok)
PPP Serial2: state = ACKSENT fsm_rconfack(C021): rcvd id 5
ppp: config ACK received, type = 4 (CI_QUALITYTYPE), value = C025
ppp: config ACK received, type = 5 (CI_MAGICNUMBER), value = 3D56CAC
ppp: ipcp_reqci: returning CONFACK. (ok)
PPP Serial2: state = ACKSENT fsm_rconfack(8021): rcvd id 4
```

In diesem Fall wird die Protokolltyp-ID vorgeschlagen und bestätigt. Wir wollen in dieser Ausgabe jeweils ein oder zwei Zeilen auf einmal analysieren.

Die ersten beiden Zeilen geben an, dass der Router versucht, LCP zu aktivieren, und dabei die angegebenen Verhandlungsoptionen verwendet (*Quality Protocol* und *Magic Number*):

```
ppp: sending CONFREQ, type = 4 (CI_QUALITYTYPE), value = C025/3E8
ppp: sending CONFREQ, type = 5 (CI_MAGICNUMBER), value = 3D56CAC
```

Die Wertefelder sind die Werte der Optionen selbst. `C025/3E8` bezeichnet das Qualitätsprotokoll LQM. `3E8` ist dabei die Meldedauer (in Hundertstelsekunden), `3D56CAC` der Wert der *Magic Number* für den Router.

Die nächsten beiden Zeilen geben an, dass die andere Seite für die Optionen 4 und 5 votiert – sie fordert beide an und bestätigt sie gleichzeitig:

```
ppp: received config for type = 4 (QUALITYTYPE) acked
ppp: received config for type = 5 (MAGICNUMBER) value = 3D567F8 acked (ok)
```

Wenn die antwortende Seite die Optionen nicht unterstützt, sendet sie ein `CONFREJ`; wird lediglich der Wert der Option nicht akzeptiert, dann wird ein `CONFNAK` mit geändertem Wertefeld übermittelt.

Die nächsten drei Zeilen zeigen, dass der Router eine `CONFACK`-Meldung von der Gegenseite erhalten hat und die akzeptierten Optionswerte angibt:

```
PPP Serial4: state = ACKSENT fsm_rconfack(C021): rcvd id 5
ppp: config ACK received, type = 4 (CI_QUALITYTYPE), value = C025
ppp: config ACK received, type = 5 (CI_MAGICNUMBER), value = 3D56CAC
```

Über das Feld `rcvd id` können Sie überprüfen, ob CONFREQ und CONFACK dasselbe ID-Feld aufweisen.

Die nächste Zeile gibt an, dass der Router das IP-Routing auf dieser Schnittstelle aktiviert hat und dass NCP IPCP erfolgreich ausgehandelt wurde:

```
ppp: ipcp_reqci: returning CONFACK
(ok)
```

Ausgabe des Befehls »debug ppp error«

Mit dem Befehl `debug ppp error` (Listing 2.10) zeigen Sie Protokollfehler und Fehlerstatistiken zur Verhandlung und zum Betrieb der PPP-Verbindung an. Diese Nachrichten können erscheinen, wenn die *Quality Protocol*-Option auf einer Schnittstelle aktiviert wird, auf der PPP bereits ausgeführt wird.

Listing 2.10: Ausgabe des Befehls »debug ppp error«

```
R1# debug ppp error

PPP Serial3(i): rlqr receive failure. successes = 15
PPP: myrcvdiffp = 159 peerxmitdiffp = 41091
PPP: myrcvdiffo = 2183 peerxmitdiffo = 1714439
PPP: threshold = 25
PPP Serial2(i): rlqr transmit failure. successes = 15
PPP: myxmitdiffp = 41091 peerrcvdiffp = 159
PPP: myxmitdiffo = 1714439 peerrcvdiffo = 2183
PPP: 1->OutLQRs = 1 LastOutLQRs = 1
PPP: threshold = 25
PPP Serial3(i): lqr_protrej() Stop sending LQRs.
PPP Serial3(i): The link appears to be looped back.
```

Sehen Sie sich die einzelnen Zeilen in der Ausgabe gut an und vollziehen Sie ihre jeweilige Bedeutung nach. Auch dies ist eigentlich nicht Gegenstand dieses Kurses, doch können Sie die Ausgabe anhand der folgenden Liste untersuchen.

- **PPP.** PPP-Debug-Ausgabe
- **Serial3(i).** Nummer der Schnittstelle, der diese Debug-Informationen zuzuordnen sind. Das erkannte Paket ist ein eingehendes Paket.
- **rlqr receive failure.** Der Empfänger akzeptiert die Anfrage nach Verhandlung der Option *Quality Protocol* nicht.
- **myrcvdiffp = 159.** Anzahl der Pakete, die im Verlauf des festgelegten Zeitraums empfangen wurden

- `peerxmitdiffp = 41091`. Anzahl der Pakete, die vom Remote-Knoten in diesem Zeitraum gesendet wurden.

- `myrcvdiffo = 2183`. Anzahl der in diesem Zeitraum empfangenen Oktette

- `peerxmitdiffo = 1714439`. Anzahl der Oktette, die vom Remote-Knoten in diesem Zeitraum gesendet wurden

- `threshold = 25`. Maximal auf dieser Schnittstelle zulässiger Fehlerprozentsatz. Sie berechnen diesen Prozentsatz als Differenz aus 100 und dem im Schwellenwert des Schnittstellenkonfigurationsmodus eingegebenen Befehls **ppp quality** *percentage*. In diesem Fall beträgt der berechnete Prozentsatz 25 %, das heißt, die Schnittstelle wurde mit dem Befehl **ppp quality 75** konfiguriert (100 - 75 = 25). Dies bedeutet, dass der lokale Router eine Fehlerrate von 25 Prozent nicht übersteigen darf, da andernfalls die Leitung abgebaut wird.

- `OutLQRs = 1`. Aktuelle Sende-LQR-Sequenznummer des lokalen Routers

- `LastOutLQRs = 1`. Letzte Sequenznummer, die die Gegenseite vom lokalen Knoten empfangen hat

Packet Tracer Aktivität

Point-to-Point-Kapselung konfigurieren (2.3.4).

Bei dieser Aktivität üben Sie das Ändern der Kapselung auf seriellen Schnittstellen. Ausführliche Anweisungen entnehmen Sie der Aktivität selbst. Zur Durchführung der Aktivität verwenden Sie Packet Tracer und die Datei *e4-234.pka* auf der Begleit-CD-ROM zu diesem Buch.

2.2.10 PPP-Authentifizierungsprotokolle

PPP definiert eine erweiterbare Version von LCP, die die Verhandlung eines Authentifizierungsprotokolls ermöglicht, damit ein Router seinen Peer authentifizieren kann, bevor die Vermittlungsschichtprotokolle Daten über die Leitung übertragen können.

RFC 1334 definiert zwei Protokolle zur Authentifizierung (vgl. Abbildung 2.35).

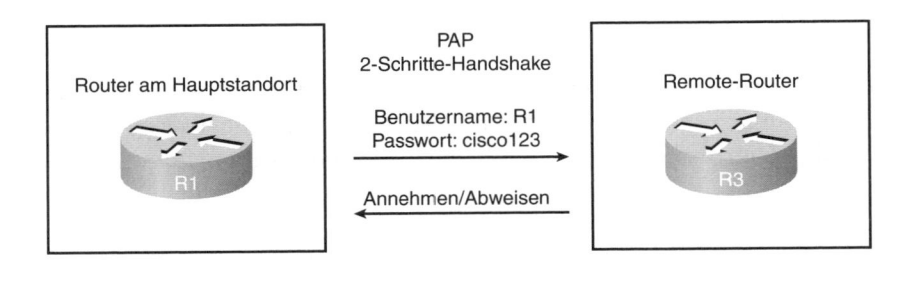

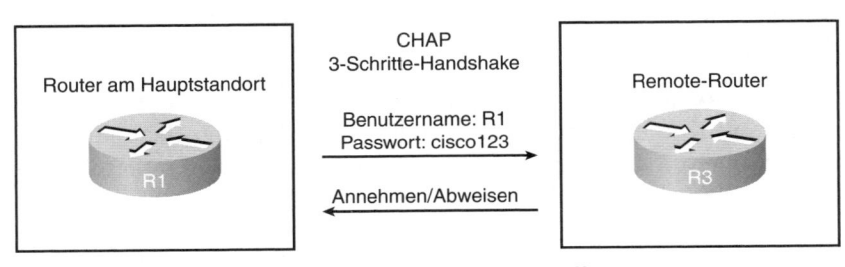

Abbildung 2.35: PPP-Authentifizierungsprotokolle

PAP (Password Authentication Protocol) ist ein einfacher Zwei-Schritte-Prozess. Es gibt keine Verschlüsselung: Benutzername und Passwort werden als Klartext übertragen. Sofern dies akzeptiert wird, ist die Verbindung zulässig. CHAP (Challenge Authentication Protokoll) ist sicherer als PAP. Hier kommt ein Drei-Schritte-Prozess für den Austausch eines gemeinsamen Geheimnisses zum Einsatz. Der Prozess wird im Verlauf dieses Abschnitts noch beschrieben.

Die Authentifizierungsphase einer PPP-Sitzung ist optional. Wird sie benutzt, dann können Sie, nachdem das LCP die Leitung aufgebaut hat, den Peer authentifizieren und das Authentifizierungsprotokoll auswählen. In diesem Fall erfolgt die Authentifizierung vor Beginn der Konfigurationsphase für das Vermittlungsschichtprotokoll.

Die Authentifizierungsoptionen sehen vor, dass die anfordernde Seite der Verbindung sich authentifiziert. Auf diese Weise soll sichergestellt werden, dass der Benutzer durch den Administrator des Netzwerks die Berechtigung erhalten hat, den Ruf abzusetzen. Peer-Router tauschen Authentifizierungsnachrichten aus.

2.2.11 PAP

Eines der vielen Merkmale von PPP ist die Tatsache, dass die Schicht-2-Authentifizierung zusätzlich zu anderen Ebenen der Authentifizierung, Verschlüsselung, Zugriffssteuerung und allgemeiner Sicherheitsprozesse ausgeführt wird.

PAP stellt eine einfache Methode bereit, mit der ein Remote-Knoten seine Identität im Rahmen eines Zwei-Schritte-Handshake ausweisen kann. PAP ist nicht interaktiv: Wenn der Befehl `ppp authentication pap` eingegeben wird, werden Benutzername und Passwort im selben LCP-Datenpaket gesendet – der Server muss keine Anmeldeaufforderung senden und auf eine Antwort warten.

Abbildung 2.36 zeigt, dass, sobald PPP den Leitungsaufbau abgeschlossen hat, der Remote-Knoten wiederholt eine Kombination aus Benutzername und Passwort über die Leitung sendet, bis der sendende Knoten diese bestätigt oder die Verbindung schließt.

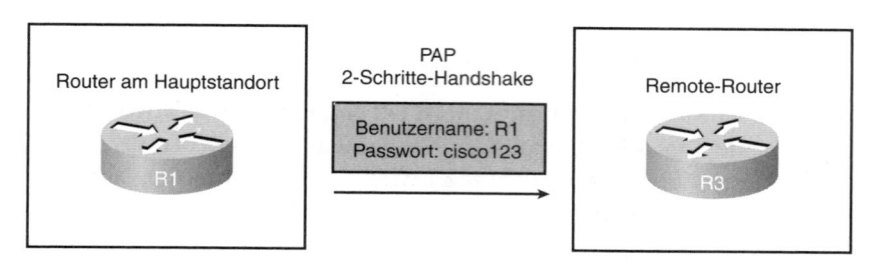

Abbildung 2.36: PAP einleiten

Abbildung 2.37 zeigt, dass der Router des empfangenden Knotens (oder ein Authentifizierungsserver) die Benutzername-Passwort-Kombination überprüft. Danach wird die Verbindung entweder zugelassen oder abgewiesen. Eine entsprechende Benachrichtigung wird daraufhin an die anfragende Seite zurückgeschickt.

PAP ist kein starkes Authentifizierungsprotokoll. Mit PAP senden Sie Passwörter unverschlüsselt über die Verbindung, und einen Schutz vor Playback-Angriffen oder wiederholt ausgeführten Attacken nach dem Trial-and-Error-Prinzip gibt es nicht. Der Remote-Knoten steuert Häufigkeit und Timing der Anmeldeversuche selbst.

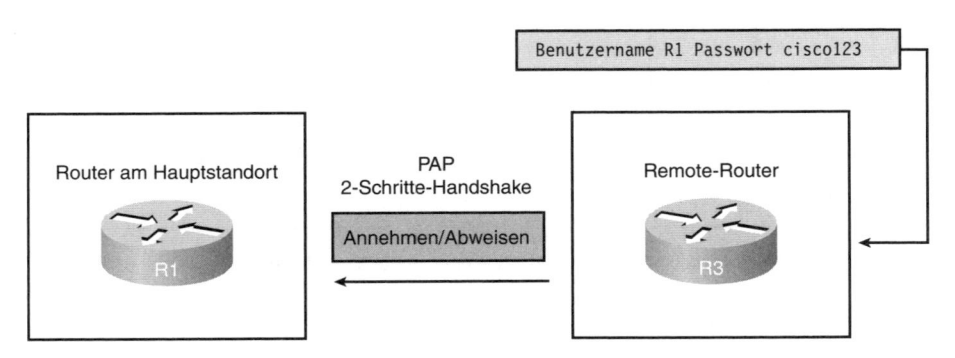

Abbildung 2.37: PAP abschließen

Trotzdem ist der Einsatz von PAP manchmal gerechtfertigt. So kann es trotz seiner Nachteile unter Umständen in Umgebungen eingesetzt werden, in denen

- eine große Zahl von Clientanwendungen installiert ist, die CHAP nicht unterstützen,
- Inkompatibilitäten zwischen unterschiedlichen CHAP-Implementierungen auftreten,
- ein unverschlüsseltes Passwort vorhanden sein muss, um eine Anmeldung auf dem Remote-Host zu simulieren.

2.2.12 CHAP

CHAP (Challenge Handshake Authentication Protocol) ist in RFC 1994 definiert und überprüft die Identität des Peers mithilfe eines Drei-Schritte-Handshake. Es gilt im Vergleich mit PAP als stärkere Authentifizierungsmethode.

PAP authentifiziert nur einmal – nachdem erfolgreicher Authentifizierung stellt es den Betrieb ein, da eine Reauthentifizierung während der Sitzung nicht möglich ist. Diese Methode ist daher anfällig für Angriffe. Im Gegensatz dazu setzt CHAP regelmäßig *Challenges* ab, um sicherzustellen, dass der Remote-Knoten nach wie vor über ein gültiges Passwort verfügt. Der ausgetauschte Passwortwert ist variabel und ändert sich ohne Vorankündigung, solange die Leitung aktiv ist.

Nachdem der PPP-Leitungsaufbau abgeschlossen ist, sendet der lokale Router eine Challenge-Nachricht an den Remote-Knoten (Abbildung 2.38).

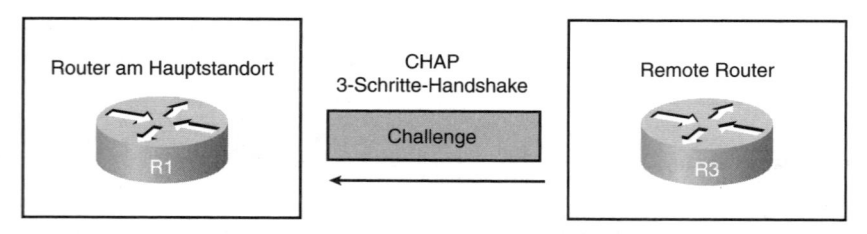

Router am Hauptstandort — CHAP 3-Schritte-Handshake — **Challenge** ← **Remote Router**
R1 ← R3

Router R3 beginnt den 3-Schritte-Handshake und sendet eine Challenge-Nachricht zu Router R1.

Abbildung 2.38: CHAP wird eingeleitet.

Abbildung 2.39 zeigt, dass der Remote-Knoten mit einem Wert antwortet, der mithilfe einer unidirektionalen Hash-Funktion (meist MD5) auf der Basis von Passwort und Challenge berechnet wurde. Wir werden im nächsten Abschnitt auf diese Schritte eingehen.

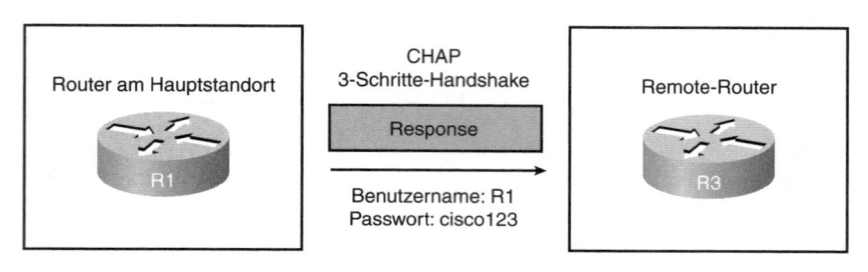

Router am Hauptstandort — CHAP 3-Schritte-Handshake — **Response** → **Remote-Router**
R1 → R3
Benutzername: R1
Passwort: cisco123

R1 beantwortet die CHAP-Challenge-Nachricht von R3 durch Senden seiner CHAP-Nachricht mit Benutzername und Passwort.

Abbildung 2.39: Die CHAP-Challenge wird beantwortet.

In Abbildung 2.40 vergleicht der lokale Router die Antwort mit dem erwarteten (d. h. selbst berechneten) Hash-Wert. Sind die Werte identisch, dann bestätigt der einleitende Knoten die Authentifizierung, andernfalls beendet er die Verbindung sofort.

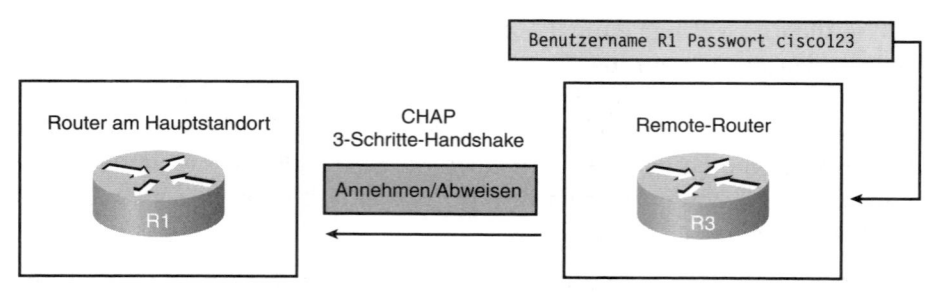

Benutzername R1 Passwort cisco123

Router am Hauptstandort — CHAP 3-Schritte-Handshake — **Annehmen/Abweisen** ← **Remote-Router**
R1 ← R3

Router R3 prüft den Benutzernamen und das Passwort von R1 gegen seine lokale Datenbasis. Falls beide stimmen, akzeptiert R3 die Verbindung. Andernfalls wird die Verbindung abgewiesen.

Abbildung 2.40: CHAP wird abgeschlossen.

CHAP bietet Schutz gegen Playback-Angriffe, denn es verwendet einen variablen Challenge-Wert, der eindeutig und nicht vorhersagbar ist. Da die Challenge eine eindeutige Zufallszahl ist, gilt dies auch für den resultierenden Hash. Die wiederholte Übermittlung von Challenges beschränkt zudem die Ausführungsdauer potenzieller Angriffe. Der lokale Router oder ein anderer Authentifizierungsserver steuert hier Häufigkeit und Timing der Challenges.

2.2.13 Der Kapselungs- und Authentifizierungsprozess bei PPP

Sie können sich am in Abbildung 2.41 gezeigten Flussdiagramm orientieren, um den PPP-Authentifizierungsvorgang bei der Konfiguration von PPP zu verstehen. Dieses Diagramm stellt die logischen Entscheidungen, die PPP trifft, optisch dar.

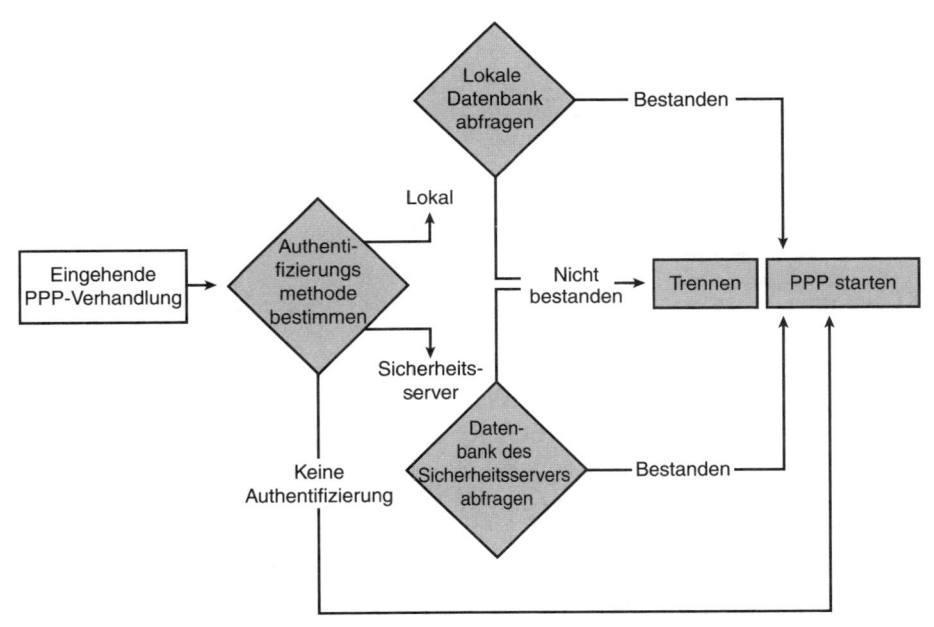

Abbildung 2.41: PPP-Kapselungs- und Authentifizierungsprozess

Wenn beispielsweise eine eingehende PPP-Anforderung keine Authentifizierung erfordert, fährt PPP mit der nächsten Stufe fort. Andernfalls kann die Anforderung entweder über die lokale Datenbank des Routers oder einen Sicherheitsserver authentifiziert werden. Wie im Diagramm gezeigt, wird bei erfolgreicher Authentifizierung mit der nächsten Stufe fortgefahren, während bei einem Fehlschlag die Verbindung getrennt und die eingegangene PPP-Anforderung verworfen wird.

148 Wide Area Networks

Die folgenden Schritte beschreiben, wie der Router R1 eine authentifizierte PPP-CHAP-Verbindung mit dem Router R2 herstellt.

1. Wie Abbildung 2.42 zeigt, verhandelt der Router R1 anfangs die Leitungsverbindung via LCP mit dem Router R2, und die beiden Systeme einigen sich während der LCP-Verhandlung auf die Verwendung der CHAP-Authentifizierung.

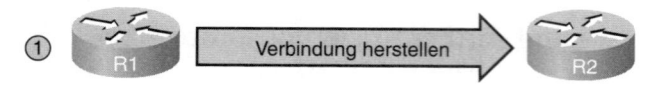

Abbildung 2.42: Die Leitung wird aufgebaut.

2. Nun generiert der Router R2 eine ID und eine Zufallszahl und sendet diese sowie seinen Benutzernamen als CHAP-Challenge an R1 (Abbildung 2.43).

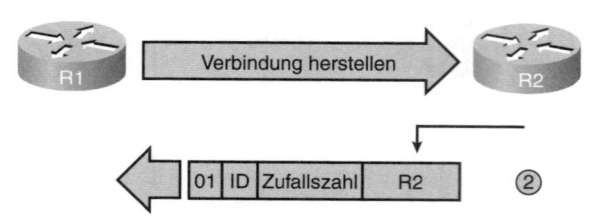

Abbildung 2.43: Eine CHAP-Challenge wird an R1 gesendet.

3. Router R1 liest den Benutzernamen von R2 aus der Challenge aus und ordnet ihn dem zugehörigen Passwort in der lokalen Datenbank zu (Abbildung 2.44). Danach generiert R1 einen eindeutigen MD5-Hash-Wert aus dem Benutzernamen von R2, der ID, der Zufallszahl und dem gemeinsamen geheimen Passwort.

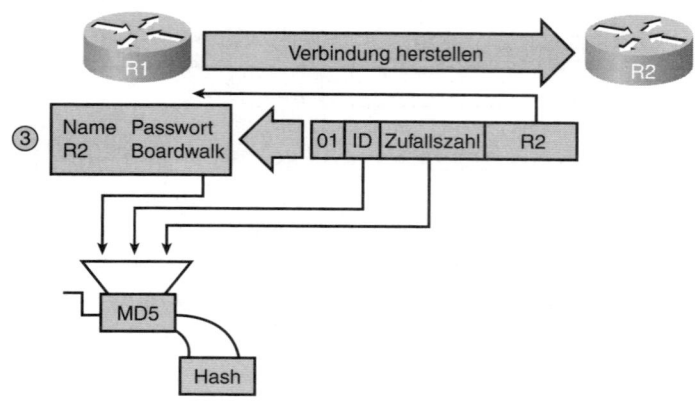

Abbildung 2.44: R1 validiert R2.

4. Als Nächstes validiert der Router R1 den Hash von R2 und sendet die Challenge-ID, den Hash-Wert und seinen eigenen Benutzernamen an R2 (Abbildung 2.45).

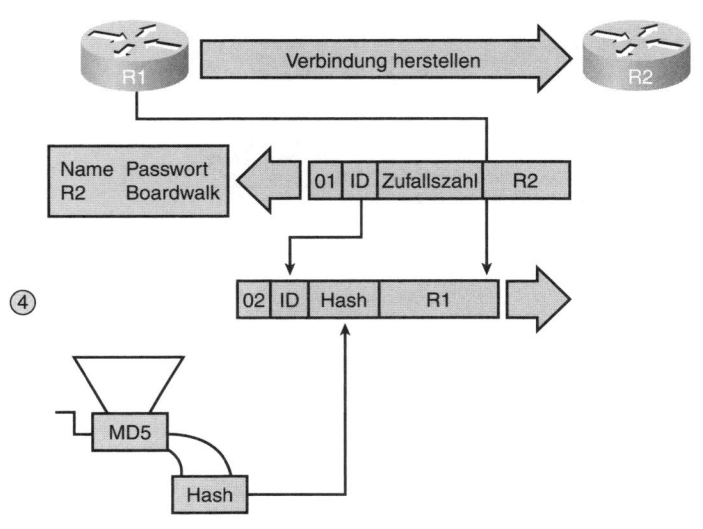

Abbildung 2.45: R1 sendet die Challenge an R2.

5. Nun generiert der Router R2 einen eigenen Hash-Wert aus der ID, dem geheimen Passwort und der Zufallszahl, die er ursprünglich an R1 gesendet hatte (Abbildung 2.46).

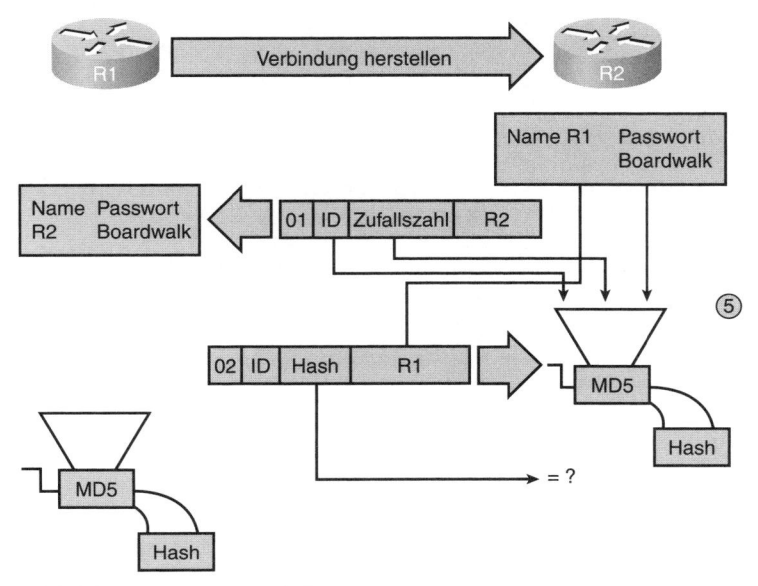

Abbildung 2.46: R2 validiert R1.

6. Router R2 vergleich seinen Hash-Wert mit dem von R1 empfangenen Wert (Abbildung 2.47). Wenn die Werte gleich sind, meldet R2 an R1, dass die Leitung aufgebaut wurde.

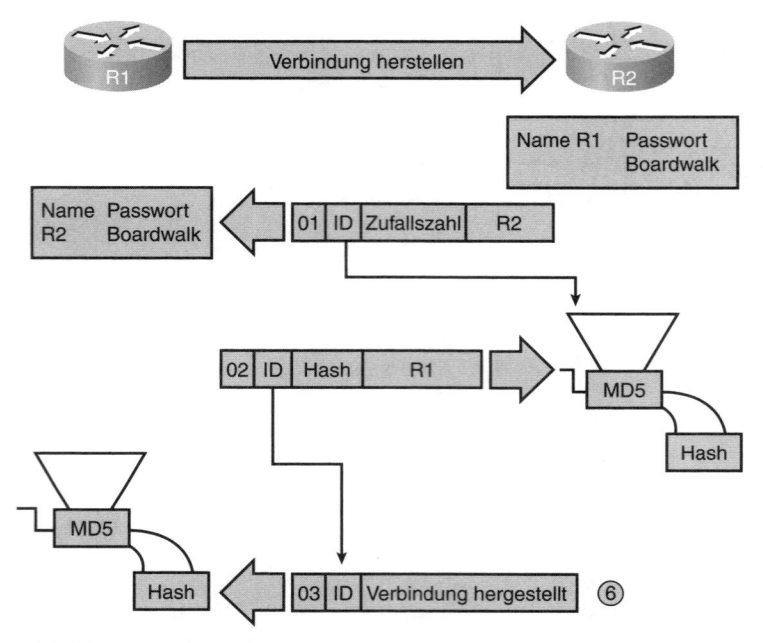

Abbildung 2.47: R2 bestätigt den Leitungsaufbau.

Falls die Authentifizierung fehlschlägt, wird aus den folgenden Komponenten ein CHAP-Paket erstellt:

- 04 (CHAP-Fehlermeldungstyp)
- ID (wird aus dem Antwortpaket kopiert)
- `Authentication Failure` oder eine ähnliche Nachricht, die auch für den Benutzer lesbar ist

Beachten Sie bitte, dass das gemeinsame geheime Passwort auf R1 und R2 identisch sein muss.

2.2.14 PPP mit Authentifizierung konfigurieren

Um die Reihenfolge anzugeben, in der CHAP oder PAP auf der Schnittstelle angefordert werden, verwenden Sie den Befehl ppp authentication im Schnittstellenkonfigurationsmodus. Die Syntax sieht wie folgt aus:

```
ppp authentication {chap | chap pap | pap chap | pap} [if-needed]
    [list-name | default [callin]
```

Um die Authentifizierung zu deaktivieren, verwenden Sie die no-Variante des Befehls.

Tabelle 2.8 beschreibt die Parameter von ppp authentication.

Tabelle 2.8: Befehlsparameter zu »ppp authentication«

Parameter	Verwendung
chap	Aktiviert CHAP auf einer seriellen Schnittstelle.
chap pap	Aktiviert CHAP und PAP, führt die CHAP- aber vor der PAP-Authentifizierung aus.
pap chap	Aktiviert CHAP und PAP, führt die PAP- aber vor der CHAP-Authentifizierung aus.
pap	Aktiviert PAP auf einer seriellen Schnittstelle.
if-needed	Wird optional mit TACACS und XTACACS eingesetzt. Wenn der Benutzer sich bereits authentifiziert hat, wird keine CHAP- oder PAP-Authentifizierung durchgeführt. Diese Option ist nur bei asynchronen Schnittstellen verfügbar.
list-name	Wird optional mit AAA/TACACS+ eingesetzt. Gibt den Namen einer Liste mit TACACS+-Authentifizierungsmethoden an, die verwendet werden soll. Wird kein Listenname angegeben, so verwendet das System die Default-Einstellung. Listen werden mit dem Befehl aaa authentication ppp erstellt.
default	Wird optional mit AAA/TACACS+ eingesetzt. Die Erstellung erfolgt mit dem Befehl aaa authentication ppp.
callin	Legt fest, dass die Authentifizierung nur bei eingehenden (empfangenen) Rufen erfolgt.

Nachdem Sie die CHAP- und/oder PAP-Authentifizierung aktiviert haben, fordert der lokale Router das Remote-Gerät auf, seine Identität nachzuweisen – erst dann dürfen Daten übertragen werden. Dies geschieht wie folgt:

- Die PAP-Authentifizierung verlangt vom Remote-Gerät die Übermittlung eines Namens und eines Passwortes, die in der lokalen Benutzernamensdatenbank oder einer TACACS-/TACACS+-Remote-Datenbank abgeglichen werden.

- Die CHAP-Authentifizierung sendet eine Challenge an das Remote-Gerät. Das Remote-Gerät muss den Challenge-Wert mit einem gemeinsamen Geheimnis verschlüsseln und den resultierenden Wert sowie seinen Namen in einer Antwortnachricht an den lokalen Router zurückschicken. Der lokale Router verwendet den Namen des Remote-Gerätes, um das passende Geheimnis in der lokalen Benutzernamensdatenbank oder der TACACS-/TACACS+-Datenbank nachzuschlagen. Das resultierende Geheimnis wird dann zur Verschlüsselung der ursprünglichen Challenge und zur Überprüfung der verschlüsselten Werte auf Übereinstimmung hin verwendet.

ANMERKUNG

AAA/TACACS ist ein dedizierter Server zur Authentifizierung von Benutzern. AAA steht für *Authentication, Authorization, and Accounting*. TACACS-Clients senden eine Anfrage an einen TACACS-Authentifizierungsserver. Der Server kann den Benutzer dann authentifizieren, ihn zu bestimmten Handlungen autorisieren und nachverfolgen, was der Benutzer tut.

Sie können PAP oder CHAP oder beide aktivieren. Wenn beide Methoden aktiviert sind, wird die erste angegebene Methode während der Verhandlung der Leitung angefordert. Sollte der Peer die Verwendung der zweiten Methode vorschlagen oder die erste schlichtweg ablehnen, so kommt die zweite zum Einsatz. Es gibt Remote-Geräte, die nur CHAP oder nur PAP unterstützen. Die Reihenfolge, in der Sie die Methoden angeben, sollte auf Ihrer Einschätzung basieren, wie gut das Remote-Gerät in der Lage ist, die passende Methode korrekt zu verhandeln, und wie sicher die Datenleitung sein sollte. PAP-Benutzernamen und -Passwörter werden unverschlüsselt übertragen; sie können abgefangen und wiederverwendet werden. Mit CHAP sind die meisten bekannten Sicherheitsrisiken beseitigt.

Abbildung 2.48 zeigt eine Beispieltopologie.

Abbildung 2.48: Beispieltopologie

Die Listings 2.11 und 2.12 zeigen die Konfiguration der Zwei-Schritte-Authentifizierung von PAP.

Listing 2.11: PAP-Beispielkonfiguration auf R1

```
hostname R1
username R3 password sameone
!
int serial 0/0
ip address 128.0.1.1 255.255.255.0
encapsulation ppp
ppp authentication PAP
ppp pap sent-username R1 password sameone
```

Listing 2.12: PAP-Beispielkonfiguration auf R3

```
hostname R3
username R1 password sameone
!
int serial 0/0
ip address 128.0.1.2 255.255.255.0
encapsulation ppp
ppp authentication PAP
ppp pap sent-username R3 password sameone
```

Beide Router authentifizieren und werden authentifiziert, das heißt, die PAP-Authentifizierungsbefehle sind auf beiden Seiten identisch. Die von den Routern gesendeten PAP-Benutzernamen und -Passwörter müssen denen entsprechen, die mit dem Befehl username *name* password *password* auf dem anderen Router konfiguriert wurden.

PAP stellt eine einfache Methode bereit, mit der ein Remote-Knoten seine Identität im Rahmen eines Zwei-Schritte-Handshake ausweisen kann. Die Authentifizierung erfolgt nur beim Leitungsaufbau. Der Hostname auf dem einen Router muss dem Benutzernamen entsprechen, der auf dem anderen Router konfiguriert ist. Auch die Passwörter müssen gleich sein, wobei die Groß-/Kleinschreibung unterschieden wird.

Im Gegensatz dazu kontrolliert CHAP die Identität des Remote-Knotens regelmäßig mithilfe eines Drei-Schritte-Handshake. Der Hostname auf dem einen Router muss dem Benutzernamen entsprechen, der auf dem anderen Router konfiguriert ist. Zudem müssen die Passwörter übereinstimmen. Der Vorgang findet zunächst beim Leitungsaufbau statt und kann danach beliebig wiederholt werden. Die Listings 2.13 und 2.14 zeigen eine CHAP-Konfiguration.

Wide Area Networks

Listing 2.13: CHAP-Beispielkonfiguration auf R1

```
hostname R1
username R3 password sameone
!
int serial 0/0
ip address 128.0.1.1 255.255.255.0
encapsulation ppp
ppp authentication CHAP
```

Listing 2.14: CHAP-Beispielkonfiguration auf R3

```
hostname R3
username R1 password sameone
!
int serial 0/0
ip address 128.0.1.2 255.255.255.0
encapsulation ppp
ppp authentication CHAP
```

2.2.15 Troubleshooting einer PPP-Konfiguration mit Authentifizierung

Die Authentifizierung ist eine Funktion, die sauber implementiert werden muss, da andernfalls die Sicherheit Ihrer seriellen Verbindung in Gefahr ist. Kontrollieren Sie Ihre Konfiguration stets mit dem Befehl show interfaces serial auf die gleiche Weise, wie Sie es auch ohne Authentifizierung getan haben.

Gehen Sie niemals davon aus, dass Ihre Authentifizierungskonfiguration funktionieren wird, ohne sie vorher getestet zu haben. Das Debugging gestattet es Ihnen, Ihre Konfiguration zu überprüfen und vorhandene Mängel zu beseitigen. Der Befehl für das Debugging der PPP-Authentifizierung heißt debug ppp authentication.

Listing 2.15 zeigt eine Beispielausgabe von debug ppp authentication.

Listing 2.15: Troubleshooting einer PPP-Konfiguration mit Authentifizierung

```
R1# debug ppp authentication

Serial0: Unable to authenticate. No name received from peer
Serial0: Unable to validate CHAP response. USERNAME R3 not found.
Serial0: Unable to validate CHAP response. No password defined for USERNAME R3
Serial0: Failed CHAP authentication with remote.
Remote message is Unknown name
Serial0: remote passed CHAP authentication.
Serial0: Passed CHAP authentication with remote.
Serial0: CHAP input code = 4 id = 3 len = 48
```

Die Ausgabe ist wie folgt zu interpretieren:

- Zeile 1 besagt, dass der Router auf Schnittstelle Serial0 keine Authentifizierung vornehmen kann, da der Peer keinen Namen übermittelt hat.

- Laut Zeile 2 konnte der Router die CHAP-Antwort nicht validieren, weil USERNAME R3 nicht gefunden wurde.

- In Zeile 3 steht, dass kein Passwort für R3 gefunden wurde. Weitere mögliche Antworten in dieser Zeile sind: no name received to authenticate, unknown name, no secret for given name, short MD5 response received oder MD5 compare failed.

- Die letzte Zeile code = 4 besagt, dass ein Fehler aufgetreten ist. Mögliche Codewerte sind:
  - 1: Bezeichnet eine Challenge.
  - 2: Bezeichnet eine Antwort.
  - 3: Gibt eine erfolgreiche Authentifizierung an.
  - 4: Bezeichnet eine fehlgeschlagene Authentifizierung.

  id = 3 ist die ID-Nummer des LCP-Paketformats, len = 48 die Länge des Pakets ohne Header.

Authentifizierung bei PAP und CHAP konfigurieren (2.4.6)

Die PPP-Kapselung unterstützt zwei Arten der Authentifizierung: PAP (Password Authentication Protocol) und CHAP (Challenge Handshake Authentication Protocol). PAP verwendet ein unverschlüsseltes Passwort, CHAP hingegen ruft einen unidirektionalen Hash auf, der mehr Sicherheit bietet als PAP. In dieser Aktivität konfigurieren Sie PAP und CHAP und wiederholen die Konfiguration des OSPF-Routings. Ausführliche Anweisungen entnehmen Sie der Aktivität selbst. Zur Durchführung der Aktivität verwenden Sie Packet Tracer und die Datei *e4-246.pka* auf der Begleit-CD-ROM zu diesem Buch.

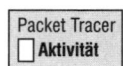

2.3 Zusammenfassung

Nachdem Sie dieses Kapitel abgeschlossen haben, sind Sie nun in der Lage, konzeptionell und praktisch zu beschreiben, warum die Point-to-Point-Kommunikation zur Anbindung Ihres LAN an das WAN eines Providers verwendet wird, statt eine Verbindung zu benutzen, bei der die Kommunikationsbits parallel übermittelt werden, was nur auf den ersten Blick schneller zu sein scheint. Sie können erläutern, wie das Multiplexing eine effiziente Kommunikation ermöglicht und die Menge der Daten maximiert, die über eine Kommunikationsleitung übertragen werden können. Zudem haben Sie die Funktionen der wichtigsten Komponenten und Protokolle der seriellen Kommunikation kennengelernt und können eine serielle Schnittstelle mit HDLC-Kapselung auf einem Router konfigurieren.

In diesem Kapitel haben Sie eine gute Grundlage für das Verständnis von PPP einschließlich seiner Merkmale, Komponenten und Architekturen erhalten. Sie können darlegen, wie eine PPP-Sitzung mithilfe der Funktionen von LCP und NCPs aufgebaut wird. Ferner haben Sie die Syntax der Konfigurationsbefehle erlernt und erfahren, wie die verschiedenen Optionen, die zur Konfiguration einer PPP-Verbindung notwendig sind, verwendet werden. Schließlich haben wir auch gesehen, wie man die Authentifizierungsprotokolle PAP und CHAP verwendet, um die Sicherheit einer Verbindung zu gewährleisten. Die für Überprüfung und Troubleshooting von PPP erforderlichen Schritte wurden ebenfalls beschrieben. Sie sind nun bereit, Ihr Wissen in den Übungen zu vertiefen. Dort werden Sie Ihren Router für die Verwendung von PPP konfigurieren, um eine Verbindung mit einem WAN herzustellen.

2.4 Übungen

Die Aktivitäten und Übungen im Begleitbuch »Accessing the WAN, CCNA Exploration Labs and Study Guide« (ISBN 978-1-58713-201-8) ermöglichen ein praxisbezogenes Üben der folgenden in diesem Kapitel vorgestellten Themen:

Übung 2.1: Grundkonfiguration von PPP (2.5.1)

In dieser Übung lernen Sie anhand des im Topologiediagramm gezeigten Netzwerks, wie Sie die PPP-Kapselung auf seriellen Verbindungen konfigurieren. Sie erfahren außerdem, wie Sie serielle Verbindungen auf die per Default genutzte HDLC-Kapselung zurücksetzen. Achten Sie besonders auf die Ausgabe des Routers, wenn Sie die PPP-Kapselung gezielt unterbrechen. Sie wird Ihnen bei der Troubleshooting-Übung zu diesem Kapitel hilfreich sein. Abschließend konfigurieren Sie die PAP- und die CHAP-Authentifizierung.

Übung 2.2: Fortgeschrittene PPP-Konfiguration (2.5.2)

In dieser Übung lernen Sie anhand des im Topologiediagramm gezeigten Netzwerks, wie Sie die PPP-Kapselung auf seriellen Verbindungen konfigurieren. Sie konfigurieren zudem die CHAP-Authentifizierung. Wenn Sie Hilfestellung benötigen, finden Sie weitere Informationen in der Übung »Grundlegende PPP-Konfiguration«; probieren Sie jedoch zunächst, einen möglichst großen Teil der Aufgabe allein zu lösen.

Übung 2.3: Troubleshooting der PPP-Konfiguration (2.5.3)

Die Router in Ihrem Unternehmen wurden von einem unerfahrenen Netzwerkadministrator konfiguriert. Verschiedene Fehler in der Konfiguration haben nun Konnektivitätsprobleme zur Folge. Ihr Vorgesetzter hat Sie gebeten, diese Fehler zu diagnostizieren und zu beheben und Ihre Arbeit zu dokumentieren. Suchen und beheben Sie die Fehler auf der Basis Ihrer PPP-Kenntnisse und unter Verwendung von Standardtestmethoden. Stellen Sie sicher, dass alle seriellen Verbindungen die CHAP-Authentifizierung verwenden und alle Netzwerke erreicht werden können.

Viele Praxisübungen enthalten Aktivitäten mit Packet Tracer, in denen Sie diese Software zur Simulation der Übung verwenden können. Suchen Sie im Labs and Study Guide nach Praxisübungen mit Packet Tracer Companion.

2.5 Lernzielkontrolle

Beantworten Sie die folgenden Fragen, um Ihren Kenntnisstand bezüglich der in diesem Kapitel beschriebenen Themen und Konzepte zu überprüfen. Die Antworten finden Sie in Anhang A, »Antworten zu den Lernzielkontrollen und weiterführenden Fragen«.

1. Bringen Sie die Schritte zur Einrichtung von PPP in die korrekte Reihenfolge.

    a) Leitungsqualität bestimmen (optional)

    b) Schicht-3-Protokolloptionen aushandeln

    c) Link-Establishment-Frames versenden, um Optionen wie die MTU-Größe, die Komprimierung und die Authentifizierung auszuhandeln

    d) Bestätigungs-Frames versenden

    e) NCP erreicht den Status *Open*.

2. Welche Ausgabe des Befehls show interfaces s0/0/0 zeigt, dass am entfernten Ende einer Point-to-Point-Verbindung eine andere Kapselung festgelegt ist als auf dem lokalen Router?

    a) serial 0/0/0 is down, line protocol is down

    b) serial 0/0/0 is up, line protocol is down

    c) serial 0/0/0 is up, line protocol is up (looped)

    d) serial 0/0/0 is up, line protocol is down (disabled)

    e) serial 0/0/0 is administratively down, line protocol is down

3. Welches Protokoll beschreibt die Default-Kapselung für serielle Leitungen auf Cisco-Routern?

    a) HDLC

    b) PPP

    c) Frame Relay

    d) X.25

4. Welche Funktion hat das Protokollfeld in einem PPP-Frame?

   a) Es bezeichnet das Anwendungsschichtprotokoll, das den Frame verarbeitet.

   b) Es bezeichnet das Transportschichtprotokoll, das den Frame verarbeitet.

   c) Es bezeichnet die Kapselung des Sicherungsschichtprotokolls im Datenfeld des Frame.

   d) Es bezeichnet das im Datenfeld des Frame gekapselte Vermittlungsschichtprotokoll.

5. Ordnen Sie die Termini ihren Definitionen zu:

   – Fehlerkontrolle

   – Authentifizierungsprotokolle

   – Ermöglicht einen Lastausgleich

   – Komprimierungsprotokolle

   a) Stacker/Predictor

   b) Magic Number

   c) Multilink-PPP

   d) CHAP/PAP

   e) Call-in

6. Welche der folgenden Aussagen beschreiben die Funktion von STDM (Statistical Time-Division Multiplexing)? Wählen Sie drei Antworten aus.

   a) Mehrere Datenströme nutzen denselben Kanal.

   b) Das Bit-Interleaving steuert den Timing-Mechanismus, der Daten in den Kanal einspeist.

   c) Zeitabschnitte arbeiten nach dem Motto »Wer zuerst kommt, mahlt zuerst«.

   d) STDM wurde entwickelt, um die Ineffizienz zu beseitigen, die entstand, weil Zeitabschnitte auch dann reserviert wurden, wenn der entsprechende Kanal keine Daten zu übertragen hatte.

   e) Datenquellen wechseln sich bei der Übertragung ab und werden am empfängerseitigen Ende wieder zusammengesetzt.

   f) Die Priorität kann einer Datenquelle fest zugewiesen werden.

7. Welche der folgenden Aussagen beschreibt die serielle Verbindung zwischen zwei Routern unter Verwendung von HDLC?

    a) Synchrone oder asynchrone bitorientierte Übertragung unter Verwendung eines universellen Frame-Formats

    b) Synchrone bitorientierte Übertragung unter Verwendung eines Frame-Formats, das Flusssteuerung und Fehlererkennung gestattet

    c) Asynchrone bitorientierte Übertragung unter Verwendung eines Frame-Formats, das vom SDLC-Protokoll abgeleitet ist

    d) Asynchrone bitorientierte Übertragung unter Verwendung einer V.35-DTE-DCE-Schnittstelle

8. Wann wird, falls ein Authentifizierungsprotokoll für den PPP-Betrieb konfiguriert wurde, der Client (die Benutzerworkstation) authentifiziert?

    a) Vor dem Aufbau der Leitung

    b) Während des Leitungsaufbaus

    c) Vor Beginn der Konfiguration des Vermittlungsschichtprotokolls

    d) Nach Abschluss der Konfiguration des Vermittlungsschichtprotokolls

9. Warum werden NCPs bei PPP verwendet?

    a) Um Datenleitungen auf- und abbauen zu können

    b) Um PPP Authentifizierungsfunktionen zu bieten

    c) Um eine starke Netzwerkauslastung zu bewältigen und eine Qualitätsprüfung der Leitung zu ermöglichen

    d) Um die Nutzung mehrerer Vermittlungsschichtprotokolle über dieselbe Kommunikationsleitung zu gestatten

10. Welche Aussage beschreibt das Authentifizierungsprotokoll PAP?

    a) Es verwendet per Default verschlüsselte Passwörter.

    b) Es setzt zur Erkennung der Identität einen Zwei-Schritte-Handshake ein.

    c) Es schützt vor wiederholten Angriffen nach dem Trial-and-Error-Prinzip.

    d) Es erfordert die Konfiguration desselben Benutzernamens auf jedem Router.

11. Ein Administrator testet die Funktionalität eines kürzlich installierten Routers und kann dabei keinen ping-Befehl erfolgreich an die serielle Schnittstelle eines entfernten Routers senden. Er führt den Befehl show interfaces serial 0/0/0 auf dem lokalen Router aus und erhält die folgende Meldung:

    Serial0/0/0 is down, line protocol is down

    Welche zwei Möglichkeiten bestehen bei dieser Ausgabe?

    a) Der Befehl clock rate fehlt.

    b) Das Trägersignal wurde nicht erkannt.

    c) Es werden keine Keepalives gesendet.

    d) Die Schnittstelle wurde aufgrund einer hohen Fehlerrate deaktiviert.

    e) Die Schnittstelle ist heruntergefahren.

    f) Die Verkabelung ist beschädigt oder fehlerhaft.

12. Der Netzwerkadministrator konfiguriert Router1 so, dass er mithilfe des Drei-Schritte-Handshake zur Authentifizierung eine Verbindung mit Router2 herstellt. Ordnen Sie die Beschreibungen den Befehlen zu, die zur Konfiguration von Router1 benötigt werden:

    – Benutzername und Passwort konfigurieren

    – In den Schnittstellenkonfigurationsmodus wechseln

    – Kapselungstyp angeben

    – Authentifizierung konfigurieren

    a) username Router2 password cisco

    b) username Router1 password cisco

    c) interface serial 0/1/0

    d) encapsulation ppp

    e) encapsulation hdlc

    f) ppp authentication pap

    g) ppp authentication chap

13. Was ist erforderlich, um unter Verwendung der CHAP-Authentifizierung erfolgreich eine Verbindung zwischen zwei Routern herzustellen?

    a) Die Hostnamen beider Router müssen identisch sein.

    b) Die Benutzernamen auf beiden Routern müssen identisch sein.

    c) Die auf den beiden Routern konfigurierten Enable-Secret-Passwörter müssen identisch sein.

    d) Das für den jeweils anderen Benutzernamen konfigurierte Passwort muss auf beiden Routern identisch sein.

    e) Der Befehl `ppp chap sent-username` muss auf beiden Routern konfiguriert worden sein.

14. Geben Sie für jede genannte Eigenschaft an, ob sie zu PAP oder zu CHAP gehört.

    – Zwei-Schritte-Handshake
    – Drei-Schritte-Handshake
    – Anfällig für Angriffe nach dem Trial-and-Error-Prinzip
    – Unverschlüsselter Passwortversand
    – Regelmäßige Verifizierung
    – Verwendet eine unidirektionale Hash-Funktion.

15. Geben Sie für jede Beschreibung an, ob sie zu LCP oder zu NCP gehört.

    – Handelt die Parameter für den Leitungsaufbau aus.
    – Handelt Schicht-3-Protokolloptionen aus.
    – Wartet und debuggt eine Leitung.
    – Kann mehrere Schicht-3-Protokolle aushandeln.
    – Baut eine Leitung ab.

16. Beschreiben Sie vier der sechs Arten von WAN-Kapselungsprotokollen.

17. Beschreiben Sie die Funktionen von LCP und NCP.

18. Beschreiben Sie die fünf konfigurierbaren LCP-Kapselungsoptionen.

19. Betrachten Sie die folgenden Konfigurationen für die Router R1 und R3:

```
hostname R1
username R1 password cisco123
!
int serial 0/0
ip address 128.0.1.1 255.255.255.0
encapsulation ppp
ppp authentication pap
```

```
hostname R3
username R1 password cisco
!
int serial 0/0
ip address 128.0.1.2 255.255.255.0
encapsulation ppp
ppp authentication CHAP
```

Router R1 kann keine Verbindung mit Router R3 herstellen. Welche Änderungen an der Konfiguration von Router R1 würden das Problem beheben?

2.6 Weiterführende Fragen und Aktivitäten

1. Die folgenden Ausgabezeilen sind Ergebnis des Befehls `debug ppp negotiation`. Welche Zeile resultiert aus der Verwendung von PAP, welche aus der Verwendung von CHAP?

```
Serial1 PPP: Phase is AUTHENTICATING, by both
Serial1 PPP: Phase is AUTHENTICATING, by the peer
Serial1 PPP: Phase is AUTHENTICATING, by this end
```

Lernziele

Wenn Sie dieses Kapitel gelesen haben, sollten Sie in der Lage sein, die folgenden Fragen zu beantworten:

- Worin bestehen die grundlegenden Funktionen der Frame Relay-Technologie beim Betrieb im Unternehmen als WAN-Dienst? Wie sehen Frame Relay-Betrieb, die Anforderungen an die Frame Relay-Implementierungen, Frame Relay-Maps und die Nutzung des LMI aus?
- Wie richten Sie auf einer seriellen Router-Schnittstelle einen einfachen Frame Relay-PVC mit einer statischen Frame Relay-Map ein und führen das Troubleshooting durch?
- Welche sind die fortgeschrittenen Frame Relay-Funktionen im Unternehmens-WAN-Dienst hinsichtlich Subschnittstellen, Bandbreite und Flusssteuerung?
- Wie konfigurieren Sie einen fortgeschrittenen Frame Relay-PVC einschließlich der Lösung von Konnektivitätsproblemen, der Nutzung von Subschnittstellen sowie dem Troubleshooting einer Frame Relay-Konfiguration?

Schlüsselbegriffe

In diesem Kapitel werden die folgenden Schlüsselbegriffe vorgestellt. Die entsprechenden Definitionen finden Sie im Glossar.

Standleitungen ▪ DLCI ▪ FRAD ▪ Vermaschung ▪ LAPF ▪ Auslastung ▪ FECN ▪ BECN ▪ Sterntopologie ▪ Hub ▪ vollständig vermaschte Topologie ▪ teilvermaschte Topologie ▪ Inverse ARP ▪ LMI ▪ Keepalive-Intervall ▪ NBMA ▪ CIR ▪ BE ▪ DE

Kapitel 3

Frame Relay

Frame Relay ist ein leistungsfähiges WAN-Protokoll, das in der Bitübertragungs- und in der Sicherungsschicht des OSI-Modells arbeitet.

Es wurde von Eric Scace, einem Techniker beim TK-Unternehmen Sprint International, als einfachere Variante des X.25-Protokolls entworfen und war für die Nutzung über ISDN-Schnittstellen vorgesehen. Heutzutage wird es jedoch auch über eine Vielzahl anderer Netzwerkschnittstellen eingesetzt. Als Sprint seinerzeit erstmals Frame Relay in seinem öffentlichen Netzwerk implementierte, wurden StrataCom-Switches eingesetzt. StrataCom wurde 1996 von Cisco übernommen und stellte Ciscos Eintritt in den Markt der Telekommunikationsanbieter dar.

Netzwerkprovider nutzen Frame Relay in der Regel als Kapselungstechnik für Sprache und Daten, die zwischen LANs über ein WAN eingesetzt wird. Jeder Endbenutzer erhält eine eigene oder eine gemietete Leitung zu einem Frame Relay-Knoten. Das Frame Relay-Netzwerk erledigt die Übertragung über mehrere Pfade für alle Endbenutzer transparent.

Frame Relay ist mittlerweile eines der meistverwendeten WAN-Protokolle – insbesondere deswegen, weil die Kosten im Vergleich zu Standleitungen relativ niedrig sind. Außerdem ist die Konfiguration von Endgeräten in einem Frame Relay-Netzwerk sehr einfach. Frame Relay-Verbindungen werden durch Konfiguration von Kunden-Routern oder anderen Geräten zur Kommunikation mit dem Frame Relay-Switch eines Providers erstellt: Der Provider konfiguriert den Frame Relay-Switch, und die Konfigurationsaufgaben aufseiten des Endbenutzers beschränken sich nachfolgend auf ein Minimum.

Dieses Kapitel beschreibt Frame Relay und erläutert, wie man dieses Protokoll auf einem Cisco-Router konfiguriert.

3.1 Grundlegende Frame Relay-Konzepte

Frame Relay ist mittlerweile die meistverwendete WAN-Technologie weltweit. Großunternehmen, staatliche Stellen, Internetprovider und kleine Firmen verwenden gleichermaßen Frame Relay aufgrund seiner niedrigen Kosten und seiner Flexibilität.

3.1.1 Einführung

Wenn Organisationen größer werden und zunehmend auf einen zuverlässigen Datentransport angewiesen sind, verbietet sich aus Kostengründen die Nutzung traditioneller Standleitungen. Die Geschwindigkeit, mit der Technologien sich ändern, und die geografische Expansion von Unternehmen verlangen mehr Flexibilität.

Frame Relay als effiziente und flexible WAN-Technologie

Frame Relay verringert die Netzwerkkosten, denn es werden weniger Geräte benötigt; zudem ist die Komplexität geringer und die Implementierung einfacher. Hinzu kommt, dass Frame Relay größere Bandbreite, Zuverlässigkeit und Widerstandsfähigkeit bietet als private oder Standleitungen. Angesichts der zunehmenden Globalisierung und des Wachstums von 1:n-Zweigstellentopologien realisiert Frame Relay eine einfachere Netzwerkarchitektur bei niedrigeren Gesamtkosten.

Wir wollen die Vorteile der Verwendung eines Frame Relay-WAN anhand eines Beispiels veranschaulichen, das sich im Netzwerk eines Großunternehmens befindet. Wie Abbildung 3.1 zeigt, betreibt die Firma Span Engineering fünf Campusumgebungen in ganz Nordamerika. Wie bei den meisten Organisationen lassen sich die Bandbreitenanforderungen auch bei Span Engineering nicht mit einer Universallösung erfüllen.

Der erste zu berücksichtigende Aspekt sind die Bandbreitenanforderungen der einzelnen Standorte. Ausgehend von der Firmenzentrale in Chicago erfordert die Verbindung nach New York eine maximale Datenrate von 256 kbit/s. Die drei anderen Standorte benötigen eine Anbindung an die Zentrale, die höchstens 48 kbit/s schnell sein muss. Die Verbindung zwischen den Zweigstellen in New York und Dallas benötigt sogar nur 12 kbit/s.

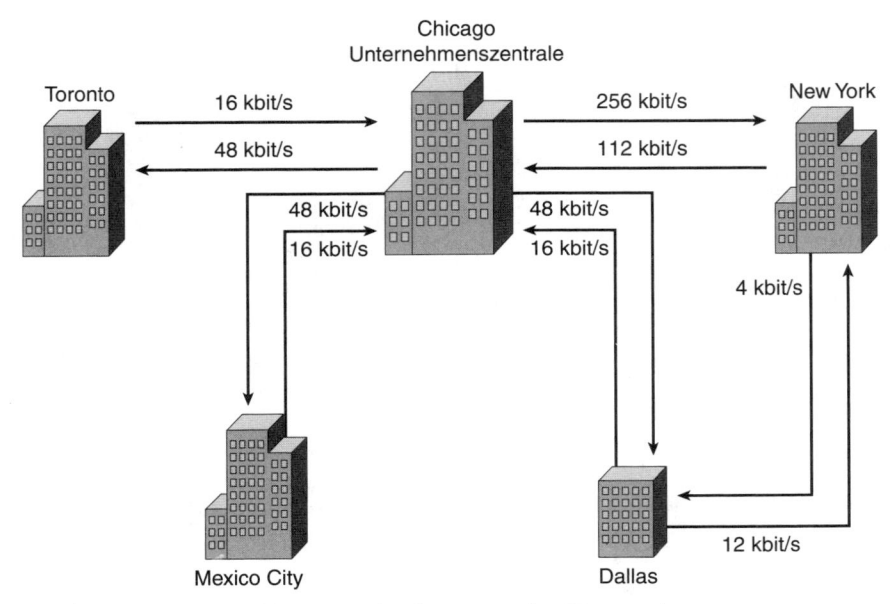

Abbildung 3.1: Bandbreitenanforderungen des Unternehmens

Als Frame Relay noch nicht verfügbar war, wurden von Span Engineering Standleitungen gemietet.

Für diese Verbindungen war jeder Standort von Span Engineering über eine Anschlussleitung an einen Switch in der Vermittlungsstelle des lokalen Telefongesellschaft angeschlossen. Hierüber erfolgt die Anbindung an das Gesamtnetzwerk (Abbildung 3.2). Die Standorte Chicago und New York verwenden jeweils eine T1-Standleitung (entspricht 24 DS0-Kanälen) für die Verbindung zum Switch, die übrigen Standorte nutzen ISDN-Verbindungen (56 kbit/s). Da der Standort Dallas sowohl mit New York als auch mit Chicago verbunden ist, werden hier zwei lokale Standleitungen eingesetzt. Die Provider stellen für Span Engineering genau einen DS0-Kanal zwischen den jeweiligen Vermittlungsstellen bereit; ausgenommen ist lediglich die wichtige Leitung von Chicago nach New York, die vier DS0s umfasst. Die Gebühren für DS0s sind von Region zu Region unterschiedlich; meistens werden sie zu einem Festpreis vermietet. Diese Leitungen sind dediziert, das heißt, der Provider behält sie für den Gebrauch durch Span Engineering vor – eine gemeinsame Nutzung mit anderen Kunden erfolgt nicht. Span Engineering zahlt für die Ende-zu-Ende-Leitung unabhängig von der tatsächlich verbrauchten Bandbreite.

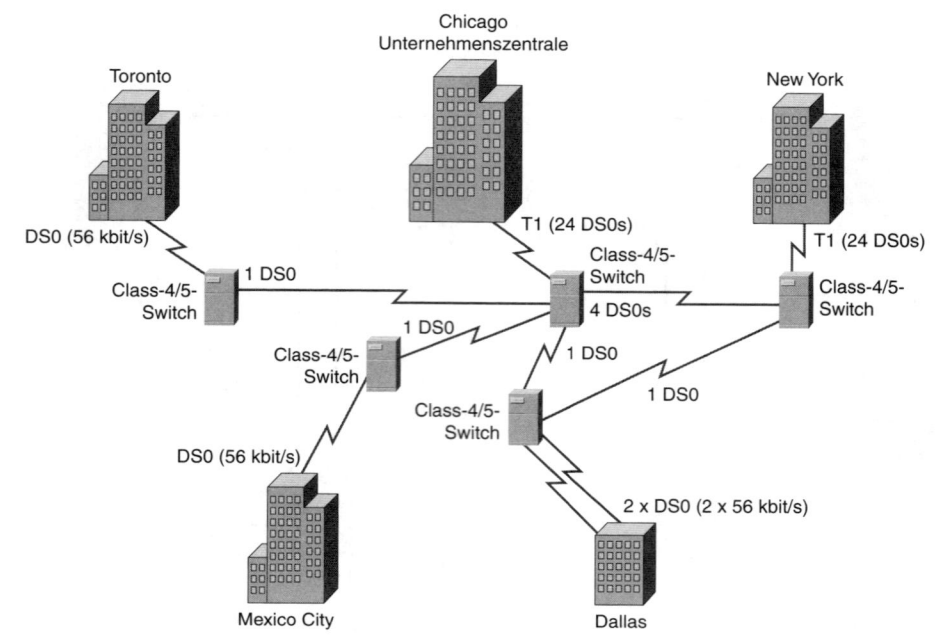

Abbildung 3.2: WAN-Anforderungen bei Standleitungen

Eine Standleitung bietet wenig praktische Möglichkeiten für 1:n-Verbindungen, wenn nicht mehrere Leitungen beim Provider gemietet werden. In unserem Beispiel müssen fast alle Daten aus einem einfachen Grund über die Firmenzentrale laufen: weil Kosten eingespart werden sollen.

Wenn Sie untersuchen, wie viel Bandbreite die einzelnen Standorte benötigen, werden Sie einen Mangel an Effizienz feststellen:

- Von den 24 DS0-Kanälen, die die T1-Verbindung bereitstellt, nutzt der Standort Chicago nur sieben. Einige Provider bieten T1-Teilverbindungen an, bei denen Anteile in der Größenordnung eines Vielfachen von 64 kbit/s genutzt werden können, doch erfordert dies einen speziellen Multiplexer am Kundenstandort, um die Signale zu kanalisieren. Im vorliegenden Fall hat sich Span Engineering für den vollständigen T1-Dienst entschieden.

- Ähnlich nutzt auch der Standort New York nur fünf der vorhandenen 24 DS0s.

- Da Dallas Verbindungen sowohl nach Chicago als auch nach New York benötigt, sind zwei Leitungen über die Vermittlungsstelle mit jeweils einem dieser beiden Standorte verbunden.

Auch die Flexibilität wird durch ein Design mit Standleitungen eingeschränkt. Die Anbindung neuer Standorte erfordert meistens die Verlegung neuer Anschlussleitungen (sofern diese nicht bereits installiert sind) und dauert dementsprechend lange. Sie können sich vorstellen, um wie viel teurer und komplexer das Netzwerk wird, wenn man zusätzlich Ersatz- und redundante Leitungen verlegen muss, die erforderlich sind, um das gewünschte Maß an Zuverlässigkeit zu erzielen.

Das Frame Relay-Netzwerk von Span Engineering in Abbildung 3.3 nutzt PVCs (Permanent Virtual Circuits, virtuelle Standleitungen). Ein PVC ist ein logischer Pfad, der zunächst durch die Frame Relay-Verbindung des Absenders, dann durchs Netzwerk und schließlich über die Frame Relay-Verbindung des Empfängers zu diesem führt. Sie können dies mit dem physischen Pfad vergleichen, den eine Standleitung verwendet. In einem Netzwerk mit Frame Relay-Zugriff definiert ein PVC den Pfad zwischen zwei Endpunkten eindeutig. Das Konzept der virtuellen Leitungen werden wir im weiteren Verlauf dieses Abschnitts noch ausführlicher behandeln.

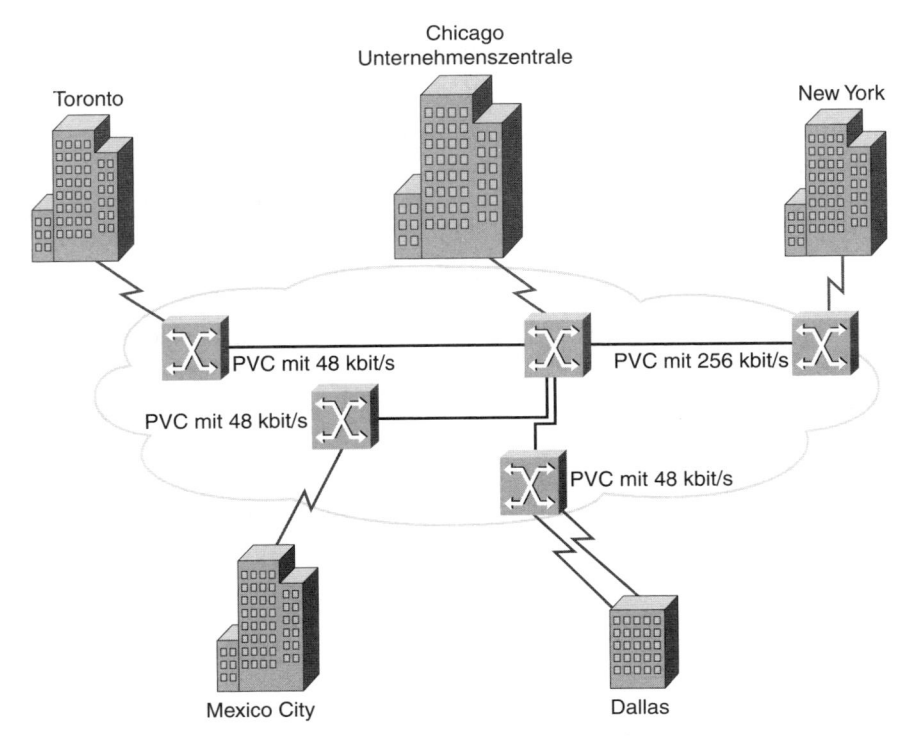

Abbildung 3.3: WAN-Anforderungen bei Frame Relay

Die Frame Relay-Lösung von Span Engineering bietet sowohl Kosteneffizienz als auch Flexibilität.

Kosteneffizienz

Frame Relay ist aus zwei Gründen eine relativ kostengünstige Option. Zunächst zahlen Kunden bei Standleitungen für eine Ende-zu-Ende-Verbindung. Diese umfasst die Anschlussleitung und die Netzwerkverbindung innerhalb der WAN-Wolke. Bei Frame Relay entrichtet der Kunde lediglich die Gebühr für die Anschlussleitung und die beim Provider erworbene Bandbreite. Die Entfernung zwischen den Knoten ist irrelevant. Bei einem Standleitungsmodell nutzen Kunden dedizierte Leitungen, die durch Mehrfache von 64 kbit/s bereitgestellt werden; Frame Relay-Nutzer hingegen können ihren Bedarf an virtuellen Leitungen weitaus genauer definieren – hier betrug die Schrittweite früher oft nur 4 kbit/s.

Der zweite Grund für die Kosteneffizienz von Frame Relay besteht darin, dass die Bandbreite auf eine größere Anzahl Kunden verteilt werden kann. Meistens kann ein Provider 40 oder mehr Kunden mit Anforderungen von je 56 kbit/s über eine T1-Leitung versorgen. Bei der Verwendung von Standleitungen würden mehr CSU/DSUs (eine pro Leitung) benötigt, und auch Routing und Switching würden komplexer. Auch die Provider sparen also, da weniger Geräte angeschafft und gewartet werden müssen.

Tabelle 3.1 zeigt einen (historisch) repräsentativen Kostenvergleich (in US-Dollar) für vergleichbare ISDN- und Frame Relay-Verbindungen. Zwar sind die Anfangskosten bei Frame Relay höher als bei ISDN, doch sind die laufenden Kosten erheblich geringer. Frame Relay ist zudem einfacher zu administrieren und zu konfigurieren als ISDN. Außerdem können Kunden ihre Bandbreite bei steigendem Bedarf in der Zukunft erhöhen. Frame Relay-Kunden entrichten Gebühren nur für die Bandbreite, die sie benötigen. Es entstehen hierbei keine zeitbezogenen Nutzungsgebühren. Bei ISDN-Anrufen dagegen wird die Verbindungsdauer gemessen, was zu unerwartet hohen monatlichen Kosten führen kann, wenn eine Dauerverbindung genutzt wird.

Tabelle 3.1: Kosten bei Frame Relay und ISDN im Vergleich

	ISDN (64 kbit/s)	Frame Relay (56 kbit/s)
Grundgebühr für Anschlussleitung (monatlich)	$185	$85
Einrichtungskosten Internetprovider	$380	$750
Hardware	$700 (ISDN-Router)	$1600 (Cisco-Router)
Monatliche Gebühren Internetprovider	$195	$195
Summe einmalige Kosten	$1080	$2660
Summe monatliche Kosten	$380	$280

Flexibilität

Ein VC (Virtual Circuit) bietet beim Netzdesign ein erhebliches Maß an Flexibilität. In der Abbildung können Sie erkennen, dass die Zweigstellen von Span Engineering alle über ihre jeweiligen Anschlussleitungen an die Frame Relay-Wolke angebunden sind. Was in der Wolke passiert, ist zu diesem Zeitpunkt völlig uninteressant. Wichtig ist lediglich, dass, wenn eine Zweigstelle mit einer der anderen Zweigstellen von Span Engineering kommunizieren will, sie lediglich eine Verbindung mit einem VC zur gewünschten Zweigstelle herstellen muss. Bei Frame Relay hat das Ende jeder Verbindung eine eindeutige Kennung zur Identifikation: die DLCI (Data Link Connection Identifier). Jede Station kann mit jeder anderen Station eine Verbindung herstellen, indem sie einfach die Adresse dieser Station und die DLCI der Leitung angibt, die sie dazu verwenden muss. In einem späteren Abschnitt werden Sie erfahren, dass die Daten aller konfigurierten DLCIs nach der Konfiguration von Frame Relay über dieselben Router-Ports fließen. Versuchen Sie einmal, dasselbe Maß an Flexibilität mit Standleitungen zu realisieren. Dies ist nicht nur kompliziert, sondern erfordert auch wesentlich mehr Netzwerkgeräte.

Die nächsten Themen dienen der Vertiefung Ihrer Kenntnisse zu Frame Relay. Wir werden Ihnen die Hauptfunktionen erklären, die wir in diesem Beispiel eingeführt haben.

Frame Relay-WANs

Seit den späten 1970er-Jahren und bis in die frühen 1990er-Jahre hinein wurde als WAN-Technologie zur Anbindung von externen Standorten in aller Regel X.25 verwendet. Seinerzeit war das mittlerweile veraltete X.25 eine verbreitete Paketvermittlungstechnologie, die eine zuverlässige Verbindung über nicht zuverlässige Verkabelungsinfrastrukturen herstellen konnte. Grundlage hierfür war die Implementierung einer Fehler- und Flusssteuerung. Allerdings entstand durch diese zusätzlichen Features ein hoher Protokoll-Overhead. Die wichtigsten Anwendungen waren die Verarbeitung von Kreditkartenautorisierungen und Geldautomatentransaktionen. Wir erwähnen X.25 nur der historischen Vollständigkeit halber.

Wenn Sie ein WAN einrichten, dann umfasst dieses unabhängig vom gewählten Transportmechanismus immer mindestens drei Basiskomponenten oder -komponentengruppen, über die zwei Standorte miteinander verbunden sind (Abbildung 3.4). Jeder Standort benötigt ein eigenes DTE, um auf das DCE in der Vermittlungsstelle der Telefongesellschaft zugreifen zu können. Die dritte Komponente befindet sich in der Mitte und verbindet die beiden Standorte. In der Abbildung ist dies der Anteil, den der Frame Relay-Backbone bereitstellt – die Einrichtungen in der Wolke.

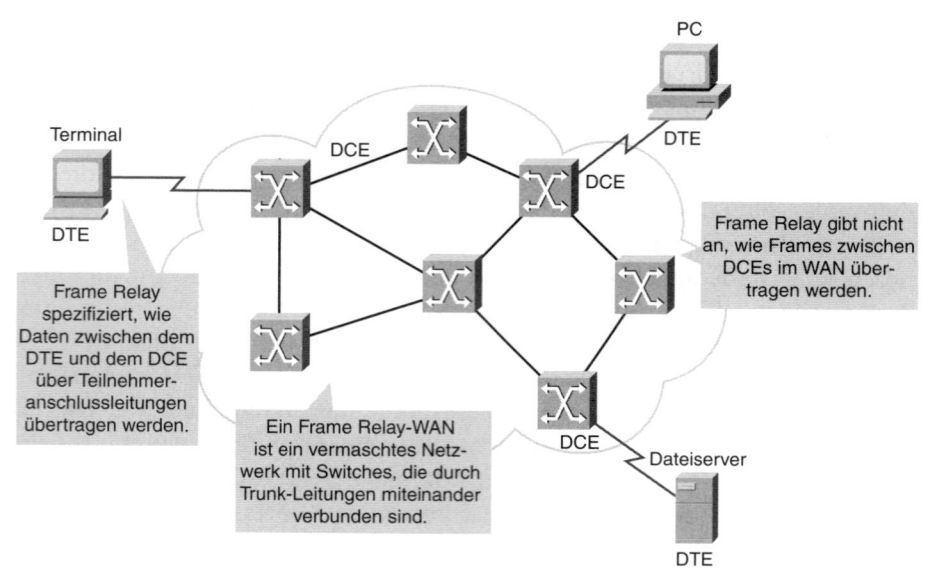

Abbildung 3.4: Frame Relay-WAN

Frame Relay unterscheidet sich hinsichtlich seiner Funktionalität und seines Formats ganz erheblich von X.25. Vor allem ist Frame Relay ein schlankeres Protokoll, was einer höhere Leistung und eine bessere Effizienz gewährleistet. So verfügt Frame Relay beispielsweise nicht über eine Fehlerkorrektur. Moderne WAN-Leitungen bieten heute fehlerfreie Verbindungen und ein wesentlich höheres Maß an Zuverlässigkeit als ältere. Wenn der Frame Relay-Knoten Fehler erkennt, verwirft er die entsprechenden Pakete stillschweigend. Erforderliche Fehlerkorrekturen – etwa durch Neuübertragung von Daten – werden den Endgeräten überlassen. Dies macht die Datenübertragung von Teilnehmer zu Teilnehmer über das Netzwerk sehr schnell.

Frame Relay arbeitet zwischen einem Endgerät (z. B. einer LAN-Bridge oder einem Router) und einem Netzwerk. Das Netzwerk selbst kann beliebige Übertragungsmethoden verwenden, die hinsichtlich der von Frame Relay-Anwendungen verlangten Geschwindigkeits- und Effizienzanforderungen ausreichend sind. Einige Netzwerke setzen hierfür Frame Relay selbst ein, andere eine digitale Leitungsvermittlung oder ATM-basierte Zell-Switches.

Frame Relay-Betrieb

Die Verbindung zwischen einem DTE und einem DCE umfasst sowohl eine Komponente der Bitübertragungsschicht als auch eine der Sicherungsschicht:

- Die physische Komponente definiert die mechanischen, elektrischen, funktionellen und prozeduralen Spezifikationen der Verbindung zwischen den Geräten. Eine der meistverwendeten Spezifikationen der Bitübertragungsschicht ist RS-232.

- Die Sicherungsschichtkomponente definiert das Protokoll, das die Verbindung zwischen dem DTE (z. B. einem Router) und dem DCE (etwa einem Switch) herstellt.

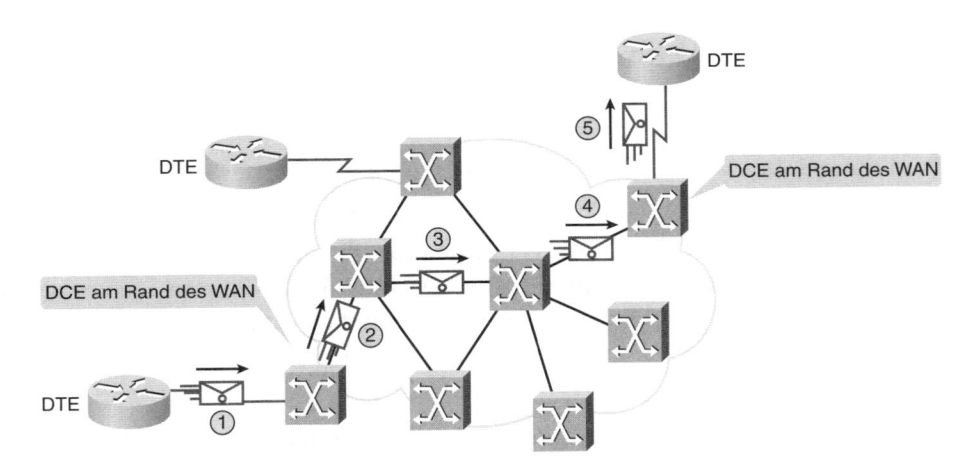

1: Das DTE sendet Frames an den DCE-Switch am Rand des WAN.

2-4: Die Frames werden im WAN von Switch zu Switch bis hin zum Ziel-DCE-Switch am Rand des WAN übertragen.

5 Das Ziel-DCE liefert die Frames an das Ziel-DTE aus.

Abbildung 3.5: Frame Relay-Betrieb

Abbildung 3.5 veranschaulicht den Frame Relay-Betrieb. Wenn Netzwerkbetreiber Frame Relay zur Verbindung von LANs verwenden, ist in jedem LAN der Router das DTE. Eine serielle Verbindung – zum Beispiel eine T1- oder E1-Standleitung – bindet den Router an den am POP (Point of Presence) aufgestellten Frame Relay-Switch des Anbieters an. Der Frame Relay-Switch ist das DCE. Netzwerk-Switches transportieren die Frames von einem DTE ausgehend über das Netzwerk und liefern sie an andere DTEs aus. Die Übertragung erfolgt mithilfe von DCEs. Auch Computer, die sich nicht in einem LAN befinden, können Daten über ein Frame Relay-Netzwerk versenden. Hierbei kommt ein FRAD (Frame Relay Access Device) als DTE zum Einsatz. Das FRAD heißt manchmal auch Frame Relay-Assembler/Disassembler und ist eine dedizierte Appliance oder ein Router, der für Frame Relay konfiguriert ist. Es befindet sich am Kundenstandort und ist mit einem Switch-Port im Netzwerk des Providers verbunden. Der Provider seinerseits verbindet die Frame Relay-Switches untereinander.

3.1.2 Virtuelle Leitungen

Virtuelle Leitungen (Virtual Circuits, VC) stellen einen bidirektionalen Kommunikationspfad von einem DTE zu einem anderen bereit und werden durch eine DLCI eindeutig identifiziert. Die Leitungen sind virtuell, da keine direkte elektrische Verbindung zwischen den Enden besteht. Die Verbindung ist vielmehr logisch, und Daten bewegen sich ohne direkt Verbindung von Ende zu Ende. Bei VCs verteilt Frame Relay die Bandbreite auf mehrere Benutzer, und jeder einzelne Standort kann mit jedem anderen Standort kommunizieren, ohne mehrere physische Standleitungen zu verwenden.

Bei Frame Relay-VCs sind zwei Kategorien zu unterscheiden:

- **SVCs (Switched Virtual Circuits, virtuelle Wählverbindungen).** Hierbei handelt es sich um temporäre Verbindungen, die nur sporadisch verwendet werden, wenn ein Datentransfer zwischen DTE-Geräten im Frame Relay-Netzwerk erfolgt. Eine Kommunikationssitzung über einen SVC umfasst vier Betriebszustände: Rufaufbau, Datenübertragung, Leerlauf und Abbau der Leitung.

- **PVCs (Permanent Virtual Circuits, virtuelle Standleitungen).** PVCs sind virtuelle Festverbindungen, die für häufigen und stetigen Datentransfer zwischen DTEs über das Frame Relay-Netzwerk verwendet werden. Die Kommunikation über einen PVC verläuft ohne den für SVCs charakteristischen Rufauf- und -abbau. PVCs operieren stets in einem von zwei Betriebszuständen: Datenübertragung oder Leerlauf. Beachten Sie, dass PVCs in manchen Publikationen auch als *Private Virtual Circuits* (virtuelle Privatverbindungen) bezeichnet werden.

Abbildung 3.6 zeigt einen VC zwischen dem sendenden und dem empfangenden Knoten. Der VC verläuft über den Pfad A, B, C, D. Frame Relay erstellt einen VC, indem eine Zuordnung von Eingangs- zu Ausgangsports im Speicher aller Switches abgelegt wird. Auf diese Weise wird ein Switch einem anderen zugeordnet, bis ein durchgängiger Pfad von einem Ende der Leitung bis zum anderen Ende festgelegt ist. Ein VC kann über eine beliebige Anzahl von Vermittlungselementen (Switches) verlaufen, die sich im Frame Relay-Netzwerk befinden.

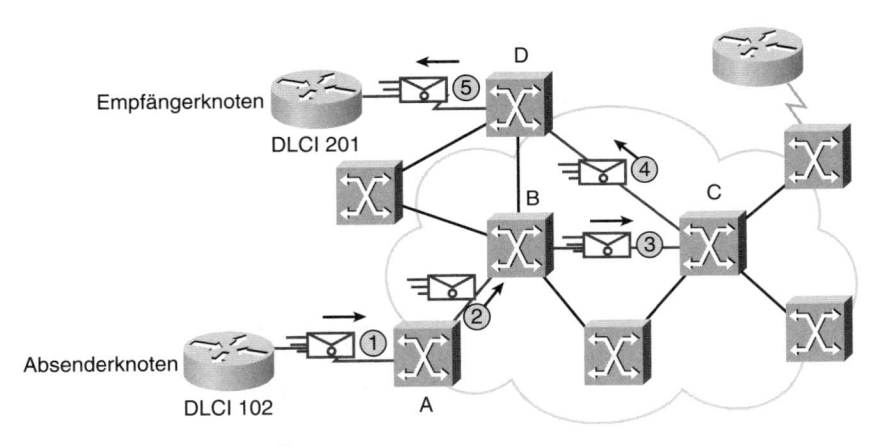

Abbildung 3.6: Virtuelle Leitungen

An dieser Stelle fragen Sie sich vielleicht, wie die verschiedenen Knoten und Switches identifiziert werden.

VCs stellen einen bidirektionalen Kommunikationspfad von einem Gerät zum anderen bereit. Identifiziert werden sie anhand ihrer DLCIs (Abbildung 3.7). DLCIs werden in der Regel vom Frame Relay-Provider (z. B. der Telefongesellschaft) vergeben. Frame Relay-DLCIs haben lokale Bedeutung, das heißt, die Werte selbst sind im Frame Relay-WAN nicht eindeutig. Ein DLCI weist einen VC bis zu einem Gerät am Endpunkt aus – über die jeweilige Leitung hinausgehend hat er keine Bedeutung. Zwei Geräte, die durch einen VC miteinander verbunden werden, können unterschiedliche DLCIs für dieselbe Verbindung verwenden.

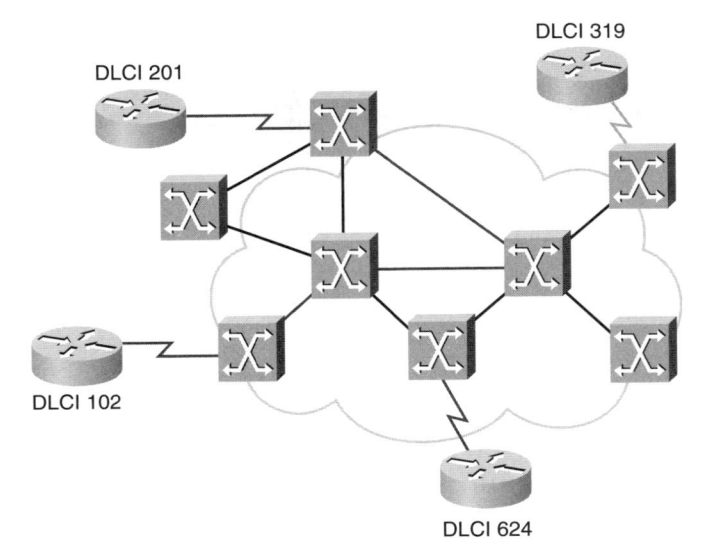

Abbildung 3.7: Lokale Bedeutung von DLCIs

DLCIs mit lokaler Bedeutung sind mittlerweile die primäre Adressierungsmethode, denn dieselbe Adresse kann an mehreren verschiedenen Standorten zur Bezeichnung völlig unterschiedlicher Verbindungen verwendet werden. Die lokale Adressierung verhindert, dass ein Kunde plötzlich nicht mehr über genügend DLCIs verfügt, wenn der Umfang des Netzwerks zunimmt.

Abbildung 3.8 zeigt dasselbe Netzwerk wie Abbildung 3.7; diesmal jedoch wird, wenn der Frame sich im Netzwerk bewegt, jeder VC von Frame Relay mit einem DLCI bezeichnet. Der DLCI wird im Adressfeld jedes übertragenen Frames gespeichert, damit das Netzwerk weiß, wie der Frame geswitcht werden muss. Der Frame Relay-Provider weist die DLCIs zu. Normalerweise sind die DLCIs 0 bis 15 und 1008 bis 1023 für spezielle Zwecke reserviert, das heißt, Provider weisen meistens DLCIs im Bereich zwischen 16 und 1007 zu.

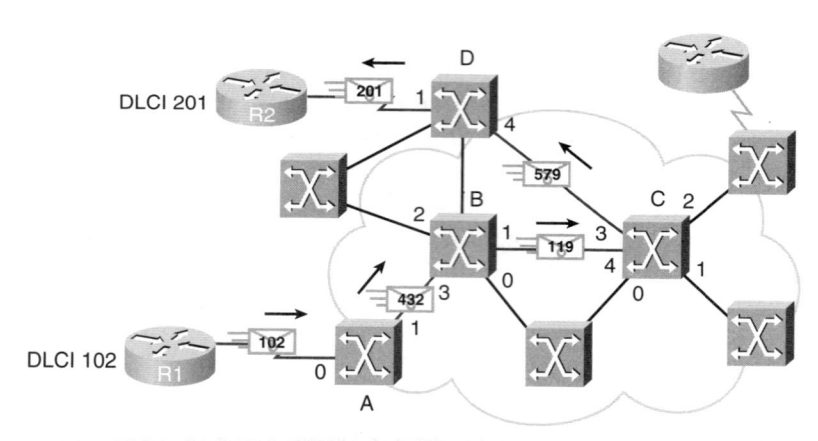

Abschnitt	VC	Port	VC	Port
A	102	0	432	1
B	432	3	119	1
C	119	4	579	3
D	579	4	201	1

Abbildung 3.8: VCs identifizieren

In Abbildung 3.8 verwendet der Frame die DLCI 102. Er verlässt den Router R1 über den Port 0 und VC 102. Auf dem Switch A wird der Frame über Port 1 mit VC 432 weitergeleitet. Dieser Prozess der VC-Port-Zuordnung setzt sich im gesamten WAN fort, bis der Frame sein Ziel (DLCI 201) erreicht hat. Die DLCI ist im Adressfeld jedes übertragenen Frame Relay-Sicherungsschicht-Frames abgelegt.

Mehrere VCs

Frame Relay arbeitet mit einem statistischen Multiplexing, das heißt, es überträgt immer nur einen Frame gleichzeitig, doch können viele logische Verbindungen auf derselben physischen Leitung koexistieren. Das FRAD oder der Router, der an das Frame Relay-Netzwerk angeschlossen ist, kann mehrere VCs benutzen, die mit unterschiedlichen Endpunkten verbunden sind. Die verschiedenen VCs auf derselben physischen Leitung werden an ihren unterschiedlichen DLCIs erkannt. Vergessen Sie nicht, dass die DLCI nur lokale Bedeutung hat und an jedem Ende eines VC anders sein kann.

Abbildung 3.9 zeigt zwei VCs auf derselben Zugangsleitung, die beide eine eigene DLCI aufweisen und an denselben Router (R1) angeschlossen sind.

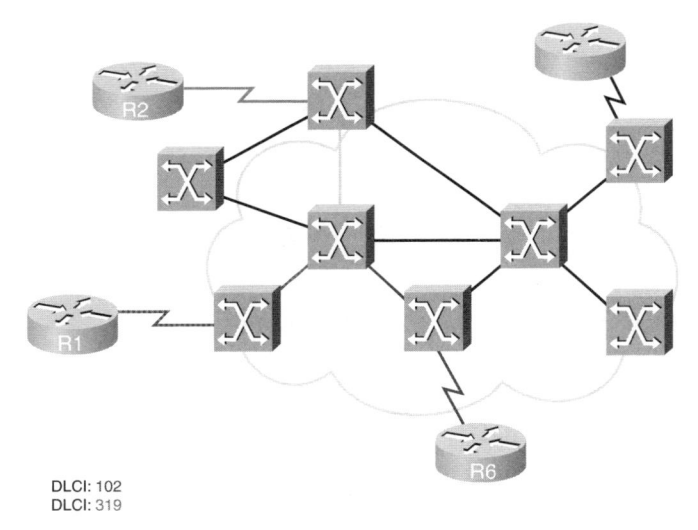

DLCI: 102
DLCI: 319

Mehrere VCs in derselben Zugangsleitung werden anhand ihrer DLCIs unterschieden.

Abbildung 3.9: Mehrere VCs auf einer einzelnen Zugangsleitung

Diese Fähigkeit reduziert häufig den Bedarf an Technik wie auch die Komplexität im Netzwerk und macht Frame Relay so zu einer kostengünstigen Alternative zu einem vermaschten Netzwerk aus Zugangsleitungen. Bei dieser Konfiguration benötigt jeder Endpunkt nur eine einzige Zugangsleitung und eine Schnittstelle. Weitere Einsparungen ergeben sich aus der Tatsache, dass die Kapazität der Zugangsleitung auf den durchschnittlichen Bandbreitenanforderungen der VCs und nicht auf der maximalen Bandbreitenanforderung beruht.

Abbildung 3.10 beispielsweise zeigt fünf Standorte von Span Engineering sowie die Zentrale in Chicago. Tabelle 3.2 führt die lokalen DLCIs der einzelnen Router zum Erreichen des Netzwerks in Chicago auf. Chicago ist also über fünf VCs mit dem Netzwerk verbunden, und jeder VC erhält eine DLCI. Die DLCIs auf dem Chicagoer Router müssen nicht dieselben Werte haben wie die auf den Remote-Routern.

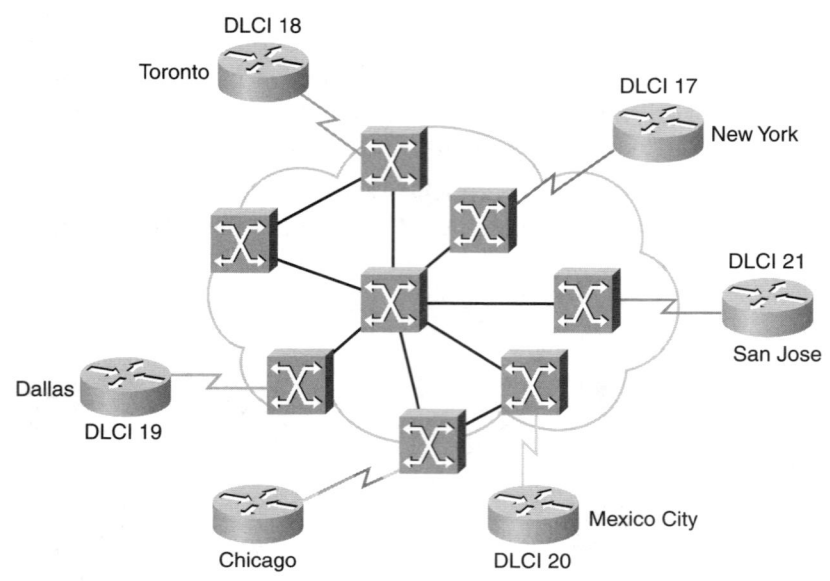

Abbildung 3.10: DLCIs bei Span Engineering ab Chicago

Tabelle 3.2: DLCIs bei Span Engineering

Lokaler Router	Lokale DLCI	Zielnetzwerk
New York	17	Chicago
Toronto	18	Chicago
Dallas	19	Chicago
Mexiko-Stadt	20	Chicago
San Jose	21	Chicago

Kostenvorteile durch mehrere VCs

Vergegenwärtigen Sie sich noch einmal das erste Beispiel, in dem Span Engineering von einem Standleitungs- auf ein Frame Relay-Netzwerk umstellte. Sehen Sie sich insbesondere noch einmal Tabelle 3.1 an, in der die Kosten einer einzelnen Frame Relay-Verbindung mit denen einer ähnlich dimensionierten ISDN-Verbindung verglichen werden. Beachten Sie dabei, dass der Kunde bei Frame Relay für die verwendete Bandbreite zahlt – im Endeffekt also für einen Frame Relay-Port. Wird die Anzahl der Ports (wie oben beschrieben) erhöht, so fallen Gebühren für mehr Bandbreite an. Muss deswegen neue Hardware angeschafft werden? Kurz und knapp: Nein, denn die Ports sind virtuell. Die physische Infrastruktur ändert sich nicht. Vergleichen Sie dies einmal mit dem Hinzukaufen von mehr Bandbreite über Standleitungen.

3.1.3 Frame Relay-Kapselung

Frame Relay nimmt Datenpakete von einem Vermittlungsschichtprotokoll wie IP oder IPX entgegen. Es kapselt diese Pakete dann als Datenteil eines Frame Relay-Frames und leitet diesen Frame an die Bitübertragungsschicht weiter, damit er in die Leitung eingespeist wird. Um zu verstehen, wie dieser Prozess funktioniert, ist es hilfreich zu wissen, in welchem Verhältnis er zu den unteren Schichten des OSI-Modells steht.

Der Frame Relay-Kapselungsprozess

Abbildung 3.11 zeigt, wie Frame Relay Daten für den Transport kapselt und sie dann zur Auslieferung an die Bitübertragungsschicht übergibt.

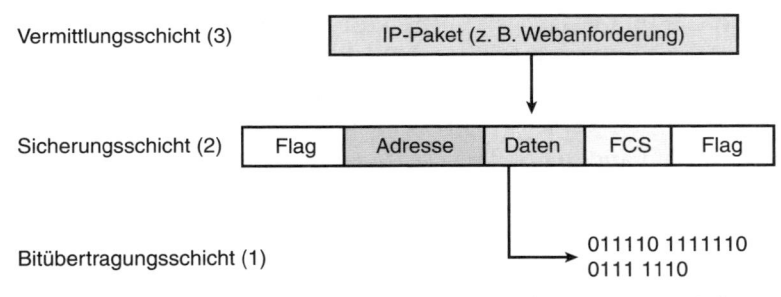

Abbildung 3.11: Frame Relay-Kapselung und das OSI-Modell

Zunächst nimmt Frame Relay ein Paket von einem Vermittlungsschichtprotokoll wie IP entgegen. Dieses wird dann mit einem Adressfeld gekapselt, das die DLCI und eine Prüfsumme enthält. Hinzugefügt werden ferner Flag-Felder, um Anfang und Ende des Frames anzugeben; diese sehen immer gleich aus. Die Flags werden entweder durch die Hexadezimalzahl 7E oder die Binärzahl 01111110 dargestellt. Nach Abschluss der Paketkapselung leitet Frame Relay den Frame an die Bitübertragungsschicht weiter.

Der CPE-Router (Customer Premises Equipment) kapselt jedes Schicht-3-Paket in einen Frame Relay-Header und -Trailer, bevor er es über den VC versendet. Header und Trailer sind in der LAPF-Spezifikation (Link Access Procedure for Frame Relay, Bearer Services, ITU Q.922-A) definiert. Der

Frame Relay-Header (Adressfeld, Abbildung 3.12) enthält insbesondere Folgendes:

- **DLCI.** Der 10 Bit lange DLCI-Wert ist das Schlüsseldatenelement des Headers. Er repräsentiert die virtuelle Verbindung zwischen dem DTE und dem Switch. Jeder VC, der auf den physischen Kanal gemultiplext wird, wird durch eine eindeutige DLCI repräsentiert. Die DLCI-Werte haben nur lokale Bedeutung, das heißt, sie sind nur in Bezug auf den physischen Kanal eindeutig, auf dem sie vorhanden sind. Aus diesem Grund können Geräte an den gegenüberliegenden Enden einer Verbindung durchaus unterschiedliche DLCI-Werte für denselben VC benutzen.

- **C/R.** Dieses Bit folgt dem höherwertigen DLCI-Byte im Adressfeld. Es ist gegenwärtig nicht definiert.

- **EA (Extended Address).** Wenn der Wert dieses Feldes 1 ist, wird das aktuelle Byte als letztes DLCI-Oktett gewertet. Zwar verwenden alle aktuellen Frame Relay-Implementierungen eine zwei Oktette umfassende DLCI, doch ermöglicht das EA-Feld in der Zukunft auch längere DLCIs. Das achte Bit jedes Bytes im Adressfeld gibt die EA an.

- **Überlastungssteuerung.** Enthält drei Bits, die die Benachrichtigungsmechanismen von Frame Relay bei Auftreten einer Überlastung im Netzwerk steuern. Die FECN-, BECN- und DE-Bits (Forward Explicit Congestion Notification, Backward Explicit Congestion Notification und Discard Eligibility) sind die letzten drei Bits im Adressfeld. Die Netzwerküberlastung wird an anderer Stelle beschrieben.

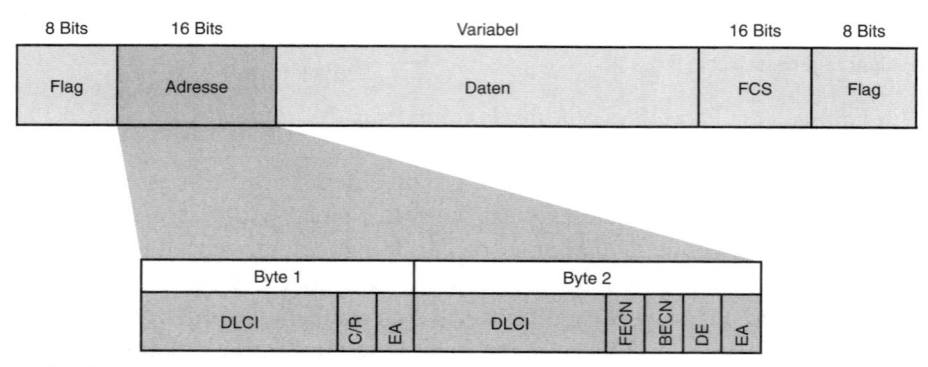

Abbildung 3.12: Frame Relay-Standard-Frame

In der Bitübertragungsschicht kommen meistens EIA/TIA-232, -449 oder -530 oder aber V.35 oder X.21 zum Einsatz. Der Frame Relay-Frame ist ein Teilbereich des HDLC-Frame-Typs. Aus diesem Grund wird er durch Flag-Felder begrenzt. Ein Flag umfasst jeweils ein Byte mit dem Bitmuster

01111110. Die FCS bestimmt, ob während der Übertragung Fehler im Schicht-2-Adressfeld aufgetreten sind. Sie wird vor Beginn der Übertragung auf dem sendenden Knoten berechnet und dann in das FCS-Feld eingetragen. Am anderen Ende wird ebenfalls ein FCS-Wert berechnet. Dieser wird dann mit dem FCS im Frame verglichen: Sind die Ergebnisse identisch, wird der Frame verarbeitet, andernfalls wird er verworfen. Frame Relay informiert den Absender nicht über verworfene Frames, sondern die Fehlersteuerung wird den übergeordneten Schichten des OSI-Modells überlassen.

3.1.4 Frame Relay-Topologien

Falls mehr als zwei Standorte angebunden werden müssen, müssen Sie über die Topologie der Verbindungen zwischen den beteiligten Standorten nachdenken. Eine Topologie ist eine optische Darstellung – eine Art Landkarte – des Frame Relay-Netzwerks. Sie müssen die Topologie aus unterschiedlichen Perspektiven betrachten, um das Netzwerk sowie die für seine Erstellung benötigte Hardware zu verstehen. Vollständige Topologien für Entwurf, Implementierung, Betrieb und Wartung umfassen Übersichtsdiagramme, logische Verbindungsdiagramme, Funktionsdiagramme und Adressdiagramme, welche die Geräte- und Kanalverbindungen detailliert beschreiben.

Kostengünstige Frame Relay-Netzwerke verbinden Dutzende, manchmal sogar Hunderte von Standorten. Zieht man in Betracht, dass ein Firmennetzwerk sich über eine unbestimmte Anzahl von Providern erstrecken und auch Netzwerke übernommener Unternehmen umfassen kann, die womöglich auf einem grundlegend anderen Design basieren, wird ersichtlich, dass die Dokumentation von Topologien zu einem sehr komplizierten Prozess ausarten kann. Allerdings kann für jedes Netzwerk und jedes Netzwerksegment einer von drei Topologietypen identifiziert werden: Sterntopologie, vollständig vermaschte Topologie oder teilvermaschte Topologie.

Sterntopologie

Die einfachste WAN-Topologie ist die Sterntopologie (auch *Hub-and-Spoke-Topologie*[1] genannt, Abbildung 3.13). Span Engineering nutzt diese Topologie, bei der der Standort in Chicago als Zentrale agiert und die wichtigsten Dienste bereitstellt. Beachten Sie, dass Span Engineering expandiert und unlängst eine neue Zweigstelle in San Jose eröffnet hat. Dank Frame Relay war diese Erweiterung weitgehend unproblematisch.

---

1. Hub and Spoke (dt. Nabe und Speiche) greift das Bild eines Rades auf, bei dem die Nabe im Zentrum steht, von der die einzelnen Speichen abgehen (Anm. d. Übers.).

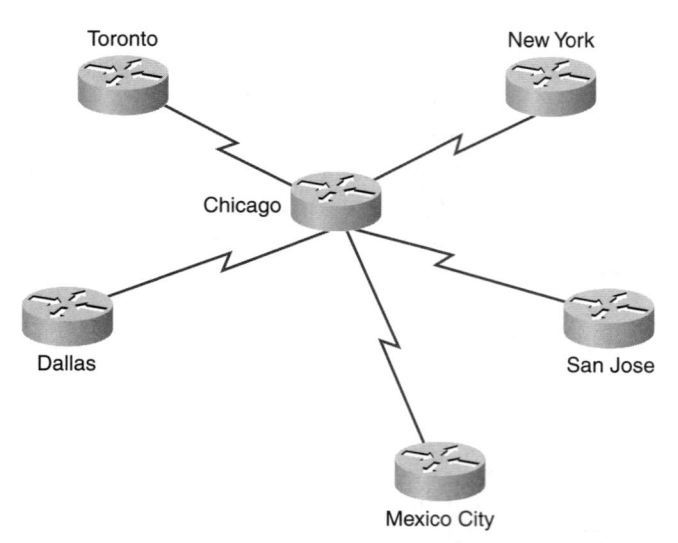

Abbildung 3.13: Sterntopologie (Hub-and-Spoke-Topologie)

Von Chicago aus verlaufen die Verbindungen sternförmig zu den fünf Zweigstellen. Bei der Sterntopologie wird als Hub (Zentrum) in der Regel der Standort mit den niedrigsten Standleitungskosten verwendet. Wenn Sie mit Frame Relay eine Sterntopologie implementieren, verfügt jeder entfernte Standort über eine Zugangsleitung in die Frame Relay-Wolke mit genau einem VC.

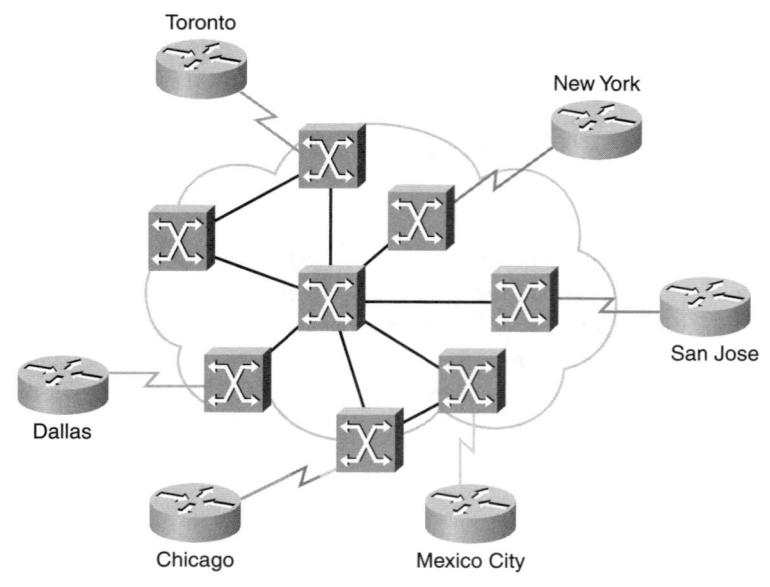

Abbildung 3.14: Frame Relay-Sterntopologie

Abbildung 3.14 zeigt die Sterntopologie im Kontext einer Frame Relay-Wolke. Der Hub in Chicago verwendet eine Zugangsleitung mit mehreren VCs (nämlich je einem je Remote-Standort). Die Leitungen, die aus der Wolke abgehen, stellen die Verbindungen vom Frame Relay-Provider zu den Kundenstandorten dar. Hierbei handelt es sich meistens um Leitungen mit Datenraten zwischen 56 kbit/s und T1 (1.544 Mbit/s) oder noch schneller. Jedem Leitungsendpunkt werden eine oder mehrere DLCIs zugewiesen. Da die Frame Relay-Kosten nicht auf der Entfernung basieren, muss der Hub nicht im geografischen Mittelpunkt des Netzwerks stehen.

Vollständig vermaschte Topologie

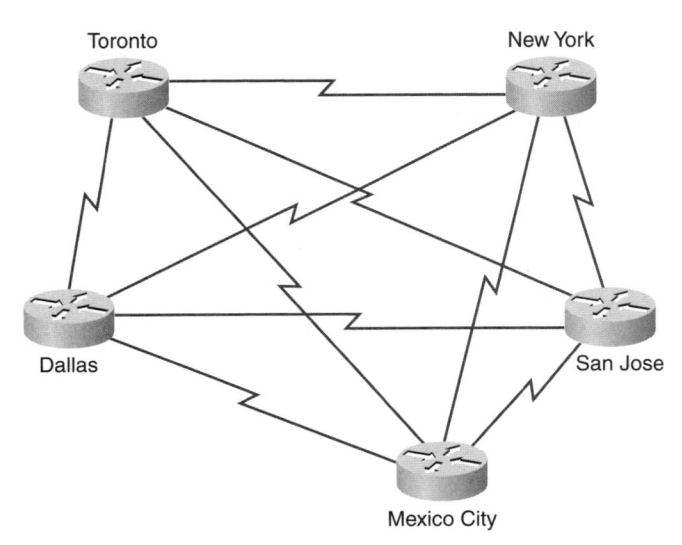

Abbildung 3.15 zeigt die vollständig vermaschte Topologie unter Verwendung von Standleitungen. Eine solche Topologie ist für Umgebungen geeignet, in denen die erforderlichen Dienste geografisch verstreut sind und der Zugang zu ihnen sich durch hohe Zuverlässigkeit auszeichnen muss. Die vollständig vermaschte Topologie verbindet jeden Standort mit jedem anderen Standort. Durch die Verwendung von Standleitungsverbindungen, zusätzliche serielle Schnittstellen und Leitungen entstehen erhebliche Kosten. In diesem Beispiel sind zehn Standleitungen erforderlich, um alle Standorte in eine vollständig vermaschte Topologie einzubinden.

Abbildung 3.15: Vollständig vermaschte Topologie

Mithilfe von Frame Relay kann ein Netzdesigner mehrere Verbindungen erstellen, indem er einfach zusätzliche VCs auf den physischen Leitungen einrichtet. Diese softwareseitige Aktualisierung macht aus der Stern- eine vollständig vermaschte Topologie, ohne dass hierfür zusätzliche Hardware oder Standleitungen budgetiert werden müssten. Weil VCs statistisches Multiplexing verwenden, nutzen mehrere VCs auf einer Zugangsleitung Frame Relay im Allgemeinen besser aus als nur ein einzelner VC. Wie Abbildung 3.16 zeigt, verwendet Span Engineering vier VCs pro Leitung, um das Netzwerk zu skalieren, ohne neue Hardware hinzuzufügen. Zwar stellen die Provider die zusätzliche Bandbreite in Rechnung, doch ist diese Lösung in der Regel kostengünstiger als die Verwendung von Standleitungen.

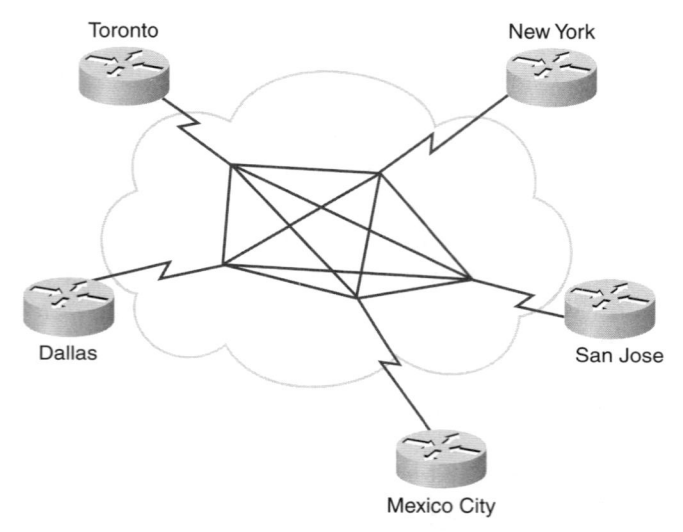

Abbildung 3.16: Vermaschte Frame Relay-Topologie

Teilvermaschte Topologie

Bei großen Netzwerken ist eine vollständig vermaschte Topologie selten erschwinglich, weil die Anzahl der erforderlichen Leitungen sich drastisch erhöht. Das Problem liegt weniger an den Kosten für Hardware als daran, dass es ein theoretisches Limit von weniger als tausend VCs pro Leitung gibt. In der Praxis ist diese Grenze sogar noch niedriger.

Aus diesem Grund werden große Netzwerke mit einer teilvermaschten Topologie konfiguriert. Die Teilvermaschung bietet mehr Verbindungen, als sie bei der Sterntopologie notwendig wären, jedoch nicht so viele wie die vollständig vermaschte Topologie. Das tatsächliche Muster hängt von den Anforderungen des erforderlichen Datenflusses ab.

3.1.5 Frame Relay-Mapping

Bevor ein Cisco-Router Daten via Frame Relay übertragen kann, muss er wissen, welche lokale DLCI der Schicht-3-Adresse des entfernten Empfängers zugeordnet ist. Cisco-Router unterstützen alle Vermittlungsschichtprotokolle über Frame Relay, zum Beispiel IP, IPX und AppleTalk. Diese Adress-DLCI-Zuordnung kann mithilfe eines statischen oder dynamischen Mappings erfolgen.

Inverse ARP

Das Inverse ARP-Protokoll (Inverse Address Resolution Protocol) entnimmt die Schicht-3-Adressen anderer Stationen den Schicht-2-Adressen (z. B. der DLCI in Frame Relay-Netzwerken). Es wird vorzugsweise in Frame Relay- und ATM-Netzwerken eingesetzt, in denen die Schicht-2-Adressen von VCs über die Schicht-2-Signalisierung ermittelt werden und die dazugehörigen Schicht-3-Adressen vorhanden sein müssen, damit diese VCs verwendet werden können. Während also ARP Schicht-3-Adressen in Schicht-2-Adressen übersetzt, macht Inverse ARP genau das Umgekehrte.

Dynamisches Mapping

Beim dynamischen Mapping (Adresszuordnung) wird Inverse ARP zur Auflösung der Vermittlungsschichtprotokolladresse des nächsten Hops in einen lokalen DLCI-Wert verwendet. Der Frame Relay-Router sendet Inverse ARP-Anforderungen über seinen PVC, um die Protokolladresse des Remote-Geräts zu ermitteln, das an das Frame Relay-Netzwerk angeschlossen ist. Der Router verwendet die Antworten, um eine Mapping-Tabelle mit den Zuordnungen von Schicht-3-Adressen zu DLCIs auf dem Frame Relay-Router oder Access-Server auszufüllen. Der Router erstellt und pflegt diese Tabelle, die dynamische Einträge aus aufgelösten Inverse ARP-Anforderungen wie auch manuell konfigurierte statische Einträge enthält.

Listing 3.1 zeigt die Ausgabe des Befehls `show frame-relay map`. Sie können ihr entnehmen, dass die Schnittstelle aktiv ist und die Ziel-IP-Adresse 10.1.1.2 lautet. Die DLCI bezeichnet die logische Verbindung, die verwendet wird, um diese Schnittstelle zu erreichen. Der Wert wird auf dreierlei Weise angezeigt: als Dezimalzahl (`102`), als Hexadezimalzahl (`0x66`) und auch als derjenige Wert, der im zwei Oktette langen Adressfeld erscheint, wenn die Einspeisung in die Leitung erfolgt (`0x1860`). Dies ist ein statischer Eintrag. Die Leitung nutzt die Cisco-Kapselung (also nicht die IETF-Kapselung).

Listing 3.1: Befehl »show frame-relay map« auf dem Router R1

```
R1# show frame-relay map
Serial0/0/1 (up): ip 10.1.1.2 dlci 102 (0x66,0x1860), static
          broadcast,
          CISCO, status defined, active
R1#
```

Auf Cisco-Routern ist Inverse ARP standardmäßig für alle Protokolle aktiv, die auf der physischen Schnittstelle aktiviert sind. Für Protokolle, die auf der Schnittstelle nicht aktiviert sind, werden keine Inverse ARP-Pakete verschickt.

Der Benutzer kann das dynamische Inverse ARP-Mapping außer Kraft setzen, indem er manuell eine statische Zuordnung der Protokolladresse des nächsten Hops zu einer lokalen DLCI angibt. Eine solche statische Zuordnung funktioniert insofern ähnlich wie das dynamische Inverse ARP, als dass die Protokolladresse eines nächsten Hops einer lokalen Frame Relay-DLCI zugeordnet wird. Es ist allerdings nicht möglich, Inverse ARP und gleichzeitig eine Mapping-Anweisung für diese DLCI und dasselbe Protokoll anzugeben.

Ein Beispiel für die Verwendung des statischen Mappings ist eine Situation, in der der Router auf der anderen Seite des Frame Relay-Netzwerks dynamisches Inverse ARP für ein bestimmtes Netzwerkprotokoll nicht unterstützt. Um den Zugang zu ermöglichen, ist eine statische Zuordnung erforderlich, damit die entfernte Vermittlungsschichtadresse in eine lokale DLCI aufgelöst werden kann.

Ein weiteres Beispiel findet sich in einem Frame Relay-Netzwerk auf Basis einer Hub-and-Spoke-Topologie. Auf Routern an den Spoke-Standorten würde man, um Konnektivität zwischen den einzelnen entfernten Zweigstellen zu ermöglichen, ebenfalls eine statische Adresszuordnung wählen. Da die Spoke-Router nicht direkt, sondern nur über den Hub miteinander verbunden sind, würde dynamisches Inverse ARP nicht funktionieren. Dynamisches Inverse ARP ist auf das Vorhandensein einer direkten Point-to-Point-Verbindung zwischen zwei Enden angewiesen. In diesem Fall funktioniert dynamisches Inverse ARP nur zwischen Hub und Spoke, und die Spokes benötigten ein statisches Mapping, damit ihre Erreichbarkeit untereinander gewährleistet ist.

Statisches Mapping konfigurieren

Die Einrichtung des statischen Mappings hängt von Ihren Anforderungen an das Netzwerk ab.

Um eine Zuordnung zwischen der Protokolladresse des nächsten Hops und einer lokalen DLCI herzustellen, verwenden Sie den folgenden Befehl:

Router(config)# **frame-relay map** protocol protocol-address dlci [**broadcast**] [**ietf**] [**cisco**]

Geben Sie das Schlüsselwort ietf an, falls Sie eine Verbindung zu einem Router herstellen, der nicht von Cisco stammt.

Sie können die Konfiguration des OSPF-Protokolls (Open Shortest Path First) erheblich vereinfachen, indem Sie das optionale Schlüsselwort broadcast bei der Durchführung dieses Schrittes angeben.

Abbildung 3.17 zeigt die Topologie, der das nächste Listing zugrunde liegt. Listing 3.2 führt die Konfigurationsbefehle für das statische Mapping einer DLCI auf einem Cisco-Router auf. In diesem Beispiel wird das statische Mapping auf der Schnittstelle Serial 0/0/0 durchgeführt, und die auf DLCI 102 durchgeführte Kapselung heißt CISCO. Wie die Konfigurationsschritte zeigen, ermöglicht das statische Mapping der Adresse mit dem Befehl frame-relay map es Benutzern, auf Basis des einzelnen VCs den Typ der Frame Relay-Kapselung auszuwählen. Wir werden die Konfiguration des statischen Mappings im nächsten Abschnitt ausführlich behandeln.

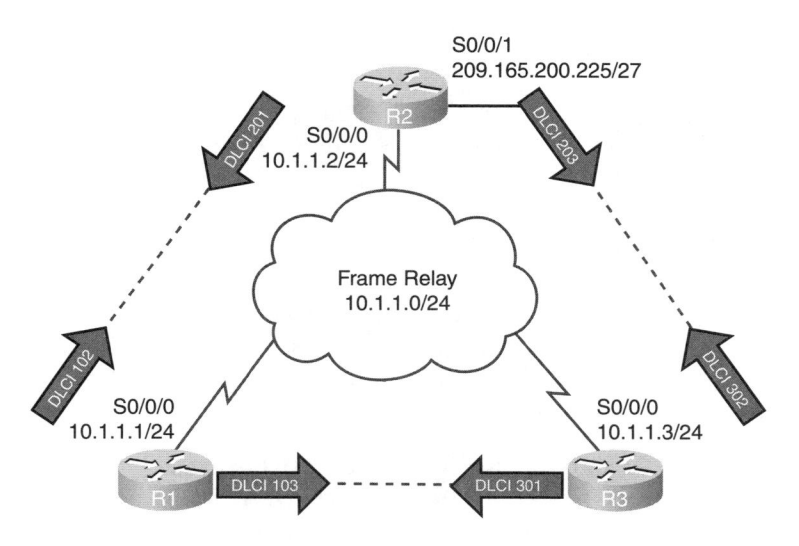

Abbildung 3.17: Statisches Frame Relay-Mapping

Listing 3.2: Konfiguration des statischen Mappings auf dem Router R1

```
R1(config)# interface serial0/0/0
R1(config-if)# ip address 10.1.1.1 255.255.255.0
R1(config-if)# encapsulation frame-relay
R1(config-if)# no frame-relay inverse-arp
R1(config-if)# frame-relay map ip 10.1.1.2 102 broadcast cisco
R1(config-if)# no shut
R1(config-if)#
*Oct 16 03:37:03.391: %LINK-3.UPDOWN: Interface Serial0/0/0, Changed state to up
*Oct 16 03:37:14.443: %LINEPROTO-5-UPDOWN: Line protocol on Interface Serial0/0/0,
  changed state to up
```

LMI

Durch einen Rückblick in die Geschichte der Netzwerktechnik werden Sie die Rolle, die das LMI (Local Management Interface) spielt, besser verstehen. Das Frame Relay-Design ermöglicht einen paketvermittelten Datentransfer mit sehr geringen Ende-zu-Ende-Latenzen. Im Ursprungsentwurf wurde alles weggelassen, was eine Erhöhung der Latenz verursachen könnte.

Als die Provider Frame Relay als separate Technologie (statt als Einzelkomponente von ISDN) einführten, erkannten sie die Notwendigkeit, DTEs dynamisch Informationen zum Status des Netzwerks ermitteln zu lassen. Diese Funktionalität war im Erstentwurf nicht enthalten. Ein Konsortium aus Cisco, DEC (Digital Equipment Corporation), Northern Telecom und StrataCom erweiterte das Frame Relay-Protokoll deswegen um zusätzliche Fähigkeiten für komplexe Netzwerkumgebungen. Diese Erweiterungen werden in ihrer Summe als LMI bezeichnet.

Im Wesentlichen ist das LMI ein Keepalive-Mechanismus, der Statusdaten zu Frame Relay-Verbindungen zwischen dem Router (DTE) und dem Frame Relay-Switch (DCE) bereitstellt. Etwa alle zehn Sekunden fragt das Endgerät das Netzwerk ab und fordert dabei entweder eine einfache sequenzierte Antwort oder aber Informationen zum Kanalstatus an. Falls das Netzwerk die angeforderten Informationen nicht übermittelt, kann das Gerät die Verbindung als ausgefallen betrachten. Reagiert das Netzwerk mit der Antwort FULL STATUS, dann enthält der Status Informationen zu den DLCIs, die auf dieser Leitung reserviert sind. Das Endgerät kann anhand dieser Informationen bestimmen, ob die logischen Verbindungen Daten übermitteln können.

Für die in Abbildung 3.17 dargestellte Topologie zeigt Listing 3.3 die Ausgabe des Befehls show frame-relay lmi. Aus ihr gehen der von der Frame Relay-Schnittstelle verwendete LMI-Typ und die Zähler für den LMI-Statusaustausch (einschließlich Fehler wie etwa LMI-Timeouts) hervor.

Listing 3.3: Befehl »show frame-relay lmi« auf dem Router R1

```
R1# show frame-relay lmi

LMI Statistics for interface Serial1 (Frame Relay DTE) LMI TYPE = ANSI
  Invalid Unnumbered info 0          Invalid Prot Disc 0
  Invalid dummy Call Ref 0           Invalid Msg Type 0
  Invalid Status Message 0           Invalid Lock Shift 0
  Invalid Information ID 0           Invalid Report IE Len 0
  Invalid Report Request 0           Invalid Keep IE Len 0
  Num Status Enq. Sent 9             Num Status msgs Rcvd 0
  Num Update Status Rcvd 0           Num Status Timeouts 9
```

LMI und Kapselung werden häufig verwechselt. Das LMI ist eine Definition der Nachrichten, die zwischen einem DTE (R1) und einem DCE (dem Frame Relay-Switch beim Provider) ausgetauscht werden. Die Kapselung hingegen definiert die Header, die von einem DTE verwendet werden, um Daten an das DTE am anderen Ende eines VC zu übermitteln. Für den Switch und den angeschlossenen Router ist die Verwendung desselben LMI wichtig; während die Kapselung aber für den Switch keine Relevanz hat, ist sie für die Router an den Endpunkten (DTEs) von Bedeutung.

LMI-Erweiterungen

Zusätzlich zu den Frame Relay-Protokollfunktionen der Datenübertragung enthält die Frame Relay-Spezifikation auch optionale LMI-Erweiterungen, die in Netzwerkumgebungen sehr praktisch sein können. Die LMI-Erweiterungen bieten eine Anzahl von Funktionen zur Verwaltung komplexer Netzwerke. Hierzu gehören die folgenden:

- **VC-Statusmeldungen.** Diese Meldungen enthalten Informationen zur PVC-Integrität, denn sie ermöglichen eine Kommunikation und Synchronisierung zwischen den Geräten und melden regelmäßig die Existenz neuer und das Löschen bereits vorhandener PVCs. VC-Statusmeldungen verhindern, dass Daten in »schwarze Löcher« (d. h. nicht mehr vorhandene PVCs) eingespeist werden.

- **Multicasting.** Erlaubt einem Absender die Übertragung eines einzelnen Frames an mehrere Empfänger. Das Multicasting unterstützt die effiziente Auslieferung von Routing-Protokollnachrichten sowie Anforderungen zur Adressauflösung, die normalerweise an viele Ziele gleichzeitig gesendet werden müssen.

- **Globale Adressierung.** Gibt den Verbindungskennungen globale statt lokale Bedeutung und ermöglicht so ihre Nutzung zur Bezeichnung einer bestimmten Schnittstelle im Frame Relay-Netzwerk. Mit der globalen Adressierung erinnert das Frame Relay-Netzwerk hinsichtlich seiner

Adressierung an ein LAN, und ARPs tun exakt das, was sie auch in einem LAN tun würden.

- **Einfache Flusssteuerung.** Vermittelt einen XON/XOFF-Flusssteuerungsmechanismus, der auf die gesamte Frame Relay-Schnittstelle angewendet wird. Die Flusssteuerung ist für Geräte gedacht, deren höhere Schichten die Bits zur Überlastungsbenachrichtigung nicht auswerten können, jedoch ein Mindestmaß an Flusssteuerung benötigen.

Tabelle 3.3 listet die LMI-Kennungen auf. Das zehn Bit lange DLCI-Feld unterstützt 1024 VC-Kennungen (0–1023). Die LMI-Erweiterungen reservieren einige dieser Kennungen, wodurch sich die Anzahl zulässiger VCs verringert. LMI-Nachrichten werden mithilfe dieser reservierten DLCIs zwischen DTE und DCE ausgetauscht.

Tabelle 3.3: LMI-Kennungen

VC-Kennungen	VC-Typen
0	LMI (ANSI, ITU)
1 bis 15	Für zukünftige Verwendung reserviert
1008 bis 1022	Für zukünftige Verwendung reserviert (ANSI, ITU)
1019 und 1020	Multicasting (Cisco)
1023	LMI (Cisco)

Es gibt LMI-Typen, die nicht kompatibel miteinander sind. Der auf dem Router konfigurierte LMI-Typ muss mit dem vom Provider verwendeten Typ übereinstimmen. Cisco-Router unterstützen drei LMI-Typen:

- **Cisco.** Die ursprüngliche LMI-Erweiterung
- **Ansi.** Entspricht dem ANSI-Standard T1.617, Anhang D.
- **q933a.** Entspricht dem ITU-Standard Q933, Anhang A.

Seit Cisco IOS Release 11.2 erkennt die standardmäßig aktive LMI-Funktion Autosense (automatische Erkennung) den LMI-Typ, der vom direkt angeschlossenen Frame Relay-Switch unterstützt wird. Basierend auf den LMI-Statusmeldungen, die er vom Frame Relay-Switch empfängt, konfiguriert der Router dann seine Schnittstelle automatisch mit dem unterstützten, vom Frame Relay-Switch bestätigten LMI-Typ.

Sofern es notwendig ist, den LMI-Typ festzulegen, verwenden Sie den folgenden Befehl im Schnittstellenkonfigurationsmodus:

```
frame-relay lmi-type [cisco | ansi | q933a]
```

Die Konfiguration des LMI-Typs deaktiviert die Autosense-Funktion.

Wenn Sie den LMI-Typ manuell festlegen, müssen Sie das Keepalive-Intervall auf der Frame Relay-Schnittstelle einstellen, um zu verhindern, dass der Austausch von Statusmeldungen zwischen Router und Switch aufgrund einer Zeitüberschreitung zum Erliegen kommt. Die Statusnachrichten beschreiben den Status der PVC-Verbindung. Beispielsweise kann eine erhebliche Diskrepanz bei den Keepalive-Intervallen auf dem Router und dem Switch dazu führen, dass der Switch den Router für ausgefallen erklärt.

Per Default beträgt das Keepalive-Intervall auf seriellen Schnittstellen bei Cisco-Geräten zehn Sekunden. Mit dem Befehl keepalive im Schnittstellenkonfigurationsmodus können Sie das Intervall ändern.

Die Festlegung von LMI-Typ und die Konfiguration des Keepalive-Intervalls werden wir später beschreiben.

Das LMI-Frame-Format

Abbildung 3.18 zeigt das Frame-Format von LMI. LMI-Nachrichten werden mithilfe einer Variante der LAPF-Frames übertragen. Das Adressfeld enthält eine der reservierten DLCIs. Auf das DLCI-Feld folgen die Felder *Unnumbered Information Indicator*, *Protocol Discriminator* und *Call Reference*; diese ändern sich nicht. Das vierte Feld bezeichnet den LMI-Nachrichtentyp.

8 Bits	16 Bits	Variabel	16 Bits	8 Bits
Flag	Adresse	Daten	FCS	Flag

Der standardkonforme Frame Relay-Frame dient als Basis für einen LMI-Frame.

8 Bits	16 Bits	8 Bits	8 Bits	8 Bits	8 Bits	Variabel	16 Bits	8 Bits
Flag	LMI DLCI	Unnumbered Information Indicator	Protocol Discriminator	Call reference	Nachrichtentyp	IEs	FCS	Flag

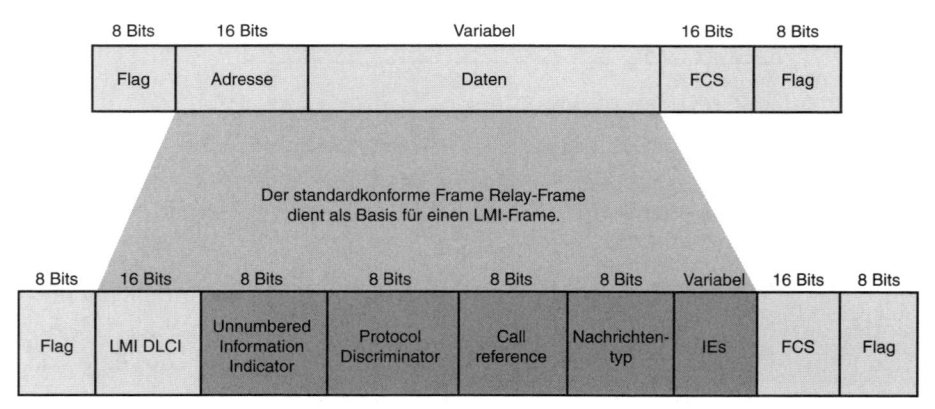

Abbildung 3.18: LMI-Frame-Format

Statusmeldungen helfen dabei, die ordnungsgemäße Funktion logischer und physischer Leitungen zu überprüfen. Diese Daten sind kritisch in Routing-Umgebungen, da Routing-Protokolle ihre Entscheidungen basierend auf dem Zustand der Leitung treffen.

Mit LMI und Inverse ARP Adressen zuordnen

LMI-Statusmeldungen ermöglichen es in Kombination mit Inverse ARP-Nachrichten einem Router, Vermittlungsschicht- und Sicherungsschichtadressen miteinander zu verknüpfen.

In Abbildung 3.19 sendet R1, nachdem er eine Verbindung mit dem Frame Relay-Netzwerk hergestellt hat, eine LMI-Statusanfrage in das Netzwerk. Das Netzwerk antwortet mit einer LMI-Statusmeldung, die Details zu allen auf der Zugangsleitung konfigurierten VCs enthält.

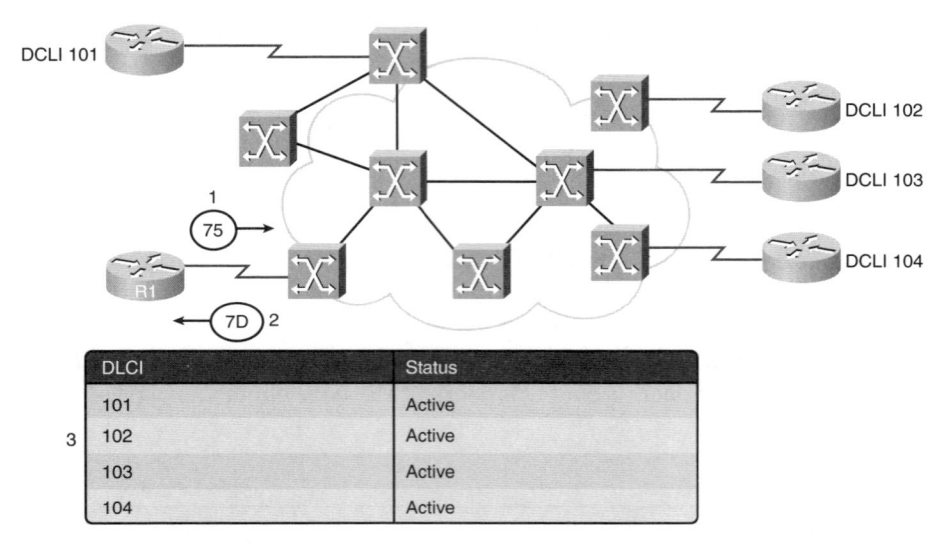

DLCI	Status
101	Active
102	Active
103	Active
104	Active

1: DTE sendet Statusanfrage (75) an DCE.

2: DCE antwortet mit Statusmeldung (7D), die auch die konfigurierten DLCIs enthält.

3: DTE erlernt seine eigenen VCs.

Abbildung 3.19: Phasen des Inverse ARP- und LMI-Betriebs

Nun wiederholt der Router die Statusanfrage regelmäßig, doch nachfolgende Antworten enthalten nur Statusänderungen. Nach einer festgelegten Anzahl dieser verkürzten Antworten sendet das Netzwerk wieder eine vollständige Statusmeldung.

Wenn der Router die VCs mit Vermittlungsschichtadressen verknüpfen muss, sendet er eine Inverse ARP-Nachricht über jeden VC (Abbildung 3.20). Diese Nachricht enthält die Vermittlungsschichtadresse des Routers, was dem entfernten DTE (oder Router) ebenfalls das Mapping gestattet. Die Inverse ARP-Antwort erlaubt es dem Router, die notwendigen Zuordnungseinträge in die Adress-DLCI-Mapping-Tabelle einzutragen. Werden mehrere

Vermittlungsschichtprotokolle auf der Leitung unterstützt, so werden für jedes dieser Protokolle Inverse ARP-Nachrichten gesendet.

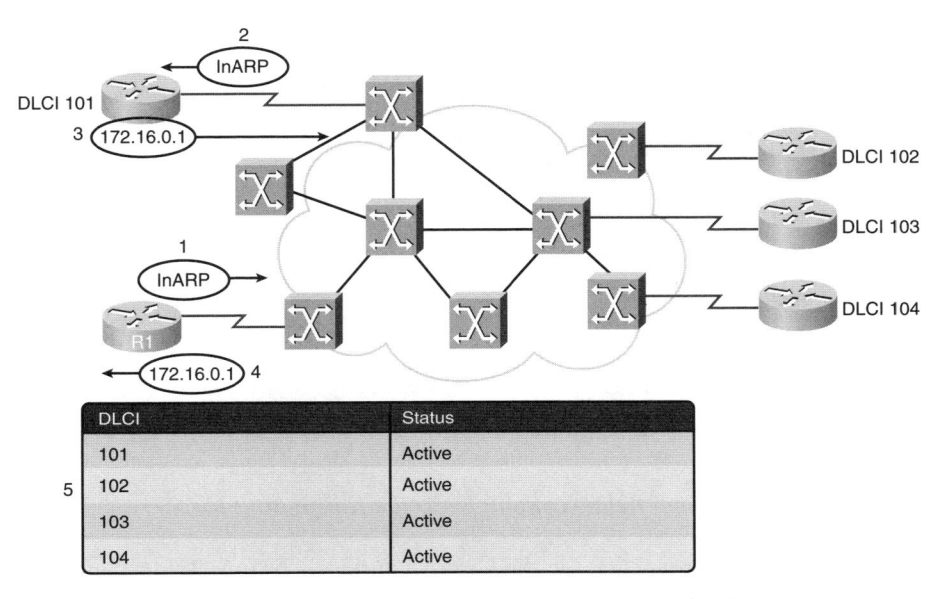

DLCI	Status
101	Active
102	Active
103	Active
104	Active

1, 2: DTE sendet Inverse ARP auf einem VC und ordnet diesem eine Netzwerkadresse zu.

3, 4: Das Remote-DTE antwortet mit einer Schicht-3-Adresse.

5: Das DTE ordnet die Schicht-2- und Schicht-3-Adressen einander zu.

Dieser Vorgang wiederholt sich für jeden VC und jedes Schicht-3-Protokoll.

Abbildung 3.20: Mit LMI und Inverse ARP Adressen zuordnen

3.2 Frame Relay konfigurieren

Frame Relay wird auf einem Cisco-Router über die Cisco IOS-Befehlszeile (Command-Line Interface, CLI) konfiguriert.

In diesem Abschnitt skizzieren wir die erforderlichen Schritte zur Aktivierung von Frame Relay in Ihrem Netzwerk sowie einige optionale Maßnahmen, mit deren Hilfe Sie Ihre Konfiguration erweitern oder anpassen können.

Abbildung 3.21 zeigt eine einfache Topologie, die Grundlage der folgenden Beschreibung ist. Im Verlauf des Abschnitts werden wir weitere Hardware zum Diagramm hinzufügen, um komplexere Konfigurationsaufgaben besser erläutern zu können.

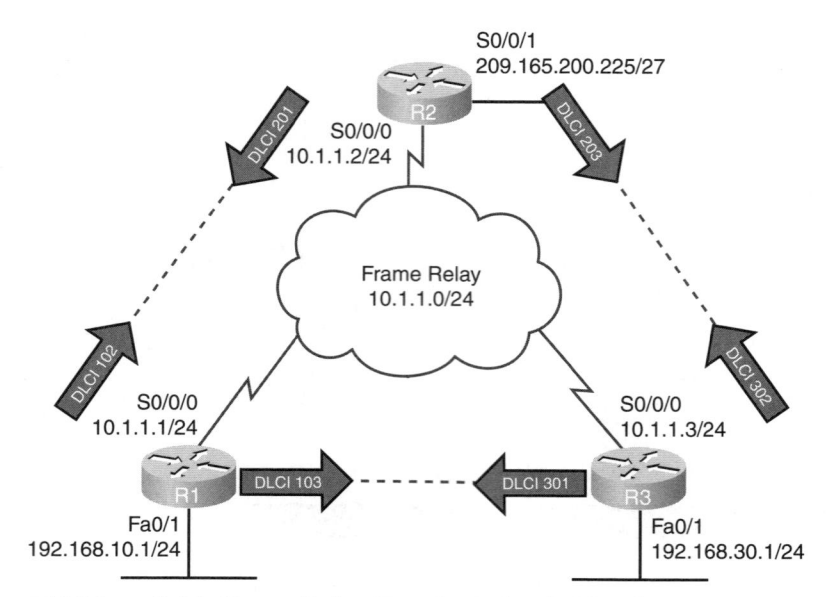

Abbildung 3.21: Frame Relay-Topologie für die Konfiguration

In diesem Abschnitt werden Sie die Cisco-Router als Frame Relay-Zugangsgeräte (DTEs) konfigurieren, die direkt an einen dedizierten Frame Relay-Switch (DCE) angeschlossen sind. Nachfolgend aufgeführt sind die obligatorischen und optionalen Aufgaben bei der Frame Relay-Konfiguration.

- Obligatorische Aufgaben:
    - Frame Relay-Kapselung auf einer Schnittstelle aktivieren
    - Dynamisches oder statisches Adress-Mapping konfigurieren
- Optionale Aufgaben:
    - LMI konfigurieren
    - Frame Relay-SVCs konfigurieren
    - Traffic Shaping konfigurieren
    - Frame Relay an Ihr Netzwerk anpassen
    - Frame Relay-Verbindungen überwachen und warten

3.2.1 Frame Relay-Kapselung aktivieren

Die auf die Topologie in Abbildung 3.21 bezogenen Listings 3.4 und 3.5 zeigen, wie Frame Relay auf seriellen Schnittstellen der Router R1 und R2 konfiguriert wird. Dies umfasst das Zuweisen einer IP-Adresse, das Festlegen des Kapselungstyps und die Reservierung von Bandbreite.

Listing 3.4: Konfiguration für Router R1

```
interface s0/0/0
ip address 10.1.1.1 255.255.255.0
encapsulation frame-relay
bandwidth 64
```

Listing 3.5: Konfiguration für Router R2

```
interface s0/0/0
ip address 10.1.1.2 255.255.255.0
encapsulation frame-relay
bandwidth 64
```

Zur Aktivierung der Frame Relay-Kapselung werden die folgenden Schritte ausgeführt:

1. **IP-Adresse der Schnittstelle festlegen.** Auf einem Cisco-Router wird Frame Relay in der Regel auf synchronen seriellen Schnittstellen unterstützt. Mit dem Befehl `ip address` legen Sie die IP-Adresse der Schnittstelle fest. In Abbildung 3.21 ist ersichtlich, dass R1 die Adresse 10.1.1.1/24 und R2 die Adresse 10.1.1.2/24 erhalten hat.

2. **Kapselung konfigurieren.** Der Befehl `encapsulation frame-relay` im Schnittstellenkonfigurationsmodus aktiviert die Frame Relay-Kapselung und gestattet eine Frame Relay-Verarbeitung auf dieser Schnittstelle. Sie können zwischen den beiden nachfolgend beschriebenen Kapselungsoptionen wählen.

3. **Bandbreite festlegen (optional).** Bei Bedarf können Sie mit dem Befehl `bandwidth` die Bandbreite der seriellen Schnittstelle festlegen. Die Bandbreite wird in kbit/s angegeben. Der Befehl informiert das Routing-Protokoll darüber, dass die Bandbreite auf dieser Leitung statisch festgelegt wurde. Die Routing-Protokolle EIGRP und OSPF verwenden den Bandbreitenwert zur Berechnung der Metrik der Verbindung.

4. **LMI-Typ festlegen (optional).** Dieser Schritt ist optional, weil Cisco-Router den LMI-Typ automatisch erkennen. Sie wissen noch, dass Cisco drei LMI-Typen – Cisco, ANSI (Anhang D) und Q933.A (Anhang A) – unterstützt und dass der LMI-Default-Typ für Cisco-Router `cisco` heißt.

Denken Sie daran, dass der Default-Kapselungstyp auf einer seriellen Schnittstelle eines Cisco-Routers die proprietäre Cisco-Version von HDLC ist. Um die Kapselung von HDLC auf Frame Relay umzustellen, verwenden Sie den folgenden Befehl:

```
encapsulation frame-relay [cisco | ietf]
```

Die no-Form dieses Befehls entfernt die Frame Relay-Kapselung auf der Schnittstelle und setzt sie auf die Default-Kapselung (HDLC) zurück.

Bei aktivierter Frame Relay-Kapselung auf unterstützten Schnittstellen wird standardmäßig die Cisco-Kapselung aktiviert. Diese Option verwenden Sie für Verbindungen mit anderen Cisco-Routern. Auch viele Geräte, die nicht von Cisco stammen, unterstützen diesen Kapselungstyp. Er verwendet einen 4 Byte langen Header, in dem jeweils zwei Bytes die DLCI und den Pakettyp angeben.

Die IETF-Kapselung ist kompatibel mit RFC 1490 und RFC 2427. Diese Option verwenden Sie für Verbindungen mit Nicht-Cisco-Routern.

Die Ausgaben des Befehls show interfaces serial in den Listings 3.6 und 3.7 bestätigen die Konfiguration der Router R1 und R2.

Listing 3.6: Befehl »show interface serial« auf dem Router R1

```
R1# show interface serial0/0/0

Serial0/0/0 is up, line protocol is up
 Hardware is GT96K Serial
 Internet address is 10.1.1.1/24
 MTU 1500 bytes, BW 1544 Kbit, DLY 20000 usec,
    reliability 255/255, txload 1/255, rxload 1/255
 Encapsulation FRAME-RELAY, loopback not set
 Keepalive set (10 sec)
 LMI enq sent 18, LMI stat recvd 19, LMI upd recvd 0, DTE LMI up
 LMI enq recvd 0, LMI stat sent 0, LMI upd sent 0
 LMI DLCI 1023 LMI type is CISCO frame relay DTE
 FR SVC disabled, LAPF state down
 Broadcast queue 0/64, broadcasts sent/dropped 0/0, interface broadcasts 0
 Last input 00:00:08, output 00:00:08, output hang never
 Last clearing of "show interface" counters 00:04:06
 Input queue: 0/75/0/0 (size/max/drops/flushes); Total output drops: 0
 Queueing strategy: weighted fair
 Output queue: 0/1000/64/0 (size/max total/threshold/drops)
    Conversations 0/1/256 (active/max active/max total)
    Reserved Conversations 0/0 (allocated/max allocated)
    Available Bandwidth 1558 kilobits/sec
 5 minute input rate 0 bits/sec, 0 packets/sec
 5 minute output rate 0 bits/sec, 0 packets/sec
    24 packets input, 815 bytes, 0 no buffer
    Received 0 broadcasts, 0 runts, 0 giants, 0 throttles
    0 input errors, 0 CRC, 0 frame, 0 overrun, 0 ignored, 0 abort
    27 packets output, 807 bytes, 0 underruns
```

Listing 3.6: Befehl »show interface serial« auf dem Router R1

```
0 output errors, 0 collisions, 1 interface resets
0 output buffer failures, 0 output buffers swapped out
2 carrier transitions
DCD=up DSR=up DTR=up RTS=up CTS=up
```

Listing 3.7: Befehl »show interface serial« auf dem Router R2

```
R2# show interface serial0/0/0

Serial0/0/0 is up, line protocol is up
 Hardware is GT96K Serial
 Internet address is 10.1.1.2/24
 MTU 1500 bytes, BW 1544 Kbit, DLY 20000 usec,
    reliability 255/255, txload 1/255, rxload 1/255
 Encapsulation FRAME-RELAY, loopback not set
 Keepalive set (10 sec)
 LMI enq sent 17, LMI stat recvd 18, LMI upd recvd 0, DTE LMI up
 LMI enq recvd 0, LMI stat sent 0, LMI upd sent 0
 LMI DLCI 1023 LMI type is CISCO frame relay DTE
 FR SVC disabled, LAPF state down
 Broadcast queue 0/64, broadcasts sent/dropped 0/0, interface broadcasts 0
 Last input 00:00:07, output 00:00:07, output hang never
 Last clearing of "show interface" counters 00:03:40
 Input queue: 0/75/0/0 (size/max/drops/flushes); Total output drops: 0
 Queueing strategy: weighted fair
 Output queue: 0/1000/64/0 (size/max total/threshold/drops)
    Conversations  0/1/256 (active/max active/max total)
    Reserved Conversations 0/0 (allocated/max allocated)
    Available Bandwidth 1558 kilobits/sec
 5 minute input rate 0 bits/sec, 0 packets/sec
 5 minute output rate 0 bits/sec, 0 packets/sec
    23 packets input, 786 bytes, 0 no buffer
    Received 0 broadcasts, 0 runts, 0 giants, 0 throttles
    0 input errors, 0 CRC, 0 frame, 0 overrun, 0 ignored, 0 abort
    29 packets output, 1197 bytes, 0 underruns
    0 output errors, 0 collisions, 1 interface resets
    0 output buffer failures, 0 output buffers swapped out
    0 carrier transitions
    DCD=up DSR=up DTR=up RTS=up CTS=up
```

3.2.2 Statische Frame Relay-Maps konfigurieren

Cisco-Router unterstützen alle Vermittlungsschichtprotokolle über Frame Relay, zum Beispiel IP, IPX und AppleTalk. Die Adress-DLCI-Zuordnung kann mithilfe eines statischen oder dynamischen Mappings erfolgen.

Das dynamische Mapping wird mithilfe von Inverse ARP durchgeführt. Da Inverse ARP per Default aktiviert ist, ist zur Konfiguration des dynamischen Mappings auf einer Schnittstelle kein zusätzlicher Befehl erforderlich.

Das statische Mapping wird auf dem Router manuell konfiguriert. Die Einrichtung des statischen Mappings hängt von Ihren Anforderungen an das Netzwerk ab. Um eine Zuordnung zwischen der Protokolladresse des nächsten Hops und einer DLCI-Zieladresse herzustellen, verwenden Sie den folgenden Befehl:

`frame-relay map` *protocol protocol-address dlci* `[broadcast]`

Tabelle 3.4 zeigt, wie die Parameter dieses Befehls bei der Konfiguration statischer Adresszuordnungen verwendet werden.

Tabelle 3.4: Befehlsparameter

Befehlsparameter	Beschreibung
protocol	Definiert das unterstützte Protokoll, das Bridging oder die logische Leitungssteuerung. Mögliche Werte sind appletalk, decnet, dlsw, ip, ipx, llc2, rsrb, vines und xns.
protocol-address	Definiert die Vermittlungsschichtadresse der Ziel-Router-Schnittstelle.
dlci	Definiert die lokale DLCI, mit deren Hilfe die Verbindung zur entfernten Protokolladresse hergestellt wird.
broadcast	(optional) Ermöglicht Broadcasts und Unicasts über den VC. Auf diese Weise können dynamische Routing-Protokolle über den VC eingesetzt werden.

Frame Relay, ATM und X.25 sind NBMA-Netzwerke (Non-Broadcast Multi-Access). NBMA-Netzwerke gestatten eine Datenübertragung nur von einem Computer zu einem anderen über einen VC oder ein Switching-Gerät; sie unterstützen keine Multicasts oder Broadcasts, das heißt, ein einzelnes Paket kann nicht an mehrere Empfänger gerichtet werden. Um einen Broadcast zu ermöglichen, müssen Sie die Pakete manuell an alle Ziele replizieren.

Einige Routing-Protokolle benötigen unter Umständen zusätzliche Konfigurationsoptionen. Dies betrifft beispielsweise RIP, EIGRP und OSPF, falls diese in NBMA-Netzwerken unterstützt werden sollen.

Da NBMA Broadcasts nicht unterstützt, stellt die Verwendung des Schlüsselwortes broadcast für den Befehl frame-relay map eine einfache Möglichkeit dar, Routing-Updates weiterzuleiten. Das Schlüsselwort broadcast ermöglicht Broadcasts und Multicasts über den PVC. Dabei wird der Broadcast eigentlich in einen Unicast konvertiert, sodass der andere Knoten die Routing-Updates erhält.

In der in Abbildung 3.22 gezeigten Topologie verwendet R1 den Befehl frame-relay map, um seinen VC dem Router R2 zuzuordnen (Listing 3.8).

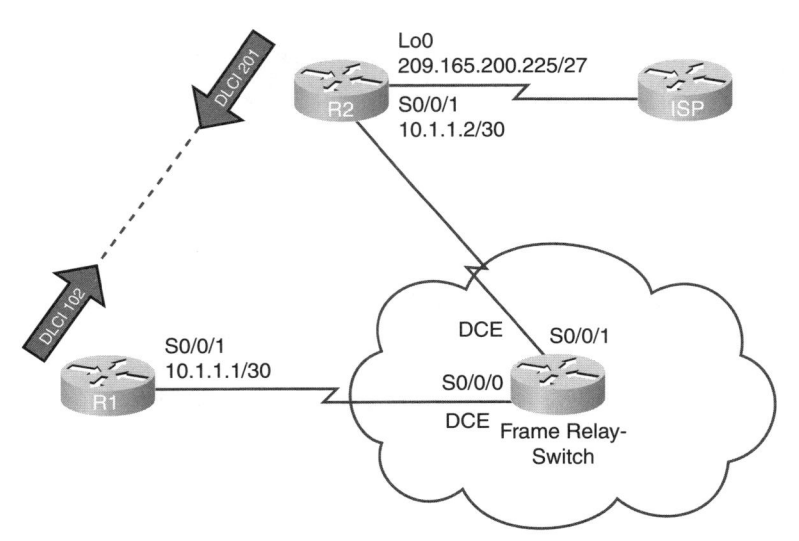

Hinweis: Der Frame Relay-Switch wird in dieser Grafik als Router dargestellt. Router können als Frame Relay-Switches konfiguriert werden.

Abbildung 3.22: Statische Frame Relay-Map konfigurieren

Listing 3.8: Konfiguration einer statischen Zuordnung auf dem Router R1

```
R1#(config)# interface s0/0/1
R1#(config-if)# ip address 10.1.1.1 255.255.255.252
R1#(config-if)# encapsulation frame-relay
R1#(config-if)# bandwidth 64
R1#(config-if)# frame-relay map ip 10.1.1.2 102 broadcast
```

Um das Frame Relay-Mapping zu überprüfen, setzen Sie den Befehl show frame-relay map auf den Routern R1 (Listing 3.9) und R2 (Listing 3.10) ab.

Listing 3.9: Statische Frame Relay-Zuordnung auf R1 überprüfen

```
R1# show frame-relay map

Serial0/0/1 (up): ip 10.1.1.2 dlci 102(0x66,0x1860), static,
   broadcast,
   CISCO, status defined, active
```

Listing 3.10: Statische Frame Relay-Zuordnung auf R2 überprüfen

```
R2# show frame-relay map

Serial0/0/1 (up): ip 10.1.1.1 dlci 201(0xC9,0x3090), static,
   broadcast,
   CISCO, status defined, active
```

Packet Tracer
☐ **Aktivität**

Basiskonfiguration von Frame Relay mit statischen Maps (3.2.2)

Bei dieser Aktivität konfigurieren Sie zwei statische Frame Relay-Zuordnungen auf jedem Router, um zwei andere Router zu erreichen. Zwar wird der LMI-Typ auf den Routern automatisch erkannt, doch werden Sie den Typ statisch durch eine manuelle Konfiguration von LMI festlegen. Ausführliche Anweisungen entnehmen Sie der Aktivität selbst. Zur Durchführung der Aktivität verwenden Sie Packet Tracer und die Datei *e4-322.pka* auf der Begleit-CD-ROM zu diesem Buch.

3.3 Fortgeschrittene Frame Relay-Funktionen

Frame Relay umfasst verschiedene fortgeschrittene Funktionen, so etwa die Sicherstellung der Wirkungsweise von Routing-Protokollen, die Split-Horizon verwenden, die Nutzung von Subschnittstellen und die komplexen Kostenstrukturen, die von Frame Relay-Providern verwendet werden.

3.3.1 Probleme mit der Erreichbarkeit beheben

Standardmäßig bietet ein Frame Relay-Netzwerk NBMA-Konnektivität zwischen Remote-Standorten. NBMA-Wolken verwenden gewöhnlich eine Hub-and-Spoke-Topologie. Leider kann eine einfache Routing-Operation, die auf dem Split-Horizon-Prinzip basiert, Probleme mit der Erreichbarkeit in einem Frame Relay-NBMA-Netzwerk verursachen.

Split-Horizon

Sie wissen wahrscheinlich noch, dass es sich bei Split-Horizon um eine Technik handelt, die zur Verhinderung von Routing-Schleifen in Netzwerken mit Distanzvektor-Protokollen eingesetzt wird. Split-Horizon-Updates vermeiden Routing-Schleifen, indem Sie verhindern, dass ein auf einer Router-Schnittstelle empfangenes Update über dieselbe Schnittstelle weitergeleitet wird.

Abbildung 3.23 zeigt R2, einen Spoke-Router, der ein Routing-Update als Broadcast an den Hub-Router R1 schickt.

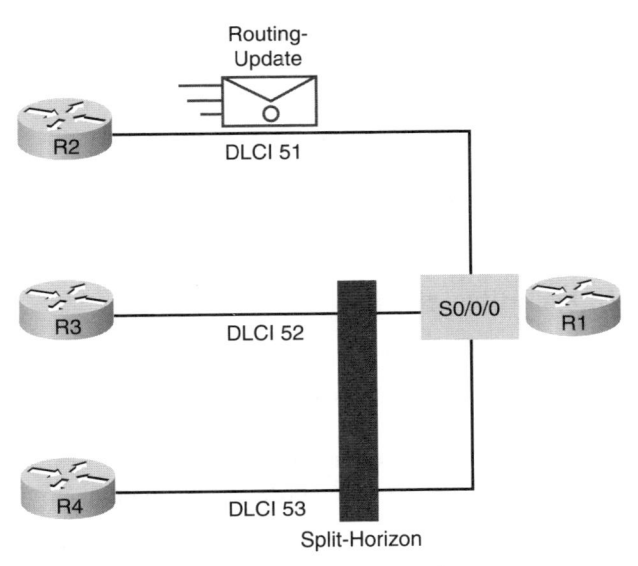

Abbildung 3.23: Split-Horizon-Regel

Router, die mehrere Verbindungen über dieselbe physische Schnittstelle unterstützen, setzen mehrere PVCs ein, die an dieselbe Schnittstelle angeschlossen sind. R1 muss Broadcast-Pakete – also auch als Broadcast gesendete Routing-Updates – auf jeden PVC zu den Remote-Routern replizieren. Die replizierten Broadcast-Pakete können Bandbreite verbrauchen und eine beträchtliche Latenz für Benutzerdaten bewirken. Der Umfang der Broadcast-Daten und die Anzahl der VCs, die mit dem Router verbunden sind, sollten während der Entwurfsphase eines Frame Relay-Netzwerks eingeschätzt werden. Overhead-Daten – z. B. Routing-Updates – können die Auslieferung kritischer Benutzerdaten beeinträchtigen; dies gilt insbesondere dann, wenn der Zustellungspfad Leitungen mit niedriger Bandbreite (beispielsweise 56 kbit/s) enthält.

In Abbildung 3.23 verfügt Router R1 über mehrere PVCs auf derselben physischen Schnittstelle. Die Split-Horizon-Regel verhindert, dass R1 die Routing-Updates, die von Router R2 kommen, über dieselbe physische Schnittstelle an andere entfernte Spoke-Router (R3 und R4) weiterleitet.

Eine naheliegende Lösung könnte darin bestehen, Split-Horizon zu deaktivieren, denn so könnten Updates über dieselbe physische Schnittstelle weitergeleitet werden, über die sie empfangen wurden. Allerdings lässt nur IP einen solchen Schritt zu; bei IPX und AppleTalk ist dies nicht möglich. Zudem erhöht eine Deaktivierung von Split-Horizon die Chance des Entstehens von Routing-Schleifen in einem Netzwerk. Man könnte Split-Horizon jedoch zumindest auf physischen Schnittstellen, die nur einen PVC aufweisen, deaktivieren.

Eine weitere offensichtliche Lösung des Problems könnte in der Verwendung einer vollständig vermaschten Topologie bestehen. Dieser Ansatz ist allerdings teuer, weil mehr PVCs benötigt werden. Daher benutzt man meistens einen anderen Ansatz, der im nächsten Abschnitt erklärt wird: Subschnittstellen.

3.3.2 Frame Relay-Subschnittstellen

Frame Relay kann eine physische Schnittstelle in mehrere virtuelle Schnittstellen unterteilen, die als Subschnittstellen bezeichnet werden. Eine Subschnittstelle ist einfach nur eine logische Schnittstelle, die einer physischen Schnittstelle direkt zugeordnet wird. Aus diesem Grund kann eine Frame Relay-Subschnittstelle für jeden PVC konfiguriert werden, der mit einer physischen seriellen Schnittstelle verbunden ist.

Um die Weiterleitung von Broadcast-Routing-Updates in einem Frame Relay-Netzwerk zu ermöglichen, können Sie auf dem Router logisch zugeordnete Subschnittstellen konfigurieren. Ein teilvermaschtes Netzwerk kann so in eine Anzahl kleinerer, vollständig vermaschter Point-to-Point-Netzwerke unterteilt werden. Jedes Point-to-Point-Subnetz wiederum kann eine eigene Netzwerkadresse erhalten. Auf diese Weise können Pakete, die von einer physischen Schnittstelle empfangen werden, über dieselbe physische Schnittstelle weitergeleitet werden, weil die Pakete über VCs an separaten Subschnittstellen gesendet werden.

Frame Relay-Subschnittstellen können im Point-to-Point- oder im Multipoint-Modus konfiguriert werden:

- **Point-to-Point-Modus.** Eine einzelne Point-to-Point-Subschnittstelle stellt genau eine PVC-Verbindung mit einer anderen physischen Schnittstelle oder Subschnittstelle auf einem Remote-Router her. In diesem Fall befindet sich jedes Paar Point-to-Point-Router in einem eigenen Subnetz, und jede Point-to-Point-Subschnittstelle weist eine eigene DLCI auf. In einer Point-to-Point-Umgebung arbeitet jede Subschnittstelle als separate konventionelle Point-to-Point-Schnittstelle. Normalerweise befindet sich dabei jeder Point-to-Point-VC in einem separaten Subnetz. Aus diesem Grund unterliegen Routing-Updates nicht der Split-Horizon-Regel.

- **Multipoint-Modus.** Eine einzelne Multipoint-Subschnittstelle stellt mehrere PVC-Verbindungen mit mehreren physischen Schnittstellen oder Subschnittstellen auf Remote-Routern her. Alle beteiligten Schnittstellen befinden sich im selben Subnetz. Die Subschnittstelle verhält sich wie eine NBMA-Frame Relay-Schnittstelle, das heißt, Routing-Updates unterliegen der Split-Horizon-Regel. Normalerweise gehören alle Multipoint-VCs zum selben Subnetz.

Abbildung 3.24 zeigt die beiden von Cisco-Routern unterstützten Subschnittstellentypen.

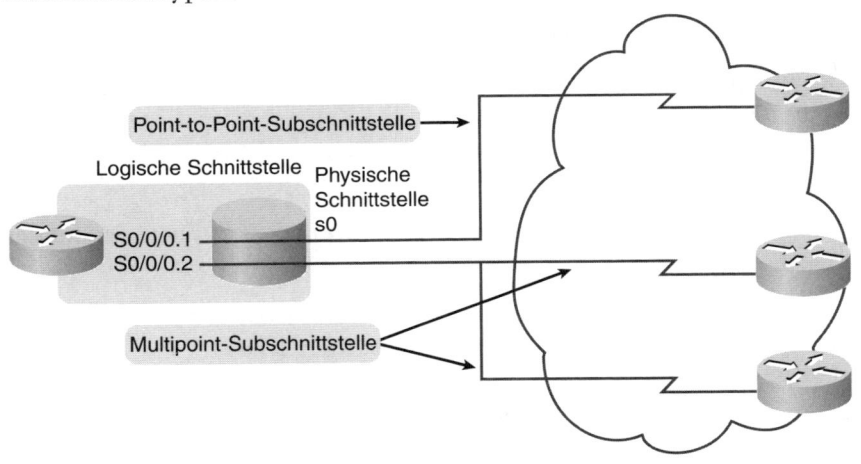

Abbildung 3.24: Frame Relay-Subschnittstellen

In Routing-Umgebungen mit Split-Horizon können Routing-Updates, die über eine Subschnittstelle empfangen wurden, über eine andere Subschnittstelle wieder versendet werden. Bei der Subschnittstellenkonfiguration lässt sich jeder VC als Point-to-Point-Verbindung konfigurieren. Auf diese Weise kann jede Subschnittstelle ähnlich wie eine Standleitung funktionieren. Bei der Verwendung einer Frame Relay-Point-to-Point-Subschnittstelle bildet jedes Paar Point-to-Point-Router ein eigenes Subnetz.

Der Befehl encapsulation frame-relay wird für die physische Schnittstelle eingegeben. Alle anderen Konfigurationselemente – zum Beispiel die Vermittlungsschichtadresse und die DLCIs – werden dann der Subschnittstelle zugeordnet.

Um Adressen einzusparen, können Sie Multipoint-Konfigurationen verwenden. Dies kann insbesondere dann hilfreich sein, wenn VLSM (Variable-

Length Subnet Masking) nicht verwendet wird. Allerdings arbeiten Multipoint-Konfigurationen mit Broadcast-Daten und Split-Horizon unter Umständen nicht einwandfrei. Um diese Probleme zu umgehen, wurde die Möglichkeit der Point-to-Point-Subschnittstelle entworfen.

Die folgende Liste fasst die Eigenschaften von Point-to-Point- und Multipoint-Subschnittstellen zusammen:

- Point-to-Point-Subschnittstellen
    - werden in Hub-and-Spokes-Topologien eingesetzt,
    - funktionieren wie Standleitungen,
    - erfordern für jede Subschnittstelle ein eigenes Subnetz.
- Multipoint-Subschnittstellen
    - kommen in teilweise und vollständig vermaschten Topologien zum Einsatz,
    - arbeitet als NBMA (sie beseitigen also keine Probleme mit der Split-Horizon-Regel),
    - können Adressraum einsparen, da nur ein einziges Subnetz verwendet wird.

Mehr zur Konfiguration von Subschnittstellen erfahren Sie weiter unten im Abschnitt »Frame Relay-Subschnittstellen konfigurieren«.

3.3.3 Entgelte für Frame Relay

Provider richten Frame Relay-Netzwerke unter Verwendung sehr großer und leistungsfähiger Switches ein. Als Kunde bekommen Ihre Geräte jedoch nur die Switch-Schnittstelle des Providers zu sehen. Sie kommen also normalerweise nicht mit den internen Vorgängen im Netzwerk in Kontakt, das häufig auf sehr schnellen Technologien wie T1, T3, SONET oder ATM basiert.

Wichtige Begriffe

Aus Sicht des Kunden setzt sich Frame Relay also aus einer Schnittstelle und einem oder mehreren PVCs zusammen. Der Kunde erwirbt einfach nur Frame Relay-Dienste bei einem Provider. Bevor wir uns jedoch der Frage widmen, mit welchen Kosten man bei Frame Relay-Diensten rechnen muss, müssen wir uns einige Schlüsselbegriffe und -konzepte ansehen:

- **AR (Access Rate, Zugriffsrate).** Aus Sicht des Kunden stellt der Provider über eine Standleitung eine serielle Verbindung – die Zugangsleitung – in das Frame Relay-Netzwerk bereit. Die Datenrate dieser Leitung ist die AR (diese heißt auch *Portrate*). Die AR ist die Übertragungsrate Ihrer Zugangsleitungen in das Frame Relay-Netzwerk. Typische Raten sind 56 kbit/s, T1 (1,536 Mbit/s) oder Fractional T1 (ein Vielfaches von 56 oder 64 kbit/s). Die Portraten werden auf dem Frame Relay-Switch synchronisiert. Es ist nicht möglich, Daten mit einer höheren Rate als der AR zu senden.

- **CIR (Committed Information Rate).** Der Kunde vereinbart die CIR PVC-spezifisch mit dem Provider. Die CIR ist die Datenmenge, die das Netzwerk über die Zugangsleitung erhält. Der Provider garantiert, dass der Kunde Daten mit CIR senden kann, das heißt, alle Frames, die mit CIR oder einer niedrigeren Rate empfangen werden, werden akzeptiert.

Ein wesentlicher Vorteil von Frame Relay besteht darin, dass unbenutzte Netzwerkkapazitäten allen Kunden zur Verfügung gestellt werden – und dies gewöhnlich ohne Zusatzkosten. Dies bietet Kunden den zusätzlichen Vorteil, ihre CIR »sprengen« zu können. Diese als *Bursting* bezeichnete Funktionalität werden wir in Kürze näher erläutern.

In unserem Beispiel zahlt der Kunde zusätzlich zu eventuell anfallenden CPE-Kosten für drei Frame Relay-Komponenten:

- **AR.** Kosten für die Zugangsleitung vom DTE zum DCE (d. h. vom Kunden zum Provider). Diese Leitung wird auf der Basis der vereinbarten und eingerichteten AR in Rechnung gestellt.

- **PVC.** Kosten pro PVC. Sobald ein PVC eingerichtet wurde, sind die zusätzlichen Kosten zur Erhöhung der CIR meistens relativ gering. Die Erhöhungsschrittweite ist klein (meistens 4 kbit/s).

- **CIR.** Der Kunde wird in der Regel eine CIR wählen, die niedriger ist als die AR. Auf diese Weise kann er das Bursting nutzen.

In Abbildung 3.25 zahlt der Kunde für

- eine Zugangsleitung mit einer Rate von 64 kbit/s, die das DCE am Kundenstandort über den seriellen Port S0/0/0 mit dem DCE des Providers verbindet,

- zwei virtuelle Ports (einer mit 32 und ein weiterer mit 16 kbit/s),

- eine CIR von 48 kbit/s im gesamten Frame Relay-Netzwerk (die Kosten hierfür werden meistens pauschal, d. h. entfernungsunabhängig in Rechnung gestellt).

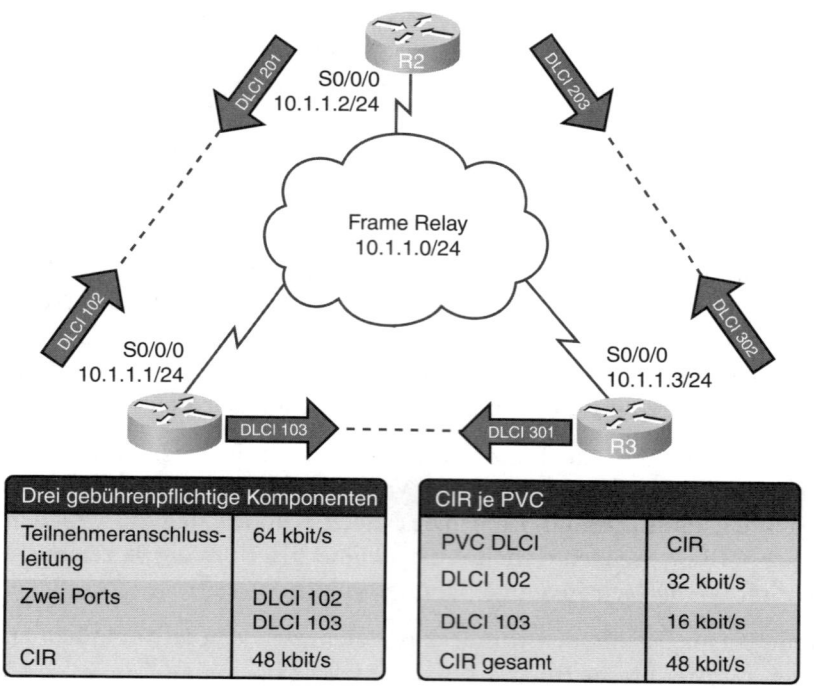

Abbildung 3.25: Frame Relay-Kosten (Beispiel)

Überbelegung

Provider verkaufen manchmal mehr Kapazität, als tatsächlich vorhanden ist. Sie gehen dabei davon aus, dass nicht jeder Benutzer jederzeit seine gesamte ihm zustehende Kapazität beanspruchen wird. Diese Überbelegung ähnelt dem Vorgehen von Fluggesellschaften, die Flugtickets für mehr Personen verkaufen, als tatsächlich Plätze vorhanden sind, denn sie gehen davon aus, dass nicht alle Passagiere erscheinen werden. Aufgrund der Überbelegung kann es vorkommen, dass die Summe der CIRs mehrerer PVCs zu einem bestimmten Standort höher ist als die entsprechende AR. Dies kann zu Problemen mit der Datenübertragung führen, beispielsweise zu einer Netzwerküberlastung oder zu einem Datenverlust.

Bursting

Wie bereits oben erwähnt, nutzt Frame Relay ungenutzte Netzwerkkapazitäten aus und stellt sie anderen Kunden in der Regel kostenfrei zur Verfügung.

Bezogen auf die in Abbildung 3.25 gezeigte Topologie ist in Tabelle 3.5 eine AR für den seriellen Port S0/0/0 des Routers R1 von 64 kbit/s ersichtlich. Dies ist mehr als die summierten CIRs der beiden PVCs. Unter normalen

Umständen sollten die beiden PVCs nicht mehr als 32 bzw. 16 kbit/s übertragen. Sofern die Datenmenge, welche die beiden PVCs senden, die kombinierte CIR nicht überschreitet, sollten die Daten problemlos im Netzwerk übertragen werden.

Tabelle 3.5: ARs

PVC-DLCI	CIR (Normal)	CBIR (Beispiel)	BE
DLCI 102	32 kbit/s	48 kbit/s	16 kbit/s
DLCI 103	16 kbit/s	0 kbit/s	48 kbit/s
	Alle Frames werden weitergeleitet.	Frames werden weitergeleitet, aber als DE gekennzeichnet.	Frames werden wahrscheinlich verworfen.

Weil die physischen Leitungen des Frame Relay-Netzwerks von verschiedenen Teilnehmern gemeinsam verwendet werden, kommt es häufig vor, dass überzählige Bandbreite vorhanden ist. Frame Relay ermöglicht Kunden den dynamischen Zugriff auf diese zusätzliche Bandbreite und das »Bursting« ihrer CIR ohne zusätzliche Kosten.

Das Bursting gestattet Geräten, die vorübergehend mehr Bandbreite brauchen, diese kostenfrei von anderen Geräten, die sie gerade nicht benötigen, zu borgen. Wenn beispielsweise PVC 102 eine große Datei überträgt, könnte er dazu den Anteil der 16 kbit/s verwenden, der von PVC 103 gerade nicht benötigt wird. Auch wenn ein Gerät das Bursting bis auf die AR ausweitet, kann es davon ausgehen, dass die Daten übertragen werden. Die Dauer einer Bursting-Übertragung sollte kurz sein, d. h. weniger als drei oder vier Sekunden.

Verschiedene Termini werden zur Beschreibung von Bursting-Raten verwendet. Hierzu gehören CBIR (Committed Burst Information Rate) und BE (Excess Burst Size).

Die CBIR ist eine vereinbarte Rate oberhalb der CIR, die der Kunde für die Übertragung kurzer Bursts verwenden kann. Sie ermöglicht eine Beschleunigung von Bursting-Daten in Abhängigkeit von der im Netzwerk vorhandenen Bandbreite. Die Portrate der Verbindung kann jedoch nicht überschritten werden. Auch wenn ein Gerät das Bursting bis auf die CBIR ausweitet, kann es davon ausgehen, dass die Daten übertragen werden. Falls häufig längere Bursts anfallen, sollte der Erwerb einer höheren CIR ins Auge gefasst werden.

DLCI 102 beispielsweise hat eine CIR von 32 kbit/s und zusätzlich eine CBIR von 16 kbit/s, was eine Gesamtrate von 48 kbit/s ermöglicht. Frames, die auf der CBIR-Ebene gesendet werden, erhalten im Header die Kennzeichnung DE (Discard Eligible). Diese gibt an, dass der betreffende Frame beim Auftreten einer Netzüberlastung oder beim Überschreiten der Netzwerkkapazität gelöscht werden darf. Frames innerhalb der vereinbarten CIR dürfen hingegen nicht gelöscht werden – hier hat die DE den Wert 0; bei Frames oberhalb der CIR ist das DE-Bit auf 1 gesetzt, das heißt, sie können verworfen werden, falls der Datenverkehr im Netzwerk zu stark wird.

BE beschreibt die Bandbreite, die über die CBIR hinaus bis zur AR der Leitung verfügbar ist. Anders als die CBIR wird sie nicht vereinbart. Frames können zwar mit dieser Rate übertragen werden, doch werden sie mit hoher Wahrscheinlichkeit verworfen.

Abbildung 3.26 veranschaulicht die Beziehung zwischen den verschiedenen Bursting-Begriffen.

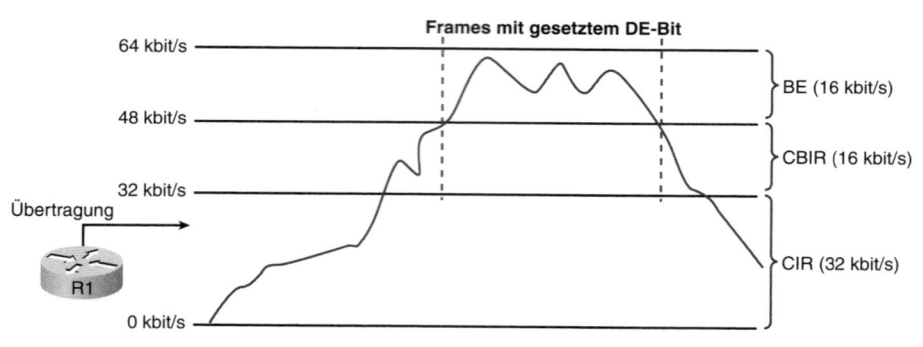

Abbildung 3.26: Frame Relay-Bursting

3.3.4 Flusssteuerung bei Frame Relay

Frame Relay verringert den Netzwerk-Overhead durch Implementierung einfacher Mechanismen zur Benachrichtigung bei Netzüberlastung anstelle einer umfassenden Flusssteuerung des VC. Diese Mechanismen heißen FECN (Forward Explicit Congestion Notification) und BECN (Backward Explicit Congestion Notification).

Damit Sie sie besser verstehen können, zeigt Abbildung 3.27 noch einmal die Struktur des Frame Relay-Frames. FECN und BECN werden jeweils durch ein einzelnes Bit gesteuert, das im Frame-Header enthalten ist. Hierdurch wird dem Router mitgeteilt, dass eine Überlastung im Netzwerk aufgetreten ist und er Maßnahmen für Traffic-Shaping oder Throttling ergreifen sollte, bis die Überlastung aufgehoben ist. BECN ist eine direkte Benachrichtigung, FECN eine indirekte.

Kapitel 3 • Frame Relay

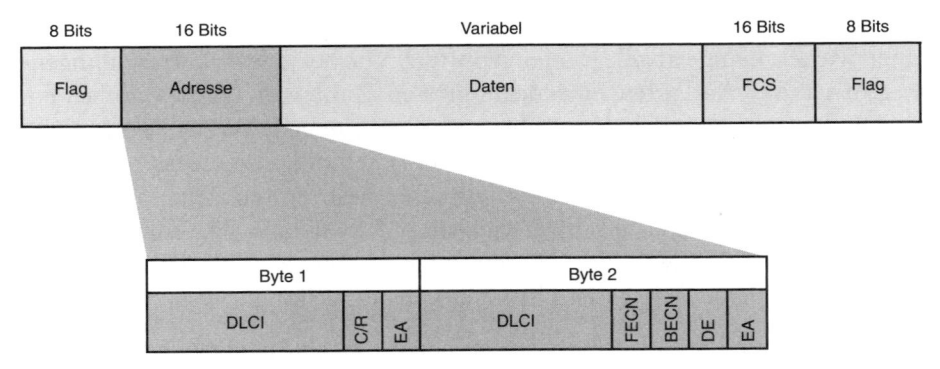

8 Bits	16 Bits	Variabel	16 Bits	8 Bits
Flag	Adresse	Daten	FCS	Flag

Byte 1			Byte 2			
DLCI	C/R	EA	DLCI	FECN	BECN	DE	EA

Abbildung 3.27: Frame Relay-Standard-Frame

Der Frame-Header enthält auch ein DE-Bit, das »weniger wichtige« Daten kennzeichnet, die bei hohem Datenaufkommen verworfen werden dürfen. DTE-Geräte können den Wert des DE-Bits auf 1 setzen, um anzuzeigen, dass der Frame eine geringere Wichtigkeit hat als andere Frames. Wenn eine Überlastung auftritt, verwerfen DCE-Geräte zunächst Frames mit gesetztem DE-Bit und erst nachfolgend andere. Auf diese Weise wird die Wahrscheinlichkeit verringert, dass wichtige Daten bei einem hohen Datenaufkommen verworfen werden.

> **ANMERKUNG**
>
> Das Prinzip der »Wichtigkeit« und das DE-Bit werden von verschiedenen Faktoren beeinflusst. Hierzu gehören QoS-Mechanismen (Quality of Service, Dienstgüte) und die Frage, ob es sich um Bursting-Daten handelt oder nicht.

Wenn es zu Überlastungen kommt, wendet der Frame Relay-Switch des Providers unter Berücksichtigung der Frage, ob die CIR überschritten wird oder nicht, die folgenden Logikregeln auf alle eingehenden Frames an:

- Wenn ein eingehender Frame die CBIR nicht überschreitet, wird er weitergeleitet.
- Wenn ein eingehender Frame die CBIR überschreitet, wird darin das DE-Bit gesetzt.
- Wenn ein eingehender Frame die CBIR und die BE überschreitet, wird er verworfen.

Frames, die auf einem Switch eintreffen, werden vor der Weiterleitung in einer Warteschlange abgelegt oder gepuffert. Wie bei jedem Warteschlangensystem ist das Auflaufen einer sehr großen Zahl von Frames auf einem Switch durchaus möglich. Dies führt zu Verzögerungen. Verzögerungen wiederum haben unnötige Neuübertragungen zur Folge, die auftreten, wenn Protokolle höherer Schichten innerhalb einer bestimmten Zeitspanne keine Bestätigungen erhalten. In schwerwiegenden Fällen kann dies einen erheblichen Abfall des Netzwerkdurchsatzes zur Folge haben. Um dies zu vermeiden, enthält Frame Relay eine Flusssteuerungsfunktion.

Die Abbildungen 3.28 bis 3.30 zeigen einen Switch, dessen Warteschlange immer voller wird. Um zu verhindern, dass immer mehr Frames in die Warteschlange eingereiht werden, informiert der Switch die DTEs über dieses Problem. Hierzu verwendet er zwei ECN-Bits im Adressfeld des Frames:

- Das BECN-Bit (»B« in Abbildung 3.30) wird in jedem Frame gesetzt, den der Switch auf der überlasteten Leitung empfängt.
- Das FECN-Bit (»F« in Abbildung 3.29) wird in jedem Frame gesetzt, den der Switch in die überlastete Leitung einspeist.

DTEs, die Frames mit gesetzten ECN-Bits erhalten, sollten versuchen, den Frame-Fluss zu reduzieren, bis die Überlastung behoben ist.

Zusammengefasst zeigt Abbildung 3.28, dass, während Switch A einen umfangreichen Frame über die Schnittstelle 1 versendet, andere Frames in der Warteschlange für diese Schnittstelle landen. In Abbildung 3.29 informiert der Frame Relay-Switch die nachgeschalteten Geräte über das gesetzte FECN-Bit über die Warteschlange. In Abbildung 3.30 hingegen setzt der Frame Relay-Switch das BECN-Bit, um die vorgeschalteten Geräte darauf hinzuweisen, dass eine Warteschlange vorhanden ist (und zwar auch dann, wenn diese gar nicht zu deren Entstehen beigetragen haben).

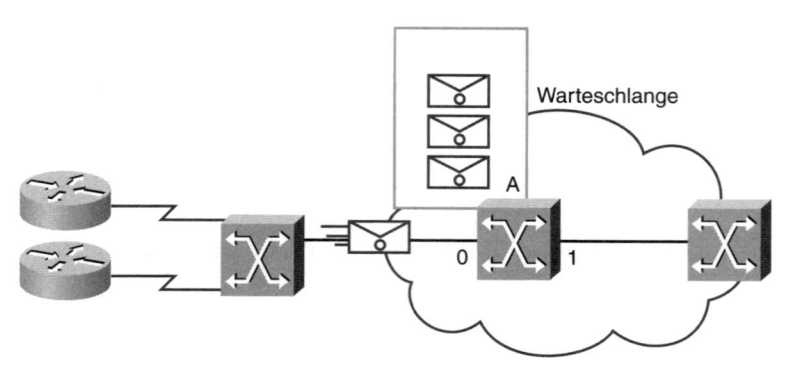

Abbildung 3.28: Bandbreitensteuerung bei Frame Relay: Bildung der Warteschlange

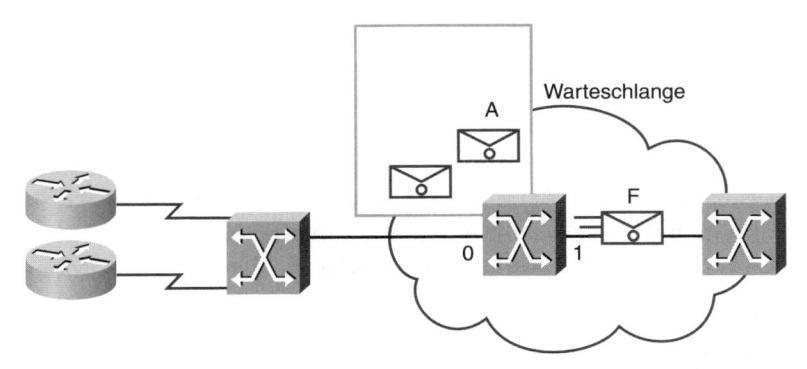

Abbildung 3.29: Bandbreitensteuerung bei Frame Relay: FECN

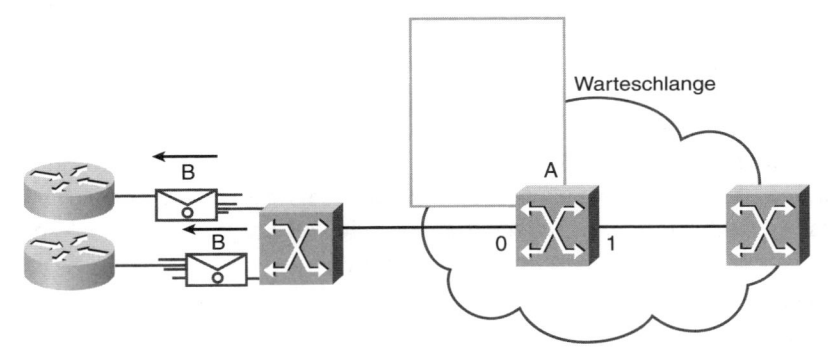

Abbildung 3.30: Bandbreitensteuerung bei Frame Relay: BECN

Falls die Überlastung auf einem internen Trunk auftritt, werden DTEs auch dann benachrichtigt, wenn sie nicht Ursache der Überlastung waren.

3.4 Fortgeschrittene Frame Relay-Konfiguration

Die fortgeschrittene Frame Relay-Konfiguration umfasst die Konfiguration von Subschnittstellen und DLCI-Informationen. Das Konfigurieren von Frame Relay auf Subschnittstellen unterscheidet sich geringfügig von der Konfiguration auf physischen Schnittstellen.

3.4.1 Frame Relay-Subschnittstellen konfigurieren

Sie wissen bereits, dass es mit Frame Relay-Subschnittstellen möglich ist, eine einzelne physische Schnittstelle mit mehreren virtuellen Schnittstellen zu verknüpfen, um die Split-Horizon-Regeln zu umgehen. Pakete, die auf einer virtuellen Schnittstelle empfangen werden, können über eine andere virtuelle Schnittstelle weitergeleitet werden, auch wenn beide Schnittstellen auf derselben physischen Schnittstelle konfiguriert sind.

Subschnittstellen helfen dabei, die Beschränkungen von Frame Relay-Netzwerken zu umgehen, indem sie eine Möglichkeit bereitstellen, ein teilvermaschtes Frame Relay-Netzwerk in eine Anzahl kleinerer, vollständig vermaschter (oder Point-to-Point-)Netzwerke zu unterteilen. Jedes Subnetz erhält eine eigene Netzwerkadresse und lässt sich aus Sicht der Protokolle scheinbar über eine separate Schnittstelle erreichen. Point-to-Point-Subschnittstellen können zur Verwendung mit IP unadressiert bleiben; dies reduziert den adressbedingten Overhead, der andernfalls auftreten würde.

Sie erstellen eine Subschnittstelle mit dem Befehl `interface serial`. Dies können Sie entweder im globalen Konfigurationsmodus (`config`) oder im Schnittstellenkonfigurationsmodus (`config-if`) tun. Geben Sie die Portnummer an, gefolgt von einem Punkt (.) und der Subschnittstellenadresse. Um das Troubleshooting zu vereinfachen, verwenden Sie die DLCI als Subschnittstellennummer. Außerdem müssen Sie angeben, ob es sich um eine Point-to-Point- oder eine Point-to-Multipoint-Schnittstelle handelt; hierfür werden die Schlüsselwörter `multipoint` bzw. `point-to-point` verwendet. Beachten Sie, dass es hier keinen Default-Wert gibt. Es ist wichtig festzuhalten, dass der Befehl `encapsulation frame-relay` auf der physischen Schnittstelle konfiguriert werden muss, damit die Subschnittstellen erstellt werden können. Die Syntax zur Konfiguration der Subschnittstellen lautet:

`router(config-if)# interface serial number.subinterface-number [multipoint | point-to-point]`

Tabelle 3.6 definiert die Parameter dieses Befehls.

Tabelle 3.6: Parameter für den Befehl »interface serial«

Parameter des Befehls interface serial	Beschreibung
number.subinterface-number	Subschnittstellenadresse im Bereich zwischen 1 und 4.294.967.293. Die Schnittstellenadresse, die dem Punkt (.) vorangeht, muss der Adresse der physischen Schnittstelle entsprechen, zu der diese Subschnittstelle gehört.
multipoint	Wählen Sie diese Option, wenn sich alle Router im selben Subnetz befinden.
point-to-point	Wählen Sie diese Option, damit jedes Paar Point-to-Point-Router sich in einem eigenen Subnetz befindet. Point-to-Point-Verbindungen verwenden normalerweise die Subnetzmaske 255.255.255.252.

Um eine Point-to-Point-Subschnittstelle für PVC 103 nach R3 zu erstellen, können Sie folgenden Befehl eingeben:

```
R1(config-if)# interface serial 0/0/0.103 point-to-point
```

Wenn die Subschnittstelle als Point-to-Point-Schnittstelle konfiguriert wird, muss auch die lokale DLCI für die Subschnittstelle konfiguriert werden, um sie von der physischen Schnittstelle zu unterscheiden. Die DLCI ist auch für Multipoint-Subschnittstellen erforderlich, für die Inverse ARP aktiviert ist. Nicht benötigt wird sie bei Multipoint-Subschnittstellen, die mit statischen Routen-Maps konfiguriert sind.

Der Frame Relay-Provider weist die DLCIs zu. Die DLCI-Werte liegen zwischen 16 und 992 und haben normalerweise nur lokale Bedeutung. Der Bereich kann je nach verwendetem LMI-Typ ein anderer sein.

Der Befehl `frame-relay interface-dlci` konfiguriert die lokale DLCI auf der Subschnittstelle. Die Befehlssyntax lautet:

```
router(config-subif)# frame-relay interface-dlci dlci-number
```

Hierbei definiert `dlci-number` die lokale DLCI, die der Subschnittstelle zugeordnet wird. Dies ist die einzige Möglichkeit, eine LMI-abgeleitete DLCI einer Subschnittstelle zuzuordnen, weil LMI Subschnittstellen nicht kennt. Verwenden Sie den Befehl `frame-relay interface-dlci` nur auf Subschnittstellen.

Ein Beispiel:

```
R1(config-subif)# frame-relay interface-dlci 103
```

> **ANMERKUNG**
>
> Leider führen Änderungen an einer vorhandenen Frame Relay-Subschnittstellenkonfiguration unter Umständen nicht zum erwünschten Ergebnis. In solchen Situationen kann es erforderlich sein, die Konfiguration zu speichern und den Router neu zu laden.

Betrachten Sie das folgende Beispiel zur Konfiguration von Frame Relay-Subschnittstellen.

In Abbildung 3.31 verfügt R1 über zwei Point-to-Point-Subschnittstellen. Die Subschnittstelle S0/0/0.102 ist mit R2 verbunden, die Subschnittstelle S0/0/0.103 mit R3. Jede Subschnittstelle befindet sich in einem anderen Subnetz.

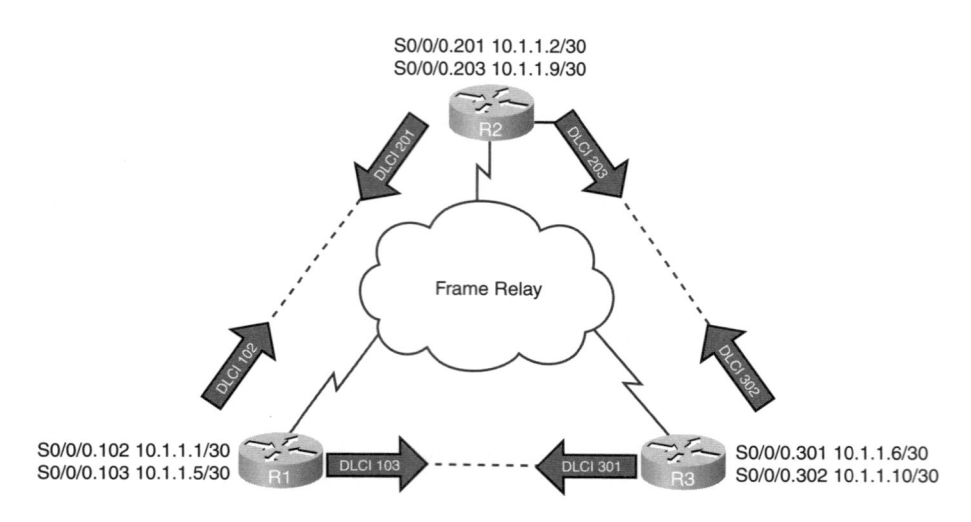

Abbildung 3.31: Point-to-Point-Subschnittstellen konfigurieren

Gehen Sie wie folgt vor, um Subschnittstellen auf einer physischen Schnittstelle zu konfigurieren:

1. Entfernen Sie alle Schicht-3-Adressen, die der physischen Schnittstelle zugewiesen sind. Falls die physische Schnittstelle eine Adresse hat, können die lokalen Subschnittstellen keine Frames empfangen.

2. Konfigurieren Sie die Frame Relay-Kapselung auf der physischen Schnittstelle mit dem Befehl encapsulation frame-relay.

3. Erstellen Sie für jeden definierten PVC eine logische Subschnittstelle. Geben Sie die Portnummer an, gefolgt von einem Punkt (.) und der Subschnittstellenadresse. Um das Troubleshooting zu vereinfachen, sollten Sie die DLCI als Subschnittstellennummer verwenden.

4. Konfigurieren Sie eine IP-Adresse für die Subschnittstelle und legen Sie die Bandbreite fest.

   Dann konfigurieren Sie auch die DLCI. Denken Sie daran, dass der Frame Relay-Provider Ihnen die DLCIs zuweist.

5. Konfigurieren Sie die lokale DLCI auf der Subschnittstelle mit dem Befehl frame-relay interface-dlci.

Abbildung 3.32 veranschaulicht diese Konfigurationsschritte für R1.

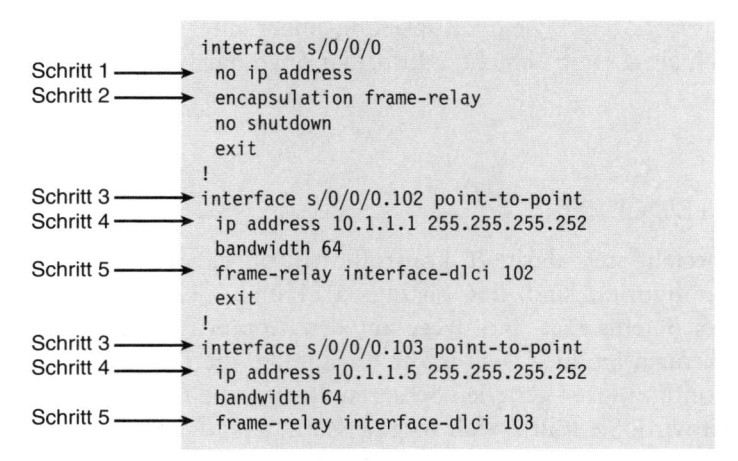

```
                        interface s/0/0/0
Schritt 1  ─────▶       no ip address
Schritt 2  ─────▶       encapsulation frame-relay
                        no shutdown
                        exit
                        !
Schritt 3  ─────▶       interface s/0/0/0.102 point-to-point
Schritt 4  ─────▶       ip address 10.1.1.1 255.255.255.252
                        bandwidth 64
Schritt 5  ─────▶       frame-relay interface-dlci 102
                        exit
                        !
Schritt 3  ─────▶       interface s/0/0/0.103 point-to-point
Schritt 4  ─────▶       ip address 10.1.1.5 255.255.255.252
                        bandwidth 64
Schritt 5  ─────▶       frame-relay interface-dlci 103
```

Abbildung 3.32: Schritte bei der Konfiguration von Point-to-Point-Subschnittstellen

3.4.2 Frame Relay-Betrieb überprüfen

Frame Relay ist grundsätzlich ein sehr zuverlässiger Dienst. Dennoch kommt es vor, dass das Netzwerk nicht die erwünschte Leistung bringt und ein Troubleshooting erforderlich ist: Benutzer melden langsame oder sporadisch ausfallende Verbindungen über eine Leitung, Leitungen fallen aus usw. Unabhängig von der Ursache führen Netzwerkausfälle stets zu sehr kostspieligen Produktivitätsausfällen. Eine bewährte Praxis besteht darin, die Konfiguration zu überprüfen, bevor Probleme auftreten.

In diesem Abschnitt werden wir mit einigen Kontrollschritten sicherstellen, dass alles korrekt funktioniert, bevor wir unsere Konfiguration in einem Produktionsnetzwerk einsetzen.

Frame Relay-Schnittstellenkonfiguration überprüfen

Nach der Konfiguration eines Frame Relay-PVC wie auch beim Troubleshooting sollten Sie sicherstellen, dass Frame Relay auf der betreffenden Schnittstelle korrekt funktioniert. Hierzu verwenden Sie den Befehl show interfaces.

ANMERKUNG

> Denken Sie daran, dass der Router bei Frame Relay normalerweise als DTE betrachtet wird. Ein Cisco-Router kann jedoch durchaus auch als Frame Relay-Switch konfiguriert werden. In solchen Fällen wird der Router zum DCE.

Der Befehl show interfaces zeigt, wie die Kapselung eingerichtet ist, und stellt zudem nützliche Schicht-1- und Schicht-2-Informationen dar:

- LMI-Typ
- LMI-DLCI
- Frame Relay-DTE/DCE-Typ

Der erste Schritt besteht stets darin zu kontrollieren, ob die Schnittstellen ordnungsgemäß konfiguriert sind. Die Listings 3.11 und 3.12 zeigen eine Beispielausgabe des Befehls show interfaces auf den Routern R1 und R2. Unter anderem erkennen Sie hier Details zur Kapselung, die DLCI auf der für Frame Relay konfigurierten seriellen Schnittstelle und die DLCI, die für das LMI verwendet wird. Sie sollten sich vergewissern, dass diese Werte wie erwartet aussehen; andernfalls müssen Sie unter Umständen Änderungen vornehmen.

Listing 3.11: »show interface serial«-Befehle auf dem Router R1

```
R1# show interface serial 0/0/0

Serial0/0/0 is up, line protocol is up
  Hardware is GT96K Serial
  MTU 1500 bytes, BW 1544 Kbit, DLY 20000 usec,
     reliability 255/255, txload 1/255, rxload 1/255
  Encapsulation FRAME-RELAY, loopback not set
  Keepalive set (10 sec)
  CRC checking enabled
  LMI enq sent  59, LMI stat recvd 59, LMI upd recvd 0, DTE LMI up
  LMI enq recvd 0, LMI stat sent  0, LMI upd sent  0
  LMI DLCI 1023  LMI type is CISCO  frame relay DTE
  FR SVC disabled, LAPF state down
  Broadcast queue 0/64, broadcasts sent/dropped 11/0, interface broadcasts 0
  Last input 00:00:05, output 00:00:05, output hang never
  Last clearing of "show interface" counters 00:09:55
  Input queue: 0/75/0/0 (size/max/drops/flushes); Total output drops: 0
  Queueing strategy: weighted fair
  Output queue: 0/1000/64/0 (size/max total/threshold/drops)
     Conversations  0/1/256 (active/max active/max total)
     Reserved Conversations 0/0 (allocated/max allocated)

     Available Bandwidth 1158 kilobits/sec
  5 minute input rate 0 bits/sec, 0 packets/sec
  5 minute output rate 0 bits/sec, 0 packets/sec
     67 packets input, 2367 bytes, 0 no buffer
     Received 0 broadcasts, 0 runts, 0 giants, 0 throttles
     0 input errors, 0 CRC, 0 frame, 0 overrun, 0 ignored, 0 abort
```

Listing 3.11: »show interface serial«-Befehle auf dem Router R1 (Forts.)

```
     75 packets output, 4906 bytes, 0 underruns
     0 output errors, 0 collisions, 2 interface resets
     0 output buffer failures, 0 output buffers swapped out
     0 carrier transitions
     DCD=up  DSR=up  DTR=up  RTS=up  CTS=up

R1# show interface serial 0/0/0.102

Serial0/0/0.102 is up, line protocol is up
  Hardware is GT96K Serial
  Internet address is 10.1.1.1/30
  MTU 1500 bytes, BW 1544 Kbit, DLY 20000 usec,
     reliability 255/255, txload 1/255, rxload 1/255
  Encapsulation FRAME-RELAY
  CRC checking enabled
  Last clearing of "show interface" counters never
```

Listing 3.12: »show interface serial«-Befehle auf dem Router R2

```
R2# show interface serial0/0/0

Serial0/0/0 is up, line protocol is up
  Hardware is GT96K Serial
  MTU 1500 bytes, BW 1544 Kbit, DLY 20000 usec,
     reliability 255/255, txload 1/255, rxload 1/255
  Encapsulation FRAME-RELAY, loopback not set
  Keepalive set (10 sec)
  LMI enq sent  37, LMI stat recvd 37, LMI upd recvd 0, DTE LMI up
  LMI enq recvd 0, LMI stat sent  0, LMI upd sent  0
  LMI DLCI 1023  LMI type is CISCO  frame relay DTE
  FR SVC disabled, LAPF state down
  Broadcast queue 0/64, broadcasts sent/dropped 5/0, interface broadcasts 0
  Last input 00:00:06, output 00:00:06, output hang never
  Last clearing of "show interface" counters 00:06:16
  Input queue: 0/75/0/0 (size/max/drops/flushes); Total output drops: 0
  Queueing strategy: weighted fair
  Output queue: 0/1000/64/0 (size/max total/threshold/drops)

     Conversations  0/1/256 (active/max active/max total)
     Reserved Conversations 0/0 (allocated/max allocated)
     Available Bandwidth 1158 kilobits/sec
  5 minute input rate 0 bits/sec, 0 packets/sec
  5 minute output rate 0 bits/sec, 0 packets/sec
     46 packets input, 3498 bytes, 0 no buffer
     Received 0 broadcasts, 0 runts, 0 giants, 0 throttles
     0 input errors, 0 CRC, 0 frame, 0 overrun, 0 ignored, 0 abort
```

Listing 3.12: »show interface serial«-Befehle auf dem Router R2 (Forts.)

```
     42 packets output, 2121 bytes, 0 underruns
     0 output errors, 0 collisions, 2 interface resets
     0 output buffer failures, 0 output buffers swapped out
     0 carrier transitions
     DCD=up  DSR=up  DTR=up  RTS=up  CTS=up

R2# show interface serial0/0/0.201

Serial0/0/0.201 is up, line protocol is up
  Hardware is GT96K Serial
  Internet address is 10.1.1.2/30
  MTU 1500 bytes, BW 1544 Kbit, DLY 20000 usec,
     reliability 255/255, txload 1/255, rxload 1/255
  Encapsulation FRAME-RELAY
  Last clearing of "show interface" counters never
```

LMI-Statistiken verifizieren, um die Kommunikation zwischen Routern und Provider zu kontrollieren

Der nächste Schritt besteht darin, sich einige LMI-Statistiken anzusehen. Hierzu verwenden Sie den Befehl show frame-relay lmi (Listings 3.13 und 3.14). In der Ausgabe suchen Sie nach Invalid-Objekten mit einem Wert ungleich null. Hiermit können Sie das Problem auf einen Frame Relay-Kommunikationsvorgang zwischen dem Switch des Providers und Ihrem Router eingrenzen.

Listing 3.13: Befehl »show frame-relay lmi« auf dem Router R1

```
R1# show frame-relay lmi

LMI Statistics for interface Serial0/0/0 (Frame Relay DTE) LMI TYPE = CISCO
  Invalid Unnumbered info 0      Invalid Prot Disc 0
  Invalid dummy Call Ref 0       Invalid Msg Type 0
  Invalid Status Message 0       Invalid Lock Shift 0
  Invalid Information ID 0       Invalid Report IE Len 0
  Invalid Report Request 0       Invalid Keep IE Len 0
  Num Status Enq. Sent 76        Num Status msgs Rcvd 76
  Num Update Status Rcvd 0       Num Status Timeouts 0
  Last Full Status Req 00:00:48  Last Full Status Rcvd 00:00:48
```

Listing 3.14: Befehl »show frame-relay lmi« auf dem Router R2

```
R2# show frame-relay lmi

LMI Statistics for interface Serial0/0/0 (Frame Relay DTE) LMI TYPE = CISCO
  Invalid Unnumbered info 0      Invalid Prot Disc 0
  Invalid dummy Call Ref 0       Invalid Msg Type 0
```

Listing 3.14: Befehl »show frame-relay lmi« auf dem Router R2 (Forts.)

Invalid Status Message 0	Invalid Lock Shift 0
Invalid Information ID 0	Invalid Report IE Len 0
Invalid Report Request 0	Invalid Keep IE Len 0
Num Status Enq. Sent 78	Num Status msgs Rcvd 78
Num Update Status Rcvd 0	Num Status Timeouts 0
Last Full Status Req 00:00:02	Last Full Status Rcvd 00:00:02

Die Listing 3.13 und 3.14 zeigen die Anzahl der Statusmeldungen, die zwischen dem lokalen Router und dem lokalen Frame Relay-Switch ausgetauscht wurden.

Betrachten Sie nun die Statistiken für die Schnittstelle.

Statistiken zu PVC und Datenverkehr anzeigen

Mit dem Befehl show frame-relay pvc [interface *interface*] [dlci] zeigen Sie Statistiken zu PVC und Datenverkehr an (Listing 3.15 und 3.16). Ferner ist dieser Befehl nützlich, um die Anzahl der BECN- und FECN-Pakete anzuzeigen, die vom Router empfangen wurden. Der PVC-Status kann die Werte active, inactive oder deleted aufweisen.

Listing 3.15: Befehl »show frame-relay pvc« auf dem Router R1

```
R1# show frame-relay pvc 102

PVC Statistics for interface Serial0/0/0 (Frame Relay DTE)
DLCI = 102, DLCI USAGE = LOCAL, PVC STATUS = ACTIVE, INTERFACE = Serial0/0/0.102
  input pkts 12          output pkts 20          in bytes 2816
  out bytes 5455         dropped pkts 0          in pkts dropped 0
  out pkts dropped 0           out bytes dropped 0
  in FECN pkts 0         in BECN pkts 0          out FECN pkts 0
  out BECN pkts 0        in DE pkts 0            out DE pkts 0
  out bcast pkts 15      out bcast bytes 4935
  5 minute input rate 0 bits/sec, 0 packets/sec
  5 minute output rate 0 bits/sec, 0 packets/sec
  pvc create time 00:13:27, last time pvc status changed 00:07:47
```

Listing 3.16: Befehl »show frame-relay pvc« auf dem Router R2

```
R2# show frame-relay pvc 201

PVC Statistics for interface Serial0/0/0 (Frame Relay DTE)
DLCI = 201, DLCI USAGE = LOCAL, PVC STATUS = ACTIVE, INTERFACE = Serial0/0/0.201
  input pkts 11          output pkts 8           in bytes 3619
  out bytes 2624         dropped pkts 0          in pkts dropped 0
  out pkts dropped 0           out bytes dropped 0
  in FECN pkts 0         in BECN pkts 0          out FECN pkts 0
```

Listing 3.16: Befehl »show frame-relay pvc« auf dem Router R2 (Forts.)

```
out BECN pkts 0           in DE pkts 0           out DE pkts 0
out bcast pkts 8          out bcast bytes 2624
5 minute input rate 0 bits/sec, 0 packets/sec
5 minute output rate 0 bits/sec, 0 packets/sec
pvc create time 00:08:23, last time pvc status changed 00:08:23
```

Der Befehl show frame-relay pvc zeigt den Status aller PVCs an, die auf dem Router konfiguriert sind. Zudem können Sie auch einen bestimmten PVC angeben.

Wenn eine Inverse ARP-Anfrage gestellt wird, aktualisiert der Router seine Zuordnungstabelle mit drei möglichen LMI-Verbindungszuständen:

- **ACTIVE.** Zeigt eine erfolgreiche Ende-zu-Ende-Leitung (d. h. von DTE zu DTE) an.

- **INACTIVE.** Signalisiert eine erfolgreiche Verbindung zum Switch (DTE an DCE), ohne dass ein DTE am anderen Ende des PVC erkannt worden wäre. Dies kann passieren, falls der Switch eine veraltete oder fehlerhafte Konfiguration aufweist.

- **DELETED.** Gibt an, dass das DTE für eine DLCI konfiguriert ist, die der Switch nicht als gültig für diese Schnittstelle anerkennt.

Die möglichen Werte des Statusfeldes sind:

- **0x0.** Diese DLCI ist auf dem Switch programmiert, kann aber aus irgendeinem Grund nicht verwendet werden. Ursache hierfür könnte sein, dass das andere Ende des PVC ausgefallen ist.

- **0x2.** Der Frame Relay-Switch kennt die DLCI, und alles funktioniert einwandfrei.

- **0x4.** Auf dem Frame Relay-Switch ist diese DLCI gegenwärtig nicht für den Router programmiert, war es aber in der Vergangenheit bereits. Dies könnte dadurch verursacht worden sein, dass die DLCIs auf dem Router umgestellt wurden oder der PVC vom Provider in der Frame Relay-Wolke gelöscht wurde.

Sobald Sie alle erforderlichen Statistiken ermittelt haben, stellen Sie die Statistikzähler mit dem Befehl clear counters zurück. Warten Sie danach fünf bis zehn Minuten, bevor Sie die show-Befehle erneut absetzen. Achten Sie auch auf weitere Fehler. Zudem sollten Sie Ihre Statistiken bereithalten, wenn Sie sich im Fehlerfall an Ihren Provider wenden.

Übersetzung der entfernten IP-Adresse in die lokale DLCI überprüfen

Eine abschließende Aufgabe besteht darin zu kontrollieren, ob mit dem Befehl frame-relay inverse-arp eine entfernte IP-Adresse in eine lokale DLCI aufgelöst werden konnte. Zeigen Sie mit dem Befehl show frame-relay map die aktuellen Zuordnungseinträge und Informationen zu den Verbindungen an (Listing 3.17).

Listing 3.17: Befehl »show frame-relay map« auf dem Router R1

```
R1# show frame-relay map

Serial0/0/0.102 (up): ip 10.1.1.2 dlci 100(0x64,0x1840), dynamic broadcast,
        CISCO, status defined, active
```

Aus der Ausgabe geht Folgendes hervor:

- 10.1.1.2 ist die IP-Adresse des Remote-Routers, die dynamisch über den Inverse ARP-Prozess erlernt wurde.
- 100 ist der Dezimalwert der lokalen DLCI.
- 0x64 ist der Hexadezimalwert der DLCI.
- 0x1840 ist der Wert, wie er sich bei der Übertragung darstellt. Dies liegt an der Art und Weise, wie die DLCI-Bits im Adressfeld des Frame Relay-Frames verteilt werden.
- Broadcasting/Multicasting ist auf dem PVC aktiviert.
- Der PVC-Status ist active.

Um via Inverse ARP dynamisch erstellte Frame Relay-Maps zu löschen, verwenden Sie den Befehl clear frame-relay inarp (Listings 3.18 und 3.19). Dies kann beim Inverse ARP-Prozess eine Zeitlang dauern, das heißt, eine Ausgabe erscheint erst nach seinem Abschluss. Und erst dann sollten Sie den Befehl show frame-relay map absetzen.

Listing 3.18: Befehle »clear frame-relay inarp« und »show frame-relay map« auf dem Router R1

```
R1# clear frame-relay inarp
R1# show frame-relay map

Serial0/0/0.102 (up): point-to-point dlci, dlci 102(0x66,0x1860), broadcast
        status defined, active
```

Listing 3.19: Befehle »clear frame-relay inarp« und »show frame-relay map« auf dem Router R2

```
R2# clear frame-relay inarp
R2# show frame-relay map

Serial0/0/0.201 (up): point-to-point dlci, dlci 201(0xC9,0x3090), broadcast
          status defined, active
```

3.4.3 Troubleshooting der Frame Relay-Konfiguration

Wenn die Kontrollprozedur ergibt, dass Ihre Frame Relay-Konfiguration nicht einwandfrei arbeitet, müssen Sie ein Troubleshooting durchführen.

Mit dem Befehl `debug frame-relay lmi` bestimmen Sie, ob der Router und der Frame Relay-Switch LMI-Pakete korrekt senden und empfangen.

Studieren Sie die Listings 3.20 und 3.21 und untersuchen Sie die Ausgabe eines LMI-Austauschs.

Listing 3.20: Befehl »debug frame-relay lmi« auf dem Router R1

```
R1# debug frame-relay lmi

Frame Relay LMI debugging is on
Displaying all Frame Relay LMI data
R1#
*Sep 12 00:09:35.425: Serial0/0/0(out): StEnq, myseq 110, yourseen 109, DTE up
*Sep 12 00:09:35.425: datagramstart = 0x3F4055D4, datagramsize = 13
*Sep 12 00:09:35.425: FR encap = 0xFCF10309
*Sep 12 00:09:35.425: 00 75 01 01 01 03 02 6E 6D
*Sep 12 00:09:35.425:
*Sep 12 00:09:35.425: Serial0/0/0(in): Status, myseq 110, pak size 13
*Sep 12 00:09:35.425: RT IE 1, length 1, type 1
*Sep 12 00:09:35.425: KA IE 3, length 2, yourseq 110, myseq 110
R1#
*Sep 12 00:09:45.425: Serial0/0/0(out): StEnq, myseq 111, yourseen 110, DTE up
*Sep 12 00:09:45.425: datagramstart = 0x3F4050D4, datagramsize = 13
*Sep 12 00:09:45.425: FR encap = 0xFCF10309
*Sep 12 00:09:45.425: 00 75 01 01 01 03 02 6F 6E
*Sep 12 00:09:45.425:
*Sep 12 00:09:45.425: Serial0/0/0(in): Status, myseq 111, pak size 13
*Sep 12 00:09:45.425: RT IE 1, length 1, type 1
*Sep 12 00:09:45.425: KA IE 3, length 2, yourseq 111, myseq 111
R1# undebug all

All possible debugging has been turned off
R1#
```

Listing 3.21: Befehl »debug frame-relay lmi« auf dem Router R2

```
R2# debug frame-relay lmi

Frame Relay LMI debugging is on
Displaying all Frame Relay LMI data
R2#
*Sep 12 00:07:12.773: Serial0/0/0(out): StEnq, myseq 82, yourseen 81, DTE up
*Sep 12 00:07:12.773: datagramstart = 0x3F401B14, datagramsize = 13
*Sep 12 00:07:12.773: FR encap = 0xFCF10309
*Sep 12 00:07:12.773: 00 75 01 01 01 03 02 52 51
*Sep 12 00:07:12.773:
*Sep 12 00:07:12.773: Serial0/0/0(in): Status, myseq 82, pak size 13
*Sep 12 00:07:12.773: RT IE 1, length 1, type 1
*Sep 12 00:07:12.773: KA IE 3, length 2, yourseq 82, myseq 82
R2#
*Sep 12 00:07:22.773: Serial0/0/0(out): StEnq, myseq 83, yourseen 82, DTE up
*Sep 12 00:07:22.773: datagramstart = 0x3F6AEFD4, datagramsize = 13
*Sep 12 00:07:22.773: FR encap = 0xFCF10309
*Sep 12 00:07:22.773: 00 75 01 01 01 03 02 53 52
*Sep 12 00:07:22.773:
*Sep 12 00:07:22.773: Serial0/0/0(in): Status, myseq 83, pak size 13
*Sep 12 00:07:22.773: RT IE 1, length 1, type 1
*Sep 12 00:07:22.773: KA IE 3, length 2, yourseq 83, myseq 83
*Sep 12 00:07:22.773: PVC IE 0x7 , length 0x3 , dlci 100, status 0x2
R2# undebug all

All possible debugging has been turned off
R2#
```

An dieser Stelle wollen wir einige Informationen in der Ausgabe von debug frame-relay lmi näher erläutern:

- out ist eine LMI-Statusmeldung, die vom Router gesendet wird.
- in ist eine Meldung, die vom Frame Relay-Switch empfangen wurde.
- Eine vollständige LMI-Statusmeldung ist als type 0 gekennzeichnet (tritt in den vorliegenden Listings nicht auf).
- Ein LMI-Austausch ist als type 1 gekennzeichnet.
- dlci 100, status 0x2 bedeutet, dass DLCI 100 den aktiven Status hat.

3.5 Zusammenfassung

Frame Relay bietet größere Bandbreite, Zuverlässigkeit und Widerstandsfähigkeit als private oder Standleitungen. Es reduziert die Netzwerkkosten, denn es werden weniger Geräte benötigt; zudem sind die Komplexität geringer und die Implementierung einfacher. Aus diesen Gründen ist Frame Relay mittlerweile die meistverwendete WAN-Technologie weltweit.

Eine Frame Relay-Verbindung zwischen einem DTE am Rand eines LAN und einem DCE im Providernetzwerk benutzt eine Sicherungsschicht- und eine Bitübertragungsschichtkomponente. Frame Relay kapselt Datenpakete in einem Frame Relay-Frame und übergibt diesen dann zur Auslieferung über die Leitung an die Bitübertragungsschicht. Die Verbindung durch das Providernetzwerk ist ein VC, der durch eine DLCI ausgewiesen wird. Mehrere VCs können mithilfe eines FRAD im Multiplexing-Verfahren übertragen werden. Frame Relay-Netzwerke verwenden gewöhnlich eine teilvermaschte Topologie, die für die Datenflussanforderungen der Kundenbasis des Providers optimiert ist.

Frame Relay ordnet DLCIs mithilfe von Inverse ARP den IP-Adressen entfernter Standorte zu. Beim dynamischen Mapping (Adresszuordnung) wird Inverse ARP zur Auflösung der Schicht-3-Adresse des nächsten Hops in einen lokalen DLCI-Wert verwendet. Der Frame Relay-Router sendet Inverse ARP-Anforderungen über seinen PVC, um die Protokolladresse des Remote-Geräts zu ermitteln, das an das Frame Relay-Netzwerk angeschlossen ist. Frame Relay-Router als DTEs stellen über LMI Statusinformationen zu ihrer Verbindung mit dem Frame Relay-Switch (DCE) bereit. LMI-Erweiterungen geben zusätzliche Informationen zum Netzwerk an.

Die ersten beiden Aufgaben bei der Konfiguration von Frame Relay auf einem Cisco-Router sind die Aktivierung der Frame Relay-Kapselung auf der Schnittstelle und die Konfiguration des statischen oder dynamischen Mappings. Danach lassen sich nach Bedarf weitere optionale Aufgaben durchführen. Hierzu gehören die Konfiguration von LMI und VCs, das Traffic-Shaping und die Anpassung von Frame Relay an Ihr Netzwerk. Die Überwachung und Pflege von Frame Relay-Verbindungen ist die abschließende Aufgabe.

Die Frame Relay-Konfiguration muss das Split-Horizon-Problem in Betracht ziehen, welches entsteht, wenn mehrere VCs auf derselben physischen Schnittstelle konvergieren. Frame Relay kann eine physische Schnittstelle in mehrere virtuelle Schnittstellen unterteilen, die als Subschnittstellen bezeichnet werden. Auch die Konfiguration von Subschnittstellen haben wir in diesem Kapitel erläutert und geübt.

Auf die Frame Relay-Konfiguration wirkt sich auch die Art und Weise aus, wie die Provider Verbindungskosten auf der Grundlage der Parameter AR und CIR in Rechnung stellen. Ein Vorteil dieser Tarifmodelle besteht darin, dass unbenutzte Netzwerkkapazitäten allen Kunden zur Verfügung gestellt werden – und dies gewöhnlich ohne Zusatzkosten. So können Benutzer Daten kurzzeitig auch als Bursts versenden.

Die Gebührenmodelle der Provider beeinflussen auch die Konfiguration einer Flusssteuerung in einem Frame Relay-Netzwerk. Sie können Warteschlangen und Traffic-Shaping passend zur CIR konfigurieren. Auf DTEs lässt sich eine Netzüberlastungssteuerung einrichten, indem BECN- und FECN-Bits zu Frame-Adressen hinzugefügt werden. Zudem lassen sich DTEs so konfigurieren, dass sie ein DE-Bit setzen, das angibt, dass der Frame bei Auftreten einer Netzwerküberlastung früher als andere Frames verworfen werden darf. Frames, die über die CIR hinausgehend versendet werden, werden mit dem DE-Bit gekennzeichnet, das heißt, sie können gelöscht werden, falls es innerhalb des Frame Relay-Netzwerks zu Überlastungen kommt.

Abschließend haben Sie auch gelernt, wie Sie Frame Relay-Konfigurationen überprüfen und ein Troubleshooting durchführen.

3.6 Übungen

Die Aktivitäten und Übungen im Begleitbuch »Accessing the WAN, CCNA Exploration Labs and Study Guide« (ISBN 978-1-58713-201-8) ermöglichen ein praxisbezogenes Üben der folgenden in diesem Kapitel vorgestellten Themen:

Übung 3.1: Einfache Frame Relay-Konfiguration (3.5.1)

In dieser Übung lernen Sie anhand des im Topologiediagramm gezeigten Netzwerks, wie Sie die Frame Relay-Kapselung auf seriellen Verbindungen konfigurieren. Ferner erfahren Sie, wie Sie einen Router als Frame Relay-Switch konfigurieren. Für Frame Relay gelten sowohl proprietäre Standards von Cisco als auch offene Standards. Beide werden Sie kennenlernen. Achten Sie besonders auf den Abschnitt der Übung, in dem Sie die Frame Relay-Konfiguration gezielt beschädigen. Er wird Ihnen bei der Troubleshooting-Übung zu diesem Kapitel hilfreich sein.

Übung 3.2: Fortgeschrittene Frame Relay-Konfiguration (3.5.2)

In dieser Übung konfigurieren Sie Frame Relay anhand des im Topologiediagramm gezeigten Netzwerks. Falls Sie Hilfe benötigen, finden Sie weitere Informationen in der Übung »Grundlegende Frame Relay-Konfiguration«. Probieren Sie dennoch, so viel wie möglich ohne Hilfe zu bearbeiten.

Übung 3.3: Frame Relay-Troubleshooting (3.5.1)

In dieser Übung werden Sie das Troubleshooting in einer fehlkonfigurierten Frame Relay-Umgebung durchführen. Laden Sie die Konfigurationen auf die Router bzw. lassen Sie dies Ihren Dozenten erledigen. Ermitteln und beheben Sie alle Fehler in den Konfigurationen und stellen Sie eine Ende-zu-Ende-Konnektivität her. Ihre abschließende Konfiguration sollte dem angegebenen Topologiediagramm und der Adresstabelle entsprechen.

Viele Praxisübungen enthalten Aktivitäten mit Packet Tracer, in denen Sie diese Software zur Simulation der Übung verwenden können. Suchen Sie im Labs and Study Guide nach Praxisübungen mit Packet Tracer Companion.

3.7 Lernzielkontrolle

Beantworten Sie die folgenden Fragen, um Ihren Kenntnisstand bezüglich der in diesem Kapitel beschriebenen Themen zu überprüfen. Die Antworten finden Sie in Anhang A, »Antworten zu den Lernzielkontrollen und weiterführenden Fragen«.

1. Womit wird der Pfad zum nächsten Frame Relay-Switch in einem Frame Relay-Netzwerk ermittelt?

    a) CIR

    b) DLCI

    c) FECN

    d) BECN

2. Warum werden Frame Relay-Pfade als *virtuelle* Pfade bezeichnet?

    a) Es gibt keine dedizierten Leitungen vom und zum Frame Relay-Provider.

    b) Frame Relay-PVCs werden nach Bedarf erstellt und gelöscht.

    c) Die Verbindungen zwischen PVC-Endpunkten verhalten sich wie Wählverbindungen.

    d) Es gibt keine dedizierten Leitungen innerhalb der Frame Relay-Providerwolke.

3. Welche Aussage beschreibt exakt das Split-Horizon-Problem in Bezug auf eine Multipoint-Topologie?

   a) Split-Horizon muss für alle Nicht-IP-Protokolle deaktiviert werden.

   b) Split-Horizon erstellt IP-Routing-Schleifen in Multipoint-Domänen.

   c) Split-Horizon gilt nicht für Broadcasts, d. h. Protokolle, die Broadcast-Updates verwenden, werden nicht geschützt.

   d) Split-Horizon verhindert, dass eine Schnittstelle ein gültiges Update annimmt und an alle anderen Verbindungen auf dieser Schnittstelle weiterleitet.

4. Warum ist Frame Relay kostengünstiger als Standleitungen? Wählen Sie zwei Antworten aus.

   a) Es setzt TDM ein.

   b) Es erfordert weniger Hardware.

   c) Es bietet ein optimiertes Paket-Routing.

   d) Es verteilt die Bandbreite auf eine größere Kundenbasis.

   e) Es bietet dynamische IP-Adressierung.

5. Ordnen Sie die folgenden Zustandsausgaben des Befehls `show frame-relay pvc` der jeweils passenden Definition zu:

   - Active
   - Inactive
   - Deleted

   a) Die DLCI ist auf dem Frame Relay-Switch programmiert, aber das andere Ende des PVC ist unter Umständen ausgefallen.

   b) Die DLCI ist auf dem Router nicht vorhanden.

   c) Die DLCI ist auf dem Frame Relay-Switch programmiert und einsatzbereit.

   d) Die DLCI ist auf dem Frame Relay-Switch für diesen Router nicht vorhanden.

   e) Die DLCI ist am anderen Ende des PVC für diesen Router programmiert.

6. Welchen Vorteil in Sachen Zuverlässigkeit bietet Frame Relay im Vergleich zu Standleitungen?

   a) Frame Relay-Zugangsleitungen weisen eine bessere Qualität auf als Standleitungen.

   b) Die Pfade für VCs sind aufseiten des Providers vermascht.

   c) Ein einzelner VC nutzt einen festen, fehlergeprüften Pfad von Ende zu Ende.

   d) Frame Relay verwendet anspruchsvollere Methoden zur Fehlererkennung.

7. Betrachten Sie Abbildung 3.33. Welche Komponente im Adressfeld eines Frames wird von der Zweigstelle Orlando nach Washington übertragen?

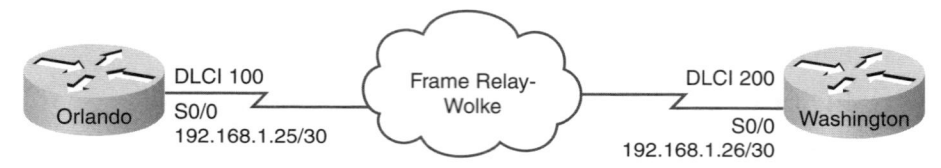

Abbildung 3.33: Netzwerktopologie für Frage 7

   a) Die MAC-Adresse des Routers in Orlando

   b) Die MAC-Adresse des Routers in Washington

   c) 192.168.1.25

   d) 192.168.1.26

   e) DLCI 100

   f) DLCI 200

8. In welcher Situation ist eine Multipoint-Topologie einer Point-to-Point-Topologie vorzuziehen?

   a) Wenn VLSM nicht zur Einsparung von Adressen verwendet werden kann

   b) Wenn andere Routing-Protokolle als IP benutzt werden

   c) Wenn eine vermaschte Topologie zur Einsparung von Zugangsleitungen verwendet wird

   d) Wenn ein Routing-Protokoll eingesetzt wird, das Broadcast-Updates benötigt

9. Worin besteht der Vorteil der Konfiguration von Subschnittstellen in einer Frame Relay-Umgebung?

   a) Sie verleiht den DLCIs globale Bedeutung.

   b) Sie beseitigt die Notwendigkeit, Inverse ARP zu verwenden.

   c) Sie löst Probleme in Zusammenhang mit Split-Horizon.

   d) Sie verbessert die Flusssteuerung und die Bandbreitenauslastung.

10. Welches Protokoll bietet Fehlerkorrektur für Daten, die über eine Frame Relay-Leitung übertragen werden?

    a) FECN

    b) FTP

    c) LMI

    d) TCP

    e) UDP

11. Ordnen Sie die Befehle ihren Definitionen zu:

    ```
    show interface
    show frame-relay lmi
    show frame-relay pvc
    show frame-relay map
    debug frame-relay lmi
    ```

    a) Zeigt den Status des VC und FECN-/BECN-Statistiken an.

    b) Kontrolliert, ob der Router und der Frame Relay-Switch LMI-Pakete korrekt senden und empfangen.

    c) Kontrolliert Kapselung, LMI-Typ, LMI-DLCI und LMI-Status.

    d) Überprüft LMI-Statistiken.

    e) Überprüft die Zuordnung der Ziel-IP-Adresse zur DLCI.

12. Wie heißt die Datenrate, mit der die Daten vom Provider garantiert in das Frame Relay-Netzwerk gesendet werden können?

    a) Baud Rate

    b) Timing Rate

    c) Data Transfer Rate

    d) Committed Information Rate

13. Wie werden DLCI-Nummern zugewiesen?

    a) Von einem DLCI-Server

    b) Willkürlich durch den Benutzer

    c) Vom Provider

    d) Basierend auf der Host-IP-Adresse

14. Ein Router kann mehrere Netzwerke über eine Frame Relay-Schnittstelle erreichen. Woher weiß er, welche DLCI er der IP-Adresse des Zielnetzwerks zuordnen muss?

    a) Er fragt die Frame Relay-Map ab.

    b) Er fragt die Routing-Tabelle ab, um die DLCI zu ermitteln.

    c) Er ordnet DLCIs mithilfe von Frame Relay-Switching-Tabellen IP-Adressen zu.

    d) Er findet die IP-Adresse zur entsprechenden DLCI mithilfe von RARP.

15. Ordnen Sie die Termini ihren Definitionen zu:

    - CIR
    - DE
    - FECN
    - BECN

    a) Bit, das den Frame bei Auftreten einer Netzwerküberlastung als zu verwerfend kennzeichnet

    b) Bit, das in jedem Frame gesetzt wird, den ein Switch in eine überlastete Leitung einspeist

    c) Mindestdatenrate, mit der der Provider das Annehmen von Bits auf dem VC gestattet

    d) Bit, das in jedem Frame gesetzt wird, den ein Switch über eine überlastete Leitung empfängt

16. Stellen Sie die folgenden Termini einander vergleichend gegenüber: DLCI, LMI, Inverse ARP.

17. Betrachten Sie Abbildung 3.34.

```
interface s0/0/1
ip address 10.1.1.1 255.255.255.252
encapsulation frame-relay
bandwidth 64
```

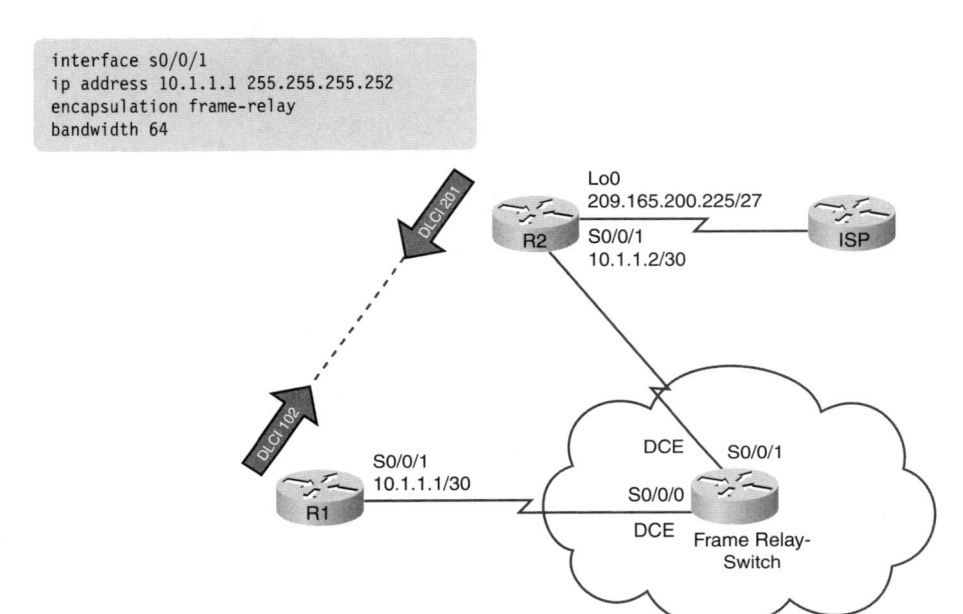

Abbildung 3.34: Netzwerktopologie für Frage 17

Der Router R1 hat die folgende Konfiguration:

```
interface s0/0/1
ip address 10.1.1.1 255.255.255.252
encapsulation frame-relay
bandwidth 64
```

Welcher Befehl ist auf R1 erforderlich, um eine statische Frame Relay-Verbindung zu R2 zu konfigurieren? Der Datenverkehr zwischen den Standorten muss auch OSPF unterstützen.

18. Stellen Sie die folgenden Termini einander vergleichend gegenüber: AR, CIR, CBIR, BE.

19. Betrachten Sie Abbildung 3.35 und die nachfolgende Konfiguration. R1 kann durch die Frame Relay-Wolke keine Verbindung zu den Routern herstellen. Welche Probleme liegen bei dieser Konfiguration vor?

Wide Area Networks

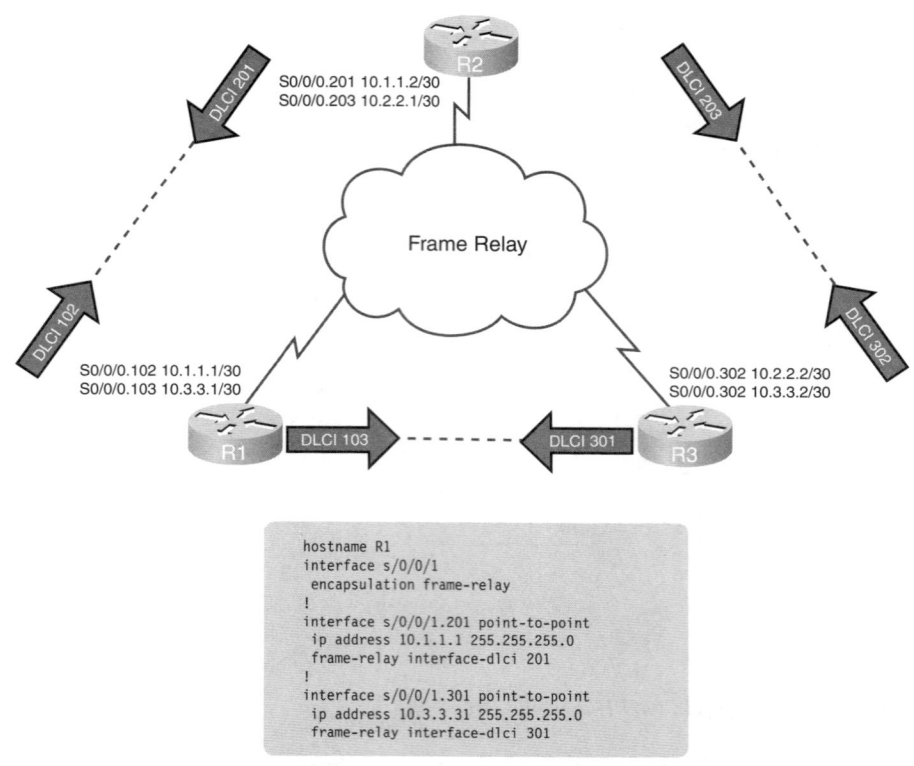

Abbildung 3.35: Netzwerktopologie für Frage 19

```
hostname R1
interface s0/0/1
  encapsulation frame-relay
!
interface s0/0/1.201 point-to-point
  ip address 10.1.1.1 255.255.255.0
  frame-relay interface-dlci 201
!
interface s0/0/1.301 point-to-point
  ip address 10.3.3.1 255.255.255.0
  frame-relay interface-dlci 301
!
```

3.8 Weiterführende Fragen und Aktivitäten

1. Betrachten Sie Abbildung 3.36. Die Router R2 und R3 verfügen jeweils über Frame Relay-Verbindungen zum Router R1. R1 ist der Hub-Router in dieser Hub-and-Spoke-Topologie. R2 verwendet Inverse ARP, um seine DLCI der Netzwerkadresse von R1 zuzuordnen.

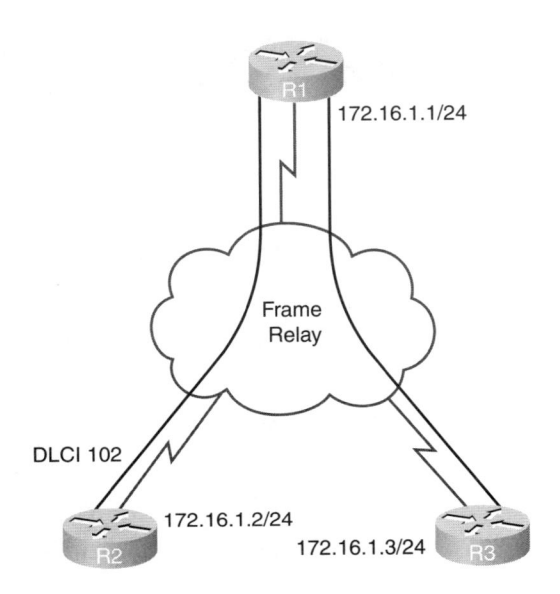

Abbildung 3.36: Netzwerktopologie für weiterführende Frage 1

Um R3 zu erreichen, hat der Netzwerkadministrator die folgende statische Zuordnung auf R2 konfiguriert:

```
frame-relay map ip 172.16.1.3 102
```

Dies funktioniert scheinbar, denn R2 kann sowohl R1 als auch R3 erreichen (hierbei wird eine ordnungsgemäße Konfiguration von R3 vorausgesetzt). Nach dem Neuladen des Routers R2 jedoch kann dieser R1 nicht mehr erreichen (die Datei *running-config* wurde dabei als Startkonfiguration gespeichert). Der Befehl `show frame-relay map` auf R2 zeigt nur die statische Zuordnung zu R3 an; die dynamische Inverse ARP-Map zu R1 ist nicht mehr vorhanden. Was ist geschehen? Wie sieht die Lösung aus?

3.9 Weitere Informationen

Nachfolgend aufgeführt sind einige empfehlenswerte Bücher zum Thema Frame Relay:

- Jonathan Chin: »Cisco Frame Relay Solutions Guide« (Cisco Press, 2004).
- Jeff T. Buckwalter: »Frame Relay: Technology and Practice« (Addison-Wesley Professional, 1999).

Lernziele

Wenn Sie dieses Kapitel gelesen haben, sollten Sie in der Lage sein, die folgenden Fragen zu beantworten:

- Welche allgemeinen Sicherheitsrisiken für Unternehmensnetzwerke kennen Sie?
- Welche Methoden zur Verringerung von Sicherheitsrisiken in Unternehmensnetzwerken gibt es?
- Wie konfiguriert man grundlegend die Router-Sicherheit?
- Wie deaktiviert man nicht benötigte Router-Dienste und -Schnittstellen?
- Wie verwenden Sie die One-Step-Lockdown-Funktion von Cisco SDM?
- Wie verwaltet man Dateien und Software-Images mit dem Cisco IOS IFS (Integrated File System)?

Schlüsselbegriffe

In diesem Kapitel werden die folgenden Schlüsselbegriffe vorgestellt. Die entsprechenden Definitionen finden Sie im Glossar.

Sicherheitsrichtlinie ▪ White Hat ▪ Hacker ▪ Black Hat ▪ Cracker ▪ Spammer ▪ Phisher ▪ Bots ▪ Community-Strings ▪ Protokoll-Analyzer ▪ Verschlüsselung ▪ Entschlüsselung ▪ DMZ ▪ IDS ▪ MITM ▪ DoS-Angriffe ▪ DDoS-Angriffe ▪ Wurm ▪ Virus ▪ trojanisches Pferd ▪ IPSec ▪ Network Security Wheel ▪ TFTP-Server ▪ Passphrasen ▪ Passwortwiederherstellung ▪ SSH ▪ AutoSecure ▪ Cisco SDM ▪ One-Step-Lockdown-Assistent ▪ Konfigurationsregister

Kapitel 4

Netzwerksicherheit

Sicherheit steht mittlerweile bei der Implementierung und dem Management von Netzwerken an vorderster Stelle. Die sicherheitstechnische Herausforderung besteht darin, eine Balance zwischen zwei wichtigen Anforderungen zu finden: der Notwendigkeit, Netzwerke zur Umsetzung gestiegener geschäftlicher Anforderungen möglichst offen zu halten, und dem Bedürfnis, private, personenbezogene und strategische Unternehmensdaten zu schützen.

Die Anwendung einer wirkungsvollen Sicherheitsrichtlinie ist der wichtigste Schritt, den eine Organisation durchführen kann, um ihr Netzwerk zu schützen. Diese Richtlinie umfasst Handlungsanweisungen zu den zum Schutz des Unternehmensnetzwerks durchzuführenden Aktivitäten und den hierzu zu verwendenden Ressourcen.

Die Schicht-2-Sicherheit werden wir in diesem Kapitel nicht behandeln. Informationen zu Sicherheitsmaßnahmen im Schicht-2-LAN erhalten Sie im Kurs »LAN-Switching und Wireless«.

4.1 Einführung in die Netzwerksicherheit

Computernetzwerke haben in kürzester Zeit beträchtlich an Umfang und Bedeutung zugenommen. Dieses Wachstum hat die Anforderungen an sichere Netzwerke beträchtlich erhöht.

4.1.1 Warum ist Netzwerksicherheit so wichtig?

Wenn die Netzwerksicherheit gefährdet ist, kann dies schwerwiegende Konsequenzen haben: Verlust der Privatsphäre, Datendiebstahl oder sogar gesetzliche Haftung. Was die Angelegenheit noch schwieriger gestaltet, ist die Tatsache, dass die Formen potenzieller Gefährdungen der Netzwerksicherheit sich stets fortentwickeln.

Wie Abbildung 4.1 zeigt, können Angreifer ihre Attacken von unterschiedlichsten Positionen aus starten.

236 Wide Area Networks

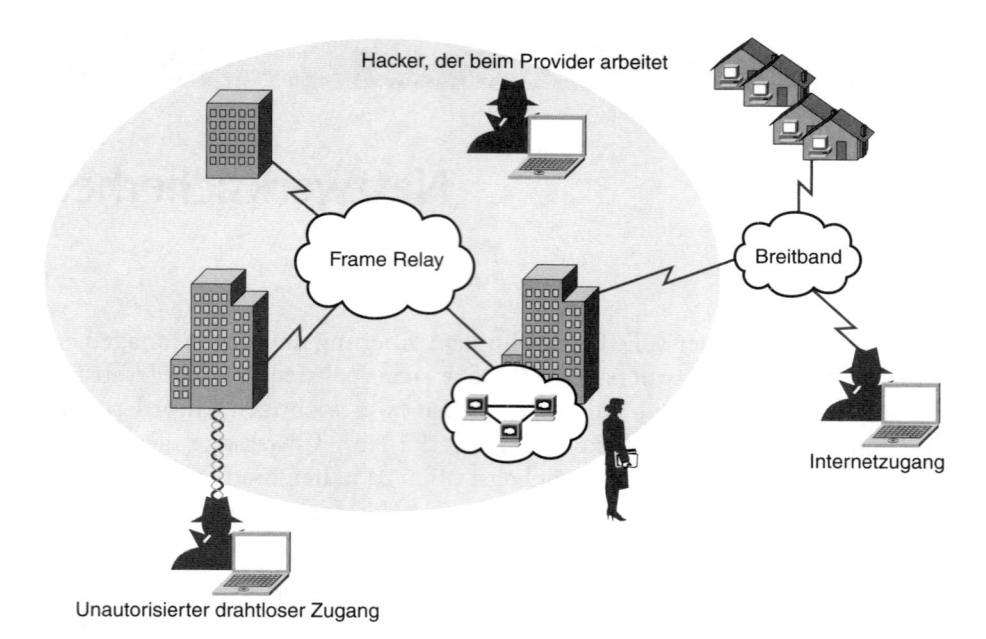

In modernen Netzwerken muss ein Kompromiss zwischen der Zugänglichkeit von Netzwerkressourcen und dem Schutz sensibler Daten vor Diebstahl gefunden werden.

Abbildung 4.1: Warum ist Netzwerksicherheit so wichtig?

Da E-Business und Internetanwendungen fortlaufend weiterwachsen, ist es unabdingbar, ein Gleichgewicht zwischen den Polen Abschottung und Öffnung zu finden. Zusätzlich verlangt der Aufschwung von mobilem E-Commerce und WLANs, dass Sicherheitslösungen sich nahtlos integrieren und transparenter und flexibler werden.

Netzwerkadministratoren müssen einen geeigneten Kompromiss zwischen der Zugänglichkeit der Netzwerkressourcen und den Sicherheitseinstellungen finden.

Dieses Kapitel macht mit Ihnen eine Reise durch die Welt der Netzwerksicherheit. Sie werden verschiedene Gefährdungsformen, die Entwicklung unternehmensweiter Sicherheitsrichtlinien, Abwehrstrategien und Tools im Cisco IOS kennenlernen, mit denen Sie Netzwerke schützen können. Am Ende des Kapitels werfen wir noch einen Blick auf die Handhabung von Cisco IOS-Software-Images. Zwar haben diese auf den ersten Blick nur wenig sicherheitstechnische Relevanz, doch können Cisco IOS-Software-Images und Konfigurationen durchaus gelöscht werden. Geräte, bei denen so etwas geschehen ist, stellen Sicherheitsrisiken dar.

Die zunehmende Gefährdung der Sicherheit

Im Laufe der Jahre wurden Angriffstools und -methoden immer weiter entwickelt. Hier einige Beispiele:

- 1985: Erraten von Passwörtern, Code-Replikation
- 1990: Knacken von Passwörtern, War-Dialing
- 1995: Viren (z. B. Love Bug, Nimda und Code Red)
- 2000: Trojaner (z. B. Back Orifice)
- 2005 bis heute: Würmer (z. B. Blaster, MyDoom und Slammer)

Wie Abbildung 4.2 zeigt, musste ein Angreifer 1985 über einen leistungsstarken Computer wie auch über Kenntnisse in den Bereichen Programmierung und Netzwerktechnik verfügen, um mithilfe rudimentärer Tools einfache Angriffe ausführen zu können.

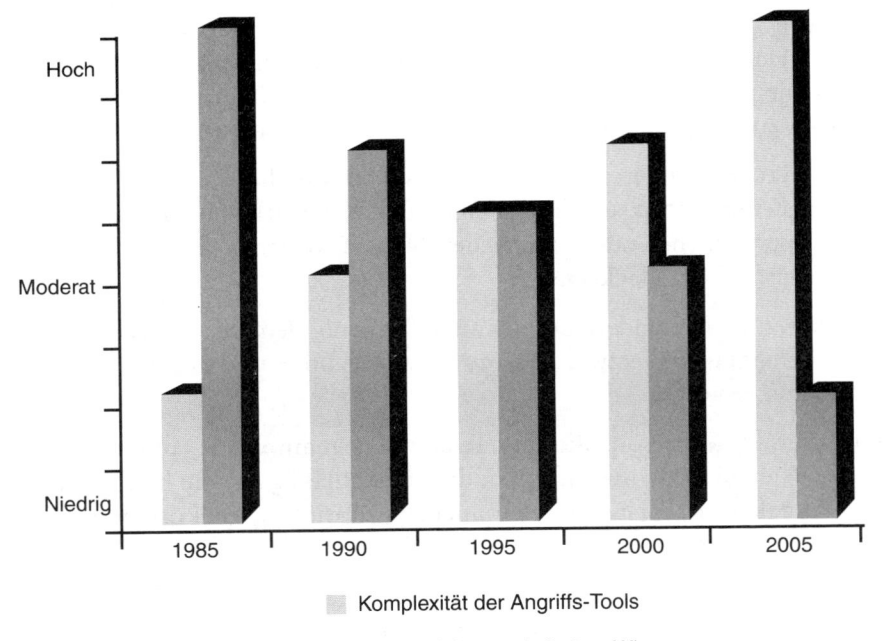

Bedrohungen werden immer komplexer, während gleichzeitig das zur Ausführung von Angriffen erforderliche technische Wissen weniger wird.

Abbildung 4.2: Zunahme des Angriffsrisikos

Im Laufe der Zeit verbesserten sich die Methoden und Tools der Angreifer, weswegen kein derart spezialisiertes Wissen mehr erforderlich war. Auf diese Weise haben sich die Einstiegsanforderungen für Angreifer wesentlich verringert: Personen, die zuvor keine Computerverbrechen begehen konnten, sind dazu heute durchaus in der Lage.

In dem Maße, wie sich Gefährdungen, Angriffe und Exploits entwickelt haben, wurden auch verschiedene Begriffe geprägt, um die handelnden Personen zu beschreiben. Einige der gängigsten Bezeichnungen sind die folgenden:

- **White-Hat.** Person, die nach Sicherheitslücken in Systemen oder Netzwerken sucht und diese den Besitzern des Systems meldet, damit sie behoben werden können. White-Hats stehen dem Missbrauch von Computersystemen ablehnend gegenüber. Ihr Anliegen ist es, IT-Systeme zu schützen, während Black-Hats in solche Systeme eindringen wollen.

- **Hacker.** Allgemeiner Begriff, mit dem früher einmal Experten für Computerprogrammierung beschrieben wurden. In letzter Zeit wird der Begriff Hacker häufig in negativer Form verwendet, um eine Person zu bezeichnen, die unzulässigerweise versucht, Zugriff auf Netzwerkressourcen zu erhalten, und dabei feindselige Absichten verfolgt.

- **Black-Hat.** Ein anderer Begriff für Personen, die ihr Wissen über Computersysteme nutzen, um in Systeme oder Netzwerke einzudringen und daraus persönlichen oder finanziellen Nutzen zu ziehen. Ein Cracker beispielsweise ist ein Black-Hat.

- **Cracker.** Eine treffendere Bezeichnung für jemanden, der versucht, unbefugten Zugang zu Netzwerkressourcen zu erhalten, und dabei feindselige Absichten verfolgt.

- **Phreaker.** Eine Person, die das Telefonnetz manipuliert, um auf diese Weise eine Funktion auszuführen, die nicht zulässig ist. Ein häufiges Ziel von Phreakern ist es, in das Telefonnetz einzudringen, um kostenlos Ferngespräche führen zu können. Hierzu wird oft ein öffentlicher Fernsprecher verwendet.

- **Spammer.** Person, die große Mengen unverlangte E-Mail versendet. Spammer verwenden häufig Viren, um Computer von Endbenutzern zu übernehmen und sie für den Massenversand von E-Mail zu benutzen.

- **Phisher.** Ein Phisher versucht mithilfe von E-Mails und anderen Mitteln, Dritte zur Preisgabe sensibler Daten (z. B. Kreditkartennummern oder Passwörter) zu bewegen. Phisher tarnen sich als vertrauenswürdige Instanz, die scheinbar einen berechtigten Bedarf an diesen Daten hat.

Denken wie ein Angreifer

Das Ziel des Angreifers besteht darin, eine Zielressource im Netzwerk oder eine dort ausgeführte Anwendung zu manipulieren. Um Ihren Feind zu verstehen, müssen Sie Ihr eigener Feind werden. Ihre beste Verteidigung besteht darin zu wissen, wie ein Angreifer Ihr Netzwerk erfolgreich angreifen könnte.

Viele Angreifer verwenden den folgenden, sieben Schritte umfassenden Weg, um Daten zu erhalten und einen Angriff zu starten:

1. **Profilanalyse durchführen (Reconnaissance).** Die Webseite eines Unternehmens kann Informationen wie etwa IP-Adressen von Servern zugänglich machen. Davon ausgehend, kann der Angreifer sich ein Bild vom Sicherheitsprofil des Unternehmens machen.

2. **Daten auflisten.** Der Angreifer kann die Ergebnisse seiner Analyse erweitern, indem er Netzwerkdaten mit einem Paket-Sniffer wie Wireshark überwacht und so beispielsweise Versionen von FTP- und Mailservern ermittelt. Ein Abgleich mit Datenbanken, die Angaben zu Sicherheitslücken enthalten, fördert zutage, welche Schwachstellen die Anwendungen des Unternehmens unter Umständen aufweisen.

3. **Benutzer überlisten, um Zugang zu erhalten.** In manchen Fällen wählen Mitarbeiter Passwörter aus, die einfach zu knacken sind. In anderen Fällen lassen sich Mitarbeiter von eloquenten Angreifern dazu überreden, sensible Informationen preiszugeben, die einen Zugang ermöglichen.

4. **Berechtigungen erweitern.** Wenn ein Angreifer einen einfachen Zugang gefunden hat, nutzt er seine Fähigkeiten, um seine Berechtigungen im Netzwerk zu erweitern.

5. **Weitere Passwörter und Geheimnisse sammeln.** Mithilfe der verbesserten Zugriffsberechtigungen können Angreifer ihre Fähigkeiten nutzen, um Zugang zu gut bewachten, sensiblen Daten zu erhalten.

6. **Hintertüren installieren.** Hintertüren (auch *Backdoors* genannt) bieten dem Angreifer die Möglichkeit, in das System einzudringen, ohne erkannt zu werden. Die verbreitetste Backdoor ist ein offener, horchender TCP- oder UDP-Port.

7. **Das übernommene System nutzen.** Wenn ein Angreifer ein System übernommen hat, verwendet er es, um Angriffe auf andere Hosts im Netzwerk auszuführen.

Formen der Computerkriminalität

Da die Sicherheitsmaßnahmen im Laufe der Jahre verbessert wurden, hat die Häufigkeit bestimmter Angriffsformen abgenommen, während gleichzeitig neue Typen entstanden sind. Die Implementierung von Netzwerksicherheitslösungen beginnt mit einer Beurteilung der gesamten Bandbreite der Computerkriminalität. Nachfolgend aufgeführt sind die am häufigsten gemeldeten Vergehen, die Auswirkungen auf die Netzwerksicherheit haben:

- Missbrauch des Netzwerkzugriffs durch Insider
- Viren
- Diebstahl von mobilen Geräten
- Phishing (hierbei wird die gefälschte Seite einer Organisation vom Phisher auf betrügerische Weise als Absender dargestellt)
- Missbrauch von Instant Messaging
- DoS-Angriffe
- Unbefugter Zugriff auf Daten
- Bot-Netze innerhalb einer Organisation
- Diebstahl von Kunden- oder Mitarbeiterdaten
- Missbrauch eines drahtlosen Netzwerks
- Eindringen in das System
- Betrug mit finanziellen Auswirkungen
- Passwort-Sniffing
- Key-Logging (Protokollierung der Tastaturbedienung)
- Defacement (Verunstaltung) von Websites
- Missbrauch einer öffentlichen Webanwendung
- Diebstahl proprietärer Daten
- Missbrauch des DNS-Servers einer Organisation
- Erschleichen von Telefondienstleistungen
- Sabotage

Computerverbrechen, die durch effizientes und aufmerksames Netzwerkmanagement eingedämmt werden können, sind unter anderem:

- Missbrauch des Netzwerkzugriffs durch Insider

- DoS-Angriffe
- Eindringen in das System
- Passwort-Sniffing

> **ANMERKUNG**
>
> In bestimmten Ländern stellen einige dieser Aktivitäten unter Umständen kein Vergehen dar, sind aber nichtsdestoweniger ein Problem.

Offene und geschlossene Netzwerke

Abbildung 4.3 veranschaulicht die Herausforderung, vor der Netzwerkadministratoren in Fragen der Sicherheit stehen. Es muss eine Balance zwischen zwei wichtigen Bedürfnissen gefunden werden:

- Netzwerke müssen offen sein, um auch neue Unternehmensanforderungen zu erfüllen.
- Private, personenbezogene und strategische Unternehmensdaten sind zu schützen.

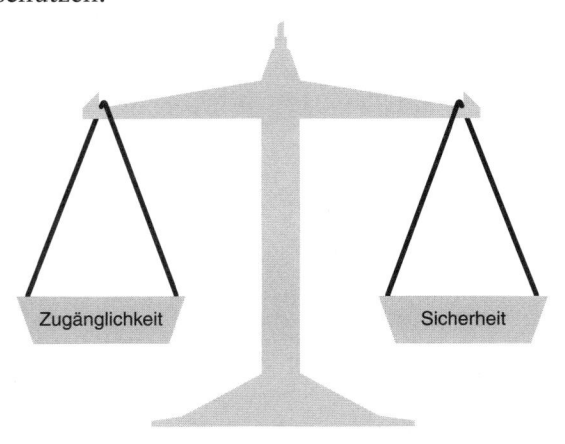

Network administrators seek to find a balance between access and security.

Abbildung 4.3: Zugriff und Sicherheit in einem Netzwerk ausbalancieren

Um diese Anforderungen zu erfüllen, orientieren sich Netzwerksicherheitsmodelle am Vorbild einer Waage. Am einen Ende ist das »offene« Netzwerk, das heißt, jeder Dienst ist zulässig, sofern er nicht ausdrücklich abgelehnt wird; am anderen Ende steht das restriktive Netzwerk, indem Dienste, die nicht als unentbehrlich gekennzeichnet sind, standardmäßig verweigert werden.

In Abbildung 4.4 beispielsweise neigt sich die Waage in Richtung eines offenen Zugriffs für Netzwerkbenutzer.

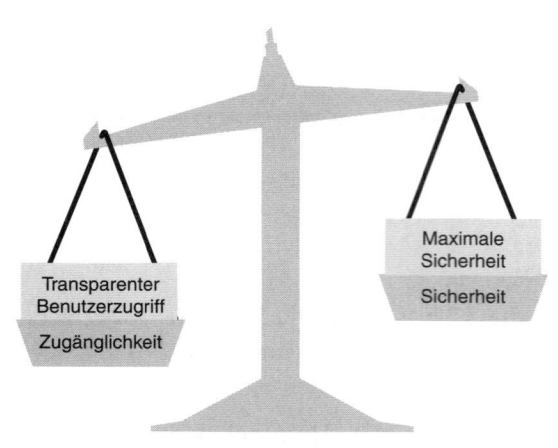

Abbildung 4.4: Offene Netzwerke

Auch wenn die Sicherheitsrisiken offensichtlich sind, ist zu berücksichtigen, dass diese Variante auch Vorteile hat:

- Einfache Konfiguration und Administration
- Einfacher Zugriff auf Netzwerkressourcen durch Endbenutzer
- Niedrige Sicherheitskosten

In Abbildung 4.5 sind die Waagschalen ausgeglichen, das heißt, der Zugriff für Netzwerkbenutzer ist restriktiver gefasst.

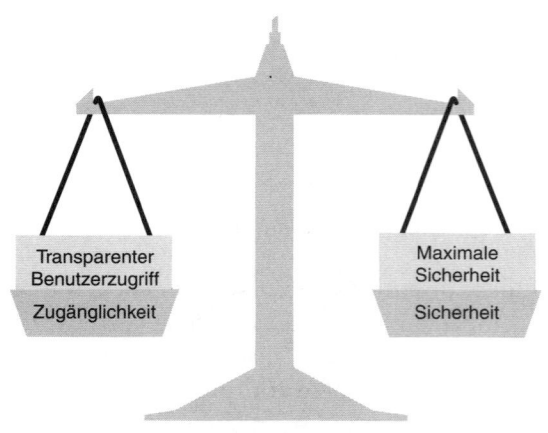

Abbildung 4.5: Restriktive Netzwerke

Im Falle eines restriktiven Netzwerks werden die Regeln bezüglich dessen, was erlaubt ist, in Form einer Richtlinie von einer Person oder Gruppe in der Organisation definiert. Eine Änderung in der Zugangsrichtlinie kann so einfach sein wie die Bitte an den Netzwerkadministrator, einen Dienst zu aktivieren. Abhängig vom Unternehmen könnte eine Änderung eine Ergänzung der Sicherheitsrichtlinie erforderlich machen, bevor der Administrator den Dienst aktivieren darf. So könnte eine Sicherheitsrichtlinie beispielsweise die Verwendung von Instant Messaging-Diensten untersagen; wenn allerdings aufseiten der Mitarbeiter Bedarf an solchen Diensten besteht, könnte sich das Unternehmen gezwungen sehen, die Richtlinie zu ändern.

Zwar sind die Vorteile der Sicherheitsimplementierung offensichtlich, doch hat sie auch ein paar Nachteile:

- Schwierigere Konfiguration und Administration
- Schwierigerer Zugriff auf Ressourcen durch Endbenutzer
- Höhere Sicherheitskosten als bei einem offenen Netzwerk

Eine extreme Alternative zur Verwaltung der Sicherheit besteht darin, das Netzwerk vollständig von der Außenwelt abzuschotten. Abbildung 4.6 zeigt dies: Die Waagschalen neigen sich vollständig in Richtung Sicherheit.

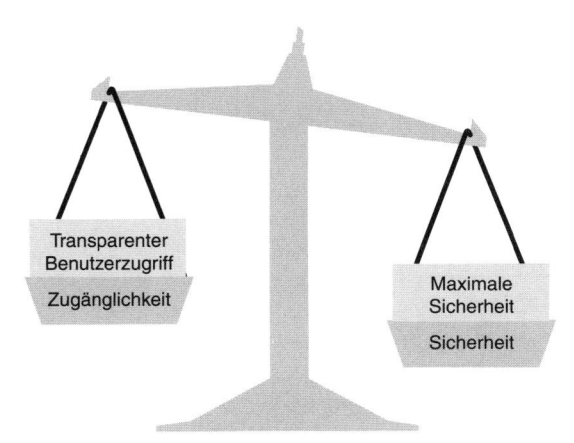

Abbildung 4.6: Geschlossene Netzwerke

Ein geschlossenes Netzwerk bietet nur den eigenen, vertrauenswürdigen Parteien und Standorten Konnektivität. Verbindungen zu öffentlichen Netzwerken sind nicht möglich, weswegen ein Maximum an Sicherheit vor externen Angriffen besteht. Interne Gefährdungen hingegen sind nach wie vor vorhanden: Auch ein abgeschottetes Netzwerk ist anfällig für Angriffe aus dem eigenen Unternehmen heraus.

Abgeschottete Netzwerke weisen dieselben Nachteile auf wie eingeschränkte Netzwerke und sind in der Implementierung zudem am teuersten.

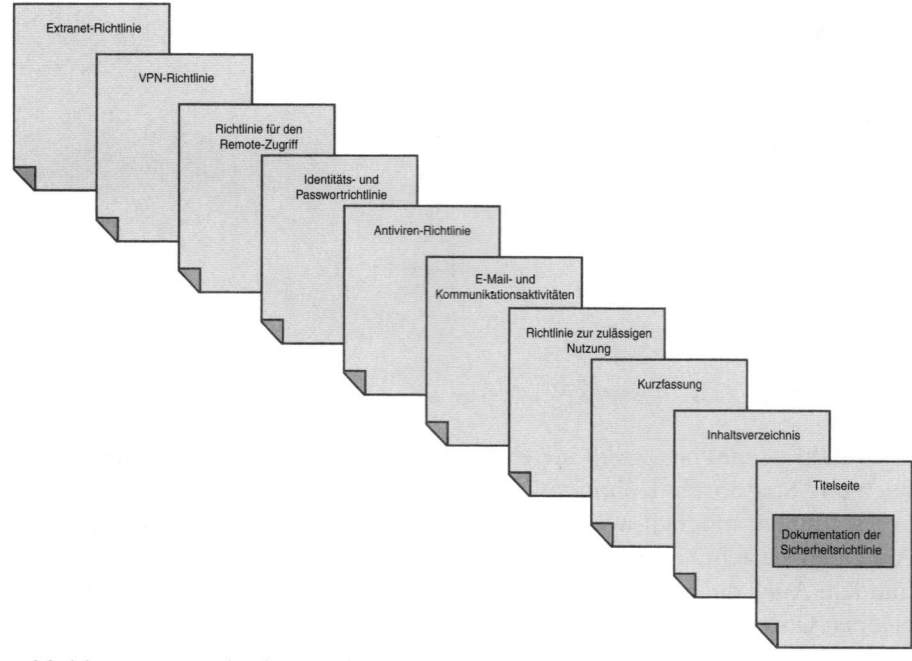

Sicherheitsrichtlinien erstellen

Der erste Schritt, den eine Organisation zum eigenen Schutz und dem ihrer Daten vor Haftungsfragen durchführen sollte, ist die Entwicklung einer Sicherheitsrichtlinie (engl. *Security Policy*). Eine Sicherheitsrichtlinie ist ein Satz Prinzipien, die eine Anleitung zur Verbesserung und Aufrechterhaltung der Sicherheit darstellen und es der Leitung einer Organisation gestatten, Autorisierungen vertrauensvoll zu delegieren. RFC 2196 besagt, dass eine »Sicherheitsrichtlinie eine formale Aussage zu den Regeln ist, die Personen, die Zugang zu Technologie und Datenwerten einer Organisation erhalten, beachten müssen«.

Eine Sicherheitsrichtlinie kann so kurz wie eine »Richtlinie zur zulässigen Nutzung« für Netzwerkressourcen sein, aber ebenso gut mehrere hundert Seiten umfassen und jedes Element von Netzwerkverbindungen und zugehörigen Richtlinien ausführlich beschreiben. Sicherheitsrichtlinien können zudem je nach Geschäftsfeld, Unternehmensgröße, Anzahl der Benutzer, Industrietyp, Gefährdungen und Sicherheitsrisiken unterschiedlich ausfallen. Abbildung 4.7 zeigt Beispielthemen, die in einem Sicherheitsrichtliniendokument enthalten sein können.

Abbildung 4.7: Sicherheitsrichtlinien

Eine Sicherheitsrichtlinie kann die folgenden Zwecke erfüllen:

- Sie informiert Benutzer, Mitarbeiter und Manager über ihre Verpflichtungen zum Schutz von Technologie- und Datenwerten.
- Sie spezifiziert die Mechanismen, mit deren Hilfe diese Anforderungen erfüllt werden können.
- Sie stellt grundlegende Regeln für Beschaffung, Konfiguration und Überwachung von Computersystemen und Netzwerken auf, um die Konformität mit der Richtlinie zu gewährleisten.

Das Zusammenstellen einer Sicherheitsrichtlinie kann eine Sisyphusarbeit sein, wenn es ohne Anleitung erfolgt. Aus diesem Grund haben die ISO (International Organization for Standardization) und die IEC (International Electrotechnical Commission) Dutzende von Datensicherheitsdokumenten veröffentlicht. Von besonderem Interesse ist ein Sicherheitsstandarddokument namens ISO/IEC 27002. Es bezieht sich explizit auf die Informationstechnologie und enthält eine Reihe praktischer Regeln für die Organisation der Datensicherheit.

ISO/IEC 27002 ist als allgemeine Basis und als praxisorientierter Ratgeber zur Entwicklung von Sicherheitsstandards für Organisationen und von wirkungsvollen Sicherheitsmanagementpraktiken gedacht. Das Dokument hat 12 Abschnitte:

- Risikoeinschätzung
- Sicherheitsrichtlinien
- Organisation der Datensicherheit
- Ressourcenverwaltung
- Sicherheit im Personalbereich
- Physische Sicherheit und Umgebungssicherheit
- Kommunikations- und Betriebsmanagement
- Zugriffssteuerung
- Erwerb, Entwicklung und Wartung von Datensystemen
- Verwaltung sicherheitsrelevanter Vorfälle im IT-Bereich
- Verwaltung der Geschäftskontinuität
- Konformität

> **ANMERKUNG**
>
> Dieses Kapitel konzentriert sich auf den Abschnitt »Sicherheitsrichtlinien«. Das gesamte Dokument kann auf der IEC-Website käuflich erworben werden. Falls Sie mehr über ISO/IEC 27002 lesen wollen, so besuchen Sie die ISO-Website unter *http://www.iso.org/iso/home.htm*.
>
> Die Entwicklung des Netzwerksicherheits-Richtliniendokuments wird weiter unten in diesem Kapitel behandelt.
>
> Cisco stellt mit dem Security Policy Builder ein Tool zur Verfügung, das Ihnen dabei helfen kann, eine benutzerdefinierte Sicherheitsrichtlinie zu erstellen, die auf die speziellen Anforderungen Ihrer Organisation zugeschnitten ist. Sie beantworten lediglich ein paar Fragen zu wesentlichen Sicherheitsproblemen und -aspekten und erhalten nachfolgend via E-Mail eine benutzerdefinierte Sicherheitsrichtlinie im Microsoft Word-Format.
>
> Sie finden den Cisco Security Policy Builder unter *http://www.ciscowebtools.com/spb/*.

4.1.2 Häufige Sicherheitsrisiken

Beim Thema Netzwerksicherheit sind drei allgemeine Faktoren zu beachten: Sicherheitslücken, Gefährdungen und Angriffe. Die folgenden Abschnitte behandeln diese ausführlicher.

Sicherheitslücken

Die Sicherheitslücke ist eine Schwachstelle, die in jedem Netzwerk und Gerät vorhanden ist. Dies betrifft Router, Switches, Desktop-Computer, Server und sogar Sicherheitseinrichtungen. Auch Benutzer können anfällig sein. Sogar bei geschützter Infrastruktur und Geräten sind Mitarbeiter unter Umständen noch Ziel von Social Engineering.

Eine Gefährdung geht von Personen aus, die sich für einzelne Sicherheitslücken interessieren und von diesen profitieren können. Solche Personen suchen erfahrungsgemäß fortlaufend nach neuen Exploits und Schwachstellen.

Sie verwenden eine Vielzahl von Tools, Skripts und Programmen, um Angriffe gegen Netzwerke und Netzwerkgeräte zu starten. Normalerweise handelt es sich bei den angegriffenen Netzwerkgeräten um Endpunkte, beispielsweise Server oder Desktopcomputer.

Die drei wesentlichen Kategorien von Sicherheitslücken sind

- technologische Schwächen,
- Konfigurationsschwächen,
- Schwächen bei den Sicherheitsrichtlinien.

Tabelle 4.1 beschreibt die technologischen Schwächen.

Tabelle 4.1: Technologische Schwächen

Technologische Schwäche	Beispiele
TCP/IP-Protokoll	HTTP (Hypertext Transfer Protocol), FTP (File Transfer Protocol) und ICMP (Internet Control Message Protocol) sind grundsätzlich unsicher. SNMP (Simple Network Management Protocol), SMTP (Simple Mail Transfer Protocol) und SYN-Flooding stehen mit der unsicheren Struktur in Verbindung, auf deren Basis TCP entwickelt wurde.
Betriebssystem	Betriebssysteme weisen Sicherheitsprobleme auf, die beseitigt werden müssen. Dies betrifft gleichermaßen UNIX, Linux, Mac OS, Mac OS X sowie Windows NT, 9x, 2000, XP und Vista. Die entsprechenden Probleme sind in den CERT-Archiven (Computer Emergency Response Team) unter *http://www.cert.org* dokumentiert.
Netzwerkgeräte	Verschiedene Arten von Netzwerkgeräten – Router, Firewalls und Switches – weisen Sicherheitslücken auf, die erkannt und abgestellt werden müssen. Hierzu gehören der Passwortschutz, fehlende Authentifizierung, Routing-Protokolle und Löcher in Firewalls. Computer- und Netzwerktechnologien weisen eigene sicherheitsrelevante Schwachstellen auf. Hierzu gehören Schwächen beim TCP/IP-Protokoll, beim Betriebssystem und bei den Netzwerkgeräten.

Netzwerkadministratoren und Techniker müssen die Konfigurationsschwächen ihrer Netzwerke kennen und die Netzwerkgeräte entsprechend konfigurieren. Tabelle 4.2 beschreibt die Konfigurationsschwächen.

Tabelle 4.2: Konfigurationsschwächen

Konfigurationsschwäche	... und wie sie ausgenutzt wird
Ungeschützte Benutzerkonten	Benutzerkontendaten werden unter Umständen unsicher im Netzwerk transportiert, das heißt, Benutzernamen und Passwörter können von Schnüfflern ausgelesen werden.

Tabelle 4.2: Konfigurationsschwächen (Forts.)

Konfigurationsschwäche	... und wie sie ausgenutzt wird
Systemkonten mit leicht zu erratenden Passwörtern	Dieses häufig auftretende Problem ist Folge schlecht ausgewählter Benutzerpasswörter.
Fehlkonfigurierte Internetdienste	Ein häufiges Problem besteht darin, dass JavaScript in Webbrowsern aktiviert ist. Dies ermöglicht Angriffe mithilfe bösartigen Codes beim Zugriff auf nicht vertrauenswürdige Websites. IIS, FTP und die Terminaldienste stellen ebenfalls Probleme dar.
Unsichere Default-Einstellungen in Produkten	Viele Produkte weisen Standardeinstellungen auf, die Sicherheitslücken ermöglichen.
Fehlkonfigurierte Netzwerkgeräte	Fehlkonfigurationen der Geräte selbst können schwerwiegende Sicherheitsprobleme verursachen. So können etwa fehlerhaft eingerichtete ACLs, Routing-Protokolle oder SNMP-Community-Strings große Sicherheitslücken öffnen.

Sicherheitsrisiken für das Netzwerk sind vorhanden, wenn Benutzer die Sicherheitsrichtlinie nicht beachten. Tabelle 4.3 beschreibt einige gängige Schwächen bei Sicherheitsrichtlinien und Arten ihrer Nutzung.

Tabelle 4.3: Richtlinienschwächen

Richtlinienschwäche	Beispiele
Fehlende schriftlich formulierte Sicherheitsrichtlinie	Eine nicht schriftlich fixierte Richtlinie kann weder konsistent angewendet noch durchgesetzt werden.
Intrigen im Unternehmen	Politische Konflikte und Revierkämpfe innerhalb der Organisation können die Implementierung einer konsistenten Sicherheitsrichtlinie schwierig gestalten.
Fehlende Kontinuität	Schlecht gewählte, leicht zu knackende oder standardmäßig genutzte Passwörter ermöglichen einen unbefugten Zugriff auf das Netzwerk.
Elemente einer logischen Zugriffssteuerung werden nicht angewendet.	Überwachung und Auditing in ungeeigneter Form ermöglichen fortlaufend Angriffe und eine unautorisierte Nutzung. Dies hat eine Vergeudung von Unternehmensressourcen zur Folge. Unter Umständen kann dies auch zu rechtlichen Schritten oder zur Entlassung von IT-Technikern, IT-Managern oder sogar der Unternehmensleitung führen, die ein Fortbestehen derartiger unsicherer Bedingungen gestatten.

Tabelle 4.3: Richtlinienschwächen (Forts.)

Richtlinien-schwäche	Beispiele
Installation und Änderungen an Software und Hardware erfolgen nicht konform mit der Richtlinie.	Unautorisierte Änderungen an der Netzwerktopologie oder die Installation nicht genehmigter Anwendungen öffnen Sicherheitslücken.
Es ist kein Plan zur Notfall-Wiederherstellung vorhanden.	Das Fehlen eines Plans zur Notfall-Wiederherstellung kann im Falle eines Angriffs auf das Unternehmen zu Chaos, Panik und Verwirrung führen.

Gefährdung der physischen Infrastruktur

Wenn Sie Begriffe wie *Netzwerksicherheit* oder sogar *Computersicherheit* hören, denken Sie vielleicht zunächst an Angreifer, die Sicherheitslücken in einer Software nutzen. Eine weniger glamouröse, aber nicht weniger wichtige Klasse von Risiken betrifft die physische Sicherheit von Geräten. Ein Angreifer kann die Nutzung von Netzwerkressourcen nämlich auch beeinflussen, indem er diese Ressourcen physisch manipuliert.

Wir unterscheiden vier Kategorien physischer Gefährdungen:

- **Hardwaregefährdung.** Diebstahl oder Vandalismus, die physische Schäden an Servern, Routern, Switches, Verkabelung oder Workstations bewirken

- **Umgebungsgefährdungen.** Extreme Temperaturen (zu warm oder zu kalt) oder Luftfeuchtigkeitswerte (zu feucht oder zu trocken)

- **Gefährdungen durch Elektrizität.** Spannungsspitzen, unzureichende Betriebsspannung (Spannungsschwankungen), Störungen, vollständiger Stromausfall

- **Wartungsrisiken.** Unsachgemäße Behandlung wichtiger elektrischer Komponenten (elektrostatische Entladung), Fehlen kritischer Ersatzteile, minderwertige Verkabelung, unsachgemäße Beschriftung

Einige dieser Probleme müssen in einer unternehmensweiten Richtlinie behandelt werden. Andere stehen und fallen mit einer verantwortungsbewussten Organisationsleitung. Die Auswirkungen von Natur- und anderen Katastrophen können verheerende Schäden in einem Netzwerk verursachen, das physisch nicht ausreichend vorbereitet ist.

In den folgenden Abschnitten beschreiben wir Möglichkeiten, die genannten physischen Risiken zu mindern.

Hardwaregefährdungen eindämmen

Abbildung 4.8 zeigt den Grundriss eines kleinen Rechenzentrums. Sie müssen den physischen Zugriff auf alle Infrastrukturgeräte und sensiblen Geräte in jedem Fall absichern. In der Abbildung schützt ein Kartenleser den physischen Zugang zum Serverraum.

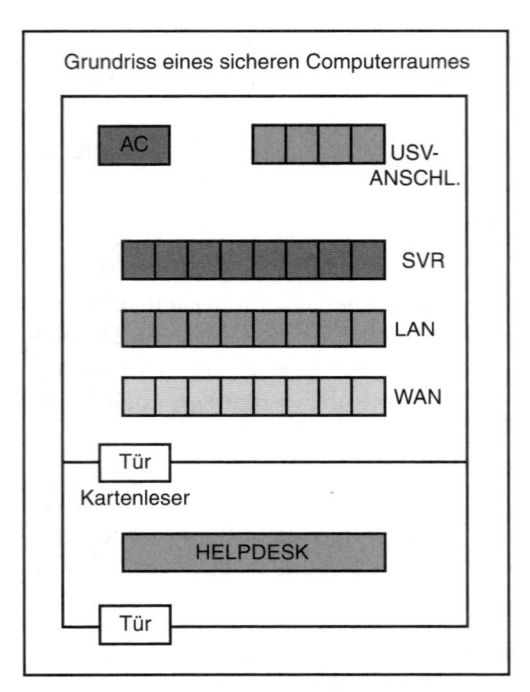

Abbildung 4.8: Grundriss eines Rechenzentrums

Um die Gefährdung und Anfälligkeit der Hardware weitgehend auszuschließen, verschließen Sie den Netzwerkverteilerraum und gestatten nur autorisierten Personen den Zugang. Achten Sie zusätzlich auch auf abwegige Zugangsmöglichkeiten wie abgehängte Decken, doppelte Böden, Fenster, Lüftungs- und andere Schächte o. Ä. Verwenden Sie eine elektronische Zugangsbeschränkung und protokollieren Sie alle Zugangsversuche. Überwachen Sie die Einrichtung zusätzlich mit Sicherheitskameras.

Umgebungsgefährdungen vermeiden

Betreiben Sie zur Verringerung von Umgebungsrisiken eine proaktive Begrenzung potenzieller Schäden. Hierzu erstellen Sie eine angemessene

Betriebsumgebung mit Temperatur- und Luftfeuchtigkeitssteuerung, regelbarem Luftstrom und Fernalarmfunktion für Auffälligkeiten bei den Umgebungswerten. Überwachen Sie die Werte und zeichnen Sie sie auf.

Elektrizitätsrisiken eindämmen

Um Problemen in Zusammenhang mit der Spannungsversorgung zu begegnen, installieren Sie USV-Systeme (unterbrechungsfreie Stromversorgung) und eine Generatoranlage, halten sich an einen Präventivwartungsplan und installieren redundante Netzteile. Zudem sollten Dienste für eine Fernüberwachung implementiert werden.

Wartungsrisiken eindämmen

Um Wartungsrisiken zu verringern, verwenden Sie korrekt installierte Kabel und Kabelstrecken, beschriften kritische Kabel und Komponenten, verwenden geeignete Maßnahmen zur Verhinderung einer elektrostatischen Entladung, halten Ersatz für kritische Kabel vor und regeln den Zugriff auf Konsolenports.

Gefährdungen für Netzwerke

Weiter oben in diesem Kapitel wurden Computerverbrechen aufgelistet, die Auswirkungen auf die Netzwerksicherheit haben. Diese Verbrechen können in zwei grundsätzliche Gefährdungskategorien unterteilt werden:

- **Unstrukturierte Gefährdungen.** Diese gehen von weitgehend unerfahrenen Personen aus, die verbreitete Hacker-Tools wie Shell-Skripts und Passwortknacker einsetzen. Auch solche Gefährdungen, die nur entstehen, weil der Angreifer seine Fähigkeiten testen möchte, können schwere Schäden in einem Netzwerk hervorrufen. Wenn beispielsweise eine Unternehmenswebsite gehackt wird, kann dies den guten Ruf des Unternehmens beschädigen. Zwar kann die Website durchaus von privaten Daten getrennt sein, die sich hinter einer geschützten Firewall befinden, doch ist dies der Öffentlichkeit natürlich nicht bekannt. Diese sieht nur, dass die Site möglicherweise keine sichere Umgebung darstellt und folglich für Geschäftsvorgänge ungeeignet ist.

- **Strukturierte Gefährdungen.** Strukturierte Gefährdungen gehen von Personen oder Gruppen aus, die hochmotiviert und technisch kompetent sind. Diese Personen kennen Schwachstellen im System und verwenden fortgeschrittene Hacker-Techniken, um ahnungslose Unternehmen anzugreifen. Sie brechen in Unternehmens- und Regierungscomputer ein, um Betrug zu begehen, Datensätze zu zerstören oder zu manipulieren oder einfach nur Schäden zu verursachen. Diese Gruppen sind häufig mit Betrug und Diebstahl in größerem Umfang befasst, die auch strafrechtlich relevant sind. Ihre Vorgehensweise ist derart komplex und anspruchsvoll, dass nur speziell ausgebildete Ermittler verstehen, was geschieht.

1995 wurde Kevin Mitnick dafür verurteilt, zu kriminellen Zwecken in Regierungscomputer der Vereinigten Staaten eingebrochen zu sein. Er hackte sich seinerzeit in die Datenbank des California Department of Motor Vehicles ein, übernahm regelmäßig die Kontrolle über Telefon-Switches in New York und Kalifornien und stahl Kreditkartennummern.

Diese beiden grundlegenden Gefährdungsklassen lassen sich weiter unterteilen:

- **Gefährdungen von außen.** Diese gehen von Personen oder Organisationen aus, die außerhalb eines Unternehmens agieren und keinen autorisierten Zugang zu den Computersystemen oder zum Netzwerk haben. Sie erarbeiten sich ihren Weg in das Netzwerk in erster Linie über das Internet oder über Einwahlserver. Das Risikopotenzial variiert hier abhängig vom Fachwissen des Angreifers: Ist er Amateur, ist die Gefährdung meist unstrukturiert, ist er Profi, dann handelt es sich um eine strukturierte Gefährdung.
- **Gefährdungen von innen.** Diese liegen vor, wenn jemand – wahlweise über ein Konto oder in physischer Form – autorisierten Zugang zum Netzwerk hat. Wie bei externen Bedrohungen steht und fällt das potenzielle Schadensausmaß auch hier mit dem Fachwissen des Angreifers.

Social Engineering

Die einfachste Form des Angriffs setzt überhaupt keine Computerkenntnisse voraus. Wenn ein Eindringling den Mitarbeiter einer Organisation dazu verleiten kann, wertvolle Informationen preiszugeben – z. B. den Speicherort von Dateien oder Passwörtern –, dann erleichtert dies den Vorgang des Hackens ganz erheblich. Eine solche Form des Angriffs wird als *Social Engineering* bezeichnet: Der Angreifer achtet auf menschliche Schwächen, die er ausnutzen kann. Eine solche Einflussnahme kann dadurch erfolgen, dass der Angreifer sich das Ego eines Mitarbeiters zunutze macht, oder durch persönliche Tarnung oder gefälschte Dokumente, die zur Preisgabe sensibler Daten führen.

Phishing ist eine Form des Social Engineerings, bei dem eine E-Mail oder andere Nachrichtentypen verwendet werden, um das Opfer zur Bereitstellung sensibler Informationen wie Kreditkartennummern oder Passwörtern zu bringen. Phischer tarnen sich als vertrauenswürdige Instanz, die scheinbar einen berechtigten Bedarf an diesen Daten hat.

Häufig besteht die Masche des Phishers darin, Spam-E-Mails zu versenden, die vorgeben, von bekannten Onlinebanking-Websites oder Onlineaktionshäusern zu stammen. Abbildung 4.9 zeigt eine solche Mail. Wir haben das Unternehmen, das als Lockvogel verwendet wurde, in diesem Beispiel geändert.

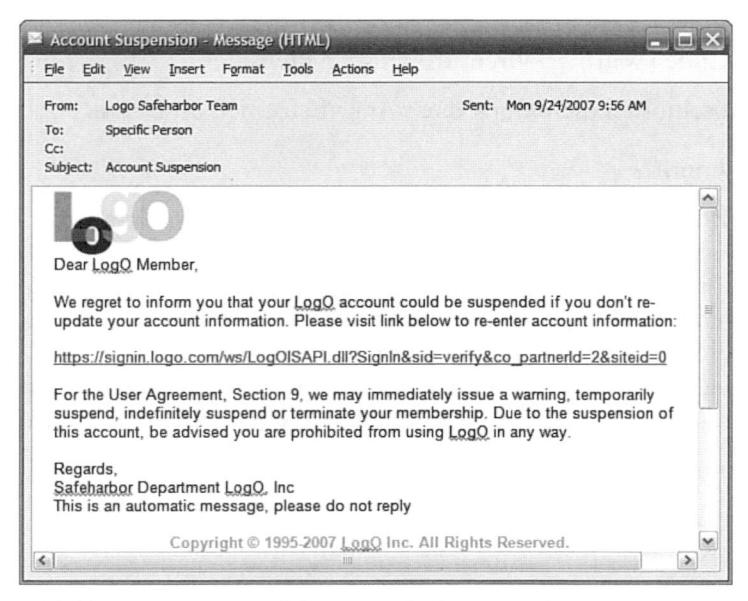

Abbildung 4.9: Beispiel für eine Phishing-Mail

Diese E-Mails enthalten Hyperlinks, die auf den ersten Blick in Ordnung zu sein scheinen, den Benutzer aber auf eine gefälschte, vom Phisher eingerichtete Website weiterleiten, auf denen die Daten erfasst werden sollen. Die Website scheint tatsächlich zu dem Unternehmen oder der Organisation zu gehören, die als Absender der E-Mail vorgegeben ist. Wenn der Benutzer jedoch seine Daten eingibt, gelangen diese zum Phisher.

Phishing-Angriffe können verhindert werden, indem Benutzer sensibilisiert sowie Melderichtlinien implementiert werden, die bei Eintreffen einer verdächtigen E-Mail Anwendung finden. Administratoren können zudem den Zugriff auf bestimmte Websites unterbinden und Filter konfigurieren, die verdächtige Mails sperren.

4.1.3 Formen der Netzwerkangriffe

Es gibt mehrere Arten von Angriffen, die gegen eine Organisation ausgeführt werden können. Diese Angriffe zu verstehen, ist der erste Schritt auf dem Weg zur erfolgreichen Abwehr von Angreifern, die Ihren Betrieb stören wollen.

Es werden bei den Angriffen vier Hauptklassen unterschieden:

- Reconnaissance
- Einbruchsangriffe
- DoS-Angriffe
- Gefährlicher Code (Würmer, Viren, trojanische Pferde)

Die folgenden Abschnitte beschreiben diese Angriffsformen im Detail.

Reconnaissance-Angriffe

Unter dem Begriff *Reconnaissance* versteht man die unautorisierte Erforschung und Dokumentation von Systemen, Diensten oder Schwachstellen. Man bezeichnet dies auch als Informationssammlung. Die Reconnaissance geht in den meisten Fällen einem anderen Angriffstyp voran. Die Reconnaissance ähnelt der Vorgehensweise eines Diebes, der eine Umgebung ausforscht, um lohnenswerte Ziele zu finden: Häuser, deren Bewohner verreist sind, oder solche mit unzulänglich gesicherten Türen oder offenen Fenstern.

Die Reconnaissance kann Folgendes umfassen:

- Abfragen von Angaben im Internet
- Ping-Sweeps
- Portscans
- Paket-Sniffer

Externe Angreifer können mithilfe von Internet-Tools wie Nslookup oder Whois-Utilitys den IP-Adressraum, mit dem ein bestimmtes Unternehmen oder eine Organisation arbeitet, relativ einfach bestimmen. Nach der Ermittlung dieses IP-Adressraumes kann der Angreifer dann ping-Befehle an öffentlich bekannte IP-Adressen senden, um aktive Geräte zu erkennen. Um diesen Schritt zu automatisieren, kann ein Angreifer beispielsweise ein Ping-Sweep-Tool wie Fping oder Gping einsetzen. Solche Tools senden systematisch ping-Befehle an alle Netzwerkadressen in einem gegebenen Bereich oder Subnetz. Dies könnte man mit einer Vorgehensweise vergleichen, bei der man jede Nummer im Telefonbuch anruft, um zu prüfen, wer abnimmt.

Wenn die aktiven IP-Adressen erkannt sind, stellt der Angreifer mit einem Port-Scanner fest, welche Netzwerkdienste oder Ports bei den aktiven IP-Adressen antworten. Ein Portscanner ist eine Software wie Nmap oder Superscan, deren Zweck darin besteht, einen Netzwerkhost nach offenen Hosts zu durchsuchen. Der Portscanner fragt die Ports ab, um Anwendungstyp und -version sowie die Version des auf dem Zielhost ausgeführten

Betriebssystems zu ermitteln. Basierend auf diesen Angaben kann der Angreifer dann prüfen, ob Sicherheitslücken vorhanden sind, die sich unter Umständen nutzen lassen. Ein Tool zur Erforschung von Netzwerken wie Nmap kann für die Hosterkennung, Portscans, Versions- und Betriebssystemerkennung verwendet werden. Viele dieser Tools sind leicht zu erhalten und zu benutzen.

Angriffs-Tools lassen sich in invasive und nichtinvasive unterteilen. Nichtinvasive Tools lassen sich nicht erkennen. Normalerweise lauschen solche Tools nur auf Datenverkehr. Invasive Tools hingegen hinterlassen Spuren. Sie lauschen nicht nur auf Daten, sondern können diese auch ändern oder sogar löschen.

Interne Angreifer können versuchen, Netzwerkdaten durch »Abhören« in ihre Hände zu bekommen. *Snooping* und *Paket-Sniffing* sind gängige Begriffe für diese Angriffsform. Die durch Abhören ermittelten Informationen können verwendet werden, um weitere Angriffe auf das Netzwerk auszuführen.

Es gibt zwei häufig auftretende Gründe zum Abhören von Daten:

- **Informationsermittlung.** Eindringlinge können Benutzernamen, Passwörter oder Daten ermitteln, die in einem Paket übertragen werden. Der Zweck dieser Vorgehensweise besteht darin, möglichst viele Informationen über das Ziel zu sammeln.

- **Datendiebstahl.** Der Diebstahl kann erfolgen, wenn Daten über das interne oder externe Netzwerk übertragen werden. Der Eindringling kann auch Daten von vernetzten Computern stehlen, indem er sich unautorisierten Zugang verschafft. Beispiele sind das Einbrechen in oder das Abhören von Krediteinrichtungen und das Erschleichen von Kreditkartennummern. Ziel dieser Aktivität ist es, die entwendeten Informationen zum persönlichen Vorteil oder arglistig einzusetzen.

Ein Beispiel für Daten, die anfällig für Abhöraktionen sind, sind die unverschlüsselt übertragenen Community-Strings von SNMPv1. SNMP ist ein Verwaltungsprotokoll, das es Netzwerkgeräten ermöglicht, Informationen über ihren Status zu sammeln und diese an einen Administrator zu senden. Ein Angreifer könnte SNMP-Abfragen abfangen und wertvolle Daten zur Konfiguration der Netzwerkgeräte erfassen. Ein weiteres Beispiel ist das Ermitteln von Benutzernamen und Passwörtern, wenn diese über das Netzwerk gesendet werden.

Eine häufig eingesetzte Abhörmethode ist das Abfangen von TCP/IP-Paketen (oder Paketen anderer Protokolle) und das nachfolgende Entschlüsseln des Inhalts mit einem Protokoll-Analyzer oder einem ähnlichen Werkzeug.

Exemplarisch für derartige Programme sei hier Wireshark genannt, das Sie in den CNAP-Kursen bereits umfassend eingesetzt haben. Nachdem Pakete erfasst wurden, können sie auf Informationen zu Schwachstellen hin geprüft werden.

Drei der wirkungsvollsten Methoden, dem Abhören zu begegnen, sind die folgenden:

- Verwenden Sie geswitchte Netzwerke anstelle von Hubs. In diesem Fall ist der Einsatz eines Paket-Sniffers zunächst sinnlos, da Daten nicht via Broadcast an alle Endpunkte oder Netzwerkhosts gesendet werden.

- Verwenden Sie eine Verschlüsselung, welche die Datensicherheitsanforderungen der Organisation erfüllt, ohne Systemressourcen oder Benutzer zu stark zu belasten.

- Implementieren Sie eine Richtliniendirektive, welche die Verwendung von Protokollen untersagt, die bekanntermaßen für das Abhören anfällig sind. So kann die Unternehmensrichtlinie beispielsweise vorsehen, dass nur SNMPv3 eingesetzt wird und ältere SNMP-Versionen nicht zulässig sind.

Die Verschlüsselung bietet Schutz für Daten, die anfällig für Abhörangriffe, Passwortknacker oder Manipulation sind. In praktisch jedem Unternehmen finden Transaktionen statt, deren Abhören durch einen Angreifer negative Auswirkungen hätte. Die Verschlüsselung stellt sicher, dass sensible Daten, die über ein anfälliges Medium gesendet werden, nicht geändert oder beobachtet werden können. Erreichen die Daten den Zielhost, so ist eine Entschlüsselung erforderlich.

Eine häufig verwendete Methode der Verschlüsselung heißt *Payload-Only-Verschlüsselung*. Hierbei wird nur der Nutzdatenteil (Datenbereich) verschlüsselt, der auf den UDP- oder TCP-Header folgt. Auf diese Weise können Router und Switches unter Cisco IOS die Informationen der Sicherungsschicht auslesen und die Daten wie jedes andere IP-Paket weiterleiten. Die Payload-Only-Verschlüsselung gestattet das Funktionieren des Switchings und aller ACL-Funktionen bei verschlüsselten Daten auf dieselbe Weise wie bei unverschlüsselten. Hierdurch wird die gewünschte Dienstgüte (Quality of Service, QoS) für alle Daten aufrechterhalten.

Einbruchsangriffe

Ein unautorisierter Systemzugriff liegt vor, wenn ein Angreifer sich Zugang zu einem Gerät verschafft, für das er kein Konto oder Passwort hat. Das Eindringen in oder Zugreifen auf Systeme erfordert gewöhnlich einen Hack, ein

Skript oder ein Tool, das eine bekannte Sicherheitslücke des angegriffenen Systems oder Programms ausnutzt.

Einbruchsattacken nutzen bekannte Schwachstellen in Authentifizierungs-, FTP- oder Webdiensten aus, um sich Zugang zu Webkonten, vertraulichen Datenbanken und anderen sensiblen Daten zu verschaffen.

Passwortangriffe

Passwortangriffe können mithilfe eines Paket-Sniffers implementiert werden, um Benutzerkonten und Passwörter zu erhalten, die unverschlüsselt übertragen werden. Passwortangriffe bezeichnen normalerweise den wiederholten Versuch, sich bei einer freigegebenen Ressource wie einem Server oder Router anzumelden und einen Benutzernamen und/oder ein Passwort zu ermitteln. Diese wiederholten Angriffsversuche heißen Wörterbuchangriffe oder Brute-Force-Attacken.

Um eine Wörterbuchattacke durchzuführen, können Angreifer Tools wie L0phtCrack (Abbildung 4.10) oder Cain verwenden.

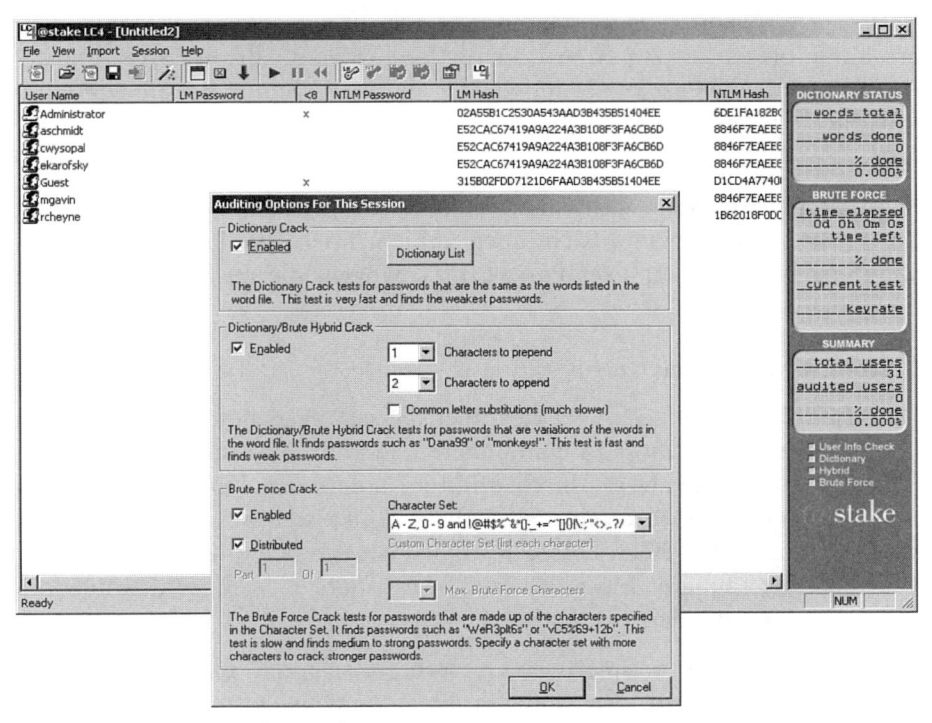

Abbildung 4.10: L0phtCrack

Diese Programme versuchen immer wieder, sich als Benutzer anzumelden, und verwenden dazu Wörter aus einem Wörterbuch. Wörterbuchangriffe sind häufig erfolgreich, weil Benutzer dazu neigen, einfache Passwörter auszuwählen: einzelne Wörter oder einfache Varianten, die leicht vorherzusagen sind (wie beispielsweise das Hinzufügen der Ziffer 1 zu einem Wort).

Für eine weitere Methode des Passwortangriffs werden Regenbogentabellen eingesetzt. Eine Regenbogentabelle enthält vorberechnete Abfolgen von Passwörtern, die durch Verkettung möglicher unverschlüsselter Passwörter entstehen. Jede Kette wird entwickelt, indem man mit einer zufällig ausgewählten »Vermutung« des unverschlüsselten Passwortes beginnt und diese darauf immer weiter variiert. Die Angriffssoftware wendet die Passwörter in der Regenbogentabelle an, bis das Passwort aufgelöst ist. Angriffe mit Regenbogentabellen können mithilfe von Tools wie L0phtCrack durchgeführt werden.

Ein Tool für eine Brute-Force-Attacke ist komplexer, denn es sucht umfassend und berechnet unter Verwendung von Zeichengruppen und deren Kombinationen jedes mögliche Passwort, das aus den genannten Zeichen besteht. Der Nachteil dieser Methode besteht darin, dass es sehr lange dauern kann, bis ein solcher Angriff Erfolg hat. Tools für Brute-Force-Angriffe knacken einfache Passwörter in weniger als einer Minute. Bei längeren und komplexeren Passwörtern kann es bis zum Erfolg Tage oder Wochen dauern.

Passwortangriffe lassen sich eindämmen, indem man eine Mindestlänge für das Passwort festlegt und Richtlinien implementiert, die Benutzer zur Verwendung langer, komplexer Passwörter zwingen, die auch Sonderzeichen beinhalten.

Vertrauensbeziehungen ausnutzen

Das Ziel des Ausnutzens von Vertrauensbeziehungen besteht darin, einen vertrauenswürdigen Host zu manipulieren und mit ihm Angriffe auf andere Hosts in einem Netzwerk durchzuführen. Sofern ein Host im Netzwerk eines Unternehmens durch eine Firewall geschützt ist – ein sogenannter innerer Host –, aber für einen Host zugänglich ist, der sich außerhalb der Firewall befindet (äußerer Host), so kann der innere Host über den äußeren Host attackiert werden.

In Abbildung 4.11 beispielsweise verschafft sich der unten abgebildete Angreifer Zugriff auf den äußeren Host namens System B. Sobald er System B übernommen hat, kann der Angreifer sich mit seiner Hilfe Zugang zum inneren Host System A verschaffen.

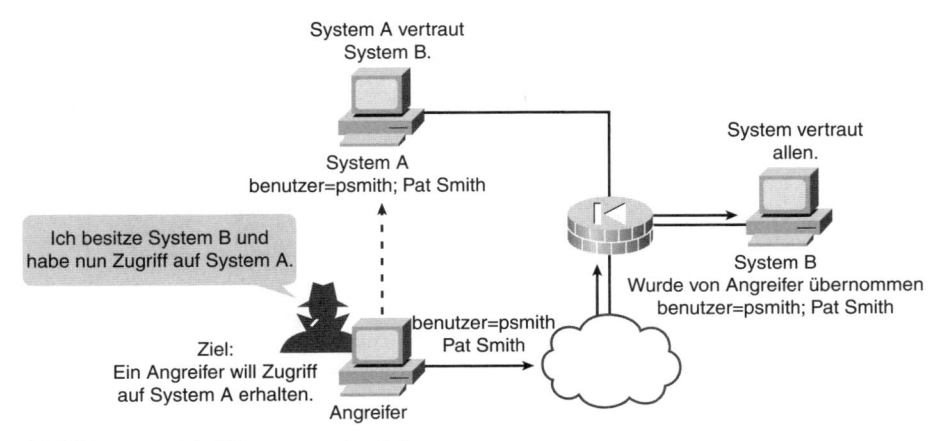

Abbildung 4.11: Vertrauensbeziehungen ausnutzen

Wir werden die Mittel, mit deren Hilfe sich der Angreifer Zugang zum vertrauenswürdigen äußeren Host verschafft, und auch die Details der Vertrauensnutzung in diesem Kapitel nicht weiter behandeln. Ausführliche Informationen hierzu erhalten Sie in den Kursen des Programms »Networking Academy Network Security«.

Angriffe, die auf der Nutzung von Vertrauensbeziehungen basieren, lassen sich durch massive Beschränkung der Vertrauensbeziehungen in einem Netzwerk eindämmen. Private VLANs können in öffentlichen Segmenten eingesetzt werden, in denen mehrere öffentliche Server vorhanden sind. Systeme außerhalb einer Firewall sollten niemals absolut vertrauenswürdig für Systeme innerhalb der Firewall sein. Solche Vertrauensbeziehungen sollten sich auf bestimmte Protokolle beschränken und möglichst durch einen anderen Faktor als die IP-Adresse authentifiziert werden.

Portumleitung

Eine Portumleitung (engl. *Port Redirection*) ist eine Form des Angriffs auf der Basis von Vertrauensbeziehungen und setzt einen manipulierten Host ein, um Daten durch eine Firewall zu schicken, die andernfalls blockiert würden.

In Abbildung 4.12 beispielsweise verschafft sich der Angreifer Zugriff auf Host A, der sich in einer öffentlich zugänglichen DMZ (De-Militarized Zone, entmilitarisierte Zone) befindet.

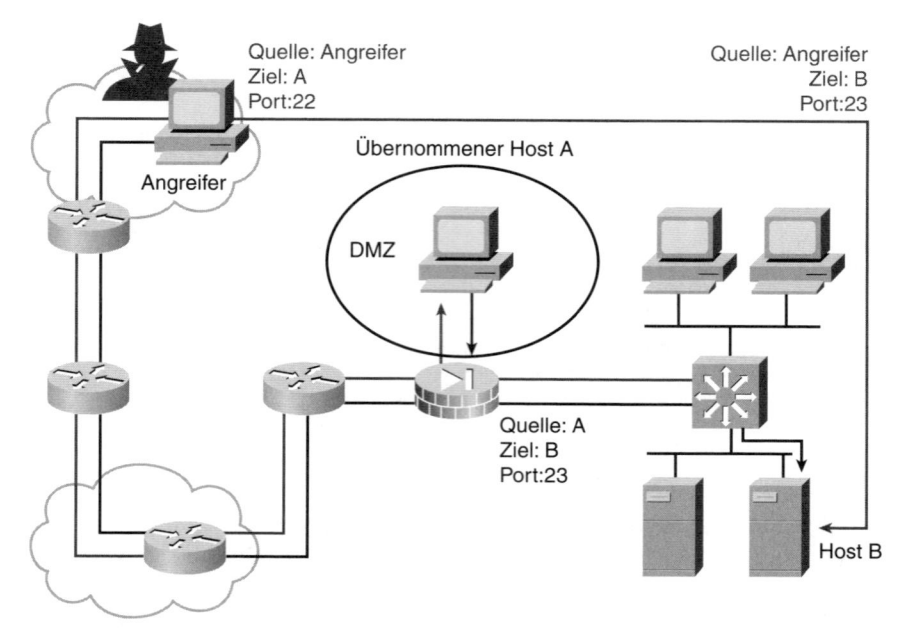

Abbildung 4.12: Portumleitung (Beispiel)

Sobald Host A übernommen wurde, kann der Angreifer eine Software installieren, um Daten vom äußeren direkt zum inneren Host umzuleiten. Obwohl kein Kommunikationsvorgang die implementierten Firewall-Regeln verletzt, hat der äußere Host nun über den Portumleitungsprozess auf dem öffentlichen Host eine Kommunikationsverbindung zum inneren Host hergestellt. Ein Beispiel für ein Utility, das einen derartigen Zugriff ermöglicht, ist Netcat.

Portumleitungsangriffe lassen sich in erster Linie über die Verwendung geeigneter Vertrauensbeziehungsmodelle eindämmen, die – wie bereits erwähnt – netzwerkspezifisch sind. Ein IDS (Intrusion Detection System) ermöglicht auf einem System, das gerade angegriffen wird, das Erkennen des Angreifers und kann die Installation solcher Utilitys auf einem Host verhindern.

Man-in-the-Middle-Angriffe

Ein MITM-Angriff (Man-in-the-Middle) wird von Angreifern durchgeführt, denen es gelungen ist, sich selbst zwischen zwei regulären Hosts zu positionieren. Der Angreifer kann normale Transaktionen zwischen Hosts zulassen und manipuliert die Kommunikationsvorgänge zwischen ihnen nur gelegentlich und nach Bedarf.

Es gibt viele Möglichkeiten für den Angreifer, sein System zwischen zwei Hosts einzuschleifen. Zwar würden die Details dieser Methoden den Rahmen dieses Buches sprengen, doch wollen wir uns eine Methode – den transparenten Proxy – genauer ansehen, um das Wesen von MITM-Angriffen zu veranschaulichen.

Mit einem transparenten Proxy sucht sich der Angreifer mithilfe einer Phishing-Mail oder durch Manipulation einer Website ein Opfer. Danach wird dem URL einer regulären Website der URL des Angreifers vorangestellt. Beispielsweise wird dann aus *http://www.legitimate.com* der URL *http://www.attacker.com/http://www.legitimate.com*.

Abbildung 4.13 zeigt den Ablauf eines MITM-Angriffs:

1. Wenn das Opfer eine Webseite anfordert, überträgt der Host des Opfers die Anfrage an den Host des Angreifers.

2. Der Host des Angreifers empfängt die Anfrage und ruft die echte Seite von der regulären Zielwebsite ab.

3. Der Angreifer kann die reguläre Webseite dann ändern und die Daten nach Belieben modifizieren.

4. Der Angreifer leitet die angeforderte Seite an das Opfer weiter.

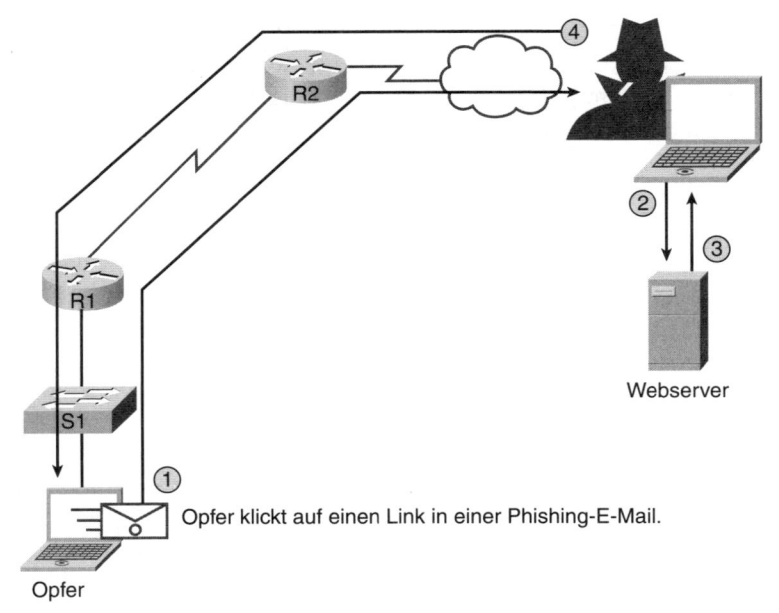

Abbildung 4.13: Man-in-the-Middle-Angriff (Beispiel)

Andere Formen von MITM-Angriffen sind unter Umständen noch gefährlicher. Falls es einem Angreifer gelingt, in eine strategisch günstige Position zu kommen, kann er Daten stehlen, laufende Sitzungen »entführen« und sich so Zugang zu Ressourcen im privaten Netzwerk verschaffen, DoS-Angriffe durchführen, übertragene Daten manipulieren oder neue Daten in Netzwerksitzungen einspeisen.

MITM-Angriffe erfolgen entweder über ein WAN oder ein LAN. Im WAN lassen sie sich abwehren, indem man VPN-Tunnel (Virtual Private Network) einsetzt; dabei bekommt der Angreifer dann nur den verschlüsselten, nicht entzifferbaren Text zu sehen. Für MITM-Angriffe im LAN werden Tools wie Ettercap und das ARP-Poisoning eingesetzt. Die meisten MITM-Angriffe im LAN lassen sich durch Konfiguration der Port-Security auf LAN-Switches abfedern.

DoS-Angriffe

Bei einem DoS-Angriff (Denial of Service) beschädigt oder deaktiviert der Angreifer Netzwerke, Systeme oder Dienste mit der Absicht, regulären Benutzern Dienste nicht mehr zugänglich zu machen. DoS-Angriffe führen dazu, dass ein System nicht mehr zur Verfügung steht. Dies lässt sich dadurch erreichen, dass ein System physisch abgetrennt, zum Absturz gebracht oder so stark verlangsamt wird, dass es nicht mehr nutzbar ist. Ein DoS-Angriff kann sich aber auch auf das Löschen oder Beschädigen von Daten beschränken. In den meisten Fällen erfolgt zur Durchführung des Angriffs die Ausführung eines Hacks oder Skripts. Aus diesem Grund gehören DoS-Angriffe zu den meistgefürchteten Angriffsformen.

In Abbildung 4.14 überschwemmt ein Angreifer einen Host und einen Server, indem er ihnen viele Pakete sendet.

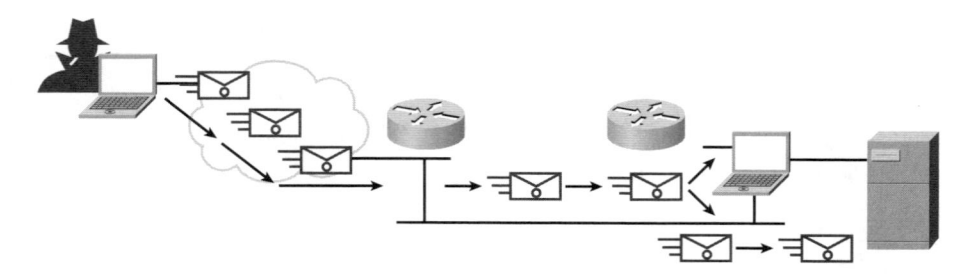

Durch DoS-Angriffe kann der Zugriff auf einen Dienst durch autorisierte Benutzer verhindert werden, indem die Systemressourcen vollständig verbraucht werden.

Abbildung 4.14: DoS-Angriff

DoS-Angriffe gehören zu den bekanntesten und auch zu den am schwierigsten abzuwehrenden Angriffsformen. Sogar unter Angreifern gelten DoS-Attacken als trivial und haben keinen besonders hohen Stellenwert, da ihre Ausführung so wenig Aufwand erfordert. Nichtsdestoweniger verlangen DoS-Angriffe aufgrund ihrer einfachen Implementierung und des potenziell beträchtlichen Schadens spezielle Aufmerksamkeit vonseiten der Sicherheitsadministratoren.

Es gibt zahlreiche Varianten der DoS-Angriffe. Im Endeffekt verhindern sie durch massiven Verbrauch von Systemressourcen, dass reguläre Benutzer Dienste nutzen können. Die folgenden Abschnitte beschreiben einige Beispiele gängiger DoS-Gefährdungen.

Ping-of-Death-Angriffe

Ping-of-Death-Angriffe haben in den späten 1990er-Jahren erhebliche Verbreitung erfahren. Hierbei wurden Sicherheitslücken in älteren Betriebssystemen ausgenutzt. Bei dieser Attacke wurde der IP-Teil des Headers eines Ping-Pakets so modifiziert, dass das Opfer zu der Annahme verleitet wurde, das Paket enthalte mehr Daten, als tatsächlich vorhanden waren. Ein Ping ist normalerweise 64 bis 84 Byte lang, während ein Ping-of-Death bis zu 65.535 Bytes umfassen konnte. Der Empfang eines Ping-Pakets einer solchen Größe konnte einen älteren Zielcomputer zum Absturz bringen. Die meisten Netzwerke sind aber mittlerweile nicht mehr für diesen Angriffstyp anfällig.

SYN-Flooding

Beim SYN-Flooding wird der Drei-Schritte-Handshake des TCP-Protokolls ausgenutzt. Hierbei werden mehrere SYN-Anfragen (mehr als 1000) an einen Zielserver gesendet. Der Server antwortet mit der normalen SYN-ACK-Antwort, doch schließt der angreifende Host den Handshake niemals mit einem finalen ACK ab. Hierdurch werden zunehmend Ressourcen des Servers gebunden. Sind keine weiteren Ressourcen vorhanden, können reguläre Hostanfragen nicht mehr beantwortet werden.

In Abbildung 4.15 startet der Angreifer Tausende von TCP-Sitzungen mit einem Server.

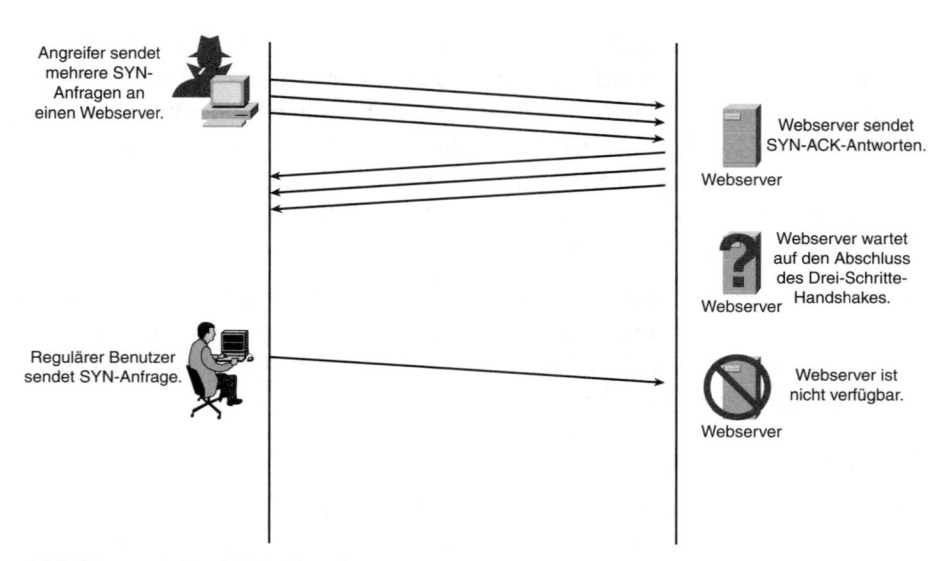

Abbildung 4.15: SYN-Flooding

Zwar zeigt die Abbildung nur drei Pfeile, doch müssen Sie sich das so vorstellen, dass der Angreifer mehrere Tausend TCP-Sitzungsanforderungen sendet. Der Server reagiert mit der SYN-ACK-Meldung, doch beendet der Angreifer in keinem Fall den Handshake. In der Zwischenzeit benötigt der Server Ressourcen, um den Überblick über alle Sitzungsanfragen zu behalten. Am Ende stürzt er ab oder hat keine Ressourcen mehr zur Verfügung. Nachfolgend ist der Server nicht mehr verfügbar, wenn ein regulärer Benutzer auf ihn zuzugreifen versucht.

Weitere DoS-Angriffe

Es gibt noch einige weitere DoS-Angriffstypen:

- **Mail-Bomben.** Programme senden große Mengen E-Mail an Personen, Listen oder Domänen und nehmen so die gesamten E-Mail-Dienste für sich in Anspruch.
- **Feindselige Applets.** Hierbei handelt es sich um Java-, JavaScript- oder ActiveX-Programme, die Zerstörungen vornehmen oder Computerressourcen binden.

DDoS-Angriffe

DDoS-Angriffe (Distributed DoS) verstopfen Netzwerkleitungen mit unzulässigen Daten. Diese Daten überschwemmen eine Internetverbindung und sorgen dafür, dass reguläre Daten verworfen werden. DDoS verwendet ähnliche Angriffsmethoden wie normale DoS-Angriffe, operiert aber in einem weitaus größeren Ausmaß. Normalerweise versuchen in diesem Fall Hunderte oder Tausende von Angriffshosts, ein Ziel zu überlasten.

Gewöhnlich umfasst ein DDoS-Angriff drei Komponenten (Abbildung 4.16):

- **Client.** Er steuert normalerweise die Handler und Agenten, die zur Durchführung des Angriffs verwendet werden.
- **Handler.** Dies ist ein übernommener Host, auf dem das Angriffsprogramm ausgeführt wird. Jeder Handler kann mehrere Agenten steuern.
- **Agenten.** Ein Agent ist ebenfalls ein übernommener Host, auf dem das Angriffsprogramm ausgeführt wird. Er ist dafür zuständig, einen Paketstrom zu generieren, der an das vorgesehene Opfer gerichtet wird.

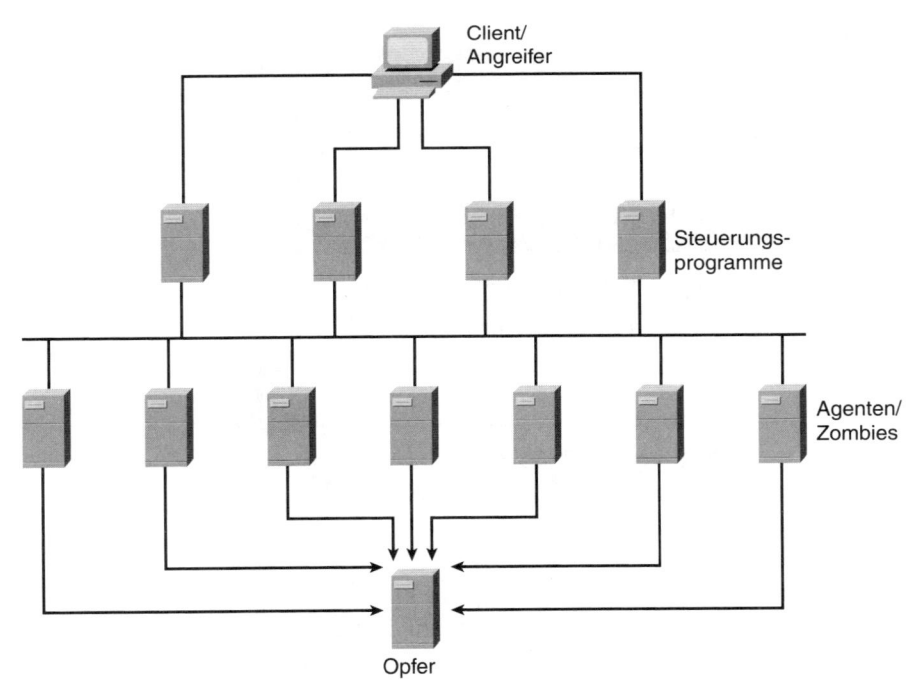

Abbildung 4.16: Bestandteile eines DDoS-Angriffs

Beispiele für DDoS-Angriffe sind:

- Smurf-Angriff
- TFN (Tribe Flood Network)
- Stacheldraht
- MyDoom

Smurf-Angriffe

Bei einem Smurf-Angriff werden gefälschte, als Broadcast gesendete ping-Befehle verwendet, um ein Zielsystem zu fluten. In Abbildung 4.17 übernimmt ein Angreifer die IP-Adresse 172.18.1.2 des Routers und sendet eine ICMP-Echoanforderung an die Broadcast-Adresse 209.165.200.255. Dies bewirkt, dass alle Hosts im Netzwerk 209.165.200.0 gleichzeitig eine Antwort an die IP-Adresse des Routers senden.

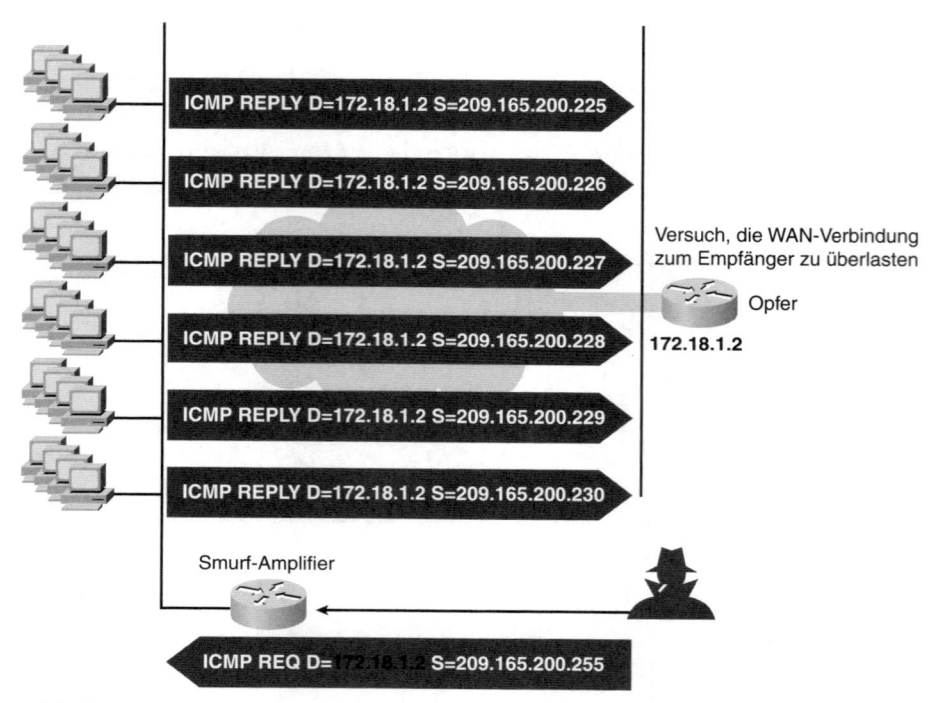

Abbildung 4.17: Smurf-Angriff

Ein Router – der sogenannte *Smurf-Amplifier* – kann beispielsweise die Umwandlung des Schicht-3- in den Schicht-2-Broadcast übernehmen. Jeder Host antwortet mit einer ICMP-Echoantwort: Das Datenaufkommen vervielfacht sich um die Anzahl der antwortenden Hosts. In einem Broadcast-basierten Multiaccess-Netzwerk antworten unter Umständen Hunderte von Rechnern auf jedes Echopaket.

Nehmen wir beispielsweise an, im Netzwerk befänden sich 100 Hosts, und der Angreifer verfügte über eine schnelle T1-Verbindung. Der Angreifer sendet einen Datenstrom mit ICMP-Echoanforderungspaketen mit 768 kbit/s und der gefälschten Absenderadresse des Opfers an die Broadcast-Adresse eines Zielnetzwerks (dieses heißt auch *Bounce-Site*). Diese Ping-Pakete gelangen zur Bounce-Site im Broadcast-Netzwerk mit den 100 Hosts. Jeder Host nimmt nun das Paket entgegen und antwortet darauf: Es entstehen 100 ausgehende Ping-Antworten. Durch diese Vervielfachung der Daten auf der Bounce-Site werden insgesamt 76,8 Mbit/s Bandbreite verbraucht. Die Daten werden von dort aus an das Opfer gesendet, denn dieses nutzt ja die IP-Adresse, die als Absenderadresse in den gefälschten Paketen vorgegeben war.

Durch Abschalten der Funktion für gerichtete Broadcasts in der Netzwerkinfrastruktur wird eine Nutzung des Netzwerks als Bounce-Site verhindert. Seit Cisco IOS Software Release 12.0 ist diese Funktionalität standardmäßig abgeschaltet.

DoS- und DDoS-Angriffe eindämmen

DoS- und DDoS-Angriffe lassen sich eindämmen, indem man spezielle ACLs zur Verhinderung des Fälschens von IP-Absenderadressen und zur Vermeidung von DoS-Angriffen verwendet. Internetprovider können auch eine Richtlinie zur Datenübertragungsrate implementieren, die den Umfang unnötigen Datenverkehrs zwischen Netzwerksegmenten beschränkt. Ein häufig auftretendes Beispiel besteht darin, die Menge der ICMP-Daten zu begrenzen, die in ein Netzwerk gesendet werden dürfen, denn diese Daten dienen ausschließlich Diagnosezwecken.

Details zum Ablauf solcher Angriffe sind nicht Gegenstand dieses Buches; weitere Informationen hierzu erhalten Sie in den Kursen des Programms »Networking Academy Network Security«.

Angriffe mit Schadcode

Bösartige Software kann in einen Host eingespeist werden, um ein System anzugreifen und zu beschädigen, es sich replizieren zu lassen oder den Zugriff auf Netzwerke, Systeme und Dienste zu unterbinden. Häufige Bezeichnungen für diese Form der Software sind *Würmer*, *Viren* und *trojanische Pferde* (oder kurz *Trojaner*).

Die folgenden Abschnitte beschreiben diese Angriffsmethoden im Detail.

Würmer

Wie Abbildung 4.18 zeigt, führt ein Wurm Code aus und installiert Kopien seiner selbst im Speicher des infizierten Computers, um auf diese Weise weitere Hosts zu infizieren.

> Ein Wurm führt beliebigen Code aus und installiert sich selbst im Speicher des infizierten Computers, der dann weitere Hosts infiziert.

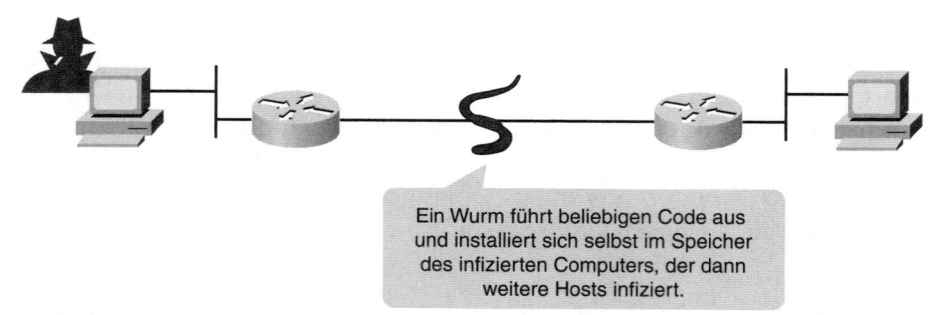

Abbildung 4.18: Wurm

Die Anatomie einer Wurmattacke besteht aus folgenden Komponenten:

- **Sicherheitslücke.** Ein Wurm installiert sich selbst, indem er bekannte Schwachstellen in Systemen ausnutzt. Dies kann beispielsweise ein naiver Endbenutzer sein, der ungeprüfte ausführbare Mail-Anhänge öffnet.
- **Verbreitungsmechanismus.** Nachdem er sich Zugang zu einem Host verschafft hat, kopiert ein Wurm sich selbst auf diesen Host und wählt dann neue Ziele aus.
- **Nutzlast.** Sobald ein Host sich mit einem Wurm infiziert hat, erhält der Angreifer Zugang zu diesem Host – häufig sogar als privilegierter Benutzer. Angreifer können ihre Berechtigungen dann mithilfe eines lokalen Exploits so stark erweitern, dass sie am Ende sogar Administratorrechte erhalten.

Normalerweise sind Würmer sich selbst replizierende Programme, die ein System angreifen und versuchen, eine bestimmte Schwachstelle des Ziels auszunutzen. Nach erfolgreicher Nutzung der Schwachstelle kopiert der Wurm sein Programm vom angreifenden auf den infiltrierten Host, um den Zyklus von vorne zu beginnen. Im Januar 2007 infizierte ein Wurm die populäre MySpace-Community. Arglose Benutzer ermöglichten die Ausbreitung des Wurms, der sich auf Benutzerwebsites zu replizieren begann und diese mit der Bezeichnung *w0rm.EricAndrew* verunstaltete.

Die Eindämmung von Wurmangriffen erfordert Sorgfalt aufseiten des System- und des Netzwerkadministrators. Die Koordination zwischen Systemadministration, Netzwerktechnikern und Mitarbeitern der Sicherheitsabteilung ist kritisch, um auf einen Wurmangriff wirkungsvoll reagieren zu können.

Nachfolgend aufgeführt sind die empfohlenen Schritte zur Abwehr eines Wurmangriffs:

1. **Eingrenzung.** Schränken Sie die Weiterverbreitung des Wurms im Netzwerk ein. Separieren Sie nicht infizierte Teile des Netzwerks.

2. **Impfung.** Patchen Sie alle System und überprüfen Sie das Netzwerk möglichst auf weitere Systeme hin, die unter Umständen anfällig sind.

3. **Quarantäne.** Ermitteln Sie alle infizierten Rechner im Netzwerk. Trennen, entfernen oder blockieren Sie infizierte Rechner im Netzwerk.

4. **Behandlung.** Reinigen und patchen Sie alle infizierten Systeme. Bei einigen Würmern ist unter Umständen eine vollständige Neuinstallation der Kernsysteme erforderlich, um eine wirkungsvolle Reinigung zu erzielen.

Viren

Ein Virus ist eine Schadsoftware, die an ein anderes Programm angehängt ist und eine bestimmte, nicht erwünschte Funktion auf einer Workstation ausführt (Abbildung 4.19). Ein Beispiel ist ein Programm, das an die Datei *command.com* (den primären Interpreter bei Windows-Systemen) angehängt ist, bestimmte Dateien löscht und außerdem alle anderen Versionen von *command.com* infiziert, die es findet.

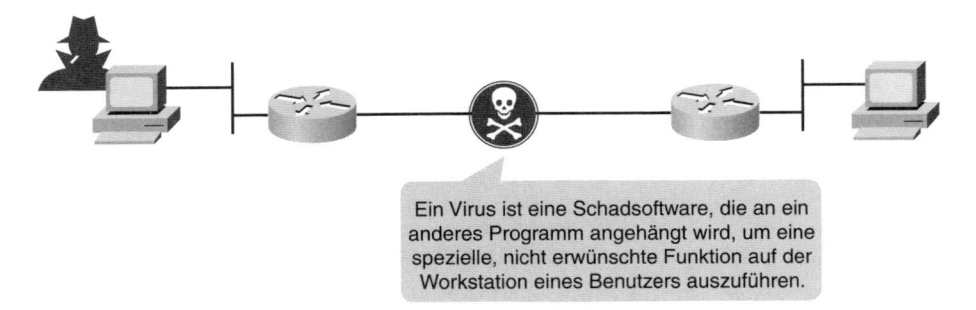

Abbildung 4.19: Virus

Ein Virus benötigt normalerweise einen Zustellungsmechanismus (einen Vektor), um den Virencode von einem System zu einem anderen zu transportieren. Hierfür kommen beispielsweise Zip-Dateien oder auch andere ausführbare Dateien infrage, die an eine E-Mail angehängt werden. Das Schlüsselelement, welches einen Computerwurm von einem Virus unterscheidet, ist die menschliche Interaktion, die für eine erfolgreiche Verbreitung des Virus erforderlich ist.

Potenziell virenfähige Dateien können durch den Einsatz von Antiviren-Software wirkungsvoll auf Benutzer- und möglicherweise auch auf Netzwerkebene im Zaum gehalten werden. Antiviren-Software erkennt die meisten Viren sowie auch viele trojanische Pferde und verhindert deren Verbreitung im Netzwerk. Eine sinnvolle Maßnahme gegen solche Angriffe besteht auch darin, sich über die aktuellen Entwicklungen in diesem Bereich stets auf dem Laufenden zu halten. Unternehmen müssen grundsätzlich die aktuellen Versionen der Virendefinitionen einsetzen, weil fortlaufend neue Viren oder Trojaner in Umlauf kommen.

Trojanische Pferde

Wie Abbildung 4.20 zeigt, unterscheidet sich ein trojanisches Pferd von einem Wurm oder einem Virus nur dadurch, dass eine vollständige Anwendung so geschrieben ist, dass sie etwas anderes als ein Angriffswerkzeug zu sein vorgibt. Ein Beispiel für einen solchen Trojaner ist eine Softwareanwendung, die ein einfaches Spiel auf einer Workstation ausführt. Während der Besucher mit dem Spiel beschäftigt ist, schickt der Trojaner eine Kopie seiner selbst via E-Mail an alle Adressen im Adressbuch des Benutzers. Die anderen Benutzer bekommen das Spiel und spielen es, das heißt, der Trojaner verbreitet sich an alle Adressen in allen Adressbüchern.

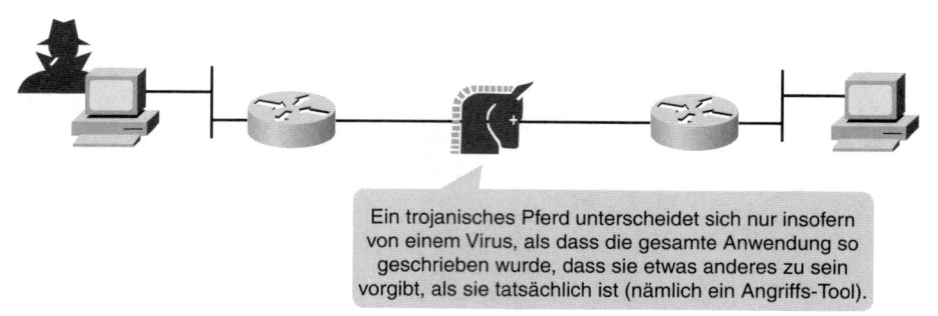

Abbildung 4.20: Trojanisches Pferd

Sub7 (»Subseven«) ist ein häufig auftretendes trojanisches Pferd, das ein Backdoor-Programm auf Benutzersystemen installiert. Es ist für unstrukturierte wie auch strukturierte Angriffe gleichermaßen beliebt. Ein Beispiel für eine unstrukturierte Gefährdung ist die Verwendung des Programms durch unerfahrene Angreifer, um den Mauszeiger verschwinden zu lassen. Andererseits können Cracker das Programm benutzen, um Keylogger (d. h. Programme, die alle Tastatureingaben protokollieren) zu installieren und so an sensible Daten zu gelangen – ein Beispiel für den strukturierten Einsatz.

Wie bereits erwähnt, können trojanische Pferde durch wirkungsvollen Einsatz von Antiviren-Software auf Benutzer- und möglicherweise auch auf Netzwerkebene im Zaum gehalten werden.

4.1.4 Allgemeine Techniken zur Eindämmung

Nachdem Sie nun die verschiedenen Arten netzwerkspezifischer Angriffe kennengelernt haben, wollen wir in diesem Abschnitt allgemeine Ansätze zu deren Eindämmung beschreiben.

Host- und serverbasierte Sicherheit

Sicherheit für Hosts und Server muss auf allen Netzwerksystemen implementiert sein. Zu den Eindämmungsmethoden für diese Geräte gehören

- das Härten der Geräte,
- Antiviren-Software,
- Software-Firewalls,
- Betriebssystem-Patches.

Die folgenden Abschnitte beschreiben diese Eindämmungsmethoden im Detail.

Geräte härten

Wenn ein neues Betriebssystem auf einem Gerät installiert wird, sind alle Sicherheitseinstellungen auf Default-Werte gestellt. In den meisten Fällen ist dieses Maß an Sicherheit nicht ausreichend. Führen Sie zum Härten (engl. *Hardening*) einige einfache Schritte durch, die für die meisten Betriebssysteme gelten:

- Ändern Sie Default-Benutzernamen und -Passwörter sofort.
- Beschränken Sie den Zugang zu Systemressourcen auf Personen, die zur Nutzung dieser Ressourcen berechtigt sind.
- Falls möglich, deaktivieren Sie unnötige Dienste und Anwendungen.
- Konfigurieren Sie eine Systemprotokollierung und Überwachung.

Antiviren-Software

Installieren Sie auf Ihren Hosts Antiviren-Software, um sie gegen bekannte Viren zu schützen. Antiviren-Software erkennt die meisten Viren und auch viele trojanische Pferde und verhindert deren Verbreitung im Netzwerk.

Dies tut Antiviren-Software auf zweierlei Weise:

- Sie untersucht Dateien und vergleicht deren Inhalt mit bekannten Virensignaturen. Übereinstimmungen werden auf eine Weise gekennzeichnet, die vom Endbenutzer definiert wird.

- Sie untersucht auf einem Host ausgeführte verdächtige Prozesse, die auf eine Infektion hindeuten könnten. Diese Überwachung kann Datenerfassung, Portüberwachung und andere Methoden umfassen.

Die meisten kommerziellen Antiviren-Lösungen verwenden beide Ansätze. Beachten Sie, dass Antiviren-Software nur probat ist, wenn die Virendefinitionen aktuell sind. Aktualisieren Sie Ihre Antiviren-Software sorgfältig (Abbildung 4.21).

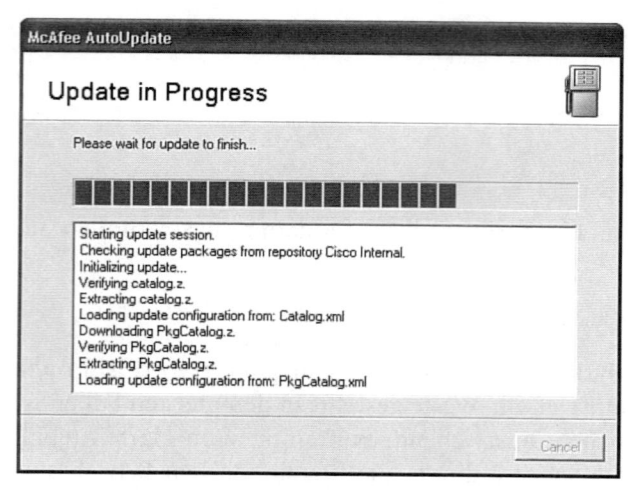

Abbildung 4.21: Virendefinitionen aktualisieren

Software-Firewalls

PCs, die über eine Wählverbindung, DSL oder ein Kabelmodem mit dem Internet verbunden sind, sind ebenso gefährdet wie Unternehmensnetzwerke. Software-Firewalls werden auf dem PC des Benutzers ausgeführt, um Angriffe zu verhindern. Zu ihrem Einsatzgebiet gehören nicht die LAN-Implementierungen (dies ist ein Unterschied zu Appliance- oder serverbasierten Firewalls). Außerdem können sie, wenn sie mit anderen Clients, Diensten, Protokollen oder Adaptern gemeinsam installiert werden, den Netzwerkzugang verhindern. Abbildung 4.22 zeigt den Hauptbildschirm der Norton Personal Firewall von Symantec.

Abbildung 4.22: Norton Personal Firewall

Weitere Anbieter von Software-Firewalls sind McAfee und Zone Labs.

Betriebssystem-Patches

Die effizienteste Möglichkeit, einen Wurm und seine Varianten abzuwehren, besteht darin, Sicherheits-Updates herunterzuladen und alle anfälligen Systeme zu patchen. Betriebssystem-Patches stehen in der Regel beim Anbieter des Betriebssystems (z. B. bei Microsoft oder Apple) zum Download bereit. Linux hingegen ist in unterschiedlichen Distributionen oder Varianten erhältlich. Updates stehen dann für die jeweilige Linux-Distribution bereit oder sind über zuverlässige Links in der Open-Source-Gemeinde verfügbar.

Abbildung 4.23 zeigt das Herunterladen von Updates für Microsoft Windows.

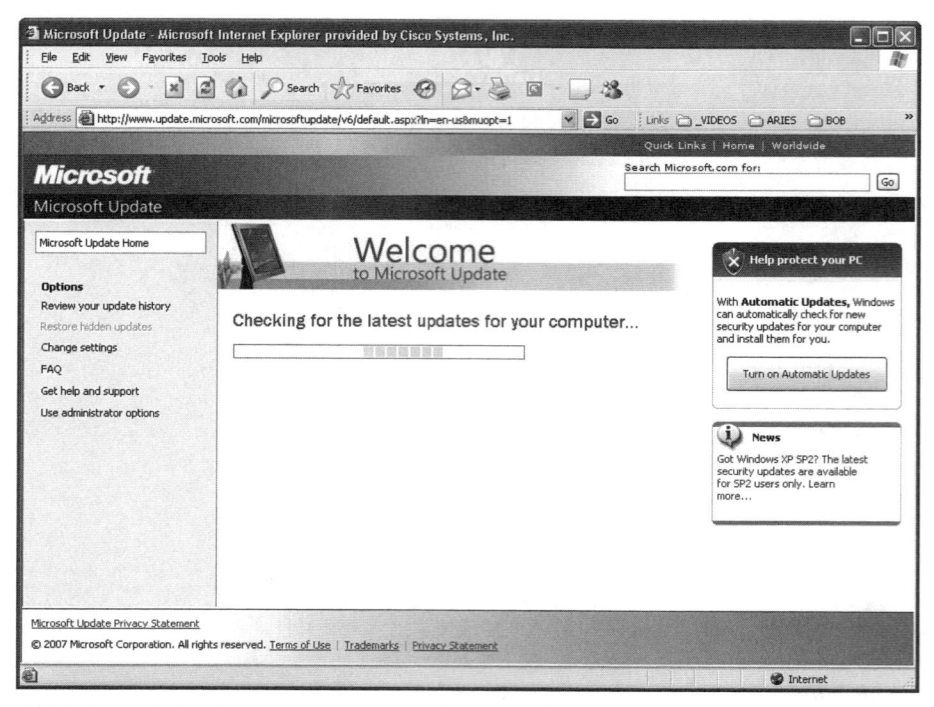

Abbildung 4.23: Betriebssystem-Patches installieren

Netzwerkhosts wie beispielsweise Workstations oder Server zu schützen, ist unabdingbar. Diese Hosts müssen geschützt werden, wenn sie zum Netzwerk hinzugefügt werden, und sie sollten mit Sicherheits-Patches aktualisiert werden, sobald diese Updates verfügbar sind. Weitere Schritte können durchgeführt werden, um diese Hosts abzusichern. Antiviren-Software, Firewalls und IDS sind wertvolle Tools, die verwendet werden können, um Netzwerkhosts abzusichern. Da viele Unternehmensressourcen auf einem einzelnen Dateiserver enthalten sein können, sind Zugänglichkeit und Verfügbarkeit bei Servern besonders wichtig.

Die Aktualisierung einer großen Zahl von Systemen ist schwierig, da sich im lokalen Netzwerk oft auch nicht zentral administrierte Benutzersysteme befinden. Sie ist noch aufwendiger, wenn diese Systeme über eine Remote-Verbindung via VPN oder RAS-Server (Remote Access Server) angebunden sind. Die Administration einer großen Zahl von Systemen umfasst die Erstellung eines Standard-Software-Images (Betriebssystem und Anwendungen, die auf dem vorhandenen Clientsystemen autorisiert sind), das auf neue oder aktualisierte Systeme aufgespielt wird. Diese Images enthalten unter Umständen nicht die aktuellsten Patches, und die fortlaufende Neuherstellung des Image zur Integration aktueller Patches kann für den Administrator schnell sehr zeitaufwendig werden. Das Verteilen von Patches an alle Systeme erfordert, dass diese Systeme in irgendeiner Weise an das Netzwerk angeschlossen sind, was unter Umständen nicht möglich ist.

Eine Lösung zur Verwaltung kritischer Sicherheits-Patches besteht darin, einen zentralen Patchserver einzurichten, mit dem alle Systeme regelmäßig kommunizieren müssen. Alle Patches, die auf einem Host nicht angewendet wurden, werden automatisch vom Server heruntergeladen und ohne Benutzereingriff installiert. Diese Lösung könnte mit der Cisco NAC Appliance implementiert werden.

Zusätzlich zur Anwendung von durch den Betriebssystemhersteller bereitgestellten Sicherheits-Updates können Sie die Vorgehensweise zur Bestimmung von Geräten vereinfachen, auf denen sich Sicherheitslücken ausnutzen lassen; hierzu verwenden Sie spezielle Auditing-Tools.

Intrusion Detection und Intrusion Prevention

IDS-Systeme (Intrusion Detection Systems) erkennen Angriffe gegen ein Netzwerk und senden Log-Dateien an eine Managementkonsole. IPS-Systeme (Intrusion Prevention Systems) hingegen verhindern Angriffe auf das Netzwerk und sollten zusätzlich zur Erkennung die folgenden aktiven Verteidigungsmechanismen enthalten:

- **Prävention.** Immunisiert das System gegen zukünftige feindselige Angriffe.
- **Reaktion.** Verhindert die Ausführung eines erkannten Angriffs.

Beide Technologien lassen sich auf der Netzwerkebene oder Hostebene oder – für einen maximalen Schutz – auf beiden Ebenen implementieren.

Hostbasierte IDS

Je nach Anbieter wird ein hostbasiertes IDS in der Regel in einer der folgenden Formen implementiert:

- **HIDS (Host-based IDS).** Eine Technologie der ersten Generation, die passiv arbeitete. HIDS senden Log-Dateien an eine Managementkonsole, nachdem der Angriff stattgefunden hat und der Schaden bereits aufgetreten ist.
- **HIPS (Host-based IPS).** Dieses System basiert auf einer Inline-Technologie, die den Angriff tatsächlich stoppt, Schäden verhindert und die Ausbreitung von Würmern und Viren unterbindet.

Die aktive Erkennung kann so festgelegt werden, dass die Netzwerkverbindung abgebaut wird oder die betroffenen Dienste automatisch beendet werden. Korrekturmaßnahmen werden sofort ergriffen. Cisco stellt HIPS über die CSA-Software (Cisco Security Agent) bereit.

Die HIPS-Software muss auf jedem Host – ob Server oder Desktop – installiert werden, um alle Aktivitäten zu überwachen, die auf dem Host oder gegen ihn durchgeführt werden. Diese Software heißt Agenten-Software. Sie führt eine Intrusion-Detection-Analyse und Präventionsmaßnahmen aus. Die Agenten-Software sendet zudem Log-Dateien und Warnungen an einen zentralisierten Management- oder Richtlinienserver.

Der Vorteil eines HIPS besteht darin, dass es Betriebssystemprozesse überwachen und kritische Systemressourcen schützen kann, darunter auch Dateien, die nur auf dem betreffenden Host vorhanden sind. Ein Hilfsprogramm kann also den Netzwerkadministrator benachrichtigen, falls ein externer Prozess versucht, ein Systemdatei auf eine Weise zu verändern, wie es ein verborgenes Backdoor-Programm tun könnte.

Abbildung 4.24 zeigt eine typische HIPS-Bereitstellung mit dem Cisco Security Agent.

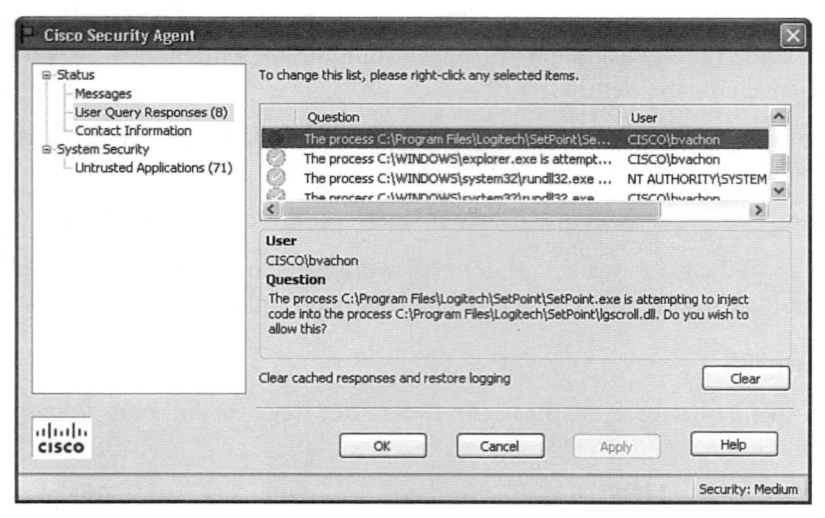

Abbildung 4.24: Cisco Security Agent

Agenten werden auf öffentlich zugänglichen Servern sowie auf den Mail- und Anwendungsservern des Unternehmens installiert. Der Agent meldet Ereignisse einem zentralen Konsolenserver, der sich innerhalb der Unternehmens-Firewall befindet. Alternativ können Agenten auf dem Host Log-Dateien als Mail an einen Administrator senden.

Gängige Sicherheitseinrichtungen und Sicherheitsanwendungen

Wenn Sie ein Netzwerk planen, ist Sicherheit ein ganz wesentlicher Gesichtspunkt. In der Vergangenheit gab es immer mindestens ein Gerät, an das man im Zusammenhang mit der Netzwerksicherheit sofort dachte: die Firewall. Für sich genommen ist eine Firewall heute allerdings nicht mehr ausreichend, um ein Netzwerk zu schützen. Unter Umständen ist ein integrierter Ansatz mit einer Firewall, Intrusion Prevention und einem VPN notwendig.

Ein solcher integrierter Ansatz für die Sicherheit und die zu seiner Realisierung notwendigen Geräte orientieren sich an den folgenden Grundbausteinen:

- **Bedrohungsabwehr.** Steuert den Netzwerkzugang, isoliert infizierte Systeme, verhindert Einbrüche und schützt Werte, indem gegen bösartige Daten wie Würmer und Viren vorgegangen wird. Geräte und Anwendungen, die Lösungen zur Bedrohungsabwehr bereitstellen, sind:
  - Cisco ASA 5500-Serie (Adaptive Security Appliances),
  - ISR (Integrated Services Routers),
  - NAC (Network Admission Control),
  - Cisco Security Agent for Desktops (CSA),
  - Cisco IPSs (Intrusion Prevention Systems).

Abbildung 4.25 zeigt die verschiedenen Sicherheits-Appliances.

Cisco ASA 5500   Cisco NAC Appliance

Sensoren der Cisco IPS 4200-Serie

Abbildung 4.25: Gängige Sicherheits-Appliances

- **Sichere Kommunikation.** Schützt Endpunkte im Netzwerk mit einem VPN. Die Geräte, mit deren Hilfe eine Firma oder Organisation ein VPN implementieren kann, sind Cisco ISR-Router mit einer Cisco IOS VPN-Lösung und die Cisco 5500-ASAs sowie die Cisco Catalyst 6500-Switches.

- **Steuerung des Netzwerkzugangs (engl. *Network Admission Control*, NAC).** Dies ist eine rollenbasierte Methode, um unbefugten Zugriff auf das Netzwerk zu verhindern. Cisco bietet sie in Form einer NAC-Appliance an. Eine ausführliche Beschreibung dieser Appliances würde den Rahmen dieses Kurses sprengen, doch erhalten Sie in den nachfolgenden Abschnitten jeweils eine kurze Übersicht. Weitere Informationen finden Sie in den Kursen »CCNP: Implementing Secure Converged Wide-Area Networks« sowie »Network Security 1 and 2«.

Cisco IOS auf Cisco-ISRs

Cisco stellt in der Cisco IOS-Software bereits viele der erforderlichen Sicherheitsmaßnahmen zur Verfügung. Sie umfassen die integrierte Cisco IOS-Firewall sowie IPSec-, SSL-VPN- und IPS-Dienste.

Cisco ASA 5500-Serie (Adaptive Security Appliance)

Früher war die PIX-Firewall das einzige Gerät, das für ein sicheres Netzwerk eingesetzt wurde. Aus der PIX-Firewall ist nun eine Plattform geworden, die viele verschiedene Sicherheitsfunktionen integriert: die Cisco ASA (Adaptive Security Appliance). Die Cisco ASA integriert eine Firewall, Sicherheit für Sprachübertragungen, ein SSL- und IPSec-VPN, IPS und Dienste für den Schutz von Inhalten in einem einzigen Gerät.

Sensoren der Cisco IPS 4200-Serie

Bei größeren Netzwerken stellen die Sensoren der Cisco IPS 4200-Serie ein Inline-IPS bereit. Der Sensor erkennt, klassifiziert und blockiert feindselige Daten im Netzwerk.

Cisco NAC-Appliance

Die Cisco NAC-Appliance erzwingt mithilfe der Netzwerkinfrastruktur die Konformität mit der Sicherheitsrichtlinie auf allen Geräten, die auf Ressourcen im Netzwerk zugreifen wollen.

Cisco Security Agent

Die CSA-Software bietet Bedrohungsschutzfunktionen für Server-, Desktop- und POS-Computersysteme (Point of Service). Der Cisco Security Agent verteidigt diese Systeme gegen gezielte Angriffe, Datenlecks, Spyware, Rootkits und Zero-Day-Exploits.

4.1.5 Das Network Security Wheel

Die meisten sicherheitsrelevanten Vorfälle treten auf, weil Systemadministratoren vorhandene Gegenmaßnahmen nicht implementieren und Angreifer oder verärgerte Mitarbeiter diese Nachlässigkeit ausnutzen. Deswegen geht es nicht ausschließlich darum zu erkennen, dass eine technische Schwachstelle vorhanden ist, und eine funktionierende Gegenmaßnahme zu finden; wesentlich ist auch, sich zu vergewissern, dass diese Gegenmaßnahme implementiert ist und einwandfrei arbeitet.

Zur Unterstützung der Konformität einer Sicherheitsrichtlinie wurde das Network Security Wheel entworfen. Hierbei handelt es sich um einen fortlaufenden Prozess, der sich als ausgesprochen effizienter Ansatz erwiesen hat. Abbildung 4.26 zeigt das Security Wheel.

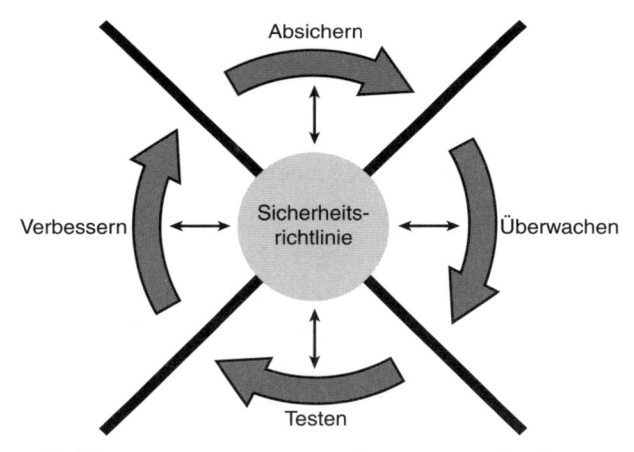

Abbildung 4.26: Das Network Security Wheel

Das Network Security Wheel fördert wiederholte Tests und die Anwendung von Sicherheitsmaßnahmen auf fortlaufender Basis. Um den Network Security Wheel-Prozess zu starten, entwerfen Sie zunächst eine Sicherheitsrichtlinie, welche die Anwendung von Sicherheitsmaßnahmen ermöglicht. Eine Sicherheitsrichtlinie spezifiziert

- die Sicherheitsziele der Organisation,
- die zu schützenden Ressourcen,
- die Netzwerkinfrastruktur mit aktuellen Übersichten und Inventaren,
- kritische Ressourcen, die geschützt werden müssen (z. B. Forschung und Entwicklung, Buchhaltung und Personalabteilung). Dies bezeichnet man als Risikoanalyse.

Die Sicherheitsrichtlinie ist die »Nabe«, auf die die vier Schritte des Network Security Wheel aufsetzen:

1. Schützen
2. Überwachen
3. Testen
4. Verbessern

Schritt 1: Schützen

Sie schützen das Netzwerk, indem Sie die Sicherheitsrichtlinien anwenden und die folgenden Sicherheitslösungen implementieren:

- **Bedrohungsabwehr.** Implementieren Sie Techniken zur Härtung der Geräte, Antiviren-Software sowie Tools zur Spyware-Abwehr.
- **IPS.** Nehmen Sie auf der Netzwerk- und der Hostebene IPSs in Betrieb, um feindliche Daten gezielt zu stoppen.
- **Sicherheitslücken schließen.** Wenden Sie Betriebssystem-Patches oder Maßnahmen an, um die Nutzung bekannter Sicherheitslücken zu unterbinden.
- **Nicht benötigte Dienste deaktivieren.** Je weniger Dienste aktiviert sind, desto schwieriger ist es für Angreifer, sich Zugang zu verschaffen.
- **Stateful Inspection und Paketfilter.** Filtern Sie Netzwerkdaten, um nur regulären Datenverkehr und Dienste zuzulassen.

ANMERKUNG

Unter dem Begriff *Stateful Inspection* versteht man das Ablegen von Informationen zum Zustand einer Verbindung in einer Zustandstabelle. Hierdurch kann eine Firewall Änderungen an der Verbindung erkennen, wenn ein Angreifer eine Sitzung entführen oder eine Verbindung anderweitig manipulieren will.

Auch die folgenden Lösungen zur Sicherheit von Netzwerkverbindungen müssen in Betracht gezogen werden:

- **VPNs.** Verschlüsseln Sie Netzwerkdaten, um eine unerwünschte Preisgabe von Daten gegenüber unautorisierten oder feindseligen Personen zu verhindern. Dies ist besonders wichtig, wenn die Daten das Internet durchqueren.

- **Vertrauen und Identität.** Implementieren Sie erhebliche Beschränkungen bei den Vertrauensstufen in einem Netzwerk. Systeme auf der Innenseite der Firewall sollten beispielsweise niemals Systemen auf der Außenseite vollständig vertrauen.

- **Authentifizierung.** Gewähren sie nur autorisierten Benutzern Zugriff. Ein Beispiel hierfür sind Einmalpasswörter.

- **Durchsetzung von Richtlinien.** Stellen Sie sicher, dass Benutzer und Endgeräte konform mit der Unternehmensrichtlinie arbeiten.

Schritt 2: Überwachen

Das Überwachen der Sicherheit umfasst sowohl aktive als auch passive Methoden der Erkennung von Sicherheitsverstößen. Die am häufigsten verwendete aktive Methode ist das Auditing von Log-Dateien auf der Hostebene. Die meisten Betriebssysteme enthalten Auditing-Funktionen. Die Systemadministratoren müssen sicherstellen, dass alle sensiblen und kritischen Hosts im Netzwerk hiermit überwacht werden. Außerdem müssen Sie sich die Zeit nehmen, die Einträge in den Log-Dateien zu kontrollieren und zu interpretieren.

Passive Methoden umfassen IDS-Geräte, die ein Eindringen automatisch erkennen. Diese Methoden erfordern weniger Aufmerksamkeit vonseiten des Sicherheitsadministrators als die aktiven Ansätze. Diese Systeme können Sicherheitsverstöße in Echtzeit erkennen und so konfiguriert werden, dass sie automatisch reagieren, bevor ein Angreifer Schaden anrichten kann.

Ein weiterer Vorteil der Netzwerküberwachung besteht darin, dass sich hierdurch sicherstellen lässt, dass die in Schritt 1 implementierten Sicherheitsmaßnahmen des Network Security Wheel korrekt konfiguriert wurden und funktionieren.

Schritt 3: Testen

In der Testphase des Network Security Wheel werden die Sicherheitsmaßnahmen proaktiv getestet. Insbesondere werden die Funktionalität der in Schritt 1 implementierten Sicherheitslösungen und die Methoden zur Systemüberwachung und Intrusion Detection verifiziert, die in Schritt 2 implementiert wurden. Tools zur Einschätzung von Schwachstellen wie SATAN, Nessus und Nmap sind zur regelmäßigen Überprüfung der Sicherheitsmaßnahmen auf der Netzwerk- und Hostebene wichtig.

Schritt 4: Verbessern

Die Verbesserungsphase des Network Security Wheel umfasst die Analyse der Daten, die während der Überwachungs- und Testphasen ermittelt wurden. Diese Analyse trägt zur Entwicklung und Implementierung von Verbesserungsmechanismen bei, welche die Sicherheitsrichtlinie und ihre Ergebnisse erweitert, indem sie Elemente zu Schritt 1 hinzufügt.

IDSs können die während der Überwachungs- und Testphase erfassten Daten nutzen, um Verbesserungen an der Sicherheit zu implementieren. Die Sicherheitsrichtlinie sollte angepasst werden, sobald neue sicherheitsrelevante Schwachstellen und Risiken bekannt werden.

Um ein Netzwerk so sicher wie möglich zu halten, muss der Zyklus des Network Security Wheel kontinuierlich wiederholt werden, weil Tag für Tag neue Sicherheitslücken und Risiken auftauchen.

4.1.6 Sicherheitsrichtlinien in Unternehmen

RFC 2196, »Site Security Handbook«, definiert wie folgt:

> *Eine Sicherheitsrichtlinie ist eine formale Aussage zu den Regeln, an die sich Personen, die Zugang zu Technologie und Datenwerten einer Organisation erhalten, halten müssen.*

Eine Sicherheitsrichtlinie ist also ein Satz von Vorschriften, die implementiert werden, um das Netzwerk vor Angriffen sowohl von innen als auch außerhalb eines Unternehmens zu schützen. Die Bildung einer Richtlinie beginnt damit, Fragen zur Führung der Organisation zu stellen:

- Wie unterstützt das Netzwerk die Organisation beim Umsetzen ihrer Ziele, ihrer Mission und ihrer Strategie?
- Welche Auswirkungen haben Unternehmensanforderungen auf die Sicherheit des Netzwerks?
- Wie schlagen sich diese Unternehmensanforderungen in der Anschaffung spezieller Geräte und deren Konfiguration nieder?

Organisationen profitieren auf folgende Weise von einer Sicherheitsrichtlinie:

- Sie stellt eine Möglichkeit bereit, die vorhandene Netzwerksicherheit zu überprüfen und die Anforderungen mit den realen Gegebenheiten zu vergleichen.
- Sie hilft dabei, sicherheitstechnische Verbesserungen in den Bereichen Hardware, Software und Prozeduren zu planen.
- Sie definiert die Rollen und Zuständigkeiten der Manager, Administratoren und Benutzer im Unternehmen.

- Sie definiert, welche Netzwerk- und Computeraktivitäten zulässig sind und welche nicht.
- Sie definiert einen Prozess zur Bearbeitung sicherheitsrelevanter Vorfälle.
- Sie ermöglicht eine globale Implementierung der Netzwerksicherheit und deren Durchsetzung, da sie als Standard für alle Standorte gilt.
- Sie schafft bei Bedarf eine Basis für das Beschreiten des Rechtsweges.

Eine Sicherheitsrichtlinie ist ein lebendes Dokument, das heißt, sie wird fortlaufend aktualisiert, wenn sich die Anforderungen der Technologien und der Mitarbeiter ändern. Dabei agiert sie als Brücke zwischen den Zielen des Managements und den spezifischen Sicherheitserfordernissen.

Funktionen einer Sicherheitsrichtlinie

Eine umfassende Sicherheitsrichtlinie erfüllt die folgenden grundlegenden Funktionen:

- Sie schützt Menschen und Daten.
- Sie legt die Regeln für das zulässige Verhalten von Benutzern, Systemadministratoren, Management und Sicherheitspersonal fest.
- Sie autorisiert die Sicherheitsmitarbeiter zur Durchführung von Überwachungen, Sondierungen und Nachforschungen.
- Sie definiert und autorisiert die Folgen von Sicherheitsverstößen.

Die Sicherheitsrichtlinie gilt für jeden: Mitarbeiter, Auftragsnehmer, Lieferanten und Kunden mit Zugriff auf das Netzwerk. Allerdings sollte die Richtlinie diese Gruppen jeweils unterschiedlich behandeln. Jede Gruppe sollte nur den Teil der Richtlinie einsehen können, der für ihre Arbeit und das Ausmaß ihres Zugriffs auf das Netzwerk relevant ist.

So ist es beispielsweise nicht immer notwendig, eine Erklärung dafür abzugeben, warum jemand gesperrt wurde. Sie können auch davon ausgehen, dass technische Mitarbeiter wissen, warum eine bestimmte Anforderung enthalten ist. Manager hingegen sind in der Regel nicht besonders interessiert an den technischen Aspekten einer bestimmten Anforderung; sie benötigen lediglich einen allgemeinen Überblick oder eine Beschreibung des Prinzips, das die Anforderung unterstützt. Wenn Endbenutzer allerdings wissen, warum ein bestimmtes Sicherheitselement implementiert wurde, ist die Wahrscheinlichkeit höher, dass sie die Richtlinie beachten. Aus diesem Grund können wahrscheinlich nicht alle Bedürfnisse, die im gesamten Unternehmen auftreten, in einem einzigen Dokument zusammengefasst werden.

Komponenten einer Sicherheitsrichtlinie

Das SANS Institute (*http://www.sans.org*) hat in Zusammenarbeit mit einer Reihe führender Industrieunternehmen – darunter auch Cisco – eine Anleitung zur Entwicklung umfassender Sicherheitsrichtlinien für kleinere und große Unternehmen entworfen. Nicht alle Organisationen benötigen alle diese Richtlinien.

Nachfolgend aufgeführt sind allgemeine Sicherheitsrichtlinien, die eine Organisation implementieren könnte:

- **Aussage zur Richtlinienkompetenz und zum Geltungsbereich.** Sie definiert, wer in der Organisation die Sicherheitsrichtlinie entwickelt, wer für ihre Umsetzung zuständig ist und welche Bereiche sie abdeckt.
- **AUP (Acceptable Use Policy, Richtlinie zur zulässigen Verwendung).** Definiert die zulässige Nutzung von Geräten und Computerdiensten sowie die geeigneten Sicherheitsmaßnahmen für Mitarbeiter, um die Unternehmensressourcen und proprietäre Daten zu schützen.
- **Identifikations- und Authentifizierungsrichtlinie.** Definiert, welche Technologien das Unternehmen einsetzt, um sicherzustellen, dass nur autorisierte Personen auf die Daten zugreifen.
- **Passwortrichtlinie.** Definiert Standards zum Erstellen, Schützen und Ändern starker Passwörter.
- **Internetzugangsrichtlinie.** Definiert, was das Unternehmen hinsichtlich der Nutzung der Internetkonnektivität durch Mitarbeiter und Gäste toleriert und was nicht.
- **Campuszugangsrichtlinie.** Definiert die zulässige Nutzung von campusinternen technologischen Ressourcen durch Mitarbeiter und Gäste.
- **Remote-Zugriffs-Richtlinie.** Definiert, wie Remote-Benutzer die Netzwerkinfrastruktur des Unternehmens einsetzen dürfen.
- **Prozedur zur Behandlung von Vorfällen.** Gibt an, wer für die Aufnahme von sicherheitsrelevanten Vorfällen zuständig ist und wie diese zu handhaben sind.

Zusätzlich zu diesen wesentlichen Sicherheitsrichtlinien gibt es noch weitere, die in bestimmten Organisationen relevant sein können:

- **Richtlinie für Kontenzugangsanfragen.** Formalisiert den Prozess für Konten- und Zugangsanfragen innerhalb der Organisation. Falls Benutzer oder Systemadministratoren diese Standardprozesse für Konten- und Zugangsanfragen unterlaufen, kann dies rechtliche Schritte gegen die Organisation zur Folge haben.

- **Richtlinie zur Anschaffungsbewertung.** Definiert die Zuständigkeiten für IT-Beschaffungen des Unternehmens und die Mindestanforderungen einer Anschaffungsbewertung, die die IT-Sicherheitsgruppe durchführen muss.

- **Überwachungsrichtlinie.** Definiert Überwachungsrichtlinien, um die Integrität von Daten und Ressourcen zu gewährleisten. Dies umfasst einen Prozess zur Untersuchung sicherheitsrelevanter Vorfälle, zur Sicherstellung der Konformität mit den Sicherheitsrichtlinien und zur Überwachung von Benutzer- und Systemaktivitäten, wo immer dies erforderlich ist.

- **Richtlinie für die Datensensibilität.** Definiert die Anforderungen zur Klassifizierung und Absicherung von Daten auf eine Weise, die für das jeweilige Sensibilitätsniveau geeignet ist.

- **Richtlinie zur Risikoeinschätzung.** Definiert die Anforderungen und übergibt die Zuständigkeit für Ermittlung, Bewertung und Eindämmung von Risiken für die mit Geschäftsvorgängen verbundene Dateninfrastruktur an das IT-Sicherheitsteam.

- **Richtlinie für globalen Webserver.** Definiert Standards, die von allen Webhosts beachtet werden müssen.

Angesichts des umfassenden Einsatzes von E-Mail sollte eine Organisation auch Richtlinien implementieren, die sich speziell mit diesem Komplex auseinandersetzen:

- **Richtlinie zur automatisierten Weiterleitung von E-Mail.** Dokumentiert die Richtlinie, welche die automatische Weiterleitung von E-Mail an einen externen Empfänger ohne vorherige Genehmigung durch den zuständigen Manager oder Abteilungsleiter unterbindet.

- **E-Mail-Richtlinie.** Definiert Inhaltsstandards, die eine Beschädigung des guten Rufs der Organisation verhindern sollen.

- **Spam-Richtlinie.** Definiert, wie Spam zu melden und zu behandeln ist.

Zu den Richtlinien für den Remote-Zugriff gehören die folgenden:

- **Einwahlzugangsrichtlinie.** Definiert den geeigneten Einwahlzugang und seine Verwendung durch autorisierte Mitarbeiter.

- **VPN-Sicherheitsrichtlinie.** Definiert die Anforderungen an VPN-Verbindungen im Netzwerk der Organisation.

Anzumerken ist, dass Benutzer, die die Regeln einer Sicherheitsrichtlinie ignorieren oder verletzen, mit Disziplinarmaßnahmen rechnen müssen, die bis hin zu einer Beendigung des Beschäftigungsverhältnisses reichen können.

4.2 Cisco-Router schützen

Ihnen ist bekannt, dass Sie ein LAN erstellen können, indem Sie Geräte über einfache Schicht-2-Switches miteinander verbinden. Danach können Sie mit einem Router Daten basierend auf den Schicht-3-IP-Adressen zwischen den verschiedenen Netzwerken routen. Nur Router verbinden also unterschiedliche Netzwerke.

4.2.1 Sicherheitsfragen bei Routern

Die Router-Sicherheit ist ein kritisches Element jeder Sicherheitsimplementierung. Schließlich sind Router beliebte Angriffsziele. Sofern ein Angreifer einen Router manipulieren und auf ihn zugreifen kann, kann dies für ihn sehr hilfreich sein. Die von einem Router im Netzwerk wahrgenommenen Rollen zu kennen, hilft Ihnen dabei, deren Schwachstellen zu verstehen.

Die Rolle des Routers in der Netzwerksicherheit

Router erfüllen die folgenden Funktionen (Abbildung 4.27):

- Sie machen Netzwerke bekannt und filtern Benutzer aus.
- Sie gewähren Zugriff auf Netzwerksegmente und Subnetze.

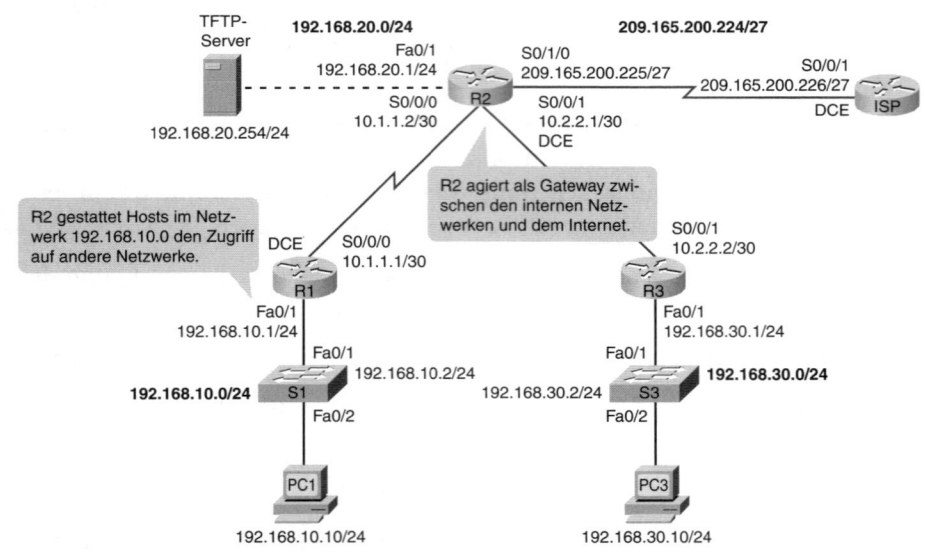

Abbildung 4.27: Rolle des Routers in der Netzwerksicherheit

Router sind Ziele

Weil Router Gateways zu anderen Netzwerken darstellen, sind sie naheliegende Ziele und Gegenstand einer Vielzahl von Angriffen (Abbildung 4.28).

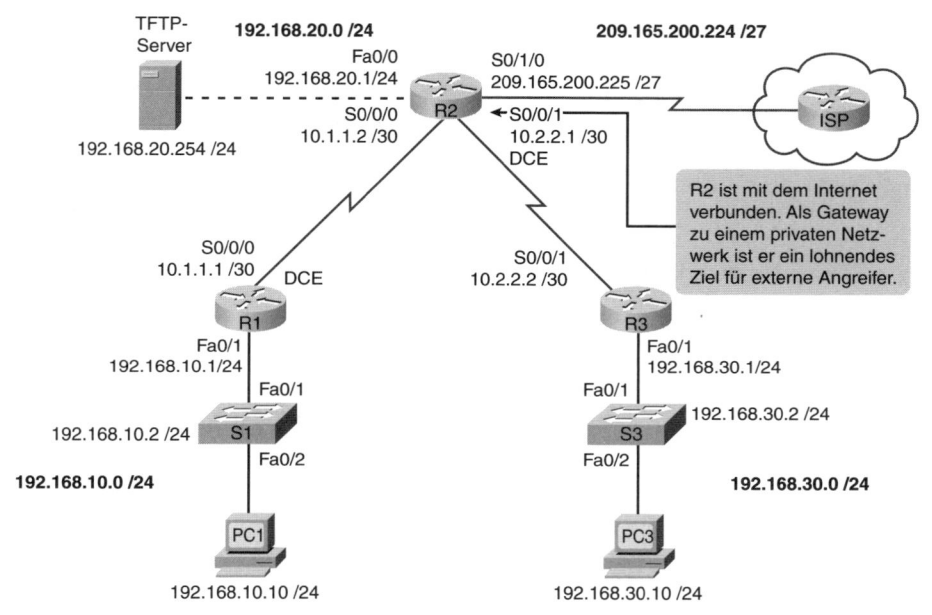

Abbildung 4.28: Router sind Ziele.

Nachfolgend aufgeführt sind einige Beispiele für verschiedene Sicherheitsprobleme, die bei einem manipulierten Router auftreten können:

- Ein Kompromittieren der Zugriffssteuerung kann Details der Netzwerkkonfiguration preisgeben und so Angriffe gegen andere Komponenten im Netzwerk ermöglichen.

- Eine Manipulation der Routing-Tabellen kann die Leistung senken, zur Abweisung von Netzwerkkommunikationsdiensten führen und sensible Daten preisgeben, weil Daten an einen kompromittierten Host umgeleitet werden können.

- Die Fehlkonfiguration eines Datenfilters auf einem Router kann interne Netzwerkkomponenten für Scans und Angriffe sichtbar machen. Dies erleichtert es dem Angreifer, sein Vorhaben zu verschleiern.

Angreifer können Router auf unterschiedliche Weise gefährden, weswegen es für Netzwerkadministratoren keinen einheitlichen Ansatz zu ihrer Bekämpfung gibt. Die verschiedenen Möglichkeiten, Router zu manipulieren, ähneln den Angriffstypen, die Sie weiter oben in diesem Kapitel kennengelernt haben: Ausnutzen von Vertrauensbeziehungen, IP-Spoofing, Entführung von (Kommunikations-)Sitzungen, MITM-Angriffe usw.

> **ANMERKUNG**
>
> Dieser Abschnitt legt den Schwerpunkt auf die Absicherung von Routern. Die meisten empfohlenen Praktiken, die hier beschrieben werden, lassen sich jedoch auch auf Switches übertragen. Nicht behandelt werden hingegen Schicht-2-Gefährdungen wie das MAC-Adress-Flooding und STP-Angriffe. Diese werden im Band »CCNA Exploration: LAN-Switching und Wireless« ausführlich beschrieben.

Wie Sie Ihr Netzwerk absichern

Das Absichern von Routern am Netzwerkperimeter ist ein wesentlicher erster Schritt zum Schutz des Netzwerks (Abbildung 4.29).

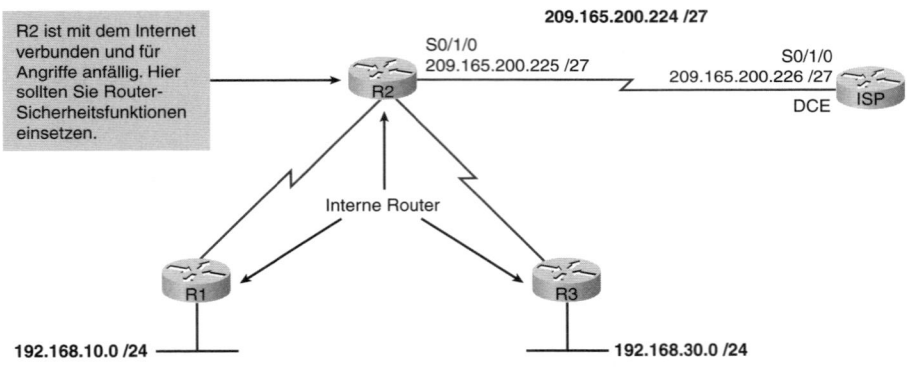

Abbildung 4.29: Netzwerk schützen

Betrachten Sie die Router-Sicherheit unter Berücksichtigung der folgenden Kategorien:

- **Physische Sicherheit.** Um Ihren Router physisch zu schützen, stellen Sie ihn in einem verschließbaren Raum oder Schrank auf, der nur autorisierten Mitarbeitern zugänglich ist. Die Örtlichkeit sollte frei von elektrostatischen oder magnetischen Störungen sein und über eine Regelung der Temperatur und Luftfeuchtigkeit verfügen. Um das Risiko eines DoS infolge eines Stromausfalls zu verringern, installieren Sie eine USV (unterbrechungsfreie Stromversorgung) und halten Ersatzteile vor.

  Physische Geräte wie Switches oder CSU/DSUs, die an den Router angeschlossen sind, sollten entweder ebenfalls an einem verschließbaren Ort aufgestellt oder unter Aufsicht einer vertrauenswürdigen Person verbleiben, um Manipulationen vorzubeugen. Auf einem Gerät, das frei zugänglich ist, könnten trojanische Pferde oder andere ausführbare Dateien gespeichert werden.

- **Router aktualisieren, wann immer dies angeraten erscheint.** Statten Sie den Router mit möglichst viel Arbeitsspeicher aus. Ausreichend viel Speicher kann bestimmte DoS-Angriffe abfangen und ist vorteilhaft für praktisch alle Sicherheitsdienste.

  Die Sicherheitsfunktionen eines Betriebssystems ändern sich im Laufe der Zeit. Allerdings muss die aktuelle Version eines Betriebssystems nicht unbedingt die stabilste sein, die es gibt. Um aus sicherheitstechnischer Sicht die optimale Leistung aus Ihrem Betriebssystem herauszuholen, verwenden Sie das letzte stabile Release, welches die Funktionsanforderungen Ihres Netzwerks erfüllt.

- **Router-Konfiguration und IOS sichern.** Halten Sie stets eine Sicherungskopie von Konfiguration und IOS für den Fall vor, dass ein Router ausfällt. Kopieren Sie das Betriebssystem-Image des Routers und die Konfigurationsdatei auf eine CD oder ein anderes Speichermedium. Häufig wird auch ein TFTP-Server für Sicherungszwecke verwendet.

- **Router härten, um einen potenziellen Missbrauch nicht verwendeter Ports und Dienste zu vermeiden.** Härten Sie den Router, um ihn so sicher wie möglich zu machen. Auf einem Router sind viele Dienste standardmäßig aktiviert. Eine Vielzahl dieser Dienste ist jedoch unnötig und kann zudem von einem Angreifer verwendet werden, um Informationen zu sammeln oder Sicherheitslücken auszunutzen. Sie härten Ihre Router-Konfiguration, indem Sie unnötige Dienste abschalten.

4.2.2 Sicherheitsfunktionen des Cisco IOS auf Router anwenden

Bevor Sie die Sicherheitsfunktionen auf einem Router konfigurieren, benötigen Sie einen Plan für die einzelnen Schritte zur Konfiguration der Cisco IOS-Sicherheit. Die Schritte zur Absicherung eines Routers sind die folgenden:

1. Router sicher administrieren
2. Administrativen Remote-Zugriff auf Router schützen
3. Router-Aktivitäten protokollieren
4. Gefährdete Router-Dienste und Router-Schnittstellen schützen
5. Routing-Protokolle absichern
6. Daten im Netzwerk steuern und filtern

Die ersten fünf Schritte behandeln wir im vorliegenden Kapitel, Schritt 6 wird mithilfe von ACLs (Access Control Lists, Zugriffssteuerungslisten) realisiert. ACLs stellen ein wesentliches Sicherheitsmerkmal dar und müssen konfiguriert werden, um Daten im Netzwerk zu steuern und zu filtern. Wir werden sie in Kapitel 5, »ACLs«, ausführlich behandeln.

Die Schritte 1 bis 3 werden in den nun folgenden Abschnitten beschrieben. Schritt 4 ist Bestandteil des Abschnitts »Router-Netzwerkdienste absichern«, Schritt 5 Bestandteil des Abschnitts »Überblick zur Authentifizierung von Routing-Protokollen«. Auf Schritt 6 werden wir – wie gesagt – im nächsten Kapitel eingehen.

Absicherung des Routers, Schritt 1: Router sicher administrieren

Eines der Elemente der grundlegenden Router-Sicherheit ist die Konfiguration von Passwörtern. Ein starkes Passwort ist ein ganz wesentlicher Faktor zur Steuerung des sicheren Zugriffs auf einen Router. Aus diesem Grund sollten stets starke Passwörter konfiguriert werden.

Empfohlen werden die folgenden Praktiken:

- Halten Sie Ihre Passwörter möglichst nicht schriftlich fest; falls doch, lassen Sie sie nicht an naheliegenden Orten wie auf Ihrem Schreibtisch oder neben Ihrer Tastatur liegen.

- Vermeiden Sie Wörter aus Wörterbüchern, Telefonnummern und Datumsangaben. Die Verwendung von Wörtern aus Wörterbüchern machen Passwörter anfällig für Wörterbuchangriffe.

- Kombinieren Sie Buchstaben, Ziffern und Symbole. Verwenden Sie mindestens jeweils einen Kleinbuchstaben, einen Großbuchstaben, eine Ziffer und ein Sonderzeichen.

- Buchstabieren Sie mindestens ein Wort falsch. So lässt sich *Schmidt* beispielsweise als *Schmydt* schreiben. Sie können auch eine Ziffer integrieren, wie etwa in *5chmYdt*. Ein weiteres Beispiel wäre *Sicherheit*, buchstabiert als *5icherhe1t*.

- Verwenden Sie lange Passwörter. Empfehlungen besagen, dass Sie mindestens acht Zeichen verwenden sollten. Sie können eine Mindestlänge auch erzwingen; hierzu verwenden Sie eine Funktion auf Cisco-Routern, die wir weiter unten in diesem Kapitel behandeln werden.

- Ändern Sie Passwörter möglichst häufig. Sie sollten eine Richtlinie implementieren, die festlegt, wann und wie oft Passwörter geändert werden müssen. Das häufige Abändern von Passwörtern bietet zwei Vorteile: Es schränkt nicht nur das Zeitfenster ein, während dessen ein Hacker das

Passwort knacken kann, sondern auch die Nutzungsdauer des Passwortes nach einem erfolgreichen Knacken.

> **ANMERKUNG**
>
> Leerzeichen zu Beginn eines Passwortes werden ignoriert, auf das erste Zeichen des Passwortes folgende Leerzeichen hingegen nicht.

Passphrasen

Eine empfohlene Methode zu Erstellung starker, komplexer Passwörter ist die Verwendung von Passphrasen als Grundlage. Sie können dann die gesamte Phrase oder ihr Akronym als Passwort verwenden. Eine Passphrase ist im Wesentlichen ein Satz oder eine Phrase, die als sicheres Passwort dient. Achten Sie darauf, eine ausreichend lange Phrase zu verwenden, die schwer zu erraten, aber leicht zu merken und zu schreiben ist.

Verwenden Sie einen Satz, ein Zitat aus einem Buch oder einen Songtext, den Sie sich einfach merken können, als Basis für Ihr starkes Passwort. Die folgenden Beispiele verwenden jeweils das Akronym der Passphrase als Passwort:

- »All People Seem to Need Data Processing« wird zu *Apstndp*.
- »Mein Name ist Bond. James Bond 007« wird zu *MNiBJB007*.
- »Ach was muss man oft von bösen Buben hören oder lesen« wird zu *AwmmovbBhol*.
- »Der Mond ist aufgegangen. Die goldnen Sternlein prangen am Himmel hell und klar.« wird zu *Dmia.Dgspahhuk*.

Router-Passwörter schützen

Standardmäßig lässt das Cisco IOS die meisten Passwörter unverschlüsselt, wenn sie auf einem Router eingegeben werden. Dies ist alles andere als sicher, weil jeder, der sich hinter Ihnen befindet, während Sie die Router-Konfiguration betrachten, das Passwort mit einem Blick über Ihre Schulter erhaschen könnte.

Dies gilt für die Befehle `line console`, `line vty`, `enable password` und `username` `username password password`.

Unverschlüsselte Passwörter werden als Passwörter des Typs 0 bezeichnet. In Listing 4.1 beispielsweise signalisiert die in der laufenden Konfiguration gezeigte 0, dass das Passwort des Benutzers unverschlüsselt und deshalb nicht verborgen ist.

Listing 4.1: Default-Passwortverschlüsselung

```
R1(config)# username Student password cisco123
R1(config)# do show run | include username
username Student password 0 cisco123
R1(config)#
```

Aus Sicherheitsgründen sollten alle Passwörter in einer Konfigurationsdatei verschlüsselt sein. Zu diesem Zweck bietet das Cisco IOS zwei Schutzstufen für die Darstellung des Passwortes:

- **Einfache Verschlüsselung (Typ-7-Schema).** Verbirgt das Passwort mit dem von Cisco definierten einfachen Verschlüsselungsalgorithmus.
- **Komplexe Verschlüsselung (Typ-5-Schema).** Verwendet das sicherere MD5-Hashing.

Einfache Typ-7-Verschlüsselung

Die Typ-7-Verschlüsselung kann von den Befehlen enable password, username und den password-Befehlen im Leitungsmodus (VTY, line console und AUX-Port) verwendet werden. Sie bietet nicht allzu viel Schutz, da sie das Passwort nur mit einem einfachen Verschlüsselungsalgorithmus verschleiert. Zwar ist sie nicht so sicher wie die Typ-5-Verschlüsselung, jedoch besser als gar keine Verschlüsselung.

Der Befehl service password-encryption verhindert, dass Passwörter im Klartext auf dem Bildschirm angezeigt und abgelesen werden. Um Passwörter mit der Typ-7-Codierung zu verschlüsseln, verwenden Sie den Befehl service password-encryption im globalen Konfigurationsmodus (Listing 4.2).

Listing 4.2: Alle Passwörter verschlüsseln

```
R1(config)# service password-encryption
R1(config)# do show run | include username

username Student password 7 03075218050061
R1(config)#
```

Beachten Sie, dass das Passwort als Typ-7-verschlüsselt angezeigt wird – es bleibt nun verborgen.

In Abbildung 4.30 ist der Router R1 so konfiguriert, dass alle Passwörter verschlüsselt dargestellt werden. Die Teilausgabe in Listing 4.3 zeigt, dass das line con-Passwort nun verborgen ist.

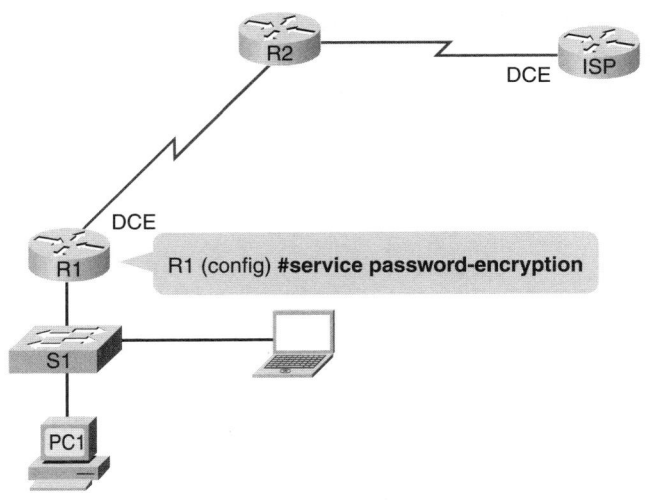

Der Administrator verschlüsselt alle Passwörter in der Konfigurationsdatei.

Abbildung 4.30: Befehl »service password-encryption«

Listing 4.3: Passwortverschlüsselung kontrollieren

```
R1# show running-config

<Ausgabe unterdrückt>
line con 0
password 7 0956F57A109A
<Ausgabe unterdrückt>
```

Komplexe Typ-5-Verschlüsselung

Cisco empfiehlt die Verwendung der Typ-5-Verschlüsselung anstelle von Typ 7, wann immer dies möglich ist. Bei der MD5-Verschlüsselung handelt es sich um eine starke Verschlüsselungsmethode, die sehr zu empfehlen ist.

Sie wird konfiguriert, indem das Schlüsselwort password durch secret ersetzt wird. So lassen sich beispielsweise die Befehle enable password und username password besser schützen, indem stattdessen enable secret bzw. username secret verwendet werden.

Enable-Passwort schützen

Um den privilegierten EXEC-Modus bestmöglich zu schützen, konfigurieren Sie stets den Befehl enable secret anstelle von enable password. Achten Sie zudem darauf, dass das geheime Passwort eindeutig ist und nicht mit dem Passwort eines anderen Benutzers übereinstimmt.

Der Router behandelt das Secret-Passwort gegenüber dem Enable-Passwort grundsätzlich bevorzugt. Aus diesem Grund sollte der Befehl `enable password` niemals konfiguriert werden, da auf diese Weise ein Systempasswort zugänglich werden könnte.

So ist beispielsweise der Router R1 in Abbildung 4.31 für die Verwendung des Typ-5-verschlüsselten Enable-Passwortes konfiguriert.

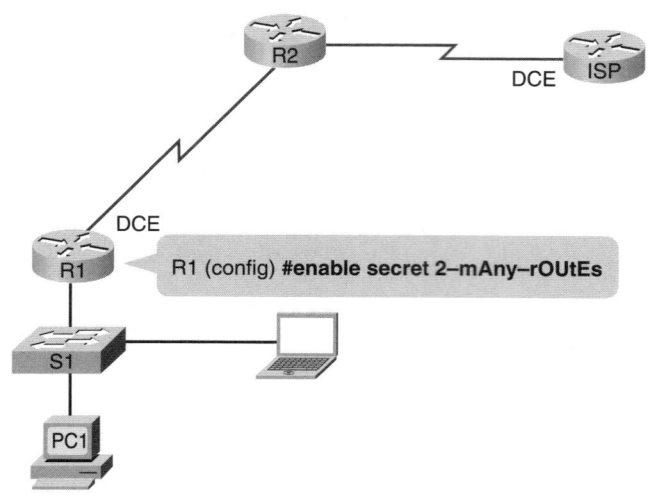

Der Administrator verschlüsselt ein Typ-5-Passwort (MD5-Hash).

Abbildung 4.31: Der Befehl »enable secret«

Listing 4.4 enthält auch den Befehl `no enable password`, mit dem ein vorhandenes, unverschlüsseltes Passwort entfernt werden kann.

Listing 4.4: Vorhandenes Enable-Passwort entfernen

```
R1(config)# enable secret 2-mAny-rOUtEs
R1(config)# no enable password
R1(config)#
```

ANMERKUNG

Wenn Sie das Passwort für den privilegierten EXEC-Modus vergessen, müssen Sie eine Passwortwiederherstellung durchführen. Dieser Vorgang wird im weiteren Verlauf des Kapitels erläutert.

Benutzerpasswörter schützen

Die Benutzernamen aus der lokalen Datenbank sollten ebenfalls abgesichert werden, indem der Befehl username *username* secret *password* im globalen Konfigurationsmodus konfiguriert wird (Listing 4.5).

Listing 4.5: Verschlüsselten Benutzernamen konfigurieren
```
R1(config)# username Student secret cisco123
R1(config)# do show run | include username

username Student secret 5 $1$0/dp$A3SCbDWjr1MFHy3FByDLiO
R1(config)#
```

> **ANMERKUNG**
>
> Ein Benutzername kann nicht gleichzeitig ein Benutzer- und ein Secret-Passwort haben. Sofern der Benutzername bereits mit dem Befehl username *username* password konfiguriert wurde, muss er zunächst mit dem Befehl no username *username* password entfernt werden.

> **ANMERKUNG**
>
> Einige Prozesse können Typ-5-verschlüsselte Passwörter unter Umständen nicht nutzen. So erfordern beispielsweise PAP und CHAP unverschlüsselte Passwörter, da sie mit MD5-verschlüsselten Passwörtern nichts anfangen können.

Mindestlänge für ein Passwort konfigurieren

Seit Release 12.3(1) gestattet das Cisco IOS dem Administrator, eine Mindestlänge für alle Router-Passwörter festzulegen. Hierzu wird der Befehl security passwords min-length im globalen Konfigurationsmodus eingesetzt (Abbildung 4.32).

Dieser Befehl bietet einen optimierten Sicherheitszugang zum Router, denn er ermöglicht die Festlegung einer Mindestlänge für das Passwort und beseitigt so die Möglichkeit der Verwendung von Passwörtern, die in vielen Netzwerken vorhanden sind (z. B. *lab* oder *cisco*).

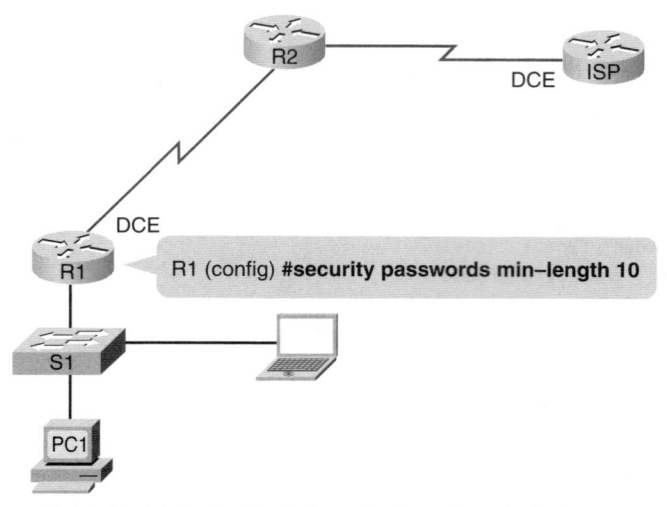

Der Administrator legt fest, dass alle Passwörter in der Konfigurationsdatei mindestens zehn Zeichen lang sein müssen.

Abbildung 4.32: Der Befehl »security passwords min-length«

Dieser Befehl gilt für alle neuen Benutzer-, Enable- und Secret-Passwörter sowie Line-Passwörter, die nach Absetzen des Befehls erstellt werden. Vorhandene Router-Passwörter betrifft der Befehl hingegen nicht. Listing 4.6 zeigt ein Szenario, in dem als Mindestlänge für ein Passwort zehn Zeichen eingestellt sind. Ebenso wird dargestellt, was geschieht, wenn Sie versuchen, ein kürzeres Passwort zu konfigurieren.

Listing 4.6: Mindestlänge für ein Passwort konfigurieren

```
R1(config)# security passwords min-length ?

  <0-16>  Minimum length of all user/enable passwords

R1(config)# security passwords min-length 10
R1(config)# username Student secret cisco123

% Password too short - must be at least 10 characters. Password configuration failed
R1(config)# username Student secret cisco12345
R1(config)#
```

Absicherung des Routers, Schritt 2: Administrativen Remote-Zugriff auf einen Router schützen

Netzwerkadministratoren können eine Verbindung mit einem Router oder Switch lokal über den Konsolenport oder als Remote-Verbindung via Telnet oder SSH herstellen (Abbildung 4.33).

Der lokale Zugang über den Konsolenport ist die sicherste Möglichkeit für einen Administrator, zur Administration eine Verbindung zu einem Gerät aufzubauen. Je größer Unternehmen allerdings werden, desto höher wird auch die Anzahl der Router und Switches im Netzwerk, und schon bald ist es dem Administrator nicht mehr möglich, mit allen notwendigen Geräten direkte physische Verbindungen herzustellen.

Für einen Administrator, der viele Geräte betreut, ist der administrative Remote-Zugriff praktischer als der lokale Zugriff. Ist Ersterer jedoch nicht sicher implementiert, dann könnte sich ein Angreifer wertvolle vertrauliche Daten verschaffen.

Beispielsweise kann die Implementierung eines administrativen Remote-Zugriffs via Telnet sehr unsicher sein, da Telnet alle Daten unverschlüsselt überträgt. Während ein Administrator über eine Remote-Verbindung auf einem Router angemeldet ist, könnte der Angreifer die übermittelten Netzwerkdaten abfangen und die Passwörter und Informationen zur Router-Konfiguration ermitteln. Aus diesem Grund muss der administrative Remote-Zugriff mit zusätzlichen Sicherheitsmaßnahmen konfiguriert werden.

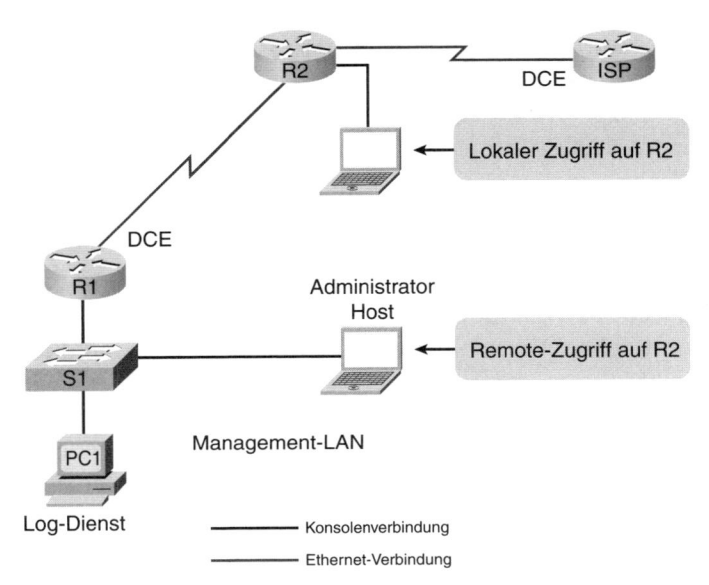

Abbildung 4.33: Administrativer Zugriff auf Router

Um den administrativen Zugriff auf Router und Switches zu schützen, sichern Sie zunächst die administrativen Leitungen (VTY, AUX) ab und konfigurieren dann das Netzwerkgerät so, dass der Datenverkehr über einen SSH-Tunnel geschützt wird.

Administrativer Remote-Zugriff mit Telnet und SSH

Um ein Netzwerk effizient verwalten zu können, benötigen Sie unbedingt einen Remote-Zugriff auf Netzwerkgeräte. Der administrative Remote-Zugriff erfordert normalerweise das Zulassen von Telnet-, SSH (Secure Shell)-, HTTP-, HTTPS (Secure HTTP)- oder SNMP-Verbindungen zum Router über einen administrativen Host im selben Netzwerk.

Die administrativen Daten müssen bei der Übertragung grundsätzlich geschützt werden. Ist ein administrativer Remote-Zugriff erforderlich, dann stehen Ihnen folgende Optionen zur Verfügung:

- Richten Sie ein dediziertes Managementnetzwerk ein. Dieses Netzwerk sollte nur festgelegte administrative Hosts und Verbindungen zu Infrastrukturgeräten enthalten. Normalerweise lässt sich dies mit einem Management-VLAN bewerkstelligen. Allerdings ließe sich auch ein zusätzliches physisches Netzwerk zur Anbindung der Geräte einsetzen.

- Zudem können Sie den gesamten Datenverkehr zwischen dem Computer des Administrators und dem Router verschlüsseln.

Es ließe sich auch eine ACL konfigurieren, die nur den benannten Administrationshosts unter Verwendung festgelegter Protokolle einen Zugriff auf den Router gestattet. Wenn einem Administrationshost beispielsweise eine statische IP-Adresse zugewiesen wurde, können Sie festlegen, dass nur über diese IP-Adresse eine SSH-Verbindung zu den Routern und Switches im Netzwerk hergestellt werden darf.

Denken Sie auch daran, dass der Remote-Zugriff nicht nur für die VTY-Leitung des Routers gilt, sondern auch für den AUX-Port und die TTY-Leitungen (Abbildung 4.34).

Der AUX-Port und die TTY-Leitungen ermöglichen einen asynchronen Zugriff auf einen Router unter Verwendung eines Modems. Zwar sind diese Geräte heute weniger häufig anzutreffen als früher, doch sind sie in der einen oder anderen Installation nach wie vor vorhanden und sollen dort den Remote-Zugriff auf einen fehlkonfigurierten Router gestatten. Die Absicherung dieser Ports ist ebenso wichtig wie der Schutz lokaler Terminalports.

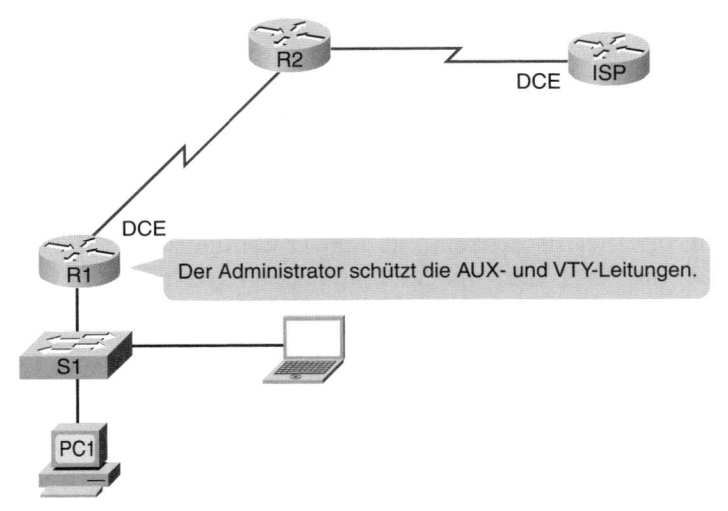

Abbildung 4.34: Alle VTY-, AUX- und TTY-Leitungen schützen

Die Administratoren sollten sich vergewissern, dass Anmeldungen auf allen Leitungen mithilfe einer Authentifizierung gesteuert werden sollen. Dies gilt auch für Geräte, bei denen eigentlich davon ausgegangen werden kann, dass ein Zugriff aus nicht vertrauenswürdigen Netzwerken heraus nicht möglich ist. Sie können Anmeldungen über beliebige Leitungen verhindern, indem Sie den Router mit dem Befehl login ohne konfiguriertes Passwort einrichten. Dies ist die Default-Konfiguration für VTYs, nicht jedoch für TTYs und den AUX-Port. Deswegen sollten Sie, sofern diese Leitungen nicht benötigt werden, sicherstellen, dass sie mit der Befehlskombination no password und login konfiguriert wurden (Listing 4.7).

Listing 4.7: Ungenutzten AUX-Port schützen

```
R1(config)# line aux 0
R1(config-line)# no password
R1(config-line)# login

% Login disabled on line 1, until 'password' is set
R1(config-line)# exit
R1(config)#
```

VTYs konfigurieren

Standardmäßig sind alle VTY-Leitungen so konfiguriert, dass sie alle Arten von Remote-Verbindungen annehmen. Aus Sicherheitsgründen sollten VTY-Leitungen jedoch so konfiguriert werden, dass sie Verbindungen nur mit den tatsächlich benötigten Protokollen akzeptieren. Hierzu dient der Befehl transport input. So wird etwa eine VTY-Leitung, die nur Telnet-Sitzungen verarbeiten soll, mit dem Befehl transport input telnet konfiguriert, während bei VTYs, die gleichermaßen Telnet- und SSH-Sitzungen unterstützen sollen, der Befehl transport input telnet ssh lautet.

Betrachten Sie hierzu die beiden Listings 4.8 und 4.9.

In Listing 4.8 wird die VTY-Leitung gezielt so konfiguriert, dass sie nur Telnet- und SSH-Verbindungen akzeptiert.

Listing 4.8: Unterstützte Protokolle beschränken

```
R1(config)# line vty 0 4
R1(config-line)# no transport input
R1(config-line)# transport input telnet ssh
R1(config-line)# exit
```

Die Verwendung von SSH anstelle von Telnet wird strikt empfohlen. Falls das Cisco IOS-Image auf dem Gerät SSH unterstützt, ist es ratsam, alle eingehenden Remote-Zugriffs-Protokolle zu deaktivieren und einzig und allein SSH zu aktivieren. Listing 4.9 konfiguriert die VTY-Leitung so, dass nur SSH-Verbindungen akzeptiert werden.

Listing 4.9: Beschränkung auf SSH

```
R1(config)# line vty 0 4
R1(config-line)# no transport input
R1(config-line)# transport input ssh
R1(config-line)# exit
```

Ein Cisco IOS-Gerät weist eine beschränkte Anzahl von VTY-Leitungen auf (meistens fünf). Wenn alle VTYs verwendet werden, können keine weiteren Remote-Verbindungen mehr hergestellt werden. Dieser Umstand birgt Potenzial für einen DoS-Angriff. Falls ein Angreifer Remote-Sitzungen mit allen VTYs auf dem System öffnen kann, kann sich der reguläre Administrator nicht mehr anmelden. Zu diesem Zweck muss der Angreifer sich noch nicht einmal anmelden: Die Sitzungen beginnen mit der Anzeige der Anmeldeaufforderung und können so auch stehen bleiben.

Eine Möglichkeit, diese Schwachstelle zu beheben, besteht darin, die letzte VTY-Leitung so zu konfigurieren, dass sie nur Verbindungen akzeptiert, die von einer bestimmten Administratorworkstation stammen, während die übrigen VTYs Anfragen von beliebigen Adressen im Unternehmensnetzwerk entgegennehmen. Hierdurch wird sichergestellt, dass dem Administrator immer mindestens eine VTY-Leitung zur Verfügung steht. Zu diesem Zweck müssen allerdings ACLs und der Befehl `ip access-class` für die letzte VTY-Leitung konfiguriert werden. Wir werden dies in Kapitel 5 behandeln.

Eine weitere sinnvolle Taktik besteht darin, VTY-Timeuots mit dem Befehl `exec-timeout` festzulegen. Hierdurch wird verhindert, dass eine Sitzung im Leerlauf die VTY-Leitung dauerhaft belegt. Zwar ist die Wirksamkeit gegen gezielte Angriffe relativ beschränkt, doch bietet dieser Ansatz zumindest ein wenig Schutz gegen Sitzungen, die versehentlich offen gelassen wurden. Ähnlich kann sich auch die Aktivierung von TCP-Keepalives für eingehende Verbindungen mit dem Befehl `service tcp-keepalives-in` im globalen Konfigurationsmodus als hilfreich gegen feindselige Angreifer und verwaiste Sitzungen aufgrund von Abstürzen auf einem entfernten System erweisen.

Listing 4.10 legt den Timeout auf drei Minuten fest und aktiviert TCP-Keepalives.

Listing 4.10: VTY-Verbindung sicher konfigurieren

```
R1(config)# line vty 0 4
R1(config-line)# exec-timeout 3
R1(config-line)# exit
R1(config)# service tcp-keepalives-in
```

SSH zur Absicherung des administrativen Remote-Zugriffs implementieren

Traditionell wurde der administrative Remote-Zugriff auf Routern mit Telnet auf dem TCP-Port 23 konfiguriert, doch wurde Telnet entwickelt, als Sicherheit noch lange nicht die Bedeutung hatte, die sie heute genießt. Aus diesem Grund werden alle Telnet-Daten nach wie vor in unverschlüsselter Form versendet.

Bei Verbindungen, die starken Datenschutz und Sitzungsintegrität erfordern, hat SSH die Funktion von Telnet zur Administration von Remote-Routern ersetzt. SSH verwendet den TCP-Port 22 und bietet eine Funktionalität ähnlich der einer ausgehenden Telnet-Verbindung mit dem Unterschied, dass diese Verbindung verschlüsselt ist. Dank Authentifizierung und Verschlüsselung ermöglicht SSH eine sichere Kommunikation über ein unsicheres Netzwerk (Abbildung 4.35).

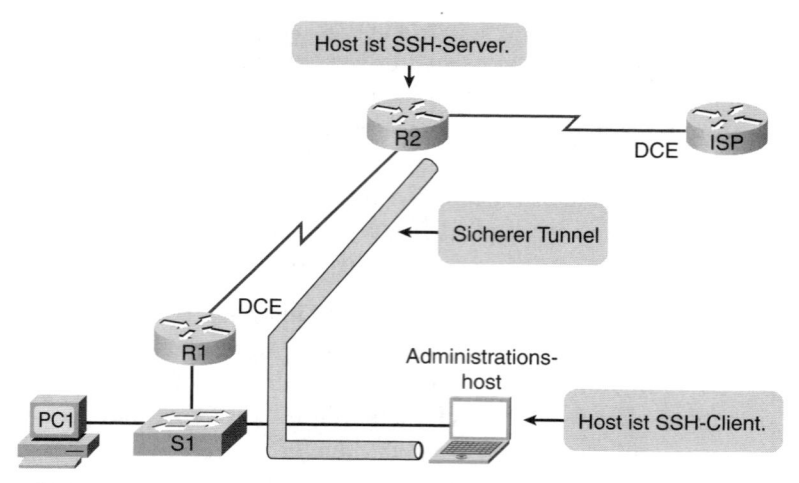

Abbildung 4.35: Sichere VTY-Verbindungen mit SSH

Nicht alle, sondern nur kryptographische Cisco IOS-Images unterstützen SSH. Diese Images erkennen Sie an dem Namensbestandteil *k8* oder *k9*. Namen von Images werden wir im Abschnitt »Sichere Router-Verwaltung« im weiteren Verlauf dieses Kapitels behandeln.

Die Terminalzugangsfunktion über SSH ermöglicht es dem Administrator, Router über einen sicheren Zugang zu konfigurieren und die folgenden Aufgaben durchzuführen:

- Verbindung mit einem Router herstellen, der über mehrere Terminalleitungen mit Konsolen- oder seriellen Ports anderer Router, Switches und Geräte verbunden ist
- Weltweite, sichere Verbindung mit einem Router über den Terminalserver auf einer bestimmten Leitung herstellen
- Mit dem Router verbundene Modems für sichere ausgehende Wählverbindungen verwenden
- Authentifizierung für jede Leitung mithilfe eines lokal definierten Benutzernamens und Passwortes oder unter Verwendung eines Sicherheitsservers (TACACS+- oder RADIUS-Server) verlangen

Cisco-Router sind normalerweise so konfiguriert, dass sie Zugriff auf ihren SSH-Server von entfernten SSH-Clients zulassen. Allerdings sollte ein Router auch SSH-Client sein können und eine sichere Verbindung mit einem anderen SSH-Server herstellen. Standardmäßig werden auf einem Router, auf dem SSH aktiviert ist, beide Funktionen eingeschaltet.

SSH-Sicherheit konfigurieren

Um SSH auf einem Router zu aktivieren, müssen die folgenden Parameter konfiguriert werden:

- Hostname
- Domänenname
- Asymmetrische Schlüssel
- Lokale Authentifizierung

Weiter sind die folgenden Konfigurationsparameter vorhanden:

- Timeouts
- Neuversuche

Gehen Sie wie folgt vor, um SSH auf einem Router zu konfigurieren:

1. **Konfigurieren Sie den Hostnamen des Routers.** Die SSH-Funktion erfordert einen gültigen Router mit einem anderen Namen als dem Default-Namen *Router*. Ein Router-Name ist wahrscheinlich bereits konfiguriert; falls nicht, konfigurieren Sie ihn mit dem globalen Konfigurationsbefehl hostname *hostname*.

   ```
   R1(config)# hostname R1
   ```

2. **Konfigurieren Sie den Domänennamen.** Zur Aktivierung von SSH muss ein Domänenname vorhanden sein:

   ```
   R1(config)# ip domain-name cisco.com
   ```

3. **Generieren Sie den asymmetrischen RSA-Schlüssel.** Sie müssen einen Schlüssel erstellen, mit dem der Router den Datenverkehr zu seiner Administration über SSH verschlüsselt. Setzen Sie hierzu den Befehl crypto key generate rsa im globalen Konfigurationsmodus ein:

   ```
   R1(config)# crypto key generate rsa
   The name for the keys will be: R1.cisco.com
   Choose the size of the key modulus in the range of 360 to 2048 for your
     General Purpose Keys. Choosing a key modulus greater than 512 may take
     a few minutes.

   How many bits in the modulus [512]: 1024
   % Generating 1024 bit RSA keys, keys will be non-exportable...[OK]

   R1(config)#
   *Dec 12 10:13:26.311: %SSH-5-ENABLED: SSH 1.99 has been enabled
   ```

Schritt für Schritt

Der Router antwortet mit einer Nachricht, die die Namenskonvention für die Schlüssel zeigt. Außerdem ermöglicht er Ihnen die Eingabe der Schlüssellänge. Der Modulus der Schlüsselfunktion kann für den Universalschlüssel im Bereich zwischen 360 und 2048 generiert werden. Cisco empfiehlt – wie im Beispiel gezeigt – eine Mindestlänge von 1024.

Beachten Sie, dass, wenn Sie einen längeren Modulus wählen, die Generierung der Schlüssels ein wenig zeitaufwendiger ist. Außerdem erhöht sich hierdurch die Latenz beim Einsatz des Schlüssels, aber die Sicherheit wird hierdurch verbessert.

Mehr zum Befehl `crypto key` erfahren Sie in den »Network Security«-Kursen.

4. **Konfigurieren Sie die lokale Authentifizierung und die VTY-Leitungen.** Sie müssen einen lokalen Benutzer definieren, den Anmeldenamen zum Durchsuchen der lokalen Datenbank mit dem Befehl `login local` ändern und die SSH-Kommunikation den VTY-Leitungen zuweisen:

```
R1(config)# username Student secret cisco12345
R1(config)# line vty 0 4
R1(config-line)# no transport input
R1(config-line)# transport input ssh
R1(config-line)# login local
R1(config-line)# exit
```

5. **Konfigurieren Sie SSH-Timeouts (optional).** Timeouts bieten mehr Sicherheit für die Verbindung, denn inaktive, aber weiterhin offene Verbindungen werden nach einem bestimmten Zeitraum abgebaut. Mit dem Befehl `ip ssh time-out` *seconds* `authentication-retries` *integer* aktivieren Sie Timeouts und Reauthentifizierungen. Sie können die beiden Parameter mit dem Befehl auch separat konfigurieren. Das folgende Beispiel legt den SSH-Timeout auf 15 Sekunden fest, der zweite Befehl beschränkt die Anzahl der Neuversuche auf 2:

```
R1(config)# ip ssh time-out 15
R1(config)# ip ssh authentication-retries 2
R1(config)#
```

6. **Stellen Sie eine SSH-Clientverbindung her.** Um via SSH eine Verbindung mit einem Router herzustellen, müssen Sie eine SSH-Clientanwendung wie PuTTY oder Tera Term einsetzen. Achten Sie darauf, auf dem Client die SSH-Option zu wählen, und vergewissern Sie sich, dass TCP-Port 22 verwendet wird.

Abbildung 4.36 zeigt den Tera Term-Bildschirm mit den Einstellungen für den Aufbau einer SSH-Verbindung zum Router R2.

Abbildung 4.36: Neue Verbindung erstellen

Nach Aufbau der Verbindung zeigt R2 eine Aufforderung zur Eingabe des Benutzernamens an (Abbildung 4.37).

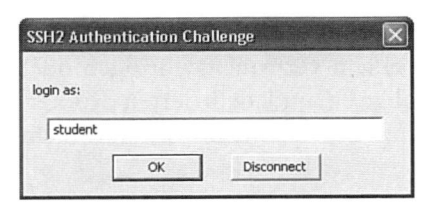

Abbildung 4.37: Aufforderung zur Eingabe des Benutzernamens in Tera Term

Beim Benutzernamen wird die Groß-/Kleinschreibung nicht unterschieden. Nun folgt die Eingabemaske für das Passwort (Abbildung 4.38).

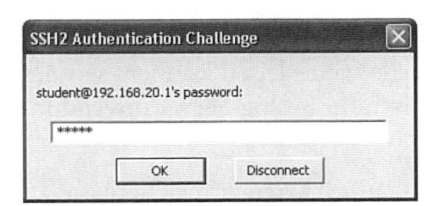

Abbildung 4.38: Aufforderung zur Eingabe des Passwortes in Tera Term

Beim Passwort wird die Groß-/Kleinschreibung unterschieden. Sofern Sie die korrekten Anmeldeinformationen eingegeben haben, zeigt Tera Term den Prompt von Router R2 im EXEC-Benutzermodus an (Abbildung 4.39).

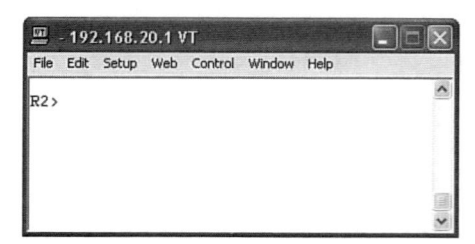

Abbildung 4.39: Die Verbindung wurde erfolgreich hergestellt.

Absicherung des Routers, Schritt 3: Router-Aktivitäten protokollieren

Mithilfe von Log-Dateien können Sie feststellen, ob ein Router korrekt funktioniert oder ob er manipuliert wurde. Oft kann mithilfe einer Log-Datei ermittelt werden, welche Arten von Sondierungen oder Angriffen gegen den Router oder das geschützte Netzwerk ausgeführt wurden.

Sie sollten die Protokollierung – das *Syslog* – auf dem Router sorgfältig konfigurieren. Senden Sie die Log-Dateien des Routers an einen dedizierten Syslog-Server, auf dem eine entsprechende Software (z. B. KiwiSyslog) ausgeführt wird. Der Syslog-Server sollte mit einem vertrauenswürdigen oder geschützten Netzwerk oder aber einer isolierten und dedizierten Router-Schnittstelle verbunden sein. Härten Sie den Server, indem Sie alle nicht benötigten Dienste und Konten entfernen.

Router unterstützen verschiedene Ebenen der Protokollierung bei *Syslog*. Es gibt acht Stufen: von 0 für Notfälle (einschließlich eines instabilen Systems) bis hin zu 7 für Debug-Meldungen, die alle Router-Informationen enthalten.

Log-Dateien können an unterschiedlichste Speicherorte weitergeleitet werden, zum Beispiel an den Router-Speicher, aber auch an einen dedizierten Syslog-Server. Letzterer stellt eine geeignetere Lösung dar, da alle Netzwerkgeräte ihre Log-Dateien an eine zentrale Stelle weiterleiten können, wo der Administrator sie einsehen kann. Exemplarisch für Syslog-Serveranwendungen sei Kiwi Syslog Daemon genannt.

Ziehen Sie auch in Betracht, die Log-Dateien an ein zweites Speichergerät zu senden, zum Beispiel ein einmal beschreibbares Medium oder einen dedizierten Drucker. Hierdurch begegnen Sie Worst-Case-Szenarien (beispielsweise einer Übernahme des Syslog-Servers).

Der wichtigste Aspekt bei der Protokollierung besteht darin, dass die Log-Dateien regelmäßig überprüft werden müssen. Nur hierdurch erhalten Sie ein Gefühl für das normale Verhalten des Netzwerks. Ein solides Verständnis des Normalbetriebs und seiner Resonanz in den Log-Dateien unterstützt Sie bei der Erkennung von ungewöhnlichen Zuständen oder Angriffen.

Für eine saubere Protokollierung sind Zeitstempel unabdingbar. Mit ihrer Hilfe können Sie Angriffe auf verschiedenen Geräten im Netzwerk verfolgen. Listing 4.11 aktiviert die Zeitstempelung für Debug- und Protokollierungsmeldungen auf dem Router R2.

Listing 4.11: Log-Meldungen mit Zeitstempeln versehen

```
R2(config)# service timestamps ?

debug Timestamp debug messages
log   Timestamp log messages
<cr>
R2(config)# service timestamps
```

Alle Router können mit ihrer eigenen Uhrzeit arbeiten, doch ist dies meistens nicht ausreichend. Stattdessen sollten Sie den Router anweisen, sich zu mindestens zwei verschiedenen zuverlässigen Zeitservern zu synchronisieren, um die Verfügbarkeit und Richtigkeit von Zeitangaben zu gewährleisten. Ein NTP-Server (Network Time Protocol) kann so konfiguriert werden, dass er für alle Geräte eine synchronisierte Zeitquelle darstellt. Die Konfiguration dieser Option ist allerdings nicht Gegenstand dieses Buches.

4.3 Netzwerkdienste auf dem Router absichern

Cisco-Router unterstützen eine große Zahl von Netzwerkdiensten in den Schichten 2, 3, 4 und 7. Einige dieser Dienste sind Protokolle der Anwendungsschicht, die es Benutzern und Hostprozessen gestatten, Verbindungen mit dem Router herzustellen. Andere sind automatische Prozesse beziehungsweise Einstellungen für veraltete oder spezielle Konfigurationen, die Sicherheitsrisiken darstellen. Einige dieser Dienste können eingeschränkt oder deaktiviert werden, um die Sicherheit zu verbessern, ohne den Betrieb des Routers zu beeinträchtigen. Die Sicherheitspraxis für Router sollte grundsätzlich darin bestehen, dass nur diejenigen Daten und Protokolle aktiviert werden, welche das Netzwerk auch benötigt.

4.3.1 Anfällige Router-Dienste und Router-Schnittstellen

Tabelle 4.4 beschreibt allgemein anfällige Router-Dienste und ihre jeweiligen Default-Einstellungen. Außerdem finden Sie darin Empfehlungen für die jeweiligen Dienste.

Tabelle 4.4: Anfällige Router-Dienste

Funktion	Beschreibung	Default-Einstellung	Empfehlung
CDP (Cisco Discovery Protocol)	Proprietäres Schicht-2-Protokoll zwischen Cisco-Geräten	aktiviert	CDP wird nur zum Troubleshooting benötigt. Deaktivieren Sie es.
TCP Small Servers	TCP-Standarddienste für das Netzwerk, z. B. *echo* und *chargen*	In IOS Version 11.2 aktiviert, seit Version 11.3 deaktiviert	Dies ist eine historische Funktion. Sie müssen sie explizit deaktivieren.
UDP Small Servers	UDP-Standarddienste für das Netzwerk, z. B. *echo* und *discard*	In IOS Version 11.2 aktiviert, seit Version 11.3 deaktiviert	Dies ist eine historische Funktion. Sie müssen sie explizit deaktivieren.
Finger	UNIX-Dienst zur Benutzerermittlung. Ermöglicht das entfernte Auflisten von Benutzern.	aktiviert	Nicht autorisierte Personen müssen dies nicht wissen. Deaktivieren Sie den Dienst.
HTTP-Server	Einige Cisco IOS-Geräte ermöglichen eine webbasierte Konfiguration.	abhängig vom Gerät	Falls Sie die Funktionalität nicht benötigen, deaktivieren Sie sie explizit. Andernfalls schränken Sie sie ein.
BOOTP-Server	Dienst, der es anderen Routern ermöglicht, von diesem Router zu booten	aktiviert	Wird nur selten benötigt und kann eine Sicherheitslücke öffnen. Deaktivieren Sie den Dienst.
Automatisches Laden der Konfiguration	Der Router versucht, seine Konfiguration via TFTP zu laden.	deaktiviert	Wird nur selten benötigt. Deaktivieren Sie den Dienst, falls Sie ihn nicht brauchen.
IP-Source-Routing	IP-Funktion, die es Paketen ermöglicht, eigene Routen anzugeben	aktiviert	Wird nur selten benötigt und kann für Angriffe ausgenutzt werden. Deaktivieren Sie den Dienst.
Proxy-ARP	Der Router agiert als Proxy für die Schicht-2-Adressauflösung.	aktiviert	Deaktivieren Sie den Dienst, sofern der Router nicht als LAN-Bridge dient.

Tabelle 4.4: Anfällige Router-Dienste (Forts.)

Funktion	Beschreibung	Default-Einstellung	Empfehlung
IP Directed Broadcast	Pakete können ein Ziel-LAN für Broadcasts identifizieren.	Seit IOS Version 11.3 aktiviert	Gerichtete Broadcasts können für Angriffe ausgenutzt werden. Deaktivieren Sie den Dienst.
Klassenloses Routing-Verhalten	Der Router leitet Pakete ohne konkrete Route weiter.	aktiviert	Bestimmte Angriffe können dies ausnutzen. Aktivieren Sie den Dienst nur, wenn er in Ihrem Netzwerk erforderlich ist.
IP Unreachable Notifications	Der Router informiert Absender explizit über fehlerhafte IP-Adressen.	aktiviert	Kann die Erkundung des Netzwerks vereinfachen. Sollte auf Schnittstellen zu nicht vertrauenswürdigen Netzwerken deaktiviert werden.
IP Mask Reply	Der Router sendet auf eine ICMP-Maskenanforderung hin eine IP-Adressmaske der Schnittstelle.	deaktiviert	Kann die Erkundung des Netzwerks vereinfachen. Sollte auf Schnittstellen zu nicht vertrauenswürdigen Netzwerken explizit deaktiviert werden.
IP Redirects	Der Router sendet eine ICMP-Redirect-Nachricht als Reaktion auf bestimmte geroutete IP-Pakete.	aktiviert	Kann die Erkundung des Netzwerks vereinfachen. Sollte auf Schnittstellen zu nicht vertrauenswürdigen Netzwerken explizit deaktiviert werden.
NTP-Dienst	Der Router kann als Zeitserver für andere Geräte und Hosts agieren.	aktiviert (sofern NTP konfiguriert ist)	Falls Sie die Funktionalität nicht benötigen, deaktivieren Sie sie explizit. Andernfalls schränken Sie sie ein.
SNMP	Router unterstützen unter Umständen SNMP-Remote-Abfragen und -Konfiguration.	aktiviert	Falls Sie die Funktionalität nicht benötigen, deaktivieren Sie sie explizit. Andernfalls schränken Sie den Zugang ein.
DNS-Dienst	Router können eine DNS-Namensauflösung durchführen.	aktiviert (Broadcast)	Legen Sie die Adresse des DNS-Servers explizit fest oder deaktivieren Sie DNS.

Wenn Sie einen Netzwerkdienst auf dem Router selbst deaktivieren, verhindert dies nicht die Nutzung des entsprechenden Protokolls im Netzwerk. Nehmen wir beispielsweise an, ein Netzwerk benötigt TFTP-Dienste, um Konfigurationsdateien und IOS-Images zu sichern. Dieser Dienst wird in der Regel durch einen dedizierten TFTP-Server bereitgestellt. Auch wenn dies ungewöhnlich wäre, könnte durchaus ein Router als TFTP-Server konfiguriert werden. In den meisten Fällen jedoch sollte der TFTP-Serverdienst auf dem Router deaktiviert werden.

In vielen Fällen unterstützt das Cisco IOS die Deaktivierung eines Dienstes oder die Beschränkung des Zugriffs bei bestimmten Netzwerksegmenten oder Hostgruppen. Wenn ein spezieller Teil eines Netzwerks einen Dienst benötigt, der Rest jedoch nicht, so sollten diese Funktionen eingesetzt werden, um den Wirkungsbereich des Dienstes zu begrenzen.

Das Deaktivieren einer Netzwerkfunktion verhindert in der Regel, dass bestimmte Formen von Netzwerkdaten vom Router verarbeitet werden oder diesen passieren. Das IP-Source-Routing beispielsweise ist eine nur selten benötigte IP-Funktion, die jedoch für Angriffe im Netzwerk eingesetzt werden kann. Sofern es nicht für den Betrieb des Netzwerks unabdingbar ist, sollte das IP-Source-Routing deaktiviert werden.

Anmerkung

CDP wird von einigen IP-Telefonimplementierungen benötigt. Berücksichtigen Sie diese Tatsache, bevor Sie den Dienst flächendeckend deaktivieren.

Anfällige Router-Dienste und Router-Schnittstellen deaktivieren

Zur Deaktivierung von Diensten gibt es eine Vielzahl von Befehlen. Die Ausgabe von show running-config (Listing 4.12) zeigt eine Beispielkonfiguration verschiedener Dienste, die deaktiviert wurden.

Listing 4.12: Deaktivierte Dienste anzeigen

```
!-----IP and network services Section
no cdp run
no ip source-route
no ip classless
no service tcp-small-servers
no service udp-small-servers
no ip finger
no service finger
no ip bootp server
no ip http server
no ip name-server
```

Listing 4.12: Deaktivierte Dienste anzeigen (Forts.)

```
!-----Boot control section
no boot network
no service config
!-----SNMP Section (for totally disabling SNMP)
!set up totally restrictive access list
no access-list 70
access-list 70 deny any
!make SNMP read-only and subject to access list
snmp-server community aqiytj1726540942 ro 11
!disable SNMP trap and system-shutdown features
no snmp-server enable traps
no snmp-server system-shutdown
no snmp-server trap-auth
!turn off SNMP altogether
```

Die folgende Liste enthält Beispiele für Befehle, die den zugehörigen Dienst deaktivieren:

- **Unwichtige Dienste wie *echo*, *discard* oder *chargen*.** Verwenden Sie die Befehle `no service tcp-small-servers` und `no service udp-small-servers`.
- **BOOTP.** Verwenden Sie den Befehl `no ip bootp server`.
- **Finger.** Verwenden Sie die Befehle `no service finger` und `no ip finger`.
- **HTTP.** Verwenden Sie den Befehl `no ip http server`.
- **SNMP.** Verwenden Sie den Befehl `no snmp-server`.

Listing 4.13 zeigt eine Beispielkonfiguration.

Listing 4.13: IP- und Netzwerkdienste deaktivieren

```
R2(config)# no service udp-small-servers
R2(config)# no service tcp-small-servers
R2(config)# no ip bootp server
R2(config)# no service finger
R2(config)# no ip finger
R2(config)# no ip http server
R2(config)# no snmp-server
R2(config)#
```

Es ist auch wichtig, solche Dienste zu deaktivieren, die bestimmte Pakete durch den Router weiterleiten, spezielle Pakete versenden oder zur Remote-Konfiguration des Routers verwendet werden.

Die entsprechenden Befehle zur Deaktivierung dieser Dienste lauten:

- **CDP (Cisco Discovery Protocol).** Verwenden Sie den Befehl `no cdp run`.
- **Remote-Konfiguration.** Verwenden Sie den Befehl `no service config`.
- **IP-Source-Routing.** Verwenden Sie den Befehl `no ip source-route`.
- **Klassenloses Routing.** Verwenden Sie den Befehl `no ip classless`.

Listing 4.14 zeigt eine Beispielkonfiguration zur Deaktivierung dieser Dienste.

Listing 4.14: CDP, Remote-Konfiguration, Source-Routing und klassenloses Routing deaktivieren

```
R2(config)# no cdp run
R2(config)# no service config
R2(config)# no ip source-route
R2(config)# no ip classless
R2(config)#
```

Sie können die Schnittstellen auf dem Router sicherer machen, indem Sie im Schnittstellenkonfigurationsmodus bestimmte Befehle verwenden:

- **Nicht verwendete Schnittstellen.** Verwenden Sie den Befehl `shutdown`.
- **Smurf-Angriffe unterbinden.** Verwenden Sie den Befehl `no ip directed-broadcast`.
- **Ad-hoc-Routing.** Verwenden Sie den Befehl `no ip proxy-arp`.

Listing 4.15 zeigt eine Beispielkonfiguration.

Listing 4.15: Schnittstellen absichern

```
R2(config)# interface FastEthernet0/0
R2(config-if)# no ip directed-broadcast
R2(config-if)# no ip proxy-arp
R2(config-if)# shutdown
R2(config-if)#
```

Schwachstellen bei SNMP, NTP und DNS

SNMP, NTP und DNS sind drei Verwaltungsdienste, die ebenfalls abgesichert werden müssen. Die Methoden zur Deaktivierung oder Optimierung der Konfigurationen dieser Dienste sind nicht Gegenstand dieses Kurses; sie werden im Kurs »»CCNP: Implementing Secure Converged Wide-Area Networks« behandelt.

Nachfolgend aufgeführt sind Beschreibungen und einfache Richtlinien zur Absicherung dieser Dienste:

- **SNMP.** SNMP ist das TCP/IP-Standardprotokoll für eine automatisierte Remote-Überwachung und -administration. Es gibt mehrere unterschiedliche SNMP-Versionen, die auch verschiedene Sicherheitseigenschaften aufweisen. SNMP-Varianten vor Version 3 übertragen Daten unverschlüsselt, weswegen im Zweifelsfall SNMPv3 verwendet werden sollte.

- **NTP.** Cisco-Router und andere Hosts halten ihre Systemuhrzeiten mithilfe von NTP auf dem aktuellen Stand. Sofern möglich, sollten Netzwerkadministratoren alle Router als Bestandteil einer NTP-Hierarchie konfigurieren. Hierbei wird ein Router als Hauptzeitgeber ausgewiesen, der seine Zeitangaben an die anderen Router im Netzwerk übermittelt. Allerdings lässt NTP bestimmte horchende Ports offen – und ist damit anfällig. Falls keine NTP-Hierarchie im Netzwerk vorhanden ist, sollten Sie NTP deaktivieren.

    Die Deaktivierung von NTP auf einer Schnittstelle verhindert nicht, dass NTP-Nachrichten den Router passieren; um alle NTP-Nachrichten auf einer bestimmten Schnittstelle abzuweisen, verwenden Sie eine ACL.

- **DNS.** Das Cisco IOS unterstützt die Auflösung von Hostnamen mithilfe von DNS. DNS ermöglicht eine Zuordnung von Namen wie *central.mydomain.com* und IP-Adressen wie 14.2.9.250. Dies sind Angaben, die ein Angreifer ausnutzen kann.

    Leider bietet das einfach gehaltene DNS-Protokoll weder Authentifizierung noch Integritätssicherstellung. Standardmäßig werden Namensabfragen an die Broadcast-Adresse 255.255.255.255 gesendet.

    Sind einer oder mehrere Namensserver im Netzwerk vorhanden und ist die Verwendung von Namen in Cisco IOS-Befehlen erwünscht, dann legen Sie die Adressen der Namensserver mit dem Befehl `ip name-server addresses` im globalen Konfigurationsmodus fest. Andernfalls deaktivieren Sie die Namensauflösung mithilfe von DNS, indem Sie den Befehl `no ip domain-lookup` eingeben. Zudem bietet es sich an, dem Router mit dem Befehl `hostname` einen Namen zu geben. Dieser Name wird dann am Prompt angezeigt.

4.3.2 Routing-Protokolle absichern

Als Netzwerkadministrator müssen Sie stets berücksichtigen, dass Ihre Router ebenso angriffsgefährdet sind wie die Endgeräte Ihrer Benutzer. Jeder, der einen Paket-Sniffer wie Wireshark bedienen kann, kann Daten auslesen, die zwischen Routern verbreitet werden. Grundsätzlich lassen sich Routing-Systeme auf zweierlei Weise attackieren:

- Durch Trennen von Peer-Verbindungen
- Durch Fälschen von Routing-Daten

Die Trennung von Peers ist weniger kritisch, da Routing-Protokolle in der Lage sind, die erforderlichen Korrekturen selbst vorzunehmen – die Unterbrechung dauert also nur wenig länger als der Angriff selbst.

Eine subtilere Angriffskategorie zielt auf Daten ab, die im Routing-Protokoll übertragen werden. Gefälschte Routing-Daten können grundsätzlich verwendet werden, um Fehlinformationen zwischen Systemen auszutauschen, ein DoS zu verursachen oder Daten über einen Pfad zu führen, den sie normalerweise nicht nehmen würden. Das Fälschen von Routing-Daten hat die folgenden Auswirkungen:

- Daten werden umgeleitet, um Routing-Schleifen zu generieren (siehe Abbildung 4.40).
- Daten werden so umgeleitet, dass sie über eine unsichere Verbindung beobachtet werden können. Auf diese Weise kann ein Hacker an vertrauliche Informationen gelangen.
- Daten werden so umgeleitet, dass sie verworfen werden.

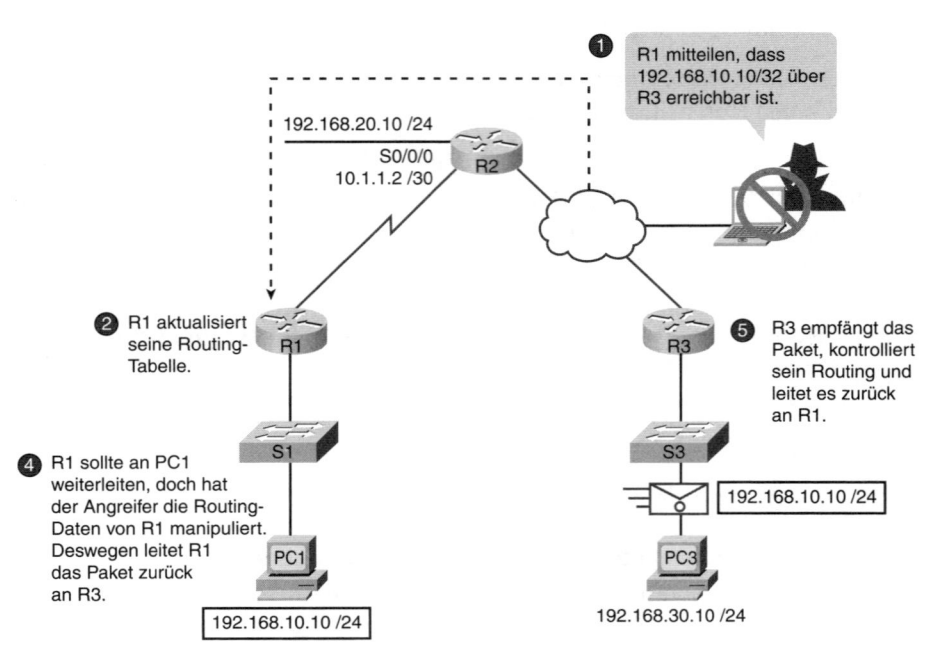

Abbildung 4.40: Ein Angreifer erstellt eine Routing-Schleife.

Eine unkomplizierte Möglichkeit, das Routing-System anzugreifen, besteht darin, die Router zu attackieren, auf denen die Routing-Protokolle ausgeführt werden, und nach einem erfolgreichen Angriff falsche Daten zu injizieren. Merken Sie sich, dass jeder, der »zuhört«, Routing-Updates abfangen kann.

Vollziehen Sie anhand von Abbildung 4.40 und der folgenden Liste nach, wie ein Angreifer die Routing-Tabelle eines Routers manipulieren kann, indem er eine Routing-Schleife erstellt:

1. Ein Angreifer stellt eine direkte Verbindung zur Leitung zwischen den Routern R2 und R3 her. Er injiziert falsche Routing-Daten, die nur an den Router R1 gerichtet sind und denen zu entnehmen ist, dass R3 das bevorzugte Ziel für die Hostroute 192.168.10.10/32 ist.

2. Zwar verfügt R1 über einen Routing-Tabelleneintrag zum direkt angeschlossenen Netzwerk 192.168.10.0/24, doch fügt er die injizierte Route zu seiner Routing-Tabelle hinzu, da die Subnetzmaske länger ist. Eine Route mit längerer übereinstimmender Subnetzmaske wird einer Route mit einer kürzeren Maske vorgezogen. Insofern wählt der Router, wenn er ein Paket empfängt, die längere Subnetzmaske aus, da diese Route zum Empfänger präziser ist.

3. PC3 sendet ein Paket an PC1 (Adresse 192.168.10.10/24).

4. Wenn Router R1 das Paket empfängt, schlägt er in der Routing-Tabelle nach und leitet das Paket nicht an den Host PC1 weiter. Stattdessen routet er es an den Router R3, denn seiner Ansicht nach verläuft der beste Pfad nach 192.168.10.10/32 über R3.

5. Wenn R3 das Paket bekommt, schlägt er in seiner Routing-Tabelle nach und leitet es wieder an R1 zurück: Eine Routing-Schleife ist entstanden.

Überblick über Authentifizierung bei Routing-Protokollen

Die beste Möglichkeit, Routing-Daten im Netzwerk zu schützen, besteht darin, Routing-Protokollpakete mit dem MD5-Algorithmus (Message Digest 5) zu authentifizieren. Ein Algorithmus wie MD5 ermöglicht Routern das Vergleichen von Signaturen, die alle identisch sein sollten.

Abbildung 4.41 zeigt, wie die einzelnen Router in der Aktualisierungskette eine Signatur erstellen.

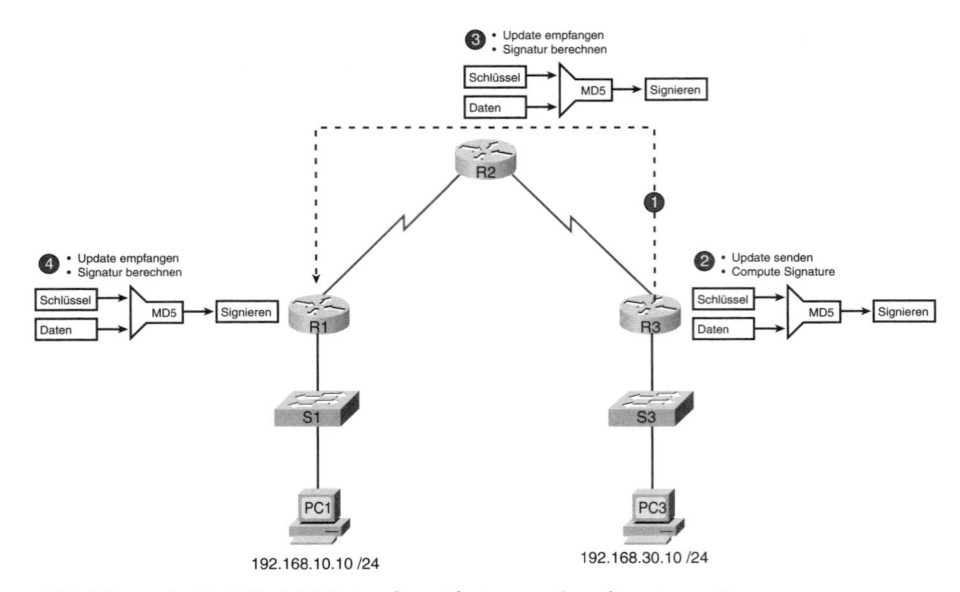

Abbildung 4.41: Mit MD5-Authentifizierung konfigurierte Router

Die drei Komponenten eines Systems wie dem in Abbildung 4.41 gezeigten sind

- der Verschlüsselungsalgorithmus,
- der Schlüssel im Verschlüsselungsalgorithmus (ein Geheimschlüssel, den nur die Router kennen, die ihre Pakete authentifizieren),
- der eigentliche Paketinhalt.

Die folgende Liste beschreibt die in Abbildung 4.41 gezeigten Schritte. Sie veranschaulicht, wie sich Routing-Daten in einem Netzwerk ausbreiten, in dem die Unterstützung der Routing-Protokollauthentifizierung mit MD5 konfiguriert wurde:

1. Router R3 möchte ein Update an die Router R1 und R2 schicken.
2. R3 generiert eine Signatur. Hierzu benutzt er den Schlüssel und die zu sendenden Routing-Daten als Eingabedaten für den Verschlüsselungsalgorithmus.
3. Router R2 empfängt die Routing-Daten und wiederholt den Vorgang mit demselben Schlüssel, empfangenen Daten und denselben Routing-Daten. Wenn die von R2 berechnete Signatur mit der von R3 übermittelten übereinstimmt, wird das Update authentifiziert.
4. Router R2 wiederholt den Vorgang nun und leitet das Routing-Update an Router R1 weiter.

Die meisten wichtigen Routing-Protokolle – RIPv2, EIGRP, OSPF, IS-IS und BGP – unterstützen verschiedene Formen der MD5-Authentifizierung. RIPv1 hingegen kann dies nicht.

Routing-Protokollauthentifizierung für RIPv2 konfigurieren

Abbildung 4.42 zeigt ein Netzwerk, in dem das Routing-Protokoll RIPv2 konfiguriert wurde.

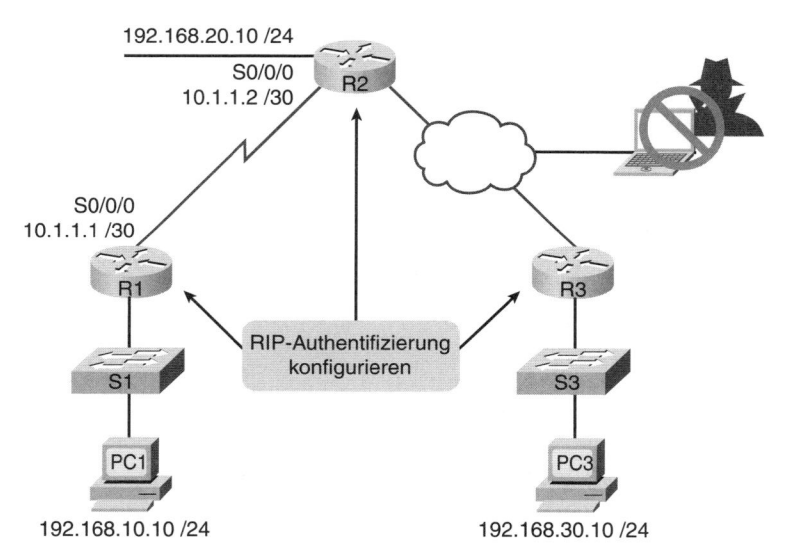

Abbildung 4.42: Routing-Authentifizierung für RIPv2 konfigurieren

RIPv2 unterstützt die Routing-Protokollauthentifizierung. Um Routing-Updates abzusichern, muss auf jedem Router die Unterstützung der Authentifizierung konfiguriert sein. Die Schritte zur Absicherung von RIPv2-Updates sind die folgenden:

1. Ausbreitung von RIP-Routing-Updates verhindern
2. Unautorisierten Empfang von RIP-Updates verhindern
3. Betrieb des RIP-Routings verifizieren

Schritt 1: Ausbreitung von RIP-Routing-Updates verhindern

Sie müssen vermeiden, dass ein Angreifer, der im Netzwerk lauscht, Updates empfängt, zu denen er nicht berechtigt ist. Zu diesem Zweck erzwingen Sie bei allen Schnittstellen des Routers die Umstellung in den passiven Modus und aktivieren dann nur diejenigen Schnittstellen, die für den Versand und Empfang von RIP-Updates erforderlich sind. Eine Schnittstelle im passiven

Modus empfängt Updates, versendet aber keine. Sie müssen die jeweiligen Schnittstellen auf allen Routern im Netzwerk im passiven Modus betreiben.

Routing-Updates dürfen niemals auf Schnittstellen bekannt gegeben werden, die nicht mit anderen Routern verbunden sind. Die LAN-Schnittstellen auf Router R1 beispielsweise weisen keine Verbindung zu anderen Routern auf und dürfen deswegen keine Routing-Updates bekannt machen; dies ist der Schnittstelle S0/0/0 des Routers vorbehalten.

Der Befehl passive-interface default in Listing 4.16 deaktiviert die Weiterleitung von Routing-Advertisements auf allen Schnittstellen. Dies betrifft auch die Schnittstelle S0/0/0. Mit dem Befehl no passive-interface s0/0/0 werden Versand und Empfang von RIP-Updates auf der Schnittstelle S0/0/0 dann wieder aktiviert.

Listing 4.16: Passive Schnittstellen konfigurieren

```
R1(config)# router rip
R1(config-router)# version 2
R1(config-router)# network 192.168.10.0
R1(config-router)# network 10.0.0.0
R1(config-router)# passive-interface default
R1(config-router)# no passive-interface s0/0/0
```

Schritt 2: Unautorisierten Empfang von RIP-Updates verhindern

In Listing 4.17 wird die MD5-Authentifizierung für RIP auf dem Router R1 aktiviert, um sicherzustellen, dass ein Angreifer die Routing-Tabellen nicht manipulieren kann.

Listing 4.17: RIP-Schlüsselketten konfigurieren

```
R1(config)# key chain RIP-KEY
R1(config-keychain)# key 1
R1(config-keychain-key)# key-string cisco
R1(config-keychain-key)# exit
R1(config-keychain)# exit
R1(config)# interface s0/0/0
R1(config-if)# ip rip authentication mode md5
R1(config-if)# ip rip authentication key-chain RIP-KEY
```

Auf den Routern R2 und R3 müssen diese Befehle ebenfalls für die passenden Schnittstellen eingegeben werden. In diesem Beispiel wird eine Schlüsselkette namens RIP-KEY erstellt.

Zwar kann eine solche Kette mehrere Schlüssel enthalten, doch zeigt unser Beispiel nur einen Schlüssel namens key 1. key 1 ist so konfiguriert, dass er einen Schlüsselstring namens cisco enthält. Der Schlüsselstring ähnelt einem Passwort, und auf Routern, die Authentifizierungsschlüssel austauschen sollen, muss derselbe Schlüsselstring konfiguriert sein.

Auf der Schnittstelle S0/0/0 ist die Unterstützung der MD5-Authentifizierung konfiguriert. Die Kette RIP-KEY und das Routing-Update werden mithilfe des MD5-Algorithmus verarbeitet, um eine eindeutige Signatur zu produzieren.

Nach der Konfiguration von R1 empfangen die anderen Router verschlüsselte Routing-Updates und können die Updates von R1 nachfolgend nicht mehr entziffern. Diese Situation währt so lange, bis auf allen Routern im Netzwerk die Routing-Protokollauthentifizierung konfiguriert ist.

Schritt 3: Betrieb des RIP-Routings verifizieren

Nachdem Sie alle Router im Netzwerk konfiguriert haben, müssen Sie den Betrieb des RIP-Routings im Netzwerk überprüfen. Mit dem Befehl show ip route können Sie kontrollieren, ob der Router R1 sich authentifiziert und die Routen der Router R2 und R3 erhalten hat.

Listing 4.18 zeigt die Ausgabe des Befehls debug ip rip.

Listing 4.18: Der Befehl »debug ip rip«

```
R1# debug ip rip
RIP protocol debugging is on
R1#
*Dec 12 14:04:24.627: RIP: received packet with MD5 authentication
*Dec 12 14:04:24.627: RIP: received v2 update from 10.1.1.2 on Serial0/0/0
*Dec 12 14:04:24.627:      192.168.20.0/24 via 0.0.0.0 in 1 hops
R1#
```

Wie Sie feststellen werden, bestätigt der hervorgehobene Bereich, dass die MD5-Authentifizierungs-Updates von Router R2 empfangen werden.

Überblick zur Routing-Protokollauthentifizierung bei EIGRP und OSPF

Die Routing-Protokollauthentifizierung kann auch für andere Routing-Protokolle wie EIGRP und OSPF konfiguriert werden. Die Implementierung ähnelt der Konfiguration der Authentifizierung bei RIP sehr stark. Betrachten Sie die Topologie in Abbildung 4.43, wenn wir die Authentifizierung bei EIGRP und OSPF behandeln.

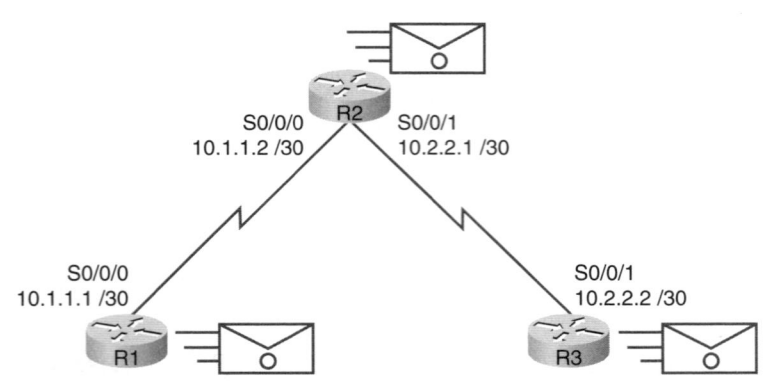

Die MD5-Authentifizierung kann für EIGRP und OSPF konfiguriert werden.

Abbildung 4.43: Beispieltopologie für EIGRP/OSPF

EIGRP

Listing 4.19 zeigt die Befehle, die zur Konfiguration der Routing-Protokollauthentifizierung für EIGRP auf Router R1 verwendet werden.

Listing 4.19: EIGRP-Authentifizierung konfigurieren

```
R1(config)# router eigrp 1
R1(config-router)# network 192.168.10.0 255.255.255.0
R1(config-router)# network 10.1.1.0 255.255.255.0
R1(config-router)# exit
R1(config)# key chain EIGRP-KEY
R1(config-keychain)# key 1
R1(config-keychain-key)# key-string cisco
R1(config-keychain-key)# exit
R1(config-keychain)# exit
R1(config)# interface s0/0/0
R1(config-if)# ip authentication mode eigrp 1 md5
R1(config-if)# ip authentication key-chain eigrp 1 EIGRP-KEY
```

Diese Befehle sind denen, die Sie bei der MD5-Authentifizierung für RIPv2 verwendet haben, sehr ähnlich. Die Schritte zur Konfiguration der EIGRP-Routing-Protokollauthentifizierung auf Router R1 verlaufen wie folgt:

1. Die erste Gruppe hervorgehobener Zeilen zeigt, wie man eine Schlüsselkette erstellt, die von allen Routern in Ihrem Netzwerk verwendet wird. Diese Befehle legen eine Schlüsselkette namens EIGRP-KEY an und versetzen Ihr Terminal in den Konfigurationsmodus für Schlüsselketten, wobei die Schlüsselnummer 1 und der Wert des Schlüsselstrings cisco ist.

2. Die zweite hervorgehobene Zeilengruppe zeigt, wie Sie die MD5-Authentifizierung in EIGRP-Paketen aktivieren, die eine Schnittstelle passieren. Bei den Befehlen ist die Zahl 1, die auf das Schlüsselwort `eigrp` folgt, die Nummer des autonomen Systems.

OSPF

Listing 4.20 zeigt die Befehle, die zur Konfiguration der Routing-Protokollauthentifizierung für OSPF auf der Schnittstelle S0/0/0 von Router R1 verwendet werden.

Listing 4.20: OSPF-Authentifizierung konfigurieren

```
R1(config)# router ospf 10
R1(config-router)# network 192.168.10.0 0.0.0.255 area 0
R1(config-router)# network 10.1.1.0 0.0.0.255 area 0
R1(config-router)# exit
R1(config)# interface s0/0/0
R1(config-if)# ip ospf message-digest-key 1 md5 cisco
R1(config-if)# ip ospf authentication message-digest
R1(config-if)# exit
R1(config)# router ospf 10
R1(config-router)# area 0 authentication message-digest
R1(config-router)# exit
R1(config)#
```

Die Schritte zur Konfiguration der OSPF-Routing-Protokollauthentifizierung auf Router R1 verlaufen wie folgt:

1. Die ersten beiden hervorgehobenen Befehle geben den Schlüssel an, der für die MD5-Authentifizierung verwendet wird, und aktivieren die MD5-Authentifizierung.

2. Der dritte hervorgehobene Befehl aktiviert die MD5-Authentifizierung für Area 0.

Weitere Informationen zur Routing-Protokollauthentifizierung für EIGRP und OSPF finden Sie in »CCNP: Building Scalable Internetworks«.

OSPF-Authentifizierung konfigurieren (4.3.2)

Packet Tracer
☐ Aktivität

Diese Aktivität behandelt sowohl die einfache als auch die MD5-Authentifizierung für OSPF. Sie können die Authentifizierung in OSPF aktivieren, um Routing-Updates auf sichere Weise auszutauschen. Bei der einfachen Authentifizierung wird das Passwort unverschlüsselt durch das Netzwerk gesendet. Diese Authentifizierung wird verwendet, falls Geräte in einer Area die sicherere MD5-Authentifizierung nicht unterstützen. MD5 gilt als sicherster OSPF-Authentifizierungsmodus. Wenn Sie die Authentifizierung konfigurieren, müssen Sie denselben Authentifizierungstyp vollständig in der gesamten Area implementieren. In dieser Aktivität konfigurieren Sie die einfache Authentifizierung zwischen R1 und R2 sowie die MD5-Authentifizierung zwischen R2 und R3.

Ausführliche Anweisungen entnehmen Sie der Aktivität selbst. Zur Durchführung der Aktivität verwenden Sie Packet Tracer und die Datei *e4-432.pka* auf der Begleit-CD-ROM zu diesem Buch.

4.3.3 Mit Cisco AutoSecure Router abschirmen

Cisco AutoSecure verwendet einen einzigen Befehl, um unkritische Systemprozesse und Dienste zu deaktivieren und so potenzielle Sicherheitsrisiken zu beseitigen. Sie können AutoSecure im privilegierten EXEC-Modus mit dem Befehl auto secure in einem von zwei Modi konfigurieren:

- **Interaktiver Modus.** Hier erhalten Sie Optionen, um Dienste und andere Sicherheitsmerkmale zu aktivieren oder zu deaktivieren. Dies ist der Default-Modus.

- **Nichtinteraktiver Modus.** Hier wird der Befehl auto secure automatisch mit den von Cisco empfohlenen Default-Einstellungen ausgeführt. Dieser Modus wird mit der Befehlsoption no-interact aktiviert.

AutoSecure auf einem Cisco-Router ausführen

Um den automatisierten Prozess der Router-Absicherung zu starten, setzen Sie den Befehl auto secure im privilegierten EXEC-Modus ab. Listing 4.21 zeigt einen Teil der Ausgabe der AutoSecure-Konfiguration.

Listing 4.21: AutoSecure implementieren

```
R1# auto secure

Is this router connected to internet? [no]:y
Enter the number of interfaces facing internet [1]:1
Enter the interface name that is facing internet:Serial0/1/0
Securing Management plane services

Disabling service finger
Disabling service pad
Disabling udp & tcp small servers
Enabling service password encryption
Enabling service tcp-keepalives-in
Enabling service tcp-keepalives-out
Disabling the cdp protocol
<Ausgabe unterdrückt>
```

Cisco AutoSecure fordert eine Vielzahl von Informationen an:

- Details zu Schnittstellen
- Banner
- Passwörter
- SSH
- Merkmale der IOS-Firewall

ANMERKUNG

Der Cisco SDM (siehe nächster Abschnitt) bietet eine ähnliche Funktionalität wie Cisco AutoSecure.

4.4 Cisco SDM verwenden

Der Cisco SDM (Router and Security Device Manager) ist ein benutzerfreundliches, webbasiertes Tool zur Geräteverwaltung, das zur Konfiguration von LAN-, WAN- und Sicherheitsfunktionen auf Routern unter Cisco IOS entwickelt wurde.

Der SDM unterstützt Netzwerkadministratoren kleiner und mittlerer Unternehmen bei der täglichen Arbeit. Das Tool umfasst ebenso intuitive wie intelligente Assistenten, automatisiert die Verwaltung der Router-Sicherheit und bietet Unterstützung durch eine umfassende Onlinehilfe und Tutorials an.

4.4.1 Der Cisco SDM im Überblick

Der Cisco SDM (Abbildung 4.44) unterstützt eine Vielzahl von Cisco IOS-Releases. Standardmäßig ist er auf allen neuen Cisco ISRs (Integrated Services Routers) vorinstalliert. Finden Sie keinen vorinstallierten SDM, so müssen Sie ihn selbst installieren. Die SDM-Dateien können auf dem Router und/oder einem PC installiert werden. Ein Vorteil der Installation auf dem PC besteht darin, dass hierdurch Arbeitsspeicher auf dem Router eingespart wird und Sie außerdem weitere Router im Netzwerk mit dem SDM administrieren können. Ist der Cisco SDM auf dem Router vorinstalliert, so empfiehlt Cisco seine Verwendung zur Durchführung der Erstkonfiguration.

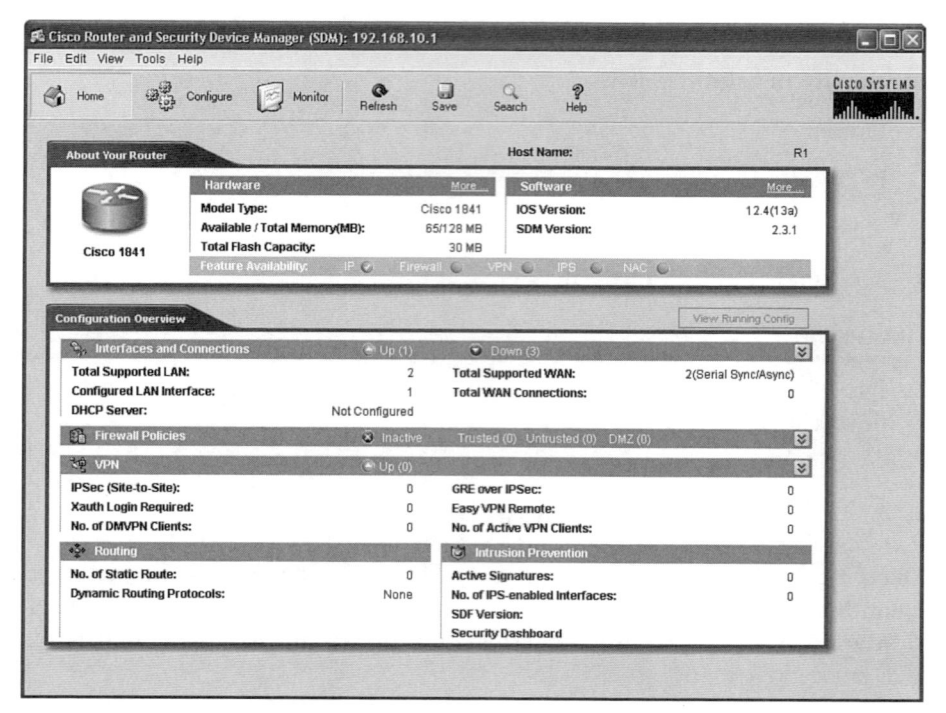

Abbildung 4.44: SDM-Hauptbildschirm

Der Cisco SDM vereinfacht die Router- und Sicherheitskonfiguration durch Verwendung verschiedener intelligenter Assistenten. Sie gestatten eine wirkungsvolle Konfiguration der Schlüsselparameter von Router-VPN und IOS-Firewall. Diese Fähigkeit gestattet Administratoren das schnelle und einfache Bereitstellen, Konfigurieren und Überwachen von Cisco-Routern.

Die SDM-Assistenten begleiten den Benutzer Schritt für Schritt durch die Abläufe der Router- und Sicherheitskonfiguration, indem sie systematisch LAN- und WAN-Schnittstellen, die Firewall, IPS und VPNs konfigurieren.

Die Assistenten erkennen Fehlkonfigurationen automatisch und schlagen Korrekturen vor, zum Beispiel das Durchleiten von DHCP-Daten durch eine Firewall, falls die WAN-Schnittstelle ihre Adresse via DHCP erhält. Die in den SDM eingebettete Onlinehilfe enthält geeignete Hintergrundinformationen sowie Schrittanleitungen, um Benutzern die korrekte Eingabe von Daten in den SDM zu ermöglichen.

4.4.2 Router für die Unterstützung des SDM konfigurieren

Der Cisco SDM ist auf allen neuen Cisco-Routern installiert. Wenn Sie einen Router einsetzen, auf dem der Cisco SDM noch nicht implementiert ist, sollten Sie den SDM herunterladen und installieren, ohne den Datenverkehr im Netzwerk zu unterbrechen (vgl. Abbildung 4.45).

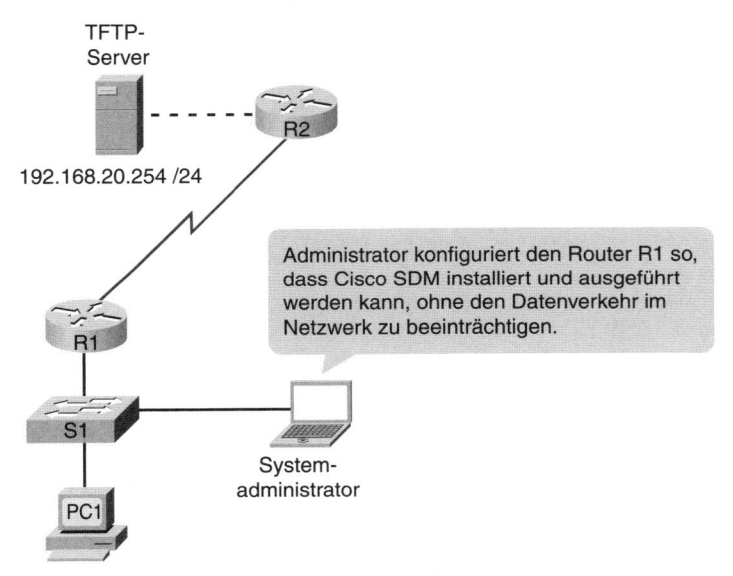

Abbildung 4.45: SDM-Beispieltopologie

Die Abbildung zeigt eine Topologie, in der der Systemadministrator den Cisco SDM auf dem Router R1 installiert.

Bevor Sie den SDM auf einem Produktions-Router installieren, müssen Sie sicherstellen, dass einige bestimmte Konfigurationseinstellungen in der Konfigurationsdatei des Routers vorhanden sind. Um den Cisco SDM auf einem bereits verwendeten Router zu installieren, ohne den Netzwerkbetrieb zu stören, gehen Sie wie folgt vor:

1. Rufen Sie über Telnet oder die Konsolenverbindung das CLI des Routers auf.
2. Aktivieren Sie den HTTP- und den HTTPS-Server auf dem Router.
3. Erstellen Sie ein Benutzerkonto mit der Berechtigungsstufe 15 (Enable-Berechtigungen).
4. Konfigurieren Sie SSH und Telnet für lokale Anmeldung und Berechtigungsstufe 15.

Listing 4.22 zeigt die Konfigurationsbefehle, mit denen sichergestellt wird, dass Sie den Cisco SDM auf einem Produktionsserver installieren und ausführen können, ohne den Netzwerkbetrieb zu beeinträchtigen.

Listing 4.22: AutoSecure unterstützen

```
R1(config)# ip http server
R1(config)# ip http secure-server

% Generating 1024 bit RSA keys, keys will be non-exportable...[OK]
R1(config)#
*Dec 12 17:44:10.863: %SSH-5-ENABLED: SSH 1.99 has been enabled
*Dec 12 17:44:11.935: %PKI-4-NOAUTOSAVE: Configuration was modified. Issue "write memory" to save new certificate
R1(config)# ip http authentication local
R1(config)# username Student privilege 15 secret cisco123
R1(config)# line vty 0 4
R1(config-line)# privilege level 15
R1(config-line)# login local
R1(config-line)# transport input telnet ssh
R1(config-line)# exit
R1(config)#
```

Wurde der Router noch nie konfiguriert, kann es außerdem erforderlich sein, die Fast Ethernet-Schnittstelle mit einer IP-Adresse zu konfigurieren.

4.4.3 Den SDM starten

Der Cisco SDM wird gewöhnlich im Flash-Speicher des Routers abgelegt. Er kann jedoch auch auf dem lokalen PC installiert werden. Um den Cisco SDM zu starten, verwenden Sie das HTTPS-Protokoll und geben die IP-Adresse des Routers in die Adresszeile eines Webbrowsers ein. Um also etwa den Router R1 aufzurufen, geben Sie die IP-Adresse *https://198.162.10.1* ein; nun wird die Startseite des Cisco SDM angezeigt. Abbildung 4.46 zeigt diese Startseite. Sie können sie schließen.

Kurz darauf erscheint die in Abbildung 4.47 gezeigte SDM-Webseite. Diese Seite muss geöffnet bleiben, solange Sie den SDM benutzen.

Das Präfix *http://* kann verwendet werden, falls SSL nicht zur Verfügung steht. Wenn das (hier nicht aufgeführte) Dialogfeld zur Eingabe des Benutzernames und des Passwortes erscheint, geben Sie einen Benutzernamen und ein Passwort für das privilegierte Konto auf dem Router ein. Nach der Anzeige der Startseite wird ein signiertes Cisco SDM-Java-Applet gestartet. Dieses muss geöffnet bleiben, solange der Cisco SDM ausgeführt wird. Da es sich um ein signiertes Applet handelt, werden Sie unter Umständen aufgefordert, ein Zertifikat zu akzeptieren.

Kapitel 4 • Netzwerksicherheit **327**

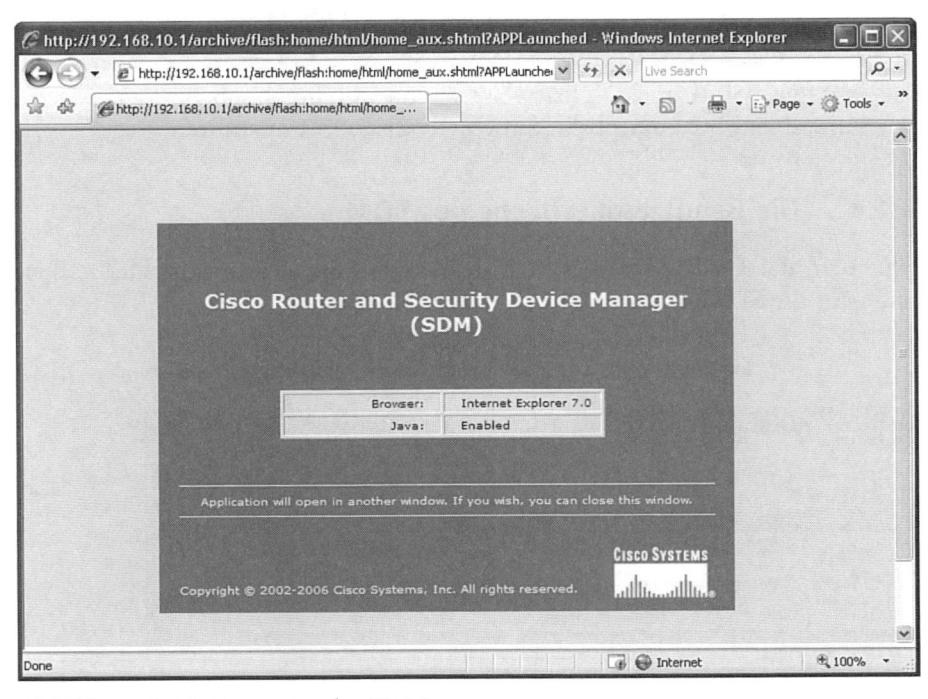

Abbildung 4.46: Startseite des SDM

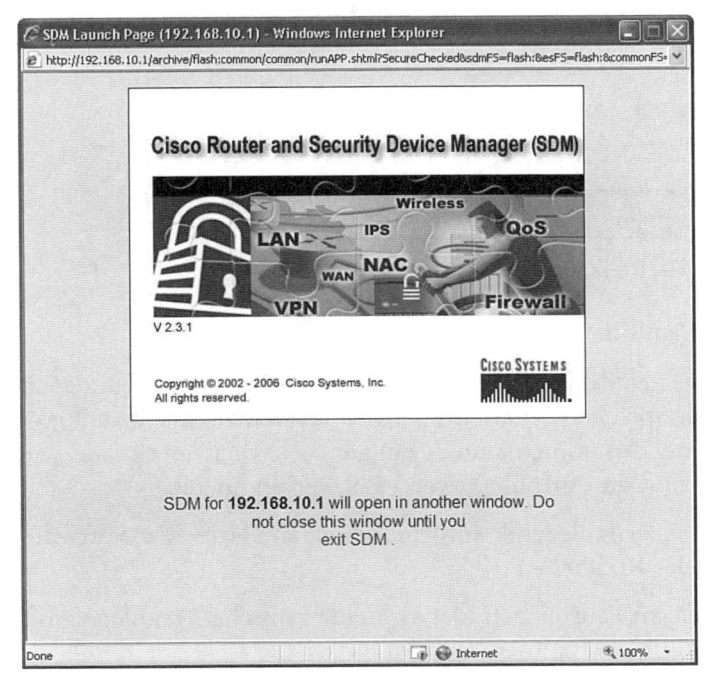

Abbildung 4.47: SDM-Webseite

> **ANMERKUNG**
>
> Die Abfolge der Anmeldeschritte ist davon abhängig, ob Sie den Cisco SDM auf einem PC oder direkt auf einem Cisco ISR ausführen.

4.4.4 Die Benutzeroberfläche des SDM

Nachdem der Cisco SDM gestartet wurde und Sie sich angemeldet haben, erscheint die SDM-Homepage (Abbildung 4.48).

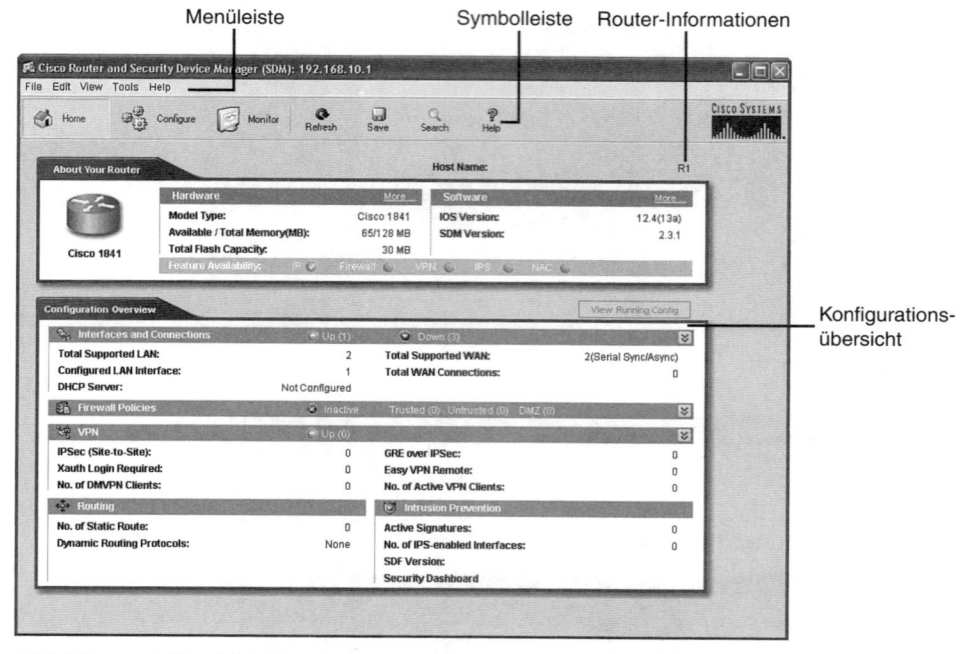

Abbildung 4.48: SDM-Homepage

Die SDM-Homepage im Überblick

Die SDM-Homepage zeigt das Router-Modell, die Größe des vorhandenen Speichers, die Flash-Speicher-, IOS- und SDM-Versionen, die installierte Hardware sowie eine Zusammenfassung einiger Sicherheitsmerkmale wie den Firewall-Status und die Anzahl aktiver VPN-Verbindungen.

Insbesondere bietet sie grundlegende Informationen zu Hardware, Software und Konfiguration des Routers:

- **Menüleiste.** Oben im Fenster befindet sich eine typische Menüleiste mit den Menüs FILE, EDIT, VIEW, TOOLS und HELP.

- **Symbolleiste.** Unter der Menüleiste stehen die Assistenten und Modi des SDM zur Auswahl.
- **Router-Informationen.** Der aktuelle Modus wird links unter der Symbolleiste angezeigt.
- **Konfigurationsübersicht.** Sie fasst die Konfigurationseinstellungen zusammen. Um die aktuelle Konfiguration anzuzeigen, klicken Sie auf die Schaltfläche VIEW RUNNING CONFIG oben rechts in diesem Bereich.

ANMERKUNG

Die Menüleiste, die Symbolleiste und der aktuelle Modus werden grundsätzlich oben in den einzelnen Fenstern angezeigt. Die anderen Bereiche des Bildschirms ändern sich je nach Modus und ausgeführter Funktion.

Die Registerkarte »About Your Router«

Abbildung 4.49 zeigt die verschiedenen Teile der Registerkarte ABOUT YOUR ROUTER der SDM-Homepage.

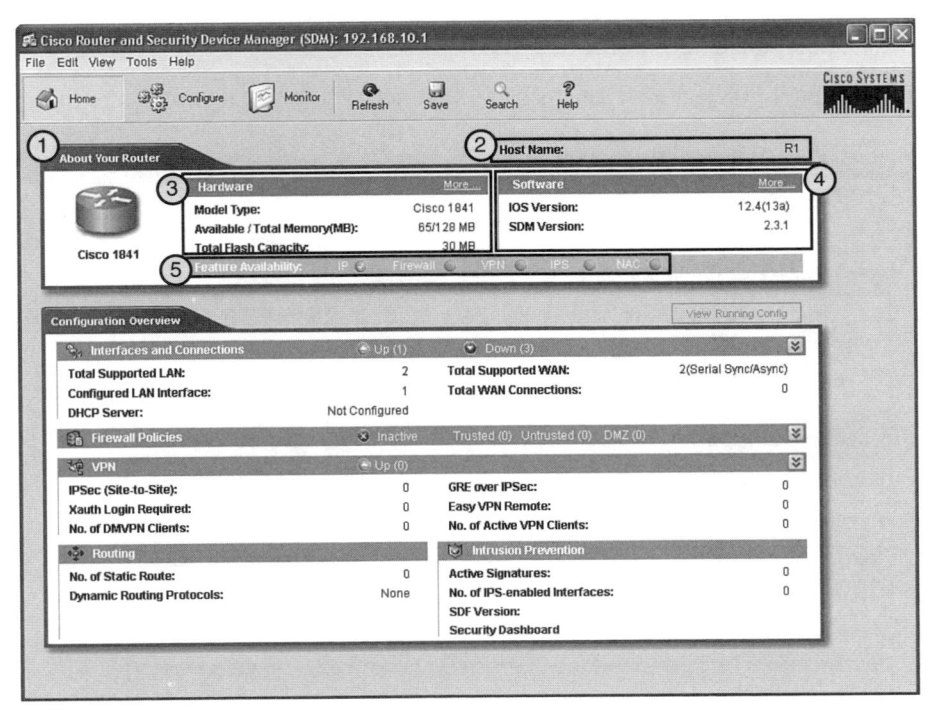

Abbildung 4.49: Registerkarte »About Your Router« der SDM-Homepage

Die Registerkarte ABOUT YOUR ROUTER (1) der Cisco SDM-Homepage zeigt Informationen zur Router-Hardware und -Software. Sie enthält die folgenden Elemente:

- Der Bereich HOST NAME (2) zeigt den konfigurierten Hostnamen des Routers (in diesem Beispiel R1).

- Der Bereich HARDWARE (3) listet die Modellnummer des Routers, die Größe des verfügbaren und des gesamten Arbeitsspeichers sowie die Größe des vorhandenen Flash-Speichers auf.

- Der Bereich SOFTWARE (4) beschreibt die Cisco IOS- und die Cisco SDM-Versionen, die auf dem Router ausgeführt werden.

- Die Leiste FEATURE AVAILABILITY (5) befindet sich unten auf der Registerkarte ABOUT YOUR ROUTER. Sie stellt die Funktionen dar, die das vom Router verwendete Cisco IOS-Image bietet. Wenn die Anzeige neben einer Funktion grün ist, ist dieses Feature vorhanden; ist die Anzeige rot, fehlt es. Ein Häkchen signalisiert, dass die entsprechende Funktion auf dem Router konfiguriert ist. In der Abbildung zeigt der Cisco SDM, dass IP, Firewall, VPN, IPS und NAC verfügbar sind, aber nur IP konfiguriert ist.

Die Registerkarte »Configuration Overview«

Abbildung 4.50 zeigt die Registerkarte CONFIGURATION OVERVIEW (1) des SDM.

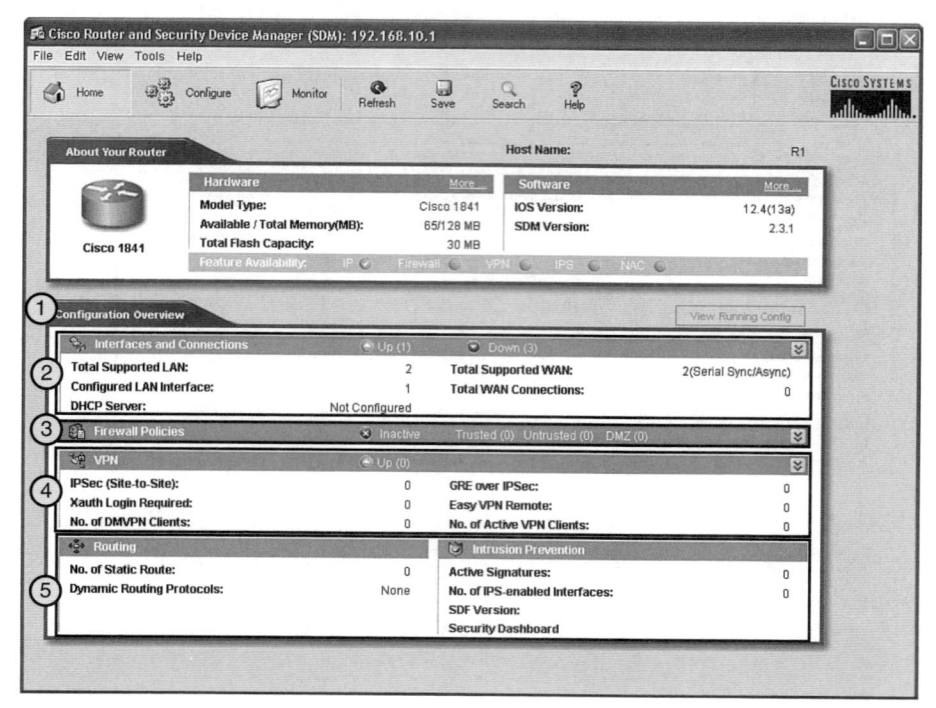

Abbildung 4.50: Registerkarte »Configuration Overview« der SDM-Homepage

Diese Registerkarte enthält die folgenden GUI-Elemente:

- Der Bereich INTERFACES AND CONNECTIONS (2) zeigt schnittstellen- und verbindungsspezifische Informationen: die Anzahl der Verbindungen, die aktiv bzw. ausgefallen sind, und die Gesamtzahl der am Router vorhandenen bzw. konfigurierten LAN- und WAN-Schnittstellen. Überdies ist aufgeführt, ob DHCP konfiguriert ist.

- Der Bereich FIREWALL POLICIES (3) zeigt Angaben zur Firewall: ob eine Firewall vorhanden ist und wie viele vertrauenswürdige (innere), nicht vertrauenswürdige (äußere) und DMZ-Schnittstellen es gibt. Ferner findet man hier den Namen der Schnittstelle, für die eine Firewall konfiguriert wurde, sowie Angaben dazu, ob die Schnittstelle als innere oder äußere Schnittstelle konfiguriert und die NAT-Regel auf diese Schnittstelle angewendet wurde.

- Der Bereich VPN (4) zeigt VPN-spezifische Informationen: die Anzahl aktiver VPN-Verbindungen, die Anzahl konfigurierter Site-to-Site-VPN-Verbindungen und die Anzahl aktiver VPN-Clients.

- Der Bereich ROUTING (5) schließlich zeigt die Anzahl der statischen Routen und gibt die konfigurierten Routing-Protokolle an.

4.4.5 Die Assistenten des Cisco SDM

Der Cisco SDM stellt eine Anzahl von Assistenten bereit, mit deren Hilfe Sie einen Cisco ISR konfigurieren können. Nachdem Sie im Aufgabenbereich der Cisco SDM-Oberfläche eine Aufgabe ausgewählt haben, können Sie einen Assistenten aufrufen.

Aktuelle Informationen zu den Assistenten des Cisco SDM und den von ihnen unterstützten Schnittstellen finden Sie unter *http://www.cisco.com/go/sdm*.

4.4.6 Router mit dem SDM sichern

Ein solcher Assistent ist der One-Step-Lockdown-Assistent, der praktisch alle Sicherheitskonfigurationen implementiert, die Cisco AutoSecure bietet. Er testet Ihre Router-Konfiguration auf potenzielle Sicherheitsprobleme und nimmt automatisch alle zur Behebung dieser Probleme erforderlichen Konfigurationsänderungen vor.

Sie rufen den Assistenten über das GUI-Element CONFIGURE auf, indem Sie auf die Aufgabe SECURITY AUDIT klicken (Abbildung 4.51).

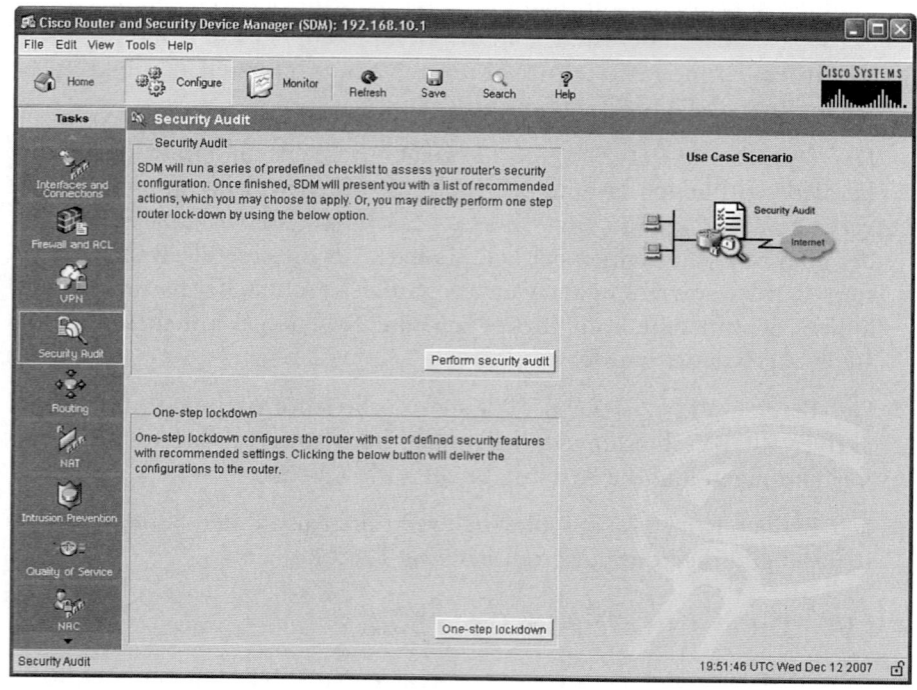

Abbildung 4.51: »Security Audit«-Assistent

Danach klicken Sie auf die Schaltfläche ONE-STEP LOCKDOWN. Der SDM zeigt eine Warnung zu diesem Assistenten an (Abbildung 4.52).

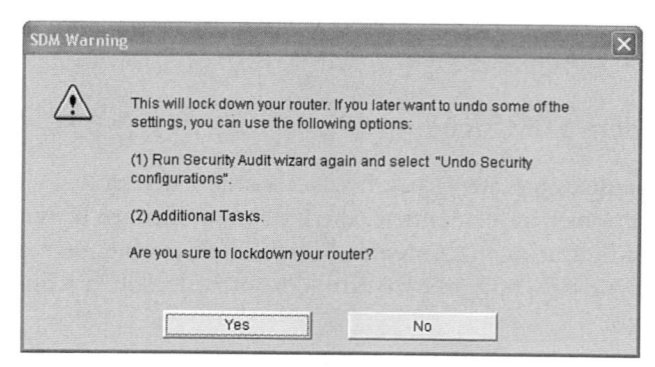

Abbildung 4.52: Warnung des SDM

Danach analysiert der SDM die aktuellen Router-Konfigurationen und implementiert Sicherheitsempfehlungen (Abbildung 4.53).

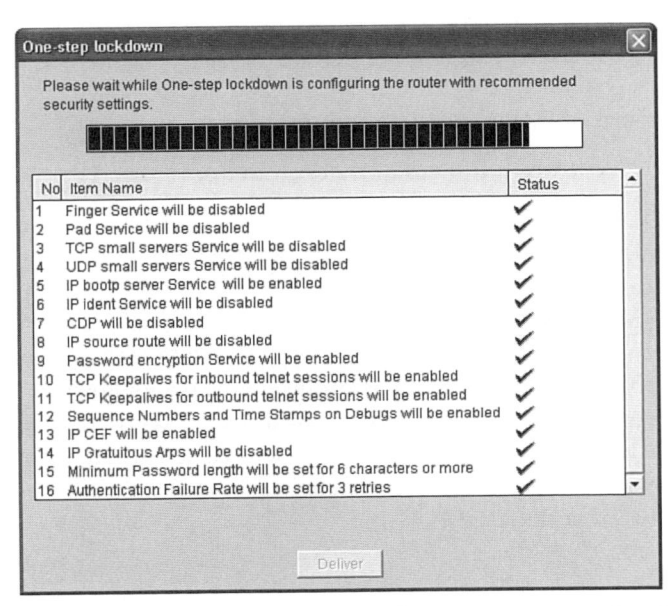

Abbildung 4.53: One-Step-Lockdown-Assistent im Betrieb

Der letzte Schritt besteht darin, die vorgeschlagene Konfiguration auf das eigentliche Gerät zu übertragen (Abbildung 4.54).

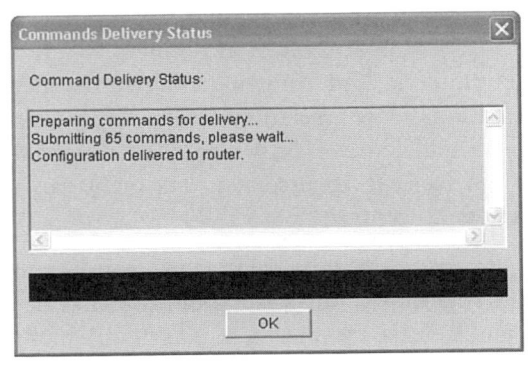

Abbildung 4.54: Befehle übertragen

Gehen Sie nicht davon aus, dass das Netzwerk nun sicher ist, nur weil Sie den One-Step-Lockdown-Assistenten ausgeführt haben. Es werden auch nicht alle Funktionen von Cisco AutoSecure im Cisco SDM implementiert. Die folgenden AutoSecure-Merkmale werden im Cisco SDM anders implementiert:

- SNMP wird deaktiviert. SNMPv3 wird nicht konfiguriert.
- SSH wird auf Cisco Crypto-IOS-Images aktiviert und konfiguriert.
- Der Service Control Point wird nicht aktiviert. Ferner werden weitere Zugriffs- und Dateiübertragungsdienste wie FTP nicht deaktiviert.

4.5 Router-Sicherheit administrieren

Für den sicheren Betrieb eines Routers ist es erforderlich, dass das Betriebssystem und die Konfigurationsdatei regelmäßig aktualisiert werden. Die Updates sind erforderlich, um bekannte Sicherheitslücken zu schließen, neue Features zu unterstützen, die fortgeschrittenere Sicherheitsrichtlinien ermöglichen, oder die Leistung zu verbessern.

> **ANMERKUNG**
>
> Es bietet sich nicht grundsätzlich an, stets auf die neueste Cisco IOS-Version zu aktualisieren, da der Release oftmals noch nicht stabil ist.

4.5.1 Cisco IOS-Images pflegen

Sie müssen beim Wechsel der Cisco IOS-Software auf einem Router bestimmte Regeln beachten. Vorgenommene Änderungen gehören entweder zu den Updates oder den Upgrades. Ein Update ersetzt ein Release durch ein anderes, ohne das Feature-Set zu aktualisieren. Updates werden durchgeführt, um Bugs zu beheben oder ein Release zu ersetzen, das nicht mehr unterstützt wird. Zudem sind Updates kostenfrei.

Ein Upgrade hingegen ersetzt ein Release durch ein neues mit geändertem Feature-Set. Upgrades werden durchgeführt, um neue Funktionen oder Technologien zu ergänzen oder ein Release zu ersetzen, das nicht mehr unterstützt wird. Upgrades sind nicht kostenfrei. Die Website *Cisco.com* enthält Hinweise, mit denen Sie feststellen können, welche Methode anwendbar ist.

Cisco empfiehlt Ihnen, sich am vier Phasen umfassenden Migrationsprozess zu orientieren, um Betrieb und Verwaltung des Netzwerks zu vereinfachen. Indem Sie sich nach einem reproduzierbaren Prozess richten, sparen Sie zudem Kosten für Betrieb, Administration und Schulung ein. Diese vier Phasen sind die folgenden:

- **Planen.** Legen Sie Ziele fest, ermitteln Sie Ressourcen, profilieren Sie Netzwerkhardware und -software und erstellen Sie einen vorläufigen Zeitplan für die Migration auf neue Releases.
- **Entwerfen.** Wählen Sie neue Cisco IOS-Releases aus und erstellen Sie eine Strategie zur Migration auf die Releases.
- **Implementieren.** Erstellen Sie die abschließende Zeitplanung und führen Sie die Migration aus.
- **Betreiben.** Überwachen Sie den Migrationsprozess und erstellen Sie Sicherungskopien der Images, die in Ihrem Netzwerk eingesetzt werden.

Es gibt auf *Cisco.com* eine Anzahl von Tools, die Ihnen bei der Migration des Cisco IOS helfen. Mithilfe dieser Tools erhalten Sie Informationen zu Releases, Feature-Sets, Plattformen und Images. Die folgenden Tools erfordern keine Anmeldung bei *Cisco.com*:

- **Cisco IOS Reference Guide.** Behandelt die Grundlagen der Cisco IOS-Softwarefamilie.
- **Technische Dokumente zum Cisco IOS.** Dokumentationen zu jedem Cisco IOS-Release.
- **Cisco Feature Navigator.** Sucht Releases, die eine bestimmte Kombination aus Softwarefunktionen und Hardware unterstützen, und vergleicht Releases.

Für die folgenden Tools ist ein gültiges Anmeldekonto auf *Cisco.com* erforderlich:

- **Download Software.** Bietet Cisco IOS-Downloads.
- **Bug Toolkit.** Sucht basierend auf Softwareversion, Feature-Set und Schlüsselwörtern nach bekannten Fehlerbehebungen.
- **Software Advisor.** Vergleicht Releases, ordnet Cisco IOS-Images und Funktionen des Cisco Catalyst-Betriebssystems Releases zu und ermittelt, welches Software-Release ein gegebenes Hardwaregerät unterstützt.
- **Cisco IOS Upgrade Planner.** Sucht Releases nach Hardware, Release und Feature-Set und lädt Cisco IOS-Images herunter.

Eine vollständige Liste der Tools auf *Cisco.com* finden Sie unter *http://www.cisco.com/en/US/support/tsd_most_requested_tools.html*.

4.5.2 Handhabung von Cisco IOS-Images

Die Verfügbarkeit des Netzwerks kann auf dem Spiel stehen, wenn die Konfiguration eines Routers oder das Betriebssystem manipuliert werden. Angreifer, die sich Zugriff auf Infrastrukturgeräte verschaffen, können Konfigurationsdateien ändern oder löschen. Zudem können sie inkompatible IOS-Images hochladen oder auch das IOS-Image löschen. Die Änderungen werden automatisch oder beim Neustart des Geräts aufgerufen.

Um derartige Probleme zu vermeiden, müssen Sie in der Lage sein, Konfigurationsdateien und IOS-Images zu speichern, Sicherungen zu erstellen und diese wiederherzustellen. Zu diesem Zweck erfahren Sie hier, wie Sie wichtige Dateiverwaltungsoperationen im Cisco IOS ausführen.

Cisco IOS-Dateisysteme und Geräte

Cisco IOS-Geräte verfügen über eine Funktion namens IFS (Integrated File System). Dieses System gestattet Ihnen das Erstellen, Aufrufen und Manipulieren von Verzeichnissen auf einem Cisco-Gerät. Die verfügbaren Verzeichnisse sind je nach Plattform unterschiedlich.

Listing 4.23 zeigt beispielsweise die Ausgabe des Befehls `show file system`, der alle vorhandenen Dateisysteme auf einem Cisco 1841-Router auflistet.

Listing 4.23: Ausgabe des Befehls »show file system«

```
R1# show file system

File Systems:

     Size(b)     Free(b)      Type   Flags  Prefixes
           -           -    opaque      rw  archive:
           -           -    opaque      rw  system:
           -           -    opaque      rw  null:
           -           -   network      rw  tftp:
      196600      194247     nvram      rw  nvram:
*   31932416      462848      disk      rw  flash:#
           -           -    opaque      wo  syslog:
           -           -    opaque      rw  xmodem:
           -           -    opaque      rw  ymodem:
           -           -   network      rw  rcp:
           -           -   network      rw  pram:
           -           -   network      rw  ftp:
           -           -   network      rw  http:
           -           -   network      rw  scp:
           -           -   network      rw  https:
           -           -    opaque      ro  cns:
```

Dieser Befehl vermittelt aufschlussreiche Informationen zur Größe des vorhandenen und des freien Speichers sowie zum Typ des Dateisystems und dessen Berechtigungen. Zu diesen Berechtigungen gehören ro (Read-Only), wo (Write-Only) und rw (Read/Write).

Obwohl unterschiedliche Dateisysteme aufgeführt sind, sind für uns in erster Linie die Dateisysteme von TFTP, Flashspeicher und NVRAM interessant. Die anderen aufgeführten Systeme sind nicht Gegenstand dieses Kurses.

Als Netzwerkdateisystem steht die Verwendung von FTP, TFTP (Trivial FTP) oder RCP (Remote Copy Protocol) zur Verfügung. Schwerpunkt in diesem Buch ist TFTP.

Beachten Sie, dass dem Dateisystem des Flash-Speichers ein Stern (*) vorangestellt ist. Dieser zeigt an, dass dies das aktuelle Default-Dateisystem ist. Wie Sie noch wissen werden, befindet sich das startbare IOS im Flash-Speicher. Aus diesem Grund ist an die Bezeichnung des Flash-Speichers eine Raute (#) angehängt – sie zeigt an, dass es sich um eine startbare Disk handelt.

Listing 4.24 zeigt den Inhalt des aktuellen Default-Dateisystems an (in diesem Fall ist dies das Dateisystem im Flash-Speicher, so wie in Listing 4.23 durch den Stern markiert).

Listing 4.24: Default-Dateisystem

```
R1# dir

Directory of flash:/

    1  -rw-         720  Sep 11 2007 15:59:54 +00:00  pre_autosec.cfg
    2  -rw-        1821  Jul 11 2006 10:30:42 +00:00  sdmconfig-18xx.cfg
    3  -rw-     4734464  Jul 11 2006 10:31:20 +00:00  sdm.tar
    4  -rw-      833024  Jul 11 2006 10:31:44 +00:00  es.tar
    5  -rw-     1052160  Jul 11 2006 10:32:14 +00:00  common.tar
    6  -rw-        1038  Jul 11 2006 10:32:36 +00:00  home.shtml
    7  -rw-      102400  Jul 11 2006 10:32:58 +00:00  home.tar
    8  -rw-      491213  Jul 11 2006 10:33:20 +00:00  128MB.sdf
    9  -rw-     1684577  Jul 11 2006 10:34:00 +00:00
securedesktop-ios-3.1.1.27-k9.pkg
   10  -rw-      398305  Jul 11 2006 10:34:34 +00:00  sslclient-win-1.1.0.154.pkg
   11  -rw-    22149320  Mar 28 2007 16:02:28 +00:00
c1841-advipservicesk9-mz.124-13a.bin

31932416 bytes total (462848 bytes free)
R1#:
```

Die Anzahl der Dateien im Flash-Speicher variiert je nach Feature-Set und Version des IOS. Dieses IOS-Image speichert auch die erforderlichen SDM-Dateien sowie die IPS-Signaturdatei *128MB.sdf*. Von besonderem Interesse ist die letzte Angabe: der Dateiname des Images, welches gegenwärtig im RAM vom IOS ausgeführt wird.

Listing 4.25 zeigt die Befehle zum Wechseln des aktuellen Verzeichnisses und zur Darstellung des NVRAM-Inhalts.

Listing 4.25: Inhalt des NVRAM

```
R1# cd nvram:
R1# pwd

nvram:/
R1# dir

Directory of nvram:/

   190  -rw-         1253            <no date>  startup-config
   191  -- --           24            <no date>  private-config
   192  -rw-         1253            <no date>  underlying-config
     1  -rw-            0            <no date>  ifIndex-table

196600 bytes total (194247 bytes free)
R1#
```

Um den Inhalt des NVRAM anzuzeigen, müssen Sie das aktuelle Default-Dateisystem mit dem Befehl `cd` (*Change Directory*) wechseln. Mit dem Befehl `pwd` (*Present Working Directory*) kontrollieren Sie, ob wir uns wirklich im NVRAM-Verzeichnis befinden. Der Befehl `dir` schließlich listet die Inhalte im NVRAM auf. Es werden mehrere Konfigurationsdateien aufgeführt, doch ist für uns in erster Linie die Startkonfigurationsdatei interessant.

URL-Präfixe für Cisco-Geräte

Wenn ein Netzwerkadministrator Dateien auf einem Computer kopieren oder verschieben möchte, bietet das Betriebssystem eine sichtbare Dateistruktur an, mit der sich Quellen und Ziele festlegen lassen. Bei der Arbeit mit dem Router-CLI hingegen gibt es keine grafische Oberfläche. Der Befehl `show file systems` im obigen Abschnitt zeigte die verschiedenen Dateisysteme, die auf der Cisco 1841-Plattform zur Verfügung stehen.

Die Speicherorte der Dateien werden im Cisco IFS mithilfe der URL-Konvention angegeben. Die von Cisco IOS-Plattformen verwendeten URLs ähneln dem Format, das Sie von Webadressen her kennen.

Exemplarisch zeigt Abbildung 4.55 ein TFTP-Beispiel.

Präfix	URL-Pfad
tftp:	[[[//speicherort]/verzeichnis]/dateiname]
tftp://192.168.20.254/configs/backup-config	

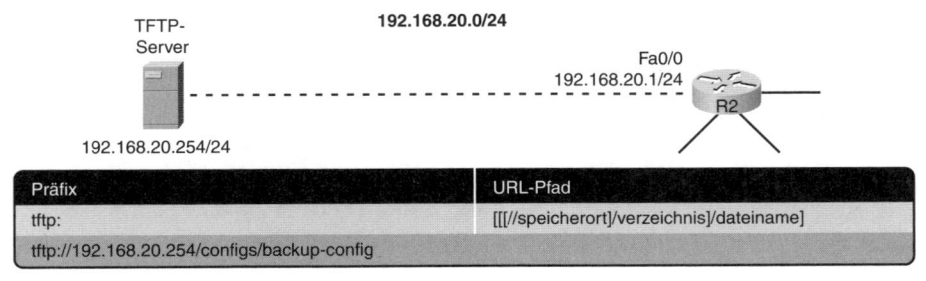

Abbildung 4.55: TFTP-Datei-URL

Der URL *tftp://192.168.20.254/configs/backup-config* in Abbildung 4.55 kann wie folgt zerlegt werden:

- tftp: ist das Präfix.
- Alles, was auf den doppelten Schrägstrich (//) folgt, definiert den Speicherort.
- 192.168.20.254 ist die Position des TFTP-Servers.
- configs ist das Hauptverzeichnis auf dem TFTP-Server.
- backup-config ist der Name einer Beispieldatei.

Das URL-Präfix gibt das Dateisystem an.

Abbildung 4.56 zeigt ein Beispiel für den Flash-Speicher.

Präfix	URL-Pfad
flash	[[/verzeichnis]/dateiname]
flash:configs/backup-config	

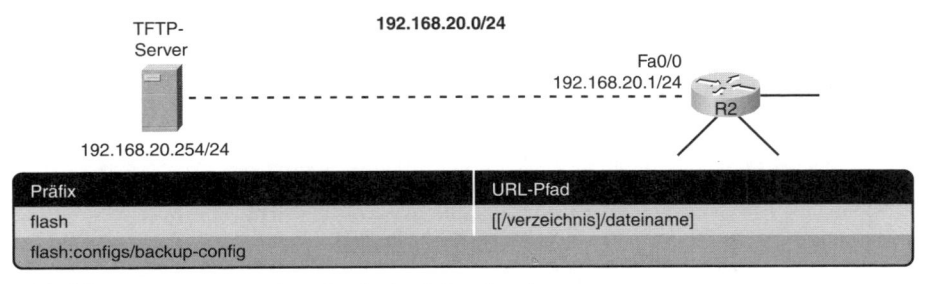

Abbildung 4.56: URL für Flash-Speicherdatei

Abbildung 4.57 zeigt ein Beispiel für den RAM-Speicher.

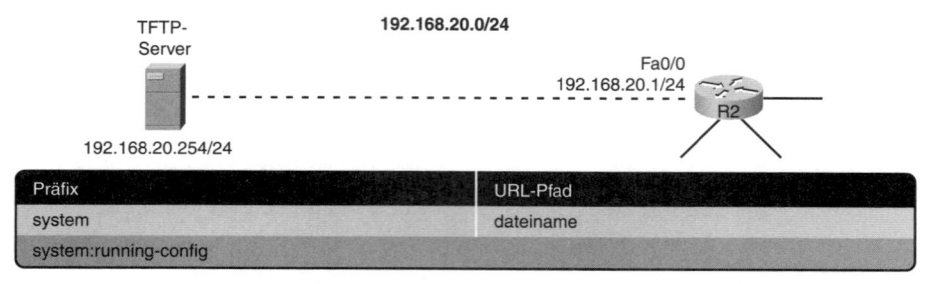

Präfix	URL-Pfad
system	dateiname
system:running-config	

Abbildung 4.57: URL für RAM-Speicherdatei

Abbildung 4.58 zeigt ein Beispiel für das NVRAM.

Präfix	URL-Pfad
nvram	dateiname
nvram:startup-config	

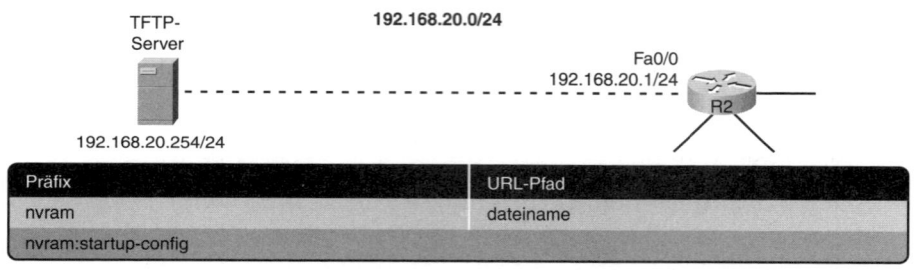

Abbildung 4.58: URL für NVRAM-Datei

Befehle zur Administration von Konfigurationsdateien

Eine Empfehlung für die Aufrechterhaltung der Systemverfügbarkeit legt nahe sicherzustellen, dass Sie stets über Sicherungskopien der Startkonfigurationsdateien und der IOS-Imagedateien verfügen. Der IOS-Befehl copy wird zum Kopieren von Konfigurationsdateien von einer Komponente oder einem Gerät auf ein anderes – z. B. RAM, NVRAM oder TFTP-Server – verwendet. Abbildung 4.59 zeigt die Befehlssyntax.

Befehl Absender-URL:Ziel-URL

- Befehl: copy
- system:, nvram: oder tftp:
- system:, nvram: oder tftp:

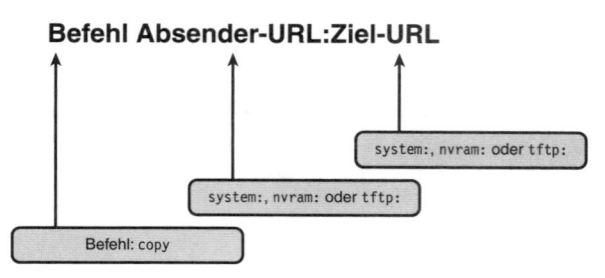

Abbildung 4.59: Syntax zum Befehl »copy«

Die Listings 4.26 und 4.27 demonstrieren die allgemeine Verwendung von copy. Sie zeigen zwei Methoden zur Durchführung derselben Aufgabe. Das erste Listing umfasst eine einfache Syntax, das zweite ist etwas komplexer.

Listing 4.26 zeigt, wie man die laufende Konfiguration aus dem RAM als Startkonfiguration ins NVRAM kopiert.

Listing 4.26: Laufende Konfiguration als Startkonfiguration kopieren

```
R2# copy running-config startup-config
R2# copy system:running-config nvram:startup-config
```

Listing 4.27 zeigt, wie man die laufende Konfiguration aus dem RAM an einen Remote-Standort kopiert.

Listing 4.27: Laufende Konfiguration auf einen TFTP-Server kopieren

```
R2# copy running-config tftp:
R2# copy system:running-config tftp:
```

Listing 4.28 zeigt, wie man eine Konfiguration von einer entfernten Quelle in die laufende Konfiguration kopiert.

Listing 4.28: Von TFTP-Server auf RAM kopieren

```
R2# copy tftp: running-config
R2# copy tftp: system:running-config
```

Listing 4.29 schließlich zeigt, wie man eine Konfiguration von einer entfernten Quelle auf die Startkonfiguration kopiert.

Listing 4.29: Vom TFTP-Server auf die Startkonfiguration kopieren

```
R2# copy tftp: startup-config
R2# copy tftp: nvram:startup-config
```

Benennungskonventionen für IOS-Dateien

Für die Benennung von IOS-Image-Dateien gelten bestimmte Konventionen. Der Name einer IOS-Datei besteht aus mehreren Teilen, die jeweils eine spezielle Bedeutung haben. Um ein IOS auszuwählen oder zu aktualisieren, müssen Sie diese Benennungskonvention verstanden haben.

Abbildung 4.60 zeigt einen exemplarischen Dateinamen des IOS-Image.

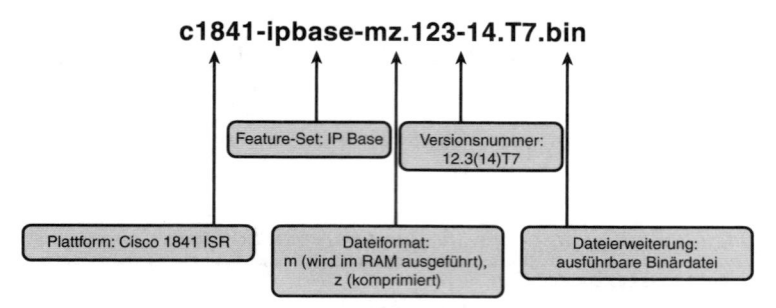

```
                c1841-ipbase-mz.123-14.T7.bin
                 ▲      ▲         ▲        ▲
                 |      |         |        |
        ┌────────┴─┐  ┌─┴──────────────┐   |
        │Feature-Set:│  │Versionsnummer:│   |
        │ IP Base    │  │ 12.3(14)T7    │   |
        └──┬─────────┘  └───────────────┘   |
           |                                |
┌──────────┴──────┐  ┌──────────────────┐  ┌┴──────────────────┐
│Plattform: Cisco │  │Dateiformat:      │  │Dateierweiterung:  │
│1841 ISR         │  │m (wird im RAM    │  │ausführbare        │
│                 │  │ausgeführt),      │  │Binärdatei         │
│                 │  │z (komprimiert)   │  │                   │
└─────────────────┘  └──────────────────┘  └───────────────────┘
```

Abbildung 4.60: IOS-Imagedateiname (Beispiel)

Dieser lässt sich wie folgt aufgliedern:

- Der erste Teil *c1841* bezeichnet die Plattform, auf der das Image läuft. In diesem Fall handelt es sich um einen Cisco 1841.

- Der zweite Teil *ipbase* gibt das Feature-Set an. Im vorliegenden Fall bezeichnet *ipbase* ein Basis-Image für die IP-Vernetzung. Es gibt viele verschiedene Feature-Sets. Einige ältere IOS-Versionen benutzen einzelne Buchstaben zur Kennzeichnung des Feature-Sets:
  - *i* bezeichnet das IP-Feature-Set.
  - *j* steht für das Enterprise-Feature-Set (alle Protokolle).
  - *s* steht für ein PLUS-Feature-Set (zusätzliche Warteschlangenbildung, Manipulation oder Übersetzungen).
  - *56i* bezeichnet die IPSec-DES-Verschlüsselung mit 56 Bit.
  - *3* steht für die Firewall/IDS.
  - *k2* steht für die 3DES-IPSec-Verschlüsselung (168 Bit).

- Der dritte Teil *mz* gibt an, wo das Image läuft und ob die Datei komprimiert ist. In diesem Beispiel signalisiert *mz*, dass die Datei aus dem RAM ausgeführt wird und komprimiert ist.

- Der vierte Teil *123-14.T7* ist die Versionsnummer.

- Der letzte Teil *bin* ist die Dateierweiterung. *bin* kennzeichnet eine ausführbare Binärdatei.

4.5.3 Cisco IOS-Images verwalten

Produktionsnetzwerke erstrecken sich häufig über große Bereiche und umfassen mehrere Router. Für den Administrator ist es wichtig, IOS-Images immer dann zu aktualisieren, wenn Exploits und Sicherheitslücken entdeckt wurden. Ferner gilt es als sinnvolle Praxis, dafür zu sorgen, dass auf allen

Ihren Plattformen möglichst dieselbe Cisco IOS-Version ausgeführt wird. Schließlich ist es in jedem Netzwerk grundsätzlich empfehlenswert, eine Sicherungskopie des Cisco IOS-Image für den Fall vorzuhalten, dass die Image-Datei auf dem Router beschädigt oder versehentlich gelöscht wird.

Weit verteilte Router benötigen einen Quell- oder Sicherungsstandort für Cisco IOS-Images. Die Verwendung eines TFTP-Servers ermöglicht das Hoch- und Herunterladen von Images und Konfigurationen über das Netzwerk. Der TFTP-Server im Netzwerk kann ein anderer Router, eine Workstation oder ein Dateiserver sein.

Wenn ein Netzwerk wächst, gewährt Ihnen das Speichern von Cisco IOS-Images und Konfigurationsdateien auf dem zentralen TFTP-Server Kontrolle über die Anzahl und die Revisionen der Cisco IOS-Images und Konfigurationsdateien, die administriert werden müssen. Abbildung 4.61 zeigt eine Beispieltopologie mit TFTP-Server.

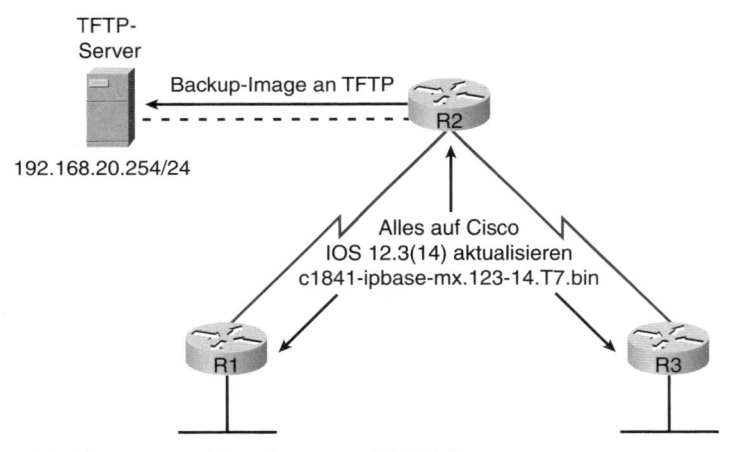

Abbildung 4.61: Topologie mit TFTP-Server

Bevor Sie ein Cisco IOS-Image auf dem Router ändern, müssen Sie die folgenden Schritte durchführen:

1. Bestimmen Sie den für das Update erforderlichen Speicher, vergleichen Sie den Wert mit dem auf dem Router vorhandenen Speicher und installieren Sie gegebenenfalls zusätzlichen Speicher.

2. Richten Sie die Dateiübertragungsfunktionalität zwischen TFTP-Server und Router ein und testen Sie sie.

3. Legen Sie fest, wann die zur Durchführung des Update erforderliche Ausfallzeit auftreten soll (möglichst außerhalb der Geschäftsstunden).

Wenn Sie bereit sind, das Update auszuführen, gehen Sie wie folgt vor:

Schritt für Schritt

1. Deaktivieren Sie alle Schnittstellen auf dem Router, für die das Update nicht durchgeführt werden muss.

2. Sichern Sie das aktuelle Betriebssystem und die laufende Konfigurationsdatei auf einen TFTP-Server.

3. Laden Sie das Update für das Betriebssystem bzw. die Konfigurationsdatei.

4. Kontrollieren Sie, ob das Update einwandfrei arbeitet. Sind die Tests erfolgreich, so können Sie die Schnittstellen, die Sie oben deaktiviert haben, wieder einschalten. Andernfalls brechen Sie das Update ab, ermitteln den Fehler und beginnen von vorne.

Eine große Herausforderung für Netzwerkbetreiber besteht darin, die Ausfallzeit eines Routers nach einer Kompromittierung und dem Löschen des Betriebssystems und/oder der Konfigurationsdaten zu minimieren. Der Betreiber muss eine archivierte Kopie der Konfiguration (sofern vorhanden) abrufen und auf den Router ein funktionierendes Image aufspielen. Danach muss die Wiederherstellung gegebenenfalls auf weiteren betroffenen Routern durchgeführt werden, was die Gesamtausfalldauer des Netzwerks zusätzlich verlängert.

Denken Sie daran, dass die leistungsfähigen Konfigurationsbefehle des Cisco IOS es ermöglichen, bei einem Router eine funktionsfähige Kopie des laufenden Betriebssystem-Images und der laufenden Konfiguration zu sichern und wieder einzuspielen. Versuche vonseiten eines Angreifers, die Inhalte aus NVRAM und Flash-Speicher zu löschen, laufen so ins Leere.

4.5.4 Software-Image sichern und aktualisieren

Die grundlegenden Administrationsaufgaben umfassen das Speichern von Sicherungen Ihrer Konfigurationsdateien sowie das Herunterladen und Installieren aktualisierter Konfigurationsdateien bei entsprechendem Bedarf. Sie erstellen eine Sicherungsdatei des Software-Image, indem Sie die Image-Datei von einem Router auf einen TFTP-Server im Netzwerk kopieren.

IOS-Software-Image sichern

Betrachten Sie Abbildung 4.62. Wir gehen davon aus, dass Sie das Cisco IOS von Router R1 auf den TFTP-Server mit der Adresse 192.168.20.254 sichern wollen.

Um ein IOS-Software-Image aus dem Flash-Speicher auf den TFTP-Server zu kopieren, müssen Sie die folgenden Schritte durchführen:

1. Senden Sie einen ping-Befehl an den TFTP-Server, um sicherzustellen, dass Sie Zugriff darauf haben:

```
R1# ping 192.168.20.254
!!!!!
```

2. Kopieren Sie die aktuelle System-Image-Datei vom Router auf den TFTP-Server. Hierzu setzen Sie im privilegierten EXEC-Modus den Befehl copy flash: tftp: ab. Danach werden Sie zu einer Eingabe aufgefordert. Der Befehl verlangt von Ihnen Angaben zur IP-Adresse des Remote-Hosts und den Namen der Quell- und der Zieldatei des System-Image:

```
R1# copy flash: tftp:

Source filename []? c1841-ipbase-mz.123-14.T7.bin
Address or name of remote host []? 192.168.20.254
Destination filename [c1841-ipbase-mz.123-14.T7.bin]? <CR>
!!!!!!!!!!!!!!!!!! !!!!!!!!!!!!!!! !!!!!!!!!!!!!! !!!!!!!
<Ausgabe unterdrückt>
13832032 bytes copied in 113.061 secs (122341 bytes/sec)
R1#
```

Während des Kopiervorgangs signalisieren Ausrufezeichen (!) den Fortgang des Prozesses. Jedes Ausrufezeichen bedeutet, dass ein UDP-Segment erfolgreich übertragen wurde.

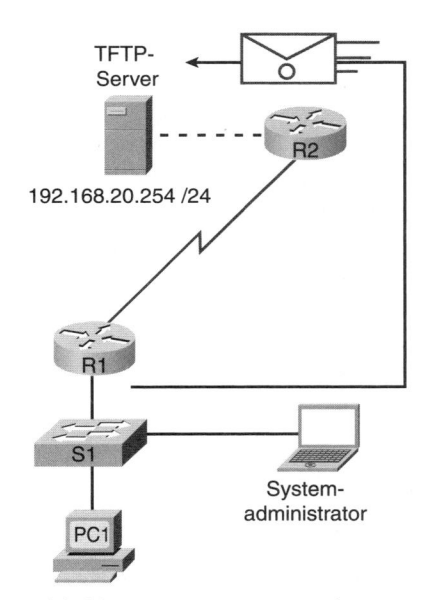

Abbildung 4.62: Image auf TFTP-Server kopieren

Software-Images aktualisieren

Die Aktualisierung eines Systems auf eine neuere Softwareversion erfordert das Laden einer neuen Software-Image-Datei auf den Router. Mit dem Befehl copy tftp: flash: laden Sie das neue Image vom TFTP-Server im Netzwerk herunter.

Betrachten Sie Abbildung 4.63. Wir gehen davon aus, dass Sie das Cisco IOS vom TFTP-Server mit der Adresse 192.168.20.254 auf den Router R1 herunterladen wollen.

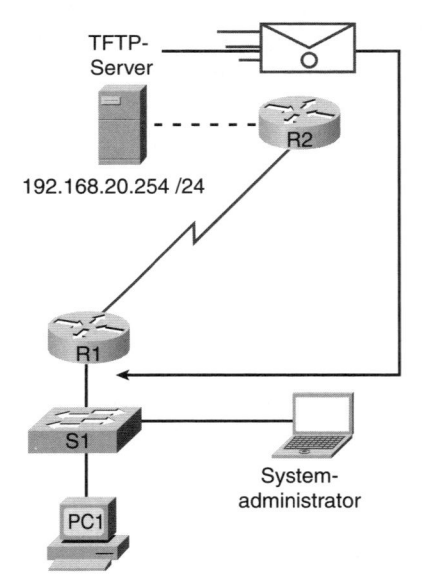

Abbildung 4.63: Image vom TFTP-Server kopieren

Sie sollten sich vergewissern, dass auf dem Router ausreichend viel Festplattenspeicher vorhanden ist, um das neue Cisco IOS-Image abzulegen. Mit dem Befehl show flash: auf dem Router ermitteln Sie die Größe der IOS-Image-Datei (siehe Listing 4.30).

Listing 4.30: Größe der IOS-Image-Datei ermitteln

```
R1# show flash:

System flash directory:
File  Length    Name/status
  1   13832032  c1841-ipbase-mz.123-14.T7.bin
[13832032 bytes used, 18682016 available, 32514048 total]
32768K bytes of processor board System flash (Read/Write)
```

Der Befehl show flash: ist ein wichtiges Tools zur Ermittlung von Informationen zum Router-Speicher und zur Image-Datei. Hiermit lassen sich folgende Angaben ermitteln:

- Gesamtgröße des Flash-Speichers auf dem Router
- Größe des verfügbaren Flash-Speichers
- Namen aller Dateien, die im Flash-Speicher abgelegt sind, und die Größe des belegten Speichers (siehe Hervorhebung in Listing 4.30)

Listing 4.31 enthält Befehle zum Herunterladen des IOS-Image von einem TFTP-Server.

Listing 4.31: Vom TFTP-Server kopieren

```
R1#copy tftp: flash: <CR>
Address or name of remote host []?192.168.20.254
Source filename []? c1841-ipbase-mz.123-14.T7.bin
Destination filename [c1841-ipbase-mz.123-14.T7.bin]?<CR>
Accessing tftp://192.168.20.254/c1841-ipbase-mz.123-14.T7.bin
Erase flash: before copying? [confirm] <CR>
Erasing the flash filesystem will remove all files! Continue? [confirm] <CR>
Erasing device... eeeeeeeeeeeeeeeeeeeeeeeeeeeeeeeeeeeeeeeeeeeeeeeeeeee
<Ausgabe unterdrückt> erased
Erase of flash: complete
Loading c1841-ipbase-mz.123-14.T7.bin from 192.168.20.254 (via Serial 0/0/0):
!!!!!
!!!!!!!!!!!!!!!!!!!!!!!!!!!!!!
<Ausgabe unterdrückt>
```

Der Befehl fordert Sie zur Eingabe der IP-Adresse des Remote-Hosts und der Namen der Quell- und der Zieldatei des System-Image auf. Geben Sie den Namen der Update-Image-Datei genau so ein, wie er auf dem Server angezeigt wird.

Nachdem Sie diese Einträge vorgenommen haben, erscheint der Prompt Erase flash:. Das Löschen des Flash-Speichers schafft Platz für das neue Image. Löschen Sie den Flash-Speicher, sofern nicht genügend Kapazität für mehrere IOS-Images vorhanden ist. Steht kein freier Flash-Speicher zur Verfügung, ist die Durchführung der Löschroutine notwendig, bevor neue Dateien kopiert werden können. Das System zeigt Ihnen die entsprechenden Bedingungen an und erwartet eine Benutzereingabe.

Wide Area Networks

> **ANMERKUNG**
>
> Aus Sicherheitsgründen sollten Sie in jedem Fall kontrollieren, ob Sie über eine Kopie des vorhandenen IOS verfügen, bevor Sie es löschen. Auf diese Weise ist immer eine Wiederherstellung möglich, falls es zu Problemen mit dem neuen IOS-Image kommen sollte.

Jedes Ausrufezeichen bedeutet, dass ein UDP-Segment erfolgreich übertragen wurde.

> **ANMERKUNG**
>
> Überprüfen Sie, ob das geladene IOS-Image für die verwendete Router-Plattform geeignet ist. Falls ein falsches Image geladen wird, startet der Router unter Umständen nicht mehr. In solchen Fällen kann die Benutzung des ROMmon (ROM-Monitor) erforderlich werden.

Packet Tracer
☐ Aktivität

Mit einem TFTP-Server ein Cisco IOS-Image aktualisieren (4.5.4)

Bei dieser Aktivität konfigurieren Sie den Zugriff auf einen TFTP-Server und laden ein neueres IOS-Image. Mit Packet Tracer lässt sich zwar die Aktualisierung des IOS-Image auf einem Router simulieren, nicht aber die Sicherung eines Image auf den TFTP-Server. Außerdem ist das Image, auf das Sie aktualisieren, zwar fortgeschrittener, doch spiegelt diese Packet Tracer-Simulation das Upgrade insofern nicht vollständig wieder, als dass die leistungsfähigeren Befehle nicht benutzt werden können; der Packet Tracer-Befehlssatz ändert sich also nicht. Zur Durchführung der Aktivität verwenden Sie Packet Tracer und die Datei *e4-454.pka* auf der Begleit-CD-ROM zu diesem Buch.

4.5.5 Software-Images wiederherstellen

Ohne Cisco IOS funktioniert ein Router nicht. Wird das IOS gelöscht oder beschädigt, muss ein Administrator ein Image auf den Router kopieren, damit dieser wieder arbeiten kann. Hierzu kann etwa ein IOS-Image verwendet werden, das zuvor auf den TFTP-Server gespeichert wurde.

Software-Images wiederherstellen

Wenn das IOS auf einem Router versehentlich aus dem Flash-Speicher gelöscht wird, ist der Router trotzdem noch funktionsfähig, weil das IOS im RAM ausgeführt wird. Allerdings darf der Router zu diesem Zeitpunkt unter keinen Umständen neu gestartet werden, da er im Flash-Speicher kein gültiges IOS mehr finden würde.

Wird der Router bei fehlendem, ungültigem oder beschädigtem IOS-Image neu gestartet, wird der ROMmon-Modus aufgerufen. Betrachten Sie exemplarisch den Router R1 in Abbildung 4.64. Hier wurde das IOS auf den Router R1 unbeabsichtigt aus dem Flash-Speicher gelöscht.

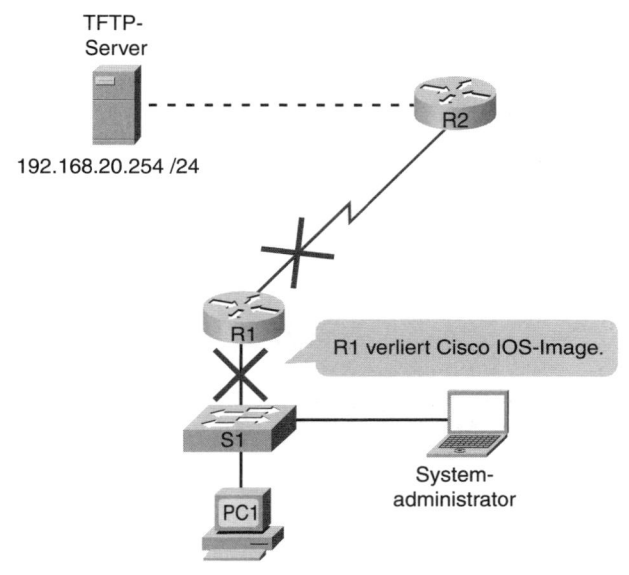

Abbildung 4.64: Topologie mit TFTP-Server

Leider wurde der Router neu gestartet und kann nun kein IOS mehr laden. Weil der Router nun über kein gültiges IOS-Image verfügt, bootet er automatisch in den ROMmon-Modus. Hier stehen nur sehr wenige Befehle zur Verfügung. Sie können diese auflisten, indem Sie ? am Prompt rommon> eingeben.

In diesem Zustand muss der Router R1 das IOS-Image zurückerhalten, das ursprünglich auf den mit R2 verbundenen TFTP-Server kopiert worden war. Da wir uns im ROMmon-Modus befinden, verwenden wir zum Laden des IOS von einem TFTP-Server einen speziellen Befehl namens tftpdnld.

Zu diesem Zweck müssen wir jedoch zuvor bestimmte ROMmon-Variablen festlegen, damit der Router den Befehl verarbeiten kann. Diese Variablen müssen sowohl in der Syntax als auch in der Groß-/Kleinschreibung exakt eingegeben werden. Wenn Sie ROMmon-Variablen eingeben, müssen Sie Folgendes beachten:

- Bei Variablennamen ist die Groß-/Kleinschreibung bedeutsam.
- Sie dürfen keine Leerzeichen unmittelbar vor oder hinter dem Gleichheitszeichen (=) eingeben.

- Sie sollten – sofern möglich – einen Texteditor verwenden, um die Variablen über die Zwischenablage in das Terminalfenster zu kopieren. Die Zeile muss stets vollständig eingegeben werden.
- Die Navigationstasten sind in diesem Modus funktionslos.

Im vorliegenden Szenario ist der TFTP-Server direkt mit dem Router R1 verbunden. Sobald Sie alle Vorbereitungen am TFTP-Server ausgeführt haben, gehen sie wie folgt vor:

1. Schließen Sie die Geräte an. Der PC des Systemadministrators ist mit dem Konsolenport des betroffenen Routers zu verbinden (Abbildung 4.65).

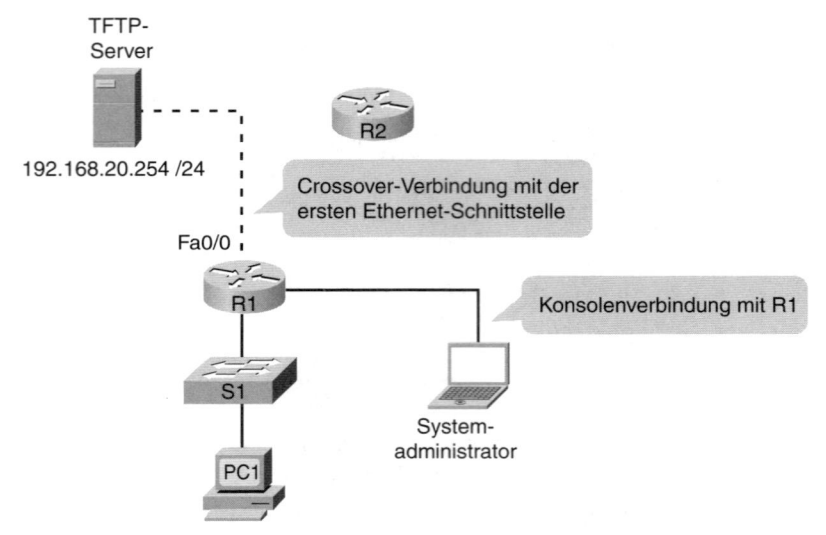

Abbildung 4.65: Verbindung zwischen Konsole und TFTP-Server

Verbinden Sie den TFTP-Server über ein Crossover-Kabel mit dem ersten Ethernet-Port des Routers. In der Abbildung ist R1 ein Cisco 1841, der betreffende Port ist also Fa0/0. Wir gehen davon aus, dass der TFTP-Server betriebsbereit und mit der IP-Adresse 192.168.20.254/24 konfiguriert ist.

Auf dem Router R1 müssen nun die entsprechenden Werte konfiguriert werden, damit er die Verbindung zum TFTP-Server herstellen kann. Denken Sie daran, dass die Syntax der ROMmon-Befehle unbedingt beachtet werden muss. Die IP-Adresse muss sich im selben Subnetz befinden wie der TFTP-Server. In diesem Beispiel weisen wir der Schnittstelle Fa0/0 von R1 temporär die IP-Adresse 192.168.20.1 zu.

2. Starten Sie den Router und legen Sie die ROMmon-Variablen fest:

   ```
   rommon1> IP_ADDRESS=192.168.20.1
   rommon2> IP_SUBNET_MASK=255.255.255.0
   rommon3> DEFAULT_GATEWAY=192.168.20.254
   rommon4> TFTP_SERVER=192.168.20.254
   rommon5> TFTP_FILE=c1841-ipbase-mz.123-14.T7.bin
   ```

   Während alle hier verwendeten IP-Adressen, Subnetzmasken und Image-Namen nur exemplarisch aufgeführt sind, müssen Sie die Syntax exakt beachten, um den Router erfolgreich zu konfigurieren. Denken Sie daran, dass die eigentlichen Variablen von Ihrer Konfiguration abhängen.

   Nach Eingabe der Variablen fahren Sie mit dem nächsten Schritt fort.

3. Geben Sie den Befehl tftpdnld am ROMmon-Prompt ein:

   ```
   rommon7> tftpdnld

               IP_ADDRESS: 192.168.20.1
           IP_SUBNET_MASK: 255.255.255.0
          DEFAULT_GATEWAY: 192.168.20.254
              TFTP_SERVER: 192.168.20.254
                TFTP_FILE: c1841-ipbase-mz.123-14.T7.bin
   Invoke this command for disaster recovery only.
   WARNING: all existing data in all partitions on flash will be lost!
   Do you wish to continue? y/n:  [n]:  y
   Receiving c1841-ipbase-mz.123-14.T7.bin from 192.168.20.254 !!!!!!!!!!!!!!!
   <Ausgabe unterdrückt>!!!!!!!
   File reception completed.
   Copying file c1841-ipbase-mz.123-14.T7.bin to flash.
   Erasing flash at 0x607c0000
   program flash location 0x605a0000
   ```

   Der Befehl tftpdnld zeigt die erforderlichen Umgebungsvariablen sowie eine Warnung an, dass alle im Flash-Speicher vorhandenen Daten gelöscht werden. Geben Sie y ein und betätigen Sie die Taste ⏎, um fortzufahren. Der Router versucht nun, eine Verbindung mit dem TFTP-Server herzustellen und den Download einzuleiten. Nach erfolgreicher Verbindungsherstellung beginnt der Download. Die Ausrufezeichen verdeutlichen den Fortschritt: Jedes ! gibt an, dass der Router ein UDP-Segment empfangen hat.

   Mit dem Befehl reset können Sie den Router mit dem neuen IOS-Image neu laden.

IOS-Image mit Xmodem wiederherstellen

Die Verwendung des Befehls tftpdnld stellt eine schnelle Möglichkeit dar, die Image-Datei zu kopieren. Wenn Sie aus irgendeinem Grund jedoch nicht in der Lage sind, den Ethernet-Port des Routers zu benutzen, gibt es noch eine andere Methode zur Wiederherstellung eines IOS-Image auf einem Router: Xmodem. Allerdings erfolgt die Datenübertragung hier über das Konsolenkabel, ist also verglichen mit dem Befehl tftpdnld sehr langsam. Ursache hierfür ist die Tatsache, dass die Konsolenverbindung keine sehr schnelle Fast Ethernet-Verbindung mit 100 Mbit/s verwendet, sondern in der Standardeinstellung eine Übertragungsrate von 9600 bit/s nutzt.

Wir wollen annehmen, dass der Router R1 sein IOS-Image verloren hat (Abbildung 4.66).

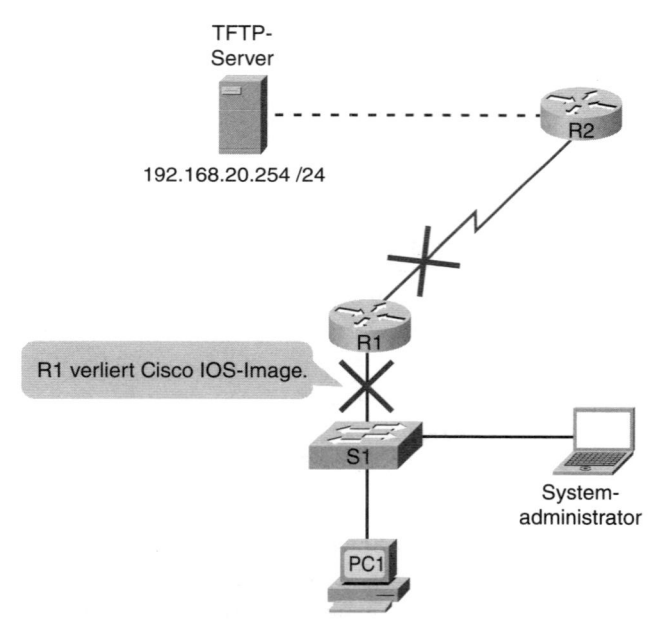

Abbildung 4.66: R1 verliert sein IOS-Image.

Sie wissen, dass ein Router, dessen IOS-Image verloren gegangen ist, beim Booten in den ROMmon-Modus startet. Wie bereits erwähnt, besteht eine andere Möglichkeit des IOS-Downloads mit dem ROMmon in der Verwendung des Befehls xmodem. Bei diesem Befehl kann der Router mit einer auf dem PC des Systemadministrators laufenden Terminalemulationsanwendung wie HyperTerminal kommunizieren. Ein Systemadministrator, der über eine Kopie des IOS-Image auf einem PC verfügt, kann dieses auf den Router kopieren, indem er eine Konsolenverbindung zwischen dem Router und dem PC mit der Terminalemulation herstellt (Abbildung 4.67).

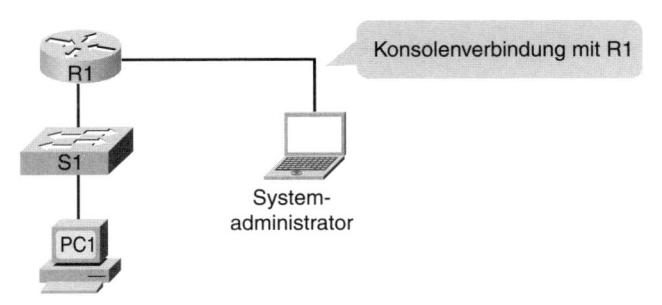

Abbildung 4.67: Konsolenverbindung mit R1 herstellen

Gehen Sie wie folgt vor:

1. Verbinden Sie den PC des Systemadministrators mit dem Konsolenport des betroffenen Routers. Öffnen Sie eine Terminalemulationssitzung zwischen dem Router R1 und dem PC des Systemadministrators.

2. Starten Sie den Router und geben Sie den Befehl xmodem am ROMmon-Prompt ein:

```
rommon1> xmodem -c c1841-ipbase-mz.123-14.T7.bin

Do not start the sending program yet...
device does not contain a valid magic number
dir: cannot open device "flash:"

WARNING: All existing data in bootflash will be lost!
Invoke this application only for disaster recovery.
Do you wish to continue? y/n  [n]:y

Ready to receive file c1841-ipbase-mz.123-14.T7.bin
```

Die Befehlssyntax lautet xmodem [-cyr] [filename]. Die Option cyr variiert je nach Plattform. Beispielsweise bezeichnet -c CRC-16, y das Ymodem-Protokoll, und r kopiert das Image ins RAM. filename ist der Name der zu übertragenden Datei.

Bestätigen Sie alle Prompts, wie oben gezeigt.

3. Abbildung 4.68 zeigt die Dateiübermittlung via HyperTerminal. Wählen Sie in diesem Fall ÜBERTRAGUNG/DATEI SENDEN.

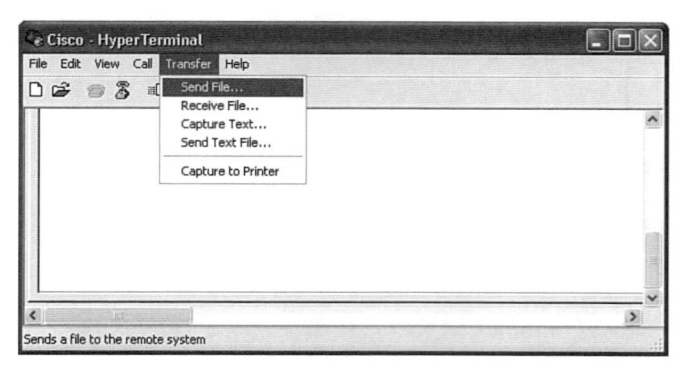

Abbildung 4.68: Menü »Übertragung« in HyperTerminal

4. Navigieren Sie zum Speicherort des IOS-Image, das Sie übertragen wollen, und wählen Sie das Xmodem-Protokoll (Abbildung 4.69).

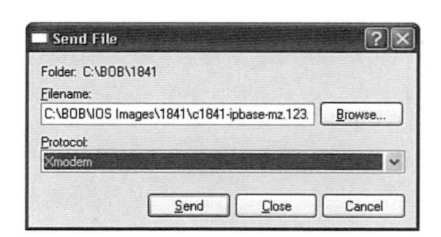

Abbildung 4.69: Fenster »Datei senden« in HyperTerminal

Klicken Sie auf SENDEN. Es erscheint ein Dialogfeld, in dem der Status der Übertragung angezeigt wird (Abbildung 4.70). Bis zum Beginn der Datenübertragung zwischen Host und Router können einige Sekunden vergehen.

Abbildung 4.70: Fenster »Sendestatus der Datei«

Wenn der Upload beginnt, werden die Felder PAKET und DAUER BISHER hochgezählt. Beachten Sie auch die Angabe der geschätzten Restdauer.

ANMERKUNG

Die Übertragungsrate lässt sich extrem verbessern, wenn Sie die Verbindungsgeschwindigkeit bei HyperTerminal und Router von 9600 bit/s auf 115000 bit/s hochsetzen.

Sobald die Übertragung abgeschlossen ist, wird der Router automatisch mit dem neuen Cisco IOS neu gestartet.

4.5.6 Troubleshooting bei IOS-Konfigurationen

Wenn ein gültiges IOS-Image auf allen Ihren Routern im Netzwerk läuft und alle Konfigurationsdateien gesichert sind, können Sie die Konfigurationen einzelner Geräte manuell optimieren, um die Leistung im Netzwerk zu verbessern.

Zwei Befehle, die der Netzwerkadministrator bei der täglichen Arbeit fortwährend einsetzt, sind show und debug. Der Unterschied zwischen ihnen ist wichtig. Ein show-Befehl zeigt die konfigurierten Parameter und ihre Werte an, debug hingegen gestattet es Ihnen, die Ausführung eines Vorgangs nachzuverfolgen. Mit dem *show*-Befehl überprüfen Sie also Konfigurationen, mit debug ermitteln Sie die Datenwege über Schnittstellen und Router-Prozesse.

Tabelle 4.5 fasst die Eigenschaften der show- und debug-Befehle zusammen.

Tabelle 4.5: IOS-Befehle für das Troubleshooting

	show	debug
Verarbeitungsprinzip	statisch	dynamisch
Verarbeitungslast	niedriger Overhead	hoher Overhead
Einsatzzweck	Ermittlung von Fakten	Beobachten von Prozessen

Der geeignetste Zeitpunkt, die von diesen Befehlen generierte Ausgabe kennenzulernen, ist der, zu dem das Netzwerk vollständig funktionsfähig ist. Auf diese Weise erkennen Sie, wenn Sie die Befehle später zur Analyse von Problemen verwenden, sofort, wenn etwas fehlt oder falsch ist.

Den Befehl »show« verwenden

Der Befehl show zeigt statische Informationen an. Sie verwenden ihn zur Ermittlung von Tatsachen beim Eingrenzen von Problemen in einem Netzwerk. Dies betrifft Probleme mit Schnittstellen, Knoten, Medien, Servern, Clients oder Anwendungen. Mit den show-Befehlen können Sie kontrollieren, ob Konfigurationsänderungen implementiert wurden.

Die Befehlsübersicht zu Cisco IOS 12.3 listet 1463 show-Befehle auf. Geben Sie am Prompt show ? ein, um eine Liste der vorhandenen show-Befehle für die Hierarchieebene und den Modus anzuzeigen, in dem Sie gerade arbeiten. Listing 4.32 zeigt eine Beispielausgabe für show protocols.

Listing 4.32: Ausgabe des Befehls »show protocols«

```
R1# show protocols

Global values:
  Internet Protocol routing is enabled
FastEthernet0/0 is up, line protocol is up
  Internet address is 192.168.10.1/24
FastEthernet0/1 is administratively down, line protocol is down
Serial0/0/0 is up, line protocol is up
  Internet address is 10.1.1.1/30
Vlan1 is administratively down, line protocol is down
```

Den Befehl »debug« verwenden

Wenn Sie einen Router konfigurieren, starten die Befehle, die sie eingeben, wesentlich mehr Prozesse, als Sie in der einfachen Codezeile sehen. Aus diesem Grund enthüllt das zeilenweise Durchsehen der Ausgabe eines show-Befehls nicht unbedingt alle potenziellen Fehlerquellen. Sie benötigen mithin eine Möglichkeit, Daten vom Router zu erfassen, wenn die einzelnen Schritte eines laufenden Prozesses durchgeführt werden.

Standardmäßig sendet der Router die Ausgabe von debug-Befehlen und Systemfehlermeldungen an die Konsole. Vergessen Sie nicht, dass Sie die Ausgabe auch an einem Syslog-Server umleiten können.

> **ACHTUNG**
>
> Die Debug-Ausgabe erhält vom Prozessor eine hohe Priorität und kann deswegen mit normalen Prozessen in einem Router kollidieren. Aus diesem Grund sollten Sie *debug*-Befehle nur in Zeiten niedrigen Datenaufkommens und für das Troubleshooting bestimmter Probleme verwenden.

Der Befehl debug zeigt dynamische Daten und Ereignisse an. Mit debug können Sie Verlauf der Protokolldaten auf Probleme, Bugs oder Fehlkonfigurationen hin prüfen. Der Befehl debug vermittelt einen Fluss von Informationen zu den Daten, die auf einer Schnittstelle erkannt werden (oder auch nicht erkannt werden), von Knoten im Netzwerk generierte Fehlermeldungen, protokollspezifische Diagnosepakete und weitere für das Troubleshooting nützliche Daten. Setzen Sie debug-Befehle dann ein, wenn der Betrieb auf dem Router oder im Netzwerk überwacht werden muss, um festzustellen, ob Ereignisse korrekt stattfinden oder Pakete richtig übertragen werden.

Alle debug-Befehle werden im privilegierten EXEC-Modus eingegeben, und die meisten debug-Befehle nehmen keine Argumente entgegen. Um eine Liste und eine kurze Beschreibung aller Optionen für die debug-Befehle anzuzeigen, geben Sie debug ? im privilegierten EXEC-Modus ein.

> **ACHTUNG**
>
> Sie dürfen nicht vergessen, das Debugging abzuschalten, sobald das Troubleshooting abgeschlossen ist. Die beste Möglichkeit sicherzustellen, dass nicht noch irgendwo Debugging-Prozesse laufen, besteht in der Verwendung des Befehls no debug all.

Listing 4.33 zeigt die Beispielausgabe des Befehls debug ip rip.

Listing 4.33: Ausgabe des Befehls »debug ip rip«

```
R1# debug ip rip

RIP protocol debugging is on
RIP: sending v1 update to 255.255.255.255 via FastEthernet0/0 (192.168.10.1)
RIP: build update entries
      network 10.0.0.0 metric 1
      network 192.168.20.0 metric 2
      network 192.168.30.0 metric 3
      network 209.165.200.0 metric 2
RIP: sending v1 update to 255.255.255.255 via Serial0/0/0 (10.1.1.1)
RIP: build update entries
      network 192.168.10.0 metric 1
RIP: received v1 update from 10.1.1.2 on Serial0/0/0
      10.2.2.0 in 1 hops
      192.168.20.0 in 1 hops (Ausgabe unterdrückt)
R1# no debug all

All possible debugging has been turned off
```

Aspekte der Verwendung von »debug«

Es ist eine Sache, debug-Befehle für das Troubleshooting eines Übungsnetzwerks zu verwenden, in dem keine von Benutzern generierte Anwendungsdaten fließen; eine andere Sache ist es, debug-Befehle in einem Produktionsnetzwerk einzusetzen, bei dem Benutzer auf den Datenfluss angewiesen sind. Ohne geeignete Vorbereitungsmaßnahmen können die Auswirkungen eines umfassenden debug-Befehls die Angelegenheit sogar noch verschlimmern.

Benutzen Sie debug-Befehle jedoch angemessen, selektiv und nur vorübergehend, dann können Sie sich potenziell nützliche Informationen verschaffen, ohne einen Protokoll-Analyzer oder ein anderes Tool einzusetzen.

Folgendes sollten Sie sich bei der Verwendung von debug-Befehlen merken:

- debug hat beim Prozessor Vorrang. Planen Sie den Einsatz von debug sorgfältig. Wenn die Angaben, die Sie dem debug-Befehl entnehmen müssen, ausgewertet wurden und das Debugging (oder die Durchführung anderer relevanter Konfigurationseinstellungen) abgeschlossen ist, kann der Router wieder mit dem schnelleren Switching fortfahren. Die Problemlösung kann fortgesetzt, ein besser abgestimmter Aktionsplan erstellt und das Netzwerkproblem beseitigt werden.

- debug kann hartnäckige Probleme beseitigen, was die Auswirkungen des Befehls rechtfertigen kann.

- debug kann eine zu umfangreiche Ausgabe generieren, die für ein bestimmtes Problem von nur geringem Nutzen ist. Machen Sie sich klar, wonach Sie suchen, bevor Sie beginnen. Normalerweise sollten Sie über das oder die zu debuggenden Protokolle Bescheid wissen, um die Ausgabe von debug-Befehlen angemessen interpretieren zu können.

- Die verschiedenen debug-Befehle generieren unterschiedliche Ausgabeformate. Lassen Sie sich nicht überraschen. Einige Befehle erzeugen je Paket nur eine einzige Ausgabezeile, andere hingegen mehrere Zeilen. Einige debug-Befehle produzieren umfangreiche Ausgabemengen, andere schreiben nur gelegentlich etwas. Die einen erzeugen Textzeilen, andere verpacken ihre Informationen im Feldformat.

Hinweise zur Nutzung des Befehls »debug«

Um Debugging-Tools angemessen einsetzen zu können, müssen Sie beachten,

- welche Auswirkungen ein Troubleshooting-Tool auf die Router-Leistung hat,
- welche Nutzung des Diagnose-Tools den höchsten Grad an Selektivität und Zielgerichtetheit bietet,
- wie man die Auswirkungen des Troubleshootings auf andere Prozesse, die um die Ressourcen auf dem Netzwerkgerät konkurrieren, minimiert,
- wie man das Troubleshooting-Tool beendet, wenn die Diagnose abgeschlossen ist, damit der Router das effizientere Switching fortsetzen kann.

Um die Verwendung von debug-Befehlen zu optimieren, können Sie die folgenden Befehle einsetzen:

- Mit dem Befehl service timestamps fügen Sie einen Zeitstempel zu einer Debug- oder Log-Meldung hinzu. Diese Funktion kann wertvolle Informationen zu der Frage liefern, wann Debug-Elemente aufgetreten sind und wie viel Zeit zwischen den Ereignissen verstrichen ist.
- Der Befehl show processes zeigt die CPU-Auslastung der einzelnen Prozesse an. Diese Daten können Entscheidungen zur Verwendung eines debug-Befehls beeinflussen, wenn aus ihm hervorgeht, dass das Produktionssystem bereits zu stark ausgelastet ist, um einen weiteren debug-Befehl hinzuzufügen.
- Der Befehl no debug all deaktiviert alle debug-Befehle. Dieser Befehl gibt Systemressourcen frei, nachdem Sie das Debugging beendet haben. Alternativ können Sie auch den Befehl undebug all verwenden.
- Der Befehl terminal monitor zeigt eine Debug-Ausgabe und Systemfehlermeldungen für das aktuelle Terminal und die laufende Sitzung an. Wenn Sie eine Telnet-Verbindung mit einem Gerät herstellen und einen debug-Befehl verwenden, wird eine Ausgabe erst angezeigt, sobald dieser Befehl eingegeben wurde.

4.5.7 Ein verlorenes Passwort wiederherstellen

Passwörter werden manchmal vergessen, und häufig werden auch Administratoren ausgetauscht, was zum Verlust aktueller Passwörter führen kann. Es gibt also unterschiedliche Gründe dafür, warum Passwörter verloren gehen. Deswegen bietet Cisco einen Prozess zur Passwortwiederherstellung, der es uns ermöglicht, das Problem verlorener Passwörter zu lösen.

Wissenswertes zur Passwortwiederherstellung

Das Erste, was Sie zur Passwortwiederherstellung wissen müssen, ist, dass Sie aus Sicherheitsgründen physischen Zugang zum Router benötigen. Sie verbinden ihren PC über ein Konsolenkabel mit dem Router.

Das Enable- und das Enable-Secret-Passwort schützen den Zugang zum privilegierten EXEC-Modus und zu den Konfigurationsmodi. Das Enable-Passwort kann wiederhergestellt werden, das Enable-Secret-Passwort hingegen ist verschlüsselt und muss durch ein neues Passwort ersetzt werden.

Im Router gibt es ein sogenanntes Konfigurationsregister, das durch eine einzelne Hexadezimalzahl dargestellt wird und dem Router mitteilt, welche speziellen Schritte er beim Einschalten durchführen muss. Das Konfigurationsregister ähnelt den BIOS-Einstellungen Ihres PC, die den Boot-Prozess steuern. Unter anderem sagt das BIOS dem PC, von welcher Festplatte er booten soll. Konfigurationsregister haben viele Einsatzgebiete, doch die Passwortwiederherstellung wird beim Router sehr häufig verwendet.

Schritte zur Passwortwiederherstellung auf dem Router

In Abbildung 4.71 kann ein Administrator nicht mehr auf den privilegierten EXEC-Modus von Router R1 zugreifen.

Die Wiederherstellung eines verlorenen Passwortes umfasst vier Schritte:

1. Gerät vorbereiten
2. Startvorgang umgehen
3. NVRAM aufrufen
4. Passwort oder Passwörter zurücksetzen

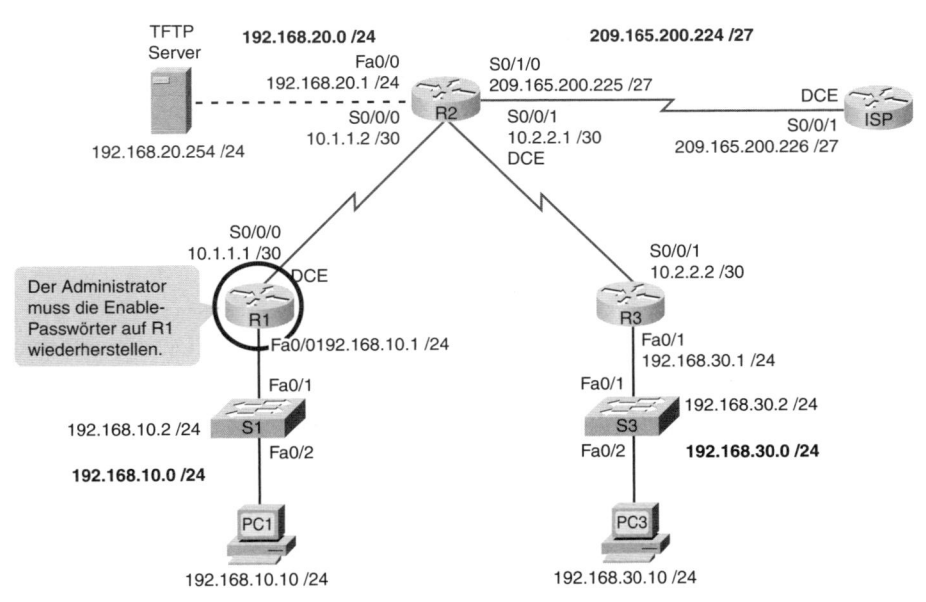

Abbildung 4.71: Enable-Passwort auf Router R1 wiederherstellen

Gerät vorbereiten

Gehen Sie wie folgt vor, um ein Router-Passwort wiederherzustellen:

1. Stellen Sie eine Verbindung mit dem Konsolenport her und öffnen Sie eine Terminalsitzung.

2. Auch wenn Sie das Enable-Passwort verloren haben, können sie immer noch den EXEC-Benutzermodus aufrufen. Geben Sie show version am Prompt ein und notieren Sie sich die Einstellung des Konfigurationsregisters:

```
R1> show version

<Ausgabe unterdrückt>
Configuration register is 0x2102
R1>
```

Das Konfigurationsregister hat gewöhnlich den Wert 0x2102 oder 0x102. Falls Sie nicht auf den Router zugreifen können (weil Sie das Anmelde- oder das TACACS-Passwort verloren haben), gehen Sie einfach davon aus, dass Ihr Konfigurationsregister den Wert 0x2102 hat.

3. Schalten Sie den Router mit dem Netzschalter aus und anschließend wieder ein.

4. Betätigen Sie innerhalb von 60 Sekunden nach dem Einschalten die Taste [Untbr] auf der Terminaltastatur, um den ROMmon-Prompt aufzurufen.

Startvorgang umgehen

Es ist wichtig sich klarzumachen, dass die Startkonfigurationsdatei nach wie vor vorhanden ist. Sie wird beim Neustarten des Routers lediglich umgangen, um das unbekannte Passwort zu ignorieren.

5. Geben Sie `confreg 0x2142` am ROMmon-Prompt ein. Dies bewirkt, dass der Router die Startkonfiguration umgeht, in der das vergessene Enable-Passwort gespeichert ist.
6. Geben Sie `reset` am Prompt ein. Der Router wird neu gestartet, ignoriert jedoch die gespeicherte Konfiguration. Allerdings ist die Datei weiterhin im NVRAM vorhanden.
7. Geben Sie auf jede Setup-Frage `no` ein, oder – noch besser – betätigen Sie die Taste [Strg][C], um die einleitende Setup-Prozedur zu überspringen.
8. Geben Sie `enable` am Prompt `Router>` ein. Auf diese Weise gelangen Sie in den Enable-Modus, in dem Sie den Prompt `Router>` sehen sollten.

NVRAM aufrufen

9. Geben Sie `copy startup-config running-config` ein, um die Sicherungskonfigurationsdatei aus dem NVRAM in den Speicher zu kopieren.

> **ACHTUNG**
>
> Seien Sie vorsichtig: Geben Sie nicht `copy running-config startup-config` ein – andernfalls löschen Sie Ihre Startkonfiguration!

10. Geben Sie `show running-config` ein. Sie können die Passwörter (Enable-, Enable-Secret-, VTY- und Konsolenpasswort) nun im verschlüsselten oder unverschlüsselten Format sehen. Unverschlüsselte Passwörter können Sie erneut verwenden; ist das Passwort verschlüsselt, so sollten Sie ein neues eingeben.

> **ANMERKUNG**
>
> Ein Nebeneffekt der Verwendung dieser Methode besteht darin, dass zusätzlich alle Schnittstellen deaktiviert werden. Deswegen müssen Sie die erforderlichen Schnittstellen manuell reaktivieren.

Passwort oder Passwörter zurücksetzen

11. Geben Sie configure terminal ein. Der Prompt R1(config)# wird angezeigt.

12. Geben Sie enable secret *password* ein, um das Enable-Secret-Passwort zu ändern.

13. Geben Sie den Befehl no shutdown für alle Schnittstellen an, die Sie verwenden wollen.

14. Geben Sie config-register *configuration_register_setting* im globalen Konfigurationsmodus ein. *configuration_register_setting* ist entweder der in Schritt 2 notierte Wert oder 0x2102. Ein Beispiel:

    R1(config)# **config-register 0x2102**

    Hierdurch wird das Konfigurationsregister auf den Wert 0x2102 zurückgesetzt.

15. Betätigen Sie die Tastenfolge [Strg][Z] oder geben Sie end ein, um den Konfigurationsmodus zu beenden. Der Prompt R1# wird angezeigt.

16. Geben Sie copy running-config startup-config ein, um die Änderungen festzuschreiben.

    Sie können außerdem den Befehl show ip interface brief eingeben, um zu kontrollieren, ob Ihre Schnittstellenkonfiguration korrekt ist. Für alle Schnittstellen, die Sie verwenden wollen, sollte up up angezeigt werden.

Damit haben Sie die Passwortwiederherstellung abgeschlossen. Mit dem Befehl show version können Sie sich vergewissern, dass der Router die konfigurierte Einstellung des Konfigurationsregisters beim nächsten Neustart verwendet.

4.6 Zusammenfassung

Die Bedeutung der Sicherheit im Netzwerk darf nicht unterschätzt werden. Dieses Kapitel hat gezeigt, wie wichtig es ist, eine wirkungsvolle Sicherheitsrichtlinie zu entwickeln und diese dann für alle Beteiligten verpflichtend zu machen. Sie kennen nun häufig in Netzwerken auftretende Gefährdungen und wissen, welche Schritte Sie durchführen müssen, um sich vor diesen Risiken zu schützen. Außerdem haben wir gesehen, welche Anforderungen erfüllt sein müssen, um ein angemessenes Gleichgewicht zwischen Sicherheit und Benutzerfreundlichkeit zu finden.

Angriffe auf das Netzwerk erfolgen aus allen Richtungen und in unterschiedlichsten Ausprägungen. Passwortangriffe sind leicht zu starten, aber ebenso einfach abzuwehren. Der Taktik des Social Engineerings können Benutzer Sorgfalt und ein gesundes Maß an Misstrauen entgegensetzen. Wenn ein Angreifer Zugriff auf das Netzwerk erhält, kann er buchstäblich alle Türen öffnen. Allerdings müssen sich Angreifer nicht immer Zugang verschaffen, um Schaden anzurichten. DoS-Angriffe können Netzwerkressourcen derart stark überlasten, dass sie nicht mehr funktionieren. Würmer, Viren und trojanische Pferde können in Netzwerke eindringen, sich dort verbreiten und Geräte infizieren.

Eine Schlüsselaufgabe beim Absichern eines Netzwerks ist der Schutz der Router. Router sind Eintrittspunkte in das Netzwerk und naheliegende Ziele. Grundlegende administrative Aufgaben – etwa eine geeignete physische Absicherung, die Nutzung einer aktuellen IOS-Version und die Sicherung von Konfigurationsdateien – stellen einen guten Ausgangspunkt dar. Das Cisco IOS verfügt über eine Vielzahl von Sicherheitsfunktionen, um Router zu härten und Lücken zu schließen, die durch verwendete Ports und Dienste öffentlich wurden. Die meisten dieser Funktionen sind über den One-Step-Lockdown-Assistenten des Cisco SDM verfügbar. Schließlich haben Sie auch gelernt, wie Sie eine Passwortwiederherstellung durchführen.

4.7 Übungen

Die Aktivitäten und Übungen im Begleitbuch »Accessing the WAN, CCNA Exploration Labs and Study Guide« (ISBN 1-58713-201-x) ermöglichen ein praxisbezogenes Üben der folgenden in diesem Kapitel vorgestellten Themen:

Übung 4.1: Grundlegende Sicherheitskonfiguration (4.6.1)

In dieser Übung erfahren Sie, wie Sie die grundlegende Netzwerksicherheit konfigurieren. Hierzu verwenden Sie das im Topologiediagramm gezeigte Netzwerk. Sie erfahren, wie Sie die Router-Sicherheit auf drei verschiedene Weisen konfigurieren: über das CLI, mithilfe der AutoSecure-Funktion und mit dem Cisco SDM. Außerdem erfahren Sie, wie Sie das Cisco IOS verwalten.

Übung 4.2: Fortgeschrittene Sicherheitskonfiguration (4.6.2)

In dieser Übung konfigurieren Sie die Sicherheit anhand des im Topologiediagramm gezeigten Netzwerks. Falls Sie Hilfe benötigen, finden Sie weitere Informationen in der Übung »Grundlegende Sicherheitskonfiguration«. Probieren Sie dennoch, so viel wie möglich ohne Hilfe zu bearbeiten. In dieser Übung verwenden Sie für die Konsolenverbindungen weder einen Passwortschutz noch einen Anmeldenamen, da Sie sich andernfalls versehentlich aussperren könnten. Allerdings sollten Sie die Konsolenverbindung mit anderen Mitteln schützen. Verwenden Sie für die anderen Absicherungen als Passwort grundsätzlich `ciscoccna`.

Übung 4.3: Troubleshooting der Sicherheitskonfiguration (4.6.3)

Ihr Unternehmen hat kürzlich einen neuen Netzwerktechniker eingestellt, der durch Fehlkonfigurationen und Unachtsamkeit eine Anzahl Sicherheitsprobleme im Netzwerk verursacht hat. Ihr Vorgesetzter hat Sie aufgefordert, diese Probleme zu beseitigen. Dabei sollen Sie gleichzeitig kontrollieren, ob alle Geräte sicher, aber für Administratoren weiterhin zugänglich sind, und ob alle Netzwerke erreicht werden können. Von PC1 aus müssen alle Router mit dem SDM erreichbar sein. Überprüfen Sie mit Tools wie Telnet und `ping`, ob ein Gerät sicher ist. Die unbefugte Verwendung dieser Tools sollte unterbunden werden, gleichzeitig muss aber der autorisierte Einsatz möglich sein. In dieser Übung verwenden Sie für die Konsolenverbindungen weder einen Passwortschutz noch einen Anmeldenamen, da Sie sich andernfalls versehentlich aussperren könnten. Verwenden Sie für die anderen Absicherungen als Passwort grundsätzlich `ciscoccna`.

Packet Tracer Companion

Viele Praxisübungen enthalten Aktivitäten mit Packet Tracer, in denen Sie diese Software zur Simulation der Übung verwenden können. Suchen Sie im Labs and Study Guide nach Praxisübungen mit Packet Tracer Companion.

4.8 Lernzielkontrolle

Beantworten Sie die folgenden Fragen, um Ihren Kenntnisstand bezüglich der in diesem Kapitel beschriebenen Themen und Konzepte zu überprüfen. Die Antworten finden Sie in Anhang A, »Antworten zu den Lernzielkontrollen und weiterführenden Fragen«.

1. Ordnen Sie die Schwachstellen der jeweiligen Sicherheitskategorie zu. Alle Antworten können unter Umständen mehreren Kategorien zuzuordnen sein.

    - Schwachstellen des Betriebssystems
    - Ungeschützte Benutzerkonten
    - Schwachstellen bei Netzwerkgeräten
    - Ungeschützte Default-Einstellungen
    - Fehlende Konsistenz und Kontinuität
    - Schwachstellen bei TCP/IP und ICMP
    - Fehlender Notfall-Wiederherstellungsplan

    a) Technologische Schwachstellen

    b) Schwachstellen bei der Konfiguration

    c) Schwachstellen bei den Sicherheitsrichtlinien

2. Welche Informationen können Sie der auf einem Router geöffneten Cisco SDM-Homepage entnehmen? Wählen Sie zwei Antworten aus.

    a) Routing-Tabelle

    b) CDP-Nachbarn

    c) Snapshot der Router-Konfiguration

    d) Auflistung der vorhandenen Konfigurationsassistenten

    e) Vom Cisco IOS unterstützte Funktionen

3. Ein Techniker wurde gebeten, den One-Step-Lockdown-Test des Cisco SDM durchzuführen. In welchem Modus und auf welcher SDM-Seite sollte dieser Test gestartet werden?

   a) Seite FIREWALL im Modus *Diagnostic*

   b) Seite SECURITY AUDIT im Modus *Configure*

   c) Seite SECURITY AUDIT im Modus *Test*

   d) Seite FIREWALL im Modus *Test*

4. Ordnen Sie die Angriffstypen ihren Definitionen zu:

   – Reconnaissance-Angriff

   – Passwortangriff

   – Portumleitung

   – Wurm, Virus, trojanisches Pferd

   – DoS-Angriff

   a) Wörterbuch-Angriff oder Brute-Force-Attacke

   b) Verwendet einen manipulierten Host, um Daten, die andernfalls verworfen würden, durch eine Firewall zu schleusen.

   c) Verwendet Ping-Sweeps, Portscans und Paket-Sniffer, um Daten zu einem Netzwerk zu ermitteln.

   d) Flutet ein Netzwerkgerät mit Daten, um es für regulären Datenverkehr unzugänglich zu machen.

   e) Schadsoftware, deren Ziel darin besteht, ein System zu beschädigen, sich selbst zu replizieren und Dienste oder den Zugang zu Netzwerken, Systemen oder Diensten zu unterbinden.

5. Worin besteht ein wesentlicher Vorteil von HIPS im Vergleich zu HIDS?

   a) HIPS erfordert keine hostbasierte Clientsoftware.

   b) HIPS verbraucht weniger Systemressourcen.

   c) HIPS kann ein Eindringen in das System verhindern.

   d) Bei HIPS müssen Sie die Signaturdateien nicht so häufig aktualisieren.

6. Welches ist die Hauptkomponente (»Achse«) des Network Security Wheel?

   a) Schützen

   b) Überwachen

   c) Verbessern

   d) Testen

   e) Sicherheitsrichtlinien

7. Wohin sollen nach Cisco-Empfehlungen Administratoren im Rahmen eines Netzwerksicherheitsplans Ereignisse senden, die von Syslog erfasst wurden?

   a) Flashspeicher

   b) NVRAM

   c) Dedizierte Syslog-Server

   d) Dedizierte TFTP-Clients

   e) Dedizierte SNMP-Clients

8. Welches Protokoll ist zu verwenden, wenn ein starker Datenschutz und Sitzungsintegrität für die Remote-Administration benötigt werden?

   a) HTTP

   b) SNMP

   c) SSH

   d) Telnet

   e) TFTP

9. Ordnen Sie die Netzwerkrichtlinien ihren Definitionen zu:

   - Richtlinie für Kontenzugang
   - Remote-Zugriffs-Richtlinie
   - Richtlinie zur Risikoeinschätzung
   - Überwachungsrichtlinie
   - Richtlinie zur zulässigen Nutzung

   a) Definiert Standards zur Herstellung einer Verbindung mit dem internen Netzwerk von außerhalb der Organisation.

   b) Beschreibt Prozeduren zur Untersuchung sicherheitsrelevanter Vorfälle, zur Sicherstellung der Konformität mit den Sicherheitsrichtlinien und zur Überwachung von Benutzer- und Systemaktivitäten.

   c) Definiert, wie Netzwerkressourcen genutzt (bzw. nicht genutzt) werden dürfen.

   d) Formalisiert den Prozess der Anforderung des Systemzugangs durch den Benutzer.

   e) Definiert die Anforderungen und übergibt die Zuständigkeit für Ermittlung, Bewertung und Eindämmung von Risiken für die mit Geschäftsvorgängen verbundene Dateninfrastruktur an das IT-Sicherheitsteam.

10. Welches sind drei erforderliche Schritte zur Konfiguration des SDM?

    a) Konfigurieren Sie die Router-Sicherheit mit dem Befehl auto secure.

    b) Aktivieren Sie den HTTP- und den HTTPS-Server auf dem Router.

    c) Erstellen Sie ein Benutzerkonto mit dem privilegierten Level 15.

    d) Erstellen Sie ein Benutzerkonto mit dem privilegierten Level 0.

    e) Erstellen Sie eine ACL, die eingehende HTTP-Daten am Router zulässt, und wenden Sie diese auf die VTYs an.

    f) Konfigurieren Sie SSH und Telnet für lokale Anmeldung und dem privilegierten Level 15.

    g) Konfigurieren Sie SSH und Telnet für lokale Anmeldung und dem privilegierten Level 0.

11. Welche Dienste sollten aus Sicherheitsgründen deaktiviert werden, wenn sie auf einem Router nicht unbedingt erforderlich sind? Wählen Sie drei Antworten aus.

    a) NTP (Network Time Protocol)

    b) DNS (Domain Name System)

    c) SSL (Secure Sockets Layer)

    d) CEF (Cisco Express Forwarding)

    e) SNMP (Simple Network Management Protocol)

    f) SSH (Secure Shell)

12. Welche Funktionalität ermöglicht das Absichern des Routers mit einem einzigen Konfigurationsbefehl?

    a) SSH

    b) SDM

    c) AutoSecure

    d) SNMP

13. Ordnen Sie die Netzmanagementdienste den zugehörigen Definitionen zu:

    – NTP (Network Time Protocol)

    – DNS (Domain Name System)

    – SNMP (Simple Network Management Protocol)

    a) Protokoll der Anwendungsschicht, das eine Möglichkeit zum Abrufen und Versenden von Daten zur Überwachung und Verwaltung von Geräten in einem Netzwerk über den TCP-Port 161 ermöglicht

    b) Protokoll, das die Uhrzeit von Geräten in einem Netzwerk synchronisiert und über den UDP-Port 123 ausgeführt wird

    c) Verteilte Datenbank, die mithilfe von Diensten auf einem dedizierten Server jedem Hostnamen eine eindeutige IP-Adresse zuordnet

14. Welche Funktion ist eine webbasierte Management-Software für Router unter Cisco IOS?

    a) SSH

    b) SDM

    c) AutoSecure

    d) SNMP

15. Welche SDM-Assistenten stehen zur Konfiguration eines Routers zur Verfügung? Wählen Sie drei Antworten aus.

    a) Security Audit

    b) Firewall and ACL

    c) DHCP

    d) QoS

    e) Routing

    f) Access List

16. Nennen Sie vier Typen von Reconnaissance-Angriffen und führen Sie jeweils ein Beispiel für ein Tool an, mit dem der betreffende Angriffstyp ausgeführt werden kann.

17. Nennen Sie vier Typen von Zugriffsattacken.

18. Nennen Sie je drei Typen von DoS- und DDoS-Angriffen.

19. Nennen und erläutern Sie die Anatomie eines Wurmangriffs sowie die vier Schritte, mit denen sich ein solcher Angriff eindämmen lässt.

20. Betrachten Sie Abbildung 4.72.

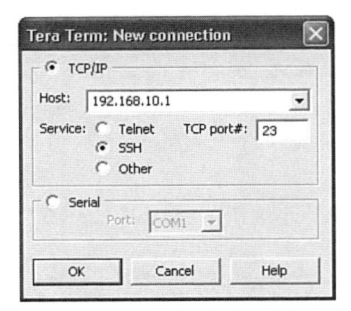

Abbildung 4.72: Tera Term-Ausgabe für Frage 20

Der Router R1 hat die folgende Konfiguration:

```
hostname R1
username Student secret cisco123
line vty 0 4
no transport input
transport input telnet
```

Um die Sicherheit beim administrativen Zugriff zu erhöhen, wird die obige Konfiguration verwendet. Trotzdem können Sie keine SSH-Verbindung zum Router R1 herstellen. Dabei soll davon ausgegangen werden, dass zuvor bereits eine Telnet-Verbindung zum Router aufgebaut werden konnte und dass Hostname, IP-Domänenname und der für die Verschlüsselung verwendete Schlüssel korrekt konfiguriert wurden. Mit welchen Änderungen könnten Sie das Problem beheben?

21. Nennen Sie fünf IOS-Netzwerkdienste mit Sicherheitsproblemen und führen Sie Empfehlungen für diese Dienste an. Nicht benötigte Schnittstellen sollten beispielsweise deaktiviert werden.

22. Nennen Sie die Schritte zur Aktivierung der Lockdown-Funktion des SDM.

23. Führen Sie die drei Schritte auf, die erforderlich sind, um einen Router mit einer neuen IOS-Image-Datei zu aktualisieren, die sich auf einem TFTP-Server befindet.

4.9 Weiterführende Fragen und Aktivitäten

1. Ein Administrator soll die IOS-Passwortsicherheitsfunktionen und eine sichere Remote-Administration auf den Router R1 anwenden. Nachfolgend aufgeführt ist ein Auszug aus der Ausgabe des Befehls show running-config auf R1:

```
R1# show running-config

*Dec 14 14:06:19.663: %SYS-5-CONFIG_I: Configured from console by console
Building configuration...

Current configuration : 836 bytes
!
version 12.4
service timestamps debug datetime msec
service timestamps log datetime msec
no service password-encryption
!
```

```
hostname R1
ip domain name cisco.com
enable password cisco
!
username Student password 0 cisco
!
!
line con 0
line aux 0
line vty 0 4
 login
!
scheduler allocate 20000 1000
!
end
```

R1#

Wir wollen annehmen, dass der asymmetrische RSA-Schlüssel bereits generiert wurde. Welche Konfigurationseinstellungen müssen auf Router R1 vorgenommen werden, um den Sicherheitsanforderungen zu genügen?

Lernziele

Wenn Sie dieses Kapitel gelesen haben, sollten Sie in der Lage sein, die folgenden Fragen zu beantworten:

- Wie werden ACLs verwendet, um das Netzwerk in einer Zweigstelle eines mittelgroßen Unternehmens zu schützen? Dies umfasst das Konzept der Paketfilterung, den Zweck von ACLs, ihre Verwendung zur Zugriffssteuerung und die verschiedenen Typen von Cisco-ACLs.

- Wie konfigurieren Sie Standard-ACLs im Netzwerk einer Zweigstelle eines mittelgroßen Unternehmens? Hier geht es um die Definition von Filterkriterien, die Konfiguration von Standard-ACLs zur Filterung von Daten und die Anwendung von Standard-ACLs auf Router-Schnittstellen.

- Wie konfigurieren Sie erweiterte ACLs im Netzwerk einer Zweigstelle eines mittelgroßen Unternehmens? Dies beinhaltet die Konfiguration erweiterter und benannter ACLs, die Konfiguration von Filtern, die Überprüfung und Überwachung von ACLs und das Troubleshooting von Problemen mit erweiterten ACLs.

- Welche komplexen ACLs findet man im Netzwerk einer Zweigstelle eines mittelgroßen Unternehmens? Dies umfasst die Konfiguration dynamischer, reflexiver und zeitgesteuerter ACLs, die Überprüfung und das Troubleshooting komplexer ACLs und die Erläuterung der Nachteile.

Schlüsselbegriffe

In diesem Kapitel werden die folgenden Schlüsselbegriffe vorgestellt. Die entsprechenden Definitionen finden Sie im Glossar.

ACL • Wildcard-Maske

Kapitel 5

ACLs

Die Netzwerksicherheit ist ein riesiger Komplex, und die zugehörigen Beschreibungen im vorliegenden Buch sind weit davon entfernt, ihn vollständig abzudecken. Eine der wichtigsten Fähigkeiten eines Netzwerkadministrators besteht allerdings darin, über ACLs (Access Control Lists, Zugriffssteuerungslisten) Bescheid zu wissen. Mithilfe von ACLs stoppen Administratoren Datenverkehr oder lassen nur bestimmte Daten zu, während alle anderen Daten in ihren Netzwerken abgewiesen werden. Dieses Kapitel bietet Ihnen eine Folge von Lektionen, Aktivitäten und Übungen, nach deren Bearbeitung Sie mit ACLs sicher umgehen können sollten.

Netzwerkdesigner verwenden Firewalls, um Netzwerke vor unberechtigter Nutzung zu schützen. Firewalls sind Hardware- oder Softwarelösungen, die Sicherheitsrichtlinien im Netzwerk durchsetzen. Betrachten wir einmal ein Schloss in einer Tür, die sich im Innern eines Gebäudes befindet. Das Schloss ermöglicht nur autorisierten Benutzern – nämlich solchen mit passendem Schlüssel oder geeigneter Magnetkarte – den Durchgang. Auf ähnliche Weise verhindert einer Firewall, dass nicht autorisierte oder potenziell gefährliche Pakete in das Netzwerk eindringen. Auf einem Cisco-Router können Sie eine einfache Firewall konfigurieren, die mithilfe von ACLs grundlegende Datenfilterfunktionen implementiert.

Eine ACL ist eine fortlaufende Liste von permit- und deny-Anweisungen (d. h. Anweisungen, die Daten zulassen bzw. abweisen), die auf Adressen oder übergeordnete Protokolle angewendet werden. ACLs stellen eine leistungsfähige Möglichkeit dar, Daten zu steuern, die in ihr Netzwerk gelangen bzw. dieses verlassen wollen. Sie können ACLs für alle gerouteten Netzwerkprotokolle konfigurieren.

Der wichtigste Grund für die Konfiguration einer ACL ist die Absicherung Ihres Netzwerks. Dieses Kapitel beschreibt, wie man Standard- und erweiterte ACLs als Teil einer Sicherheitslösung verwendet, und zeigt Ihnen, wie Sie sie auf einem Cisco-Router konfigurieren. Enthalten sind Hinweise, Beschreibungen, Empfehlungen und allgemeine Richtlinien zur Verwendung von ACLs.

5.1 Netzwerke mit ACLs schützen

ACLs ermöglichen es Ihnen, Daten zu steuern, die in Ihr Netzwerk gelangen bzw. dieses verlassen wollen. Diese Steuerung kann sich durchaus auf das Zulassen oder Ablehnen von Netzwerkhosts oder -adressen beschränken, doch können ACLs auch so konfiguriert werden, dass sie Netzwerkdaten basierend auf dem verwendeten TCP-Port steuern. Um zu verstehen, wie eine ACL bei TCP funktioniert, wollen wir uns einmal den Dialog ansehen, der während eines TCP-Kommunikationsvorgangs auftritt, wenn Sie eine Webseite auf Ihren Computer herunterladen.

5.1.1 Die TCP-Kommunikation

Wenn Sie Daten von einem Webserver abrufen, übernimmt IP die Zuständigkeit für die Kommunikation zwischen PC und Server. TCP hingegen besorgt die Kommunikation zwischen der Anwendung (d. h. dem Webbrowser) und der Serversoftware. Wenn Sie eine E-Mail versenden, sich eine Webseite ansehen oder eine Datei herunterladen, ist TCP für die Zergliederung der Daten in Pakete vor dem Versand und die Wiederherstellung der Daten nach dem Empfang auf dem Zielcomputer zuständig. Der TCP-Prozess ist ein Kommunikationsvorgang, bei dem zwei Knoten in einem Netzwerk vereinbaren, Daten auszutauschen.

Sie wissen ja bereits, dass TCP einen verbindungsorientierten, zuverlässigen Bytestrom-Dienst bereitstellt. Der Begriff *verbindungsorientiert* bedeutet, dass die beiden Anwendungen, die TCP verwenden, eine TCP-Verbindung miteinander herstellen müssen, bevor sie Daten austauschen können. TCP ist ein Vollduplexprotokoll, das heißt, jede TCP-Verbindung arbeitet mit einem Paar von Datenströmen (nämlich je einem pro Richtung). TCP enthält für jeden Datenstrom einen Mechanismus zur Flusssteuerung, der es dem Empfänger gestattet, die Menge der vom Absender versendeten Daten zu begrenzen. Außerdem implementiert TCP einen Steuermechanismus für Netzüberlastungen.

Abbildung 5.1 zeigt, wie ein TCP/IP-Kommunikationsvorgang abläuft. TCP-Pakete werden mit Flags gekennzeichnet, die ihren jeweiligen Zweck bezeichnen. Ein SYN-Paket startet (synchronisiert) die Sitzung, ein ACK-Paket ist eine Bestätigung dafür, dass ein erwartetes Paket erhalten wurde, und ein FIN-Paket beendet die Sitzung. Ein SYN/ACK-Paket bestätigt, dass die Übertragung synchronisiert ist, und erfordert ein eigenes ACK. TCP-Datensegmente enthalten das übergeordnete Protokoll, das benötigt wird, um die Anwendungsdaten der betreffenden Anwendung zuzuführen.

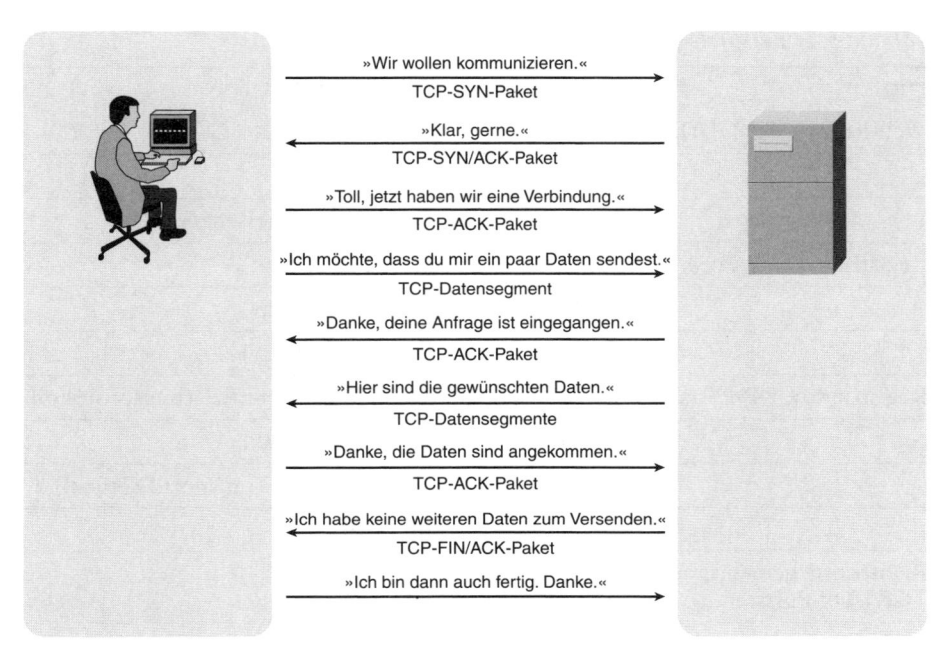

Abbildung 5.1: TCP-Kommunikationsvorgang

Das TCP-Datensegment bezeichnet daher den Port, der dem angeforderten Service entspricht (siehe Tab. 5.1). Beispielsweise hat HTTP den Port 80, SMTP den Port 25 und FTP die Ports 20 und 21. Tabelle 5.1 führt Beispiele für TCP- und UDP-Ports auf. Tabelle 5.2 zeigt die verschiedenen Portbereiche, die im weiteren Verlauf dieses Buches erläutert werden.

Tabelle 5.1: Beispiele für TCP- und UDP-Portnummern

Porttyp	Portnummer	Beschreibung
Well-Known-TCP-Ports	21	FTP
	23	Telnet
	25	SMTP
	80	HTTP
	110	POP3
	194	IRC (Internet Relay Chat)
	443	HTTPS (Secure HTTP)
Well-Known-UDP-Ports	69	TFTP
	520	RIP

Tabelle 5.1: Beispiele für TCP- und UDP-Portnummern

Porttyp	Portnummer	Beschreibung
Well-Known-TCP-/UDP-Ports	53	DNS
	161	SNMP
	531	AOL Instant Messenger, IRC
Registrierte TCP-Ports	1863	MSN Messenger
	8008	HTTP (alternativ)
	8080	HTTP (alternativ)
Registrierte UDP-Ports	1812	RADIUS-Authentifizierungsprotokoll
	2000	Cisco SSSP (VoIP)
	5004	RTP (Realtime Transport Protocol)
	5060	SIP (VoIP)
Registrierte gemeinsame TCP/UDP-Ports	1433	MS SQL
	2948	WAP (MMS)

Tabelle 5.2: Portnummern

Portnummernbereich	Portgruppe
0 bis 1023	Well-Known-Ports (Standardports)
1024 bis 49151	Registrierte Ports
49152 bis 65535	Private und/oder dynamische Ports

5.1.2 Paketfilterung

Die Paketfilterung, die manchmal auch als statische Paketfilterung bezeichnet wird, steuert den Zugriff auf ein Netzwerk, indem sie eingehende und ausgehende Pakete analysiert und diese basierend auf festgelegten Kriterien weiterleitet oder abweist.

Ein Router agiert als Paketfilter, wenn er Pakete entsprechend den Filterregeln weiterleitet oder abweist. Wenn ein Paket von einem Router mit Paketfiltern empfangen wird, extrahiert er bestimmte Informationen aus dem Paket-Header und trifft entsprechend den Filterregeln Entscheidungen zu der Frage, ob das Paket weitergesendet werden kann oder verworfen wird. Die Paketfilterung arbeitet in der Vermittlungsschicht des OSI-Modells (Open Systems Interconnection) bzw. in der Internetschicht des TCP/IP-Modells.

Als Schicht-3-Gerät verwendet ein Router mit Paketfilter Regeln, um festzustellen, ob Daten basierend auf der Absender- und Empfänger-IP-Adresse, dem Absender- und Zielport und dem Protokoll des Pakets weitergeleitet werden dürfen oder nicht. Diese Regeln werden mithilfe von ACLs definiert.

Zur Erinnerung: Eine ACL ist eine fortlaufende Liste von permit- und deny-Anweisungen, die auf IP-Adressen oder übergeordnete Protokolle angewendet werden. Die ACL kann dem Paket-Header die folgenden Informationen entnehmen, um sie mit ihren Regeln zu vergleichen und Entscheidungen zur Weiterleitung oder zum Abweisen des Pakets zu treffen:

- Absender-IP-Adresse
- Ziel-IP-Adresse
- ICMP-Nachrichtentyp

Die ACL kann ferner Informationen übergeordneter Schichten extrahieren und diese ebenfalls mit ihren Regeln vergleichen. Zu den Informationen der übergeordneten Schichten gehören

- der TCP-/UDP-Absenderport,
- der TCP-/UDP-Zielport.

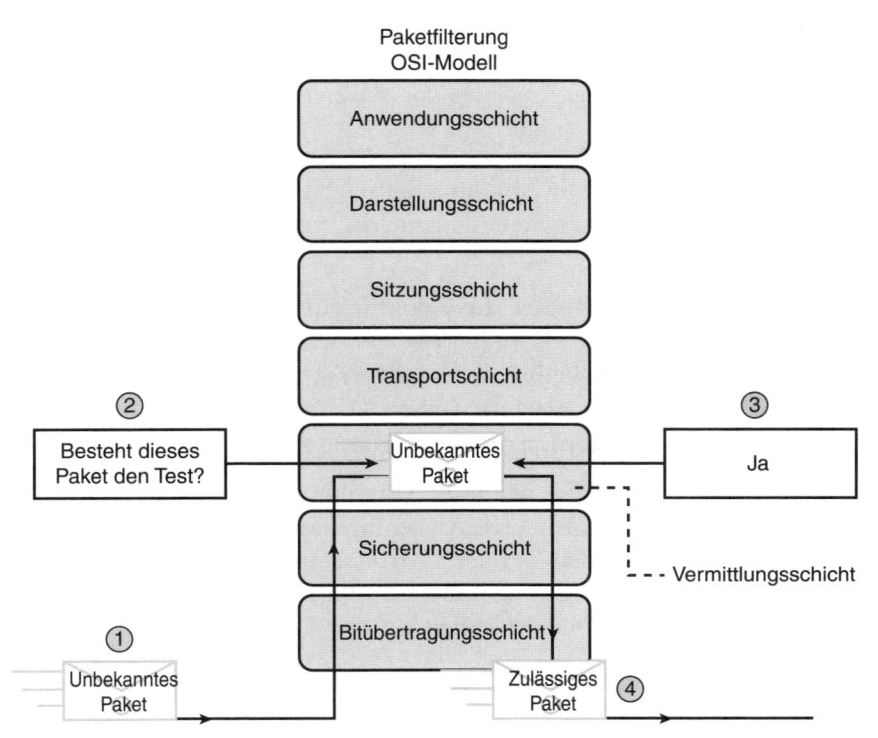

Abbildung 5.2: Paketfilterung: Zulassen von Paketen

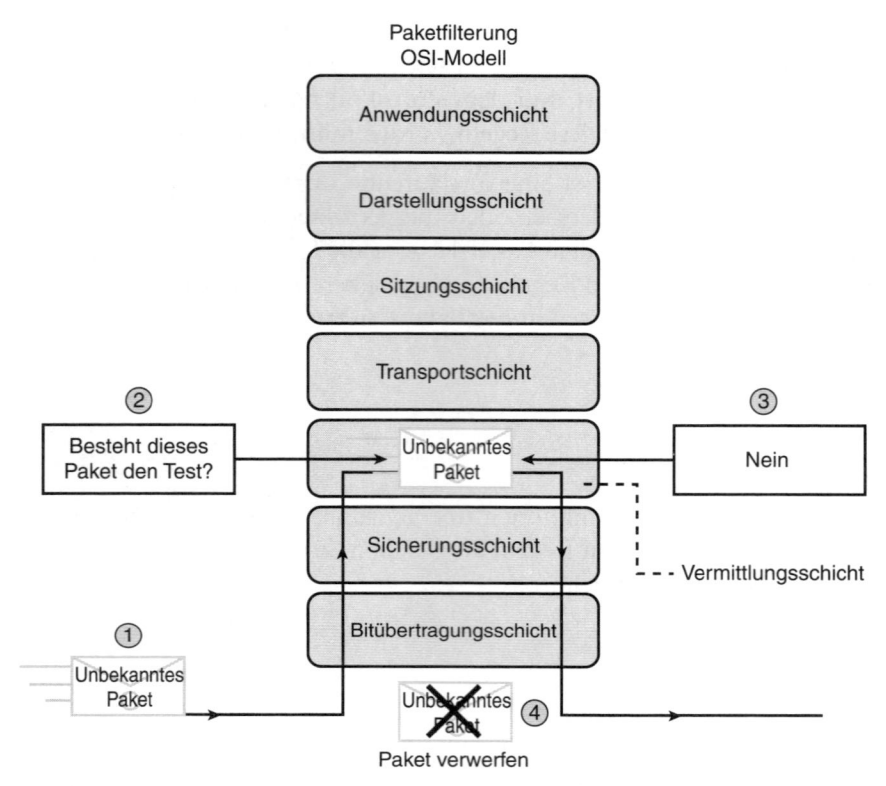

```
                    Paketfilterung
                      OSI-Modell

                   ┌──────────────────┐
                   │ Anwendungsschicht│
                   └──────────────────┘

                   ┌──────────────────┐
                   │ Darstellungsschicht│
                   └──────────────────┘

                   ┌──────────────────┐
                   │  Sitzungsschicht │
                   └──────────────────┘

                   ┌──────────────────┐
                   │ Transportschicht │
                   └──────────────────┘
     ②                                            ③
 ┌─────────────┐   ┌──────────────────┐    ┌──────────┐
 │Besteht dieses│──▶│   Unbekanntes    │◀───│   Nein   │
 │Paket den Test?│   │     Paket        │    └──────────┘
 └─────────────┘   └──────────────────┘

                   ┌──────────────────┐
                   │ Sicherungsschicht │
                   └──────────────────┘          ---- Vermittlungsschicht

   ①               ┌──────────────────┐
 ┌──────────┐      │Bitübertragungsschicht│
 │Unbekanntes│     └──────────────────┘
 │  Paket   │───▶       ┌────────┐   ④
 └──────────┘           │Unbekanntes│──────▶
                        │  Paket (X)│
                        └────────┘
                       Paket verwerfen
```

Abbildung 5.3: Paketfilterung: Abweisen von Paketen

Die Abbildungen 5.2 und 5.3 zeigen in einer Übersicht, wie eine ACL ein Paket zulässt oder abweist. Die Abbildungen zeigen die Paketfilterung in der Schicht 3, doch soll an dieser Stelle angemerkt werden, dass die Filterung auch in der Schicht 4 erfolgen kann.

Um zu verstehen, wie ein Router die Paketfilterung verwendet, stellen Sie sich vor, dass Sie eine Wache neben der oben erwähnten verschlossenen Tür positioniert haben. Die Wache hat die Anweisung, nur solche Personen einzulassen, deren Namen auf einer Liste stehen. Die Wache filtert die Personen also basierend auf dem Kriterium, ob deren Name der Liste steht oder nicht.

Sie könnten also beispielsweise wie folgt formulieren: »Gewähren Sie Webzugriff nur Benutzern aus Netzwerk A. Benutzer aus Netzwerk B erhalten keinen Zugriff auf das Web, haben aber ansonsten uneingeschränkten Zugriff«. Abbildung 5.4 zeigt den Entscheidungsweg, den der Paketfilter verwendet, um diese Aufgabe zu erledigen.

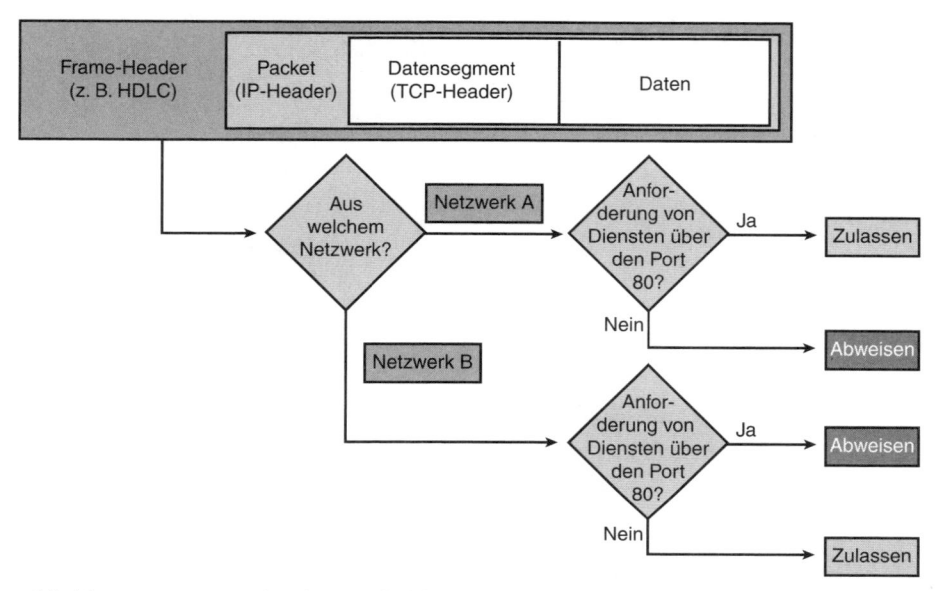

Abbildung 5.4: Entscheidungspfad bei der Paketfilterung

In diesem Szenario betrachtet der Paketfilter nacheinander die folgenden Daten:

- Wenn das Paket ein TCP-SYN-Paket aus Netzwerk A ist und den Port 80 verwendet, darf es passieren. Jeder weitergehende Zugriff wird diesen Benutzern verweigert.

- Wenn das Paket ein TCP-SYN-Paket aus Netzwerk B ist und den Port 80 verwendet, wird es blockiert. Alle übrigen Zugriffsversuche sind zulässig.

Dies ist nur ein einfaches Beispiel. Sie können mehrere Regeln konfigurieren, um Dienste für bestimmte Benutzer zuzulassen oder abzuweisen. Ferner können Sie Pakete auf der Portebene mithilfe einer erweiterten ACL filtern. Diese werden wir im Abschnitt »Erweiterte ACLs konfigurieren« behandeln.

5.1.3 Was ist eine ACL?

Eine ACL ist ein Skript in der Router-Konfiguration, das steuern kann, ob der Router Pakete weiterleitet oder blockiert. Die Entscheidung wird basierend auf Kriterien getroffen, die im Paket-Header vorgefunden werden (Abbildung 5.5). ACLs gehören zu den meistverwendeten Objekten in Cisco IOS. Außerdem dienen ACLs zur Auswahl von Datentypen, die analysiert, weitergeleitet oder auf andere Weise verarbeitet werden sollen.

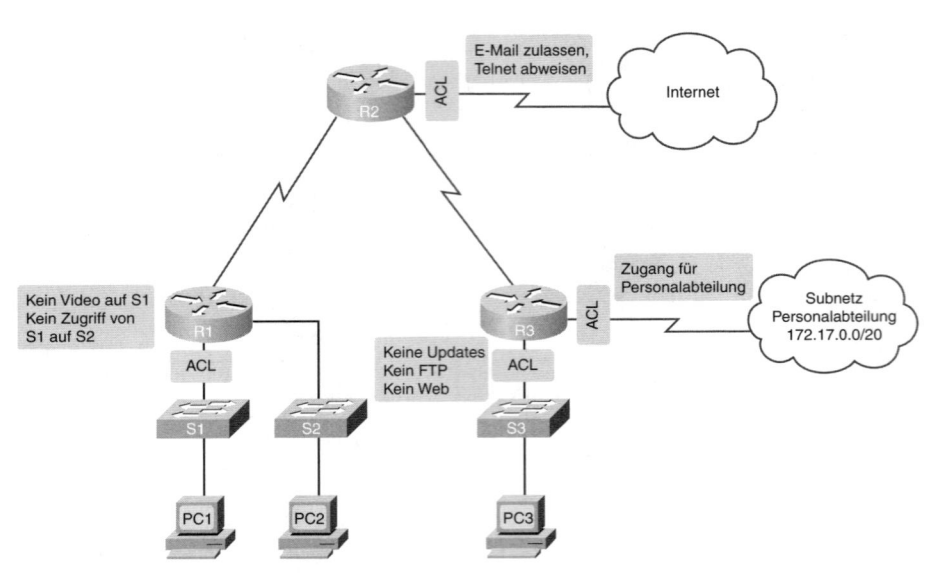

Abbildung 5.5: Was ist eine ACL?

Wenn ein Paket eine Schnittstelle mit zugehöriger ACL passiert, wird die ACL von oben nach unten zeilenweise abgearbeitet, das heißt, es wird nach einem Muster gesucht, das dem der eingehenden Pakete entspricht. Die ACL setzt dadurch eine oder mehrere Sicherheitsrichtlinien des Unternehmens um, indem sie eine permit- oder deny-Regel anwendet und so das weitere Schicksal des Pakets bestimmt. ACLs werden oft konfiguriert, um den Zugriff auf ein komplettes Netzwerk oder Subnetz zu steuern.

Standardmäßig sind auf einem Router keine ACLs konfiguriert, das heißt, es werden keine Daten ausgefiltert. Daten, die beim Router eintreffen, werden entsprechend der Routing-Tabelle geroutet. Falls Sie keine ACLs auf dem Router einsetzen, werden alle Pakete, die geroutet werden können, vom Router in das nächste Netzwerksegment weitergeleitet.

Hier einige Empfehlungen zur Verwendung von ACLs:

- Verwenden Sie ACLs auf Firewall-Routern, die zwischen Ihrem internen Netzwerk und einem externen Netzwerk wie dem Internet positioniert sind.

- Verwenden Sie ACLs auf Routern, die zwischen zwei Teilen Ihres Netzwerks positioniert sind, um Daten zu steuern, die in einen bestimmten Teil Ihres internen Netzwerks eintreten oder diesen verlassen.

- Konfigurieren Sie ACLs auf Border-Routern, das heißt solchen Router, die sich am Rand ihres Netzwerks befinden. Auf diese Weise implementieren Sie einen einfachen Puffer zur Außenwelt oder zwischen einem weniger stark kontrollierten Bereich Ihres eigenen Netzwerks und einem Bereich mit sensiblen Daten.

- Konfigurieren Sie ACLs für jedes Netzwerkprotokoll, das auf den Schnittstellen des Border-Routers konfiguriert ist. Sie können ACLs auf einer Schnittstelle konfigurieren, um eingehenden und/oder ausgehenden Datenverkehr zu filtern.

Die drei Ps

Vielleicht erinnern Sie sich noch eine allgemeine Regel zur Anwendung von ACLs auf einem Router: die drei Ps. Sie können eine ACL *pro* Protokoll *pro* Richtung *pro* Schnittstelle konfigurieren:

- **Eine ACL pro Protokoll.** Zur Steuerung des Datenflusses auf einer Schnittstelle muss eine ACL für jedes Protokoll definiert werden, das auf der Schnittstelle aktiviert ist (zum Beispiel IP oder IPX).
- **Eine ACL pro Richtung.** ACLs steuern Daten nur in einer Richtung auf einer Schnittstelle. Deswegen müssen zwei separate ACLs erstellt werden, um eingehenden und ausgehenden Datenverkehr zu steuern.
- **Eine ACL pro Schnittstelle.** ACLs steuern Daten für eine Schnittstelle, zum Beispiel Fast Ethernet 0/0.

Abbildung 5.6 zeigt einen Router mit zwei Schnittstellen und drei laufenden Protokollen, das heißt, auf diesem Router können insgesamt 12 separate ACLs angewendet werden.

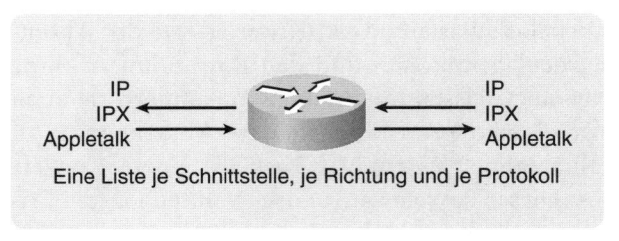

Abbildung 5.6: Datenfilterung via ACL auf einem Router

Das Schreiben von ACLs kann eine herausfordernde und komplexe Aufgabe sein. Auf jeder Schnittstelle können mehrere Protokolle und Richtungen definiert sein. Der in Abbildung 5.6 gezeigte Router verfügt über zwei Schnittstellen, die für IP, AppleTalk und IPX konfiguriert sind. Auf diesem Router können bis zu zwölf separate ACLs erforderlich sein: eine ACL pro Protokoll mal zwei für jede Richtung mal zwei für die Anzahl der Ports.

ACL-Funktionen

ACLs führen die folgenden Aufgaben aus:

- Sie begrenzen das Datenaufkommen im Netzwerk, um dessen Leistungsfähigkeit zu erhöhen. Wenn beispielsweise eine firmeninterne Richtlinie keine Videodaten im Netzwerk gestattet, könnten ACLs konfiguriert und angewendet werden, die Videodaten blockieren. Hierdurch würde das Netzwerk erheblich entlastet und seine Leistungsfähigkeit gesteigert.

- Sie ermöglichen eine Datenflusssteuerung. ACLs können die Auslieferung von Routing-Updates beschränken. Falls Updates aufgrund der Bedingungen im Netzwerk nicht erforderlich sind, wird somit Bandbreite eingespart.

- Sie bieten ein Mindestmaß an Sicherheit beim Netzwerkzugriff. ACLs können einem Host den Zugang zu einem bestimmten Teil des Netzwerks gestatten, diesen Zugang aber einem anderen Host verweigern. So könnte beispielsweise der Zugriff auf das Netzwerk der Personalabteilung auf ausgewählte Benutzer beschränkt werden.

- Sie entscheiden, welche Arten von Daten an den Router-Schnittstellen weitergeleitet oder abgewiesen werden. So kann eine ACL beispielsweise E-Mail-Datenverkehr zulassen, aber alle Telnet-Daten blockieren.

- Sie steuern, auf welche Bereiche ein Client im Netzwerk zugreifen kann.

- Sie schirmen Hosts ab, um den Zugriff auf Netzwerkdienste zu gestatten oder abzulehnen. ACLs können einem Benutzer den Zugriff auf Dateitypen – etwa über FTP oder HTTP – gestatten oder verweigern.

ACLs untersuchen Netzwerkpakete basierend auf Kriterien wie der Absenderadresse, der Zieladresse, den Protokollen und den Portnummern. Eine ACL kann aber Daten nicht nur zulassen oder abweisen, sondern sie auch klassifizieren, um nachfolgend eine prioritätsgesteuerte Verarbeitung zu gestatten. Diese Funktionalität ähnelt einem VIP-Pass auf einem Konzert oder bei einem Sportereignis. Dieser Pass gewährt ausgewählten Gästen Privilegien, die Besuchern mit normalen Eintrittskarten nicht zugestanden werden. Hierzu gehören etwa der Zugang zu einem eingeschränkten Bereich oder kostenfreie Dienstleistungen durch den Veranstalter.

5.1.4 ACL-Betrieb

ACLs definieren Regeln, die eine zuätzliche Steuerung von Paketen gestatten, die an Eingangsschnittstellen empfangen, vom Router weitergeleitet oder den Router über Ausgangsschnittstellen verlassen. Pakete, die vom Router selbst stammen, werden von den ACLs nicht beeinflusst.

Wie ACLs funktionieren

ACLs werden so konfiguriert, dass sie entweder auf eingehende oder ausgehende Daten angewendet werden:

- **Eingehende ACLs.** Eingehende Pakete werden verarbeitet, bevor sie zur ausgehenden Schnittstelle weitergeleitet werden. Eingehende ACLs sind besonders wirkungsvoll, weil sie den Overhead der Routing-Lookups einsparen, wenn das Paket verworfen wird. Ist das Paket nach Ablauf der Tests weiterhin zulässig, wird es vom Routing weiterverarbeitet.

- **Ausgehende ACLs.** Eingehende Pakete werden zur ausgehenden Schnittstelle geroutet und dort mithilfe einer ausgehenden ACL verarbeitet.

ACL-Anweisungen werden in serieller Reihenfolge abgearbeitet. Sie prüfen die Datenpakete gegen die ACL, wobei die Liste von oben nach unten Anweisung für Anweisung abgearbeitet wird.

Abbildung 5.7 zeigt die Logik einer eingehenden ACL. Wenn ein Paket-Header zu einer ACL-Anweisung passt, werden die verbleibenden Anweisungen in der Liste übersprungen, und das Paket wird entsprechend der passenden Anweisung zugelassen oder abgewiesen. Passt eine ACL-Anweisung nicht zu einem untersuchten Paket-Header, wird die nächste Anweisung in der Liste mit dem Header verglichen. Dieser Vergleichsprozess setzt sich fort, bis das Ende der Liste erreicht ist.

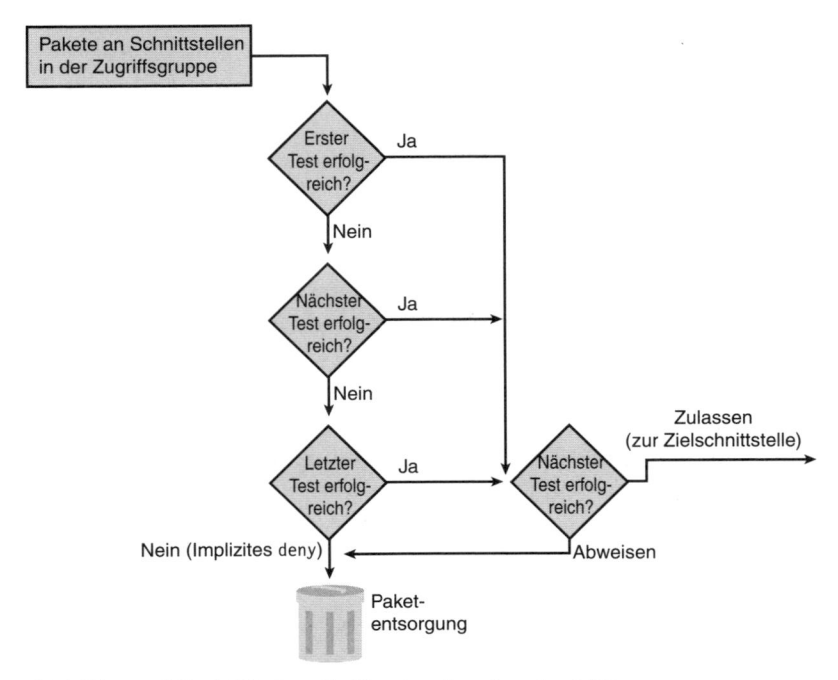

Abbildung 5.7: ACL-Logik für ein eingehende ACL

Eine letzte, implizite Anweisung behandelt alle Pakete, auf die keine der vorherigen Bedingungen zutraf. Diese letzte Testbedingung ist für alle anderen Pakete zutreffend und führt jeweils zu einer deny-Anweisung. Das bedeutet, dass der Router solche Pakete nicht über eine Schnittstelle weiterleitet, sondern sie alle verwirft. Diese letzte Anweisung wird häufig als »implizite deny any-Anweisung« bezeichnet. Weil diese Anweisung immer vorhanden ist, sollte eine ACL stets mindestens eine permit-Anweisung erhalten; andernfalls blockiert die ACL alle Daten.

Sie können eine ACL auf mehrere Schnittstellen anwenden. Allerdings kann es immer nur eine ACL pro Protokoll, pro Richtung und pro Schnittstelle geben.

Abbildung 5.8 zeigt die Logik einer ausgehenden ACL.

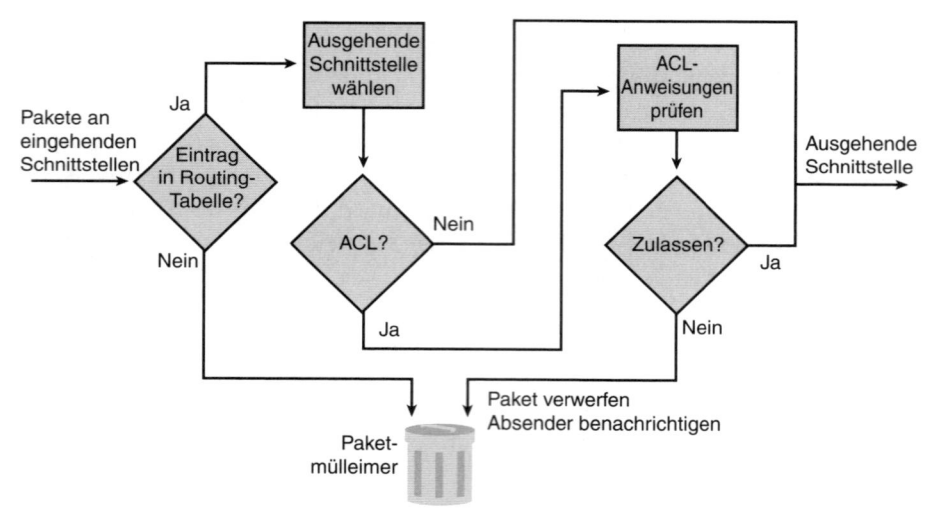

Abbildung 5.8: ACL-Logik für ein ausgehende ACL

Bevor ein Paket an einer ausgehenden Schnittstelle weitergeleitet wird, überprüft der Router anhand der Routing-Tabelle, ob das Paket überhaupt geroutet werden kann. Kann das Paket nicht geroutet werden, so wird es verworfen. Als Nächstes kontrolliert der Router, ob die ausgehende Schnittstelle einer ACL zugeordnet ist. Ist dies nicht der Fall, kann das Paket an den Ausgabepuffer übergeben werden. Nachfolgend aufgeführt sind einige Beispiele für den Betrieb ausgehender ACLs:

- Wenn die ausgehende Schnittstelle ohne ausgehende ACL ist, kann das Paket direkt an die ausgehende Schnittstelle übergeben werden.

- Ist der ausgehenden Schnittstelle eine ausgehende ACL zugeordnet, so wird das Paket erst über die ausgehende Schnittstelle versendet, wenn es mit den ACL-Anweisungen getestet wurde, die dieser Schnittstelle zugeordnet sind. Basierend auf den ACL-Tests wird das Paket zugelassen oder abgewiesen.

Bei ausgehenden ACLs bedeutet »zulassen« (engl. *permit*), dass das Paket einen Ausgabepuffer übergeben wird, und »abweisen« (engl. *deny*), dass das Paket verworfen wird.

Routing und ACL-Prozesse auf einem Router

Abbildung 5.9 zeigt die Logik von Routing und ACL-Prozessen auf einem Router.

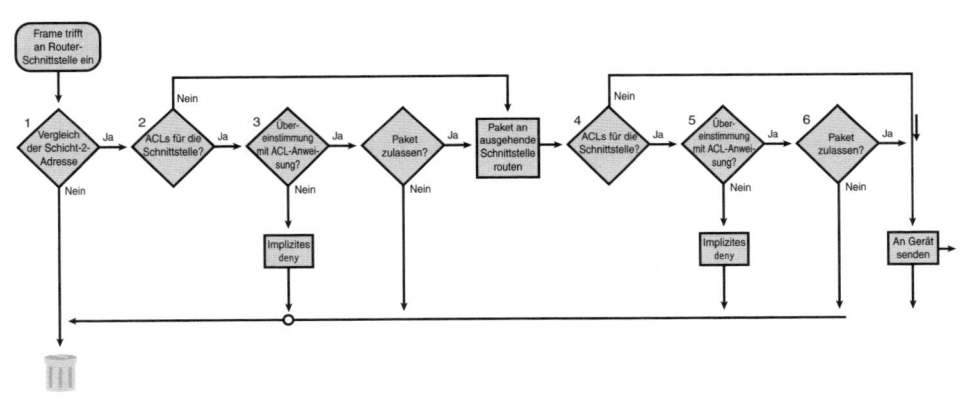

Abbildung 5.9: Routing und ACL-Prozesse auf einem Router

Wenn ein Paket an einer Router-Schnittstelle eintrifft, ist der Prozess im Router unabhängig davon, ob ACLs verwendet werden oder nicht, stets derselbe.

1. Wenn ein Frame bei einer Schnittstelle eintrifft, kontrolliert der Router, ob die Schicht-2-Zieladresse seiner eigenen Adresse entspricht oder es sich bei dem Frame um einen Broadcast-Frame handelt.

2. Wird die Frame-Adresse akzeptiert, dann werden die Frame-Informationen entfernt, und der Router prüft auf Vorhandensein einer ACL auf der eingehenden Schnittstelle. Ist eine ACL vorhanden, wird das Paket nun anhand der Anweisung in der Liste geprüft.

3. Trifft eine Anweisung auf ein Paket zu, wird das Paket entweder angenommen oder abgewiesen. Wird das Paket von der Schnittstelle akzeptiert, dann wird anhand der Routing-Tabelleneinträge die Zielschnittstelle für das Paket ermittelt und es an diese Schnittstelle weitergeleitet. Wurde das Paket abgewiesen, so wird es verworfen.

4. Als Nächstes überprüft der Router, ob die Zielschnittstelle mit einer ACL versehen ist. Ist eine ACL vorhanden, wird das Paket anhand der Anweisung in der Liste geprüft.

5. Trifft eine Anweisung auf ein Paket zu, so wird es entweder angenommen oder abgewiesen.

6. Ist keine ACL vorhanden oder wurde das Paket akzeptiert, dann wird es in das neue Schicht-2-Protokoll gekapselt und anschließend über die Schnittstelle an das nächste Gerät weitergeleitet.

Die implizite »deny any«-Anweisung

Am Ende jeder ACL befindet sich eine implizite Anweisung, die alle unbearbeiteten Pakete behandelt. Diese wird manchmal auch als implizite deny any-Anweisung bezeichnet. Wenn ein Paket also keiner der Anweisungen der ACL entspricht, wird es automatisch blockiert. Das implizite Abweisen aller Daten ist das Standardverhalten von ACLs und kann nicht geändert werden.

Mit diesem Verhalten ist jedoch ein wesentlicher Nachteil verbunden. Bei den meisten Protokollen sollten Sie, sofern Sie eine eingehende ACL zur Datenfilterung definieren, mit expliziten Anweisungen Routing-Updates ermöglichen. Versäumen Sie dies, dann unterbinden Sie am Ende unter Umständen die Kommunikation über diese Schnittstelle, wenn Routing-Updates durch die implizite deny any-Anweisung am Ende der ACL geblockt werden.

5.1.5 Typen von Cisco-ACLs

Bei den Cisco-ACLs werden zwei grundsätzliche Typen unterschieden:

- **Standard-ACLs.** Sie filtern Pakete ausschließlich basierend auf der Absender-IP-Adresse.

- **Erweiterte ACLs.** Hier erfolgt die Filterung auf der Basis mehrerer Attribute.
    - Absender- und Ziel-IP-Adressen
    - Quell- und Zielports von TCP oder UDP
    - Protokolltyp (IP, ICMP, UDP, TCP oder Protokollnummer)

Die folgenden Abschnitte beschreiben diese beiden Typen im Detail.

Standard-ACLs

Standard-ACLs gestatten Ihnen das Zulassen oder Abweisen von Daten auf der Basis der Absender-IP-Adressen. Der Empfänger des Pakets und die verwendeten Ports spielen keine Rolle. Die folgende ACL-Anweisung beispielsweise lässt den gesamten Datenverkehr aus dem Netzwerk 192.168.30.0/24 zu:

```
Router(config)# access-list 10 permit 192.168.30.0 0.0.0.255
```

Aufgrund der impliziten Anweisung deny any am Ende werden alle anderen Daten bei dieser ACL blockiert. Standard-ACLs werden im globalen Konfigurationsmodus erstellt.

Erweiterte ACLs

Erweiterte ACLs filtern IP-Pakete basierend auf verschiedenen Attributen wie dem Protokolltyp, den IP-Adressen oder den TCP-/UDP-Ports des Absenders oder Empfängers und optionalen Informationen zum Protokolltyp. Damit lässt sich die Genauigkeit der Filterung steigern. In der folgenden ACL-Anweisung beispielsweise lässt ACL 103 solche Daten zu, die von einer beliebigen Adresse im Netzwerk 192.168.30.0/24 stammen und an einem beliebigen Zielhost über den Port 80 (HTTP) gesendet wurden:

```
Router(config)# access-list 103 permit tcp 192.168.30.0 0.0.0.255 any eq 80
```

Erweiterte ACLs werden im globalen Konfigurationsmodus erstellt.

Die Befehle für ACLs werden in den nachfolgenden Abschnitten erläutert.

5.1.6 Wie eine Standard-ACL funktioniert

Eine Standard-ACL ist eine fortlaufende Liste mit Bedingungen für das Zulassen oder Abweisen von Daten, die für Absender-IP-Adressen angewendet werden. Der Empfänger des Pakets und die verwendeten Ports werden nicht untersucht.

Abbildung 5.10 veranschaulicht den Entscheidungsprozess bei einer Standard-ACL. Das Cisco IOS testet die Adressen nacheinander anhand der vorgegebenen ACL-Anweisungen. Bei der ersten Übereinstimmung wird bestimmt, ob die Software die Adresse zulässt oder abweist. Da nach dem Auftreten der ersten Übereinstimmung die Überprüfung abgebrochen wird, ist die Reihenfolge der Bedingungen kritisch. Trifft keine Bedingung zu, wird das Paket mit dieser Adresse abgewiesen.

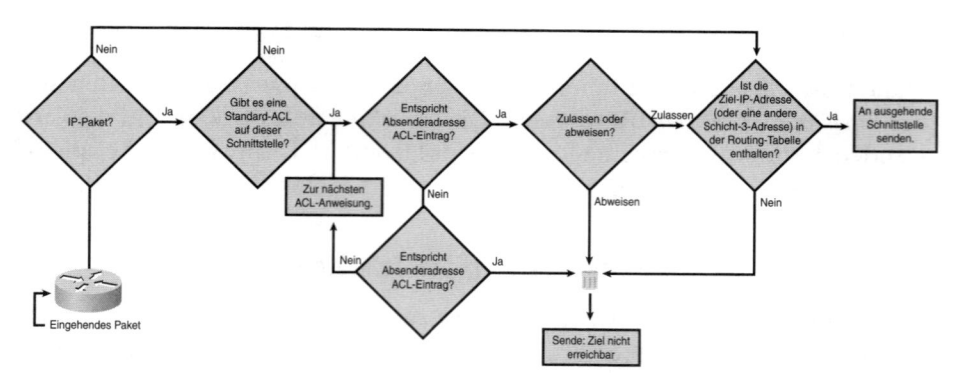

Abbildung 5.10: Entscheidungsprozess bei einer Standard-ACL

Zwei grundsätzliche Aufgaben sind bei der Verwendung von ACLs durchzuführen:

1. Sie erstellen eine ACL, indem Sie eine ACL-Nummer oder einen Namen und die Zugriffsbedingungen spezifizieren.
2. Sie wenden die ACL auf Schnittstellen oder Terminalverbindungen an.

5.1.7 ACLs mit Nummer oder Namen versehen

Die Verwendung nummerierter ACLs stellt eine effiziente Methode zur Bestimmung des ACL-Typs in kleineren Netzwerken mit homogen definiertem Datenverkehr dar. Allerdings geht der Zweck einer ACL aus einer Zahl nicht hervor. Deswegen können Sie Cisco-ACLs seit Cisco IOS Release 11.2 auch mit einem Namen kennzeichnen.

Die Regeln für nummerierte und benannte ACLs lassen sich wie folgt zusammenfassen:

- **Nummerierte ACL.** Sie weisen der ACL eine Nummer zu. Aus dieser geht hervor, ob es sich um eine Standard-ACL oder eine erweiterte ACL handelt:
    - Standard-ACLs haben Nummern zwischen 1 und 99 sowie zwischen 1300 und 1999.
    - Erweiterte ACLs haben Nummern zwischen 100 und 199 sowie zwischen 2000 und 2699.
    - Innerhalb einer ACL können Sie Einträge weder hinzufügen noch löschen.

- **Benannte ACLs.** Bei der Benennung von ACLs sind folgende Aspekte zu beachten:
  - Namen dürfen alphanumerische Zeichen enthalten.
  - Es wird empfohlen, die Namen in GROSSBUCHSTABEN zu schreiben.
  - Namen dürfen keine Leer- oder Interpunktionszeichen enthalten und müssen mit einem Buchstaben beginnen.
  - Innerhalb einer ACL können Sie Einträge hinzufügen und löschen.
  - Sie können festlegen, ob es sich um eine Standard- oder eine erweiterte ACL handelt.

Falls Sie sich fragen, warum bei den nummerierten ACLs der Bereich zwischen 200 und 1299 übersprungen wird: Diese Zahlen werden von anderen Protokollen verwendet. In diesem Buch werden ausschließlich IP-ACLs behandelt; der Bereich zwischen 600 und 699 beispielsweise wird von AppleTalk verwendet, der Bereich zwischen 800 und 899 von IPX usw.

5.1.8 Wo ACLs platziert werden

Die korrekte Platzierung einer ACL zur Filterung unerwünschter Daten steigert die Effizienz des Netzwerkbetriebs. ACLs können als Firewall agieren, um Pakete zu filtern und unerwünschte Daten zu beseitigen. Durch geschickte Platzierung von ACLs lässt sich unnötiger Datenverkehr vermeiden. Beispielsweise sollten Daten, die von einem Empfänger ohnehin abgewiesen würden, gar nicht erst Ressourcen auf dem Weg zu diesem Empfänger nutzen dürfen.

ACLs sollten grundsätzlich dort platziert werden, wo ihre Auswirkungen auf die Effizienz am größten sind. Es gelten die folgenden Grundregeln:

- Wie Standard-ACLs können erweiterte ACLs die Absender-IP-Adresse, zusätzlich aber auch die Ziel-IP-Adresse, Protokolle und Portnummern (oder Dienste) untersuchen. Da erweiterte ACLs die Filterung basierend auf der Ziel-IP-Adresse durchführen können, sollten Sie sie so nah wie möglich beim Absender abzuweisender Daten platzieren. Auf diese Weise werden nicht erwünschte Daten bereits ausgefiltert, bevor diese die Netzwerkinfrastruktur durchquert haben.

- Da Standard-ACLs keine Zieladressen angeben, platzieren Sie sie so nah wie möglich am Empfänger. Auf diese Weise wird vermieden, dass eine ACL unbeabsichtigt Daten an mehr Empfänger als vorgesehen blockiert.

Betrachten Sie die folgenden Beispiele für die Platzierung von Standard- und erweiterten ACLs im Netzwerk. Diese Platzierung hängt stets davon ab, was genau Sie mit Ihrer ACL erreichen wollen.

Standard-ACLs platzieren

In Abbildung 5.11 will der Administrator verhindern, dass Daten aus dem Netzwerk 192.168.10.0/24 in das Netzwerk 192.168.30.0/24 gelangen. Eine ACL an der ausgehenden Schnittstelle von R1 unterbindet auch den Versand von Daten von R1 an andere Netzwerke. Deswegen besteht die Lösung in der Platzierung einer Standard-ACL, mit der alle Daten der Absenderadresse 192.168.10.0/24 blockiert werden, an der ausgehenden Schnittstelle von R3. Eine Standard-ACL erfüllt hier die Anforderungen, weil sie nur die Absenderadresse betrachtet.

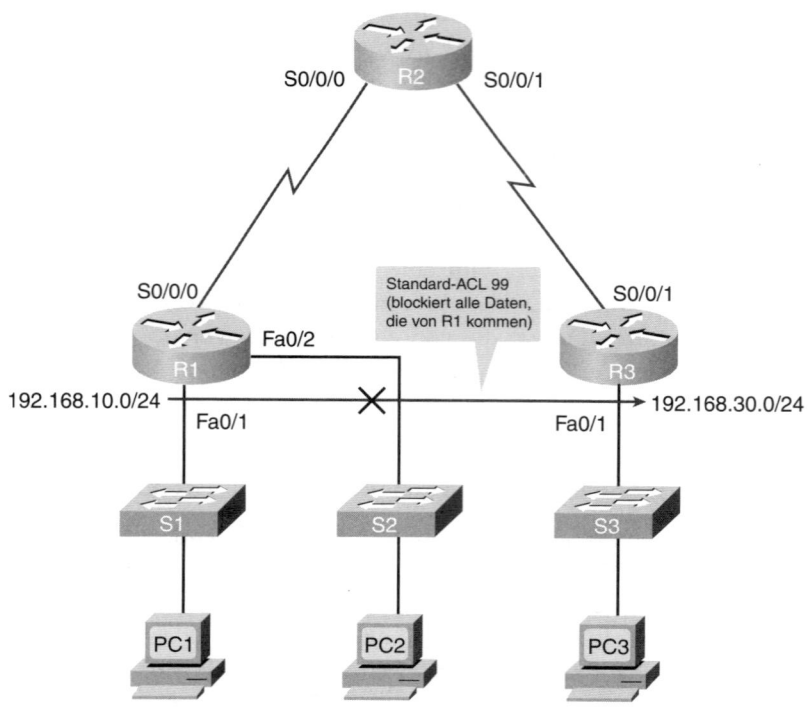

Abbildung 5.11: Standard-ACLs platzieren

Erweiterte ACLs platzieren

Sie müssen stets berücksichtigen, dass Administratoren ACLs nur auf solchen Geräten implementieren können, die sich unter ihrer Kontrolle befinden. Aus diesem Grund muss die Platzierung in dem Kontext bestimmt werden, über den sich der Zugang des Administrators erstreckt.

In Abbildung 5.12 möchte der Administrator der Netzwerke 192.168.10.0/24 und 192.168.11.0/24 (die wir kürzer als »Zehn« und »Elf« bezeichnen) das Übermitteln von Telnet- und FTP-Daten aus Elf in das Netzwerk 192.168.30.0/24 (»Dreißig«) unterbinden. Gleichzeitig müssen Daten anderer Typen das Netzwerk Elf verlassen dürfen. Aus dem Netzwerk Zehn sollen alle Daten ungehindert versandt werden dürfen.

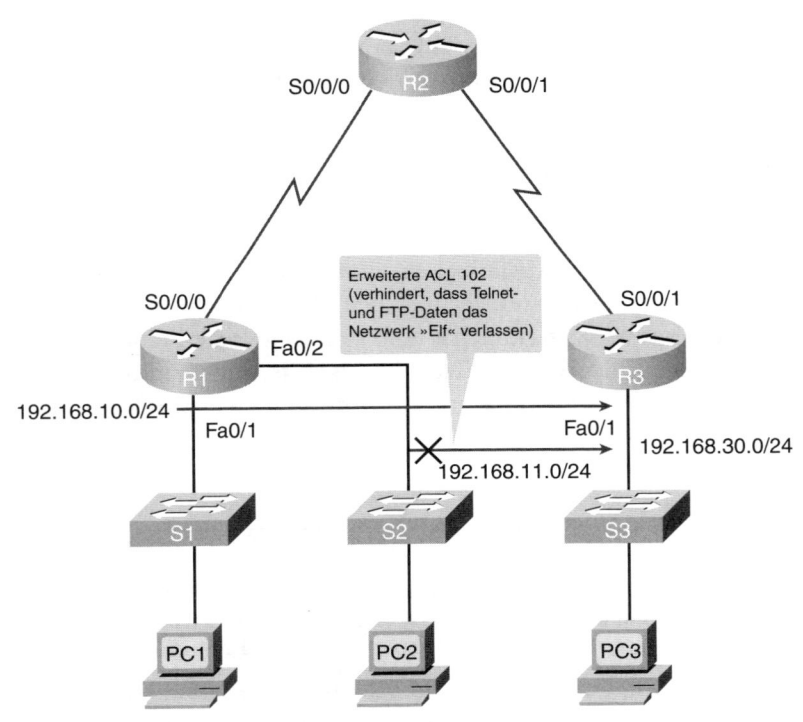

Abbildung 5.12: Erweiterte ACLs platzieren

Es gibt mehrere Möglichkeiten, dies zu erreichen. Eine erweiterte ACL auf R3, die aus Elf versandte Telnet- und FTP-Daten blockiert, würde das Problem lösen. Allerdings hat der Administrator keine Kontrolle über R3. Außerdem würde in diesem Fall unerwünschter Datenverkehr durch das gesamte Netzwerk übertragen, um dann beim Empfänger abgewiesen zu werden. Dies wirkt sich negativ auf die Leistungsfähigkeit des Netzwerks aus.

Eine Lösung besteht in der Verwendung einer ausgehenden erweiterten ACL, die sowohl die Absender- als auch die Zieladresse (Zehn bzw. Dreißig) spezifiziert und wie folgt lautet: »Telnet- und FTP-Daten aus Elf dürfen nicht an Dreißig übermittelt werden«. Die erweiterte ACL platzieren Sie am ausgehenden Port S0/0/0 von R1.

Ein Nachteil dieser Lösung besteht darin, dass Daten aus Elf in gewissem Umfang von der ACL verarbeitet würden, obwohl Telnet- und FTP-Daten zulässig wären.

Eine bessere Lösung wäre es, sich näher zum Absender zu bewegen und eine erweiterte ACL an der eingehenden Schnittstelle Fa0/2 von R1 zu platzieren. Auf diese Weise ist sichergestellt, dass Telnet- und FTP-Pakete, die von Elf stammen und an Dreißig gerichtet sind, gar nicht erst von R1 angenommen und deswegen von R2 oder R3 auch nicht verarbeitet werden. Daten aus Elf mit anderen Zieladressen und -ports werden natürlich von R1 weiterhin geroutet.

5.1.9 Allgemeine Grundsätze zur Erstellung von ACLs

Die Verwendung von ACLs erfordert ein gewisses Maß an Sorgfalt und Detailtreue. Fehler können Ausfallzeiten, aufwendiges Troubleshooting oder eine geringe Netzwerkleistung verursachen. Bevor Sie mit der Konfiguration einer ACL beginnen, ist zunächst eine grundsätzliche Planung erforderlich. Tabelle 5.3 enthält Grundsätze, die als Ausgangspunkte für eine Liste mit Empfehlungen zur Konfiguration von ACLs verwendet werden können.

Tabelle 5.3: Empfehlungen für ACLs

Empfehlung	Vorteil
Formulieren Sie Ihre ACLs basierend auf der Sicherheitsrichtlinie Ihrer Organisation.	Auf diese Weise ist sichergestellt, dass Sie die Sicherheitsrichtlinien der Organisation auch implementieren.
Formulieren Sie schriftlich, was Ihre ACLs tun sollen.	Dadurch können Sie das unbeabsichtigte Verursachen von Zugriffsproblemen vermeiden.
Verwenden Sie zur Erstellung, Bearbeitung und Speicherung von ACLs einen Texteditor.	So können Sie eine Bibliothek wiederverwendbarer ACLs erstellen.
Überprüfen Sie Ihre ACLs in einem Testnetzwerk, bevor Sie sie in Produktionsnetzwerken implementieren.	Hierdurch vermeiden Sie kostspielige Fehler.

5.2 Standard-ACLs konfigurieren

Dieser Abschnitt beschreibt die Konfiguration von Standard-ACLs.

5.2.1 Kriterien eingeben

Bevor wir darangehen, eine Standard-ACL zu konfigurieren, werden wir wichtige ACL-Prinzipien wiederholen, die wir bislang in diesem Kapitel behandelt haben.

Sie wissen, dass Daten, die beim Router eintreffen, mit den ACL-Anweisungen in der Reihenfolge verglichen werden, in der diese Einträge in der ACL erscheinen. Der Router führt alle ACL-Anweisungen nacheinander aus, bis er eine Übereinstimmung feststellt. Aus diesem Grund sollten die spezifischeren vor den allgemeiner formulierten Einträgen stehen. Sobald der Router das Ende der Liste erreicht hat und keine Übereinstimmung gefunden wurde, werden die Daten von der impliziten deny any-Anweisung abgewiesen. Eine ACL, die nur einen einzigen deny-Eintrag umfasst, führt dazu, dass alle Daten verworfen werden. Sie benötigen also zumindest eine permit-Anweisung in der ACL, da andernfalls alle Daten abgewiesen werden.

Am Ende jeder ACL steht eine implizite deny any-Anweisung. Zwar ist dies nicht erforderlich, doch gibt es Netzwerkadministratoren, die diese Anweisung der Übersichtlichkeit halber explizit anführen. In der Topologie in Abbildung 5.13 beispielsweise haben die beiden ACLs (101 und 102 in Listing 5.1 bzw. Listing 5.2) dieselben Auswirkungen. Netzwerk 192.168.10.0 dürfte auf Netzwerk 192.168.30 zugreifen, nicht jedoch auf Netzwerk 192.168.11.0.

Listing 5.1: ACL 101

```
R1(config)# access-list 101 permit ip 192.168.10.0 0.0.0.255 192.168.30.0 0.0.0.255
```

Listing 5.2: ACL 102

```
R1(config)# access-list 102 permit ip 192.168.10.0 0.0.0.255 192.168.30.0 0.0.0.255
R1(config)# access-list 102 deny ip any any
```

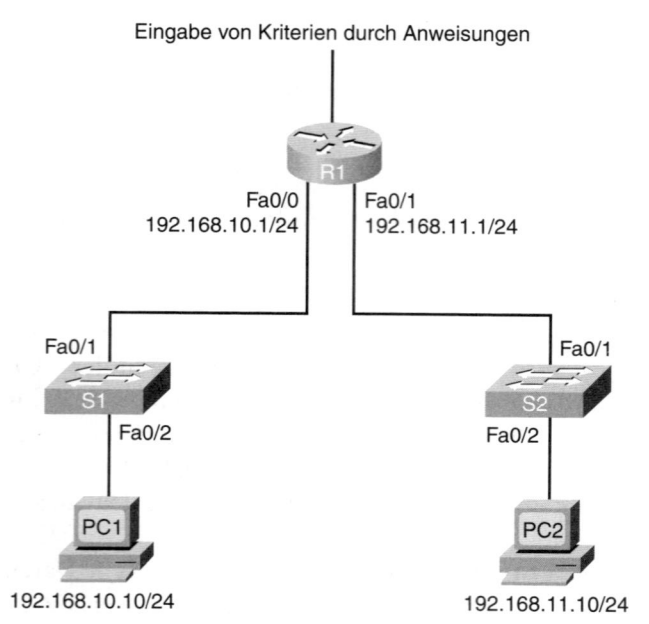

Abbildung 5.13: Topologie für die ACLs 101 und 102

5.2.2 Standard-ACL konfigurieren

In diesem Abschnitt untersuchen wir die Logik, die bei einer Standard-ACL zum Einsatz kommt, und sehen uns eine Beispielkonfiguration an.

Die Logik der Standard-ACL

Mithilfe der in Listing 5.3 gezeigten access-list 2-Anweisungen werden, wie Abbildung 5.14 zeigt, bei Paketen, die auf Fa0/0 eingehen, die Absenderadressen überprüft.

Listing 5.3: ACL 2

```
access-list 2 deny 192.168.10.1
access-list 2 permit 192.168.10.0 0.0.0.255
access-list 2 deny 192.168.0.0 0.0.255.255
access-list 2 permit 192.0.0.0 0.255.255.255
```

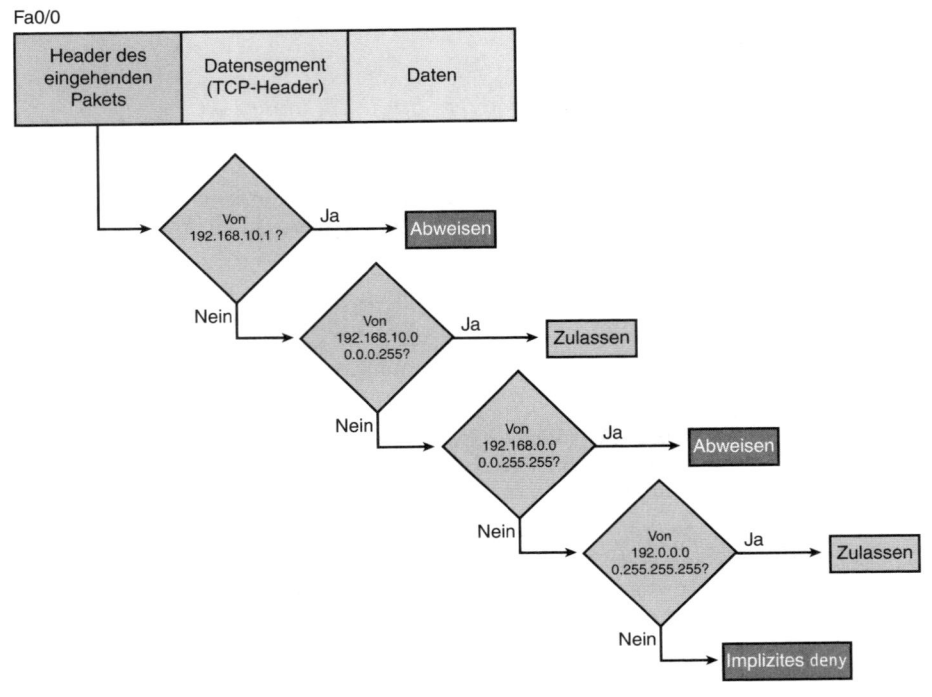

Abbildung 5.14: Logik der Standard-ACL

Wenn Pakete zugelassen werden, werden sie durch den Router an eine Ausgangsschnittstelle weitergeleitet. Abgewiesene Pakete werden an der Eingangsschnittstelle verworfen.

Standard-ACLs konfigurieren

Um nummerierte Standard-ACLs auf einem Cisco-Router zu konfigurieren, müssen Sie zunächst die Standard-ACL erstellen und diese dann auf einer Schnittstelle aktivieren.

Der Befehl access-list im globalen Konfigurationsmodus konfiguriert eine Standard-ACL mit einer Nummer im Bereich zwischen 1 und 99. Cisco IOS Release 12.0.1 erweiterte diese Nummern um den Bereich zwischen 1300 und 1999, das heißt, es können maximal 798 mögliche Standard-ACLs eingesetzt werden. Dieser zusätzliche Bereich enthält den sogenannten erweiterten Bereich der Nummern für Standard-ACLs.

Die vollständige Syntax zur Konfiguration von Standard-ACLs lautet:

```
Router(config)# access-list access-list-number {deny | permit | remark} source
   [source-wildcard]   [log]
```

Tabelle 5.4 enthält eine ausführliche Erläuterung der Syntax einer Standard-ACL.

Tabelle 5.4: Parameter des Befehls »access-lis« für Standard-ACLs

Parameter	Beschreibung
access-list number	Nummer einer ACL. Es handelt sich hierbei um eine Dezimalzahl zwischen 1 und 99 oder zwischen 1300 und 1999 (für Standard-ACLs).
deny	Verweigert bei Übereinstimmung mit den Bedingungen den Zugriff.
permit	Gestattet bei Übereinstimmung mit den Bedingungen den Zugriff.
remark	Ermöglicht Ihnen das Hinzufügen einer Anmerkung zu Einträgen einer ACL, um das Verstehen wie auch das Durchsuchen der Liste einfacher zu gestalten.
source	Nummer des Netzwerks oder Hosts, von dem das Paket gesendet wird. Es gibt zwei Möglichkeiten, den Absender anzugeben: Sie verwenden eine 32-Bit-Zahl, notiert im punktgetrennten Dezimalformat, oder Sie benutzen das Schlüsselwort any als Abkürzung für einen beliebigen Absender anstatt der Absender-Wildcard 0.0.0.0 255.255.255.55.
source-wildcard	(Optional) Wildcard-Bits, die auf den Absender angewendet werden. Es gibt zwei Möglichkeiten, die Wildcard anzugeben: Sie verwenden eine 32-Bit-Zahl im punktgetrennten Dezimalformat, wobei Sie Einsen an den Bitpositionen setzen, die Sie ignorieren wollen, oder Sie benutzen das Schlüsselwort any als Abkürzung für einen beliebigen Absender und nutzen die Wildcard 0.0.0.0 255.255.255.255.
log	(Optional) Bewirkt den Versand einer Protokollnachricht über das Paket, das dem Eintrag entspricht, an die Konsole. (Den Umfang der Protokollierung an die Konsole steuert der Log-Befehl.) Die Nachricht umfasst die ACL-Nummer, den Status des Pakets (angenommen oder abgewiesen), die Absenderadresse und die Anzahl der Pakete. Die Nachricht wird für das erste übereinstimmende Paket generiert. Danach werden weitere Nachrichten in fünfminütigen Intervallen erzeugt, welche die Anzahl der Pakete angeben, die im vorangegangenen fünfminütigen Turnus zugelassen oder abgelehnt wurden.

Um beispielsweise eine nummerierte ACL namens 10 zu erstellen, die das Netzwerk 192.168.10.0/24 zulassen würde, würden Sie Folgendes eingeben:

```
R1(config)# access-list 10 permit 192.168.10.0
```

ACLs entfernen

Die no-Form des Befehls access-list entfernt eine Standard-ACL. Listing 5.4 enthält zwei Ausgaben des Befehls show access-list. Der erste Teil der Ausgabe zeigt, dass die ACL 10 auf dem Router konfiguriert wurde. Im zweiten Teil sehen Sie dann, dass die ACL 10 vom Router entfernt wurde.

Listing 5.4: ACL entfernen

```
R1# show access-list

Standard IP access list 10
    10 permit 192.168.10.0
R1#
R1# conf t

Enter configuration commands, one per line. End with CNTL/Z.
R1(config)# no access-list 10
R1(config)# exit

R1#
*Oct 25 19:59:41.142: %SYS-5-CONFIG_I: configured from console by console
R1# show access-list

R1#
```

Um die ACL zu entfernen, wird der Befehl no access-list im globalen Konfigurationsmodus eingegeben (Listing 5.4).

Kommentare in ACLs

Normalerweise erstellen Administratoren ACLs, und sie kennen den Zweck jeder Anweisung innerhalb dieser ACLs. Es kommt jedoch vor, dass, wenn eine ACL später einmal überprüft wird, ihr Zweck nicht mehr derart offensichtlich ist, wie er dies einmal war.

Das Schlüsselwort remark dient der Dokumentation und vereinfacht das Verständnis von ACLs ganz erheblich. Jeder Kommentar ist auf 100 Zeichen begrenzt. Die recht einfach gehaltene ACL in Listing 5.5 zeigt ein Beispiel. Wenn Sie die ACL in der Konfiguration kontrollieren, wird auch der Kommentar angezeigt.

Listing 5.5: Kommentare in einer ACL

```
R1# conf t
Enter configuration commands, one per line. End with CNTL/Z.
R1(config)# access-list 10 remark Permit hosts from the 192.168.10.0 LAN
R1(config)# access-list 10 permit 192.168.10.0
R1(config)# exit

R1#
*Oct 25 20:12:13.781: %SYS-5-CONFIG_I: configured from console by console
R1# show run

Building configuration...
!
<Ausgabe unterdrückt>
!
access-list 10 remark Permit hosts from the 192.168.10.0 LAN
access-list 10 permit 192.168.10.0
!
<Ausgabe unterdrückt>
```

Im nächsten Abschnitt erfahren Sie, wie man mithilfe von Wildcard-Masken bestimmte Netzwerke und Hosts identifiziert.

5.2.3 Wildcard-Masken

ACL-Anweisungen können auch Masken – die sogenannten Wildcard-Masken – enthalten. Eine Wildcard-Maske ist eine Abfolge binärer Ziffern, die dem Router angibt, welche Teile der Subnetzadresse er berücksichtigen muss. Zwar sind Wildcard-Masken funktional nicht mit Subnetzmasken verwandt, doch stellen sie eine ähnliche Funktion bereit. Die Maske bestimmt, welcher Teil einer IP-Absender- oder -Zieladresse bei der Überprüfung der Adresse berücksichtigt werden soll. Die Ziffern 1 und 0 in der Maske geben an, wie die entsprechenden Adressbits zu behandeln sind. Allerdings werden sie für andere Zwecke verwendet und unterliegen auch anderen Regeln.

Wildcard-Masken sind wie auch Subnetzmasken 32 Bit lang und verwenden die binären Ziffern 1 und 0. Subnetzmasken nutzen diese binären Ziffern, um den Netz-, den Subnetz- und den Hostanteil einer IP-Adresse anzugeben. Wildcard-Masken filtern mithilfe binärer Einsen und Nullen eine einzelne IP-Adresse oder eine Gruppe solcher Adressen, um den Zugriff auf Ressourcen basierend auf einer IP-Adresse zu gestatten bzw. zu verweigern. Durch die sorgfältige Festlegung von Wildcard-Masken können Sie einer oder mehreren IP-Adressen den Zugriff gestatten oder verweigern.

Wildcard-Masken und Subnetzmasken unterscheiden sich hinsichtlich der Art, wie sie binäre Einsen und Nullen vergleichen. Zum Vergleichen von Nullen und Einsen verwenden Wildcard-Masken die folgenden Regeln:

- **Maskenbit 0.** Der entsprechende Bitwert in der Adresse wird verglichen.
- **Maskenbit 1.** Der entsprechende Bitwert in der Adresse wird ignoriert.

Abbildung 5.15 zeigt, wie unterschiedliche Wildcard-Masken IP-Adressen filtern. Wenn Sie sich das Beispiel ansehen, denken Sie bitte daran, dass die binäre Null auf einen Vergleich hindeutet, bei einer binären Eins hingegen das entsprechende Bit ignoriert wird.

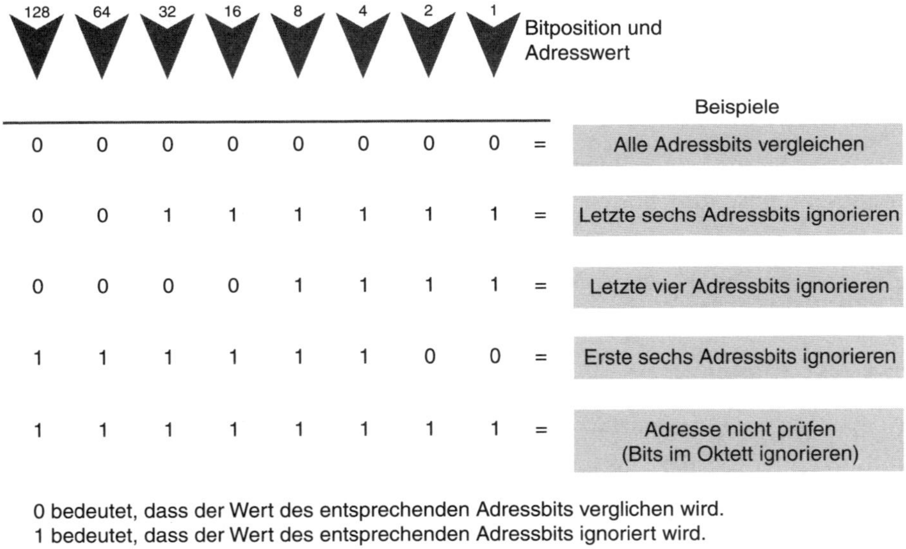

128	64	32	16	8	4	2	1		Bitposition und Adresswert
									Beispiele
0	0	0	0	0	0	0	0	=	Alle Adressbits vergleichen
0	0	1	1	1	1	1	1	=	Letzte sechs Adressbits ignorieren
0	0	0	0	1	1	1	1	=	Letzte vier Adressbits ignorieren
1	1	1	1	1	1	0	0	=	Erste sechs Adressbits ignorieren
1	1	1	1	1	1	1	1	=	Adresse nicht prüfen (Bits im Oktett ignorieren)

0 bedeutet, dass der Wert des entsprechenden Adressbits verglichen wird.
1 bedeutet, dass der Wert des entsprechenden Adressbits ignoriert wird.

Abbildung 5.15: Wildcard-Masken

ANMERKUNG

Wildcard-Masken werden häufig auch als *inverse Masken* bezeichnet. Grund hierfür ist, dass nicht wie bei einer Subnetzmaske die binäre Eins für einen Vergleich und die binäre Null für keinen Vergleich steht, sondern das Umgekehrte zutrifft.

Wildcard-Masken verwenden

Tabelle 5.5 zeigt die Ergebnisse der Anwendung der Maske 0.0.255.255 auf einer 32 Bits umfassende IP-Adresse. Denken Sie daran, dass eine binäre Null einen Wert bezeichnet, der verglichen wird.

Tabelle 5.5: Wildcard-Maske (Beispiel)

	Dezimaladresse	Binäradresse
Zu verarbeitende IP-Adresse	192.168.10.0	11000000.10101000.00001010.00000000
Wildcard-Maske	0.0.255.255	00000000.00000000.11111111.11111111
Resultierende IP-Adresse	192.168.0.0	11000000.10101000.00000000.00000000

IP-Subnetze mit Wildcard-Masken vergleichen

Die Berechnung der Wildcard-Maske kann anfangs etwas verwirrend sein. In diesem Abschnitt finden Sie fünf Beispiele für diese Berechnung.

Im Beispiel in Tabelle 5.6 muss jedes Bit in der IP-Adresse 192.168.1.1 übereinstimmen. Die Wildcard-Maske 0.0.0.0 entspricht ihrer Funktion nach der Subnetzmaske 255.255.255.255.

Tabelle 5.6: Wildcard-Maske (Beispiel 1)

	Dezimaladresse	Binäradresse
IP-Adresse	192.168.1.1	11000000.10101000.00000001.00000001
Wildcard-Maske	0.0.0.0	00000000.00000000.00000000.00000000
Ergebnis	192.168.1.1	11000000.10101000.00000001.00000001

Das Beispiel in Tabelle 5.7 bedeutet, dass jede beliebige Adresse eine Übereinstimmung erzielt. Dies ähnelt von der Funktion her der Verwendung der Subnetzmaske 0.0.0.0.

Tabelle 5.7: Wildcard-Maske (Beispiel 2)

	Dezimaladresse	Binäradresse
IP-Adresse	192.168.1.1	11000000.10101000.00000001.00000001
Wildcard-Maske	255.255.255.255	11111111.11111111.11111111.11111111
Ergebnis	0.0.0.0	00000000.00000000.00000000.00000000

Das Beispiel in Tabelle 5.8 bedeutet, dass für jeden beliebigen Host im Netzwerk 192.168.1.0/24 eine Übereinstimmung erzielt werden muss. Diese Wildcard-Maske ähnelt in ihrer Funktion der Subnetzmaske 255.255.255.0.

Tabelle 5.8: Wildcard-Maske (Beispiel 3)

	Dezimaladresse	Binäradresse
IP-Adresse	192.168.1.1	11000000.10101000.00000001.00000001
Wildcard-Maske	0.0.0.255	00000000.00000000.00000000.11111111
Ergebnis	192.168.1.0	11000000.10101000.00000001.00000000

Diese Beispiele sind recht einfach und unkompliziert. In anderen Fällen kann die Berechnung von Wildcard-Masken durchaus ein wenig anspruchsvoller sein.

Die nächsten beiden Beispiele sind komplizierter als die ersten drei. In Beispiel 4 (Tabelle 5.9) müssen die ersten beiden Oktette sowie die ersten vier Bits des dritten Oktetts exakt übereinstimmen. Die letzten vier Bits im dritten Oktett und das letzte Oktett können beliebige gültige Werte aufweisen. Am Ende steht also eine Maske, die den Bereich 192.168.16.0 bis 192.168.31.255 überprüft.

Tabelle 5.9: Wildcard-Maske (Beispiel 4)

	Dezimaladresse	Binäradresse
IP-Adresse	192.168.16.0	11000000.10101000.00010000.00000000
Wildcard-Maske	0.0.15.255	00000000.00000000.00001111.11111111
Ergebnisbereich	192.168.16.0 bis 192.168.31.255	11000000.10101000.00010000.00000000 bis 11000000.10101000.00011111.11111111

Das fünfte Beispiel (Tabelle 5.10) zeigt eine Wildcard-Maske, welche die ersten beiden Oktette und das niederwertigste Bit im dritten Oktett vergleicht. Das letzte Oktett und die ersten sieben Bits im dritten Oktett können beliebige gültige Werte aufweisen. Da das letzte Bit im dritten Oktett gesetzt sein muss, ist das Ergebnis eine Maske, die alle Hosts aus ungeraden Subnetzen im übergeordneten Netzwerk 192.168.0.0 zulässt bzw. abweist.

Tabelle 5.10: Wildcard-Maske (Beispiel 5)

	Dezimaladresse	Binäradresse
IP-Adresse	192.168.1.0	11000000.10101000.00000001.00000000
Wildcard-Maske	0.0.254.255	00000000.00000000.11111110.11111111
Ergebnisbereich	192.168.1.0	11000000.10101000.00000001.00000000
	Alle ungeradzahligen Subnetze im übergeordneten Netzwerk 192.168.0.0	

Das Ermitteln von Wildcard-Masken kann durchaus kompliziert sein. Wenn Sie die Wildcard-Maske für ein Subnetz ganz einfach berechnen wollen, können Sie die Subnetzmaske von 255.255.255.255 subtrahieren.

Nehmen wir beispielsweise an, Sie wollen den Zugriff allen Benutzern im Netzwerk 192.168.3.0/24 gestatten. Da die Subnetzmaske 255.255.255.0 lautet, könnten Sie diese Subnetzmaske von 255.255.255.255 abziehen (Tabelle 5.11). Diese Lösung führt uns zur Wildcard-Maske 0.0.0.255.

Tabelle 5.11: Wildcard-Maske berechnen (Beispiel 1)

Subnetzmaske	255.255.255.255 -255.255.255.000
Wildcard-Maske	000.000.000.255

Nun wollen wir annehmen, dass Sie den 14 Benutzern im Netzwerk 192.168.3.32/28 den Netzwerkzugriff gestatten wollen. Die Subnetzmaske dieses IP-Subnetzes lautet 255.255.255.240. Sie ziehen diese Maske also von 255.255.255.255 ab. Diesmal lautet die resultierende Wildcard-Maske 0.0.0.15 (Tabelle 5.12).

Tabelle 5.12: Wildcard-Maske berechnen (Beispiel 2)

Subnetzmaske	255.255.255.255 -255.255.255.240
Wildcard-Maske	000.000.000.015

Im dritten Beispiel (Tabelle 5.13) gehen wir davon aus, dass Sie nur die Netzwerke 192.168.10.0 und 192.168.11.0 auf Übereinstimmung hin prüfen. Auch hier ziehen Sie die reguläre Subnetzmaske – im vorliegenden Fall 255.255.254.0 – von 255.255.255.255 ab. Das Ergebnis lautet 0.0.1.255.

Tabelle 5.13: Wildcard-Maske berechnen (Beispiel 3)

	255.255.255.255
Subnetzmaske	-255.255.254.000
Wildcard-Maske	000.000.001.255

Sie könnten auch mit zwei Anweisungen wie den beiden folgenden zum Ergebnis kommen:

```
R1(config)# access-list 10 permit 192.168.10.0
R1(config)# access-list 10 permit 192.168.11.0
```

Es ist allerdings weitaus effizienter, die Wildcard-Maske wie folgt zu konfigurieren:

```
R1(config)# access-list 10 permit 192.168.10.0 0.0.1.255
```

Das Mehr an Effizienz mag sich zwar nicht auf den ersten Blick erschließen, doch betrachten Sie einmal den folgenden Fall, in dem Sie eine Überprüfung des Netzwerkbereichs von 192.168.16.0 bis 192.168.31.0 vornehmen wollen (Listing 5.6).

Listing 5.6: Mehrere Netzwerke vergleichen

```
R1(config)# access-list 10 permit 192.168.16.0
R1(config)# access-list 10 permit 192.168.17.0
R1(config)# access-list 10 permit 192.168.18.0
R1(config)# access-list 10 permit 192.168.19.0
R1(config)# access-list 10 permit 192.168.20.0
R1(config)# access-list 10 permit 192.168.21.0
R1(config)# access-list 10 permit 192.168.22.0
R1(config)# access-list 10 permit 192.168.23.0
R1(config)# access-list 10 permit 192.168.24.0
R1(config)# access-list 10 permit 192.168.25.0
R1(config)# access-list 10 permit 192.168.26.0
R1(config)# access-list 10 permit 192.168.27.0
R1(config)# access-list 10 permit 192.168.28.0
R1(config)# access-list 10 permit 192.168.29.0
R1(config)# access-list 10 permit 192.168.30.0
R1(config)# access-list 10 permit 192.168.31.0
```

Sie sehen schon, dass die Konfiguration der folgenden Wildcard-Maske den Vorgang weitaus effizienter gestaltet.

```
R1(config)# access-list 10 permit 192.168.16.0 0.0.15.255
```

Schlüsselwörter für Wildcard-Masken

Das Arbeiten mit der Dezimaldarstellung binärer Wildcard-Maskenbits kann recht mühsam sein. Um die Aufgabe zu vereinfachen, wurden die Schlüsselwörter host und any eingeführt, die Sie beim Umgang mit Wildcard-Masken häufig einsetzen können.

- Die Option host ersetzt die Wildcard-Maske 0.0.0.0. Diese Maske besagt, dass alle IP-Adressbits übereinstimmen müssen (das heißt, eine Übereinstimmung liegt nur bei genau einem Host vor).
- Die Option any ersetzt die Wildcard-Maske 255.255.255.255, dient also als Ersatz für die IP-Adresse. Diese Wildcard-Maske besagt, dass die gesamte IP-Adresse ignoriert werden soll, beliebige Adressen werden also akzeptiert.

Dank dieser Schlüsselwörter ist es nicht mehr notwendig, Wildcard-Masken einzugeben, wenn man einen bestimmten Host oder alle Netzwerke bezeichnen will. Außerdem erleichtern sie das Lesen einer ACL, indem sie optisch Hinweise zur Herkunft oder zum Ziel des Kriteriums geben.

Beispiel 1: Wildcard-Maske mit genau einer IP-Adresse verwenden

Wie Abbildung 5.16 zeigt, kann man anstelle von 192.168.10.10 0.0.0.0 auch host 192.168.10.10 eingeben:

- 192.168.10.10 0.0.0.0 vergleicht alle Adressbits.
- Sie kürzen die Wildcard-Maske ab, indem Sie der IP-Adresse das Schlüsselwort host voranstellen.

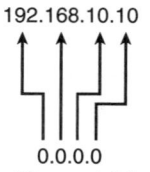

Abbildung 5.16: Beispiel 1: Wildcard-Maske mit »host«

Beispiel 2: Wildcard-Maske mit beliebigen IP-Adressen verwenden

Wie Abbildung 5.17 zeigt, kann man anstelle von 0.0.0.0 255.255.255.255 auch das Schlüsselwort any verwenden:

- 0.0.0.0 255.255.255.255 ignoriert alle Adressbits.

- Sie kürzen den Ausdruck mit dem Schlüsselwort any ab.

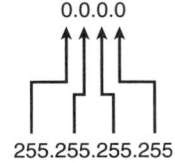

Abbildung 5.17: Beispiel 2: Wildcard-Maske mit »any«

Die Schlüsselwörter »host« und »any«

Angenommen, Sie haben folgenden access-list-Befehl:

`R1(config)# access-list 1 permit 192.168.10.10 0.0.0.0`

Diese Konfiguration können Sie durch die folgende Anweisung ersetzen:

`R1(config)# access-list 1 permit host 192.168.10.10`

any käme bei der folgenden Anweisung zum Einsatz:

`R1(config)# access-list 1 permit 0.0.0.0 255.255.255.255`

Diese Konfiguration können Sie durch die folgende Anweisung ersetzen:

`R1(config)# access-list 1 permit any`

5.2.4 Standard-ACLs auf Schnittstellen anwenden

Damit eine ACL Wirkung zeigt, muss sie zunächst auf eine Schnittstelle angewendet werden.

Vorgänge bei der Konfiguration von Standard-ACLs

Wenn Sie eine Standard-ACL konfiguriert haben, muss diese noch auf einer Schnittstelle aktiviert werden. Hierzu kommt der folgende Befehl zum Einsatz:

`Router(config-if)# ip access-group {access-list-number | access-list-name} {in | out}`

Um eine ACL von einer Schnittstelle zu entfernen, geben Sie zunächst den Befehl no ip access-group für die Schnittstelle ein. Danach löschen Sie mit dem globalen Befehl no access-list die gesamte ACL.

Die folgenden Schritte und Syntaxbeschreibungen zeigen Ihnen, wie Sie eine nummerierte Standard-ACL auf einem Router konfigurieren und anwenden.

Schritt für Schritt

1. Erstellen Sie mit dem Befehl access-list im globalen Konfigurationsmodus einen Eintrag in einer Standard-ACL:

   R1(config)# **access-list 1 permit 192.168.10.0 0.0.0.255**
   R1(config)# **access-list 1 remark Permit hosts from the Engineering Building**

   Dieser Befehl entspricht allen Adressen, die mit 192.168.10 beginnen. Fügen Sie mit der Option remark eine Beschreibung der ACL hinzu.

2. Wählen Sie mit dem Konfigurationsbefehl interface eine Schnittstelle aus, auf die die ACL angewendet werden soll:

   R1(config)# **interface FastEthernet 0/0**

3. Aktivieren Sie die vorhandene ACL mit dem Befehl ip access-group im Schnittstellenkonfigurationsmodus für eine Schnittstelle:

   R1(config-if)# **ip access-group 1 out**

   Um eine ACL von einer Schnittstelle zu entfernen, geben Sie den Befehl no ip access-group *access-list-number* auf der Schnittstelle ein.

Die Listings 5.7 bis 5.9 verwenden die in Abbildung 5.18 gezeigte Topologie.

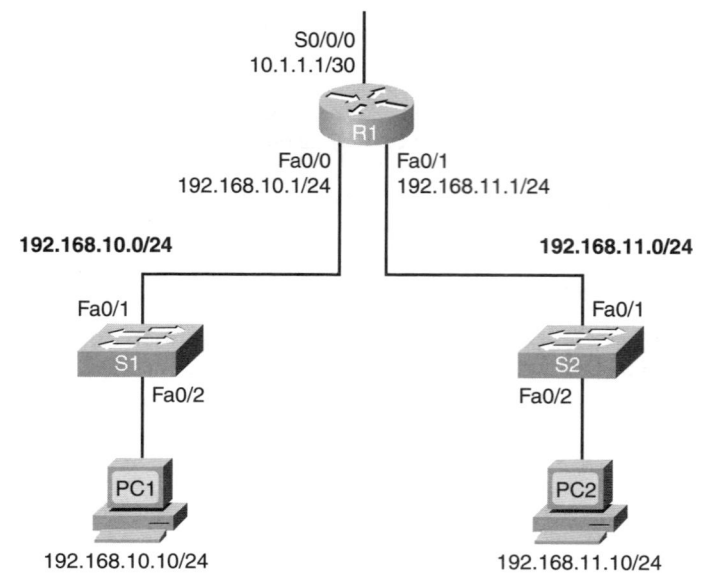

Abbildung 5.18: Topologie für eine Standard-ACL

Listing 5.7 zeigt eine ACL, die ein einzelnes Netzwerk zulässt. Diese ACL gestattet nur die Weiterleitung von Daten aus dem Absendernetzwerk 192.168.10.0 über die serielle Schnittstelle S0/0/0 auf dem Router R1. Daten aus anderen Netzwerken als 192.168.10.0 werden blockiert.

Listing 5.7: ACL, mit der genau ein Netzwerk zugelassen wird

```
R1(config)# access-list 1 permit 192.168.10.0 0.0.0.255
R1(config)# interface Serial 0/0/0
R1(config-if)# ip access-group 1 out
```

Die erste Zeile bezeichnet die Nummer der ACL (1). Die ACL lässt Daten zu, die den ausgewählten Parametern entsprechen. In diesem Fall lauten die IP-Adresse und die Wildcard-Maske für das Absendernetzwerk 192.168.10.0 0.0.0.255. Zur Erinnerung: Am Ende der ACL steht eine implizite (d. h. nicht sichtbare) deny any-Anweisung, deren Bedeutung der der Zeile access-list 1 deny 0.0.0.0 255.255.255.255 entspricht.

Der Befehl ip access-group 1 out im Schnittstellenkonfigurationsmodus bindet die ACL 1 an die Schnittstelle Serial 0/0/0 und dient dort als Filter für ausgehende Daten.

Aus diesem Grund gestattet die ACL 1 nur die Weiterleitung von Daten aus dem Netzwerk 192.168.10.0/24 über die serielle Schnittstelle S0/0/0 von Router R1. Andere Daten im Netzwerk – einschließlich solcher, die aus 192.168.11.0/24 stammen – werden über die Schnittstelle S0/0/0 von R1 nicht weitergeleitet.

Listing 5.8 zeigt eine ACL, die einen einzelnen Host abweist. Diese ACL ersetzt das obige Listing und blockiert zudem Daten, die von einer bestimmten Adresse stammen. Der erste Befehl löscht die obige Version von ACL 1. Dies ist erforderlich, weil neue access-list 1-Anweisungen automatisch an das Ende der vorhandenen Liste angehängt würden. Da wir eine neue Anweisung am Anfang von access-list 1 einfügen wollen, müssen wir die gesamte ACL löschen und dann alle access-list-Anweisungen neu eingeben. Die nächsten beiden Anweisungen entfernen die ACL von der Schnittstelle. Auf diese Weise werden neue access-list 1-Anweisungen erst gültig, sobald die Liste fertig gestellt ist und erneut zur Schnittstelle hinzugefügt wurde. Auf dieses Thema werden wir im weiteren Verlauf dieses Kapitels eingehen.

Die nächste ACL-Anweisung weist den Host PC1 mit der Adresse 192.168.10.10 ab. Alle anderen Hosts im Netzwerk 192.168.10.0/24 sind zulässig. Auch hier liegt wieder eine Übereinstimmung der impliziten deny-Anweisung mit jedem anderen Netzwerk vor. Andere Netzwerke werden abgewiesen; dies betrifft in diesem Fall das Netzwerk 192.168.11.0.

Listing 5.8: ACL, mit der ein bestimmter Host abgewiesen und ein bestimmtes Subnetz zugelassen wird

```
R1(config)# no access-list 1
R1(config)# interface Serial 0/0/0
R1(config-if)# no ip access-group 1 out
R1(config-if)# exit
R1(config)# access-list 1 deny 192.168.10.10 0.0.0.0
R1(config)# access-list 1 permit 192.168.10.0 0.0.0.255
R1(config)# interface Serial 0/0/0
R1(config-if)# ip access-group 1 out
```

Die ACL wird erneut in ausgehender Richtung auf die Schnittstelle S0/0/0 angewendet.

Listing 5.9 zeigt eine ACL, die ein bestimmtes Subnetz (192.168.10.0) abweist. Diese ACL ersetzt das obige Listing und blockiert weiterhin auch die Daten, die von PC1 stammen. Der gesamte andere LAN-Datenverkehr wird hingegen von Router R1 weitergeleitet.

Listing 5.9: ACL, mit der ein bestimmtes Subnetz abgewiesen, andere Subnetze jedoch zugelassen werden

```
R1(config)# no access-list 1
R1(config)# interface Serial 0/0/0
R1(config-if)# no ip access-group 1 out
R1(config-if)# exit
R1(config)# access-list 1 deny 192.168.10.0 0.0.0.255
R1(config)# access-list 1 permit 192.168.0.0 0.0.255.255
R1(config)# interface Serial 0/0/0
R1(config-if)# ip access-group 1 out
```

Die ersten vier Befehle entsprechen denen in Listing 5.8. Diese Befehle löschen die vorherige Version von ACL 1 und access-group 1 auf der Schnittstelle sowie eine ACL-Anweisungen, die den Host PC1 mit der Adresse 192.168.10.10 abweist.

Die nächsten Zeilen allerdings sind neu: Die erste dieser Zeilen sperrt zunächst das Subnetz 192.168.10.0 – die folgende Zeile lässt dann alle Hosts aus den Netzwerken 192.168.*x.x*/16 zu. An dieser Stelle liegt also eine Übereinstimmung nicht mehr nur mit den Hosts aus dem Netzwerk 192.168.10.0/24, sondern auch mit solchen aus dem Netzwerk 192.168.11.0 vor.

Die ACL wird erneut in ausgehender Richtung auf die Schnittstelle S0/0/0 angewendet. Deswegen können Daten aus dem rechten LAN, das an Router R1 angeschlossen sind, über die Schnittstelle Serial 0/0/0 weitergeleitet werden – ausgenommen ist lediglich das Subnetz von Host PC1.

> **ANMERKUNG**
>
> Weder Standard-ACLs noch erweiterte ACLs blockieren Pakete, die von dem Router selbst stammen, auf dem die ACL erstellt wurde. So blockiert beispielsweise ein Router, auf dem eine ACL Telnet-Sitzungen abweist, keine Telnet-Daten, die auf der Befehlszeile des Routers selbst eingegeben wurden.

ACL zur Steuerung des VTY-Zugriffs verwenden

Cisco empfiehlt die Verwendung von SSH für administrative Verbindungen mit Routern und Switches. Falls das Cisco IOS-Image auf Ihrem Router SSH nicht unterstützt, können Sie die Sicherheit administrativer Verbindungen zumindest teilweise verbessern, indem Sie den VTY-Zugriff einschränken. Die Einschränkung des VTY-Zugriffs ist eine Technik, mit der Sie definieren, welche IP-Adressen via Telnet auf den EXEC-Prozess des Routers zugreifen können. Welche Administratorworkstation oder welches Netzwerk ihren Router administrieren darf, können Sie mit einer ACL und einer `access-class`-Anweisung für ihre VTY-Verbindungen bestimmen. Ferner können Sie diese Technik mit SSH einsetzen, um die administrative Zugriffssicherheit weiter zu verbessern.

Mithilfe des Befehls `access-class` steuern Sie Telnet-Sitzungen von und mit den virtuellen Terminalverbindungen (VTY).

Standard- und erweiterte ACLs werden auf Pakete angewendet, die den Router passieren. Sie sind nicht dafür vorgesehen, Pakete zu blockieren, die vom Router selbst stammen. Eine ausgehende erweiterte ACL für Telnet-Verbindungen verhindert standardmäßig keine auf dem Router eingeleiteten Telnet-Sitzungen.

Die Filterung von Telnet-Daten wird gemeinhin als Funktion einer erweiterten ACL betrachtet, weil ein übergeordnetes Protokoll gefiltert wird. Wenn Sie allerdings mit dem Befehl `access-class` eingehende oder ausgehende Telnet-Sitzungen nach der Absenderadresse filtern und die Filterung auf VTY-Leitungen anwenden, können Sie den VTY-Zugriff mit Standard-ACL-Anweisungen steuern.

Die Syntax für den Befehl `access-class` lautet wie folgt:

`access-class` *access-list-number* {`in` | `out`}

Der Parameter `in` beschränkt eingehende Verbindungen zwischen einem bestimmten Cisco-Gerät und den Adressen in der ACL. Der Parameter `out` beschränkt ausgehende Verbindungen zwischen einem bestimmten Cisco-Gerät und den Adressen in der ACL.

Abbildung 5.19 zeigt eine Topologie für die Konfiguration, die in Listing 5.10 gezeigt ist und die VTYs 0 bis 4 zulässt. Die ACL in Listing 5.10 ist so konfiguriert, dass die Netzwerke 192.168.10.0 und 192.168.11.0 Zugriff auf die VTYs 0 bis 4 erhalten. Allen anderen Netzwerken wird der Zugriff auf die VTYs verweigert.

Steuerung des Terminalzugangs mit Standard-ACLs

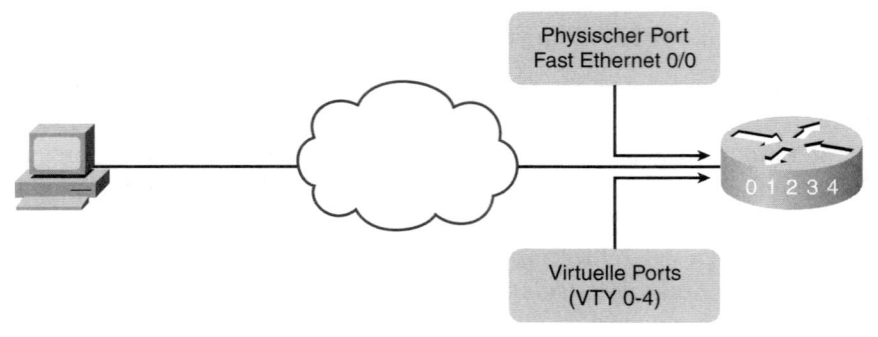

Abbildung 5.19: Topologie für VTY-Zugriff

Listing 5.10: Standard-ACLs zur Steuerung des VTY-Zugriffs verwenden
```
R1(config)# access-list 21 permit 192.168.10.0 0.0.0.255
R1(config)# access-list 21 permit 192.168.11.0 0.0.0.255
R1(config)# access-list 21 deny any

R1(config)# line vty 0 4
R1(config-line)# login
R1(config-line)# password secret
R1(config-line)# access-class 21 in
```

Berücksichtigen Sie bitte Folgendes, wenn Sie ACLs für VTYs konfigurieren:

- Nur nummerierte ACLs können auf VTYs angewendet werden.
- Für alle VTYs sollten identische Beschränkungen festgelegt werden, weil ein Benutzer mit jeder von ihnen eine Verbindung herstellen kann.

5.2.5 Nummerierte ACLs bearbeiten

Wenn Sie eine ACL konfigurieren, werden die Anweisungen in der Reihenfolge hinzugefügt, in der sie am Ende der ACL eingegeben wurden. Es gibt allerdings keine integrierte Bearbeitungsfunktionen, mit der Sie Änderungen in eine ACL einarbeiten können. Das bedeutet, dass Sie Zeilen weder gezielt einfügen noch entfernen können.

Es wird dringend empfohlen, ACLs in einem Texteditor wie Microsoft Notepad zu erstellen. Auf diese Weise können Sie die ACL erstellen oder bearbeiten und übertragen sie dann via Zwischenablage auf den Router. Bei einer vorhandenen ACL können Sie zunächst den Befehl show running-config eingeben, um sie anzuzeigen, die ACL dann durch Kopieren und Einfügen in den Texteditor übertragen, dort die erforderlichen Änderungen vornehmen und die ACL schließlich neu einladen.

Nehmen wir beispielsweise an, die Host-IP-Adresse in einer ACL wäre falsch eingegeben worden: Anstelle des Hosts 192.168.10.100 müsste die Hostadresse 192.168.10.11 heißen. Um die ACL 20 zu bearbeiten und zu korrigieren, müssen Sie die folgenden Schritte durchführen:

1. Zeigen Sie die ACL mit dem Befehl show running-config an. Verwenden Sie für diesen Befehl das Schlüsselwort include, so werden nur ACL-Anweisungen angezeigt:

   ```
   R1# show running-config | include access-list
   access-list 20 permit 192.168.10.100
   access-list 20 deny 192.168.10.0 0.0.0.255
   ```

2. Markieren Sie die ACL, kopieren Sie sie in die Zwischenablage und fügen Sie sie in Microsoft Notepad ein. Bearbeiten Sie die Liste nun nach Bedarf. Sobald die ACL in Notepad korrekt angezeigt wird, kopieren Sie sie in die Zwischenablage:

   ```
   access-list 20 permit 192.168.10.11
   access-list 20 deny 192.168.10.0 0.0.0.255
   ```

3. Deaktivieren Sie die ACL im globalen Konfigurationsmodus mit dem Befehl no access-list 20. Andernfalls würden die neuen Anweisungen einfach an die ACL angehängt. Nun fügen Sie die neue ACL aus der Zwischenablage in die Router-Konfiguration ein:

   ```
   R1(config)# no access-list 20
   R1(config)# access-list 20 permit 192.168.10.11
   R1(config)# access-list 20 deny 192.168.10.0 0.0.0.255
   ```

ACHTUNG

> Wenn Sie den Befehl no access-list verwenden, wird Ihr Netzwerk durch keine ACL mehr geschützt. Außerdem müssen Sie sich darüber im Klaren sein, dass Sie, sofern Sie einen Fehler in die neue Liste einbauen, diese Liste deaktivieren und ein Troubleshooting durchführen müssen. Auch in diesem Fall werden bei laufender Behebung des Problems keine ACLs im Netzwerk angewendet.

Nummerierte ACLs kommentieren

Sie können mit dem Schlüsselwort remark Anmerkungen zu Einträgen in jede Standard- oder erweiterte ACL einfügen. Diese Anmerkungen erleichtern das Verstehen und Durchsehen der ACL. Jede Anmerkungszeile ist auf 100 Zeichen begrenzt.

Ein Kommentar kann vor oder nach einer permit- oder deny-Anweisung eingefügt werden. Diesbezüglich sollten Sie konsistent vorgehen, damit klar ist, welche Anmerkung sich auf welche permit- oder deny-Anweisung bezieht. Es wäre verwirrend, wenn Sie einige Anmerkungen vor, andere jedoch nach den zugehörigen Anweisungen einfügen würden.

Um einen Kommentar für eine nummerierte Standard- oder erweiterte ACL einzufügen, verwenden Sie den Befehl access-list *access-list-number* remark *remark* im globalen Konfigurationsmodus. Zum Entfernen der Anmerkung verwenden Sie die entsprechende no-Variante des Befehls.

Die Standard-ACL in Listing 5.11 gewährt Zugriff auf die Workstation, die Jones gehört, verweigert jedoch den Zugriff auf die Workstation von Smith.

Listing 5.11: ACLs mit Kommentaren versehen (Beispiel 1)

```
Router(config)# access-list 1 remark Permit only Jones workstation through
Router(config)# access-list 1 permit 192.168.10.13
Router(config)# access-list 1 remark Do not allow Smith through
Router(config)# access-list 1 deny 1 192.168.10.14
```

Für Einträge in benannten ACLs verwenden Sie den ACL-Konfigurationsbefehl remark. Zum Entfernen des Kommentars verwenden Sie die no-Variante des Befehls. Listing 5.12 zeigt eine erweiterte benannte ACL. Wir haben an früherer Stelle bereits erwähnt, dass erweiterte ACLs zur Steuerung bestimmter Portnummern oder Dienste verwendet werden. Die Anmerkung in Listing 5.12 besagt, dass der Host für Jones keine ausgehenden Telnet-Verbindungen einrichten darf.

Listing 5.12: ACLs mit Kommentaren versehen (Beispiel 2)

```
Router(config)# ip access-list extended TELNETTING
Router(config-ext-nacl)# remark Do not allow Jones host to Telnet outbound
Router(config-ext-nacl)# deny tcp host 192.168.10.13 any eq telnet
```

5.2.6 Benannte Standard-ACLs erstellen

Durch Benennen einer ACL kann deren Funktion besser veranschaulicht werden. Beispielsweise könnte eine ACL, die FTP-Daten abweist, den Namen NO_FTP erhalten. Wenn Sie Ihre ACL mit einem Namen statt mit einer Nummer bezeichnen, weichen Konfigurationsmodus und Befehlssyntax geringfügig voneinander ab.

Die folgenden Schritte beschreiben die Erstellung einer benannten Standard-ACL.

1. Verwenden Sie im globalen Konfigurationsmodus den Befehl ip access-list standard *name*, um eine benannte ACL zu erstellen. ACL-Namen enthalten alphanumerische Zeichen und müssen eindeutig sein:

   Router(config) **ip access-list** {**standard** | **extended**} *name*

   > Schritt für Schritt

2. Geben Sie im Konfigurationsmodus für benannte ACLs permit- und/oder deny-Anweisungen ein, um eine oder mehrere Bedingungen zu definieren, mit denen festgestellt wird, ob ein Paket weitergeleitet oder verworfen wird:

   Router(config-std-nacl)# [*sequence-number*] {**permit** | **deny** | **remark**} *source* [*source-wildcard*] [**log**]

3. Aktivieren Sie die benannte ACL mit dem Befehl ip access-group auf einer Schnittstelle:

   Router(config-if)# **ip access-group** *name* {**in** | **out**}

In Listing 5.13 sind die Befehle aufgeführt, die zur Konfiguration einer benannten Standard-ACL für die Schnittstelle Fa0/0 auf dem Router R1 verwendet werden. Diese Standard-ACL verweigert dem Host 192.168.11.10 den Zugriff auf das Netzwerk 192.168.10.0. Abbildung 5.20 zeigt die zugehörige Topologie.

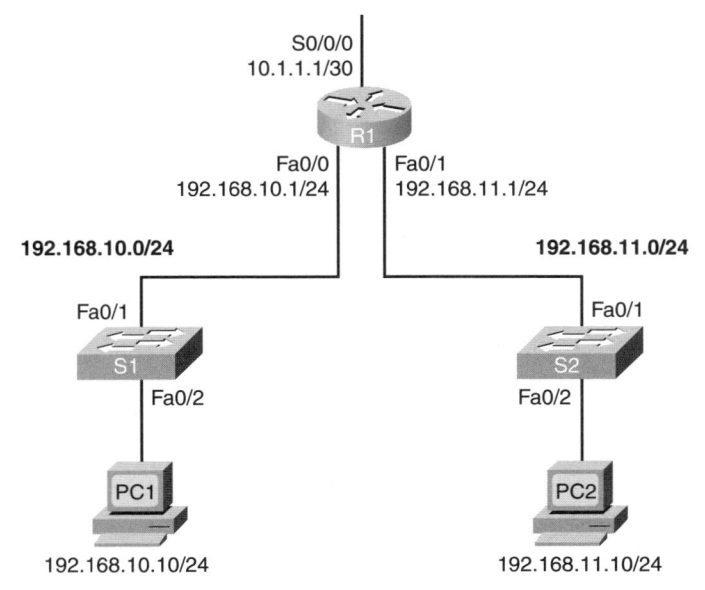

Abbildung 5.20: Topologie für eine benannte ACL

Listing 5.13: Benannte ACLs (Beispiel)

```
R1(config)# ip access-list standard NO_ACCESS
R1(config-std-nacl)# deny host 192.168.11.10
R1(config-std-nacl)# permit 192.168.11.0 0.0.0.255
R1(config-std-nacl)# interface Fa0/0
R1(config-if)# ip access-group NO_ACCESS out
```

Die Verwendung von Großbuchstaben in ACL-Namen ist nicht obligatorisch, hebt diese aber in der Ausgabe der laufenden Konfiguration besser hervor.

5.2.7 ACLs überwachen und verifizieren

Wenn Sie die Konfiguration einer ACL abgeschlossen haben, können Sie sie mit den show-Befehlen im Cisco IOS überprüfen. Der folgende Befehl zeigt die Inhalte aller ACLs an:

```
R1# show access-lists [access-list number | name]
```

Listing 5.14 zeigt das Ergebnis des Befehls show access-lists auf dem Router R1. Die in Großbuchstaben geschriebenen ACL-Namen SALES und ENG sind in der Ausgabe gut zu erkennen.

Listing 5.14: Ausgabe des Befehls »show access-lists« (Beispiel)

```
R1# show access-lists

Standard IP access list SALES
    10 deny    10.1.1.0 0.0.0.255
    20 permit 10.3.3.1
    30 permit 10.4.4.1
    40 permit 10.5.5.1
Extended IP access list ENG
    10 permit tcp host 192.168.10.10 any eq telnet (25 matches)
    20 permit tcp host 192.168.10.10 any eq ftp
    30 permit tcp host 192.168.10.10 any eq ftp-data
```

Vergegenwärtigen wir uns noch einmal, warum wir ACLs überhaupt einsetzen: Wir wollen die Sicherheitsrichtlinien in unserer Organisation implementieren. Nachdem Sie nun kontrolliert haben, dass die ACLs wie vorgesehen konfiguriert wurden, besteht der nächste Schritt darin, sich zu vergewissern, dass sie auch wie geplant funktionieren.

Den weiter oben in diesem Abschnitt aufgeführten Empfehlungen folgend sollten Sie ACLs zunächst in einem Testnetzwerk konfigurieren und die getesteten ACLs erst dann im Produktionsnetzwerk einsetzen. Zwar würde eine Beschreibung der Vorbereitung eines ACL-Testszenarios den Rahmen dieses Buches sprengen, doch sollten Sie wissen, dass das Überprüfen der Funktionsfähigkeit von ACLs ein komplexer und zeitaufwendiger Prozess sein kann.

5.2.8 Benannte ACLs bearbeiten

Benannte ACLs weisen gegenüber nummerierten einen wesentlichen Vorteil auf – sie sind leichter zu bearbeiten. Seit Cisco IOS Release 12.3 können Sie einzelne Einträge in einer benannten ACL individuell löschen. Mithilfe von Sequenznummern können Sie Anweisungen an beliebiger Stelle in die benannte ACL einfügen. Wenn Sie eine ältere Cisco IOS-Version verwenden, können Sie Anweisungen jedoch nur am Ende der benannten ACL hinzufügen. Da Sie nun einzelne Einträge löschen können, können Sie Ihre ACL modifizieren, ohne diese vollständig löschen und neu konfigurieren zu müssen.

Listing 5.15 zeigt eine auf die Schnittstelle Serial 0/0/0 von R1 angewendete ACL (auch dieses Listing bezieht sich auf die in Abbildung 5.20 gezeigte Topologie). Die ACL beschränkt den Zugang zum Webserver. Beachten Sie, dass die letzten beiden ACL-Anweisungen nicht erforderlich sind – die implizite deny any-Anweisung am Ende der Liste ist eigentlich ausreichend. In Listing 5.15 erkennen Sie zwei Aspekte, die in diesem Buch bislang nicht vorgekommen sind:

- In der ersten Ausgabe des Befehls show access-lists sehen Sie, dass die ACL namens WEBSERVER drei nummerierte Zeilen aufweist, die Zugriffsregeln für den Webserver angeben.

- Um in der ACL einer weiteren Workstation Zugriff zu gewähren, müssen Sie lediglich eine nummerierte Zeile einfügen. In unserem Beispiel wird die Workstation mit der IP-Adresse 192.168.11.10 mit der Sequenznummer 15 hinzugefügt.

- Aus dem letzten show access-lists-Befehl geht hervor, dass der neuen Workstation der Zugriff nun gewährt wird.

Listing 5.15: Zeile zu einer benannten ACL hinzufügen

```
R1# show access-lists

Standard IP access list WEBSERVER
    10 permit 192.168.10.11
    20 deny   192.168.10.0, wildcard bits 0.0.0.255
    30 deny   192.168.11.0, wildcard bits 0.0.0.255
R1# conf t
```

Listing 5.15: Zeile zu einer benannten ACL hinzufügen (Forts.)

```
Enter configuration commands, one per line. End with CNTL/Z.
R1(config)# ip access-list standard WEBSERVER
R1(config-std-nacl)# 15 permit 192.168.11.10
R1(config-std-nacl)# end

R1#
*Nov 1 19:20:57.591: %SYS-5-CONFIG_I: Configured from console by console
R1# show access-lists

Standard access list WEBSERVER
    10 permit 192.168.10.11
    15 permit 192.168.11.10
    20 deny   192.168.10.0, wildcard bits 0.0.0.255
    30 deny   192.168.11.0, wildcard bits 0.0.0.255
```

Packet Tracer Aktivität

Standard-ACLs konfigurieren (5.2.8)

Standard-ACLs sind Skripts in einer Router-Konfiguration, mit denen sich basierend auf der Absenderadresse steuern lässt, ob der Router Pakete akzeptiert oder abweist. Diese Aktivität legt den Schwerpunkt auf die Definition von Filterkriterien, die Konfiguration von Standard-ACLs, die Anwendung der ACL auf Router-Schnittstellen und das Konfigurieren und Testen der ACL-Implementierung.

Ausführliche Anweisungen entnehmen Sie der Aktivität selbst. Zur Durchführung der Aktivität verwenden Sie Packet Tracer und die Datei *e4-528.pka* auf der Begleit-CD-ROM zu diesem Buch.

5.3 Erweiterte ACLs konfigurieren

Um eine präzisere Datenfilterung zu ermöglichen, können Sie erweiterte ACLs verwenden, deren Nummern in den Bereichen von 100 bis 199 sowie von 2000 bis 2699 liegen. Ihnen stehen also bis zu 799 mögliche erweiterte ACLs zur Verfügung. Außerdem lassen sich auch erweiterte ACLs mit Namen versehen.

5.3.1 Erweiterte ACLs

Erweiterte ACLs werden häufiger als Standard-ACLs eingesetzt, da sie ein höheres Maß an Kontrolle ermöglichen und Ihre Sicherheitslösung sinnvoll ergänzen können. Ebenso wie Standard-ACLs untersuchen erweiterte ACLs die Absender-IP-Adresse, zusätzlich aber auch die Ziel-IP-Adresse, Protokolle und Portnummern (oder Dienste). Dies bietet Ihnen mehr Möglichkeiten bei der Formulierung der Kriterien, auf denen eine ACL basiert. So kann eine erweiterte ACL beispielsweise den E-Mail-Datenverkehr aus einem Netzwerk an einen bestimmten Empfänger zulassen, während gleichzeitig Dateiübertragungen und das Surfen im Internet unterbunden werden.

Pakete mit erweiterten ACLs testen

Abbildung 5.21 zeigt den logischen Entscheidungsweg, den eine erweiterte ACL verwendet, die Daten auf der Basis von Absender- und Zieladressen sowie Protokollen und Portnummern filtert. In diesem Beispiel filtert die ACL zunächst nach der Absenderadresse, dann nach Port und Protokoll des Absenders. Die weitere Filterung erfolgt entsprechend der Zieladresse sowie nachfolgend aufgrund des Ports und des Protokolls des Empfängers. Nach Abschluss der Auswertungen wird eine Entscheidung über Annahme oder Abweisung der Daten getroffen.

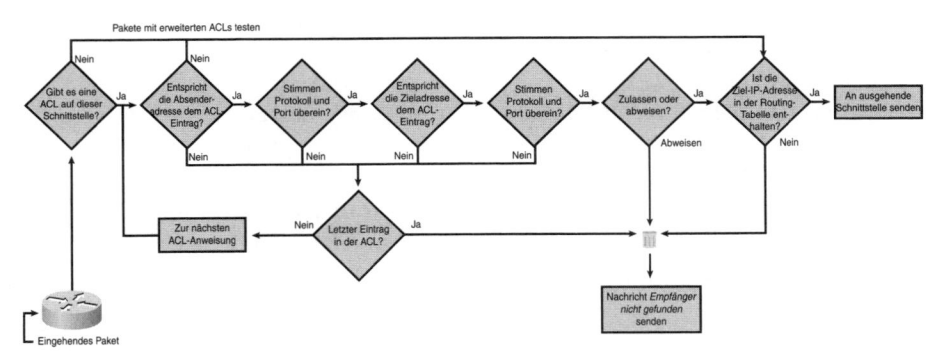

Abbildung 5.21: Entscheidungsweg bei erweiterten ACLs

Sie wissen bereits, dass Einträge in ACLs nacheinander abgearbeitet werden. Das bedeutet, dass ein Nein im Entscheidungsweg nicht unbedingt ein Abweisen der Daten zur Folge hat. Vielmehr werden Sie, sofern Sie diesem Entscheidungsweg folgen, feststellen, dass ein Nein zum nächsten Eintrag führt, bis alle Einträge getestet wurden. Sobald eine Übereinstimmung mit einer permit- oder deny-Anweisung auftritt, wird die Verarbeitung der ACL-Einträge abgebrochen. Wird keine Übereinstimmung mit einem der expliziten Einträge gefunden, so endet die Verarbeitung bei der impliziten deny any-Anweisung am Ende der Liste – die Daten werden abgewiesen.

Im nächsten Abschnitt finden Sie ein Beispiel für eine erweiterte ACL.

Auf Ports und Dienste hin testen

Die Möglichkeit der Filterung nach Protokoll und Portnummer gestattet es Ihnen, sehr spezifische erweiterte ACLs zu erstellen. Durch Verwendung der geeigneten Portnummer können Sie eine Anwendung festlegen, indem Sie entweder die Portnummer oder den Namen eines Well-Known-Ports angeben.

Listing 5.16 zeigt einige Beispiele dafür, wie ein Administrator eine TCP- oder UDP-Portnummer oder ein Schlüsselwort angibt; die Angabe erfolgt jeweils am Ende der ACL-Anweisung. Es lassen sich logische Operationen verwenden, zum Beispiel eq (ist gleich), neq (ist nicht gleich), gt (größer als) und lt (kleiner als).

Listing 5.16: Beispiele für erweiterte ACLs

```
! Using port numbers:
access-list 114 permit tcp 192.168.20.0 0.0.0.255 any eq 23
access-list 114 permit tcp 192.168.20.0 0.0.0.255 any eq 21
! Using keywords:
access-list 114 permit tcp 192.168.20.0 0.0.0.255 any eq telnet
access-list 114 permit tcp 192.168.20.0 0.0.0.255 any eq ftp
```

Listing 5.17 zeigt, wie eine Liste mit Portnummern und Schlüsselwörtern generiert wird, die Sie bei der Erstellung einer ACL mit dem Befehl access-list verwenden können.

Listing 5.17: Portnummern generieren

```
R1(config)# access-list 101 permit tcp any eq ?
  <0-65535>  Port number
  bgp        Border Gateway Protocol (179)
  chargen    Character generator (19)
  cmd        Remote commands (rcmd, 514)
  daytime    Daytime (13)
  discard    Discard (9)
  domain     Domain Name Service (53)
  echo       Echo (7)
  exec       Exec (rsh, 512)
  finger     Finger (79)
  ftp        File Transfer Protocol (21)
  ftp-data   FTP data connections (20)
  gopher     Gopher (70)
  hostname   NIC hostname server (101)
  ident      Ident Protocol (113)
```

Listing 5.17: Portnummern generieren (Forts.)

irc	Internet Relay Chat (194)
klogin	Kerberos login (543)
kshell	Kerberos shell (544)
login	Login (rlogin, 513)
lpd	Printer service (515)
nntp	Network News Transport Protocol (119)
pim-auto-rp	PIM Auto-RP (496)
pop2	Post Office Protocol v2 (109)
pop3	Post Office Protocol v3 (110)
smtp	Simple Mail Transport Protocol (25)
sunrpc	Sun Remote Procedure Call (111)
syslog	Syslog (514)
tacacs	TAC Access Control System (49)
talk	Talk (517)
telnet	Telnet (23)
time	Time (37)
uucp	Unix-to-Unix Copy Program (540)
whois	Nicname (43)
www	World Wide Web (HTTP, 80)
R1(config)# **access-list 101 permit tcp any eq ?**	

5.3.2 Erweiterte ACLs konfigurieren

Die Vorgehensweise zur Konfiguration erweiterter ACLs ist dieselbe wie bei Standard-ACLs. Zunächst erstellen Sie die erweiterte ACL, und dann aktivieren Sie sie auf einer Schnittstelle. Befehlssyntax und Parameter sind allerdings komplexer, um die zusätzlichen Funktionen zu unterstützen, die erweiterte ACLs bereitstellen.

Die allgemeine Syntax für erweiterte ACLs lautet:

access-list *access-list-number* {**deny** | **permit** | **remark**} *protocol source source-wildcard* [**operator** *operand*] [**port** *port-number or name*] *destination destination-wildcard* [**operator** *operand*] [**port** *port-number or name*] [**established**]

Tabelle 5.14 enthält Details zu Schlüsselwörtern und Parametern. Im Verlauf dieses Kapitels werden wir Ihre Kenntnisse mit Erläuterungen und Beispielen erweitern.

Tabelle 5.14: Parameter und Beschreibungen zur Syntax bei erweiterten ACLs

Parameter	Beschreibung
access-list-number	Identifiziert die ACL mithilfe einer Zahl im Bereich zwischen 100 und 199 (erweiterte ACLs) bzw. zwischen 2000 und 2699 (zusätzlicher Bereich für erweiterte ACLs).
deny	Verweigert bei Übereinstimmung mit den Bedingungen den Zugriff.
permit	Gestattet bei Übereinstimmung mit den Bedingungen den Zugriff.
remark	Gestattet die Eingabe eines Kommentars.
protocol	Name oder Nummer eines Internetprotokolls. Häufige Schlüsselwörter sind icmp, ip, tcp und udp. Für eine Übereinstimmung mit einem beliebigen Internetprotokoll (einschließlich ICMP, TCP und UDP) verwenden Sie das Schlüsselwort ip.
source	Nummer des Netzwerks oder Hosts, von dem das Paket gesendet wird
source-wildcard	Wildcard-Bits, die auf den Absender angewendet werden
operand	(Optional) Vergleicht Absender- oder Empfängerports. Unterstützte Operanden sind lt (kleiner als), gt (größer als), eq (ist gleich), neq (ist nicht gleich) und range (inklusiver Bereich).
port-number or name	(Optional) Dezimalnummer oder Name eines TCP- oder UDP-Ports
destination	Nummer des Netzwerks oder Hosts, an den das Paket gesendet wird
destination-wildcard	Wildcard-Bits, die auf den Empfänger angewendet werden
established	(Optional) Gilt nur für das TCP-Protokoll. Zeigt eine hergestellte Verbindung an.

Listing 5.18 zeigt, wie Sie eine erweiterte ACL gezielt für die Anforderungen in Ihrem Netzwerk erstellen können. Die Topologie sehen Sie in Abbildung 5.22. In Listing 5.18 muss der Netzwerkadministrator den Internetzugang dahingehend einschränken, dass nur das Aufrufen von Websites möglich ist. Die ACL 103 wird auf den Datenverkehr angewendet, der das Netzwerk 192.168.10.0 verlässt, während die ACL 104 für eingehende Daten gilt.

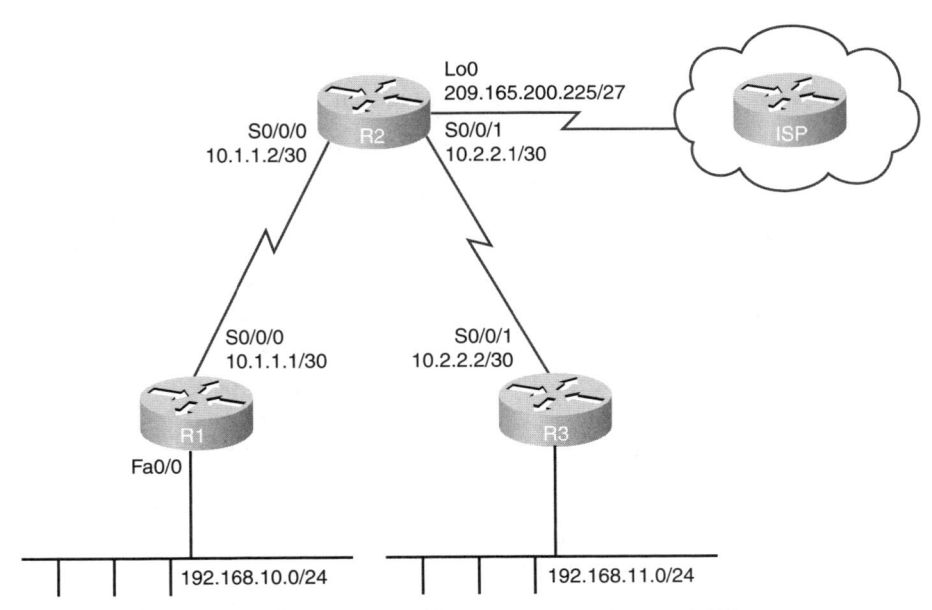

Abbildung 5.22: Topologie zur Konfiguration erweiterter ACLs

Listing 5.18: Erweiterte ACLs konfigurieren

R1(config)# **access-list 103 permit tcp 192.168.10.0 0.0.0.255 any eq 80**
R1(config)# **access-list 103 permit tcp 192.168.10.0 0.0.0.255 any eq 443**
R1(config)# **access-list 104 permit tcp any 192.168.10.0 0.0.0.255 established**

Die folgenden Punkte fassen die access-list-Anweisungen in Listing 5.18 zusammen:

- ACL 103 gestattet Anfragen an die Ports 80 und 443.

- ACL 104 gestattet HTTP- und HTTPS-Antworten über hergestellte Verbindungen.

Die ACL 103 setzt den ersten Teil der Anforderung um. Sie gestattet die Auslieferung von Daten, die von einer beliebigen Adresse im Netzwerk 192.168.10.0 stammen, an ein beliebiges Ziel, sofern diese Daten über die Ports 80 (HTTP) oder 443 (HTTPS) eingehen.

Das Wesen von HTTP macht es erforderlich, dass Daten wieder in das Netzwerk fließen müssen, doch möchte der Netzwerkadministrator diesen Datenverkehr auf den Versand von HTTP-Daten angeforderter Websites beschränken. Entsprechend der Sicherheitslösung müssen alle anderen in das Netzwerk gelangenden Daten abgewiesen werden. Die ACL 104 tut genau dies, indem sie den gesamten eingehenden Datenverkehr blockiert, sofern er nicht über hergestellte Verbindungen empfangen wird. HTTP stellt Verbindungen her, die mit der ersten Anfrage beginnen, woraufhin dann ACK-, FIN- und SYN-Nachrichten ausgetauscht werden.

Beachten Sie bitte, dass im Beispiel der Parameter established verwendet wird. Dieser Parameter ermöglicht es Antworten auf Daten, die aus dem Netzwerk 192.168.10.0/24 stammen, an der Schnittstelle S0/0/0 wieder zu empfangen. Eine Übereinstimmung liegt vor, wenn im TCP-Datagramm die ACK- oder RST-Bits (Reset) gesetzt sind, was nichts anderes bedeutet, als dass das Paket zu einer bereits bestehenden Verbindung gehört. Stünde dieser Parameter nicht in der ACL-Anweisung, so wäre der gesamte TCP-Datenverkehr an das Netzwerk 192.168.10.0/24 unterschiedslos zulässig.

5.3.3 Erweiterte ACLs auf Schnittstellen anwenden

Als Nächstes werden Sie aufbauend auf dem obigen Beispiel erfahren, wie man eine erweiterte ACL erstellt. Sie wissen bereits, dass wir es Ihren Benutzern gestatten wollen, sowohl sichere als auch unsichere Websites zu besuchen. Zunächst müssen wir feststellen, ob die Daten, die Sie filtern wollen, eingehende oder ausgehende sind. Der Zugriff auf Websites im Internet ist ausgehender Datenverkehr. E-Mails aus dem Internet hingegen sind eingehende Daten. Wenn wir uns allerdings ansehen, wie man eine ACL auf eine Schnittstelle anwendet, dann nehmen die Begriffe »eingehend« und »ausgehend« je nach Standpunkt eine andere Bedeutungen an.

In Abbildung 5.23 hat der Router R1 zwei Schnittstellen: den seriellen Port S0/0/0 und einen Fast Ethernet-Port Fa0/0. Die Daten aus dem Internet werden über die Schnittstelle S0/0/0 empfangen und dann über die Schnittstelle Fa0/0 an PC1 weitergeleitet. Die in Listing 5.19 gezeigte Konfiguration wendet die ACL in beiden Richtungen auf die serielle Schnittstelle an.

Listing 5.19: Erweiterte ACLs auf Schnittstellen anwenden

```
R1(config)# interface S0/0/0
R1(config-if)# ip access-group 103 out
R1(config-if)# ip access-group 104 in
```

Listing 5.20, dessen zugehörige Topologie wir in Abbildung 5.24 sehen, ist so aufgebaut, dass FTP-Daten aus dem Subnetz 192.168.11.0, die an das Subnetz 192.168.10.0 gerichtet sind, abgewiesen werden, während alle anderen Daten zugelassen werden. Beachten Sie die Verwendung von Wildcard-Masken und die explizite deny any-Anweisung. Denken Sie daran, dass FTP die Ports 20 und 21 benötigt, das heiß, Sie müssen sowohl eq 20 als auch eq 21 spezifizieren, um FTP-Daten abzuweisen.

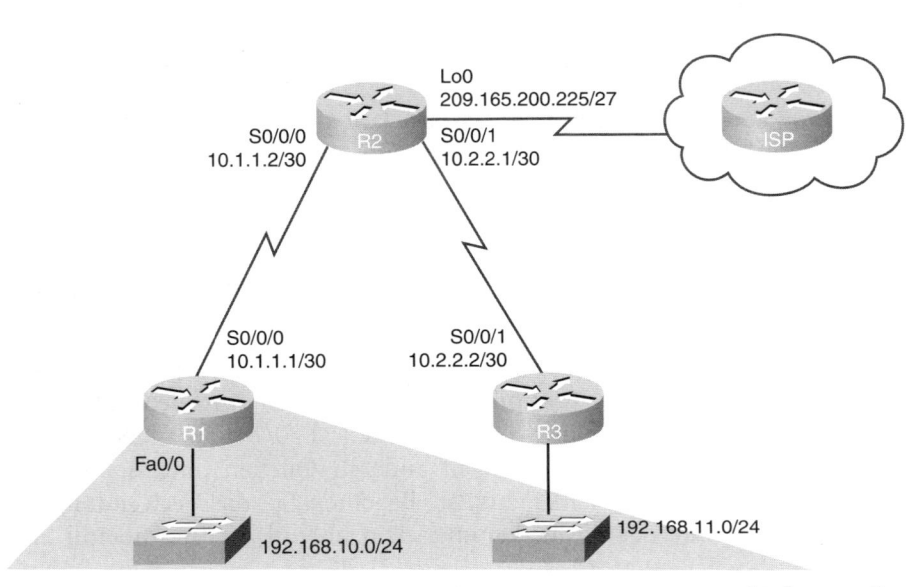

Abbildung 5.23: Topologie zur Anwendung erweiterter ACLs auf Schnittstellen

Listing 5.20: FTP blockieren

```
R1(config)# access-list 101 deny tcp 192.168.11.0 0.0.0.255 192.168.10.0
0.0.0.255 eq 21
R1(config)# access-list 101 deny tcp 192.168.11.0 0.0.0.255 192.168.10.0
0.0.0.255 eq 20
R1(config)# access-list 101 permit ip any any

R1(config)# interface Fa0/1
R1(config-if)# ip access-group 101 in
```

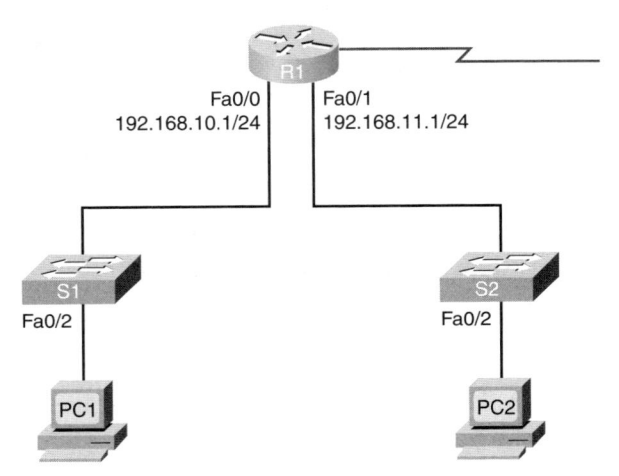

Abbildung 5.24: Topologie zum Blockieren von FTP-Daten

Bei erweiterten ACLs können Sie – wie im Beispiel – Nummern angeben oder einen Well-Known-Port auch über seinen Namen referenzieren:

```
R1(config)# access-list 101 deny tcp 192.168.11.0 0.0.0.255 192.168.10.0
0.0.0.255 eq ftp
R1(config)# access-list 101 deny tcp 192.168.11.0 0.0.0.255 192.168.10.0
0.0.0.255
   eq ftp-data
```

Beachten Sie, dass bei FTP sowohl ftp als auch ftp-data berücksichtigt werden müssen.

Listing 5.21, das ebenfalls auf der in Abbildung 5.24 gezeigten Topologie basiert, zeigt eine Konfiguration, die Telnet-Daten aus dem Netzwerk 192.168.11.0 abweist, die auf der Schnittstelle Fa0/1 empfangen werden, alle anderen IP-Daten aus beliebigen anderen Quellen und an beliebige andere Ziele jedoch auf Fa0/1 zulässt. Beachten Sie die Verwendung des Schlüsselwortes any, das die Bedeutung »von überall her und überall hin« hat.

Listing 5.21: Telnet-Daten abweisen

```
R1(config)# access-list 101 deny tcp 192.168.11.0 0.0.0.255 any eq 23
R1(config)# access-list 101 permit ip any any

R1(config)# interface Fa0/1
R1(config-if)# ip access-group 101 in
```

5.3.4 Erweiterte ACLs mit Namen erstellen

Sie können benannte erweiterte ACLs im Wesentlichen auf die gleiche Weise erstellen, wie Sie es auch mit Standard-ACLs getan haben. Die Befehle zum Erstellen einer benannten ACL sind bei Standard- und erweiterten ACLs ähnlich, doch müssen Sie für erweiterte ACLs zusätzliche Optionen angeben.

Gehen Sie wie folgt vor, um eine erweiterte ACL zu erstellen, die Namen verwendet:

Schritt für Schritt

1. Geben Sie im globalen Konfigurationsmodus den Befehl ip access-list extended *name* ein, um eine benannte erweiterte ACL zu definieren.

2. Geben Sie im Konfigurationsmodus für benannte ACLs die Bedingungen an, unter denen Sie Daten zulassen oder abweisen wollen.

3. Kehren Sie in den privilegierten EXEC-Modus zurück und kontrollieren Sie Ihre ACL mit dem Befehl show access-lists [*number* | *name*].

4. Aktivieren Sie die benannte ACL mit dem Befehl `ip access-group` *name* {in | out} auf einer Schnittstelle.

5. Optional können Sie, was auch empfohlen wird, Ihre Einträge mit dem Befehl *copy running-config startup-config* in die Konfigurationsdatei speichern.

Um eine benannte erweiterte ACL zu entfernen, verwenden Sie den Befehl `no ip access-list extended` *name* im globalen Konfigurationsmodus.

Die Befehle in Listing 5.22, das auf der Topologie in Abbildung 5.25 basiert, zeigen eine benannte Version der ACL, die Sie weiter oben in Listing 5.18 erstellt haben.

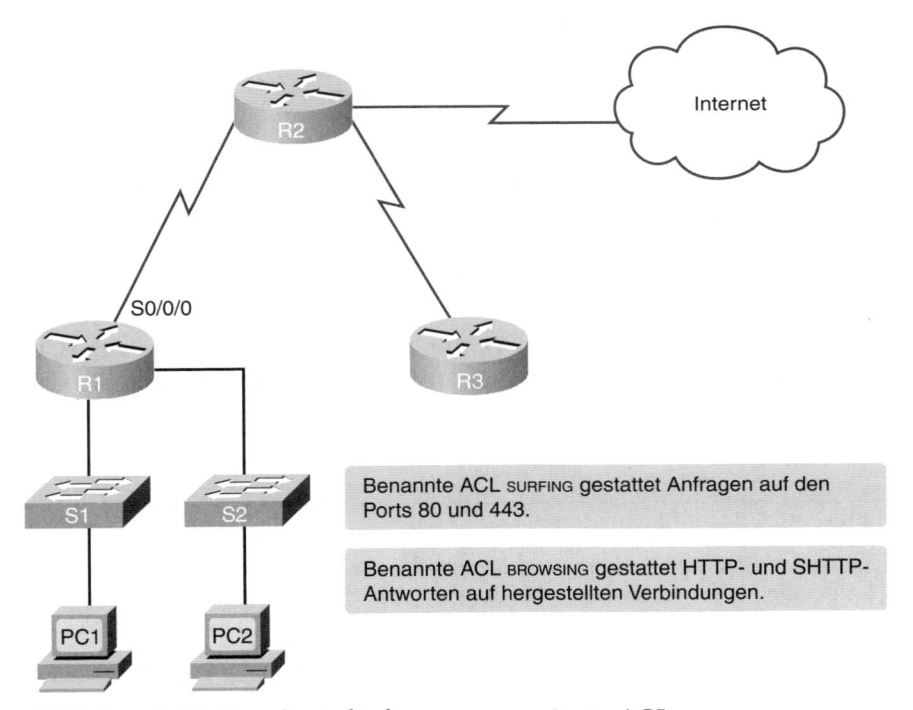

Abbildung 5.25: Topologie für benannte erweiterte ACLs

Listing 5.22: Benannte erweiterte ACLs konfigurieren

```
R1(config)# ip access-list extended SURFING
R1(config-ext-nacl)# permit tcp 192.168.10.0 0.0.0.255 any eq 80
R1(config-ext-nacl)# permit tcp 192.168.10.0 0.0.0.255 any eq 443
R1(config)# access-list extended BROWSING
R1(config-ext-nacl)# permit tcp any 192.168.10.0 0.0.0.255 established
```

Packet Tracer Aktivität

Erweiterte ACLs konfigurieren (5.3.4)

Erweiterte ACLs sind Skripts zur Router-Konfiguration, mit denen sich basierend auf der Absender- oder Zieladresse sowie auf Protokollen und Ports steuern lässt, ob ein Router Pakete akzeptiert oder abweist. Erweiterte ACLs bieten mehr Flexibilität und Granularität als Standard-ACLs. Diese Aktivität legt den Schwerpunkt auf die Definition von Filterkriterien, die Konfiguration von erweiterten ACLs, die Anwendung der ACL auf Router-Schnittstellen sowie das Konfigurieren und Testen der ACL-Implementierung.

Ausführliche Anweisungen entnehmen Sie der Aktivität selbst. Zur Durchführung der Aktivität verwenden Sie Packet Tracer und die Datei *e4-534.pka* auf der Begleit-CD-ROM zu diesem Buch.

5.4 Komplexe ACLs konfigurieren

Wir haben bislang Standard-ACLs, erweiterte ACLs und benannte ACLs untersucht. In diesem Abschnitt nun wollen wir uns einem anderen ACL-Typ zuwenden: komplexen ACLs.

5.4.1 Was sind komplexe ACLs?

Standard-ACLs und erweiterte ACLs können als Basis für komplexe ACLs dienen, die zusätzliche Funktionalität bieten. Tabelle 5.15 fasst die drei Kategorien komplexer ACLs zusammen.

Tabelle 5.15: Kategorien komplexer ACLs

Komplexe ACL	Beschreibung
Dynamische ACLs (Lock-and-Key)	Benutzerdaten, die den Router passieren wollen, werden abgewiesen, bis der entsprechende Benutzer eine Telnet-Verbindung mit dem Router erstellt und sich authentifiziert hat.
Reflexive ACLs	Lassen ausgehende Daten zu und begrenzen eingehenden Datenverkehr als Reaktion auf Sitzungen, die auf dem Router gestartet wurden.
Zeitbasierte ACLs	Ermöglichen eine Zugriffssteuerung basierend auf der Uhrzeit und dem Wochentag.

5.4.2 Dynamische ACLs

Lock-and-Key ist eine Sicherheitsfunktion zur Datenfilterung, die dynamische ACLs einsetzt. Deswegen werden solche ACLs manchmal auch als Lock-and-Key-ACLs bezeichnet.

Was sind dynamische ACLs?

Dynamische ACLs stehen nur für IP-Daten zur Verfügung. Sie basieren auf Telnet-Konnektivität, Authentifizierung (lokal oder remote) und erweiterten ACLs.

Die Konfiguration einer dynamischen ACL beginnt mit der Anwendung einer erweiterten ACL, um Daten zu blockieren, die den Router passieren wollen. Benutzerdaten, die den Router passieren wollen, werden von der erweiterten ACL abgewiesen, bis der entsprechende Benutzer eine Telnet-Verbindung mit dem Router aufgebaut und sich authentifiziert hat. Danach wird die Telnet-Verbindung abgebaut, und es wird genau ein dynamischer ACL-Eintrag zur vorhandenen erweiterten ACL hinzugefügt. Auf diese Weise wird der Datenempfang für einen bestimmten Zeitraum zugelassen; ein automatischer Verbindungsabbau bei einer leerlaufenden Verbindung ist ebenso möglich wie absolute Timeouts.

Wann dynamische ACLs verwendet werden

Es gibt mehrere Gründe für die Verwendung dynamischer ACLs:

- Ein bestimmter Remote-Benutzer oder eine Gruppe solcher Benutzer soll auf einen Host in Ihrem Netzwerk zugreifen können, indem sie von ihren Remote-Hosts aus über das Internet eine Verbindung herstellen. Die Lock-and-Key-Funktion authentifiziert den Benutzer und gewährt ihm dann für einen bestimmten Zeitraum einen eingeschränkten Zugriff über Ihren Firewall-Router auf einen Host oder ein Subnetz.

- Sie wollen einem Teil Ihrer Hosts in Ihrem lokalen Netzwerk den Zugriff auf einen Host in einem Netzwerk gestatten, das durch eine Firewall geschützt ist. Mit der Lock-and-Key Funktion können Sie den gewünschten lokalen Hosts den Zugriff auf den Remote-Host gestatten. Lock-and-Key verlangt vom Benutzer die Authentifizierung über einen AAA-, einen TACACS+- oder einen anderen Sicherheitsserver, bevor der Zugriff der Hosts auf den Remote-Host freigegeben wird.

Vorteile dynamischer ACLs

Dynamische ACLs bieten im Vergleich zu Standard-ACLs und statischen erweiterten ACLs die folgenden Vorteile:

- Verwendung eines Challenge-Mechanismus zur Authentifizierung einzelner Benutzer
- Vereinfachte Verwaltung in großen Netzwerken
- Häufig eine Verringerung der für die Verarbeitung von ACLs erforderlichen Router-Ressourcen

- Geringeres Risiko eines Einbruchs in das Netzwerk durch einen Hacker
- Einrichtung eines dynamischen Zugangs für einen Benutzer über eine Firewall, ohne andere konfigurierte Sicherheitsbeschränkungen zu beeinträchtigen

In Abbildung 5.26 ist der Benutzer von PC1 ein Administrator, der einen Backdoor-Zugriff auf das mit dem Router R3 verbundene Netzwerk 192.168.30.0/24 benötigt. Es wurde eine dynamische ACL konfiguriert, die für einen eingeschränkten Zeitraum den FTP- und HTTP-Zugriff über den Router R3 gestattet.

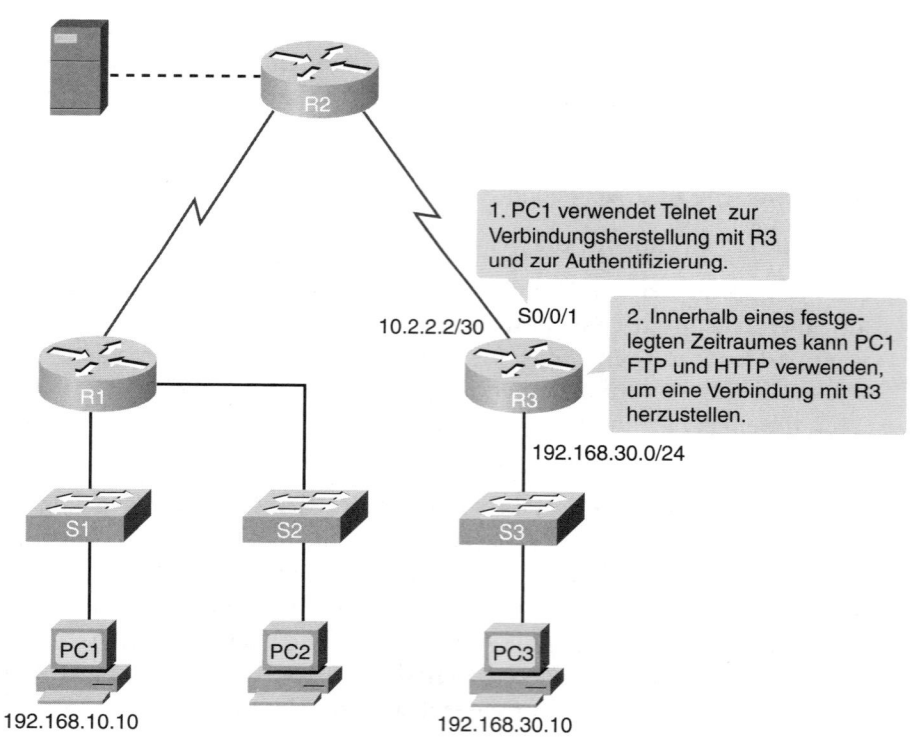

Abbildung 5.26: Topologie für eine dynamische ACL

Beispiele für dynamische ACLs

Ein Netzwerkadministrator, der an PC1 arbeitet, benötigt regelmäßig Zugriff auf das Netzwerk 192.168.30.0/24 an Router R3. Um dies zu ermöglichen, wird auf der Schnittstelle S0/0/1 von Router R3 eine dynamische ACL konfiguriert.

Zwar würde eine detaillierte Beschreibung der Konfiguration einer dynamischen ACL den Rahmen dieses Buches sprengen, doch ist es durchaus sinnvoll, sich die Konfigurationsschritte genauer anzusehen. Auch hier verwenden wir die in Abbildung 5.26 gezeigte Topologie.

1. Erstellen Sie einen Anmeldenamen und ein Passwort für die Authentifizierung:

   ```
   R3(config)# username Student password 0 cisco
   ```

2. Gestatten Sie dem Benutzer, eine Telnet-Verbindung zum Router zu öffnen. Der dynamische ACL-Eintrag wird ignoriert, bis die Lock-and-Key-Funktion ausgelöst wird. Das Fenster bleibt für 15 Minuten geöffnet und schließt sich dann automatisch unabhängig davon, ob es benutzt wurde oder nicht.

   ```
   R3(config)# access-list 101 permit any host 10.2.2.2 eq telnet
   R3(config)# access-list 101 dynamic router-telnet timeout 15 permit ip 192.168.10.0
       0.0.0.255 192.168.30.0 0.0.0.255
   ```

3. Wenden Sie ACL 101 auf die Schnittstelle S0/0/1 an:

   ```
   R3(config)# interface S 0/0/1
   R3(config-if)# ip access-group 101 in
   ```

4. Nachdem der Benutzer über Telnet authentifiziert wurde, wird der Befehl autocommand ausgeführt, und die Telnet-Sitzung wird beendet. Der Benutzer kann nun auf das Netzwerk 192.168.30.0 zugreifen. Werden fünf Minuten lang keine Aktivitäten verzeichnet, schließt sich das Fenster.

   ```
   R3(config)# line vty 0 4
   R3(config-line)# login local
   R3(config-line)# autocommand access-enable host timeout 5
   ```

5.4.3 Reflexive ACLs

Reflexive ACLs ermöglichen die Filterung von IP-Paketen basierend auf Sitzungsinformationen übergeordneter Schichten. Sie werden in der Regel benutzt, um ausgehende Daten zuzulassen und eingehenden Datenverkehr als Reaktion auf Sitzungen, die auf dem Router gestartet wurden, zu begrenzen. Auf diese Weise können Sie besser steuern, welche Daten Sie in Ihrem Netzwerk zulassen wollen. Zudem wird hierdurch das Potenzial vergrößert, das für den Administrator in erweiterten ACLs steckt.

Was sind reflexive ACLs?

Netzwerkadministratoren verwenden reflexive ACLs, um IP-Datenverkehr für Sitzungen zu gestatten, die dem eigenen Netzwerk entstammen, während gleichzeitig IP-Daten für Sitzungen abgewiesen werden, die außerhalb des eigenen Netzwerks gestartet wurden (Abbildung 5.27). Diese ACLs gestatten dem Router eine dynamische Verwaltung des Sitzungsdatenverkehrs. Der Router untersucht die ausgehenden Daten. Wenn er eine neue Verbindung erkennt, fügt er einen Eintrag zu einer temporären ACL hinzu, um eingehende Antworten zuzulassen. Reflexive ACLs enthalten ausschließlich temporäre Einträge. Diese werden automatisch erstellt, wenn – etwa mit einem ausgehenden Paket – eine neue IP-Sitzung beginnt, und auch automatisch entfernt, sobald die Sitzung endet.

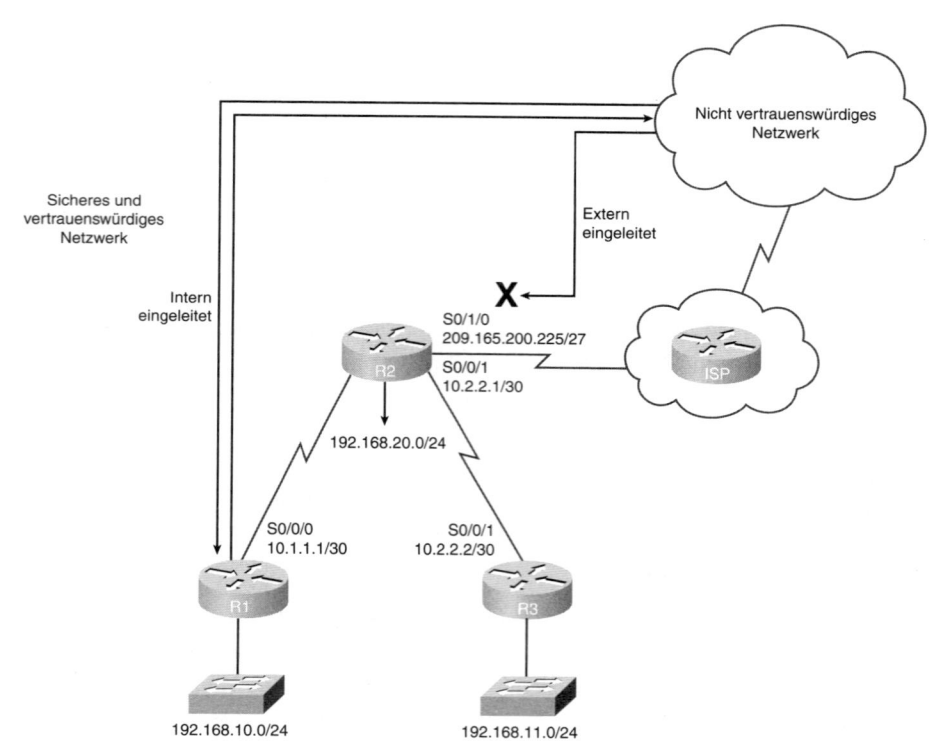

Abbildung 5.27: Topologie für eine reflexive ACL

Reflexive ACLs stellen eine verlässlichere Form der Sitzungsfilterung bereit als eine erweiterte ACL, die wie oben beschrieben den Parameter established verwendet. Zwar sind reflexive ACLs von ihrem Konzept her der Verwendung des Parameters established ähnlich, funktionieren aber auch bei UDP und ICMP, bei denen es keine ACK- oder RST-Bits gibt. Die Option established funktioniert zudem auch nicht bei Anwendungen, die den Quellport für den Sitzungsverkehr dynamisch ändern. Die Anweisung permit established überprüft nur ACK- und RST-Bits, nicht jedoch die Absender- und die Zieladresse.

Reflexive ACLs werden nicht direkt auf eine Schnittstelle angewendet, sondern in einer erweiterten benannten IP-ACL verschachtelt, die dann auf die Schnittstelle angewendet wird.

Reflexive ACLs können nur mit erweiterten benannten ACLs definiert werden. Eine Definition mithilfe von nummerierten ACLs oder benannten Standard-ACLs ist ebenso wenig möglich wie mit ACLs anderer Protokolle. Reflexive ACLs können zusammen mit anderen Standard-ACLs sowie mit statischen erweiterten ACLs verwendet werden.

Vorteile reflexiver ACLs

Reflexive ACLs bieten die folgenden Vorteile:

- Sie unterstützen die Absicherung Ihres Netzwerks gegen Hacker und können Bestandteil einer Firewall-basierten Verteidigungsstrategie werden.

- Sie bieten ein gewisses Maß an Sicherheit gegen Spoofing und bestimmte DoS-Angriffe. Reflexive ACLs sind wesentlich schwieriger zu hintergehen, weil mehr Filterkriterien übereinstimmen müssen, damit ein Paket zugelassen wird. Beispielsweise werden nicht nur die ACK- und RST-Bits überprüft, sondern auch die Absender- und Zieladressen sowie die Portnummern.

- Reflexive ACLs sind benutzerfreundlich und bieten im Vergleich zu einfachen ACLs mehr Kontrolle darüber, welche Pakete von Ihrem Netzwerk empfangen werden.

Beispiel für eine reflexive ACL

In Abbildung 5.28 benötigt der Administrator eine reflexive ACL, die ein- und ausgehende ICMP-Daten zulässt, während nur solcher TCP-Datenverkehr gestattet wird, der netzwerkintern eingeleitet wurde. Wir wollen annehmen, dass alle anderen Daten abgewiesen werden. Die reflexive ACL wird auf die ausgehende Schnittstelle Serial 0/1/0 von R2 angewendet.

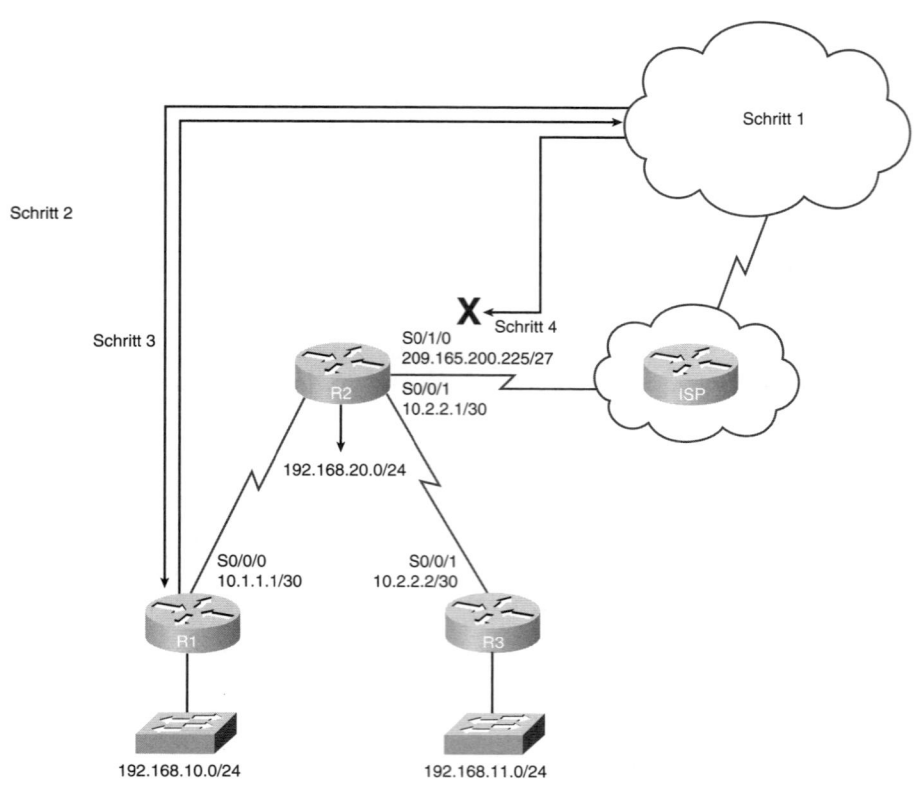

Abbildung 5.28: Beispiel für eine reflexive ACL

Wir werden die vollständige Konfiguration reflexiver ACLs in diesem Buch nicht behandeln, Ihnen allerdings die folgenden Schritte aufzeigen, die erforderlich sind, um eine reflexive ACL zu konfigurieren:

1. Konfigurieren Sie den Router so, dass er Daten überwacht, bei denen die zugehörige Verbindung im lokalen Netzwerk eingeleitet wurde:

   ```
   R2(config)# ip access-list extended OUTBOUNDFILTERS
   R2(config-ext-nacl)# permit tcp 192.168.0.0 0.0.255.255 any reflect TCPTRAFFIC
   ```

2. Erstellen Sie eine Richtlinie, die verlangt, dass die Route eingehende Daten darauf hin überprüft, ob sie im Innern des Netzwerks initiiert wurden. Sie bindet zudem den Teil der ACL OUTBOUNDFILTERS, der eine reflexive ACL darstellt (TCPTRAFFIC), an die ACL INBOUNDFILTERS:

   ```
   R2(config)# ip access-list extended INBOUNDFILTERS
   R2(config-ext-nacl)# evaluate TCPTRAFFIC
   ```

3. Wenden Sie sowohl eine eingehende als auch eine ausgehende ACL auf die Schnittstelle an.

   ```
   R2(config)# interface S0/1/0
   R2(config-if)# ip access-group INBOUNDFILTERS in
   R2(config-if)# ip access-group OUTBOUNDFILTERS out
   ```

5.4.4 Zeitbasierte ACLs

Zeitbasierte ACLs ähneln funktional erweiterten ACLs, gestatten aber eine Zugriffssteuerung auf der Basis der Zeit (Abbildung 5.29). Um zeitbasierte ACLs zu implementieren, erstellen Sie einen Zeitbereich, der bestimmte Uhrzeiten und Wochentage definiert. Vergeben Sie für den Zeitbereich einen Namen und beziehen ihn dann auf eine Funktion. Die zeitlichen Beschränkungen werden auf die Funktion selbst angewendet.

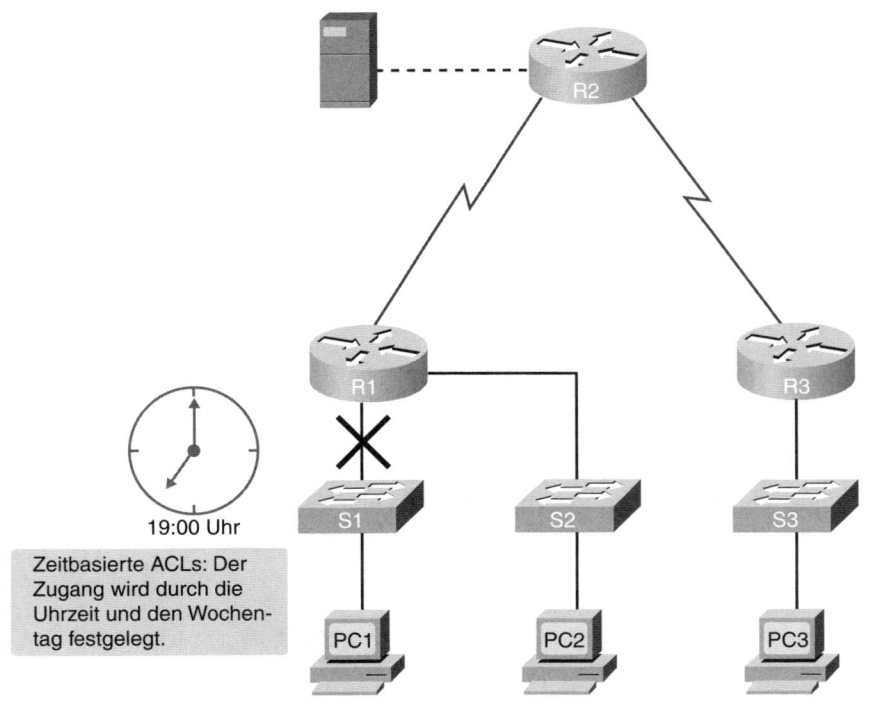

Abbildung 5.29: Topologie für eine zeitbasierte ACL

Vorteile zeitbasierter ACLs

Zeitbasierte ACLs weisen eine Reihe von Vorteilen auf:

- Sie geben dem Netzwerkadministrator mehr Kontrolle über das Zulassen oder Blockieren des Zugriffs auf Ressourcen.
- Sie bieten dem Netzwerkadministrator die Möglichkeit, das Protokollieren von Nachrichten zu steuern. ACL-Einträge können Daten zu bestimmten Tageszeiten, nicht aber fortlaufend protokollieren.

Beispiel für eine zeitbasierte ACL

Zwar werden wir die vollständige Konfiguration zeitbasierter ACLs in diesem Buch nicht behandeln, doch zeigt das folgende Beispiel die Schritte, die erforderlich sind. Im vorliegenden Beispiel wird montags, mittwochs und freitags während der Geschäftszeiten eine Telnet-Verbindung aus dem Innern des Netzwerks an ein externes Netzwerk zugelassen.

1. Definieren Sie den Zeitbereich, während dessen Sie die ACL implementieren wollen, und geben Sie ihm einen Namen. Im vorliegenden Fall verwenden wir EVERYOTHERDAY.

    ```
    R1(config)# time-range EVERYOTHERDAY
    R1(config-time-range)# periodic Monday Wednesday Friday 8:00 to 17:00
    ```

2. Wenden Sie den Zeitabschnitt auf die ACL an:

    ```
    R1(config)# access-list 101 permit tcp 192.168.10.0 0.0.0.255 any eq telnet time-range EVERYOTHERDAY
    ```

3. Wenden Sie die ACL auf die Schnittstelle an:

    ```
    R1(config)# interface S0/0/0
    R1(config-if)# ip access-group 101 out
    ```

Der Zeitbereich ist auf die Systemuhr des Routers angewiesen. Die Funktion arbeitet am besten, wenn sie NTP-synchronisiert (Network Time Protocol) ist.

5.4.5 Troubleshooting häufiger ACL-Fehler

Die weiter oben beschriebene Verwendung der show-Befehle deckt die meisten häufig auftretenden ACL-Fehler auf, bevor diese Probleme in Ihrem Netzwerk verursachen. Sie verwenden hoffentlich geeignete Testprozesse, um Ihr Netzwerk vor Fehlern in der Entwicklungsphase Ihrer ACL-Implementierung zu schützen.

Wenn Sie eine ACL überprüfen, kontrollieren Sie, ob die Regeln zur korrekten Erstellung von ACLs beachtet wurden, die Sie im Laufe dieses Kapitels erlernt haben. Die meisten Fehler treten auf, weil diese Grundregeln ignoriert wurden. Am häufigsten kommt es vor, dass die ACL-Anweisungen in der falschen Reihenfolge eingegeben oder ungeeignete Kriterien auf Ihre Regeln angewendet wurden.

Wir wollen uns eine Reihe häufiger Probleme und ihre Lösungen ansehen. Dabei legen wir die in Abbildung 5.30 gezeigte Topologie zugrunde.

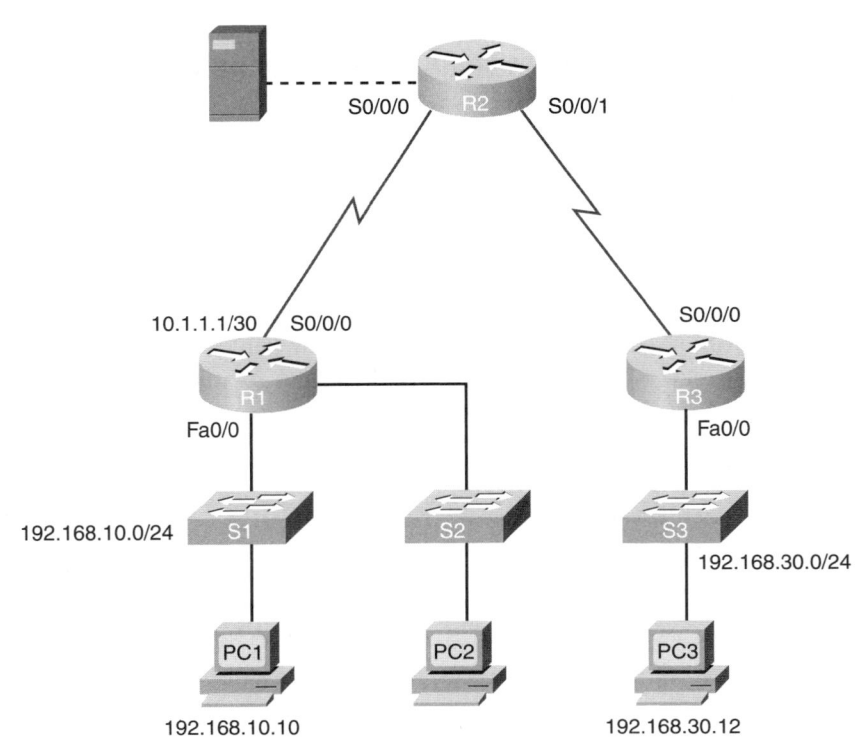

Abbildung 5.30: Topologie für das ACL-Troubleshooting

Fehler 1

Host 192.168.10.10 kann keine Verbindung mit Host 192.168.30.12 herstellen. Erkennen Sie den Fehler in der Ausgabe des Befehls show access-lists auf Router R3 in Listing 5.23 (die ACL wird auf an der Schnittstelle S0/0/0 von R3 eingehende Daten angewendet)?

Listing 5.23: Fehler 1

```
R3# show access-lists 10

    10 deny tcp 192.168.10.0 0.0.0.255 any
    20 permit tcp host 192.168.10.10 any
    30 permit ip any any
```

Welche Lösung für das Problem erforderlich ist, zeigt sich, wenn Sie die Reihenfolge der ACL-Anweisungen auf R3 betrachten: Die Konnektivität zwischen den Hosts 192.168.10.10 und 192.168.30.12 ist aufgrund der Regel 10 in der ACL nicht gegeben. Der Router arbeitet ACLs von oben nach unten ab, und Anweisung 10 blockiert das gesamte Netzwerk 192.168.10.0, zu dem auch 192.168.10.10 gehört – Anweisung 20 wird gar nicht erst verarbeitet. Die Anweisungen 10 und 20 sollten also gegeneinander getauscht werden. Die letzte Zeile lässt alle weiteren Nicht-TCP-Daten zu, die unter IP fallen (ICMP, UDP usw.).

Fehler 2

Das Netzwerk 192.168.10.0/24 kann keine TFTP-Verbindung zum Netzwerk 192.168.30.0/24 herstellen. Erkennen Sie den Fehler in der Ausgabe des Befehls show access-lists auf Router R1 in Listing 5.24 (die ACL wird auf an der Schnittstelle Fa0/0 von R1 eingehende Daten angewendet)?

Listing 5.24: Fehler 2

```
R1# show access-lists 120

Extended IP access list 120
    10 deny tcp 192.168.10.0 0.0.255.255 any eq telnet
    20 deny tcp 192.168.10.0 0.0.0.255 host 10.100.100.1 eq smtp
    30 permit tcp any any
```

Das Netzwerk 192.168.10.0/24 kann keine TFTP-Verbindung zum Netzwerk 192.168.30.0/24 herstellen, weil TFTP als Transportprotokoll UDP verwendet. Anweisung 30 in der ACL 120 lässt allen anderen TCP-Datenverkehr zu. Da TFTP UDP verwendet, wird dieses Protokoll implizit abgewiesen. Anweisung 30 sollte ip any any lauten.

Diese ACL funktioniert unabhängig davon, ob sie auf Fa0/0 von R1, auf S0/0/1 von R3 oder auf S0/0/0 von R2 in eingehender Richtung angewendet wird. Die beste Option besteht jedoch gemäß der Regel, dass erweiterte ACLs möglichst nah am Absender platziert werden sollen, darin, die ACL für Fa0/0 auf R1 zu verwenden, denn auf diese Weise werden unerwünschte Daten ausgefiltert, ohne zuvor die Netzwerkinfrastruktur durchquert zu haben.

Fehler 3

Das Netzwerk 192.168.10.0/24 kann eine Telnet-Verbindung mit 192.168.30.0/24 herstellen, doch sollte eine solche Verbindung nicht zulässig sein. Analysieren Sie die Ausgabe des Befehls show access-lists auf R1 (Listing 5.25) und stellen Sie fest, ob es eine Lösung gibt. Wo würden Sie die ACL anwenden?

Listing 5.25: Fehler 3

```
R1# show access-lists 130

Extended IP access list 130
    10 deny tcp any eq telnet any
    20 deny tcp 192.168.10.0 0.0.0.255 host 192.168.30.0 eq smtp
    30 permit ip any any
```

Das Netzwerk 192.168.10.0/24 kann Telnet für Verbindungen mit dem Netzwerk 192.168.30.0/24 verwenden, weil die Telnet-Portnummer in Anweisung 10 der ACL 130 an der falschen Position aufgeführt ist. Anweisung 10 weist gegenwärtig alle Absender mit der Portnummer für Telnet ab, die eine Verbindung mit einer beliebigen IP-Adresse herstellen wollen. Wenn Sie auf S0/0/0 eingehende Telnet-Daten abweisen wollen, müssen Sie die Zielportnummer für Telnet blockieren. Dies wäre etwa mit deny tcp any any eq telnet möglich.

Fehler 4

Der Host 192.168.10.10 kann eine Telnet-Verbindung mit 192.168.30.12 herstellen, doch sollte eine solche Verbindung nicht zulässig sein. Analysieren Sie die Ausgabe des Befehls show access-lists auf R1 (Listing 5.26).

Listing 5.26: Fehler 4

```
R1# show access-lists 140

Extended IP access list 140
    10 deny tcp host 192.168.10.1 any eq telnet
    20 deny tcp 192.168.10.0 0.0.0.255 host 10.100.100.1 eq smtp
    30 permit ip any any
```

Host 192.168.10.10 kann über Telnet eine Verbindung mit 192.168.30.12 herstellen, weil es keine Regeln gibt, die den Host 192.168.10.10 oder sein Netzwerk als Absender blockieren. Anweisung 10 in ACL 140 blockiert die Router-Schnittstelle, von der die Daten abgehen würden. Wenn die Daten den Router verlassen, weisen sie jedoch die Absenderadresse 192.168.10.10 auf, nicht die Adresse der Router-Schnittstelle.

Wie bei der Lösung von Fehler 2 sollte diese ACL auf Fa0/0 von R1 in eingehender Richtung angewendet werden.

Fehler 5

Der Host 192.168.30.12 kann eine Telnet-Verbindung mit 192.168.10.10 herstellen, doch sollte eine solche Verbindung nicht zulässig sein. Betrachten Sie die Ausgabe des Befehls show access-lists auf R2 in Listing 5.27 und finden Sie den Fehler (die ACL wird auf an der Schnittstelle S0/0/0 von R3 eingehende Daten angewendet).

Listing 5.27: Fehler 5

```
R3# show access-lists 150

Extended IP access list 150
    10 deny tcp host 192.168.30.12 any eq telnet
    20 permit ip any any
```

Der Host 192.168.30.12 kann aufgrund der Richtung, in der die ACL 150 auf die Schnittstelle S0/0/0 angewendet wird, eine Telnet-Verbindung mit 192.168.10.10 herstellen. Anweisung 10 weist die Absenderadresse 192.168.30.12 ab, doch wäre dies nur dann die Absenderadresse, wenn die Daten von S0/0/0 ausgehend wären, was hier nicht der Fall ist.

5.5 Zusammenfassung

Eine ACL ist ein Router-Konfigurationsskript, das mithilfe eines Paketfilters steuert, ob der Router Pakete weiterleitet oder blockiert. Die Entscheidung wird basierend auf Kriterien getroffen, die im Paket-Header vorgefunden werden. Außerdem dienen ACLs zur Auswahl von Datentypen, die analysiert, weitergeleitet oder auf andere Weise verarbeitet werden sollen. ACLs gehören zu den meistverwendeten Objekten in Cisco IOS.

Es gibt mehrere Arten von ACLs: Standard-ACLs, erweiterte, benannte und nummerierte ACLs. Wir haben in diesem Kapitel den Zweck der einzelnen ACL-Typen kennengelernt und erfahren, wo Sie die ACLs in Ihrem Netzwerk platzieren müssen. Ferner wissen Sie nun, wie man ACLs auf eingehenden und ausgehenden Schnittstellen konfiguriert. Beschrieben wurden außerdem spezielle ACL-Typen: dynamische, reflexive und zeitgesteuerte ACLs. Insgesamt wurde dabei besonderes Augenmerk auf Faustregeln und Empfehlungen für die Entwicklung funktionaler und effizienter ACLs gelegt.

Mit den in diesem Kapitel erworbenen Kenntnissen und Fähigkeiten sind Sie nun in der Lage, Standard-, erweiterte und komplexe ACLs zu konfigurieren, diese Konfigurationen zu überprüfen und ein Troubleshooting durchzuführen. Gehen Sie dabei jedoch stets mit Sorgfalt und Umsicht vor.

5.6 Übungen

Die Aktivitäten und Übungen im Begleitbuch »Accessing the WAN, CCNA Exploration Labs and Study Guide« (ISBN 978-1-58713-201-8) ermöglichen ein praxisbezogenes Üben der folgenden in diesem Kapitel vorgestellten Themen:

Übung 5.1: Einfache Übung zu ACLs (5.5.1)

Ein wesentlicher Teil der Netzwerksicherheit besteht darin steuern zu können, welche Arten von Daten in Ihr Netzwerk eintreten dürfen und woher diese Daten kommen. In dieser Übung lernen Sie, wie Sie einfache und erweiterte ACLs konfigurieren, um dieses Ziel zu erreichen.

Übung 5.2: Fortgeschrittene Übung zu ACLs (5.5.2)

In der obigen einfachen Übung zu ACLs haben Sie erstmals einfache und erweiterte ACLs als Maßnahme zur Netzwerksicherheit konfiguriert. In der vorliegenden Übung sollen Sie nun versuchen, möglichst viele Maßnahmen zur Netzwerksicherheit einzurichten, ohne die obige Übung zurate zu ziehen. Auf diese Weise werden Sie leichter einschätzen können, wie viel Sie in der vorangegangenen Übung gelernt haben. Sofern notwendig, kontrollieren Sie Ihre Arbeit entweder anhand der einfachen Übung zu ACLs oder der Antwort, die Sie von Ihrem Dozenten erhalten haben.

Übung 5.3: Troubleshooting bei ACLs (5.5.3)

Sie sind für einen regionalen Dienstleister tätig, bei dem unlängst Verstöße gegen die Sicherheitsrichtlinien aufgetreten sind. Ihre Abteilung wurde gebeten, die Edge-Router für die Kunden abzusichern, sodass nur die lokalen Management-PCs auf VTY-Leitungen zugreifen können. Um dieses Problem zu behandeln, müssen Sie ACLs auf R2 so konfigurieren, dass Netzwerke, die direkt mit R3 verbunden sind, nicht mit Netzwerken kommunizieren können, die direkt an R1 angeschlossen sind. Andere Daten sollen jedoch zugelassen werden.

Viele Praxisübungen enthalten Aktivitäten mit Packet Tracer, in denen Sie diese Software zur Simulation der Übung verwenden können. Suchen Sie im Labs and Study Guide nach Praxisübungen mit Packet Tracer Companion.

5.7 Lernzielkontrolle

Beantworten Sie die folgenden Fragen, um Ihren Kenntnisstand bezüglich der in diesem Kapitel beschriebenen Themen und Konzepte zu überprüfen. Die Antworten finden Sie in Anhang A, »Antworten zu den Lernzielkontrollen und weiterführenden Fragen«.

1. Welche Aussagen treffen auf Cisco-ACLs zu? Wählen Sie zwei Antworten aus.

    a) Erweiterte ACLs werden im Schnittstellenkonfigurationsmodus erstellt.

    b) Erweiterte ACLs filtern Daten basierend auf der Absender- und Ziel-IP-Adresse, der Portnummer und dem Protokoll.

    c) Standard-ACLs haben die Nummern 1 bis 99, erweiterte ACLs die Nummern 100 bis 199.

    d) Standard-ACLs gestatten oder blockieren Daten an bestimmte IP-Adressen.

    e) Standard-ACLs unterstützen den Einsatz von Wildcard-Masken nicht.

2. Welche Aussage zur Anwendung einer ACL auf eine Schnittstelle ist zutreffend?

    a) ACLs werden im globalen Konfigurationsmodus angewendet.

    b) Benannte ACLs werden mithilfe des Befehls `ip access-name` angewendet..

    c) Standard-ACLs sollten auf eine Schnittstelle angewendet werden, die sich so nah wie möglich beim Empfänger befindet.

    d) Der Befehl zur Anwendung der eingehenden ACL 101 lautet `ip access-list 101`.

3. Welche der folgenden Aussagen ist eine Empfehlung, der Sie beim Entwerfen von ACLs Folge leisten sollten?

    a) Weil ACL-Tests in der vorgegebenen Reihenfolge ausgeführt werden, sollten sie so sortiert werden, dass allgemeine Bedingungen weiter oben, spezifischere Bedingungen jedoch weiter unten in der Liste stehen.

b) Weil ACL-Tests in der vorgegebenen Reihenfolge ausgeführt werden, sollten sie so sortiert werden, dass spezifischere Bedingungen weiter oben, allgemeine Bedingungen jedoch weiter unten in der Liste stehen.

c) Weil alle Anweisungen in einer ACL ausgewertet werden, bevor sie ausgeführt werden, muss eine explizite deny any-Anweisung notiert werden, damit die ACL ordnungsgemäß funktioniert.

d) Weil alle Anweisungen in einer ACL ausgewertet werden, bevor sie ausgeführt werden, muss eine explizite permit any-Anweisung notiert werden, damit die ACL ordnungsgemäß funktioniert.

4. Was geschieht, wenn der Netzwerkadministrator auf eine ausgehende Schnittstelle eine ACL anwendet, die keine permit-Anweisung enthält? Wählen Sie zwei Antworten aus.

   a) Alle ausgehenden Daten werden blockiert.

   b) Alle ausgehenden Daten werden zugelassen.

   c) Nur ausgehende Daten, die vom Router selbst stammen, werden zugelassen.

   d) Die ACL beschränkt alle eingehenden Daten und filtert ausgehenden Datenverkehr.

5. Welche Lösungen lassen sich mit ACLs implementieren? Wählen Sie zwei Antworten aus.

   a) Segmentierung des Netzwerks zur Erhöhung der vorhandenen Bandbreite

   b) Erstellen einer Firewall auf einem Router, um aus einem externen Netzwerk eingehende Daten zu filtern

   c) Steuern der Daten, die in verschiedenen Bereichen eines lokalen Netzwerks eingehen oder diese verlassen

   d) Verteilen von DHCP-Daten, um die Verfügbarkeit des Netzwerks zu vereinfachen

   e) Zulassen oder Abweisen von Daten in das Netzwerk basierend auf der MAC-Adresse

6. Ordnen Sie die Befehle ihren Definitionen zu:

    - `any`
    - `show running-config`
    - `show access-list`
    - `host`
    - `show ip interface`

    a) Ersetzt die Maske 0.0.0.0.

    b) Gibt an, ob ACLs auf einer Schnittstelle aktiviert sind.

    c) Zeigt die Inhalte aller ACLs auf diesem Router an.

    d) Stellt die Abkürzung für 0.0.0.0 255.255.255.255 (IP-Adresse, Subnetzmaske) dar.

    e) Zeigt die ACLs und Schnittstellenzuordnungen auf einem Router an.

7. Welche Kombination aus IP-Adresse und Wildcard-Maske testet auf ein vollständiges Subnetz des Netzwerks 192.168.12.0 mithilfe einer 29-Bit-Maske?

    a) 192.168.12.56 0.0.0.15

    b) 192.168.12.56 0.0.0.8

    c) 192.168.12.56 0.0.0.31

    d) 192.168.12.88 0.0.0.7

    e) 192.168.12.84 0.0.0.3

    f) 192.168.12.84 0.0.0.255

8. Welche Art von ACL wird mit dem Befehl `ip access-list standard fast-access` erstellt?

    a) Turbo-ACL

    b) Reflexive ACL

    c) Benannte ACL

    d) Dynamische ACL

9. Betrachten Sie die nachfolgende Konfiguration. Sie zeigt eine ACL, die bereits auf dem Router vorhanden ist. Der Netzwerkadministrator möchte den Befehl access-list 101 deny ip any 192.168.1.0 0.0.0.255 eq ftp als dritte Zeile in die angezeigte ACL einfügen. Er gibt dem Befehl im globalen Konfigurationsmodus auf dem Router ein. Welche Auswirkungen hat dies?

```
access-list 101 deny ip any 192.168.1.0 0.0.0.255 eq 8080
access-list 101 deny ip any 192.168.1.0 0.0.0.255 eq 80
access-list 101 deny icmp any 192.168.1.0 0.0.0.255
access-list 101 deny icmp any 192.168.2.0 0.0.0.255
access-list 101 permit ip any 192.168.1.0 0.0.0.255
access-list 101 permit ip any 192.168.2.0 0.0.0.255
```

a) Die Zeile wird an der gewünschten Position in die ACL eingefügt.

b) Die Zeile wird als erste Anweisung in die ACL eingefügt.

c) Die Zeile wird als letzte Anweisung in die ACL eingefügt.

d) Die gesamte Liste wird gelöscht und durch die neue Zeile ersetzt.

10. Betrachten Sie Abbildung 5.31 und die nachfolgende Konfiguration. Welche Aussage beschreibt, wie Router1 Pakete bei dieser Konfiguration verarbeitet?

```
Router1(config)# access-list 201 deny icmp 192.168.1.0 0.0.0.255 any
Router1(config)# access-list 201 deny icmp 192.168.2.0 0.0.0.255 any
Router1(config)# access-list 201 permit any any
Router1(config)# access-list 101 deny tcp any 192.168.1.0 0.0.0.255 eq 8080
Router1(config)# access-list 101 deny tcp any 192.168.1.0 0.0.0.255 eq 80
Router1(config)# access-list 101 deny icmp any 192.168.1.0 0.0.0.255
Router1(config)# access-list 101 deny icmp any 192.168.2.0 0.0.0.255
Router1(config)# access-list 101 permit ip any 192.168.1.0 0.0.0.255
Router1(config)# access-list 101 permit ip any 192.168.2.0 0.0.0.255
Router1(config)# interface Serial 0/0/0
Router1(config-if)# ip access-group 101 in
Router1(config-if)# ip access-group 201 out
```

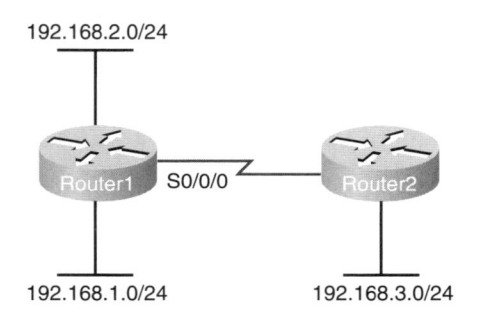

Abbildung 5.31: Topologie zu Frage 10

a) Daten, die über die Schnittstelle Serial 0/0/0 austreten, werden sowohl durch die ACL 101 als auch durch die ACL 201 gefiltert.

b) Wenn ein Paket, das an der Schnittstelle Serial 0/0/0 eintritt, einer Bedingung in der ACL 101 entspricht, vergleicht der Router das Paket auch mit den weiteren Anweisungen in der ACL 101, um sicherzustellen, dass keine anderen Anweisungen zutreffen.

c) Router1 vergleicht Pakete, die an der Schnittstelle Serial 0/0/0 eingehen, zunächst mit allen Anweisungen der ACL 101 für das IP-Protokoll und dann mit allen Anweisungen der ACL 101 für das ICMP-Protokoll.

d) Ein Paket, das auf der Schnittstelle Serial 0/0/0 eingeht, wird mit allen Anweisungen in der ACL 101 verglichen, bis eine dem Paket entsprechende Anweisung gefunden wird. Danach verwirft der Router das Paket oder leitet es weiter, ohne die verbleibenden Anweisungen in der ACL 101 zu berücksichtigen.

11. Ein Administrator möchte den Lock-and-Key-Zugriff auf einen Host innerhalb des Firmennetzwerks für bestimmte Benutzer implementieren, die von außerhalb des Netzwerks eine Verbindung herstellen. Welche Art von ACLs ist für diese Situation am besten geeignet?

   a) Dynamische ACL

   b) Reflexive ACL

   c) Erweiterte ACL

   d) Zeitbasierte ACL

12. Welche Art von ACL sollte der Netzwerkadministrator verwenden, um zu Tageszeiten mit hohem Datenaufkommen den Internetdatenverkehr zu beschränken?

   a) Dynamische ACL

   b) Richtlinienbasierte ACL

   c) Reflexive ACL

   d) Zeitbasierte ACL

13. Welche der folgenden Aussagen beschreibt eine reflexive ACL korrekt?

a) ACL, die IP-Daten für Sitzungen zulässt, die dem eigenen Netzwerk entstammen, während gleichzeitig Daten von Sitzungen abgewiesen werden, die außerhalb des eigenen Netzwerks gestartet wurden

b) ACL, die den Datenverkehr basierend auf der Uhrzeit steuert

c) ACL, die mithilfe einer erweiterten Liste so lange das Passieren eines Routers verhindert, bis der entsprechende Benutzer sich authentifiziert hat

d) ACL, die nur den Absender der Daten identifiziert

14. Ordnen Sie die folgenden Beschreibungen entweder Standard- oder erweiterten ACLs zu:

a) Prüft nur die Absenderadresse.

b) ACL-Nummern zwischen 100 und 199

c) Prüft Protokolle und Portnummern.

d) Gestattet oder blockiert nur vollständige Protokolle basierend auf der Netzwerkadresse.

e) ACL-Nummern zwischen 1 und 99

f) Prüft Absender- und Zieladresse.

15. Betrachten Sie die folgende Konfiguration. Welche Aussagen beschreiben bei einer korrekt auf eine Router-Schnittstelle angewendeten ACL den Datenverkehr im Netzwerk? Wählen Sie zwei Antworten aus.

```
access-list 199 deny tcp 178.15.0.0 0.0.255.255 any eq 23
access-list 199 permit ip any any
```

a) Alle FTP-Daten im Netzwerk 178.15.0.0 werden zugelassen.

b) Alle Telnet-Daten an das Netzwerk 178.15.0.0 werden abgewiesen.

c) Telnet- und FTP-Daten aller Hosts im Netzwerk 178.15.0.0 an beliebige Empfänger werden zugelassen.

d) Telnet-Daten aller Hosts im Netzwerk 178.15.0.0 an beliebige Empfänger werden blockiert.

e) Telnet-Daten beliebiger Absender an Hosts im Netzwerk 178.15.0.0 werden blockiert.

16. Beschreiben Sie die Regeln der »drei Ps« im Zusammenhang mit ACLs.

17. Beschreiben Sie die beiden Grundregeln hinsichtlich der Platzierung von Standard- und erweiterten ACLs.

18. Betrachten Sie Abbildung 5.32 und die nachfolgende Konfiguration. Zweck der auf R1 konfigurierten ACL 10 ist es, dem Host mit der Adresse 192.168.10.10 den Zugriff auf das Netzwerk 192.168.11.0 zu verweigern, während allen anderen Hosts im Netzwerk 192.168.10.0 der Zugriff gestattet werden soll. Allerdings gelingt dies mit der ACL in der vorliegenden Form nicht. Mit welchen Änderungen könnten Sie das Problem beheben?

```
R1(config)# access-list 10 deny host 192.168.11.10
R1(config)# interface Fa0/1
R1(config-if)# ip access-group 10 in
```

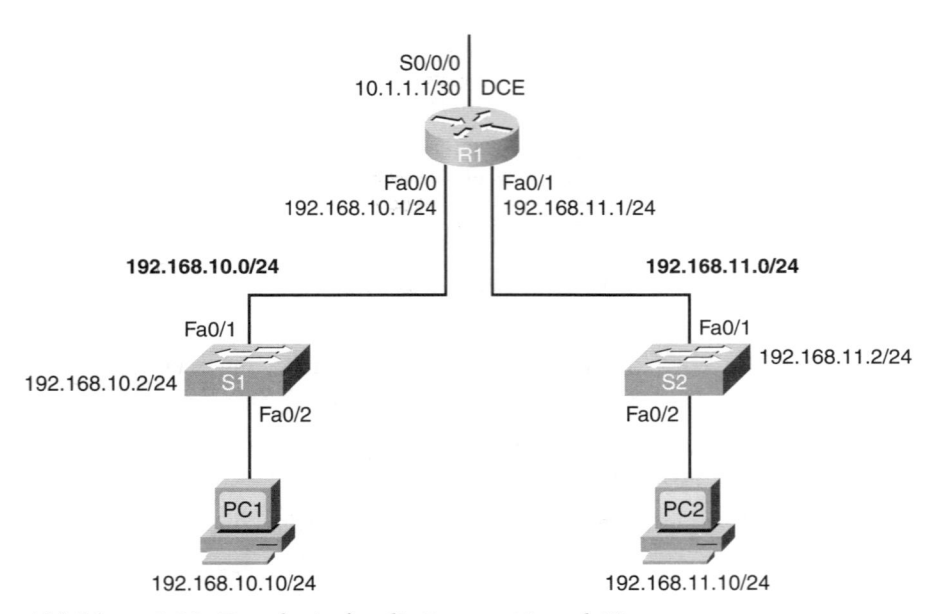

Abbildung 5.32: Topologie für die Fragen 18 und 19

19. Betrachten Sie Abbildung 5.32 und die nachfolgende Konfiguration. Die benannte ACL SURFING soll nur Hosts im Netzwerk 192.168.10.0 einen Webzugriff über das Netzwerk und einen sicheren Webzugriff ermöglichen. Die Hosts im Netzwerk 192.168.11.0 sollen überhaupt keinen Zugriff erhalten. Die ACL BROWSING soll nur solche eingehenden Daten zulassen, die als Reaktion auf aus dem Netzwerk 192.168.10.0 stammenden Datenverkehr übermittelt werden. Allerdings gelingt dies mit den ACLs in der vorliegenden Form nicht. Mit welchen Änderungen könnten Sie das Problem beheben?

```
R1(config)# access-list extended SURFING
R1(config-ext-nacl)# permit tcp 192.168.10.0 0.0.0.255 any eq 23
R1(config-ext-nacl)# permit tcp 192.168.10.0 0.0.0.255 any eq 443
R1(config)# access-list extended BROWSING
R1(config-ext-nacl)# permit tcp any 192.168.10.0 0.0.0.255
R1(config-ext-nacl)# exit
R1(config)# interface S0/0/0
R1(config-if)# ip access-group SURFING out
R1(config-if)# ip access-group BROWSING in
```

20. Beschreiben Sie die drei Typen komplexer ACLs mit deren Funktionen.

5.8 Weiterführende Fragen und Aktivitäten

1. Konfigurieren Sie eine zeitbasierte ACL, die Daten an den Server 192.168.1.17 nur montags bis freitags zwischen 9:00 und 17:00 Uhr zulässt.

2. Konfigurieren Sie eine access-list-Anweisung, die Hosts aus den Subnetzen 172.30.16.0/20 bis 172.30.31.0/20 zulässt.

3. Auf RouterA ist die nachfolgende ACL konfiguriert, die ICMP-Echoanforderung und -Echoantworten abweist, während alle anderen IP-Daten zugelassen werden. Die ACL wird in ausgehender Richtung auf die einzige serielle Schnittstelle Serial 0/0/0 angewendet. Kein Gerät, das mit dem LAN an RouterA verbunden ist, kann ping-Befehle an Empfänger jenseits der Schnittstelle Serial 0/0/0 von RouterA senden. Allerdings kann der Administrator über die Befehlszeile des Routers ping-Befehle über die ausgehende serielle Schnittstelle von RouterA versenden. Warum kann der Router erfolgreich ping-Befehle über die serielle Verbindung senden, die Geräte im LAN jedoch nicht?

```
access-list 101 deny icmp any any echo
access-list 101 deny icmp any any echo-reply
access-list 101 permit ip any any
interface Serial 0/0/0
   ip access-group 101 out
```

Lernziele

Wenn Sie dieses Kapitel gelesen haben, sollten Sie in der Lage sein, die folgenden Fragen zu beantworten:

- Worin bestehen die Anforderungen zur Bereitstellung von Telearbeitsplätzen in einem Unternehmen, und welche Unterschiede gibt es zwischen einer privaten und einer öffentlichen Netzwerkinfrastruktur?

- Welche Anforderungen werden an Telearbeiter gestellt, und wie sieht die empfohlene Architektur zur Bereitstellung von Telearbeitsplätzen aus?

- Wie lassen sich Unternehmensnetzwerke mit Breitbanddiensten wie DSL, Kabel und drahtlosen Technologien erweitern?

- Worin besteht die Bedeutung der VPN-Technologie? Welche Rolle spielt sie, welche Vorteile bietet sie Unternehmen und Telearbeitern?

- Wie können mithilfe der VPN-Technologie sichere Telearbeitsplätze in einem Unternehmensnetzwerk bereitgestellt werden?

Schlüsselbegriffe

In diesem Kapitel werden die folgenden Schlüsselbegriffe vorgestellt. Die entsprechenden Definitionen finden Sie im Glossar.

Breitband ▪ Tunneling ▪ HF ▪ CATV ▪ Verbindungskabel ▪ Frequenz ▪ Schwingungen pro Sekunde ▪ DOCSIS ▪ CMTS ▪ Kabelmodem ▪ DSL ▪ DSLAM ▪ Mikrofilter ▪ Splitter ▪ NID ▪ WiMAX ▪ IEEE 802.11 ▪ Wi-Fi Alliance ▪ IEEE 802.11b ▪ IEEE 802.11g ▪ 802.11n ▪ 802.16 ▪ VPN ▪ GRE ▪ DES ▪ 3DES ▪ AES ▪ RSA ▪ symmetrische Verschlüsselung ▪ asymmetrische Verschlüsselung ▪ HMAC ▪ MD5 ▪ SHA-1 ▪ PSK ▪ RSA-Signatur ▪ IPSec ▪ AH ▪ ESP ▪ Diffie-Hellman-Algorithmus

Kapitel 6

Dienste für Telearbeiter

Unter Telearbeit versteht man eine Situation, in der ein Mitarbeiter den Arbeitsaufgaben nicht am traditionellen Arbeitsplatz im Unternehmen, sondern an einem anderen Ort – meistens in einem Heimbüro – ausführt. Es gibt verschiedene Gründe für eine Entscheidung zur Telearbeit. Sie reichen von der persönlichen Bequemlichkeit bis hin zu dem Wunsch erkrankter Mitarbeiter, ihre Tätigkeit auch während der Rekonvaleszenz fortsetzen zu können.

Telearbeit ist ein breit gefasster Begriff. Gemeinhin bezeichnet er die Arbeit an einem entfernten Standort, von dem aus mithilfe der Telekommunikation eine Verbindung mit dem Arbeitsplatz hergestellt wird. Breitbandinternetverbindungen, VPNs (Virtual Private Networks) und andere fortschrittliche Technologien wie VoIP (Voice over IP) und Videokonferenzen ermöglichen eine effiziente Telearbeit. Auf diese Weise lassen sich Kosten einsparen, die andernfalls für Reisen, Infrastruktur und Unterstützung von Einrichtungen anfallen würden.

Moderne Unternehmen beschäftigen Arbeitnehmer, die nicht jeden Tag zur Arbeit fahren können, und auch solche, für die die Arbeit im Home-Office einfach praktischer ist. Diese Menschen – die Telearbeiter – müssen Verbindungen zum Unternehmensnetzwerk herstellen, um von zuhause aus arbeiten zu können.

Dieses Kapitel beschreibt, wie in Unternehmen sichere, schnelle und zuverlässige Remote-Netzwerkverbindungen für Telearbeiter bereitgestellt werden.

6.1 Anforderungen an die Telearbeit in Unternehmen

Immer mehr Unternehmen finden es vorteilhaft, Telearbeit anzubieten. Dank des Aufkommens von Breitband- und drahtlosen Technologien stellt das Arbeiten an anderer Stelle als am regulären Arbeitsplatz heute anders als in der Vergangenheit kein Problem mehr dar. Mitarbeiter können zuhause fast genauso arbeiten wie in ihrem Büro im Unternehmen. Organisationen können über eine gemeinsame Netzwerkverbindung kostengünstig Daten, Sprache, Video und Echtzeitanwendungen an alle Mitarbeiter verteilen – unabhängig davon, wie weit entfernt und wie verstreut diese auch sein mögen.

6.1.1 Charakterisierung der Telearbeit

Zu den Vorteilen der Telearbeit gehört mehr als nur die Möglichkeit der Kosteneinsparung. Die Telearbeit wirkt sich auf die soziale Struktur von Gesellschaften aus und kann auch in ökologischer Hinsicht positive Effekte haben.

Im täglichen Betrieb ist die Gewährleistung der Geschäftskontinuität auch in dem Fall, dass Wetter, Verkehrsstörungen, Naturkatastrophen oder andere nicht vorhersagbare Ereignisse verhindern, dass die Mitarbeiter an ihrem Arbeitsplatz gelangen, durchaus wünschenswert. Allgemein gesagt, fußt die Möglichkeit, über Zeitzonen und internationale Grenzen hinweg optimierte Dienste bereitzustellen, erheblich auf dem Einsatz von Telearbeit. Lieferantenbeziehungen und Outsourcing-Lösungen sind einfacher zu implementieren und zu verwalten.

Aus sozialer Sicht erhöht das Potenzial der Telearbeit die Beschäftigungsmöglichkeiten für verschiedene Gruppen: Eltern kleiner Kinder, Behinderte oder abgelegen lebende Menschen. Telearbeitern steht mehr Zeit für das Familienleben zur Verfügung, sie leiden seltener unter Reisestress und zeichnen sich durch erhöhte Produktivität, Zufriedenheit und Engagement aus. Zudem stellt die Telearbeit im Zeitalter des Klimawandels eine geeignete Möglichkeit dar, den persönlichen CO_2-Ausstoß zu senken.

Wenn ein Netzdesigner Architekturen entwirft, die die Telearbeit unterstützen, muss er eine angemessene Balance zwischen den unternehmensseitigen Anforderungen in puncto Sicherheit, Infrastrukturverwaltung, Skalierbarkeit und Geschwindigkeit einerseits und den praktischen Bedürfnissen der Telearbeiter in Bezug auf Benutzerfreundlichkeit, Verbindungsgeschwindigkeiten und Zuverlässigkeit der Dienste andererseits finden.

Damit Unternehmen wie auch Telearbeiter effizient arbeiten können, müssen wir die Auswahl der verwendeten Technologien abwägen und die Telearbeiterdienste sorgfältig planen.

Tabelle 6.1 fasst die Vorteile der Telearbeit zusammen.

Tabelle 6.1: Vorteile der Telearbeit

Vorteile für das Unternehmen	Soziale Vorteile	Ökologische Vorteile
Betriebskontinuität	Mehr Beschäftigungsmöglichkeiten für Randgruppen	Senkung des CO_2-Ausstoßes sowohl bei den einzelnen Mitarbeitern als auch beim Unternehmen insgesamt
Verbesserung der Reaktionszeit	Geringerer Reisestress	
Sicherer, zuverlässiger und verwaltbarer Zugang zu Daten		
Kostengünstige Integration von Daten, Sprache, Video und Anwendungen		
Erhöhung der Mitarbeiterproduktivität		

6.1.2 Telearbeit als Lösung

Organisationen benötigen sichere, zuverlässige und kostengünstigen Netzwerke, um Firmenzentrale, Zweigstellen und Lieferanten aneinander anzubinden. Aufgrund der wachsenden Zahl von Telearbeitern benötigen Unternehmen zunehmend sichere, zulässige und kostengünstige Möglichkeiten, um Mitarbeiter, die im SOHO-Bereich (Small Offices/Home Offices) oder an anderen entfernten Standorten tätig sind, mit Ressourcen an Firmenstandorten zu verbinden.

Abbildung 6.1 zeigt Remote-Verbindungstopologien, die moderne Netzwerke zur Anbindung entfernter Standorte benutzen. In einigen Fällen sind die Remote-Standorte nur mit der Firmenzentrale verbunden, in anderen mit mehreren Standorten. Die in der Abbildung gezeigte Zweigstelle ist mit der Zentrale und mit Partnerstandorten verbunden, während der mobile Telearbeiter nur über eine einzelne Verbindung zur Zentrale verfügt.

Wide Area Networks

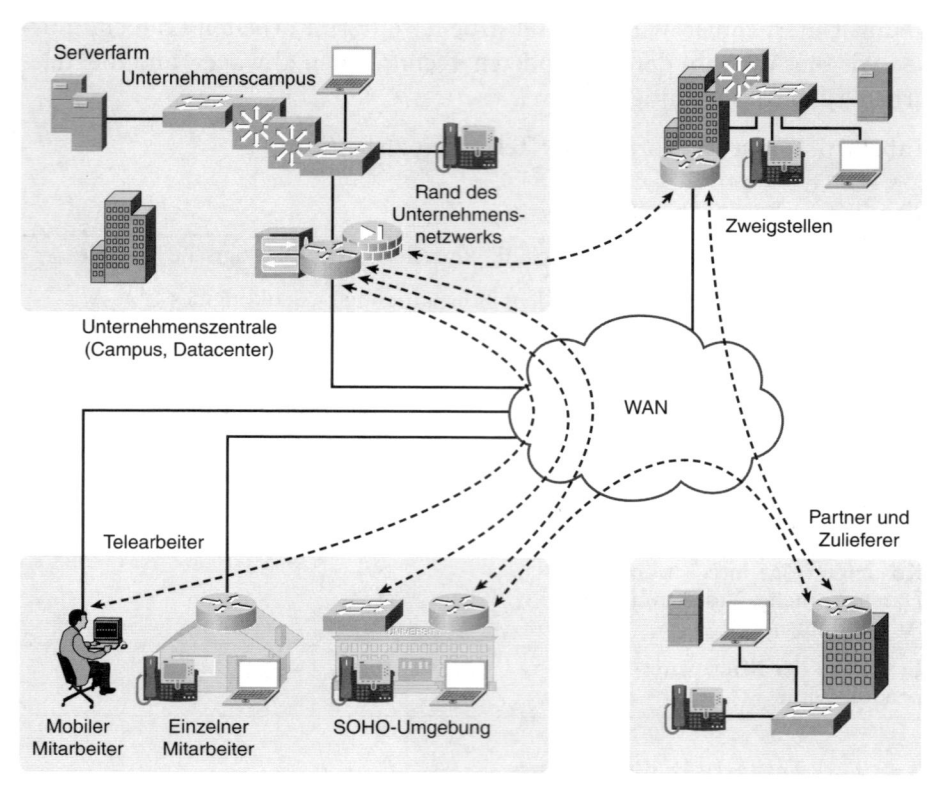

Abbildung 6.1: Optionen für Remote-Verbindungen

Abbildung 6.2 zeigt drei Remote-Verbindungstechnologien, mit denen Unternehmen Telearbeiterdienste unterstützen können:

- Traditionelle private WAN-Technologien (Schicht-2-Technologien) wie Frame Relay, ATM und Standleitungen bieten zahlreiche Lösungen für Remote-Verbindungen. Die Sicherheit solcher Verbindungen hängt vom Provider ab.
- IPSec-VPNs bieten flexible und skalierbare Konnektivität.
- Site-to-Site-Verbindungen stellen eine sichere, schnelle und zuverlässige Remote-Verbindung für Telearbeiter bereit. Diese Technik wird von Telearbeitern sehr häufig verwendet, um mit einem Remote-Zugriff über Breitbandverbindungen ein sicheres VPN über das Internet herzustellen. (Eine weniger zuverlässige Form der Internetkonnektivität ist eine Einwahlverbindung.)

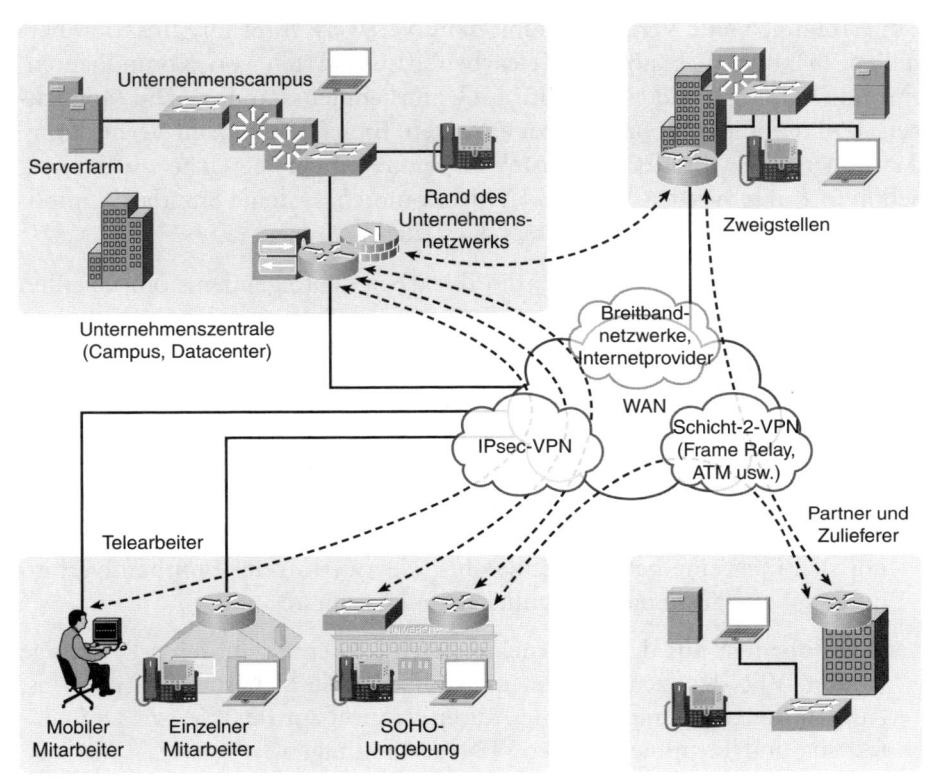

Abbildung 6.2: Technologien für Remote-Verbindungen

Der Begriff Breitband bezieht sich auf fortschrittliche Kommunikationssysteme, die eine Hochgeschwindigkeitsübertragung von Daten-, Sprach und Videodiensten über das Internet und andere Netzwerke gestatten. Die Übertragung wird dabei durch eine Vielzahl von Technologien ermöglicht: DSL (Digital Subscriber Line), Glasfaserkabel, Koaxialkabel, drahtlose Technologien und Satellitenstrecken. Die Datenraten bei der Übertragung mit Breitbanddiensten sind normalerweise zumindest in einer Richtung höher als 128 kbit/s (128.000 Bit pro Sekunde): beim Downstream (d. h. der Übertragung aus dem Internet zum Computer des Benutzers) oder beim Upstream (vom Computer ins Internet).

Dieses Kapitel beschreibt, wie die einzelnen Technologien funktionieren, und stellt einige Schritte vor, die erforderlich sind, um zu gewährleisten, dass die Anbindung eines Telearbeiters geschützt ist.

Um erfolgreich eine Verbindung mit dem Netzwerk ihrer Organisation herstellen zu können, benötigen Telearbeiter zwei Arten von Komponenten: eine im Heimbüro und eine zweite am Unternehmensstandort. Die Möglichkeit, IP-Telefoniekomponenten zu ergänzen, findet zunehmend Verbreitung, da die Provider Breitbanddienste auf immer mehr Bereiche ausdehnen. Schon in Kürze werden VoIP und Videokonferenzsysteme Standardkomponenten im Toolkit des Telearbeiters darstellen.

Wie Abbildung 6.3 zeigt, sind für die Telearbeit die folgenden Komponenten erforderlich:

- **Komponenten auf der Telearbeiterseite.** Als Komponenten im Heimbüro werden ein Laptop- oder Desktopcomputer, ein Breitbandzugang (Kabel oder DSL) und ein VPN-Router oder eine VPN-Clientsoftware benötigt, die auf dem Computer installiert ist. Eine weitere Komponente könnte beispielsweise ein drahtloser Access-Point sein. Wenn der Telearbeiter unterwegs ist, benötigt er eine Internetverbindung und einen VPN-Client, um sich über eine beliebige Einwahl-, Netzwerk- oder Breitbandverbindung an das Firmennetz anschließen zu können.

- **Komponenten auf der Unternehmensseite.** Hierzu gehören VPN-fähige Router, VPN-Konzentratoren, multifunktionale Sicherheits-Appliances, Authentifizierung und zentrale Administration zur flexiblen Zusammenfassung und Terminierung der VPN-Verbindungen.

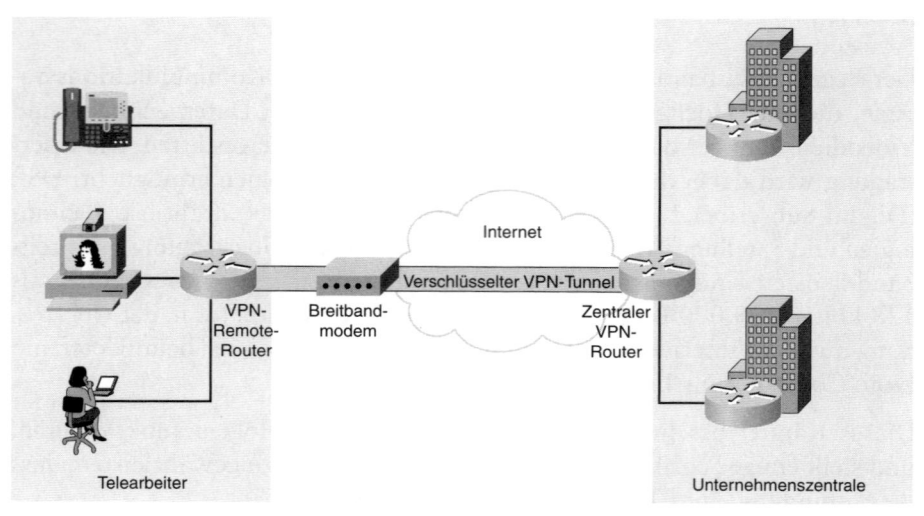

Abbildung 6.3: Für die Telearbeiterkonnektivität notwendige Komponenten

Meistens ist zur Unterstützung von VoIP und Videokonferenzen eine Aktualisierung dieser Komponenten erforderlich. Router benötigen QoS-Funktionalitäten (Quality of Service, Dienstgüte), um diese Funktionen zu unterstützen. Unter QoS versteht man die Fähigkeit eines Netzwerks, für ausgewählte Datentypen – z. B. Sprache oder Videoanwendungen – eine höhere Qualität bereitzustellen. QoS werden wir in diesem Buch nicht weiter behandeln.

Abbildung 6.3 zeigt einen verschlüsselten VPN-Tunnel, der den Telearbeiter mit dem Unternehmensnetzwerk verbindet. Dies ist das Herz sicherer und zuverlässiger Telearbeiterverbindungen. Ein VPN ist ein privates Datennetz, das die öffentliche Telekommunikationsinfrastruktur verwendet. Der Datenschutz wird bei VPNs durch Verwendung eines Tunneling-Protokolls und verschiedener Sicherheitsprozeduren gewährleistet.

In diesem Kapitel stellen wir das IPSec-Protokoll (IP Security) als bevorzugten Ansatz zu Erstellung sicherer VPN-Tunnel vor. Anders als frühere Sicherheitsansätze, die in der Anwendungsschicht des OSI-Modells (Open Systems Interconnection) angewendet wurden, arbeitet IPSec in der Vermittlungsschicht, d. h. auf Paketebene.

6.2 Breitbanddienste

Telearbeiter verwenden gewöhnlich unterschiedlichste Anwendungen (zum Beispiel E-Mail, Webanwendungen, unternehmenskritische Anwendungen, Anwendungen für die Teamarbeit in Echtzeit, Sprach-, Video- und Videokonferenzanwendungen), die eine Verbindung mit hoher Bandbreite erfordern. Die Auswahl der Netzzugangstechnologie und die Notwendigkeit, die erforderliche Bandbreite sicherzustellen, sind die wichtigsten Aspekte, die bei der Anbindung von Telearbeitern zu berücksichtigen sind.

Kabelanschluss, DSL und drahtlose Breitbanddienste sind drei Optionen, die Telearbeitern eine hohe Bandbreite zur Verfügung stellen. Die niedrige Bandbreite einer Einwahlverbindung via Modem ist in der Regel nicht ausreichend, kann aber für den mobilen Zugriff unterwegs nützlich sein. Eine solche Modemverbindung sollte allerdings nur in Betracht gezogen werden, sofern andere Optionen nicht zur Verfügung stehen.

In diesem Abschnitt lernen Sie, wie ein Unternehmensnetzwerk mithilfe solcher Breitbanddienste erweitert wird, um Telearbeitern den Zugang zu ermöglichen.

6.2.1 Telearbeiter mit dem WAN verbinden

Um auf das Internet zuzugreifen, benötigen Telearbeiter eine Verbindung zu einem Provider. Provider bieten verschiedene Verbindungsoptionen (Abbildung 6.4).

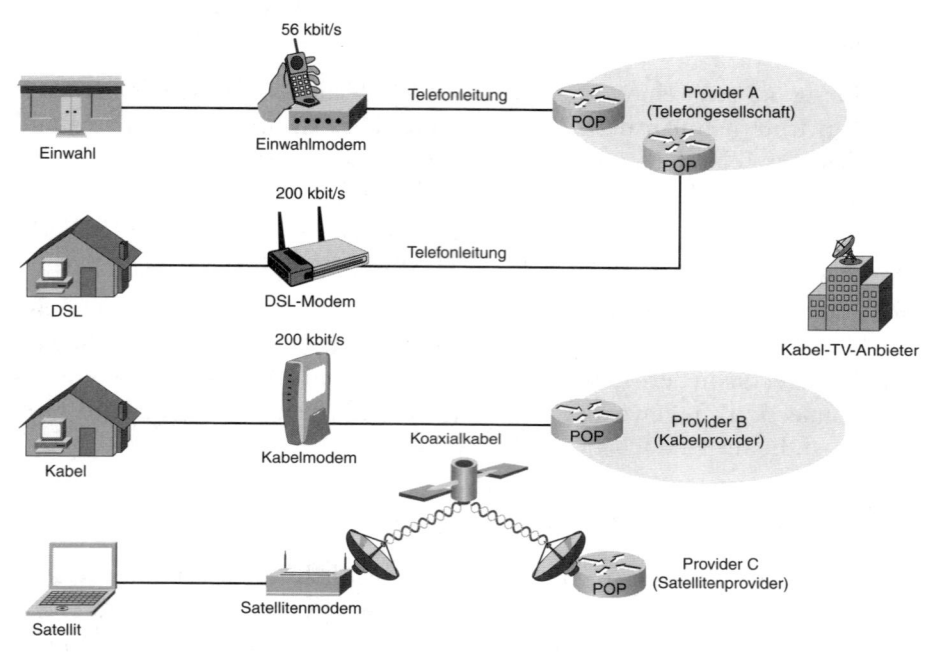

Abbildung 6.4: Telearbeiter mit dem WAN verbinden

Die wichtigsten Verbindungsmethoden, die von Benutzern in Heimbüros und kleinen Unternehmen verwendet werden, sind die folgenden:

- **Einwahlzugang.** Hierbei handelt es sich um eine kostengünstige Option, bei der eine Telefonleitung und ein Modem zum Einsatz kommen. Um eine Verbindung mit dem Provider herzustellen, ruft der Benutzer die Zugangsrufnummer des Providers an. Die Einwahl auf diese Weise wird aufgrund der niedrigen Datenraten in der Regel nur vom mobilen Mitarbeitern in Gegenden verwendet, in denen Hochgeschwindigkeitsverbindungen nicht verfügbar sind.

  Mit Datenraten bis zu 56 kbit/s (wobei die tatsächliche physische Maximalrate 53 kbit/s beträgt), ist der Einwahlzugang die langsamste Verbindungsoption. So dauert beispielsweise der Download einer 5 Mbyte großen Datei bei einer Einwahlverbindung ca. 12 Minuten.

- **DSL.** Diese Option ist normalerweise teurer als die Modemeinwahl, stellt aber eine schnellere Verbindung zur Verfügung. Auch DSL verwendet Telefonleitungen, doch anders als bei der Modemeinwahl wird eine Dauerverbindung zum Internet hergestellt. Hierfür verwendet DSL ein spezielles Hochgeschwindigkeitsmodem, welches das DSL-Signal vom Telefonsignal trennt und über Ethernet mit einem PC oder einem LAN verbunden wird.

  DSL stellt einen sehr schnellen Breitbandzugang mit Datenraten von 1000 kbit/s und mehr bereit. Die Upload- und Downloadgeschwindigkeiten schwanken abhängig von der Entfernung des Benutzers von der Vermittlungsstelle.

  Es gibt viele DSL-Typen. Benutzer im Heimbereich verwenden normalerweise ADSL (Asymmetric DSL). Hierbei sind die Downloadraten höher als die Uploadraten. Bei symmetrischem DSL hingegen sind die Geschwindigkeiten bei Upload und Download gleich. SDSL ist häufig für Anwendungen in kleinen und mittleren Unternehmen besser geeignet.

- **Kabelmodem.** Dieser Dienst wird normalerweise von Kabelfernsehprovidern bereitgestellt. Das Internetsignal wird über dasselbe Koaxialkabel übertragen, mit dem auch das TV-Signal übermittelt wird. Ein spezielles Kabelmodem trennt das Internetsignal von den anderen im Kabel übertragenen Signalen und stellt auch eine Ethernet-Verbindung zu einem PC oder LAN bereit.

  Eine Kabelanbindung ähnelt DSL insofern, als sie einen Breitbandzugriff mit Datenraten von 1000 kbit/s und mehr ermöglicht. Im Unterschied zu DSL jedoch spielt die Entfernung zum Provider hier keine Rolle. Allerdings ist das Kabel ein von mehreren Teilnehmern gemeinsam genutzter Dienst, das heißt, die Bandbreite, die einem Kunden zur Verfügung steht, hängt in gewissem Umfang von der Anzahl der Teilnehmer ab, die einen bestimmten Bereich des Vertriebsnetzwerks gemeinsam verwenden.

- **Satellitenanbindung.** Der Internetzugang via Satellit wird von entsprechenden Providern angeboten. Der Computer stellt via Ethernet eine Verbindung mit einem Satellitenmodem her, das Funksignale an den nächstgelegenen POP (Point of Presence) im Satellitennetzwerk übermittelt.

  Die Datenraten via Satellit bewegen sich je nach Tarif in der Regel im Bereich zwischen 128 und 512 kbit/s.

6.2.2 Kabel

Der Zugang zum Internet über ein Kabelnetzwerk ist auch eine sehr verbreitete Möglichkeit für Telearbeiter, um auf das Firmennetzwerk zuzugreifen. Das Kabelsystem nutzt ein Koaxialkabel, welches hochfrequente Signale im Netzwerk überträgt. Dieser Kabeltyp kommt als primäres Übertragungsmedium bei Kabel-TV-Systemen zum Einsatz.

Der Siegeszug des Kabelfernsehens begann 1948 im amerikanischen Bundesstaat Pennsylvania. John Walson, Eigentümer eines Ladens für Haushaltsgeräte in einem kleinen Städtchen in den Bergen, sah sich vor die Aufgabe gestellt, den schlechten terrestrischen TV-Empfang einiger seiner Kunden zu beheben: Diese hatten versucht, TV-Signale zu empfangen, die von Philadelphia aus ausgestrahlt wurden und eben wegen der Berge schlecht zu empfangen waren. Zu diesem Zweck montierte Walson auf einem Mast, der sich auf einem nahegelegenen Hügel befand, eine Antenne. Diese verband er über ein Kabel mit seinem Laden und modifizierte die Signalverstärker. Diese Vorgehensweise gestattete es ihm, auf den Fernsehgeräten in seinem Schaufenster Programme der drei in Philadelphia ansässigen Sender zu zeigen – und dies dank eines starken Signals in hoher Bild- und Tonqualität. Als Nächstes schloss er einige seiner Kunden, deren Wohnsitze sich direkt an der Kabelstrecke befanden, an das Kabel an. Auf diese Weise entstand das erste CATV-System (Community Antenna Television, TV mit Gemeinschaftsantenne) in den Vereinigten Staaten.

Im Laufe der Jahre wurde Walsons Unternehmen immer größer, und er gilt heute als Begründer der Kabel-TV-Industrie. Zudem war er der erste Kabelbetreiber, der Richtfunk zum Einspeisen entfernter TV-Sender nutzte, der erste, der mit Koaxialkabel die Bildqualität verbesserte, und auch der erste, der ein Verteilernetz für gebührenpflichtiges Fernsehen einführte.

Die meisten Kabelnetzbetreiber verwenden zur Bündelung der TV-Signale Satellitenschüsseln. Frühe Systeme arbeiteten unidirektional, wobei kaskadierende Verstärker seriell im Netzwerk verschaltet werden, um Signalverluste auszugleichen. Diese Systeme verwenden Auskoppler, um die Videosignale von den Hauptleitungen über Verbindungskabel an die Haushalte der Teilnehmer anzubinden. Ein Kabelkoppler ist ein Bauelement, welches das Signal vom Hauptkabel an den Teilnehmer weiterleitet.

Moderne Kabelsysteme ermöglichen eine bidirektionale Kommunikation zwischen Teilnehmern und Kabelnetzbetreiber. Die Netzbetreiber bieten den Kunden heute über ihr Kabel fortschrittliche Telekommunikationsdienste wie Highspeed-Internetzugang, digitales Kabelfernsehen und Festnetztelefondienste an. Gewöhnlich nutzen die Netzbetreiber dabei HFC-Netzwerke

(Hybrid Fiber-Coaxial), um die schnelle Datenübertragung an Kabelmodems in SOHO-Umgebungen zu ermöglichen.

Abbildung 6.5 zeigt die Komponenten eines typischen modernen Kabelsystems, die in der folgenden Liste zusammengefasst sind:

- **Antennenstandort.** Der Antennenstandort wird so ausgewählt, dass er einen optimalen Empfang von terrestrischen, satellitengestützten und Point-to-Point-Signalen gestattet. Die Hauptempfangsantennen und Satellitenschüsseln befinden sich am Antennenstandort.

- **Kopfstation (Empfangsstelle).** Hier werden die Signale empfangen, verarbeitet, formatiert und dann in das Kabelnetzwerk eingespeist. Die Empfangsstelle ist in der Regel unbemannt und durch einen Sicherheitszaun geschützt. Sie ähnelt der Vermittlungsstelle in einem Telefonnetz.

- **Verteilernetz.** In einem klassischen Kabelsystem – das auch Tree-and-Branch-System heißt – umfasst das Verteilernetz Hauptleitungen (Trunks) und Zuleitungskabel. Eine Hauptleitung ist ein Backbone, der Signale durch den gesamten Empfangsbereich bis zum Verteilerkabel weiterleitet. Hierzu wird in der Regel Koaxialkabel mit einem Durchmesser von 19 mm verwendet. Die Verteilerkabel gehen von der Hauptleitung ab und versorgen alle Teilnehmer im jeweiligen Empfangsbereich. Sie sind ebenfalls als Koaxialkabel mit einem Durchmesser von 13 mm ausgeführt. (In Abbildung 6.5 umfasst das Verteilernetz die Hauptleitung und den Verstärker.)

- **Teilnehmeranschlussleitung.** Eine Teilnehmeranschlussleitung verbindet den Teilnehmer mit den Kabeldiensten. Es handelt sich hierbei um eine Verbindung zwischen einer Hauptleitung eines Verteilernetzes und dem Anschlussgerät des Teilnehmers (zum Beispiel TV-Gerät, Videorecorder, Set-Top-Box für HDTV oder Kabelmodem). Die Anschlussleitung umfasst RG-Koaxialkabel (59er oder 6er), Erdungs- und Anschlusshardware, passive Geräte und eine Set-Top-Box.

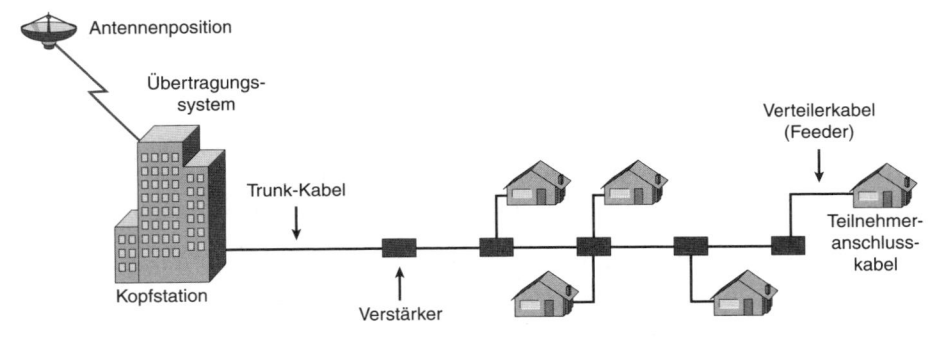

Abbildung 6.5: Komponenten eines Kabel-TV-Systems

Das elektromagnetische Spektrum

Das elektromagnetische Spektrum umfasst einen breiten Frequenzbereich (Abbildung 6.6). Kenntnisse zum elektromagnetischen Spektrum sind nicht nur für den Umgang mit Kabeltechnologien wichtig, sondern auch im Zusammenhang mit anderen Technologien wie DSL oder der drahtlosen Übertragung.

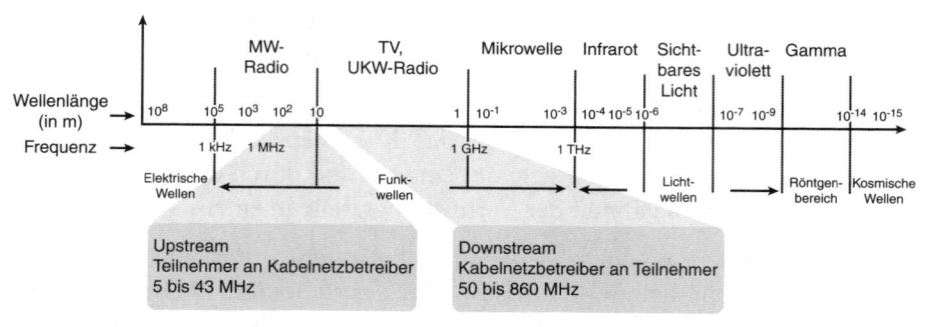

Abbildung 6.6: Das elektromagnetische Spektrum

Die Frequenz ist die Häufigkeit von Strom- oder Spannungszyklen und wird als Anzahl von »Schwingungen« pro Sekunde angegeben. Die Wellenlänge ist die Ausbreitungsgeschwindigkeit des elektromagnetischen Signals geteilt durch seine Frequenz in Schwingungen pro Sekunde.

Funkfrequenzen oder Funkwellen, die auch mit dem Begriff HF (Hochfrequenz) bezeichnet werden, bilden einen Teil des elektromagnetischen Spektrums zwischen den Eckpunkten 1 Kilohertz (kHz) und 1 Terahertz. Wenn der Benutzer am Radio oder TV-Gerät verschiedene Sender auswählt, tut er nichts anderes, als das betreffende Gerät auf verschiedene elektromagnetische Frequenzen im HF-Spektrum einzustellen. Das gleiche Prinzip gilt auch für das Kabelsystem.

Die Kabel-TV-Industrie verwendet nur einen Teil des elektromagnetischen HF-Spektrums. Innerhalb des Kabels werden TV-Kanäle und Daten auf unterschiedlichen Frequenzen übertragen. Am teilnehmerseitigen Ende werden Geräte wie Fernseher, Videorecorder oder Set-Top-Boxen auf bestimmte Frequenzen eingestellt, die dem Benutzer ein Fernsehprogramm anzeigen oder einen schnellen Internetzugang bereitstellen.

Ein Kabelnetz kann Signale in beide Richtungen gleichzeitig im Kabel übertragen. Die folgenden Frequenzbereiche werden verwendet:

- **Downstream.** Übertragung eines HF-Signals (TV-Sender, Daten) vom Absender (Empfangsstelle) zum Empfänger (Teilnehmer). Die Übertragung vom Absender zum Empfänger heißt Vorwärtspfad. Downstream-Frequenzen liegen im Bereich zwischen 54 und 860 Megahertz (MHz).

- **Upstream.** Übertragung eines HF-Signals vom Teilnehmer zur Kopfstation. Dies wird als Rückpfad bezeichnet. Upstream-Frequenzen liegen im Bereich zwischen 5 und 42 MHz. Da Videosignale nur in Downstream-Richtung gesendet werden müssen, während umgekehrt Daten nur in Upstream-Richtung übertragen werden, wird für den Upstream ein niedrigerer Frequenzbereich zugrunde gelegt.

DOCSIS

DOCSIS (Data-over-Cable Service Interface Specification) ist ein internationaler Standard, der von CableLabs entwickelt wurde, einem nichtkommerziellen Forschungs- und Entwicklungskonsortium für Kabel-TV-Technologien. CableLabs testet und zertifiziert Geräte von Herstellern für Kabeleinrichtungen, Kabelmodems und Anschlusssysteme für solche Modems. Basierend auf den Ergebnissen wird dann der Status »DOCSIS-Certified« oder »DOCSIS-Qualified« vergeben.

DOCSIS definiert die Kommunikation und die Anforderungen an eine Schnittstelle für Systeme zur kabelgestützten Datenübertragung und gestattet das Ergänzen eines vorhandenen CATV-Systems mit der Möglichkeit zur Highspeed-Datenübertragung. Kabelnetzbetreiber setzen DOCSIS ein, um über die vorhandene HFC-Infrastruktur einen Internetzugang bereitzustellen.

DOCSIS spezifiziert Anforderungen an die OSI-Schichten 1 und 2:

- **Bitübertragungsschicht.** Für Datensignale der Kabelnetzbetreiber spezifiziert DOCSIS die Kanalbreiten (d. h. die Bandbreiten der einzelnen Kanäle) mit 200 kHz, 400 kHz, 800 kHz, 1,6 MHz, 3,2 MHz und 6,4 MHz. Ferner beschreibt DOCSIS Modulationstechniken (d. h. die Art und Weise, wie das HF-Signal digitale Daten überträgt).

- **MAC-Schicht.** In dieser Schicht wird eine deterministische Zugriffsmethode definiert: TDMA (Time-Division Multiple Access) oder S-CDMA (Synchronous Code-Division Multiple Access). S-CDMA verteilt die digitalen Daten über ein breites Frequenzband. Auf diese Weise können mehrere Teilnehmer an das Netzwerk angebunden werden und gleichzeitig senden und empfangen.

Um die DOCSIS-Anforderungen an die MAC-Teilschicht besser zu verstehen, ist zu untersuchen, wie die verschiedenen Kommunikationstechnologien den Kanalzugriff unterteilen. Bei TDMA erfolgt die Unterteilung auf Zeitbasis, bei FDMA (Frequency-Division Multiple Access) hingegen wird nach Frequenz unterteilt. CDMA (Code-Division Multiple Access) benutzt eine Spread-Spectrum-Technologie und ein spezielles Codierschema, bei dem jedem Sender ein spezieller Code zugewiesen wird.

Eine Analogie, die das Prinzip veranschaulicht, beginnt mit einem Zimmer, das einen Kanal darstellt. Dieses Zimmer ist voller Menschen, die miteinander reden wollen. Anders formuliert: Sie benötigen einen Kanalzugriff. Eine Lösung besteht darin, abwechselnd und nacheinander zu sprechen (zeitliche Unterteilung). Eine andere Möglichkeit bestünde darin, dass alle Personen mit unterschiedlichen Tonhöhen reden (Frequenzunterteilung). Bei CDMA würden sie in unterschiedlichen Sprachen sprechen. Leute, die dieselbe Sprache sprechen, können einander verstehen – andere Personen können sie jedoch nicht verstehen. Beim Funk-CDMA, das für zahlreiche Funktelefonnetze in Nordamerika eingesetzt wird, verfügt jede Benutzergruppe über einen gemeinsamen Code. Viele Codes belegen denselben Kanal, doch nur Benutzer, denen ein bestimmter Code zugewiesen ist, können einander verstehen. S-CDMA ist eine proprietäre CDMA-Version, die von der Terayon Corporation zur Datenübertragung über Netzwerke entwickelt wurde, die auf Koaxialkabel basieren.

Die Pläne zur Zuordnung von Frequenzbändern in Kabelsystemen unterscheiden sich in Nordamerika und Europa. Die Europa verwendete Variante von DOCSIS heißt Euro-DOCSIS. Im Wesentlichen unterscheiden sich DOCSIS und Euro-DOCSIS im Hinblick auf die Kanalbandbreiten. Die technischen Standards für Ausstrahlung und Empfang von TV-Signalen sind weltweit unterschiedlich, und dies wirkt sich direkt auf die Fortentwicklung der DOCSIS-Varianten aus. Unterschieden werden die folgenden internationalen TV-Standards: NTSC (National Television System Committee) in Nordamerika und Teilen von Japan, PAL (Phase Alternating Line) in den meisten europäischen Ländern, Asien, Afrika, Australien, Brasilien und Argentinien und SECAM (Séquentiel couleurà mémoire, dt. etwa »Sequenzielle Farbe mit Speicher«) in Frankreich und einigen osteuropäischen Ländern.

Die folgende Liste fasst DOCSIS zusammen:

- DOCSIS ist ein Zertifizierungsstandard für die Gerätetechnik der Provider von Kabel-TV-Einrichtungen (Kabelmodem und zugehörige Anschlusssysteme).
- DOCSIS spezifiziert die Bitübertragungs- und die MAC-Schicht.
- DOCSIS definiert HF-Schnittstellenanforderungen an ein System zur Datenübertragung mit Kabel-TV.
- Kabeleinrichtungen müssen die Zertifizierung bestehen, die von CableLabs durchgeführt wird.
- Die in Europa verwendete Variante von DOCSIS heißt Euro-DOCSIS.

Weitere Informationen finden Sie auf den folgenden Websites:

- Zu DOCSIS: *http://www.cablemodem.com/specifications*
- Zu Euro-DOCSIS: *http://www.euro-docsis.com*

Dienste über Kabel bereitstellen

Zur Bereitstellung von Diensten über ein Kabelnetzwerk werden verschiedene Hochfrequenzen benötigt. Downstream-Frequenzen befinden sich im Bereich zwischen 50 und 860 MHz, Upstream-Frequenzen im Bereich zwischen 5 und 42 MHz.

Abbildung 6.7 zeigt die Geräte, die am Versand von Daten über ein Kabel beteiligt sind. Um digitale Modemsignale über den Upstream- und die Downstream-Pfad in ein Kabelsystem einzuspeisen, sind zwei Arten von Geräten erforderlich:

- **CMTS (Cable Modem Termination System).** Das CMTS befindet sich an der Empfangsstelle des Kabelnetzbetreibers.
- **Kabelmodem.** Dieses befindet sich am teilnehmerseitigen Ende. Das Kabelmodem ermöglicht dem Teilnehmer den Empfang von Daten mit hohen Datenraten. Normalerweise ist das Kabelmodem über einen normalen 10BaseT- oder 100BaseT-Ethernet-Anschluss mit dem Computer verbunden.

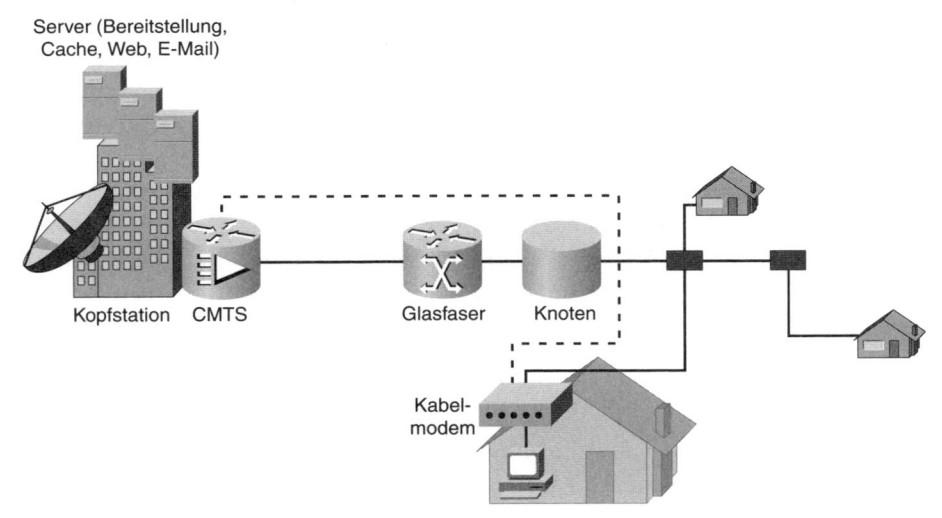

Abbildung 6.7: Daten über Kabel versenden

Das CMTS ist eine Komponente, die Digitalsignale mit den Kabelmodems in einem Netzwerk austauscht. Das an der Kopfstation aufgestellte CMTS kommuniziert dabei mit den Kabelmodems in den Haushalten der Teilnehmer. Eigentlich ist die Kopfstation ein Router mit Datenbanken, der den Kabelnetzteilnehmern die Internetdienste bereitstellt. Die Architektur ist relativ einfach: Es kommt ein gemischtes optisch-koaxiales Netzwerk zum Einsatz, in dem Glasfaserkabel die mit niedrigerer Bandbreite arbeitenden Koaxialkabel teilweise ersetzt.

Ein Netz mit Glasfaserkabeln verbindet die Kopfstation mit den Knoten, in denen die Umsetzung vom optischen auf das HF-Format erfolgt. Vom Glasfaserkabel wird dasselbe breitbandige Nutzsignal für Internetverbindungen, Telefondienste und Videostreams übertragen, das auch das Koaxialkabel transportiert. Die koaxialen Zuleitungskabel werden an die Knoten angeschlossen, um die HF-Signale an die Teilnehmer zu übertragen.

In einem modernen HFC-Netzwerk sind gewöhnlich 500 bis 2000 aktive Teilnehmer an ein Kabelnetzsegment angeschlossen und nutzen die Upstream- und Downstream-Bandbreite gemeinsam. Die eigentliche Bandbreite für den Internetdienst über eine CATV-Leitung kann im Downloadpfad bis zu 27 Mbit/s für den Teilnehmer betragen; für Uploads stehen etwa 2,5 Mbit/s bereit. Basierend auf der Kabelnetzarchitektur, der Bereitstellungspraxis des Kabelnetzbetreibers und dem Datenaufkommen kann ein einzelner Teilnehmer normalerweise eine Datenrate zwischen 256 kbit/s und 6 Mbit/s erzielen.

Wenn es aufgrund hoher Auslastung zu einer Netzüberlastung kommt, kann der Netzbetreiber weitere Bandbreiten für Datendienste hinzufügen, indem ein zusätzlicher TV-Kanal für die schnelle Datenübertragung freigeschaltet wird. Hierdurch kann sich die den Teilnehmern zur Verfügung stehende Downstream-Bandbreite im Endeffekt verdoppeln. Eine weitere Option besteht darin, die Anzahl der Teilnehmer zu verringern, die über dasselbe Netzwerksegment versorgt werden. Zu diesem Zweck unterteilt der Netzbetreiber das Kabelnetz weiter, indem er mehr Glasfaserkabel je Wohngegend verlegt.

6.2.3 DSL

DSL (Digital Subscriber Line) ermöglicht die Nutzung von Highspeed-Verbindungen über vorhandene Kupferleitungen. In diesem Abschnitt werden wir DSL in seiner Eigenschaft als wichtige Lösung für die Telearbeitsplätze beschreiben.

Vor vielen Jahren stellte man bei Bell Labs fest, dass ein normales Gespräch über eine Telefonanschlussleitung lediglich eine Bandbreite zwischen 300 Hz und 3 kHz benötigt. Viele Jahre lang wurden also die Frequenzen oberhalb von 3 kHz von Telefonnetzen nicht genutzt. Technologische Fortschritte ermöglichten es der DSL-Technik, die zusätzliche Bandbreite zwischen 3 kHz bis hin zu 1 MHz zur Bereitstellung von Highspeed-Datendiensten über gewöhnliche Kupferleitungen zu nutzen.

ADSL beispielsweise verwendet einen Frequenzbereich zwischen 20 kHz und 1 MHz. Glücklicherweise sind nur relativ geringfügige Änderungen an der vorhandenen Telefonnetzinfrastruktur erforderlich, um den Teilnehmern hohe Datenraten bereitstellen zu können. Abbildung 6.8 zeigt die Nutzung der Bandbreite für ADSL in einem Kupferkabel. Als Telefonbereich wird der Frequenzbereich bezeichnet, der für normale Telefonanrufe reserviert ist. Der ADSL-Bereich hingegen stellt den Frequenzabschnitt dar, der Upstream- und Downstream-DSL-Signalen zur Verfügung steht.

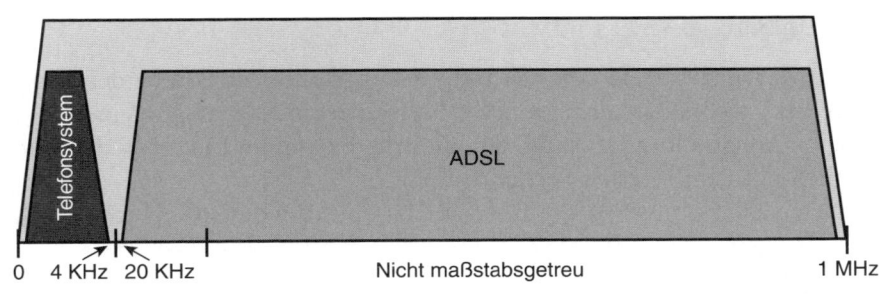

Abbildung 6.8: Reservierung von ADSL-Bandbreite

Die beiden DSL-Basistechnologien sind ADSL und SDSL (asymmetrisches und symmetrisches DSL) Von beiden Technologien gibt es jeweils mehrere Varianten. ADSL bietet dem Benutzer dabei eine im Vergleich zum Upstream höhere Downstream-Bandbreite. Bei SDSL ist die Kapazität in beide Richtungen gleich groß.

Die verschiedenen DSL-Varianten bieten unterschiedliche Bandbreiten, die die Kapazität einer T1- oder E1-Standleitung teilweise sogar überschreiten können. Die Übertragungsraten hängen von der tatsächlichen Länge der Telefonanschlussleitung sowie vom Typ und Zustand der verwendeten Verkabelung ab. Damit eine ausreichende Dienstqualität gesichert ist, darf die Anschlussleitung nicht länger als etwa 5,5 km sein.

DSL-Verbindungen

Die DSL-Provider setzen DSL in dem Bereich des lokalen Telefonnetzes ein, der als Teilnehmeranschluss oder auch als »letzte Meile« bezeichnet wird. Es handelt sich hierbei um die Verbindung zwischen der Vermittlungsstelle des Providers und dem Teilnehmer. Die DSL-Verbindung wird zwischen zwei Modems an den beiden Enden einer Kupferleitung betrieben, die sich zwischen dem Teilnehmer und dem DSLAM (DSL Access Multiplexer) befindet.

Abbildung 6.9 zeigt die wichtigsten Komponenten, die zur Bereitstellung einer DSL-Verbindung mit einer SOHO-Umgebung erforderlich sind. Die wichtigsten Komponenten sind dabei der DSL-Transceiver und der DSLAM.

- **Transceiver.** Der Transceiver verbindet den Computer des Telearbeiters mit der DSL-Leitung. Normalerweise ist der Transceiver ein DSL-Modem, das über ein USB- oder ein Ethernet-Kabel mit dem Computer verbunden ist. Neuere DSL-Transceiver können in kleine Router mit mehreren 10/100-Ports eines Switchs integriert sein, die für den Einsatz im Heimbüro geeignet sind.

- **DSLAM.** Der DSLAM befindet sich an der Vermittlungsstelle des Netzbetreibers und fasst einzelne DSL-Nutzerverbindungen auf einer leistungsstarken Leitung zusammen, die mit einem Internetprovider und folglich mit dem Internet verbunden ist.

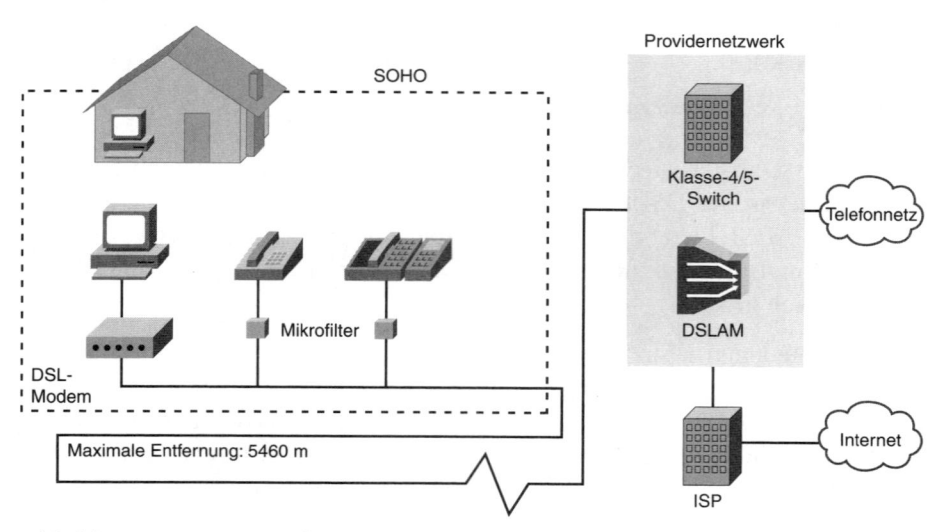

Abbildung 6.9: DSL-Verbindungen

Der Vorteil, den DSL im Vergleich zu Kabeltechnologien aufweist, besteht darin, dass DSL kein gemeinsam genutztes Medium ist: Jeder Benutzer verfügt über eine eigene direkte Verbindung zum DSLAM. Das Hinzufügen neuer Benutzer wird sich nicht negativ auf die Leistung aus, sofern die Verbindung zwischen DSLAM und Provider (oder dem Internet) nicht überlastet wird.

Daten und Sprache über DSL

Der wesentliche Vorteil von ADSL ist die Möglichkeit, Datendienste zusätzlich zu den Sprachdiensten des Telefonnetzes über die zwischen Vermittlungsstelle und Kunde vorhandene Verkabelung bereitzustellen.

Wenn der Provider analoge Sprachsignale und ADSL über dieselbe Leitung überträgt, setzt er Filter oder Splitter ein, um den Sprach- vom ADSL-Kanal zu trennen. Eine solche Konfiguration gestattet einen unterbrechungsfreien regulären Telefondienst auch dann, wenn ADSL ausfällt. Dank des Einsatzes von Filtern oder Splittern kann der Benutzer die Telefonleitung und die ADSL-Verbindung gleichzeitig verwenden, ohne dass diese Dienste sich gegenseitig beeinträchtigen.

Da ADSL-Signale die Sprachübertragung verzerren, werden sie am Kundenstandort gesplittet oder gefiltert. Es gibt zwei Möglichkeiten, ADSL-Signale beim Kunden von Analogsignalen zu trennen:

- **Mikrofilter.** Ein Mikrofilter ist ein passives Tiefpassfilter mit zwei Enden. Das eine Ende ist mit dem Telefon verbunden, das andere mit der Telefonanschlussdose. Bei Nutzung dieser Vorgehensweise ist der Besuch eines Technikers beim Teilnehmer nicht erforderlich. Zudem kann der Benutzer jede beliebige Anschlussdose im Haus für Sprach- oder ADSL-Dienste verwenden.

- **Splitter.** Splitter trennen den DSL-Datenverkehr vom Telefonsignal. Hierbei handelt es sich um ein passives Gerät. Kommt es also zu einem Stromausfall, dann wird das Sprachsignal weiterhin an den Analog-Switch in der Vermittlungsstelle übertragen. Diese Splitter befinden sich an der Vermittlungsstelle und beim Teilnehmer. Splitter trennen das Telefonsprachsignal an der Vermittlungsstelle vom digitalen Datenverkehr, der an den DSLAM weitergeleitet wird.

Abbildung 6.10 zeigt die Teilnehmeranschlussleitung, die am Demarkationspunkt am Kundenstandort angeschlossen ist. Das eigentliche Gerät ist das NID (Network Interface Device). An dieser Stelle wird die Telefonleitung am Kundenstandort verfügbar gemacht. Hier wird normalerweise ein Splitter an die Telefonleitung angeschlossen. Der Splitter verzweigt die Telefonleitung: Eine Leitung wird mit der vorhandenen hausinternen Telefonverkabelung, eine zweite mit dem ADSL-Modem verbunden. Der Splitter agiert als Tiefpassfilter, der nur den Frequenzbereich zwischen 0 und 4 kHz vom und zum Telefon gelangen lässt.

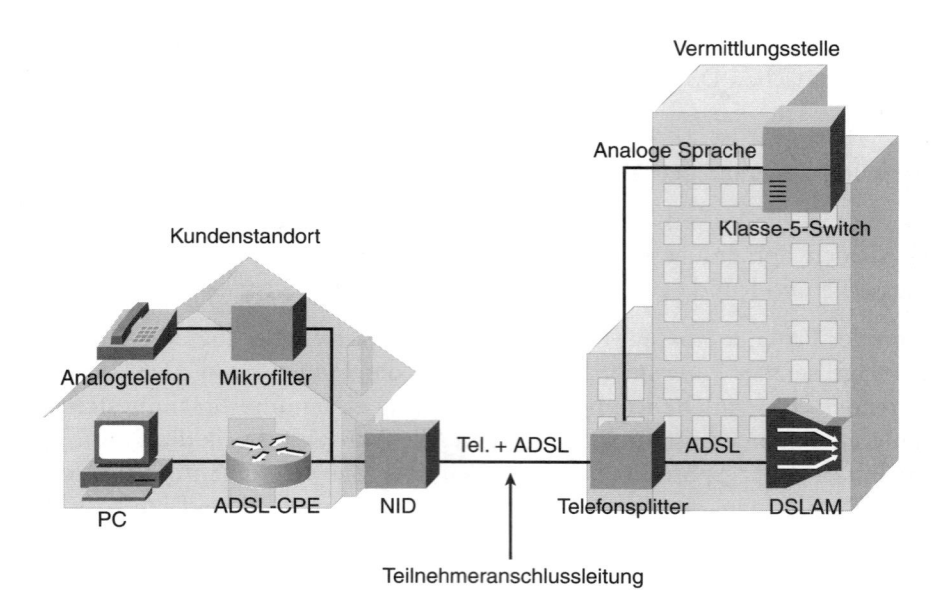

Abbildung 6.10: Trennung von Daten und Sprache bei ADSL-Verbindungen

Der Einbau eines Splitters am NID kann den Besuch eines Technikers am Kundenstandort. erfordern. Aufgrund dieses zusätzlichen Aufwandes kommen heutzutage etwa in den meisten Haushaltsinstallationen in Nordamerika bevorzugt Mikrofilter zum Einsatz (Abbildung 6.11). Zudem bietet der Einsatz von Mikrofiltern den Vorteil einer flexibleren Konnektivität am gesamten Kundenstandort. Da Splitter das Sprachsignal am NID vom ADSL-Signal trennen, ist im Haushalt gewöhnlich nur ein einziger physischer ADSL-Anschluss vorhanden.

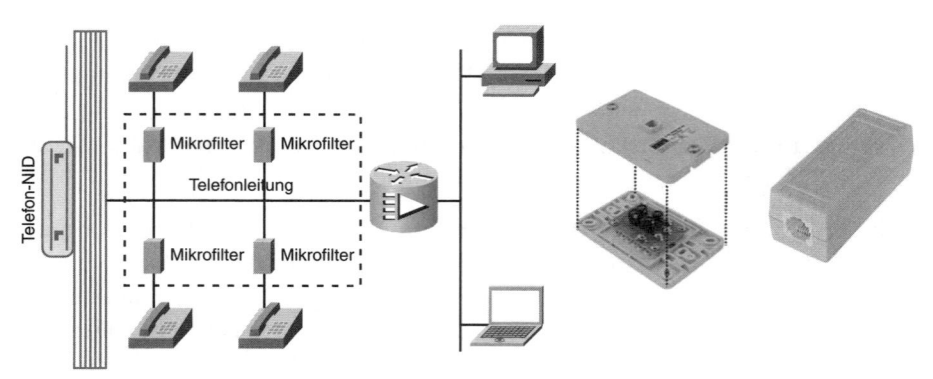

Abbildung 6.11: Cisco EZ-DSL-Mikrofilter

Abbildung 6.11 zeigt eine typische SOHO-Umgebung mit DSL-Anschluss, in der Mikrofilter eingesetzt werden. Bei dieser Lösung kann der Benutzer intern Filter für jedes Telefon einsetzen oder anstelle regulärer Telefonwandanschlussdosen die an der Wand montierten Mikrofilter benutzen.

Installiert der Provider einen Splitter, dann wird dieser zwischen NID und die interne Telefonanlage gesetzt (Abbildung 6.12). Eine Leitung mit DSL-Signal geht hier direkt zum DSL-Modem, die andere transportiert dass analoge Signal zu den Telefonen.

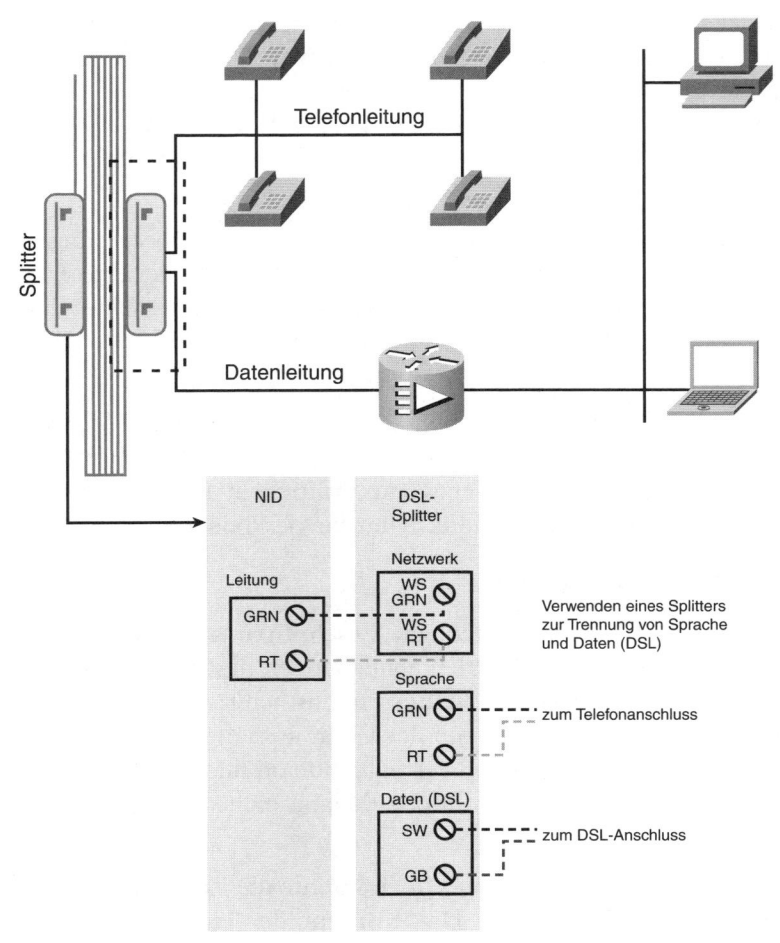

Abbildung 6.12: DSL-Splitter

6.2.4 Drahtloser Breitbandzugang

Der Breitbandzugang über ADSL oder Kabel ermöglicht Telearbeitern die Nutzung schnellerer Verbindungen als bei der Modemeinwahl. Bis vor relativ kurzer Zeit jedoch konnten SOHO-PCs nur über ein CAT5-Kabel eine Verbindung zu einem Modem oder Router herstellen. Dank drahtloser Netzwerktechnologien – Wi-Fi (Wireless Fidelity) – hat sich diese Situation jedoch nicht nur im Heimbüro, sondern auch in Unternehmensumgebungen deutlich verbessert.

Die Nutzung der 802.11-Netzwerkstandards gestattet die Übertragung von Daten in Form von Funkwellen. Die Verbreitung von 802.11-Netzwerken wurde durch die Tatsache, dass diese für Versand und Empfang von Daten ein unlizenziertes Funkspektrum verwenden, stark gefördert. Die Ausstrahlung von Radio- und TV-Signalen ist in der Regel staatlich reguliert und erfordert eine Lizenz.

Im Laufe der letzten Jahre sind die Computerhersteller dazu übergegangen, Drahtlosadapter in jeden Laptop-Computer einzubauen. Da die Preise für Wi-Fi-Chipsätze immer weiter fallen, ist dies mittlerweile auch eine wirtschaftliche Option, um Desktop-Computer mit einem Netzwerk zu verbinden.

Die Nutzung von Wi-Fi umgeht aber nicht nur die Installation und Verwendung von Kabeln für Netzwerkverbindungen, sondern bietet noch weitere Vorteile. Die Nutzung drahtloser Netzwerke ermöglicht Mobilität. Hierdurch lassen sich Flexibilität und Produktivität bei der Telearbeit steigern.

Formen drahtloser Breitbandzugänge

Noch vor kurzem bestand eine erhebliche Beschränkung des drahtlosen Zugangs darin, sich physisch im lokalen Sendebereich des WLAN-Routers oder WLAN-Access-Points befinden zu müssen, das heißt, man musste sich in einem Umkreis von ca. 30 Metern um das Gerät aufhalten, das über eine kabelgestützte Verbindung ins Internet verfügte. Sobald man sein Büro oder seine Wohnung verließ, stand der drahtlose Zugang nicht mehr zur Verfügung.

Dank des technologischen Fortschritts jedoch konnte die Reichweite drahtloser Verbindungen erhöht werden. Das Konzept der Hotspots hat den Zugriff auf drahtlose Verbindungen weltweit verbessert. Ein *Hotspot* ist der Versorgungsbereich eines oder mehrerer miteinander verbundener Access-Points. An vielen öffentlichen Orten wie beispielsweise Cafés, Parks und Bibliotheken wurden Wi-Fi-Hotspots in der Hoffnung eingerichtet, den Umsatz zu steigern. Durch einander überschneidende Versorgungsbereiche bei Access-Points können sich Hotspots über viele Kilometer erstrecken.

Neue Entwicklungen in der drahtlosen Breitbandtechnologie erhöhen die Verfügbarkeit weiter. Hierzu gehören die folgenden:

- Municipal Wi-Fi
- WiMAX
- Satellitengestütztes Internet

Auch Stadt- und Gemeindeverwaltungen sind auf den Wi-Fi-Zug aufgesprungen. Sie arbeiten häufig mit entsprechenden Providern zusammen, um ein kommunales Netzwerk (engl. *Municipal Network*) für den drahtlosen Zugang zum Internet aufzubauen. Einige dieser Netzwerke bieten einen schnellen Internetzugang, der sehr viel preiswerter ist als die Angebote anderer Breitbanddienste (unter Umständen ist der Zugang sogar kostenfrei). In anderen Städten hingegen sind die Wi-Fi-Netzwerke der offiziellen Nutzung vorbehalten: Sie ermöglichen Polizei, Feuerwehr und städtischen Bediensteten den Zugang in das Internet und auf Verwaltungsnetzwerke.

Einzelner drahtloser Router

Abbildung 6.13 zeigt die typische Konfiguration eines Heimbüros unter Verwendung eines einzelnen drahtlosen Routers. In diesem Fall kommt das Hub-and-Spoke-Modell zum Einsatz. Das bedeutet, dass, falls der Router ausfällt, keine Konnektivität mehr gegeben ist.

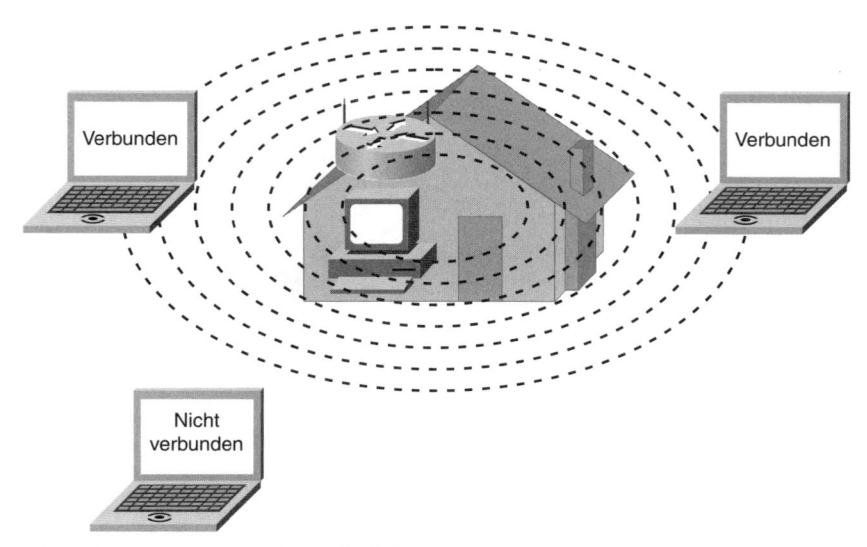

Abbildung 6.13: Einzelner drahtloser Router

Vermaschtes kommunales Wi-Fi-Netzwerk

Die meisten kommunalen WLANs verwenden eine vermaschte Topologie anstelle des Hub-and-Spoke-Modells. Ein solches Netzwerk umfasst eine Reihe von Access-Points, wie sie in Abbildung 6.14 gezeigt sind. Jeder Access-Point befindet sich in Reichweite von mindestens zwei anderen Access-Points und kann mit diesen kommunizieren. Das vermaschte Netzwerk deckt einen viel größeren Versorgungsbereich mit WLAN ab. Die Signale werden dabei durch die Wolke von Access-Point zu Access-Point übertragen.

Gegenüber Hotspots mit einzeln angeschlossenen Routern weist ein vermaschtes Netzwerk eine Reihe von Vorteilen auf. Die Installation ist einfacher und oft auch kostengünstiger, weil weniger Kabel benötigt werden. Außerdem erfolgt die Inbetriebnahme in einem ausgedehnten städtischen Bereich schneller. Aus betriebstechnischer Sicht ist ein vermaschtes Netzwerk zuverlässiger: Falls ein Knoten ausfällt, kann dies durch andere Knoten im Netzwerk ausgeglichen werden.

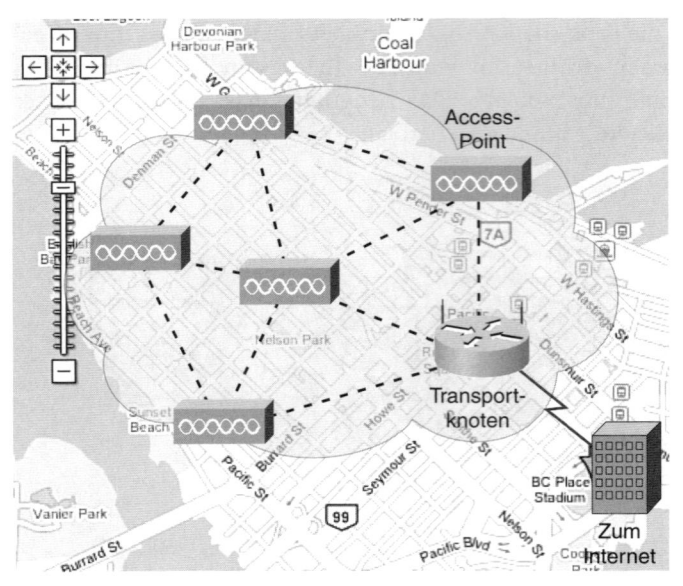

Abbildung 6.14: Vermaschtes kommunales Wi-Fi-Netzwerk

WiMAX

Abbildung 6.15 zeigt ein WiMAX-Netzwerk. WiMAX (Worldwide Interoperability for Microwave Access) ist eine Telekommunikationstechnologie, deren Ziel darin besteht, Daten über große Strecken unterschiedlicher Art drahtlos zu übertragen – von Point-to-Point-Verbindungen bis hin zum

Mobiltelefonzugriff. WiMAX operiert ähnlich wie Wi-Fi, jedoch mit höheren Datenraten, über größere Entfernungen und für mehr Benutzer. Aufgrund der höheren Datenraten (Bandbreite) und fallender Preise für die Hardware ist abzusehen, dass WiMAX in Kürze vermaschte kommunale Netzwerke bei der Bereitstellung von Drahtloszugängen verdrängen wird.

Ein WiMAX-Netzwerk besteht aus zwei Hauptkomponenten:

- Einem Mast, der konzeptionell den Sendemasten für Mobilfunk ähnelt. Ein einzelner WiMAX-Mast kann einen Bereich versorgen, der fast 7500 km² groß ist.

- Einem WiMAX-Empfänger, der in Größe und Aussehen einer PC-Karte (PCMCIA) ähnelt oder in einen Laptop oder ein anderes Gerät eingebaut ist.

Die Station eines WiMAX-Mastes ist über eine Verbindung mit hoher Bandbreite (z. B. eine T3-Leitung) direkt mit dem Internet verbunden. Überdies kann der Mast auch Verbindungen zu anderen WiMAX-Masten herstellen, wobei hierzu Mikrowellenverbindungen in Sichtentfernung verwendet werden. Auf diese Weise erreicht WiMAX auch in ländlichen Gegenden Bereiche, die mithilfe von DSL-Technologien und TV-Kabeln auf der letzten Meile nicht angebunden werden können.

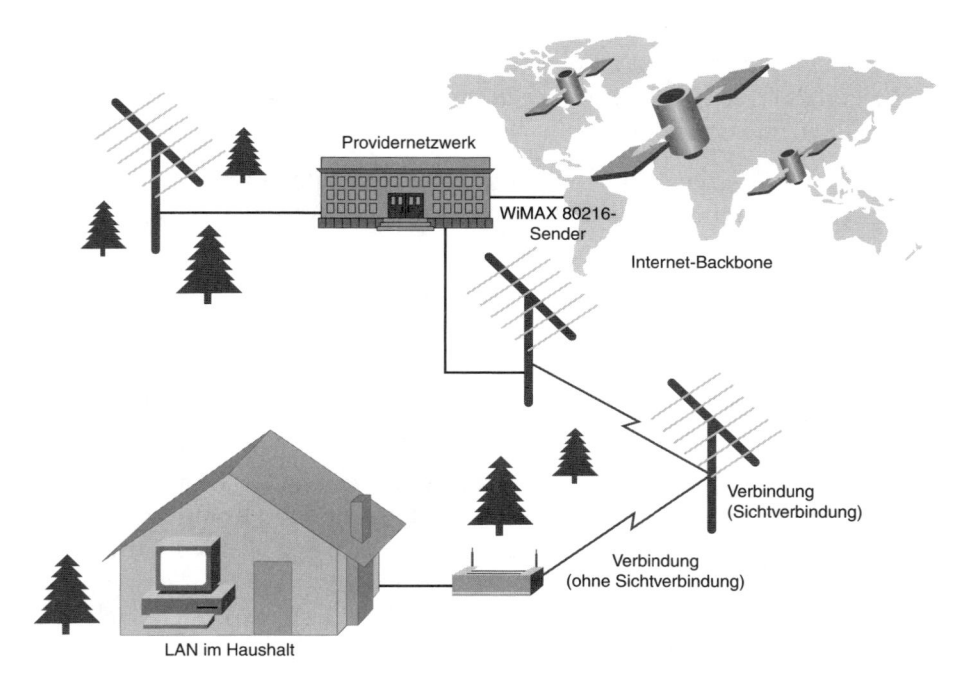

Abbildung 6.15: WiMAX

Satellitengestütztes Internet

Satellitengestützte Internetdienste verwendet man überall dort, wo eine terrestrische Anbindung nicht möglich ist, sowie bei temporären Installationen, deren Position sich ständig ändert. Der Internetzugang via Satellit steht international zur Verfügung – auch für Schiffe auf See, Flugzeuge in der Luft und Fahrzeuge auf dem Land.

Um eine Internetverbindung via Satellit herzustellen, gibt es drei Möglichkeiten:

- **Unidirektionale Multicast-Systeme.** Solche Systeme kommen für die Übertragung von Multicast-Daten sowie Audio- und Videodaten zum Einsatz. Auch wenn die meisten IP-Protokolle eine bidirektionale Kommunikation für Internetinhalte (einschließlich Webseiten) vorsehen, ermöglichen unidirektionale Internetdienste mit Satellitenunterstützung das Pushing von Webseiten auf lokalen Speicher an Endbenutzerstandorten. Eine vollständige Interaktivität hingegen ist nicht möglich.

- **Unidirektionale Systeme mit terrestrischem Rückkanal.** Hier kommt für den Versand ausgehender Daten (Upload) ein konventioneller Einwahlzugang via Modem zum Einsatz. Downloads erfolgen über den Satelliten.

- **Bidirektionale Systeme.** Hierbei werden Daten von Remote-Standorten via Satellit an einem Hub gesendet, der sie an das Internet weiterleitet. Die Satellitenschüsseln an den verschiedenen Standorten müssen präzise ausgerichtet sein, um eine gegenseitige Beeinträchtigung mit anderen Satelliten zu vermeiden.

Abbildung 6.16 zeigt ein bidirektionales Satelliteninternetsystem. Die Uploadrate beträgt etwa ein Zehntel der Downloadgeschwindigkeit, die im Bereich von 500 kbit/s liegt.

Die wichtigste Voraussetzung für die Installation besteht darin, dass die Satellitenschüssel eine ungestörte Sichtverbindung zu einem Satelliten hat, der die Erde auf Höhe des Äquators umkreist. (Dort befinden sich die Umlaufbahnen der meisten Satelliten.) Der Signalempfang kann durch Bäume, aber etwa auch durch starke Regenfälle gestört werden.

Unidirektionales satellitengestütztes Internet verwendet das IP-Multicasting, wodurch es einem Satelliten ermöglicht wird, bis zu 5000 Kommunikationskanäle gleichzeitig zu bedienen. Beim IP-Multicasting werden Daten von einem Ausgangspunkt an viele Stellen gleichzeitig gesendet. Der Versand erfolgt in einem komprimierten Format. Hierdurch verringert sich der Umfang der Daten und damit auch die erforderliche Bandbreite.

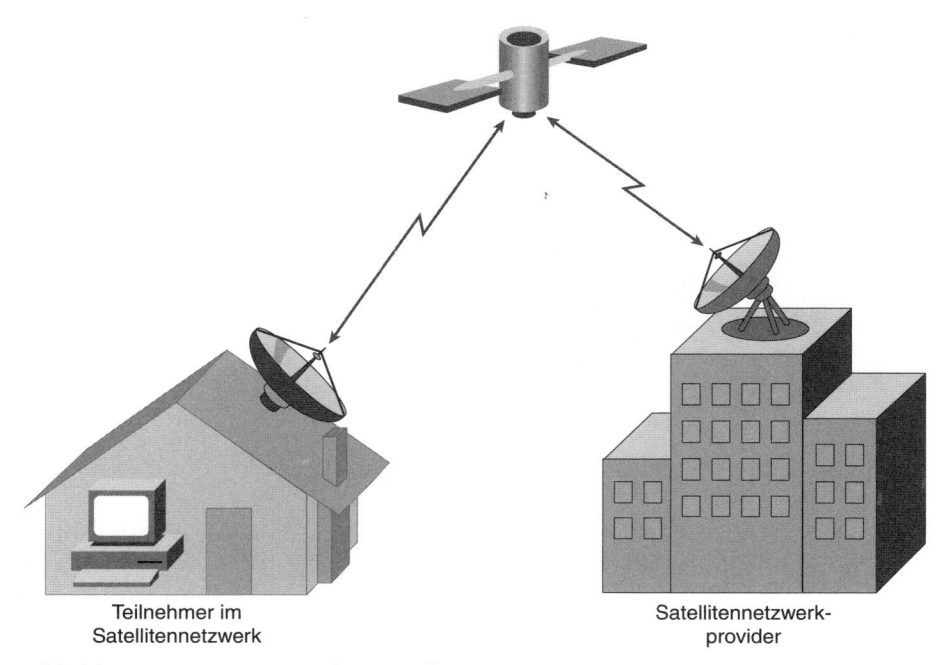

| Teilnehmer im | Satellitennetzwerk-
| Satellitennetzwerk | provider

Abbildung 6.16: Internet über Satellit

Drahtlose Standards und Sicherheit

Die drahtlose Netzwerktechnologie basiert auf einer Vielzahl von Standards, die von Routern und Empfängern zur Kommunikation eingesetzt werden. Die gängigsten Normen sind dem IEEE 802.11-Standard für WLANs untergeordnet, der die (nicht lizenzierten) Frequenzbänder bei 5 GHz und 2,4 GHz zum Thema hat.

Zwar scheinen die Begriffe »802.11« und »Wi-Fi« synonym verwendbar zu sein, doch ist dies nicht zutreffend. Wi-Fi ist eine von der Industrie geförderte Interoperabilitätszertifizierung, die auf einem Teil der 802.11-Standards basiert. Die Wi-Fi-Spezifikation wurde erforderlich, weil die Wi-Fi Alliance bereits mit der Zertifizierung von Produkten begann, bevor alle Änderungen am 802.11-Standard abgeschlossen waren. Mittlerweile aber hat 802.11 aufgeholt und Wi-Fi in der Bedeutung sogar übertroffen.

Aus der Sicht des Telearbeiters sind die am häufigsten benutzten Zugänge diejenigen, die mit den Protokollen IEEE 802.11b und IEEE 802.11g arbeiten. Die Sicherheitsfunktionen in diesen Protokollen waren bewusst schwach ausgeprägt, um nicht unter die restriktiven Exportbestimmungen verschiedener Länder zu fallen. Der aktuellste Standard 802.11n stellt einen Verbesserungsvorschlag dar, der auf älteren 802.11-Standards basiert und diese mit MIMO-Kapazitäten (Multiple-Input Multiple-Output) ergänzt.

Abbildung 6.17 zeigt einen WLAN-Router von Linksys für Telearbeitsplätze.

Abbildung 6.17: Router für die SOHO-Umgebung

Geräte für Telearbeitsplätze nutzen in der Regel das 2,4-GHz-Band, für das die folgenden Standards gelten:

- 802.11b: 11 Mbit/s
- 802.11g: 54 Mbit/s
- 802.11n: über 54 Mbit/s (gegenwärtig bis zu 300 Mbit/s), MIMO

Der 802.16-Standard (WiMAX) unterstützt Datenraten von bis zu 70 Mbit/s bei einer Reichweite von bis zu 50 km. Er kann mit lizenzierten und unlizenzierten Bändern des Spektrums zwischen 2 und 6 GHz arbeiten.

Breitbanddienste (6.2.4)

Packet Tracer ☐ Aktivität

In dieser Aktivität demonstrieren Sie ihre Fähigkeit, Breitbandgeräte und -verbindungen zu Packet Tracer hinzuzufügen. Sie können zwar weder DSL noch Kabelmodems konfigurieren, wohl aber die Ende-zu-Ende-Konnektivität mit Telearbeitsgeräten simulieren.

Ausführliche Anweisungen entnehmen Sie der Aktivität selbst. Zur Durchführung der Aktivität verwenden Sie Packet Tracer und die Datei *e4-624.pka* auf der Begleit-CD-ROM zu diesem Buch.

6.3 VPNs

In diesem Abschnitt untersuchen wir Technologien, Typen, Komponenten, Funktionseigenschaften und Vorteile von VPNs (Virtual Private Networks).

6.3.1 Die Vorteile von VPNs

Das Internet ist ein internationales, öffentlich zugängliches IP-Netzwerk. Aufgrund seiner gigantischen globalen Verbreitung stellt es eine attraktive Möglichkeit dar, Remote-Standorte weltweit miteinander zu verbinden. Allerdings ergeben sich aus der Tatsache, dass es sich um eine öffentliche Infrastruktur handelt, Sicherheitsrisiken für Unternehmen und deren interne Netzwerke. Erfreulicherweise ermöglicht es die VPN-Technologie, private Netzwerke zu erstellen, die die Infrastruktur des Internets nutzen und dabei trotzdem Vertraulichkeit und Sicherheit für das Unternehmen bieten.

Was ist ein VPN?

Mithilfe von VPNs lässt sich eine virtuelle WAN-Infrastruktur bereitstellen, die Zweigstellen, Heimbüros, Geschäftspartner oder Telearbeiter mit dem Firmennetzwerk (oder Teilen davon) verbindet. Ein VPN stellt eine Möglichkeit dar, Daten unter Berücksichtigung von Sicherheits- und Datenschutzaspekten über eine ungesicherte, offene Netzwerkinfrastruktur zu versenden. Abbildung 6.18 zeigt einige Komponenten und Technologien, die in Zusammenhang mit VPNs eingesetzt werden und die wir im Laufe dieses Kapitels noch erläutern werden.

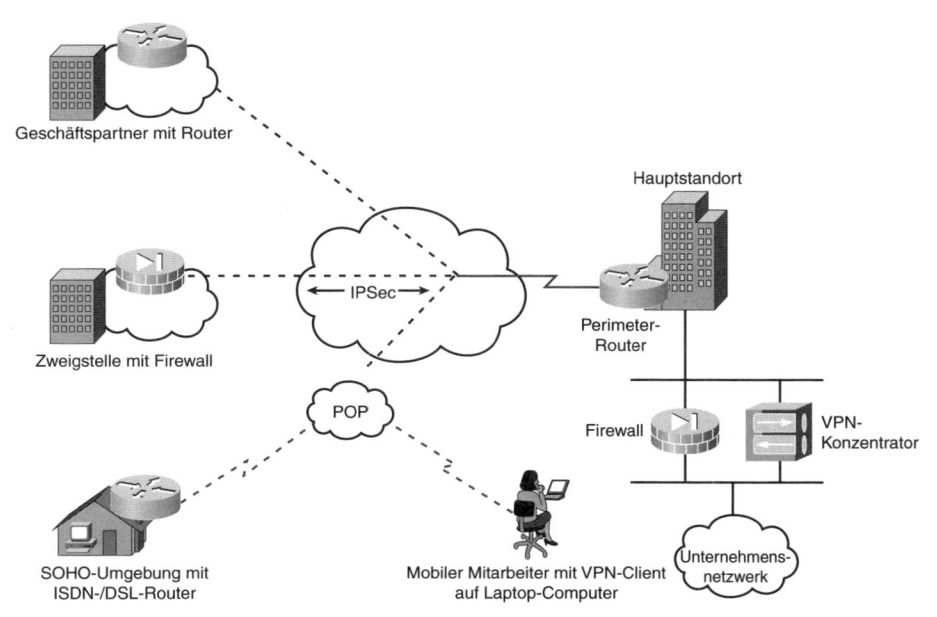

Abbildung 6.18: VPN-Komponenten und -Technologien

Ein VPN ist ein virtuelles privates Netzwerk. Das bedeutet Folgendes:

- **Virtuell.** Daten innerhalb eines privaten Netzwerks werden durch ein öffentliches Netzwerk transportiert.
- **Privat.** Die Daten werden verschlüsselt, um ihre Vertraulichkeit zu gewährleisten.

Weil die Daten privat sind, müssen Sie verschlüsselt werden. Statt eine dedizierte Schicht-2-Verbindung – zum Beispiel eine Standleitung – einzusetzen, nutzt das VPN eine virtuelle Verbindung, die über das Internet geroutet wird.

ANMERKUNG

Die Verschlüsselung der Daten für ein VPN ist nicht obligatorisch, sie wird aber bei Site-to-Site- und Remote-Access-VPNs in der Regel eingesetzt.

Eine Analogie soll uns helfen zu erläutern, wie ein VPN funktioniert. Stellen Sie sich ein Stadion vor – es ist wie das Internet ein öffentlicher Raum. Wenn eine Veranstaltung vorüber ist, verlässt das Publikum das Stadion durch Gänge und Tore, wobei alle einander ständig anrempeln. Dies ist auch ein Paradies für Taschendiebe.

Sehen wir uns dagegen an, wie die Mitwirkenden einer Show sich verabschieden. Die Prominenz wird durch private Tunnels zu den dunklen Limousinen geleitet, die sie zu ihrem jeweiligen Ziel bringen. In diesem Abschnitt beschreiben wir, wie VPNs auf ähnliche Weise arbeiten, indem sie Daten zusammenfassen und diese dann sicher durch schützende Tunnel im Internet transportieren. Das Verständnis der VPN-Technologie ist wesentlich, um sichere Verbindungen für Telearbeiter in Unternehmensnetzwerken einrichten und betreiben zu können.

Analogie: Jedes LAN ist ein EiLANd

Wir wollen zur Beschreibung des VPN-Konzepts noch eine weitere Analogie aus einer anderen Sichtweise heraus skizzieren. Stellen Sie sich vor, Sie lebten auf einer Insel im Meer. Um Sie herum befinden sich Tausende weiterer Inseln – einige ganz nahe, andere weiter entfernt. Normalerweise würden Sie, um von Ihrer Insel auf eine andere zu gelangen, die Fähre nehmen. Wenn Sie mit der Fähre fahren, bedeutet dies jedoch, dass sie praktisch keine Privatsphäre haben: Die anderen Leute sehen alles, was Sie machen.

Nehmen wir nun an, jede Insel repräsentiert ein privates LAN, und der Ozean ist das Internet. Die Fahrt mit der Fähre entspricht dann dem Herstellen einer Verbindung mit einem Webserver oder einem anderen Gerät über das Internet. Sie haben keinerlei Kontrolle über die Leitungen und Router, aus denen das Internet besteht – ebenso wenig, wie Sie über die anderen Leute auf der Fähre Bescheid wissen. Das bedeutet, dass Sie, wenn Sie mithilfe einer öffentlichen Ressource eine Verbindung zwischen zwei privaten Netzwerken herstellen, anfällig für Sicherheitsrisiken sind.

Nun soll von Ihrer Insel aus eine Brücke zu einer anderen Insel gebaut werden, um einen einfachen, sichereren und direkten Weg zwischen diesen Inseln einzurichten. Bau und Instandhaltung der Brücke sind, obwohl sich die Insel, zu der die Brücke führt, ganz in der Nähe befindet, relativ teuer. Trotzdem ist der Bedarf an einem sicheren, zuverlässigen Weg so groß, dass Sie Kosten und Aufwand auf sich nehmen. Sie würden auch gerne eine Verbindung zu einer zweiten Insel schaffen, die wesentlich weiter entfernt ist; aufgrund der Kosten beschließen Sie jedoch, davon Abstand zu nehmen.

Diese Situation entspricht dem Einsatz einer Standleitung. Die Brücken (Standleitungen) sind vom Ozean (Internet) getrennt, ermöglichen aber trotzdem die Verbindung der Inseln (LANs). Viele Unternehmen haben sich aus Gründen der Sicherheit und Zuverlässigkeit früher für diesen Weg zur Anbindung von Zweigstellen entschieden. Wenn jedoch die Zweigstellen sehr weit voneinander entfernt sind, verbietet sich eine solche Lösung aus Kostengründen – ebenso wie der Bau einer zu langen Brücke.

Und wie passt das VPN sich in diese Analogie ein? Nun: Wir könnten allen Inselbewohnern ein kleines Unterseeboot zur Verfügung stellen, das die folgenden Eigenschaften aufweist:

- Schnell
- Leicht überallhin zu transportieren
- Verbirgt Sie vollständig vor anderen Schiffen oder U-Booten
- Zuverlässig

Zwar reisen die Bewohner unserer beiden Inseln gemeinsam mit anderen im Meer, doch können sie dies in der Gewissheit, dabei sicher und geschützt zu sein, jederzeit nach Belieben tun. Solange sie zum Ozean gelangen können, sind private Fahrten zwischen zwei beliebigen Inseln jederzeit möglich. Dies ist im Wesentlichen die Funktionsweise eines VPN. Jedes Mitglied ihres Netzwerks kann auf sichere und zuverlässige Weise unter Verwendung des Internets als Medium kommunizieren, um eine Verbindung mit dem privaten LAN herzustellen. Ein VPN kann auch wachsen, um mehr Benutzer und zusätzliche Standorte aufzunehmen – was wesentlich einfacher ist als bei einer Standleitung. Tatsächlich ist die Skalierbarkeit ein wesentlicher Vorteil von VPNs gegenüber konventionellen Standleitungen. Anders als Standleitungen, bei denen sich die Kosten proportional zur Entfernung erhöhen, spielen die geografischen Standorte der einzelnen Zweigstellen bei der Einrichtung eines VPN eine vergleichsweise geringe Rolle.

Der Nutzen eines VPN

Organisationen, die VPNs einsetzen, profitieren von einer erhöhten Flexibilität und Produktivität. Remote-Standorte und Telearbeiter können praktisch von überall her sichere Verbindungen mit Firmennetzwerken herstellen. Die Daten in einem VPN sind verschlüsselt und von niemandem zu dechiffrieren, der nicht die entsprechende Berechtigung hat. VPNs schützen den Remote-Host mit einer Firewall und gewähren ihm praktisch den gleichen Zugriff auf Netzwerkgeräte wie lokalen Hosts am Unternehmensstandort.

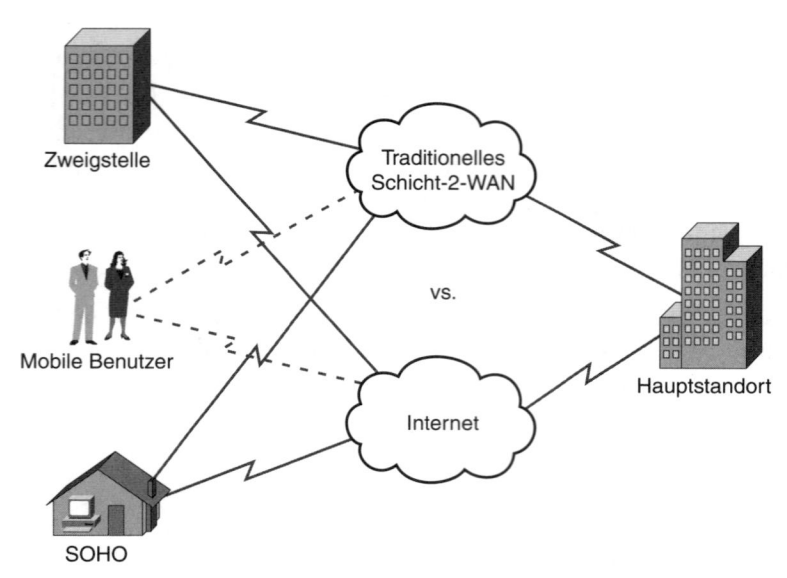

Abbildung 6.19: Nutzen eines VPN

Abbildung 6.19 zeigt Standleitungen als durchgezogene Linien. Die gepunkteten Linien hingegen stellen VPN-basierte Verbindungen dar. Aus der Verwendung von VPNs ergeben sich die folgenden Vorteile:

- **Kosteneinsparungen.** Organisationen können die Dienste kostengünstiger Internetprovider nutzen, um Zweigstellen und externe Benutzer mit dem Hauptstandort des Unternehmens zu verbinden. Die Nutzung kostspieliger WAN-Standleitungen und Modembänke entfällt. Bei Verwendung einer Breitbandanbindung verringern sich durch den Einsatz von VPNs die Verbindungskosten, während sich gleichzeitig die Bandbreite der Remote-Verbindung erhöht.

- **Sicherheit.** Fortschrittliche Verschlüsselungs- und Authentifizierungsprotokolle schützen die Daten vor dem Zugriff durch Unbefugte.

- **Skalierbarkeit.** Da VPNs die Internetinfrastruktur zwischen Providern bzw. Telekommunikationsunternehmen einsetzen, ist es für Organisationen einfach, neue Benutzer hinzuzufügen. Kleine wie auch große Organisationen können die Kapazitäten erheblich erweitern, ohne selbst weitere Infrastruktureinrichtungen hinzufügen zu müssen.

6.3.2 VPN-Typen

In diesem Abschnitt behandeln wir die beiden folgenden VPN-Typen:

- **Site-to-Site-VPNs.** Sie bieten Konnektivität zwischen zwei physischen Standorten über eine gemeinsame Infrastruktur wie das Internet. Die Verbindung erfolgt von einem Intranet zu einem anderen Intranet oder einem Extranet. Site-to-Site-VPNs werden an physischen Standorten benutzt, beispielsweise von großen Unternehmen, Zweigstellen und Dienstleistern.

- **Remote-Access-VPNs.** Sie ermöglichen Remote-Benutzern den Zugang zu einem Intranet und Extranet über eine gemeinsame Infrastruktur wie dem Internet. Remote-Access-VPNs werden bevorzugt von Telearbeitern und mobilen Benutzern verwendet.

VPNs erstellen eine private Verbindung oder ein Netzwerk zwischen zwei Endpunkten und bieten in der Regel auch Authentifizierung und Verschlüsselung. Auf dieses Thema werden wir im weiteren Verlauf dieses Abschnitts eingehen.

Site-to-Site-VPNs

Organisationen verwenden Site-to-Site-VPNs (standortübergreifende VPNs), um entfernte Standorte auf dieselbe Weise zu verbinden wie über eine Standleitung oder eine Frame Relay-Verbindung. Da mittlerweile die meisten Organisationen über einen Internetzugang verfügen, ist es durchaus sinnvoll, die Vorteile von Site-to-Site-VPNs zu nutzen. Wie Abbildung 6.20 zeigt, unterstützen Site-to-Site-VPNs auch Firmenintranets und Extranets von Geschäftspartnern.

Im Grunde genommen ist ein Site-to-Site-VPN eine Erweiterung der klassischen WAN-Netzwerktechnik. Site-to-Site-VPNs (standortübergreifende VPNs) verbinden ganze Netzwerke miteinander. Beispielsweise können sie das Netzwerk einer Zweigstelle mit dem Netz am Hauptsitz des Unternehmens verbinden.

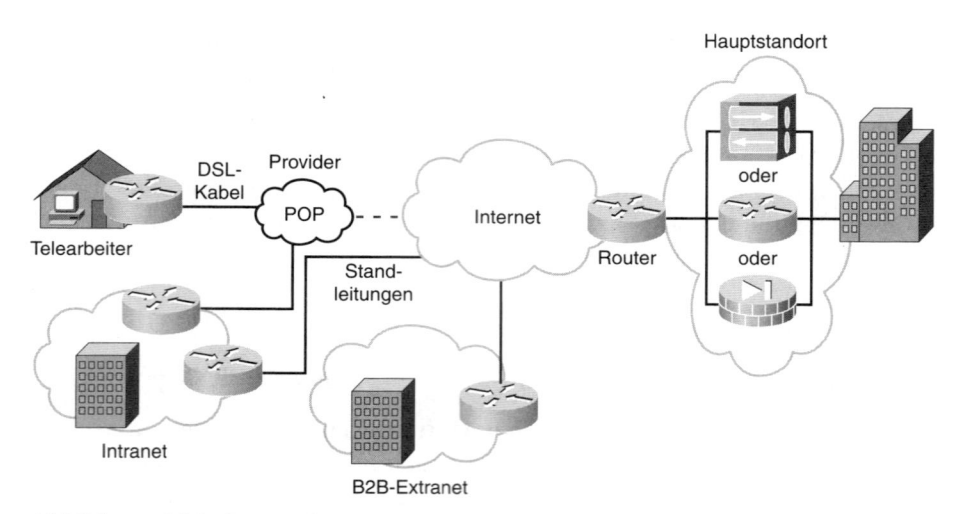

Abbildung 6.20: Site-to-Site-VPNs

Bei einem Site-to-Site-VPN senden und empfangen die Endgeräte die (unverschlüsselten) TCP/IP-Daten über ein VPN-Gateway; hierbei kann es sich um einen Router, eine PIX-Firewall-Appliance oder eine ASA (Adaptive Security Appliance) handeln. Das VPN-Gateway ist für die Kapselung und Verschlüsselung aller am Standort ausgehenden Daten und den Versand durch einen VPN-Tunnel über das Internet an ein gegenüberliegendes VPN-Gateway am Zielstandort zuständig. Beim Empfang entfernt das gegenüberliegende VPN-Gateway die Header, entschlüsselt die Inhalte und leitet das Paket zum Zielhost im privaten Netzwerk weiter.

Remote-Access-VPNs

Mobile Benutzer und Telearbeiter machen umfassenden Gebrauch von Remote-Access-VPNs. In der Vergangenheit haben Organisationen (Unternehmen, Geschäfte und andere Einrichtungen) Remote-Benutzer über eigene Einwahlnetzwerke geführt. Der Zugang zu einem solchen Netzwerk bedingte gewöhnlich einen gebührenpflichtigen Anruf, für den hohe Ferngesprächskosten anfielen.

Heutzutage verfügen die meisten Telearbeiter über einen Internetzugang in ihrem Büro und können über Breitbandverbindungen Remote-VPNs einrichten (Abbildung 6.21). Ähnlich kann auch ein mobiler Benutzer sich einfach beim lokalen Provider einwählen, um über das Internet auf seine Organisation zugreifen zu können. Letztendlich handelt es sich hierbei um einen evolutionären Fortschritt bei den Einwahlnetzwerken. Remote-Access-VPNs unterstützen die Bedürfnisse von Telearbeitern, mobilen Benutzern und Nutzern in Extranets von Kunden.

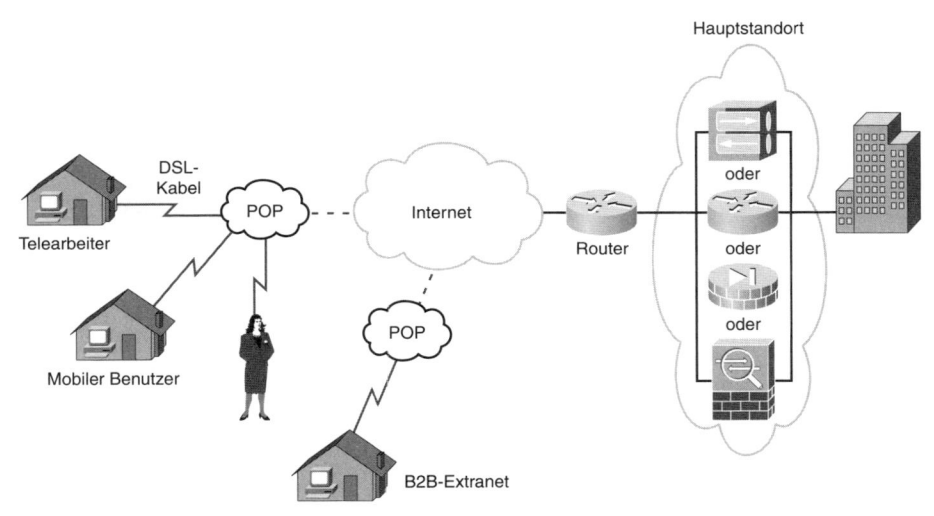

Abbildung 6.21: Remote-Access-VPNs

In einem Remote-Access-VPN läuft auf jedem Host (normalerweise ein PC) gewöhnlich eine VPN-Clientsoftware. Wenn der Host versucht, Daten zu senden, werden diese von der Clientsoftware gekapselt und verschlüsselt, bevor sie über das Internet an ein VPN-Gateway am Rand des Zielnetzwerks gesendet werden. Beim Empfang verarbeitet das VPN-Gerät die Daten auf die gleiche Weise, wie es dies bei einem Site-to-Site-VPN tun würde. Das VPN-Gateway kann ein Router, eine PIX-Firewall-Appliance, eine ASA (Adaptive Security Appliance) oder ein VPN-Konzentrator sein.

6.3.3 VPN-Komponenten

Ein VPN wird als privates Netzwerk über eine öffentliche Netzwerkinfrastruktur erstellt, bietet aber gleichzeitig Vertraulichkeit und Sicherheit. VPNs verwenden kryptografische Tunneling-Protokolle, um Absenderauthentifizierung, Nachrichtenintegrität und Schutz vor Sniffing-Angriffen zu bieten.

Abbildung 6.22 zeigt eine typische VPN-Topologie. Komponenten, die erforderlich sind, um ein solches VPN einzurichten, sind

- ein vorhandenes Unternehmensnetzwerk mit Servern und Workstations,
- eine Verbindung zum Internet,
- VPN-Gateways wie Router, Firewalls, VPN-Konzentratoren und ASAs, die als Endpunkte zur Herstellung, Verwaltung und Steuerung von VPN-Verbindungen agieren,
- geeignete Software zur Erstellung und Verwaltung von VPN-Tunneln.

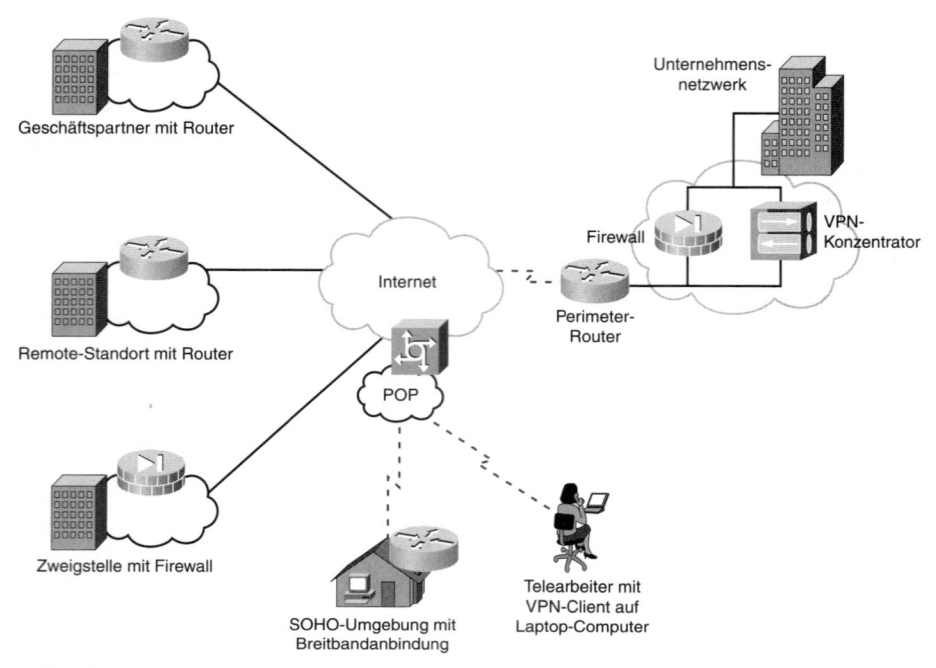

Abbildung 6.22: VPN-Komponenten

Die Wirkungsweise eines VPN steht und fällt mit der Sicherheit. VPNs schützen Daten durch Kapselung oder Verschlüsselung. Die meisten VPNs beherrschen beides.

- Die Kapselung heißt auch Tunneling, weil die Daten hierbei transparent über eine freigegebene Netzwerkinfrastruktur vom Absendernetzwerk zum Zielnetzwerk übertragen werden.

- Bei der Verschlüsselung werden Daten mit einem Geheimschlüssel in ein anderes Format umgesetzt. Bei der Entschlüsselung erfolgt dann eine Wiederherstellung der unverschlüsselten Daten aus dem verschlüsselten Format.

Wir werden Kapselung und Verschlüsselung im weiteren Verlauf dieses Kapitels genauer behandeln.

6.3.4 Eigenschaften sicherer VPNs

VPNs verwenden fortschrittliche Verschlüsselungstechniken und Tunneling, um Organisationen die Herstellung sicherer, privater Ende-zu-Ende-Netzwerkverbindungen über das Internet zu gestatten.

Die Grundlage eines sicheren VPN sind die Vertraulichkeit und die Integrität von Daten sowie die Authentifizierung.

- **Datenvertraulichkeit.** Ein häufig genannter Sicherheitsaspekt ist der Schutz der Daten vor einem unerlaubten Abfangen. Als Entwurfsmerkmal zielt die Vertraulichkeit der Daten darauf ab, Nachrichteninhalte vor einem Mitlesen durch nicht authentifizierte oder nicht autorisierte Dritte zu schützen. VPNs gewährleisten die Vertraulichkeit mithilfe von Kapselungs- und Verschlüsselungsmechanismen.

- **Datenintegrität.** Der Empfänger hat keine Kontrolle darüber, welchen Pfad die Daten genommen haben, und weiß deswegen auch nicht, ob sie auf dem Weg durch das Internet abgefangen oder manipuliert wurden. Die Möglichkeit der Datenänderung ist grundsätzlich gegeben. Die Datenintegrität gewährleistet, dass die Daten bei der Übertragung zwischen Absender und Empfänger nicht manipuliert oder modifiziert wurden. Hierzu setzen VPNs normalerweise Hashes ein. Ein Hash ist eine Art Prüfsumme oder Siegel – jedoch noch robuster – und gewährleistet, dass niemand die Inhalte gelesen hat. Wir kommen später darauf zurück.

- **Authentifizierung.** Die Authentifizierung stellt sicher, dass eine Nachricht von einem authentischen Absender stammt und zu einem authentischen Empfänger gelangt. Hierdurch wird garantiert, dass Ihr Gegenüber bei einer Kommunikationsverbindung derjenige ist, der zu sein er vorgibt. VPNs können Passwörter, digitale Zertifikate, Smartcards und biometrische Funktionen verwenden, um die Identität der Beteiligten am anderen Ende eines Netzwerks nachzuweisen.

6.3.5 VPN-Tunneling

Durch Implementierung geeigneter Maßnahmen zur Sicherstellung der Vertraulichkeit von Daten wird in einem VPN sichergestellt, dass nur die zulässigen Absender und Empfänger die ursprünglichen Nachrichteninhalte interpretieren können.

Das Tunneling gestattet die Nutzung öffentlicher Netzwerke (z. B. des Internets) zur Übertragung von Daten für Benutzer in einer Form, die der einer Datenübertragung in einem privaten Netzwerk entspricht. Beim Tunneling wird ein vollständiges Paket in ein anderes Paket gekapselt, und dieses neue zusammengesetzte Paket wird dann über ein Netzwerk versendet. Hierbei kommen drei Protokollklassen zum Einsatz:

- **Trägerprotokoll.** Mithilfe dieses Protokolls werden die eigentlichen Information übertragen. Beispiele sind Frame Relay, ATM und MPLS.

- **Kapselungsprotokoll.** Dieses Protokoll kapselt die Originaldaten. Beispiele sind GRE, IPSec, L2F, PPTP und L2TP.

- **Passagierprotokoll.** Über dieses Protokoll wurden die Originaldaten übertragen. Zu nennen sind hier exemplarisch IPX, AppleTalk, IPv4 oder IPv6.

Um das Konzept des Tunnelings und die Klassen der Tunneling-Protokolle zu veranschaulichen, wollen wir uns erneut eine Analogie ansehen: den Versand einer Ansichtskarte mit der Post. Auf der Ansichtskarte ist eine Mitteilung notiert. Die Karte ist das Passagierprotokoll. Der Absender steckt diese Karte nun in einen Umschlag (Kapselungsprotokoll) und versieht diesen mit der korrekten Adresse. Danach wirft der Absender den Umschlag in einen Postkasten. Die Post (Trägerprotokoll) nimmt den Umschlag entgegen und transportiert ihn bis zum Briefkasten des Empfängers. Die beiden Endpunkte im Trägersystem sind die »Tunnelschnittstellen«. Der Empfänger entnimmt dem Umschlag die Karte (das heißt, er extrahiert das Passagierprotokoll) und liest die Nachricht.

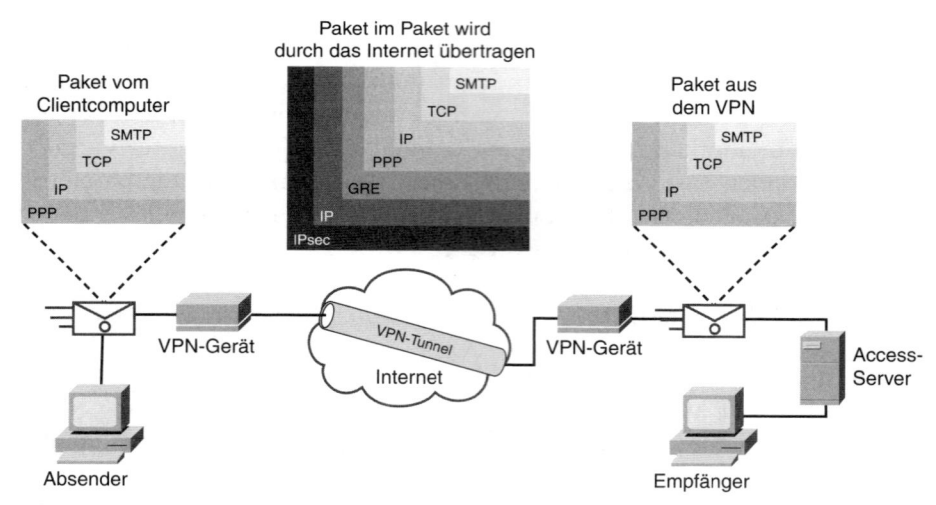

Abbildung 6.23: Paketkapselung

Abbildung 6.23 zeigt eine E-Mail, die über eine VPN-Verbindung durch das Internet übertragen wird. PPP überträgt die Nachricht an das VPN-Gerät, wo sie in ein GRE-Paket (Generic Route Encapsulation) gekapselt wird. GRE ist ein von Cisco Systems entwickeltes Tunneling-Protokoll, das eine Vielzahl von Protokollpakettypen in IP-Tunneln kapseln kann. Es dient der Erstellung einer virtuellen Point-to-Point-Verbindung mit Cisco-Routern an entfernten Standorten über ein IP-Netzwerk. In Abbildung 6.23 werden die äußeren Absender- und Zieladressen des Pakets den »Tunnelschnittstellen« zugewiesen und so über das Netzwerk routbar gemacht. Sobald ein solches zusammengesetztes Paket die Tunnelschnittstellen des Empfängers erreicht, wird das innere Paket extrahiert.

6.3.6 Vertraulichkeit und Integrität bei VPNs

Wenn unverschlüsselte Daten über das Internet übertragen werden, können sie abgefangen und gelesen werden. Um den Datenschutz zu gewährleisten, müssen die Daten verschlüsselt werden. Die Verschlüsselung wird vom VPN durchgeführt, um die Daten für Unbefugte unleserlich zu machen.

VPN-Verschlüsselung

Unter dem Begriff *Verschlüsselung* versteht man das Codieren einer vorhandenen Nachricht in ein anderes Format, um das Erscheinungsbild der Daten zu ändern und diese so für unbefugte Empfänger unleserlich zu machen. Damit die Verschlüsselung funktioniert, müssen sowohl der Absender als auch der Empfänger die Regeln kennen, mit denen die Originalnachricht in ihre verschlüsselte Form übertragen wurde. Die Regeln für die VPN-Verschlüsselung umfassen einen Algorithmus und einen Schlüssel. Ein Algorithmus ist eine mathematische Funktion, die eine Nachricht, Text, Ziffern oder alle drei mit einem Schlüssel kombiniert. Die Ausgabe des Algorithmus ist ein unleserlicher String. Die Entschlüsselung ist ohne den korrekten Schüssel extrem schwierig, wenn nicht sogar unmöglich.

Es gibt verschiedene Möglichkeiten, die Nutzdaten zu kapseln und zu verschlüsseln, ohne den IP-Header dabei zu verändern, sodass das Paket auch geroutet werden kann. Der IP-Header kann der ursprünglich vom Absendergerät erstellte Header sein, muss es aber nicht. Allerdings ist dieses Thema nicht Gegenstand dieses Buches.

In Abbildung 6.24 möchte Gail ein Buchhaltungsdokument über das Internet an Jeremy senden. Gail und Jeremy haben zuvor einen gemeinsamen Geheimschlüssel vereinbart. Auf Gails Seite kombiniert die VPN-Clientsoftware das Dokument mit dem gemeinsamen Geheimschlüssel und übergibt es an einen Verschlüsselungsalgorithmus. Ausgegeben wird ein unleserlicher codierter Text. Dieser codierte Text wird dann über einen VPN-Tunnel durch das Internet versandt. Am anderen Ende wird die Nachricht erneut mit demselben gemeinsamen Geheimschlüssel kombiniert und dann vom selben Verschlüsselungsalgorithmus verarbeitet. Ausgegeben wird erneut das Originaldokument, das Jeremy anschließend lesen kann.

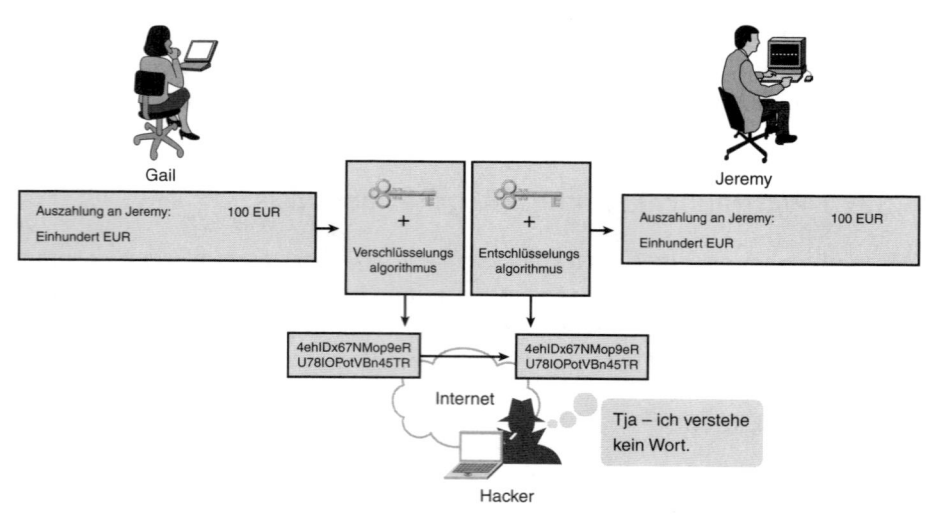

Abbildung 6.24: VPN-Verschlüsselung

VPN-Verschlüsselungsalgorithmen

Das Ausmaß an Sicherheit, das ein Verschlüsselungsalgorithmus bieten kann, hängt von der Schlüssellänge ab. Für jede gegebene Schlüssellänge ist die Zeit, die benötigt wird, um alle Möglichkeiten zur Entschlüsselung des chiffrierten Texts zu bearbeiten, eine Funktion der Rechenleistung des Computers. Daraus ergibt sich, dass ein Schlüssel umso leichter zu knacken ist, je kürzer er ist; allerdings ist es mit einem kürzeren Schlüssel auch einfacher, die Nachricht zu übermitteln.

Nachfolgend aufgeführt sind einige häufig verwendete Verschlüsselungsalgorithmen und die jeweils von ihnen verwendete Schlüssellänge:

- **DES (Data Encryption Standard)**. Von IBM entwickelt, verwendet DES einen 56-Bit-Schlüssel, womit eine Verschlüsselung sichergestellt wird. DES ist ein Verschlüsselungssystem mit einem symmetrischen Schlüssel. Tabelle 6.2 erklärt symmetrische und asymmetrische Schlüssel.

- **3DES (Triple DES)**. Eine neuere DES-Variante, die mit einem ersten Schlüssel verschlüsselt, mit einem zweiten entschlüsselt und dann mit einem Dritten ein weiteres Mal verschlüsselt. 3DES verbessert die Sicherheit der Verschlüsselung erheblich.

- **AES (Advanced Encryption Standard)**. Das amerikanische NIST (National Institute of Standards and Technology) hat die vorhandene DES-Verschlüsselung in Verschlüsselungsgeräten durch AES ersetzt. AES bietet mehr Sicherheit als DES und ist vom Rechenaufwand her effizienter als 3DES. AES bietet drei verschiedene Schlüssellängen: 128, 192 und 256 Bit.

- **RSA (Rivest, Shamir, and Adleman).** RSA ist ein Verschlüsselungssystem mit asymmetrischem Schlüssel. Die Schlüssel weisen eine Länge von 512, 768, 1024 oder noch mehr Bit auf.

Verschlüsselungs- oder Kryptographieprozesse verwenden drei Grundkomponenten:

- Einen Schlüssel
- Eine kryptografische Rechenfunktion (auch Chiffrierung genannt)
- Eine Nachricht, die ver- oder entschlüsselt werden soll

In einigen Fällen wird für Ver- und Entschlüsselung derselbe Schlüssel verwendet. Dies nennt man symmetrische Verschlüsselung. In anderen Fällen werden bewusst unterschiedliche Schlüssel eingesetzt. Hier spricht man von der asymmetrischen Verschlüsselung. Abbildung 6.25 zeigt den Unterschied zwischen symmetrischen und asymmetrischen Schlüsseln, und Tabelle 6.2 fasst die Unterschiede zusammen.

Symmetrische Verschlüsselung: Gleicher Schlüssel für Ver- und Entschlüsselung

Klartext		Chiffrierung
Die Bankkontonummer lautet 11223344	→ Verschlüsselung() →	#$R5fds*^&sDU *sd$@!dskdo&h $f#ll9&#daqp

Asymmetrische Verschlüsselung: Unterschiedliche Schlüssel für Ver- und Entschlüsselung

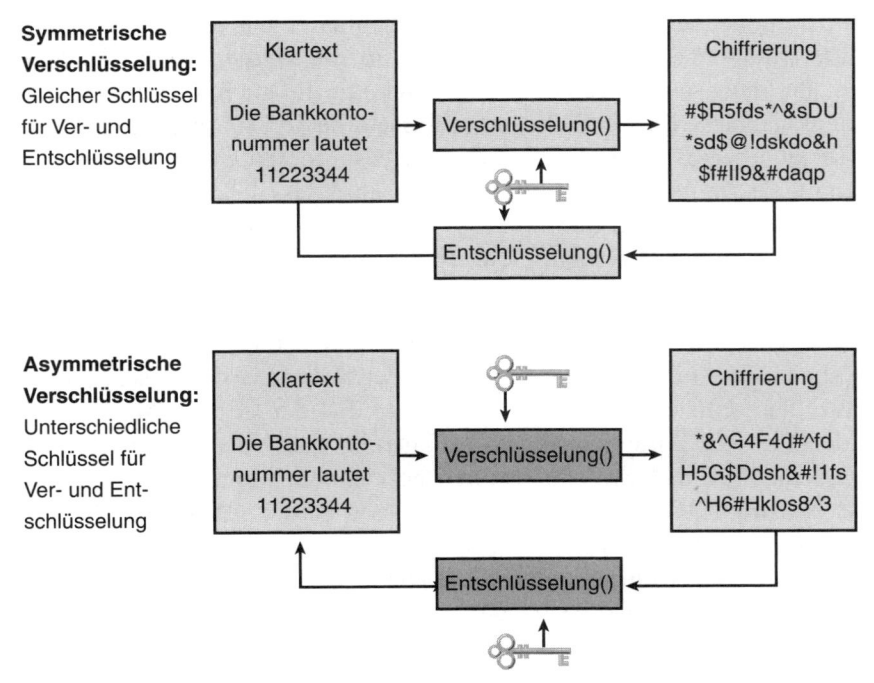

Klartext		Chiffrierung
Die Bankkontonummer lautet 11223344	→ Verschlüsselung() →	*&^G4F4d#^fd H5G$Ddsh&#!1fs ^H6#Hklos8^3

Abbildung 6.25: VPN-Verschlüsselung

Tabelle 6.2: Symmetrische und asymmetrische Verschlüsselung im Vergleich

Symmetrische Verschlüsselung	Asymmetrische Verschlüsselung
Kryptographie mit Geheimschlüssel	Kryptographie mit öffentlichem Schlüssel
Für Verschlüsselung und Entschlüsselung wird derselbe Schlüssel verwendet.	Für Verschlüsselung und Entschlüsselung werden unterschiedliche Schlüssel benutzt.
Wird gewöhnlich zur Ver- und Entschlüsselung eines Nachrichteninhalts benutzt.	Wird meistens bei der digitalen Zertifizierung und zur Schlüsselverwaltung eingesetzt.
Beispiele: DES, 3DES, AES	Beispiel: RSA

Die folgenden Abschnitte beschreiben das symmetrische und das asymmetrische Verschlüsseln ausführlich.

Symmetrische Verschlüsselung

Verschlüsselungsalgorithmen wie DES und 3DES benötigen für Ver- und Entschlüsselung einen gemeinsamen Geheimschlüssel. Die beiden beteiligten Computer müssen den Schlüssel kennen, um die Daten dechiffrieren zu können. Bei der symmetrischen Verschlüsselung, die auch Verschlüsselung mit einem Geheimschlüssel heißt, verschlüsseln beide Computer die Daten, bevor sie sie über das Netzwerk an den jeweils anderen Computer senden. Die symmetrische Verschlüsselung setzt voraus, dass bekannt ist, welche Computer miteinander kommunizieren werden, sodass derselbe Schlüssel auf beiden Computern konfiguriert werden kann.

Nehmen wir etwa an, ein Absender erstellt eine codierte Nachricht, in der jeder Buchstabe durch einen anderen Buchstaben ersetzt wird, der sich zwei Buchstaben weiter hinten im Alphabet befindet: Aus A wird C, aus B wird D usw. In diesem Fall wird aus dem Wort GEHEIM der Code IGJGKO. Der Absender hat dem Empfänger bereits mitgeteilt, dass der Geheimschlüssel eine Verschiebung um zwei Buchstaben bezeichnet. Wenn der Empfänger nun die Nachricht IGJGKO erhält, entschlüsselt er sie, indem er alle Buchstaben durch den jeweils zwei Buchstaben vorher im Alphabet stehenden Buchstaben ersetzt. Als Ergebnis erhält er wieder GEHEIM. Jemand, der nur die verschlüsselte Nachricht sieht, wird sich, sofern er nichts vom Schlüssel ahnt, über diesen Unsinn wundern.

Die Frage lautet nun: Wie kommen die Geräte zur Verschlüsselung und zur Entschlüsselung an einem gemeinsamen Geheimschlüssel? Sie könnten den Schlüssel beispielsweise via E-Mail, Kurierdienst oder Expresspaket an die beteiligten Administratoren schicken. Eine einfachere und sicherere Methode ist jedoch die asymmetrische Verschlüsselung.

Asymmetrische Verschlüsselung

Die asymmetrische Verschlüsselung verwendet verschiedene separate Schlüssel für die Ver- und Entschlüsselung. Selbst wenn ein Hacker einen dieser Schlüssel kennt, kann er den zweiten Schlüssel daraus nicht ableiten und die Daten deswegen auch nicht knacken. Mit einem Schlüssel wird die Nachricht verschlüsselt, mit dem zweiten entschlüsselt. Ein Ver- und Entschlüsseln ist mit demselben Schlüssel nicht möglich.

Die Verschlüsselung mit einem öffentlichen Schlüssel ist eine Variante der asymmetrischen Verschlüsselung, die eine Kombination aus einem privaten und einem öffentlichen Schlüssel verwendet. Der Empfänger lässt seinen öffentlichen Schlüssel jedem Absender zukommen, mit dem er kommunizieren möchte. Der Absender verwendet einen privaten Schlüssel in Kombination mit dem öffentlichen Schlüssel des Empfängers, um die Nachricht zu verschlüsseln. Zudem muss der Absender seinen öffentlichen Schlüssel dem Empfänger mitteilen. Um eine Nachricht zu entschlüsseln, verwendet der Empfänger den öffentlichen Schlüssel des Absenders in Kombination mit seinem eigenen privaten Schlüssel.

Hashes

Hashes tragen zu Datenintegrität und Authentifizierung bei, indem sie sicherstellen, dass Unbefugte die übertragenen Nachrichten nicht manipuliert haben. Ein Hash (der auch als Message-Digest bezeichnet wird), ist eine Zahl, die aus dem Text-String generiert wird. Dabei ist der Hash kürzer als der Text selbst. Er wird mithilfe einer Formel auf eine Weise generiert, die es extrem unwahrscheinlich macht, dass ein anderer Text denselben Hash-Wert erzeugt.

Der ursprüngliche Absender generiert einen Hash der Nachricht und versendet diesen gemeinsam mit der Nachricht. Der Empfänger entschlüsselt die Nachricht und den Hash, generiert einen weiteren Hash aus der empfangenen Nachricht und vergleicht die beiden Hashes miteinander. Sind sie identisch, dann hat der Empfänger guten Grund zu der Annahme, dass die Integrität der Nachricht nicht beeinträchtigt wurde.

In Abbildung 6.26 versucht Gail, Jeremy einen Scheck über 100 Dollar zukommen zu lassen. Am anderen Ende versucht Alex Jones (aus wahrscheinlich kriminellen Motiven), den Scheck für 1000 Dollar einzulösen. Auf seinem Weg durch das Internet wurde der Scheck also manipuliert: Sowohl der Empfänger als auch der Betrag wurden geändert. Würde man in diesem Fall einen Datenintegritätsalgorithmus einsetzen, käme heraus, dass die Hashes nicht gleich sind, und die Transaktion wäre ungültig.

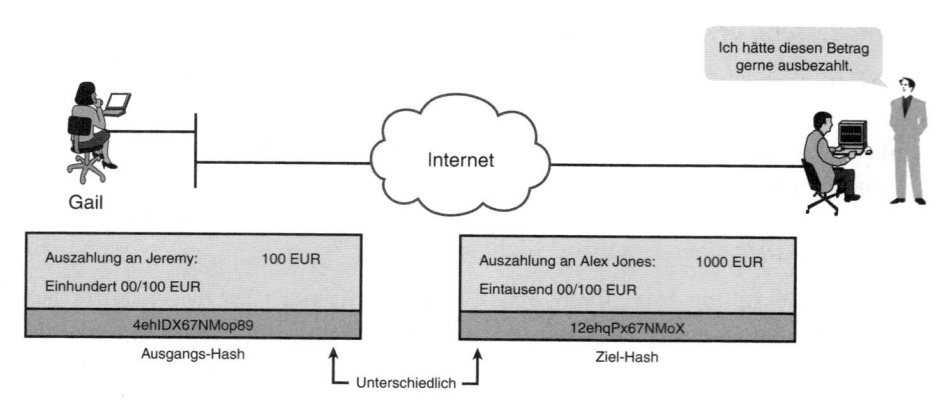

Abbildung 6.26: Hashes zur Datenintegrität einsetzen

VPN-Daten werden durch das Internet transportiert. Wie Sie sehen, können diese Daten unter Umständen abgefangen und modifiziert werden. Um gegen diese Bedrohung gewappnet zu sein, können Hosts einen Hash zur Nachricht hinzufügen. Wenn der übertragene Hash dem empfangenen entspricht, wurde die Integrität der Nachricht aufrechterhalten. Liegt hingegen keine Übereinstimmung vor, wurde die Nachricht manipuliert.

VPNs verwenden einen HMAC-Datenintegritätsalgorithmus (Hashed Message Authentication Code), um die Integrität und Authentizität der Nachricht sicherzustellen, ohne dass weitere Mechanismen eingesetzt werden.

Ein HMAC hat zwei Parameter: eine Eingabefunktion für die Nachrichten und einen Geheimschlüssel, den nur der Absender der Nachricht und die vorgesehenen Empfänger kennen. Der Absender der Nachricht generiert mithilfe einer HMAC-Funktion einen Wert (den Authentifizierungscode der Nachricht), der durch eine Berechnung aus dem Geheimschlüssel und der eingegebenen Nachricht entsteht. Der Authentifizierungscode wird gemeinsam mit der Nachricht übermittelt. Der Empfänger berechnet den Authentifizierungscode für die empfangende Nachricht mithilfe desselben Schlüssels und der HMAC-Funktion, die auch der Absender eingesetzt hat. Danach vergleicht er das berechnete Ergebnis mit dem empfangenden Authentifizierungscode für die Nachricht. Stimmen die Werte überein, dann wurde die Nachricht korrekt empfangen, und der Empfänger weiß, dass der Absender ein Mitglied der Benutzergruppe ist, die den betreffenden Schlüssel gemeinsam verwendet. Die kryptografische Stärke von HMAC hängt von der kryptografische Stärke der zu Grunde liegenden Hash-Funktion, der Länge und Qualität des Schlüssels und der Länge der Hash-Ausgabe in Bit ab.

Es gibt zwei verbreitete HMAC-Algorithmen:

- **MD5 (Message Digest 5).** MD5 verwendet einen gemeinsamen Geheimschlüssel mit einer Länge von 128 Bit. Die Nachricht (mit variabler Länge) und der geheime 128-Bit-Schlüssel werden kombiniert und durchlaufen gemeinsam den MD5-Hash-Algorithmus. Resultat ist ein 128-Bit-Hash, der an die Ursprungsmeldung angehängt und an die Gegenstelle weitergeleitet wird.

- **SHA-1 (Secure Hash Algorithm 1).** SHA-1 verwendet einen Geheimschlüssel von 160 Bit Länge. Die Nachricht (mit variabler Länge) und der geheime 160-Bit-Schlüssel werden kombiniert und durchlaufen gemeinsam den SHA-1-Hash-Algorithmus. Resultat ist ein 160-Bit-Hash, der an die Ursprungsmeldung angehängt und an die Gegenstelle weitergeleitet wird.

Authentifizierung

Wenn Sie über große Entfernungen Geschäfte machen, ist es notwendig zu wissen, wer am anderen Ende sitzt und Anrufe, E-Mails oder Faxe beantwortet. Dies gilt gleichermaßen für VPN-Netzwerke (Abbildung 6.27). Das Gerät am anderen Ende des VPN-Tunnels muss authentifiziert werden, bevor der Kommunikationspfad als sicher betrachtet werden kann. Es gibt zwei Authentifizierungsmethoden für Peers:

- **PSK (Pre-Shared Key).** Ein Geheimschlüssel, den die beiden Parteien vor seiner Verwendung über einen sicheren Kanal austauschen. PSKs verwenden Kryptographiealgorithmen mit symmetrischen Schlüsseln. Der PSK wird auf beiden Peers jeweils manuell eingegeben und dient zur Authentifizierung des jeweiligen Peers. An beiden Enden wird der PSK mit anderen Informationen kombiniert und bildet so den Authentifizierungsschlüssel.

- **RSA-Signatur.** Dient zum Austausch digitaler Zertifikate zur Authentifizierung von Peers. Das lokale Gerät leitet einen Hash ab und verschlüsselt diesen mit seinem privaten Schlüssel. Der verschlüsselte Hash (digitale Signatur) wird an die Nachricht angehängt und an die Gegenstelle weitergeleitet. Am anderen Ende wird der verschlüsselte Hash mithilfe des öffentlichen Schlüssels des lokalen Systems entschlüsselt. Stimmen entschlüsselter und lokal berechneter Hash überein, so ist die Signatur echt.

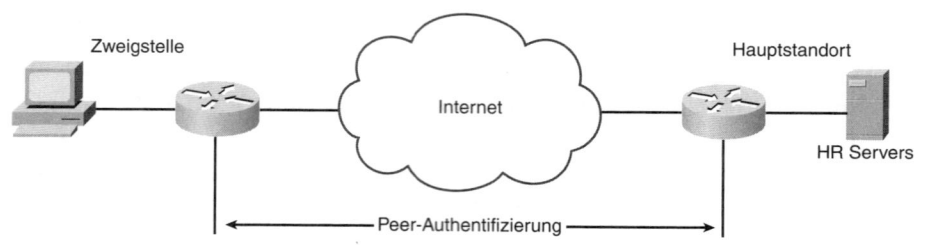

Abbildung 6.27: VPN-Authentifizierung

Ein anschauliches Beispiel für die RSA-Verschlüsselung finden Sie unter *http://www.securecottage.com/demo/rsa2.html*.

6.3.7 IPSec-Sicherheitsprotokolle

IPSec (IP Security) ist eine Protokollsuite für den Schutz der IP-Kommunikation, die Verschlüsselung, Integrität und Authentifizierung bietet. IPSec übernimmt die für den Schutz der VPN-Kommunikation erforderlichen Nachrichtentechniken, nutzt hierzu jedoch vorhandene Algorithmen.

Es gibt zwei wesentliche IPSec-Framework-Protokolle (Abbildung 6.28):

- **AH (Authentication Header).** AH wird verwendet, wenn die Vertraulichkeit der Daten nicht erforderlich oder nicht statthaft ist. Es bietet Datenauthentifizierung und -integrität für IP-Pakete, die zwischen zwei Systemen ausgetauscht werden. Hierbei wird überprüft, ob Nachrichten, die zwischen R1 und R2 ausgetauscht wurden, während des Transports modifiziert wurden. Zudem wird sichergestellt, dass die Daten entweder von R1 oder von R2 stammen. AH bietet jedoch keine Verschlüsselung von Paketen. Für sich genommen bietet das AH-Protokoll nur einen vergleichsweise geringen Schutz. Deswegen wird es gemeinsam mit dem ESP-Protokoll verwendet, um Datenverschlüsselung und modifikationssensitive Sicherheitsfunktionen zu bieten.

- **ESP (Encapsulating Security Payload).** ESP bietet durch Verschlüsselung des IP-Pakets Datenvertraulichkeit und Authentifizierung. Die Verschlüsselung der IP-Pakete verschleiert sowohl die Daten als auch die Identitäten von Absender und Empfänger. ESP authentifiziert das innere IP-Paket und den ESP-Header. Die Authentifizierungsfunktion gewährleistet eine Authentifizierung der Datenherkunft und die Datenintegrität. Zwar sind sowohl Verschlüsselung als auch Authentifizierung bei ESP optional, doch muss mindestens eine dieser Optionen ausgewählt werden.

Authentifizierungs-Header (AK)

Alle Daten sind unverschlüsselt.

Der Authentifizierungs-Header realisiert:
- Authentifizierung
- Integrität

Encapsulating Security Payload (ESP)

Nutzdaten sind verschlüsselt.

ESP provides the following:
- Verschlüsselung
- Authentifizierung
- Integrität

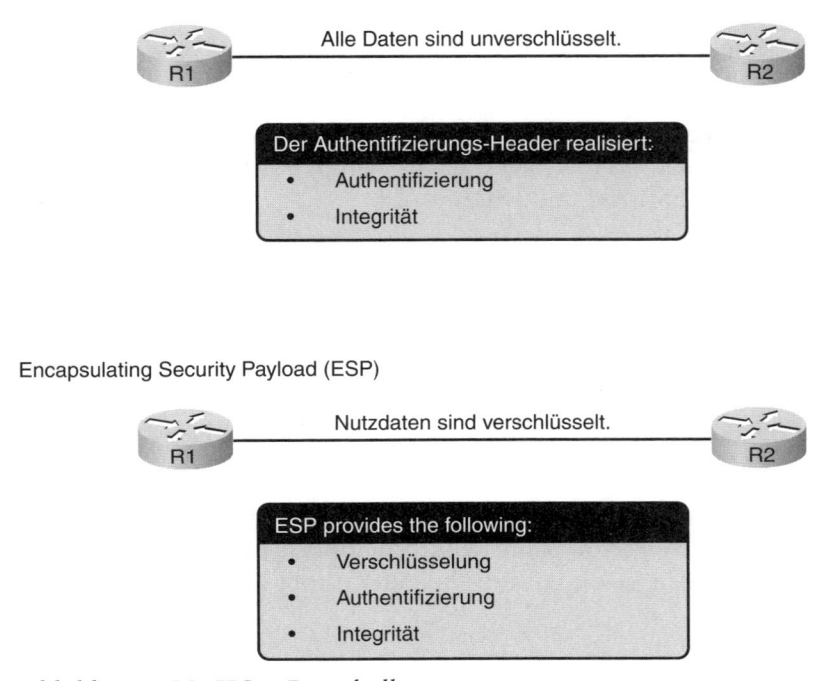

Abbildung 6.28: IPSec-Protokolle

IPSec greift auf vorhandene Algorithmen zurück, um Verschlüsselung, Authentifizierung und Schlüsselaustausch zu implementieren. Einige der Standardalgorithmen, die IPSec verwendet, sind die folgenden:

- **DES.** Wird zur Ver- und Entschlüsselung der Paketdaten verwendet.

- **3DES.** Bietet eine wesentlich stärkere Verschlüsselung als die 56-Bit-Schlüssel bei DES.

- **AES.** Bietet je nach verwendeter Schlüssellänge eine stärkere Verschlüsselung bei höherem Durchsatz.

- **MD5.** Authentifiziert das Paket mit einem Geheimschlüssel mit einer Länge von 128 Bit.

- **SHA-1.** Authentifiziert das Paket mit einem Geheimschlüssel mit einer Länge von 160 Bit.

- **DH (Diffie-Hellman-Algorithmus).** Gestattet zwei Parteien den Austausch eines gemeinsamen Geheimschlüssel zur Verschlüsselung sowie von Hash-Algorithmen wie DES und MD5 über einen unsicheren Kommunikationskanal.

Abbildung 6.29 zeigt, wie IPSec strukturiert ist. IPSec stellt das Framework bereit, und der Administrator wählt die Algorithmen aus, die zur Implementierung der Sicherheitsdienste innerhalb dieses Frameworks verwendet werden. Vier Kästchen müssen im IPSec-Framework ausgefüllt werden:

- Bei der Konfiguration eines IPSec-Gateways zur Bereitstellung von Sicherheitsdiensten wählen Sie zunächst ein IPSec-Protokoll aus. Zur Auswahl stehen ESP, AH und ESP mit AH.
- Das zweite Kästchen ist ein Verschlüsselungsalgorithmus, falls IPSec mit ESP implementiert wurde. Wählen Sie den für das erforderliche Maß an Sicherheit geeigneten Verschlüsselungsalgorithmus aus: DES, 3DES, oder AES.
- Das dritte Kästchen ist die Authentifizierung. Wählen Sie zur Implementierung der Datenintegrität einen Authentifizierungsalgorithmus aus: MD5 oder SHA.
- Das letzte Kästchen schließlich ist die DH-Algorithmusgruppe, die gemeinsame Nutzung von Schlüsselinformationen durch separate Peers ermöglicht. Wählen Sie die zu verwendende Gruppe aus: DH1, DH2 oder DH5.

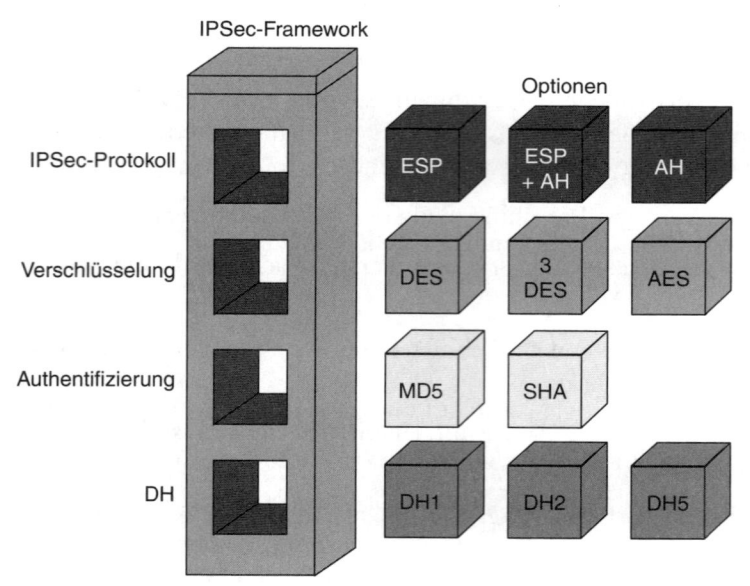

Abbildung 6.29: IPSec-Framework

6.4 Zusammenfassung

In diesem Kapitel haben wir uns mit der zunehmenden Bedeutung der Telearbeit beschäftigt. Sie sollten nun in der Lage sein, die Anforderungen einer Organisation an die Bereitstellung von Telearbeitsplätzen zu beschreiben: was benötigt der Telearbeiter und was muss die Organisation für zuverlässige und kostengünstige Konnektivität bereitstellen. Zu den bevorzugten Möglichkeiten der Anbindung von Telearbeitern gehören Breitbanddienste wie DSL, Kabel und drahtlose Technologie. Diese sollten Sie nun erläutern können. Außerdem wissen Sie, wie Sie mithilfe der VPN-Technologie sichere Telearbeitsplätze bereitstellen können. Sie können die Bedeutung, die Vorteile, die Funktionen und die Auswirkungen dieser Technologie ebenso wie den Zugang, die Komponenten, das Tunneling und die Verschlüsselung benennen.

6.5 Übungen

Zu diesem Kapitel des Online-Curriculums *Accessing the WAN* gibt es keine Übungen.

6.6 Lernzielkontrolle

Beantworten Sie die folgenden Fragen, um Ihren Kenntnisstand bezüglich der in diesem Kapitel beschriebenen Themen und Konzepte zu überprüfen. Die Antworten finden Sie in Anhang A, »Antworten zu den Lernzielkontrollen und weiterführenden Fragen«.

1. Ein Techniker versucht, einem Kunden die Breitbandtechnologie zu erläutern. Mit welchen Beschreibungen sollte er diese Technologie veranschaulichen? Wählen Sie zwei Antworten aus.

    a) Die Breitbandtechnologie umfasst Einwahlverbindungen über das Telefonnetz.

    b) Die Breitbandtechnologie ist nicht kompatibel mit dem Multiplexing.

    c) Die Breitbandtechnologie verwendet ein breites Frequenzband.

    d) Die Breitbandtechnologie bietet Festverbindungen mit 128 kbit/s und mehr.

    e) Breitbandverbindungen erfordern eine Sichtverbindung zum Provider.

2. Welche Art von Verbindung sollte zur Anbindung eines Telearbeiters verwendet werden, wenn auch unterwegs mobiler Zugriff erforderlich ist?

    a) Kabelanschluss

    b) DSL

    c) Einwahl

    d) Satellit

3. Worin besteht der wesentliche Unterschied zwischen DOCSIS und Euro-DOCSIS?

    a) Mechanismen zur Flusskontrolle

    b) Maximale Datenraten

    c) Zugriffsmethoden

    d) Kanalbandbreiten

4. Angenommen, Sie sollen die DSL-Technologie beschreiben. Welche Aussagen würden dem Benutzer ein besseres Verständnis der Technologie ermöglichen? Wählen Sie drei Antworten aus.

    a) DSL steht überall dort zur Verfügung, wo sich auch ein Telefonanschluss befindet.

    b) ADSL bietet normalerweise eine Downloadbandbreite, die höher ist als die Uploadbandbreite.

    c) Bei gängigen Heiminstallationen trennt ein Splitter am NID das ADSL- vom Sprachsignal. Dies gestattet die Einrichtung mehrerer ADSL-Anschlussdosen im Haus.

    d) Die DSL-Geschwindigkeit kann die Datenrate übertreffen, die eine normale T1-Leitung bereitstellt.

    e) Die Übertragungsraten schwanken in Abhängigkeit von der Länge der Teilnehmeranschlussleitung.

    f) Alle DSL-Varianten bieten dieselbe Bandbreite, verwenden aber unterschiedliche Technologien für Upload und Download.

5. Welche Geräte werden bei einer DSL-Installation am Kundenstandort aufgestellt? Wählen Sie zwei Antworten aus.

    a) Kabelmodem

    b) DOCSIS

    c) DSLAM

    d) Mikrofilter

    e) DSL-Transceiver

6. Betrachten Sie Abbildung 6.30. Welche Geräte oder Softwareanwendungen in der gezeigten Netzwerktopologie bieten Kapselung und Verschlüsselung für VPN-Daten?

    a) Nur die auf den Clientrechnern der Benutzer in der Zweigstelle installierte VPN-Clientsoftware

    b) Nur die PIX-Firewall-Appliance im Firmennetzwerk und in der Zweigstelle

    c) Router und PIX-Firewall-Appliance im Firmennetzwerk sowie Router und PIX-Appliance an allen Remote-Standorten

    d) Nur LAN-Switches und Router an den Remote-Standorten

    e) Nur Router und PIX-Firewall-Appliance an den Remote-Standorten

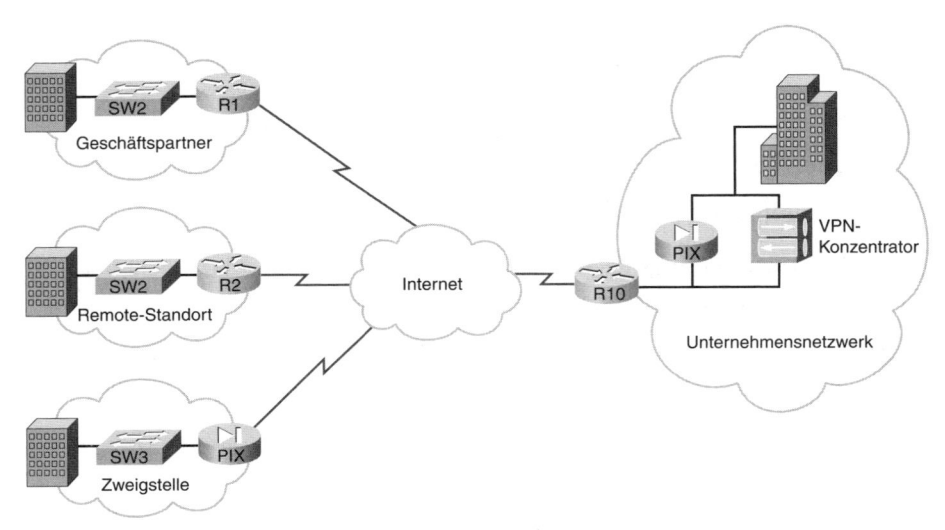

Abbildung 6.30: Topologie zu Frage 6

7. Welche Methoden können eingesetzt werden, um die über eine VPN-Verbindung gesendeten Daten zu schützen? Wählen Sie zwei Antworten aus.

   a) Datenmarkierung zur Kennzeichnung und Verteilung der VPN-Daten auf verschiedene Kunden

   b) Datenkapselung zur transparenten Übertragung der Daten von Netzwerk zu Netzwerk über eine gemeinsame Netzwerkinfrastruktur

   c) Datenverschlüsselung zur Umsetzung der Daten in ein anderes Format mit einem Geheimschlüssel

   d) Verwendung eines zweiten Routing-Protokolls für den Transport der Daten durch einen VPN-Tunnel

   e) Verwendung einer dedizierten Verbindung über die private Standleitung des Unternehmens

8. Ordnen Sie die VPN-Eigenschaften ihren Definitionen zu:

   – Verwendet Passwörter, digitale Zertifikate, Smartcards und biometrische Maßnahmen.
   – Verhindert die Manipulation und Veränderung der Daten bei ihrer Übertragung vom Absender an den Empfänger.
   – Schützt die Nachrichteninhalte vor Einsichtnahme durch nicht authentifizierte oder unautorisierte Quellen.
   – Verwendet Hashes.
   – Stellt sicher, dass die kommunizierenden Parteien diejenigen sind, die zu sein sie vorgeben.
   – Verwendet Kapselung und Verschlüsselung.

   a) Datenvertraulichkeit

   b) Datenintegrität

   c) Authentifizierung

9. Welches ist ein Beispiel für ein von Cisco entwickeltes Tunneling-Protokoll?

   a) AES

   b) DES

   c) RSA

   d) ESP

   e) GRE

10. Ordnen Sie die Tunneling-Protokolltypen ihren Definitionen zu:

    – Frame Relay, ATM, MPLS
    – Protokoll, das die Originaldaten kapselt
    – Protokoll, über das die Originaldaten übertragen werden
    – IPX, AppleTalk, IPv4, IPv6
    – GRE, IPSec, L2F, PPTP, L2TP
    – Protokoll, mit dem die Nutzdaten übertragen werden

    a) Trägerprotokoll

    b) Kapselungsprotokoll

    c) Passagierprotokoll

11. Ordnen Sie die Algorithmen ihren Beschreibungen zu:

    – Für Verschlüsselung und Entschlüsselung wird derselbe Schlüssel verwendet.
    – Kryptographie mit öffentlichem Schlüssel
    – Für Verschlüsselung und Entschlüsselung werden unterschiedliche Schlüssel benutzt.
    – DES, 3DES, AES
    – RSA
    – Kryptographie mit gemeinsamem Geheimschlüssel

    a) Symmetrischer Algorithmus

    b) Asymmetrischer Algorithmus

12. Welche Art von Verbindung ist die kostengünstigste, um einem SOHO-Telearbeiter einen adäquaten Zugang zum Internet zu bieten?

    a) Direkte T1-Verbindung zum Internet

    b) Einwahl mit 56 kbit/s

    c) Unidirektionales Multicast-Satelliteninternetsystem

    d) DSL-Verbindung mit einem Provider

13. Welcher drahtlose Standard wird gleichermaßen in lizenzierten und unlizenzierten Bändern des Spektrums zwischen 2 und 6 GHz eingesetzt und unterstützt Datenraten von bis zu 70 Mbit/s mit einer Reichweite von bis zu 50 Kilometern?

    a) 802.11g

    b) 802.11n

    c) 802.11b

    d) 802.16

    e) 802.11e

14. Was setzen Kabelprovider in der Regel ein, um Hochgeschwindigkeits-Datenübertragungen zu SOHO-Kabelmodems zu ermöglichen?

    a) HFC (Hybrid Fiber-Coaxial)

    b) Highspeed-Einwahlkabelmodems

    c) Breitbandkoaxialkabel aus Kupfer

    d) 1000BaseTX

15. Beschreiben Sie die betrieblichen, sozialen und ökologischen Vorteile der Telearbeit.

16. Beschreiben Sie die vier wichtigsten Verbindungsmethoden, die zur Anbindung von Heimarbeitern und SOHO-Umgebungen eingesetzt werden.

17. Beschreiben Sie die beiden Arten von VPN-Netzwerken.

6.7 Weiterführende Fragen und Aktivitäten

1. In dieser Aktivität beschreiben wir ein kleines Unternehmen, das die Verbindung zum Internet über zwei Linksys-Router der Businessklasse (WRVS4400N) herstellt. Einer dieser Router befindet sich an der Firmenzentrale, der andere in einer Zweigstelle. Das Unternehmen muss standortübergreifend auf Ressourcen zugreifen können, doch ist man skeptisch, ob die Übertragung über das Internet sicher genug ist. Um dieses Problem zu beseitigen, wurde die Implementierung eines Site-to-Site-VPNs zwischen den beiden Standorten vorgeschlagen. Ein VPN würde eine sichere Verbindung der Zweigstelle mit dem Hauptsitz ermöglichen, indem es einen Tunnel einrichtet, der die Daten verschlüsselt und entschlüsselt.

   Betrachten Sie die Topologie in Abbildung 6.31. Sie werden die Einstellung des Linksys-Routers mit dem dazugehörigen webbasierten Konfigurationsprogramm vornehmen und ein VPN namens *Site-to-Site* einrichten, in dem die MD5-Authentifizierung, die 3DES-Verschlüsselung und der PSK *cisco123* zum Einsatz kommen.

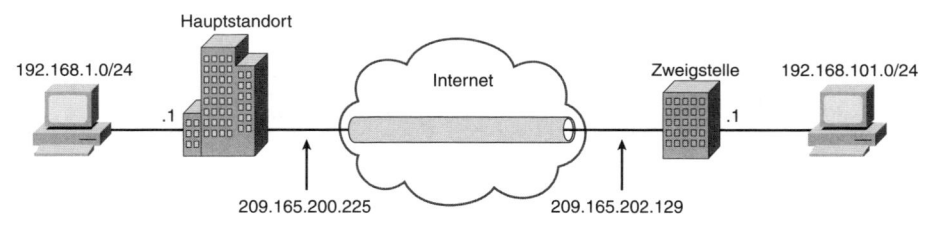

   Abbildung 6.31: Topologie eines Site-to-Site-VPNs

   Benennen Sie im Linksys-Konfigurationsprogramm (Abbildung 6.32) die korrekten Einträge für die Firmenzentrale:
   - TUNNEL NAME:
     Bereich Local Security Group
   - IP ADDRESS:
     Bereich Remote Security Group
   - IP ADDRESS:
     Bereich »Remote Security Gateway«
   - IP ADDRESS:
     Bereich KEY EXCHANGE METHOD
   - ENCRYPTION:
   - AUTHENTICATION:
   - PRE-SHARED KEY:

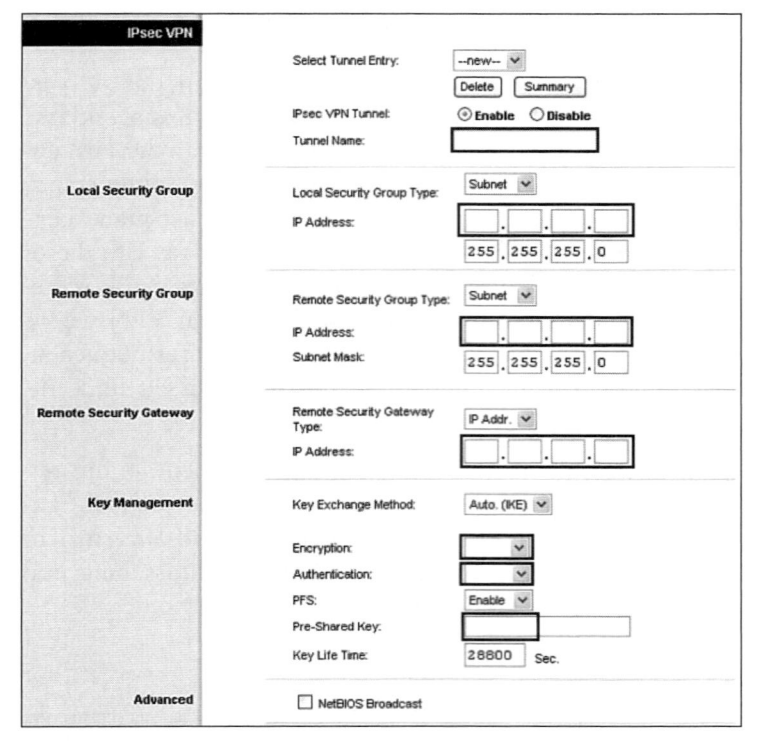

Abbildung 6.32: VPN-Konfiguration der Firmenzentrale

Benennen Sie im Linksys-Konfigurationsprogramm (Abbildung 6.33) die korrekten Einträge für die Zweigstelle an:

- TUNNEL NAME: Bereich LOCAL SECURITY GROUP
- IP ADDRESS: Bereich REMOTE SECURITY GROUP
- IP ADDRESS: Bereich »Remote Security Gateway«
- IP ADDRESS: Bereich KEY EXCHANGE METHOD
- ENCRYPTION:
- AUTHENTICATION:
- PRE-SHARED KEY:

Kapitel 6 • Dienste für Telearbeiter   **507**

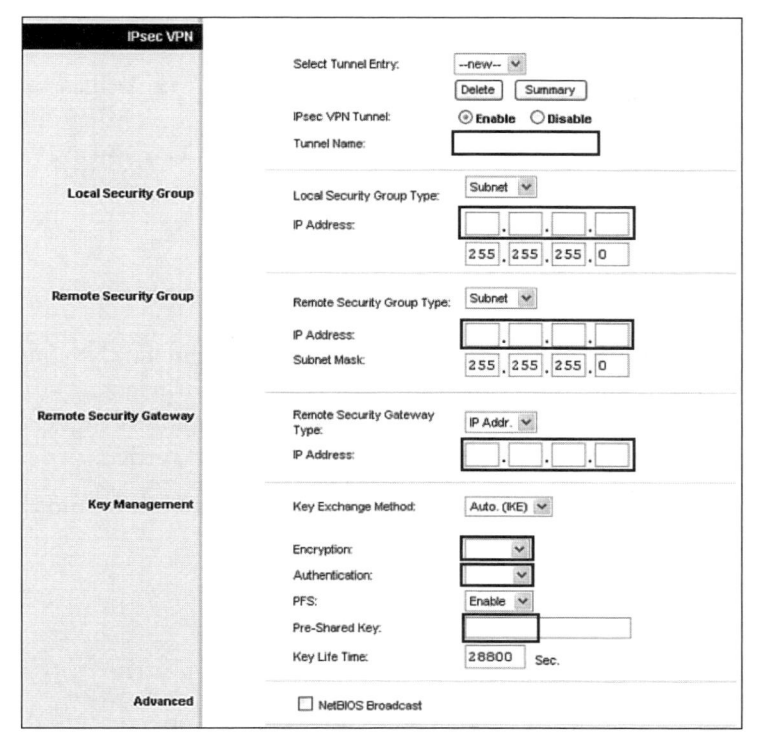

Abbildung 6.33: VPN-Konfiguration der Zweigstelle

2. Ein kleines Unternehmen hat am Firmensitz eine Internetverbindung eingerichtet und nutzt hierfür einen Linksys WRVS4400N-Router der Businessklasse. Das Unternehmen möchte ausgewählten Benutzern an Remote-Standorten den Fernzugriff ermöglichen, doch ist man skeptisch, ob die Übertragung über das Internet sicher genug ist. Um dieses Problem zu beseitigen, wird die Implementierung eines Remote-Access-VPN vorgeschlagen, über das Telearbeiter sicher auf das zentrale Netzwerk zugreifen können. Mithilfe der Linksys QuickVPN-Clientsoftware würden Remote-Benutzer dann eine Verbindung über das Remote-Access-VPN herstellen können, das für die Ver- und Entschlüsselung der Daten zuständig wäre.

Betrachten Sie die Topologie in Abbildung 6.34. Sie werden die Einstellungen des Remote-Access-VPN mit dem webbasierten Konfigurationsprogramm für Linksys-Router vornehmen und ein Benutzerkonto konfigurieren. Der Name des Benutzers lautet *BobV*, sein Passwort *cisco123*.

508 Wide Area Networks

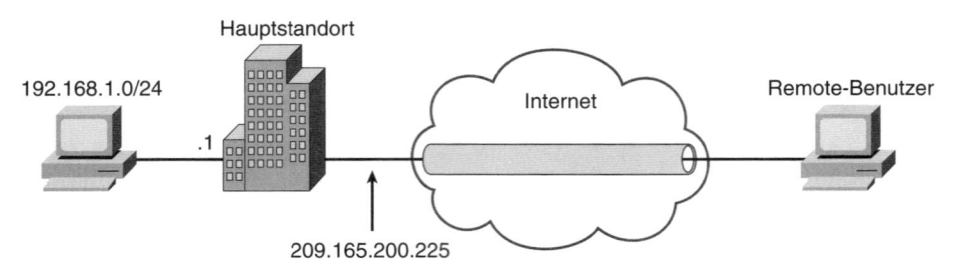

```
                Hauptstandort
192.168.1.0/24
                                  Internet              Remote-Benutzer
                    .1
                      209.165.200.225
```

Abbildung 6.34: Topologie eines Remote-Access-VPN

Nun stellt Bob mithilfe der Linksys-Clientsoftware QuickVPN eine Remote-VPN-Verbindung mit dem Router am zentralen Firmenstandort her. Der Profilname soll *Central Site* lauten, und der korrekte Benutzername, das Passwort und die IP-Adresse sollen referenziert werden.

Geben Sie mit dem Linksys-Konfigurationsprogramm (Abbildung 6.35) die korrekten VPN-Einstellungen für *Central Site* an:

- USERNAME:
- PASSWORD:
- RE-ENTER TO CONFIRM:

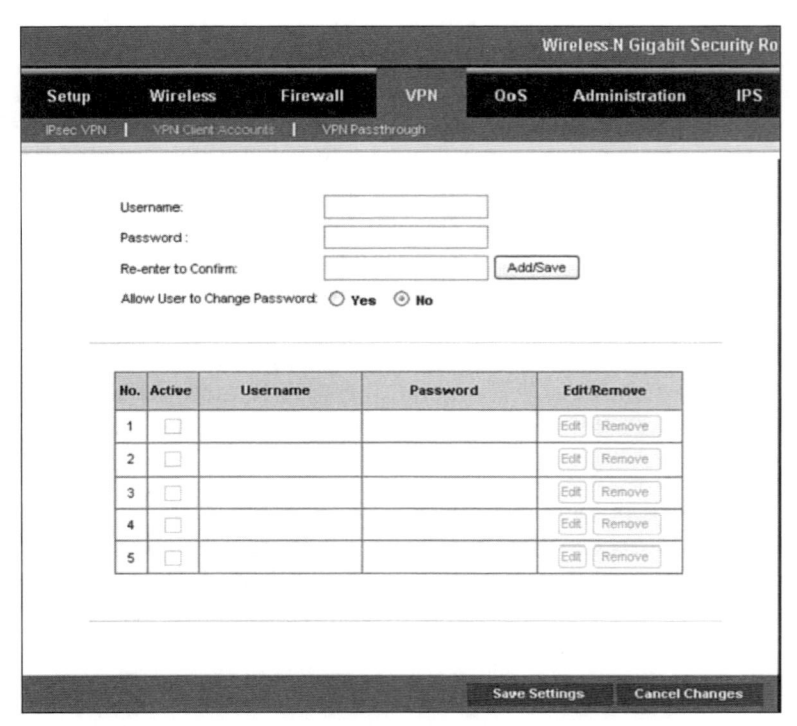

Abbildung 6.35: VPN-Konfiguration der Firmenzentrale

Geben Sie mit der Linksys-Clientsoftware QuickVPN (Abbildung 6.36) die korrekten Einstellungen für den PC des Remote-Benutzers an:

- PROFILE NAME:
- USER NAME:
- PASSWORD:
- SERVER ADDRESS:

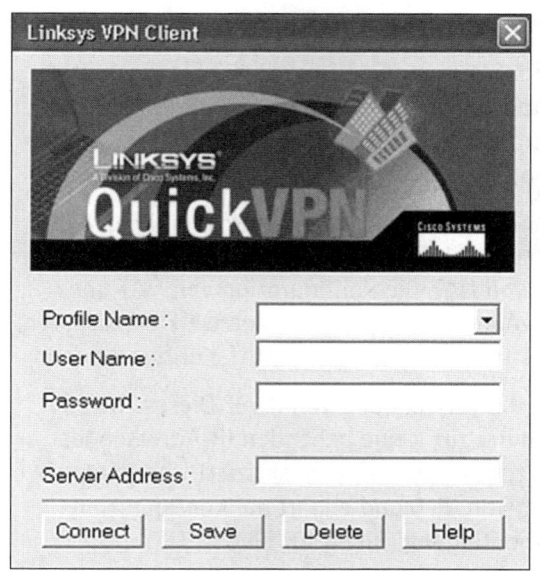

Abbildung 6.36: VPN-Konfiguration des Remote-Benutzers

Lernziele

Wenn Sie dieses Kapitel gelesen haben, sollten Sie in der Lage sein, die folgenden Fragen zu beantworten:

- Wie konfiguriere ich DHCP im Netzwerk der Zweigstelle eines Unternehmens? Dieser Themenbereich umfasst eine Erläuterung der Eigenschaften und Vorteile von DHCP, die Unterschiede zwischen BOOTP und DHCP, den Betrieb von DHCP, die Konfiguration und Überprüfung von DHCP sowie das entsprechende Troubleshooting.

- Wie konfiguriere ich NAT auf einem Cisco-Router? Dieser Themenbereich umfasst die Haupteigenschaften von NAT und NAT-Overload, eine Erläuterung der Vor- und Nachteile von NAT, die Konfiguration von NAT und NAT-Overload mit dem Ziel, IP-Adressraum in einem Netzwerk einzusparen, sowie die Überprüfung und das Troubleshooting von NAT-Konfigurationen.

- Wie konfiguriere ich RIPng für die Verwendung von IPv6? Dieses Thema erläutert, wie IPv6 das Problem der zur Neige gehenden IP-Adressen löst, beschreibt, wie IPv6-Adressen zugewiesen werden, skizziert Übergangsstrategien zur Implementierung von IPv6 und erklärt die Konfiguration, Überprüfung und das Troubleshooting von RIPng für IPv6.

Schlüsselbegriffe

In diesem Kapitel werden die folgenden Schlüsselbegriffe vorgestellt. Die entsprechenden Definitionen finden Sie im Glossar.

NAT ▪ DHCP ▪ IPng ▪ BOOTP ▪ APIPA ▪ Cisco IOS-Helper-Adresse ▪ DHCP-Relay-Agent ▪ Cisco SDM ▪ RIR ▪ ARIN ▪ RIPE NCC ▪ APNIC ▪ LACNIC ▪ AfriNIC ▪ RFC 1918 ▪ Inside-Local-Adresse ▪ Inside-Global-Adresse ▪ Outside-Global-Adresse ▪ dynamische NAT ▪ statische NAT ▪ NAT-Overloading ▪ PAT ▪ NAT-Pool ▪ Port-Forwarding ▪ IPSec ▪ globale IPv6-Unicast-Adresse ▪ globales Routing-Präfix ▪ Subnetz-ID ▪ IANA ▪ EUI-64 ▪ zustandslose Autokonfiguration ▪ DHCPv6 ▪ Dual-Stacking ▪ dynamisches 6to4-Tunneling ▪ CIDR ▪ Steuerungsebene (Control-Plane) ▪ Datenebene (Data-Plane) ▪ ASIC ▪ RIPng

Kapitel 7

Dienste für die IP-Adressierung

7.1 Einleitung

Das Internet und die IP-Technologien weisen seit Jahren ein rapides Wachstum auf. Dies ist zumindest teilweise durch die Flexibilität des ursprünglichen Entwurfs bedingt. Allerdings waren eine derartige Popularität des Internets und der sich daraus ergebende Bedarf an IP-Adressen bei der Entwicklung dieses Entwurfs noch nicht absehbar. Beispielsweise benötigen jeder Host und jedes Gerät im Internet eine eindeutige IPv4-Adresse (Internet Protocol Version 4). Aufgrund des dramatischen Wachstums geht die Anzahl der verfügbaren IP-Adressen rasant zur Neige.

Um diesem Umstand zu begegnen, wurden mehrere kurzfristige Lösungen entwickelt. Eine davon ist die Verwendung privater Adressen unter Einsatz der Netzadressübersetzung (Network Address Translation, NAT).

Ein netzwerkinterner Host erhält seine IP-Adresse, eine Subnetzmaske, die IP-Adressen des Default-Gateways und des DNS-Servers sowie weitere Konfigurationsdaten von einem DHCP-Server (Dynamic Host Configuration Protocol). Dabei vergibt der DHCP-Server keine IP-Adressen aus dem öffentlichen Adressbereich an netzwerkinterne Hosts, sondern Adressen aus einem privaten Adresspool. Das Problem besteht darin, dass diese Hosts trotzdem gültige IP-Adressen benötigen, um auf Internetressourcen zugreifen zu können. Hier nun kommt NAT ins Spiel.

NAT ermöglicht es netzwerkinternen Hosts, eine reguläre Internet-IP-Adresse für die Dauer des Zugriffs auf Internetressourcen zu borgen. Wenn die angeforderten Daten erhalten wurden, wird diese reguläre IP-Adresse in den Pool zurückgegeben und kann nun für eine andere Internetanforderung an einen anderen internen Host vergeben werden. NAT ermöglicht es Netzwerkadministratoren, mithilfe von nur sehr wenigen IP-Adressen – womöglich nur einer einzigen für den Router – allen internen Hosts den Zugriff auf das Internet zu gewähren. Das mag auf den ersten Blick ineffizient erscheinen, doch ist der Prozess tatsächlich ausgesprochen effizient, weil der Datenaustausch bei Hosts überaus schnell vonstatten geht.

Die Nutzung privater Adressen mit DHCP und NAT hat den Bedarf an IP-Adressen zwar verringert, doch werden im Jahr 2010 nach Schätzungen keine eindeutigen IPv4-Adressen mehr zur Verfügung stehen. Aus diesem Grund hat die IETF Mitte der Neunzigerjahre dazu aufgerufen, Vorschläge für ein neues IP-Adressierungsschema einzureichen. Hierauf gründete sich die IPng-Arbeitsgruppe (IP Next Generation). 1996 begann die IETF mit der Veröffentlichung von RFCs, die IPv6 definieren.

Das wesentliche Merkmal von IPv6, das auch für eine flächendeckende Verbreitung in absehbarer Zukunft spricht, ist die Tatsache, dass der Adressraum wesentlich größer ist: IPv4-Adressen sind 32 Bit lang, IPv6-Adressen hingegen 128 Bit.

Dieses Kapitel beschreibt die Implementierung von DHCP, NAT und IPv6 in Unternehmensnetzwerken.

7.2 DHCP

Jedes Gerät, das an ein Netzwerk angeschlossen wird, benötigt eine IP-Adresse. Netzwerkadministratoren konfigurieren statische IP-Adressen für Router, Server und andere Netzwerkgeräte, deren physische und logische Position sich mit hoher Wahrscheinlichkeit nicht ändern wird. Diese statischen Adressen gestatten es Administratoren auch, solche Geräte remote zu verwalten.

Desktop- und Laptop-Computer hingegen ändern ihre physische Position innerhalb einer Organisation sehr häufig. Administratoren, die versuchen würden, all diesen Hosts IP-Adressen manuell zuzuweisen, stünden vor der gigantischen Aufgabe, die Adressierung jedes Mal ändern zu müssen, wenn ein Mitarbeiter in einen anderen Bereich des Unternehmens wechselt.

Anders als Server und Drucker benötigen Clientcomputer keine statische Adresse. Stattdessen kann der Administrator einen Adresspool definieren, aus dem Clients sich IP-Adressen leihen können. Eine Workstation kann jede beliebige Adresse aus diesem Pool verwenden. Weil dieser Pool sich in der Regel mit einem IP-Subnetz deckt, kann einer Workstation jede beliebige Adresse aus diesem Subnetz zugewiesen werden.

Andere Parameter – z. B. die Subnetzmaske, das Default-Gateway und der DNS-Server – erhalten Werte, die für das gesamte Subnetz oder das gesamte administrierte Netzwerk gelten. So erhalten etwa alle Hosts im selben Subnetz verschiedene Host-IP-Adressen, aber dieselbe Subnetzmaske und dieselbe IP-Adresse für das Default-Gateway.

7.2.1 Eine Einführung in DHCP

Aus dem Kurs »CCNA Exploration: Netzwerkgrundlagen« wissen Sie bereits, dass der Prozess der Zuweisung neuer IP-Adressen durch DHCP praktisch transparent verläuft. DHCP weist IP-Adressen und andere wichtige Netzwerkkonfigurationsdaten dynamisch zu. Weil Desktopclients in der Regel den Großteil der Knoten im Netzwerk ausmachen, ist DHCP ein extrem nützliches und zeitsparendes Tool für den Netzwerkadministrator. DHCP ist in RFC 2131 beschrieben.

Administratoren bevorzugen normalerweise die Bereitstellung von DHCP-Diensten durch einen Netzwerkserver, da diese Lösungen skalierbar und relativ einfach zu verwalten sind. In kleineren Zweigstellen oder SOHO-Umgebungen jedoch kann ein Cisco-Router für den Betrieb von DHCP-Diensten konfiguriert werden, sodass kein teurer dedizierter Server benötigt wird. Eine Cisco IOS-Funktionalität namens Easy IP bietet einen optionalen, voll ausgestatteten DHCP-Server.

7.2.2 DHCP-Betrieb

Die Zuteilung von IP-Adressen an Clients ist die wichtigste Aufgabe des DHCP-Servers. DHCP umfasst drei verschiedene Mechanismen für die Adressreservierung, um bei der Zuweisung von IP-Adressen ausreichend Flexibilität bieten zu können:

- **Manuelle Reservierung.** Der Administrator weist einem Gerät eine vorab reservierte IP-Adresse zu. DHCP ist ausschließlich dafür zuständig, diese IP-Adresse an das Gerät zu übermitteln.
- **Automatische Reservierung.** DHCP weist eine statische IP-Adresse automatisch und permanent einem Gerät zu. Diese Adresse entstammt dem Pool verfügbarer Adressen. Die permanente Zuweisung bedeutet auch, dass es keine Lease (Leihdauer) gibt.
- **Dynamische Reservierung.** DHCP weist automatisch und für einen beschränkten, auf dem Server festgelegten Zeitraum eine IP-Adresse aus einem Adresspool dynamisch zu; man sagt, der Knoten »least« die Adresse. Die Lease kann auch enden – d. h. die Adresse in den Pool zurückgegeben werden –, wenn der Client dem DHCP-Server meldet, dass er sie nicht mehr benötigt.

Abbildung 7.1 stellt Geräte, für die eine manuelle IP-Adresszuweisung erforderlich ist, und solche, für die die dynamische Adresszuordnung geeigneter ist, einander vergleichend gegenüber.

Dieser Abschnitt legt den Schwerpunkt auf die dynamische Reservierung.

514 Wide Area Networks

Manuelle Konfiguration

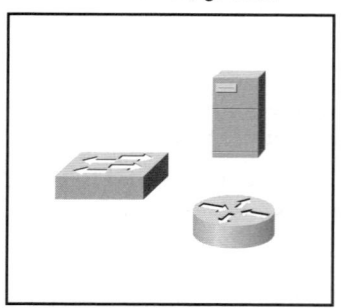

Netzwerkgeräte am selben (logischen und physischen) Standort erhalten statische IP-Adressen.

Dynamische Konfiguration

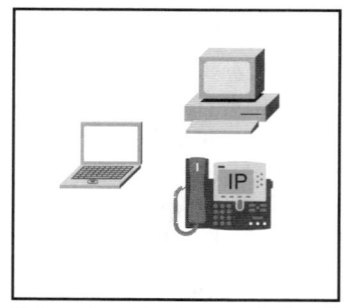

Netzwerkgeräte, die (physisch und logisch) hinzugefügt, umziehen oder geändert werden, benötigen neue Adressen. Die manuelle Konfiguration ist unhandlich.

Abbildung 7.1: Manuelle und dynamische IP-Adresszuweisung im Vergleich

DHCP arbeitet in einem Client/Server-Modus und funktioniert dabei wie jede andere Client/Server-Beziehung. Wenn ein PC eine Verbindung mit einem DHCP-Server herstellt, vergibt (oder »verleast«) der Server an diesen PC eine IP-Adresse. Der Befehl stellt unter Verwendung dieser geleasten IP-Adresse eine Verbindung zum Netzwerk her, bis die Lease ungültig wird. Der Host muss den DHCP-Server regelmäßig kontaktieren, um die Lease zu verlängern. Dieser Leasing-Mechanismus stellt sicher, dass Hosts, die umziehen oder abgeschaltet werden, keine Adressen behalten, die sie nicht benötigen. Der DHCP-Server gibt diese Adressen in den Adresspool zurück und weist sie später nach Bedarf erneut zu.

Anhand von Abbildung 7.2 und der nachfolgenden Auflistung sehen Sie, wie ein DHCP-Server eine IP-Adresskonfiguration für einen DHCP-Client reserviert.

DHCP-Server — Client

① DHCPDISCOVER (Broadcast)

② DHCPOFFER (Unicast) ③

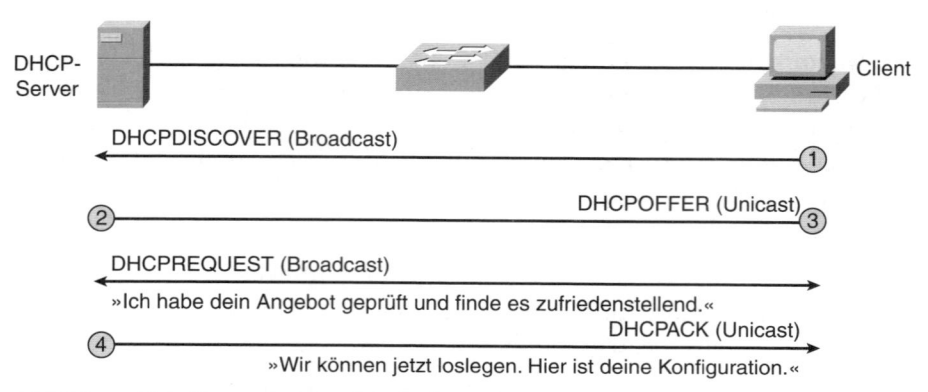

④ DHCPREQUEST (Broadcast)
»Ich habe dein Angebot geprüft und finde es zufriedenstellend.«

DHCPACK (Unicast)
»Wir können jetzt loslegen. Hier ist deine Konfiguration.«

Abbildung 7.2: Reservierung durch den DHCP-Server

1. **DHCPDISCOVER-Phase**

   Wenn der Client gestartet wird oder dem Netzwerk auf andere Weise beitreten möchte, durchläuft er einen vierstufigen Prozess, um eine Lease zu erhalten. Im ersten Schritt sendet der Client eine DHCPDISCOVER-Nachricht als Broadcast. Diese Nachricht erreicht die DHCP-Server im Netzwerk. Da der Host beim Hochfahren über keinerlei gültige IP-Information verfügt, kommuniziert er mit dem Server über Schicht-2- und Schicht-3-Broadcast-Adressen.

2. **DHCPOFFER-Phase**

   Wenn der DHCP-Server eine DHCPDISCOVER-Nachricht empfängt, sucht er eine freie IP-Adresse heraus, um diese zu verleasen. Danach erstellt er einen ARP-Eintrag, der aus der MAC-Adresse des anfordernden Hosts und der zu verleihenden IP-Adresse besteht. Schließlich sendet der Server in Form einer DHCPOFFER-Nachricht ein Angebot zur Bindung. Die DHCPOFFER-Nachricht wird als Unicast gesendet, wobei die Schicht-2 Adresse des Servers als Absenderadresse und die Schicht-2-Adresse des Clients als Zieladresse verwendet wird.

> **ANMERKUNG**
>
> Unter bestimmten Umständen erfolgt der DHCP-Nachrichtenaustausch vom Server als Broadcast und nicht als Unicast.

3. **DHCPREQUEST-Phase**

   Wenn der Client die DHCPOFFER-Nachricht vom Server empfängt, sendet er eine DHCPREQUEST-Nachricht zurück. Diese Nachricht dient zwei Zwecken: dem Erstellen einer neuen oder dem Erneuern und Überprüfen einer vorhandenen Lease. Wird die DHCPREQUEST-Nachricht des Clients zur Lease-Erstellung verwendet, dann bedingt sie eine Überprüfung der IP-Informationen unmittelbar nach ihrer Zuweisung. Die Nachricht gewährt auch eine Fehlerkontrolle, um sicherzustellen, dass die Zuordnung nach wie vor gültig ist. Ferner dient DHCPREQUEST als Bestätigung der Annahme des Bindungsvorschlags für den ausgewählten Server, die von allen anderen Servern, von denen der Client ein Angebot erhalten hat, implizit als Ablehnung verstanden wird.

   In den Netzwerken vieler Unternehmen kommen mehrere DHCP-Server zum Einsatz. Die DHCPREQUEST-Nachricht wird als Broadcast gesendet, um sowohl den ausgewählten als auch alle anderen DHCP-Server von der Entscheidung des Clients in Kenntnis zu setzen.

4. DHCPACK-Phase

Beim Empfang der DHCPREQUEST-Nachricht überprüft der Server die Lease-Angaben, erstellt einen neuen ARP-Eintrag für die Clientlease und antwortet mit einer DHCPACK-Unicast-Nachricht. Die DHCPACK-Nachricht ist mit dem DHCPOFFER bis auf eine Änderung im Nachrichtentypfeld identisch. Wenn der Client die DHCPACK-Nachricht empfängt, speichert er die Konfigurationsdaten und führt einen ARP-Lookup für die angegebene Adresse durch. Empfängt er keine Antwort, dann weiß er, dass die IP-Adresse gültig ist, und verwendet sie fortan als eigene Adresse.

Clients erhalten ihre Lease vom Server für eine durch den Administrator festgelegte Zeitdauer. Der Administrator konfiguriert DHCP-Server so, dass die Leases zu jeweils unterschiedlichen Zeitpunkten ablaufen. Die meisten Internetprovider und große Netzwerke verwenden Default-Perioden von bis zu drei Tagen. Sobald die Lease ungültig wird, muss der Client eine neue Adresse anfordern; meistens erhält er jedoch dieselbe Adresse erneut.

Die DHCPREQUEST-Nachricht ist auch für den dynamischen DHCP-Prozess von Bedeutung. Die mit der DHCPOFFER-Nachricht übermittelten IP-Informationen können im Zuge der dynamischen Zuweisung bereits einem anderen Client angeboten worden sein. Jeder DHCP-Server erstellt Pools mit IP-Adressen und zugehörigen Parametern. Die Pools sind jeweils für einzelne logische IP-Subnetze reserviert. Dies ermöglicht den Einsatz mehrerer DHCP-Server, was die Mobilität von IP-Clients erhöht. Wenn mehrere Server antworten, muss sich der Client für eines dieser Angebote entscheiden.

7.2.3 BOOTP und DHCP

Das in RFC 951 definierte BOOTP-Protokoll (Bootstrap Protocol) ist der Vorgänger von DHCP und ähnelt ihm zum Teil in der Betriebsweise. BOOTP ermöglichte es einer festplattenlosen Workstation, eine IP-Adresse und Konfigurationsangaben für das Booten abzurufen. Eine festplattenlose Workstation verfügt weder über ein Festplattenlaufwerk noch ein Betriebssystem. Moderne automatische Registrierkassen in Supermärkten beispielsweise arbeiten nach diesem Prinzip.

DHCP und auch BOOTP sind Client/Server-basiert und verwenden die UDP-Ports 67 und 68. Diese Ports heißen auch heute noch BOOTP-Ports. Abbildung 7.3 zeigt die Client/Server-Beziehung von DHCP und BOOTP.

Abbildung 7.3: DHCP- und BOOTP-Komponenten

Der Server ist ein Host mit einer statischen IP-Adresse, der IP- und Konfigurationsdaten reserviert, verteilt und verwaltet. Jede Zuordnung von IP- und Konfigurationsdaten wird auf dem Server als Datensatz gespeichert, der als Bindung bezeichnet wird. Ein Client ist jedes Gerät, das entweder BOOTP oder DHCP als Methode einsetzt, um IP-Adressen und zugehörige Konfigurationsinformationen abzurufen.

Um die funktionellen Unterschiede zwischen BOOTP und DHCP zu verstehen, müssen wir die vier grundlegenden IP-Parameter betrachten, die erforderlich sind, um einem Netzwerk beizutreten:

- IP-Adresse
- Gateway-Adresse
- Subnetzmaske
- DNS-Serveradresse

Es gibt drei wesentliche Unterschiede zwischen DHCP und BOOTP:

- Der Hauptunterschied besteht darin, dass BOOTP für die manuelle Vorabkonfiguration der Hostinformationen in einer Serverdatenbank entworfen wurde, während DHCP die dynamische Zuweisung von Netzwerkadressen und Konfigurationen an neu angeschlossene Hosts gestattet. Wenn ein BOOTP-Client eine IP-Adresse anfordert, durchsucht der BOOTP-Server eine vordefinierte Tabelle nach einem Eintrag, welcher der MAC-Adresse des Clients entspricht. Ist ein Eintrag vorhanden, so wird die diesem Eintrag zugeordnete IP-Adresse an den Client zurückgegeben. Das bedeutet, dass die Bindung zwischen MAC- und IP-Adresse bereits auf dem BOOTP-Server konfiguriert worden sein muss.

- DHCP ermöglicht den Rückruf und die Neuzuweisung von Netzwerkadressen über einen Leasing-Mechanismus. Insbesondere definiert DHCP Mechanismen, mit deren Hilfe einem Client eine IP-Adresse für eine bestimmte festgelegte Zeitdauer zugewiesen werden kann. Diese Lease-Periode ermöglicht die spätere Neuzuweisung der IP-Adresse an einen anderen Client ebenso wie die Zuweisung einer anderen Adresse, wenn der Client in ein anderes Subnetz umzieht. Clients können Leases auch erneuern und dieselbe IP-Adresse so behalten. BOOTP verwendet keine Leases. Die Clients verfügen hier über reservierte IP-Adressen, die anderen Hosts nicht zugeordnet werden können.

- BOOTP stellt dem Host eine eingeschränkte Menge an Informationen bereit. DHCP hingegen übermittelt zusätzliche IP-Konfigurationsparameter wie die WINS-Adressen und den Domänennamen.

Tabelle 7.1 fasst die Unterschiede zwischen BOOTP und DHCP zusammen.

Tabelle 7.1: Unterschiede zwischen BOOTP und DHCP

BOOTP	DHCP
Statische Zuordnungen	Dynamische Zuordnungen
Fest zugeordnete Adresse	Lease
Unterstützt nur vier Konfigurationsparameter	Unterstützt mehr als zwanzig Konfigurationsparameter.

Nachrichtenformat bei DHCP

Die Entwickler von DHCP mussten die Kompatibilität mit BOOTP aufrechterhalten und verwendeten folglich dasselbe Nachrichtenformat wie bei BOOTP. Weil allerdings DHCP eine im Vergleich zu BOOTP erweiterte Funktionalität bietet, wurde bei DHCP ein Optionsfeld namens *DHCP Options* hinzugefügt. Bei der Kommunikation mit älteren BOOTP-Clients wird dieses Feld ignoriert.

Abbildung 7.4 zeigt das Format einer DHCP-Nachricht.

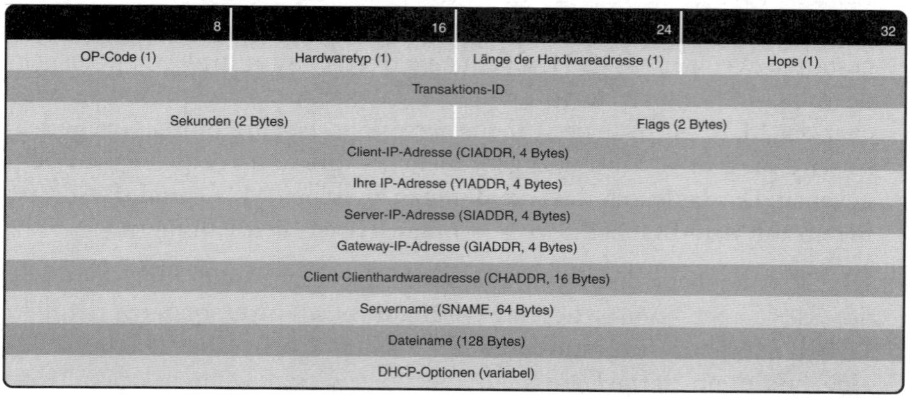

8	16	24	32
OP-Code (1)	Hardwaretyp (1)	Länge der Hardwareadresse (1)	Hops (1)
Transaktions-ID			
Sekunden (2 Bytes)		Flags (2 Bytes)	
Client-IP-Adresse (CIADDR, 4 Bytes)			
Ihre IP-Adresse (YIADDR, 4 Bytes)			
Server-IP-Adresse (SIADDR, 4 Bytes)			
Gateway-IP-Adresse (GIADDR, 4 Bytes)			
Client Clienthardwareadresse (CHADDR, 16 Bytes)			
Servername (SNAME, 64 Bytes)			
Dateiname (128 Bytes)			
DHCP-Optionen (variabel)			

Abbildung 7.4: Nachrichtenformat bei DHCP

Die folgenden Felder sind vorhanden:

- **OP-Code (Operation Code).** Gibt den allgemeinen Nachrichtentyp an. Der Wert 1 signalisiert eine Anfrage, der Wert 2 eine Antwort.
- **Hardwaretyp.** Bezeichnet den Typ der im Netzwerk verwendeten Hardware. 1 etwa steht für Ethernet, 15 für Frame Relay und 20 für eine serielle Leitung. Es handelt sich hierbei um dieselben Codes, die auch in ARP-Nachrichten verwendet werden.
- **Hardwareadresslänge.** Angabe der Adresslänge (8 Bit).
- **Hops.** Wird vom Client auf 0 gesetzt, bevor er eine Anfrage sendet. Relay-Agenten verwenden den Wert dann, um die Weiterleitung von DHCP-Nachrichten zu steuern.
- **Transaktions-ID.** 32-Bit-Kennung, die vom Client generiert wird, um ihm die Zuordnung von Antwortnachrichten, die er von DHCP-Servern empfängt, zu den von ihm versendeten Anfragen zu ermöglichen.
- **Sekunden.** Anzahl der Sekunden, die verstrichen sind, seitdem der Client versucht, eine Lease zu erhalten oder zu erneuern. Stark ausgelastete DHCP-Server verwenden diesen Wert, um Antworten zu priorisieren, falls mehrere Clientanfragen anstehend sind.
- **Flags.** Es wird nur eines der 16 Bits verwendet: das Broadcast-Flag. Ein Client, der seine IP-Adresse beim Versenden einer Anfrage nicht kennt, setzt dieses Flag auf 1. Der DHCP-Server oder Relay-Agent, der die Anfrage empfängt, entnimmt dem Wert, dass er die Antwort als Broadcast versenden soll.
- **Client-IP-Adresse.** Der Client trägt seine eigene IP-Adresse in dieses Feld ein, wenn (und nur dann, wenn) er bei aktiver Bindung über eine gültige IP-Adresse verfügt; andernfalls setzt er das Feld auf 0. Der Client kann dieses Feld nur dann verwenden, wenn seine Adresse tatsächlich gültig und nutzbar ist, nicht jedoch während der laufenden Adressanforderung.
- **Ihre IP-Adresse.** IP-Adresse, die der Server dem Client zugewiesen hat.
- **Server-IP-Adresse.** Adresse des Servers, den der Client für den nächsten Schritt im Bootstrap-Prozess kontaktieren soll. Dies kann, muss aber nicht der Server sein, der diese Antwort sendet. Der sendende Server fügt seine eigene IP-Adresse immer in ein spezielles Feld ein, das *Server Identifier DHCP* heißt.
- **Gateway-IP-Adresse.** Routet DHCP-Nachrichten, wenn DHCP-Relay-Agenten in den Prozess eingebunden sind. Die Gateway-Adresse erleichtert die Übertragung von DHCP-Anfragen und -Antworten zwischen

dem Client und einem Server, die sich in verschiedenen Subnetzen oder Netzwerken befinden.

- **Clienthardwareadresse.** Spezifiziert die Bitübertragungsschicht des Clients.

- **Servername.** Der Server, der eine DHCPOFFER- oder DHCPACK-Nachricht sendet, kann optional seinen Namen in dieses Feld eintragen. Dies kann ein einfacher Textname sein, aber auch ein DNS-Domänenname wie etwa *dhcpserver.netacad.net*.

- **Boot-Dateiname.** Kann vom Client optional verwendet werden, um eine Bootdatei eines bestimmten Typs in einer DHCPDISCOVER-Nachricht anzufordern. Ein Server kann hiermit ein Verzeichnis und den Dateinamen der Boot-Datei in einer DHCPOFFER-Nachricht vollständig angeben.

- **Optionen.** Enthält DHCP-Optionen, darunter verschiedene Parameter, die für DHCP-Basisfunktionen benötigt werden. Die Länge des Feldes ist variabel. Es kann sowohl vom Client als auch vom Server verwendet werden.

Ablauf bei DHCPDISCOVER und DHCPOFFER

Wenn ein Client sich mit einem Netzwerk verbinden will, fordert er Adresswerte von einem DHCP-Server im Netzwerk an. Ist der Client so konfiguriert, dass er seine IP-Einstellungen dynamisch bezieht, dann sendet er beim Booten oder dann, wenn er eine aktive Netzwerkverbindung erkennt, eine DHCPDISCOVER-Nachricht an sein lokales physisches Subnetz. Weil der Client keine Möglichkeit besitzt zu erkennen, in welchem Subnetz er sich befindet, ist die DHCPDISCOVER-Nachricht ein gerichteter IP-Broadcast (das heißt, sie hat die IP-Zieladresse 255.255.255.255). Die IP-Absenderadresse lautet 0.0.0.0, weil der Client ja noch nicht über eine IP-Adresse verfügt. In Abbildung 7.5 enthalten die Fragezeichen in den Feldern für die Client-IP-Adresse (CIADDR), die Default-Gateway-Adresse (GIADDR) und die Subnetzmaske eigentlich den Wert 0.0.0.0.

Der DHCP-Server verwaltet die Reservierung von IP-Adressen und beantwortet die Konfigurationsanfragen von Clients. Im einfachsten Fall nimmt sich ein DHCP-Server im selben Subnetz der Anfrage des Clients an. Der Server stellt fest, dass das GIADDR-Feld leer ist, was bedeutet, dass der Client sich im selben Subnetz befindet. Ferner stellt der Server die Hardwareadresse des Clients im Anfragepaket fest.

Empfängt der DHCP-Server die DHCPDISCOVER-Nachricht, dann antwortet er mit einer DHCPOFFER-Nachricht. Der Server wählt eine IP-

Adresse aus dem für dieses Segment reservierten Pool aus und ergänzt sie mit anderen Segment- und globalen Parametern. Diese Werte trägt er in die entsprechenden Felder im DHCPOFFER-Paket ein. Die Nachricht enthält Informationen zur Ausgangskonfiguration des Clients: die MAC-Adresse, die vom Server angebotene IP-Adresse, die Gültigkeitsdauer der Lease und die IP-Adresse des DHCP-Servers, der das Angebot vorlegt. Die Subnetzmaske und das Default-Gateway werden im Optionsfeld angegeben. Die DHCPOFFER-Nachricht kann so konfiguriert werden, dass sie noch weitere Informationen enthält; dies können das Erneuerungsintervall der Lease, Angaben zum DNS-Server sowie Informationen für den NetBIOS-Namensdienst (Microsoft Windows Internet Name Service, kurz WINS) sein.

Ethernet-Frame	IP	UDP	DHCPDISCOVER	
ABS-MAC: MAC A EMPF-MAC: FF:FF:FF:FF:FF:FF:	IP ABS: ? IP EMPF: 255:255:255:255:	UDP 67	CIADDR: ? Maske: ?	GIADDR: ? CHADDR: MAC A

MAC: MAC-Adresse
CIADDR: Client-IP-Adresse
GIADDR: Gateway-IP-Adresse
CHADDR: Clienthardwareadresse

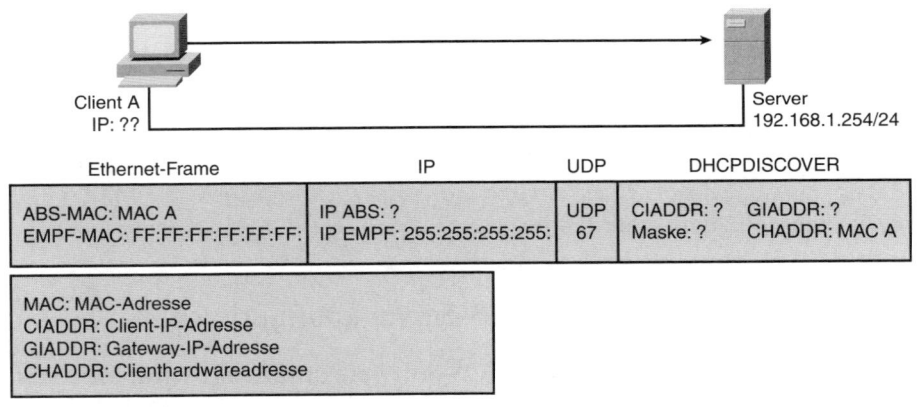

Abbildung 7.5: DHCPDISCOVER

Wie Abbildung 7.6 zeigt, reagiert der DHCP-Server auf die DHCPDISCOVER-Nachricht, indem er Werte für das CIADDR-Feld sowie die Subnetzmaske konfiguriert.

Ethernet-Frame	IP	UDP	DHCP-Antwort	
ABS-MAC: MAC Serv EMPF-MAC: MAC A	IP ABS: 192.168.1.254 IP EMPF: 192.168.1.10	UDP 68	CIADDR: 192.168.1.10 Maske: 255.255.255.0	GIADDR: ? CHADDR: MAC A

MAC: MAC-Adresse
CIADDR: Client-IP-Adresse
GIADDR: Gateway-IP-Adresse
CHADDR: Clienthardwareadresse

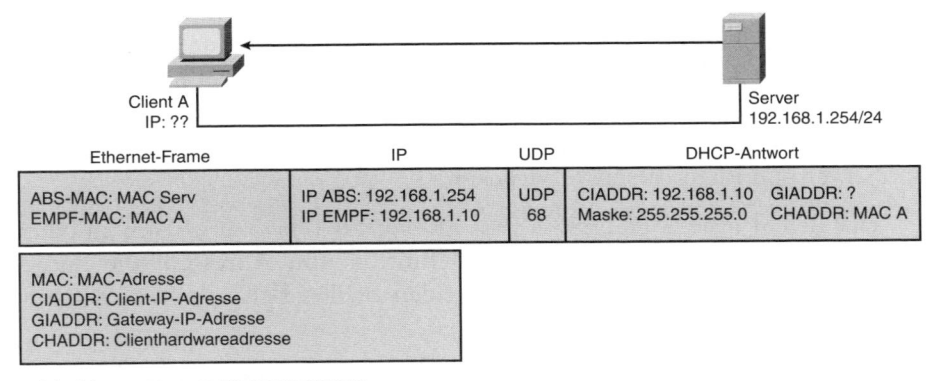

Abbildung 7.6: DHCPOFFER

Administratoren richten DHCP-Server so ein, dass sie Adressen aus vordefinierten Pools zuweisen. Die meisten DHCP-Server gestatten dem Administrator auch die gezielte Definition der bedienten Client-MAC-Adressen und der IP-Adressen, die jedes Mal automatisch mit diesen MAC-Adressen verknüpft werden.

Als Transportprotokoll verwendet DHCP das UDP-Protokoll (User Datagram Protocol). Der Client sendet Nachrichten an den Server über den Port 67, der Server an den Client über den Port 68.

Client und Server verwenden eine DHCPREQUEST-Nachricht sowie DHCPACK-Nachrichten zum Bestätigen und Abschließen des vorgeschlagenen DHCP-Angebots. Abschließend setzt der Client ein Gratuitous ARP für die neue IP-Adresse ab. Sofern kein anderer Client im Subnetz auf die vorgeschlagene IP-Adresse reagiert, kann der Client diese von nun an benutzen.

ANMERKUNG

Weitere Informationen zu DHCP finden Sie im Dokument »Cisco IOS DHCP Server« unter *http://www.cisco.com/en/US/docs/ios/12_0t/12_0t1/feature/guide/Easyip2.html*.

7.2.4 Cisco-Router als DHCP-Server konfigurieren

Cisco-Router, auf denen die Cisco IOS-Software ausgeführt wird, unterstützen eine vollständige DHCP-Serverfunktionalität. Der IOS-DHCP-Server reserviert IP-Adressen in auf dem Router definierten Adresspools und vergibt diese an DHCP-Clients.

Die Schritte zur Konfiguration eines Routers als DHCP-Server sind die folgenden:

1. Es wird empfohlen, auszuschließende Adressen zu ermitteln, bevor der DHCP-Pool erstellt wird. Auf diese Weise wird sichergestellt, dass DHCP reservierte Adressen nicht versehentlich zuweist. Hierbei handelt es sich in der Regel um statische Adressen, die für die Router-Schnittstelle reserviert sind, IP-Adressen zur Switch-Administration sowie Adressen für Server und lokale Netzwerkdrucker.

Der Befehl `ip dhcp excluded-address` *low-address* [*high-address*] im globalen Konfigurationsmodus dient zur Definition von Adressen, die ausgeschlossen werden sollen. Die folgenden beiden Beispiele veranschaulichen dies:

```
R1(config)# ip dhcp excluded-address 192.168.10.1 192.168.10.9
R1(config)# ip dhcp excluded-address 192.168.10.254
```

Die erste Zeile definiert einen Ausschlussbereich von 192.168.10.1 bis 192.168.10.9, die zweite Zeile schließt gezielt die IP-Adresse 192.168.10.254 aus. Die Definition mehrerer auszuschließender Bereiche kann sich durchaus über mehrere Zeilen erstrecken.

2. Bestandteil der Konfiguration eines DHCP-Servers ist die Definition eines Pools zuzuweisender Adressen. Sie erstellen den DHCP-Pool mit dem Befehl `ip dhcp pool` *pool-name*. Das Argument *pool-name* ist der alphanumerische »Name« des erstellten DHCP-Pools. Im folgenden Beispiel wird ein Pool namens LAN-POOL-1 definiert:

```
R1(config)# ip dhcp pool LAN-POOL-1
R1(dhcp-config)#
```

3. Beachten Sie, dass Sie sich nun im DHCP-Konfigurationsmodus befinden. Als Nächstes müssen Sie die Eigenschaften dieses Pools konfigurieren. Hierbei legen Sie die verfügbaren Adressen fest und geben die Subnetzadresse und die Maske des DHCP-Adresspools an. Den Bereich der verfügbaren Adressen definieren Sie mit einer `network`-Anweisung.

Sie sollten außerdem mit dem Befehl `default-router` das Default-Gateway oder den Router für die Clients definieren. Normalerweise ist das Gateway die LAN-Schnittstelle des Routers. Zwar ist nur eine Adresse erforderlich, doch können Sie bis zu acht Adressen angeben. Tabelle 7.2 nennt die erforderlichen DHCP-Konfigurationsaufgaben und die zugehörigen Befehle.

Tabelle 7.2: Obligatorische DHCP-Aufgaben

Aufgabe	Befehl
Adresspool definieren	`network` *network-number* [*mask* | */prefix-length*]
Default-Router oder Gateway definieren	`default-router` *address* [*address2...address8*]

Es gibt weitere DHCP-Aufgaben, die jedoch optional sind. Sie können beispielsweise mit dem Befehl `dns-server` die IP-Adresse des DNS-Servers konfigurieren, der einem DHCP-Client zur Verfügung steht. Bei der Konfiguration muss mindestens eine Adresse angegeben werden, insgesamt acht sind möglich.

Weitere Parameter beziehen sich auf die Konfiguration der DHCP-Leasedauer. Standardmäßig ist ein Tag festgelegt, doch können Sie diesen Wert mit dem Befehl `lease` ändern. Außerdem können Sie einen NetBIOS-WINS-Server konfigurieren, der einem Microsoft-DHCP-Client zur Verfügung steht. Einen solchen Server würden Sie in einer Umgebung konfigurieren, die

Clients mit einem Betriebssystem vor Windows 2000 unterstützen muss. Weil jedoch in den meisten Installationen heutzutage ausschließlich Clients mit neueren Windows-Betriebssystemen laufen, ist dieser Parameter normalerweise nicht mehr erforderlich. Tabelle 7.3 nennt die optionalen DHCP-Konfigurationsaufgaben und die zugehörigen Befehle.

Tabelle 7.3: Optionale DHCP-Aufgaben

Aufgaben	Befehl
DNS-Server definieren	dns-server *address* [*address2...address8*]
Domänennamen definieren	domain-name *domain*
Dauer der DHCP-Lease definieren	lease {*days* [*hours*] [*minutes*] | infinite}
NetBIOS-WINS-Server definieren	netbios-name-server *address* [*address2...address8*]

Listing 7.1 zeigt eine DHCP-Beispielkonfiguration für den Router R1.

Listing 7.1: DHCP-Konfigurationsbeispiel

```
R1(config)# ip dhcp excluded-address 192.168.10.1 192.168.10.9
R1(config)# ip dhcp excluded-address 192.168.10.254
R1(config)# ip dhcp pool LAN-POOL-1
R1(dhcp-config)# network 192.168.10.0 255.255.255.0
R1(dhcp-config)# default-router 192.168.10.1
R1(dhcp-config)# domain-name span.com
R1(dhcp-config)# end
```

DHCP deaktivieren

Der DHCP-Dienst ist bei IOS-Versionen, die ihn unterstützen, standardmäßig aktiviert. Um den Dienst zu deaktivieren, verwenden Sie den Befehl no service dhcp. Wollen Sie den DHCP-Serverprozess wieder einschalten, so geben Sie im globalen Konfigurationsmodus den Befehl service dhcp ein. Die Aktivierung des Dienstes hat jedoch keine Auswirkungen, wenn die Parameter nicht konfiguriert wurden.

DHCP überprüfen

Wir wollen uns anhand der Beispieltopologie in Abbildung 7.7 einmal ansehen, wie ein Cisco-Router für die Bereitstellung von DHCP-Diensten konfiguriert werden kann. Der Router R1 wurde wie in Listing 7.1 gezeigt konfiguriert. PC1 wurde noch nicht eingeschaltet und verfügt folglich auch noch nicht über eine IP-Adresse.

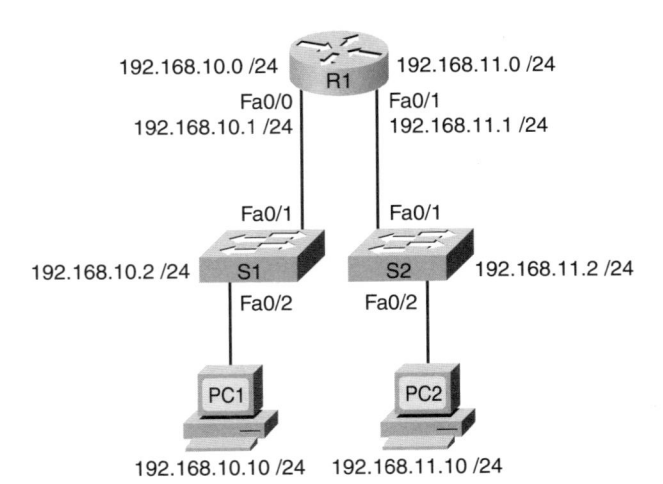

Abbildung 7.7: DHCP-Beispieltopologie

Sie überprüfen den DHCP-Betrieb mit dem Befehl show ip dhcp binding. Dieser zeigt eine Liste aller Bindungen von IP- und MAC-Adressen an, die vom DHCP-Dienst übermittelt wurden. Listing 7.2 zeigt die Ausgabe des Befehls ohne aufgeführte Clients.

Listing 7.2: Der Befehl »show ip dhcp binding«

```
R1# show ip dhcp binding

Bindings from all pools not associated with VRF:
IP address         Client-ID/              Lease expiration        Type
                   Hardware address/
                   User name

R1#
```

Um zu kontrollieren, ob Nachrichten vom Router empfangen oder gesendet wurden, verwenden Sie den Befehl show ip dhcp server statistics. Dieser Befehl gibt statistische Informationen zur Anzahl der gesendeten und empfangenen DHCP-Nachrichten an. Listing 7.3 zeigt die Ausgabe des Befehls.

Listing 7.3: Der Befehl »show ip dhcp server statistics«

```
R1# show ip dhcp server statistics

Memory usage         23543
Address pools        1
Database agents      0
Automatic bindings   0
Manual bindings      0
```

Listing 7.3: Der Befehl »show ip dhcp server statistics« (Forts.)

Expired bindings	0
Malformed messages	0
Secure arp entries	0
Message	Received
BOOTREQUEST	0
DHCPDISCOVER	0
DHCPREQUEST	0
DHCPDECLINE	0
DHCPRELEASE	0
DHCPINFORM	0
Message	Sent
BOOTREPLY	0
DHCPOFFER	0
DHCPACK	0
DHCPNAK	0
R1#	

Beachten Sie, dass ein Pool konfiguriert wurde; allerdings wurden noch keine DHCP-Nachrichten mit Clients ausgetauscht.

Nehmen wir nun an, dass PC1 eingeschaltet und der Boot-Vorgang abgeschlossen wurden. Listing 7.4 zeigt die Ausgabe der DHCP-Überprüfung.

Listing 7.4: DHCP überprüfen

```
R1# show ip dhcp binding
```

Bindings from all pools not associated with VRF:

IP address	Client-ID/ Hardware address/ User name	Lease expiration	Type
192.168.10.10	0100.e018.5bdd.35	Oct 03 2007 05:05 PM	Automatic

```
R1# show ip dhcp server statistics
```

Memory usage	23786
Address pools	1
Database agents	0
Automatic bindings	1
Manual bindings	0
Expired bindings	0
Malformed messages	0
Secure arp entries	0

Listing 7.4: DHCP überprüfen

Message	Received
BOOTREQUEST	0
DHCPDISCOVER	6
DHCPREQUEST	1
DHCPDECLINE	0
DHCPRELEASE	0
DHCPINFORM	0
Message	Sent
BOOTREPLY	0
DHCPOFFER	1
DHCPACK	1
DHCPNAK	0
R1#	

Beachten Sie bitte, dass, wie die Bindungsangaben zeigen, die IP-Adresse 192.168.10.10 nun einer MAC-Adresse zugeordnet wurde. Zudem stellen die Statistiken die DHCPDISCOVER-, DHCPREQUEST-, DHCPOFFER- und DHCPACK-Aktivitäten dar.

Listing 7.5 zeigt die Ausgabe des Befehls `ipconfig /all` auf PC1 und bestätigt die konfigurierten TCP/IP-Parameter.

Listing 7.5: DHCP-Clientkonfiguration

```
C:\Dokumente und Einstellungen\SpanPC> ipconfig /all

Windows-IP-Konfiguration

        Hostname. . . . . . . . . . . . . : ciscolab
        Primäres DNS-Suffix . . . . . . . :
        Knotentyp . . . . . . . . . . . . : Unbekannt
        IP-Routing aktiviert. . . . . . . : Nein
        WINS-Proxy aktiviert. . . . . . . : Nein

Ethernetadapter LAN-Verbindung:

        Verbindungsspezifisches DNS-Suffix: span.com
        Beschreibung. . . . . . . . . . . : SiS 900 PCI Fast Ethernetadapter
        Physikalische Adresse . . . . . . : 00-E0-18-5B-DD-35
        DHCP aktiviert. . . . . . . . . . : Ja
        Autokonfiguration aktiviert . . . : Ja
        IP-Adresse. . . . . . . . . . . . : 192.168.10.10
        Subnetzmaske. . . . . . . . . . . : 255.255.255.0
        Standardgateway . . . . . . . . . : 192.168.10.1
        DHCP-Server . . . . . . . . . . . : 192.168.10.1
```

Listing 7.5: DHCP-Clientkonfiguration

```
        Lease erhalten. . . . . . . . . . : Dienstag, 2. Oktober 2007, 6:22

        Lease läuft ab. . . . . . . . . . : Mittwoch, 3. Oktober 2007, 13:06:22

C:\Dokumente und Einstellungen\SpanPC>
```

Weil PC1 mit dem Netzwerksegment 192.168.10.0/24 verbunden ist, erhält er automatisch eine IP-Adresse, ein DNS-Suffix und ein Default-Gateway aus diesem Pool. Eine IP-Schnittstellenkonfiguration ist nicht erforderlich. Sofern ein PC direkt mit einem Netzwerksegment verbunden ist, für das ein DHCP-Pool zur Verfügung steht, kann er eine IP-Adresse automatisch erhalten.

Wie aber bekommt PC2 eine IP-Adresse? Der Router R1 müsste dazu so konfiguriert werden, dass er einen DHCP-Pool für 192.168.11.0/24 bereitstellt (Listing 7.6).

Listing 7.6: LAN-POOL-2 konfigurieren

```
R1(config)# ip dhcp excluded-address 192.168.11.1 192.168.11.9
R1(config)# ip dhcp excluded-address 192.168.11.254
R1(config)# ip dhcp pool LAN-POOL-2
R1(dhcp-config)# network 192.168.11.0 255.255.255.0
R1(dhcp-config)# default-router 192.168.11.1
R1(dhcp-config)# domain-name span.com
R1(dhcp-config)# end
```

Wenn PC2 seinen Boot-Prozess abgeschlossen hat, erhält er eine IP-Adresse für das Netzwerksegment, mit dem er verbunden ist. Listing 7.7 zeigt die Ausgabe der DHCP-Überprüfung.

Listing 7.7: DHCP überprüfen

```
R1# show ip dhcp binding

Bindings from all pools not associated with VRF:
IP address          Client-ID/             Lease expiration          Type
                    Hardware address/
                    User name
192.168.10.10       0100.e018.5bdd.35      Oct 03 2007 06:14 PM      Automatic
192.168.11.10       0100.b0d0.d817.e6      Oct 03 2007 06:18 PM      Automatic


R1# show ip dhcp server statistics
```

Listing 7.7: DHCP überprüfen

```
Memory usage          25307
Address pools         2
Database agents       0
Automatic bindings    2
Manual bindings       0
Expired bindings      0
Malformed messages    0
Secure arp entries    0

Message               Received
BOOTREQUEST           0
DHCPDISCOVER          8
DHCPREQUEST           3
DHCPDECLINE           0
DHCPRELEASE           0
DHCPINFORM            0

Message               Sent
BOOTREPLY             0
DHCPOFFER             3
DHCPACK               3
DHCPNAK               0
R1#
```

Beachten Sie, dass nach Angaben der DHCP-Bindungen nun zwei Hosts IP-Adressen erhalten haben. Ferner spiegelt die DHCP-Statistik den Austausch von DHCP-Nachrichten wider.

Ein weiterer nützlicher Befehl zur Anzeige mehrerer Pools ist show ip dhcp pool (Listing 7.8).

Listing 7.8: Der Befehl »show ip dhcp pool«

```
R1# show ip dhcp pool

Pool LAN-POOL-1 :
 Utilization mark (high/low)    : 100 / 0
 Subnet size (first/next)       : 0 / 0
 Total addresses                : 254
 Leased addresses               : 1
 Pending event                  : none
 1 subnet is currently in the pool :
 Current index        IP address range                     Leased addresses
 192.168.10.11        192.168.10.1      - 192.168.10.254    1
```

Listing 7.8: Der Befehl »show ip dhcp pool«

```
Pool LAN-POOL-2 :
 Utilization mark (high/low)    : 100 / 0
 Subnet size (first/next)       : 0 / 0
 Total addresses                : 254
 Leased addresses               : 1
 Pending event                  : none
 1 subnet is currently in the pool :
 Current index         IP address range                        Leased addresses
 192.168.11.11         192.168.11.1    - 192.168.11.254        1
R1#
```

Dieser Befehl fasst die DHCP-Pooldaten zusammen und bestätigt, dass aus jedem Pool bereits eine Adresse vergeben wurde.

7.2.5 DHCP-Client konfigurieren

Normalerweise können kleine Breitband-Router für den Heimgebrauch (z. B. Linksys-Router) so konfiguriert werden, dass sie über DSL oder ein Kabelmodem eine Verbindung mit einem Internetprovider herstellen. In den meisten Fällen sind diese kleinen Router so eingestellt, dass sie eine IP-Adresse automatisch vom jeweiligen Internetprovider beziehen.

Abbildung 7.8 beispielsweise zeigt die WAN-Konfigurationsseite eines Linksys WRVS4400N-Routers.

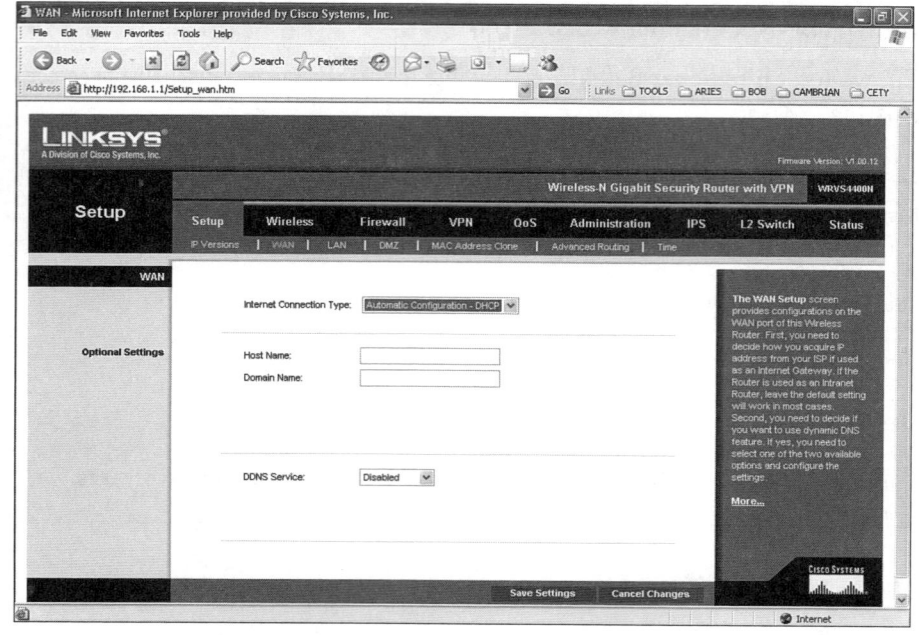

Abbildung 7.8: WAN-Konfigurationsseite eines Linksys WRVS4400N

Beachten Sie, dass als Internetverbindungstyp die Option AUTOMATIC CONFIGURATION - DHCP ausgewählt wurde. Wenn der Router also etwa an ein Kabelmodem angeschlossen wird, ist er ein DHCP-Client und fordert folglich eine IP-Adresse beim Provider an.

Manchmal müssen Cisco-Router in SOHO- und Zweigstellenumgebungen auf ähnliche Weise konfiguriert werden. Welche Methode verwendet wird, hängt vom Provider ab; die einfachste Möglichkeit jedoch ist die Verbindung mit einem Kabelmodem über die Ethernet-Schnittstelle. Um eine Ethernet-Schnittstelle als DHCP-Client zu konfigurieren, verwendet man den Befehl ip address dhcp. Betrachten Sie etwa das in Abbildung 7.9 gezeigte Netzwerk.

Wir gehen davon aus, dass der Provider (ISP) ausgewählten Kunden IP-Adressen aus dem Bereich 209.165.201.0/27 zuweist. Das SOHO wird also als DHCP-Client konfiguriert. Listing 7.9 zeigt exemplarisch eine DHCP-Clientkonfiguration und -überprüfung für den SOHO-Router.

Abbildung 7.9: Exemplarische DHCP-Clienttopologie

Listing 7.9: DHCP-Client konfigurieren

```
SOHO(config)# interface fa0/0
SOHO(config-if)# ip address dhcp
SOHO(config-if)# no shut

SOHO(config-if)#
*Oct  2 17:57:36.027: %DHCP-6-ADDRESS_ASSIGN: Interface FastEthernet0/0 assigned
 DHCP address 209.165.201.12, mask 255.255.255.224, hostname SOHO
SOHO(config-if)# end
SOHO# show ip int fa0/0

FastEthernet0/0 is up, line protocol is up
  Internet address is 209.165.201.12/27
  Broadcast address is 255.255.255.255
  Address determined by DHCP from host 209.165.201.1
  MTU is 1500 bytes
  Helper address is not set
  Directed broadcast forwarding is disabled
  Outgoing access list is not set
  Inbound access list is not set
  Proxy ARP is enabled

<Ausgabe unterdrückt>
```

Beachten Sie, dass die Schnittstelle nach der Aktivierung automatisch eine IP-Adresse vom Provider bezieht. Die Ausgabe von show ip interface bestätigt, dass der Schnittstelle FastEthernet 0/0 eine DHCP-Adresse zugewiesen wurde, die vom DHCP-Server unter 209.165.201.1 bezogen wurde.

7.2.6 DHCP-Relay

In einem komplexen hierarchischen Netzwerk eines Unternehmens sind die Server normalerweise Bestandteil einer Serverfarm. Zweck der Server ist die Bereitstellung von DHCP-, DNS-, TFTP- und FTP-Diensten für die Clients. Das Problem besteht nun darin, dass die Netzwerkclients sich normalerweise nicht im selben Subnetz wie die Server befinden. Deswegen müssen die Clients die Server finden, um die Dienste in Anspruch nehmen zu können. Der entsprechende Suchvorgang erfolgt häufig mithilfe von Broadcast-Nachrichten.

In Abbildung 7.10 beispielsweise ist der Router R1 nicht als DHCP-Server konfiguriert. Ein dedizierter DHCP-Server ist jedoch über die Adresse 192.168.11.5 erreichbar.

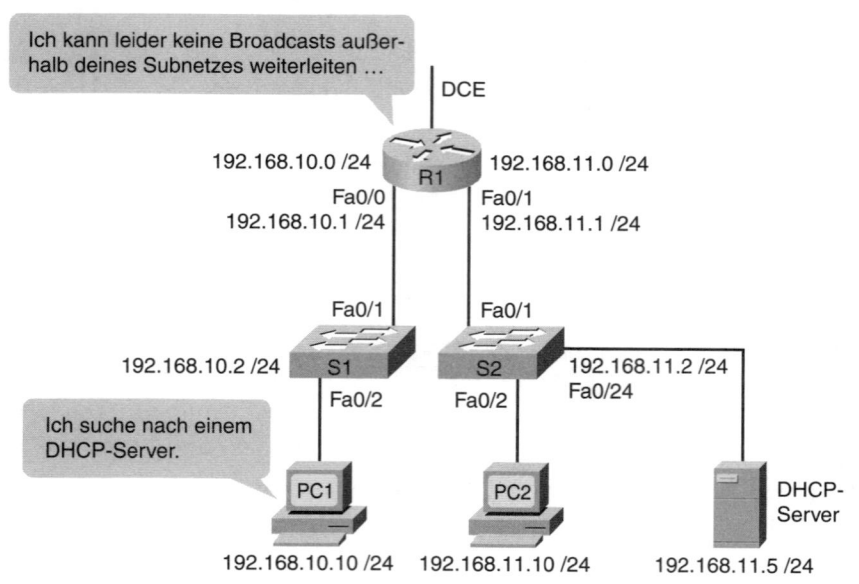

Abbildung 7.10: Beispieltopologie

Das Problem besteht darin, dass sich PC1 nicht im selben Subnetz wie der DHCP-Server befindet.

Um dies besser zu verstehen, betrachten Sie Listing 7.10.

Listing 7.10: PC1 gibt seine aktuelle IP-Adresse frei.

```
C:\Dokumente und Einstellungen\Administrator> ipconfig /release

Windows-IP-Konfiguration

Ethernetadapter LAN-Verbindung:

        Verbindungsspezifisches DNS-Suffix:
        IP-Adresse. . . . . . . . . . . : 0.0.0.0
        Subnetzmaske. . . . . . . . . . : 0.0.0.0
        Default-Gateway . . . . . . . . :

C:\Dokumente und Einstellungen\Administrator>
```

PC1 versucht, seine IP-Adresse zu erneuern. Zu diesem Zweck muss er die aktuelle IP-Adresse mithilfe des MS-DOS-Befehls `ipconfig /release` freigeben. Beachten Sie, dass die IP-Adresse nicht mehr vorhanden ist – die aktuelle Adresse lautet 0.0.0.0.

Als Nächstes wird der Befehl `ipconfig /renew` eingegeben (Listing 7.11).

Listing 7.11: PC1 erneuert seine IP-Adresse.

```
C:\Dokumente und Einstellungen\Administrator> ipconfig /renew

Windows-IP-Konfiguration

Beim Aktualisieren der Schnittstelle LAN-Verbindung ist folgender Fehler
aufgetreten: Es kann keine Verbindung mit dem DHCP-Server hergestellt werden.
Anforderung wurde wegen Zeitüberschreitung abgebrochen.

C:\Dokumente und Einstellungen\Administrator>
```

Hierdurch wird der Versand eines DHCPDISCOVER-Broadcasts vom Host ausgelöst. Allerdings kann PC1 den DHCP-Server nicht finden (siehe Hervorhebung im Listing). Ursache hierfür ist, dass sich PC1 und der DHCP-Server nicht im selben Subnetz befinden.

Was geschieht, wenn der Server und der Client durch einen Router voneinander getrennt sind? Sie wissen ja: Router leiten Broadcasts nicht weiter.

ANMERKUNG

> Bestimmte Windows-Clients verwenden die APIPA-Funktion (Automatic Private IP Addressing). Mithilfe dieser Funktion kann ein Windows-Computer sich automatisch selbst eine IP-Adresse im Bereich 169.254.*x.x* zuweisen, falls ein DHCP-Server nicht erreicht werden kann oder gar nicht im Netzwerk vorhanden ist.

Schlimmer noch: DHCP ist nicht der einzige kritische Dienst, der Broadcasts verwendet. Beispielsweise suchen Cisco-Router und andere Geräte häufig mit Broadcasts nach TFTP-Servern oder auch Authentifizierungsservern (z. B. TACACS-Servern).

Ein Administrator könnte dieses Problem lösen, indem er DHCP-Server in allen Subnetzen aufstellt. Allerdings verursacht die Ausführung dieser Dienste auf mehreren Computern sowohl Kosten als auch einen administrativen Overhead.

Eine einfachere Lösung ist die Konfiguration einer Cisco IOS-Hilfsadresse (engl. *Helper Address*) auf den zwischengeschalteten Routern und Switches. Diese Lösung ermöglicht es Routern, Broadcasts für bestimmte Protokolle an die entsprechenden Server weiterzuleiten. Wenn ein Router Anfragen nach einer Adresszuordnung und entsprechenden Parametern weiterleitet, agiert er als DHCP-Relay-Agent.

PC1 beispielsweise würde eine Anfrage als Broadcast senden, um einen DHCP-Server zu finden. Wäre der Router R1 als DHCP-Relay-Agent konfiguriert, so würde er diese Anfrage abfangen und sie an den DHCP-Server im Subnetz 192.168.11.0 weiterleiten.

Um den Router R1 als DHCP-Relay-Agent zu verwenden, müssen Sie die dem Client nächstgelegene Schnittstelle mit dem Befehl `ip helper-address` im Schnittstellenkonfigurationsmodus konfigurieren. Dieser Befehl sorgt für eine Weiterleitung von Broadcast-Anfragen für bestimmte wichtige Dienste an eine konfigurierte Adresse. Konfigurieren Sie die IP-Hilfsadresse auf der Schnittstelle, die den Broadcast empfängt. Listing 7.12 zeigt eine Beispielkonfiguration für den Router R1, um DHCP-Broadcast-Daten an den DHCP-Server weiterzuleiten.

Listing 7.12: DHCP-Relay-Agent

```
R1# config t
R1(config)# interface Fa0/0
R1(config-if)# ip helper-address 192.168.11.5
R1(config-if)# end
```

Der Router R1 ist nun als DHCP-Relay-Agent konfiguriert. Er akzeptiert Broadcast-Anfragen nach dem DHCP-Dienst und leitet diese als Unicast an die IP-Adresse 192.168.11.5 weiter.

Listing 7.13 zeigt, wie PC1 seine IP-Adresse freigibt und erneuert.

Listing 7.13: PC1 erneuert seine IP-Adresse.

```
C:\Dokumente und Einstellungen\Administrator> ipconfig /release

Windows-IP-Konfiguration

Ethernetadapter LAN-Verbindung:

        Verbindungsspezifisches DNS-Suffix:
        IP-Adresse. . . . . . . . . . . . : 0.0.0.0
        Subnetzmaske. . . . . . . . . . . : 0.0.0.0
        Default-Gateway . . . . . . . . . :

C:\Dokumente und Einstellungen\Administrator> ipconfig /renew

Windows-IP-Konfiguration

Ethernetadapter LAN-Verbindung:

        Verbindungsspezifisches DNS-Suffix:
        IP-Adresse. . . . . . . . . . . . : 192.168.10.11
        Subnetzmaske. . . . . . . . . . . : 255.255.255.0
        Default-Gateway . . . . . . . . . : 192.168.10.1

C:\Dokumente und Einstellungen\Administrator>
```

Wie Sie sehen, kann PC1 nun eine IP-Adresse beim DHCP-Server anfordern.

DHCP ist nicht der einzige Dienst, dessen Weiterleitung auf dem Router konfiguriert werden kann. Standardmäßig leitet der Befehl `ip helper-address` die folgenden acht UDP-Dienste weiter:

- Port 37: Time
- Port 49: TACACS
- Port 53: DNS
- Port 67: DHCP/BOOTP-Client
- Port 68: DHCP/BOOTP-Server
- Port 69: TFTP
- Port 137: NetBIOS Name Service
- Port 138: NetBIOS Datagram Service

Um weitere Ports festzulegen, geben Sie mit dem Befehl `ip forward-protocol` exakt an, welche Arten von Broadcast-Paketen weitergeleitet werden sollen.

7.2.7 DHCP-Server mit SDM konfigurieren

Cisco-Router können auch mit dem Cisco SDM (Cisco Router and Security Device Manager) als DHCP-Server konfiguriert werden. Betrachten Sie die Beispieltopologie in Abbildung 7.11.

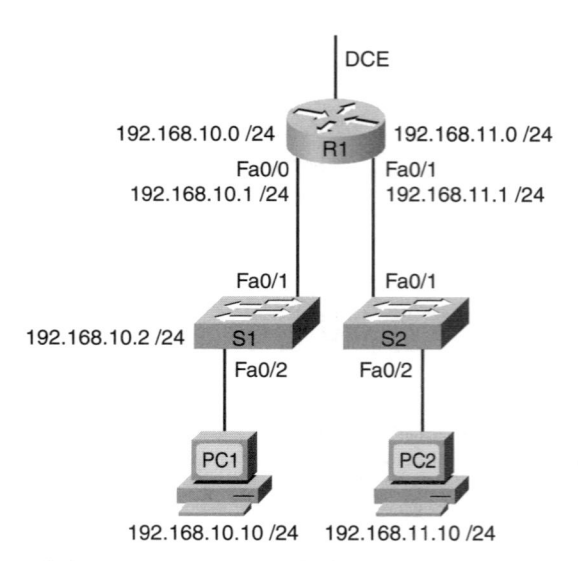

Abbildung 7.11: SDM-Beispieltopologie

In diesem Beispiel wird der Router R1 als DHCP-Server auf den Schnittstellen Fa0/0 und Fa0/1 konfiguriert.

Die DHCP-Serverfunktion wird auf der Registerkarte CONFIGURE unter ADDITIONAL TASKS aktiviert (Abbildung 7.12).

Klicken Sie in der Task-Liste auf das Ordnersymbol DHCP. Hierdurch werden die Optionen DHCP POOLS und DHCP BINDINGS eingeblendet. Wählen Sie die Optionen DHCP POOLS, um einen neuen Pool hinzuzufügen.

Das Fenster DHCP POOLS zeigt normalerweise eine Zusammenfassung der konfigurierten Pools mit ihren jeweiligen Einstellungen an; gegenwärtig sind aber noch keine Pools konfiguriert.

Klicken Sie im Fenster DHCP POOLS auf die Schaltfläche ADD, um einen neuen DHCP-Pool zu erstellen. Hierdurch öffnet sich das Fenster ADD DHCP POOL (Abbildung 7.13).

Kapitel 7 • Dienste für die IP-Adressierung **537**

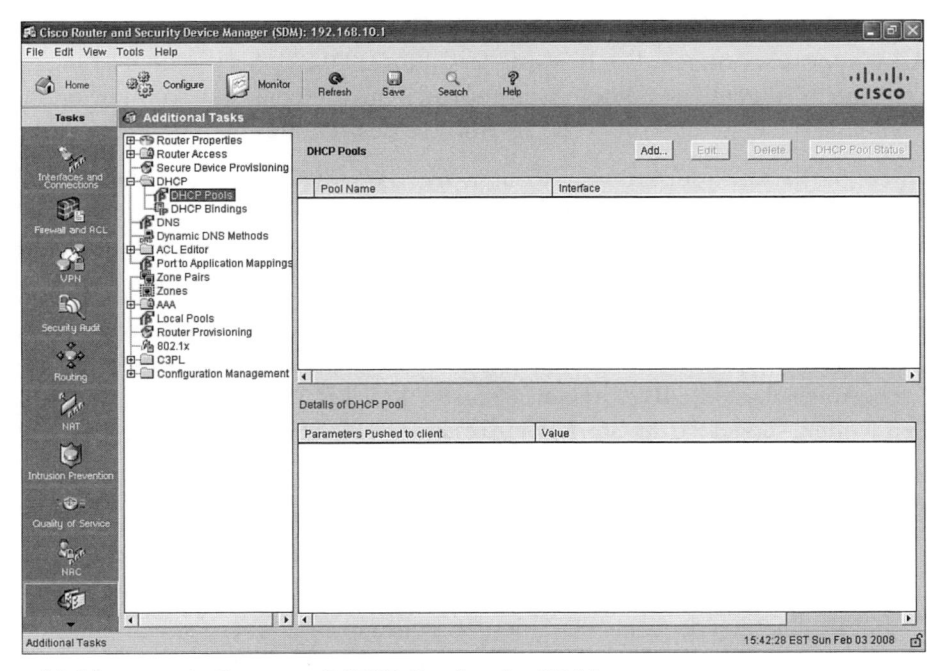

Abbildung 7.12: Fenster »DHCP Pools« des SDM

Abbildung 7.13: Fenster »Add DHCP Pool« des SDM

Dieses Fenster enthält die Optionen, die Sie zur Konfiguration des DHCP-Adresspools benötigen. Die IP-Adressen, die der DHCP-Server zuweist, werden einem allgemeinen Pool entnommen. Um diesen vorzukonfigurieren, geben Sie die erste und die letzte IP-Adresse des gewünschten Bereichs an.

Cisco SDM konfiguriert den Router so, dass die IP-Adresse der LAN-Schnittstelle automatisch aus dem Pool ausgeschlossen wird. Sie müssen darauf achten, weder die Netzwerk- oder Subnetz-IP-Adresse noch die Broadcast-Adresse des Netzwerks zum spezifizierten Bereich hinzuzufügen.

Falls Sie weitere Adressen aus diesem Bereich ausschließen müssen, tun Sie dies durch entsprechende Einstellung der Start- und der Endadresse. Wenn Sie beispielsweise die IP-Adressen 192.168.10.1 bis 192.168.10.9 ausschließen wollen, setzen Sie die Start-IP-Adresse auf 192.168.10.10. In diesem Fall beginnt der Router mit der Adresszuordnung bei 192.168.10.10.

Die weiteren verfügbaren Optionen sind die folgenden:

- DNS SERVER1/DNS SERVER2: Der DNS-Server ist ein Server, der für einen bekannten Gerätenamen die dazugehörige IP-Adresse ermittelt. Wenn Sie für Ihr Netzwerk einen DNS-Server konfiguriert haben, geben Sie hier seine IP-Adresse ein. Verfügt das Netzwerk noch über einen weiteren DNS-Server, so geben Sie dessen Adresse in das zweite Feld ein.

- WINS SERVER1/WINS SERVER2: Wie Sie bereits wissen, ist eine WINS-Konfiguration nur in Umgebungen erforderlich, in denen Clients mit Betriebssystemen vor Windows 2000 unterstützt werden sollen.

- IMPORT ALL DHCP OPTIONS INTO THE DHCP SERVER DATABASE: Ermöglicht den Import der DHCP-Optionen von einem übergeordneten Server. Diese Option wird normalerweise in Verbindung mit einem DHCP-Server im Internet genutzt. Sie gestattet es Ihnen, übergeordnete Information anzufordern, ohne diese für diesen Pool konfigurieren zu müssen.

Abbildung 7.14 zeigt das Fenster DHCP POOLS. Zwei Pools werden konfiguriert: jeweils einer für jede der Fast Ethernet-Schnittstellen auf dem Router R1.

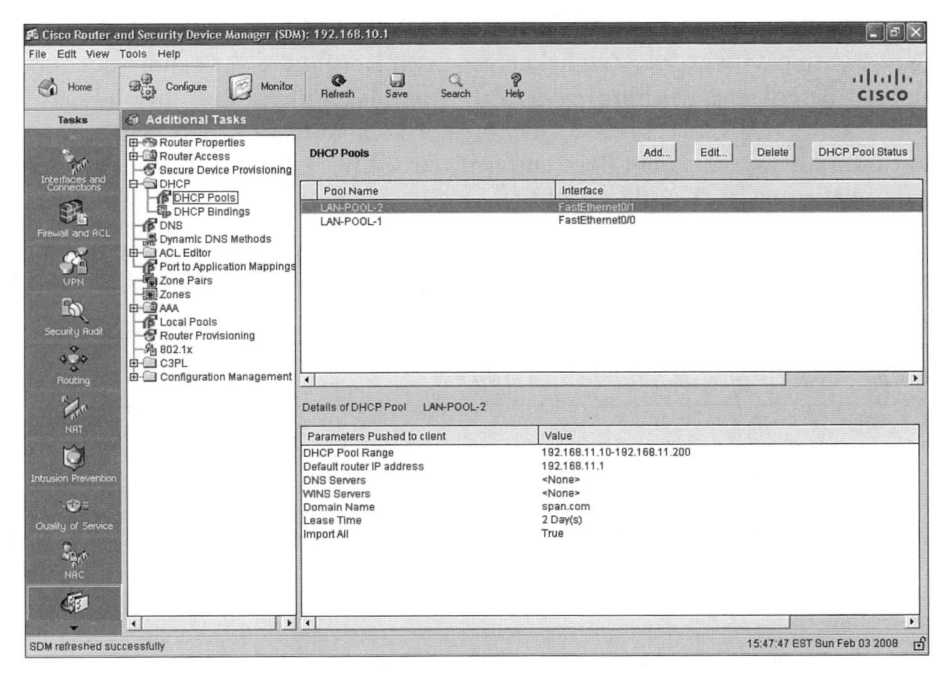

Abbildung 7.14: Fenster »DHCP Pools« mit konfigurierten Pools

7.2.8 Troubleshooting der DHCP-Konfiguration

Probleme bei DHCP können aus vielen Gründen entstehen: Softwarefehler in Betriebssystemen, beschädigte Netzwerkkartentreiber oder fehlkonfigurierte DHCP-/BOOTP-Relay-Agenten. Die meisten Probleme jedoch basieren auf Konfigurationsfehlern. Aufgrund der Vielzahl potenzieller Problembereiche ist für das Troubleshooting ein systematischer Ansatz erforderlich. Die nächsten Abschnitte behandeln einige Probleme, auf die Sie bei der Konfiguration von DHCP stoßen könnten. Diese Liste ist nicht erschöpfend, sondern soll Ihnen lediglich verdeutlichen, wie man das Troubleshooting bei DHCP angeht.

Aufgabe 1: IP-Adresskonflikte auflösen

Eine IP-Adresse kann auch auf einem Client, der mit dem Netzwerk verbunden ist, ungültig werden. Wenn der Client die Lease nicht erneuert, kann der DHCP-Server die betreffende IP-Adresse einem anderen Client zuweisen. Beim Neustart fordert der Client eine IP-Adresse an. Reagiert der DHCP-Server nicht schnell genug, dann verwendet der Client seine letzte IP-Adresse. In diesem Fall verwenden zwei Clients dieselbe IP-Adresse, wodurch ein Konflikt entsteht.

Der Befehl show ip dhcp conflict zeigt alle Adresskonflikte an, die vom DHCP-Server vermerkt wurden. Zur Erkennung von Konflikten verwendet der Server den Befehl ping. Mithilfe des ARP-Protokolls (Address Resolution Protocol) erkennt der Client andere Clients. Wird ein Adresskonflikt erkannt, so wird die Adresse aus dem Pool entfernt und nicht mehr zugewiesen, bis der Administrator den Konflikt auflöst.

Listing 7.14 zeigt die Erkennungsmethode und den Erkennungszeitpunkt aller IP-Adressen, die der DHCP-Server angeboten hat und die Konflikte mit anderen Geräten verursachen.

Listing 7.14: IP-Adresskonflikte überprüfen

```
R1# show ip dhcp conflict

IP address      Detection Method    Detection time

192.168.1.32    Ping                Dec 16 2007 12:28 PM

192.168.1.64    Gratuitous ARP      Dec 23 2007 08:12 AM
```

Aufgabe 2: Physische Konnektivität überprüfen

Zunächst kontrollieren Sie mit dem Befehl show interface *interface*, ob die Router-Schnittstelle, die als Default-Gateway für die Clients agiert, betriebsbereit ist. Hat die Schnittstelle einen anderen Status als *up*, dann leitet der Port keine Daten – also auch keine DHCP-Clientanfragen – weiter. Ist die Schnittstelle deaktiviert, so müssen Sie sie mit dem Befehl no shutdown wieder aktivieren.

Aufgabe 3: Netzwerkkonnektivität einer Clientworkstation mit einer statischen IP-Adresse testen

Wenn Sie ein DHCP-Problem beheben wollen, überprüfen Sie die Netzwerkkonnektivität, indem Sie auf einer Clientworkstation eine statische IP-Adresse konfigurieren. Ist die Workstation nicht in der Lage, mit einer statisch konfigurierten IP-Adresse Netzwerkressourcen zu erreichen, ist die eigentliche Ursache des Problems nicht DHCP. An dieser Stelle ist dann ein Troubleshooting der Netzwerkkonnektivität erforderlich.

Aufgabe 4: Switch-Portkonfiguration überprüfen (STP PortFast und andere Befehle)

Wenn der DHCP-Client beim Start keine IP-Adresse von DHCP-Server beziehen kann, versuchen Sie, das Zuweisen einer IP-Adresse durch den DHCP-Server zu erzwingen, indem Sie auf dem Client das Versenden einer DHCP-Anfrage manuell auslösen.

Befindet sich zwischen dem Client und dem DHCP-Server ein Switch, dann kontrollieren Sie, ob auf diesem STP PortFast aktiviert und Trunking/Channeling deaktiviert sind. Standardmäßig ist PortFast deaktiviert, und für Trunking/Channeling ist der Automatikmodus konfiguriert. Diese Konfigurationsänderungen lösen die meisten Probleme bei DHCP-Clients, die nach der Installation eines Catalyst-Switchs auftreten. Eine Wiederholung der relevanten Themen aus dem Kurs »CCNA Exploration: LAN-Switching und Wireless« wird Ihnen bei der Lösung solcher Probleme helfen.

Aufgabe 5: Feststellen, ob DHCP-Clients eine IP-Adresse im selben Subnetz oder VLAN wie der DHCP-Server beziehen

Es ist wichtig festzustellen, ob DHCP korrekt funktioniert, wenn sich der Client im selben Subnetz oder VLAN wie der DHCP-Server befindet. Arbeitet DHCP einwandfrei, könnte das Problem beim DHCP-/BOOTP-Relay-Agenten liegen. Wenn das Problem sich auch durch Testen von DHCP im selben Subnetz oder VLAN wie der DHCP-Server nicht beseitigen lässt, ist es unter Umständen tatsächlich durch den DHCP-Server selbst begründet. Kontrollieren Sie die DHCP-Serverkonfiguration. Werden die DHCP-Dienste durch den Router bereitgestellt, dann überprüfen Sie die dortige DHCP-Konfiguration.

DHCP-/BOOTP-Relay-Konfiguration auf dem Router kontrollieren

Befindet sich der DHCP-Server in einem anderen LAN als der Client, muss die Router-Schnittstelle, mit der der Client verbunden ist, so konfiguriert werden, dass DHCP-Anfragen weitergeleitet werden. Zu diesem Zweck konfigurieren Sie die IP-Hilfsadresse. Ist diese Adresse nicht korrekt konfiguriert, so werden DHCP-Anfragen des Clients nicht an den DHCP-Server weitergeleitet.

Gehen Sie wie folgt vor, um die Router-Konfiguration zu überprüfen:

1. Kontrollieren Sie, ob der Befehl `ip helper-address` für die korrekte Schnittstelle konfiguriert wurde. Er muss für die eingehende Schnittstelle des LAN festgelegt sein, in dem sich die DHCP-Clientworkstations befinden, und an den korrekten DHCP-Server gerichtet sein. Die folgende Ausgabe des Befehls `show running-config` prüft, ob die IP-Adresse für das DHCP-Relaying die DHCP-Serveradresse unter 192.168.11.5 referenziert:

```
R1# show running-config

<Ausgabe unterdrückt>
!
interface FastEthernet0/0
 ip address 192.168.10.1 255.255.255.0
```

```
ip helper-address 192.168.11.5
duplex auto
speed auto
!
<Ausgabe unterdrückt>
```

2. Vergewissern Sie sich, dass der Befehl no service dhcp im globalen Konfigurationsmodus nicht eingegeben wurde. Dieser Befehl deaktiviert die gesamte DHCP-Server- und Relay-Funktionalität auf dem Router. Der Befehl service dhcp erscheint nicht in der Konfiguration, da er standardmßig konfiguriert wird.

Mit Debug-Befehlen kontrollieren, ob der Router DHCP-Anfragen empfängt

Der DHCP-Prozess schlägt fehl, wenn der Router keine DHCP-Anfragen vom Client empfängt. Kontrollieren Sie zum Zweck des Troubleshootings mit dem Befehl debug ip packet detail, ob der Router die DHCP-Anfrage des Clients erhält.

Dieser Debug-Befehl zeigt alle IP-Datentypen an. Um den Bereich der gemeldeten Ausgabe einzugrenzen, kann der Debug-Befehl in Verbindung mit einer ACL verwendet werden. Bei Verwendung einer solchen ACL ist der Debug-Befehl eine wesentlich geringere Belastung für den Router.

Listing 7.15 zeigt die Befehle, mit denen überprüft wird, ob der DHCP-Server Nachrichten vom DHCP-Client empfängt.

Listing 7.15: DHCP debuggen

```
R1# access-list 100 permit ip host 0.0.0.0 host 255.255.255.255
R1# debug ip packet detail 100

IP packet debugging is on (detailed) for access list 100
R1#
00:16:46: IP: s=0.0.0.0 (Ethernet0/0), d=255.255.255.255, len 604, rcvd 2
00:16:46: UDP src=68, dst=67
00:16:46: IP: s=0.0.0.0 (Ethernet0/0), d=255.255.255.255, len 604, rcvd 2
00:16:46: UDP src=68, dst=67
```

Der Ausgabe ist zu entnehmen, dass der Router die DHCP-Anfragen vom Client erhält.

Die Absender-IP-Adresse lautet 0.0.0.0, weil der Client noch nicht über eine IP-Adresse verfügt, die Zieladresse lautet 255.255.255.255, weil die DHCP-DISCOVERY-Nachricht vom Client als Broadcast versendet wird. DHCP verwendet UDP und die Absender- und Zielports 68 (BOOTP-Client) bzw. 67 (BOOTP-Server).

Die Ausgabe zeigt nur eine Zusammenfassung zu dem Paket, nicht aber das Paket selbst. Deswegen ist es nicht möglich festzustellen, ob das Paket korrekt ist. Ungeachtet dessen hat der Router ein PortFast-Paket mit Absender- und Zielangaben (IP-Adresse, UTP-Ports) erhalten, die für DHCP korrekt sind.

Mit dem Befehl »debug ip dhcp server« kontrollieren, ob der Router DHCP-Anfragen empfängt und weiterleitet

Ein weiterer nützlicher Befehl für das Troubleshooting von DHCP heißt `debug ip dhcp server`. Dieser Befehl meldet Serverereignisse, zum Beispiel Adresszuweisungen und Datenbankaktualisierungen. Außerdem gestattet er die Decodierung von DHCP-Sende- und -Empfangsvorgängen.

DHCP mit Easy IP konfigurieren

DHCP weist IP-Adressen und andere wichtige Netzwerkkonfigurationsdaten dynamisch zu. Cisco-Router können eine Funktionalität namens Easy IP verwenden, die einen optionalen, voll ausgestatteten DHCP-Server bietet. Easy IP weist Konfigurationen mit einer Gültigkeitsdauer von standardmäßig 24 Stunden zu. In dieser Aktivität konfigurieren Sie DHCP-Dienste auf zwei Routern und testen deren Konfiguration. Zur Durchführung der Aktivität verwenden Sie Packet Tracer und die Datei *e4-718.pka* auf der Begleit-CD-ROM zu diesem Buch.

7.3 Netzwerke mit NAT skalieren

Alle öffentlichen Internetadressen müssen bei einer RIR (Regional Internet Registry, regionale Internetregistrierungsstelle) registriert sein. Organisationen können öffentliche Adressen bei einem Internetprovider leasen. Nur der registrierte Eigentümer einer Internetadresse darf diese Adresse einem Netzwerkgerät zuweisen.

Weltweit gibt es gegenwärtig fünf RIRs:

- ARIN (American Registry for Internet Numbers).
- RIPE NCC (Réseaux IP Européens Network Coordination Centre)
- APNIC (Asia Pacific Network Information Centre).
- LACNIC (Latin America and Caribbean Internet Addresses Registry)
- AfriNIC

Abbildung 7.15 zeigt die Zuständigkeitsbereiche dieser RIRs.

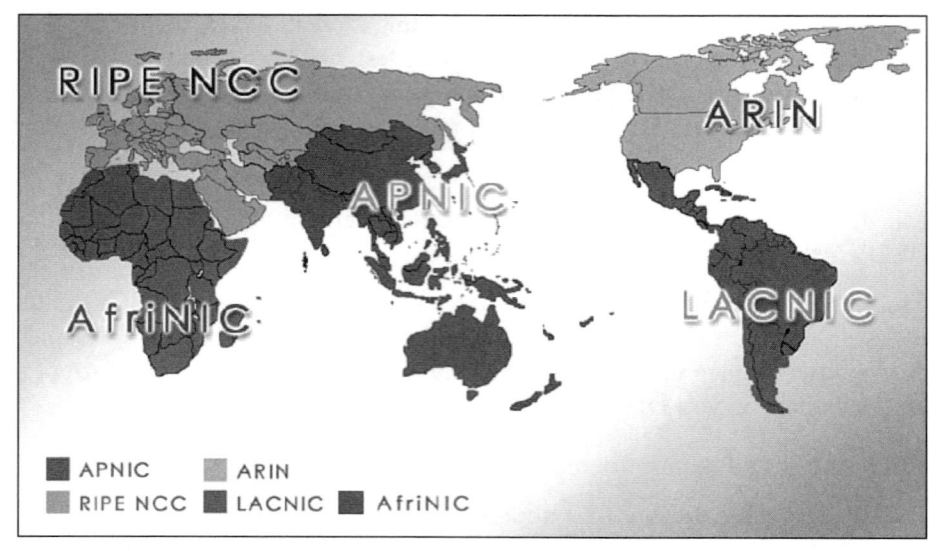

Abbildung 7.15: RIRs

Vielleicht haben Sie bereits festgestellt, dass für die meisten Beispiele in diesem Kurs private IP-Adressen verwendet werden. Wie Sie vielleicht noch wissen, handelt es sich dabei um private Adressen entsprechend der Definition in RFC 1918 (»Address Allocation for Private Internets«). Diese Adressen werden den drei in Tabelle 7.4 gezeigten Blöcken entnommen.

Tabelle 7.4: Private Adressen nach RFC 1918

Klasse	Privater Adressraum nach RFC 1918	CIDR-Präfix
A	10.0.0.0 bis 10.255.255.255	10.0.0.0/8
B	172.16.0.0 bis 172.31.255.255	172.16.0.0/12
C	192.168.0.0 bis 192.168.255.255	192.168.0.0/16

Diese Adressen sind für den privaten, netzwerkinternen Einsatz reserviert. Pakete, die diese Adressen enthalten, werden nicht über das Internet geroutet, weswegen diese Adressen auch *nichtroutbare Adressen* heißen.

Anders als bei öffentlichen IP-Adressen handelt es sich bei privaten Adressen um einen reservierten Block, den jeder nutzen kann. Das bedeutet, dass dieselben privaten Adressen auch in zwei Netzwerken (oder womöglich in zwei Millionen Netzwerken) benutzt werden können. Um die öffentliche Internetadressstruktur zu schützen, konfigurieren die Internetprovider ihre Border-Router so, dass eine Weiterleitung von Daten mit privaten Adressen über das Internet unterbunden wird.

Da der Adressraum bei den privaten Adressen größer ist als die Anzahl der Adressen, die eine Organisation bei einer RIR ordern könnte, bietet die private Adressierung für Unternehmen eine beträchtliche Flexibilität beim Netzdesign. Sie gestattet nicht nur die Entwicklung von aus betrieblicher und administrativer Hinsicht bequemen Adressierungsschemata, sondern unterstützt auch ein größeres Wachstum.

Allerdings dürfen Sie private Adressen nicht über das Internet routen: Es gibt leider nicht genügend öffentliche Adressen, als dass eine Organisation ausnahmslos jedem ihrer Hosts eine solche Adresse zuweisen könnte. Aus diesem Grund benötigen Netzwerke an ihrem Rand einen Mechanismus, der private in öffentliche Adressen und umgekehrt übersetzt. Ohne ein Übersetzungssystem können private Hosts hinter einem Router im Netzwerk einer Organisation über das Internet keine Verbindung mit Hosts hinter einem Router einer anderen Organisation herstellen.

Die Netzwerkadressübersetzung (Network Address Translation, NAT) stellt diesen Mechanismus bereit. Vor der Einführung von NAT konnte ein Host mit einer privaten Adresse nicht auf das Internet zugreifen. Heute jedoch können Unternehmen einigen oder allen ihren Hosts private Adressen zuweisen und den Internetzugang dann über NAT realisieren.

> **ANMERKUNG**
>
> Eine ausführlichere Beschreibung der Entwicklung des RIR-Systems finden Sie im Cisco Internet Protocol Journal-Artikel unter folgender Webadresse:
> *http://www.cisco.com/web/about/ac123/ac147/archived_issues/ipj_4-4/regional_internet_registries.html.*

7.3.1 Was ist NAT?

Die Funktion von NAT ähnelt der einer Sekretärin in der Telefonzentrale eines Unternehmens. Nehmen wir an, Sie bitten diese Dame, Anrufe nur dann an Sie weiterzuleiten, wenn sie dazu von Ihnen aufgefordert wird. Später rufen Sie einen potenziellen Kunden an und hinterlassen diesem eine Nachricht mit der Bitte, Sie zurückzurufen. Sie sagen der Frau in der Telefonzentrale, dass Sie einen Anruf dieses Kunden erwarten, und bitten sie, ihn gegebenenfalls durchzustellen.

Der Kunde wählt dann die normale Rufnummer Ihres Unternehmens, denn dies ist die einzige Nummer, die er kennt. Wenn er der Sekretärin sagt, dass er mit Ihnen sprechen möchte, schlägt diese in einer Tabelle nach, welche Durchwahl Ihrem Namen zugeordnet ist. Die Sekretärin weiß, dass Sie diesen Anruf erwarten, und leitet ihn deswegen an ihre Durchwahl weiter.

Während also private Adressen nur Geräten innerhalb des Netzwerks zugewiesen werden, nutzen NAT-fähige Router eine oder mehrere gültige Internet-IP-Adressen außerhalb des Netzwerks. Wenn der Client Pakete aus dem Netzwerk sendet, übersetzt NAT die interne IP-Adresse des Clients in eine externe Adresse. Für externe Benutzer stammen alle Daten, die aus dem Netzwerk kommen oder an dieses gesendet werden, von derselben IP-Adresse oder -Adressgruppe.

Für NAT gibt es viele Einsatzmöglichkeiten, doch besteht der wesentliche Zweck darin, IP-Adressen einzusparen, indem Netzwerken der umfassende Einsatz privater Adressen ermöglicht wird. NAT übersetzt nichtroutbare, private interne Adressen in routbare öffentliche Adressen. Ein weiterer Vorteil von NAT ist die Verbesserung von Datenschutz und Sicherheit in einem Netzwerk, da die internen IP-Adressen vor externen Netzwerken verborgen werden.

Ein NAT-fähiges Gerät agiert normalerweise am Rand eines Stub-Netzwerks. In Abbildung 7.16 ist R2 der Border-Router.

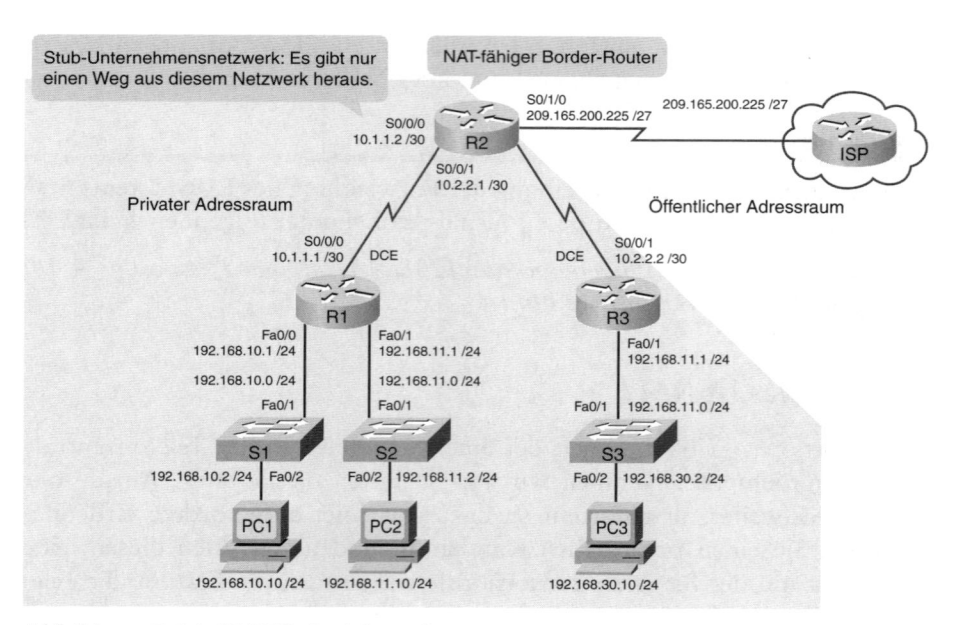

Abbildung 7.16: NAT-Beispieltopologie

Aus der Perspektive von Router ISP ist R2 ein Stub-Netzwerk. Ein Stub-Netzwerk verfügt über genau eine Verbindung zum benachbarten Netzwerk.

Wenn ein Host in einem Stub-Netzwerk – etwa PC1, PC2 oder PC3 – Daten an einen Host außerhalb des Netzwerks senden möchte, werden diese Daten an R2 weitergeleitet, denn dies ist der Border-Gateway-Router. R2 führt den

NAT-Prozess aus, das heißt, er übersetzt die interne private Adresse des Hosts in eine öffentliche routbare Adresse für externe Netzwerke.

In der NAT-Terminologie ist das *interne* Netzwerk eine Gruppe von Netzwerken, deren Adressen übersetzt werden. Alle anderen Adressen gehören zum *externen* Netzwerk. IP-Adressen haben je nachdem, ob sie sich im privaten Netzwerk oder einem öffentlichen Netzwerk (Internet) befinden und die Daten eingehend oder ausgehend sind, unterschiedliche Bezeichnungen.

Abbildung 7.17 zeigt, wie die Schnittstellen bei der Konfiguration von NAT bezeichnet werden.

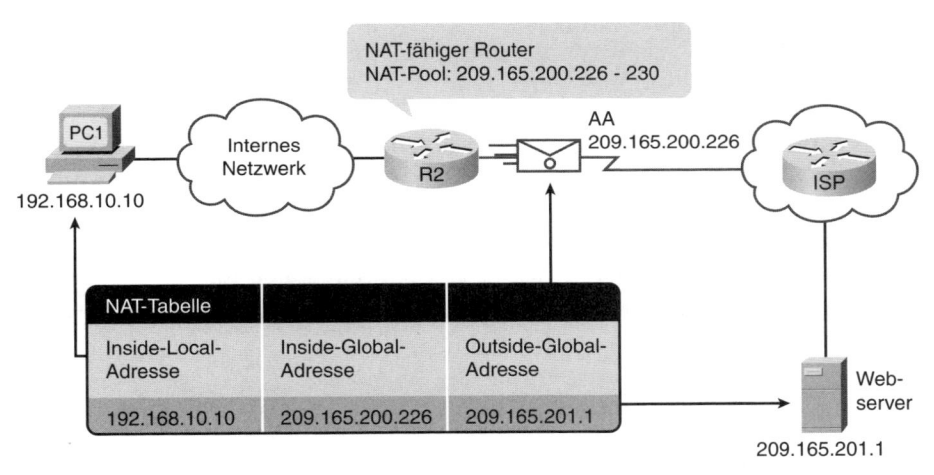

Abbildung 7.17: NAT-Terminologie

Nehmen wir an, Router R2 wäre für die Aktivierung von NAT-Funktionen konfiguriert worden. Er verfügt über einen Pool öffentlich zugänglicher Adressen, die er internen Hosts nach Bedarf zuweisen kann. In diesem Abschnitt verwenden Sie die folgenden Termini zur Beschreibung von NAT-Funktionen:

- **Inside-Local-Adresse.** Dies ist keine IP-Adresse, die von einer RIR oder einem Provider zugewiesen wird, sondern eine private Adresse nach RFC 1918. In der Abbildung ist die Adresse 192.168.10.10, die dem Host PC1 im internen Netzwerk zugewiesen ist, eine solche Inside-Local-Adresse.

- **Inside-Global-Adresse.** Dies ist eine gültige öffentliche Adresse, die der interne Host erhält, wenn er den NAT-Router passiert. Wenn Daten von PC1 an den Webserver unter 209.165.201.1 gesendet werden, muss der Router R2 die Adresse übersetzen. In diesem Fall wird die IP-Adresse 209.165.200.226 als Inside-Global-Adresse von PC1 verwendet.

- **Outside-Global-Adresse.** Eine erreichbare IP-Adresse, die einem Host im Internet zugewiesen wird. Der Webserver beispielsweise kann unter der IP-Adresse 209.165.201.1 erreicht werden.

- **Outside-Local-Adresse.** Die lokale IP-Adresse, die einem Host im externen Netzwerk zugewiesen wird. In den meisten Fällen ist diese Adresse identisch mit der Outside-Global-Adresse dieses externen Geräts.

> **ANMERKUNG**
>
> In diesem Kapitel behandeln wir die Inside-Local-, die Inside-Global- und die Outside-Global-Adressen. Die Verwendung der Outside-Local-Adresse ist nicht Gegenstand dieses Buches.

Die »Innenseite« einer NAT-Konfiguration ist nicht synonym mit privaten Adressen, wie sie in RFC 1918 definiert sind. Was wir hier als »nichtroutbare« Adressen bezeichnen, kann in bestimmten Fällen durchaus routbar sein. Ein Administrator kann jeden Router so konfigurieren, dass Daten durch private Subnetze übertragen werden. Falls Sie allerdings versuchen, ein Paket mit einer privaten Adresse an den Provider zu schicken, wird dieser das Paket verwerfen. »Nichtroutbar« bedeutet lediglich, dass solche Pakete im Internet nicht geroutet werden können.

Wie funktioniert NAT?

Der Benutzer von PC1 in Abbildung 7.18 möchte eine Webseite von einem Webserver herunterladen. PC1 ist ein interner Host mit der IP-Adresse 192.168.10.10, während der externe Webserver die Adresse 209.165.200.1 hat.

Die folgenden Schritte veranschaulichen den NAT-Prozess:

1. PC1 sendet ein Paket, das in das Internet gerichtet ist, an sein Default-Gateway R1.

2. Der Router R1 leitet das Paket entsprechend den Angaben in seiner Routing-Tabelle an R2 weiter.

3. Der Router R2 schlägt nun in seiner Routing-Tabelle nach und ermittelt, dass der nächste Hop der Router des Providers ist. Danach kontrolliert er, ob das Paket den für die Übersetzung festgelegten Kriterien entspricht. R2 nutzt eine ACL, die das interne Netzwerk als gültigen Host für die Übersetzung identifiziert. Folglich wird eine Inside-Local-Adresse in eine Inside-Global-Adresse übersetzt – in diesem Fall 209.165.200.226. Diese Zuordnung der lokalen zur globalen Adresse wird in der NAT-Tabelle gespeichert.

4. R2 sendet das Paket an den ISP-Router.
5. Das Paket erreicht endlich sein endgültiges Ziel.

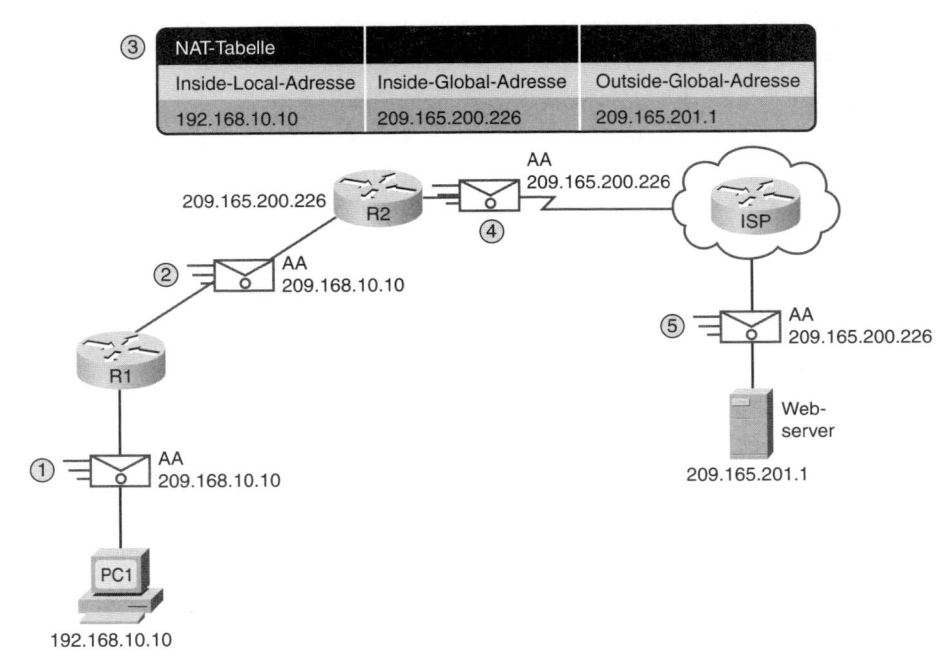

Abbildung 7.18: NAT-Topologie

Wenn der Webserver auf die per NAT zugewiesene IP-Adresse 209.165.200.226 antwortet, landet das Paket am Ende bei Router R2.

R2 entnimmt seiner NAT-Tabelle, dass es sich hierbei um eine zuvor übersetzte IP-Adresse handelt. Daraufhin übersetzt der Router die Inside-Global-Adresse 209.165.200.226 in die Inside-Local-Adresse 192.168.10.10, und das Paket wird an PC1 weitergeleitet. Wird keine Zuordnung gefunden, wird das Paket verworfen.

Dynamisches und statisches Mapping

Es werden zwei Arten der NAT-Übersetzung unterschieden:

- **Dynamisches NAT.** Hierbei kommt ein Pool mit öffentlichen Adressen zum Einsatz, die den Hosts in der Reihenfolge ihrer Anfragen zugewiesen werden. Wenn ein Host mit einer privaten IP-Adresse Zugriff auf das Internet anfordert, wählt dynamisches NAT eine IP-Adresse aus dem Pool aus, die noch von keinem anderen Host verwendet wird. Dies entspricht der Zuordnung, wie wir sie bislang beschrieben haben.

- **Statisches NAT.** Hierbei erfolgt eine 1:1-Zuordnung lokaler und globaler Adressen, die auch nicht geändert wird. Statisches NAT ist besonders nützlich für Webserver oder Host, die eine feste Adresse benötigen, auf die aus dem Internet zugegriffen werden können muss. Bei solchen internen Hosts kann es sich um Server oder Netzwerkgeräte handeln.

Sowohl statisches als auch dynamisches NAT verlangen, dass eine ausreichende Anzahl öffentlicher Adressen vorhanden ist, um die Gesamtzahl gleichzeitiger Benutzersitzungen bedienen zu können.

> **ANMERKUNG**
>
> Eine weitere Beschreibung der Funktionsweise der dynamischen NAT finden Sie unter *http://www.cisco.com/warp/public/556/nat.swf*.

NAT-Overloading

Das NAT-Overloading (das manchmal auch als *Port Address Translation*, kurz PAT, bezeichnet wird), ordnet mehrere private IP-Adressen einer einzelnen oder einigen wenigen öffentlichen IP-Adressen zu. Dies ist genau das, was die meisten Heim-Router machen. Ihr Provider weist Ihrem Router eine Adresse zu, doch können mehrere Mitglieder Ihrer Familie gleichzeitig im Internet surfen.

Beim NAT-Overloading können mehrere Adressen einer oder ein paar wenigen Adressen zugeordnet werden, da jeder privaten Adresse auch eine Portnummer zugeordnet wird. Wenn ein Client eine TCP/IP-Sitzung öffnet, ordnet der NAT-Router der Absenderadresse eine Portnummer zu. Das NAT-Overloading stellt sicher, dass Clients für jede Clientsitzung mit einem Server im Internet eine andere TCP-Portnummer verwenden. Kommt vom Server eine Antwort zurück, dann bestimmt die Absenderportnummer, die auf dem Rückweg zur Zielportnummer wird, an welchen Client der Router das Paket weiterleitet. Außerdem wird überprüft, ob die eingehenden Pakete überhaupt angefordert worden waren, was die Sicherheit der Sitzung erhöht.

Abbildung 7.19 und die nachfolgend beschriebenen Schritte veranschaulichen die beim NAT-Overloading stattfindenden Vorgänge:

1. PC1 und PC2 senden Pakete, die an das Internet gerichtet sind.
2. Die an den NAT-Overloading-Router R2 gesendeten Pakete enthalten die Absenderadresse und ihre dynamische Absenderportnummer. Das NAT-Overloading verwendet eindeutige Absenderportnummern für die Inside-Local-Adresse, um zwischen Übersetzungen unterscheiden zu können.

3. Wenn die Pakete bei R2 ankommen, stellt das NAT-Overloading die Absenderadresse auf die Inside-Global-Adresse um und merkt sich die zugewiesenen Portnummern (in diesem Fall 1555 und 1331), um den Client zu kennzeichnen, von dem das Paket stammte. Diese Angaben fügt R2 zu seiner NAT-Tabelle hinzu. Beachten Sie die zugewiesenen Ports.
4. Die Pakete setzen ihre Reise zum Empfänger fort.

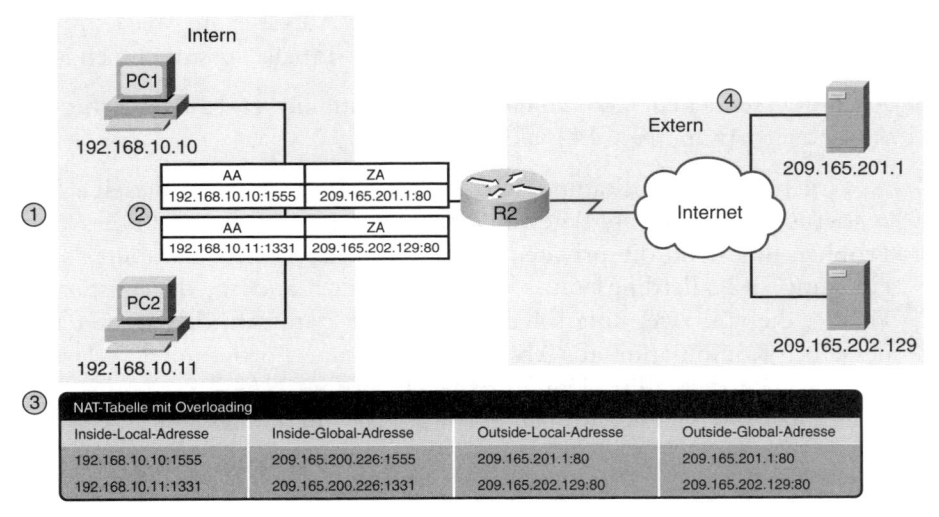

Abbildung 7.19: NAT-Overloading

Wenn der Webserver antwortet, wird derselbe Weg genommen, jedoch in umgekehrter Richtung.

Portnummern werden mit 16 Bits codiert. Daraus ergibt sich eine theoretische Gesamtzahl übersetzbarer interner Adressen in Höhe von 65.536 je öffentlicher IP-Adresse. Realistisch betrachtet können jedoch etwa nur 4000 interne Adressen mit einer einzelnen IP-Adresse benutzt werden.

In Abbildung 7.19 ändern sich die Absenderportnummern (1331 und 1555) der Clients am Border-Gateway nicht. So etwas ist allerdings nicht besonders wahrscheinlich, weil es durchaus möglich ist, dass diese Nummern bereits anderen laufenden Sitzungen zugeschlagen wurden.

Es soll an dieser Stelle betont werden, dass das NAT-Overloading versucht, den Originalport beizubehalten; ist dieser jedoch bereits belegt, dann weist das NAT-Overloading die erste Portnummer zu, die in der jeweiligen Portgruppe (0 bis 511, 512 bis 1023 oder 1024 bis 65.535) verfügbar ist. Stehen keine weiteren Ports zur Verfügung und sind mehrere externe IP-Adressen konfiguriert, wechselt das NAT-Overloading zur nächsten IP-Adresse und versucht dort, wieder den ursprünglichen Absenderport zu reservieren. Dieser Prozess kann fortgesetzt werden, bis keine freien Ports und externen IP-Adressen mehr für das NAT-Overloading zur Verfügung stehen.

Abbildung 7.20 und die nachfolgend beschriebenen Schritte veranschaulichen die beim NAT-Overloading stattfindenden Prozesse, wenn derselbe Absenderport verwendet wird:

1. PC1 sendet ein Paket mit der Absenderportnummer 1444 in das Internet.
2. Der NAT-Overload-Router R2 übersetzt die Adresse und weist ihr die Absenderportnummer 1444 zu, wie der NAT-Tabelle zu entnehmen ist.
3. Auch PC2 sendet ein Paket in das Internet. Zufällig wird auch hierfür die Absenderportnummer 1444 verwendet.
4. Aus irgendeinem unbekannten Grund haben PC1 und PC2 dieselbe Absenderportnummer (1444) gewählt. Bei internen Adressen stellt dies kein Problem dar, denn die privaten IP-Adressen der beiden Computer sind eindeutig. R2 allerdings muss die Portnummer ändern, da sonst zwei Pakete, die von zwei unterschiedlichen Host stammen, den Router mit derselben Kombination aus Absenderadresse und Portnummer verlassen würden. Um dieses Problem zu beheben, ordnet NAT-Overloading die zweite Adresse der ersten freien Portnummer – in diesem Fall 1445 – zu.

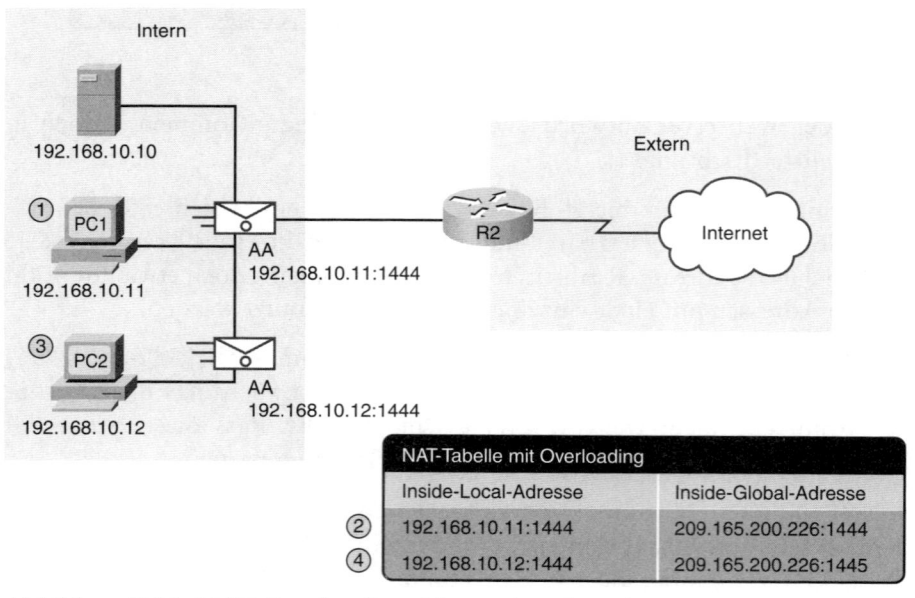

Abbildung 7.20: NAT-Overloading: Identische Absenderports

Unterschiede zwischen NAT und NAT-Overloading

Eine Zusammenfassung der Unterschiede zwischen NAT und NAT-Overloading wird Ihnen das Verständnis erleichtern. NAT übersetzt IP-Adressen nur in einer 1:1-Konstellation zwischen öffentlich zugänglichen und privat verwendeten IP-Adressen. Das NAT-Overloading hingegen ändert sowohl die private IP-Adresse als auch die Portnummer des Absenders. Es wählt die Portnummern aus, wie sie dann den Hosts im Internet erscheinen.

NAT routet eingehende Pakete an ihren netzwerkinternen Empfänger, indem die Absender-IP-Adresse ausgewertet wird, die der Host im öffentlichen Netzwerk angegeben hat. Das NAT-Overloading arbeitet im Allgemeinen nur mit einer oder einigen wenigen öffentlichen IP-Adressen. Eingehende Pakete aus dem öffentlichen Netzwerk werden an ihre Empfänger im privaten Netzwerk weitergeleitet, indem eine Tabelle abgefragt wird, in der die öffentlichen und privaten Ports einander zugeordnet sind. Diese Vorgehensweise wird als dynamische Zuordnung bezeichnet.

7.3.2 Vor- und Nachteile der Verwendung von NAT

NAT bietet eine Vielzahl an Vorzügen. Es sind allerdings auch einige Nachteile zu beachten, darunter etwa die fehlende Unterstützung einiger Datentypen.

Die Vorteile von NAT sind die folgenden:

- **NAT spart registrierte Adressen aus dem regulären Adressraum ein, indem es eine »Privatisierung« von Intranets ermöglicht.** Mithilfe eines Multiplexings auf Portebene ermöglicht NAT das Einsparen von Adressen. Beim NAT-Overloading teilen sich interne Hosts eine einzelne öffentliche IP-Adresse für die gesamte externe Kommunikation. Bei dieser Form der Konfiguration werden nur sehr wenige externe Adressen benötigt, um viele interne Hosts zu unterstützen.

- **NAT erhöht die Flexibilität der Verbindungen mit dem öffentlichen Netzwerk.** Es lassen sich mehrere Pools, Reservepools und Pools für den Lastausgleich betreiben, um zuverlässige Verbindungen zum öffentlichen Netzwerk zu ermöglichen.

- **NAT ermöglicht ein konsistentes Adressierungsschema für das interne Netzwerk.** In einem Netzwerk ohne private IP-Adressen und NAT macht ein Wechsel öffentlicher IP-Adressen eine Neuzuordnung für alle Hosts im vorhandenen Netzwerk erforderlich. Die Kosten für diese Neuzuordnung können erheblich sein. NAT gestattet die Beibehaltung des vorhandenen Schemas, während es gleichzeitig Änderungen beim öffentlichen Adressierungsschema erlaubt. Das bedeutet etwa, dass ein Unternehmen bei einem Wechsel des Internetproviders keine Änderungen an den internen Clients vornehmen muss.

- **NAT bietet Sicherheit im Netzwerk.** Da private Netzwerke weder ihre Adressen noch ihre interne Topologie bekannt geben, sind sie einigermaßen sicher, wenn der Zugang zum Internet mit NAT gesteuert wird. Allerdings ersetzt NAT keine Firewall.

NAT hat aber auch einige Nachteile. Die Tatsache, dass Hosts im Internet scheinbar direkt mit dem NAT-Gerät und nicht mit dem Zielhost im privaten Netzwerk kommunizieren, wirft eine Reihe von Fragen auf. In der Theorie können Sie mit einer einzigen global eindeutigen IP-Adresse sehr viele Hosts mit privaten Adressen repräsentieren. Während dies aus sicherheitstechnischer Sicht gewisse Vorteile bringt, kann es sich in der Praxis auch nachteilig auswirken.

Die Nachteile von NAT sind die folgenden:

- **Es kommt zu Leistungseinbußen.** NAT erhöht die Switching-Latenzen, da für die Übersetzung der einzelnen IP-Adressen im Paket-Header Zeit benötigt wird. Das erste Paket ist prozessvermittelt, das heißt, es nimmt grundsätzlich den langsameren Pfad. Der Router muss jedes Paket überprüfen, um zu entscheiden, ob es übersetzt werden muss. Er muss den IP-Header und gegebenenfalls auch den TCP- oder UDP-Header modifizieren. Die übrigen Pakete nehmen den schnelleren Pfad, sofern ein Cache-Eintrag vorhanden ist; andernfalls werden auch sie verzögert.

- **Die Ende-zu-Ende-Funktionalität verschlechtert sich.** Viele Internetprotokolle und Anwendungen sind auf eine Ende-zu-Ende-Funktionalität angewiesen, bei der die Pakete in unveränderter Form vom Absender zum Empfänger übertragen werden. Da NAT die Ende-zu-Ende-Adressen ändert, funktionieren einige Anwendungen, die die IP-Adressierung verwenden, nicht mehr. Einige Anwendungen zur Verbesserung der Sicherheit – etwa digitale Signaturen – schlagen fehl, weil sich die Absender-IP-Adresse ändert. Anwendungen, die physische Adressen anstelle eines qualifizierten Domänennamens benutzen, können Ziele über einen NAT-Router nicht kontaktieren. Manchmal lässt sich dieses Problem vermeiden, indem man statische NAT-Zuordnungen implementiert.

- **Die Möglichkeit der Ende-zu-Ende-Nachverfolgung geht verloren.** Es wird wesentlich schwieriger, Pakete nachzuverfolgen, die mehrere NAT-Hops passieren und dabei jedesmal die Paketadresse ändern. Dies erschwert das Troubleshooting erheblich. Auf der anderen Seite werden jedoch Hacker, die den Absender eines Pakets ermitteln wollen, Schwierigkeiten haben, die ursprüngliche Absender- oder Zieladresse festzustellen.

- **Das Tunneling ist kompliziert.** Die Verwendung von NAT macht auch die Handhabung von Tunneling-Protokollen wie IPSec komplizierter, weil NAT Werte in den Headern verändert, die von IPSec und anderen Tunneling-Protokollen auf ihre Integrität hin geprüft werden.
- **Dienste, die den Aufbau von TCP-Verbindungen aus dem externen Netzwerk heraus benötigen, und auch zustandslose Protokolle wie jene, die UDP verwenden, können nicht eingesetzt werden.** Sofern der NAT-Router solche Protokolle nicht gezielt unterstützt, erreichen eingehende Pakete ihren Empfänger nicht. Einige Protokolle unterstützen das Vorhandensein einer NAT-Instanz zwischen den beteiligten Hosts (z. B. FTP im passiven Modus), versagen aber, wenn beide Systeme via NAT vom Internet getrennt sind.

> **ANMERKUNG**
>
> IPv6 behebt die meisten dieser Nachteile von NAT.

7.3.3 Statische NAT konfigurieren

Wie Sie bereits wissen, handelt es sich bei statischer NAT um ein 1:1-Zuordnung zwischen einer Inside- und einer Outside-Adresse. Die statische NAT ermöglicht Verbindungen zwischen externen und internen Geräten, die jeweils von den externen Geräten aufgebaut werden. Nehmen wir beispielsweise an, dass Sie eine Inside-Global-Adresse mit einer bestimmten Inside-Local-Adresse verknüpfen wollen, die Ihrem Webserver zugewiesen wurde.

Die Konfiguration statischer NAT-Übersetzungen ist recht einfach. Sie müssen zunächst die zu übersetzenden Adressen definieren und anschließend NAT auf den entsprechenden Schnittstellen konfigurieren.

Tabelle 7.5 erläutert die Schritte und Befehle, die erforderlich sind, um die statische NAT zu konfigurieren.

Tabelle 7.5: Statische NAT konfigurieren

Schritt	Aktion	Befehl
1	Sie stellen eine statische Übersetzung zwischen einer Inside-Local- und einer Inside-Global-Adresse her.*	Router(config)# **ip nat inside source static** *local-ip global-ip*
2	Geben Sie die interne Schnittstelle an.	Router(config)# **interface** *type number*

* Geben Sie den globalen Befehl no ip nat inside source static ein, um die statische Übersetzung zu deaktivieren.

Tabelle 7.5: Statische NAT konfigurieren (Forts.)

Schritt	Aktion	Befehl
3	Beenden Sie den Schnittstellenkonfigurationsmodus.	`Router(config-if)# exit`
4	Geben Sie die interne Schnittstelle an.	`Router(config)# interface type number`
5	Kennzeichnen Sie die Schnittstelle als mit dem internen Netzwerk verbunden.	`Router(config-if)# ip nat inside`
6	Geben Sie die externe Schnittstelle an.	`Router(config-if)# interface type number`
7	Kennzeichnen Sie die Schnittstelle als mit dem externen Netzwerk verbunden.	`Router(config-if)# ip nat outside`

Sie geben die statischen Übersetzungen direkt in die Konfiguration ein. Anders als dynamische Übersetzungen befinden sich statische Übersetzungen immer in der NAT-Tabelle.

Abbildung 7.21 zeigt eine Beispieltopologie mit statischer NAT.

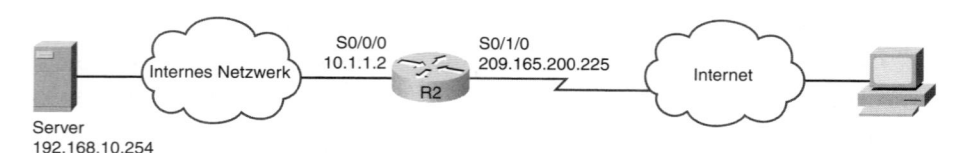

Abbildung 7.21: Topologie mit statischer NAT

Listing 7.16 zeigt die Konfiguration der statischen NAT.

Listing 7.16: Statische NAT konfigurieren

```
R2(config)# ip nat inside source static 192.168.10.254 209.165.200.254
!--Establishes static translation between an inside local address and an inside
!--global address.
R2(config)# interface serial0/0/0
R2(config-if)# ip nat inside
!--Identifies Serial 0/0/0 as an inside NAT interface.
R2(config-if)# interface serial 0/1/0
R2(config-if)# ip nat outside
!--Identifies Serial 0/1/0 as an outside NAT interface.
```

Nehmen wir an, der Server im internen Netzwerk mit der IP-Adresse 192.168.10.254 bietet Webdienste für externe Benutzer an. Die erste Zeile der Konfiguration ordnet die interne IP-Adresse 192.168.10.254 der externen Adresse 209.165.10.254 zu. Auf diese Weise können externe Hosts über die öffentliche IP-Adresse 209.165.10.254 auf den internen Webserver zugreifen.

7.3.4 Dynamische NAT konfigurieren

Während die statische NAT eine permanente Zuordnung zwischen einer internen Adresse und einer bestimmten öffentlichen Adresse ermöglicht, ordnet die dynamische NAT private IP-Adressen öffentlichen Adressen zu, die einem NAT-Pool entstammen.

Die dynamische NAT-Konfiguration unterscheidet sich von der statischen, weist allerdings auch einige Ähnlichkeiten auf. Wie bei der statischen NAT muss auch hier die Konfiguration die Schnittstelle als interne oder externe Schnittstelle ausweisen. Statt jedoch eine statische Zuordnung zu einer einzelnen IP-Adresse zu erstellen, wird ein Pool mit Inside-Global-Adressen verwendet.

Tabelle 7.6 erläutert die Schritte und Befehle, die erforderlich sind, um die dynamische NAT zu konfigurieren.

Tabelle 7.6: Dynamische NAT konfigurieren

Schritt	Aktion	Befehl	Anmerkungen
1	Definieren Sie einen Pool mit globalen Adressen, die nach Bedarf zugewiesen werden.	Router(config)# **ip nat pool** *name start-ip end-ip* {**netmask** *netmask* | **prefix-length** *prefix-length*}	Geben Sie den Befehl **no ip nat pool** *name* ein, um den Pool mit den globalen Adressen zu entfernen.
2	Definieren Sie eine Standard-ACL, die alle Adressen zulässt, die übersetzt werden.	Router(config)# **access-list** *access-list-number* **permit** *source* [*source-wildcard*]	Geben Sie den globalen Befehl **no access-list** *access-list-number* ein, um die ACL zu entfernen.
3	Starten Sie die dynamische Adressübersetzung und geben Sie dabei die ACL an, die Sie im vorherigen Schritt erstellt haben.	Router(config)# **ip nat inside source list** *access-list-number* **pool** *name*	Geben Sie den globalen Befehl **no ip nat inside source list** *access-list-number* **pool** *name* ein, um die dynamische Übersetzung der Absenderadresse zu entfernen.
4	Geben Sie die interne Schnittstelle an.	Router(config)# **interface** *type number*	

Tabelle 7.6: Dynamische NAT konfigurieren (Forts.)

Schritt	Aktion	Befehl	Anmerkungen
5	Kennzeichnen Sie die Schnittstelle als mit dem internen Netzwerk verbunden.	Router(config-if)# **ip nat inside**	
6	Geben Sie die externe Schnittstelle an.	Router(config-if)# **interface** type number	
7	Kennzeichnen Sie die Schnittstelle als mit dem externen Netzwerk verbunden.	Router(config-if)# **ip nat outside**	

Um die dynamische NAT zu konfigurieren, benötigen Sie eine ACL, die nur jene Adressen zulässt, die übersetzt werden sollen. Denken Sie bei der Entwicklung Ihrer ACL darin, dass jede ACL mit einer impliziten deny any-Anweisung endet. Eine zu großzügige ACL kann zu unvorhergesehenen Ergebnissen führen. Cisco rät von der Konfiguration von ACLs für NAT mit dem Befehl permit any strikt ab. Die Verwendung von permit any kann dazu führen, dass NAT viele Router-Ressourcen verbraucht, was wiederum Netzwerkprobleme zur Folge haben kann.

Abbildung 7.22 zeigt eine Beispieltopologie mit dynamischer NAT.

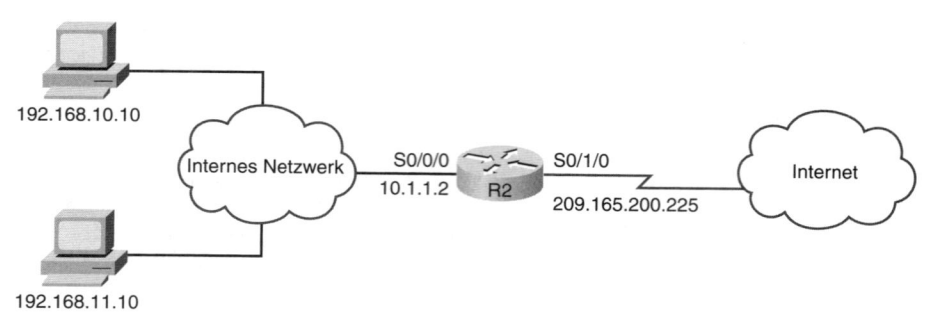

Abbildung 7.22: Topologie mit dynamischer NAT

Listing 7.17 zeigt die Konfiguration der dynamischen NAT.

Listing 7.17: Dynamische NAT konfigurieren

```
R2(config)# ip nat pool NAT-POOL1 209.165.200.226 209.165.200.240 netmask 255.255.255.224
!--Defines a pool of public IP addresses under the pool name NAT-POOL1
R2(config)# access-list 1 permit 192.168.0.0 0.0.255.255
!--Defines which addresses are eligible to be translated
```

Listing 7.17: Dynamische NAT konfigurieren (Forts.)

```
R2(config)# ip nat inside source list 1 pool NAT-POOL1
!--Binds the NAT pool with ACL 1
R2(config)# interface serial 0/0/0
R2(config-if)# ip nat inside
!--Identifies interface Serial 0/0/0 as an inside NAT interface
R2(config-if)# interface serial s0/1/0
R2(config-if)# ip nat outside
!--Identifies interface Serial 0/1/0 as the outside NAT interface.
```

Diese Konfiguration gestattet die Übersetzung aller Hosts in den Netzwerken 192.168.10.0 und 192.168.11.0, wenn diese Daten generieren, die über die Schnittstelle S0/0/0 ein- und über S0/1/0 ausgehen. Diese Hosts werden eine in freie Adresse im Bereich zwischen 209.165.200.226 und 209.165.200.240 übersetzt.

7.3.5 NAT-Overloading für eine einzelne öffentliche IP-Adresse konfigurieren

Es gibt zwei Möglichkeiten, das Overloading zu konfigurieren. Welche verwendet wird, hängt davon ab, wie der Internetprovider öffentliche IP-Adressen zuordnet. Im ersten Fall weist der Provider der Organisation genau eine, im zweiten mehrere öffentliche IP-Adressen zu.

Tabelle 7.7 erläutert die Schritte und Befehle, die erforderlich sind, um das NAT-Overloading mit einer einzelnen IP-Adresse zu konfigurieren.

Tabelle 7.7: NAT-Overloading für eine einzelne IP-Adresse konfigurieren

Schritt	Aktion	Befehl	Anmerkungen
1	Definieren Sie eine Standard-ACL, die alle Adressen zulässt, die übersetzt werden.	Router(config)# access-list *access-list-number* permit *source* [*source-wildcard*]	Geben Sie den globalen Befehl no access-list *access-list-number* ein, um die ACL zu entfernen.
2	Starten Sie die dynamische Adressübersetzung und geben Sie dabei die ACL an, die Sie im vorherigen Schritt erstellt haben.	Router(config)# ip nat inside source list *access-list-number* interface *interface* overload	Geben Sie den globalen Befehl no ip nat inside source list *access-list-number* interface *interface* overload ein, um die dynamische Übersetzung der Absenderadresse zu entfernen.
3	Geben Sie die interne Schnittstelle an.	Router(config)# interface *type number*	

Tabelle 7.7: NAT-Overloading für eine einzelne IP-Adresse konfigurieren (Forts.)

Schritt	Aktion	Befehl	Anmerkungen
4	Kennzeichnen Sie die Schnittstelle als mit dem internen Netzwerk verbunden.	`Router(config-if)# ip nat inside`	
5	Geben Sie die externe Schnittstelle an.	`Router(config-if)# interface type number`	
6	Kennzeichnen Sie die Schnittstelle als mit dem externen Netzwerk verbunden.	`Router(config-if)# ip nat outside`	

Wird nur eine öffentliche IP-Adresse verwendet, so weist die Overload-Konfiguration diese normalerweise der externen Schnittstelle zu, die mit dem Internetprovider verbunden ist. Alle internen Adressen werden in diese eine IP-Adresse übersetzt, wenn sie die externe Schnittstelle verlassen.

Die Konfiguration ähnelt der der dynamischen NAT, nur wird anstelle eines Adresspools das Schlüsselwort `interface` zur Bezeichnung der externen IP-Adresse verwendet. Aus diesem Grund wird kein NAT-Pool definiert. Das Schlüsselwort `overload` ermöglicht das Hinzufügen der Portnummer zur Übersetzung.

Betrachten Sie die Topologie in Abbildung 7.22. Listing 7.18 zeigt eine NAT-Overload-Konfiguration.

Listing 7.18: NAT-Overload-Konfiguration für eine einzelne öffentliche IP-Adresse

```
R2(config)# access-list 1 permit 192.168.0.0 0.0.255.255
!--Defines which addresses are eligible to be translated
R2(config)# ip nat inside source list 1 interface serial 0/1/0 overload
!--Identifies the outside interface Serial 0/1/0 as the inside global address to
!--be overloaded
R2(config)# interface serial 0/0/0
R2(config-if)# ip nat inside
!--Identifies interface Serial 0/0/0 as an inside NAT interface
R2(config-if)# interface serial s0/1/0
R2(config-if)# ip nat outside
```

Alle Hosts aus dem Netzwerk 192.168.0.0/16 (dieses wird durch ACL 1 vorgegeben), die Daten über den Router R2 in das Internet senden, werden in die IP-Adresse 209.165.200.225 (die Adresse der Schnittstelle S0/1/0) übersetzt. Der Datenfluss wird über die Portnummern organisiert, da das Schlüsselwort `overload` verwendet wird.

7.3.6 NAT-Overload für einen Pool öffentlicher IP-Adressen konfigurieren

In diesem Szenario, in dem der Provider mehrere öffentliche IP-Adressen bereitgestellt hat, wird das NAT-Overloading unter Verwendung eines Pools konfiguriert. Der wesentliche Unterschied zwischen dieser Konfiguration und der für die dynamische 1:1-NAT besteht in der Verwendung des Schlüsselwortes overload. Wie Sie wissen, aktiviert dieses Schlüsselwort die Port-Adress-Übersetzung.

Tabelle 7.8 erläutert die Schritte und Befehle, die erforderlich sind, um das NAT-Overloading mit einem Adresspool zu konfigurieren.

Tabelle 7.8: NAT-Overloading für einen Adresspool konfigurieren

Schritt	Aktion	Befehl	Anmerkungen
1	Geben Sie die globale Adresse als Pool an, der für das Overloading verwendet wird.	Router(config)# **ip nat pool** *name start-ip end-ip* {**netmask** *netmask* | **prefix-length** *prefix-length*}	
2	Definieren Sie eine Standard-ACL, die alle Adressen zulässt, die übersetzt werden.	Router(config)# **access-list** *access-list-number* **permit** *source* [*source-wildcard*]	Geben Sie den globalen Befehl no access-list *access-list-number* ein, um die ACL zu entfernen.
3	Starten Sie die Overloading-Übersetzung.	Router(config)# **ip nat inside source list** *access-list-number* **pool** *name* **overload**	Geben Sie den globalen Befehl no ip nat inside source list *access-list-number* pool *name* overload ein, um die dynamische Übersetzung der Absenderadresse zu entfernen.
4	Geben Sie die interne Schnittstelle an.	Router(config)# **interface** *type number*	
5	Kennzeichnen Sie die Schnittstelle als mit dem internen Netzwerk verbunden.	Router(config-if)# **ip nat inside**	
6	Geben Sie die externe Schnittstelle an.	Router(config-if)# **interface** *type number*	
7	Kennzeichnen Sie die Schnittstelle als mit dem externen Netzwerk verbunden.	Router(config-if)# **ip nat outside**	

Betrachten Sie die Topologie in Abbildung 7.22. Listing 7.19 zeigt eine NAT-Overload-Konfiguration.

Listing 7.19: NAT-Overload-Konfiguration für einen Adresspool

```
R2(config)# ip nat pool NAT-POOL2 209.165.200.226 209.165.200.240 netmask
255.255.255.224
!--Defines a pool of addresses named NAT-POOL2 to be used in NAT translation
R2(config)# access-list 1 permit 192.168.0.0 0.0.255.255
!--Defines which addresses are eligible to be translated
R2(config)# ip nat inside source list 1 pool NAT-POOL2 overload
!--Bonds the NAT pool with ACL 1 address to be overloaded
R2(config)# interface serial 0/0/0
R2(config-if)# ip nat inside
!--Identifies interface Serial 0/0/0 as an inside NAT interface
R2(config-if)# interface serial s0/1/0
R2(config-if)# ip nat outside
```

Diese Konfiguration startet die Overloading-Übersetzung für den NAT-Pool NAT-POOL2. Dieser Pool enthält die Adressen 209.165.200.226 bis 209.165.200.240 und wird mithilfe von PAT übersetzt. Die Übersetzung erfolgt für Hosts im Netzwerk 192.168.0.0/16. Abschließend werden die interne und externe Schnittstelle angegeben.

7.3.7 Port-Forwarding konfigurieren

Als Port-Forwarding (manchmal auch *Tunneling*) bezeichnet man das Weiterleiten eines Netzwerkports von einem Netzwerkknoten an einen anderen. Diese Technik kann es einem externen Benutzer ermöglichen, eine private IP-Adresse (in einem LAN) von außen über einen NAT-fähigen Router zu erreichen.

Meistens sind es Filesharing-Programme auf Peer-to-Peer-Basis und wichtige Operationen (zum Beispiel Bereitstellung von Webinhalten oder ausgehendes FTP), die das Weiterleiten oder Öffnen von Router-Ports erfordern, um ordnungsgemäß zu funktionieren. Da NAT interne Adressen ausblendet, funktionieren Peer-to-Peer-Verbindungen nur von innen nach außen, da NAT nur so den ausgehenden Anfragen die eingehenden Antworten zuordnen kann.

Das Problem besteht darin, dass NAT keine Anfragen gestattet, die von außen kommen. Diese Situation lässt sich durch einen manuellen Eingriff beheben. Das Port-Forwarding gestattet es Ihnen, bestimmte Ports festzulegen, die an interne Hosts weitergeleitet werden dürfen.

Wie Sie bereits wissen, korrespondieren softwarebasierte Internetanwendungen mit Ports, die für diese Anwendungen offen und erreichbar sein müs-

Kapitel 7 • Dienste für die IP-Adressierung   563

sen. Dabei verwenden die verschiedenen Anwendungen jeweils unterschiedliche Ports: Telnet verwendet Port 23, FTP die Ports 20 und 21, HTTP den Port 80 und SMTP den Port 25. Dies macht die Identifikation von Netzwerkdiensten für Anwendungen und Router vorhersehbar. HTTP beispielsweise kommuniziert über den Well-Known-Port 80. Wenn Sie die Adresse *http://cisco.com* eingeben, zeigt der Browser die Website von Cisco Systems an. Beachten Sie, dass Sie die HTTP-Portnummer nicht explizit angeben müssen – die Anwendung setzt den Port 80 voraus.

Das Port-Forwarding ermöglicht Benutzern im Internet den Zugriff auf interne Server, indem es die WAN-Adresse und die zugehörige externe Portnummer verwendet. Wenn Benutzer derartige Anfragen über das Internet an die IP-Adresse des WAN-Ports senden, leitet der Router diese Anfragen an die passenden Server in Ihrem LAN weiter. Aus Sicherheitsgründen lassen Breitband-Router standardmäßig keine Weiterleitung externer Netzwerkanfragen an einen internen Host zu.

Abbildung 7.23 beispielsweise zeigt das Fenster SINGLE PORT FORWARDING eines SOHO-Routers der Businessklasse (Linksys WVRS4400N). Gegenwärtig ist das Port-Forwarding nicht konfiguriert.

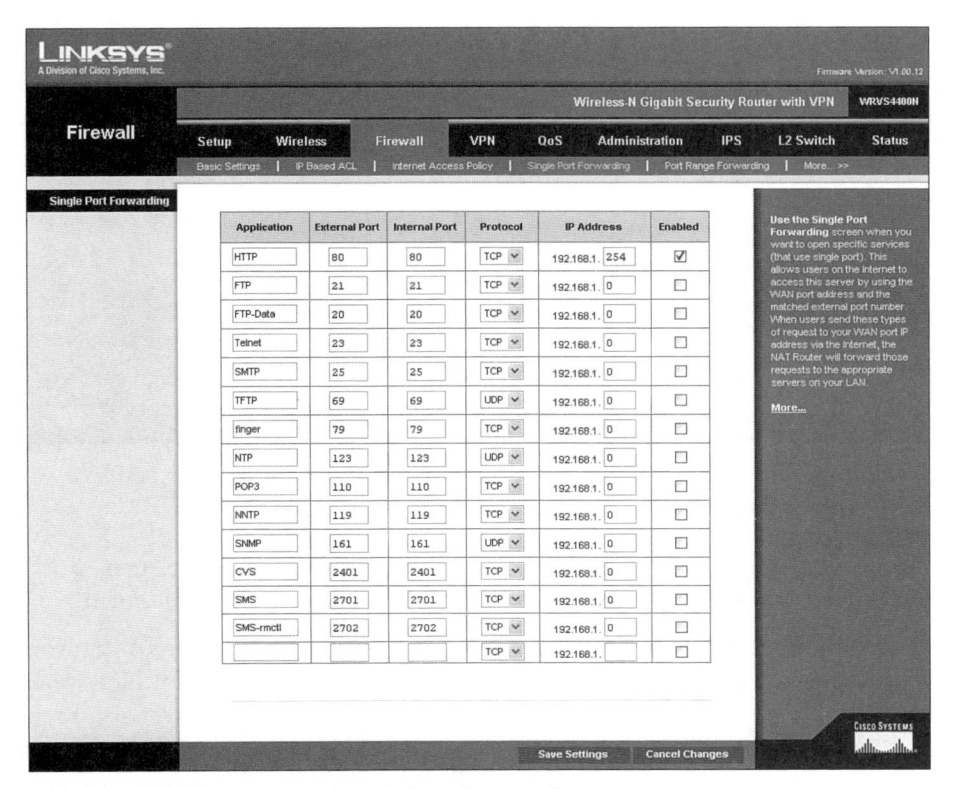

Abbildung 7.23: Fenster »Single Port Forwarding«

Sie können das Port-Forwarding für Anwendungen aktivieren und die Inside-Local-Adresse angeben, an die die Anfrage weitergeleitet werden soll. In Abbildung 7.24 beispielsweise werden HTTP-Dienstanfragen, die von diesem Linksys-Router empfangen werden, von nun an an den Webserver mit der Inside-Local-Adresse 192.168.1.254 weitergeleitet. Falls die externe WAN-IP-Adresse des SOHO-Routers 209.165.200.158 lautet, könnte der externe Benutzer *http://209.165.202.158* eingeben, woraufhin der Linksys-Router die HTTP-Anfrage über Port 80 an den internen Webserver mit der IP-Adresse 192.168.1.254 weiterleiten würde.

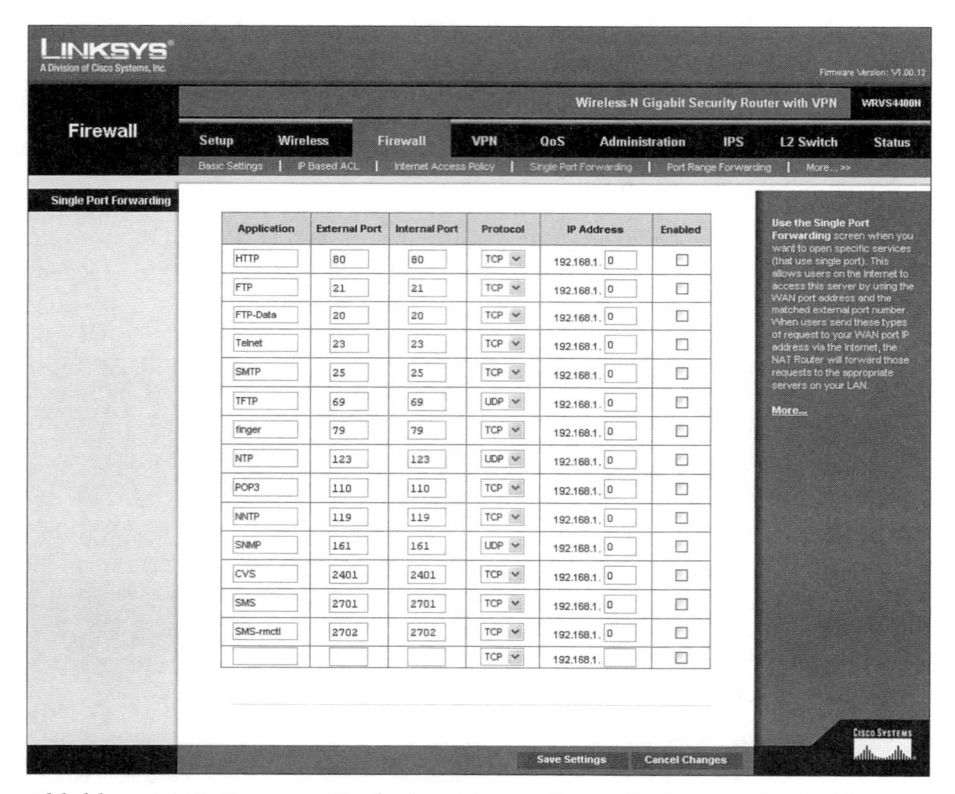

Abbildung 7.24: Fenster »Single Port Forwarding«: Festlegung der Inside-Local-Adresse

Sie können auch einen anderen als den Default-Port 80 festlegen, doch müsste der externe Benutzer dann die betreffende Portnummer kennen.

Das Verfahren, das Sie verwenden, um das Port-Forwarding zu konfigurieren, hängt von Hersteller und Modell des Breitband-Routers im Netzwerk ab. Allerdings gibt es einige Maßnahmen, die grundsätzlich durchzuführen sind. Wenn die von Ihrem Internetprovider übermittelte oder mit dem Router ausgelieferte Anleitung nicht ausreichend ist, finden Sie auf der Website *http://www.portforward.com* ausführliche Anweisungen für diverse Breitband-Router. Sie können diese Anleitungen verwenden, um Ports nach Bedarf hinzuzufügen oder zu löschen und so die Anforderungen von Anwendungen zu erfüllen, die Sie zulassen oder abweisen wollen.

7.3.8 NAT und NAT-Overloading überprüfen

Den korrekten NAT-Betrieb zu kontrollieren, ist wichtig. Es gibt eine Reihe nützlicher Router-Befehle, mit denen Sie NAT-Übersetzungen anzeigen und löschen können. Wir erläutern in diesem Abschnitt, wie man den NAT-Betrieb mithilfe der Tools überprüft, die auf Cisco-Routern bereitstehen.

Einer der nützlichsten Befehle zur Überprüfung des NAT-Betriebs heißt show ip nat translations. Vor der Verwendung dieses show-Befehls müssen Sie alle eventuell noch vorhandenen dynamischen Übersetzungseinträge löschen, da diese auch bei Nichtverwendung standardmäßig für einen festgelegten Zeitraum in der NAT-Übersetzungstabelle verbleiben, bevor sie gelöscht werden.

Abbildung 7.25 zeigt die Topologie, der das nächste Listing zugrunde liegt.

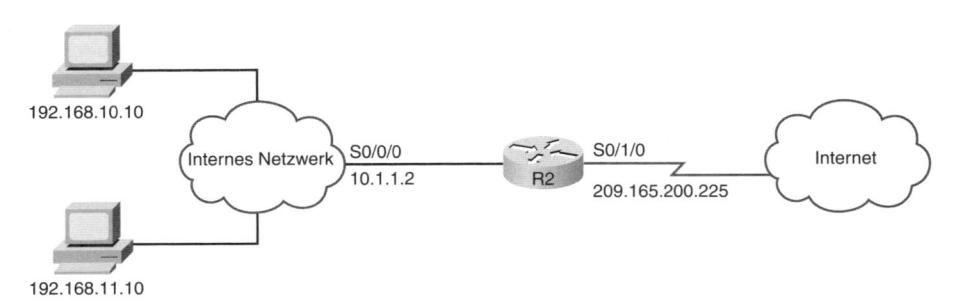

Abbildung 7.25: Beispieltopologie

In Listing 7.20 wurde der Router R2 so konfiguriert, dass er Clients im Netzwerk 192.168.0.0/16 ein NAT-Overloading erlaubt.

Listing 7.20: Konfiguration des NAT-Overloadings

```
R2(config)# access-list 1 permit 192.168.0.0 0.0.255.255
R2(config)# ip nat inside source list 1 interface serial 0/1/0 overload
R2(config)# interface serial 0/0/0
R2(config-if)# ip nat inside
R2(config-if)# interface serial s0/1/0
R2(config-if)# ip nat outside
```

Wenn Daten interner Hosts den Router R2 verlassen und ins Internet gelangen, werden sie auf die IP-Adresse der seriellen Schnittstelle umgestellt und erhalten eine eindeutige Absenderportnummer.

Nehmen wir nun an, dass zwei Hosts im internen Netzwerk auf Webdienste im Internet zugreifen müssen. Beachten Sie, dass die Ausgabe von show ip nat translations in Listing 7.21 Details zu den beiden NAT-Zuweisungen enthält.

Listing 7.21: Der Befehl »show ip nat translations«

```
R2# show ip nat translations

Pro Inside global          Inside local           Outside local
tcp 209.165.200.225:16642  192.168.10.10:16642    209.165.200.254:80
tcp 209.165.200.225:62452  192.168.11.10:62452    209.165.200.254:80
Outside global
209.165.200.254:80
209.165.200.254:80

R2# show ip nat translations verbose

Pro Inside global          Inside local           Outside local
tcp 209.165.200.225:16642  192.168.10.10:16642    209.165.200.254:80
Outside global209.165.200.254:80
    create 00:01:45, use 00:01:43 timeout:86400000, left 23:58:16, Map-Id(In): 1,
    flags:
extended, use_count: 0, entry-id: 4, lc_entries: 0
tcp 209.165.200.225:62452  192.168.11.10:62452    209.165.200.254:80
209.165.200.254:80
    create 00:00:37, use 00:00:35 timeout:86400000, left 23:59:24, Map-Id(In): 1,
    flags:
extended, use_count: 0, entry-id: 5, lc_entries: 0
R2#
```

Wenn Sie das Schlüsselwort verbose zum Befehl hinzufügen, werden weitere Informationen zu den einzelnen Übersetzungen gezeigt, zum Beispiel die Zeitpunkte der Erstellung und der letzten Verwendung. Der Befehl stellt alle konfigurierten statischen sowie dynamischen Übersetzungen dar, die durch den Datenfluss generiert wurden. Jede Übersetzung wird durch das Protokoll sowie durch die Inside-Local-, Inside-Global-, Outside-Local- und Outside-Global-Adressen identifiziert.

Der Befehl show ip nat statistics zeigt Informationen zur Gesamtzahl aktiver Übersetzungen, der NAT-Konfigurationsparameter, die Anzahl der Adressen im Pool sowie die Anzahl der gegenwärtig vergebenen Adressen an. In Listing 7.22 haben die Hosts sowohl Web- als auch ICMP-Datenverkehr gesendet.

Listing 7.22: Der Befehl »show ip nat statistics«

```
R2# show ip nat translations

Pro Inside global         Inside local           Outside local
icmp 209.165.200.225:3    192.168.10.10:3        209.165.200.254:3
tcp  209.165.200.225:11679 192.168.10.10:11679   209.165.200.254:80
icmp 209.165.200.225:0    192.168.11.10:0        209.165.200.254:0
tcp  209.165.200.225:14462 192.168.11.10:14462   209.165.200.254:80
Outside global
209.165.200.254:3
209.165.200.254:80
209.165.200.254:0
209.165.200.254:80

R2# show ip nat statistics

Total active translations: 3 (0 static, 3 dynamic; 3 extended)
Outside interfaces:
  Serial0/1/0
Inside interfaces:
  Serial0/0/0, Serial0/0/1
Hits: 173  Misses: 9
CEF Translated packets: 182, CEF Punted packets: 0
Expired translations: 6
Dynamic mappings:
-- Inside Source
[Id: 1] access-list 1 interface Serial0/1/0 refcount 3
Queued Packets: 0
R2#
```

Alternativ verwenden Sie den Befehl show run und suchen nach NAT-, ACL-, schnittstellen- oder poolspezifischen Befehlen mit den entsprechenden Werten. Untersuchen Sie diese sorgfältig und beheben Sie alle erkannten Fehler.

Per Default laufen Übersetzungseinträge nach 24 Stunden ab, sofern die Timer nicht mit dem Befehl ip nat translation timeout *timeout_seconds* im globalen Konfigurationsmodus umkonfiguriert wurden.

Manchmal ist es nützlich, die dynamischen Einträge vorzeitig zu löschen. Dies gilt insbesondere beim Testen der NAT-Konfiguration. Um dynamische Einträge vor Ablauf der Timer zu löschen, verwenden Sie den globalen Befehl clear ip nat translation (Listing 7.23).

Listing 7.23: Der Befehl »clear ip nat translation«

```
R2# clear ip nat translation *
R2# show ip nat translations

R2#
```

Tabelle 7.9 zeigt die verschiedenen Möglichkeiten, NAT-Übersetzungen zu löschen.

Tabelle 7.9: NAT-Übersetzungen löschen

Befehl	Beschreibung
clear ip nat translation*	Löscht alle dynamischen Adressübersetzungseinträge aus der NAT-Übersetzungstabelle.
clear ip nat translation inside global-ip local-ip [outside local-ip global-ip]	Löscht einen einfachen dynamischen Übersetzungseintrag mit einer internen oder aber einer internen und einer externen Übersetzung.
clear ip nat translation protocol inside global-ip global-port local-ip local-port [outside local-ip local-port global-ip global-port]	Löscht einen erweiterten dynamischen Übersetzungseintrag.

* Sie können Übersetzungen entweder individuell löschen, oder Sie entfernen mit dem Befehl globalen Befehl clear ip nat translation * alle Übersetzungen auf einen Schlag.

Nur die dynamischen Übersetzungen werden aus der Tabelle entfernt – bei statischen Übersetzungen ist dies überhaupt nicht möglich.

7.3.9 Troubleshooting der NAT- und NAT-Overload-Konfiguration

Wenn Sie in einer NAT-Umgebung auf Probleme mit der IP-Konnektivität stoßen, ist es häufig schwierig, die Ursache zu ermitteln. Der erste Schritt zur Behebung des Problems besteht darin, NAT als Ursache auszuschließen.

Gehen Sie wie folgt vor, um zu kontrollieren, ob NAT wie erwartet arbeitet:

Schritt für Schritt

1. Definieren Sie basierend auf der Konfiguration eindeutig, was mit NAT erreicht werden soll. Hierdurch könnten Probleme bereits offensichtlich werden.

2. Kontrollieren Sie mit dem Befehl show ip nat translations, ob in der Übersetzungstabelle die korrekten Übersetzungen eingetragen sind.

3. Kontrollieren Sie mit den Befehlen clear und debug, ob NAT wie erwartet arbeitet. Prüfen Sie, ob dynamische Einträge neu erstellt werden, nachdem sie gelöscht wurden.

4. Kontrollieren Sie ausführlich, was mit dem Paket geschieht, und überprüfen Sie, ob die Router zur Weiterleitung des Pakets die korrekten Routing-Informationen nutzen.

Kontrollieren Sie mit debug ip nat den NAT-Betrieb, indem Sie Daten zu jedem Paket anzeigen, das der Router übersetzt. Mit dem Befehl debug ip nat detailed generieren Sie eine Beschreibung für jedes Paket, das für die Übersetzung infrage kommt. Dieser Befehl gibt auch Informationen zu bestimmten Befehlen oder Ausnahmebedingungen aus, zum Beispiel die fehlgeschlagene Zuweisung einer globalen Adresse. Listing 7.24 zeigt eine Beispielausgabe von debug ip nat.

Listing 7.24: Ausgabe des Befehls »debug ip nat«

```
R2# debug ip nat

IP NAT debugging is on
R2#
*Oct  6 19:55:31.579: NAT*: s=192.168.10.10->209.165.200.225, d=209.165.200.254 [14434]
*Oct  6 19:55:31.595: NAT*: s=209.165.200.254, d=209.165.200.225->192.168.10.10 [6334]
*Oct  6 19:55:31.611: NAT*: s=192.168.10.10->209.165.200.225, d=209.165.200.254 [14435]
*Oct  6 19:55:31.619: NAT*: s=192.168.10.10->209.165.200.225, d=209.165.200.254 [14436]
*Oct  6 19:55:31.627: NAT*: s=192.168.10.10->209.165.200.225, d=209.165.200.254 [14437]
*Oct  6 19:55:31.631: NAT*: s=209.165.200.254, d=209.165.200.225->192.168.10.10 [6335]
*Oct  6 19:55:31.643: NAT*: s=209.165.200.254, d=209.165.200.225->192.168.10.10 [6336]
*Oct  6 19:55:31.647: NAT*: s=192.168.10.10->209.165.200.225, d=209.165.200.254 [14438]
*Oct  6 19:55:31.651: NAT*: s=209.165.200.254, d=209.165.200.225->192.168.10.10 [6337]
*Oct  6 19:55:31.655: NAT*: s=192.168.10.10->209.165.200.225, d=209.165.200.254 [14439]
*Oct  6 19:55:31.659: NAT*: s=209.165.200.254, d=209.165.200.225->192.168.10.10 [6338]

<Ausgabe unterdrückt>
```

Wie Sie sehen, hat der interne Host 192.168.10.10 die Übertragung von Daten an den externen Host 209.165.200.254 eingeleitet und wurde in die Adresse 209.165.200.225 übersetzt.

Wenn Sie die Ausgabe entschlüsseln, beachten Sie die Bedeutungen der folgenden Symbole und Werte:

- *. Das Sternchen neben der NAT gibt an, dass die Übersetzung über den schnelleren Pfad erfolgt. Das erste Paket eines Kommunikationsvorgangs wird stets prozessvermittelt, ist also langsamer. Die übrigen Pakete nehmen den schnelleren Pfad, sofern ein Cache-Eintrag vorhanden ist.

- **s=.** Bezeichnet die Absender-IP-Adresse.

- **a.b.c.d->w.x.y.z.** Gibt an, dass die Absenderadresse a.b.c.d in die Adresse w.x.y.z übersetzt wird.

- **d=.** Bezeichnet die Ziel-IP-Adresse.

- **[xxxx].** Der Wert in Klammern ist die IP-Identifikationsnummer. Diese Angabe kann zu Debugging-Zwecken nützlich sein, da sie eine Zuordnung zu Traces anderer Pakete durch Protokoll-Analyzer ermöglicht.

> **ANMERKUNG**
>
> Sie können sich Demonstrationen der Überprüfung und des Troubleshootings bei NAT ansehen:
>
> - »Flash Animation Case Study: Can Ping Host, But Cannot Telnet«. Hierbei handelt es sich um eine siebenminütige Flash-Animation, die zeigt, warum ein Gerät erfolgreich ping-Befehle absetzen, aber keine Telnet-Verbindung herstellen kann. Zu finden unter *http://www.cisco.com/warp/public/556/index.swf*.
>
> - »Flash Animation Case Study: Cannot Ping Beyond NAT«. Dies ist eine zehn Minuten lange Flash-Animation, die zeigt, warum ein Gerät keine über NAT hinausgehenden ping-Befehle absetzen kann. Zu finden unter *http://www.cisco.com/warp/public/556/TS_NATcase2/index.swf*.

Packet Tracer Aktivität

Netzwerke mit NAT skalieren

NAT übersetzt nichtroutbare, private interne Adressen in routbare öffentliche Adressen. Ein weiterer Vorteil von NAT ist die Verbesserung des Datenschutzes und der Sicherheit in einem Netzwerk, denn die internen IP-Adressen werden vor externen Netzwerken verborgen. In dieser Aktivität konfigurieren Sie dynamische und statische NAT. Zur Durchführung der Aktivität verwenden Sie Packet Tracer und die Datei *e4-728.pka* auf der Begleit-CD-ROM zu diesem Buch.

7.4 IPv6

Um die Probleme bei der IP-Adressierung zu verstehen, mit denen sich Netzwerkadministratoren heutzutage auseinandersetzen müssen, müssen wir uns zunächst einmal vergegenwärtigen, dass der IPv4-Adressraum etwa 4.294.967.296 eindeutige Adressen liefert. Von diesen lassen sich jedoch nur 3,7 Milliarden Adressen vergeben, weil das IPv4-Adresssystem die Adressen in Klassen unterteilt und bestimmte Adressen für Multicasting, Testzwecke und andere spezielle Einsatzgebiete reserviert.

Im Januar 2007 waren bereits etwa 2,4 Milliarden der vorhandenen IPv4-Adressen Endbenutzern und Internetprovidern fest zugewiesen. Es verblieben zu diesem Zeitpunkt also noch etwa 1,3 Milliarden freie Adressen im IPv4-Adressraum. Trotz dieser scheinbar noch recht großen Zahl geht der IPv4-Adressraum zur Neige.

Die folgenden drei Abbildungen verdeutlichen, wie rasant die IP-Adressverknappung erfolgt.

Abbildung 7.26 zeigt die Blöcke vergebener IP-Adressen auf dem Stand von 1993.

Abbildung 7.27 zeigt die Blöcke vergebener IP-Adressen auf dem Stand von 2000.

Abbildung 7.28 schließlich zeigt die Blöcke vergebener IP-Adressen auf dem Stand von 2007.

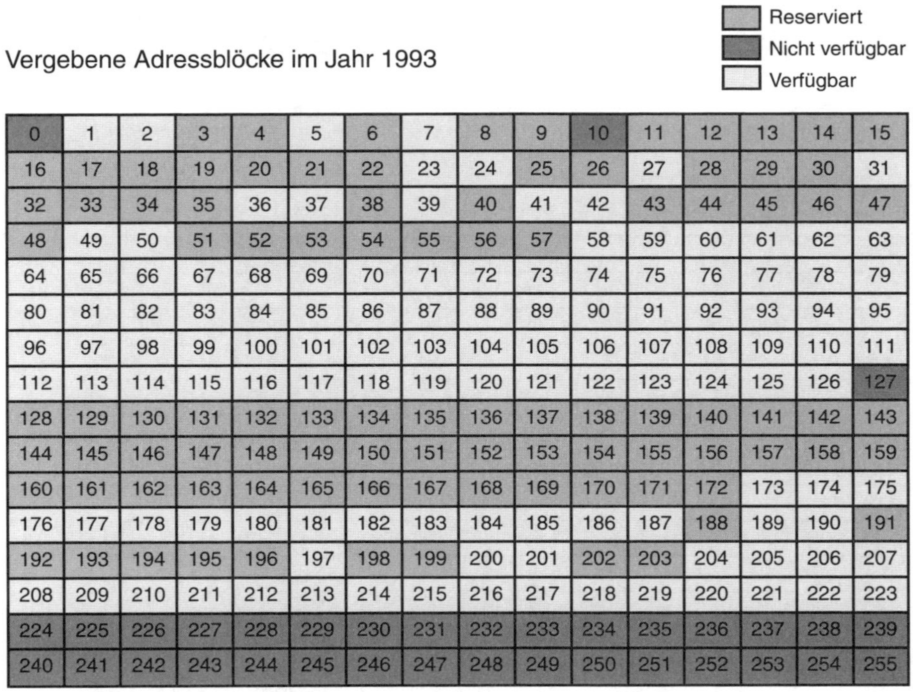

Vergebene Adressblöcke im Jahr 1993

☐ Reserviert
■ Nicht verfügbar
☐ Verfügbar

0	1	2	3	4	5	6	7	8	9	10	11	12	13	14	15
16	17	18	19	20	21	22	23	24	25	26	27	28	29	30	31
32	33	34	35	36	37	38	39	40	41	42	43	44	45	46	47
48	49	50	51	52	53	54	55	56	57	58	59	60	61	62	63
64	65	66	67	68	69	70	71	72	73	74	75	76	77	78	79
80	81	82	83	84	85	86	87	88	89	90	91	92	93	94	95
96	97	98	99	100	101	102	103	104	105	106	107	108	109	110	111
112	113	114	115	116	117	118	119	120	121	122	123	124	125	126	127
128	129	130	131	132	133	134	135	136	137	138	139	140	141	142	143
144	145	146	147	148	149	150	151	152	153	154	155	156	157	158	159
160	161	162	163	164	165	166	167	168	169	170	171	172	173	174	175
176	177	178	179	180	181	182	183	184	185	186	187	188	189	190	191
192	193	194	195	196	197	198	199	200	201	202	203	204	205	206	207
208	209	210	211	212	213	214	215	216	217	218	219	220	221	222	223
224	225	226	227	228	229	230	231	232	233	234	235	236	237	238	239
240	241	242	243	244	245	246	247	248	249	250	251	252	253	254	255

Abbildung 7.26: Im Jahr 1993 vergebene Adressblöcke

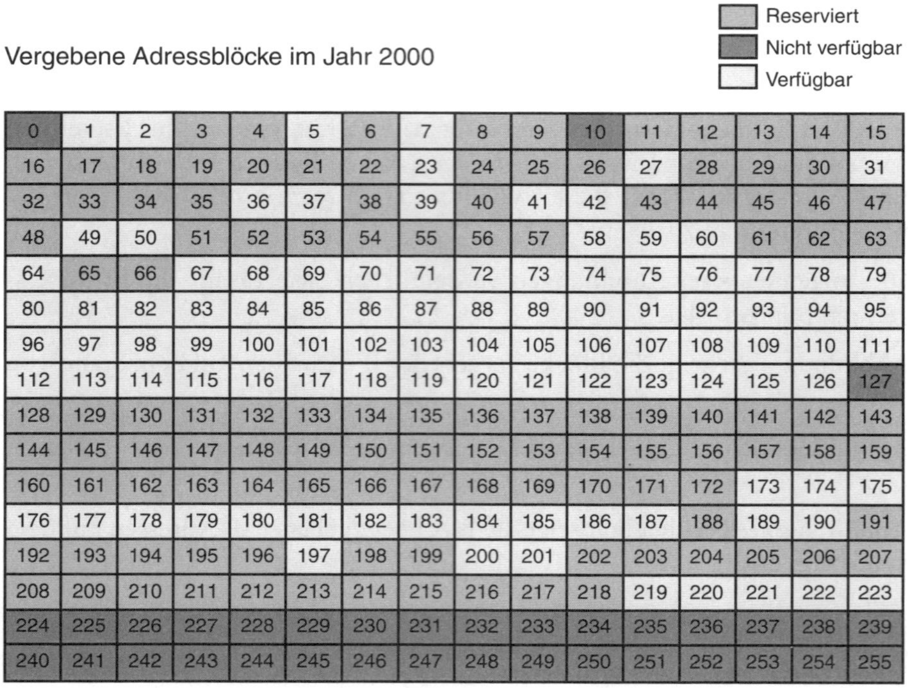

572 Wide Area Networks

Vergebene Adressblöcke im Jahr 2000

■ Reserviert
■ Nicht verfügbar
□ Verfügbar

0	1	2	3	4	5	6	7	8	9	10	11	12	13	14	15
16	17	18	19	20	21	22	23	24	25	26	27	28	29	30	31
32	33	34	35	36	37	38	39	40	41	42	43	44	45	46	47
48	49	50	51	52	53	54	55	56	57	58	59	60	61	62	63
64	65	66	67	68	69	70	71	72	73	74	75	76	77	78	79
80	81	82	83	84	85	86	87	88	89	90	91	92	93	94	95
96	97	98	99	100	101	102	103	104	105	106	107	108	109	110	111
112	113	114	115	116	117	118	119	120	121	122	123	124	125	126	127
128	129	130	131	132	133	134	135	136	137	138	139	140	141	142	143
144	145	146	147	148	149	150	151	152	153	154	155	156	157	158	159
160	161	162	163	164	165	166	167	168	169	170	171	172	173	174	175
176	177	178	179	180	181	182	183	184	185	186	187	188	189	190	191
192	193	194	195	196	197	198	199	200	201	202	203	204	205	206	207
208	209	210	211	212	213	214	215	216	217	218	219	220	221	222	223
224	225	226	227	228	229	230	231	232	233	234	235	236	237	238	239
240	241	242	243	244	245	246	247	248	249	250	251	252	253	254	255

Abbildung 7.27: Im Jahr 2000 vergebene Adressblöcke

Vergebene Adressblöcke im Jahr 2007

■ Reserviert
■ Nicht verfügbar
□ Verfügbar

0	1	2	3	4	5	6	7	8	9	10	11	12	13	14	15
16	17	18	19	20	21	22	23	24	25	26	27	28	29	30	31
32	33	34	35	36	37	38	39	40	41	42	43	44	45	46	47
48	49	50	51	52	53	54	55	56	57	58	59	60	61	62	63
64	65	66	67	68	69	70	71	72	73	74	75	76	77	78	79
80	81	82	83	84	85	86	87	88	89	90	91	92	93	94	95
96	97	98	99	100	101	102	103	104	105	106	107	108	109	110	111
112	113	114	115	116	117	118	119	120	121	122	123	124	125	126	127
128	129	130	131	132	133	134	135	136	137	138	139	140	141	142	143
144	145	146	147	148	149	150	151	152	153	154	155	156	157	158	159
160	161	162	163	164	165	166	167	168	169	170	171	172	173	174	175
176	177	178	179	180	181	182	183	184	185	186	187	188	189	190	191
192	193	194	195	196	197	198	199	200	201	202	203	204	205	206	207
208	209	210	211	212	213	214	215	216	217	218	219	220	221	222	223
224	225	226	227	228	229	230	231	232	233	234	235	236	237	238	239
240	241	242	243	244	245	246	247	248	249	250	251	252	253	254	255

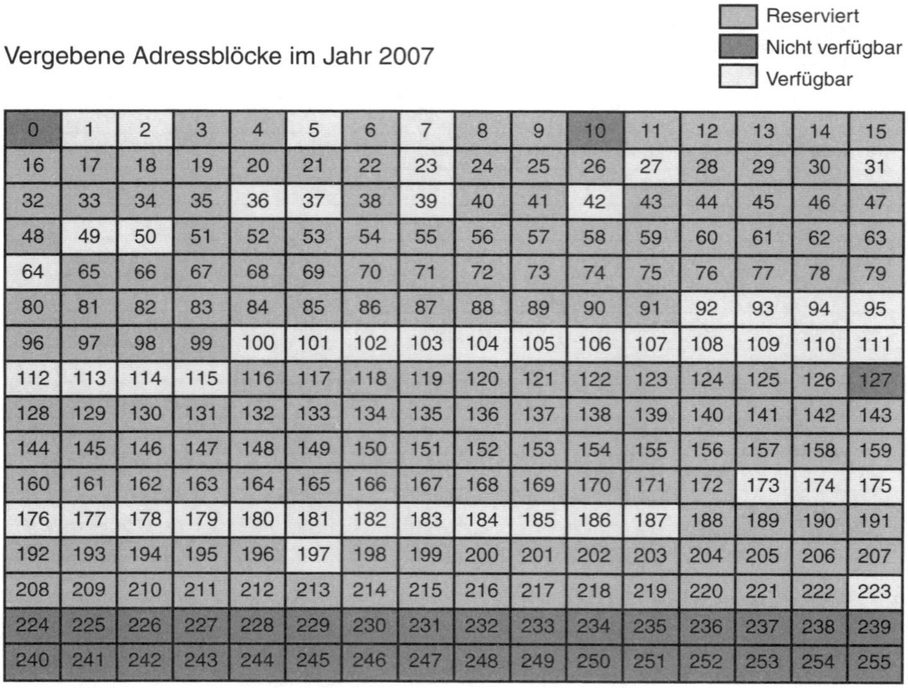

Abbildung 7.28: Im Jahr 2007 vergebene Adressblöcke

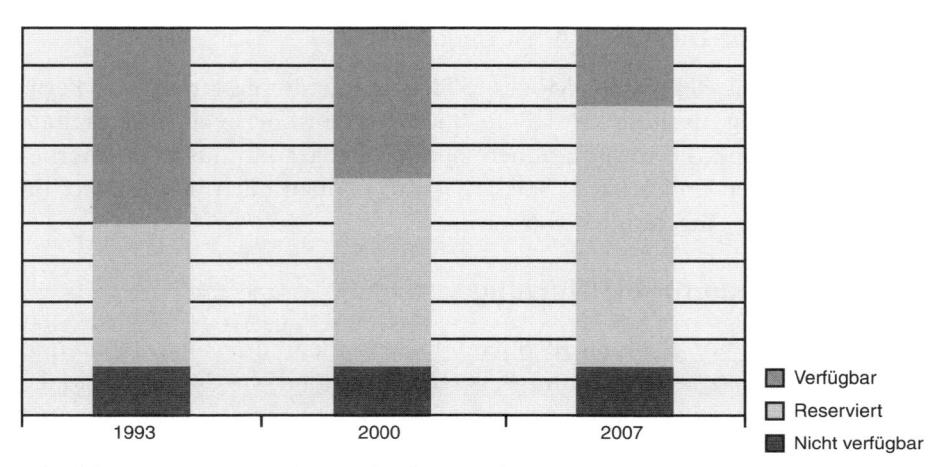

Abbildung 7.29 stellt eine alternative Ansicht des IP-Adressengpasses dar.

Abbildung 7.29: Der schrumpfende IP-Adressraum

Im Laufe der vergangenen Dekade hat die Internet-Community die Tatsache, dass die IPv4-Adressen zur Neige gehen, eingehend analysiert und hierzu eine große Anzahl von Berichten verfasst. In einigen wird das Auslaufen der IP-Adressen für 2010 vorhergesagt, andere haben sich darauf festgelegt, dass dies nicht vor 2013 geschehen wird.

Das Wachstum des Internets in Verbindung mit der zunehmenden Leistungsfähigkeit von Computern hat die Anzahl IP-basierter Anwendungen erheblich vergrößert.

Das Adresskontingent schrumpft aus den folgenden Gründen:

- **Bevölkerungszuwachs.** Die Population des Internets wächst. Im November 2005 gab es laut einer Schätzung von Cisco etwa 973 Millionen Benutzer. Diese Zahl hat sich seitdem verdoppelt. Zudem bleiben Benutzer länger im Internet, das heißt, sie beanspruchen IP-Adressen für immer längere Zeit. Außerdem kontaktieren Sie täglich mehr Peers.
- **Mobile Benutzer.** Die Industrie hat bereits mehr als eine Milliarde Mobiltelefone in den Verkehr gebracht. Es gibt mehr als 20 Millionen IP-fähige Mobilgeräte: PDAs (Personal Digital Assistants), mobile Eingabegeräte, Barcode-Leser und viele andere. Und immer mehr IP-fähige Mobilgeräte gehen Tag für Tag online. Während ältere Mobiltelefone keine IP-Adressen benötigten, ist dies bei modernen Varianten sehr wohl der Fall.
- **Verkehr.** Im Jahr 2008 gab es mehr als eine Milliarde Automobile. Neuere Modelle sind mit IP-Fähigkeiten ausgestattet, um eine Fernüberwachung zu ermöglichen, die eine rechtzeitige Wartung und Hilfe im

Bedarfsfall gestattet. Die Lufthansa bot als erste auf ihren Flügen Internetkonnektivität, und viele Transportmittel (auch Schiffe) stellen mittlerweile ähnliche Dienste zur Verfügung.

- **Unterhaltungselektronik.** Moderne Haushaltgeräte gestatten eine Fernüberwachung mithilfe der IP-Technologie. Ein Beispiel sind digitale Videorecorder, die Informationen zum TV-Programm aus dem Internet herunterladen und nutzen. Solche Geräte können auch in das Netz im Heimbereich eingebunden werden.

7.4.1 Gründe für die Nutzung von IPv6

Die Umstellung von IPv4 auf IPv6 hat – insbesondere in Europa, Japan und dem asiatisch-pazifischen Raum – bereits begonnen. In diesen Regionen gehen die zugewiesenen IPv4-Adressen bereits zu Ende, was die Nutzung von IPv6 noch attraktiver und auch unumgänglich macht. In Japan wurde mit der Umstellung bereits im Jahr 2000 begonnen, als die japanische Regierung die Einführung von IPv6 verpflichtend machte und eine Frist bis 2005 zur Aktualisierung vorhandener Systeme in allen Unternehmen und im öffentlichen Sektor setzte. Ähnliche Initiativen wurden in Korea, China und Malaysia gestartet.

Im Jahr 2002 schmiedete die IPv6 Task Force der Europäischen Union eine strategische Allianz, um die weltweite Annahme von IPv6 zu fördern. Die North American IPv6 Task Force setzt gegenwärtig alles daran, IPv6 flächendeckend auf den nordamerikanischen Märkten durchzusetzen. Die ersten bedeutsamen Fortschritte in Nordamerika sind Ergebnis der Bemühungen des US-amerikanischen Verteidigungsministeriums. Mit Blick auf die Zukunft und in dem Wissen um die Vorteile IP-fähiger Geräte sah das Ministerium bereits 2003 vor, dass alle neu angeschafften Geräte nicht nur IP-fähig sein, sondern auch IPv6 unterstützen müssten. Bis 2008 mussten alle Regierungsbehörden in den USA IPv6 in ihren Core-Netzwerken bereitgestellt haben.

Um Netzwerke auf zukünftige Anforderungen skalieren zu können, müssen quasi uneingeschränkt viele IP-Adressen zur Verfügung stehen, und es muss ein Ausmaß an Mobilität verfügbar sein, dass DHCP und NAT alleine nicht mehr unterstützen können. IPv6 erfüllt im Gegensatz zu IPv4 diese zunehmend komplexeren Anforderungen der hierarchischen Adressierung.

Wenn man sich ansieht, wie viele IPv4-Geräte weltweit eingesetzt werden, ist es nicht schwierig, sich vorzustellen, dass die Umstellung von IPv4-Umgebungen auf IPv6 eine Herausforderung darstellt. Allerdings wird der Übergang durch eine Vielzahl von Verfahren erleichtert, darunter auch eine

Möglichkeit zur automatischen Konfiguration. Welchen Umstellungsmechanismus Sie verwenden, hängt von den Anforderungen Ihres Netzwerks ab.

Tabelle 7.10 vergleicht die binären und alphanumerischen Darstellungen von IPv4-und IPv6-Adressen.

Tabelle 7.10: IPv4- und IPv6-Adressen im Vergleich

	IPv4 (4 Oktette)	IPv6 (16 Oktette)
Binärdarstellung	11000000.10101000. 00001010.01100101	10100101.00100100. 01110010.11010011. 00101100.10000000 11011101.00000010 00000000.00101001 11101100.01111010 \00000000.00101011 11101010.01110011
Alphanumerische Darstellung	192.168.10.101	A524:72D3:2C80:DD02: 0029:EC7A:002B:EA73
Gesamtzahl der IP-Adressen	4.294.467.295 oder 2^{32}	$3,4 \cdot 10^{38}$

Eine IPv6-Adresse ist ein 128-Bit-Binärwert, der in Form von 32 Hexadezimalstellen angezeigt werden kann. IPv6 ist geeignet, auf absehbare Zeit eine für das voraussichtliche Wachstum des Internets ausreichende Anzahl von Adressen bereitzustellen.

Die folgenden Aspekte sollen verdeutlichen, wie der IPv6-Adressraum aussieht:

- Es gibt genügend IPv6-Adressen, um jedem Menschen auf diesem Planeten eine Anzahl von Adressen zuzuweisen, die größer ist als der gesamte gegenwärtige IPv4-Adressraum.
- Es stehen damit so viel IPv6-Adressen zur Verfügung, dass für jeden Menschen Billionen von Adressen reserviert werden können.
- Etwa 665.570.793.348.866.943.898.599 Adressen stehen pro Quadratmeter Erdoberfläche bereit!

Aber was ist mit IPv5? IPv5 wurde zur Definition eines experimentellen Protokolls für ein Echtzeit-Streaming verwendet. Um Verwirrung zu vermeiden, wurde deswegen beschlossen, das neue IP-Protokoll nicht IPv5, sondern eben IPv6 zu nennen.

IPv6 würde nicht existieren, wenn es keine anerkannte Verknappung von IPv4-Adressen gäbe. Allerdings bietet die Entwicklung von IPv6 nicht nur einen vergrößerten IP-Adressraum, sondern auch die Chance, Schlussfolgerungen, die aus den Beschränkungen von IPv4 gezogen wurden, einfließen zu lassen und so ein Protokoll mit neuen und verbesserten Funktionen zu erstellen.

Eine einfachere Header-Architektur und ein rationalisierter Protokollbetrieb haben eine Verringerung der Betriebskosten zur Folge. Integrierte Sicherheitsmerkmale erlauben einfachere Sicherheitsmaßnahmen, die in vielen aktuellen Netzwerken dringend erforderlich wären. Die wahrscheinlich wichtigste Verbesserung, die IPv6 bietet, ist jedoch wohl die Möglichkeit der automatischen Konfiguration von Adressen.

Das Internet entwickelt sich gegenwärtig fort – von einer Ansammlung stationärer Geräte hin zu einem fluktuierenden Netzwerk mobiler Geräte. IPv6 ermöglicht mobilen Geräten den schnellen Erwerb und Wechsel verschiedener Adressen, wenn diese sich zwischen unterschiedlichen Netzwerken bewegen; ein Vermittlungsagent für das Roaming ist nicht mehr erforderlich. (Ein Vermittlungsagent ist ein Router, der als Anschlusspunkt für ein Mobilgerät dienen kann, wenn dieses aus seinem angestammten in ein Fremdnetzwerk wechselt.)

Die automatische Konfiguration von Adressen führt auch zu einer robusteren Plug & Play-Konnektivität. Sie ermöglicht Benutzern den problemlosen Anschluss einer beliebig zusammengesetzten und umfangreichen Gerätekombination – Computer, Drucker, Digitalkameras und -radios, IP-Telefone, internetfähige Haushaltsgeräte und Spielzeugroboter – an das heimische Netzwerk. Viele Hersteller integrieren IPv6 bereits in ihre Produkte.

Im vorliegenden Abschnitt werden wir viele Erweiterungen erklären, die IPv6 bietet:

- Erweiterte IP-Adressierung
- Vereinfachter Header
- Verbesserungen bei Mobilität und Sicherheit
- Transparente Umstellung

Erweiterte IP-Adressierung

Ein größerer Adressraum bietet eine Reihe von Verbesserungen:

- Optimierte globale Erreichbarkeit und Flexibilität
- Bessere Integration von IP-Präfixen, die in Routing-Tabellen bekannt gegeben werden
- Keine Broadcasts (und damit auch keine Gefahr von Broadcast-Stürmen)

- Mehrfach vernetzte Computer. Diese auch als *Multihoming* bezeichnete Technik erhöht die Zuverlässigkeit der Internetverbindung eines IP-Netzwerks. Bei IPv6 kann ein Host mehrere IP-Adressen über dieselbe physische Anbindung nutzen. So besteht beispielsweise die Möglichkeit, Verbindungen zu mehreren Providern herzustellen.

- Automatische Konfiguration, die Schicht-2-Adressen in den Adressraum integriert

- Mehr Plug & Play-Optionen für mehr Geräte

- Ende-zu-Ende-Readressierung zwischen öffentlichen und privaten Netzwerken ohne Adressübersetzung. Dies erleichtert die Implementierung und erhöht den Funktionsumfang von P2P-Netzwerken (Peer-to-Peer).

- Vereinfachte Mechanismen zur Umnummerierung von Änderungen von Adressen

Vereinfachter Header

Abbildung 7.30 stellt die Header-Struktur von IPv6 der komplexeren Struktur des IPv4-Headers vergleichend gegenüber. Der IPv4-Header umfasst 20 Oktette und zwölf Header-Basisfelder, gefolgt von einem Optionsfeld und dem Datenabschnitt (dies ist in der Regel das Transportschichtsegment). Der IPv6-Header umfasst 40 Oktette, drei IPv4-Header-Basisfelder und fünf zusätzliche Header-Felder.

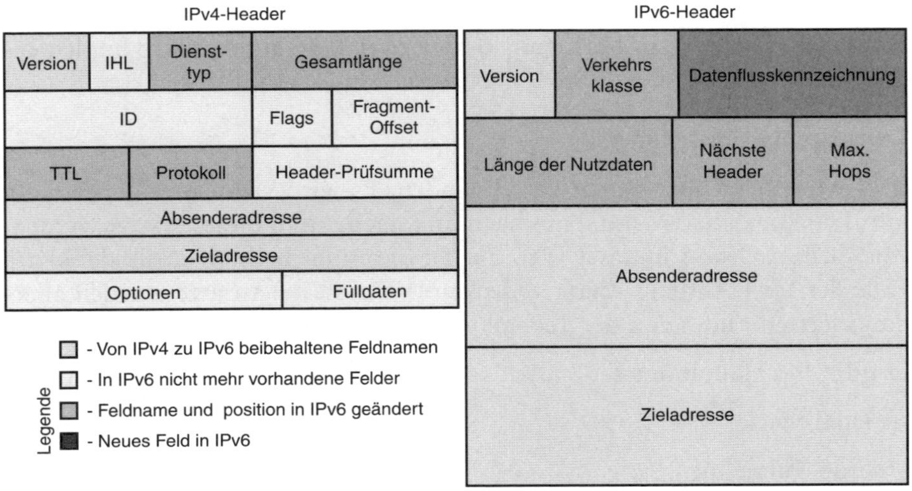

Abbildung 7.30: Header-Strukturen von IPv4 und IPv6 im Vergleich

Der vereinfachte IPv6-Header bietet gegenüber IPv4 eine Reihe von Vorteilen:

- Höhere Routing-Effizienz zur Leistungssteigerung und besseren Skalierbarkeit der Weiterleitungsrate
- Keine Notwendigkeit einer Prüfsummenverarbeitung
- Vereinfachte und effizienter arbeitende erweiterte Header-Mechanismen
- Flussmarken (engl. *Flow Labels*) für die Verarbeitung von Paketströmen, ohne dass hierfür das gekapselte Transportschichtsegment zur Erkennung verschiedener Datenströme geöffnet werden müsste

Verbesserungen bei Mobilität und Sicherheit

Mobilität und Sicherheit unterstützen die Konformität mit Funktionalitäten der Mobile IP- und IPSec-Standards. Die Mobilität ermöglicht es Benutzern mobiler Netzwerkgeräte – viele davon drahtlos angebunden –, sich in ihren Netzwerken frei zu bewegen.

Der IETF-Standard Mobile IP steht für IPv4 und IPv6 zur Verfügung. Er gestattet es Mobilgeräten, sich nach erfolgreicher Herstellung einer Netzwerkverbindung innerhalb des Netzwerks zu bewegen, ohne dass die Verbindung abreißt. Um diesen Grad an Mobilität zu erzielen, verwenden mobile Geräte eine Basis- und eine Versorgungsadresse. Bei IPv4 werden diese Adressen manuell konfiguriert, bei IPv6 hingegen erfolgt die Konfiguration dynamisch, was IPv6-fähige Geräte grundsätzlich mobil macht.

IPSec steht für IPv4 zur Verfügung und wird in IPv6 automatisch implementiert. Die Tatsache, dass IPSec obligatorisch ist, macht IPv6 sicherer.

Transparente Umstellung

IPv4 wird nicht über Nacht verschwinden. Es wird vielmehr eine Zeitlang mit IPv6 koexistieren und dann nach und nach durch dieses ersetzt werden. Aus diesem Grund umfasst IPv6 auch Migrationsmethoden, die denkbare Fälle der IPv4-Aktualisierung abdecken. Viele dieser Ansätze wurden allerdings letzten Endes von der Technikgemeinde verworfen.

Es gibt drei Hauptansätze:

- Dual-Stack
- 6to4-Tunneling
- NAT-PT, ISATAP-Tunneling und Teredo-Tunneling

Wir werden einige dieser Ansätze im weiteren Verlauf dieses Kapitels genauer behandeln.

Die aktuelle Empfehlung für den Umstieg auf IPv6 besagt: »Dual-Stack, wenn Sie können; Tunneling, wenn Sie müssen«.

7.4.2 IPv6-Adressierung

Sie kennen die 32 Bit langen IPv4-Adressen als Abfolge von vier punktgetrennten 8-Bit-Feldern. Die mit 128 Bit deutlich längeren IPv6-Adressen benötigen jedoch eine andere Form der Adressierung.

IPv6-Adressen verwenden Einträge aus 16-Bit-Hexadezimalwerten, die durch Doppelpunkte getrennt sind. Das Format lautet also *x:x:x:x:x:x:x:x*, wobei jedes *x* ein 16-Bit-Hexadezimalfeld ist. Die Groß-/Kleinschreibung der Hexadezimalziffern A bis F spielt bei IPv6-Adressen keine Rolle.

IPv4-Adressen weisen eine festgelegte Notation auf. Das bedeutet beispielsweise, dass eine IPv4-Adresse nicht abgekürzt werden kann. IPv6-Adressen hingegen benötigen keine explizite Adress-String-Notation. Abkürzungen sind möglich, doch gibt es hierfür festgelegte Regeln.

Um diese Regeln zur IPv6-Darstellung besser erläutern zu können, betrachten wir die IPv6-Adresse 2031:0000:130F:0000:0000:09C0:876A:130B (Abbildung 7.31):

- Führende Nullen in einem Feld sind optional. So können die Felder mit dem Wert 0000 als »0« und das Feld 09C0 als »9C0« notiert werden.

- Aufeinanderfolgende Nullfelder können durch zwei Doppelpunkte dargestellt werden. Diese Verkürzung darf allerdings nur einmal je Adresse verwendet werden.

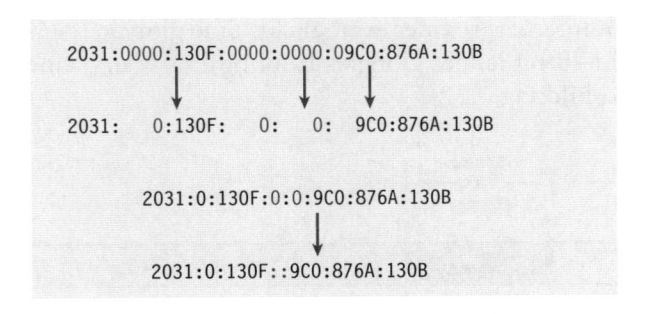

```
2031:0000:130F:0000:0000:09C0:876A:130B
      ↓         ↓     ↓
2031: 0:130F:   0:    0:  9C0:876A:130B

        2031:0:130F:0:0:9C0:876A:130B
                      ↓
        2031:0:130F::9C0:876A:130B
```

Darstellung
2031:0000:130F:0000:0000:09C0:876A:130B
- Kann als 2031:0:130f::9c0:876a:130b dargestellt werden.
- Kann nicht dargestellt werden als 2031::130f::9c0:876a:130b.

Abbildung 7.31: Darstellung einer IPv6-Adresse

Die Verwendung von »::« verkürzt den Umfang der meisten Adressen erheblich.

Wenn eine Adresse gelesen oder verarbeitet wird, ist ein Adress-Parser für das Erkennen fehlender Nullen zuständig. Er ergänzt alle nicht vorhandenen Nullen, bis die vollständige Länge von 128 Bit wieder erreicht ist.

Hier einige weitere Beispiele:

- FF01:0:0:0:0:0:0:1 wird zu FF01::1.
- 0:0:0:0:0:0:0:1 wird zu ::1.
- 0:0:0:0:0:0:0:0 wird zu ::.
- FF01:0000: 0000: 0000: 0000: 0000: 0000:1 wird zu FF01:0:0:0:0:0:0:1 wird zu FF01::1.
- E3D7:0000:0000:0000:51F4:00C8:C0A8:6420 wird zu E3D7::51F4:C8:C0A8:6420.
- 3FFE:0501:0008:0000:0260:97FF:FE40:EFAB wird zu 3FFE:0501:8:0:260:97FF:FE40:EFAB wird zu 3FFE:501:8::260:97FF:FE40:EFAB.

ANMERKUNG

Eine unspezifizierte Adresse wird als »::« notiert, da sie nur Nullen enthält.

Globale IPv6-Unicast-Adressen

IPv6 bietet ein Adressformat, das eine fortschreitende Adresszusammenfassung bis letztendlich zum Internetprovider ermöglicht. Eine globale IPv6-Unicast-Adresse umfasst ein 48 Bit langes globales Routing-Präfix und eine 16 Bit lange Subnetz-ID (Abbildung 7.32).

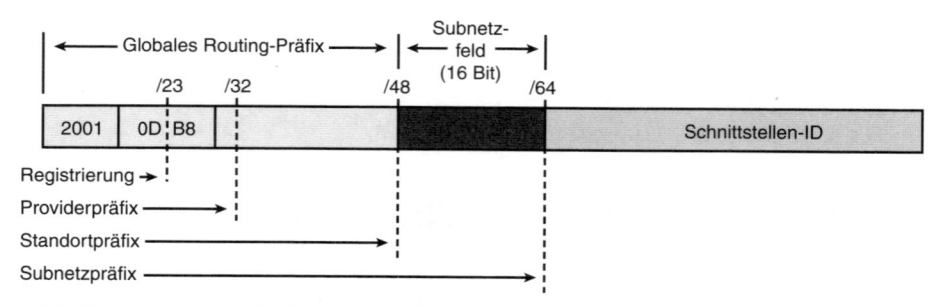

Abbildung 7.32: Globale Unicast-Adresse

Kapitel 7 • Dienste für die IP-Adressierung

Einzelne Organisationen können das Subnetzfeld zur Erstellung einer eigenen lokalen Adresshierarchie verwenden. Dieses Feld ermöglicht die Einrichtung von bis zu 65.535 einzelnen Subnetzen.

Beachten Sie in Abbildung 7.32, dass das globale Routing-Präfix auch zur Realisierung einer zusätzlichen Hierarchie mit Registrierungsstellen-, Provider- und Standortpräfix verwendet werden kann.

ANMERKUNG

> In der Literatur zu IPv6 stoßen Sie unter Umständen auf Begriffe wie TLA (Top-Level Aggregator), NLA (Next-Level Aggregator) und SLA (Subnet Local Aggregator). Diese Begriffe sind veraltet und wurden durch das globale 48-Bit-Routing-Präfix und die 16-Bit-Subnetz-ID ersetzt. RFC 3587 dokumentiert die neue Struktur.

Die aktuelle globale Unicast-Adresse, die von der IANA (Internet Assigned Numbers Authority) zugewiesen wird, verwendet den Adressbereich, der beim Binärwert 001 (2000::/3) beginnt. Dieser entspricht einem Achtel des gesamten IPv6-Adressraumes und ist der größte Block zugewiesener Adressen. Die IANA reserviert den IPv6-Adressraum im Bereich 2001::/16 für die fünf RIR-Registrierungsstellen (ARIN, RIPE, APNIC, LACNIC und AfriNIC). Die Balken A, B und C in Abbildung 7.33 stellen diese Adressbereiche dar.

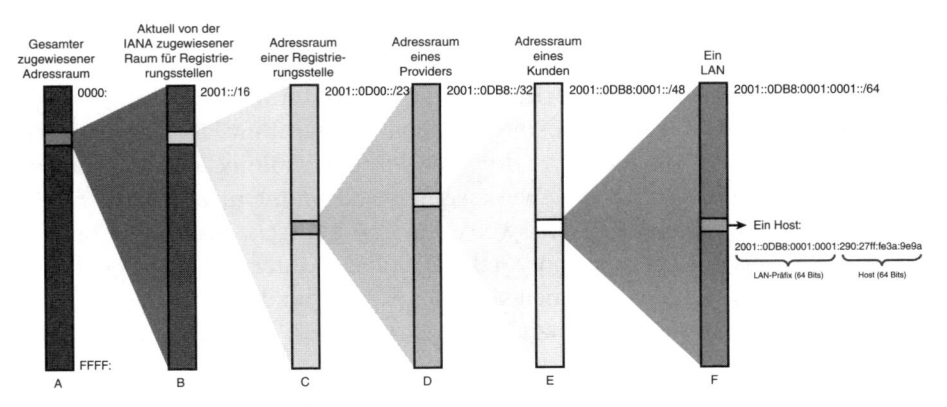

Abbildung 7.33: IPv6-Adresszuweisung

Die Balken D bis F zeigen eine Beispielhierarchie aus der Sicht des Kunden.

Weitere Informationen entnehmen Sie RFC 3587, »IPv6 Global Unicast Address Format«. Es ersetzt RFC 2374.

Reservierte Adressen

Die IETF reserviert einen Teil des IPv6-Adressraumes für verschiedene – gegenwärtige wie auch zukünftige – Anwendungen. Reservierte Adressen stellen ein Zweihundertsechsundfünfzigstel des gesamten IPv6-Adressraumes dar. Diesem Block entstammen auch einige andere Arten von IPv6-Adressen.

Private Adressen

Ein Block von IPv6-Adressen ist ähnlich wie in IPv4 für private Anwendungen reserviert. Diese privaten Adressen dürfen nur lokal für eine bestimmte Verbindung oder einen Standort eingesetzt werden und werden deswegen auch grundsätzlich nicht aus einem Unternehmensnetzwerk hinaus geroutet. Das erste Oktett einer privaten Adresse lautet in der Hexadezimalschreibweise FE, die dritte Stelle hat einen Wert zwischen 8 und F.

Diese Adressen werden in zwei Subtypen unterteilt:

- **Site-Local-Adressen.** Diese Adressen ähneln denen, die in RFC 1918, »Address Allocation for Private Internets«, für IPv4 definiert sind. Der Geltungsbereich dieser Adressen ist ein gesamter Standort oder einer Organisation. Allerdings ist die Verwendung solcher Adressen problematisch und wurde im Jahr 2003 in RFC 3879 fallengelassen. Die dritte Hexadezimalstelle liegt bei diesen Adressen zwischen C und F, das heißt, sie beginnen mit FEC, FED, FEE oder FEF.

- **Link-Local-Adressen.** Diese Adressen haben einen kleineren Geltungsbereich als Site-Local-Adressen: Sie sind auf eine bestimmte physische Leitung (physisches Netzwerk) beschränkt. Router leiten an Link-Local-Adressen auch organisationsintern keine Datagramme weiter, sondern diese Adressen dienen nur der lokalen Kommunikation in einem bestimmten physischen Netzwerksegment. Sie unterstützen bei der Leitungskommunikation beispielsweise die automatische Adresskonfiguration oder die Erkennung von Nachbarn oder Routern. Auch viele IPv6-Routing-Protokolle verwenden sie. Die dritte Hexadezimalstelle liegt bei Link-Local-Adressen zwischen 8 und B, das heißt, sie beginnen mit FE8, FE9, FEA oder FEB.

Loopback-Adresse

Wie bei IPv4 gibt es auch bei IPv6 eine spezielle Loopback-Adresse für Testzwecke. Daten, die an diese Adresse gesendet werden, werden zum sendenden Gerät zurückgeführt. Allerdings bietet IPv6 hierzu anders als IPv4 keinen Adressblock, sondern nur eine einzelne Adresse. Diese lautet 0:0:0:0:0:0:0:1 und wird verkürzt als ::1 dargestellt.

Unspezifizierte Adresse

Bei IPv4 hat eine IP-Adresse, die nur aus Nullen besteht, eine spezielle Bedeutung: Sie bezeichnet den Host selbst und wird verwendet, falls ein Gerät seine eigene Adresse nicht kennt. In IPv6 wurde dieses Konzept formalisiert: Die nur aus Nullen bestehende Adresse (0:0:0:0:0:0:0:0) heißt »unspezifizierte« Adresse. Sie wird normalerweise im Absenderfeld eines Datagramms verwendet, das von einem Gerät gesendet wird, welches seine IP-Adresse konfigurieren möchte. Sie können auch diese Adresse verkürzt schreiben; da sie nur aus Nullen besteht, heißt die komprimierte Fassung schlicht »::«.

IPv6-Adressen konfigurieren

IPv6-Adressen verwenden Schnittstellen-IDs, um die Schnittstellen einer Verbindung zu bezeichnen. Sie können sich diese Kennungen als Hostanteil einer IPv6-Adresse vorstellen. Schnittstellen-IDs müssen für die betreffende Verbindung eindeutig sein. Sie sind stets 64 Bit lang und lassen sich dynamisch von einer Schicht-2-Adresse (MAC-Adresse) ableiten.

Sie können eine IPv6-Adress-ID statisch oder dynamisch zuweisen. Die statische Zuweisung erfolgt wahlweise als manuelle Schnittstellen-ID oder als EUI-64-Schnittstellen-ID, die dynamische Zuweisung mithilfe der zustandslosen Autokonfiguration oder von DHCPv6 (DHCP für IPv6).

Manuelle Konfiguration der Schnittstellen-ID

Eine Möglichkeit, einem Gerät eine statische IPv6-Adresse zuzuweisen, besteht darin, sowohl das Präfix (Netzwerkanteil) als auch die Schnittstellen-ID (Hostanteil) der IPv6-Adresse manuell zuzuweisen.

Um eine IPv6-Adresse auf einer Schnittstelle eines Cisco-Routers zu konfigurieren, geben Sie den Befehl ipv6 address *ipv6-address/prefix-length* im Schnittstellenkonfigurationsmodus ein (Listing 7.25).

Listing 7.25: Der Befehl »ipv6 address«

```
R2(config)# interface FastEthernet 0/0
R2(config-if)# ipv6 address 2001:DB8:2222:7272::72/64
R2(config-if)#
```

Konfiguration einer EUI-64-Schnittstellen-ID

Eine andere Möglichkeit, eine IPv6-Adresse zuzuweisen, besteht in der Konfiguration des Präfixes (Netzanteil) der IPv6-Adresse sowie der Schnittstellen-ID. Um die Schnittstellen-ID (den Hostanteil) abzuleiten, wird mit der Schicht-2-Adresse (MAC-Adresse) des Geräts eine EUI-64-Schnittstellen-ID erstellt.

Der EUI-64-Standard erläutert, wie man MAC-Adressen nach IEEE 802 von 48 auf 64 Bit verlängert, indem man die 48 Bit lange MAC-Adresse zunächst in zwei 24-Bit-Bereiche unterteilt (Abbildung 7.34).

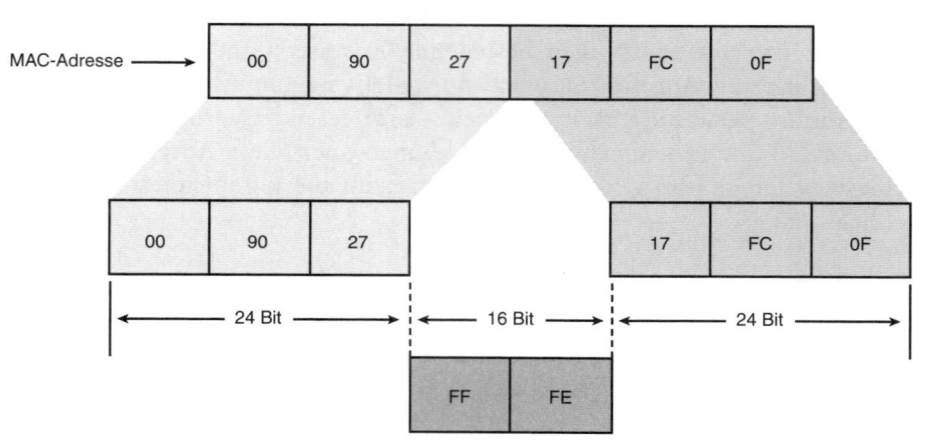

Abbildung 7.34: EUI-64-Schnittstellen-ID

Der 16-Bit-Wert 0xFFFE wird zwischen den beiden Hälften eingefügt, um so eine eindeutige Schnittstellen-ID mit einer Länge von 64 Bit zu erstellen.

Um eine IPv6-Adresse für eine Schnittstelle eines Cisco-Routers zu erstellen und die IPv6-Verarbeitung mit EUI-64 auf dieser Schnittstelle zu aktivieren, verwenden Sie den Befehl `ipv6 address` *ipv6-prefix/prefix-length* `eui-64` im Schnittstellenkonfigurationsmodus.

Listing 7.26 zeigt die Konfiguration einer EUI-64-Adresse für die Schnittstelle eines Cisco-Routers.

Listing 7.26: EUI-64-Adresse für Router-Schnittstelle konfigurieren

```
R2(config)# interface FastEthernet 0/0
R2(config-if)# ipv6 address 2001:DB8:2222:7272::72/64 eui-64
R2(config-if)#
```

Zustandslose Autokonfiguration

Die zustandslose Autokonfiguration konfiguriert die IPv6-Adresse automatisch. Bei IPv6 wird davon ausgegangen, dass Nicht-PC-Geräte wie auch Computerterminals an das Netzwerk angeschlossen werden. Der Autokonfigurationsmechanismus wurde eingeführt, um eine Plug & Play-Anbindung solcher Geräte an das Netzwerk zu ermöglichen und so den administrativen Overhead zu verringern.

Zustandsbezogenes DHCPv6

DHCPv6 ermöglicht DHCP-Servern die Weiterleitung von Konfigurationsparametern wie IPv6-Netzwerkadressen an die IPv6-Knoten. Das Protokoll bietet die Möglichkeit der automatischen Zuweisung wiederverwendbarer Netzwerkadressen und steigert so die Flexibilität bei der Konfiguration. Es handelt sich bei DHCPv6 um ein zustandsbezogenes Gegenstück zur zustandslosen Autokonfiguration von IPv6-Adressen nach RFC 2462. DHCPv6 kann separat oder parallel zur zustandslosen IPv6-Adressautokonfiguration eingesetzt werden, um Konfigurationsparameter abzurufen.

> **ANMERKUNG**
>
> Weitere Informationen zur IPv6-Adresszuweisung finden Sie auf *http://www.netbsd.org/docs/network/ipv6/*.

7.4.3 Strategien für die Umstellung auf IPv6

Bei der Umstellung von IPv4 ist es nicht erforderlich, Aktualisierungen aller Knoten gleichzeitig durchzuführen. Zahlreiche Umstellungsmechanismen ermöglichen vielmehr eine reibungslose Integration von IPv4 und IPv6. Zudem gibt es weitere Mechanismen, die IPv4-Knoten die Kommunikation mit IPv6-Knoten gestatten. Unterschiedliche Situationen erfordern verschiedene Strategien.

Zu den Umstellungsmechanismen gehören:

- Dual-Stack
- Manueller Tunnel
- 6to4-Tunnel
- ISATAP-Tunnel
- Teredo-Tunnel
- NAT-PT (NAT Protocol Translation)

Zur Erinnerung: Zur Umstellung setzen Sie möglichst Dual-Stack, im Bedarfsfall jedoch Tunneling ein. Diese beiden Methoden sind die meistverwendeten beim Umstieg von IPv4 auf IPv6.

Dual-Stack

Dual-Stack ist eine Integrationsmethode, bei der ein Knoten sowohl IPv4 als auch IPv6 implementiert und Verbindungen zu jedem dieser beiden Netzwerke erlaubt. Dies ist die empfohlene Option, die auch eine gleichzeitige

Ausführung von IPv4 und IPv6 gestattet. Router und Switches werden so konfiguriert, dass sie beide Protokolle unterstützen, wobei IPv6 das bevorzugte Protokoll ist.

Tunneling

Die zweite wichtige Umstiegstechnik ist das Tunneling. Es stehen hierbei diverse Ansätze zur Verfügung:

- **Manuelles IPv6-over-IPv4-Tunneling.** Ein IPv6-Paket wird im IPv4-Protokoll gekapselt. Bei dieser Methode sind Dual-Stack-Router erforderlich.

- **Dynamisches 6to4-Tunneling.** Beim dynamischen 6to4-Tunneling stellen IPv6-»Inseln« automatisch Verbindungen über ein IPv4-Netzwerk – meist das Internet – her. Hierbei wird dynamisch ein gültiges eindeutiges IPv6-Präfix für jede IPv6-Insel genutzt, was die schnelle Bereitstellung von IPv6 in einem Unternehmensnetzwerk ermöglicht, ohne dass Adressen bei Providern oder Registrierungsstellen angefordert werden müssten.

Weitere, weniger verbreitete Tunneling-Ansätze, die auch nicht Gegenstand dieses Kurses sind, sind die folgenden:

- **ISATAP-Tunneling (Intra-Site Automatic Tunnel Addressing Protocol).** Ein automatischer Tunneling-Mechanismus nach einem Schichtprinzip, bei dem das zugrunde liegende IPv4-Netzwerk als Sicherungsschicht für IPv6 genutzt wird. ISATAP-Tunnel ermöglichen einzelnen IPv4- oder IPv6-Dual-Stack-Hosts an einem Standort die Kommunikation mit anderen derartigen Hosts über eine virtuelle Verbindung, das heißt, es entsteht ein IPv6-Netzwerk auf der Basis einer IPv4-Infrastruktur.

- **Teredo-Tunneling.** Dies ist ein Umstiegsansatz, der automatisches Tunneling zwischen Hosts anstelle eines Gateway-basierten Tunnels ermöglicht. Hierbei werden IPv6-Unicast-Daten weitergeleitet, falls Dual-Stack-Hosts (d. h. Hosts, auf denen sowohl IPv6 als auch IPv4 ausgeführt wird) sich hinter einer oder mehreren IPv4-NATs befinden.

NAT-PT

Release 12.3(2)T und höher der Cisco IOS-Software enthalten – sofern mit dem entsprechenden Feature-Set gewählt – auch NAT-PT zwischen IPv6 und IPv4. Diese Protokollübersetzung gestattet eine direkte Kommunikation zwischen Hosts, die unterschiedliche Versionen des IP-Protokolls verwenden. Dabei sind die Übersetzungen komplexer als bei IPv4-NAT. Zum Zeitpunkt der Abfassung dieses Buches gilt diese Übersetzungsvariante als der am wenigsten attraktive Migrationsansatz und sollte nur verwendet werden, falls alle anderen Möglichkeiten ausfallen.

7.4.4 Dual-Stack in Cisco IOS

Dual-Stack ist eine Integrationsmethode, bei der ein Knoten Verbindungen sowohl zu einem IPv4- als auch zu einem IPv6-Netzwerk aufbauen kann. Ein solcher Knoten verfügt über zwei Protokollstapel, die auf einer oder mehreren Schnittstellen konfiguriert sein können (Abbildung 7.35).

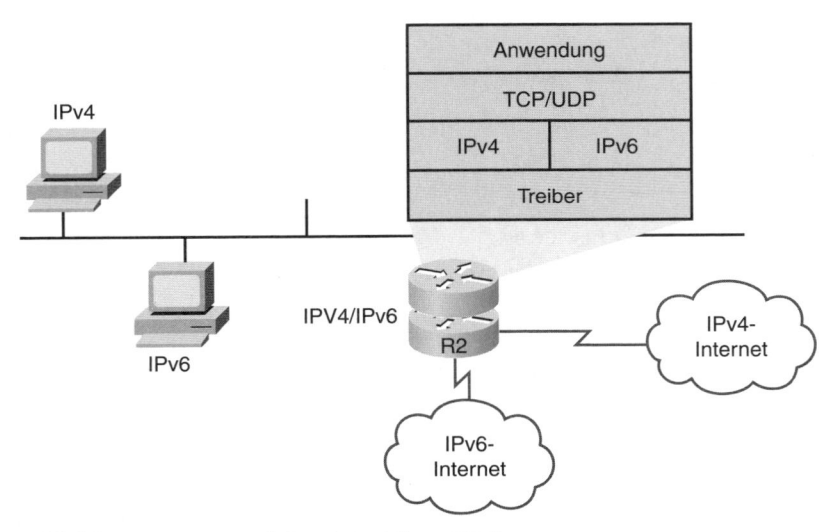

Abbildung 7.35: Dual-Stack in Cisco IOS

Das Dual-Stack-Prinzip mit IPv4- und IPv6-Stapeln auf demselben Knoten wird voraussichtlich der bevorzugte Mechanismus zur IPv6-Integration sein. Ein Dual-Stack-Knoten wählt basierend auf der Zieladresse des Pakets aus, welchen Stapel er verwenden muss. Im Zweifelsfall zieht er IPv6 vor. Herkömmliche IPv4-Anwendungen können dabei wie gewohnt weiterlaufen, neue oder angepasste Anwendungen hingegen können die Vorteile beider IP-Varianten nutzen.

Eine neue API (Application Programming Interface, Anwendungsprogrammierschnittstelle) wurde definiert, die IPv4- und IPv6-Adressen sowie DNS-Anfragen unterstützt. Eine API ermöglicht den Austausch von Nachrichten oder Daten zwischen zwei oder mehr unterschiedlichen Softwareanwendungen. Ein Beispiel für eine API ist die virtuelle Schnittstelle zwischen zwei Softwarefunktionen, z. B. einem Textverarbeitungsprogramm und einer Tabellenkalkulation. Die API wird in Softwareanwendungen integriert, um

IPv4 in IPv6 und umgekehrt zu übersetzen. Neue Anwendungen können sowohl IPv4 als auch IPv6 verwenden.

Erfahrungen bei der Portierung von IPv4-Anwendungen auf IPv6 legen nahe, dass bei den meisten Anwendungen minimale Änderungen an einigen wenigen Stellen im Quellcode erforderlich sein werden. Diese Technik ist bekannt und wurde in der Vergangenheit auch für andere Protokollumstellungen verwendet. Sie ermöglicht schrittweise Upgrades von Anwendungen auf IPv6.

Abbildung 7.36 zeigt einen Dual-Stack-Router.

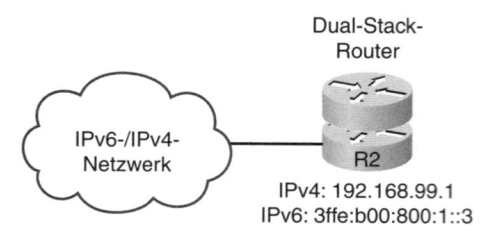

Abbildung 7.36: Dual-Stack-Router

Wenn auf einer Schnittstelle sowohl IPv4 als auch IPv6 konfiguriert sind, handelt es sich um eine Dual-Stack-Schnittstelle.

Release 12.2(2)T und höher der Cisco IOS-Software – sofern mit dem entsprechenden Feature-Set gewählt – unterstützen IPv6. Sobald Sie IPv4 und IPv6 auf der Schnittstelle konfigurieren, wird diese zur Dual-Stack-Schnittstelle und leitet IPv4- und IPv6-Daten weiter.

Die Verwendung von IPv6 auf einem Router unter Cisco IOS erfordert die Eingabe des Befehls `ipv6 unicast-routing` im globalen Konfigurationsmodus. Dieser Befehl aktiviert die Weiterleitung von IPv6-Datagrammen.

Für jede Schnittstelle, die IPv6-Daten weiterleitet, muss eine IPv6-Adresse konfiguriert werden. Hierzu verwenden Sie den Befehl `ipv6 address IPv6-address [/prefix length]` im Schnittstellenkonfigurationsmodus.

Listing 7.27 konfiguriert eine IPv4- und eine IPv6-Adresse auf dem in Abbildung 7.36 gezeigten Router.

Listing 7.27: Dual-Stack-Konfiguration

```
R2(config)# ipv6 unicast-routing
R2(config)# interface FastEthernet 0/0
R2(config-if)# ip address 192.168.99.1 255.255.255.0
R2(config-if)# ipv6 address 3ffe:b00:800:1::3
R2(config-if)#
```

7.4.5 IPv6-Tunneling

Tunneling (Abbildung 7.37) ist eine Integrationsmethode, bei der ein IPv6-Paket in ein anderes Protokoll – z. B. IPv4 – gekapselt wird. Diese Methode ermöglicht die Anbindung von IPv6-Inseln, ohne die zwischengeschalteten Netzwerke auf IPv6 umstellen zu müssen. Wenn IPv4 zur Kapselung des IPv6-Pakets verwendet wird, wird der Protokolltyp 41 im IPv4-Header angegeben, und das Paket umfasst einen 20 Byte langen IPv4-Header ohne Optionen, einen IPv6-Header sowie die Nutzlast.

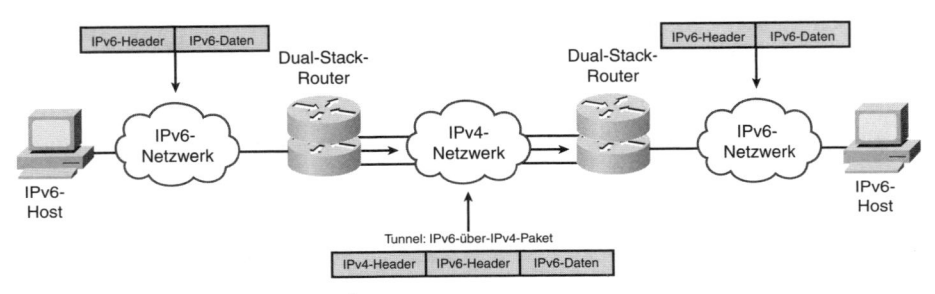

Abbildung 7.37: IPv6-Tunneling

ANMERKUNG

Bei dieser Methode sind Dual-Stack-Router erforderlich.

Das Tunneling weist allerdings zwei Probleme auf. Zunächst einmal wird die MTU (Maximum Transmission Unit) effektiv um 20 Oktette verringert, wenn der IPv4-Header keine optionalen Felder enthält. Außerdem gestaltet sich das Troubleshooting eines getunnelten Netzwerks häufig recht schwierig.

ANMERKUNG

Das Tunneling ist nur als Zwischenlösung für die Integration von und die Umstellung auf IPv6 zu betrachten, nicht jedoch als endgültige Lösung. Das Ziel sollte eine native IPv6-Architektur sein.

IPv6-Tunnel manuell konfigurieren

Ein manuell konfigurierter Tunnel entspricht einer Standleitung zwischen zwei IPv6-Domänen über einen IPv4-Backbone. Der wesentliche Einsatzzweck besteht in der Einrichtung stabiler Verbindungen, wie sie für die sichere Kommunikation zwischen zwei Edge-Routern oder einem Endsystem und einem Edge-Router erforderlich sind, oder von Verbindungen mit

IPv6-Remote-Netzwerken. Die Router müssen Dual-Stack-Systeme sein, und die Konfiguration darf sich nicht dynamisch anpassen, wenn Änderungen im Netzwerk oder beim Routing auftreten.

Administratoren konfigurieren manuell eine statische IPv6-Adresse auf einer Tunnelschnittstelle und weisen dann Absender und Empfänger des Tunnels manuell konfigurierte statische IPv4-Adressen zu. Der Host oder Router am Ende eines konfigurierten Tunnels muss sowohl den IPv4- als auch den IPv6-Protokollstapel unterstützen. Manuell konfigurierte Tunnel können zwischen Border-Routern oder zwischen einem Border-Router und einem Host eingerichtet werden. Konfigurierte Tunnel benötigen Dual-Stacking und konfigurierte IPv4- und IPv6-Adressen an beiden Enden (Abbildung 7.38).

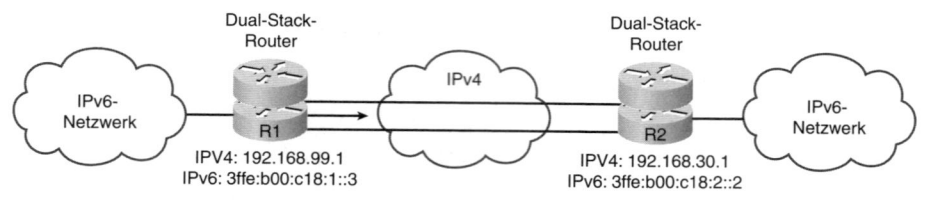

Abbildung 7.38: IPv6-Tunnel manuell konfigurieren

7.4.6 Routing-Konfigurationen mit IPv6

Wie IPv4-CIDR (Classless Interdomain Routing) arbeitet IPv6 beim Routing mit dem längsten übereinstimmenden Präfix. IPv6 verwendet angepasste Versionen der gängigsten Routing-Protokolle, um die längeren IPv6-Adressen und die unterschiedlichen Header-Strukturen verarbeiten zu können.

Größere Adressräume gestatten die Zuweisung von mehr Adressen an Organisationen und Internetprovider. Ein Provider fasst alle Präfixe seiner Kunden zu einem einzelnen Präfix zusammen und gibt dieses dann im IPv6-Internet bekannt. Der Adressraum ist dabei ausreichend groß, um Organisationen die Definition eines einzelnen Präfixes für ihr gesamtes Netzwerk zu ermöglichen.

Wie aber wirkt sich dies auf die Router-Leistung aus? Eine kurze Wiederholung der Funktionsweise eines Routers in einem Netzwerk zeigt uns die Folgen von IPv6 für das Routing. Konzeptionell hat ein Router drei Funktionsbereiche:

- Die Steuerungsebene (engl. *Control Plane*) verwaltet die Interaktion des Routers mit den anderen Elementen im Netzwerk, sofern die zur Entscheidungsfindung und zur Steuerung des gesamten Router-Betriebs erforderlichen Daten vorhanden sind. Diese Ebene führt Prozesse wie beispielsweise Routing-Protokolle und Netzmanagement aus. Die Funktionen sind in der Regel relativ komplex.

- Die Datenebene (engl. *Data Plane*) verwaltet die Paketweiterleitung von einer physischen Schnittstelle zur nächsten. Sie umfasst Switching-Mechanismen wie das Prozess-Switching und CEF (Cisco Express Forwarding) auf Routern unter Cisco IOS.

- Erweiterte Dienste bieten fortgeschrittene Funktionen, die bei der Weiterleitung von Daten angewendet werden: Paketfilter, QoS (Quality of Service, Dienstgüte), Verschlüsselung, Übersetzung und Accounting.

IPv6 stellt für alle diese Funktionen eine neue Herausforderung dar – Abbildung 7.39 zeigt dies.

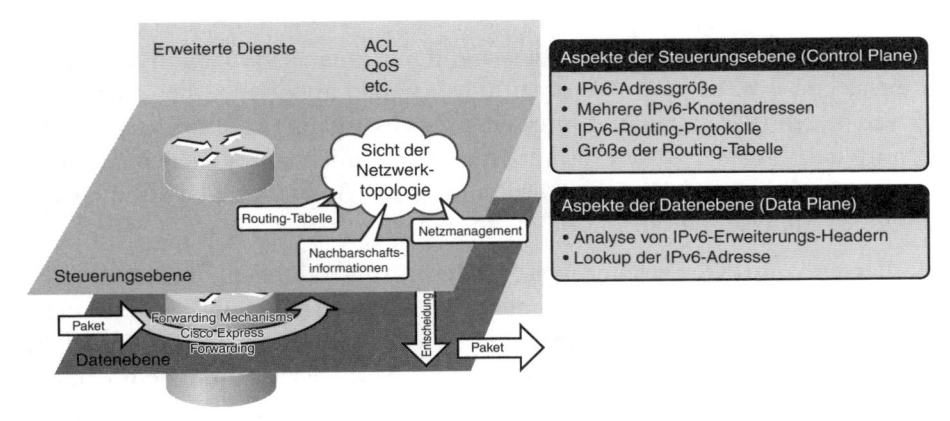

Abbildung 7.39: Aspekte des IPv6-Routings

Die IPv6-Steuerungsebene

Die Aktivierung von IPv6 auf einem Router startet die Betriebsprozesse seiner Steuerungsebene spezifisch für IPv6. Die Protokolleigenschaften formulieren die Leistungsfähigkeit dieser Prozesse und den Umfang der Ressourcen, die für den Betrieb erforderlich sind:

- **IPv6-Adresslänge.** Die Adresslänge hat Auswirkungen auf die Datenverarbeitungsfunktionen eines Routers. Systeme mit einer 64-Bit-CPU, -Bus oder -Speicherstruktur können die IPv4-Absender- und die IPv4-Zieladresse in einem einzigen Verarbeitungszyklus übergeben; bei IPv6 sind für Absender- und Zieladresse jeweils zwei Zyklen erforderlich, das heißt, es werden insgesamt vier Zyklen benötigt. Infolgedessen arbeiten Router, die ausschließlich auf eine Softwareverarbeitung angewiesen sind, mit IPv6 wahrscheinlich langsamer als in einer IPv4-Umgebung.

- **Mehrere IPv6-Knotenadressen.** Die Tatsache, dass IPv6-Knoten mehrere IPv6-Unicast-Adressen verwenden können, kann sich auf den Speicherverbrauch des Neighbor-Discovery-Cache auswirken.

- **IPv6-Routing-Protokolle.** IPv6-Routing-Protokolle ähneln im Grunde genommen ihren IPv4-Gegenstücken. Weil aber ein IPv6-Präfix viermal länger ist als ein IPv4-Präfix, müssen Routing-Updates mehr Informationen übertragen.

- **Größe der Routing-Tabelle.** Der vergrößerte IPv6-Adressraum führt zu größeren Netzwerken und einem wesentlich größeren Internet. Hiermit einhergehen größere Routing-Tabellen und höhere Speicheranforderungen zu ihrer Unterstützung.

Die IPv6-Datenebene

Die Datenebene leitet IP-Pakete basierend auf Entscheidungen in der Steuerungsebene weiter. Die Weiterleitungs-Engine analysiert die relevanten Daten in den IP-Paketen und führt einen Suchvorgang (Lookup) aus, um die ermittelten Daten mit den Weiterleitungsrichtlinien abzugleichen, die von der Steuerungsebene definiert wurden. IPv6 hat Auswirkungen auf die Leistung des Analyse- und des Lookup-Vorgangs:

- **Parsen von IPv6-Erweiterungs-Headern.** Anwendungen – darunter auch mobiles IPv6 – verwenden häufig IPv6-Adressdaten in Erweiterungs-Headern und erhöhen dadurch deren Größe. Diese zusätzlichen Felder erfordern eine zusätzliche Verarbeitung. Beispielsweise muss ein Router, der ACLs zur Filterung von IPv4-Daten einsetzt, diese sowohl auf Pakete mit als auch auf solche ohne Erweiterungs-Header anwenden. Wenn die Länge des Erweiterungs-Headers die feste Länge des Hardwareregisters des Routers übersteigt, schlägt das Hardware-Switching fehl – Pakete sind auf das Software-Switching angewiesen oder werden verworfen. Dies beeinträchtigt die Performance des Routers bei der Weiterleitung ganz erheblich.

- **IPv6-Adress-Lookup.** Zur Ermittlung der passenden Ausgangsschnittstelle führt IPv6 einen Lookup für Pakete durch, die vom Router empfangen werden. Bei IPv4 muss zur Findung der Weiterleitungsentscheidung eine 32 Bit lange Zieladresse analysiert werden, bei IPv6 hingegen kann die Weiterleitungsentscheidung die Analyse einer 128 Bit langen Zieladresse erforderlich machen. Die meisten Router führen Lookups heutzutage mit einem ASIC (Application-Specific Integrated Circuit) mit Festkonfiguration durch. Dieser führt die Funktionen aus, für die er ursprünglich entwickelt worden war – nämlich IPv4. Auch hier kann dies die Übergabe von Paketen an die langsamere Softwareverarbeitung oder ihr Verwerfen zur Folge haben.

RIPng

IPv6-Routen verwenden dieselben Routing-Protokolle und -Methoden wie IPv4. Zwar sind die Adressen länger, doch stellen die beim IPv6-Routing verwendeten Protokolle lediglich logische Erweiterungen der IPv4-Protokolle dar.

RFC 2080 definiert RIPng (Routing Information Protocol Next-Generation) als einfaches, auf RIP basierendes Routing-Protokoll. RIPng ist nicht stärker oder schwächer als RIP, sondern stellt eine einfache Möglichkeit bereit, ein IPv6-Netzwerk zu konfigurieren, ohne ein neues Routing-Protokoll entwickeln zu müssen.

RIPng ist ein Distanzvektor-Routing-Protokoll mit einem Limit von 15 Hops, das Split-Horizon und Poison-Reverse-Updates zur Verhinderung von Routing-Schleifen einsetzt. Seine Einfachheit basiert auf der Tatsache, dass es kein globales Wissen über das Netzwerk benötigt: Nur benachbarte Router tauschen lokale Nachrichten aus.

RIPng weist die folgenden Eigenschaften auf:

- Es basiert auf IPv4-RIPv2 und ähnelt RIPv2 auch.
- Es verwendet IPv6 für den Transport.
- Es enthält das IPv6-Präfix und die IPv6-Adresse des nächsten Hops.
- Es verwendet die Multicast-Gruppe FF02::9 als Zieladresse für RIP-Updates. (Dies ähnelt der von RIPv2 in IPv4 durchgeführten Multicast-Funktion.)
- Es sendet Updates über den UDP-Port 521.
- Es wird vom Cisco IOS ab Release 12.2(2)T unterstützt.

In Dual-Stack-Umgebungen sind sowohl RIP als auch RIPng erforderlich.

7.4.7 IPv6-Adressen konfigurieren

Zur Aktivierung von IPv6 auf einem Router sind zwei grundlegende Schritte erforderlich: Zunächst müssen Sie die Weiterleitung von IPv6-Daten auf dem Router aktivieren, und dann müssen Sie alle Schnittstellen konfigurieren, die IPv6 benötigen.

IPv6 auf Cisco-Routern aktivieren

Standardmäßig ist die IPv6-Weiterleitung auf Cisco-Routern deaktiviert. Um sie zwischen den Schnittstellen zu aktivieren, müssen Sie den Befehl `ipv6 unicast-routing` im globalen Konfigurationsmodus eingeben.

Mit dem Befehl `ipv6 address` können Sie eine globale IPv6-Adresse konfigurieren. Die Link-Local-Adresse wird automatisch konfiguriert, sobald der Schnittstelle eine Adresse zugewiesen wird. Sie müssen die vollständige 128-Bit-IPv6-Adresse angeben oder die Verwendung des 64-Bit-Präfixes mithilfe der Option `eui-64` festlegen.

Tabelle 7.11 fasst die beiden Befehle zusammen.

Tabelle 7.11: IPv6 auf Cisco-Routern aktivieren

Befehl	Beschreibung
RouterX(config)# **ipv6 unicast-routing**	Aktiviert die IPv6-Datenweiterleitung (Routing).
RouterX(config-if)# **ipv6 address** *ipv6prefix/prefix-length* **eui-64**	Konfiguriert die IPv6-Adressen für Schnittstellen.

Beispiel zur IPv6-Adresskonfiguration

Sie können die IPv6-Adresse vollständig angeben oder die Hostkennung (die rechten 64 Bits) aus der EUI-64-ID der Schnittstelle berechnen lassen.

In Listing 7.28 wird der Router R2 so konfiguriert, dass er IPv6-Dienste auf der Schnittstelle FastEthernet 0/0 mithilfe einer IPv6-Adresse im EUI-64-Format vermittelt.

Listing 7.28: Beispiel zur IPv6-Adresskonfiguration

```
R2(config)# ipv6 unicast-routing
R2(config)# interface FastEthernet 0/0
R2(config-if)# ipv6 add 2001:db8:c18:1::/64 eui-64
R2(config-if)# no shut
R2(config-if)#
*Dec 18 11:34:30.519: %LINK-3-UPDOWN: Interface FastEthernet0/0, changed state to up
*Dec 18 11:34:31.519: %LINEPROTO-5-UPDOWN: Line protocol on Interface FastEthernet0/0, changed state to up
R2(config-if)# end
R2#
```

Betrachten Sie zur Überprüfung der Konfiguration nun Listing 7.29.

Listing 7.29: IPv6-Adresskonfiguration überprüfen

```
R2# show interface fastethernet 0/0

FastEthernet0/0 is up, line protocol is up
  Hardware is MV96340 Ethernet, address is 000a.b802.d000 (bia 000a.b802.d000)
  MTU 1500 bytes, BW 100000 Kbit, DLY 100 usec,
     reliability 255/255, txload 1/255, rxload 1/255
  Encapsulation ARPA, loopback not set
  Keepalive set (10 sec)
<Ausgabe unterdrückt>


R2# show ipv6 interface fastEthernet 0/0

FastEthernet0/0 is up, line protocol is up
  IPv6 is enabled, link-local address is FE80::20A:B8FF:FE02:D000
  No Virtual link-local address(es):
  Global unicast address(es):
    2001:DB8:C18:1:20A:B8FF:FE02:D000, subnet is 2001:DB8:C18:1::/64 [EUI]
  Joined group address(es):
    FF02::1
    FF02::2
    FF02::1:FF02:D000
  MTU is 1500 bytes
<Ausgabe unterdrückt>
```

Der Befehl show interface zeigt die MAC-Adresse der Schnittstelle Fast Ethernet 0/0. Der Befehl show ipv6 interface überprüft, ob das EUI-64-Format angewendet wurde. Die Konfiguration einer IPv6-Adresse auf einer Schnittstelle führt automatisch zur Konfiguration der Link-Local-Adresse.

Beachten Sie, dass der 16-Bit-Wert FFFE in die MAC-Adresse eingefügt wurde. Während die MAC-Adresse mit dem Hexadezimalwert 000a.b8 beginnt, steht am Anfang des EUI-64-Teils der neuen IPv6-Adresse 20A:B8. Ursache hierfür ist ein spezielles Bit in der IPv6-Adresse: das U/L-Bit (Universal/Local). Die Änderung ist erforderlich, um anzugeben, dass diese IPv6-Adresse mithilfe von EUI-64 erstellt und nicht manuell konfiguriert wurde.

ANMERKUNG

> Das U/L-Bit ist nicht Gegenstand dieses Kurses. Es wird im Kurs »CCNP Building Scalable Internetworks« behandelt.

Alternativ können Sie die gesamte IPv6-Adresse für eine Router-Schnittstelle auch manuell angeben. Hierzu müssen Sie den Befehl `ipv6 address ipv6-address/prefix-length` im Schnittstellenkonfigurationsmodus verwenden.

IPv6-Namensauflösung unter Cisco IOS

Wie bei IPv4 gibt es auch bei IPv6 zwei Möglichkeiten, die Namensauflösung im Cisco IOS durchzuführen. Tabelle 7.12 beschreibt sie.

Tabelle 7.12: IPv6-Namensauflösung unter Cisco IOS

Befehl	Beispiel	Beschreibung
`RouterX(config)# ipv6 host name [port] ipv6-address1 [ipv6-address2... ipv6-address4]`	`R2(config)# ipv6 host R1 3ffe:b00:ffff:b::1`	Definiert einen statischen Namen für IPv6-Adressen. Sie können bis zu vier IPv6-Adressen für denselben Hostnamen definieren. Die Option *port* bezeichnet den Telnet-Port, der für den zugehörigen Host verwendet wird.
`RouterX(config)# ip name-server address`	`R2(config)# ip name-server 3ffe:b00:ffff:1::10`	Gibt den oder die vom Router verwendeten DNS-Server an. Bei der Adresse kann es sich um eine IPv4- oder eine IPv6-Adresse handeln. Sie können mit diesem Befehl bis zu sechs DNS-Server angeben.

7.4.8 RIPng mit IPv6 konfigurieren

Wenn Sie unterstützte Routing-Protokolle in IPv6 konfigurieren, müssen Sie den Routing-Prozess starten und auf den Schnittstellen aktivieren und das Routing-Protokoll an Ihr spezielles Netzwerk anpassen.

Bevor Sie den Router für die Ausführung von IPv6-RIP konfigurieren, aktivieren Sie IPv6 global mit dem Befehl `ipv6 unicast-routing` im globalen Konfigurationsmodus. Danach aktivieren Sie IPv6 auf allen Schnittstellen, auf denen auch IPv6-RIP aktiviert werden soll.

Um das RIPng-Routing auf dem Router zu aktivieren, geben Sie den globalen Konfigurationsbefehl `ipv6 router rip name` ein. Der Parameter *name* bezeichnet den RIP-Prozess. Dieser Prozessname wird später benötigt, wenn Sie RIPng auf den beteiligten Schnittstellen konfigurieren.

Bei RIPng geben Sie allerdings nicht mit dem Befehl `network` an, auf welchen Schnittstellen RIPng ausgeführt werden soll, sondern aktivieren das Protokoll mit dem Befehl `ipv6 rip name enable` im Schnittstellenkonfigurationsmodus für eine bestimmte Schnittstelle. Der Parameter *name* muss dabei dem Parameter *name* des vorherigen `ipv6 router rip`-Befehls entsprechen.

Die Aktivierung von RIP auf einer Schnittstelle erstellt bei Bedarf dynamisch einen »Router-RIP-Prozess«.

Tabelle 7.13 fasst die beiden Befehle zusammen.

Tabelle 7.13: Cisco RIPng für IPv6

Befehl	Beschreibung
RouterX(config)# **ipv6 router rip** *name*	Aktiviert RIPng und wechselt in den Router-Konfigurationsmodus.
RouterX(config-if)# **ipv6 rip** *name* **enable**	Konfiguriert RIP auf einer Schnittstelle.

RIPng für IPv6 konfigurieren (Beispiel)

Betrachten Sie die Beispieltopologie in Abbildung 7.40.

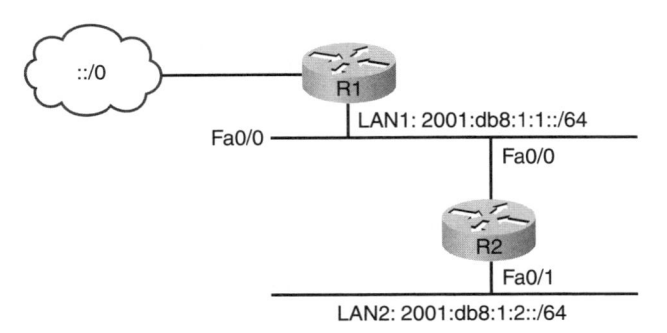

Abbildung 7.40: IPv6-Beispieltopologie

Abbildung 7.40 zeigt ein Netzwerk mit zwei Routern. Router R1 ist mit dem Netzwerk des Internetproviders verbunden. Listing 7.30 zeigt die Konfigurationen der Router R1 und R2.

Listing 7.30: IPv6-Konfiguration der Router R1 und R2

```
R1(config)# ipv6 unicast-routing
R1(config)# ipv6 router rip RT0
R1(config)# interface FastEthernet 0/0
R1(config-if)# ipv6 address 2001:db8:1:1:;/64 eui-64
R1(config-if)# ipv6 rip RT0 enable
R1(config-if)#
```

Listing 7.30: IPv6-Konfiguration der Router R1 und R2 (Forts.)

```
R2(config)# ipv6 unicast-routing
R2(config)# ipv6 router rip RT0
R2(config)# interface FastEthernet 0/0
R2(config-if)# ipv6 address 2001:db8:1:1::/64 eui-64
R2(config-if)# ipv6 rip RT0 enable
R2(config-if)# interface FastEthernet 0/1
R2(config-if)# ipv6 address 2001:db8:1:2::/64 eui-64
R2(config-if)# ipv6 rip RT0 enable
R2(config-if)#
```

Auf beiden Routern bezeichnet der Name RT0 den RIPng-Prozess. RIPng wird auf der ersten Fast Ethernet-Schnittstelle auf dem Router R1 sowie auf beiden Fast Ethernet-Schnittstellen auf R2 aktiviert.

Diese Konfiguration gestattet es den Schnittstellen Fast Ethernet 0/1 auf dem Router R2 und Ethernet 0 auf beiden Routern, RIPng-Routing-Daten auszutauschen.

Überprüfung und Troubleshooting für IPv6

Nach der Konfiguration von RIPng ist eine Überprüfung angezeigt. Tabelle 7.14 zeigt die verschiedenen show-Befehle, die Sie zur Kontrolle verwenden können.

Tabelle 7.14: RIPng überprüfen

Befehl	Beschreibung
show ipv6 interface	Zeigt den Status der Schnittstellen an, die für IPv6 konfiguriert sind.
show ipv6 interface brief	Zeigt den Status der Schnittstellen, die für IPv6 konfiguriert sind, als Zusammenfassung an.
show ipv6 neighbors	Zeigt Informationen aus dem IPv6-Neighbor-Discovery-Cache an.
show ipv6 protocols	Zeigt die Parameter und den aktuellen Status der aktiven IPv6-Routing-Protokolle an.
show ipv6 rip	Zeigt Informationen zu den aktuellen IPv6-RIP-Prozessen an.
show ipv6 route	Zeigt die aktuelle IPv6-Routing-Tabelle an.
show ipv6 route summary	Zeigt die aktuelle IPv6-Routing-Tabelle als Zusammenfassung an.

Tabelle 7.14: RIPng überprüfen (Forts.)

Befehl	Beschreibung
`show ipv6 routers`	Zeigt IPv6-Router-Advertisement-Informationen an, die von anderen Routern empfangen wurden.
`show ipv6 static`	Zeigt nur statische IPv6-Routen an, die in der Routing-Tabelle installiert sind.
`show ipv6 static 2001:db8:5555:0/16`	Zeigt nur statische Routeninformationen zur angegebenen Adresse an.
`show ipv6 static interface serial 0/0`	Zeigt nur statische Routeninformationen mit der spezifizierten Adresse als ausgehende Schnittstelle an.
`show ipv6 static detail`	Zeigt einen ausführlichen Eintrag für statische IPv6-Routen an.
`show ipv6 traffic`	Zeigt Statistiken zu übertragenen IPv6-Daten an.

Wenn Sie bei der Überprüfung feststellen, dass RIPng nicht einwandfrei arbeitet, müssen Sie ein Troubleshooting durchführen. Tabelle 7.15 zeigt die verschiedenen Befehle, die Sie hierzu verwenden können.

Tabelle 7.15: RIPng-Troubleshooting

Befehl	Beschreibung
`clear ipv6 rip`	Löscht Routen aus der IPv6-RIP-Routing-Tabelle sowie – falls vorhanden – aus der IPv6-Routing-Tabelle.
`clear ipv6 route*`	Löscht alle Routen aus der IPv6-Routing-Tabelle.
`clear ipv6 route 2001:db8:c18:3::/64`	Löscht die angegebene Route aus der IPv6-Routing-Tabelle.
`clear ipv6 traffic`	Setzt die IPv6-Datenzähler zurück.
`debug ipv6 packet`	Zeigt Debug-Nachrichten für IPv6-Pakete an.
`debug ipv6 rip`	Zeigt Debug-Nachrichten für IPv6-Routing-Transaktionen an.
`debug ipv6 routing`	Zeigt Debug-Nachrichten für Updates der IPv6-Routing-Tabelle und des Routen-Cache an.

* Das Löschen aller Routen aus der Routing-Tabelle kann zu einer hohen Prozessorauslastung führen, da die Routing-Tabelle in diesem Fall neu erstellt wird.

7.5 Zusammenfassung

In diesem Kapitel haben wir die wichtigsten Lösungen für das Problem der Adressraumverknappung im Internet beschrieben. Sie haben gelernt, wie Sie mit DHCP private IP-Adressen in Ihrem Netzwerk zuweisen. Hierdurch wird öffentlicher Adressraum und beträchtlicher administrativer Overhead beim Hinzufügen, Entfernen oder Ändern von Adressen im Netzwerk eingespart. Sie wissen nun, wie Sie NAT und NAT-Overloading zum Einsparen öffentlichen Adressraumes und zum Erstellen sicherer privater Intranets verwenden, ohne Ihre Internetverbindung zu beeinträchtigen. Allerdings weist NAT auch Nachteile in Bezug auf den Durchsatz, die Mobilität und die Ende-zu-Ende-Konnektivität auf.

Um Netzwerke auf zukünftige Anforderungen skalieren zu können, müssen quasi uneingeschränkt viele IP-Adressen zur Verfügung stehen, und es muss ein Ausmaß an Mobilität verfügbar sein, dass DHCP und NAT alleine nicht mehr unterstützen können. IPv6 erfüllt im Gegensatz zu IPv4 diese zunehmend komplexeren Anforderungen der hierarchischen Adressierung. Das Aufkommen von IPv6 hat nicht nur mit den zur Neige gehenden IPv4-Adressen und den Nachteilen von NAT zu tun, sondern bietet auch neue und verbesserte Funktionen. In der kurzen Einführung, die Sie in diesem Kapitel zu IPv6 erhalten haben, haben Sie erfahren, wie IPv6-Adressen strukturiert sind und Sicherheit und Mobilität im Netzwerk verbessern. Außerdem haben Sie erfahren, wie der Umstieg von IPv4 auf IPv6 erfolgen wird.

7.6 Übungen

Die Aktivitäten und Übungen im Begleitbuch »Accessing the WAN, CCNA Exploration Labs and Study Guide« (ISBN 978-1-58713-201-8) ermöglichen ein praxisbezogenes Üben der folgenden in diesem Kapitel vorgestellten Themen:

Übung 7.1: Einfache DHCP- und NAT-Konfiguration (7.4.1)

In dieser Übung konfigurieren Sie die DHCP- und NAT-IP-Dienste. Ein Router ist der DHCP-Server, der andere leitet DHCP-Anfragen an den Server weiter. Zudem erstellen Sie statische und dynamische NAT-Konfigurationen einschließlich NAT-Overload. Wenn Sie die Konfigurationen fertig gestellt haben, überprüfen Sie die Konnektivität zwischen internen und externen Adressen.

Übung 7.2: Fortgeschrittene DHCP- und NAT-Konfiguration (7.4.2)

In dieser Übung konfigurieren Sie die IP-Adressdienste anhand des im Topologiediagramm gezeigten Netzwerks. Falls Sie Hilfe benötigen, finden Sie weitere Informationen in der Übung »Grundlegende DHCP- und NAT-Konfiguration«. Probieren Sie dennoch, so viel wie möglich ohne Hilfe zu bearbeiten.

Übung 7.3: DHCP- und NAT-Troubleshooting (7.4.3)

Die Router in Ihrem Unternehmen wurden von einem unerfahrenen Netzwerkadministrator konfiguriert. Verschiedene Fehler in der Konfiguration haben nun Konnektivitätsprobleme zur Folge. Ihr Vorgesetzter hat Sie gebeten, diese Fehler zu diagnostizieren und zu beheben und Ihre Arbeit zu dokumentieren. Suchen und beheben Sie die Fehler auf der Basis Ihrer Kenntnisse zu DHCP und NAT und unter Verwendung von Standardtestmethoden. Stellen Sie sicher, dass alle Clients volle Konnektivität aufweisen.

Viele Praxisübungen enthalten Aktivitäten mit Packet Tracer, in denen Sie diese Software zur Simulation der Übung verwenden können. Suchen Sie im Labs and Study Guide nach Praxisübungen mit Packet Tracer Companion.

7.7 Lernzielkontrolle

Beantworten Sie die folgenden Fragen, um Ihren Kenntnisstand bezüglich der in diesem Kapitel beschriebenen Themen und Konzepte zu überprüfen. Die Antworten finden Sie in Anhang A, »Antworten zu den Lernzielkontrollen und weiterführenden Fragen«.

1. Welche Aussagen zu DHCP-Serverfunktionen sind zutreffend? Wählen Sie zwei Antworten aus.

   a) Wenn ein Client eine IP-Adresse anfordert, durchsucht der DHCP-Server die Binding-Tabelle nach einem Eintrag, der der MAC-Adresse des Clients entspricht. Ist ein Eintrag vorhanden, so wird die ihm zugeordnete IP-Adresse an den Client zurückgegeben.

   b) Clients können für eine bestimmte festgelegte Zeitdauer eine IP-Adresse aus einem vordefinierten DHCP-Pool erhalten.

   c) DHCP-Dienste müssen auf einem dedizierten Netzwerkserver installiert werden, um den IP-Adresspool zu definieren, der dann dem Client zur Verfügung gestellt wird.

   d) Der DHCP-Server kann nur für ein bestimmtes Subnetz Anfragen beantworten und IP-Adressen zuweisen.

   e) Jedes Subnetz im Netzwerk benötigt einen dedizierten DHCP-Server, um IP-Adressen an Hosts im Subnetz zuweisen zu können.

   f) DHCP übergibt Clients eine IP-Adresse, eine Subnetzmaske, ein Default-Gateway und einen Domänennamen.

2. Betrachten Sie die folgende Konfiguration:

   R1(config)# **ip dhcp pool 10.10.10.0**

   Was gibt der auf den Befehl ip dhcp pool folgende String 10.10.10.0 an?

   a) Den Namen des DHCP-Pools

   b) Den Pool der verfügbaren IP-Adressen

   c) Den Bereich der ausgeschlossenen IP-Adressen

   d) Das IP-Subnetz, in dem der DHCP-Server sich befindet

3. Welche Aussagen zu DHCP sind zutreffend? Wählen Sie drei Antworten aus.

   a) DHCP-Nachrichten verwenden UDP als Transportprotokoll.

   b) Die DHCPOFFER-Nachricht wird vom DHCP-Server gesendet, nachdem er von einem Client eine DHCPDISCOVER-Nachricht erhalten hat.

   c) DHCP verwendet die Ports 67 und 68.

   d) Die DHCPREQUEST-Nachricht wird von einem DHCP-Client gesendet, um einen DHCP-Server zu finden.

   e) Die DHCPACK-Nachricht wird vom DHCP-Server gesendet, um dem DHCP-Client die MAC-Adresse des Servers für die weitere Kommunikation mitzuteilen.

   f) Die gesamte DHCP-Kommunikation erfolgt in Form von Broadcasts.

4. Betrachten Sie Abbildung 7.41.

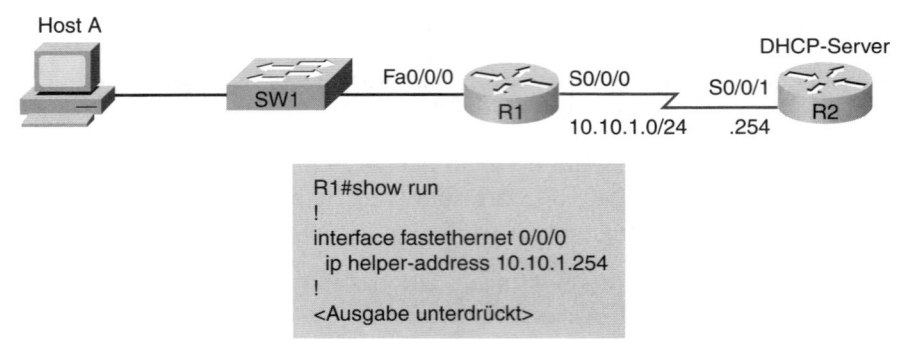

Abbildung 7.41: DHCP-Topologie zu Frage 4

Der Router R2 ist als DHCP-Server konfiguriert. Was geschieht, wenn Host A eine DHCP-Anfrage an den DHCP-Server sendet?

a) Der Router R1 verwirft die Anfrage.

b) Die Anfrage wird an den DHCP-Server weitergeleitet.

c) Die Anfrage wird an den DHCP-Server weitergeleitet, doch antwortet dieser nicht mit einer IP-Adresse.

d) Der Router R1 antwortet mit einer IP-Adresse.

5. Betrachten Sie die folgende Ausgabe:

```
Router# debug ip dhcp server events

DHCPD:DHCPDISCOVER received from client 0b07.1134.a029.
DHCPD:assigned IP address 10.1.0.3 to client 0b07.1134.a029.
DHCPD:Sending DHCPOFFER to client 0b07.1134.a029 (10.1.0.4)
DHCPD:DHCPREQUEST received from client 0b07.1134.a029.
DHCPD:Sending DHCPNACK to client 0b07.1134.a029. (10.1.0.3).
<Ausgabe unterdrückt>
Router# show ip dhcp conflict

IP address    Detection method    Detection time
10.1.0.3      Ping                Jan 01 1999 00:00 AM
```

Welche Aussage zum DHCP-Datenaustausch ist hier zutreffend?

a) Auf dem Client wurde die IP-Adresse 10.1.0.3 erfolgreich konfiguriert.

b) Der DHCP-Server hat dem Client die Adresse 10.1.0.3 angeboten.

c) Der Client hat die Adresse 10.1.0.3 beim Server angefordert.

d) Der DHCP-Server konnte keinen ping-Befehl erfolgreich an 10.1.0.3 absetzen.

6. Betrachten Sie die folgende Ausgabe:

```
NAT1# show ip nat translations

Pro  Inside global    Inside local      Outside local     Outside global
udp  198.18.24.211:123 192.168.254.7:123 192.2.182.4:123  192.2.182.4:123
tcp  198.18.24.211:4509 192.168.254.66:4509 192.0.2.184:80 192.0.2.184:80
tcp  198.18.24.211:4643 192.168.254.2:4643 192.0.2.71:5190 192.0.2.71:5190
tcp  198.18.24.211:4630 192.168.254.7:4630 192.0.2.71:5190 192.0.2.71:5190
tcp  198.18.24.211:1026 192.168.254.9:1026 198.18.24.4:53 198.18.24.4:53
```

Welche Aussage zur NAT-Konfiguration ist ausgehend von der obigen Ausgabe zutreffend?

a) Statische NAT ist konfiguriert.

b) Dynamische NAT ist konfiguriert.

c) NAT-Overload (PAT) ist konfiguriert.

d) NAT ist fehlerhaft konfiguriert.

7. Wie groß ist, falls der Administrator NAT-Overloading nicht verwenden will, standardmäßig der Timeout-Wert für NAT-Übersetzungen?

a) 1 Stunde

b) 1 Tag

c) 1 Woche

d) Unendlich

8. Ordnen Sie die NAT-Eigenschaften den jeweiligen NAT-Techniken zu:

- Ermöglicht feststehende 1:1-Zuordnungen lokaler und globaler Adressen.
- Weist die übersetzten Hostadressen aus einem Pool öffentlicher Adressen zu.
- Kann mehrere Adressen mit einer einzelnen Adresse der externen Schnittstelle verknüpfen.
- Weist eindeutige Absenderportnummern einer Inside-Global-Adresse auf Sitzungsbasis zu.
- Gestattet einem externen Host das Aufbauen von Sitzungen mit einem internen Host.

a) Dynamische NAT

b) NAT-Overloading

c) Statische NAT

9. Betrachten Sie die folgende Konfiguration:

```
R1(config)# ip nat inside source static 192.168.0.100 209.165.200.2
R1(config)# interface serial0/0/0
R1(config-if)# ip nat inside
R1(config-if)# no shut
R1(config-if)# ip address 10.1.1.2 255.255.255.0
R1(config)# interface serial0/0/2
R1(config-if)# ip address 209.165.200.2 255.255.255.0
R1(config-if)# ip nat outside
R1(config-if)# no shut
```

Bei welchem oder welchen Hosts werden die Adressen via NAT übersetzt?

a) 10.1.1.2

b) 192.168.0.100

c) 209.165.200.2

d) Alle Hosts im Netzwerk 10.1.1.0

e) Alle Hosts im Netzwerk 192.168.0.0

10. Welche Adressen wird NAT basierend auf der folgenden Konfiguration übersetzen?

```
R1(config)# ip nat pool nat-pool1 209.165.200.225 209.165.200.240 netmask 255.255.255.0
R1(config)# ip nat inside source list 1 pool nat-pool1
R1(config)# interface serial0/0/0
R1(config-if)# ip address 10.1.1.2 255.255.0.0
R1(config-if)# ip nat inside
R1(config)# interface serial s0/0/2
R1(config-if)# ip address 209.165.200.1 255.255.255.0
R1(config-if)# ip nat outside
R1(config)# access-list 1 permit 192.168.0.0 0.0.0.255
```

a) 10.1.1.2 bis 10.1.1.255

b) 192.168.0.0 bis 192.168.0.255

c) 209.165.200.240 bis 209.165.200.255

d) Nur Host 10.1.1.2

e) Nur Host 209.165.200.255

11. Betrachten Sie Abbildung 7.42.

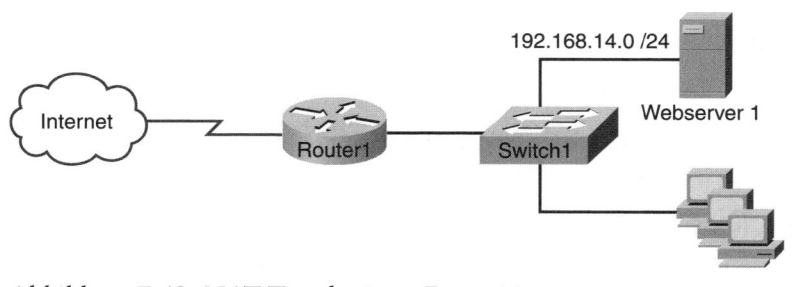

Abbildung 7.42: NAT-Topologie zu Frage 11

Dem Webserver 1 wurde die IP-Adresse 192.168.14.5/24 zugewiesen. Welcher NAT-Konfigurationstyp ist auf dem Router R1 erforderlich, damit Hosts im Internet auf den Webserver 1 zugreifen können?

a) Statische NAT

b) Dynamische NAT

c) NAT-Overloading

d) PAT (Port Address Translation)

12. Welche NAT-Lösung gestattet externen Benutzern den Zugriff auf einen internen FTP-Server in einem privaten Netzwerk?

a) Dynamische NAT

b) PAT (Port Address Translation)

c) NAT-Overloading

d) Statische NAT

13. Welcher Typ von Adresse ist, wenn man sich die folgende Debug-Ausgabe des Routers ansieht, 24.74.237.203?

```
s=10.10.10.3->24.74.237.203,  d=64.102.252.3 [29854]
s=10.10.10.3->24.74.237.203,  d=64.102.252.3 [29855]
s=10.10.10.3->24.74.237.203,  d=64.102.252.3 [29856]
s=64.102.252.3,  d=24.74.237.203->10.10.10.3 [9935]
s=64.102.252.3,  d=24.74.237.203->10.10.10.3 [9937]
s=10.10.10.3->24.74.237.203,  d=64.102.252.3 [29857]
s=64.102.252.3,  d=24.74.237.203->10.10.10.3 [9969]
s=64.102.252.3,  d=24.74.237.203->10.10.10.3 [9972]
s=10.10.10.3->24.74.237.203,  d=64.102.252.3 [29858]
```

a) Inside-Local-Adresse

b) Inside-Global-Adresse

c) Outside-Local-Adresse

d) Outside-Global-Adresse

14. Welche Aussagen beschreiben zutreffend das Routing-Protokoll RIPng? Wählen Sie zwei Antworten aus.

a) RIPng hat ein Limit von 15 Hops.

b) RIPng ist ein Link-State-Protokoll.

c) RIPng verwendet den UDP-Port 238 für Updates.

d) RIPng verwendet Poison-Reverse.

e) RIPng leitet IPv6-Broadcasts weiter.

15. Welche Methoden der Zuweisung einer IPv6-Adresse zu einer Schnittstelle erfolgen automatisch und können gemeinsam verwendet werden? Wählen Sie zwei Antworten aus.

   a) DHCPv6

   b) Zustandslose Autokonfiguration

   c) EUI-64

   d) Statische Zuweisung

   e) DNS

16. Ordnen Sie die IPv6-Befehle ihren Definitionen zu:
    - ipv6 unicast-routing
    - ipv6 address
    - ip name-server
    - ipv6 host name
    - ipv6 router rip *name*

   a) Gibt den oder die vom Router verwendeten DNS-Server an.

   b) Definiert eine statische Zuordnung von Hostnamen zu Adressen.

   c) Konfiguriert eine globale IPv6-Adresse.

   d) Aktiviert die IPv6-Datenweiterleitung zwischen Schnittstellen auf dem Router.

   e) Aktiviert das RIPng-Routing auf dem Router und kennzeichnet den RIP-Prozess.

17. Welche Optionen stehen zur Verfügung, um die vollständige IPv6-Adresse 2031:0000:0300:0000:0000:00C0:8000:130B gleichwertig darzustellen? Wählen Sie drei Antworten aus.

   a) 2031:300::C0:8:130B

   b) 2031:0:300::C0:8000:130B

   c) 2031:0:3::C0:8000:130B

   d) 2031:0:0300:0:0:C0:8000:130B

   e) 2031::300:0:0:0C0:8000:130B

   f) 2031::0300::C0:8:130B

18. Beschreiben Sie die vier DHCPDISCOVERY- und DHCPOFFER-Nachrichten in der Reihenfolge ihres Auftretens und ihrer Funktion.

19. Betrachten Sie Abbildung 7.43.

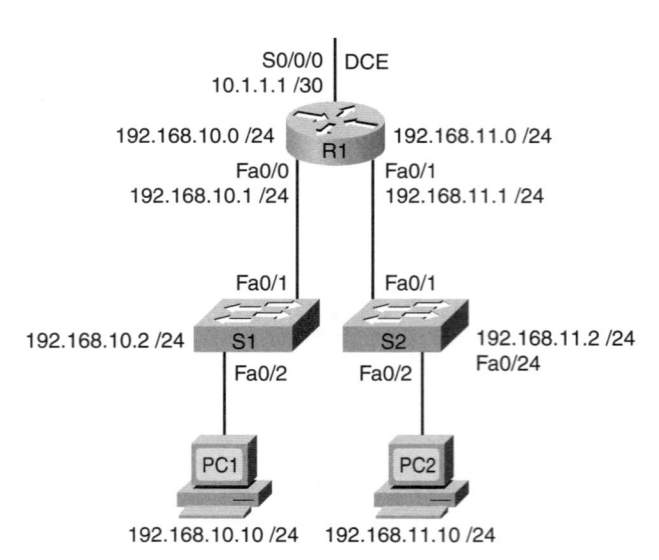

Abbildung 7.43: Netzwerktopologie für Frage 19

Der Router R1 hat die folgende Konfiguration:

```
hostname R1
ip dhcp excluded-address 192.168.11.1 192.168.11.254
ip dhcp pool LAN-POOL-2
network 192.168.10.0 255.255.255.0
default-router 192.168.11.2
domain-name span.com
```

Der Router R1 wurde zur Bereitstellung von DHCP-Diensten für Hosts im Netzwerk 192.168.11.0/24 konfiguriert, wobei jedoch die ersten neun IP-Adressen aus dem Pool ausgeschlossen wurden. Nach Abgabe und Erneuerung seiner IP-Adresse kann PC2 jedoch noch immer keine IP-Adresse automatisch beziehen. Welche Änderungen an der Konfiguration würden dieses Problem beheben?

20. Betrachten Sie Abbildung 7.44.

Der DHCP-Server mit der IP-Adresse 192.168.11.5 wurde zur Bereitstellung von IP-Adressen für Hosts im Netzwerk 192.168.10.0/24 konfiguriert. Allerdings erhalten die Hosts eine Fehlermeldung, die besagt, dass ihre DHCP-Serveranfrage abgelaufen und der DHCP-Server nicht erreichbar ist. Mit welchen Konfigurationsbefehlen könnten Sie das Problem beheben?

Kapitel 7 • Dienste für die IP-Adressierung **609**

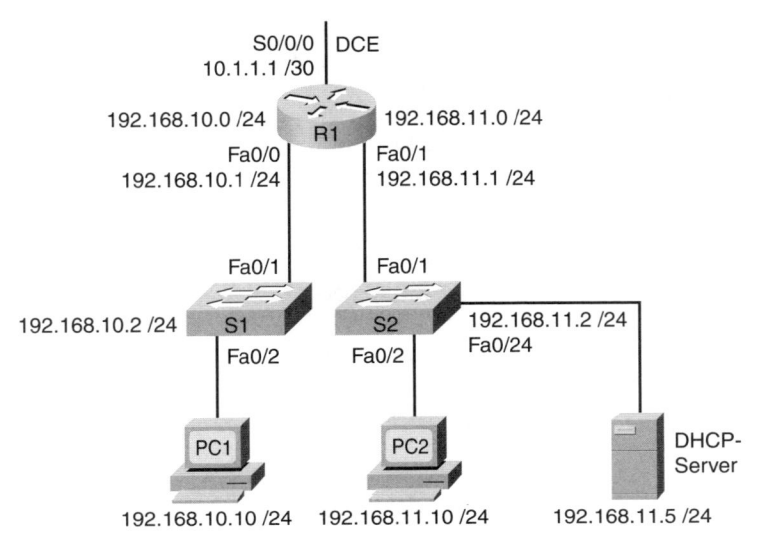

Abbildung 7.44: Netzwerktopologie für Frage 20

21. Beschreiben Sie die Unterschiede zwischen statischem NAT, dynamischem NAT und NAT-Overload.

22. Betrachten Sie die folgende Ausgabe:

```
R2# show ip nat translations

Pro Inside              globalInside local     Outside local
tcp 209.165.200.225:16642   192.168.10.10:16642    209.165.200.254:80
tcp 209.165.200.225:62452   192.168.11.10:62452    209.165.200.254:80
Outside global
209.165.200.254:80
209.165.200.254:80


R2# show ip nat translations verbose

Pro Inside              globalInside local     Outside local
tcp 209.165.200.225:16642   192.168.10.10:16642    209.165.200.254:80
Outside global
209.165.200.254:80
    create 00:01:45, use 00:01:43 timeout:86400000, left 23:58:16, Map-Id(In): 1,
       flags:
extended, use_count: 0, entry-id: 4, lc_entries: 0
tcp 209.165.200.225:62452   192.168.11.10:62452    209.165.200.254:80
209.165.200.254:80
    create 00:00:37, use 00:00:35 timeout:86400000, left 23:59:24, Map-Id(In): 1,
       flags:
extended, use_count: 0, entry-id: 5, lc_entries: 0
R2#
```

Der Router R2 wurde für die Bereitstellung von NAT-Funktionen konfiguriert. Kommentieren Sie auf der Basis der angegebenen Informationen die NAT-Übersetzungen in der Ausgabe.

23. Reduzieren Sie die IPv6-Adresse 2031:0000:130F:0000:0000:09C0:876A:130B auf die kürzeste zulässige Form.

24. Beschreiben Sie die beiden wichtigsten Optionen für die Umstellung von IPv4 auf IPv6, indem Sie den folgenden Satz vervollständigen: »_____, wenn Sie können; _____, wenn Sie müssen!«

7.8 Weiterführende Fragen und Aktivitäten

Abbildung 7.45 zeigt die Ausgangsbasis für die weiterführenden Fragen.

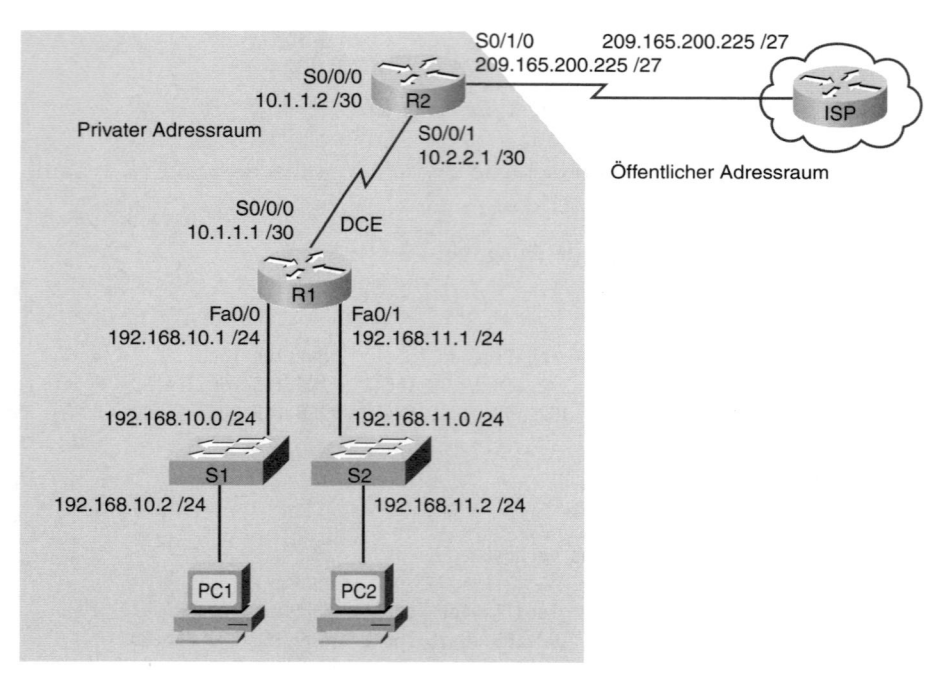

Abbildung 7.45: Topologie zu den weiterführenden Fragen

1. Der Administrator muss DHCP auf dem Router R1 für die Hosts PC1 und PC2 konfigurieren. Welche Befehle konfigurieren den Router R1 als DHCP-Server?

2. Der Administrator hat den Router R2 als NAT-Border-Gateway konfiguriert. Speziell wurde das NAT-Overloading eingerichtet, um interne Hosts, die an den Router R1 angeschlossen sind, in einen Pool öffentlicher Adressen im Bereich 209.165.200.224/29 zu übersetzen.

Die folgenden Befehle wurden auf R2 konfiguriert:

```
access-list 1 permit 192.168.0.0 0.0.0.255
ip nat pool NAT-POOL 209.165.200.225 209.165.200.239 netmask 255.255.255.240
ip nat inside source list 1 pool NAT-POOL1
interface serial s0/1/0
  ip nat inside
interface serial 0/0/0
  ip nat outside
```

Die Hosts PC1 und PC2 können ping-Befehle an den Router R2 senden, erhalten jedoch keinen Internetzugang. Welche Konfigurationsänderungen würden das Problem beheben?

Lernziele

Wenn Sie dieses Kapitel gelesen haben, sollten Sie in der Lage sein, die folgenden Fragen zu beantworten:

- Wie erstellen und dokumentieren Sie eine Netzwerk-Baseline?
- Welche unterschiedlichen Methoden und Tools gibt es für das Troubleshooting?
- Welche allgemeinen Probleme können bei der Inbetriebnahme eines WAN auftreten?
- Wie erkennen und beheben Sie häufige Probleme im Unternehmensnetzwerk mithilfe eines Schichtenmodells?

Schlüsselbegriffe

In diesem Kapitel werden die folgenden Schlüsselbegriffe vorgestellt. Die entsprechenden Definitionen finden Sie im Glossar.

Netzwerkdokumentation ▪ Netzwerktopologiediagramm ▪ Netzwerkkonfigurationstabelle ▪ Endgeräte-Konfigurationstabelle ▪ Netzwerk-Baseline ▪ systematischer Ansatz ▪ Bottom-Up-Troubleshooting ▪ Top-Down-Troubleshooting ▪ Divide-and-Conquer-Troubleshooting ▪ NMS ▪ Knowledge-Bases ▪ Protokoll-Analyzer ▪ NAM ▪ DMM ▪ Kabeltester ▪ OTDR ▪ Kabel-Analyzer ▪ portable Netz-Analyzer ▪ physische Topologie ▪ logische Topologie ▪ Jabber

Kapitel 8

Troubleshooting im Netzwerk

Sobald ein Netzwerk betriebsbereit ist, muss der Administrator dessen Leistung überwachen, um die Produktivität der Organisation zu gewährleisten. Netzausfälle finden gelegentlich statt. Manchmal sind sie geplant, und ihre Auswirkungen auf die Organisation lassen sich relativ leicht bewältigen. In anderen Fällen aber erfolgen sie ungeplant, und die Auswirkungen auf die Organisation können schwerwiegend sein. Aufgrund der Unfähigkeit, Geschäftstransaktionen durchzuführen, und der Kosten für nichtproduktive Mitarbeiter können die Verluste eines Unternehmens erheblich und manchmal sogar kritisch sein. Deswegen müssen Administratoren in der Lage sein, ein schnelles Troubleshooting durchzuführen und Probleme möglichst bald zu beheben, um das Netzwerk wieder in den Produktionszustand zu versetzen.

In diesem Kapitel beschreiben wir einen systematischen Prozess des Troubleshootings bei Netzausfällen.

8.1 Netzwerk-Baseline erstellen

Um Probleme im Netzwerk wirkungsvoll diagnostizieren und beheben zu können, muss der Administrator wissen, wie ein Netzwerk entworfen wurde und wie seine Leistungsfähigkeit unter normalen Betriebsbedingungen aussehen sollte.

Diese Informationen werden in der Netzwerkdokumentation erfasst. Die Netzwerkdokumentation umfasst verschiedene Informationsquellen, die ein klares Bild des Entwurfs und der Eigenschaften des Netzwerks vermitteln.

8.1.1 Wie Sie Ihr Netzwerk dokumentieren

Zur Dokumentation der Netzwerkkonfiguration gehören eine logische Darstellung des Netzwerks sowie Detailinformationen zu jeder vorhandenen Komponente. Abbildung 8.1 zeigt die verschiedenen Quellen im Überblick.

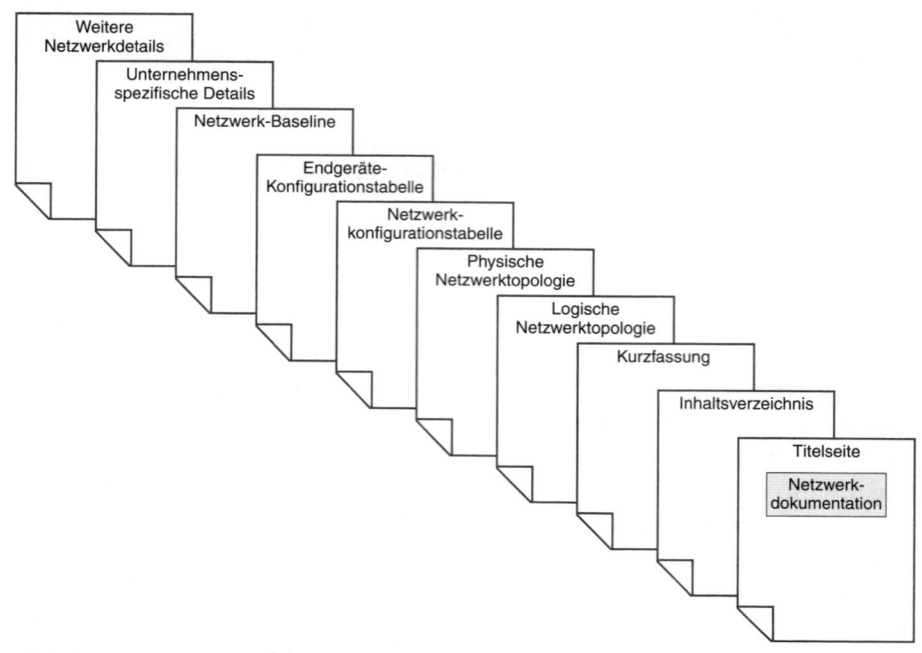

Abbildung 8.1: Netzwerkdokumentation

Angaben zu den physischen und logischen Topologien des Netzwerks, zu Konfigurationen der Netzwerk- und Endgeräte sowie zu verschiedenen Netzwerk-Baselines sollten enthalten sein. Zudem sollte ein Ausdruck der Dokumentation an zentraler Stelle gelagert sein. Die Informationen können auch auf einer geschützten Intranetwebsite verfügbar gemacht werden.

Die Netzwerkdokumentation sollte die folgenden Komponenten umfassen:

- Netzwerktopologiediagramm
- Netzwerkkonfigurationstabelle
- Endgeräte-Konfigurationstabelle
- Netzwerk-Baseline

Die folgenden Abschnitte beschreiben die ersten drei Komponenten ausführlich. Die Baseline werden wir später im Abschnitt »Schritte zur Erstellung einer Netzwerk-Baseline« behandeln.

Netzwerktopologiediagramm

Das in Abbildung 8.2 gezeigte Netzwerktopologiediagramm ist eine grafische Darstellung eines Netzwerks, die veranschaulicht, wie die einzelnen

Geräte miteinander verbunden sind und wie die logische Architektur des Netzwerks aussieht. Ein Topologiediagramm enthält weitgehend dieselben Komponenten wie die Netzwerkkonfigurationstabelle. Jedes Netzwerkgerät sollte im Diagramm in konsistenter Form oder durch ein Symbol dargestellt sein. Außerdem sollten alle logischen und physischen Verbindungen durch einfache Linien oder ein anderes geeignetes Symbol repräsentiert werden. Auch Routing-Protokolle können aufgeführt sein.

Das Topologiediagramm sollte zumindest Folgendes festhalten:

- Symbole für alle Geräte und Anschlussverbindungen
- Schnittstellentypen, Schnittstellennummern, IP-Adressen und Subnetzmasken
- Die wichtigsten WAN-Protokolle

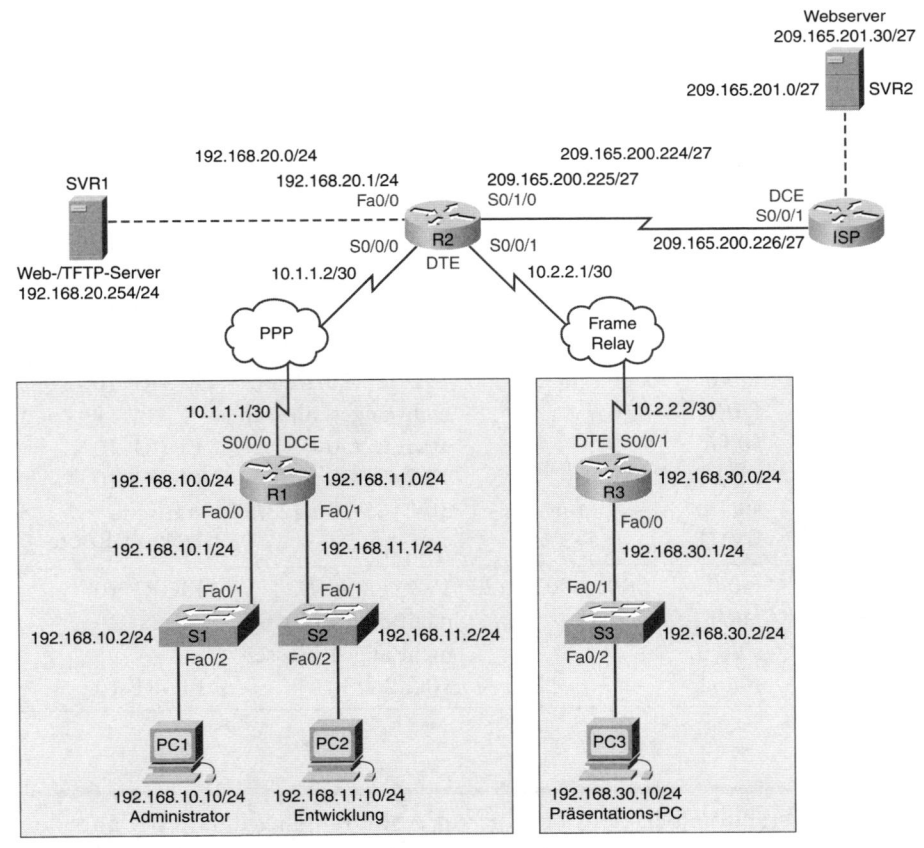

Abbildung 8.2: Exemplarische Netzwerktopologie

Anmerkung

Zur Dokumentation der Topologie können verschiedene Softwaretools eingesetzt werden. Ungeachtet der großen Anzahl von Tools gilt Microsoft Visio als De-facto-Standard, weswegen Sie unbedingt damit vertraut sein sollten.

Netzwerkkonfigurationstabelle

Die Netzwerkkonfigurationstabelle enthält fehlerfreie und aktuelle Aufzeichnungen zu der in einem Netzwerk verwendeten Hardware und Software. Sie soll dem Administrator im Bedarfsfall das gesamte dokumentierte Wissen vermitteln, das erforderlich ist, um einen Fehler im Netzwerk zu erkennen und zu beheben.

Die Tabellen 8.1 und 8.2 zeigen Beispieldaten, die für alle Komponenten enthalten sein sollten.

Tabelle 8.1: Netzwerkkonfigurationstabelle: Router

Gerätename, Modell	Schnittstellenname	MAC-Adresse	IP-Adresse/ Subnetzmaske	IP-Routing-Protokoll(e)
R1, Cisco 1841	fa0/0	000a.b858.a159	192.168.10.1/24	EIGRP 10
	fa0/1	000a.b858.a160	192.168.11.1/24	EIGRP 10
	s0/0/0	–	10.1.1.1/30	EIGRP 10
	s0/0/1	–	nicht angeschlossen	–
R2, Cisco 1841	fa0/0	000a.b802.d000	192.168.20.1/24	EIGRP 10
	fa0/1	–	nicht angeschlossen	–
	s0/0/0	–	10.1.1.2/30	EIGRP 10
	s0/0/1	–	10.2.2.1/30	EIGRP 10
	s0/1/0	–	209.165.200.225/27	statische Default-Route
	s0/1/1	–	–	
R3, Cisco 1841	fa0/0	000a.b802.d123	192.168.30.1/24	EIGRP 10
	fa0/1	–	nicht angeschlossen	–
	s0/0/0	–	nicht angeschlossen	–
	s0/0/1	–	10.2.2.2/30	EIGRP 10

Anmerkung

Tabelle 8.2 stellt die Beispieltopologie aus Abbildung 8.2 dar. In der Tabelle eines echten Produktionsnetzwerks wären wesentlich mehr Informationen enthalten.

Tabelle 8.2: Netzwerkkonfigurationstabelle: Switches

Switch-Name, Modell, Management-IP-Adresse	Portname	Daten-rate	Duplex-modus	STP-Zustand (Forwarding/ Blocking)	PortFast (Ja/Nein)	Trunk-Status	EtherChannel (Schicht 2 oder Schicht 3)	VLANs	Schlüssel
S1, Cisco, WS-C2960-24 192.168.10.2/24	fa0/1	100	Auto	Forwarding	Nein	ein	Schicht 2	1	verbunden mit R1
	fa0/2	100	Auto	Forwarding	Nein	ein	Schicht 2	1	verbunden mit PC1
	fa0/3 bis 0/24	–	–	–	–	–	–	–	nicht angeschlossen
S2, Cisco, WS-C2960-24 192.168.11.2/24	fa0/1	100	Auto	Forwarding	Nein	ein	Schicht 2	1	verbunden mit R1
	fa0/2	100	Auto	Forwarding	Nein	ein	Schicht 2	1	verbunden mit PC2
	fa0/3 bis 0/24	–	–	–	–	–	–	–	nicht angeschlossen
S1, Cisco, WS-C2960-24 192.168.30.2/24	fa0/1	100	Auto	Forwarding	Nein	ein	Schicht 2	1	verbunden mit R3
	fa0/2	100	Auto	Forwarding	Nein	ein	Schicht 2	1	verbunden mit PC3
	fa0/3 bis 0/24	–	–	–	–	–	–	–	nicht angeschlossen

Zu den Informationen in dieser Datenübersicht können unter anderem die folgenden gehören:

- Gerätetyp, Modellbezeichnung
- Name des IOS-Image
- Hostname im Gerätenetzwerk
- Standort des Geräts (Gebäude, Stockwerk, Raum, Gestell, Panel)
- Bei modularen Geräten sind alle Modultypen sowie die zugehörigen Modulsteckplätze aufzuführen, in denen sie sich befinden.
- Sicherungsschichtadressen
- Vermittlungsschichtadressen
- Alle weiteren wichtigen Informationen zu physischen Aspekten des Geräts

Die Tabellen 8.1 und 8.2 zeigen Formularbeispiele zur Erfassung von Angaben zu den Routern R1 und R2 sowie zu Switch S2. Die Art der erfassten Angaben variiert je nach Funktion des Geräts:

Für andere Gerätetypen kann die Erfassung anderer spezifischer Informationen erforderlich sein. Beispielsweise wären für Geräte wie drahtlose Access-Points und drahtlose Bridges weitere eindeutige Angaben erforderlich, für die ein angepasstes Formular benötigt würde.

ANMERKUNG

Sie können zur Dokumentation geräte- und endsystemspezifischer Angaben verschiedene Softwaretools einsetzen. Anfangs können Sie sich durchaus mit einem Textverarbeitungsprogramm wie Microsoft Word oder OpenOffice behelfen, doch sollten Sie auf Dauer ein Tabellenkalkulationsprogramm oder eine Datenbankanwendung einsetzen.

Endgeräte-Konfigurationstabelle

Die Endgeräte-Konfigurationstabelle enthält Basisangaben zur Hardware und Software, die für Geräte wie Server, Netzmanagementkonsolen und Desktop-Workstations eingesetzt wird. Ein fehlerhaft konfiguriertes Endsystem kann negative Auswirkungen auf die Gesamtleistung eines Netzwerks haben.

Die eigentliche Dokumentation der Netzwerkkonfiguration von Endgeräten variiert von Organisation zu Organisation. Zumindest sollte die Dokumentation jedoch das Folgende enthalten:

- Gerätename (Zweck)
- Betriebssystem und Version
- IP-Adresse
- Subnetzmaske
- Adressen von Default-Gateway, DNS-Server und WINS-Server
- Alle auf dem Endsystem laufenden Netzanwendungen, die hohe Bandbreitenansprüche stellen

Tabelle 8.3 zeigt exemplarisch eine Endgeräte-Konfigurationstabelle.

ANMERKUNG

Auch Netzwerkgeräte wie Netzwerkdrucker und VoIP-Telefone im Netzwerk sollten dokumentiert werden. In unserer Beispieltopologie ist kein VoIP-Telefon enthalten, weil auf den PCs die Softwareanwendung Cisco IP Communicator installiert ist, welche die Verwendung der PCs als IP-Telefone ermöglicht.

Tabelle 8.3: Endgeräte-Konfigurationstabelle

Gerätename (Zweck)	Betriebssystem/ Version	IP-Adresse/ Subnetzmaske	Adresse des Default-Gateways	Adresse des DNS-Servers	Adresse des WINS-Servers	Netzanwendungen	Anwendungen mit hohem Bandbreitenbedarf
SVR1 (Web-/TFTP-Netzwerkserver)	UNIX	192.168.20.254/24	192.168.20.1/24	–	–	HTTP, FTP	–
SVR2 (Webserver), wird beim ISP betrieben	UNIX	209.165.201.30/27	209.165.201.1/27	209.165.201.1/27	–	HTTP	–
PC1 (Administrationsterminal)	UNIX	192.168.10.10/24	192.168.10.1/24	192.168.10.1/24	–	FTP, SSH, Telnet	VoIP
PC2 (Benutzer-PC, Entwicklung)	Windows XP Pro SP2	192.168.11.10/24	192.168.11.1/24	192.168.11.1/24	–	HTTP, FTP	VoIP
PC3 (Vorführ-PC, Marketing)	Windows XP Pro SP2	192.168.30.10/24	192.168.30.1/24	192.168.30.1/24	–	HTTP	Videostreams, VoIP

8.1.2 Netzwerkdokumentation erstellen

Zwar ist die Dokumentation ein zeitaufwendiger Prozess, doch werden Sie ihre Bedeutung spätestens dann zu schätzen wissen, wenn Sie ein Troubleshooting im Netzwerk durchführen müssen. Vollständige fehlerfreie Netzwerkinformationen zur Hand zu haben, macht es wesentlich einfacher, eine Anomalie zu entdecken, die ein Problem im Netzwerk verursacht hat.

Die Erstellung der Ausgangsdokumentation kann sehr viel Zeit in Anspruch nehmen. Zudem wird die Dokumentation nach Abschluss der Erstellung zu einem Bestandteil des Wartungszyklus, denn sie muss regelmäßig auf den aktuellen Stand gebracht werden.

Es ist in der Tat sehr wichtig, jederzeit auf eine aktuelle Dokumentation zugreifen zu können. Richtlinien und Prozeduren müssen implementiert werden, um die Richtigkeit zu gewährleisten. Eine Änderung an der Topologie, an Geräten oder Endsystemen müssen erfasst und in der Dokumentation vermerkt werden.

Abbildung 8.3 ist ein Ablaufdiagramm, das Netzwerkgeräte dokumentiert. Es ist in der folgenden Liste beschrieben:

1. Melden Sie sich an einem undokumentierten Gerät an.
2. Ermitteln Sie relevante Informationen zu diesem Gerät.
3. Vermerken Sie die Geräteinformationen in der Netzwerkkonfigurationstabelle.
4. Ist das Gerät wichtig genug, um es zum Topologiediagramm hinzuzufügen?
5. Übertragen Sie relevante Geräteinformationen aus der Netzwerkkonfigurationstabelle in das Topologiediagramm.
6. Sind unter Umständen weitere Informationen zu diesem Gerät zu ermitteln?
7. Welche benachbarten Geräte sind an dieses Gerät angeschlossen?
8. Sind andere benachbarte Geräte vorhanden, die noch nicht dokumentiert sind?
9. Sind keine undokumentierten Geräte mehr vorhanden, dann ist die Dokumentation abgeschlossen.

Wenn Sie Ihr Netzwerk dokumentieren, müssen Sie Informationen direkt auf Routern und Switches sammeln. Nachfolgend aufgeführt sind einige Befehle, die bei der Dokumentation des Netzwerks von Nutzen sein können:

- Der Befehl ping testet die Verbindung zu benachbarten Geräten, bevor Sie sich an diesen anmelden. Durch das Versenden von ping-Befehlen an andere PCs im Netzwerk wird außerdem der Prozess zur automatischen Registrierung der MAC-Adresse eingeleitet.

- Der Befehl telnet ermöglicht eine Remote-Anmeldung auf einem Gerät, um auf Konfigurationsinformationen zuzugreifen.

- Der Befehl show ip interface brief zeigt den Status (*up* oder *down*) und die IP-Adressen aller Schnittstellen auf einem Cisco-Router oder -Switch an.

- Der Befehl show ip route zeigt die Routing-Tabelle eines Routers an, um direkt angeschlossene Nachbarn, weiter entfernte Geräte (über erlernte Routen) und die konfigurierten Routing-Protokolle zu ermitteln.

- Der Befehl show cdp neighbor detail zeigt Details zu direkt angeschlossenen Cisco-Nachbargeräten an.

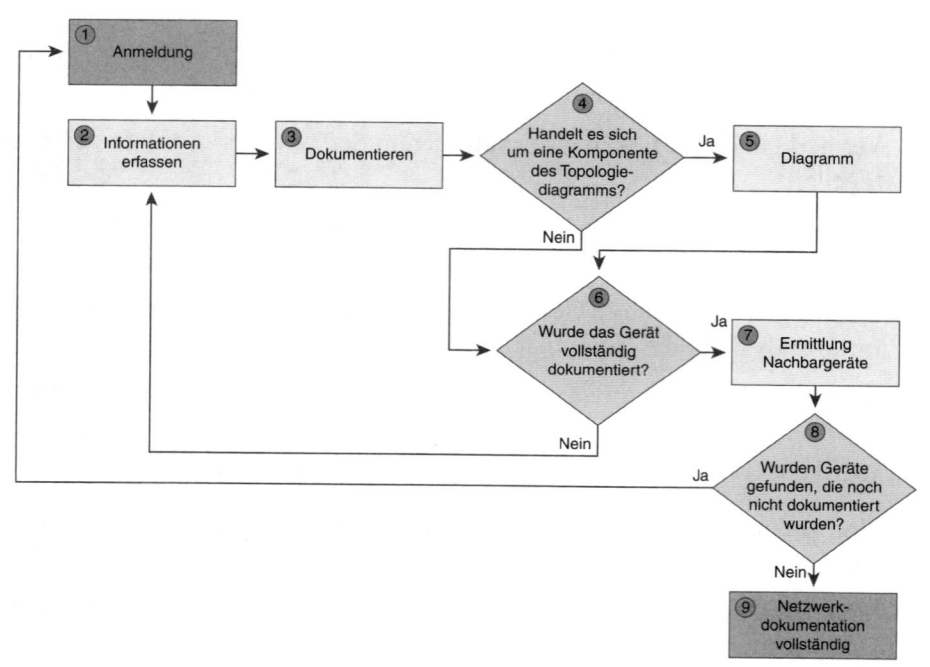

Abbildung 8.3: Ablauf der Netzwerkdokumentation

Netzwerkerkennung und Dokumentation (8.1.2)

> Packet Tracer
> ☐ Aktivität

In dieser Aktivität behandeln Sie die Schritte, mit denen Sie ein Netzwerk entdecken. Hierzu kommen vor allem die Befehle `telnet`, `show cdp neighbors detail` und `show ip route` zum Einsatz. Es handelt sich hierbei um Teil 1 einer zweiteiligen Aktivität.

Die in der Packet Tracer-Aktivität gezeigte Topologie stellt nicht alle Details des Netzwerks dar; diese wurden mithilfe der Cluster-Funktion von Packet Tracer ausgeblendet. Die Netzwerkinfrastruktur wurde ausgeblendet, und die Topologie in der Datei zeigt nur die Endgeräte an. Ihre Aufgabe besteht darin, Ihre Kenntnisse zur Netzwerktechnik und zur Erkennung von Netzwerken einzusetzen, um die vollständige Netzwerktopologie zu erfassen und zu dokumentieren.

Ausführliche Anweisungen entnehmen Sie der Aktivität selbst. Zur Durchführung der Aktivität verwenden Sie Packet Tracer und die Datei *e4-812.pka* auf der Begleit-CD-ROM zu diesem Buch.

8.1.3 Warum das Erstellen einer Netzwerk-Baseline so wichtig ist

Viele Probleme im Netzwerk sind ganz einfach zu ermitteln. Einen Ausfall zwischen zwei Routern beispielsweise würden Sie sofort bemerken. Allerdings gibt es auch Probleme, die nicht ganz einfach feststellbar, geschweige denn behebbar sind. Hierzu gehören Probleme wie ein suboptimales Routing, eine extrem hohe Bandbreitenauslastung oder ein sehr hohes Fehleraufkommen. Solche Fehler führen zwar zu keinem Ausfall des Netzwerks, wären seiner Leistung aber ausgesprochen abträglich.

Benutzer in einem Subnetz geben häufig erste Anzeichen. Sie beschweren sich über einen langsameren Zugriff auf Dienste. Wie können Sie nun feststellen, ob deren Klagen gerechtfertigt sind?

Sie müssen zu diesem Zweck die aktuelle Leistung des Netzwerks mit den Daten vergleichen, die sie im Normalbetrieb aufgezeichnet haben. Diese bei ungestörtem Betrieb aufgezeichneten Netzleistungsdaten sind in einem Baseline-Dokument festgehalten.

Die Ermittlung einer Netzwerk-Baseline macht die Erfassung wesentlicher Leistungsdaten an den Ports und Geräten notwendig, die für den Netzwerkbetrieb unentbehrlich sind. Diese Angaben helfen Ihnen dabei, die »Persönlichkeit« des Netzwerks kennenzulernen, und geben Antworten auf die folgenden Fragen:

- Wie verhält sich das Netzwerk während eines normalen (durchschnittlichen) Tages?
- Wo befinden sich nicht ausgelastete, wo überlastete Bereiche?
- Wo treten, falls Fehler erkannt wurden, die meisten Fehler auf?
- Welche Alarmschwellwerte sollten für die Geräte festgelegt werden, die überwacht werden sollen?
- Ist das Netzwerk in der Lage, den Dienst so bereitzustellen, wie er im Richtliniendokument beschrieben ist?

Das Messen der Ausgangsleistung und der Verfügbarkeit kritischer Netzwerkgeräte und Verbindungen ermöglicht es dem Netzwerkadministrator, den Unterschied zwischen anomalen Verhalten und der normalen Netzwerkleistung zu bestimmen, wenn das Netzwerk wächst oder die Datenmuster sich ändern. Die Baseline vermittelt auch einen Einblick in die Frage, ob das aktuelle Netzwerkdesign die in den Netzwerkrichtlinien spezifizierten Dienste bereitstellen kann. Ohne Baseline gibt es keinen Standard, zu dem man einen optimalen Datenverkehr oder das Ausmaß von Überlastungen in Verhältnis stellen könnte.

Zusätzlich zeigt eine Analyse unmittelbar nach Aufstellung der Baseline häufig versteckte Probleme. Die gesammelten Daten enthüllen dann die wahren Ursachen vorhandener oder auch potenzieller Überlastung im Netzwerk. Ferner können hierdurch auch Bereiche im Netzwerk offenkundig werden, die nicht ausgelastet sind – eine Beobachtung von Aspekten wie Qualität oder Kapazität kann häufig zu einem erfolgreichen Neuentwurf des Netzwerks führen.

8.1.4 Baseline erstellen: Die einzelnen Schritte

Weil eine Ursprungs-Baseline der Netzwerkleistung als Referenz bei der Messung der Auswirkungen von Änderungen im Netzwerk ebenso wie für ein nachfolgendes Troubleshooting verwendet wird, muss sie sorgfältig geplant werden.

Die folgenden Schritte werden zur Planung einer ersten Baseline empfohlen:

1. Zu sammelnde Datentypen ermitteln
2. Relevante Geräte und Ports bestimmen
3. Dauer der Baseline-Erstellung festlegen

Die folgenden Abschnitte behandeln diese Schritte ausführlicher.

Kapitel 8 • Troubleshooting im Netzwerk

Schritt 1: Zu sammelnde Datentypen ermitteln

Wenn Sie für ein Netzwerk erstmals eine Baseline erstellen, wählen Sie zunächst einige wenige Variablen aus, welche die definierten Richtlinien darstellen. Werden zu viele Datenpunkte selektiert, wird die Datenmenge unüberschaubar, was ihre Analyse schwierig gestaltet. Fangen Sie ganz einfach an – die Optimierung erfolgt dann im Laufe der Zeit. Grundsätzlich haben sich die Auslastungen von Schnittstellen und CPUs als geeignete Ausgangspunkte erwiesen.

Abbildung 8.4 stellt den Gerätestatus eines Servers namens VPC-05 dar. Der Screenshot zeigt die Netzmanagement-Software WhatsUp Gold von Ipswitch, Inc.

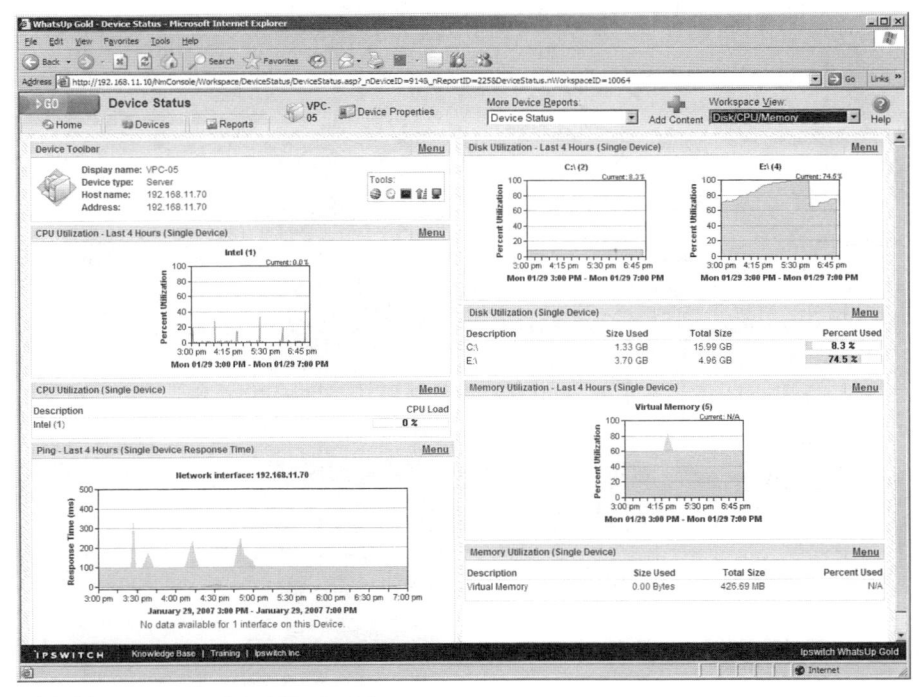

Abbildung 8.4: WhatsUp Gold

Schritt 2: Relevante Geräte und Ports bestimmen

Der nächste Schritt besteht in der Ermittlung derjenigen Geräte und Ports, bei denen eine Ermittlung von Leistungsdaten relevant ist. Zu diesen gehören

- Ports von Netzwerkgeräten, die mit anderen Netzwerkgeräten verbunden sind,

- Server,
- wichtige Benutzer,
- alles andere, was als kritisch für den Betrieb zu erachten ist.

In Abbildung 8.5 hat der Netzwerkadministrator diejenigen relevanten Geräte und Ports hervorgehoben, die bei Erstellung der Baseline überwacht werden sollen.

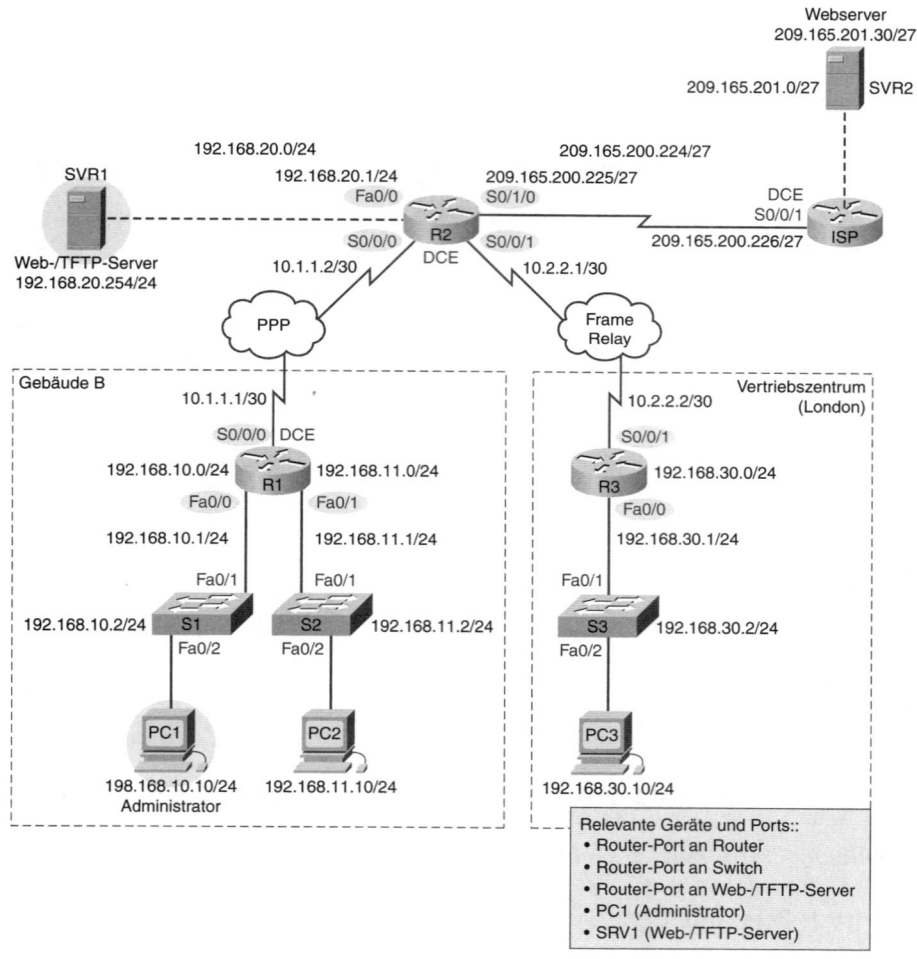

Abbildung 8.5: Hervorgehobene relevante Ports

Relevante Geräte sind hier die Router R1, R2 und R3, PC1 (Administrationsterminal) und SVR1 (Web-/TFTP-Server). Relevante Ports sind diejenigen Schnittstellen auf R1, R2 und R3, die mit anderen Routern oder

Switches verbunden sind, sowie die Schnittstelle auf dem Router R2, an die SVR1 angeschlossen ist (Fa0/0).

Wenn Sie die Anzahl der abgefragten Ports beschränken, sind die Ergebnisse knapp, und die Belastung durch das Netzmanagement wird minimiert. Vergessen Sie nicht, dass eine Schnittstelle auf einem Router oder Switch auch eine virtuelle Schnittstelle – z. B. eine Loopback-Schnittstelle oder ein SVI (Switch Virtual Interface) – sein kann.

Dieser Schritt ist einfacher, wenn Sie die Beschreibungsfelder für die Geräteports so ausgefüllt haben, dass ihnen entnommen werden kann, womit der jeweilige Port verbunden ist. Bei einem Router-Port beispielsweise, an den der Verteiler-Switch in der Arbeitsgruppe »Entwicklung« angeschlossen ist, könnten Sie als Schnittstellenbeschreibung etwas wie »LAN Entwicklung, Verteiler-Switch« vermerken.

Schritt 3: Dauer der Baseline-Erstellung festlegen

Es ist wichtig, dass die Dauer der Erfassung von Baseline-Daten lang genug bemessen ist, um ein typisches Bild des Netzwerks wiederzugeben. Der Zeitraum sollte sich über mehrere Tage erstrecken, um auch Tendenzen im täglichen oder wöchentlichen Betrieb abzudecken (Tendenzen im Wochenverlauf sind nicht weniger wichtig als solche über einzelne Tage oder Stunden).

Abbildung 8.6 zeigt mehrere Diagramme mit Tendenzen bei der CPU-Auslastung, die über unterschiedliche Zeiträume (täglich, wöchentlich, monatlich und für ein Jahr) erfasst wurden.

Die Tendenzen innerhalb einer Arbeitswoche sind nicht lang genug, um die regelmäßige Auslastungsspitze erkennen zu können, die an jedem Samstagabend auftritt – zu diesem Zeitpunkt findet ein umfangreiches Backup der Datenbank statt, das viel Bandbreite benötigt. Diese Regelmäßigkeit ist erst dem monatlichen Trend zu entnehmen. Die Jahrestendenz, die in diesem Beispiel gezeigt wird, ist hingegen zu lang, um für eine Baseline sinnvolle Leistungsdaten erfassen zu können. Die Erstellung einer Baseline sollte einen Zeitraum von sechs Wochen nicht überschreiten, sofern nicht bestimmte langfristige Tendenzen erfasst werden sollen. Im Allgemeinen gilt ein Zeitraum von zwei bis vier Wochen als ideal.

Nicht durchgeführt werden sollte eine Baseline-Messung beim Auftreten einmaliger Datenmuster, da die Ergebnisse dann kein repräsentatives Bild des normalen Netzwerkbetriebs widerspiegeln würden. Dies wäre etwa der Fall, wenn Sie die Leistungsmessung an einem freien Tag oder dann vornähmen, wenn ein Großteil der Belegschaft sich im Urlaub befindet.

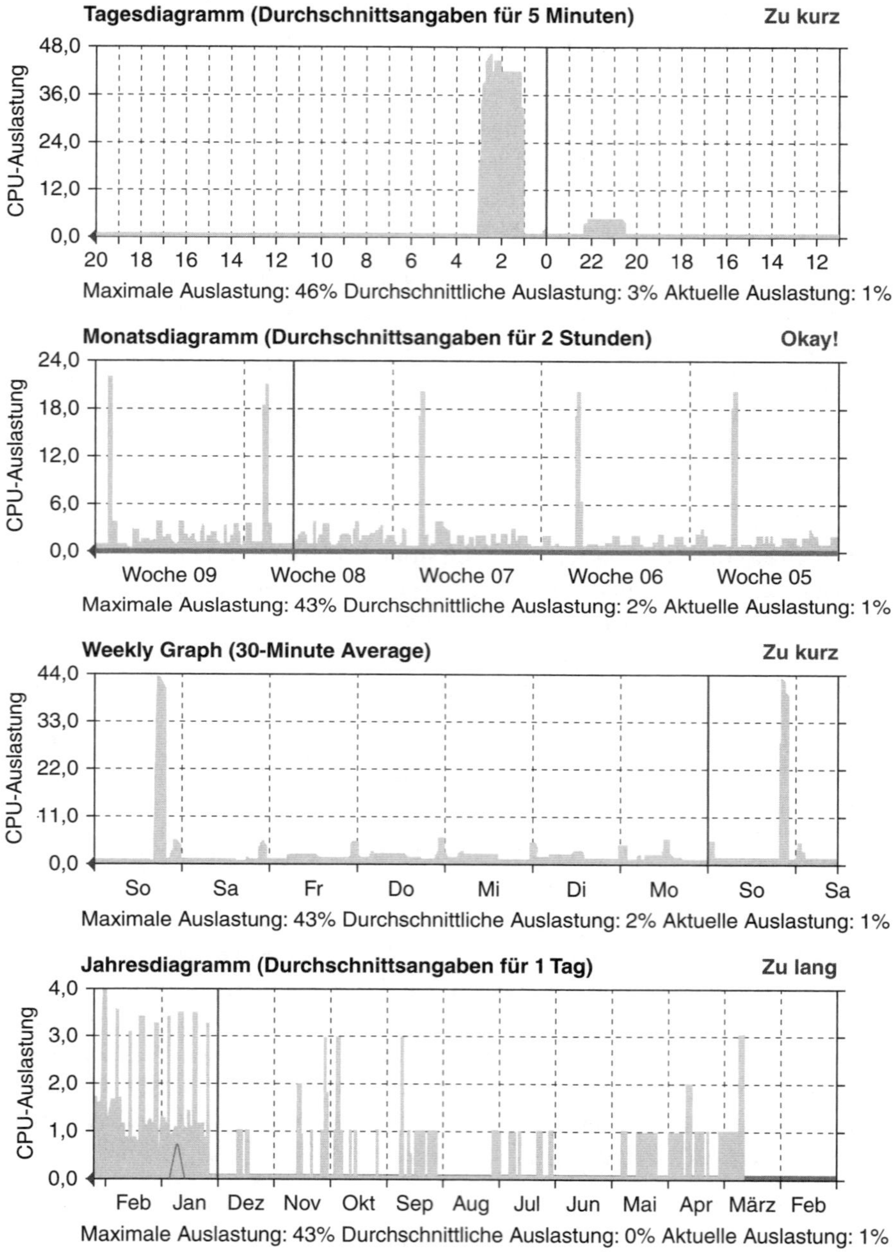

Abbildung 8.6: Tendenzen bei der CPU-Auslastung

Baseline-Analysen des Netzwerks sollten auf regelmäßiger Basis durchgeführt werden. Zumindest einmal jährlich sollte die Baseline für das gesamte Netzwerk überprüft und gegebenenfalls angepasst werden. Alternativ oder zusätzlich können Sie auch verschiedene Bereiche des Netzwerks regelmäßig im Rotationsverfahren testen. Die Regelmäßigkeit ist bei der Analyse ein entscheidender Faktor, um nachvollziehen zu können, wie sich Wachstum und andere Veränderungen auf das Netzwerk auswirken.

Leistungsdaten messen

Zur Baseline-Erstellung in großen und komplexen Netzwerken wird häufig eine fortgeschrittene Netzmanagement-Software eingesetzt. Das Fluke Network SuperAgent-Modul (Abbildung 8.7) beispielsweise ermöglicht es Administratoren mithilfe der Funktion Intelligent Baselines, automatisch Berichte zu erstellen und zu überprüfen.

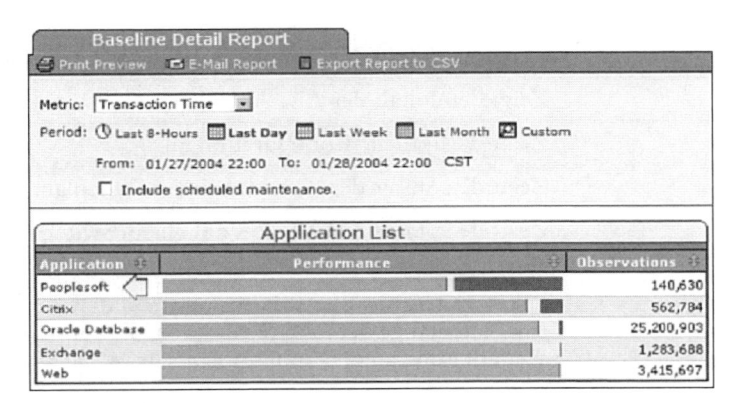

Abbildung 8.7: Fluke Network SuperAgent

Diese Funktion vergleicht aktuelle Leistungsdaten mit historischen Beobachtungen. Sie kann Leistungsprobleme ebenso automatisch erkennen wie Anwendungen, die nicht das erwartete Dienstniveau bieten.

Bei einfacher strukturierten Netzwerken können die Aufgaben bei der Erstellung der Baseline mithilfe einer Kombination aus manueller Datensammlung und einfachen Netzprotokollinspektoren durchgeführt werden. Die Erstellung einer Ursprungs-Baseline oder die Analyse von Leistungsdaten sollte sich über mehrere Tage erstrecken, um die Netzwerkleistung tatsächlich akkurat wiedergeben zu können. Netzmanagement-Software oder Protokollinspektoren und Sniffer können während der Datensammlung kontinuierlich ausgeführt werden. Die händische Sammlung mithilfe von show-Befehlen auf einzelnen Netzwerkgeräten ist extrem zeitaufwendig und sollte auf unternehmenskritische Geräte beschränkt bleiben.

Tabelle 8.4 fasst geeignete show-Befehle zusammen.

Tabelle 8.4: Nützliche »show«-Befehle

Befehl	Beschreibung
show version	Zeigt Laufzeit- und Versionsinformationen zur Gerätesoftware und -hardware an.
show ip interface [brief]	Zeigt alle Konfigurationsoptionen an, die für eine Schnittstelle festgelegt sind. Bei Verwendung des Schlüsselwortes brief werden nur der Status (*up/down*) und die IP-Adressen der Schnittstellen angezeigt.
show interface [*interface_type interface_num*]	Zeigt Details zu jeder Schnittstelle an. Um solche Details nur für eine bestimmte Schnittstelle aufzurufen, geben Sie den Schnittstellentyp und die Nummer im Befehl an (z. B. fastethernet 0/0).
show ip route	Zeigt den Inhalt der Routing-Tabelle an.
show arp	Zeigt den Inhalt der ARP-Tabelle an.
show running-config	Zeigt die aktuelle Konfiguration an.
show port	Zeigt den Status der Ports auf einem Switch an.
show vlan	Zeigt den Status von VLANs auf einem Switch an.
show tech-support	Führt weitere show-Befehle aus und ermittelt eine seitenlange detaillierte Ausgabe, die zur Weiterleitung an den Support gedacht ist.

8.2 Methodiken und Tools für das Troubleshooting

Netzwerktechniker, Administratoren und Support-Mitarbeiter wissen, dass das Troubleshooting ein Vorgang ist, der einen beträchtlichen Anteil ihrer Arbeit ausmacht. Die Verwendung effizienter Troubleshooting-Techniken verringert die hierfür erforderliche Gesamtzeit, wenn Sie in einer Produktionsumgebung arbeiten.

8.2.1 Ein allgemeiner Ansatz für das Troubleshooting

Es gibt zwei extreme Ansätze für das Troubleshooting, die praktisch immer zu Enttäuschungen, Verzögerungen oder Fehlschlägen führen. Das eine Extrem ist der vollständig theoretische Ansatz (Elfenbeinturmmethode), das andere der undurchführbare Spontanansatz (Höhlenmenschmethode).

Bei der Elfenbeinturmmethode wird die Situation mit chirurgischer Präzision wieder und wieder analysiert, bis die exakte Ursache des Problems erkannt und behoben wurde. Dieser Prozess ist zuverlässig, doch können es sich nur die wenigsten Unternehmen leisten, stunden- oder tagelang auf ihr Netzwerk zu verzichten, weil eine umfassende Analyse nun einmal Zeit braucht.

Der »Höhlenmensch« hingegen folgt einer spontanen Eingebung und beginnt damit, Netzwerkkarten, Kabel, Hardware und Software wahllos auszutauschen, bis das Netzwerk auf wundersame Weise wieder zu funktionieren beginnt. (Man bezeichnet dies auch als Brute-Force-Ansatz.) Allerdings bedeutet dies lediglich, dass das Netzwerk funktioniert – ob es korrekt funktioniert, steht auf einem anderen Blatt. Zwar führt dieser Ansatz meistens zu einer schnelleren Änderung der Symptome, doch ist er nicht sehr zuverlässig, und die Ursache des Problems ist im Zweifelsfall auch danach noch vorhanden.

Da beide Ansätze extrem sind, befindet sich eine bessere Lösung naheliegenderweise irgendwo dazwischen und nutzt Elemente beider Vorgehensweisen. Wichtig ist es, das Netzwerk als Ganzes und nicht bruchstückweise zu analysieren. Ein systematischer Ansatz verringert das Durcheinander und begrenzt den Zeitraum, der andernfalls durch Trial and Error vergeudet würde.

8.2.2 Schichtenmodelle für das Troubleshooting verwenden

Logische Netzwerkmodelle wie das OSI- und das TCP/IP-Modell unterteilen die Netzwerkfunktionalität in modulare Schichten (Abbildung 8.8).

OSI-Modell	TCP/IP
7 Anwendungsschicht	Anwendungsschicht
6 Darstellungsschicht	
5 Sitzungsschicht	
4 Transportschicht	Transportschicht
3 Vermittlungsschicht	Internetschicht
2 Sicherungsschicht	Netzwerkschicht
1 Bitübertragungsschicht	

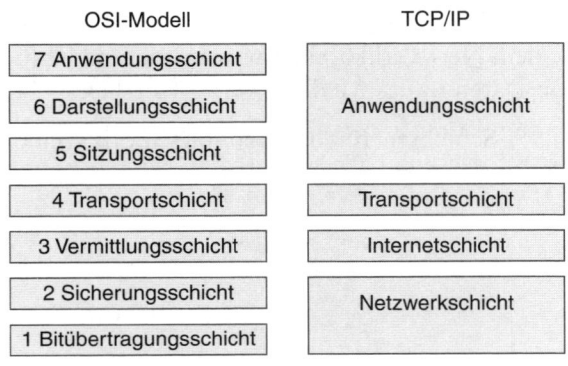

Abbildung 8.8: OSI- und TCP/IP-Modelle

Beim Troubleshooting können diese Modelle auf das physische Netzwerk angewendet werden, um Probleme einzugrenzen. Wenn beispielsweise Symptome ein Problem mit einer physischen Verbindung nahelegen, kann der Netzwerktechniker den Schwerpunkt auf das Troubleshooting der Leitung legen, die Bestandteil der Bitübertragungsschicht ist. Funktioniert diese Leitung einwandfrei, so sucht der Techniker Bereiche in den anderen Schichten, die das Problem möglicherweise verursachen.

Das OSI-Modell

Das OSI-Modell stellt eine gemeinsame Sprache für Netzwerktechniker bereit und wird beim Troubleshooting von Netzwerken häufig eingesetzt. Probleme werden in der Regel in Bezug auf eine bestimmte OSI-Schicht formuliert.

Das OSI-Referenzmodell beschreibt, wie Daten einer Softwareanwendung von einem Computer über ein Netzwerkmedium zu einer Softwareanwendung auf einem anderen Computer gelangen.

Die oberen Schichten (5 bis 7) des OSI-Modells behandeln Fragen der Anwendungsebene und sind im Allgemeinen nur softwareseitig implementiert. Die Anwendungsschicht stellt die Schnittstelle zum Benutzer bereit. Sowohl der Benutzer als auch die Anwendungsschichtprozesse interagieren mit Softwareanwendungen, die eine Kommunikationskomponente enthalten.

Die unteren Schichten (1 bis 4) des OSI-Modells beschreiben Aspekte des Datentransports. Dabei sind die Schichten 3 und 4 meistens auch nur softwareseitig implementiert. Die Bitübertragungsschicht (Schicht 1) und die Sicherungsschicht (Schicht 2) hingegen werden sowohl hardware- als auch softwareseitig implementiert. Die Bitübertragungsschicht steht dem physischen Netzwerkmedium (z. B. dem Netzwerkkabel) am nächsten und ist für die eigentliche Einspeisung von Daten in das Medium verantwortlich.

Abbildung 8.9 zeigt, welche OSI-Schichten für das Troubleshooting eines bestimmten Gerätetyps normalerweise verwendet werden.

Kapitel 8 • Troubleshooting im Netzwerk

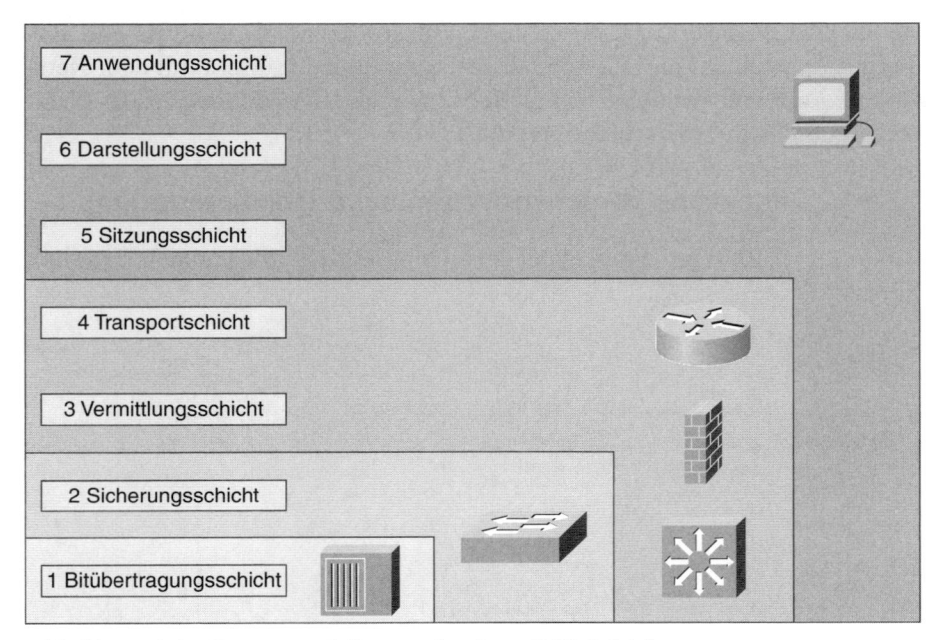

```
7 Anwendungsschicht
6 Darstellungsschicht
5 Sitzungsschicht
4 Transportschicht
3 Vermittlungsschicht
2 Sicherungsschicht
1 Bitübertragungsschicht
```

Abbildung 8.9: Geräte und die zugehörigen OSI-Schichten

Das TCP/IP-Modell

Ähnlich wie das OSI-Netzwerkmodell unterteilt auch das TCP/IP-Modell die Netzwerkarchitektur in modulare Schichten. Wie Abbildung 8.8 zeigt, lassen sich die vier Schichten des TCP/IP-Netzwerkmodells den sieben Schichten des OSI-Modells zuordnen. Es ist diese enge Verknüpfung, die es den Protokollen der TCP/IP-Suite gestattet, erfolgreich mit so vielen Netzwerktechnologien zu kommunizieren.

Die Anwendungsschicht der TCP/IP-Suite fasst die Funktionen von drei OSI-Schichten zusammen: der Anwendungs-, der Darstellungs- und der Sitzungsschicht. Die Anwendungsschicht ermöglicht die Kommunikation zwischen Anwendungen wie etwa FTP, HTTP und SMTP auf separaten Hosts.

Die Transportschichten von TCP/IP und OSI sind funktional identisch. Sie sind für den Austausch von Segmenten zwischen Geräten in einem TCP/IP-Netzwerk zuständig.

Die Internetschicht bei TCP/IP steht in Verbindung mit der OSI-Vermittlungsschicht. Die Internetschicht ist dafür verantwortlich, Nachrichten in einem festen Format zu übergeben, das den Geräten ihre Verarbeitung gestattet.

Die TCP/IP-Netzwerkschicht ist das Gegenstück zur Sicherungs- und Bitübertragungsschicht im OSI-Modell. Sie kommuniziert direkt mit dem Netzwerkmedium und stellt eine Schnittstelle zwischen der Architektur des Netzwerks und der Internetschicht bereit.

8.2.3 Allgemeine Vorgehensweisen beim Troubleshooting

Abbildung 8.10 zeigt die verschiedenen Phasen des allgemeinen Troubleshooting-Prozesses.

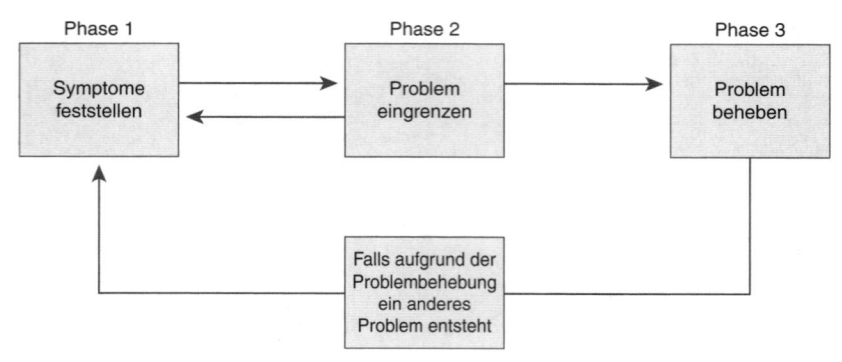

Abbildung 8.10: Phasen des Troubleshootings

Diese Phasen schließen sich nicht gegenseitig aus. Es kann im Verlaufe des Prozesses zu jeder Zeit notwendig sein, zu früheren Phasen zurückzukehren. Beispielsweise mag es erforderlich sein, weitere Symptome zu ermitteln, während Sie ein Problem eingrenzen.

Außerdem müssen Sie in Betracht ziehen, dass Sie, wenn Sie versuchen, ein Problem zu beheben, unter Umständen ein neues unerkanntes Problem schaffen. In diesem Fall wäre es dann notwendig, die Symptome zu erfassen und das neue Problem ebenfalls einzugrenzen und zu beheben.

Für jede Phase sollte eine Troubleshooting-Richtlinie eingerichtet werden. Eine Richtlinie beschreibt auf konsistente Weise, wie die einzelnen Phasen durchzuführen sind. Ein Teil der Richtlinie sollte darin bestehen, jede wichtige Information zu dokumentieren.

In den folgenden Abschnitten beschreiben wir die drei Phasen des allgemeinen Troubleshooting-Prozesses ausführlicher.

Phase 1: Symptome feststellen

Das Troubleshooting beginnt mit dem Erfassen und Dokumentieren von Symptomen im Netzwerk, auf Endgeräten und bei den Benutzern. Zusätzlich stellt der Netzwerkadministrator fest, welche Netzwerkkomponenten beeinträchtigt wurden und wie die Funktionalität des Netzwerks sich im Vergleich zur Baseline geändert hat. Symptome können in unterschiedlicher Form auftreten: Alarmmeldungen von Netzmanagementsystemen, Konsolenmeldungen und Beschwerden durch Benutzer.

Während des Ermittelns der Symptome sollten Sie Fragen als Methode zur Eingrenzung möglicher Problemursachen verwenden.

Phase 2: Problem eingrenzen

Das Problem ist nicht ausreichend eingegrenzt, solange nicht ein einzelnes Problem oder eine Gruppe zusammengehöriger Probleme benannt werden kann. Zu diesem Zweck untersucht der Netzwerkadministrator die Details der Probleme in den logischen Schichten des Netzwerks, sodass die wahrscheinlichste Ursache festgestellt werden kann. In dieser Phase muss der Netzwerkadministrator je nach festgestellten Einzelheiten des Problems weitere Symptome erfassen und dokumentieren.

Phase 3: Problem beheben

Nachdem die Ursache des Problems eingegrenzt und identifiziert wurde, arbeitet der Netzwerkadministrator an seiner Behebung, indem er eine Lösung implementiert, testet und dokumentiert. Wenn der Administrator feststellen sollte, dass die vorgeschlagene Korrekturmaßnahme ein weiteres Problem verursacht, wird der Lösungsversuch dokumentiert, die Änderungen werden zurückgenommen und der Administrator beginnt erneut mit dem Erfassen von Symptomen und dem Eingrenzen des Problems.

8.2.4 Methoden des Troubleshootings

Wir unterscheiden drei grundsätzliche Methoden des Troubleshootings in Netzwerken:

- Bottom-Up-Troubleshooting
- Top-Down-Troubleshooting
- Divide-and-Conquer-Troubleshooting

Jeder dieser Ansätze bietet sowohl Vor- als auch Nachteile. In den folgenden Abschnitten beschreiben wir die drei Methoden und nennen Anhaltspunkte, anhand derer sich die jeweils beste Methode in einer bestimmten Situation auswählen lässt.

Bottom-Up-Troubleshooting

Beim Bottom-Up-Troubleshooting beginnen Sie bei den physischen Komponenten des Netzwerks und bewegen sich durch die Schichten des OSI-

Modells nach oben, bis die Ursache des Problems erkannt ist (siehe Abbildung 8.11). Das Bottom-Up-Troubleshooting ist der empfehlenswerte Ansatz, falls offenbar ein physisches Problem vorliegt. Die meisten Netzwerkprobleme sind in den unteren Ebenen vorhanden, weswegen der Weg des Bottom-Up-Ansatzes häufig zu erfolgreichen Ergebnissen führt.

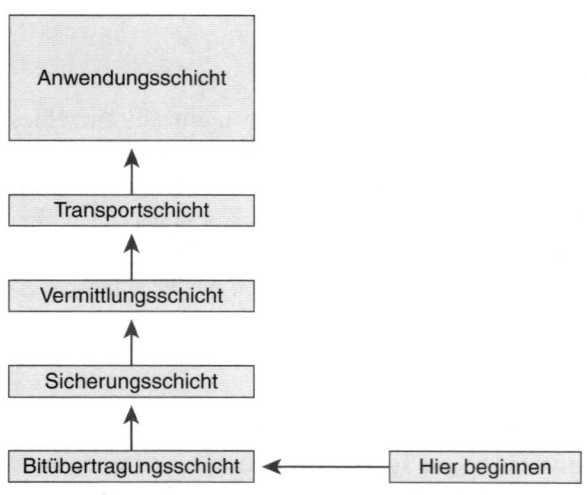

Abbildung 8.11: Bottom-Up-Troubleshooting

Der Nachteil des Bottom-Up-Troubleshootings besteht darin, dass Sie hierbei jedes Gerät und jede Schnittstelle im Netzwerk überprüfen müssen, bis Sie die potenzielle Problemursache erkannt haben. Weil alle Schlussfolgerungen und Möglichkeiten dokumentiert werden müssen, ist bei diesem Ansatz eine Menge Schreibarbeit erforderlich. Eine weitere Herausforderung besteht darin, diejenigen Geräte zu ermitteln, die zuerst überprüft werden sollten.

Top-Down-Troubleshooting

Beim Top-Down-Troubleshooting beginnen Sie bei den Endbenutzeranwendungen und arbeiten sich dann durch die Schichten des OSI-Modells nach unten vor, bis die Ursache des Problems erkannt ist (siehe Abbildung 8.12).

Sie testen zunächst Anwendungen auf dem Endgerät eines Benutzers, bevor Sie sich mit den einzelnen Komponenten des Netzwerks befassen. Diesen Ansatz benutzen Sie bei einfacheren Problemen oder dann, wenn Sie der Ansicht sind, dass eine Softwareanwendung die Ursache des Problems sein könnte.

Der Nachteil des Top-Down-Troubleshootings besteht darin, dass Sie hierbei jede Netzwerkanwendung überprüfen müssen, bis Sie eine mögliche Problemursache erkannt haben. Alle Schlussfolgerungen und Möglichkeiten müssen dokumentiert werden. Die Herausforderung besteht darin festzustellen, bei welcher Anwendung man beginnen sollte.

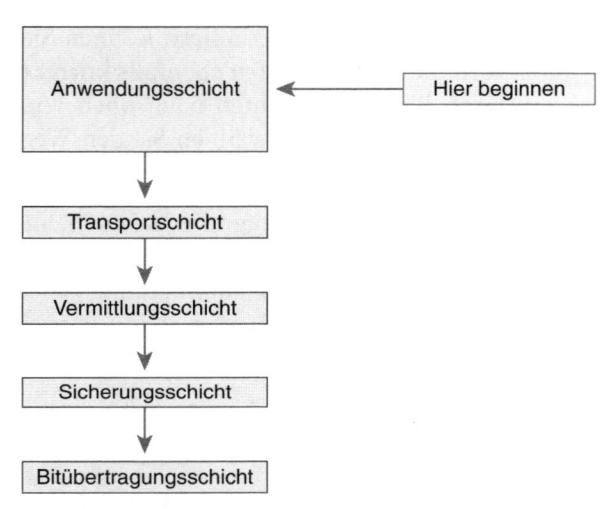

Abbildung 8.12: Top-Down-Troubleshooting

Divide-and-Conquer-Troubleshooting

Falls Sie das Divide-and-Conquer-Troubleshooting zur Analyse eines Netzwerkproblems verwenden, wählen Sie eine Schicht aus und testen von dieser ausgehend in beide Richtungen des jeweiligen Referenzmodells (siehe Abbildung 8.13).

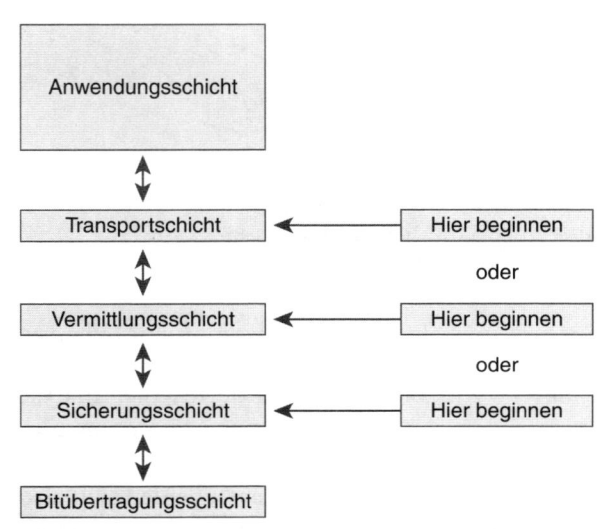

Abbildung 8.13: Divide-and-Conquer-Troubleshooting

Beim Divide-and-Conquer-Troubleshooting ermitteln Sie zunächst, welche Erfahrungen die Benutzer mit dem Problem haben, und dokumentieren die Symptome. Danach entscheiden Sie auf der Grundlage dieser Angaben, in welcher OSI-Schicht Sie Ihre Untersuchung beginnen wollen. Sobald Sie sich vergewissert haben, dass eine Schicht einwandfrei funktioniert, können Sie davon ausgehen, dass die darunter vorhandenen Schichten ebenfalls korrekt arbeiten, und arbeiten sich dann durch die OSI-Schichten nach oben vor. Funktioniert eine OSI-Schicht nicht einwandfrei, dann wählen Sie den Weg nach unten durch das Referenzmodell.

Wenn beispielsweise Benutzer nicht auf den Webserver zugreifen können, Sie aber einen ping-Befehl an den Server senden können, wissen Sie, dass das Problem oberhalb von Schicht 3 liegt. Wird eine ICMP-Fehlermeldung generiert und können Sie keinen ping-Befehl an den Server senden, dann wissen Sie, dass die Problemursache wohl eher in einer der unteren OSI-Schichten zu finden ist.

Empfehlungen zur Auswahl einer Troubleshooting-Methode

Um Netzwerkprobleme schnell lösen zu können, nehmen Sie sich ein wenig Zeit, um die wirkungsvollste Methode für das Netzwerk-Troubleshooting auszuwählen. Sie können hierzu den in Abbildung 8.14 gezeigten Prozess zugrunde legen.

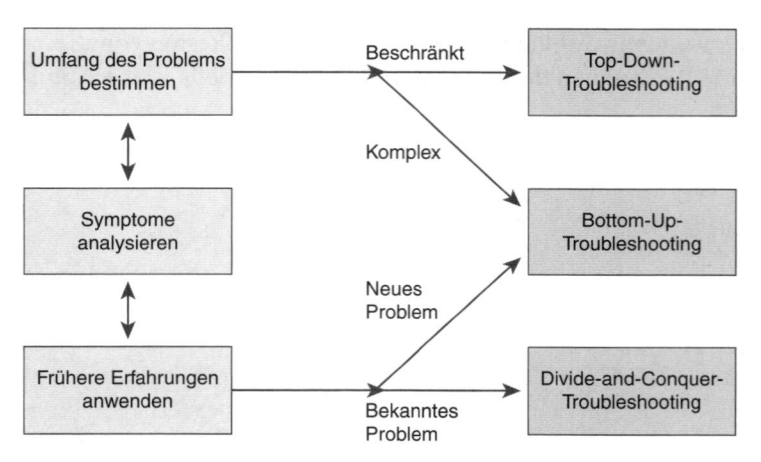

Abbildung 8.14: Empfehlungen zur Auswahl einer Troubleshooting-Methode

Wir wollen exemplarisch erklären, wie Sie eine Methode für die Analyse eines bestimmten Problems auswählen. Angenommen, zwei IP-Router tauschen keine Routing-Daten aus. Als ein solches Problem beim letzten Mal auftrat, war es durch einen Protokollfehler bedingt. Sie entscheiden sich also für das Divide-and-Conquer-Troubleshooting. Ihre Analyse zeigt, dass zwischen den Routern Konnektivität vorhanden ist. Sie beginnen Ihre Untersuchung also in der Bitübertragungs- oder in der Sicherungsschicht, kontrollieren die Konnektivität und testen dann die TCP/IP-spezifischen Funktionen in der nächsthöheren Schicht im OSI-Modell: der Vermittlungsschicht.

8.2.5 Symptome feststellen

Um den Umfang des Problems bestimmen zu können, erfassen und dokumentieren Sie die Symptome (Abbildung 8.15).

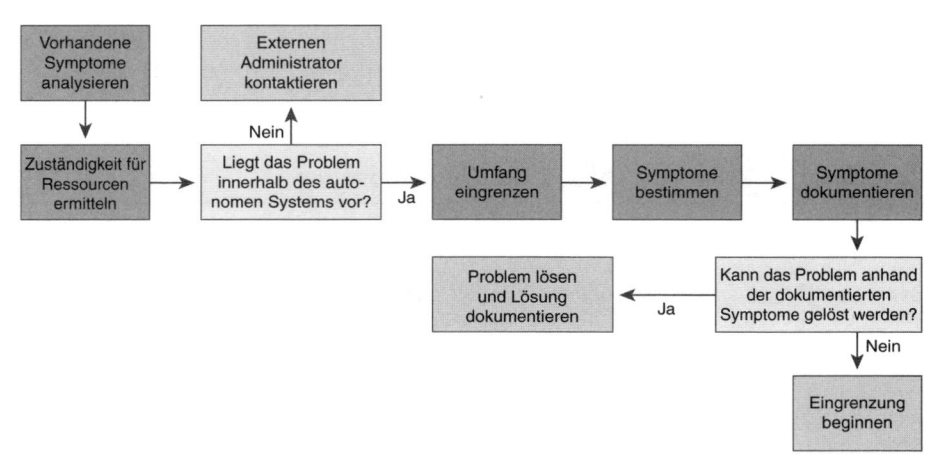

Abbildung 8.15: Ablauf bei der Feststellung der Symptome

Jeder Schritt in diesem Vorgang wird nachfolgend kurz beschrieben.

1. **Vorhandene Symptome analysieren.** Analysieren Sie die Symptome, die Sie mithilfe von Trouble-Tickets, betroffenen Benutzern oder Endsystemen erfasst haben, um das Problem zu definieren.

2. **Ressourcenbesitz ermitteln.** Wenn sich das Problem auf Ihrem System befindet, können Sie mit der nächsten Phase fortfahren. Liegt das Problem hingegen nicht in Ihrem Einflussbereich (beispielsweise weil außerhalb des autonomen Systems die Internetverbindung verloren gegangen ist), dann müssen Sie Kontakt mit einem Administrator des externen Systems aufnehmen, bevor Sie weitere Symptome im Netzwerk erfassen.

3. **Wirkungsbereich eingrenzen.** Grenzen Sie den betroffenen geografischen Bereich ein und bestimmen Sie, ob das Problem im Core-, Distribution- oder Access-Layer des Netzwerks aufgetreten ist. Nachdem Sie das Problem erkannt haben, analysieren Sie die vorhandenen Symptome und ermitteln Sie auf der Basis Ihrer Kenntnisse zur Netzwerktopologie, welche Geräte wahrscheinlich betroffen sind.

4. **Symptome auf verdächtigen Geräten erfassen.** Erfassen Sie unter Verwendung eines schichtorientierten Troubleshooting-Ansatzes Hardware- und Softwaresymptome auf verdächtigen Geräten. Beginnen Sie beim wahrscheinlichsten Gerät und nutzen Sie Ihr Wissen und Ihre Erfahrung, um festzustellen, ob es sich eher um ein Hardwareproblem oder um ein Problem mit der Softwarekonfiguration handelt.

5. **Symptome dokumentieren.** Manchmal lässt sich das Problem unter Verwendung der dokumentierten Symptome lösen. Sollte dies nicht möglich sein, dann starten Sie die Eingrenzungsphase des allgemeinen Troubleshooting-Prozesses.

Tabelle 8.5 beschreibt die allgemeinen Cisco IOS-Befehle, die bei der Erfassung der Symptome eines Netzwerkproblems hilfreich sein können.

Tabelle 8.5: Nützliche Befehle für das Troubleshooting

Befehl	Beschreibung	Getestete Schichten
ping {host | ip-address}	Sendet eine Echoanforderung an eine Adresse und wartet dann auf die Antwort. Die Variable host | ip-address ist der Hostname oder die IP-Adresse des Zielsystems.	1 bis 3
traceroute {destination}	Ermittelt den Pfad, den ein Paket durch das Netzwerk nimmt. Die Variable destination ist der Hostname oder die IP-Adresse des Zielsystems.	1 bis 3
telnet {host | ip-address}	Stellt mithilfe einer Telnet-Anwendung eine Verbindung mit einer IP-Adresse her.	1 bis 7
show ip interface brief	Zeigt eine Zusammenfassung des Status aller Schnittstellen auf einem Gerät an.	1 bis 3
show ip route	Zeigt den aktuellen Status der IP-Routing-Tabelle an.	1 bis 3
show running-config interface	Zeigt den Inhalt der gegenwärtig ausgeführten Konfigurationsdatei für eine bestimmte Schnittstelle an.	1 bis 4
[no] debug ?	Zeigt eine Liste mit Optionen für die Aktivierung und Deaktivierung des Debuggings auf einem Gerät an.	1 bis 7
show protocols	Zeigt die konfigurierten Protokolle an und gibt den globalen und den Schnittstellenstatus jedes konfigurierten Schicht-3-Protokolls an.	1 bis 4

Der Befehl debug ist zwar ein wichtiges Tool zum Erfassen von Symptomen, doch generiert er eine große Menge Daten auf der Konsole, wodurch die Leistungsfähigkeit eines Netzwerkgeräts spürbar beeinträchtigt werden kann. Teilen Sie den Benutzern Ihres Netzwerks in jedem Fall mit, dass gerade Troubleshooting-Maßnahmen ausgeführt werden, die die Leistungsfähigkeit des Netzwerks beeinträchtigen können. Vergessen Sie zudem nicht, das Debugging abzuschalten, sobald Sie fertig sind.

Verwenden Sie bei der Befragung von Endbenutzern zu aufgetretenen Netzwerkproblemen effiziente Gesprächsmethoden. Auf diese Weise erhalten Sie die Informationen, die Sie benötigen, um die Symptome eines Problems effizient dokumentieren zu können. Tabelle 8.6 zeigt einige Empfehlungen und Beispielfragen.

Tabelle 8.6: Endbenutzer befragen

Empfehlung	Beispiel für eine Frage an den Benutzer
Stellen Sie Fragen, die sich auf das Problem beziehen.	Was funktioniert nicht?
Kontrollieren Sie, ob wirklich ein Problem vorliegt.	Was verleitet Sie zu der Annahme, dass es nicht richtig funktioniert?
Verwenden Sie jede Frage als Möglichkeit, potenzielle Probleme entweder auszuschließen oder zu erkennen.	Steht das, was funktioniert, und das, was nicht funktioniert, in irgendeinem Zusammenhang?
Fragen Sie den Benutzer, wann er das Problem zum ersten Mal bemerkt hat.	Wann haben Sie das Problem zum ersten Mal bemerkt?
Stellen Sie fest, ob seit dem Zeitpunkt, zu dem alles noch einwandfrei funktionierte, etwas Ungewöhnliches geschehen ist.	Was hat sich im Vergleich zu der Zeit, als es noch funktionierte, geändert?
Bitten Sie den Benutzer, das Problem nachzustellen, sofern dies möglich ist.	Können Sie das Problem reproduzieren?
Benutzen Sie eine Sprache auf einem technischen Niveau, das der Benutzer nachvollziehen kann.	Hat das, was nicht funktioniert, jemals funktioniert?

Die effiziente Befragung von Endbenutzern ist eine Fertigkeit, die sehr schwierig zu erlernen ist. Vergessen Sie nicht, dass Benutzer, die Probleme mit dem Netzwerk haben, deswegen häufig nicht glücklich und manchmal sogar ausgesprochen schlecht gelaunt sind.

Die folgenden Tipps sollten Sie bei der Befragung von Endbenutzern beachten:

- Seien Sie geduldig. Seufzen und schnaufen Sie nicht und geben Sie auch keine abfälligen Kommentare ab.
- Seien Sie höflich.
- Benutzen Sie eine dem technischen Niveau des Benutzers angemessene Sprache.
- Nehmen Sie sich immer einen Moment Zeit, um sich zu sammeln, bevor Sie eine Frage beantworten.
- Vermeiden Sie den Eindruck, in Eile zu sein.
- Seien Sie mitfühlend. Geben Sie dem Benutzer das Gefühl, dass Sie da sind, um ihm zu helfen, und dass Sie gemeinsam das Problem erkennen und beheben werden.

8.2.6 Tools für das Troubleshooting

Es gibt eine Vielzahl von Software- und Hardwaretools, die das Troubleshooting vereinfachen sollen. Diese Werkzeuge können verwendet werden, um Symptome von Netzwerkproblemen zu erfassen und zu analysieren. Häufig bieten sie Überwachungs- und Berichtserstellungsfunktion, die Sie benutzen können, um die Netzwerk-Baseline zu erstellen.

Softwaretools für das Troubleshooting

Softwaretools für das Troubleshooting gibt es eine Menge, und sie werden immer besser. Unterschieden werden die folgenden Kategorien:

- NMS (Netzmanagementsysteme)
- Knowledge-Bases
- Tools zur Baseline-Erstellung
- Protokoll-Analyzer

NMS-Tools

NMS-Tools (Network Management System) bieten Funktionen zur Überwachung auf Geräteebene, zur Konfiguration und für die Fehlerermittlung. Abbildung 8.16 zeigt das NMS WhatsUp Gold.

Jetzt gratis abholen!
Vom 26.10. bis 21.11.2009.

Das Örtliche für Düsseldorf ist erhältlich bei:

Deutsche Post

Alle Filialen und Agenturen im Buchbereich

in Düsseldorf

Netto Marken-Discount

Alle teilnehmenden Märkte im Buchbereich

Selbstverständlich erhalten Sie die Verzeichnisse auch ohne diese Karte.
Unser Umwelttipp: Entsorgen Sie die alten Verzeichnisse in Ihrer Altpapiertonne.

37202

Deutsche Telekom Medien GmbH, Postfach 16 02 11, 60065 Frankfurt

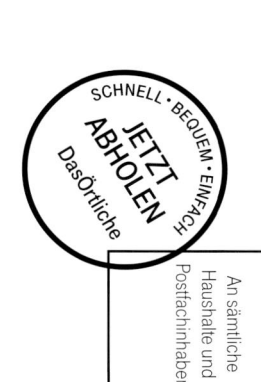

Wichtige Information
für Sie persönlich

SCHNELL · BEQUEM · EINFACH
JETZT ABHOLEN
DasÖrtliche

An sämtliche Haushalte und Postfachinhaber

+ + + Jetzt bis 21.11.2009 abholen + + +

Das Örtliche

Ohne Ö fehlt Dir was

DasÖrtliche

www.dasoertliche.de

Für Ihre nahe Umgebung.

Firmen
Personen
Services

Das Örtliche

Für Ihre nahe Umgebung.

Ihr Verlag DasÖrtliche

schwannverlag
garantiert gut gewählt

Ihr Verlag DasÖrtliche

+ + + topaktuell und gratis + + +

Kapitel 8 • Troubleshooting im Netzwerk

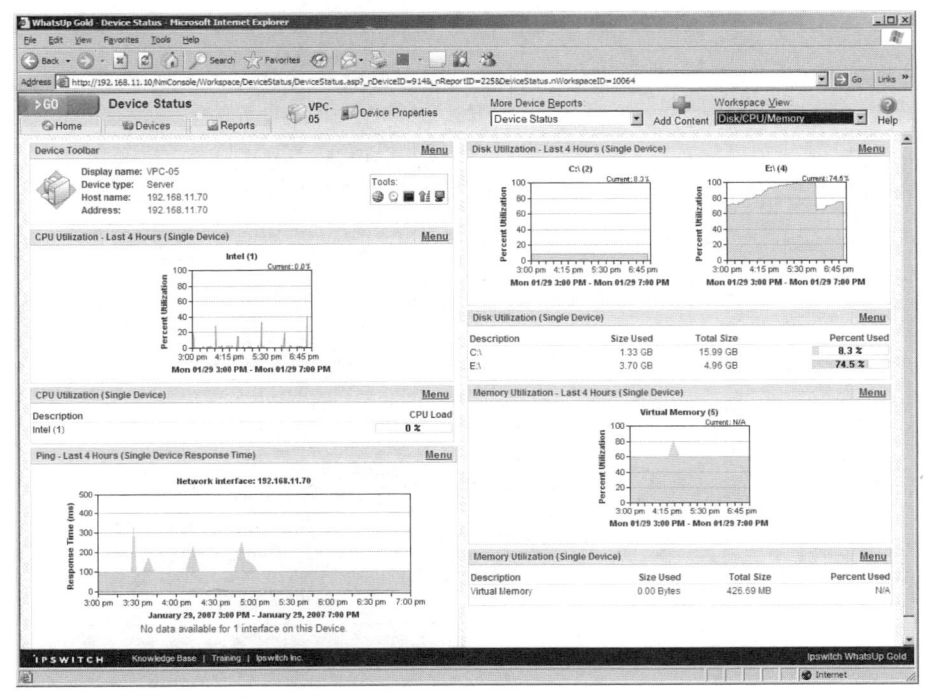

Abbildung 8.16: WhatsUp Gold

Diese Tools erlauben das Untersuchen und Beheben von Netzwerkproblemen. Die Software zur Netzwerküberwachung stellt eine physische Sicht auf die Netzwerkgeräte in grafischer Form dar und gestattet es dem Netzwerkadministrator auf diese Weise, Remote-Geräte zu überwachen, ohne diese tatsächlich physisch zu überprüfen. Eine Gerätemanagement-Software ermittelt dynamische Status-, Statistik- und Konfigurationsinformationen für geswitchte Produkte. Häufig verwendete Netzmanagement-Tools sind CiscoView, HP OpenView, SolarWinds und WhatsUp Gold.

Knowledge-Bases

Online verfügbare Knowledge-Bases von Herstellern der Netzwerkgeräte sind mittlerweile unentbehrliche Informationsquellen. Sofern solche vom Hersteller bereitgestellten Knowledge-Bases mit Internetsuchmaschinen kombiniert werden, kann der Netzwerkadministrator auf einen riesigen Erfahrungsschatz zugreifen.

Abbildung 8.17 zeigt die Support-Seite von Cisco, die Sie auf Cisco.com über die Registerkarte SUPPORT aufrufen können.

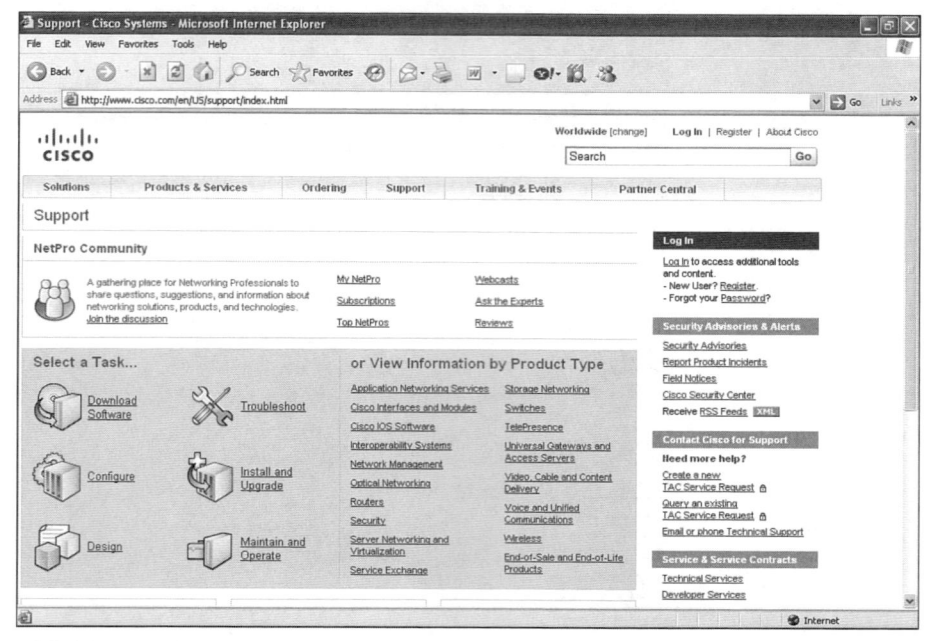

Abbildung 8.17: Support-Webseite von Cisco

Die meisten Anbieter stellen ähnliche Knowledge-Bases bereit, wobei Zugänglichkeit, Nutzen und Qualität schwanken. Die Support-Seite von Cisco ist umfassend und sehr nützlich. Allerdings sollte sichergestellt sein, dass Sie mit den zur Verfügung gestellten Ressourcen und Tools vertraut sind und über ihre Verwendung Bescheid wissen.

Sie sollten Knowledge-Base-Websites regelmäßig besuchen, da die Ressourcen fortlaufend weiterentwickelt werden.

Tools zur Baseline-Erstellung

Es gibt verschiedene Ansätze zur Erstellung von Baselines für ein Netzwerk, aber sie alle basieren auf der Verwendung einer speziellen Software. Solche Softwarepakete bieten Funktionen zum automatischen Zeichnen von Netzwerkdiagrammen, halten die Dokumentation zu Software und Hardwarenetzwerk auf dem aktuellen Stand und unterstützen die Ermittlung der Bandbreitenauslastung im Netzwerk.

Abbildung 8.18 zeigt die Software SolarWinds LANsurveyor, mit der Sie eine Netzwerk-Baseline erstellen können.

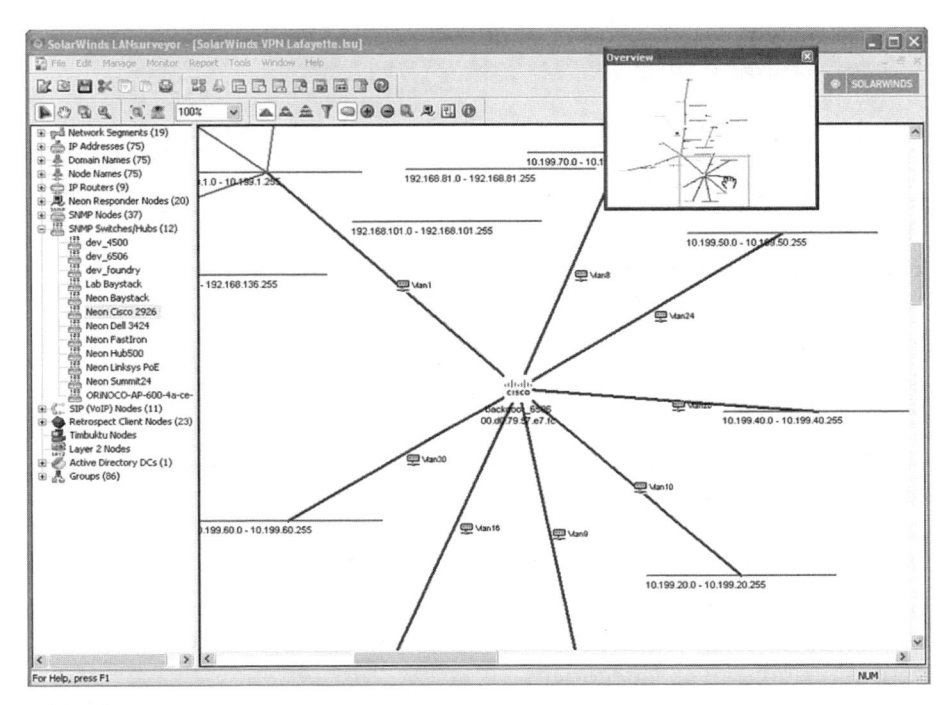

Abbildung 8.18: LANsurveyor

Protokoll-Analyzer

Ein Protokoll-Analyzer erfasst den Datenverkehr im Netzwerk, wenn er eine spezifizierte Schnittstelle passiert. Die so erfassten Daten können angezeigt werden, um die Feldinhalte von Frames, Paketen und Segmenten in einem relativ benutzerfreundlichen Format darzustellen. Abbildung 8.19 zeigt den Protokoll-Analyzer Wireshark.

Die meisten Protokoll-Analyzer können Daten filtern, die bestimmten Kriterien entsprechen, sodass beispielsweise alle Daten von und an ein bestimmtes Gerät erfasst werden können. Die Filterung kann auch sehr nützlich sein, falls Sie einen bestimmten Paketstrom nachverfolgen wollen.

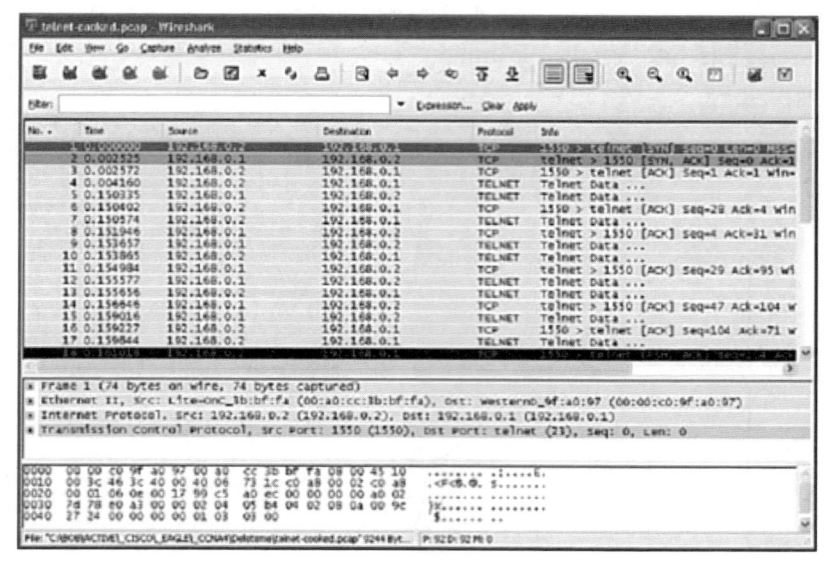

Abbildung 8.19: Wireshark

Werkzeuge für das Troubleshooting

Wie softwarebasierte Troubleshooting-Tools werden auch entsprechende Hardwarewerkzeuge stets produziert und weiterentwickelt. Unterschieden werden die folgenden Kategorien:

- NAM (Network Analysis Module)
- Digitalmultimeter
- Kabeltester
- Kabel-Analyzer
- Portable Netzwerk-Analyzer

NAM

Abbildung 8.20 zeigt ein NAM (Network Analysis Module).

Dieses Modul kann auf Cisco Catalyst 6500-Switches und Cisco 7600-Routern installiert werden und vermittelt eine grafische Darstellung des Datenverkehrs von lokalen und entfernten Switches und Routern. Das NAM nutzt eine integrierte browserbasierte Oberfläche, die Berichte zu Daten erstellt, deren Übertragung Netzwerkressourcen in kritischem Umfang verbraucht. Außerdem kann das NAM Pakete erfassen und entschlüsseln und Antwortzeiten verfolgen, um Probleme zu erkennen, die eine Anwendung im Netzwerk oder auf dem Server verursacht.

Kapitel 8 • Troubleshooting im Netzwerk 647

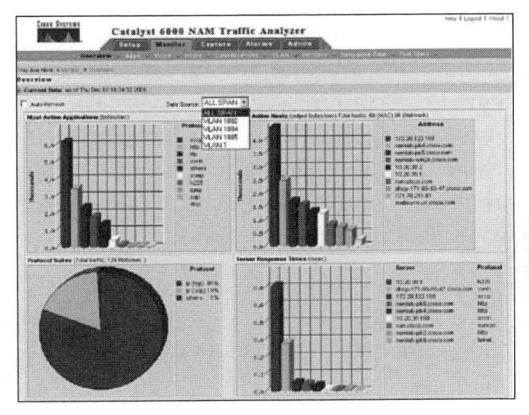

Webbasierte Anwendung zur Darstellung der NAM-Datenanalyse

NAM-Modul für Catalyst 6500

Abbildung 8.20: NAM

Digitalmultimeter

Ein DMM (Digitalmultimeter) ist ein Testinstrument, das benutzt wird, um Spannung, Strom und Widerstand direkt zu messen. Beim Troubleshooting im Netzwerk ist bei den meisten Medientests eine Überprüfung der Spannungspegel erforderlich, und es muss festgestellt werden können, ob Netzwerkgeräte überhaupt mit Strom versorgt werden.

Abbildung 8.21 zeigt ein DMM von Fluke Networks.

Abbildung 8.21: Fluke DMM

Kabeltester

Kabeltester sind spezielle Handgeräte, die das schnelle Testen verschiedener Arten von Datenkommunikationskabeln gestatten. Mit ihnen lassen sich Kabelbruch, vertauschte Adern, Kurzschlüsse und Leitungen mit fehlerhaften Aderpaaren erkennen. Zu unterscheiden sind hierbei preiswerte Durchgangsprüfer, etwas teurere Datenkabeltester und hochpreisige TDRs (Time Domain Reflectometer, Zeitbereichsreflektometer).

TDRs ermöglichen die Feststellung, wo genau in einem Kabel ein Kabelbruch oder Kurzschluss auftritt. Diese Geräte senden Signale durch das Kabel und warten auf Signalreflexionen. Die Zeit zwischen dem Signalversand und -empfang wird dann in eine Entfernung konvertiert. Die Funktionalität von TDRs wird normalerweise mit der von Kabeltestern ergänzt. TDRs, mit denen sich Glasfaserkabel testen lassen, heißen OTDRs (Optical Time-Domain Reflectometer).

Abbildung 8.22 zeigt den LinkRunner Pro Tester und den CableIQ Qualification Tester von Fluke Networks.

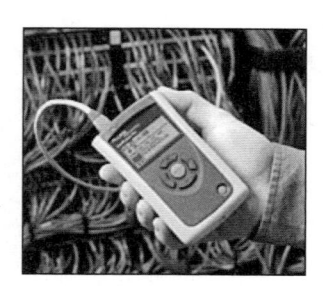

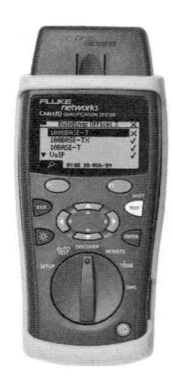

Fluke Networks LinkRunner Pro   Fluke Networks CableIQ

Abbildung 8.22: Kabeltester von Fluke Networks

Kabel-Analyzer

Kabel-Analyzer sind multifunktionale Handgeräte, die zum Testen und Zertifizieren von Kupfer- und Glasfaserkabel für verschiedene Dienste und nach unterschiedlichen Standards verwendet werden. Anspruchsvollere Varianten bieten fortschrittliche Diagnosefunktionen für das Troubleshooting, welche die Entfernung zu Fehlstellen messen, Korrekturmaßnahmen vorschlagen und das Übersprech- und Impedanzverhalten grafisch darstellen. Kabel-Analyzer werden zudem in der Regel mit einer PC-Software ausgeliefert.

Nach dem Sammeln der Analysedaten kann das Gerät diese auf einen PC hochladen und ermöglicht so die Erstellung aktueller und korrekter Berichte.

Abbildung 8.23 zeigt den DTX CableAnalyzer von Fluke Networks.

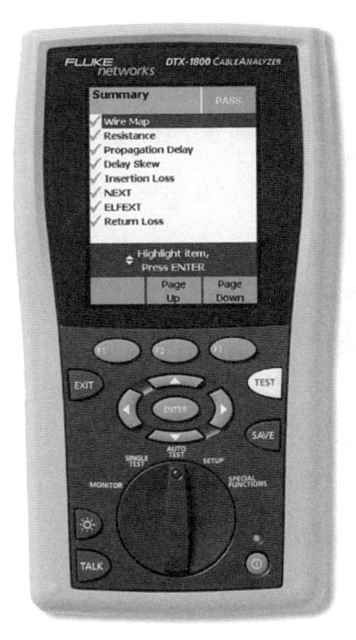

Abbildung 8.23: Kabel-Analyzer von Fluke Networks

Portable Netzwerk-Analyzer

Portable Netzwerk-Analyzer sind Geräte, die Ihnen das Troubleshooting in geswitchten Netzwerken und VLANs in Produktionsumgebungen gestatten. Durch Anschluss des Netzwerk-Analyzers an einer beliebigen Stelle im Netzwerk kann der Netzwerktechniker Durchschnitts- und Spitzenwerte für die Auslastung des betreffenden Ports in Echtzeit ermitteln. Zudem ermöglicht der Analyzer auch das Erkennen von VLAN-Konfigurationen, die Identifikation von Geräten mit hohem Datenabsatz, die Analyse von Datenverkehr im Netzwerk und die Darstellung von Eigenschaften der Schnittstelle. Die Ausgabe des Geräts erfolgt meistens an einen PC, auf dem zu Analyse- und Troubleshooting-Zwecken eine Netzüberwachungssoftware installiert ist.

Abbildung 8.24 zeigt den Analyzer OptiView Series III von Fluke Networks.

Abbildung 8.24: Portabler Netzwerk-Analyzer von Fluke Networks

Recherchen

Um ein Troubleshooting im Netzwerk durchzuführen, reicht es nicht aus, das richtige Tool einzusetzen. Es ist extrem wichtig, ein passendes Tool zu benutzen, mit dessen Verwendung man vertraut ist!

Sie müssen wissen, wie das Tool funktioniert, und sich mit seiner Bedienung gut auskennen. Nehmen Sie sich Zeit, diese Tools und Werkzeuge kennenzulernen und sich mit den einzelnen Funktionen gut vertraut zu machen.

Einige Anbieter bieten kostenlose Schulungen, Webcasts, Podcasts, Demos und Lehrvideos an. Auch die Softwarepakete umfassen Funktionen, um sie zu erlernen. Abbildung 8.25 beispielsweise zeigt die Tutorial-Seite von Solar-Winds.

Kapitel 8 • Troubleshooting im Netzwerk

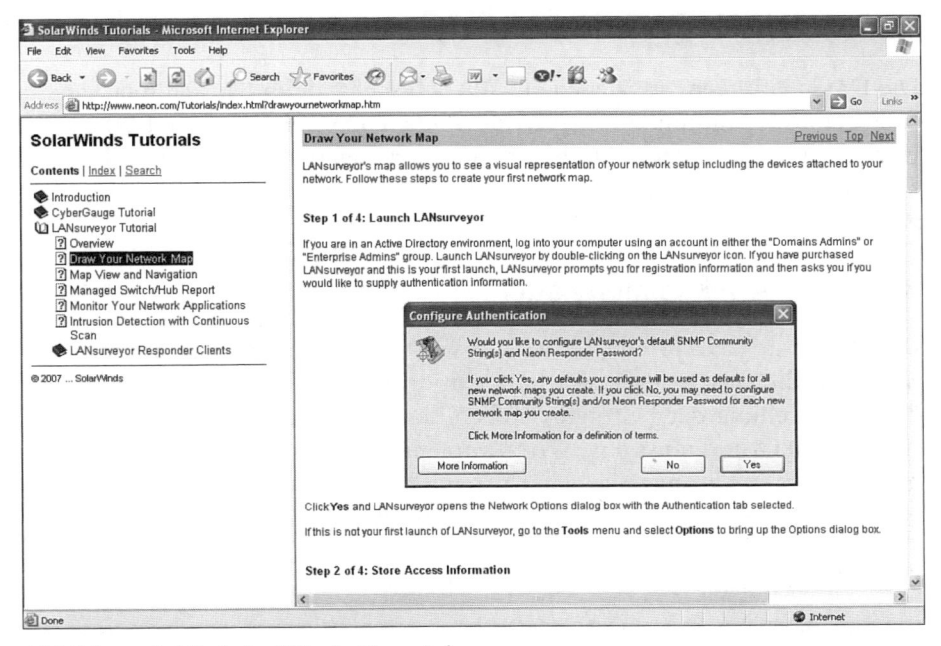

Abbildung 8.25: SolarWinds-Tutorial

Zu diesem Zweck enthält Tabelle 8.7 eine Reihe von Links zu verschiedenen Troubleshooting-Tools, mit denen Sie sich auskennen sollten.

Tabelle 8.7: Links zu Troubleshooting-Tools und -Werkzeugen

	NMSs	Tools zur Baseline-Erstellung	Knowledge-Bases	Protokoll-Analyzer
Softwaretools	WhatsUp Gold: http://tinyurl.com/2glpzy	Network Uptime: http://tinyurl.com/2fpjmx	Cisco: http://www.cisco.com	OptiView Protocol Expert: http://tinyurl.com/268une
	SolarWinds: http://tinyurl.com/yuhq9x	LANsurveyor: http://tinyurl.com/2ctpa5		
	OpenView: http://tinyurl.com/2eb5wj			
	NAMs	**Kabeltester**	**Kabel-Analyzer**	**Netzwerk-Analyzer**
Hardwaretools	Cisco Network Analysis Module Traffic Analyzer: http://tinyurl.com/245kso	CableIQ: http://tinyurl.com/yt7xvf	DTX Cable Analyzer: http://tinyurl.com/2fx24s	OptiView Series III Integrated Network Analyzer: http://tinyurl.com/2aj5on

8.3 WANs (Wiederholung)

Die Datenleitungen, aus denen ein WAN besteht, befinden sich meistens im Besitz eines Kommunikationsproviders oder eines Telefonnetzbetreibers. Sie werden den Teilnehmern entgeltpflichtig zur Verfügung gestellt und dienen zur Verbindung einzelner LANs oder der Anbindung von Remote-Netzwerken.

8.3.1 WAN-Kommunikation

Die Datenrate (Bandbreite) ist bei der WAN-Übertragung beträchtlich langsamer als die Geschwindigkeit in einem normalen LAN. Die Gebühren für die Bereitstellung der Leitungen stellen das wesentliche Kostenelement dar. Aus diesem Grund muss eine WAN-Implementierung darauf abzielen, maximale Bandbreite bei akzeptablen Kosten bereitzustellen. Weil Benutzer einen umfassenden Zugang zu Diensten mit höheren Datenraten fordern, das Management jedoch die Kosten niedrig halten möchte, ist die optimale WAN-Konfiguration keine einfache Angelegenheit.

WANs übertragen eine Vielzahl unterschiedlicher Informationstypen: Daten, Sprache und Video. Der ausgewählte Entwurf muss eine adäquate Bandbreite bieten und eine ausreichend schnelle Übertragung gewährleisten, um die Anforderungen des Unternehmens zu erfüllen. Neben anderen Spezifikationen muss der Entwurf die Topologie der Verbindungen zwischen den verschiedenen Standorten, die Besonderheiten dieser Verbindungen sowie die Bandbreite berücksichtigen.

Ältere WANs bestanden häufig aus Datenleitungen, die entfernte Mainframe-Computer direkt miteinander verbanden. Moderne WANs hingegen verbinden geografisch voneinander getrennte LANs. WAN-Technologien arbeiten in den drei unteren Schichten des OSI-Referenzmodells. Endgeräte der Benutzer, Server und Router kommunizieren über LANs, und die WAN-Datenleitungen sind an lokale Router angeschlossen.

Die Router ermitteln den geeignetsten Pfad zum Empfänger von Daten, indem sie die Vermittlungsschicht-Header auswerten. Außerdem übertragen sie die Pakete an die passende Leitung, damit sie über das physische Medium übertragen werden können. Router können auch QoS-Management (Quality of Service) ermöglichen. Dies ermöglicht eine Priorisierung der verschiedenen Datenströme.

8.3.2 Schritte beim WAN-Design

Unternehmen benötigen WAN-Verbindungen, um die strategischen Geschäftsanforderungen durch Datenübertragung zwischen Zweigstellen zu erfüllen. Weil WAN-Konnektivität gleichermaßen unternehmenswichtig und kostspielig ist, benötigen Sie zum Entwerfen eines WAN einen systematischen Ansatz. Abbildung 8.26 zeigt die Schritte beim WAN-Design.

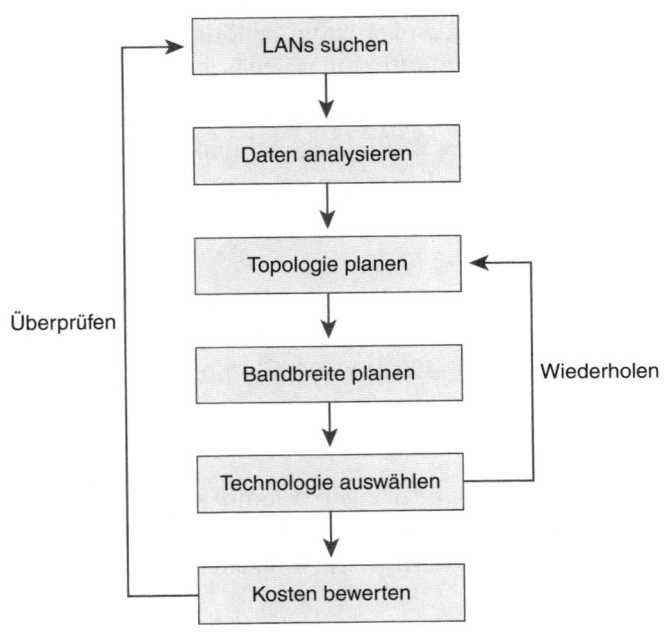

```
                    ┌──────────────────┐
          ┌────────→│   LANs suchen    │
          │         └────────┬─────────┘
          │                  ▼
          │         ┌──────────────────┐
          │         │ Daten analysieren│
          │         └────────┬─────────┘
          │                  ▼
          │         ┌──────────────────┐
          │         │ Topologie planen │◄──────┐
          │         └────────┬─────────┘       │
 Überprüfen│                 ▼                  │ Wiederholen
          │         ┌──────────────────┐       │
          │         │ Bandbreite planen│       │
          │         └────────┬─────────┘       │
          │                  ▼                  │
          │         ┌──────────────────┐       │
          │         │Technologie auswählen├────┘
          │         └────────┬─────────┘
          │                  ▼
          │         ┌──────────────────┐
          └─────────│  Kosten bewerten │
                    └──────────────────┘
```

Abbildung 8.26: Schritte beim WAN-Design

Jedes Mal, wenn eine Änderung an einen vorhandenen WAN in Angriff genommen wird, sollten Sie diese Schritte abarbeiten. Weil viele WANs sich jedoch im Laufe der Zeit entwickelt haben, wurden einige der hier gegebenen Empfehlungen unter Umständen nicht berücksichtigt. Änderungen am WAN können sich ergeben, falls die WAN-Server des Unternehmens erweitert oder neue Arbeits- oder Geschäftsmethoden implementiert werden.

Wie Abbildung 8.26 zeigt, handelt es sich beim Entwerfen eines WAN nicht um einen linearen Prozess. Mehrere Wiederholungen einzelner Schritte können erforderlich sein, bevor ein WAN-Design abgeschlossen wird. Um die optimale Leistungsfähigkeit eines WAN aufrechtzuerhalten, muss es fortlaufend überwacht und immer wieder bewertet werden.

Das Entwerfen oder Ändern eines WAN umfasst die folgenden Schritte:

Schritt für Schritt

1. **LANs ermitteln.** Stellen Sie fest, welche Absender- und Zielgeräte durch das WAN miteinander verbunden werden sollen.

2. **Datenverkehr analysieren.** Sie müssen in Erfahrung bringen, welche Daten übertragen werden müssen, woher diese stammen und wohin sie geschickt werden sollen. WANs übertragen eine Vielzahl von Datentypen mit unterschiedlichen Anforderungen an Bandbreite, Latenz und Jitter. Für jedes Endgerätepaar und für jeden Datentyp benötigen Sie Informationen zu den verschiedenen Datenübertragungseigenschaften.

3. **Topologie planen.** Die Topologie wird durch geografische Aspekte, aber auch durch Anforderungen wie die Verfügbarkeit beeinflusst. Zu einer Hochverfügbarkeit sind zusätzliche Leitungen erforderlich, die alternative Datenpfade bereitstellen, um Redundanz und Lastausgleich zu ermöglichen.

4. **Erforderliche Bandbreite abschätzen.** Die verschiedenen über die Leitungen übertragenen Datentypen haben unter Umständen unterschiedliche Anforderungen in Bezug auf Latenz und Jitter.

5. **WAN-Technologie auswählen.** Für die Leitungen müssen geeignete Technologien ausgewählt werden.

6. **Kosten einschätzen.** Sobald alle Anforderungen bekannt sind, können die Installations- und Betriebskosten für das WAN ermittelt und zu den Geschäftsanforderungen, die das WAN erforderlich machen, ins Verhältnis gesetzt werden.

8.3.3 Aspekte der WAN-Datenübertragung

Tabelle 8.8 zeigt die Vielfalt an Datentypen und ihre unterschiedlichen Anforderungen an Bandbreite, Latenz und Jitter, die von der WAN-Verbindung erfüllt werden müssen.

Tabelle 8.8: Aspekte der WAN-Datenübertragung

Datentyp	Latenztoleranz	Jitter-Toleranz	Bandbreitenanforderungen
Sprache	niedrig	niedrig	moderat
Transaktionsdaten (Datenbank)	moderat	moderat	moderat
Messaging (E-Mail)	hoch	hoch	hoch
Dateiübertragungen	hoch	hoch	hoch

Tabelle 8.8: Aspekte der WAN-Datenübertragung (Forts.)

Datentyp	Latenztoleranz	Jitter-Toleranz	Bandbreitenanforderungen
Stapelverarbeitungen	hoch	hoch	hoch
Netzmanagement	hoch	hoch	niedrig
Videokonferenzen	niedrig	niedrig	hoch

Um die Datenflussbedingungen und das Timing einer WAN-Verbindung zu bestimmen, müssen Sie die Eigenschaften der Datentypen separat für alle LANs untersuchen, die an das WAN angeschlossen sind. Tabelle 8.9 führt verschiedene Dateneigenschaften auf und enthält auch Beispiele.

Tabelle 8.9: Eigenschaften der WAN-Datenübertragung

Eigenschaft	Beispiel
Konnektivität und Datenaufkommen	Wohin fließen die Daten, und wie viele Daten fließen dorthin?
Client/Server-Daten	Welche Arten von Daten werden zwischen Client und Server ausgetauscht?
Latenztoleranz (einschließlich Länge und Variabilität)	Toleriert der Datenfluss Verzögerungen? Wenn ja, in welchem Umfang und wie häufig?
Toleranz bei der Netzwerkverfügbarkeit	Wie kritisch ist die Verfügbarkeit des Netzwerks für das Unternehmen? Kann das Unternehmen WAN-Ausfälle tolerieren oder würde dies die Produktion zum Stillstand bringen?
Fehlerratentoleranz	Sind Störungen bei den übertragenen Daten wahrscheinlich?
Priorität	Müssen diese Daten Vorrang vor anderen Daten haben? Beispielsweise müssen Netzmanagementnachrichten eine höhere Priorität aufweisen als E-Mail.
Protokolltyp	Welche Arten von Protokollen arbeiten im Netzwerk?
Durchschnittliche Paketlänge	Welche durchschnittliche Größe haben die übertragenen Pakete?

Die Ermittlung der Datentypeigenschaften kann es auch notwendig machen, sich mit Management und Netzwerkbenutzern in Verbindung zu setzen, um deren jeweiligen Bedürfnisse zu ermitteln.

8.3.4 Aspekte der WAN-Topologie

Nach dem Feststellen der LAN-Endpunkte und der Dateneigenschaften besteht der nächste Schritt bei der Implementierung eines WAN darin, eine geeignete Topologie zu entwerfen. Hierzu müssen im Wesentlichen die folgenden Schritte ausgeführt werden:

- Auswahl eines Verbindungsmusters oder -layouts für die Leitungen zwischen den verschiedenen Standorten
- Auswahl der Technologien für diese Leitungen im Hinblick auf die Erfüllung der Anforderungen des Unternehmens zu akzeptablen Kosten

Viele WANs basieren auf einer Sterntopologie (Abbildung 8.27).

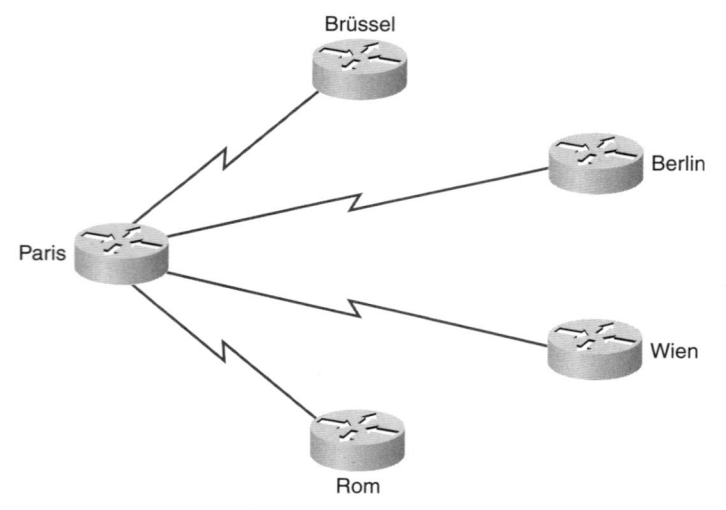

Abbildung 8.27: Sterntopologie (Hub-and-Spoke-Topologie)

Wenn das Unternehmen wächst und neue Zweigstellen hinzugefügt werden, werden diese Zweigstellen (Spokes) an den zentralen Standort (Hub) angebunden, wodurch eine traditionelle Sterntopologie entsteht. Werden die Endpunkte des Sterns miteinander verbunden, so entstehen je nach Ausmaß dieser Verbindungen teilweise oder vollständig vermaschte Topologien (Abbildungen 8.28 und 8.29).

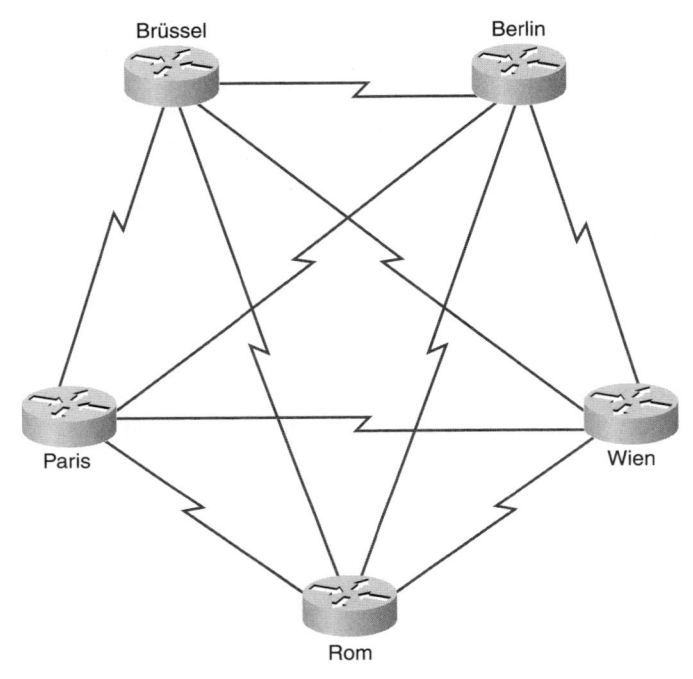

Abbildung 8.28: Vollständig vermaschte Topologie

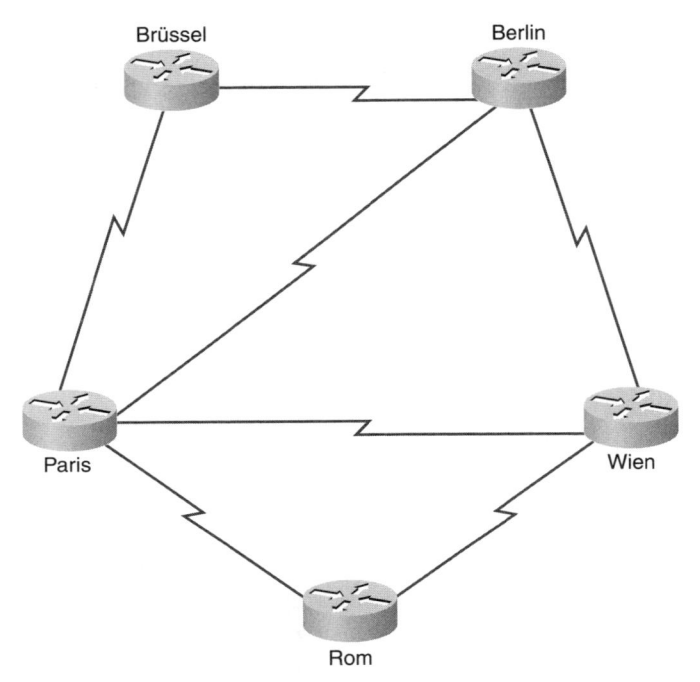

Abbildung 8.29: Teilvermaschte Topologie

Hierdurch ergeben sich viele mögliche Kombinationen für Verbindungen. Wenn Sie ein WAN entwerfen, neu bewerten oder ändern, müssen Sie eine Topologie auswählen, die den Entwurfsanforderungen entspricht.

Bei der Festlegung des Layouts sind verschiedene Faktoren zu berücksichtigen. Zusätzliche Leitungen erhöhen die Kosten für Netzwerkdienste, steigern aber auch die Zuverlässigkeit. Sofern man mehr Netzwerkgeräte in den Datenpfad integriert, erhöht sich die Latenz, während die Zuverlässigkeit sinkt. Im Allgemeinen muss jedes Paket vollständig von einem Knoten empfangen worden sein, bevor es an den nächsten Knoten weitergeleitet werden kann.

Falls zahlreiche Standorte aneinander angebunden werden sollen, wird eine hierarchische Lösung empfohlen, wie sie in Abbildung 8.30 gezeigt ist.

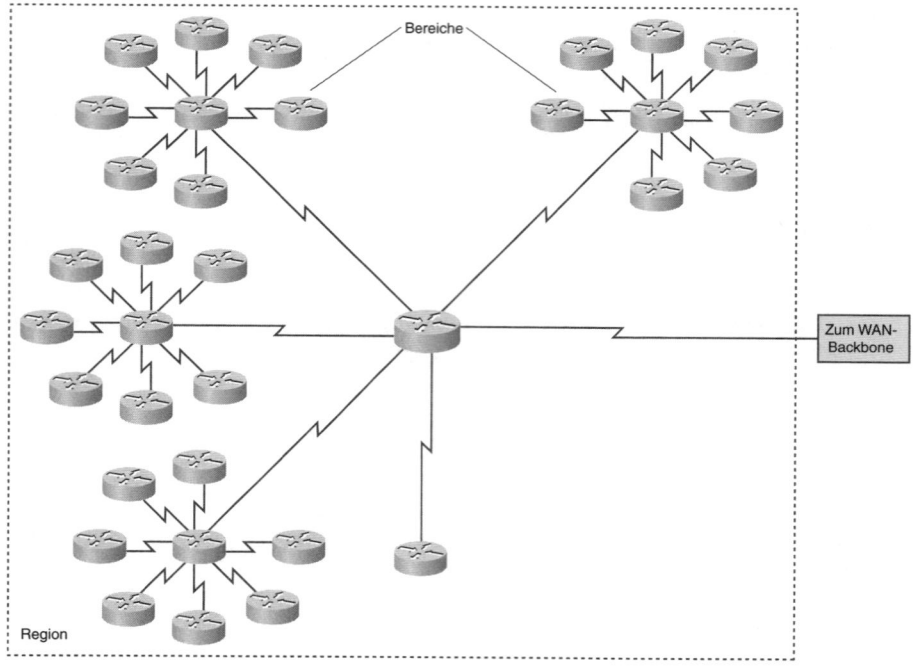

Abbildung 8.30: Hierarchische Topologie

Stellen Sie sich beispielsweise ein Unternehmen vor, das in jedem Land der Europäischen Union aktiv ist. In jeder Stadt mit mehr als 10.000 Einwohnern befindet sich eine Zweigstelle. Alle diese Zweigstellen verfügen jeweils über ein LAN. Das Unternehmen hat nun beschlossen, die einzelnen Zweigstellen anzubinden. Ein vollständig vermaschtes Netzwerk kann sicher nicht eingerichtet werden, denn dies würde Hunderttausende von Leitungen enthalten; die Lösung besteht also in der Implementierung einer hierarchischen Topologie. Die LANs in den einzelnen Bereichen müssen zunächst zu Gruppen zusammengefasst werden, die eine Region bilden, und diese Regionen werden dann miteinander verbunden, um das Zentrum des WAN zu bilden. Ein zusammengefasster Bereich könnte basierend auf der Anzahl der Standorte definiert werden, wobei eine Höchstgrenze zwischen 30 und 50 festzulegen ist. Ein solcher Bereich hätte eine Sterntopologie; danach würden die Hubs der einzelnen Sterne miteinander verbunden, um eine Region zu bilden. Regionen könnten geografischer Natur sein und jeweils zwischen drei und zehn Bereiche miteinander verbinden. Die Hubs der einzelnen Regionen könnten dann durch Point-to-Point-Verbindungen miteinander verbunden werden.

Eine Hierarchie mit drei Ebenen ist häufig sinnvoll, falls der Datenaustausch im Netzwerk die Zweigstellenstruktur des Unternehmens widerspiegelt. Die Unterteilung in Regionen, Bereiche und Zweigstellen ist durchaus üblich. Ebenfalls sinnvoll ist das Vorhandensein eines zentralen Dienstes, auf den alle Zweigstellen Zugriff haben müssen. Allerdings rechtfertigt das Datenaufkommen solcher Verbindungen keine direkte Anbindung einer Zweigstelle an diesen Dienst

Das LAN in der Mitte des Bereichs besteht aus Servern, die Dienste sowohl bereichsbezogen als auch lokal bereitstellen. Je nach Datenaufkommen und Datentyp kann es sich bei den Access-Layer-Verbindungen um Einwahl-, Stand- oder Frame Relay-Leitungen handeln. Frame Relay ermöglicht bis zu einem gewissen Grad eine Vermaschung aus Redundanzgründen, ohne dass hierfür zusätzliche physische Leitungen erforderlich sind. Distribution-Layer-Verbindungen könnten auf Frame Relay oder MAN-Ethernet basieren, und im Core-Layer des Netzwerks könnten ATM-, MAN-Ethernet- oder Standleitungen zum Einsatz kommen.

Bei der Planung einfacherer Netzwerke sollten Sie trotzdem eine hierarchische Topologie in Betracht ziehen, weil diese eine bessere Skalierbarkeit des Netzwerks ermöglichen kann. Der Hub im Zentrum eines Modells mit zwei Ebenen bildet den Core-Layer, auch wenn an ihn keine anderen Core-Router angeschlossen sind. Analog fungiert bei der Lösung mit nur einer Ebene der Hub des Bereichs gleichermaßen als Regional- und Core-Hub. Auf diese Weise ist ein einfaches und schnelles Wachstum in der Zukunft möglich, weil der Grundlagenentwurf repliziert werden kann, um neue Dienstbereiche hinzuzufügen.

8.3.5 Verbindungstechnologien bei WANs

WANs verwenden meistens eine Kombination mehrerer Technologien, die gewöhnlich basierend auf Datentyp und Datenumfang ausgewählt werden. ISDN, DSL, Frame Relay oder Standleitungen dienen der Anbindung einzelner Zweigstellen an einen Bereich. Frame Relay, ATM, Weitverkehrs-Ethernet oder Standleitungen können dann für den Anschluss externer Bereiche an den Backbone benutzt werden. Dieser WAN-Backbone schließlich wird aus ATM- oder Standleitungen gebildet. Technologien, die die Herstellung einer Wählverbindung erfordern, um Daten übertragen zu können (also etwa Telefonleitungen, ISDN oder X.25), sind für WANs, die kurze Antwortzeiten oder geringe Latenzen benötigen, ungeeignet.

Verschiedene Teile eines Unternehmens können entweder direkt über Standleitungen aneinander angebunden werden oder werden über eine Anschlussleitung mit dem nächstgelegenen POP (Point of Presence) des gemeinsamen Netzwerks verbunden. Frame Relay und ATM sind Beispiele für solche gemeinsam genutzten Netzwerktechnologien. Standleitungen sind in der Regel kostspieliger als Anschlussleitungen, sind allerdings mit praktisch beliebiger Bandbreite verfügbar und zeichnen sich durch sehr geringe Latenzen und wenig Jitter aus.

ATM- und Frame-Relay-Netzwerke übertragen Daten mehrerer Kunden über dieselben internen Leitungen. Das Unternehmen kann weder die Anzahl der Leitungen noch die der Hops steuern, welche die Daten im gemeinsamen Netzwerk passieren. Ebenso wenig kann es kontrollieren, wie lange die Daten einen einzelnen Knoten warten müssen, bevor sie weitergesendet werden. Diese Unsicherheiten in Bezug auf Latenz und Jitter machen diese Technologien für bestimmte Arten von Netzwerkdaten ungeeignet. Allerdings relativieren sich die Nachteile eines gemeinsamen Netzwerks häufig infolge der Kosteneinsparungen. Da mehrere Kunden sich die Leitung teilen, sind die Kosten im Zweifelsfall niedriger als die einer Direktverbindung derselben Kapazität.

Zwar ist ATM eine gemeinsam genutzte Netzwerktechnologie, doch wurde sie entwickelt, um minimale Latenz und Jitter über interne Hochgeschwindigkeitsleitungen zu bieten. Hierzu versendet ATM einfach zu verwaltende Dateneinheiten, die als *Zellen* bezeichnet werden. ATM-Zellen haben eine feste Länge von 53 Byte (48 Datenbytes, 5 Header-Bytes). ATM wird flächendeckend zur Übertragung latenzkritischer Daten eingesetzt.

Auch Frame Relay kann für derartigen Datenverkehr benutzt werden, wobei die QoS-Mechanismen eine Priorisierung sensiblerer Daten ermöglichen.

Tabelle 8.10 fasst die verschiedenen WAN-Verbindungstechnologien zusammen.

Tabelle 8.10: Verbindungstechnologien bei WANs

Technologie	Kostenbasis	Typische Datenrate	Sonstiges
Standleitung	Entfernung, Kapazität	Bis zu 45 Mbit/s (E3/T3)	permanente Festkapazität
Telefonverbindung	Entfernung, Dauer	33 bis zu 56 kbit/s	langsame Einwahlverbindung
ISDN	Entfernung, Dauer	64 oder 128 kbit/s bis zu 2 Mbit/s (PRI)	langsame Einwahlverbindung
X.25	Datenumfang	Bis zu 2 Mbit/s	vermittelte Festkapazität
ATM	Kapazität	Bis zu 155 Mbit/s	permanente variable Kapazität
Frame Relay	Kapazität	Bis zu 45 Mbit/s	permanente variable Kapazität
DSL	Monatstarif	Bis zu 16 Mbit/s	permanente variable Kapazität
Metro Ethernet	Monatstarif	Bis zu 1 Gbit/s	eingeschränkter geografischer Bereich

Viele Unternehmens-WANs sind an das Internet angebunden. Dies ist zwar aus sicherheitstechnischer Sicht unter Umständen problematisch, stellt aber eine Alternative für den Datenaustausch zwischen Zweigstellen dar. Insofern ist in der Entwurfsphase zu berücksichtigen, dass ein Teil der Daten in das Internet gesendet oder aus diesem empfangen wird. Gängige Implementierungen sehen vor, alle Netzwerke des Unternehmens mit jeweils unterschiedlichen Internetprovidern zu verbinden oder aber die Internetanbindung an einen einzelnen Provider im Core-Layer zu realisieren.

8.3.6 Bandbreitenaspekte bei WANs

Sie wissen bereits, dass ein Netzwerk in erster Linie die Anforderungen eines Unternehmens erfüllen soll. Viele Unternehmen sind dabei auf Hochgeschwindigkeitsübertragungen zwischen Remote-Standorten angewiesen. Insofern ist eine höhere Bandbreite wichtig, da sie die Übertragung von mehr Daten in einem gegebenen Zeitraum ermöglicht.

Falls die Bandbreite nicht ausreichend ist oder ineffizient genutzt wird, kann ein konkurrierender Zugriff verschiedener Datentypen zu Verzögerungen führen. Hierdurch würde dann auch die Produktivität der Mitarbeiter gesenkt, wenn die Zeit für den standortübergreifenden Zugriff auf kritische Unternehmensprozesse unangemessen lang ist.

Eine Lösung könnte in der Bereitstellung von Verbindungen mit hoher Bandbreite zwischen allen Remote-Standorten bestehen. Dies allerdings könnte die Kosten für die WAN-Nutzung erheblich nach oben treiben. Bei Verbindungen mit niedrigen Bandbreiten hingegen können Engpässe auftreten, falls sehr viele Daten gesendet werden sollen (Abbildung 8.31).

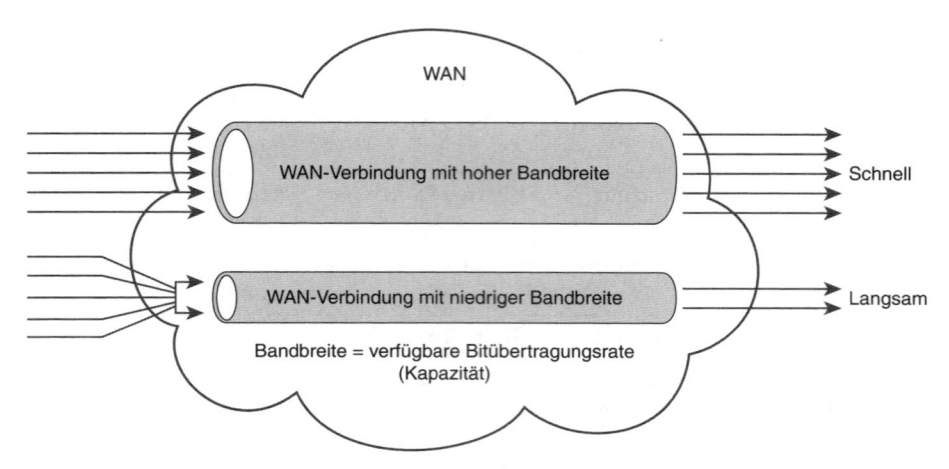

Abbildung 8.31: Vergleich zwischen Verbindungen mit niedrigen und hohen Bandbreiten

8.3.7 Allgemeine Fragen der WAN-Implementierung

Die folgende Liste fasst allgemeine Fragen zur WAN-Implementierung zusammen. Sie sollten diese Fragen für sich beantworten, bevor Sie die Implementierung eines WAN tatsächlich angehen:

- **Öffentlich oder privat.** Welche Infrastruktur sollten Sie verwenden?
- **Latenz.** Verzögerungen können bei Echtzeitdaten ein Problem darstellen.
- **Vertraulichkeit.** Wir müssen sensible Unternehmensdaten über das WAN an unsere Zweigstellen senden.
- **Sicherheit.** Wie schützen wir uns vor Sicherheitsrisiken für das WAN?
- **QoS.** Eine Ende-zu-Ende-QoS über das Internet ist unter Umständen schwer zu erzielen.
- **Zuverlässigkeit.** Unsere Zweigstelle ist auf das WAN angewiesen. Deswegen ist die Zuverlässigkeit unabdingbar.

8.3.8 WAN-Troubleshooting aus der Perspektive eines Internetproviders

Nachfolgend aufgeführt sind einige häufige Fragen, die der Support eines Internetproviders einem Kunden stellen sollte, der um Hilfe bittet:

- Hat sich seit der Zeit, bevor das Problem aufgetreten ist, etwas geändert? Wenn ja, was?
- Haben Sie den Router, Switch, PC oder Server aus- und wieder eingeschaltet/neu gestartet? Könnten Sie dies gegebenenfalls noch einmal tun, während wir telefonieren?
- Kam es kürzlich in Ihrer Gegend zu einem Stromausfall, einem Blitzeinschlag oder zu Spannungsschwankungen?
- Verwenden Sie auf Ihren PCs aktuelle Antiviren-Software?
- Bitten Sie den Kunden, Ihnen sein Netzwerkdiagramm zu faxen oder via Mail zu senden.
- Helfen Sie dem Kunden, die verschiedenen Teile des Internets einzugrenzen.

Ein erheblicher Teil der Anrufe beim Support eines Providers bezieht sich auf die geringe Geschwindigkeit des Netzwerks. Um dieses Problem wirkungsvoll zu analysieren, müssen Sie die einzelnen Komponenten eingrenzen und dann wie folgt testen:

- **Einzelner PC-Host.** Eine hohe Zahl gleichzeitig geöffneter Benutzeranwendungen auf dem PC kann für eine langsame Verarbeitung ursächlich sein, für die dann jedoch das Netzwerk verantwortlich gemacht wird. Tools wie der Task-Manager auf einem Windows-PC ermöglichen die Bestimmung der CPU-Auslastung.
- **LAN.** Wenn der Kunde in seinem LAN eine Netzwerküberwachungssoftware betreibt, sollte der Netzwerkadministrator in der Lage sein, dem Anrufer mitzuteilen, ob die Bandbreite des LAN häufig vollständig ausgelastet ist. Das Kundenunternehmen müsste dieses Problem dann gegebenenfalls intern lösen. Aus diesem Grund sind eine Netzwerk-Baseline und eine fortlaufende Überwachung so wichtig.
- **Verbindung vom Rand des Benutzernetzwerks zum Rand des ISP-Netzwerks.** Um diese Verbindung zu testen, bitten Sie den Kunden zunächst, sich auf seinem Router anzumelden. Dann senden Sie einhundert ping-Befehle mit 1500 Bytes (sogenannte *Stress-Pings*) an die IP-Adresse des Edge-Routers des Providers. Probleme können hier nicht durch den Kunden behoben werden. Normalerweise liegt es in der Zuständigkeit des Providers, die Leitung auf Fehler hin zu überprüfen.

- **Backbone des Providers.** Der Provider kann Stress-Pings vom eigenen Edge-Router an den Edge-Router des Kunden senden. Außerdem kann er Stress-Pings über jede Leitung übertragen, die für den Versand von Kundendaten vorgesehen ist. Durch Eingrenzen und Testen der einzelnen Leitungen kann der Provider dann bestimmen, auf welcher Leitung das Problem verursacht wird.

- **Der kontaktierte Server.** Ein einigen Fällen wird eine scheinbar durch das Netzwerk verursachte geringe Verarbeitungsgeschwindigkeit durch eine Überlastung des Servers hervorgerufen. Dieses Problem ist am schwierigsten zu analysieren und sollte die letzte Option darstellen, die Sie erst dann verfolgen, wenn alle anderen Möglichkeiten ausgeschlossen wurden.

8.4 Troubleshooting im Netzwerk

Es ist praktisch unmöglich, Probleme mit der Netzwerkkonnektivität ohne ein Netzwerkdiagramm zu überprüfen, das IP-Adressen, Netzadressen, Routing-Domänen und Infrastrukturgeräte wie Router, Firewalls, Switches, Access-Points, Server usw. zeigt.

Normalerweise sollten zwei Arten von Netzwerkübersichten zur Verfügung stehen:

- Physische Topologie
- Logische Topologie

Ein physisches Netzwerkdiagramm zeigt die physische Anordnung der Geräte, die an das Netzwerk angeschlossen sind. Sie müssen wissen, wie Geräte physisch miteinander verbunden sind, um ein Troubleshooting in der Bitübertragungsschicht durchführen, d. h. Verkabelung oder Hardwareprobleme analysieren zu können. Die folgenden Angaben sollten normalerweise auf dem Diagramm enthalten sein:

- Gerätetyp
- Hersteller und Modell
- Version des Betriebssystems
- Kabeltyp und Kabel-ID
- Kabelspezifikation
- Steckverbindertyp
- Verkabelungsendpunkte

Abbildung 8.32 zeigt ein physisches Netzwerkdiagramm, das Informationen zu den physischen Standorten der Netzwerkgeräte, den Typen der zwischen ihnen verwendeten Kabel und die Kabel-IDs darstellt.

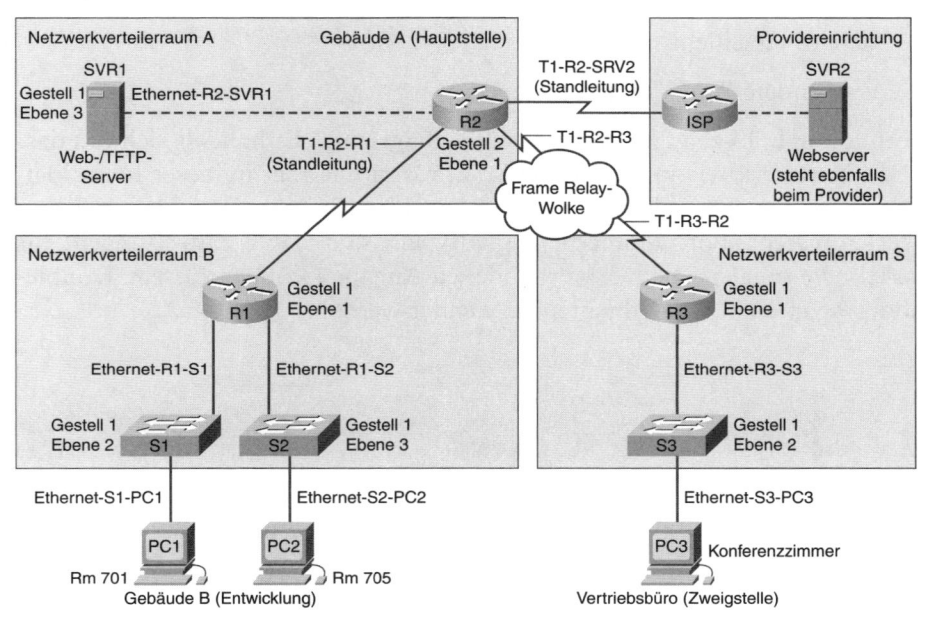

Abbildung 8.32: Physische Topologie

Diese Angaben werden in erster Linie für das Troubleshooting physischer Probleme mit Geräten oder der Verkabelung verwendet. Benötigt werden sie ferner für die Durchführung von Netzwerk-Upgrades und Zukunftsplanungen. Zusätzlich zum physischen Netzwerkdiagramm ergänzen einige Administratoren die Dokumentation auch mit Fotos ihrer Netzwerkverteiler.

Ein logisches Netzwerkdiagramm zeigt, wie die Daten im Netzwerk übertragen werden. Zur Darstellung von Netzwerkelementen wie Routern, Servern, Hubs, Hosts, VPN-Konzentratoren und Sicherheitseinrichtungen werden hier auch Symbole verwendet. Zu den Angaben, die in einem logischen Netzwerkdiagramm enthalten sein können, gehören die folgenden:

- Gerätekennungen
- IP-Adresse und Subnetzmaske
- Schnittstellen-IDs
- Verbindungstyp
- DLCIs für VCs

Wide Area Networks

- Site-to-Site-VPNs
- Routing-Protokolle
- Statische Routen
- Sicherungsschichtprotokolle
- Verwendete WAN-Technologien

Abbildung 8.33 zeigt ein logisches Netzdiagramm. Es handelt sich um dasselbe Netzwerk wie in Abbildung 8.32, vermittelt aber in dieser Form logische Informationen wie beispielsweise spezifische Geräte-IP-Adressen, Netzwerkadressen, Portnummern, Signaltypen und DCE-Zuweisungen für serielle Leitungen. Die hier vorhandenen Angaben können für ein Troubleshooting in allen OSI-Schichten verwendet werden.

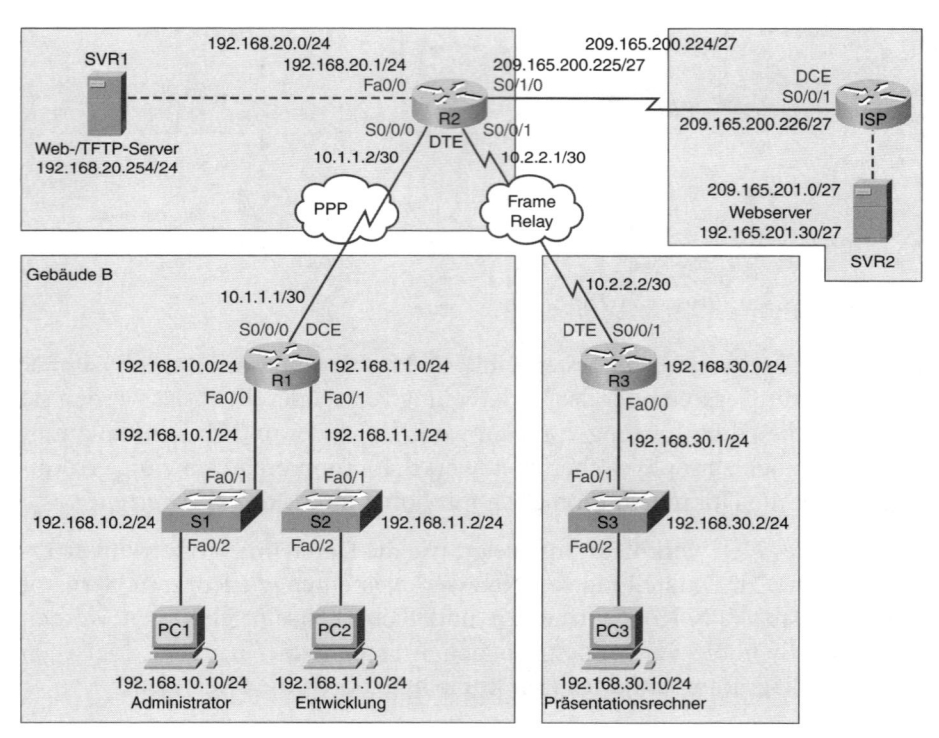

Abbildung 8.33: Logische Topologie

8.4.1 Troubleshooting in der Bitübertragungsschicht

Die Bitübertragungsschicht überträgt Bits von einem Computer zu einem anderen und regelt den Transfer eines Bitstroms über das physische Medium. Die Bitübertragungsschicht ist die einzige Schicht mit physisch greifbaren Eigenschaften: Kabel, Karten und Antennen.

Symptome für Probleme in der Bitübertragungsschicht

Fehler und suboptimale Bedingungen in der Bitübertragungsschicht sind für Benutzer nicht nur unangenehm, sondern können die Produktivität des gesamten Unternehmens beeinträchtigen. Netzwerke, in denen derartige Bedingungen auftreten, kommen normalerweise zum Stillstand. Weil die oberen Schichten des OSI-Modells auf eine funktionierende Bitübertragungsschicht angewiesen sind, muss der Netzwerktechniker in der Lage sein, Probleme in dieser Schicht erfolgreich einzugrenzen und zu beheben.

Ein Problem in der Bitübertragungsschicht tritt auf, wenn die physischen Eigenschaften der Verbindung nicht standardkonform sind und zur Übertragung der Daten mit einer Datenrate führen, die auf Dauer niedriger ist als die in der Baseline vermerkte Datenrate. Liegt ein Problem in Verbindung mit dem nicht einwandfreien Betrieb in der Bitübertragungsschicht vor, dann mag das Netzwerk zwar funktionsfähig sein, doch entspricht die Leistungsfähigkeit gelegentlich oder auch auf Dauer nicht dem in der Baseline spezifizierten Niveau.

Häufige Ursachen von Problemen in der Bitübertragungsschicht sind die folgenden:

- **Verlust der Konnektivität.** Falls ein Kabel oder ein Gerät ausfällt, ist das offensichtlichste Symptom ein Konnektivitätsverlust zwischen den Geräten, die über die betreffende Leitung beziehungsweise mit dem ausgefallenen Gerät oder Port kommunizieren. Dies lässt sich durch einen einfachen ping-Test feststellen. Ein zeitweiliger Konnektivitätsverlust kann ein Hinweis auf eine lose oder oxidierte Verbindung sein.

- **Fehleranzeigen.** Fehlermeldungen, die auf der Gerätekonsole erscheinen, weisen auf ein Problem in der Bitübertragungsschicht hin. Auch spezielle Anzeige-LEDs auf Infrastrukturgeräten können optische Hinweise auf physische Probleme geben. Entweder sind solche LEDs inaktiv, oder ihre Farbe zeigt ein bestimmtes Problem an.

- **Hohe Kollisionsraten.** In einem modernen geswitchten Netzwerk stellt eine hohe Kollisionsrate normalerweise kein Problem dar. Ethernet-Netzwerke mit Medienhubs im Halbduplexbetrieb allerdings können hierdurch erheblich beeinträchtigt werden. Zwar ist das Auftreten von Kollisionen in einer Umgebung mit einem gemeinsamen Medium nichts Ungewöhnliches, doch sollte die durchschnittliche Kollisionsrate weniger als fünf Prozent betragen. Kollisionsbasierte Probleme lassen sich häufig auf ein schadhaftes Kabel oder eine fehlerhafte Schnittstelle zurückführen. Hinzu kommt, dass die Bitübertragungsschicht ausfallen kann, wenn die Kollisionsrate zu hoch wird und das Gerät überlastet.

Symptome, die wahrscheinlich eher nicht auf ein Problem mit der Bitübertragungsschicht schließen lassen, sind eine Überlastung des Netzwerks und eine hohe Prozessorauslastung. Beispielsweise wenn wir annehmen, dass eine Leitung ausgefallen ist, weil ein physisches Problem aufgetreten ist – z. B. ein schadhaftes Kabel. Aufgrund dessen werden die Daten nun über eine Leitung mit niedrigerer Kapazität umgeleitet. Hierdurch entsteht im Netzwerk ein Engpass, der an der Router-Schnittstelle zu einer Überlastung führt. Zudem würde auf dem Router eine höhere Prozessorauslastung festgestellt.

Ursachen für Probleme in der Bitübertragungsschicht

Die folgende Liste nennt die häufigsten Ursachen für Netzwerkprobleme in der Bitübertragungsschicht:

- **Stromversorgung.** Probleme mit der Stromversorgung gehören zu den grundlegenden Ursachen für Netzwerkausfälle. Ein solches Problem kann lokal begrenzt sein, wenn beispielsweise das Netzteil eines Geräts ausfällt. Es kann auch extern hervorgerufen sein – etwa bei einem Totalausfall des Stromnetzes. Wird ein Problem mit der Stromversorgung vermutet, so wird häufig eine physische Inspektion des Schaltnetzteils durchgeführt. Überprüfen Sie in diesem Fall die Funktionalität der Lüfter und stellen Sie sicher, dass die Belüftungs- und Entlüftungsöffnungen nicht verdeckt sind. Sind andere in der Nähe befindliche Geräte ebenfalls stromlos, dann können Sie von einem Ausfall der Hauptstromversorgung ausgehen.

- **Hardwarefehler.** Fehlerhafte Netzwerkdaten können Ursache von Übertragungsfehlern aufgrund später Kollisionen, kurzer Frames und Jabber sein. Jabber wird häufig als eine Bedingung definiert, bei der ein Netzwerkgerät fortlaufend zufällige, sinnlose Daten in das Netzwerk überträgt. Wahrscheinliche Gründe für das seltene Auftreten von Jabber sind fehlerhafte oder beschädigte Netzwerkkartentreiber, beschädigte Kabel oder Erdungsprobleme.

- **Kabelfehler.** Viele Probleme lassen sich einfach beheben, indem man Kabel, die sich teilweise gelöst haben, erneut korrekt anschließt. Suchen Sie bei einer physischen Kontrolle nach beschädigten Kabeln, einem unpassenden Kabeltyp und unsachgemäß gecrimpten RJ45-Steckverbindern. Verdächtige Kabel sollten getestet sowie durch bekanntermaßen funktionierende ersetzt werden.

Prüfen Sie auf falsch verwendete Crossover-Kabel oder Hub-and-Switch-Ports hin, die fälschlicherweise als Crossover-Ports konfiguriert sind. Kabel mit Split-Pairs funktionieren je nach verwendeter Ethernet-Datenrate, der Länge des geteilten Segments und dessen Abstand von den beiden Enden entweder schlecht oder überhaupt nicht.

Probleme bei Glasfaserkabeln können durch verschmutzte Steckverbinder, übermäßiges Biegen oder vertauschte RX/TX-Verbindungen (bei Polarisierung) verursacht werden.

Bei Koaxialkabeln treten Probleme häufig an den Steckverbindern auf. Wenn der Mittelleiter des Kabelverbinders nicht gerade ist oder eine falsche Länge hat, kann keine gute Verbindung hergestellt werden.

- **Dämpfung.** Ein Datenstrom wird gedämpft, wenn die Amplitude der Bits sich im Verlauf der Übertragung durch das Kabel verringert. Ist die Dämpfung schwerwiegend, dann kann das empfangende Gerät die Bits im Datenstrom nicht immer erfolgreich voneinander unterscheiden. Am Ende steht eine verstümmelte Übertragung, aufgrund derer der Empfänger den Absender zur Neuübertragung der fehlenden Daten auffordern muss. Dämpfung entsteht, wenn die Kabellänge den für das Medium vorgeschriebenen Höchstwert überschreitet. (Ein CAT5e-Netzwerkkabel beispielsweise ist aus Leistungsgründen auf eine Länge von 100 Metern beschränkt.) Eine weitere Ursache für die Dämpfung sind schlechte Verbindungen aufgrund loser Kabel oder verschmutzter oder oxidierter Kontakte.

- **Störungen.** Lokal auftretende Störstrahlungen (Electromagnetic Interference, EMI) werden im Allgemeinen einfach als Störungen bezeichnet. Bei Datennetzwerken sind vier wesentliche Störungstypen zu unterscheiden:

  - **Impulsstörungen.** Diese werden durch Spannungsschwankungen oder -spitzen verursacht, die in das Kabel induziert werden.
  - **Weißes Rauschen.** Zufallsrauschsignale werden von den unterschiedlichsten Quellen erzeugt, z. B. UKW-Radiosender, Polizeifunk, Gebäudesicherheitssysteme oder Landeleitsysteme von Flugzeugen.
  - **Fremdübersprechen.** Dies sind von anderen Kabeln im selben Kabelweg induzierte Störungen.
  - **NEXT (Near-End Crosstalk).** Derartige Störungen beruhen auf dem Übersprechen benachbarter Kabel. Dies bezieht auch Elektrokabel, Geräte mit großen Elektromotoren und alles andere ein, was einen Sender enthält, der leistungsstärker als ein Mobiltelefon ist.

- **Fehlerhafte Schnittstellenkonfiguration.** Bei einer Schnittstelle können viele Parameter fehlkonfiguriert werden, was zu Ausfällen führen kann, die einen Verlust der Verbindung zum angeschlossenen Netzwerksegment bewirken. Beispiele für Konfigurationsfehler, die die Bitübertragungsschicht betreffen, sind
    - serielle Leitungen, die als asynchron statt als synchron konfiguriert wurden,
    - nicht aktivierte Schnittstellen.

- **Überschreiten der Entwurfsgrenzen.** Eine Komponente der Bitübertragungsschicht läuft unter Umständen nicht optimal, weil sie mit einer höheren als der konfigurierten Durchschnittsrate betrieben wird. Beim Troubleshooting eines solchen Problems wird offenbar, dass Ressourcen für dieses Gerät im Bereich der Maximalkapazität eingesetzt werden und die Anzahl der Schnittstellenfehler zunimmt.

- **Prozessorüberlastung.** Ein hohes Datenaufkommen kann auch zu einer CPU-Überlastung auf dem Router führen. Wenn bestimmte Schnittstellen regelmäßig unter der Datenlast zusammenbrechen, sollten Sie einen Neuentwurf des Datenflusses im Netzwerk oder eine Aktualisierung der Hardware in Betracht ziehen.

Probleme in der Bitübertragungsschicht eingrenzen

Um Probleme in der Bitübertragungsschicht einzugrenzen, gehen Sie wie folgt vor:

Schritt für Schritt

1. **Auf schadhafte Kabel oder schlechte Verbindung hin überprüfen.** Kontrollieren Sie, ob das Kabel der Absenderschnittstelle korrekt angeschlossen ist und sich in einem akzeptablen Zustand befindet. Ihr Kabeltester (z. B. Fluke CableIQ) zeigt unter Umständen ein offenes Kabelende an. Falls Sie bezüglich des Kabelzustands Zweifel haben, tauschen Sie das verdächtige gegen ein bekanntermaßen funktionsfähiges Kabel aus. Sind Sie der Ansicht, dass die Anschlussverbindung schadhaft ist, ziehen Sie das Kabel ab, untersuchen Sie Kabel und Schnittstelle physisch und schließen Sie das Kabel dann wieder an. Bei verdächtigen Wandanschlussdosen verwenden Sie einen Kabeltester, um eine korrekte Beschaltung sicherzustellen. Geräte mit modularen Netzwerkadaptern, WAN-Schnittstellenkarten, Netzwerkmodulen oder Netzwerk-Blades sollten ebenfalls sorgfältig angeschlossen werden.

2. **Auf korrekte Erfüllung der einschlägigen Standards im gesamten Netzwerk hin überprüfen.** Kontrollieren Sie, ob das korrekte Kabel verwendet wird. Für Direktverbindungen zwischen einigen Geräten sind unter Um-

ständen Crossover-Kabel erforderlich. Vergewissern Sie sich, dass das Kabel korrekt beschaltet ist. Beispielsweise können Sie mit dem Kabeltester feststellen, dass ein Kabel zwar für Fast Ethernet, nicht aber für 1000BaseT geeignet ist, weil die Adern 7 und 8 nicht korrekt verbunden sind. Diese Adern sind für Fast Ethernet nicht erforderlich, wohl aber für Gigabit Ethernet und PoE (Power over Ethernet).

3. **Geräte auf korrekte Verkabelung hin überprüfen.** Überprüfen Sie, ob alle Kabel korrekt beschriftet und an die jeweils richtigen Ports oder Schnittstellen angeschlossen sind. Stellen Sie sicher, dass alle Verteilerkabel korrekt angebunden sind. Dabei können Sie sich eine Menge Zeit sparen, sofern Sie sich vorab einen aufgeräumten und organisierten Verteilerschrank eingerichtet haben.

4. **Schnittstellenkonfigurationen auf Richtigkeit hin überprüfen.** Kontrollieren Sie, ob sich alle Switch-Ports im korrekten VLAN befinden und die Spanning-Tree-, Datenraten- und Duplexeinstellungen korrekt konfiguriert wurden. Prüfen Sie, ob aktive Ports oder Schnittstellen nicht versehentlich abgeschaltet wurden.

5. **Betriebsstatistiken und Fehlerraten kontrollieren.** Überprüfen Sie mit den show-Befehlen aus dem Cisco IOS die Statistiken auf Werte für Kollisionen und E/A-Fehler hin. Die Werte in diesen Statistiken können je nach den im Netzwerk verwendeten Protokollen schwanken.

8.4.2 Troubleshooting in der Sicherungsschicht

Das Troubleshooting in der Schicht 2 kann eine wirkliche Herausforderung darstellen. Konfiguration und Betrieb der zugehörigen Protokolle sind kritisch für die Einrichtung eines funktionierenden und sorgfältig optimierten Netzwerks.

Symptome für Probleme in der Sicherungsschicht

Probleme in der Sicherungsschicht können häufig auftretende Symptome hervorrufen, anhand derer Sie diese Probleme Schicht 2 zuordnen können. Die Erkennung dieser Symptome hilft Ihnen dabei, die Anzahl möglicher Ursachen einzugrenzen.

Nachfolgend sind einige häufige Symptome von Netzwerkproblemen in der Sicherungsschicht aufgeführt:

- **Keine Funktionalität oder Konnektivität in der Sicherungsschicht oder übergeordneten Schichten.** Einige Probleme in der Schicht 2 können den Austausch von Frames über eine Leitung vollständig verhindern, während andere lediglich eine Verschlechterung der Leistungsfähigkeit des

Netzwerks zur Folge haben. Bernsteinfarbene LED-Anzeigen sind nützliche Hinweisgeber bei Switches.

- **Das Netzwerk operiert unterhalb des in der Baseline ermittelten Leistungsniveaus.** In einem Netzwerk können zwei unterschiedliche Formen eines nicht optimalen Schicht-2-Betriebs auftreten:
    - Frames nehmen einen unlogischen Pfad zu ihrem Empfänger, kommen aber letztendlich an. Dies führt zu einem Rückgang der Leistungsfähigkeit. Eine schlecht entworfene Schicht-2-Spanning-Tree-Topologie beispielsweise könnte ein solches Problem verursachen. In diesem Fall kann das Netzwerk eine hohe Bandbreitenauslastung in Leitungen aufweisen, die hierfür gar nicht ausgelegt sind.
    - Einige Frames werden verworfen. Dieses Problem lässt sich anhand von Fehlerzählern und Fehlermeldungen auf der Konsole von Switch oder Router erkennen. In einer Ethernet-Umgebung kann auch mithilfe eines erweiterten oder fortlaufenden `ping`-Befehls festgestellt werden, ob Frames verworfen werden.

- **Exzessive Broadcasts.** Moderne Betriebssysteme verwenden Broadcasts umfassend, um Netzwerkdienste und andere Hosts zu entdecken. Wird ein extrem hohes Broadcast-Aufkommen beobachtet, so ist es wichtig, dessen Quelle zu ermitteln. Im Allgemeinen entsteht ein solches Broadcast-Aufkommen infolge einer der folgenden Situationen:
    - Schlecht programmierte oder konfigurierte Anwendungen
    - Große Schicht-2-Broadcast-Domänen
    - Netzwerkprobleme wie STP-Schleifen (Spanning Tree Protocol) oder Routen-Flapping.

- **Konsolenmeldungen.** In einigen Fällen erkennt ein Router das Vorhandensein eines Schicht-2-Problems und sendet Warnmeldungen an die Konsole. Dies tut er beispielsweise immer dann, wenn er ein Problem mit der Interpretation eingehender Frames erkennt (Kapselungs- oder Framing-Probleme) oder Keepalives erwartet werden, aber nicht ankommen. Die häufigste Meldung, die ein Schicht-2-Problem anzeigt, heißt `line protocol is down`.

Ursachen für Probleme in der Sicherungsschicht

Zu den Problemen in der Sicherungsschicht, die häufig Konnektivitätsausfälle oder Leistungseinbußen zur Folge haben, gehören die folgenden:

- **Kapselungsfehler.** Ein Kapselungsfehler tritt auf, weil die Bits in einem bestimmten Feld vom Absender anders als wie vom Empfänger erwartet angeordnet wurden. Eine solche Problematik tritt auf, wenn die Kapselung am einen Ende einer WAN-Leitung anders als am anderen Ende konfiguriert ist.

- **Adresszuordnungsfehler.** Bei Topologien wie Point-to-Multipoint, Frame Relay oder Broadcast-Ethernet ist es wichtig, dem Frame eine passende Schicht-2-Zieladresse mit auf den Weg zu geben. Dies stellt seine Ankunft beim korrekten Empfänger sicher. Zu diesem Zweck muss das Netzwerkgerät eine Schicht-3-Zieladresse mit der korrekten Schicht-2-Adresse verknüpfen, wobei entweder statische oder dynamische Zuordnungen (Mappings) zum Einsatz kommen.

  Wenn Sie statische Zuordnungen in Frame Relay verwenden, ist ein falsches Mapping ein häufig auftretender Fehler. Einfache Konfigurationsfehler können zu einer fehlerhaften Zuordnung von Schicht-2- und Schicht-3-Adressdaten führen.

  In einer dynamischen Umgebung kann das Mapping von Schicht-2- zu Schicht-3-Daten aus den folgenden Gründen fehlschlagen:

  – Geräte können gezielt so konfiguriert worden sein, dass sie nicht auf ARP- oder Inverse ARP-Anfragen reagieren.

  – Die im Cache gespeicherte Schicht-2- oder Schicht-3-Angabe hat sich unter Umständen physisch geändert.

  – Ungültige ARP-Antworten werden aufgrund einer Fehlkonfiguration oder eines Sicherheitsverstoßes empfangen.

- **Framing-Fehler.** Frames umfassen normalerweise Gruppen von jeweils acht Bits (d. h. einem Byte). Ein Framing-Fehler tritt auf, wenn ein Frame nicht an der 8-Bit-Grenze endet. In diesem Fall hat der Empfänger unter Umständen Probleme damit festzustellen, wo ein Frame endet und der nächste beginnt. Je nach Schweregrad des Problems kann die Schnittstelle einige Frames interpretieren. Treten jedoch zu viele ungültige Frames auf, kann dies den Austausch gültiger Keepalives verhindern.

  Framing-Fehler können durch Störungen in einer seriellen Leitung, ein unsachgemäß hergestelltes Kabel (zu lang oder eine ungeeignete Schirmung) oder eine fehlerhaft konfigurierte Taktrate entstehen.

- **STP-Fehler oder -Schleifen.** Der Zweck des STP-Protokolls besteht darin, eine redundante physische Topologie in eine Topologie mit einer Baumstruktur aufzulösen, indem redundante Ports gesperrt werden. Die meisten STP-Probleme drehen sich um die folgenden Aspekte:

  – **Weiterleitungsschleifen.** Sie treten auf, wenn kein Port in einer redundanten Topologie gesperrt wird und die Daten ungehindert und unendlich zirkulieren können. Wenn die Weiterleitungsschleife beginnt, ist eine Überlastung der Leitungen mit den niedrigsten Bandbreiten im Pfad zu erkennen. Weisen alle Leitungen dieselbe Bandbreite auf, so findet die Überlastung überall statt. Durch sie kommt es zu Paketverlusten und am Ende zu einem Ausfall des Netzwerks in der betroffenen Schicht-2-Domäne.

- **Übermäßiges Flooding.** Hierzu kommt es aufgrund häufiger Änderungen der STP-Topologie. Die Rolle des Mechanismus zur Topologieänderung besteht darin, die Schicht-2-Weiterleitungstabellen zu korrigieren, nachdem die Weiterleitungstopologie sich geändert hat. Dies ist erforderlich, um einen Konnektivitätsausfall zu vermeiden, da nach dem Auftreten einer Topologieänderung einige MAC-Adressen, die zuvor über bestimmte Ports zugänglich waren, nun über andere Ports zu erreichen sind. Eine Topologieänderung sollte bei einem wohlkonfigurierten Netzwerk nur selten erforderlich sein. Wenn eine Leitung zu einem Switch online geht oder ausfällt, kommt es letztendlich zu einer Topologieänderung, wenn der STP-Status des Ports auf Forwarding bzw. von Forwarding auf einen anderen Zustand wechselt. Falls allerdings Flapping auftritt – ein steter Wechsel zwischen den Zuständen *up* und *down* –, dann führt dies zu ständigen Topologieänderungen und zu einem Flooding.

- **Langsame STP-Konvergenz oder -Rekonvergenz.** Diese kann durch eine Diskrepanz zwischen der dokumentierten und der tatsächlich vorhandenen Topologie, durch einen Konfigurationsfehler (z. B. eine inkonsistente Konfiguration der STP-Timer), eine Überlastung der Switch-CPU während der Konvergenz oder einen Softwaredefekt verursacht werden.

Schicht-2-Troubleshooting: PPP

Das Problem beim Troubleshooting von Schicht-2-Technologien wie PPP (Point-to-Point Protocol) oder Frame Relay ist das Nichtvorhandensein von Tools, die mehr preisgeben als die Tatsache, dass das Netzwerk ausgefallen ist: Ein ping für die Schicht 2 gibt es nicht. Nur durch ein umfassendes Verständnis der Protokolle und ihres Betriebs kann ein Netzwerktechniker den passenden Troubleshooting-Ansatz und geeignete Cisco IOS-Befehle auswählen, um das Problem wirkungsvoll anzugehen.

Die meisten Probleme, die bei PPP auftreten, betreffen die Aushandlung der Verbindungsparameter. Betrachten Sie Abbildung 8.34 und Listing 8.1.

Kapitel 8 • Troubleshooting im Netzwerk

Abbildung 8.34: Beispieltopologie für das PPP-Troubleshooting

Listing 8.1: WAN-Schnittstelle von R2 kontrollieren

```
R2# show interfaces serial 0/0/0

Serial0/0/0 is up, line protocol is up
 Hardware is GT96K Serial
 Internet address is 10.1.1.2/30
 MTU 1500 bytes, BW 128 Kbit, DLY 20000 usec,
 reliability 255/255, txload 1/255, rxload 1/255
 Encapsulation HDLC, loopback not set
 ...
```

Folgende Schritte sind für das PPP-Troubleshooting erforderlich:

1. Kontrollieren Sie mit dem Befehl `show interfaces serial`, ob die passende Kapselung an beiden Enden eingesetzt wird. In Listing 8.1 zeigt die Befehlsausgabe, dass die Kapselung auf R2 nicht korrekt konfiguriert wurde.

   Um das Problem zu beheben, konfigurieren Sie die Schnittstelle mit dem Befehl `encapsulation ppp` um.

2. Überprüfen Sie, ob die LCP-Verhandlungen (Link Control Protocol) für PPP erfolgreich verlaufen sind, indem Sie in der Ausgabe nach der `LCP Open`-Meldung suchen. Die Ausgabe von `show interfaces serial` zeigt, dass PPP konfiguriert wurde:

```
R2# show interfaces serial 0/0/0

Serial0/0/0 is up, line protocol is up
 Hardware is GT96K Serial
   Internet address is 10.1.1.2/30
 MTU 1500 bytes, BW 128 Kbit, DLY 20000 usec,
 reliability 255/255, txload 1/255, rxload 1/255
 Encapsulation PPP, LCP Open
 ...
```

Ferner enthält die Ausgabe auch die `LCP Open`-Meldung, aus der hervorgeht, dass die LCP-Verhandlungen erfolgreich abgeschlossen wurden.

3. Überprüfen Sie mit dem Befehl `debug ppp authentication` auf beiden Seiten der Verbindung die Authentifizierung. Die folgende Debug-Ausgabe auf Router R1 zeigt dies:

```
R1# debug ppp authentication

Serial0/0/0: Unable to authenticate. No name received from peer
Serial0/0/0: Unable to validate CHAP response. USERNAME R2 not found.
Serial0/0/0: Unable to validate CHAP response. No password defined for
   USERNAME R2
Serial0/0/0: Failed CHAP authentication with remote.
Remote message is Unknown name
. . . . . .
```

Die Ausgabe von `debug ppp authentication` signalisiert, dass R1 R2 nicht mit CHAP authentifizieren kann, weil der Benutzername und das Passwort für R2 nicht auf R1 konfiguriert wurden.

Weitere Informationen zum Troubleshooting von PPP-Implementierungen finden Sie in Kapitel 2, »PPP«.

Schicht-2-Troubleshooting: Frame Relay

Das Troubleshooting für Frame Relay-Probleme im Netzwerk lässt sich in vier Schritte unterteilen:

Schritt für Schritt

1. Kontrollieren Sie die physische Verbindung zwischen der CSU/DSU (Channel Service Unit/Data Service Unit) und dem Router. In Abbildung 8.35 lassen sich die physischen Verbindungen zwischen den Routern R2 und R3 mit der zugehörigen CSU/DSU mithilfe eines Kabeltesters und durch Sichtkontrolle der Status-LEDs auf der CSU/DSU überprüfen (alle LEDs müssen grün leuchten).

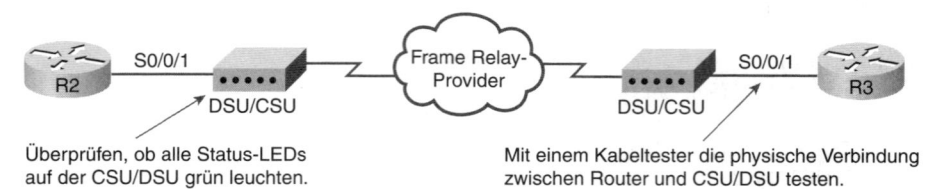

Abbildung 8.35: Frame Relay-Beispieltopologie

In Abbildung 8.35 sind einige LEDs der Statusanzeige für die CSU/DSU bei R3 rot, was auf ein mögliches Konnektivitätsproblem zwischen CSU/DSU und Router R3 hindeutet.

2. Überprüfen Sie mit dem Befehl show frame-relay lmi, ob der Router und der Frame Relay-Provider LMI-Daten (Local Management Interface) korrekt austauschen:

```
R2# show frame-relay lmi

LMI Statistics for interface Serial0/0/1 (Frame Relay DTE) LMI TYPE = CISCO
  Invalid Unnumbered info 0        Invalid Prot Disc 0
  Invalid dummy Call Ref 0         Invalid Msg Type 0
  Invalid Status Message 0         Invalid Lock Shift 0
  Invalid Information ID 0         Invalid Report IE Len 0
  Invalid Report Request 0         Invalid Keep IE Len 0
  Num Status Enq. Sent 76          Num Status msgs Rcvd 76
  Num Update Status Rcvd 0         Num Status Timeouts 0
  Last Full Status Req 00:00:48    Last Full Status Rcvd 00:00:48
```

Die Ausgabe von show frame-relay lmi zeigt, dass weder Fehler aufgetreten noch Nachrichten verloren gegangen sind. Dies weist darauf hin, dass R2 und der Switch des Frame Relay-Providers LMI-Daten wie vorgesehen austauschen.

3. Überprüfen Sie mit dem Befehl show frame-relay pvc, ob der PVC-Status ACTIVE lautet:

```
R2# show frame-relay pvc 201

PVC Statistics for interface Serial0/0/1 (Frame Relay DTE)
DLCI = 201, DLCI USAGE = LOCAL, PVC STATUS = ACTIVE, INTERFACE =
Serial0/0/1.201
  input pkts 11           output pkts 8            in bytes 3619
  out bytes 2624          dropped pkts 0           in pkts dropped 0
  out pkts dropped 0                out bytes dropped 0
  in FECN pkts 0          in BECN pkts 0           out FECN pkts 0
  out BECN pkts 0         in DE pkts 0             out DE pkts 0
  out bcast pkts 8        out bcast bytes 2624
  5 minute input rate 0 bits/sec, 0 packets/sec
  5 minute output rate 0 bits/sec, 0 packets/sec
pvc create time 00:08:23, last time pvc status changed 00:08:23
```

Die Ausgabe von show frame-relay pvc zeigt, dass dies der Fall ist. Andere mögliche Zustände wären INACTIVE oder DELETED. Der Zustand INACTIVE zeigt an, dass die Verbindung zwischen Ihrem Router und dem lokalen Frame Relay-Switch zwar hergestellt werden konnte, aber am entfernten Ende des PVC ein Problem vorliegt. DELETED besagt, dass das DTE für eine DLCI konfiguriert ist, die der lokale Frame Relay-Switch nicht als gültig für diese Schnittstelle anerkennt.

4. Kontrollieren Sie mit dem Befehl show interfaces serial, ob die Frame Relay-Kapselung auf beiden Routern identisch ist. Die folgende Ausgabe zeigt dies für die Schnittstelle Serial 0/0/1 auf den Routern R2 und R3:

```
R2# show interfaces serial 0/0/1

Serial0/0/1 is up, line protocol is up
  Hardware is GT96K Serial
  Internet address is 10.2.2.1 /24
  MTU 1500 bytes, BW 1544 Kbit, DLY 20000 usec, reliability 255/255,
  txload 1/255, rxload 1/255
  Encapsulation FRAME-RELAY, loopback not set
  ...
```

```
R3# show interfaces serial 0/0/1

Serial0/0/1 is up, line protocol is up
  Hardware is GT96K Serial
  Internet address is 10.2.2.2 /24
  MTU 1500 bytes, BW 1544 Kbit, DLY 20000 usec, reliability 255/255,
  txload 1/255, rxload 1/255
  Encapsulation HDLC, loopback not set
  ...
```

Der Ausgabe ist zu entnehmen, dass auf den Routern R2 und R3 unterschiedliche Kapselungen konfiguriert sind: Die Kapselung auf R3 wurde falsch gewählt.

Weitere Informationen zum Troubleshooting von Frame Relay-Implementierungen finden Sie in Kapitel 3, »Frame Relay«.

Schicht-2-Troubleshooting: STP-Schleifen

Falls Sie annehmen, dass eine STP-Schleife ein Schicht-2-Problem verursacht, überprüfen Sie, ob STP auf allen Switches ausgeführt wird. Auf einem Switch sollte STP nur dann deaktiviert werden, wenn er nicht Bestandteil einer physischen Schleifentopologie ist. Um den STP-Betrieb zu überprüfen, geben Sie den Befehl show spanning-tree auf jedem einzelnen Switch ein. Stellen Sie fest, dass STP nicht läuft, dann können Sie das Protokoll mit dem Befehl spanning-tree vlan-ID aktivieren.

Gehen Sie wie folgt vor, um Probleme mit Schleifen in der in Abbildung 8.36 gezeigten Beispieltopologie zu analysieren:

Schritt für Schritt

1. **Feststellen, ob eine STP-Schleife aufgetreten ist.** Ist im Netzwerk eine Weiterleitungsschleife entstanden, dann weist diese gewöhnlich die folgenden Symptome auf:

   – Verlust der Konnektivität von, zu und über die betroffenen Netzwerkregionen

- Hohe CPU-Auslastung auf Routern, die mit den betroffenen Segmenten oder VLANs verbunden sind
- Hohe Leitungsauslastung (oft bis zu 100 Prozent)
- Hohe Auslastung der Switch-Backplanes (im Vergleich zur Baseline-Auslastung)
- Syslog-Meldungen, die auf ein Zirkulieren von Paketen im Netzwerk hindeuten (z. B. Hot Standby Router Protocol oder Meldungen zu doppelt vorhandenen IP-Adressen)
- Syslog-Meldungen, die ein ständiges Neuerlernen von Adressen oder ein Flapping bei den MAC-Adressen signalisieren
- Eine zunehmende Anzahl von verworfenen Daten an zahlreichen Ausgangsschnittstellen

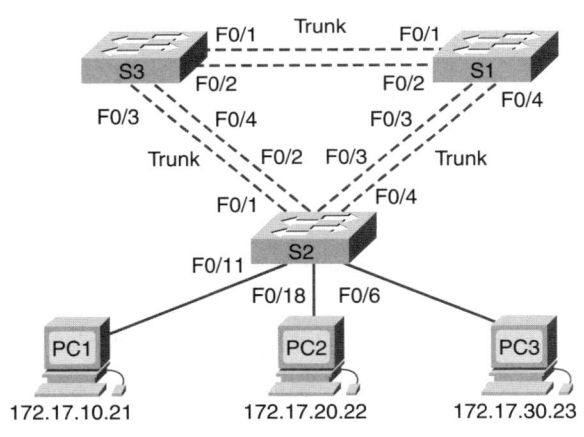

Abbildung 8.36: STP-Topologie

2. **Topologie (Ausdehnungsbereich) der Schleife feststellen** Am wichtigsten ist es, die Schleife zu unterbrechen und den Netzwerkbetrieb wiederherzustellen. Um die Schleife aufzubrechen, müssen Sie feststellen, welche Ports betroffen sind. Ermitteln Sie, welche Ports die höchste Leitungsauslastung (d. h. die meisten Pakete pro Sekunde) aufweisen. Der Befehl show interface zeigt die Auslastung der einzelnen Schnittstellen an. Notieren Sie sich diese Angaben, bevor Sie mit dem nächsten Schritt fortfahren, da es sonst später schwierig werden könnte, die Ursache der Schleife zu bestimmen.

3. **Schleife unterbrechen.** Deaktivieren Sie die betreffenden Ports oder trennen Sie sie vom Netzwerk. Tun Sie dies immer nur für einen Port gleichzeitig und überprüfen Sie danach, ob die Auslastung der Switch-Backplane wieder auf ein normales Maß zurückgeht. Dokumentieren Sie Ihre

Ergebnisse. Vergessen Sie nicht, dass einige Ports unter Umständen nicht Bestandteil der Schleife sind, sondern die aufgrund der Schleife eintreffenden Daten lediglich fluten. Wenn Sie einen solchen flutenden Port abschalten, verringern Sie die Auslastung der Backplane nur geringfügig, unterbrechen die Schleife jedoch nicht.

4. **Ursache der Schleife feststellen und beheben.** Zu ermitteln, warum eine Schleife entstanden ist, ist häufig der schwierigste Teil dieses Vorgangs, weil die Gründe dafür sehr unterschiedlich sein können. Außerdem ist es auch nicht einfach, eine exakte Vorgehensweise zu formulieren, die in jedem Fall funktioniert. Untersuchen Sie zunächst das Topologiediagramm, um einen redundanten Pfad zu finden.

Prüfen Sie bei jedem Switch im redundanten Pfad Folgendes:

- Kennt der Switch seinen korrekten STP-Root-Switch?
- Ist der Root-Port korrekt angegeben?
- Werden BPDUs (Bridge Protocol Data Units) korrekt über den Root-Port sowie über Ports empfangen, die sich im Zustand *Blocking* befinden?
- Werden BPDUs regulär über designierte Ports gesendet, die nicht Root-Ports sind?

5. **Redundanz wiederherstellen.** Nachdem das Gerät oder die Verbindung, die für die Schleife ursächlich war, erkannt und das Problem behoben wurde, stellen Sie die zuvor getrennten redundanten Verbindungen wieder her.

Wir haben das Troubleshooting von STP-Schleifen hier nur angeschnitten. Das Troubleshooting von Schleifen und anderen STP-spezifischen Problemen ist derart komplex, dass eine ausführliche Behandlung den Rahmen dieses Kurses sprengen würde. Falls Sie mehr zum Troubleshooting solcher Probleme erfahren wollen, finden Sie unter *http://cisco.com/en/US/tech/tk389/tk621/technologies_tech_note09186a0080136673.shtml#troubleshoot* einen ausgezeichneten Artikel zum Thema.

8.4.3 Troubleshooting in der Vermittlungsschicht

Zu Problemen in der Vermittlungsschicht gehören diejenigen, bei denen ein Schicht-3-Protokoll im Spiel ist – sei es ein geroutetes oder ein Routing-Protokoll. In diesem Abschnitt liegt der Schwerpunkt in erster Linie auf IP-Routing-Protokollen.

Symptome für Probleme in der Vermittlungsschicht

Häufige Symptome für Netzwerkprobleme in der Vermittlungsschicht sind:

- Netzwerkausfall
- Leistung des Netzwerks unterhalb der Baseline

Probleme in der Vermittlungsschicht können einen Ausfall des Netzwerks oder eine suboptimale Leistung hervorrufen. Ein Netzwerkausfall liegt vor, wenn das Netzwerk nahezu oder vollständig funktionslos ist; dies hat Auswirkungen für alle Benutzer und Anwendungen im Netzwerk. Benutzer und Netzwerkadministratoren bemerken einen solchen Ausfall meist sehr schnell, weswegen er kritisch für die Produktivität eines Unternehmens ist. Probleme bei der Netzwerkoptimierung betreffen meistens einen Teil der Benutzer, Anwendungen oder Empfänger oder einen bestimmten Datentyp. Grundsätzlich sind Optimierungsprobleme schwieriger zu erkennen und vor allem einzugrenzen und zu diagnostizieren, weil hierbei oft mehrere Schichten oder sogar der Hostcomputer selbst eine wesentliche Rolle spielen. Hier kann es eine Zeitlang dauern, bis man festgestellt hat, dass ein Problem in der Vermittlungsschicht vorliegt.

Schicht-3-Troubleshooting

In den meisten Netzwerken werden dynamische Routing-Protokolle gewöhnlich in Kombination mit statischen Routen verwendet. Eine fehlerhafte Konfiguration statischer Routen kann zu einem nicht optimalen Routing und in einigen Fällen sogar dazu führen, dass Routing-Schleifen entstehen oder Teile des Netzwerks nicht mehr erreichbar sind.

Das Troubleshooting bei dynamischen Routing-Protokollen erfordert ein umfassendes Wissen darüber, wie bestimmte Routing-Protokolle funktionieren. Manche Probleme sind allen Routing-Protokollen gemein, andere hingegen sind spezifisch für bestimmte Routing-Protokolle.

Für die Lösung von Schicht-3-Problemen gibt es keinen einheitlichen Ansatz. Routing-Probleme werden unter Verwendung eines methodischen Prozesses gelöst, bei der eine Folge von Befehlen zur Eingrenzung und Diagnostizierung des Problems zum Einsatz kommt.

Wenn Sie ein mögliches Problem mit Routing-Protokollen diagnostizieren, hat sich die folgende Vorgehensweise als nützlich erwiesen:

1. **Änderungen in der Netzwerktopologie suchen.** Häufig kann eine Änderung in der Topologie – z. B. eine ausgefallene Leitung – andere Bereiche des Netzwerks auf eine Art und Weise beeinträchtigen, die zum betreffenden Zeitpunkt nicht offensichtlich ist. Hierzu gehören die Installation

neuer statischer oder dynamischer Routen, das Entfernen von Routen usw.

Einige Aspekte, die Sie berücksichtigen sollten, sind:

- Hat sich kürzlich im Netzwerk etwas verändert?
- Arbeitet gegenwärtig jemand an der Netzwerkinfrastruktur?

2. **Auf Geräte- und Konnektivitätsprobleme hin überprüfen.** Prüfen Sie auf das Vorhandensein von Hardware- und Konnektivitätsproblemen (z. B. Stromausfälle) und Umgebungsproblemen (beispielsweise Überhitzung) hin. Suchen Sie ferner nach Schicht-1-Problemen: Verkabelung, ausgefallene oder fehlerhafte Ports, Probleme aufseiten des Internetproviders usw.

3. **Nachbarschaftsbeziehungen überprüfen.** Wenn das Routing-Protokoll eine Nachbarschaft mit einem Nachbarn herstellt, stellen Sie fest, ob Probleme auf den entsprechenden Routern aufgetreten sind.

4. **Auf Probleme in der Topologiedatenbank hin überprüfen.** Wenn das Routing-Protokoll eine Topologietabelle oder -datenbank verwendet, prüfen Sie diese auf Unvorhergesehenes hin, z. B. fehlende oder nicht erwartete Einträge.

5. **Auf Probleme mit der Routing-Tabelle hin überprüfen.** Kontrollieren Sie auch die Routing-Tabelle auf Unvorhergesehenes hin, z. B. fehlende oder nicht erwartete Routen. Mit debug-Befehlen können Sie Routing-Updates anzeigen und die Routing-Tabelle gegebenenfalls korrigieren.

8.4.4 Troubleshooting in der Transportschicht

Netzwerkprobleme können durchaus auch durch Probleme in der Transportschicht hervorgerufen werden. Dies gilt insbesondere für den Rand des Netzwerks, wo Sicherheitstechnologien die ein- und ausgehenden Daten untersuchen und modifizieren. Einige häufig auftretende Symptome in der Transportschicht sind

- sporadisch auftretende Netzwerkprobleme,
- Sicherheitsprobleme,
- Probleme mit der Adressübersetzung,
- Probleme mit bestimmten Arten übertragener Daten.

Dieser Abschnitt behandelt zwei der meistimplementierten Sicherheitstechnologien in der Transportschicht: ACLs (Access Control Lists) und NAT (Network Address Translation, Netzwerkadressübersetzung).

Troubleshooting häufig auftretender ACL-Probleme

Die meisten Probleme in Verbindung mit ACLs sind in einer unsachgemäßen Konfiguration begründet. Es gibt insgesamt acht Bereiche, in denen Fehlkonfigurationen auftreten können:

- **Falsche Datenverkehrsrichtung.** Der häufigste Konfigurationsfehler besteht darin, die ACL auf Daten in der falschen Richtung anzuwenden. Datenverkehr wird sowohl durch die Router-Schnittstelle, die die Daten passieren, als auch durch die Richtung definiert, in der die Daten die Schnittstelle passieren. Eine ACL muss nicht nur auf die korrekte Schnittstelle angewendet werden, sondern es muss auch die richtige Übertragungsrichtung (eingehend oder ausgehend) angegeben werden.

- **Falsche Reihenfolge der ACL-Elemente.** Die Reihenfolge der Elemente in einer ACL sollte aufsteigend von spezifisch zu allgemein sein. Zwar kann eine ACL ein Element aufweisen, das einen bestimmten Datenfluss explizit gestattet, doch Pakete werden dieser Regel niemals entsprechen, wenn sie von einem anderen Element weiter oben in der Liste bereits abgewiesen werden. Sie müssen beispielsweise zunächst bestimmte Hosts zulassen oder ablehnen – und erst dann ganze Netzwerke.

- **Implizites deny any.** In Situationen, in denen kein hohes Maß an Sicherheit durch die ACL erforderlich ist, kommt das Übersehen dieses impliziten ACL-Elements durchaus als Ursache für eine Fehlkonfiguration in Frage.

- **Adressen und Wildcard-Masken.** Falls der Router sowohl ACLs als auch NAT verwendet, ist die Reihenfolge wichtig, in der diese Technologien auf einen Datenstrom angewendet werden:
    - Eingehende Daten werden zuerst von der eingehenden ACL und erst dann mit NAT bearbeitet, um die externen in interne Adressen zu konvertieren.
    - Ausgehende Daten werden von der eingehenden ACL bearbeitet, nachdem die internen Adressen via NAT in externe Adressen konvertiert wurden.

    Komplexe Wildcard-Masken ermöglichen erhebliche Effizienzsteigerungen, erhöhen aber auch das Risiko von Konfigurationsfehlern. Ein Beispiel für eine komplexe Wildcard-Maske ist die Verwendung der Adresse 10.0.32.0 mit der Maske 0.0.0.15 zur Auswahl der ersten 14 Hostadressen im Netzwerk 10.0.32.0.

- **Auswahl von TCP/UDP.** Wenn Sie ACLs konfigurieren, ist es wichtig, nur die korrekten Transportschichtprotokolle anzugeben. Viele Netzwerktechniker, die nicht sicher sind, ob ein bestimmter Datenfluss einen TCP- oder einen UDP-Port verwendet, konfigurieren beide – oder aber den falschen Port. Die Angabe beider Ports öffnet eine Lücke in der Firewall und potenziellen Angreifern damit ein Einfallstor ins Netzwerk. Außerdem wird die ACL um ein Element verlängert, das heißt, ihre Verarbeitung benötigt mehr Zeit: Die Latenz im Netzwerk erhöht sich.

- **Absender- und Zielports.** Die saubere Steuerung von Daten zwischen zwei Hosts erfordert das Vorhandensein symmetrischer ACL-Elemente für ein- und ausgehende ACLs. Die Adress- und Portinformationen für Daten, die von einem antwortenden Host generiert werden, enthalten eine spiegelbildliche Adress- und Portkonfiguration im Vergleich zu Daten, die vom anfragenden Host gesendet wurden.

- **Verwendung des Schlüsselwortes `established`.** Das Schlüsselwort `established` erhöht die durch eine ACL realisierte Sicherheit. Es kann nur mit dem TCP-Protokoll eingesetzt werden und gibt dann eine hergestellte Verbindung an. Dabei stellt es sicher, dass nur auf Daten, die aus dem internen Netzwerk stammen, zurückgesendet werden kann. Wird das Schlüsselwort allerdings auf eine ausgehende ACL angewendet, so kann es zu unvorhergesehenen Ergebnissen kommen.

- **Unübliche Protokolle.** Fehlkonfigurierte ACLs verursachen häufig Probleme mit Protokollen, die nicht so häufig verwendet werden wie TCP oder UDP. Solche Protokolle, die aber an Beliebtheit immer mehr zunehmen, sind etwa VPN- und Verschlüsselungsprotokolle.

Ein nützlicher Befehl zur Anzeige des ACL-Betriebs ist das Schlüsselwort `log` in ACL-Einträgen. Dieses Schlüsselwort weist den Router an, einen Eintrag in der System-Log-Datei vorzunehmen, wenn die betreffende Eintragsbedingung erfüllt ist. Das protokollierte Ereignis enthält Details zu dem Paket, das dem ACL-Element entsprach.

Das Schlüsselwort `log` ist besonders nützlich für das Troubleshooting und vermittelt zudem Informationen zu Einbruchsversuchen, die von der ACL abgewehrt wurden.

Häufig auftretende NAT-Probleme

Ein häufig auftretendes Problem bei NAT-Technologien besteht in der Interoperabilität mit anderen Netzwerktechnologien, und zwar insbesondere denjenigen, die Informationen zur Hostnetzwerkadressierung in das Paket einfügen oder sie ableiten. Einige häufige NAT-Probleme (in der Transportschicht) sind

- Interoperabilitätsprobleme,
- fehlerhafte statische NAT,
- unsachgemäß konfigurierte NAT-Timer.

Einige der problematischen NAT-Technologien sind nachfolgend aufgeführt:

- **BOOTP und DHCP.** Beide Protokolle verwalten die automatische Zuweisung von IP-Adressen an Clients, wobei DHCP mittlerweile BOOTP abgelöst hat. Sie wissen noch, dass das erste Paket, das ein neuer Client sendet, ein DHCPDISCOVER-Paket ist, das als Broadcast verschickt wird. Dieses DHCPDISCOVER-Paket hat die IP-Absenderadresse 0.0.0.0. Weil NAT sowohl eine gültige Ziel- als auch eine gültige IP-Absenderadresse benötigt, kann die Verwendung von BOOTP oder DHCP über einen Router, auf dem statische oder dynamische NAT läuft, problematisch sein. Die Konfiguration der IP-Helper-Adresse kann zur Lösung des Problems beitragen.

- **DNS und WINS.** Ein Router, auf dem dynamische NAT läuft, ändert die Beziehung zwischen internen und externen Adressen regelmäßig, wenn Tabelleneinträge ungültig werden und neu erstellt werden müssen. Aus diesem Grund verfügt ein DNS- oder WINS-Server jenseits des NAT-Routers über keine zutreffende Darstellung des Netzwerks auf der Router-Innenseite. Die Konfiguration der IP-Helper-Adresse kann zur Lösung des Problems beitragen.

- **SNMP.** Ähnlich wie bei DNS-Paketen kann NAT auch Adressinformationen, die in der Datennutzlast des Pakets gespeichert sind, nicht ändern. Aufgrund dessen ist eine SNMP-Management-Station auf einer Seite eines NAT-Routers unter Umständen nicht in der Lage, die SNMP-Agenten auf der anderen Seite des Routers zu kontaktieren. Die Konfiguration der IP-Helper-Adresse kann zur Lösung des Problems beitragen.

- **Tunneling- und Verschlüsselungsprotokolle.** Verschlüsselungs- und Tunneling-Protokolle verlangen häufig, dass Daten über einen bestimmten UDP- oder TCP-Port versandt werden oder in der Transportschicht ein Protokoll benutzen, das NAT nicht verarbeiten kann. IPSec-Tunneling-Protokolle beispielsweise kann NAT ebenso wenig verarbeiten wie generische Protokolle zur Routing-Kapselung, die von VPN-Implementierungen eingesetzt werden.

   Wenn die Verschlüsselungs- oder Tunneling-Protokolle über einen NAT-Router hinweg ausgeführt werden müssen, kann der Netzwerkadministrator einen statischen NAT-Eintrag für den erforderlichen Port für eine einzelne IP-Adresse auf der Innenseite des NAT-Routers erstellen.

Einer der häufiger auftretenden NAT-Konfigurationsfehler besteht darin zu vergessen, dass NAT stets sowohl ein- als auch ausgehenden Datenverkehr betrifft. Ein Netzwerkadministrator mit wenig Erfahrung könnte einen statischen NAT-Eintrag konfigurieren, der eingehenden Datenverkehr an einen bestimmten internen Sicherungshost weiterleitet. Diese statische NAT-

Anweisung ändert auch die Absenderadresse von Daten, die von diesem Host stammen, was möglicherweise zu einem unerwünschten oder unvorhergesehenen Verhalten oder aber suboptimalem Betrieb führen kann.

Unsachgemäß konfigurierte Timer können ebenfalls ein unvorhergesehenes Netzwerkverhalten oder einen suboptimalen Betrieb dynamischer NAT nach sich ziehen. Wenn die NAT-Timer zu kurz bemessen sind, werden Einträge in der NAT-Tabelle ungültig, bevor Antworten empfangen werden, das heißt, Pakete werden verworfen. Der Verlust von Paketen führt zu Neuübertragungen, die mehr Bandbreite benötigen. Sind die Timer hingegen zu lang spezifiziert, bleiben die Einträge länger als notwendig in der NAT-Tabelle, wodurch Ressourcen aus dem vorhandenen Verbindungspool aufgebraucht werden. Bei gut ausgelasteten Netzwerken kann dies zu Speicherproblemen auf dem Router führen, und Hosts können unter Umständen keine Verbindungen mehr herstellen, wenn die dynamische NAT-Tabelle voll ist.

Weitere Informationen zum Troubleshooting von NAT-Implementierungen finden Sie in Kapitel 7, »Dienste für die IP-Adressierung«.

8.4.5 Troubleshooting in der Anwendungsschicht

Wie Sie bereits wissen, kommen in der Netzwerktechnik zwei Referenzmodelle zum Einsatz. Die OSI-Schichten 5 bis 7 sind die Sitzungs-, die Darstellungs- und die Anwendungsschicht; die TCP/IP-Anwendungsschicht fasst diese Schichten zu einer einzigen Schicht zusammen. Wir werden uns in diesem Abschnitt auf die Anwendungsschicht des TCP/IP-Modells beziehen.

Die meisten Protokolle der Anwendungsschicht beziehen sich auf Benutzerdienste (vgl. Abbildung 8.37).

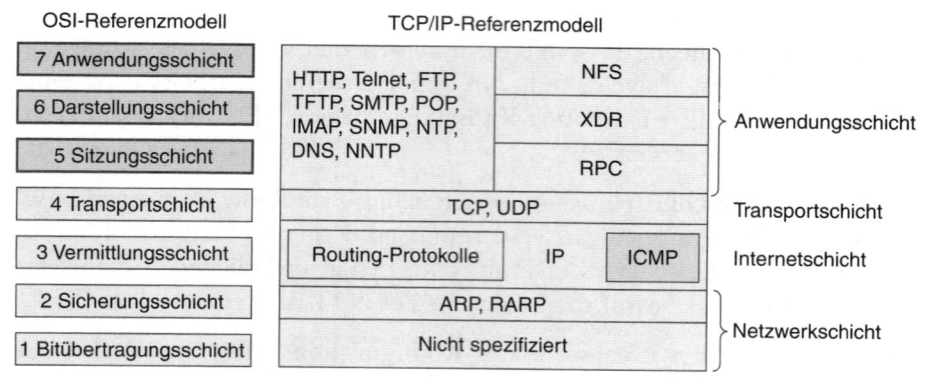

Abbildung 8.37: Übersicht zur Anwendungsschicht

Die Protokolle der Anwendungsschicht werden meistens für das Netzmanagement, Dateiübertragungen, verteilte Dateidienste, Terminalemulation und E-Mail verwendet. Allerdings werden neue Benutzerdienste – VPNs, VoIP usw. – fortlaufend hinzugefügt.

Die bekanntesten und meistimplementierten Protokolle der TCP/IP-Anwendungsschicht sind die folgenden:

- **Telnet.** Ermöglicht dem Benutzer das Starten einer Terminalsitzung mit Remote-Hosts.
- **HTTP (Hypertext Transfer Protocol).** Unterstützt den Austausch von Webseiten, die Text, Bilder, Klänge, Videos und andere Multimediadateien im Web enthalten.
- **FTP *(File Transfer Protocol)*.** Wird zur interaktiven Übertragung von Dateien zwischen Hosts verwendet.
- **TFTP *(Trivial File Transfer Protocol)*.** Wird für die einfache interaktive Übertragung von Dateien zwischen einem Host und (meistens) einem Netzwerkgerät verwendet.
- **SMTP *(Simple Mail Transfer Protocol)*.** Einfacher Nachrichtenzustellungsdienst zwischen Mailservern.
- **POP3 (Post Office Protocol, Version 3).** Wird von Clients zur Kontaktierung von Mailservern und für den Maildownload verwendet.
- **SNMP (Simple Network Management Protocol).** Sammelt Verwaltungsdaten von Netzwerkgeräten.
- **DNS (Domain Name System).** Verknüpft IP-Adressen mit den Namen, die Netzwerkgeräten zugewiesen wurden.
- **NFS (Network File System).** Ermöglicht Computern das Einbinden von Laufwerken auf Remote-Hosts und ihre Verwendung auf eine Weise, als ob es sich um lokale Laufwerke handelte. Ursprünglich von Sun Microsystems entwickelt, ermöglicht es in Kombination mit zwei weiteren Protokollen der Anwendungsschicht – dem XDR- (External Data Representation) und dem RPC-Protokoll (Remote Procedure Call) – den transparenten Zugriff auf entfernte Netzwerkressourcen.

Tabelle 8.11 listet die Anwendungsprotokolle und ihre zugehörigen Ports auf.

Tabelle 8.11: Anwendungsprotokolle und Ports

Anwendung	Protokoll und Port	Beschreibung
WWW-Browser	HTTP (TCP-Port 80)	Webbrowser und Server verwenden HTTP, um Dateien mit Webseiten zu übertragen.
Dateiübertragungen	FTP (TCP-Ports 20 und 21)	FTP stellt eine Möglichkeit bereit, Dateien zwischen Computersystemen zu bewegen.
Terminalemulation	Telnet (TCP-Port 23)	Das Telnet-Protokoll realisiert Terminalemulationsdienste über einen zuverlässigen TCP-Datenstrom.
E-Mail	POP3 (TCP-Port 110), SMTP (TCP-Port 25), IMAP4 (TCP-Port 143)	SMTP dient der Übertragung von E-Mail zwischen Mailservern. Mailclients verwenden es zudem zum Mailversand. Für den Mailempfang setzen die Clients entweder POP3 oder IMAP (Internet Message Access Protocol) ein.
Netzmanagement	SNMP (UDP-Port 161)	SNMP ist ein Netzmanagementprotokoll, das zur Meldung von Anomalien im Netzwerk und zur Festlegung entsprechender Schwellwerte verwendet wird.
Auflösung von Domänennamen	DNS (TCP-/UDP-Port 53)	Löst Domänennamen in IP-Adressen auf.
Verteilter Dateidienst	X-Window (UDP-Ports 6000 bis 6063), NFS (TCP/UDP-Port 2049), XDR, RPC (TCP/UDP-Port 111)	X-Window ist ein verbreitetes Protokoll, das intelligenten Terminals die Kommunikation mit Remote-Computern in einer Form gestattet, als seien sie direkt angeschlossen. NFS, XDR und RPC gestatten in Kombination den transparenten Zugriff auf entfernte Netzwerkressourcen.

Symptome für Probleme in der Anwendungsschicht

Probleme in der Anwendungsschicht können verhindern, dass Dienste der Anwendungsprogramme bereitgestellt werden. Ein Problem in der Anwendungsschicht kann dazu führen, dass Ressourcen auch dann nicht erreichbar oder verwendbar sind, wenn die Bitübertragungs-, die Sicherungs-, die Vermittlungs- und die Transportschicht einwandfrei funktionieren. Auch bei vollständiger Netzwerkkonnektivität kann eine Anwendung somit unter Umständen keine Daten bereitstellen.

Ein anderer Problemfall in der Anwendungsschicht liegt vor, wenn die untergeordneten Schichten zwar funktionieren, aber die Datenübertragung sowie die Dienstanforderungen im Netzwerk für einen einzelnen Netzwerkdienst oder eine Anwendung nicht den normalen Erwartungen des Benutzers entsprechen.

Probleme in der Anwendungsschicht führen zu Beschwerden aufseiten der Benutzer: Das Netzwerk oder eine bestimmte Anwendung läuft träge oder langsamer als normal, wenn Daten übertragen oder Netzwerkdienste angefordert werden.

Einige mögliche Symptome für Probleme in der Anwendungsschicht sind:

- Keine Netzwerkdienste verfügbar
- Beschwerden über langsame Anwendungen
- Fehlermeldungen in Anwendungen
- Fehlermeldungen auf der Konsole
- Fehlermeldungen im System-Log
- Alarmauslösung bei Netzmanagementsystemen (NMS)

Troubleshooting in der Anwendungsschicht

Der allgemeine Ansatz, der zur Eingrenzung von Problemen in den untergeordneten Schichten benutzt wird, kann auch in der Anwendungsschicht zum Einsatz kommen. Die Konzepte sind dieselben, doch verschiebt sich der technische Schwerpunkt auf Aspekte wie Verbindungen, die durch Zeitüberschreitung enden oder gar nicht erst hergestellt werden, ACLs und DNS-Probleme.

Folgende Schritte sind für das Troubleshooting in der Anwendungsschicht erforderlich:

1. **ping-Befehl an das Default-Gateway senden.** Um Probleme in den Schichten 1 bis 3 auszuschließen, verwenden Sie den Befehl ping. Ist er erfolgreich, funktionieren die Dienste der Schichten 1 und 2 einwandfrei.

2. **Ende-zu-Ende-Konnektivität verifizieren.** Verwenden Sie einen erweiterten ping-Befehl, wenn Sie versuchen, einen ping-Befehl von einem Cisco-Router abzusetzen. Ist dieser erfolgreich, dann funktioniert auch Schicht 3 korrekt. Sofern die unteren drei Schichten einwandfrei arbeiten, muss das Problem in einer höheren Schicht vorliegen.

3. **ACL- und NAT-Funktionen überprüfen.** Überprüfen Sie den ACL- und NAT-Betrieb in Schicht 4. Gehen Sie wie folgt vor, um das Troubleshooting für ACLs durchzuführen:

   – Geben Sie den Befehl `show access-list` ein. Werden Daten unter Umständen durch ACLs blockiert? Prüfen Sie, für welche ACLs Treffer auftreten.
   – Löschen Sie die ACL-Zähler mit dem Befehl `clear access-list counters` und versuchen Sie erneut, eine Verbindung herzustellen.
   – Kontrollieren Sie die Zähler. Haben diese sich erhöht? Sollten sie dies tun?

   Gehen Sie wie folgt vor, um das NAT-Troubleshooting durchzuführen:

   – Geben Sie den Befehl `show ip nat translations` ein. Gibt es Übersetzungen? Sehen diese erwartungsgemäß aus?
   – Löschen Sie die NAT-Übersetzungen mit dem Befehl `clear ip nat translation *` und versuchen Sie erneut, auf die externe Ressource zuzugreifen.
   – Geben Sie den Befehl `debug ip nat` ein und überprüfen Sie die Ausgabe.
   – Betrachten Sie die laufende Konfigurationsdatei. Sind die Befehle `ip nat inside` und `ip nat outside` für die richtigen Schnittstellen eingerichtet? Wurde der NAT-Pool korrekt konfiguriert? Verarbeitet die ACL die richtigen Hosts?

   Sofern die ACLs und NAT wie erwartet funktionieren, muss das Problem in einer höheren Schicht vorliegen.

4. **Troubleshooting der Konnektivität übergeordneter Protokolle durchführen.** Auch wenn eine IP-Verbindung zwischen einem Absender und einem Empfänger möglich ist, können dennoch Probleme für ein bestimmtes übergeordnetes Protokoll – z. B. FTP, HTTP oder Telnet – vorhanden sein. Diese Protokolle setzen auf die grundlegende IP-Übertragung auf, allerdings können hier jeweils spezifische Probleme in Verbindung mit Paketfiltern und Firewalls auftreten. Es ist durchaus möglich, dass außer E-Mail alles zwischen einem gegebenen Absender und einem Empfänger übertragen werden kann.

   Das Troubleshooting eines Konnektivitätsproblems im Bereich eines übergeordneten Protokolls erfordert Wissen um den Betrieb dieses Protokolls. Sie können die notwendigen Informationen gewöhnlich dem aktuellen RFC für das Protokoll oder der Webseite des Anwendungsentwicklers entnehmen.

Probleme in der Anwendungsschicht beheben

Abbildung 8.38 zeigt ein Ablaufdiagramm zur Behebung von Problemen in der Anwendungsschicht.

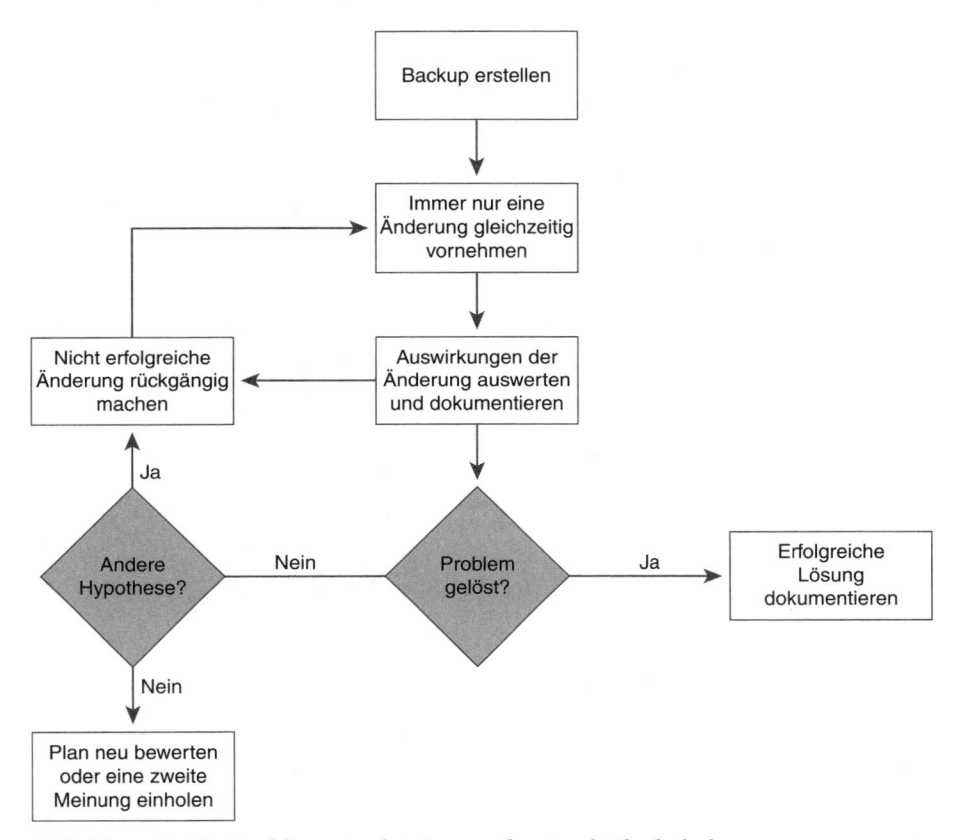

Abbildung 8.38: Probleme in der Anwendungsschicht beheben

Die folgende Liste behandelt diese Schritte ausführlicher:

1. **Backup erstellen.** Bevor Sie fortfahren, stellen Sie sicher, dass für jedes Gerät, auf dem die Konfiguration geändert wird, zuvor eine gültige Konfiguration gespeichert wurde. Dies ermöglicht bei Bedarf das Zurücksetzen des Geräts auf einen bekannten Ausgangszustand.

2. **Hypothese testen und erste Konfigurationsänderungen an der Hardware oder Software vornehmen.** Testen Sie Ihre erste Annahme auf der Liste möglicher Ursachen. Falls die Korrektur mehrere Änderungen erforderlich macht, so führen Sie stets nur eine Änderung gleichzeitig durch.

3. **Alle Änderungen und ihre jeweiligen Auswirkungen bewerten und dokumentieren.** Falls die Ergebnisse von Problembehandlungsschritten keinen Erfolg haben, nehmen Sie sie sofort zurück. Tritt das Problem nur sporadisch auf, dann warten Sie ab, ob es dies wieder tut, bevor Sie die Auswirkungen von Änderungen bewerten.

4. **Bestimmen, ob die Änderung das Problem behebt.** Überprüfen Sie, ob die Änderung das Problem tatsächlich behebt, ohne neue Probleme zu verursachen. Das Netzwerk sollte zum Baseline-Niveau zurückkehren, und es sollten weder neue noch alte Symptome zu erkennen sein. Wird das Problem nicht behoben, dann testen Sie die nächste Hypothese und nehmen Sie alle Änderungen zurück. Falls Sie neue oder zusätzliche Probleme erkennen, so passen Sie den Korrekturplan an.

5. **Aufhören, wenn das Problem gelöst ist.** Nehmen Sie keine weiteren Änderungen vor, sobald das ursprüngliche Problem gelöst scheint.

6. **Gegebenenfalls externe Ressourcen zurate ziehen.** Dies kann ein Mitarbeiter, ein Consultant, oder das Cisco TAC (Technical Assistance Center) sein. In seltenen Fällen kann ein Speicherauszug (engl. *Core Dump*) notwendig sein, dessen Ausgabe von einem Experten von Cisco Systems analysiert werden kann.

7. **Dokumentieren.** Nachdem Sie das Problem behoben haben, dokumentieren Sie die Lösung.

Troubleshooting von Netzwerkproblemen (8.4.6)

Um diese Aktivität erfolgreich durchführen zu können, benötigen Sie die Abschlussdokumentation der Packet Tracer-Aktivität 8.2.1 (»Wie Sie Ihr Netzwerk dokumentieren«), die Sie an früherer Stelle in diesem Kapitel bearbeitet haben. Diese Dokumentation sollte ein korrektes Topologiediagramm sowie eine Adresstabelle umfassen. Falls Sie nicht über diese Dokumente verfügen, wenden Sie sich an Ihren Schulungsleiter.

Ausführliche Anweisungen entnehmen Sie der Aktivität selbst. Zur Durchführung der Aktivität verwenden Sie Packet Tracer und die Datei *e4-846.pka* auf der Begleit-CD-ROM zu diesem Buch.

8.5 Zusammenfassung

In diesem Kapitel haben Sie gelernt, dass eine Netzwerk-Baseline für ein wirkungsvolles Troubleshooting benötigt wird. Das Erstellen einer Baseline beginnt mit einer Überprüfung der Netzwerkdokumentation auf Aktualität und Richtigkeit hin. Eine solche Dokumentation sollte eine Netzwerkkonfigurationstabelle für alle Geräte sowie ein Topologiediagramm umfassen, das den aktuellen Zustand des Netzwerks widerspiegelt. Wenn das Netzwerk vollständig dokumentiert ist, sollte eine Baseline-Messung der Netzwerkleistung über mehrere Wochen bis hin zu einem Monat durchgeführt werden, um die spezifischen Eigenheiten des Netzwerks feststellen zu können. Die erste Baseline wird in einer Zeit stabilen und normalen Betriebs erstellt.

Die wirkungsvollste Möglichkeit des Troubleshootings ist die Nutzung eines systematischen Ansatzes unter Verwendung eines Schichtenmodells wie dem OSI- oder dem TCP/IP-Modell. Drei häufig verwendete Methoden sind das Bottom-Up-, das Top-Down- sowie das Divide-and-Conquer-Troubleshooting. Jede Methode hat ihre Vor- und Nachteile. Sie haben in diesem Kapitel Empfehlungen für die Auswahl der jeweils zu verwendenden Methode erhalten. Ferner haben Sie verschiedene Softwaretools und Werkzeuge kennengelernt, mit denen Fachleute Symptome ermitteln und das Troubleshooting im Netzwerk durchführen.

Obwohl WANs in erster Linie in den drei unteren OSI-Schichten agieren, kann es bei ihnen zu Implementierungsproblemen kommen, die sich auf das gesamte Netzwerk auswirken können. Sie haben einige wichtige Aspekte der Implementierung von WANs sowie auch häufige Probleme kennengelernt, die WANs in Netzwerken hervorrufen: Sicherheitsrisiken, Bandbreitenprobleme, Latenzen und QoS-Probleme.

Abschließend haben wir die Symptome und Ursachen häufiger Probleme in den einzelnen OSI-Schichten sowie die Schritte für deren Troubleshooting untersucht.

8.6 Übungen

Die Aktivitäten und Übungen im Begleitbuch »Accessing the WAN, CCNA Exploration Labs and Study Guide« (ISBN 978-1-58713-201-8) ermöglichen ein praxisbezogenes Üben der folgenden in diesem Kapitel vorgestellten Themen.

> **ANMERKUNG**
>
> Da diese Übungen aufeinander aufbauen, werden Sie bei der Bearbeitung alle Ihre Kenntnisse sowie sämtliche Techniken des Troubleshootings einsetzen, die Sie sich in diesem Kapitel angeeignet haben.

Übung 8.1: Troubleshooting in Unternehmensnetzwerken 1 (8.5.1)

Sie wurden gebeten, Konfigurationsfehler im Unternehmensnetzwerk zu beheben. In dieser Übung verwenden Sie für die Konsolenverbindungen weder einen Passwortschutz noch einen Anmeldenamen, da Sie sich andernfalls versehentlich aussperren könnten. Verwenden Sie für die anderen Absicherungen als Passwort grundsätzlich **ciscoccna**.

Übung 8.2: Troubleshooting in Unternehmensnetzwerken 2 (8.5.2)

In dieser Übung verwenden Sie für die Konsolenverbindungen weder einen Passwortschutz noch einen Anmeldenamen, da Sie sich andernfalls versehentlich aussperren könnten. Verwenden Sie für die anderen Absicherungen als Passwort grundsätzlich **ciscoccna**.

Übung 8.3: Troubleshooting in Unternehmensnetzwerken 3 (8.5.3)

In dieser Übung verwenden Sie für die Konsolenverbindungen weder einen Passwortschutz noch einen Anmeldenamen, da Sie sich andernfalls versehentlich aussperren könnten. Verwenden Sie für die anderen Absicherungen als Passwort grundsätzlich **ciscoccna**.

8.7 Lernzielkontrolle

Beantworten Sie die folgenden Fragen, um Ihren Kenntnisstand bezüglich der in diesem Kapitel beschriebenen Themen und Konzepte zu überprüfen. Die Antworten finden Sie in Anhang A, »Antworten zu den Lernzielkontrollen und weiterführenden Fragen«.

1. Ordnen Sie jedem der nachfolgenden Elemente den passenden Diagrammtyp zu:

   - Kabeltyp
   - IP-Adresse und Subnetz
   - Verbindungstyp
   - Geräte-ID
   - Version des Betriebssystems
   - Gerätetyp und -modell
   - Routing-Protokolle
   - Steckverbindertyp

   a) Physisches Topologiediagramm

   b) Logisches Topologiediagramm

2. Worin besteht ein Symptom für ein Problem in der Bitübertragungsschicht?

   a) Hohe CPU-Auslastung

   b) Umfassende Broadcasts

   c) Langsame STP-Konvergenz

   d) Routing-Schleifen

3. Ein Netzwerkadministrator erhält in der Ausgabe des Befehls `show interface s0` die Meldung `Serial0 is up, line protocol is down`. In welcher Schicht liegt am wahrscheinlichsten ein Problem vor?

   a) Bitübertragungsschicht

   b) Sicherungsschicht

   c) Vermittlungsschicht

   d) Transportschicht

4. Welche Aussage zu Netzwerkmodellen ist zutreffend?

   a) Zwar ähnelt es dem OSI-Modell vom Aufbau her, doch weist das TCP/IP-Modell mehr Schichten auf.

   b) Die Netzwerkschicht im OSI-Modell ist das Gegenstück zur Sicherungs- und Bitübertragungsschicht im TCP/IP-Modell.

   c) Sowohl der Benutzer als auch die Anwendungsschichtprozesse interagieren mit Softwareanwendungen, die im OSI-Modell eine Kommunikationskomponente enthalten.

   d) Die TCP/IP-Kommunikation bezieht sich nur auf das TCP/IP-Modell.

5. Welche Protokolle können bei Problemen in der Vermittlungsschicht betroffen sein? Wählen Sie drei Antworten aus.

   a) DNS

   b) EIGRP

   c) IP

   d) RIP

   e) TCP

   f) UDP

6. Ordnen Sie das jeweilige Anwendungsschichtprotokoll der Portnummer zu, mit der es normalerweise verknüpft ist.

   – FTP

   – HTTP

   – POP3

   – SMTP

   – SNMP

   – Telnet

   a) 20 und 21

   b) 23

   c) 25

   d) 80

   e) 110

   f) 161

7. Ein Techniker wurde aufgefordert, ein kleines Netzwerkproblem zu beseitigen, das offenbar durch eine Software verursacht wurde. Welchen Troubleshooting-Ansatz würden Sie vorschlagen?

   a) Bottom-Up-Troubleshooting

   b) Top-Down-Troubleshooting

   c) Divide-and-Conquer-Troubleshooting

   d) Middle-Out-Troubleshooting

8. Welche Fragen sollte der Administrator stellen, wenn er bei einer Netzwerkstörung Informationen von einem Benutzer sammelt? Wählen Sie drei Antworten aus.

   a) Was funktioniert?

   b) Wen haben Sie angerufen, nachdem das Problem zum ersten Mal aufgetreten ist?

   c) Wann haben Sie das Problem zum ersten Mal bemerkt?

   d) Wann tritt das Problem auf?

   e) Wie lautet Ihr Passwort?

   f) Was haben Sie getan, nachdem das Problem aufgetreten ist?

9. Welches Werkzeug können Sie verwenden, um das physische Medium auf Defekte (z. B. NEXT) hin zu überprüfen?

   a) Kabel-Analyzer

   b) Kabeltester

   c) Digitalmultimeter

   d) Tool zur Baseline-Erstellung

10. Welche Dokumente sind erforderlich, um Probleme im Netzwerk effizient diagnostizieren und beheben zu können? Wählen Sie drei Antworten aus.

    a) Netzmanagement-Befehlsübersicht

    b) Netzwerkkonfigurationstabellen

    c) Installationsanleitung für das Netzwerkgerät

    d) Netzwerktopologiediagramme

    e) Endgeräte-Konfigurationstabellen

    f) Dokumentation des Providers

11. Welche Schritte sind für das Erstellen einer Netzwerk-Baseline erforderlich? Wählen Sie drei Antworten aus.

    a) Den Typ des Netzmanagement-Datenverkehrs bestimmen, der gesammelt und ausgewertet werden soll

    b) Die Datentypen bestimmen, die gesammelt und ausgewertet werden sollen

    c) Zu überwachende Geräte und Ports bestimmen

    d) Zu überwachende virtuelle Schnittstellen, VLANs und virtuelle Routing-Tabellen benennen

    e) Anzahl der Baseline-Tests bestimmen, um ein typisches Bild des Netzwerks erstellen zu können

    f) Dauer des Baseline-Tests bestimmen, um ein typisches Bild des Netzwerks erstellen zu können

12. Worin besteht der erste Schritt der Behebung von Problemen in der Anwendungsschicht?

    a) Vorhandene Symptome analysieren

    b) Backup der Konfigurationen erstellen

    c) Erste Hardware- oder Softwareänderungen vornehmen

    d) `ping`-Befehl an das Default-Gateway senden, um die Funktionalität der Schichten 1 bis 3 zu kontrollieren

13. Erläutern Sie die Funktion und den Inhalt der Netzwerkdokumentation einschließlich Router-, Switch- und Endgerätedokumentation sowie der Netzwerktopologiediagramme.

14. Erläutern Sie die empfohlenen Schritte zur Planung der ersten Netzwerk-Baseline.

15. Erläutern Sie die drei Phasen des allgemeinen Troubleshooting-Prozesses.

16. Erläutern Sie die drei wichtigsten Troubleshooting-Methoden.

17. Erläutern Sie die sechs Schritte beim Entwerfen oder Ändern eines WAN.

18. Geben Sie mindestens drei Aspekte an, die beim Troubleshooting von Schicht-1-Problemen zu überprüfen sind.

8.8 Weiterführende Fragen und Aktivitäten

1. Ein Benutzer meldet Probleme mit dem Zugriff auf das Netzwerk. Welche Fragen sollten Sie ihm stellen, um die Diagnose des Problems zu ermöglichen?

2. Betrachten Sie Abbildung 8.39.

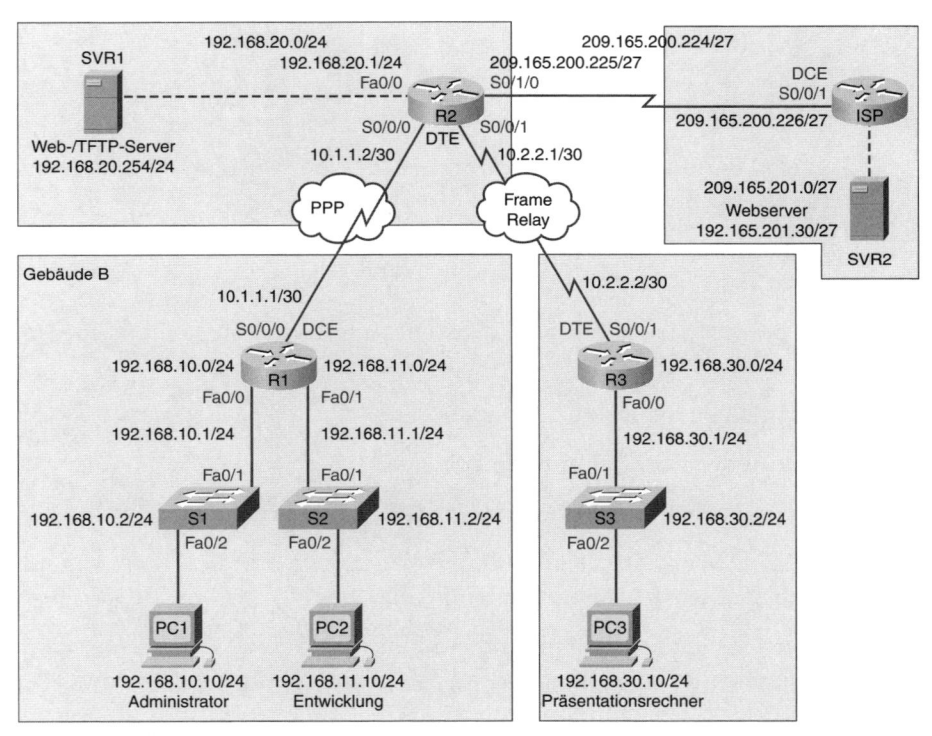

Abbildung 8.39: Topologie zur weiterführenden Frage 2

Der Benutzer von PC3 meldet, dass er über den entsprechenden Web-URL nicht mehr auf den Server SVR2 im Internet zugreifen kann. Nach einer Befragung beschließen Sie, die Divide-and-Conquer-Methode für das Troubleshooting zu verwenden. Der Benutzer kann an die folgenden Standorte erfolgreich ping-Befehle absetzen:

– Sein Default-Gateway (in diesem Fall 192.168.30.1)
– IP-Adresse von Router R2 (10.2.2.1)
– IP-Adresse des Internetproviders (209.165.200.226)
– IP-Adresse des Webservers SVR2 (209.165.201.30)

Worin besteht bei Berücksichtigung obiger Angaben die wahrscheinlichste Ursache des Problems?

Anhang

Antworten zu Lernzielkontrollen und weiterführenden Fragen

Kapitel 1

Lernzielkontrolle

1. B, C und E. Ethernet-Switches und Repeater sind häufig in LANs anzutreffen. Router können sowohl LAN- als auch WAN-Geräte sein, mit denen Pakete innerhalb eines Unternehmensnetzwerks, an einen Internetprovider oder zwischen autonomen Systemen geroutet werden können. Ein Access-Server ist die zentrale Stelle für die Einwahl von Benutzern. Er kann über analoge und/oder digitale Schnittstellen für gleichzeitig Hunderte von Benutzern verfügen, die sich mit dem WAN des Providers verbinden.

2. D. Der Core-Layer heißt auch Netzwerk-Backbone und ist dafür ausgelegt, Pakete so schnell wie möglich zu switchen.

3. Leitungsvermittlung: D

    Paketvermittlung: C

    Verbindungsorientierte Paketvermittlung: B

    Verbindungslose Paketvermittlung: A

4. Metro Ethernet: A

    X.25: D

    ATM: B

    Frame Relay: C

5. C. Das DTE überträgt die Daten von einem Kundennetzwerk oder einem Host-Computer über das WAN. Das DTE ist über die Teilnehmeranschlussleitung mit dem DCE verbunden. Ein Router ist ein DTE-Gerät und verwendet eine CSU/DSU (DCE-Gerät) für die Verbindungsherstellung mit dem WAN.

6. E. Eine Standleitung ist eine dedizierte Point-to-Point-Verbindung, die meistens bei einem Netzbetreiber gemietet wird.

7. Frame Relay-VCs werden durch einen DLCI eindeutig identifiziert; hierdurch wird die bidirektionale Kommunikation von einem DTE mit einem anderen gewährleistet.

8. Die ATM-Technologie (Asynchronous Transfer Mode) kann Sprache, Video und Daten über private und öffentliche Netzwerke übertragen. Sie basiert auf einer Zellen- statt auf einer Frame-Architektur.

9. C. Die Cisco Enterprise Branch Architecture gestattet Unternehmen die Erweiterung von Anwendungen und Diensten im Campusnetzwerk auf verschiedene Remote-Standorte und Benutzer unabhängig von der Größe und der örtlichen Position.

10. B. Der Access-Layer dient der Verbindung von Benutzern mit dem Netzwerk. Schicht-2- und Schicht-3-Switches werden meist in diesem Layer eingesetzt.

11. C. Der ISDN-Primärmultiplexanschluss stellt in Nordamerika 23 B-Kanäle zu je 64 kbit/s sowie einen D-Kanal mit 64 kbit/s bereit, das heißt, die gesamte Bitrate beträgt 1,544 Mbit/s.

12. E. VPNs werden verwendet, um Daten sicher zwischen zwei privaten Netzwerken über ein öffentliches Netzwerk wie dem Internet zu tunneln.

13. C. Der Distribution-Layer segmentiert Arbeitsgruppen, wodurch Netzwerkprobleme auf das jeweilige Subnetz oder VLAN beschränkt bleiben. Das Routing zwischen VLANs erfolgt normalerweise im Distribution-Layer.

14. C. Die Verkabelung der lokalen Anschlussleitung, über die das CPE am Kundenstandort mit der Vermittlungsstelle des Providers verbunden ist. Diese Teilnehmeranschlussleitung heißt manchmal auch »letzte Meile«.

15. Die Enterprise Teleworker Architecture verbindet einzelne – meistens im Heimbüro arbeitende – Mitarbeiter mit entfernten Netzwerkressourcen.

16. Access-Layer:
    - Gewährt dem Benutzer Zugang zu Netzwerkgeräten.
    - Auf einem Netzwerkcampus umfasst der Access-Layer im Allgemeinen geswitchte LAN-Geräte mit Ports, über die Workstations und Server angebunden werden.
    - In der WAN-Umgebung kann der Access-Layer Telearbeitern oder entfernten Standorten unter Verwendung einer WAN-Technologie Zugang zum Firmennetz gewähren.

Distribution-Layer:

- Hierzu gehören die Netzwerkverteilerräume. Hier werden in einer Campusumgebung Arbeitsgruppen mithilfe von Switches segmentiert und Netzwerkprobleme eingegrenzt.
- Ähnlich fasst der Distribution-Layer auch WAN-Verbindungen am Rand des Campus zusammen und realisiert richtliniengesteuerte Verbindungen.

Core-Layer (heißt auch »Backbone«):

- Ein Highspeed-Backbone, der zum schnellstmöglichen Switching von Paketen ausgelegt ist.
- Da der Core-Layer für die Konnektivität kritisch ist, muss er ein hohes Maß an Verfügbarkeit bieten und sich schnell an Veränderungen anpassen können. Außerdem bietet er Skalierbarkeit und schnelle Konvergenz.

17. Enterprise Campus Architecture:

    - Ein Campusnetzwerk umfasst ein oder mehrere Gebäude, die zu einem Unternehmensnetzwerk zusammengeschlossen sind, das mehrere LANs umfasst.
    - Grundsätzlich ist ein Campus auf einen festen geografischen Bereich beschränkt, kann sich jedoch über mehrere benachbarte Gebäude erstrecken.
    - Die Architektur ist modular und skalierbar und lässt sich nach Bedarf um weitere Stockwerke oder Gebäude erweitern.

    Enterprise Branch Architecture:

    - Dieses Modul gestattet es Unternehmen, die in der Campusumgebung vorhandenen Anwendungen und Dienste auf Tausende von Remote-Standorte und -Benutzer oder eine kleine Gruppe Zweigstellenstandorte zu erweitern.

    Enterprise Data Center Architecture:

    - Datacenter ermöglichen die Verwaltung und Pflege zahlreicher Datensysteme, die für den modernen Geschäftsbetrieb zwingend erforderlich sind.
    - Dieses Modul beherbergt die Daten und Ressourcen, die Benutzer einsetzen, um effizient zusammenzuarbeiten und interagieren zu können.

Enterprise Teleworker Architecture:

- Dieses Modul ermöglicht den sinnvollen Gebrauch von Netzwerkressourcen des Unternehmens von Zuhause aus. Hierbei erfolgt die Anbindung an das Firmennetzwerk mithilfe von Breitbanddiensten wie Kabel oder DSL.
- Wird meistens mithilfe von Remote-Access-VPNs implementiert.

Enterprise Edge Architecture:

- Dieses Modul fungiert häufig als Bindeglied zwischen dem Campusmodul und den anderen Modulen in der Enterprise Architecture.

18. CPE (Customer Premises Equipment, Gerät am Kundenstandort):

    - Hierbei handelt es sich um Geräte, die am Standort des Teilnehmers aufgestellt sind, und deren interne Verkabelung. Sie sind mit einem Telekommunikationskanal des Providers verbunden.
    - Der Teilnehmer ist entweder selbst Besitzer des CPE oder least es beim Provider.

    Vermittlungsstelle:

    - Die Vermittlungsstelle ist eine vom lokalen Provider betriebene Einrichtung oder ein Gebäude, wo die lokalen Telefonkabel zum Zweck der digitalen Langstreckenübertragung mit Kommunikationsleitungen aus Glasfaser verbunden werden. Hierbei kommt ein System aus Switches und anderen Geräten zum Einsatz.

    Teilnehmeranschlussleitung:

    - Das Kupfer- oder Glasfaserkabel, über das das CPE am Kundenstandort mit der Vermittlungsstelle des Providers verbunden ist. Heißt häufig auch »letzte Meile«.

    DCE (Data Communications Equipment, Datenübertragungseinrichtungen):

    - Zu den DCE gehören Geräte, die Daten in die Teilnehmeranschlussleitung einspeisen.
    - In erster Linie stellt das DCE eine Schnittstelle dar, über die sich Teilnehmer mit einer Kommunikationsverbindung in der WAN-Wolke verbinden können.

    DTE (Data Terminal Equipment, Datenendgerät):

    - Kundengeräte, welche die Daten von einem Kundennetzwerk oder einem Hostcomputer zur Übertragung über das WAN übergeben.
    - Das DTE ist über die Teilnehmeranschlussleitung mit dem DCE verbunden.

Demarkationspunkt.

- Physisch ist der Demarkationspunkt die Abzweigdose am Kundenstandort, über die die CPE-Kabel mit der Teilnehmeranschlussleitung verbunden werden. Er definiert die offizielle Trennlinie zwischen den Geräten des Kunden- und des Providers.
- Der Demarkationspunkt ist der Ort, an dem die Zuständigkeit für Verbindungsänderungen vom Benutzer auf den Provider übergeht.

19. Modem:

- Ein Sprachbandmodem konvertiert die von einem Computer generierten Digitalsignale in Sprachfrequenzen, die über analoge Telefonleitungen übertragen werden können, und nach der Übertragung zurück in Digitalsignale.
- Schnellere Modems – z. B. Kabel- oder DSL-Modems – führen die Übertragung mit höheren Breitbandfrequenzen durch.

CSU/DSU (Channel Service Unit/Data Service Unit):

- Digitale Leitungen wie T1- und T3-Leitungen benötigen eine CSU und eine DSU.
- Häufig werden diese beiden Einheiten in einem einzelnen Gerät zusammengefasst: der CSU/DSU.
- Die CSU ermöglicht den Abschluss des Digitalsignals und gewährleistet die Verbindungsintegrität mithilfe von Fehlerkorrekturen und Leitungsüberwachung, die DSU wandelt die Frames auf der T-Leitung in Frames, die das LAN interpretieren kann.

Access-Server:

- Der Access-Server ist die zentrale Stelle für die Einwahlkommunikation für Benutzer. Er besitzt analoge und/oder digitale Schnittstellen und kann Hunderte von Benutzern gleichzeitig versorgen.

WAN-Switch:

- Ein Multiport-Netzwerkgerät, das in Providernetzwerken zur Verarbeitung von Signalen mit Frame Relay, ATM oder X.25 eingesetzt wird.

Router:

- Router ermöglichen die Anbindung verschiedener Netzwerke aneinander und stellen Schnittstellen für den WAN-Zugang über das Netzwerk des Providers bereit.
- Diese Schnittstellen können serielle oder andere WAN-Verbindungen ermöglichen. Unter Umständen benötigen Router ein externes Gerät wie etwa eine CSU/DSU oder ein (Analog-, Kabel- oder DSL-) Modem, um die Verbindung zum Provider herzustellen.

20. X.25:

- Ältere WAN-Technologie geringer Kapazität mit einer maximalen Datenrate von 2 Mbit/s. Wird meistens im Einwahlmodus auf Kartenlesegeräten verwendet, um Transaktionen auf einem Zentralcomputer zu validieren.
- Bei solchen Anwendungen sind die niedrige Bandbreite und die hohe Latenz unproblematisch, und die niedrigen Kosten machen X.25 zu einer attraktiven Option.
- Frame Relay hat bei zahlreichen Providern die Stelle von X.25 übernommen.

Frame Relay:

- Schicht-2-WAN-Protokoll, das gewöhnlich Datenraten von 4 Mbit/s oder mehr unterstützt.
- Es realisiert über VCs permanente, gemeinsam genutzte Verbindungen mittlerer Bandbreite zur Übertragung von Sprache und Daten.
- VCs werden durch einen DLCI eindeutig identifiziert; hierdurch wird die bidirektionale Kommunikation von einem DTE mit einem anderen gewährleistet.

ATM:

- ATM basiert auf einer Zellen- statt einer Frame-Architektur. Eine Zelle hat eine feste Länge von 53 Byte.
- Diese kleinen Zellen fester Länge sind zur Übertragung latenzanfälliger Sprach- und Videodaten geeignet.

Weiterführende Fragen und Aktivitäten

1. Der Vorteil eines leitungsvermittelten Netzwerks besteht in der feststehenden Verbindung, die eine garantierte Bandbreite zwischen zwei Endgeräten (z. B. zwei Telefonen oder Computern) bereitstellt. Ein Nachteil hingegen ist die ineffiziente Nutzung des Kommunikationskanals: Solange zwei Geräte kommunizieren, können auch in Leerlaufzeiten keine anderen Geräte die Leitung nutzen.

2. Site-to-Site-VPNs verbinden Benutzer in zwei Remote-Netzwerken, z. B. ein Zweigstellen- mit einem Zentralnetzwerk. Das VPN wird mithilfe eines Routers, einer Firewall, eines VPN-Konzentrators oder einer Security-Appliance an den beiden betreffenden Standorten aufgebaut. Remote-Access-VPNs ähneln Site-To-Site-VPNs, nur handelt es sich hierbei lediglich bei einem Ende des VPN-Tunnels (d. h. der Verbindung) um

ein typisches Unternehmensnetzwerk. Das andere Ende ist der Remote-Benutzer, z. B. ein Telearbeiter, der zu Hause, in einem Hotelzimmer oder in einem Café eine Verbindung herstellt.

Kapitel 2

Lernzielkontrolle

1. Schritt 1: C

   Schritt 2: D

   Schritt 3: A

   Schritt 4: B

   Schritt 5: E

2. B. Dies ist der Zustand der Schnittstelle, wenn auf dem lokalen und dem Remote-Router unterschiedliche Schicht-2-Kapselungen konfiguriert wurden. In unseren Übungen könnte auch ein fehlender `clock rate`-Befehl die Anzeige dieser Meldung auslösen.

3. A. Cisco HDLC ist die Default-Kapselungsmethode von Cisco-Geräten an synchronen seriellen Leitungen.

4. D. Das Protokollfeld in einem PPP-Frame gibt den Typ der Schicht-3-Daten an, die im Datenfeld des Frames übertragen werden.

5. Fehlerkontrolle: B

   Authentifizierungsprotokolle: D

   Ermöglicht eine Lastverteilung: C

   Komprimierungsprotokolle: A

6. A, D und E.

7. B. HDLC ist ein bitorientiertes synchrones Sicherungsschichtprotokoll, das von der ISO (International Organization for Standardization) formuliert wurde. Entwickelt wurde HDLC aus dem SDLC-Standard (Synchronous Data Link Control), der in den 1970er-Jahren entstand. HDLC bietet sowohl verbindungsorientierte als auch verbindungslose Dienste.

8. C. Die Authentifizierung erfolgt nach dem Leitungsaufbau und vor der Konfiguration des Vermittlungsschichtprotokolls.

9. D. PPP verwendet den NCP-Prozess (Network Control Protocol), um die Schicht-3-Protokolle auszuhandeln, die über diese Verbindung eingesetzt werden sollen. IPCP ist ein Beispiel für ein NCP für IP.

10. B. PAP verwendet einen Zwei-Schritte-Handshake, CHAP hingegen einen Drei-Schritte-Handshake. Die anderen drei Antwortvorschläge sind Merkmale von CHAP.

11. B und F. Dieser Zustand kann dadurch hervorgerufen werden, dass der Router kein Trägersignal erkennt, das heißt, das Trägersignal ist nicht aktiv. Auch eine schad- oder fehlerhafte Verkabelung kann ursächlich sein. Weitere Gründe sind beispielsweise ein Problem aufseiten des WAN-Providers, das heißt, die Leitung ist ausgefallen oder nicht mit der CSU/DSU verbunden, oder es liegt ein Hardwareausfall (etwa der CSU/DSU) vor.

12. Benutzername und Passwort konfigurieren: A

    Wechsel in den Schnittstellenkonfigurationsmodus: C

    Kapselungstyp angeben: D

    Authentifizierung konfigurieren: G

13. D. Bei der CHAP-Authentifizierung muss der Hostname auf dem einen Router dem Benutzernamen entsprechen, der auf dem anderen Router konfiguriert ist. Zudem müssen die Passwörter auf den beiden Routern übereinstimmen.

14. Zwei-Schritte-Handshake: PAP

    Drei-Schritte-Handshake: CHAP

    Anfällig für Angriffe nach dem Trial-and-Error-Prinzip: PAP

    Unverschlüsselter Passwortversand: PAP

    Regelmäßige Verifizierung: CHAP

    Verwendet eine unidirektionale Hash-Funktion: CHAP

15. Handelt die Parameter für den Leitungsaufbau aus: LCP

    Handelt Schicht-3-Protokollparameter aus: NCP

    Prüft und debuggt eine Leitung: LCP

    Kann mehrere Schicht-3-Protokolle aushandeln: NCP

    Baut eine Verbindung ab: LCP

16.
- HDLC: Default-Kapselungstyp bei Point-to-Point-Verbindungen, Standleitungen und leitungsvermittelten Verbindungen, wenn die Verbindung zwischen zwei Cisco-Geräten verläuft.
- PPP: Dieses Protokoll ermöglicht das Verbinden zwischen Routern und von Hosts mit Netzwerken über synchrone und asynchrone Point-to-Point-Leitungen. PPP nutzt verschiedene Protokolle der Vermittlungsschicht, zum Beispiel IP oder IPX. Zudem umfasst PPP auch Sicherheitsmechanismen wie CHAP und PAP.
- SLIP: Ein Standardprotokoll für die serielle Point-to-Point-Kommunikation via TCP/IP. Es wurde mittlerweile weitgehend durch PPP ersetzt.
- X.25/LAPB: Ein ITU-T-Standard, der definiert, wie Verbindungen zwischen einem DTE und einem DCE für einen Remote-Terminal-Zugriff und Computerkommunikation in öffentlichen Datennetzen bereitgehalten werden. X.25 spezifiziert dafür das Sicherungsschichtprotokoll LAPB. X.25 gilt als Vorläufer von Frame Relay.
- Frame Relay: Geswitchtes Industriestandardprotokoll der Sicherungsschicht, das mehrere VCs verwaltet. Frame Relay ist ein Nachfolgeprotokoll von X.25. Es beseitigt einen Teil der mit X.25 einhergehenden zeitaufwendigen Prozesse (bedingt etwa durch Fehlerkorrektur und Flusssteuerung).
- ATM: Internationaler Standard für die Weiterleitung von Zellen. Hierbei werden unterschiedliche Diensttypen (Sprache, Video, Daten) in Zellen fester Länge (53 Byte) befördert. Die feste Länge der Zellen ermöglicht eine Verarbeitung durch Hardware, wodurch Verzögerungen bei der Übertragung verringert werden. ATM wurde für die Hochgeschwindigkeitsübertragung optimiert, d. h. für Medien wie E3, SONET und T3.

17. LCP-Schicht:
- Setzt auf der Bitübertragungsschicht auf und hat die Aufgabe, die Sicherungsschichtverbindung aufzubauen, zu konfigurieren und zu testen.
- Stellt die Point-to-Point-Verbindung her.
- Realisiert eine automatische Konfiguration der Schnittstellen an beiden Enden. Dies umfasst die Steuerung von Grenzwerten bei der Paketgröße, die Erkennung häufiger Konfigurationsfehler, die Terminierung der Leitung und die Feststellung, ob eine Verbindung korrekt funktioniert oder ausgefallen ist.

- Wird auch zur Aushandlung von Authentifizierung, Kompression, Fehlererkennung, Multilink-PPP und PPP-Rückruf nach dem Aufbau der Leitung verwendet.
- Verhandelt die Steueroptionen der WAN-Sicherungsschicht, die von den NCPs dann verarbeitet werden.

NCP-Schicht:

- Enthält Funktionsfelder, die standardisierte Codes zur Kennung des Vermittlungsschichtprotokolls enthalten, das PPP kapselt.
- Verwaltet die Zuordnung und das Management von IP-Adressen in IPCP.
- Kapselt und verhandelt Optionen für mehrere Vermittlungsschichtprotokolle.

18. Authentifizierung mit PAP oder CHAP

    - Falls Sie lediglich eine Passwortauthentifizierung benötigen, konfigurieren Sie PAP mit dem Befehl ppp authentication pap.
    - Falls Sie einen Challenge-Handshake benötigen, konfigurieren Sie CHAP mit dem Befehl ppp authentication chap (dies ist sicherer).

    Kompression

    - Hiermit wird der effektive Durchsatz erhöht, indem die Menge der Daten im PPP-Frame, die die Verbindung durchqueren müssen, verringert wird.
    - Um Stacker zu konfigurieren, verwenden Sie den Befehl compress stac. Um Predictor zu konfigurieren, verwenden Sie den Befehl compress predictor.

    Fehlererkennung

    - Erkennt fehlerhafte Bedingungen und hilft so, eine zuverlässige und schleifenlose Datenverbindung sicherzustellen.
    - Wird mit dem Befehl ppp quality *percentage* konfiguriert.

    Multilink-PPP

    - Realisiert eine Lastverteilung über die Router-Schnittstellen, die PPP verwendet. Wird mit dem Befehl ppp multilink aktiviert.

    PPP-Rückruf

    - Erhöht die Sicherheit, indem man einen Cisco-Router zum Rückrufclient macht. Der Client setzt den ersten Ruf ab, bittet den Server (d. h. den anderen Cisco-Router) um Rückruf und beendet seinen Ruf dann.
    - Der Befehl lautet ppp callback [accept | request].

19. Prüfen Sie den Router R1:

 - Der Befehl username weist zwei Fehler auf. Der Router-Name sollte R3 lauten, und das Passwort muss cisco heißen. Deswegen lautet der korrekte Befehl username R3 password cisco.

 - Der dritte Fehler ist der Befehl ppp authentication – er muss ppp authentication chap heißen.

Weiterführende Fragen und Aktivitäten

1. Serial1 PPP: Phase is AUTHENTICATING, by both gibt an, dass die Router eine bidirektionale Authentifizierung mit PAP durchführen.

   Serial1 PPP: Phase is AUTHENTICATING, by the peer and Serial1 PPP: Phase is AUTHENTICATING, by this end bedeuten, dass die Router unidirektionale Challenge- und Response-Nachrichten zur Authentifizierung via CHAP austauschen.

Kapitel 3

Lernzielkontrolle

1. B. VCs werden durch DLCIs identifiziert. DLCI-Werte werden in der Regel vom Frame Relay-Provider (z. B. der Telefongesellschaft) vergeben.

2. D. Anders als bei Standleitungen gibt es im Frame Relay-Netzwerk des Providers keine dedizierten Leitungen für eine Ende-zu-Ende-Konnektivität von Endkunden. Die meisten Provider verwenden PVCs (manche auch SVCs), um Verbindungen nach Bedarf für die Kunden zu erstellen und zu verwerfen, ohne hierfür eine zusätzliche Verkabelung implementieren zu müssen.

3. D. Unabhängig davon, ob Sie eine einzelne physische Schnittstelle oder eine als Multipoint-Subschnittstelle konfigurierte Schnittstelle verwenden, gilt: Falls sich die Remote-Enden von VCs im selben Subnetz befinden, ist das Verhalten dieses Subnetzes abhängig vom Split-Horizon-Verhalten. Werden für jeden VC Point-to-Point-Subschnittstellen in einem separaten Subnetz verwendet, dann stellt Split-Horizon kein Problem mehr dar.

4. B und D. Frame Relay benötigt unabhängig von der Anzahl der Remote-Netzwerke nur eine einzelne Anschlussleitung in die Frame Relay-Netzwerkwolke des Providers. Ein Router mit einer einzelnen WAN-Schnittstelle und eine CSU/DSU sowie eine einzelne Anschlussleitung werden dazu benötigt. Frame Relay ermöglicht einem Provider die effiziente Nut-

zung der Bandbreite innerhalb der Wolke – er muss keine große Anzahl einzelner dedizierter Point-to-Point-Verbindungen bereitstellen.

5. `Active`: C

   `Inactive`: A

   `Deleted`: D

6. B. Eine Frame Relay-Wolke ist normalerweise ein vermaschtes Netzwerk aus Leitungen und Schicht-2-Switches (meist ATM-Switches). Dies ermöglicht eine Redundanz im Netzwerk des Providers, die bei einer dedizierten Standleitung nicht vorhanden ist.

7. E. Die Schicht-2-Kapselung ist Frame Relay, wobei die lokale DLCI als Adresse verwendet wird.

8. A. Point-to-Point-Technologien erfordern normalerweise ein separates Subnetz für jede Point-to-Point-Verbindung. In vielen Netzwerken wird VLSM verwendet, um ein Subnetz in /30-Netzwerke zu unterteilen. Bietet sich dies nicht an, kann man auch eine Multipoint-Topologie verwenden. In diesem Fall nutzen alle VCs dieselbe Subnetzadresse. (Hinweis: In modernen Netzwerken stellt VLSM gewöhnlich eine akzeptable Alternative dar.)

9. C. Werden Point-to-Point-Subschnittstellen verwendet, dann befindet sich jeder VC in einem separaten Subnetz, und Split-Horizon stellt kein Problem mehr dar. Aus Sicht des Routers ist jeder VC eine separate (logische) Schnittstelle. Dies beseitigt das Risiko von Split-Horizon.

10. D. Frame Relay bietet keine Fehlerkorrektur. Nur das übergeordnete TCP-Protokoll, das der Host verwendet, gestattet die Erkennung von Fehlern, wenn Frame Relay zur Schicht-2-Übertragung verwendet wird.

11. `show interface`: C

    `show frame-relay lmi`: D

    `show frame-relay pvc`: A

    `show frame-relay map`: E

    `debug frame-relay lmi`: B

12. D. Die CIR ist die Datenrate, die das Netzwerk über die Zugangsleitung erhält. Der Provider garantiert, dass der Kunde Daten mit CIR senden kann, das heißt alle Frames, die von ihm mit CIR oder einer niedrigeren Rate empfangen werden, werden akzeptiert.

13. C. Die DLCIs werden vom Provider zugewiesen. Die meisten Provider bieten ihren Kunden die Möglichkeit an, eigene DLCIs auszuwählen, solange diese gültig sind.

14. A. Frame Relay-Maps werden verwendet, um die Schicht-3-Adresse des Remote-Netzwerks der lokalen DLCI zuzuordnen.

15. CIR: C

    DE: A

    FECN: B

    BECN: D

16. DLCI: Data-Link Connection Identifier

    - VCs werden mithilfe von DLCIs identifiziert, und die DLCI-Werte werden vom Frame Relay-Provider zugewiesen.
    - Frame Relay-DLCIs haben nur lokale Bedeutung – außerhalb der jeweiligen Verbindung sind sie irrelevant.
    - Ein DLCI weist einen VC gegenüber den Geräten an einem Endpunkt aus.

    LMI: Local Management Interface

    - Das LMI ist ein Keepalive-Mechanismus, der Statusdaten zu Frame Relay-Verbindungen zwischen dem Router (DTE) und dem Frame Relay-Switch (DCE) austauscht.
    - Cisco-Router unterstützen drei LMI-Typen: Cisco, ANSI und q933a.

    Inverse ARP

    - Das Inverse ARP-Protokoll entnimmt die Schicht-3-Adressen anderer Stationen den Schicht-2-Adressen (z. B. der DLCI in Frame Relay-Netzwerken). Dies ist im Wesentlichen das Umgekehrte dessen, was das ARP-Protokoll tut.
    - Es wird vorzugsweise in Frame Relay- und ATM-Netzwerken eingesetzt, in denen die Schicht-2-Adressen von VCs über die Schicht-2-Signalisierung ermittelt werden und die Schicht-3-Adressen vorhanden sein müssen, damit diese VCs verwendet werden können.

17. `frame-relay map ip 10.1.1.2 102 broadcast`

18. AR (Access Rate, Zugriffsrate)

    - Kapazität der Teilnehmeranschlussleitung
    - Diese Leitung wird auf der Basis der Zugriffsrate zwischen DTE und DCE (d. h. vom Kunden zum Provider) in Rechnung gestellt.

CIR: Committed Information Rate

- Vom Provider garantierte Kapazität der Teilnehmeranschlussleitung
- Kunden wählen normalerweise eine CIR aus, die niedriger ist als die AR. So können sie von Bursts profitieren.

CBIR: Committed Burst Information Rate

- Maximale Anzahl der in einem Burst zulässigen Frames.
- Darf die CIR der Leitung nicht überschreiten.

BE: Excess Burst

- Umfang der die CBIR überschreitenden Daten, die das Netzwerk zuzustellen versucht – bis hin zur Maximalrate der Zugangsleitung.
- Pakete, welche die CIR überschreiten, werden als DE (Discard Eligible) gekennzeichnet, das heißt, sie dürfen bei Kapazitätsengpässen im Netzwerk verworfen werden.

19. Prüfen Sie Router R1:

- Die serielle Schnittstelle und die Subschnittstellen sollten Serial 0/0/0, Serial 0/0/0.102 beziehungsweise Serial 0/0/0.103 sein.
- Auf die Subschnittstellen wird die falsche Subnetzmaske angewendet. Sie sollte 255.255.255.252 lauten.
- Die DLCIs im Befehl `frame-relay interface-dlci` sollten 102 und 103 lauten.

Weiterführende Fragen und Aktivitäten

1. Wenn statisches Mapping auf einer Schnittstelle für ein Protokoll und eine bestimmte DLCI konfiguriert wird, deaktiviert der Router automatisch das dynamische Inverse ARP für das Protokoll und die betreffende DLCI auf der Schnittstelle. Nachdem R2 neu gestartet wurde, hat für das Mapping zu R1 Inverse ARP niemals stattgefunden. Es gibt mehrere Möglichkeiten. Die einfachste besteht darin, eine weitere statische Zuordnung auf R2 hinzuzufügen, um R1 erreichen zu können:

```
frame-relay map ip 172.16.1.1 102
```

Kapitel 4

Lernzielkontrolle

1. Schwachstellen des Betriebssystems: A

   Ungeschützte Benutzerkonten: B

   Schwachstellen bei Netzwerkgeräten: A

   Ungeschützte Default-Einstellungen: B

   Fehlende Konsistenz und Kontinuität: C

   Schwachstellen bei TCP/IP und ICMP: A

   Fehlender Notfall-Wiederherstellungsplan: C

2. C und E.

3. B

4. Reconnaissance-Angriff: C

   Passwortangriff: A

   Portumleitung: B

   Wurm, Virus, trojanisches Pferd: E

   DoS-Angriff: D

5. C. Ein HIDS (hostbasiertes IDS) wird meistens als Inline- oder als passive Technologie implementiert und sendet erst dann Log-Dateien an eine Managementkonsole, wenn die Attacke bereits stattgefunden hat und der Schaden entstanden ist. Ein HIPS (hostbasiertes IPS) basiert auf einer In-line-Technologie, die den Angriff tatsächlich stoppt, Schäden verhindert und die Ausbreitung von Würmern und Viren unterbindet. Die aktive Erkennung kann so festgelegt werden, dass die Netzwerkverbindung abgebaut wird oder die betroffenen Dienste automatisch beendet werden. Korrekturmaßnahmen werden sofort ergriffen. Cisco stellt HIPS über die CSA-Software (Cisco Security Agent) bereit.

6. E. Die Sicherheitsrichtlinie (engl. *Policy*) ist die »Nabe«, auf die die vier Schritte des Network Security Wheel – Schützen, Überwachen, Testen und Verbessern – aufsetzen. Sie ist die Triebfeder der Anwendung von Sicherheitsmaßnahmen, denn sie definiert

   – die Sicherheitsziele der Organisation,

   – die zu schützenden Ressourcen,

- die Netzwerkinfrastruktur mit aktuellen Übersichten und Inventaren,
- kritische Ressourcen, die geschützt werden müssen (z. B. Forschung und Entwicklung, Buchhaltung und Personalabteilung). Dies bezeichnet man als Risikoanalyse.

7. C. Ein Syslog-Server stellt eine geeignetere Lösung dar, da alle Netzwerkgeräte ihre Log-Dateien an eine zentrale Stelle weiterleiten können, wo der Administrator sie einsehen kann. Mehrere Syslog-Hosts können zum Zweck der Fehlertoleranz konfiguriert werden. Exemplarisch für Syslog-Serveranwendungen sei Kiwi Syslog Daemon genannt.

8. C. SSH (Secure Shell) bietet dieselbe Funktionalität und Authentifizierung wie Telnet, stellt jedoch eine verschlüsselte Verbindung her.

9. Richtlinie für Kontenzugang: D

   Remote-Zugangs-Richtlinie: A

   Richtlinie zur Risikoeinschätzung: E

   Überwachungsrichtlinie: B

   Richtlinie zur zulässigen Nutzung: C

10. Schritt 1: C

    Schritt 2: B

    Schritt 3: F

11. A, B und E

12. C

13. NTP (Network Time Protocol): B

    DNS (Domain Name System): C

    SNMP (Simple Network Management Protocol): A

14. B

15. A, B und D

16. Abfrage von Informationen im Internet:
    - Nslookup
    - Whois

    Ping-Sweeps:
    - Fping
    - Gping

Portscans:

- Nmap
- Superscan

Paket-Sniffer:

- Wireshark

17. Zugriffsattacken:

    - Passwortangriff
    - Ausnutzen von Vertrauensbeziehungen
    - Angriff über Portumleitung
    - MITM-Angriff (Man-in-the-Middle)

18. DoS-Angriffe:

    - Ping-of-Death-Angriff
    - SYN-Flooding
    - Paketfragmentierung und -wiederherstellung
    - Mail-Bomben
    - CPU-Hogging
    - Schädliche Applets

    DDoS-Angriffe:

    - Smurf-Angriff
    - TFN (Tribe Flood Network)
    - Stacheldraht
    - MyDoom

19. Die Anatomie einer Wurmattacke erfordert die folgenden Komponenten:

    - Sicherheitslücke. Ein Wurm installiert sich selbst, indem er bekannte Schwachstellen in Systemen ausnutzt. Dies kann beispielsweise ein naiver Endbenutzer sein, der ungeprüfte ausführbare E-Mail-Anhänge öffnet.
    - Verbreitungsmechanismus. Nachdem er sich Zugang zu einem Host verschafft hat, kopiert ein Wurm sich selbst auf diesen Host und wählt dann neue Ziele aus.
    - Nutzlast. Sobald ein Host sich mit einem Wurm infiziert hat, erhält der Angreifer Zugang zu diesem Host – häufig sogar als privilegierter Benutzer. Angreifer können ihre Berechtigungen dann mithilfe eines lokalen Exploits so stark erweitern, dass sie am Ende sogar Administratorrechte erhalten.

- Nachfolgend aufgeführt sind die empfohlenen Schritte zur Abwehr eines Wurmangriffs:
    - Schritt 1: Eingrenzung. Schränken Sie das Eindringen des Wurms ins Netzwerk und seine Weiterverbreitung darin ein. Separieren Sie nichtinfizierte Teile des Netzwerks.
    - Schritt 2: Impfung. Patchen Sie alle Systeme und überprüfen Sie das Netzwerk möglichst auf weitere Systeme hin, die unter Umständen anfällig sind.
    - Schritt 3: Quarantäne. Ermitteln Sie alle infizierten Rechner im Netzwerk. Trennen, entfernen oder blockieren Sie infizierte Rechner im Netzwerk.
    - Schritt 4: Behandlung. Reinigen und patchen Sie alle infizierten Systeme. Bei einigen Würmern ist unter Umständen eine vollständige Neuinstallation der Kernsysteme erforderlich, um eine wirkungsvolle Reinigung zu erzielen.

20. Prüfen Sie Router R1:
    - Der `transport input`-Befehl muss `transport input ssh` lauten.
    - Der Befehl `login local` fehlt im VTY-Leitungskonfigurationsmodus.
    - Die SSH-Portnummer im Tera Term-Fenster muss TCP-Port 22 sein.

21. Sicherheitsempfehlungen:
    - Dienste wie *echo*, *discard* oder *chargen* sollten deaktiviert werden.
    - BOOTP sollte deaktiviert werden.
    - Finger sollte deaktiviert werden.
    - HTTP sollte deaktiviert und das sichere HTTPS konfiguriert werden, sofern erforderlich.
    - SNMPv1 und SNMPv2 sollten deaktiviert werden, und SNMPv3 sollte konfiguriert werden.
    - CDP sollte deaktiviert werden, sofern es nicht erforderlich ist.
    - Die Remote-Konfiguration sollte deaktiviert werden.
    - Das Source-Routing sollte deaktiviert werden.
    - Das klassenlose Routing sollte deaktiviert werden.
    - `no ip directed-broadcast` sollte konfiguriert werden, um Smurf-Attacken zu unterbinden.
    - `no ip proxy-arp` sollte konfiguriert werden, um Ad-hoc-Routing-Attacken zu unterbinden.

Anhang • Antworten zu Lernzielkontrollen und Fragen   **719**

22. Lockdown-Funktion des SDM:

　1. Wählen Sie CONFIGURE.

　2. Wählen Sie SECURITY AUDIT.

　3. Klicken Sie auf die Schaltfläche ONE-STEP LOCKDOWN.

　4. Klicken Sie im Dialogfeld CISCO SDM WARNING auf die Schaltfläche YES.

　5. Senden Sie Befehle an den Router.

23. Führen Sie die drei Schritte auf, die erforderlich sind, um einen Router mit einer neuen IOS-Image-Datei zu aktualisieren, die sich auf einem TFTP-Server befindet.

　1. Senden Sie einen ping-Befehl an den TFTP-Server, um sicherzustellen, dass Sie Zugriff darauf haben.

　2. Überprüfen Sie mit dem Befehl show flash:, ob der Flash-Speicher des Routers genügend Kapazität aufweist, um die Cisco IOS-Image-Datei aufzunehmen.

　3. Kopieren Sie das neue Cisco IOS-Image vom TFTP-Server. Hierzu setzen Sie im privilegierten EXEC-Modus den Befehl copy tftp flash: ab. Quittieren Sie die Bestätigungsanforderungen auf dem Bildschirm.

Weiterführende Fragen und Aktivitäten

1. Konfigurationseinstellung zur Verbesserung der Sicherheit:

```
R1# show running-config

*Dec 14 14:06:19.663: %SYS-5-CONFIG_I: Configured from console by console
Building configuration...

Current configuration : 836 bytes
!
version 12.4
service timestamps debug datetime msec
service timestamps log datetime msec
no service password-encryption
!
hostname R1
ip domain name cisco.com
enable password cisco
!
username Student password 0 cisco
```

```
!
!
line con 0
line aux 0
line vty 0 4
 login
!
scheduler allocate 20000 1000
!
end

R1#
```

Eine Vielzahl von Eigenschaften kann konfiguriert werden. Nachfolgend einige Beispiele:

Auf dem Router R1 sollten alle Passwörter verschlüsselt sein:

```
R1(config)# service password-encryption
```

Entfernen Sie das Enable-Passwort mit dem Befehl enable secret:

```
R1(config)# no enable password
R1(config)# enable secret cisco12345
```

Entfernen Sie den aktuellen Benutzernamen und erstellen Sie ihn neu mit dem Befehl username *username* password:

```
R1(config)# no username Student password cisco
R1(config)# username Student secret cisco12345
```

Um den Administratorzugriff zu schützen, sollten die Konsolen-, AUX- und VTY-Verbindungen abgesichert werden. Insbesondere sollte SSH das einzige unterstützte Protokoll für die Remote-Administration sein:

```
R1(config)# line console 0
R1(config-line)# login local
R1(config-line)# exec-timeout 3
R1(config-line)# line aux 0
R1(config-line)# no password
R1(config-line)# login
% Login disabled on line 1, until 'password' is set
R1(config-line)# line vty 0 4
R1(config-line)# no transport input
R1(config-line)# transport input ssh
R1(config-line)# login local
R1(config-line)# exit
```

Kapitel 5

Lernzielkontrolle

1. B und C. Standard-ACLs filtern Pakete einzig und allein auf der Basis der Absender-IP-Adressen und haben die Nummern 1 bis 99. Erweiterte ACLs filtern IP-Pakete basierend auf verschiedenen Attributen wie dem Protokolltyp, den IP-Adressen oder den TCP-/UDP-Ports von Absender oder Empfänger und optionale Informationen zum Protokolltyp. Sie haben die Nummern 100 bis 199.

2. C. Weil Standard-ACLs keine Zieladressen angeben, sollten sie so nah am Empfänger wie möglich platziert werden, damit sie nur Daten an das Zielnetzwerk filtern.

3. B. Eine ACL wird in der Reihenfolge ihrer Anweisungen ausgeführt. Die spezifischste Bedingung muss dabei vor den allgemeiner gefassten Bedingungen untersucht werden, andernfalls könnte ein Paket die Testbedingung einer allgemeinen Anweisung bestehen und würde niemals auf eine spezifischere Bedingung hin geprüft.

4. A und C. Am Ende jeder ACL steht eine implizite `deny any`-Anweisung. Gibt es in der ACL keine `permit`-Anweisung, so werden alle Daten an der ausgehenden Schnittstelle abgewiesen (verworfen). Daten, die vom Router stammen, dürften hingegen passieren, da ACLs keine vom Router selbst stammenden Daten abweisen.

5. B und C. Mithilfe von ACLs kann eine Firewall erstellt werden, indem eingehende und ausgehende Daten gefiltert werden. Dies umfasst auch die Steuerung von Daten, die in LANs eintreffen bzw. diese verlassen. ACLs verteilen keine DHCP-Daten.

6. `any`: D

    `show running-config`: E

    `show access-list`: C

    `host`: A

    `show ip interface`: B

7. D. Die Wildcard-Maske lässt sich ableiten, indem man die 29-Bit-Maske – in diesem Fall 255.255.255.248 – von 255.255.255.255 subtrahiert. Das Ergebnis ist die Wildcard-Maske 0.0.0.7. 192.168.12.88/29 ist ein Subnetz von 192.168.12.0.

8. C. Eine benannte Standard-ACL wird mit dem Befehl `ip access-list standard` *name* im globalen Konfigurationsmodus erstellt.

9. C. Zusätzliche ACL-Anweisungen werden automatisch am Ende der Anweisungsfolge hinzugefügt. Benannte ACLs nutzen optionale Sequenznummern, um diese Änderung zu vereinfachen.

10. D. ACL-Anweisungen werden in serieller Reihenfolge abgearbeitet. Das Paket wird mit jeder Anweisung in der ACL verglichen, wobei die Liste von oben nach unten, Anweisung für Anweisung abgearbeitet wird. Entspricht das Paket einer Anweisung, wird es entweder weitergeleitet oder abgewiesen. Die verbleibenden Anweisungen werden dann nicht mehr untersucht.

11. A. Lock-and-Key-ACLs heißen auch dynamische ACLs.

12. D. Zeitbasierte ACLs filtern Pakete basierend auf einem Zeitabschnitt, der nur zu bestimmten Tages- oder Wochenzeiten aktiv ist.

13. A. Reflexive ACLs werden verwendet, um IP-Datenverkehr für Sitzungen zu gestatten, die dem eigenen Netzwerk entstammen, während gleichzeitig IP-Daten für Sitzungen abgewiesen werden, die außerhalb des eigenen Netzwerks gestartet wurden. Diese ACLs gestatten dem Router eine dynamische Steuerung des Datenverkehrs einer Sitzung. Der Router untersucht die ausgehenden Daten; wenn er eine neue Verbindung erkennt, fügt er einen Eintrag zu einer temporären ACL hinzu, um eingehende Antworten zuzulassen.

14.
   a) Standard-ACL

   b) Erweiterte ACL

   c) Erweiterte ACL

   d) Standard-ACL

   e) Standard-ACL

   f) Erweiterte ACL

15. A und D. Die erste Zeile der ACL weist Telnet-Daten ab, die aus dem Netzwerk 178.15.0.0/16 stammen und ein beliebiges Zielnetzwerk aufweisen. Die zweite Zeile gestattet allen anderen IP-Datenverkehr einschließlich FTP.

16. Eine ACL pro Protokoll:
    - Zur Steuerung des Datenflusses auf einer Schnittstelle muss eine ACL für jedes Protokoll definiert werden, das auf der Schnittstelle aktiviert ist.

    Eine ACL pro Richtung:
    - ACLs steuern Daten in einer Richtung gleichzeitig auf einer Schnittstelle. Deswegen müssen zwei separate ACLs erstellt werden, um eingehenden und ausgehenden Datenverkehr zu steuern.

    Eine ACL pro Schnittstelle:
    - ACLs steuern Daten für eine Schnittstelle, z. B. Fast Ethernet 0/0.

17. Standard-ACLs:
    - Da Standard-ACLs keine Zieladressen angeben, platzieren Sie sie so nah wie möglich am Empfänger.

    Erweiterte ACLs:
    - Positionieren Sie erweiterte ACLs so nah wie möglich am Absender der abzuweisenden Daten. Auf diese Weise werden nicht erwünschte Daten bereits ausgefiltert, bevor sie die Netzwerkinfrastruktur durchqueren.

18. Prüfen Sie Router R1:
    - Die Hostadresse ist falsch angegeben. Sie sollte 192.168.10.10 lauten.
    - Aufgrund der impliziten deny any-Anweisung wird der Rest des Subnetzes nicht zugelassen. Mithilfe des Befehls access-list 10 permit any sollte dies geändert werden.
    - ACL 10 sollte in ausgehender Richtung auf die Schnittstelle Fa0/1 angewendet werden.

    Die korrekte Konfiguration sieht so aus:
    ```
    R1(config)# access-list 10 deny host 192.168.10.10
    R1(config)# access-list 10 permit any
    R1(config)# interface Fa0/1
    R1(config-if)# ip access-group 10 out
    ```

19. Prüfen Sie Router R1:
    - Die erste permit-Anweisung der ACL SURFING gestattet den Telnetzugriff (23). Sie sollte jedoch den Webzugriff (80) erlauben.
    - Die ACL BROWSING benötigt am Ende das Schlüsselwort established.

Die korrekte Konfiguration sieht so aus:

```
R1(config)# access-list extended SURFING
R1(config-ext-nacl)# permit tcp 192.168.10.0 0.0.0.255 any eq 80
R1(config-ext-nacl)# permit tcp 192.168.10.0 0.0.0.255 any eq 443
R1(config)# access-list extended BROWSING
R1(config-ext-nacl)# permit tcp any 192.168.10.0 0.0.0.255 established
R1(config-ext-nacl)# exit
R1(config)# interface S0/0/0
R1(config-if)# ip access-group SURFING out
R1(config-if)# ip access-group BROWSING in
```

20. Dynamische ACLs (Lock-and-Key-ACLs):

    – Dynamische ACLs verhindern mithilfe einer erweiterten ACL, dass Benutzer einen Router passieren, sofern sie nicht via Telnet oder SSH eine Verbindung mit dem Router hergestellt und sich authentifiziert haben.

    – Nach der Authentifizierung werden spezielle ACL-Einträge für die ACL aktiviert, die auf die Schnittstelle angewendet wird.

    – Diese Einträge bleiben für eine bestimmte Zeit aktiv und werden dann ungültig.

    – Dies ermöglicht es einem Benutzer, sich zu authentifizieren und auf Ressourcen zuzugreifen, die ihm normalerweise verweigert würden. Dynamische ACLs lassen sich mit anderen ACL-Typen wie beispielsweise erweiterten ACLs kombinieren.

    Reflexive ACLs:

    – Reflexive ACLs erstellen automatisch temporäre Einträge auf der Basis von Sitzungsinformationen eines übergeordneten Protokolls.

    – Endet die Sitzung, werden die Einträge automatisch gelöscht.

    Zeitbasierte ACLs:

    – Zeitbasierte ACLs ähneln funktional erweiterten ACLs, gestatten aber eine Zugriffssteuerung auf Basis der Zeit.

    – Ein Zeitbereich definiert bestimmte Tageszeiten und Wochentage, an denen die ACLs aktiviert werden.

Weiterführende Fragen und Aktivitäten

1.

   Router(config)# **time-range BUSINESSHOURS**
   Router(config-time-range)# **periodic Monday 9:00 to Friday 17:00**
   Router(config)# **access-list 101 permit ip any host 192.168.1.17 time-range BUSINESSHOURS**

2.

   Router(config)# **access-list 20 permit 172.30.16.0 0.0.15.255**

3. ACLs sperren keine Pakete, die von dem Router selbst stammen, auf dem die ACL angewendet wird. Eine ICMP-Echoanforderung, die vom Router stammt, wird also von der ACL nicht blockiert. Eine ICMP-Echoanforderung hingegen, die über eine LAN-Schnittstelle des Routers empfangen wird, wird hier blockiert, wenn sie über die serielle Schnittstelle weitergeleitet werden soll.

Kapitel 6

Lernzielkontrolle

1. C und D. Der Begriff »Bandbreite« hat je nach Kontext unterschiedliche Bedeutungen. Im vorliegenden Kontext bezeichnet er die Fähigkeit, eine Hochgeschwindigkeitsübertragung von Diensten wie Daten, Sprache und Video über das Internet und andere Netzwerke bereitzustellen. Hierzu kommen Technologien mit einer Datenrate von normalerweise mehr als 128 kbit/s zum Einsatz: DSL, Kabel, Satellit oder drahtlose Breitbandübertragung. Diese Technologien basieren auf einer Vielzahl von Frequenzen und Multiplextechniken.

2. C. Mit einer maximalen Datenrate von 56 kbit/s (eigentlich sogar nur 53 kbit/s) können Einwahlverbindungen anders als DSL, Kabel, Satellit oder drahtloser Breitbandzugang nicht als Breitbandtechnologie bezeichnet werden.

3. D. Die in Europa verwendete Variante von DOCSIS heißt Euro-DOCSIS. Im Wesentlichen unterscheiden sich DOCSIS und Euro-DOCSIS in Bezug auf die Kanalbandbreiten.

4. B, D und E. Die verschiedenen DSL-Varianten bieten unterschiedliche Bandbreiten, welche die Kapazität einer T1- oder E1-Standleitung teilweise sogar überschreiten können. Bei den verschiedenen DSL-Varianten verringern sich die Übertragungsraten umso stärker, je größer der Abstand zur Vermittlungsstelle wird. ADSL (Asymmetric DSL) bietet beim Download höhere Datenraten als beim Upload.

5. D und E. Am Kundenstandort können sich Geräte wie ein Mikrofilter und ein DSL-Transceiver befinden, bei dem es sich meistens um ein DSL-Modem handelt.

6. C. Abbildung 6.30 zeigt die Zweigstellen mit Routern und PIX-Firewalls. In der Unternehmenszentrale stehen ein Router und eine PIX-Firewall. Diese könnte auch durch einen VPN-Konzentrator ersetzt werden.

7. B und C. VPNs schützen Daten durch Kapselung (Tunneling) oder Verschlüsselung. Die meisten VPNs beherrschen beides.

8. Verwendet Passwörter, digitale Zertifikate, Smartcards und biometrische Maßnahmen: C

   Verhindert die Manipulation und Veränderung der Daten bei ihrer Übertragung vom Absender an den Empfänger: B

   Schützt die Nachrichteninhalte vor Einsichtnahme durch nichtauthentifizierte oder unautorisierte Quellen: A

   Verwendet Hashes: B

   Stellt sicher, dass die kommunizierenden Parteien diejenigen sind, die zu sein sie vorgeben: C

   Verwendet Kapselung und Verschlüsselung: A

9. E. GRE ist ein Tunneling-Protokoll, das von Cisco Systems entwickelt wurde. Es kann eine Vielzahl von Schicht-3-Paketen in IP-Tunneln kapseln und erstellt dabei über ein IP-Netzwerk eine virtuelle Point-to-Point-Verbindung mit Cisco-Routern an entfernten Standorten.

10. Frame Relay, ATM, MPLS: A

    Protokoll, das die Originaldaten kapselt: B

    Protokoll, über das die Originaldaten übertragen werden: C

    IPX, AppleTalk, IPv4, IPv6: C

    GRE, IPSec, L2F, PPTP, L2TP: B

    Protokoll, mit dem die Nutzdaten übertragen werden: A

11.
    Für Verschlüsselung und Entschlüsselung wird derselbe Schlüssel verwendet: A

    Kryptographie mit öffentlichem Schlüssel: B

Für Verschlüsselung und Entschlüsselung werden unterschiedliche Schlüssel benutzt: B

DES, 3DES, AES: A

RSA: B

Kryptographie mit gemeinsamem Geheimschlüssel: A

12. D. Bei diesen Auswahlmöglichkeiten ist DSL die kostengünstigste Methode für den Breitbandzugriff des Telearbeiters auf das Internet. Ein Kabelzugang ist eine weitere preiswerte Technologie, die mit DSL konkurriert. Auch drahtloser Breitbandzugang und bidirektionales Internet über Satellit erhöhen ihre Marktanteile kontinuierlich.

13. D. Der 802.16-Standard (WiMAX) gestattet Übertragungsraten bis zu 70 Mbit/s. 802.16 hat eine Reichweite von bis zu 50 km. Es arbeitet in lizenzierten und unlizenzierten Bändern des Spektrums zwischen 2 und 6 GHz.

14. A. Gewöhnlich nutzen die Netzbetreiber HFC-Netzwerke, um eine schnelle Datenübertragung an Kabelmodems in SOHO-Umgebungen zu ermöglichen. Die Trunks sind normalerweise glasfaserbasiert, die Verteilkabel zu den einzelnen Haushalten hingegen als Koaxialkabel ausgeführt.

15. Vorteile für das Unternehmen:
    - Betriebskontinuität
    - Verbesserung der Reaktionszeit
    - Sicherer, zuverlässiger und administrierbarer Zugang zu Daten
    - Kostengünstige Integration von Daten, Sprache, Video und Anwendungen
    - Erhöhte Produktivität, Zufriedenheit und Engagement aufseiten der Mitarbeiter

    Soziale Vorteile:
    - Mehr Beschäftigungsmöglichkeiten für Randgruppen
    - Geringerer Reisestress

    Ökologische Vorteile:
    - Senkung des CO_2-Ausstoßes sowohl bei den einzelnen Mitarbeitern als auch beim Unternehmen insgesamt

16. Einwahlzugang:

- Hierbei handelt es sich um eine kostengünstige Option, bei der eine Telefonleitung und ein Modem zum Einsatz kommen.
- Die Einwahl auf diese Weise wird aufgrund der niedrigen Datenraten in der Regel nur an Orten verwendet, in denen Hochgeschwindigkeitsverbindungen nicht verfügbar sind.

DSL:

- Diese Option ist normalerweise teurer als die Einwahl, stellt aber eine schnellere Verbindung zur Verfügung.
- Auch DSL verwendet Telefonleitungen, doch anders als bei der Einwahl wird eine Dauerverbindung zum Internet hergestellt.
- Hierfür verwendet DSL ein spezielles Hochgeschwindigkeitsmodem, welches das DSL-Signal vom Telefonsignal trennt und über eine Ethernet-Verbindung mit einem Hostcomputer oder einem LAN verfügt.

Kabelmodem:

- Dieser Dienst wird normalerweise von Kabelfernsehprovidern bereitgestellt.
- Das Internetsignal wird über dasselbe Koaxialkabel übertragen, mit dem auch das TV-Signal an Haushalte und Unternehmen übermittelt wird.
- Ein spezielles Kabelmodem trennt das Internetsignal von den anderen im Kabel übertragenen Signalen und stellt eine Ethernet-Verbindung zu einem Hostcomputer oder LAN her.

Satellit:

- Der Internetzugang via Satellit wird von entsprechenden Providern angeboten.
- Der Computer stellt via Ethernet eine Verbindung mit einem Satellitenmodem her, das Funksignale an den nächstgelegenen POP im Satellitennetzwerk übermittelt.

17. Site-to-Site-VPNs:

- Ein Site-to-Site-VPN ist eine Erweiterung klassischer WAN-Netzwerke und kann ein Zweigstellennetzwerk mit dem Netzwerk der Firmenzentrale verbinden.
- Hosts senden und empfangen TCP/IP-Daten über ein VPN-Gateway; hierbei kann es sich um einen Router, eine PIX-Firewall-Appliance oder eine ASA (Adaptive Security Appliance) handeln.

- Das VPN-Gateway ist für die Kapselung und Verschlüsselung aller an einem bestimmten Standort ausgehenden Daten und den Versand durch einen VPN-Tunnel über das Internet an ein gegenüberliegendes VPN-Gateway am Zielstandort zuständig.
- Beim Empfang entfernt das gegenüberliegende VPN-Gateway die Header, entschlüsselt die Inhalte und leitet das Paket zum Zielhost im privaten Netzwerk weiter.

Remote-Zugriffs-VPNs:

- Mobile Benutzer und Telearbeiter machen umfassenden Gebrauch von Remote-Access-VPNs.
- Remote-VPN-Verbindungen nutzen normalerweise vorhandene Breitbandverbindungen.
- Auf jedem Host befindet sich eine Clientsoftware. Gesendete Daten werden von dieser gekapselt und verschlüsselt, bevor sie über das Internet an ein VPN-Gateway am Rand des Zielnetzwerks gesendet werden.
- Beim Empfang bearbeitet das VPN-Gerät die Daten auf die gleiche Weise, wie es dies bei einem Site-to-Site-VPN tun würde.

Weiterführende Fragen und Aktivitäten

1. Firmenzentrale:

    TUNNEL NAME: Site-to-Site

    Bereich LOCAL SECURITY GROUP

    - IP ADDRESS: 192.168.1.0

    Bereich REMOTE SECURITY GROUP

    - IP ADDRESS: 192.168.101.0

    Eintrag »Remote Security Gateway«

    - IP ADDRESS: 209.165.202.129

    Eintrag KEY EXCHANGE METHOD

    - ENCRYPTION: 3DES
    - AUTHENTICATION: MD5
    - PRE-SHARED KEY: cisco123

    Zweigstelle:

    TUNNEL NAME: Site-to-Site

    Bereich LOCAL SECURITY GROUP

    - IP ADDRESS: 192.168.101.0

Bereich REMOTE SECURITY GROUP

- IP ADDRESS: 192.168.1.0

Eintrag »Remote Security Gateway«

- IP ADDRESS: 209.165.200.225

Eintrag KEY EXCHANGE METHOD

- ENCRYPTION: 3DES
- AUTHENTICATION: MD5
- PRE-SHARED KEY: cisco123

2.

- USERNAME: BobV
- PASSWORD: cisco123
- RE-ENTER TO CONFIRM: cisco123
- PROFILE NAME: Central Site
- USER NAME: BobV
- PASSWORD: cisco123
- SERVER ADDRESS: 209.165.200.225

Kapitel 7

Lernzielkontrolle

1. B und F. DHCP kann eine IP-Adresse, eine Subnetzmaske, ein Default-Gateway und Informationen zu DNS-Server, NetBIOS und WINS-Server übermitteln. Standardmäßig beträgt die Dauer der Lease bei DHCP einen Tag, doch können Sie diesen Wert mit dem Befehl lease ändern.

2. A. Das Argument *pool-name* ist der alphanumerische »Name« des erstellten DHCP-Pools.

3. A, B und C. Als Transportprotokoll verwendet DHCP das UDP-Protokoll (User Datagram Protocol). Der Client sendet Nachrichten an den Server über Port 67, der Server an den Client über Port 68. Wenn der DHCP-Server eine DHCPDISCOVER-Nachricht empfängt, sucht er eine freie IP-Adresse heraus, erstellt einen ARP-Eintrag, der die MAC-Adresse des anfragenden Hosts und die zu verleasende IP-Adresse enthält, und sendet ein Bindungsangebot mit einer DHCPOFFER-Nachricht. Die DHCPOFFER-Nachricht wird als Unicast gesendet, wobei die Schicht-2-Adresse des Servers als Absenderadresse und die Schicht-2-Adresse des Clients als Zieladresse verwendet wird.

4. B. Der Befehl `ip helper-address` wurde auf der LAN-Schnittstelle korrekt konfiguriert und verweist auf die IP-Adresse des DHCP-Servers.

5. C. Auf den ersten Blick könnte man annehmen, dass A die korrekte Antwort wäre. Die DHCPNACK-Nachricht, die vom Befehl `debug` generiert wurde, bestätigt, dass der Host die IP-Adresse 10.1.0.3 erhalten hat. Allerdings zeigt der `show`-Befehl einen Konflikt an, das heißt, die Zuweisung war nicht erfolgreich – und A insofern nicht richtig.

6. C. Die Ausgabe listet Portnummern auf. Das ist nur der Fall bei konfiguriertem NAT-Overloading.

7. B. Standardmäßig laufen Übersetzungseinträge nach 24 Stunden ab, sofern die Timer nicht mit dem Befehl `ip nat translation timeout timeout_seconds` im globalen Konfigurationsmodus umkonfiguriert wurden.

8. Realisiert feststehende 1:1-Zuordnungen lokaler und globaler Adressen. C

   Weist die übersetzten Hostadressen aus einem Pool öffentlicher Adressen zu: A

   Kann mehrere Adressen einer einzelnen Adresse der externen Schnittstelle zuordnen: B

   Weist eindeutige Absenderportnummern einer Inside-Global-Adresse auf Sitzungsbasis zu: B

   Gestattet einem externen Host das Aufbauen von Sitzungen mit einem internen Host: C

9. B. Die IP-Adresse 192.168.0.100 ist die Inside-Local-Adresse und wird in 209.165.200.2 übersetzt.

10. B. NAT übersetzt die internen Adressen 192.168.0.0 bis 192.168.0.255 wie in ACL 1 angegeben.

11. A. Die IP-Adresse 192.168.14.5 ist eine private Adresse. Aus diesem Grund muss statische NAT konfiguriert werden, weil dies einem externen Host die Kontaktaufnahme mit der Inside-Global-Adresse von Webserver 1 gestatten würde.

12. D. Ein FTP-Server verlangt, dass seiner internen Adresse eine erreichbare öffentliche Internetadresse statisch (fest) zugeordnet ist.

13. B. Die Inside-Local-Adresse 10.10.10.3 wird in die Inside-Global-Adresse 24.74.237.203 übersetzt.

14. A und D. RIPng ist ein Distanzvektor-Protokoll mit einem Limit von 15 Hops. Es verwendet Split-Horizon und Poison-Reverse-Updates zur Vermeidung von Routing-Schleifen.

15. A und B. Die zustandslose Autokonfiguration konfiguriert die IPv6-Adresse für den Host automatisch, und DHCPv6 ermöglicht die automatische Reservierung wiederverwendbarer Netzwerkadressen. DHCPv6 ist ein zustandsbezogenes Gegenstück zur zustandslosen Autokonfiguration bei IPv6. Es kann separat oder parallel zur zustandslosen IPv6-Autokonfiguration eingesetzt werden, um Konfigurationsparameter abzurufen.

16. `ipv6 unicast-routing`: D

    `ipv6 address`: C

    `ip name-server`: A

    `ipv6 host name`: B

    `ipv6 router rip` *name*: E

17. B, D und E.

18. Die vier DHCP-Nachrichten lauten in der Reihenfolge ihres Auftretens:

    DHCPDISCOVER

    – Ein Broadcast wird von dem Host gesendet, der nach einem DHCP-Server sucht.
    – Nachrichten werden an den DHCP-BOOTP-Server über UDP-Port 67 weitergeleitet.

    DHCPOFFER

    – Wenn die DHCPDISCOVER-Nachricht den DHCP-Server erreicht, antwortet dieser mit einer DHCPOFFER-Unicast-Nachricht, welche die MAC-Adresse des Clients, eine angebotene IP-Adresse und Maske, das Default-Gateway sowie die IP-Adresse des Servers enthält.
    – Nachrichten werden an den DHCP-BOOTP-Client über den UDP-Port 68 weitergeleitet.

    DHCPREQUEST

    – Dient zum einen dazu, anfangs eine IP-Adresse-Lease auszuhandeln, aber auch zur Neuaushandlung (d. h. Erneuerung) der IP-Adresse, wenn ihre Lease-Dauer zur Hälfte verstrichen ist.
    – Die DHCPREQUEST-Nachricht wird als Broadcast an den DHCP-Server über den UDP-Port 67 weitergeleitet.

DHCPACK

- Ist annähernd mit der ursprünglichen DHCPOFFER-Nachricht identisch, wird aber zum Client gesendet, um zu bestätigen, dass er die Adresse nun verwenden kann. Der Versand erfolgt über den UDP-Port 68.

19. Nehmen Sie auf dem Router R1 folgende Korrekturen vor:

    - Der Pool schließt den gesamten Bereich aus. Der Befehl sollte `ip dhcp excluded-address 192.168.11.1 192.168.11.9` lauten.
    - Der Netzwerkpool weist das falsche Subnetz zu. Der Befehl sollte `network 192.168.11.0 255.255.255.0` lauten.
    - Die IP-Adresse des Default-Routers zeigt auf den Switch. Der Befehl sollte `default-router 192.168.11.1` lauten.

20. Konfigurieren Sie auf dem Router R1 die DHCP-Relay-Funktion für die Schnittstelle Fast Ethernet 0/0. Hierzu verwenden Sie die folgenden Befehle:

    ```
    interface FastEthernet 0/0
    ip helper-address 192.168.11.5
    ```

21. Statische NAT:

    - Die statische NAT verwendet eine 1:1-Zuordnung lokaler und globaler Adressen, die auch nicht geändert wird.
    - Die statische NAT ist besonders nützlich für Webserver oder – allgemeiner gesagt – für Hosts, welche eine feste Adresse benötigen, auf die aus dem Internet zugegriffen werden kann.

    Dynamische NAT:

    - Die dynamische NAT verwendet einen Pool mit öffentlichen Adressen, die den Hosts in der Reihenfolge ihrer Anfragen zugewiesen werden.
    - Wenn ein Host Zugriff auf das Internet anfordert, wählt die dynamische NAT eine IP-Adresse aus dem öffentlichen Pool aus und bindet diese an die interne lokale Adresse des Hosts.

    NAT-Overloading:

    - Das NAT-Overloading (das manchmal auch als Port Address Translation, kurz PAT, bezeichnet wird), ordnet einer Inside-Local-IP-Adresse eine Kombination aus einer globalen IP-Adresse und einer eindeutigen Portnummer zu.
    - Wenn eine Antwort an den NAT-Router zurückgesendet wird, untersucht der Router die Absenderportnummer und leitet das Paket an die entsprechende Inside-Local-Adresse weiter.

- Außerdem wird überprüft, ob die eingehenden Pakete überhaupt angefordert worden waren, was die Sicherheit der Sitzung erhöht.

22. Der Router R2 wurde so konfiguriert, dass er eine NAT-Overload-Übersetzung für Hosts in den Netzwerken 192.168.10.0 und 192.168.11.0 bereitstellt.

    Der Host mit der Inside-Local-Adresse 192.168.10.10 wurde in die Inside-Global-Adresse 209.165.200.225 unter Verwendung der eindeutigen Portnummer 16642 übersetzt, als er auf den Webserver unter 209.165.200.254 zugriff.

    Der Host mit der Inside-Local-Adresse 192.168.11.10 wurde in die überladene Inside-Global-Adresse 209.165.200.225 unter Verwendung der eindeutigen Portnummer 62452 übersetzt, als er auf den Webserver unter 209.165.200.254 zugriff.

23. Die kürzeste Form lautet 2031:0:130F::9C0:876A:130B.

24. Der Satz lautet: »Dual-Stack, wenn Sie können – Tunneling, wenn Sie müssen«.

    Dual-Stack:

    - Eine Integrationsmethode, bei der ein Knoten sowohl IPv4 als auch IPv6 beherrscht und Verbindungen zu beiden Netzwerken aufbauen kann.
    - Dies ist die empfohlene Option, die auch eine gleichzeitige Ausführung von IPv4 und IPv6 gestattet.
    - Router und Switches werden so konfiguriert, dass sie beide Protokolle unterstützen, wobei IPv6 das bevorzugte Protokoll ist.

    6to4-Tunneling:

    - Eine Integrationsmethode, bei der ein IPv6-Paket in ein anderes Protokoll – z. B. IPv4 – gekapselt wird.
    - Bei dieser Methode sind Dual-Stack-Router erforderlich.
    - Das dynamische 6to4-Tunneling stellt automatisch Verbindungen von IPv6-Inseln über ein IPv4-Netzwerk her.

    Weitere Tunneling-Methoden:

    - Weitere Methoden sind NAT-PT, ISATAP-Tunneling und Teredo-Tunneling.
    - Diese Tunneling-Protokolle sind komplex und sollten nur als letzte Möglichkeit in Betracht gezogen werden.

Weiterführende Fragen und Aktivitäten

1. Router R1 sollte wie folgt konfiguriert sein:

```
R1(config)# ip dhcp excluded-address 192.168.10.1 192.168.10.2
R1(config)# ip dhcp pool LAN-POOL-1
R1(dhcp-config)# network 192.168.10.0 255.255.255.0
R1(dhcp-config)# default-router 192.168.10.1
R1(dhcp-config)# exit
R1(config)# ip dhcp excluded-address 192.168.11.1 192.168.11.2
R1(config)# ip dhcp pool LAN-POOL-2
R1(dhcp-config)# network 192.168.11.0 255.255.255.0
R1(dhcp-config)# default-router 192.168.11.1
R1(dhcp-config)# end
```

2. Die Konfigurationen weisen verschiedene Probleme auf:

   – ACL 1 enthält eine falsche Subnetzmaske und ist zu restriktiv. Sie lässt nur Hosts im – nicht existenten – Subnetz 192.168.0.0/24 zu. Dadurch werden Hosts in den Netzwerken 192.168.10.0 und 192.168.11.0 ausgeschlossen. ACL 1 sollte `access-list 1 permit 192.168.0.0 0.0.255.255` lauten.

   – Der NAT-Pool ist falsch angegeben. Die Router-Schnittstelle sollte nicht Bestandteil des Pools sein. Der Pool sollte im Bereich 255.255.255.248 (/29), nicht als 255.255.255.224 (/27) konfiguriert sein. Der Befehl dafür lautet `ip nat pool NAT-POOL 209.165.200.226 209.165.200.230 netmask 255.255.255.248`.

   – Im Befehl `ip nat inside` sollte der Poolname `NAT-POOL` und nicht `NAT-POOL1` lauten. Zudem fehlt das Schlüsselwort `overload` am Ende des Befehls. Der Befehl sollte mithin `ip nat inside source list 1 pool NAT-POOL overload` lauten.

   – Die interne und die externe NAT-Schnittstelle sind falsch angegeben. Für die Schnittstelle Serial s0/1/0 sollte der Schnittstellenbefehl `ip nat outside`, für die Schnittstelle Serial 0/0/0 der Befehl `ip nat inside` konfiguriert sein.

   Die korrekte Konfiguration sieht so aus:

```
access-list 1 permit 192.168.0.0 0.0.255.255
ip nat pool NAT-POOL 209.165.200.226 209.165.200.230 netmask 255.255.255.248
ip nat inside source list 1 pool NAT-POOL overload
interface serial s0/1/0
  ip nat outside
interface fastethernet 0/0
  ip nat inside
```

Kapitel 8

Lernzielkontrolle

1. Kabeltyp: A

    IP-Adresse und Subnetz: B

    Verbindungstyp: B

    Geräte-ID: B

    Version des Betriebssystems: A

    Gerätetyp und -modell: A

    Routing-Protokolle: B

    Steckverbindertyp: A

2. A. Zu den häufigen Symptomen bei Problemen in der Bitübertragungsschicht gehören eine Leistung unterhalb der Baseline, Konnektivitätsverluste, hohe Kollisionsraten, Engpässe und Überlastungen im Netzwerk, hohe Prozessorauslastungen auf Routern, Switches und Servern sowie Fehlermeldungen auf der Konsole.

3. B. Der erste Teil Serial0 is up gibt an, dass die Bitübertragungsschicht funktioniert. Der zweite Teil line protocol is down verweist auf ein Schicht-2-Problem.

4. C.

5. B, C und D. Nur EIGRP, IP und RIP arbeiten in der Schicht 3. TCP und UDP gehören zu Schicht 4, DNS zu Schicht 7.

6. FTP: A

    HTTP: D

    POP3: E

    SMTP: C

    SNMP: F

    Telnet: B

7. B. Software kommuniziert mit Schicht 7. Deswegen ist die Top-Down-Methode hier der naheliegendste Ausgangspunkt.

8. A, C und D. Dies sind logische Fragen, die Ihnen dabei helfen, das spezifische Problem einzugrenzen. Die Antworten auf die Fragen B, E und F sind hier nicht relevant.

9. A. Das einzige aufgeführte Tool, das NEXT erkennt, ist ein Kabel-Analyzer. Kabeltester, Digitalmultimeter und Tools zur Baseline-Erstellung ermöglichen keine NEXT-Erkennung.

10. B, D und E. Zwar können die unter A, C und F aufgeführten Dokumente nützlich sein, doch sind die unter B, D und E angegebenen unentbehrlich.

11. B, C und F. Option A wäre zu trivial, Option D sinnlos. Option E ist falsch, weil Sie die Baseline-Erstellung über einen gewissen Zeitraum durchführen sollen – mehrere Tests finden nicht statt.

12. B. Bevor Sie fortfahren, stellen Sie sicher, dass für jedes Gerät, auf dem die Konfiguration geändert wird, zuvor eine gültige Konfiguration gespeichert wurde. Dies ermöglicht bei Bedarf das Zurücksetzen des Geräts auf einen bekannten Ausgangszustand.

13. Router-Dokumentation:

    – Zur Router-Dokumentation gehören Router-Namen, Modellbezeichnungen, Position im Unternehmen (Gebäude, Stockwerk, Raum, Gestell, Panel), konfigurierte Schnittstellen, Sicherungsschicht- und Vermittlungsschichtadressen, konfigurierte Routing-Protokolle und alle weiteren wichtigen Informationen zum Gerät.

    Switch-Dokumentation:

    – Zur Switch-Dokumentation gehören Switch-Namen, Modellbezeichnungen, Position im Unternehmen (Gebäude, Stockwerk, Raum, Gestell, Panel), Management-IP-Adresse, Portnamen und -status, Datenrate, Duplexmodus, STP-Status, PortFast-Einstellung, Trunk-Status, Schicht-2- oder Schicht-3-EtherChannel, VLAN-IDs und alle weiteren wichtigen Informationen zum Gerät.

    Endbenutzerdokumentation:

    – Zur Endgerätedokumentation gehören die Servernamen und -funktionen, die Betriebssystemversion, die IP-Adresse, Gateways, DNS-Server, die Netzwerkanwendung und alle weiteren wichtigen Informationen zum Gerät.

    – Topologiediagramme sollten in physischer und logischer Variante vorliegen.

Physisches Netzwerktopologiediagramm:

- Grafische Darstellung, die die physische Position des Netzwerkgeräts angibt.
- Listet auch die Verkabelungstypen zwischen den Geräten und die Kabel-IDs auf.

Logisches Netzwerktopologiediagramm:

- Grafische Darstellung, die mit Symbolen die einzelnen Netzwerkgeräte und die Verbindungen zwischen ihnen zeigt.
- Gibt auch Details zur logischen Architektur an: Schnittstellentypen und -adressen, IP-Adressen, Subnetzmasken, Routing-Protokolle, AS-Domänen und weitere wichtige Informationen wie DLCIs und das Schicht-2-Protokoll.

14. Schritt 1: Zu sammelnde Datentypen ermitteln

    - Fangen Sie einfach an. Wählen Sie zunächst einige wenige Variablen aus, die vorgegebene Richtlinien repräsentieren. Die Optimierung erfolgt dann im Laufe der Zeit.
    - Grundsätzlich haben sich die Auslastungen von Schnittstellen und CPUs als geeignete Ausgangspunkte erwiesen.

    Schritt 2: Relevante Geräte und Ports bestimmen

    - Relevante Geräte und Ports müssen vorgegeben werden. Dies umfasst Netzwerkgeräteports, die mit anderen Geräten verbunden sind, Server, wichtige Benutzer und alles andere, was kritisch für den Betrieb ist.

    Schritt 3: Dauer der Baseline-Erstellung festlegen

    - Dieser Schritt sollte mindestens sieben Tage dauern, um tägliche sowie auch wöchentliche Trends erkennen zu können. Optimal ist eine Dauer von zwei bis vier Wochen.
    - Führen Sie keine Baseline-Messungen in einem Zeitraum durch, in dem ungewöhnliche Datenübertragungsmuster auftreten.
    - Zumindest einmal jährlich sollte die Baseline für das gesamte Netzwerk überprüft und gegebenenfalls angepasst werden. Alternativ oder zusätzlich können Sie auch verschiedene Bereiche des Netzwerks regelmäßig im Rotationsverfahren testen.

15. Phase 1: Symptome feststellen

    – Symptome können in unterschiedlicher Form auftreten: Alarmmeldungen von Netzmanagementsystemen, Konsolenmeldungen und Beschwerden durch Benutzer.

    – Erfassen und dokumentieren Sie Symptome im Netzwerk, auf Endsystemen und bei Benutzern.

    – Stellen Sie zusätzlich fest, welche Netzwerkkomponenten beeinträchtigt wurden, und wie die Funktionalität des Netzwerks sich im Vergleich zur Baseline geändert hat.

    Phase 2: Problem eingrenzen

    – Das Problem ist nicht ausreichend eingegrenzt, solange nicht ein einzelnes Problem oder eine Gruppe zusammengehöriger Probleme benannt werden kann.

    – Untersuchen Sie die Eigenschaften der Probleme in den logischen Schichten des Netzwerks, sodass die wahrscheinlichste Ursache festgestellt werden kann.

    – Erfassen und dokumentieren Sie je nach festgestellten Problemeigenschaften weitere Symptome.

    Phase 3: Problem beheben

    – Arbeiten Sie an der Behebung des Problems, indem Sie eine Lösung implementieren, testen und dokumentieren.

16. Bottom-Up-Troubleshooting

    – Sie beginnen bei den physischen Komponenten des Netzwerks und arbeiten sich durch die Schichten des OSI-Modells nach oben, bis die Ursache des Problems erkannt ist.

    – Dies ist ein empfehlenswerter Ansatz, wenn Sie annehmen, dass das Problem physischer Natur ist.

    Top-Down-Troubleshooting

    – Untersuchen Sie zunächst die Anwendung eines Benutzers.

    – Die Analyse setzt sich dann durch die Schichten des OSI-Modells nach unten hin fort, bis die Ursache des Problems erkannt ist.

    Divide-and-Conquer-Troubleshooting

    – Wählen Sie eine Schicht aus und testen Sie von dieser ausgehend in beide Richtungen.

    – Wenn Sie sich vergewissert haben, dass eine Schicht einwandfrei funktioniert, können Sie davon ausgehen, dass die darunter vorhandenen Schichten ebenfalls korrekt arbeiten.

– Falls eine Schicht nicht korrekt funktioniert, sammeln Sie Symptome für das Problem in dieser Schicht und arbeiten Sie sich nach unten vor.

17. Schritt 1: LANs ermitteln

– Stellen Sie fest, welche Absender- und Zielgeräte durch das WAN verbunden werden sollen.

Schritt 2: Datenverkehr analysieren

– Ermitteln Sie, welche Datentypen übertragen werden müssen, woher diese stammen und wo ihr Ziel ist und welche Anforderungen an Bandbreite, Latenz und Jitter sie stellen.

Schritt 3: Topologie planen

– Ermitteln Sie die verschiedenen Endgeräte, geografischen Aspekte und Verfügbarkeitsanforderungen.

Schritt 4: Erforderliche Bandbreite schätzen

– Nachdem Sie die Endpunkte und die gewählten Leitungen notiert haben, können Sie die erforderliche Bandbreite schätzen.

Schritt 5: WAN-Technologie auswählen

– Nach Bestimmung der Bandbreitenverfügbarkeit wählen Sie passende Leitungstechnologien aus.

Schritt 6: Kosten einschätzen

– Bestimmen Sie die Installations- und Betriebskosten für das WAN und vergleichen Sie diese mit den Unternehmensanforderungen, die das WAN erfüllen soll.

18. Auf schadhafte Kabel oder schlechte Verbindung hin prüfen:

– Kontrollieren Sie mit einem Kabeltester, ob das Kabel der Absenderschnittstelle korrekt angeschlossen ist und sich in einem akzeptablen Zustand befindet.

– Sofern Sie bezüglich des Kabelzustands Zweifel haben, tauschen Sie das verdächtige gegen ein bekanntermaßen funktionsfähiges Kabel aus.

– Stellen Sie sicher, dass die einschlägigen Standards vom gesamten Netzwerk erfüllt werden.

– Kontrollieren Sie, ob korrekte Kabel für die Verbindung verwendet werden.

Geräte auf korrekte Verkabelung hin überprüfen:

- Überprüfen Sie, ob alle Kabel an die korrekten Ports oder Schnittstellen angeschlossen sind.

Schnittstellenkonfigurationen auf ihre Richtigkeit hin überprüfen:

- Kontrollieren Sie, ob sich alle Switch-Ports im korrekten VLAN befinden und die Spanning-Tree-, Datenraten- und Duplexeinstellungen korrekt konfiguriert wurden.
- Prüfen Sie, ob aktive Ports oder Schnittstellen nicht versehentlich abgeschaltet wurden.

Betriebsstatistiken und Fehlerraten kontrollieren:

- Überprüfen Sie mit den show-Befehlen aus dem Cisco IOS die Statistiken auf Werte für Kollisionen und E/A-Fehler.
- Die Werte in diesen Statistiken können je nach den im Netzwerk verwendeten Protokollen schwanken.
- Adresszuordnungsfehler
- Framing-Fehler
- STP-Fehler oder -Schleifen

Weiterführende Fragen und Aktivitäten

1. Es gibt keinen perfekten Lösungsansatz, doch sind nachfolgend ein paar Fragen aufgeführt, die man stellen könnte:
   - Was funktioniert nicht?
   - Hat das, was nicht funktioniert, jemals funktioniert?
   - Wann haben Sie das Problem zum ersten Mal bemerkt?
   - Was hat sich im Vergleich zu der Zeit, als es noch funktionierte, geändert? Haben Sie beispielsweise neue Software oder Hardware installiert?
   - Können Sie das Problem reproduzieren?
   - Steht das, was funktioniert, und das, was nicht funktioniert, in irgendeinem Zusammenhang?

2. Der Benutzer hat einen falschen DNS-Server konfiguriert. Fordern Sie ihn auf, den MS-DOS-Befehl `ipconfig /all` einzugeben, um die Einstellungen zu kontrollieren.

Glossar

Dieses Glossar definiert viele der Begriffe und Abkürzungen in Zusammenhang mit der Netzwerktechnik. Enthalten sind alle Schlüsselbegriffe, die in diesem Buch verwendet werden. Wie bei jedem technischen Fachgebiet gibt es auch Termini, die sich entwickeln und verschiedene Bedeutungen annehmen können. Sofern notwendig, sind mehrere Definitionen und Auflösungen für die Abkürzungen angegeben.

3DES (Triple DES) Eine neuere DES-Variante, die mit einem ersten Schlüssel verschlüsselt, mit einem zweiten entschlüsselt und dann mit einem dritten ein weiteres Mal verschlüsselt. 3DES erhöht die Sicherheit bei der Verschlüsselung ganz erheblich.

Access Control List Siehe ACL.

Access-Server Kommunikationsprozessor, der asynchrone Geräte mit einem LAN oder WAN verbindet. Die Verbindung erfolgt dabei über eine Netzwerk- oder eine Terminalemulations-Software. Der Access-Server führt sowohl synchrone als auch asynchrone Kommunikation mit den unterstützten Protokollen durch. Er wird manchmal auch als Netzwerk-Access-Server bezeichnet.

ACL (Access Control List) Eine auf Cisco-Routern verwendete Liste zur Steuerung der Weiterleitung von Paketen im Router für eine Anzahl von Diensten. Beispielsweise können ACLs verhindern, dass Pakete mit einer bestimmten IP-Adresse eine bestimmte Schnittstelle auf dem Router verlassen.

Advanced Encryption Standard Siehe AES.

AES (Advanced Encryption Standard) Das amerikanische NIST (National Institute of Standards and Technology) hat die vorhandene DES-Verschlüsselung in Kryptographiefunktionen von Geräten durch AES ersetzt. AES bietet mehr Sicherheit als DES und ist vom Rechenaufwand her effizienter als 3DES. AES bietet drei verschiedene Schlüssellängen: 128, 192 und 256 Bit.

AfriNIC Eine von weltweit fünf RIRs. Die AfriNIC ist eine nicht regierungsamtliche und nichtkommerzielle Organisation auf Mitgliederbasis, die für die Verteilung und Registrierung von Internetadressressourcen in Afrika zuständig ist.

AH (Authentication Header). Bietet Datenauthentifizierung und -integrität für IP-Pakete, die zwischen zwei Systemen ausgetauscht werden. Hierbei wird überprüft, ob Nachrichten, die zwischen zwei Systemen ausgetauscht wurden, während des Transports modifiziert wurden. Ferner wird die Datenherkunft verifiziert. AH bietet jedoch keine Verschlüsselung von Paketen. Für sich allein genommen bietet das AH-Protokoll nur einen vergleichsweise geringen Schutz.

American Registry for Internet Numbers Siehe ARIN.

Anschlusskabel Allgemein ein Kabel, das ein Netzwerkgerät (z. B. einen Computer) an ein physisches Medium anschließt. Es handelt sich um eine Form eines AUI (Attachment User Interface).

APIPA (Automatic Private IP Addressing) Bestimmte Windows-Clients bieten diese Funktion, mit der ein Windows-Computer sich automatisch selbst eine IP-Adresse im Bereich 169.254.x.x zuweisen kann, falls ein DHCP-Server nicht erreicht werden kann oder gar nicht im Netzwerk vorhanden ist.

APNIC (Asia Pacific Network Information Centre) Eine von weltweit fünf RIRs. Das APNIC ist eine nichtkommerzielle Organisation auf Mitgliederbasis, die für die Verteilung und Registrierung von Internetadressressourcen im gesamten asiatisch-pazifischen Raum zuständig ist.

Application-Specific Integrated Circuit Siehe ASIC.

ARIN (American Registry for Internet Numbers). Eine von weltweit fünf RIRs. Die ARIN ist eine nichtkommerzielle Organisation auf Mitgliederbasis, die für die Verteilung und Registrierung von Internetadressressourcen in Nordamerika zuständig ist.

Asia-Pacific Network Information Centre Siehe APNIC.

ASIC (Application-Specific Integrated Circuit) Entwicklungsprozess zur Implementierung von Schaltkreisdesigns, die für die vorgesehene Anwendung spezifisch sind. Dies steht im Gegensatz zu Entwürfen für mehrere Einsatzzwecke.

Asymmetrische Verschlüsselung Verwendet verschiedene separate Schlüssel für die Ver- und Entschlüsselung. Selbst wenn ein Hacker einen dieser Schlüssel kennt, kann er den zweiten Schlüssel daraus nicht ableiten und die Daten deswegen auch nicht entschlüsseln. Mit einem Schlüssel wird die Nachricht verschlüsselt, mit dem zweiten entschlüsselt. Ein Ver- und Entschlüsseln ist mit demselben Schlüssel nicht möglich.

Asynchronous Transfer Mode Siehe ATM.

ATM (Asynchronous Transfer Mode) Internationaler Standard für die Weiterleitung von Zellen. Hierbei werden unterschiedliche Diensttypen (Sprache, Video, Daten) in Zellen fester Länge (53 Byte) befördert. Die feste Länge der Zellen ermöglicht eine Verarbeitung durch Hardware, wodurch Verzögerungen bei der Übertragung verringert werden. ATM wurde entwurfsseitig für Hochgeschwindigkeitsübertragung optimiert, d. h. für Medien wie E3, SONET und T3.

Authentication Header Siehe AH.

Automatic Private IP Addressing Siehe APIPA.

AutoSecure Verwendet einen einzigen Befehl, um unkritische Systemprozesse und Dienste auf dem Router zu deaktivieren und so potenzielle Sicherheitsrisiken zu beseitigen.

Backbone Der Teil eines Netzwerks, der als primärer Pfad für Daten agiert, die in der Regel aus anderen Netzwerken stammen und an andere Netzwerke gerichtet sind.

Backward Explicit Congestion Notification   Siehe BECN.

Basic Rate Interface   Siehe Basisanschluss.

Basisanschluss   ISDN-Schnittstelle, die sich aus zwei Trägerkanälen (B-Kanäle) und einem Datenkanal (D-Kanal) für leitungsvermittelte Sprach-, Video-, und Datenkommunikation zusammensetzt.

BE (Excess Burst Size)   Vereinbarte Gebührenmetrik in Frame Relay-Netzwerken. Die Anzahl der Bits, die ein Frame Relay-Netzwerk zu übertragen versucht, nachdem der BC (Committed Burst) erreicht wurde. Im Allgemeinen werden BE-Daten mit einer niedrigeren Wahrscheinlichkeit ausgeliefert als BC-Daten, da BE-Daten durch das Netzwerk als DE gekennzeichnet werden können.

BECN (Backward Explicit Congestion Notification)   In einem Frame Relay-Netzwerk gesetztes Bit in Frames, die in Gegenrichtung von Frames übertragen werden, die einen überlasteten Pfad vorgefunden haben. Ein DTE, das Frames mit gesetztem BECN-Bit empfängt, kann bei Protokollen übergeordneter Schichten die Durchführung geeigneter Flusssteuerungsmaßnahmen anfordern.

bitorientiert   Eigenschaft einer Klasse von Sicherungsschichtprotokollen, die Frames unabhängig von ihrem Inhalt übertragen können. Im Vergleich zu byteorientierten Protokollen ermöglichen bitorientierte Protokolle einen Vollduplexbetrieb und sind sowohl effizienter als auch zuverlässiger.

Bitversatz   Frequenzdifferenz bei der Taktung oder erste Ableitung des Versatzes in Bezug auf die Zeit.

B-Kanal (Bearer-Kanal)   Bei ISDN ein 64-kbit/s-Vollduplexkanal zur Übertragung von Benutzerdaten.

Black-Hat   Person, die ihr Wissen über Computersysteme nutzt, um in Systeme oder Netzwerke einzudringen und daraus persönlichen oder finanziellen Nutzen zu ziehen. Ein Cracker beispielsweise ist ein Black-Hat.

BOOTP (Bootstrap Protocol)   Protokoll, mit dem ein Netzwerkknoten die IP-Adresse seiner Ethernet-Schnittstellen ermittelt. Steht in Verbindung mit dem Netzwerkstart.

Bootstrap Protocol   Siehe BOOTP.

Bot   Anwendung, die automatisierte Tasks (Aufgaben) ausführt.

Bottom-Up-Troubleshooting   Sie beginnen bei den physischen Komponenten des Netzwerks und arbeiten sich durch die Schichten des OSI-Modells nach oben, bis die Ursache des Problems erkannt ist. Das Bottom-Up-Troubleshooting ist der empfehlenswerte Ansatz, wenn offenbar ein physisches Problem vorliegt.

Breitband   Attribut eines Übertragungssystems, das mehrere unabhängige Kanäle in einem Kabel multiplext. In der TK-Terminologie bezeichnet der Begriff Kanäle mit einer Bandbreite, die wesentlich größer ist als die von Telefonkanälen (4 kHz); in der LAN-Terminologie ein Koaxialkabel für analoge Signalübertragung.

BRI   Siehe Basisanschluss.

Cable Modem Termination System   Siehe CMTS.

CATV (Community Antenna Television)   Kommunikationssystem, bei dem mehrere Programmkanäle über eine Breitband-Koaxialleitung in die Haushalte übertragen werden.

Challenge Handshake Authentication Protocol Siehe CHAP.

Channel Service Unit Siehe CSU.

CHAP (Challenge Handshake Authentication Protocol) Sicherheitsfunktion, die über Leitungen mit PPP-Kapselung unterstützt wird und einen unbefugten Zugriff verhindert. CHAP selbst verhindert keinen unbefugten Zugriff, sondern identifiziert lediglich das Remote-Ende. Der Router oder Access-Server stellt danach fest, ob der betreffende Benutzer Zugriff erhält oder nicht.

CIDR (Classless Interdomain Routing) Von BGP4 unterstützte Technik, die auf der Routenzusammenfassung basiert. CIDR erlaubt es Routern, Routen zusammenzufassen, um den Umfang der Routing-Daten zu verringern, die von Core-Routern übertragen werden. Bei CIDR werden mehrere IP-Netzwerke gegenüber Netzwerken außerhalb der Gruppe als größere einheitliche Entität dargestellt. Bei CIDR werden IP-Adressen in Form von vier Oktetten geschrieben, die durch Punkte voneinander getrennt werden; diesen folgt ein Schrägstrich und eine zweistellige Zahl, die die Subnetzmaske darstellt.

CIR (Committed Information Rate) Rate, die in einem Frame Relay-Netzwerk für die Datenübertragung unter normalen Bedingungen vereinbart ist, gemittelt über ein minimales Zeitinkrement. Die CIR wird in bit/s gemessen und ist eine der Schlüsselmetriken bei der Berechnung von Nutzungsgebühren für Netzwerke.

Cisco 7000 Ein Router aus der Cisco 7000-Serie. Es handelt sich um eine Highend-Router-Plattform, die eine Vielzahl von Netzwerkschnittstellen- und Medientypen unterstützt und für den Einsatz in Unternehmensnetzwerken entwickelt wurde.

Cisco IOS-Hilfsadresse Adresse, die auf einer Schnittstelle konfiguriert und an die Broadcasts gesendet wird, die auf dieser Schnittstelle empfangen wurden. Wird auch als *Helper Address* bezeichnet

Cisco SDM (Router and Security Device Manager) Ein benutzerfreundliches, webbasiertes Tool zur Geräteverwaltung, das zur Konfiguration von LAN-, WAN- und Sicherheitsfunktionen auf Routern unter Cisco IOS entwickelt wurde.

Classless Interdomain Routing Siehe CIDR.

Clear to Send Siehe CTS.

CMTS (Cable Modem Termination System) Eine Komponente, die Digitalsignale mit den Kabelmodems in einem Netzwerk austauscht. Das an der Empfangsstelle aufgestellte CMTS kommuniziert dabei mit den Kabelmodems in den Haushalten der Teilnehmer.

Committed Information Rate Siehe CIR.

Community Antenna Television Siehe CATV.

Community-String Text-String, der als Passwort fungiert und zur Authentifizierung von Nachrichten verwendet wird, die zwischen einer Managementstation und einem Router übertragen werden, auf dem ein SNMP-Agent ausgeführt wird. Der Community-String wird in jedem Paket zwischen Manager und Agent übertragen.

Core-Router In einer paketvermittelten Sterntopologie ein Router, der Bestandteil des Backbone ist und über den alle Daten aus Peripherienetzwerken auf ihrem Weg in andere Peripherienetzwerke übertragen werden.

CPE (Customer Premises Equipment, Kundengeräte am Kundenstandort) Anschlusshardware wie Terminals, Telefone und Modems, die meist vom Kunden selbst bereitgestellt, am Kundenstandort installiert und an das Netzwerk der Telefongesellschaft angeschlossen wird.

Cracker Person, die versucht, unbefugten Zugang zu Netzwerkressourcen zu erhalten, und dabei feindselige Absichten verfolgt.

CSU (Channel Service Unit) Digitales Schnittstellengerät, das Endgeräte mit der lokalen Teilnehmeranschlussleitung verbindet. Wird häufig gemeinsam mit der DSU als CSU/DSU bezeichnet.

CTS (Clear to Send) Leitung in der EIA/TIA-232-Spezifikation, die aktiviert wird, wenn das DCE bereit ist, Daten vom DTE entgegenzunehmen.

Customer Premises Equipment Siehe CPE.

Data Communications Equipment Siehe DCE.

Data Encryption Standard Siehe DES.

Data Link Connection Identifier Siehe DLCI.

Data Service Unit Siehe DSU.

Data Set Ready Siehe DSR.

Data Terminal Equipment Siehe DTE.

Data Terminal Ready Siehe DTR.

Data-Over-Cable Service Interface Specification Siehe DOCSIS.

Datenebene Verwaltet die Paketweiterleitung von einer physischen Schnittstelle zur nächsten. Die Datenebene (engl. *Data Plane*) umfasst Switching-Mechanismen wie das Prozess-Switching und CEF (Cisco Express Forwarding) auf Routern unter Cisco IOS.

Datenendgerät Siehe DTE.

Datenkommunikation Senden und Empfangen von Daten zwischen zwei Endpunkten. Die Datenkommunikation erfordert eine Kombination aus Hardware (CSU/DSUs, Modems, Multiplexer u. A.) und Software.

Datenstrom Alle Daten, die im Verlauf eines einzelnen Schreib- oder Lesevorgangs über eine Kommunikationsleitung übertragen werden.

Datenübertragungseinrichtung Siehe DCE.

DCE (Data Communications Equipment) DCE ist die Bezeichnung der EIA, DCTE (Data Circuit-Terminating Equipment) die Bezeichnung der ITU-T. Der Begriff bezeichnet die Geräte und Verbindungen eines Kommunikationsnetzwerks, die das netzwerkseitige Ende der Schnittstelle zwischen Benutzer und Netzwerk darstellen. DCEs haben eine physische Verbindung zum Netzwerk, leiten Daten weiter und stellen ein Taktsignal bereit, das zur Synchronisierung der Datenübertragung zwischen DCEs und DTEs verwendet wird. Beispiele für DCEs sind Modems und Netzwerkkarten.

DDoS-Angriff Zweck dieses Angriffs ist das Überlasten von Netzwerkverbindungen mit irregulären Daten. Diese Daten überschwemmen eine Internetverbindung und sorgen dafür, dass reguläre Daten verworfen werden. DDoS verwendet ähnliche Angriffsmethoden wie normale DoS-Angriffe, operiert aber in einem weitaus größeren Ausmaß. Normalerweise versuchen in diesem Fall Hunderte oder

Tausende von Angriffshosts, ein Ziel zu überlasten.

DE (Discard Eligible) Wird auch als »getaggte Daten« bezeichnet. Wenn das Netzwerk überlastet ist, können derartige Daten verworfen werden, um die Zustellung von Daten mit höherer Priorität zu gewährleisten.

Demarkationspunkt Übergabepunkt, an dem die Zuständigkeit des Providers oder Telefonnetzbetreibers endet und wo dessen Geräte mit den Kundengeräten am Kundenstandort verbunden sind.

De-Militarized Zone Siehe DMZ.

Denial of Service Siehe DoS-Angriff.

DES (Data Encryption Standard) Von IBM entwickelt, verwendet DES einen 56-Bit-Schlüssel, womit eine starke Verschlüsselung sichergestellt wird. DES ist ein Verschlüsselungssystem mit einem symmetrischen Schlüssel.

DH (Diffie-Hellman) Algorithmus zum sicheren Ableiten gemeinsamer Schlüssel über eine nicht vertrauenswürdige Netzwerkinfrastruktur. Der Diffie-Hellman-Algorithmus wird zur Generierung von Schlüsseln benutzt, die im Zusammenhang mit IPSec verwendet werden. IPSec verwendet diese sogenannten Transforms in Verbindung mit DH-Schlüsseln, um Daten, die durch den VPN-Tunnel übertragen werden, zu ver- und zu entschlüsseln.

DHCP (Dynamic Host Configuration Protocol) Macht den Prozess der Zuweisung neuer IP-Adressen fast transparent. DHCP weist IP-Adressen und andere wichtige Netzwerkkonfigurationsdaten dynamisch zu.

DHCP for IPv6 Siehe DHCPv6.

DHCPACK Von einem DHCP-Server als Reaktion auf eine von einem anderen Gerät erhaltene DHCPREQUEST-Nachricht gesendete Unicast-Nachricht. Der DHCP-Server verwendet diese Nachricht, um den DHCP-Prozess abzuschließen.

DHCPDISCOVER Broadcast-Nachrichten, die von einem Clientgerät gesendet werden, um einen DHCP-Server zu entdecken.

DHCPOFFER Von einem DHCP-Server als Reaktion auf eine von einem Clientgerät erhaltene DHCPDISCOVER-Broadcast-Nachricht zurückgesendete Unicast-Nachricht. Diese Nachricht enthält meistens eine IP-Adresse, eine Subnetzmaske, die Adresse eines Default-Gateways und weitere Angaben.

DHCP-Relay-Agent Komponente, die DHCP-Nachrichten zwischen DHCP-Clients und -Servern in verschiedenen IP-Netzwerken weiterleitet.

DHCPREQUEST Broadcast-Nachricht, die von einem Clientgerät als Reaktion auf die DHCPOFFER-Nachricht eines Servers gesendet wird. Diese Nachricht wird vom Gerät verwendet, um das Angebot des DHCP-Servers anzunehmen.

DHCPv6 (DHCP for IPv6) Variante des Dynamic Host Configuration Protocol für IPv6.

Diffie-Hellman Siehe DH.

Digital Signal Level Zero Siehe DS0.

Digital Subscriber Line Siehe DSL.

Digitalmultimeter Siehe DMM.

Discard Eligible Siehe DE.

Distributed DoS-Angriff Siehe DDoS-Angriff.

Divide-and-Conquer-Troubleshooting Hierbei ermitteln Sie zunächst, welche Erfahrungen die Benutzer mit dem Problem haben, und dokumentieren die Symptome. Danach entscheiden Sie auf der Grundlage dieser Angaben, in welcher OSI-Schicht Sie Ihre Untersuchung beginnen wollen. Wenn Sie sich vergewissert haben, dass eine Schicht einwandfrei funktioniert, können Sie davon ausgehen, dass die darunter vorhandenen Schichten ebenfalls korrekt arbeiten, und arbeiten sich dann durch die OSI-Schichten nach oben vor. Funktioniert eine OSI-Schicht nicht einwandfrei, dann wählen Sie den Weg nach unten durch das Referenzmodell.

D-Kanal (Delta-Kanal) ISDN-Vollduplexkanal mit 16 (Basisanschluss) oder 64 kbit/s (Primärmultiplexanschluss).

DLCI (Data Link Connection Identifier) Wert, der einen PVC oder einen SVC in einem Frame Relay-Netzwerk bezeichnet. In der Frame Relay-Basisspezifikation haben DLCIs lediglich lokale Bedeutung (das heißt, verbundene Geräte verwenden unter Umständen unterschiedliche Werte für dieselbe Verbindung). In der erweiterten LMI-Spezifikation hingegen sind DLCIs global signifikant, bezeichnen also einzelne Endgeräte.

DMM (Digitalmultimeter) Testinstrument, das elektrische Spannungs-, Strom- und Widerstandswerte direkt messen kann. Beim Troubleshooting im Netzwerk ist bei den meisten Medientests eine Überprüfung der Spannungspegel erforderlich, und es muss festgestellt werden können, ob Netzwerkgeräte überhaupt mit Strom versorgt werden.

DMZ (De-Militarized Zone) Schnittstelle einer Firewall, an der das öffentlich zugängliche Segment vorhanden ist. Der externe Host erreicht unter Umständen den Host im öffentlichen Segment – der DMZ –, nicht aber den internen Host im Netzwerk.

DOCSIS (Data-Over-Cable Service Interface Specification) Internationaler Standard, der von CableLabs entwickelt wurde, einem nichtkommerziellen Forschungs- und Entwicklungskonsortium für Kabeltechnologien. CableLabs testet und zertifiziert Geräte von Anbietern für Kabeleinrichtungen, Kabelmodems und Anschlusssysteme für solche Modems. Basierend auf den Ergebnissen wird dann der Status »DOCSIS-Certified« oder »DOCSIS-Qualified« vergeben.

DoS-Angriff (Denial of Service) Ein DoS-Angriff verstopft Netzwerkleitungen mit unzulässigen Daten. Diese Daten überschwemmen eine Internetverbindung und sorgen dafür, dass reguläre Daten verworfen werden.

DS0 (Digital Signal Level Zero) Framing-Spezifikation, die zur Übertragung digitaler Signale über einen einzelnen Kanal einer T1-Einrichtung mit 64 kbit/s verwendet wird.

DSL (Digital Subscriber Line) Eine stets aktive Technologie, die vorhandene TP-Telefonleitungen zur Übertragung von Daten mit hoher Bandbreite einsetzt und für die Teilnehmer IP-Dienste bereitstellt. Ein DSL-Modem konvertiert ein Ethernet-Signal, das vom Gerät des Benutzers kommt, in ein DSL-Signal, das an die Vermittlungsstelle übertragen wird.

DSL Access Multiplexer Siehe DSLAM.

DSLAM (DSL Access Multiplexer) Gerät an der Vermittlungsstelle des Providers, das die Verbindungen mehrerer DSL-Teilnehmer konzentriert.

DSR (Data Set Ready) EIA/TIA-232-Schnittstellenleitung, die aktiviert wird, wenn das DCE eingeschaltet wurde und betriebsbereit ist.

DSU (Data Service Unit) Gerät, das zur Digitalübertragung verwendet wird und die physische Schnittstelle eines DTE-Geräts an eine Übertragungstechnologie wie T1 oder E1 anpasst. Die DSU ist auch für Funktionen wie das Signaltiming zuständig. Wird häufig gemeinsam mit der CSU als CSU/DSU bezeichnet.

DTE (Data Terminal Equipment) Gerät am benutzerseitigen Ende der Benutzer-Netzwerk-Schnittstelle, das als Datenquelle und/oder -ziel dienen kann. DTEs sind über ein DCE (z. B. ein Modem) mit einem Datennetzwerk verbunden und nutzen meistens die Taktsignale, die vom DCE generiert werden. Zu den DTEs gehören Geräte wie Computer, Protokollübersetzer und Multiplexer.

DTR (Data Terminal Ready) EIA/TIA-232-Leitung, die aktiviert wird, um dem DCE mitzuteilen, wenn das DTE bereit ist, Daten zu senden und zu empfangen.

Dual-Stacking Gemeinsamer Übertragungsmechanismus zur nahtlosen Integration von IPv4 und IPv6.

Dynamic Host Configuration Protocol Siehe DHCP.

Dynamisches NAT Verwendet einen Pool mit öffentlichen Adressen, die den Hosts in der Reihenfolge ihrer Anfragen zugewiesen werden. Wenn ein Host mit einer privaten IP-Adresse Zugriff auf das Internet anfordert, wählt dynamisches NAT eine IP-Adresse aus dem Pool aus, die noch von keinem anderen Host verwendet wird.

Dynamisches 6to4-Tunneling Beim dynamischen 6to4-Tunneling stellen IPv6-»Inseln« automatisch Verbindungen über ein IPv4-Netzwerk – meist das Internet – her. Hierbei wird dynamisch ein gültiges, eindeutiges IPv6-Präfix für jede IPv6-Insel genutzt, was die schnelle Bereitstellung von IPv6 in einem Unternehmensnetzwerk ermöglicht, ohne dass Adressen bei Providern oder Registrierungsstellen angefordert werden müssten.

E1 Digitales WAN-Übertragungssystem, das vorwiegend in Europa eingesetzt wird. Die Datenrate beträgt 2,048 Mbit/s. E1-Leitungen können bei Netzanbietern für private Zwecke gemietet werden.

E3 Digitales WAN-Übertragungssystem, das vorwiegend in Europa eingesetzt wird. Die Datenrate beträgt 34,368 Mbit/s. E3-Leitungen können bei Netzanbietern für private Zwecke gemietet werden.

Empfangsstelle Endpunkt eines Breitbandnetzwerks. Alle Stationen senden über die Empfangsstelle, und diese sendet dann an die Zielstationen weiter.

Encapsulating Security Payload Siehe ESP.

Endgeräte-Konfigurationstabelle Enthält Basisangaben zur Hardware und Software, die in Endgeräten wie Servern, Netzmanagementkonsolen und Desktop-Workstations eingesetzt werden. Ein fehlerhaft konfiguriertes Endsystem kann negative Auswirkungen auf die Gesamtleistung eines Netzwerks haben.

Entschlüsselung Umgekehrte Anwendung eines Verschlüsselungsalgorithmus auf verschlüsselte Daten. Hierdurch werden die unverschlüsselten Originaldaten wiederhergestellt.

ESP (Encapsulating Security Payload). Vermittelt eine Kombination von Sicherheitsdiensten für mit IPSec verarbeitete IP-Pakete. Beispiele für von ESP vermittelte Dienste sind Datenvertraulichkeit, Authentifizierung der Datenherkunft und Datenintegrität.

EUI-64 (Extended Universal Identifier 64) IPv6-Adressformat, das erstellt wird, indem die 48 Bit lange MAC-Adresse einer Schnittstelle als Grundlage verwendet und auf die OUI (d. h. die ersten 24 Bits) der Adresse folgend der 16 Bit lange Hexadezimal-String FFFE eingefügt wird. Um sicherzustellen, dass die gewählte 48-Bit-Adresse eine eindeutige Ethernet-Adresse ist, ist das siebte Bit im höherwertigen Byte auf 1 gesetzt (entspricht dem U/L-Bit [Universal/Local] des IEEE).

Excess Burst Size Siehe BE.

Exchange Identification Siehe XID.

Extended Universal Identifier 64 Siehe EUI-64.

FECN (Forward Explicit Congestion Notification) Ein in einem Frame Relay-Netzwerk gesetztes Bit, welches das den Frame empfangende DTE darüber informieren soll, dass im Pfad vom Absender zum Empfänger eine Überlastung aufgetreten ist. Ein DTE, das Frames mit gesetztem FECN-Bit empfängt, kann bei Protokollen übergeordneter Schichten die Durchführung geeigneter Flusssteuerungsmaßnahmen anfordern.

Firewall Router oder Access-Server, der als Puffer zwischen einem privaten Netzwerk und allen daran angeschlossenen öffentlichen Netzwerken dient. Ein Firewall-Router garantiert mithilfe von ACLs und anderen Methoden die Sicherheit des privaten Netzwerks.

Forward Explicit Congestion Notification Siehe FECN.

FRAD (Frame Relay Access Device) Netzwerkgerät, das eine Verbindung zwischen einem LAN und einem Frame Relay-WAN ermöglicht.

Fragmentierung Prozess des Unterteilens eines Pakets in kleinere Einheiten, wenn die Übertragung über ein Netzwerkmedium erfolgen soll, das die Originalgröße des Pakets nicht unterstützt.

Frame Relay Ein als Industriestandard verwendetes Sicherungsschichtprotokoll mit Paketvermittlung, das mit mehreren virtuellen Leitungen zwischen miteinander verbundenen Geräten arbeitet und hierzu die HDLC-Kapselung verwendet. Frame Relay ist effizienter als X.25 und gilt demzufolge auch allgemein als Ersatz für Letzteres.

Frame Relay Access Device Siehe FRAD.

Frequenz Anzahl der Zyklen (gemessen in Hertz) eines Wechselstromsignals pro Zeiteinheit.

Funkfrequenz Siehe HF.

Generic Route Encapsulation Siehe GRE.

Gerät am Kundenstandort Siehe CPE.

Globale IPv6-Unicast-Adresse Global eindeutige Adresse, die global ohne Änderung geroutet werden kann. Sie nutzt dasselbe Adressformat wie eine IPv6-Anycast-Adresse. Die IANA weist globale Unicast-Adressen zu.

Globales Routing-Präfix Teil der IPv6-Adresse, bei dem es sich um einen hierarchisch strukturierten Wert handelt, der einem Standort zugewiesen wird.

GRE (Generic Route Encapsulation) Ein von Cisco entwickeltes Tunneling-Protokoll, das eine Vielzahl von Protokollpakettypen in IP-Tunneln kapseln kann. Hierbei entsteht über ein IP-Netzwerk eine virtuelle Point-to-Point-Verbindung mit Cisco-Routern an entfernten Standorten. Durch Anbindung von Multiprotokoll-Subnetzen an eine Backbone-Umgebung mit nur einem Protokoll gestattet das IP-Tunneling mit GRE eine Ausdehnung des Netzwerks über eine solche Ein-Protokoll-Umgebung hinaus.

Hacker Allgemeiner Begriff, mit dem früher Experten für Computerprogrammierung beschrieben wurden. In letzter Zeit wird der Begriff häufig in negativer Form verwendet, um eine Person zu bezeichnen, die unzulässigerweise versucht, Zugriff auf Netzwerkressourcen zu erhalten, und dabei feindselige Absichten verfolgt.

Hash Hashes tragen zu Datenintegrität und Authentifizierung bei, indem sie sicherstellen, dass Unbefugte die übertragenen Nachrichten nicht manipuliert haben. Ein Hash (der auch als Message-Digest bezeichnet wird) ist eine Zahl, die aus einem Text-String generiert wird. Dabei ist der Hash kürzer als der Text selbst. Er wird mithilfe einer Formel auf eine Weise generiert, die es extrem unwahrscheinlich macht, dass anderer Text denselben Hash-Wert erzeugt.

Hashed Message Authentication Code Siehe HMAC.

HDLC (High-Level Data Link Control) Von der ISO entworfenes bitorientiertes synchrones Sicherungsschichtprotokoll. Abgeleitet von SDLC, beschreibt HDLC eine Methode der Datenkapselung auf synchronen seriellen Verbindungen, wobei Frame-Zeichen und Prüfsummen verwendet werden.

HF (Hochfrequenz) Allgemeiner Begriff, der Frequenzen bezeichnet, die für Funkübertragungen verwendet

werden. Kabelfernsehen und Breitbandnetzwerke nutzen HF-Technologien.

High-Level Data Link Control Siehe HDLC.

High-Speed Serial Interface Siehe HSSI.

HMAC (Hashed Message Authentication Code) Datenintegritätsalgorithmus, der die Integrität einer Nachricht sicherstellt.

Hochfrequenz Siehe HF.

HSSI (High-Speed Serial Interface) Netzwerkstandard für schnelle serielle Verbindungen (bis zu 52 Mbit/s) über WAN-Leitungen.

Hub Allgemeiner Begriff für ein Gerät, das als Mittelpunkt einer Sterntopologie dient.

IANA (Internet Assigned Numbers Authority) Unter der Schirmherrschaft der ISOC als Teil des IAB betriebene Organisation. Die IANA delegiert die Zuständigkeit für die Reservierung des IP-Adressraumes und die Zuweisung von Domänennamen an die NIC und andere Organisationen. Ferner betreibt die IANA eine Datenbank mit den zugewiesenen Protokollkennungen, die im TCP/IP-Stapel eingesetzt werden, einschließlich der AS-Nummern.

IDS (Intrusion Detection System) Erkennt Angriffe gegen ein Netzwerk und sendet Log-Dateien an eine Managementkonsole.

IEEE 802.11 IEEE-Spezifikation, die zur Beseitigung von Problemen im Zusammenhang mit proprietären WLAN-Technologien entwickelt wurde. Sie begann mit einem 1-Mbit/s-Standard und hat sich mittlerweile in mehrere andere Standards (z. B.

802.11a, 802.11b und 802.11g) verzweigt.

IEEE 802.11b IEEE-WLAN-Standard für 11 Mbit/s im 2,4-GHz-Band.

IEEE 802.11g IEEE-WLAN-Standard für 54 Mbit/s im 2,4-GHz-Band.

IEEE 802.11n IEEE-WLAN-Standard für 248 Mbit/s im 2,4-GHz- oder 5-GHz-Band. Der aktuelle Standard 802.11n stellt einen Verbesserungsvorschlag dar, der auf älteren 802.11-Standards basiert und diese mit MIMO-Kapazitäten (Multiple-Input Multiple-Output) ergänzt.

IEEE 802.16 Der 802.16-Standard (WiMAX) unterstützt Datenraten von bis zu 70 Mbit/s bei einer Reichweite von bis zu 50 Kilometern. Er kann in lizenzierten und unlizenzierten Bändern des Spektrums zwischen 2 und 6 GHz operieren.

Inside-Global-Adresse Bei NAT eine gültige öffentliche Adresse, die der interne Host erhält, wenn sein Paket den NAT-Router passiert.

Inside-Local-Adresse Wird bei der NAT verwendet. Dies ist normalerweise keine IP-Adresse, die von einer RIR oder einem Provider zugewiesen wird, sondern im Zweifelsfall eine private Adresse nach RFC 1918.

Integrated Services Digital Network Siehe ISDN.

Internet Assigned Numbers Authority Siehe IANA.

Internetwork Packet Exchange Siehe IPX.

Intrusion Detection System Siehe IDS.

Intrusion Prevention System Siehe IPS.

Inverse Address Resolution Protocol Siehe Inverse ARP.

Inverse ARP (Inverse Address Resolution Protocol) Methode zur Erstellung dynamischer Routen in einem Netzwerk. Ermöglicht einem Access-Server die Erkennung der Netzwerkadresse eines Geräts, das einem VC zugeordnet ist.

IP Next Generation Siehe IPng.

IP Security Siehe IPSec.

IPng (IP Next Generation) IP-Standard der Vermittlungsschicht, der von elektronischen Geräten für den Austausch von Daten über ein paketvermitteltes Netzwerk verwendet wird. Heißt heute IPv6. Hierbei handelt sich um den Nachfolger von IPv4, und es ist die zweite Version des IP-Protokolls, die formell für die allgemeine Nutzung standardisiert wurde. IPv6 bietet Unterstützung für Fluss-IDs im Paket-Header; mit dieser ID lassen sich Datenflüsse voneinander unterscheiden.

IPS (Intrusion Prevention System) Verhindert Angriffe gegen das Netzwerk und soll aktive Verteidigungsmechanismen zusätzlich zur Erkennung bereitstellen, z. B. Methoden zur Verhinderung von und zur Reaktion auf Angriffe. Ein IPS verhindert die Ausführung eines erkannten Angriffs und immunisiert das System gegen zukünftige feindselige Angriffe.

IPSec (IP Security) Protokollsuite für den Schutz der IP-Kommunikation, die Verschlüsselung, Integrität und Authentifizierung bietet. IPSec übernimmt die für den Schutz der VPN-Kommunikation erforderlichen Nachrichtentechniken, nutzt hierzu jedoch vorhandene Algorithmen.

IPX (Internetwork Packet Exchange) NetWare-Vermittlungsschichtprotokoll, das zur Übertragung von Daten von Servern an Workstations verwendet wird. Ähnelt IP und XNS.

ISDN (Integrated Services Digital Network) Kommunikationsprotokoll, das von Telefonnetzbetreibern angeboten wird und die Übertragung von Sprache, Dateien und anderen Datentypen über das Telefonnetz gestattet.

J1 Digitales WAN-Übertragungssystem, das vorwiegend in Japan eingesetzt wird. Die Datenrate beträgt 1,544 Mbit/s. J1-Leitungen können bei Netzanbietern für private Zwecke gemietet werden.

Jabber Wird häufig als Bedingung definiert, bei der ein Netzwerkgerät fortlaufend zufällige, sinnlose Daten in das Netzwerk überträgt.

Kabel Übertragungsmedium aus Kupfer- oder Glasfaserkabel, das mit einem Schutzmantel versehen ist.

Kabel-Analyzer Multifunktionales Handgerät, das zum Testen und Zertifizieren von Kupfer- und Glasfaserkabel für verschiedene Dienste und nach unterschiedlichen Standards verwendet wird. Anspruchsvollere Varianten bieten fortschrittliche Diagnosefunktionen für das Troubleshooting, die die Entfernung zu Fehlstellen (NEXT, RL) messen, Korrekturmaßnahmen vorschlagen und das Übersprech- und Impedanzverhalten grafisch darstellen.

Kabelfernsehen Kommunikationssystem, bei dem mehrere Programmkanäle über eine Breitband-Koaxialleitung in die Haushalte übertragen werden.

Kabelmodem Ermöglicht den Empfang von Daten mit hohen Datenraten. Normalerweise ist das Kabelmodem mit einem standardkonformen 10BaseT/100BaseT-Ethernet-Anschluss am Computer verbunden.

Kabeltester Spezielles Handgerät, welches das schnelle Testen verschiedener Arten von Datenkommunikationskabeln gestattet. Mit Kabeltestern lassen sich Kabelbruch, vertauschte Adern, Kurzschlüsse und Leitungen mit fehlerhaften Aderpaaren erkennen.

Kanal 1. Kommunikationspfad. Mehrere Kanäle können in bestimmten Umgebungen über ein einzelnes Kabel gemultiplext werden. 2. Bei IBM ein bestimmter Pfad zwischen Großrechnern (z. B. Mainframes) und den angeschlossenen Peripheriegeräten.

Keepalive-Intervall Zeitspanne zwischen zwei von einem Netzwerkgerät versendeten Keepalives.

Knowledge-Base Datenbank, die bei der Verwendung eines Produkts oder beim Troubleshooting nützlich sein soll. Online verfügbare Knowledge-Bases von Netzwerkgeräteanbietern sind mittlerweile unentbehrliche Informationsquellen. Wenn solche anbieterseitig bereitgestellten Knowledge-Bases mit Internetsuchmaschinen wie Google kombiniert werden, kann der Netzwerkadministrator auf einen riesigen Erfahrungsschatz zugreifen.

Koaxialkabel Kabel, welches aus einem Hohlzylinderleiter besteht, der eine innere Litze umgibt. In LANs kommen gegenwärtig zwei Arten von Koaxialkabel zum Einsatz: 50-Ohm-Kabel für die digitale Signalisierung und 75-Ohm-Kabel, das für Analogsignale sowie für die schnelle Übertragung von Digitalsignalen verwendet wird.

Kommunikationsleitung Physische Leitung (z. B. eine Ader oder eine Telefonleitung), die ein oder mehrere Geräte mit einem oder mehreren anderen Geräten verbindet.

Konfigurationsregister Bei Cisco-Routern ein benutzerdefinierter 16-Bit-Wert, der bestimmt, wie der Router während der Initialisierung agiert. Das Konfigurationsregister kann hardware- oder softwareseitig gespeichert sein. Bei Hardwarespeicherung setzen Sie die Bitpositionen durch Angabe eines Hexadezimalwertes mithilfe der Konfigurationsbefehle.

LACNIC (Latin America and Caribbean Internet Addresses Registry) Eine von weltweit fünf RIRs. Die LACNIC ist eine nichtkommerzielle Organisation auf Mitgliederbasis, die für die Verteilung und Registrierung von Internetadressressourcen in ganz Lateinamerika und der Karibik zuständig ist.

LAPB (Link Access Procedure, Balanced) Sicherungsschichtprotokoll im X.25-Protokollstapel. LAPB ist ein bitorientiertes Protokoll, das von HDLC abgeleitet ist.

LAPF (Link Access Procedure for Frame Relay) Laut Definition in ITU Q.922 ein Protokoll, das Frame Mode Services im Frame Relay-Netzwerk spezifiziert.

Latin America and Caribbean Internet Addresses Registry Siehe LACNIC.

LCP (Link Control Protocol) Protokoll, das Sicherungsschichtverbindungen zur Verwendung durch PPP herstellt, konfiguriert und testet.

Leitung Kommunikationspfad zwischen zwei oder mehr Punkten.

Leitungsvermittlung Vermittlungssystem, in dem zwischen Absender und Empfänger für die Dauer eines »Rufs« eine dedizierte physische Verbindung vorhanden sein muss. Wird in Telefonnetzen umfassend eingesetzt. Die Leitungsvermittlung kann Technologien mit konkurrierendem Zugriff oder Token-Weitergabe als Kanalzugriffsmethode sowie der Nachrichten- und der Paketvermittlung als Vermittlungstechnik kontrastierend gegenübergestellt werden.

Link Access Procedure for Frame Relay Siehe LAPF.

Link Access Procedure, Balanced Siehe LAPB.

Link Control Protocol Siehe LCP.

LMI (Local Management Interface) Keepalive-Mechanismus, der Statusdaten zu Frame Relay-Verbindungen zwischen dem Router (DTE) und dem Frame Relay-Switch (DCE) bereitstellt.

Local Management Interface Siehe LMI.

Logische Topologie Beschreibt die Anordnung der Geräte in einem Netzwerk und die Art und Weise, wie sie miteinander kommunizieren.

MAN (Metropolitan Area Network) Netzwerk, das sich über einen städtischen Bereich erstreckt. Allgemein gesehen umfasst ein MAN einen größeren geografischen Bereich als ein LAN, aber einen kleineren als ein WAN.

Man-in-the-Middle-Angriff Siehe MITM.

MD5 (Message Digest 5) Algorithmus zur Nachrichtenauthentifizierung. Er prüft die Integrität der Kommunikation, authentifiziert die Herkunft und überprüft die Rechtzeitigkeit.

Message Digest 5 Siehe MD5.

Metropolitan Area Network Siehe MAN.

Mikrofilter Gerät, das verhindert, dass bestimmte Routerfrequenzen über eine Telefonleitung übertragen werden und dabei Telefongespräche stören.

Mikrowelle Elektromagnetische Welle im Bereich zwischen 1 und 30 GHz. Mikrowellennetzwerke stellen eine Technologie dar, die sich aufgrund der hohen Bandbreite und der relativ niedrigen Kosten immer stärker durchsetzt.

MITM-Angriff (Man-in-the-Middle) Wird von einem Angreifer ausgeführt, der sich zwischen zwei regulären Hosts positioniert. Der Angreifer kann normale Transaktionen zwischen Hosts zulassen und manipuliert die Kommunikationsvorgänge zwischen ihnen nur gelegentlich und nach Bedarf.

Modem Gerät, das digitale in analoge Signale und umgekehrt konvertiert. Beim Absender wandelt das Modem Digitalsignale in eine Form um, die zur Übertragung über analoge Kommunikationseinrichtungen geeignet ist. Beim Empfänger werden diese analogen Signale dann wieder in ihre ursprüngliche digitale Form zurückgewandelt. Modems ermöglichen die Übertragung von Daten über Telefonleitungen, die eigentlich zur Sprachübertragung vorgesehen sind.

NAM (Network Analysis Module) Kann auf Cisco Catalyst 6500-Switches und Cisco 7600-Routern installiert werden und vermittelt eine grafische Darstellung des Datenverkehrs von lokalen und entfernten Switches und Routern. Das NAM nutzt eine integrierte browserbasierte Oberfläche, die Berichte zu Daten erstellt, deren Übertragung Netzwerkressourcen in kritischem Umfang verbraucht. Außerdem kann das NAM Pakete erfassen und entschlüsseln und Antwortzeiten nachverfolgen, um Probleme zu erkennen, die eine Anwendung im Netzwerk oder auf dem Server verursacht.

NAT (Network Address Translation) IP-Adressen sind global eindeutig in Bezug auf das Internet. Es handelt sich um einen Mechanismus zur Übersetzung privater in öffentlich nutzbare Adressen, die im Internet eingesetzt werden können. NAT ist ein effizientes Mittel, um die tatsächlichen Geräteadressen in einem privaten Netzwerk vor Blicken von außen zu verbergen.

NAT-Overloading Heißt manchmal auch PAT (Port Address Translation). Hierbei werden mehrere private IP-Adressen einer einzelnen oder wenigen öffentlichen Adressen zugeordnet.

NAT-Pool Eine Liste öffentlicher IP-Adressen, die von NAT verwendet werden können.

NBMA (Non-Broadcast Multi-Access) Begriff zur Beschreibung eines Mehrfachzugriffsnetzwerks, das entweder kein Broadcasting unterstützt (z. B. X.25) oder in dem ein solches Broadcasting nicht angebracht ist (beispielsweise eine SMDS-Broadcast-Gruppe oder ein erweitertes Ethernet, das zu groß ist).

NCP (Network Control Protocol) Dient der Konfiguration und Nutzung verschiedener Vermittlungsschichtprotokolle.

Network Address Translation Siehe NAT.

Network Analysis Module Siehe NAM.

Network Control Protocol Siehe NCP.

Network Interface Device Siehe NID.

Network Management System Siehe NMS.

Network Security Wheel Hilft Ihnen dabei, Konformität mit einer Sicherheitsrichtlinie zu erzielen. Das Network Security Wheel fördert wiederholte Tests und die Anwendung von Sicherheitsmaßnahmen auf fortlaufender Basis.

Netzadressübersetzung Siehe NAT.

Netzwerk-Baseline Dient zur effizienten Diagnose und Korrektur von Netzwerkproblemen. Eine Netzwerk-Baseline dokumentiert, wie die Leistungsfähigkeit des Netzwerks unter normalen Betriebsbedingungen aussehen sollte. Die Angaben werden in der Dokumentation etwa in Form von Konfigurationstabellen oder Topologiediagrammen festgehalten.

Netzwerkdokumentation Umfasst eine logische Darstellung des Netzwerks sowie Detailinformationen zu jeder vorhandenen Komponente. Diese Angaben sollten an einem zentralen Ort gelagert werden – wahlweise als Ausdruck oder im Netzwerk auf einer geschützten Website. Zur Netzwerkdokumentation sollten eine Netzwerkkonfigurationstabelle, eine Endgeräte-Konfigurationstabelle und ein Topologiediagramm des Netzwerks gehören.

Netzwerkkonfigurationstabelle Enthält zutreffende und aktuelle Aufzeichnungen zu der in einem Netzwerk verwendeten Hardware und Software. Die Netzwerkkonfigurationstabelle soll dem Administrator im Bedarfsfall das gesamte dokumentierte Wissen vermitteln, das erforderlich ist, um einen Fehler im Netzwerk zu erkennen und zu beheben.

Netzwerktopologiediagramm Grafische Darstellung eines Netzwerks, die veranschaulicht, wie die einzelnen Geräte miteinander verbunden sind und wie die logische Architektur des Netzwerks aussieht. Ein Topologiediagramm enthält weitgehend dieselben Komponenten wie die Netzwerkkonfigurationstabelle. Jedes Netzwerkgerät sollte im Diagramm in konsistenter Form oder durch ein grafisches Symbol dargestellt sein. Außerdem sollten alle logischen und physischen Verbindungen durch einfache Linien oder ein anderes geeignetes Symbol repräsentiert werden. Auch Routing-Protokolle können aufgeführt sein.

Netzwerkverteilerraum Speziell entworfener Raum zur Verschaltung eines Daten- oder Sprachnetzwerks. Netzwerkverteilerräume dienen als zentrale Anschlussorte für Verkabelung und Verteilergeräte, deren Zweck die Anbindung von Netzwerkgeräten ist.

NID (Network Interface Device) Verbindet den Kundenstandort mit der Teilnehmeranschlussleitung am Demarkationspunkt.

NMS (Netzmanagementsystem) Ist zuständig für die Verwaltung mindestens eines Teils des Netzwerks. Ein NMS ist meistens ein relativ mächtiger und gut ausgestatteter Computer, z. B. eine Entwicklungsworkstation. NMSs kommunizieren mit Agenten, um Netzwerkstatistiken und -ressourcen zu überwachen.

Non-Broadcast Multi-Access Siehe NBMA.

Novell IPX Siehe IPX.

Nullmoden Ein kleines Hardwaregerät oder Kabel, mit dem Computer über ihre seriellen Schnittstellen direkt – statt über ein Netzwerk – verbunden werden können.

Öffentliches Telefonnetz Allgemeine Bezeichnung für eine Vielzahl von Telefonnetzen und -diensten in aller Welt.

One-Step-Lockdown-Assistent Testet Ihre Router-Konfiguration auf potenzielle Sicherheitsprobleme hin und nimmt automatisch alle zur Behebung dieser Probleme erforderlichen Konfigurationsänderungen vor.

Optical Time-Domain Reflectometer Siehe OTDR.

OTDR (Optical Time-Domain Reflectometer) Ermittelt die Distanz zur Bruchstelle in einem Glasfaserkabel. Das Gerät sendet Signale durch das Kabel und wartet auf Signalreflexionen. Die Zeit zwischen dem Signalversand und Signalempfang wird dann in eine Entfernung konvertiert. Die Funktionalität von TDRs wird normalerweise mit der von Datenkabeltestern ergänzt.

Outside-Global-Adresse Bei NAT eine erreichbare IP-Adresse, die Hosts im Internet zugewiesen wird.

Paketvermitteltes Netzwerk Verwendet zur Datenübertragung eine Paketvermittlungstechnologie.

Paketvermittlung Methode der Netzwerktechnik, bei der Knoten Bandbreite gemeinsam verwenden, indem sie Pakete versenden.

PAP (Password Authentication Protocol) Authentifizierungsprotokoll, welches PPP-Peers die gegenseitige Authentifizierung gestattet. Der entfernte Router, der versucht, eine Verbindung mit dem lokalen Router herzustellen, muss eine Authentifizierungsanfrage senden. Anders als bei CHAP werden Passwort und Benutzername bei PAP unverschlüsselt übermittelt. PAP selbst verhindert keinen unbefugten Zugriff, sondern identifiziert lediglich das Remote-Ende. Der Router oder Access-Server stellt danach fest, ob der betreffende Benutzer Zugriff erhält oder nicht. PAP wird nur auf PPP-Verbindungen unterstützt.

Passphrase Satz oder Phrase, die in ein sichereres Passwort übersetzt wird. Achten Sie darauf, eine ausreichend lange Phrase zu verwenden, die schwer zu erraten, aber leicht zu merken und auch zu schreiben ist.

Password Authentication Protocol Siehe PAP.

Passwortwiederherstellung Prozess des legitimen Zugriffs auf ein Gerät, falls das Passwort nicht bekannt ist.

PAT (Port Address Translation) Wird manchmal als NAT-Overloading bezeichnet. Hierbei werden mehrere private IP-Adressen einer einzelnen oder wenigen öffentlichen Adressen zugeordnet.

Permanent Virtual Circuit Siehe PVC.

Phisher Person, die mithilfe von E-Mails und anderen Mitteln versucht, Dritte zur Preisgabe sensibler Daten (z. B. Kreditkartennummern oder Passwörter) zu bewegen. Phisher tarnen sich als vertrauenswürdige Instanz, die scheinbar einen berechtigten Bedarf an diesen Daten hat.

Physische Topologie Darstellung eines Netzwerks, aus der die physische Anordnung der Geräte, Kabel und Verbindungen hervorgeht.

Point of Presence Siehe POP.

Point-to-Point Protocol Siehe PPP.

Point-to-Point-Verbindung Wird eingesetzt, um LANs mit dem WAN eines Providers zu verbinden oder LAN-Segmente in ein Unternehmensnetzwerk einzubinden.

POP (Point of Presence) Verbindungspunkt zwischen den Kommunikationseinrichtungen des Telefonnetzbetreibers und dem Hauptverteiler eines Gebäudes.

Port Address Translation Siehe PAT.

Portabler Netzwerk-Analyzer Tragbares Gerät für das Troubleshooting in geswitchten Netzwerken und VLANs. Durch Anschluss des Netzwerk-Analyzers an einer beliebigen Stelle im Netzwerk kann ein Techniker den Switch-Port, mit dem das Gerät verbunden ist, sowie die durchschnittliche und die Spitzenauslastung ermitteln.

Portweiterleitung Wird manchmal als Tunneling bezeichnet. Beschreibt die Weiterleitung eines Netzwerkports von einem Netzwerkknoten an einen anderen. Diese Technik kann es einem externen Benutzer ermöglichen, eine private IP-Adresse (in einem LAN) von außen über einen NAT-fähigen Router zu erreichen.

PPP (Point-to-Point Protocol) Nachfolger des SLIP-Protokolls. Ermöglicht das Verbinden zwischen Routern und von Hosts mit Netzwerken über synchrone und asynchrone Point-to-Point-Leitungen.

Pre-Shared Key Siehe PSK.

PRI (Primary Rate Interface) Siehe Primärmultiplexanschluss.

Primärmultiplexanschluss ISDN-Schnittstelle für Primärmultiplexzugriff. Diese Zugriffsform umfasst einen einzelnen D-Kanal mit 64 kbit/s sowie 23 (T1) bzw. 30 (E1) B-Kanäle für Sprache und Daten.

Primärstation Bei bitsynchronen Sicherungsschichtprotokollen wie HDLC und SDLC eine Station, welche die Übertragungsaktivität der Sekundärstationen steuert. Sie führt auch weitere Verwaltungsfunktionen wie Fehlersteuerung via Polling oder andere Mechanismen durch. Primärstationen senden Befehle an Sekundärstationen und erhalten von diesen Antworten.

Primary Rate Interface Siehe Primärmultiplexanschluss.

Protokoll-Analyzer Entschlüsselt die verschiedenen Protokollschichten in einem aufgezeichneten Frame und stellt diese Informationen in einem relativ benutzerfreundlichen Format dar.

PSK (Pre-Shared Key) Ein Geheimschlüssel, den zwei Parteien vor seiner Verwendung über einen sicheren Kanal austauschen. PSKs verwenden Kryptographiealgorithmen mit symmetrischen Schlüsseln. Der PSK wird auf beiden Peers jeweils manuell eingegeben und dient der Authentifizierung des jeweiligen Peers. An beiden Enden wird der PSK mit anderen Informationen kombiniert und bildet so den Authentifizierungsschlüssel.

Puffer Ein Speicherbereich, der zur Verwaltung von Daten verwendet wird, die gerade übertragen werden. Puffer kommen in der Netzwerktechnik zum Einsatz, um unterschiedliche Verarbeitungsgeschwindigkeiten bei Netzwerkgeräten auszugleichen. Bei einem hohen Datenaufkommen werden die Daten in Puffern abgelegt, bis sie von langsameren Geräten verarbeitet werden können. Heißt auch Paketpuffer.

PVC (Permanent Virtual Circuit) VC, der dauerhaft hergestellt wird. PVCs nutzen die Bandbreite besser, da hier kein ständiges Auf- und Abbauen der Verbindung erfolgt. Sie werden in Situationen verwendet, in denen der VC jederzeit zur Verfügung stehen muss.

Reassemblierung (Wiederzusammensetzung) Wiederherstellung eines IP-Datagramms beim Empfänger, nachdem es durch den Absender oder einen Knoten im Pfad fragmentiert wurde.

Regional Internet Registry Siehe RIR.

Réseaux IP Européens Siehe RIPE NCC.

RFC 1918, »Address Allocation for Private Internets« Beschreibt private IP-Adressen, die zu einem reservierten Adressblock gehören und von jedem frei verwendet werden dürfen. Internetprovider konfigurieren ihre Border-Router meistens so, dass die Weiterleitung von Daten mit privaten Adressen ins Internet unterbunden wird.

RIPE NCC (Réseaux IP Européens Network Coordination Centre) Eine von weltweit fünf RIRs. Das RIPE ist eine nichtkommerzielle Organisation auf Mitgliederbasis, die für die Verteilung und Registrierung von Internetadressressourcen in ganz Europa, dem Nahen Osten und Teilen von Zentralasien zuständig ist.

RIPng (Routing Information Protocol, Next Generation) RIP für IPv6.

RIR (Regional Internet Registry) Organisation, die die Zuweisung und Registrierung von Internetnummern in einem bestimmten Teil der Welt überwacht. Es gibt gegenwärtig fünf RIRs.

Rivest, Shamir, and Adleman Siehe RSA.

Router and Security Device Manager Siehe Cisco SDM.

Routing Information Protocol, Next Generation Siehe RIPng.

RSA (Rivest, Shamir, and Adleman) Ein Verschlüsselungssystem mit asymmetrischem Schlüssel. Die Schlüssel weisen eine Länge von 512, 768, 1024 oder noch mehr Bit auf.

RSA-Signatur Dient dem Austausch digitaler Zertifikate zur Authentifizierung von Peers. Das lokale Gerät leitet einen Hash ab und verschlüsselt diesen mit seinem privaten Schlüssel. Der verschlüsselte Hash (digitale Signatur) wird an die Nachricht angehängt und an die Gegenstelle weitergeleitet. Am anderen Ende wird der verschlüsselte Hash mithilfe des öffentlichen Schlüssels des lokalen Systems entschlüsselt. Stimmen entschlüsselter und lokal berechneter Hash überein, dann ist die Signatur echt.

Rufaufbaudauer Zeit, die erforderlich ist, um einen vermittelten Ruf zwischen DTEs herzustellen.

Schwingungen pro Sekunde Maß für die Frequenz.

SDLC (Synchronous Data Link Control) SNA-Kommunikationsprotokoll der Sicherungsschicht. Es handelt sich um ein bitorientiertes Vollduplexprotokoll, das zahlreiche ähnliche Protokolle (z. B. HDLC und LAPB) hervorgebracht hat.

SDM Siehe Cisco SDM.

Secure Hash Algorithm 1 Siehe SHA-1.

Secure Shell Siehe SSH.

Security Device Manager Siehe Cisco SDM.

Serial Line Internet Protocol Siehe SLIP.

SHA-1 (Secure Hash Algorithm 1) Verwendet einen Geheimschlüssel von 160 Bit Länge. Die Nachricht (mit variabler Länge) und der geheime 160-Bit-Schlüssel werden kombiniert und durchlaufen gemeinsam den HMAC-SHA-1-Hash-Algorithmus. Resultat ist ein 160-Bit-Hash, der an die Ursprungsmeldung angehängt und an die Gegenstelle weitergeleitet wird.

Sicherheitsrichtlinie Eine Richtlinie in einer Organisation, die Benutzer, Mit-

arbeiter und Manager über ihre Verpflichtungen zum Schutz von Technologie- und Datenwerten informiert.

Signalisierung Prozess des Sendens eines Signals zur Übertragungssteuerung über ein physisches Medium zum Zweck der Kommunikation.

SLIP (Serial Line Internet Protocol) Standardprotokoll für die serielle Point-to-Point-Kommunikation via TCP/IP. Vorläufer von PPP.

SNA Control Protocol Bestandteil der NCP-Familie (Network Control Protocols), in diesem Fall für SNA. Dient der Konfiguration und Nutzung verschiedener Vermittlungsschichtprotokolle.

SONET Eine sehr schnelle synchrone Netzwerkspezifikation (bis zu 10 Gbit/s), die von Bellcore für den Einsatz via Glasfaserkabel entwickelt wurde. STS-1 ist der Grundbaustein von SONET. Wurde 1988 als internationaler Standard übernommen.

Spammer Person, die große Mengen unverlangter E-Mails versendet. Spammer verwenden häufig Viren, um Computer von Endbenutzern zu übernehmen und sie für den Massenversand von E-Mails zu benutzen.

Splitter Trennt den DSL-Datenverkehr vom Telefonsignal.

SSH (Secure Shell) Protokoll, das den Datenaustausch zwischen zwei Computern über einen sicheren Kanal gestattet. Es handelt sich um eine sichere Telnet-Variante.

Standleitung Kommunikationsleitung, die unbeschränkt verfügbar ist, statt erst dann vermittelt zu werden, wenn eine Übertragung erforderlich ist. Die Standleitung ist eine Übertragungsleitung, die von einem Netzanbieter für die private Nutzung durch einen Kunden reserviert ist. Standleitungen gehörigen zu den dedizierten Leitungen.

Statisches NAT Verwendet eine 1:1-Zuordnung lokaler und globaler Adressen, die auch nicht geändert wird. Statisches NAT ist besonders nützlich für Webserver oder Hosts, die eine feste Adresse benötigen, die aus dem Internet erreichbar sein muss. Bei solchen internen Hosts kann es sich um Server oder Netzwerkgeräte handeln.

Statistical Time-Division Multiplexing Siehe STDM.

STDM (Statistical Time-Division Multiplexing) Technik, bei der Daten mehrerer logischer Kanäle über einen einzelnen physischen Kanal übertragen werden können. Das statistische Multiplexing weist Bandbreite dynamisch nur aktiven Kanälen zu, das heißt, die vorhandene Bandbreite wird besser ausgenutzt, und es können mehr Geräte angeschlossen werden als bei anderen Multiplexing-Techniken.

Sterntopologie LAN-Topologie, bei der alle Endpunkte in einem Netzwerk über Point-to-Point-Leitungen an einen gemeinsamen Zentral-Switch angeschlossen sind.

Steuerungsebene Verwaltet die Interaktion des Routers mit den anderen Elementen im Netzwerk, sofern die zur Entscheidungsfindung und zur Steuerung des gesamten Router-Betriebs erforderlichen Daten vorhanden sind. Die Steuerungsebene (engl. *Control Plane*) führt Prozesse wie beispielsweise Routing-Protokolle und Netzmanagement aus.

Subnetz-ID (Ipv6) Einzelne Organisationen können das Subnetzfeld zur Erstellung einer eigenen lokalen Adresshierarchie verwenden. Dieses

Feld ermöglicht die Einrichtung von bis zu 65.535 einzelnen Subnetzen.

SVC (Switched Virtual Circuit) Ein VC, der bei Bedarf dynamisch aufgebaut wird; endet die Verbindung, so erfolgt der Abbau. SVCs werden immer dann verwendet, wenn die Datenübertragung nur sporadisch erfolgt.

Switched Virtual Circuit Siehe SVC.

Symmetrische Verschlüsselung Verschlüsselungsalgorithmen wie DES und 3DES benötigen für die Ver- und Entschlüsselung einen gemeinsamen Geheimschlüssel. Die beiden beteiligten Computer müssen den Schlüssel kennen, um die Daten dechiffrieren zu können. Bei der symmetrischen Verschlüsselung, die auch Verschlüsselung mit Geheimschlüssel heißt, verschlüsseln beide Computer die Daten, bevor sie diese über das Netzwerk an den jeweils anderen Computer senden. Die symmetrische Verschlüsselung setzt voraus, dass bekannt ist, welche Computer miteinander kommunizieren werden, sodass derselbe Schlüssel auf beiden Computern konfiguriert werden kann.

Synchronisation Abgleich des Timings von Absender und Empfänger.

Synchronous Data Link Control Siehe SDLC.

Systematischer Ansatz Troubleshooting-Methode, bei der das Netzwerk als Ganzes und nicht stückchenweise analysiert wird. Ein systematischer Ansatz verringert das Durcheinander und begrenzt den Zeitraum, der andernfalls durch Trial and Error vergeudet würde.

T1 Digitale Einrichtung eines WAN-Anbieters. T1 überträgt DS-1-formatierte Daten mit 1,544 Mbit/s über das Telefonnetz, wobei die AMI- oder die B8ZS-Codierung zum Einsatz kommt.

T3 Digitale Einrichtung eines WAN-Anbieters. T3 überträgt DS-3-formatierte Daten mit 44,736 Mbit/s über das Telefonnetz.

TACACS/TACACS+ Von der DDN-Community (Defense Data Network) entwickeltes Authentifizierungsprotokoll, das Authentifizierung und ähnliche Dienste (z. B. Ereignisprotokollierung) für den Remote-Zugriff bietet. Benutzerpasswörter werden statt auf einzelnen Routern in einer zentralen Datenbank administriert, was eine einfach zu skalierende Netzwerksicherheitslösung darstellt.

TDM (Time-Division Multiplexing) Technik, bei der die Daten verschiedener Kanäle Bandbreite einer einzelnen physischen Leitung in Form von Zeitabschnitten (engl. *Slots*) zugewiesen bekommen. Die Zuweisung der Bandbreite erfolgt dabei für jeden Kanal unabhängig davon, ob die jeweilige Station gerade Daten übertragen muss oder nicht.

Teilnehmeranschlussleitung Leitung aus dem Bereich eines Teilnehmers zur Vermittlungsstelle des Telefonunternehmens.

Teilvermaschte Topologie Netzwerk, in dem einige Knoten vollständig vermascht sind, während andere nur mit einem oder zwei anderen Knoten des Netzwerks verbunden sind. Ein teilvermaschtes Netzwerk bietet nicht das gleiche Maß an Redundanz wie eine vollständig vermaschte Topologie, ist in der Implementierung aber weniger kostspielig. Teilvermaschte Topologien werden meistens in Peripherienetzwerken eingesetzt, die mit einem vollständig vermaschten Backbone verbunden sind.

Telearbeiter Mitarbeiter eines Unternehmens, der in Bezug auf den Arbeitsort und die Arbeitszeit eine gewisse Flexibilität genießt. Das tägliche

Pendeln zu einem Büro wird durch Telekommunikationsleitungen ersetzt.

Telefonie Technik zur Konvertierung von Tönen in elektrische Signale und ihre Übertragung zwischen weit voneinander entfernten Punkten.

TFTP (Trivial File Transfer Protocol) TFTP ist eine vereinfachte FTP-Variante, die die Übertragung von Dateien von einem Computer auf einen andere gestattet. Der TFTP-Server speichert und empfängt die hochgeladenen Dateien für einen Download auf Anforderung des Benutzers.

Time-Division Multiplexing Siehe TDM.

Top-Down-Troubleshooting Sie beginnen bei den Endbenutzeranwendungen und arbeiten sich dann durch die Schichten des OSI-Modells nach unten vor, bis die Ursache des Problems erkannt ist. Sie testen zunächst Anwendungen des Benutzers auf einem Endsystem, bevor Sie sich mit den einzelnen Komponenten des Netzwerks befassen. Diesen Ansatz benutzen Sie bei einfacheren Problemen oder aber dann, wenn Sie der Ansicht sind, dass eine Softwareanwendung die Ursache des Problems sein könnte.

Transaktion Ergebnisorientierte Einheit der Kommunikationsverarbeitung.

Triple DES Siehe 3DES.

Trivial File Transfer Protocol Siehe TFTP-Server.

Trojanisches Pferd Virentyp, der vorgibt, eine nützliche Anwendung zu sein. Ein Beispiel für einen solchen Trojaner ist eine Softwareanwendung, die ein einfaches Spiel auf einer Workstation ausführt. Während der Besucher mit dem Spiel beschäftigt ist, schickt der Trojaner eine Kopie seiner selbst via E-Mail an alle Adressen im Adressbuch des Benutzers. Die anderen Benutzer bekommen das Spiel und spielen es, das heißt, der Trojaner verbreitet sich an alle Adressen in allen Adressbüchern.

Trunk Dient der parallelen Einrichtung mehrerer Netzwerkverbindungen oder -ports, um die Leitungsgeschwindigkeit im WAN über die Grenzen einer einzigen Verbindung oder eines Ports hinaus zu erhöhen.

T-Trägersignal TDM-Übertragungsmethode, die meistens auf eine Leitung oder ein Kabel bezogen ist, das ein DS-1-Signal überträgt.

Tunneling Architektur, deren Zweck die Bereitstellung von Diensten ist, die zur Implementierung eines standardkonformen Point-to-Point-Kapselungssystems erforderlich sind.

UART (Universal Asynchronous Receiver/Transmitter) Integrierter Schaltkreis, der mit dem Parallelbus eines Computers verbunden ist und zur seriellen Kommunikation eingesetzt wird. Der UART übersetzt serielle in parallele Signale und umgekehrt, erzeugt den Übertragungstakt und puffert Daten, die vom oder an den Computer gesendet werden.

Überlastung Datenaufkommen, das die Kapazität des Netzwerks übersteigt.

Übertragungsleitung Netzwerkkommunikationskanal, der eine Leitung oder einen Übertragungspfad und alle zugehörigen Geräte zwischen Absender und Empfänger umfasst. Bezieht sich meistens auf eine WAN-Verbindung.

Universal Asynchronous Receiver/Transmitter Siehe UART.

Unternehmensnetzwerk Großes und vielfältiges Netzwerk, das größere Standorte innerhalb eines Unternehmens oder einer anderen Organisation aneinander anbindet. Unterscheidet sich von einem WAN dadurch, dass es privat gehalten und administriert wird.

VC (Virtual Circuit) Logische Verbindung, die eine zuverlässige Kommunikation zwischen zwei Netzwerkgeräten ermöglichen soll. Ein VC wird durch ein VPI/VCI-Paar definiert. Unterschieden werden virtuelle Festverbindungen (PVC) und virtuelle Wählverbindungen (SVC). VCs werden für Frame Relay und X.25 eingesetzt. Bei ATM heißt der VC »virtueller Kanal«.

verbindungslos Attribut einer Datenübertragung, die nicht über einen VC erfolgt.

verbindungsorientiert Attribut einer Datenübertragung, die den Aufbau eines VC erfordert.

Vermaschung Eigenschaft einer Netzwerktopologie, in der Geräte auf gut zu verwaltende Segmente verteilt werden und über Verbindungen verfügen, die strategisch zwischen den Netzwerkknoten hergestellt werden und häufig redundant sind.

Vermittlungsstelle Einrichtung eines lokalen Telefonanbieters, an die alle Teilnehmeranschlussleitungen in einem gegebenen Bereich angeschlossen sind und in der die Leitungsvermittlung erfolgt.

Verschlüsselung Anwendung eines bestimmten Algorithmus auf Daten mit dem Ziel, ihr Erscheinungsbild zu ändern. Damit sollen die Daten für Unbefugte unleserlich gemacht werden.

Virtual Circuit Siehe VC.

Virtual Private Network Siehe VPN.

Virus Schadsoftware, die an ein anderes Programm angehängt ist und eine bestimmte, nicht erwünschte Funktion auf einer Workstation ausführt.

Voice over IP Siehe VoIP.

VoIP (Voice over IP) Möglichkeit, Sprache in Form von Daten durch ein IP-Netzwerk zu übertragen. Die Funktionalität entspricht der des normalen Telefonnetzes.

Vollständig vermaschte Topologie Netzwerk, in dem jeder Knoten über eine physische oder virtuelle Verbindung zu jedem anderen Knoten verfügt. Ein vollständig vermaschtes Netzwerk bietet ein hohes Maß an Redundanz, doch ist seine Implementierung häufig unerschwinglich teuer, weswegen eine solche Topologie in erster Linie für Netzwerk-Backbones verwendet wird.

VPN (Virtual Private Network) Stellt eine Möglichkeit dar, Daten unter Berücksichtigung von Sicherheits- und Datenschutzaspekten über eine ungesicherte, freigegebene Netzwerkinfrastruktur zu versenden.

WAN (Wide Area Network) Datenkommunikationsnetzwerk, das räumlich weit voneinander entfernte Benutzer versorgt. Hierbei werden häufig Übertragungseinrichtungen kommerzieller Netzbetreiber verwendet. Frame Relay, SMDS und X.25 sind Beispiele für WAN-Technologien.

White-Hat Person, die nach Sicherheitslücken in Systemen oder Netzwerken sucht und diese den Besitzern des Systems meldet, damit sie behoben werden können. White-Hats stehen dem Missbrauch von Computersystemen ablehnend gegenüber. Ihr Anliegen ist es, IT-Systeme zu schützen, während Black-Hats in solche Systeme eindringen wollen.

Wide Area Network Siehe WAN.

Wiederzusammensetzung Siehe Reassemblierung.

Wi-Fi Alliance Bietet eine Zertifizierung der Interoperabilität zwischen Anbietern von 802.11-Produkten. Dies dient der Förderung interoperabler WLAN-Technologien. Die Zertifizierung umfasst alle drei 802.11-Technologien und WPA (Wi-Fi Protected Access).

Wildcard-Maske Eine 32-Bit-Größe, die in Verbindung mit einer IP-Adresse verwendet wird, um zu ermitteln, welche Bits in einer IP-Adresse ignoriert werden sollen, wenn diese Adresse mit einer anderen IP-Adresse verglichen wird. Eine Wildcard-Maske wird benutzt, wenn ACLs eingerichtet werden.

WiMAX (Worldwide Interoperability for Microwave Access) Ist im IEEE-Standard 802.16 beschrieben. WiMAX bietet einen sehr schnellen Breitbanddienst mit drahtlosem Zugang und ermöglicht große Reichweiten eher in der Art eines Mobilfunknetzwerks als über kleine Wi-Fi-Hotspots.

Worldwide Interoperability for Microwave Access Siehe WiMAX.

Wurm Führt Code aus und installiert Kopien seiner selbst im Speicher des infizierten Computers, um auf diese Weise weitere Hosts zu infizieren.

X.25 Ein ITU-T-Standard, der definiert, wie Verbindungen zwischen einem DTE und einem DCE für Remote-Terminalzugriff und Computerkommunikation in Paketdatennetzen (Packet Data Network, PDN) bereitgehalten werden. X.25 spezifiziert dafür das Sicherungsschichtprotokoll LAPB und das Vermittlungsschichtprotokoll PLP. Frame Relay hat X.25 weitgehend abgelöst.

Zelle 1. Basiseinheit beim ATM-Switching und -Multiplexing. Zellen enthalten IDs, die den zugehörigen Datenstrom bezeichnen. Jede Zelle umfasst einen 5 Byte langen Header und 48 Nutzbytes. 2. In der drahtlosen Technik die Funkreichweite, d. h. der Versorgungsbereich, innerhalb dessen die drahtlosen Geräte mit der Basisstation kommunizieren können. Die Größe der Zelle hängt von der Übertragungsrate, dem verwendeten Antennentyp, der physischen Umgebung sowie anderen Faktoren ab.

Zellenweiterleitung Netzwerktechnologie, die auf der Verwendung kleiner Pakete fester Größe – sogenannter Zellen – basiert. Da Zellen eine feste Länge haben, können sie verarbeitet und via Hardware mit hohen Datenraten geswitcht werden. Die Zellenweiterleitung ist die Grundlage zahlreicher schneller Netzwerkprotokolle wie ATM, IEEE 802.6 und SMDS.

Zugriffssteuerungsliste Siehe ACL.

Zustandslose Autokonfiguration Eine Plug & Play-Funktion von IPv6, die es Geräten gestattet, sich selbst mit dem Netzwerk zu verbinden, ohne dass Konfigurationen vorgenommen oder Server (z. B. DHCP-Server) vorhanden sein müssten. Diese Schlüsselfunktionalität ermöglicht die Nutzung neuartiger Geräte im Internet, z. B. Funktelefone, drahtlose Geräte, Heimgeräte und Heimnetze.

Stichwortverzeichnis

3DES (Triple DES) 490

A
AAA-Server (Authentication, Authorization, and Accounting) 152
Access Rate siehe AR
access-class (Befehl) 411
Access-Control List siehe ACL
Access-Layer 34
access-list (Befehl) 397
Access-Server 45
ACL (Access-Control List) 374
– Anmerkungen 399, 414
– anwenden 407, 424
– ausgehende 385
– bearbeiten 412, 417
– benannte 390
– – Anmerkungen 414
– – bearbeiten 417
– – erstellen 414, 426
– Betrieb 384
– Cisco 388
– deny any-Anweisung 388
– dynamische 428
– – Definition 429
– – Einsatzgebiete 429
– – Vorteile 429
– eingehende 385
– entfernen 399
– erweiterte 389
– – anwenden 424
– – erstellen 426
– – konfigurieren 418, 421
– – platzieren 392
– Funktionen 384
– Funktionsweise 385
– Grundlagen 381
– komplexe 428
– – Definition 428
– Konzept 381
– mit Namen 390
– nummerierte 390
– – Anmerkungen 414
– – bearbeiten 412
– platzieren 391
– reflexive 431
– – Definition 432
– – Vorteile 433
– Standard-ACLs 389
– – Anmerkungen 399
– – anwenden 407
– – entfernen 399
– – erstellen 414
– – konfigurieren 395
– – platzieren 392
– Troubleshooting 436, 683
– Typen 388
– überwachen 416
– verifizieren 416
– Wildcard-Masken 400
– – Schlüsselwörter 406
– – Subnetze vergleichen mit 402
– – verwenden 402
– zeitbasierte 435
– – Vorteile 436
Advanced Encryption Standard siehe AES
AES (Advanced Encryption Standard) 490
AH (Authentication Header) 496
Algorithmen
– 3DES 490
– AES 490
– DES 490
– MD5 495
– RSA 491
Analoge Einwahl 58
Angreifer
– Black-Hats 238
– Cracker 238

– Hacker 238
– Phreaker 238
– Spammer 238
– White-Hats 238
Angriffe
– Antiviren-Software 271
– DDoS 264
– DoS 262
– – DDoS 264
– – Ping-of-Death 263
– – Smurf-Angriffe 266
– – SYN-Flooding 263
– Einbruchsangriffe 256
– eindämmen 271
– Firewalls 272
– IDS 275
– IPS 275
– MITM 260
– Passwortangriffe 257
– Ping-of-Death 263
– Portumleitung 259
– Reconnaissance 254
– Schadcode 267
– – trojanische Pferde 270
– – Viren 269
– – Würmer 267
– Smurf-Angriffe 266
– SYN-Flooding 263
– trojanische Pferde 270
– Typen 253
– Vertrauensbeziehungen 258
– Viren 269
– Würmer 267
Anschlussleitung 43, 82
Antiviren-Software 271
Anwendungsschicht
– Troubleshooting 686
any (Schlüsselwort) 406
AR (Access Rate) 204
Architektur
– Cisco Enterprise Architecture 36
– – Enterprise Branch Architecture 40
– – Enterprise Campus Architecture 38
– – Enterprise Data Center Architecture 40
– – Enterprise Edge Architecture 39
– – Enterprise Teleworker Architecture 40
– Enterprise Branch Architecture 40
– Enterprise Campus Architecture 38
– Enterprise Data Center Architecture 40

– Enterprise Edge Architecture 39
– Enterprise Teleworker Architecture 40
ARP (Address Resolution Protocol)
– Inverse ARP 185
Asynchronous Transfer Mode siehe ATM
ATM (Asynchronous Transfer Mode) 64, 105
Authentication Header siehe AH
Authentication, Authorization, and Accounting siehe AAA-Server
Authentifizierung
– PPP 142, 147, 154
– Routing-Protokolle 315
auto secure (Befehl) 322
Autokonfiguration
– zustandslose 583, 584
AutoSecure 322

B

Backward Explicit Congestion Notification siehe BECN
bandwidth (Befehl) 195
Baseline 613
– Bedeutung 623
– erstellen 644
– Tools zur Erstellung 644
– Vorgehensweise 624
Basic Rate Interface siehe Basisanschluss
Basisanschluss 60
BE (Excess Burst Size) 207
BECN (Backward Explicit Congestion Notification) 208
beschreibt 307
Bitübertragungsschicht
– Troubleshooting 667
– WANs 42
Black-Hats 238
BOOTP (Bootstrap Protocol) 516
Bootstrap Protocol siehe BOOTP
Bottom-Up-Troubleshooting 635
Breitbanddienste 457
BRI (Basic Rate Interface) siehe Basisanschluss
Bursting 206
– BE 207
– CBIR 207
– DE 208

C

Cable Modem Termination System siehe CMTS

CableLabs
- DOCSIS 463
CBIR (Committed Burst Information Rate) 207
cd (Befehl) 338
CDMA (Code-Division Multiple Access) 463
Challenge Handshake Authentication Protocol siehe CHAP
Channel Service Unit siehe CSU/DSU
Channel Service Unit/Digital Service Unit siehe CSU/DSU
CHAP (Challenge Handshake Authentication Protocol) 145
CIDR (Classless Interdomain Routing) 590
CIR (Committed Information Rate) 205
Cisco
- ACLs 388
- AutoSecure 322
- Enterprise Architecture 36
- - Enterprise Branch Architecture 40
- - Enterprise Campus Architecture 38
- - Enterprise Data Center Architecture 40
- - Enterprise Edge Architecture 39
- - Enterprise Teleworker Architecture 40
- Enterprise Branch Architecture 40
- Enterprise Campus Architecture 38
- Enterprise Data Center Architecture 40
- Enterprise Edge Architecture 39
- Enterprise Teleworker Architecture 40
- IFS 336
- IOS
- - Sicherheitsfunktionen 289
- IOS siehe IOS
- Network Security Wheel 279
- Router 286
- - als DHCP-Server konfigurieren 522
- - verwalten 334
- SDM 323, 536
- Sicherheit 277
Cisco Enterprise Architecture 36
- Enterprise Branch Architecture 40
- Enterprise Campus Architecture 38
- Enterprise Data Center Architecture 40
- Enterprise Edge Architecture 39
- Enterprise Teleworker Architecture 40
Cisco Router and Security Device Manager siehe Cisco SDM

Classless Interdomain Routing siehe CIDR
clear (Befehl)
- counters 220
- frame-relay inarp 221
- ip nat translation 567
CMTS (Cable Modem Termination System) 67, 465
Code-Division Multiple Access siehe CDMA
Committed Burst Information Rate siehe CBIR
Committed Information Rate siehe CIR
compress (Befehl) 133
Computerkriminalität 240
copy (Befehl) 340
- flash: tftp 345
- tftp: flash 346, 347
Core-Router 45
CPE (Customer Premises Equipment) 43, 97
- Router 179
Cracker 238
CRC-Prüfsumme (Cyclic Redundancy Check) 50
crypto (Befehl)
- key generate rsa 303
CSU (Channel Service Unit) siehe CSU/DSU
CSU/DSU (Channel Service Unit/Digital Service Unit) 45
Customer Premises Equipment siehe CPE
Cyclic Redundancy Check siehe CRC-Prüfsumme

D

Data Communications Equipment siehe DCE
Data Encryption Standard siehe DES
Data Service Unit siehe CSU/DSU
Data Terminal Equipment siehe DTE
Datacenter 40
Data-Link Connection Identifier siehe DLCI
Data-over-Cable Service Interface Specification siehe DOCSIS
Datenendgerät siehe DTE
Datenübertragung
- Breitbanddienste 457
Datenübertragungseinrichtungen siehe DCE

DCE (Data Communications Equipment) 43, 98
DDoS (Distributed DoS) 264
DE (Discard Eligibility) 208
Deaktivierung 310
debug (Befehl) 355, 640
– frame-relay lmi 222
– ip dhcp server 543
– ip nat 569
– ip nat detailed 569
– ip packet detail 542
– ppp 136, 676
– ppp authentication 154
– ppp error 141
– ppp negotiation 140
– ppp packet 137
default-router (Befehl) 523
Demarkationspunkt 43, 97
De-Militarized Zone siehe DMZ
Denial of Service siehe DoS
deny any-Anweisung 388
DES (Data Encryption Standard) 490
DHCP (Dynamic Host Configuration Protocol) 510, 512
– Betrieb 513
– Cisco SDM 536
– Cisco-Router
– – als Server konfigurieren 522
– Clients konfigurieren 530
– deaktivieren 524
– DHCPv6 583, 585
– Grundlagen 513
– Nachrichtenformat 518
– Relay 532
– Troubleshooting 539
– überprüfen 524
Dienste
– DHCP 510, 512, 583, 585
– Netzwerkdienste
– – anfällige 307, 310
– – Sicherheit 307
Dienstgüte siehe QoS
Digital Service Unit siehe CSU/DSU
Digital Subscriber Line siehe DSL
Digitalmultimeter siehe DMM
dir (Befehl) 338
Discard Eligibility siehe DE
Distanzvektor-Protokolle
– Split-Horizon 200
Distributed DoS siehe DDoS
Distribution-Layer 35

DLCI (Data-Link Connection Identifier) 52, 171
DMM (Digitalmultimeter) 647
DMZ (De-Militarized Zone) 259
DNS (Domain Name System)
– Sicherheit 312
dns-server (Befehl) 523
DOCSIS (Data-over-Cable Service Interface Specification) 463
Dokumentation 613, 621
Domain Name System siehe DNS
domain-name (Befehl) 524
DoS (Denial of Service) 262
– DDoS 264
– Ping-of-Death 263
– Smurf-Angriffe 266
– SYN-Flooding 263
Drahtlose Kommunikation 68, 472
– Hotspots 472
– IEEE 802.11 477
– satellitengestützt 476
– Sicherheit 477
– Typen 472
– Wi-Fi 472
– WiMAX 474
Drei-Schichten-Modell 34
DSL (Digital Subscriber Line) 66, 459, 466
– DSLAM 66, 468
– Mikrofilter 469
– NID 469
– Splitter 469
DSL Access Multiplexer siehe DSLAM
DSLAM (DSL Access Multiplexer) 66, 468
DSU (Data Service Unit) siehe CSU/DSU
DTE (Data Terminal Equipment) 43, 98
Dual-Stack 585, 587
Dynamic Host Configuration Protocol siehe DHCP
Dynamische ACLs 428
– Definition 429
– Einsatzgebiete 429
– Vorteile 429

E
EIGRP (Enhanced Interior Gateway Protocol)
– Authentifizierung 319
Einbruchsangriffe 256
Elektromagnetisches Spektrum 462

enable (Befehl)
- password 293
- secret 293
Enable-Passwort
- schützen 293
Encapsulating Security Payload siehe ESP
encapsulation (Befehl)
- frame-relay 195, 203
- hdlc 108
- ppp 132
Endgeräte-Konfigurationstabelle 619
Enterprise Branch Architecture 40
Enterprise Campus Architecture 38
Enterprise Data Center Architecture 40
Enterprise Edge Architecture 39
Enterprise Teleworker Architecture 40
Entmilitarisierte Zone siehe DMZ
Entschlüsselung 256
Erweiterte ACLs 389
- anwenden 424
- erstellen 426
- konfigurieren 418, 421
- platzieren 392
ESP (Encapsulating Security Payload) 496
established (Schlüsselwort) 684
Ethernet
- Metro Ethernet 72
EUI-64-Format 583
Excess Burst Size siehe BE
exec-timeout (Befehl) 301

F
FECN (Forward Explicit Congestion Notification) 208
Fehlersuche siehe Troubleshooting
Fernzugriff
- Kabeldatennetz 67
- Kabelmodem 67, 460, 465
- Kabelnetz 460
File Transfer Protocol siehe FTP
Firewalls 272
- Software-Firewalls 272
Flusssteuerung 208
Forward Explicit Congestion Notification siehe FECN
FRAD (Frame Relay Access Device) 174
Frame Relay 63, 105, 164
- AR 204
- BE 207
- BECN 208
- Betrieb 173, 215

- Bursting 206
- CBIR 207
- CIR 205
- DCE 43, 98
- DE 208
- DLCI 52, 171
- DTE 43, 98
- FECN 208
- Flusssteuerung 208
- FRAD 174
- Grundlagen 166, 224
- Inverse ARP 185
- Kapselung 179
- konfigurieren 211
- Kosten 204
- LMI 188
- Mapping 185
- PVCs 54, 169, 174
- Sterntopologie 181
- Subschnittstellen 202, 211
- SVCs 54
- teilvermaschte Topologie 184
- Topologie 181
- Troubleshooting 222, 676
- VC 53, 54, 174
- verifizieren 215
- vollständig vermaschte Topologie 183
Frame Relay Access Device siehe FRAD
frame-relay (Befehl)
- interface-dlci 213
- map 187
Frames
- Format 49, 179
- - LMI 191
- - PPP 120
- Kapselung 49, 179
- PPP 120
- WAN 49, 179
FTP (File Transfer Protocol) 687
Funkkommunikation 68
Funkkommunikation siehe drahtlose Kommunikation
Funk-LAN siehe WLAN
Funknetze
- WLANs 477

G
Gefährdungen 246
Generic Route Encapsulation siehe GRE
Gerät am Kundenstandort siehe CPE

Geräte
- abhärten 271
Globale IPv6-Unicast-Adresse 580
GRE (Generic Route Encapsulation) 488

H
Hacker 238
Hashed Message Authentication Code siehe HMAC
Hashes 493
HDLC (High-Level Data Link Control) 104
- Kapselung 104, 108
- Konfiguration 108
HFC (Hybrid Fiber-Coaxial) 461
HIDS (Host-based IDS) 275
Hierarchisches Netzwerkmodell 34
- Access-Layer 34
- Distribution-Layer 35
- Schichten
-- Access-Layer 34
-- Core-Layer 35
-- Distribution-Layer 35
High-Speed Serial Interface siehe HSSI
HIPS (Host-based IPS) 275
HMAC (Hashed Message Authentication Code) 494
- MD5 495
host (Schlüsselwort) 406
Host-based IDS siehe HIDS
Host-based IPS siehe HIPS
hostname (Befehl) 303
Hosts
- Sicherheit 271
Hotspots 472
HSSI (High-Speed Serial Interface) 47
Hub-and-Spoke-Topologie siehe Sterntopologie
Hybrid Fiber-Coaxial siehe HFC

I
IDS (Intrusion Detection System) 275
- hostbasiertes 275
IEEE 802.11 477
IFS (Integrated File System) 336
Inside-Global-Adresse 547
Inside-Local-Adresse 547
Integrated File System siehe IFS
Integrated Services Digital Network siehe ISDN

interface (Befehl)
- serial 212
Internet
- Firewalls 272
- IDS 275
- IPS 275
Internetwork Packet Exchange siehe IPX
Internetworking Operating System siehe IOS
Intrusion Detection System siehe IDS
Intrusion Prevention System siehe IPS
Inverse ARP 185
IOS (Internetworking Operating System)
- administrieren 334
-- Befehle 340
- aktualisieren 344
- Benennungskonventionen 341
- IFS 336
- Images
-- administrieren 334
-- aktualisieren 344
-- Befehle 340
-- Benennungskonventionen 341
-- sichern 344
-- wiederherstellen 348
-- Xmodem 352
- ROMmon 349
- Sicherheit 289
- sichern 344
- Troubleshooting 355
- wiederherstellen 348
-- Xmodem 352
ip (Befehl)
- access-group 407
- address 195
- address dhcp 531
- dhcp excluded-address 522
- dhcp pool 523
- domain-name 303
- forward-protocol 535
- helper-address 534
- name-server 313
- nat translation timeout 567
- ssh time-out - authentication-retries 304
IP (Internet Protocol)
- DHCP 510, 512, 583, 585
- Dual-Stack 585, 587
- IPv6 510, 570
- Migration 585

– Tunneling 586, 589
– VoIP 29
IP Security siehe IPSec
IP-Adressen
– DHCP 510, 512, 583, 585
– dynamische Adressierung
– – DHCP 510, 512, 583, 585
– IPv6 510, 570
– Loopback-Adresse 582
– Registrierungsstellen 543
IPS (Intrusion Prevention System) 275
– hostbasiertes 275
IPSec (IP Security) 457, 496, 578
– AH 496
– ESP 496
– PSKs 495
ipv6 (Befehl)
– address 583, 588
– address – eui-64 584
– rip – enable 597
– router rip 596
– unicast-routing 588, 594
IPv6 (Internet Protocol Version 6) 510, 570
– Adressen 593
– – konfigurieren 583
– – Link-Local-Adressen 582
– – Loopback-Adresse 582
– – private 582
– – reservierte 582
– – Site-Local-Adressen 582
– – unspezifizierte 583
– Adressierung 576, 579
– aktivieren, auf Cisco-Routern 594
– CIDR 590
– Dual-Stack 585, 587
– EUI-64-Format 583
– Geschichte 574
– globale Unicast-Adresse 580
– globales Routing-Präfix 580
– Gründe 574
– Header 577
– konfigurieren 593
– Link-Local-Adressen 582
– Loopback-Adresse 582
– Migration 585
– private Adressen 582
– reservierte Adressen 582
– Site-Local-Adressen 582
– Subnetz-ID 580
– Troubleshooting 598

– Tunneling 586, 589
– – konfigurieren 589
– – überprüfen 598
– unspezifizierte Adressen 583
– zustandslose Autokonfiguration 583, 584
ipv6 router rip (Befehl) 596
IPX (Internetwork Packet Exchange) 105
ISDN (Integrated Services Digital Network) 45, 60, 95
– Basisanschluss 60
– Primärmultiplexanschluss 60

J
Jabber 668

K
Kabel
– Koaxialkabel 67
– Standards 99
– Übersprechen 88
Kabel-Analyzer 648
Kabeldatennetze 67
– CMTS 67
– Kabelmodem 67
Kabelmodem 67, 460, 465
Kabelnetze 460
– CMTS 465
– DOCSIS 463
– elektromagnetisches Spektrum 462
– HFC 461
– Kabelmodem 460, 465
– WiMAX 474
Kabeltester 648
Kapselung 49
– Frame Relay 179
– GRE 488
– HDLC 104
– – Konfiguration 108
– LAPB 105
– PPP 135, 147
– SDLC 105
– SLIP 105
– WAN 49, 179
keepalive (Befehl) 191
Knowledge-Bases 643
Koaxialkabel 67
Kommunikation
– drahtlose 68, 472
– Funkkommunikation 68, 472
– Kapselung 49, 179

- Multiplexing 92
- satellitengestützte 476
- serielle 86
- verbindungslose 52
- verbindungsorientierte 52
Komplexe ACLs 428
- Definition 428
Konfigurationsdateien
- Troubleshooting 355
- verwalten 340
Konfigurationsregister 360
Konnektivität
- Loopback 582
Kundenstandortgerät siehe CPE

L

L0phtCrack 257
LAN (Local Area Network)
- Datacenter 40
- WLANs 477
LAPB (Link Access Procedure, Balanced) 105
Lastausgleich
- Multilink-PPP 134
- PPP 134
LCP (Link Control Protocol) 116, 118
- Betrieb 123
- LQM 134
lease (Befehl) 523
Leitungsvermittlung 51, 58
Letzte Meile siehe Anschlussleitung
Link Access Procedure, Balanced siehe LAPB
Link Control Protocol siehe LCP
Link Quality Monitoring siehe LQM
Link-Local-Adressen 582
LMI (Local Management Interface) 188
- Erweiterungen 189
- Frame-Format 191
- Inverse ARP 185
Local Management Interface siehe LMI
Lock-and-Key-ACLs siehe dynamische ACLs
log (Schlüsselwort) 684
Log-Dateien 306
Loopback-Adresse 582
LQM (Link Quality Monitoring) 134

M

MAN (Metropolitan Area Network) 39
Man-in-the-Middle-Angriff siehe MITM

Mapping
- dynamisches 185
MD5 (Message Digest 5) 315, 495
Medien
- drahtlose Kommunikation 68, 472
- Funksignale 68, 472
- Übersprechen 88
Message Digest 5 siehe MD5
Metro Ethernet 72
Metropolitan Area Network siehe MAN
Migration 585
- Dual-Stack 585, 587
- Tunneling 586, 589
Mikrofilter 469
MITM (Man-in-the-Middle) 260
Modelle
- OSI 631, 667
- Protokollmodelle
- - TCP/IP 631
- Referenzmodelle
- - OSI 631, 667
- - TCP/IP 631
Modems 44
- Kabelmodem 67, 460, 465
MPLS (Multiprotocol Label Switching) 49
Multilink-PPP 134
Multiplexing 92
Multiprotocol Label Switching siehe MPLS
Municipal Wi-Fi 68

N

Nachrichten
- Multiplexing 92
NAM (Network Analysis Module) 646
NAT (Network Address Translation) 510, 543
- dynamische
- - konfigurieren 557
- dynamisches 549
- Funktionsweise 548
- Grundlagen 545
- Inside-Global-Adresse 547
- Inside-Local-Adresse 547
- konfigurieren
- - dynamische 557
- - statische 555
- Outside-Global-Adresse 548
- Outside-Local-Adresse 548

– Overloading 550
– – konfigurieren 559, 561
– – Troubleshooting 568
– – überprüfen 565
– PAT 550
– statische
– – konfigurieren 555
– statisches 549
– Troubleshooting 568, 684
– überprüfen 565
– Vor- und Nachteile 553
NBMA (Non-Broadcast Multi-Access) 198
NCP (Network Control Protocol) 116, 119
– Einführung 129
netbios-name-server (Befehl) 524
network (Befehl) 523
Network Address Translation siehe NAT
Network Analysis Module siehe NAM
Network Control Protocol siehe NCP
Network Interface Device siehe NID
Network Management System siehe NMS
Network Security Wheel 279
Network Time Protocol siehe NTP
Netzmanagement
– Troubleshooting 612
Netzwerkadressübersetzung siehe NAT
Netzwerk-Analyzer 649
Netzwerke
– AAA-Server 152
– Angriffe 253
– Baseline 613, 623, 644
– CIR 205
– Cisco Enterprise Architecture 36
– – Enterprise Branch Architecture 40
– – Enterprise Campus Architecture 38
– – Enterprise Data Center Architecture 40
– – Enterprise Edge Architecture 39
– – Enterprise Teleworker Architecture 40
– Computerkriminalität 240
– Datacenter 40
– DCE 43, 98
– Demarkationspunkt 43, 97
– DMZ 259
– dokumentieren 613, 621
– DTE 43, 98
– Endgeräte-Konfigurationstabelle 619
– Enterprise Branch Architecture 40

– Enterprise Campus Architecture 38
– Enterprise Data Center Architecture 40
– Enterprise Edge Architecture 39
– Enterprise Teleworker Architecture 40
– Firewalls 272
– Flusssteuerung 208
– Gefährdungen 246
– HFC 461
– IDS 275
– IPS 275
– Kabeldatennetze 67
– Kabelnetze 460
– Kapselung 49, 179
– Kommunikation 52
– Leitungsvermittlung 51, 58
– MANs 39
– Metro Ethernet 72
– NAT 510, 543, 684
– – PAT 550
– NBMA 198
– Netzwerkkonfigurationstabelle 616
– offene vs. geschlossene 241
– Paketvermittlung 52, 62
– PAT 550
– Richtlinien 244, 282
– SDH 95
– Sicherheit 234, 288
– – Bedeutung 235
– – Gefährdungen 246
– – Grundlagen 235
– Sicherheitsrichtlinien 244, 282
– SONET 95
– Teilnehmeranschlussleitung 43
– TeilnehmeranschlussleitungWAN (Wide Area Network)
– – Teilnehmeranschlussleitung 82
– Telearbeit 40
– Topologie 181
– Topologiediagramm 614
– Troubleshooting 109, 222, 355, 612
– Unternehmensnetzwerke 28
– verbindungslose Kommunikation 52
– verbindungsorientierte Kommunikation 52
– VoIP 29
– VPNs 70, 450, 478
– WANs 24, 652
– WiMAX 474
– WLANs 477
Netzwerkgeräte
– AAA-Server 152

- Access-Server 45
- CMTS 67
- Core-Router 45
- CPE 43, 179
- CSU/DSU 45
- DSLAM 66
- Kabelstandards 99
- Modems 44
- Router 45, 179, 286
- – Core-Router 45
- – verwalten 334
- Sicherheit 234
- WAN-Switches 45

Netzwerkkonfigurationstabelle 616

Netzwerkmodell
- Cisco Enterprise Architecture 36
- – Enterprise Branch Architecture 40
- – Enterprise Campus Architecture 38
- – Enterprise Data Center Architecture 40
- – Enterprise Edge Architecture 39
- – Enterprise Teleworker Architecture 40
- Drei-Schichten-Modell 34
- Enterprise Branch Architecture 40
- Enterprise Campus Architecture 38
- Enterprise Data Center Architecture 40
- Enterprise Edge Architecture 39
- Enterprise Teleworker Architecture 40
- hierarchisches 34

Netzwerktopologiediagramm 614
Netzzugang siehe POP
NID (Network Interface Device) 469
NMS (Network Management System) 642
Non-Broadcast Multi-Access siehe NBMA
NTP (Network Time Protocol)
- Sicherheit 312
Nullmodemkabel 100

O

Objekte
- Konzept 382

One-Step-Lockdown-Assistent 331
Open Shortest Path First siehe OSPF
Optical Time-Domain Reflectometer siehe OTDR
OSI (Open Systems Interconnection) 631
- Anwendungsschicht
- – Troubleshooting 686

- Bitübertragungsschicht
- – Troubleshooting 667
- Sicherungsschicht
- – Troubleshooting 671
- Transportschicht
- – Troubleshooting 682
- Troubleshooting
- – – Anwendungsschicht 686
- – – Bitübertragungsschicht 667
- – – Sicherungsschicht 671
- – – Transportschicht 682
- – – Vermittlungsschicht 680
- Vermittlungsschicht
- – Troubleshooting 680

OSI-Referenzmodell 631
- Bitübertragungsschicht 42
- Sicherungsschicht 47
- Troubleshooting 667

OSPF (Open Shortest Path First)
- Authentifizierung 319

OTDR (Optical Time-Domain Reflectometer) 648

Outside-Global-Adresse 548
Outside-Local-Adresse 548
Overloading 550
- konfigurieren
- – für Adresspool 561
- – für eine einzelne Adresse 559
- Troubleshooting 568
- überprüfen 565

P

Paketfilter siehe ACL
Paketvermittlung 52, 54, 62
PAP (Password Authentication Protocol) 144
passive-interface (Befehl)
- default 318
Password Authentication Protocol siehe PAP
Passwortangriffe 257
Passwörter
- Enable-Passwort 293
- konfigurieren 290
- schützen 290
- verschlüsseln 292
- VTY 300
- wiederherstellen 360
PAT (Port Address Translation) 550
Permanent Virtual Circuit siehe PVC

Phreaker 238
ping (Befehl) 540, 622, 640
Ping-of-Death 263
Point Of Presence siehe POP
Point-to-Point Protocol siehe PPP
Point-to-Point-Verbindungen 85
POP (Point Of Presence) 45, 54, 173
Port Address Translation siehe PAT
Portable Netzwerk-Analyzer 649
Port-Forwarding 562
Portumleitung 259
Portweiterleitung siehe Port-Forwarding
ppp (Befehl)
– authentication 144, 151
– multilink 135
– quality 133
PPP (Point-to-Point Protocol) 84
– aktivieren 132
– Architektur 117
– Authentifizierung 142, 147, 154
– CHAP 145
– Frame 120
– Grundlagen 115
– Kapselung 135, 147
– Komprimierung 133
– Konfiguration 130, 132
– – Troubleshooting 136, 154, 674
– – überprüfen 135
– Lastausgleich 134
– LCP 116, 118, 123
– Leitungsqualität 133
– LQM 134
– Multilink-PPP 134
– NCP 116, 119, 129
– Optionen 130
– PAP 144
– Sitzungsaufbau 122
– Troubleshooting 136, 154, 674
– Verbindungssteuerung 116, 118, 119, 123, 129
Pre-Shared Key siehe PSK
PRI (Primary Rate Interface) siehe Primärmultiplexanschluss
Primärmultiplexanschluss 60
Primary Rate Interface siehe Primärmultiplexanschluss
Problembehandlung siehe Troubleshooting
Protokoll-Analyzer 645
Protokolle
– DHCP 510, 512, 583, 585

– Distanzvektor-Protokolle
– – Split-Horizon 200
– EIGRP 319
– Frame Relay 164, 676
– FTP 687
– GRE 488
– HSSI 47
– IPX 105
– ISDN 45, 95
– LCP 116, 118, 123
– Metro Ethernet 72
– MPLS 49
– NCP 116, 119, 129
– OSPF 319
– PPP 84, 115, 674
– Protokollmodelle
– – TCP/IP 631
– Referenzmodelle
– – OSI 631, 667
– RIP 317
– RIPng 593, 596
– RIPng siehe RIPng
– RIPv2 siehe RIPv2
– STP 678
– TCP 376
– WAN 46
– X.25 45, 62, 105
Protokollierung 306
Protokollmodelle
– TCP/IP 631
PSK (Pre-Shared Key) 495
PVC (Permanent Virtual Circuit) 54, 169, 174
pwd (Befehl) 338

Q
QoS (Quality of Service) 457
Quality of Service siehe QoS

R
Reconnaissance 254
Referenzmodelle
– OSI 631, 667
Reflexive ACLs 431
– Definition 432
– Vorteile 433
Regional Internet Registry siehe RIR
remark (Schlüsselwort) 414
Remote-Access-VPNs 483, 484

reset (Befehl) 351
RIP (Routing Information Protocol) 317, 593, 596
– Next Generation siehe RIPng
– Version 2 siehe RIPv2
RIPng (RIP Next Generation)
– Authentifizierung 593
– Konfiguration 596
RIPv2 (RIP Version 2)
– Authentifizierung 317
RIR (Regional Internet Registry) 543
Risiken
– Sicherheitslücke 246
Rivest, Shamir, Adleman siehe RSA
ROMmon 349
Router 45, 179
– administrieren 298
– als DHCP-Server konfigurieren 522
– AutoSecure 322
– Distanzvektor-Protokolle
– – Split-Horizon 200
– IFS 336
– Konfigurationsregister 360
– Log-Dateien 306
– Netzwerkdienste 307
– – anfällige 307, 310
– Passwörter
– – konfigurieren 290
– – schützen 290
– – wiederherstellen 360
– Protokollierung 306
– Remote-Zugriff 298
– SDM 323
– Sicherheit 234, 286
– – verwalten 334
– Smart Serial-Schnittstelle 101
– Split-Horizon 200
Router and Security Device Manager siehe SDM
Routing
– ACLs 374, 683
– CIDR 590
– Distanzvektor-Protokolle
– – Split-Horizon 200
– EIGRP 319
– Kapselung 49, 179
– Loopback-Adresse 582
– OSPF 319
– Protokolle
– – authentifizieren 315
– – RIP 317

– RIPng 593, 596
– RIPng siehe RIPng
– RIPv2 siehe RIPv2
– Sicherheit 234, 315
– Split-Horizon 200
Routing-Protokolle
– authentifizieren 315
RSA (Rivest, Shamir, Adleman) 491

S
Satellitengestützter Internetzugang 476
Satellitenverbindungen 69
S-CDMA (Synchronous Code-Division Multiple Access) 463
Schadcode 267
– trojanische Pferde 270
– Viren 269
– Würmer 267
Schichten
– Kapselung 49
Schichtenmodelle
– OSI 631, 667
– Protokollmodelle
– – TCP/IP 631
– Referenzmodelle
– – OSI 631, 667
– – TCP/IP 631
Schnittstellen
– Frame-Relay-Subschnittstellen 202, 211
– serielle
– – Troubleshooting 109
– Smart Serial-Schnittstelle 101
– Subschnittstellen 202, 211
– Troubleshooting 109
SDH (Synchronous Digital Hierarchy) 95
SDLC (Synchronous-Level Data Link Control) 105
SDM (Router and Security Device Manager) 323
– Assistenten 331
– Benutzeroberfläche 328
– konfigurieren 325
– One-Step-Lockdown-Assistent 331
– starten 326
– Überblick 323
SDM siehe Cisco SDM
Secure Shell siehe SSH
security (Befehl)
– passwords min-length 295

Serial Line Internet Protocol siehe SLIP
Serielle Kommunikation 86
– Funktionsweise 86
– Standards 89
Server
– AAA-Server 152
– Access-Server 45
– Cisco-Router als DHCP-Server konfigurieren 522
– Dienste
– – DHCP 510, 512, 583, 585
– Sicherheit 271
service (Befehl)
– dhcp 524
– tcp-keepalives-in 301
– timestamps 307, 359
show (Befehl) 355
– access-list 399
– access-lists 416
– arp 630
– cdp neighbor detail 622
– controllers 114
– file systems 336, 338
– flash 346
– frame-relay lmi 188, 218
– frame-relay map 185, 221
– frame-relay pvc 219
– interface 630
– interfaces 136, 215
– interfaces serial 136
– ip dhcp binding 525
– ip dhcp conflict 540
– ip dhcp pool 529
– ip dhcp server statistics 525
– ip interface 630
– ip interface brief 622, 640
– ip nat statistics 566
– ip nat translations 565
– ip route 622, 630, 640
– processes 359
– protocols 640
– running-config 630
– running-config interface 640
– spanning-tree 678
– tech-support 630
– version 630
– vlan 630
Sicherheit 234
– 3DES-Algorithmus 490
– AAA-Server 152
– Abhärtung von Geräten 271

– ACLs 374, 683
– AES-Algorithmus 490
– Angriffe
– – Einbruchsangriffe 256
– – Eindämmung 271
– – MITM 260
– – Passwortangriffe 257
– – Portumleitung 259
– – Reconnaissance 254
– – Typen 253
– – Vertrauensbeziehungen 258
– Antiviren-Software 271
– Anwendungen 277
– Appliances 277
– AutoSecure 322
– Bedeutung 235
– Cisco
– – IOS 289
– Computerkriminalität 240
– DDoS 264
– DES-Algorithmus 490
– DMZ 259
– DNS 312
– DoS 262
– – DDoS 264
– – Ping-of-Death 263
– – Smurf-Angriffe 266
– – SYN-Flooding 263
– drahtlose Kommunikation 477
– Einbruchsangriffe 256
– Eindämmung von Angriffen 271
– Einrichtungen 277
– Entschlüsselung 256
– Firewalls 272
– Gefährdungen 246
– Geräte
– – abhärten 271
– Grundlagen 235
– Hosts 271
– IDS 275
– Infrastruktur 249
– IPS 275
– IPSec 457, 496, 578
– – AH 496
– – ESP 496
– – PSKs 495
– Log-Dateien 306
– MD5 495
– MITM 260
– Network Security Wheel 279
– Netzwerk 288

- Netzwerkdienste 307
-- anfällige 307, 310
- NTP 312
- Passwortangriffe 257
- Ping-of-Death 263
- Portumleitung 259
- Protokollierung 306
- Reconnaissance 254
- Richtlinien 244
-- in Unternehmen 282
- Router 286
-- verwalten 334
- Routing-Protokolle 315
- RSA-Algorithmus 491
- Schadcode 267
-- trojanische Pferde 270
-- Viren 269
-- Würmer 267
- SDM 323
- Server 271
- Smurf-Angriffe 266
- SNMP 312
- Social Engineering 252
- SYN-Flooding 263
- trojanische Pferde 270
- Troubleshooting 355
- Verschlüsselung 256, 489
- Vertrauensbeziehungen 258
- Viren 269
- VPN 450
- VPNs 486
- VTY 300, 411
- Würmer 267
Sicherheitsrichtlinien 244
- Funktionen 283
- in Unternehmen 282
Sicherungsschicht
- Protokolle 48
- Troubleshooting 671
-- Frame Relay 676
-- PPP 674
-- STP-Schleifen 678
- WANs 47
Sie 249
Simple Network Management Protocol siehe SNMP
Site-Local-Adressen 582
Site-to-Site-VPNs 483
SLIP (Serial Line Internet Protocol) 105
Smart Serial-Schnittstelle 101
Smurf-Angriffe 266

SNMP (Simple Network Management Protocol)
- Sicherheit 312
Social Engineering 252
SONET (Synchronous Optical Network) 95
Spammer 238
Spanning Tree Protocol siehe STP
spanning-tree (Befehl) 678
Split-Horizon 200
Splitter 469
SSH (Secure Shell) 298
- konfigurieren 303
Standard-ACLs 389
- Anmerkungen 399
- anwenden 407
- entfernen 399
- erstellen 414
- konfigurieren 395
- platzieren 391, 392
Standleitungen 57
Statistical Time-Division Multiplexing siehe STDM
STDM (Statistical Time-Division Multiplexing) 94
Sterntopologie 181
Störsignale
- Übersprechen 88
STP (Spanning Tree Protocol)
- Troubleshooting 678
Subnetzbildung
- Wildcard-Masken 402
Subnetze
- Wildcard-Masken 402
Subschnittstellen 202
- konfigurieren 211
SVC (Switched Virtual Circuit) 54
Switches
- hierarchisches Netzwerkmodell
-- Schichten 35
- WAN-Switches 45
Switching 51
- Konzepte 51
- WANs 51
Synchronous Code-Division Multiple Access siehe S-CDMA
Synchronous Digital Hierarchy siehe SDH
Synchronous Optical Network siehe SONET
SYN-Flooding 263

Stichwortverzeichnis

T
TCP (Transmission Control Protocol) 376
TCP/IP (Transmission Control Protocol/Internet Protocol)
- Modell 631
TCP/IP-Modell 631
TDM (Time-Division Multiplexing) 52, 60, 92
- ISDN 95
- SONET 95
- STDM 94
TDMA (Time-Division Multiple Access) 463
Teilvermaschte Topologie 184
Telearbeit 450
- Breitbanddienste 457
Telearbeiter 40
Telefonie (VoIP) 29
Telnet 298
- VTY 300, 411
telnet (Befehl) 622, 640
terminal (Befehl)
- monitor 359
Terminalemulation siehe Telnet
TFTP (Trivial File Transfer Protocol) 289
tftpdnld (Befehl) 349
Time-Division Multiple Access siehe TDMA
Time-Division Multiplexing siehe TDM
Top-Down-Troubleshooting 636
Topologie
- Diagramm 614
- Frame Relay 181
- Sterntopologie 181
- teilvermaschte 184
- vollständig vermaschte 183
traceroute (Befehl) 640
Transmission Control Protocol siehe TCP
transport (Befehl)
- input 300
Transportschicht
- Troubleshooting 682
Triple DES siehe 3DES
Trivial File Transfer Protocol siehe TFTP
Trojanische Pferde 270
Troubleshooting 612
- ACLs 436, 683
- Anwendungsschicht 686
- Bitübertragungsschicht 667
- Bottom-Up-Troubleshooting 635
- DMM 647
- Dokumentation 613, 621
- Endgeräte-Konfigurationstabelle 619
- Frame Relay 222, 676
- IOS 355
- IPv6 598
- Kabel-Analyzer 648
- Kabeltester 648
- Knowledge-Bases 643
- Methoden 630, 635
- NAM 646
- NAT 684
- Netzwerk-Analyzer 649
- Netzwerk-Baseline 613, 623, 644
- Netzwerkkonfigurationstabelle 616
- Netzwerktopologiediagramm 614
- NMS 642
- OSI-Referenzmodell 631
- OTDR 648
- portable Netzwerk-Analyzer 649
- PPP 136, 154
- Protokoll-Analyzer 645
- serielle Schnittstellen 109
- Sicherheit 355
- Sicherungsschicht 671
- – Frame Relay 676
- – PPP 674
- – STP-Schleifen 678
- Softwaretools 642
- Symptome feststellen 639
- TCP/IP-Modell 631
- Tools 630, 642
- – Software 642
- Top-Down-Troubleshooting 636
- Transportschicht 682
- Vermittlungsschicht 680
- WANs 663
- Werkzeuge 646
Tunneling 487, 586, 589
- konfigurieren 589
Tunneling siehe Port-Forwarding

U
Übersprechen 88
undebug (Befehl)
- all 136
Unternehmensnetzwerke 28

V
VC (Virtual Circuit) 53, 54, 174
- PVC 54, 169, 174
- SVC 54

Verbindungen
- analoge Einwahl 58
- ATM 64, 105
- drahtlose 472
- DSL 66, 459, 466
- Frame Relay 63, 105, 164, 676
- ISDN 60
- Kabelmodem 67, 460
- leitungsvermittelte 51, 58
- paketvermittelte 52, 54, 62
- Point-to-Point-Verbindungen 85
- satellitengestützte 69, 476
- Standleitungen 57
Verbindungslose Kommunikation 52
Verbindungsorientierte Kommunikation 52
Vermaschte Topologie 183
Vermittlungsschicht
- Troubleshooting 680
Verschlüsselung 256
- 3DES 490
- AES 490
- Algorithmus 490
- asymmetrische 493
- DES 490
- Hashes 493
- MD5 495
- öffentliche und private Schlüssel 493
- Passwörter 292
- RSA 491
- symmetrische 492
- VPN 489
Vertrauensbeziehungen 258
Viren 269
- Antiviren-Software 271
Virtual Circuit siehe VC
Virtual Private Network siehe VPN
Virtual Teletype Interface siehe VTY
Virtuelle Leitung siehe VC
VLAN (Virtual LAN)
- VoIP 29
VoIP (Voice over IP) 29
Vollständig vermaschte Topologie 183
VPN (Virtual Private Network) 70, 450, 478
- Datenintegrität 489
- GRE 488
- Hashes 493
- HMAC 494
- IPSec 457, 496
- - AH 496

- - ESP 496
- - PSKs 495
- Komponenten 485
- Remote-Access-VPNs 483, 484
- Sicherheit 486
- Site-to-Site-VPNs 483
- Tunneling 487
- Typen 483
- Verschlüsselung 489
- Vertraulichkeit 489
- Vorteile 70, 479
VTY (Virtual Teletype Interface)
- Passwörter 300
- Sicherheit 300
- steuern via ACL 411

W

WAN (Wide Area Network) 652
- Access-Server 45
- analoge Einwahl 58
- ATM 64, 105
- Bandbreite 661
- Bitübertragungsschicht 42
- - Geräte 44
- - Protokolle 46
- - Standards 46
- - Terminologie 42
- Core-Router 45
- CPE 43, 179
- CSU/DSU 45
- Datenübertragung, Aspekte 654
- DCE 43, 98
- Definition 26
- Demarkationspunkt 43, 97
- Dienste
- - Frame Relay 63, 105, 164, 676
- - STDM 94
- - TDM 52, 60, 92
- drahtloses 68
- DSL 66, 459, 466
- DTE 43, 98
- Einführung 24
- entwerfen 653
- Frame Relay 63, 105, 164, 676
- Frames 49, 179
- Geräte 44
- - Access-Server 45
- - Core-Router 45
- - CSU/DSU 45
- - Modems 44

– – Router 45, 179
– – WAN-Switches 45
– Grundlagen 24
– HDLC 104, 108
– ISDN 45, 60, 95
– Kabelmodem 67
– Kapselung 49, 179
– Konzepte 41
– – Bitübertragungsschicht 42
– – Sicherungsschicht 47
– – Überblick 41
– LAPB 105
– Leitungsoptionen 55
– leitungsvermitteltes 51, 58
– LQM 134
– Metro Ethernet 72
– Modems 44
– Municipal Wi-Fi 68
– paketvermitteltes 52, 54, 62
– Point-to-Point-Verbindungen 85
– POP 45, 54, 173
– PPP 84, 115, 674
– Protokolle 48
– – Bitübertragungsschicht 46
– PVC 54, 169, 174
– Router 45, 179
– satellitengestützt 69
– SDLC 105
– serielle Kommunikation 86
– Sicherungsschicht 47
– – Protokolle 48
– SLIP 105
– Standards
– – Bitübertragungsschicht 46
– Standleitungen 57
– STDM 94
– SVC 54
– Switching 51
– TDM 52, 60, 92
– Teilnehmeranschlussleitung 43
– Terminologie
– – Bitübertragungsschicht 42
– Topologie 181, 656
– Troubleshooting 109, 663
– VC 53, 54, 174
– – PVC 54, 169, 174
– – SVC 54
– Verbindungen
– – analoge Einwahl 58

– – ATM 64, 105
– – drahtlose 68
– – DSL 66
– – Frame Relay 63, 105, 164, 676
– – ISDN 60
– – Kabelmodem 67
– – leitungsvermittelte 51, 58
– – Municipal Wi-Fi 68
– – paketvermittelte 52, 54, 62
– – satellitengestützte 69
– – Standleitungen 57
– – WiMAX 68
– VPN 70, 478
– WAN-Switches 45
– WiMAX 68
– X.25 45, 62, 105
WAN-Switches 45
White-Hats 238
Wide Area Network siehe WAN
Wi-Fi (Wireless Fidelity) 472
Wildcard-Masken 400
– any (Schlüsselwort) 406
– host (Schlüsselwort) 406
– Schlüsselwörter 406
– Subnetze vergleichen mit 402
– verwenden 402
WiMAX (Worldwide Interoperability for Microwave Access) 68, 474
Wireless Fidelity siehe Wi-Fi
Wireless LAN siehe WLAN
WLAN (Wireless LAN) 477
– VPN 450
Worldwide Interoperability for Microwave Access siehe WiMAX
Würmer 267

X
X.25 45, 62, 105
Xmodem 352
xmodem (Befehl) 352

Z
Zeitbasierte ACLs 435
– Vorteile 436
Zeitmultiplex siehe TDM
Zugriffsrate siehe AR
Zugriffssteuerungsliste siehe ACL
Zustandslose Autokonfiguration 583, 584

informit.de, Partner von Addison-Wesley, bietet aktuelles Fachwissen rund um die Uhr.

www.informit.de

In Zusammenarbeit mit den Top-Autoren von Addison-Wesley, absoluten Spezialisten ihres Fachgebiets, bieten wir Ihnen ständig hochinteressante, brandaktuelle deutsch- und englischsprachige Bücher, Softwareprodukte, Video-Trainings sowie eBooks.

wenn Sie mehr wissen wollen …

www.informit.de

THE SIGN OF EXCELLENCE

Das Buch liefert eine gut strukturierte Vorbereitung auf die Cisco-Examen CCENT und ICND1 640-822. Jedes Kapitel beginnt mit einer Überprüfung des Wissens, sodass der Leser vorab entscheiden kann, wieviel Zeit er voraussichtlich für das Durcharbeiten einplanen muss. Wiederholungsfragen und Übungen helfen, das erworbene Wissen zu vertiefen, wobei ein besonderes Augenmerk auf die Schlüsselkonzepte gelegt wird.

Wendell Odom
ISBN 978-3-8273-2634-8
99.95 EUR [D]

www.addison-wesley.de

[The Sign of Excellence]
ADDISON-WESLEY

THE SIGN OF EXCELLENCE

Mit diesem offiziellen Buch erhalten Sie eine gut strukturierte Vorbereitung auf die ICND2-Prüfung 640-816 und die CCNA-Prüfung 640-802. Jedes Kapitel beginnt mit einer Überprüfung des Wissens, sodass Sie vorab entscheiden können, wie viel Zeit Sie voraussichtlich für das Durcharbeiten einplanen müssen. Wiederholungsfragen und Übungen helfen, das erworbene Wissen zu vertiefen, wobei ein besonderes Augenmerk auf die Schlüsselkonzepte gelegt wird.

Wendell Odom
ISBN 978-3-8273-2635-5
99.95 EUR [D]

www.addison-wesley.de

[The Sign of Excellence]
ADDISON-WESLEY

THE SIGN OF EXCELLENCE

Dieser CCNA Exploration Companion Guide zum Thema LAN-Switching und Wireless ist das offizielle Begleitbuch zum dritten Kurs des CCNA Exploration Curriculums Version 4. Es dient als Referenz für die Themen des Online Curriculums und bietet darüber hinaus weiterführende Erläuterungen und Praxisbeispiele. Die beiliegende Buch-CD enthält unter anderem die Packet Tracer 4.1. Activity-Dateien sowie ergänzende Informationen.

Wayne Lewis
ISBN 978-3-8273-2749-9
59.95 EUR [D]

www.addison-wesley.de

[The Sign of Excellence]
ADDISON-WESLEY